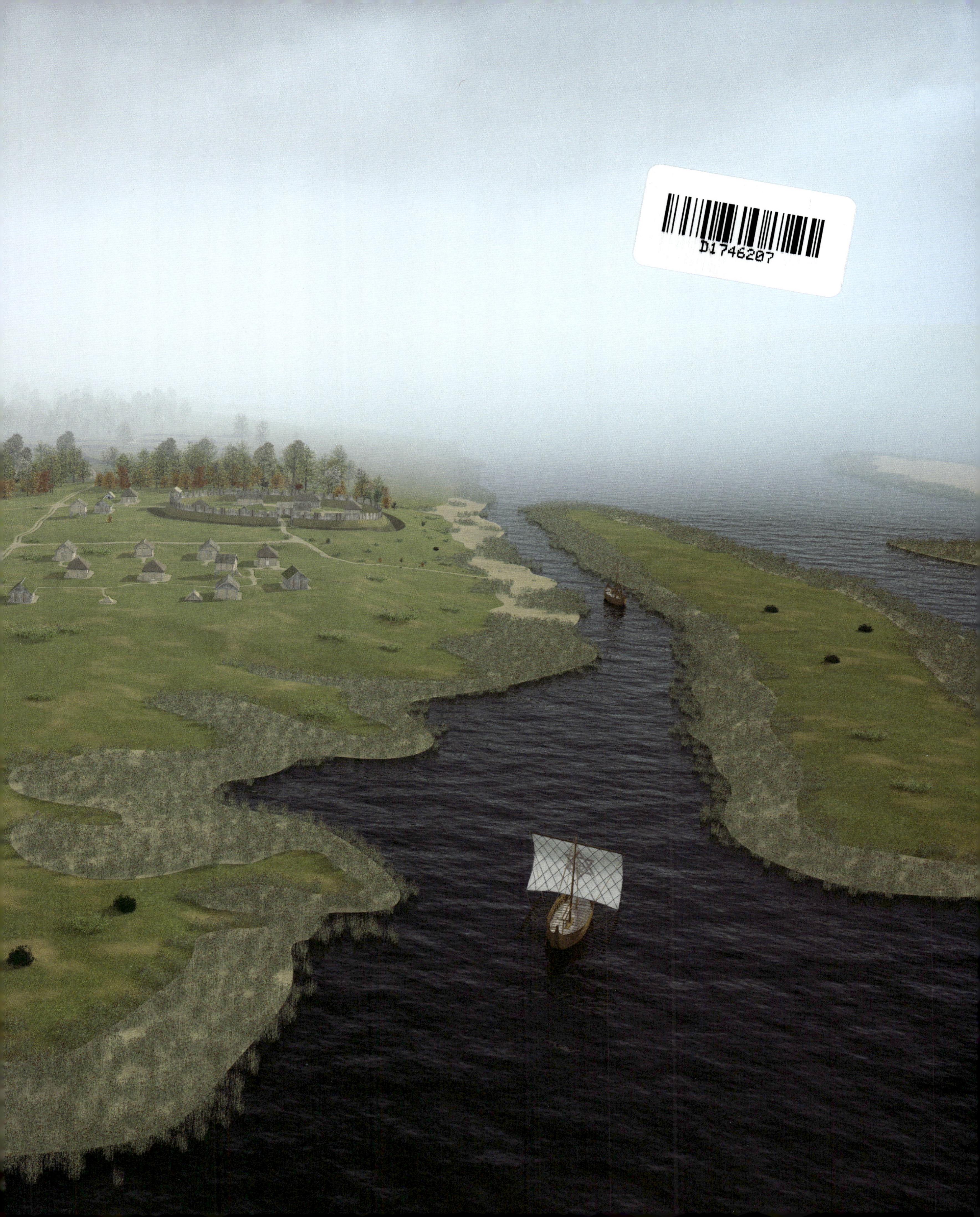

D1746207

Mythos Hammaburg

Veröffentlichung des Helms-Museums, Archäologisches Museum Hamburg,
Stadtmuseum Harburg Nr. 107

2014

ARCHÄOLOGISCHES MUSEUM
HAMBURG

Mythos Hammaburg

Archäologische Entdeckungen zu den Anfängen Hamburgs

Herausgegeben von Rainer-Maria Weiss und Anne Klammt

IMPRESSUM

Mythos Hammaburg – Archäologische Entdeckungen zu den Anfängen Hamburgs
31. Oktober 2014 – 26. April 2015
Archäologisches Museum Hamburg

BEGLEITBAND
Herausgeber: Rainer-Maria Weiss, Anne Klammt
Redaktion: Anne Klammt
Redaktionelle Mitarbeit: Nadja Casper, Elke Först, Yvonne Krause, Michael Merkel, Kathrin Mertens, Ingo Petri, Nadine von Piechowski, Maren Weidner
Endlektorat: Kathrin Mertens, Rainer-Maria Weiss
Gestaltung:
   Lynn Grevenitz, Kulturkonsulat.com, Hamburg (Gesamtkonzept)
   Lars Sembach, Knisterwerk, Hamburg (Umschlag)
   Sabine Klemm, Medien Profis GmbH, Leipzig (Inhalt)
Layout und Bildbearbeitung: Medien Profis GmbH, Leipzig
Druck und Bindung: Druckhaus Köthen

AUSSTELLUNG
Gesamtleitung: Rainer-Maria Weiss
Leitung des Ausstellungsbüros: Ingo Petri
Wissenschaftliche Mitarbeit: Jochen Brandt, Elke Först, Yvonne Krause, Michael Merkel, Kathrin Mertens, Maren Weidner
Recherche: Nadja Casper, Sarah Denker, Lisa Hansen, Silke Kopton, Judith Luttmann, Jörg Räther, Torsten Weise
Ausstellungsgestaltung: harry vetter team, Berlin/Stuttgart
Ausstellungsbau: Robert Kruse Ausstellungstechnik + Fotodesign
Aufbau der Ausstellung: Sergej Brak, Ronald Grubert, Jens Maashöfer, Tjark Petrich
3D-Visualisierungen: Tim-John Müller, tjm|ingenieurbüro Hamburg
Restauratorische Betreuung: Tjark Petrich
Leihverkehr: Ingo Petri, Monika Wolff
Wirtschaftsverwaltung: Thorsten Pück, Melanie Bauer
Museumspädagogik: Yvonne Krause
Presse- und Öffentlichkeitsarbeit/Marketing: Beate Trede
Museumsshop: Karin Sczakiel
Medien: Lisa Hansen, Michael Merkel, Ingo Petri, Beate Trede

ABBILDUNGEN DES EINBANDS
Umschlagbild: Kreuzfibel vom Domplatz (Nachbildung), frühes 9. Jahrhundert
Vorsatz vorn: Virtuelle Rekonstruktion Hammaburgs zur Zeit Ansgars (vor 845).
Ansicht von Westen. Im Vordergrund die Furt, wo der Ost-West-Handelsweg die Alster durchquert, rechts die Reichenstraßeninsel.
Das Geländemodell beruht auf den Ergebnissen geologischer Bohrungen und archäologischer Untersuchungen. Durch Ausgrabungen nachgewiesen ist darüber hinaus nur der Graben der Hammaburg. Die virtuelle Rekonstruktion der aufgehenden Bebauung sowie der Ausdehnung der Siedlung basiert auf archäologischen Indizien und dem Vergleich mit zeitgleichen Befunden aus Norddeutschland.
Vorsatz hinten: Virtuelle Rekonstruktion Hammaburgs im 10. Jahrhundert. Ansicht von Westen. Im Vordergrund die Furt, wo der Ost-West-Handelsweg die Alster durchquert, rechts die Reichenstraßeninsel.
Das Geländemodell beruht auf den Ergebnissen geologischer Bohrungen und archäologischer Untersuchungen. Durch Ausgrabungen nachgewiesen sind der Wall der Hammaburg und diverse Hausgrundrisse sowie die Uferbefestigung. Die virtuelle Rekonstruktion der übrigen Bebauung basiert auf archäologischen Indizien und dem Vergleich mit zeitgleichen Befunden aus Norddeutschland.

Bibliografische Information der Deutschen Bibliothek:
Die Deutsche Bibliothek verzeichnet diese Publikation in der Deutschen Nationalbibliografie; detaillierte bibliografische Daten sind im Internet über <http://dnb.ddb.de> abrufbar.

© Archäologisches Museum Hamburg
Museumsplatz 2
21073 Hamburg
www.amh.de

Hamburg 2014
ISSN 2198-8897
ISBN 978-3-931429-27-0

Printed in EU

LEIHGEBER

Berlin
Staatliche Museen zu Berlin – Preußischer Kulturbesitz –
Museum für Vor- und Frühgeschichte
Bremen
Stiftung Bremer Dom e.V. / Dom-Museum Bremen
Dziekanowice
Muzeum Pierwszych Piastów na Lednicy
Gnesen
Muzeum Początków Państwa Polskiego
Hamburg
Erzbistum Hamburg
Förderverein Hamburger Wirtschaftsgeschichte
Freie und Hansestadt Hamburg, Kulturbehörde – Staatsarchiv
Handelskammer Hamburg
Hauptkirche St. Petri
Hubertus Wald Stiftung
Staats- und Universitätsbibliothek Hamburg
Stiftung Historische Museen Hamburg – Hamburg Museum
Hannover
Stadtarchiv Hannover
Kiel
Landeskirchenamt
Kopenhagen
Det Danske Sprog- og Litteraturselskab
Nationalmuseet
Leiden
Rijksmuseum van Oudheden
Universitaire Bibliotheken Leiden
Lübeck
Archiv der Hansestadt Lübeck
Bereich Archäologie und Denkmalpflege der Hansestadt Lübeck
München
Bayerische Staatsbibliothek
Münster
Landesarchiv Nordrhein-Westfalen
Posen
Muzeum Archeologiczne w Poznaniu
Ribe
Sydvestjyske Museer – Museet Ribes Vikinger
Rom
Biblioteca Vallicelliana
Roskilde
Vikingeskibs Museet
Schleswig
Stiftung Schleswig-Holsteinische Landesmuseen
Schloss Gottorf – Archäologisches Landesmuseum
Schwerin
Landesamt für Kultur und Denkmalpflege Mecklenburg-
Vorpommern
Svendborg
Svendborg Museum
Stettin
Ośrodek Archeologii Średniowiecza Krajów Nadbałtyckich
Instytut Archeologii i Etnologii PAN
Wien
Österreichische Nationalbibliothek

GEFÖRDERT DURCH

BREIMANN & BRUUN

Hamburger Abendblatt

Hamburg | Kulturbehörde

Handelshof

Haspa – Hamburger Sparkasse

HOCHTIEF HTP PROJEKT ENTWICKLUNG

living labs germany

Museums- und Heimatverein Harburg Stadt und Land e.V.
Förderverein des Helms-Museums

Hermann Stein, Hamburg

Mythos Hammaburg

17 Mythos Hammaburg – Fakten und Fiktionen zur Frühgeschichte Hamburgs
Rainer-Maria Weiss

47 *Papst Benedikt V. – Exil in der Hammaburg*
Rainer-Maria Weiss

48 *Die Entwicklung des Hamburger Stadtwappens bis zum Typar IV*
Dirk Brietzke

Die Suche nach der Hammaburg – im Spiegel archäologischer Forschung

60 **Die Ausgrabungen auf dem Hamburger Domplatz**

61 Die Entdeckung der Hammaburg in der Nachkriegszeit
Anne Klammt

67 Die Ergebnisse der Ausgrabungen 2005–2006
Karsten Kablitz

86 Mythos Hammaburg – Von ^{14}C-Konzentrationen zur Datierung der Anfänge Hamburgs
Pieter M. Grootes, Marie-Josée Nadeau

96 Slawische Keramik im frühen Hamburg
Torsten Kempke

107 *Slawische Keramik*
Torsten Kempke

110 **Die Ausgrabungen in der Hamburger Altstadt**

111 Hamburg im frühen Mittelalter
Elke Först

113 *Ein kleines Kreuz aus Knochen*
Lisa Hansen

114 *Im Mist gefunden – Der vergoldete Reitersporn von der Reichenstraßeninsel*
Elke Först

130 Der Bischofsturm – Vom Wohnturm zum Stadttor
Elke Först

138 Die Geologie unter der Ham(ma)burg
Gisela Kersting, Jens Kröger und Ingolf Stüven, unter Mitwirkung von Jürgen Ehlers

Die Hamburger Befunde in der wissenschaftlichen Diskussion

149 In der Diskussion: Die Hammaburg und die Grabungen auf dem Domplatz
Anne Klammt

152 Hamburg im 9. und 10. Jahrhundert – Ein Zentralort zwischen Nord- und Ostsee? Zusammenfassende Überlegungen nach dem Abschluss des Kolloquiums
Heiko Steuer

167 *Hammaburg – Hamburg*
Christian Frey

170 Ham(ma)burg im spätsächsischen Umfeld

171 Burgen und Siedlungen der spätsächsischen Zeit beiderseits der Niederelbe
Wulf Thieme

173 Der ländliche Raum in spätsächsischer Zeit. Das südliche Hinterland der Hammaburg
Jochen Brandt

182 Hamburg, Magdeburg und die Suche nach den »spätsächsischen« Befestigungen: Bemerkungen zu einem Forschungsproblem
Babette Ludowici

188 Anmerkungen zu den spätsächsischen Befunden vom Hamburger Domplatz und ihrem Umfeld
Wulf Thieme

202 Ham(ma)burg im Spiegel der Reichspolitik des 9. bis 11. Jahrhunderts

203 Karolingische und ottonische Politik in Sachsen
Stephan Freund

219 Karolingerzeitliche Funde aus dem Frankenreich in Ham(ma)burg – Tatinger Kanne und Kreuzfibel
Wolfram Giertz

236 Ansgar und seine Mission im Norden
Michael Müller-Wille

245 Ansgars Kirche in Ribe
Morten Søvsø

255 Der alte Streit um Ansgars Bistum – neu entfacht. Eine Vorbemerkung
Anne Klammt und Rainer-Maria Weiss

257 Die gefälschte »Gründungsurkunde« Kaiser Ludwigs des Frommen für Hamburg
Theo Kölzer

262	Ansgar und die frühe Geschichte des Erzbistums Hammaburg
Henrik Janson
269	*Die Heiligenfibeln aus der Ham(ma)burg und ihrem Umland*
Mechthild Schulze-Dörrlamm
280	Ansgar als Argument – Die Aktualität des ersten »Erzbischofs« von Hamburg im 11. Jahrhundert
Volker Scior
283	*Kreuzfibeln bei den Sachsen*
Sven Spiong
291	Hammaburg und Domkirche in den frühen Jahrhunderten Hamburgs – Versuch einer historischen Neubewertung
Günther Bock
303	Das Hamburger Elfenbein-Evangeliar als historische Quelle zum frühen Hamburg
Günther Bock

312 Ham(ma)burg als Befestigung im Spiegel des frühmittelalterlichen Burgenbaus

313	Zur Einführung: Fränkische Burgen – Typen, Konstruktionsweise, Funktion
Felix Biermann
316	Zur Einführung: Slawische und sächsische Burgen des 8. bis 10. Jahrhunderts – Typen, Konstruktionsweise, Funktion
Jens Schneeweiß
318	Burgen in den Schriftquellen des frühen Mittelalters
Christian Frey
324	Burgen der Karolinger – Typen, Konstruktionsweise, Funktion
Peter Ettel
346	Das Kastell *hohbuoki* und der Ort *Schezla* an der Elbe
Jens Schneeweiß
357	Esesfelth und der Burgenbau des 9. bis 10. Jahrhunderts in Nordelbien
Thorsten Lemm
377	Die Wall- und Grabenanlagen auf dem Hamburger Domplatz und der nordwestslawische Burgenbau
Felix Biermann

390 Ham(ma)burg im Spiegel der frühen Bistumssitze Sachsens

391 Die frühen Bistumssitze Sachsens – Einsichten aus der aktuellen Forschung
Uwe Lobbedey

407 Die Domburg in Münster in karolingischer Zeit
Martin Kroker

417 Der Bistumssitz Bremen im späten 8. und 9. Jahrhundert
Dieter Bischop

436 Ham(ma)burg im Netz des frühmittelalterlichen Handels

437 Ham(ma)burg im Netz der Fernwege des frühen Mittelalters
Torsten Kempke

442 Wege und Orte des Handels im Sachsen des 8. bis 9. Jahrhunderts
Ralf Wiechmann

447 Zur Rolle und Struktur Hamburgs als frühmittelalterlicher Handelsplatz – Aktuelle Forschungen an Emporien und Handelsplätzen des Nord- und Ostseeraums im Vergleich
Hauke Jöns und Martin Segschneider

467 *Muschelgrusware und Shelly Ware*
Torbjörn Brorsson

Anhang

474 Quellen

477 Literatur

505 Autoren

507 Bildnachweis

GRUSSWORT

Endlich wissen wir, wo die erste Hammaburg errichtet worden ist. Hamburg ist um eine historisch bedeutende Erkenntnis reicher.

Die Sonderausstellung »Mythos Hammaburg« zeigt die – im Sinne des Wortes – tiefschürfende Forschungsarbeit, die über einen Zeitraum von rund einem halben Jahrhundert geleistet worden ist. Unsere Vorfahren bauten zwar auf sumpfigem Gelände, bekamen aber doch schnell festen Boden unter ihre Burg. Handel, Boote, Flussnähe – diese drei Konstanten der Hamburgischen Stadtgeschichte bestimmten schon den Anfang.

Ihre Befestigung hat die Hammaburg nicht vor Eroberung und Zerstörung durch die Wikinger schützen können. Wenn wir den Zeitsprung von den Anfängen unserer Stadt in die Gegenwart vollziehen, erkennen wir aber, dass unser Europa heute friedlicher ist. Mehr noch: Mit unseren europäischen Nachbarn verbindet uns Freundschaft.

Ich wünsche allen Besucherinnen und Besuchern viel Freude beim Besuch der Ausstellung. Den beteiligten Wissenschaftlern – allen voran Professor Rainer-Maria Weiss – danke ich für ihre engagierte und identitätsstiftende Arbeit.

Olaf Scholz

Erster Bürgermeister der
Freien und Hansestadt Hamburg

GRUSSWORT

Der Patron des Erzbistums Hamburg ist der heilige Bischof Ansgar. Ansgar ist untrennbar mit der Verbreitung der christlichen Botschaft im Norden Europas verbunden. Gut ausgebildet bei den Benediktinern in Corvey/Westfalen, gerüstet mit dem missionarischen Eifer des iro-schottischen Mönchtums und bereit für das Abenteuer im gefährdeten, wenig bekannten Gebiet Nordelbiens.

Im Bewusstsein der Hamburger Christen hat Bischof Ansgar den christlichen Glauben in den Norden getragen. Darüber möchten wir mehr wissen. In der Ausstellung »Mythos Hammaburg« werden die sprichwörtlich »fundamentalen« Erkenntnisse der frühen hamburgischen Stadtgeschichte präsentiert. Herrn Professor Rainer-Maria Weiss und seinem Team gebührt höchste Anerkennung für die jahrelange akribische Forschungsarbeit, deren Früchte zu Beginn der Ausgrabungen höchstens zu erahnen waren.

Wir wissen: Ansgar ist kein Mythos, ganz im Gegenteil. Der christliche Missionar Ansgar trifft hier im Norden auf eine heidnische Bevölkerung, die in den mythischen Bildern der germanischen Götterwelt zu Hause war. Ihnen trat er gegenüber mit der Botschaft vom Wort Gottes, dem Logos, der Jesus Christus ist. War es bei solch einer Begegnung zweier Welten von Belang, ob Ansgar Erzbischof, Missionsbischof oder einfacher Missionar war? Seine persönliche Glaubwürdigkeit war entscheidend, um die christliche Botschaft nachhaltig zu verkünden. Und seine Standfestigkeit, um vielfältige Rückschläge hinnehmen zu können.

Denn nachhaltige Erfolge konnte Ansgar bis zu seiner Flucht vor den Wikingern 845 nicht vorweisen. In seinem Sterbejahr 865 kann er auf keine sichtbaren Spuren seines Wirkens in und um Hamburg zurückblicken. Ist Ansgar also auf ganzer Linie gescheitert?

Historisch kann ich die Frage nicht beantworten. Doch ich blicke auf die Gegenwart: Jedes Jahr feiern Hamburger Katholiken ihre St.-Ansgar-Woche im Umfeld des Gedenktages des heiligen Ansgars am 3. Februar. Eine ökumenische Vesper zu diesem Gedenktag in St. Petri mit vielen Gästen aus allen Kirchen in Norddeutschland hat ebenfalls schon eine lange Tradition. Das katholische St.-Ansgar-Gymnasium, gemeinsam mit den weiteren katholischen Schulen in Hamburg, belegt die selbstverständliche Verbindung von Glaube und Vernunft, Spiritualität und Bildung, die auch für Bischof Ansgar kennzeichnend war. Viele Kirchen tragen sein Patrozinium. Das Gedenken an Bischof Ansgar ist bei uns also reichhaltig. Sein Wirken setzt sich unter den Christen im Norden bis heute fort.

Schließen möchte ich mit einem Gebet, das Ansgar – so die Aufzeichnungen seines Nachfolgers Bischof Rimbert – selbst verfasst hat:

»Dich, Quell des ewigen Lichtes, den allmächtigen Gott, rufen wir an! Dich bitten wir:
Sende deine Wahrheit in unsere Herzen hinein und durchströme uns mit der Klarheit deines neuen Lichtes.
Durch unseren Herrn Jesus Christus, deinen Sohn.«
(Vita Anskarii, Gebet Nr. 44)

Ich wünsche der Ausstellung »Mythos Hammaburg« viele interessierte Besucherinnen und Besucher.

Ansgar Thim (Domkapitular)

Diözesanadministrator

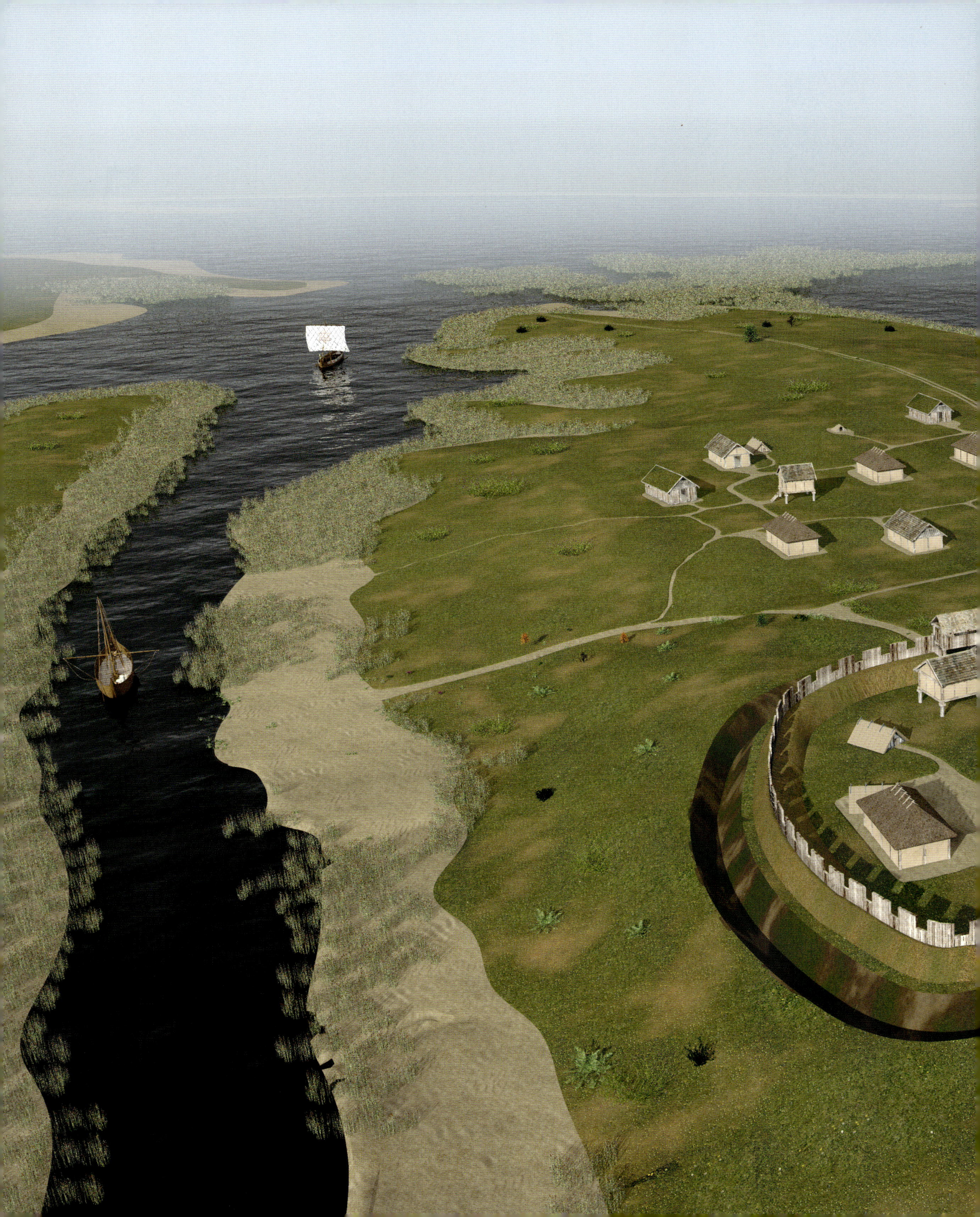

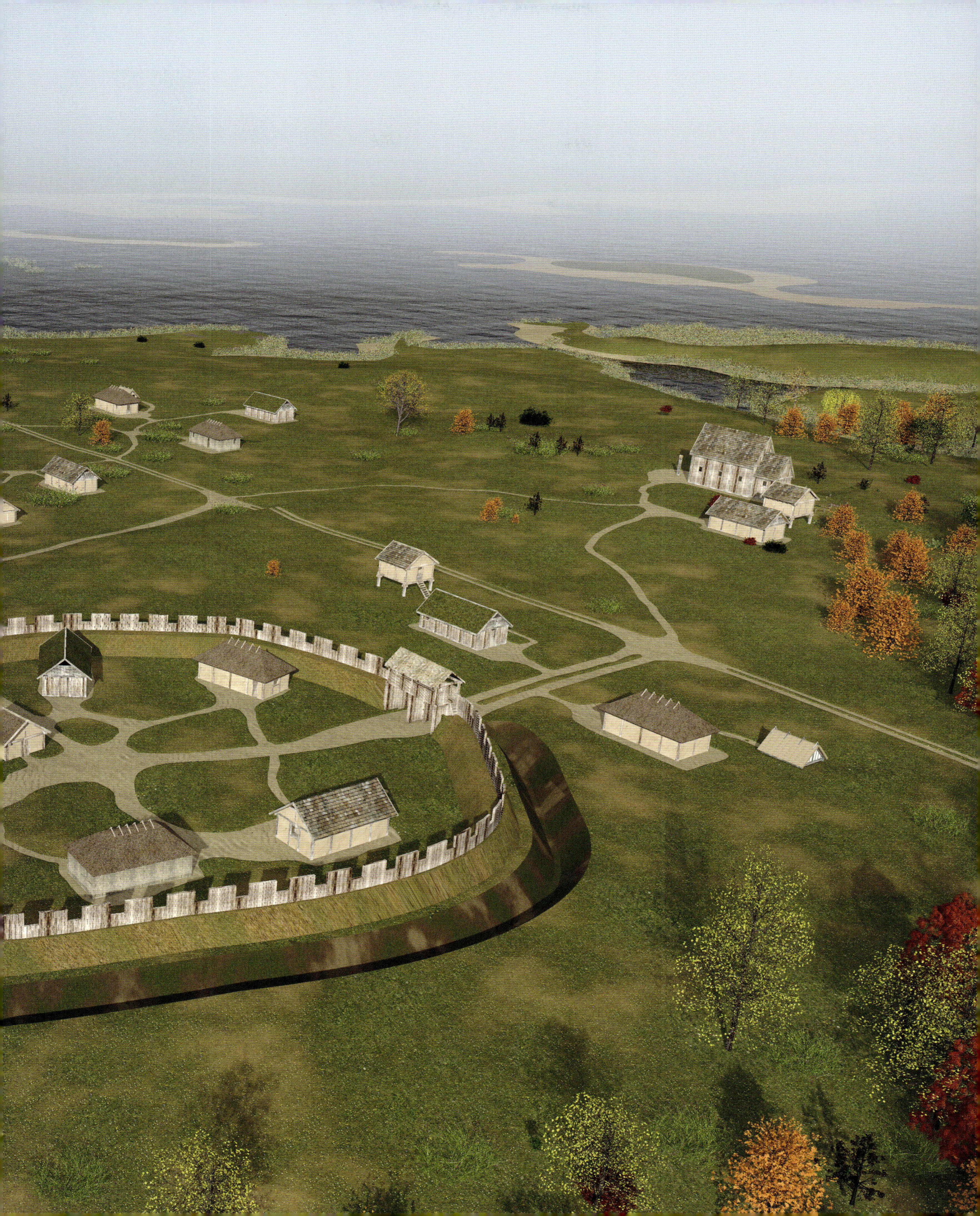

Tafel 2 Virtuelle Rekonstruktion Hammaburgs zur Zeit Ansgars (vor 845).
Ansicht von Südosten. Blick über die Hammaburg, Ansgars Kirche und die Siedlung in Richtung Alster.

Mythos Hammaburg

Mythos Hammaburg – Fakten und Fiktionen zur Frühgeschichte Hamburgs

Rainer-Maria Weiss

VORBEMERKUNG

Die Ausstellung »*Mythos Hammaburg*« zieht erstmals Bilanz aus vielen Jahrzehnten archäologischer Forschungstätigkeit in der Hamburger Altstadt. Gab es bereits vereinzelte, aber stets durch Zufälle veranlasste Schürfungen im 19. Jahrhundert und davor, so begann erst im Jahrzehnt nach dem 2. Weltkrieg eine planmäßige Ausgrabungstätigkeit im Zuge des schwungvollen Wiederaufbaus (*Abb. 1*), die Hamburg für kurze Zeit zum Zentrum der Stadtkernarchäologie in Deutschland werden ließ (s. Beitrag Anne Klammt). Der damalige Bodendenkmalpfleger, Reinhard Schindler, hat seine archäologischen Grabungsergebnisse stets sehr zeitnah und allgemeinverständlich publiziert, vor allem aber hat er sie stets sehr ausgiebig historisch interpretiert, womit er auf Jahrzehnte das Bild der frühen Stadtgeschichte und Stadtwerdung Hamburgs entscheidend geprägt hat[1]. Im Grunde genommen hat erst die 2002 publizierte wissenschaftliche Auswertung durch Ole Harck und Torsten Kempke der auf dem Domplatz durchgeführten Grabungskampagnen zu einer deutlichen Korrektur der bis dahin gültigen Befundinterpretationen geführt, wenngleich das mit ihnen verknüpfte tradierte Geschichtsbild im öffentlichen Bewusstsein nach wie vor dem Stand der Nachkriegszeit entspricht[2].

1 Der Domplatz 1955 von Südwesten, rechts das 1938 erbaute Pressehaus, mittig die Arkaden des kriegsbeschädigten Johanneums vor dem Abbruch.

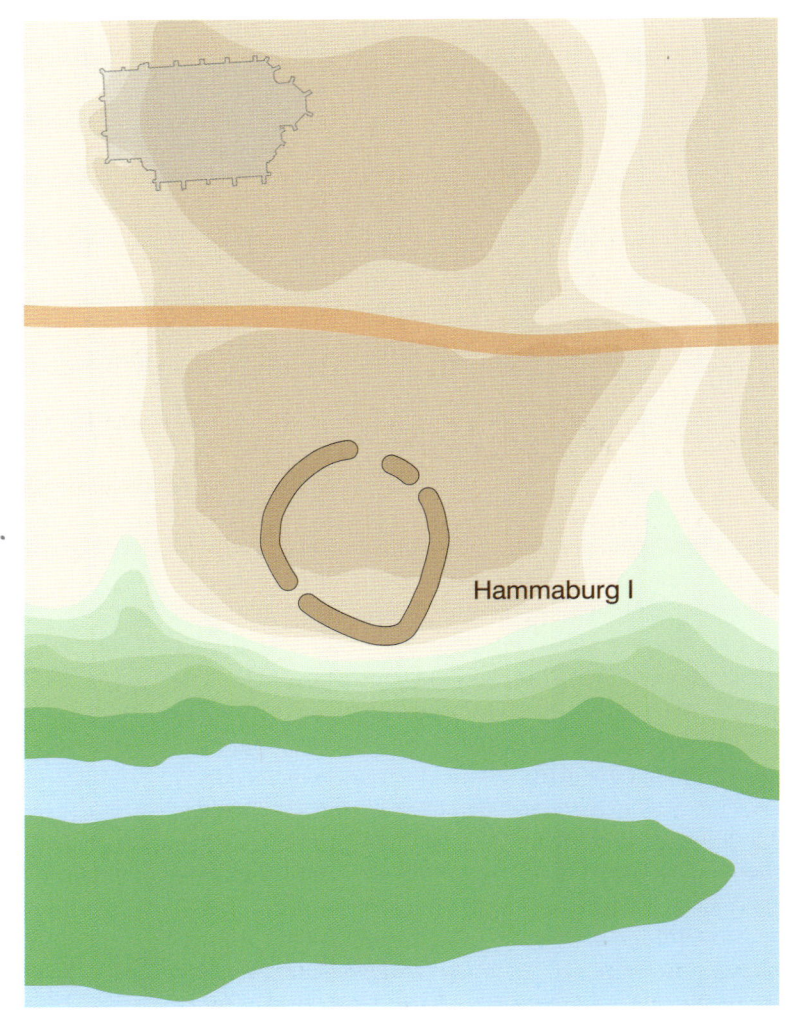

2 Ringgraben 1 wurde um 800 verfüllt und repräsentiert die älteste Befestigungsanlage aus spätsächsischer Zeit, Hammaburg I. Oben Grundriss St. Petri zur Orientierung, mittig der Höhenweg zur Alsterfurt.

Seither stand der Domplatz erneut in den Jahren 2005–2006 im Zentrum umfangreicher Ausgrabungen (s. Beitrag Karsten Kablitz), flankiert durch zahlreiche kleinflächige Untersuchungen in seinem näheren Umfeld (s. Beiträge Elke Först). Nach Abschluss dieser bislang letzten Grabungskampagne nahm der Ausgräber Karsten Kablitz für das Archäologische Museum Hamburg eine Gesamtauswertung aller bisher im weiteren Umgriff des Domplatzes durchgeführten Ausgrabungen vor. Ihm gelang 2011 schließlich der entscheidende Durchbruch bei der chronologischen Neubewertung der seit langem in der Diskussion stehenden Befunde, wodurch erstmals eine lückenlose Chronologie der Befundsituation zur Frühgeschichte Hamburgs von den Anfängen im 8. Jahrhundert an nachgezeichnet werden kann[3].

Diese neu gewonnene archäologische Abfolge kritisch zu hinterfragen und letztlich mit der spärlichen historischen Überlieferung in Einklang zu bringen, war das Ziel eines ausstellungsvorbereitenden interdisziplinären Fachkolloquiums im Dezember 2013, dessen Ergebnisse das Grundgerüst des vorliegenden Ausstellungsbandes bilden.

Im Folgenden soll der Versuch unternommen werden, den aktuellen Forschungsstand zur Stadtwerdung Hamburgs zusammenzufassen und daraus einen kurzen Abriss der frühen Geschichte der Stadt als zentraler Ort für die nordische Mission im Spannungsfeld zwischen Sachsen, Franken, Slawen und Wikingern zu entwickeln.

Hamburg hat als stolze historische Hansestadt ein ausgeprägtes Traditionsbewusstsein und ein Geschichtsbild, das durch zahlreiche scheinbar unumstößliche Eckpunkte vorgezeichnet wird. Obgleich viele dieser Topoi wissenschaftlich längst dem Reich der Mythen zugewiesen worden sind, halten sie sich hartnäckig und gehören zur festen lokalen Folklore. Zu nennen ist etwa der Mythos einer Gründung Hamburgs durch Karl den Großen oder die angebliche Ausfertigung des berühmten Freibriefs für Hamburg durch Kaiser Friedrich Barbarossa im Jahr 1189, der der Stadt diverse wertvolle Privilegien gesichert hat. Das vermeintliche Ausstellungsdatum dieser gefälschten Urkunde wird jährlich mit dem touristischen Millionen-Event des Hamburger Hafengeburtstags gefeiert. Vermehrt auftretende Ungereimtheiten in der historiografischen und urkundlichen Überlieferung, die im Vergleich zu anderen Regionen des Fränkischen Reichs für Hamburg bereits früh aufgefallen sind[4], wurden dabei nicht etwa kritisch hinterfragt, sondern haben vorschnell zur Definition eines vermeintlichen Hamburger Sonderweges in der frühmittelalterlichen Entwicklung geführt. Die aktuelle kritische Revision der historischen und archäologischen Fakten lässt aber diese Sonderentwicklung für Hamburg wie auch ganz Nordelbien mehr als fraglich erscheinen und stellt es vielmehr in den Reigen zahlreicher anderer sächsischer und fränkischer Gründungen an der nördlichen Peripherie des Frankenreiches. Durch die Entlarvung diverser Topoi treten nun aber nicht etwa unüberbrückbare Lücken in der historischen Tradition auf, sondern vielmehr fügt sich Hamburg endlich fugenlos und bündig in das Gesamtbild der Christianisierung und Eingliederung Sachsens in das Frankenreich der Karolinger ein. Es ist einer zufälligen zeitlichen Koinzidenz zu verdanken, dass gleichzeitig mit den archäologischen Neuerkenntnissen ein langjähriges Bonner Forschungsprojekt zum Abschluss kommt, das sich den Urkunden Ludwigs des Frommen (*778–†840) widmet (s. Beitrag Theo Kölzer). Diese Ergebnisse haben für die Betrachtung der historischen Abläufe in Hamburg wie für die Missionierung ganz Sachsens wertvolle Neuerkenntnisse geliefert, die hier erstmals interdisziplinär verknüpft und vorgestellt werden.

3 Topografie des Geestplateaus der Hamburger Altstadt im Mündungsbereich zwischen Alster und Elbe. Die Flussläufe bilden auf drei Seiten einen natürlichen Schutz. Blau: Bereiche unter 0 m NN.

HAMBURG VOR DER HAMMABURG

Den frühesten Siedlungsresten im Bereich der Hamburger Altstadt kommt man nur archäologisch auf die Spur, da für diese Zeit noch keine schriftliche Überlieferung existiert. So gibt es seit der späten Jungsteinzeit immer wieder sporadische Fundstücke, darunter Steinwerkzeuge und vor allem Gefäßscherben, doch bleiben diese stets ohne Befundzusammenhang und sind daher nicht als Belege einer dauerhaften Besiedlung zu werten, sondern als Nachhall temporärer Anwesenheit und Begehung des Areals.

Die erste bauliche Struktur, die den Beginn einer seither kontinuierlichen Entwicklung markiert, wurde während der Grabungen der 1980er Jahre entdeckt und bildet den Vorgängerbau der literarisch bezeugten Hammaburg des 9. Jahrhunderts. Archäologisch nachweisbar ist nur mehr der letzte Rest eines eiförmigen Ringgrabens mit einem Innendurchmesser von 48–58 m, der einst eine durchschnittliche Tiefe von über 2,50 m und eine Breite von gut 6 m aufgewiesen hat (*Abb. 2*). Mit dieser Anlage beginnt Hamburg, sie bildet den Nukleus der seither ununterbrochenen Besiedlung. Aufgrund der zahlreichen tiefgreifenden Bodeneingriffe haben sich zusätzlich zu den Grabenresten keinerlei Spuren einstiger Innenbebauung feststellen lassen. Auch weiß man nichts über die Art der den Graben flankierenden weiteren Befestigung, da kein zusätzlicher Wallkörper, kein Palisadenzaun oder Ähnliches erhalten blieben. Aufgrund des geringen Durchmessers der Anlage wird man aber kaum einen mächtigen Innenwall vermuten dürfen, sondern eher von einer den Graben begleitenden Palisadenbewehrung auszugehen haben.

Detaillierte Analysen des aus dem Graben geborgenen keramischen Fundmaterials belegen eine Planierung der Anlage und Verfüllung des Grabens um 800. Da die Keramik insgesamt nicht weiter als ins 8. Jahrhundert zurück reicht, ist die erste Befestigungsanlage auf dem Hamburger Domplatz in das 8. Jahrhundert zu datieren. Sie ist somit keine fränkische Gründung, sondern fällt in spätsächsische Zeit[5]. Auch wenn im archäologischen Befund nur der Graben und drei ihn überbrückende Durchlässe nachweisbar sind, so ist eine Interpretation als palisadenumwehrter Herrenhof plausibel. Ein weiteres Argument für eine Ansprache als Befestigung ist die Tatsache, dass auch die Nachfolgeanlagen Befestigungen gewesen sind. In Anbetracht dieser Funktionskontinuität sollte die Keimzelle der Stadt nicht allein aufgrund der geringen Dimensionen des Grabenrings mit einer abweichenden Nutzung – etwa als Heiligtum oder Versammlungs- und Gerichtsstätte[6] – belegt werden. Ihre einstige Funktion als Befestigung, ihr sächsischer Ursprung und sogar ihre topografische Lage spiegeln sich bereits im Namen *Hammaburg* wider, dessen Wurzel in diesem ersten Adelssitz zu suchen ist. Das altsächsische *ham* oder *hamm* steht für eine umzäunte Wiese oder eine abgegrenzte Bucht in einer Niederung, die Hammaburg wäre demnach wörtlich die *Wiesen-* oder *Buchtburg* (s. Beitrag Christian Frey).

Tatsächlich wird man sich die früheste dauerhafte Ansiedlung, bestehend wohl aus dem umwehrten Herrenhof und einigen ihn umgebenden Gebäuden, so vorstellen dürfen, dass sie mit Bedacht auf einem flach nach Westen auslaufenden Geestsporn im Mündungsdreieck zwischen Alster und Elbe angelegt worden ist (*Abb. 3*); dabei nutzte sie die natürliche Schutzfunktion der verschiedenen, das Geestplateau von drei Seiten umfließenden Wasserläufe und -arme aus, an deren Ufern anfänglich ein durch den ständigen Tidenhub sumpfiger Buchen- und Erlenbruchwald vorauszusetzen ist (*Abb. 4*). Die heutige topografische Situation entspricht mit ihrer Ausbildung eines regelrechten west-östlich verlaufenden Grates in der Mitte des Geestrückens, der die Kirche St. Petri auf seinem Scheitelpunkt thronen lässt und von dem aus das Gelände nach Norden zur Alster, vor allem aber nach Süden zur Elbe hin um etliche Meter gleichmäßig und sehr deutlich abfällt, nicht den frühgeschichtlichen Gegebenheiten. In der Zusammenschau aller Grabungsprofile, dem Nivellement etwa der Grabensohlen der verschiedenen Grabenanlagen und der Neubewertung der Bohrprofile ergibt sich entgegen bisheriger Auffassungen das Bild eines von West nach Ost bis zur Alsterfurt in mehreren Terrassen und Stufen sanft abfallenden Geestsporns, der weitgehend eben bis zu den dann steil abfallenden Geestkanten verläuft (Abb. 5). Vielfach angestellte Überlegungen, warum die Befestigungsanlagen nicht auf dem Scheitel, sondern in vermeintlich stark abfallender Hanglage errichtet worden seien, sind damit gegenstandslos. Ein vergleichbarer Topos der Forschung ist die noch in jüngster Zeit vertretene Annahme, südlich der Hammaburg sei die Bille kurz vor ihrer Mündung in die Elbe geflossen, mit der Konsequenz, das frühe Hamburg und sein erster Hafen seien an diesem Nebenfluss gegründet worden[7]. Grundlage sind entsprechende Eintragungen in Karten des 19. Jahrhunderts (Abb. 6) und ältere Beschreibungen[8], während die Bille tatsächlich wohl bereits gut drei Kilometer weiter elbaufwärts – heute etwa an den Elbbrücken kurz vor Rothenburgsort – in den Hauptstrom mündet (s. Beitrag Gisela Kersting et al.). Mit der Ortswahl auf einem Geestsporn in einem Mündungszwickel folgen die frühen Hamburger einem seit vorgeschichtlichen Zeiten geläufigen Muster, nach dem sich auch die Wiege Hamburgs in keiner Weise von der zahlloser anderer Orte entlang der Elbe und anderer Flüsse Nordwestdeutschlands unterscheidet. Zudem fand die Neugründung keineswegs im Niemandsland statt, sondern war eingebunden in ein engmaschiges Netz zeitgleicher Siedlungen und Burgen, deren Ursprünge teilweise weit in sächsische Zeit zurück reichen (s. Beiträge Jochen Brandt, Elke Först, Altstadt, u. Wulf Thieme).

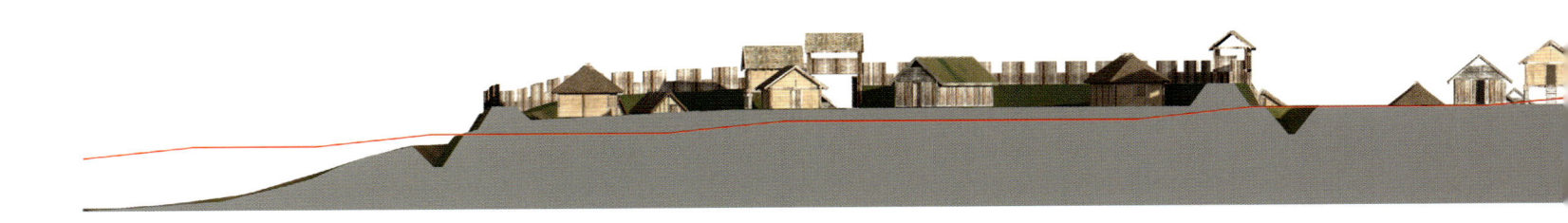

Die Burg in der *hamm* ist dabei ursprünglich namengebend und zeigt zudem an, dass der aus archäologischer Sicht als grabenumwehrter Herrenhof zu be-

4a In einigen Abschnitten der Elbe nahe Hamburg hat sich der ursprüngliche Ufer-Bewuchs als Tideauenwald und Birken- und Erlenbruchwald erhalten.

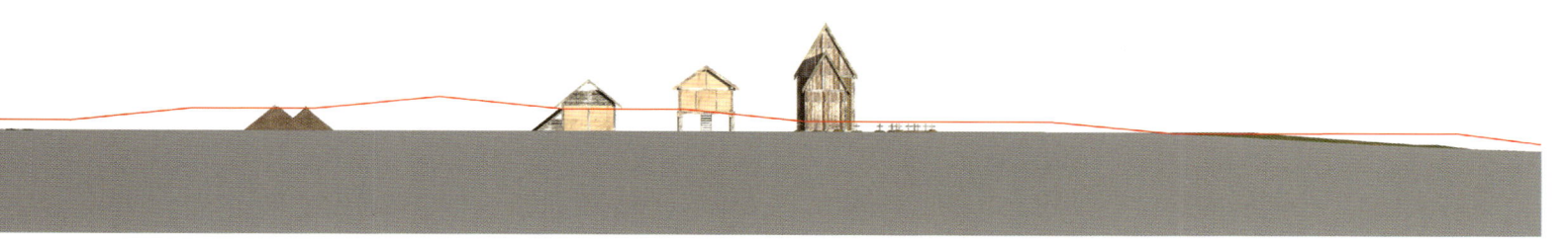

5 Nord-Süd-Schnitt von der Alster bis zur Elbe durch das Geestplateau der Hamburger Altstadt. Die rote Linie markiert das heutige Oberflächenniveau; die Geestkante zur Elbe (links) ist heute nicht mehr erkennbar; der Geestsporn bildet heute mittig auf Höhe der St.-Petri-Kirche einen Scheitel aus, von dem das Gelände nach Norden und Süden deutlich abfällt.

zeichnende Befund funktional als »*Burg*« aufgefasst worden ist. Gleichzeitig bezeichnet der Name auch den gesamten Ort, *Hammaburg* meint also zu jeder Zeit die untrennbare Einheit von Burg und zugehöriger Siedlung. Wenn daher in der späteren schriftlichen Überlieferung von *Hammaburg* die Rede ist, so steht diese Bezeichnung als *pars pro toto* für das Siedlungsgefüge aus Burg und Ort, in dem natürlich die Burg der wichtigste Teil ist. Dies spiegelt ältere germanische Sprach-Traditionen wider, nach denen etwa *Schiffe* als *Kiel* bezeichnet werden, *Burgen* als *Stein* usw., wo also ein kleiner Teil für das Ganze steht (s. Beitrag Christian Frey). Eine klare begriffliche Differenzierung findet jeweils erst dann statt, wenn es narrativ nötig wird. Aus genannten Gründen erscheint es legitim, die erste sächsische Grabenanlage des 8. Jahrhunderts als Hammaburg I anzusprechen, deren historisch bezeugter Nachfolgebau demzufolge Hammaburg II ist.

In nüchterner archäologischer Betrachtung datiert die Verfüllung eines Grabens lediglich den Zeitpunkt seiner Planierung, nicht aber sein Ausheben. So ist nur festzustellen, dass der Ringgraben um 800 verfüllt worden ist, nicht aber, wann man ihn angelegt hat. Dafür kommt das 8. Jahrhundert in Frage, an dessen Ende im Zuge der Sachsenkriege nun auch die Region an der Unterelbe endlich ins Licht der Geschichte rückt, wenn auch die Hammaburg bzw. das frühe Hamburg noch lange keine namentliche Erwähnung finden soll.

Während der sogenannten Sachsenkriege hat Karl der Große ab 772 begonnen, sächsisches Territorium zu erobern, was erst 804 mit der Unterwerfung Nordelbiens seinen Abschluss fand. In diesen Jahrzehnten befand sich die Hammaburg in einem Spannungsfeld ständig wechselnder Kräfte unter jeweils sächsischer, fränkischer und schließlich slawischer (obodritischer) Oberhoheit. Entgegen älterer Interpretationen ist aber

4b Partie im Eppendorfer Moor mit ursprünglichem Ufer-Bewuchs, wie er entsprechend in der Umgebung der Hammaburg bestand.

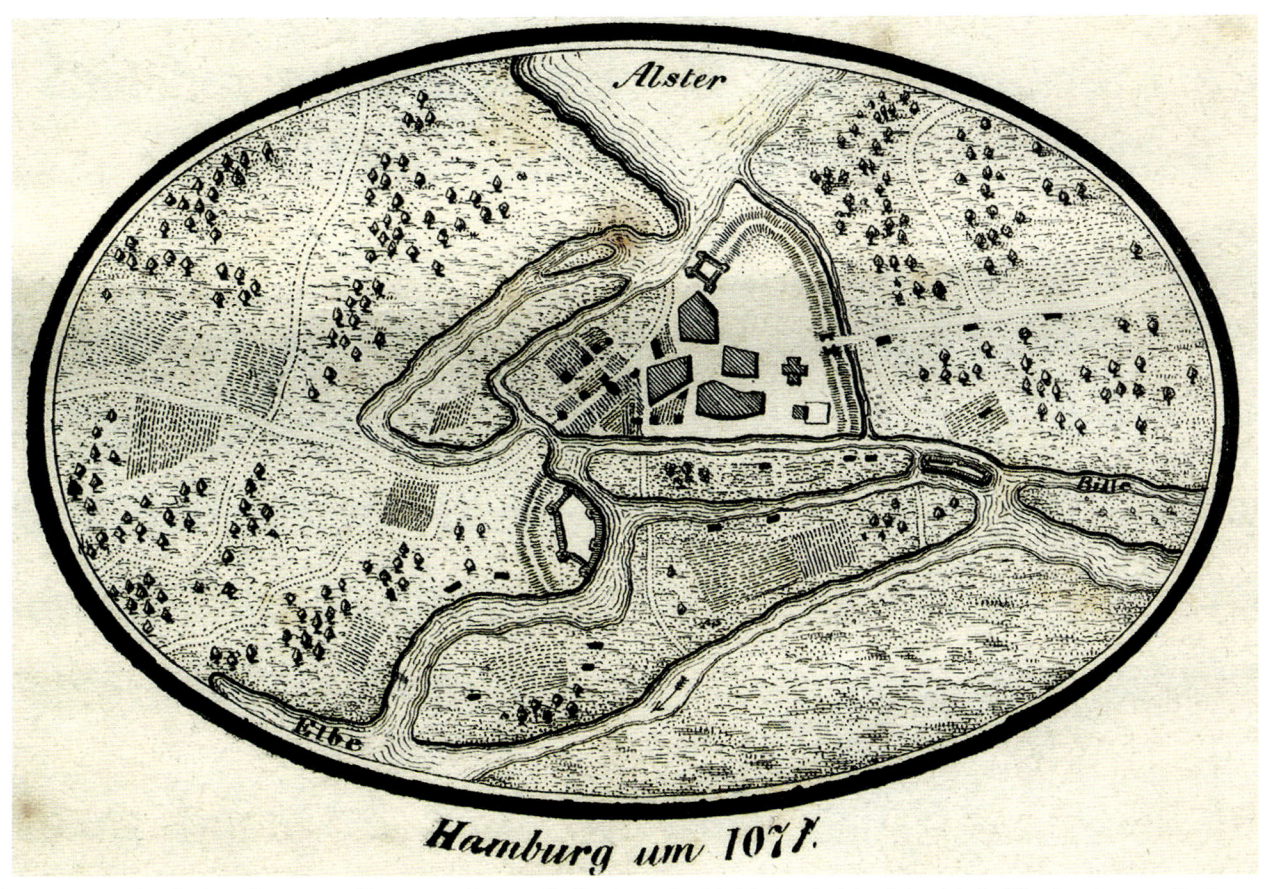

6 Die Lithografie von 1832 zeigt die damaligen Vorstellungen zur Topografie Hamburgs im 11. Jahrhundert. Im Osten ist die Bille eingetragen, die die Reichenstraßeninsel südlich der Altstadt umfließt.

ein deutlicher slawischer Fundeinschlag bei den Ausgrabungen in der Hammaburg nicht etwa auf eine echte »Slawenherrschaft« in Nordelbien zwischen 804 und ca. 810/11 zurückzuführen, vielmehr wird die Frage im Vordergrund gestanden haben, wem die ortsansässige Bevölkerung jeweils gerade tributpflichtig war (s. Beiträge Felix Biermann u. Stephan Freund).

Noch immer aber wird Hamburg in der Geschichtsschreibung nicht namentlich erwähnt. Es bleibt also unklar, bei welchem Ereignis die spätsächsische Hammaburg I, offenbar eine Gründung des 8. Jahrhunderts, nach rein archäologischer Diktion »um 800« einplaniert worden ist. Dabei ist zu bedenken, dass der anhand der geborgenen Keramikscherben und der Radiokarbondaten (s. Beitrag Pieter Grootes u. Marie-Josée Nadeau) *archäologisch* gewonnene Zeitpunkt »*um 800*« durchaus mehrere Jahrzehnte vor und nach der Wende vom 8. zum 9. Jahrhundert einschließen kann. Theoretisch denkbar ist also eine Zerstörung durch fränkische Truppen vor 804, eine Niederlegung durch obodritische Herrscher zwischen 804 und 810, am wahrscheinlichsten ist aber eine reguläre Einebnung im Zuge einer planmäßigen Erweiterung der Burg durch die lokale Führungselite selbst, wofür es zahlreiche Indizien gibt, auf die noch zurückzukommen ist.

DIE BURG ESESFELTH – BLAUPAUSE FÜR HAMBURG

Andere Aktivitäten der fränkischen Machthaber sind in der karolingischen Geschichtsschreibung deutlich besser dokumentiert, andere Orte sind daher im Gegensatz zur frühen Hammaburg historisch fassbar. Eine Schlüsselrolle für das Verständnis des historischen Aufschwungs des frühen Hamburg und den Ausbau der Hammaburg nimmt nach neuesten Forschungen die an der Stör gelegene Burg Esesfelth bei Itzehoe ein (s. Beitrag Thorsten Lemm).

Nachdem 804 der sächsische Widerstand endlich gebrochen war, übertrug Karl der Große die Verwaltung der nordelbischen Gebiete Sachsens auf die mit ihm verbündeten Obodriten. Die Nordostgrenze des Fränkischen Reichs lag zwar an der Elbe, doch fungierte Nordelbien bis an die Eider- und Trave-Linie nun gewissermaßen als Pufferzone zwischen Franken und Dänen, und zwar unter slawischer Hoheit. Die Kräfteverhältnisse an dieser Peripherie des Reiches gerieten aber bald ins Wanken, als die dänischen Wikinger unter König Göttrik erstarkten und Nordelbien an Dänemark zu fallen drohte. Kaiser Karl musste schnell reagieren, nachdem auf die verbündeten Obodriten kein Verlass mehr war, und beauftragte

809 den fränkischen Grafen Egbert, Nordelbien zu übernehmen. Dieser errichtete im März 810 an der Stör die gegen den politischen Druck aus Dänemark gerichtete Burg Esesfelth, welche mit großer Wahrscheinlichkeit am Westrand des heutigen Itzehoe zu lokalisieren ist. Damit begann die faktische Eingliederung Nordelbiens in das Fränkische Reich, sicher sehr zum Missfallen der entmachteten slawischen Führung.

Die verkehrsgeografische und topografische Lage der Befestigung Esesfelth an der Stör entsprach weitgehend derjenigen der frühen sächsischen Hammaburg des 8. Jahrhunderts an Elbe und Alster (*Abb. 7*). Keineswegs aber darf man sich die Burg als einsamen Stützpunkt im Niemandsland zwischen Franken, Slawen und Wikingern vorstellen. Die karolingischen Expansionsbestrebungen sahen vielmehr vor, das Land auch in Verwaltung, Politik und Religion vollumfassend in das Reich einzugliedern. Entsprechend wurde in Esesfelth umgehend zur Festigung der politischen Ambitionen ein erstes Missionszentrum eingerichtet – denn Missionierung diente letztlich einzig der langfristigen Durchsetzung der politischen Ziele. Es ist sehr wahrscheinlich, die früheste Kirchengründung in Nordelbien mit der seitens der hamburgischen Geschichtsschreibung seit jeher in Hamburg lokalisierten Heridag-Kirche gleichzusetzen, deren Standort aber nicht in Hamburg, sondern im heutigen Heiligenstedten in Sichtweite der Burg Esesfelth zu vermuten ist (s. Beitrag Henrik Janson).

Der Wortlaut Rimberts in der *Vita Anskarii*, der zwischen 865 und 876 verfassten Lebensbeschreibung des hl. Ansgar, erwähnt Hamburg in diesem Zusammenhang gar nicht namentlich: »*Als sein [Ludwigs des Frommen] Vater, der erhabene Karl [der Große] ruhmreichen Angedenkens, das ganze, vom Schwert bezwungene und dem Joche Christi unterworfene Sachsen in Bistümer einteilte, vertraute er den äußersten Landesteil im Norden jenseits der Elbe nicht der Obhut eines Bischofs; er beschloß vielmehr, ihn für die Errichtung eines Erzstuhls aufzusparen; von diesem aus sollte nämlich durch gnädige Fügung des Herrn die Verbreitung christlichen Glaubens auch zu den Völkern vor den Grenzen ihren Ausgang nehmen. Er ließ deshalb die Weihe der ersten dortigen Kirche durch den gallischen Bischof Amalar vornehmen. Später vertraute er diesen Sprengel dem Priester Heridag an zu gesonderter Verwaltung und verbot benachbarten Bischöfen die Ausübung irgendwelcher Amtsgewalt über diesen Raum. Seinen Entschluss, den Priester zum Bischof weihen zu lassen, verhinderte allerdings dessen früher Tod*«[9]. Aus den Lebensdaten der Protagonisten ergeben sich klare Hinweise auf die Weihung der Kirche durch Amalar, die

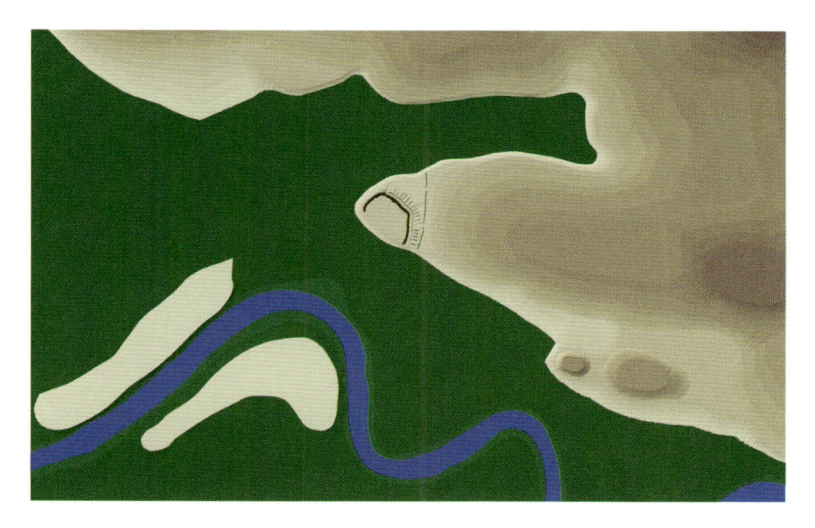

7 Die Burg Esesfelth lag auf einem flachen Ausläufer der Altmoräne, der in die Flussmarsch der Stör hineinragte, ein für die Verteidigung optimaler Platz. *Karte unten:* Das Umfeld der Burg Esesfelth.

zwischen 810 und 814 erfolgt sein muss, also sehr zeitnah nach dem Bau der Burg Esesfelth. Diese Zusammenhänge und der Bericht Adams von Bremen aus der Zeit um 1075, dass Ansgar selbst noch Reliquien nach *Heligonstat* gebracht habe[10], lassen die Lokalisierung der Heridag-Kirche in Heiligenstedten plausibler erscheinen als im oft dafür beanspruchten Schenefeld im schleswig-holsteinischen Kreis Steinburg. Hamburg jedenfalls kommt als ihr Standort nicht in Frage, womit einer der Gründungsmythen für die Stadtgeschichte entfällt und sich Hamburg eben nicht auf Karl den Großen berufen kann[11].

Der *civitas* Esesfelth war also weit mehr an Funktionen und Aufgaben zugedacht, als die rein fortifikatorische Vorpostenrolle als fränkische Speerspitze gegen die dänischen Wikinger. Folgt man der Indizienkette, die für die Lokalisierung der Heridag-Kirche in Heiligenstedten spricht, so sollte in bester Tradition fränkischer Expansionspolitik neben der militärischen auch umgehend eine

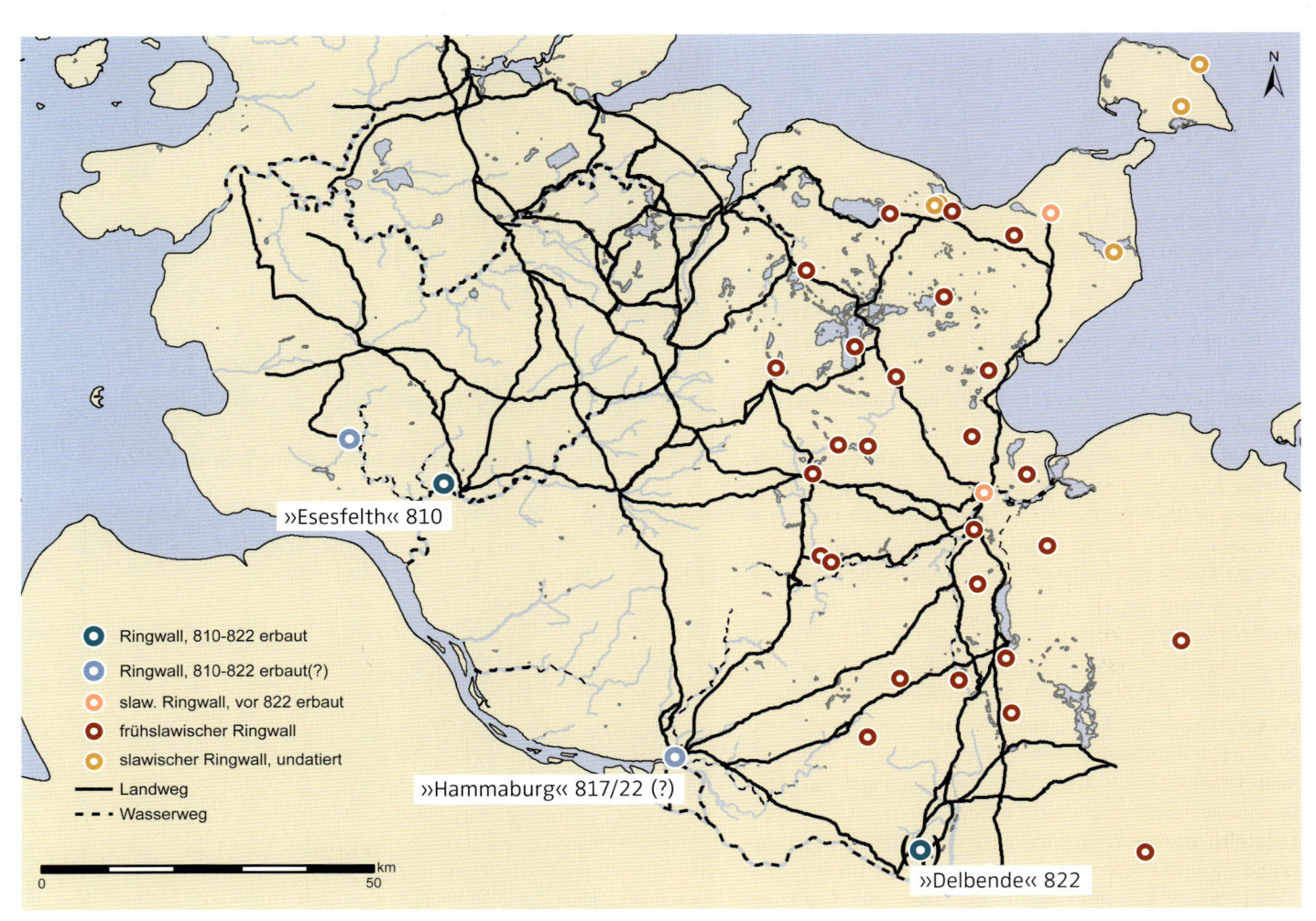

8 Die Lage der Hammaburg zwischen den Burgen Esesfelth und Delbende (nicht genau lokalisiert).

umfassende kirchenrechtliche Struktur installiert werden, was zunächst durch den überraschenden Tod des Priesters, dann möglicherweise durch den Tod Karls des Großen verzögert worden ist. In der Folge übernahm diese Aufgaben – nunmehr im Auftrage von Karls Sohn Ludwig dem Frommen – der Bischof Ebo von Reims (*778–†851), dem der Kaiser 822/23 die Klosterzelle Welanao beim heutigen Münsterdorf südlich von Itzehoe stiftete. Damit kam Esesfelth die bedeutende Rolle als Ausgangspunkt für die nordische Mission zu, eine Rolle, die Hamburg bereits ein Jahrzehnt später übernehmen sollte.

ESESFELTH UND DER FRÄNKISCHE AUSBAU DER HAMMABURG

Wohlgemerkt, zu dieser Zeit ist Hamburg noch immer nicht im Lichte der Geschichte aufgetaucht. Man kann nur vermuten, dass die sächsische Hammaburg des 8. Jahrhunderts in der Folge des 817 gescheiterten Großangriffs auf Esesfelth durch dänische Wikinger und die nun mit ihnen verbündeten obodritischen Slawen[12] im Rahmen der nachfolgenden Konsolidierung der fränkischen Machtverhältnisse in Nordelbien eine Rolle als Grenzposten übernommen hat. Die gleiche Funktion hatte die bis heute nicht genau lokalisierte Burg Delbende, deren Ausbau im Gegensatz zur Hammaburg für 822 schriftlich überliefert ist (*Abb. 8*). Nimmt man eine sukzessive Befestigung der Reichsgrenze bzw. eher Nordelbiens als Grenzterritorium die Elbe aufwärts an, so müsste die Hammaburg – ungefähr in der Mitte zwischen Esesfelth und Delbende gelegen – zwischen 817 und 822 in den Fokus der fränkischen Politik und damit ins Gesichtsfeld Ludwigs des Frommen gerückt sein, wenn auch wie gesagt ohne jeden urkundlichen Niederschlag[13]. Möglicherweise lässt sich die Befunddatierung der Verfüllung von Ringgraben 1, der der spätsächsischen Hammaburg I des 8. Jahrhunderts zugewiesen wird, die nach rein archäologischen Gesichtspunkten »*um 800*« stattfand, anhand dieser historischen Indizien bis in die Zeit 817–822 ausdehnen. Damit könnten die Einebnung der Grabenanlage 1 und der unmittelbar anschließende umfangreiche Ausbau der Befestigungsanlage, die dann mit der Ansgar-zeitlichen Hammaburg II zu identifizieren ist, auf diese Ereignisse zurückzuführen sein[14].

ESESFELTHS NIEDERGANG – AUFSTIEG DER HAMMABURG

Hatte Karl der Große mit der *civitas* Esesfelth allem Anschein nach noch große Pläne, bis hin zur Einrichtung eines Bistums als Missionszentrum für die gesamte Nordmission, so verfolgte sein Sohn Ludwig zunächst dieselben Ziele mit der Unterstützung des einflussreichen Bischofs Ebo von Reims, zu dem er ein fast brüderliches Vertrauensverhältnis pflegte. Umso enttäuschter war Ludwig darüber, dass sich sein Protegé bei der Entmachtung des Kaisers, kulminierend in einer von Ebo in Soissons geleiteten kirchlichen Versammlung im November 833, sehr entschieden gegen ihn gestellt hatte. Doch das Blatt sollte sich bald zugunsten Ludwigs wenden, der am 1. März 834 wieder als Kaiser eingesetzt worden war. Bischof Ebo fiel in Ungnade, flüchtete zunächst und wurde dann in Fulda festgesetzt. Gleichzeitig kappte Ludwig umgehend jede Verbindung zum bisherigen Betätigungsfeld Ebos bezüglich der durch Karl den Großen initiierten Mission Nordeuropas von Nordelbien aus. Esesfelth wurde mit seiner gesamten Infrastruktur offenbar umgehend aufgegeben.

Ludwigs Wahl für das neue administrative Zentrum Nordelbiens fiel auf Hamburg. Die Hammaburg lag 60 Kilometer weiter von der als ständige Bedrohung empfundenen dänischen Grenze entfernt, außerdem verkehrsgeografisch deutlich günstiger direkt an der Elbe und somit in einer Scharnierposition zwischen Nordelbien und dem Rest des Reiches (s. Beitrag Torsten Kempke, Fernwege). Ludwig handelte zügig und entschlossen, das Vorhaben seines Vaters fortzusetzen, zudem Ebo nachhaltig zu entmachten und neue Machtverhältnisse zu schaffen, die letztlich auch die Wikinger und Slawen in Schach zu halten vermochten. Ein ganz wesentliches Element war dabei nach wie vor die christliche Missionierung des Nordens. Bereits am 15. Mai 834 stellte der Kaiser eine Urkunde aus, die gemeinhin als die Gründungsurkunde des Bistums Hamburg betrachtet wird. Ihr tatsächlicher Kern ist aber wohl nur die Schenkung mit Immunitätsverleihung des Klosters Torhout bei Brügge in Westflandern zur wirtschaftlichen Absicherung der Missionstätigkeit Ansgars, der demnach im Jahr 834 seine Tätigkeit in Hammaburg aufgenommen haben wird (*zu unterschiedlichen Interpretationen dieser Urkunde s. die Beiträge von Henrik Janson u. Theo Kölzer*)[15].

ANSGAR FÜHRT DIE HAMMABURG INS LICHT DER GESCHICHTE

Nach landläufigem Brauch wird als Datum für ein Stadtjubiläum die urkundliche Ersterwähnung herangezogen. Für Hamburg wäre dies der 15. Mai 834. Zuvor wird Hammaburg/Hamburg namentlich weder im Zusammenhang mit geplanten Bistumsgründungen durch Karl den Großen genannt, noch im Zusammenhang mit der legendären Heridag-Kirche, noch mit den Sachsenkriegen, noch mit der Sicherung Nordelbiens oder dem Burgenbau in Esesfelth und Delbende. Folgt man den jüngsten kritischen Bestandsaufnahmen der Urkunde von 834[16], so wird dort im Kernbestand des Textes Hammaburg sogar nicht einmal namentlich genannt, doch herrscht in der Forschung Einigkeit, dass nur die Hammaburg gemeint sein kann.

Mit dem Priester Ansgar (*801–†865), seit 831 durch Papst Gregor IV. (827–844) mit Missionslegation für die nordische Mission ausgestattet, 834 zum Missionsbischof erhoben, weiß Kaiser Ludwig einen erfahrenen, loyalen und zweifelsohne bedeutenden Kirchenmann in Hamburg. Es liegt durchaus auf der Hand, dass Ludwig nach dem vorzeitigen Tod des Priesters Heridag und der Entmachtung Ebos nunmehr in Hammaburg vorzugsweise vollendete Tatsachen hätte schaffen wollen, also nach den Plänen Karls des Großen in Nordelbien endlich ein Bistum oder gar ein Erzbistum zur Verstetigung der immer noch fragilen politischen Verhältnisse einzurichten. Angesichts des seit 833 sehr angespannten Verhältnisses zu Papst Gregor IV., der sich in diesem Jahr mit Ebo und Ludwigs ältestem Sohn Lothar I. gegen den Kaiser gewandt hatte, ist es aber kaum vorstellbar, dass der Papst diesen Sonderweg für die Hammaburg und Ansgar legitimiert hätte. Genau dieser angebliche Sonderweg Hamburgs hat die Forschung jahrzehntelang beschäftigt: Wie konnte ein Bistum oder gar Erzbistum im Niemandsland an der nördlichen Peripherie des Frankenreiches gegründet werden, das über keinerlei klerikale Infrastruktur, keinerlei profane administrative Strukturen, keine städtische Ausprägung verfügt, nicht einmal ein entwickeltes Hinterland oder gar Suffragane vorweisen kann, sondern als einzige wirtschaftliche Stütze ein Kloster im fast 700 Kilometer entfernten Flandern zugeteilt bekommen hat? Warum sollte ein Missionar, für den der Rang eines Missionsbischofs mit einer festen Anlaufstation im Reich genügt hatte, mit dem kirchenrechtlich überaus aufwendigen Procedere einer Bistumsgründung zum Bischof oder gar Erzbischof ausgerufen werden, wenn er dann am Bischofssitz auf-

9 Von der Hammaburg II aus der ersten Hälfte des 9. Jahrhunderts ist – wie auch bei Hammaburg I (Abb. 2) – nur mehr der Befestigungsgraben archäologisch überliefert. *Bild links:* Oben Grundriss St. Petri zur Orientierung, mittig der Höhenweg zur Alsterfurt. *Bild rechts:* Der Grundriss auf dem heutigen Stadtkataster.

grund seiner Missions-Tätigkeit so gut wie nie anwesend wäre? Entsprechende Voraussetzungen wurden für keinen von Ansgars Vorgängern oder Zeitgenossen geschaffen, weder für Bonifatius oder für Willibrord, die beide gut 100 Jahre vor Ansgar wirkten, noch für Willehad, dessen Stützpunkt für die nordische Mission zunächst in Friesland und dann in Bremen lag, noch für Ebo, der von Münsterdorf aus im Schutze der Burg Esesfelth zunächst in Dänemark und dann in Schweden missionieren sollte.

Beruft man sich dagegen auf den tatsächlich beglaubigten Kern der Ludwigs-Urkunde von 834 und akzeptiert die vermeintliche Hamburger Bistumsgründung als eine erst in den 890er Jahren aufgebrachte Fiktion im Zusammenhang mit der Loslösung Bremens aus dem Zuständigkeitsbereich des Kölner Erzbistums (s. Beitrag Theo Kölzer), so fügen sich die Legation Ansgars, seine kirchenrechtliche Stellung und vor allem der Status Hammaburgs als bloßer Missionsstützpunkt bruchlos in das gängige Schema der karolingischen Expansions- und Missionspolitik ein, womit die verbreitete Vorstellung einer Hamburger Sonderrolle nicht länger aufrecht zu erhalten ist.

Als Ansgar nach Hamburg kam, war er 33 Jahre alt. Über seine letzte feste Station davor schweigen die Quellen, denkbar ist aber das Kloster Corvey im ostwestfälischen Höxter, wo sich Ansgar seit 822 aufgehalten hat. Bereits im Alter von 25 hatte er im Jahre 826 im Auftrag seines Mentors Ludwig des Frommen von Mainz aus seine erste große Missionsreise in Richtung Dänemark unternommen (s. Beitrag Michael Müller-Wille). Er war dazu berufen worden, den ins Fränkische Reich geflohenen dänischen Teilkönig Harald Klak auf dessen geplanter Reise nach Dänemark zu begleiten, was verdeutlicht, welche Stellung Ansgar innegehabt und welches Vertrauen Ludwig in ihn gesetzt hat. Seine zweite große Missionsreise führte ihn 830/31 noch weiter in den Norden, nach Mittelschweden.

Wenn Ludwig also zur Fortsetzung der politisch unverzichtbaren nordischen Mission sowie zur Festigung der Verhältnisse in Nordelbien nach dem Fall Esesfelths nunmehr Hammaburg zum zentralen Ort bestimmte, so kann kein Zweifel daran bestehen, dass dort mit Ansgar ein reichsweit geachteter und erfahrener Kirchenmann wirken sollte, dessen absoluter Loyalität sich Ludwig sicher sein konnte.

DIE HAMMABURG ZUR ZEIT ANSGARS

Zum Zeitpunkt der Ankunft Ansgars 834 in Hamburg war die einst sächsische Hammaburg – im 8. Jahrhundert gegründet und in der Folge der Sachsenkriege unter fränkische Hoheit gelangt – gut eineinhalb Jahrzehnte zuvor wohl zwischen 817 und 822 zu einer ringförmigen Befestigungsanlage ausgebaut worden; sie wird im Folgenden als Hammaburg II bezeichnet. Der beachtliche Graben – bis zu 2,50 m tief und bis zu 4,75 m breit – umschloss eine Innenfläche von ca. 65 m × 75 m (*Abb. 9*). Außer dem Graben hat sich von dieser Befestigung aufgrund der zahlreichen späteren erheblichen Bodeneingriffe kein rekonstruierbarer Befund erhalten. So muss die Dichte und Struktur der Innenbebauung ebenso unbekannt bleiben wie das Aussehen der den Graben begleitenden aufgehenden Bewehrung in Gestalt eines Walls oder einer Palisade (s. Beitrag Karsten Kablitz). Die hier vorgenommene Rekonstruktion (s. Abb. 12 u. Taf. 1–7) orientiert sich daher in den baulichen Details an diversen zeitgenössischen Befunden, deren Erhaltung entsprechende Beobachtungen ermöglicht. Allein als gesichert haben zwei Torzufahrten zu gelten, an denen der Graben unterbrochen ist: ein 7 m breites Nordtor zur dort in west-östlicher Richtung vorbeiziehenden Straße und ein nur gut 2,5 m breites Westtor, das sich zur Siedlung und zum südlich liegenden Flussufer hin öffnet, zu dem eine vor dem Tor liegende natürliche, nord-südlich verlaufende Senke hinzieht. Westlich der Hammaburg erstreckte sich auf dem Geestplateau die Siedlung mit lockerer Streuung der Häuser. Von ihnen haben sich zwar keine klaren Befundstrukturen erhalten, doch spiegelt sich ihre einstige Ausdehnung in der Verbreitung keramischer Funde aus der ersten Hälfte des 9. Jahrhunderts wider (s. Beitrag Elke Först, Altstadt).

Für das Jahr 845 berichtet Rimbert in der *Vita Anskarii* fast beiläufig von einem Bernhard, der als Graf und Befehlshaber des Ortes ausgerechnet während des Wikinger-Überfalls auf die Hammaburg »*nicht zugegen war*«[17]. Erstmalig wird damit für Hamburg ein weltlicher Machthaber namentlich genannt, über dessen Herkunft und weiteres Schicksal außer dieser einzigen Erwähnung keinerlei Nachrichten überliefert sind. Im Gegensatz zum fränkischen Grafen Egbert, dem Karl der Große 810 Nordelbien anvertraut und den Auftrag zum Bau der Burg Esesfelth erteilt hatte (s. o.), ist Bernhard dem lokalen sächsischen Adel zuzurechnen, der an selber Stelle bereits seit dem 8. Jahrhundert residieren dürfte. Es gibt sogar durchaus plausible Indizien, in Graf Bernhard be-

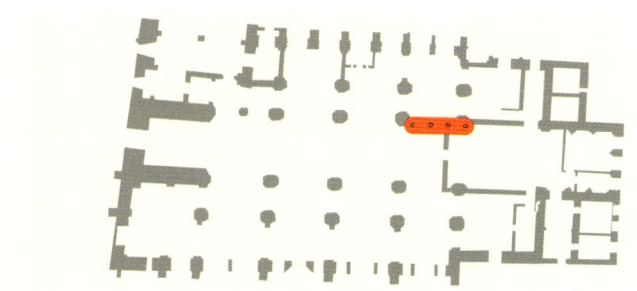

10 Die Reihe von vier mächtigen Holzpfosten (rote Markierung) gehörte wahrscheinlich zum Holzdom Erzbischof Unwans, dem ältesten archäologisch nachweisbaren Vorgängerbau des gotischen Mariendoms (grauer Grundriss). Oben Grundriss St. Petri zur Orientierung, mittig Grundrisse Hammaburg I und II. Während der Ausgrabung 1949 zeichneten sich die Standspuren der vier Holzpfosten im Planum deutlich ab, markiert durch vier Nägel mit Ringösen (unten).

11 Virtuelle Rekonstruktion der durch Ansgar errichteten Kirche. Blick aus Nordost, links die Hammaburg.

reits einen frühen Vertreter des sächsischen Adelsgeschlechts der Billunger zu sehen, deren erstes Auftreten man zwar schon in der Zeit Karls des Großen vermutet, deren erste gesicherte urkundliche Erwähnung aber erst für 936 zu belegen ist (s. Beitrag Günther Bock). Zwischen dem Angriff der Wikinger 845 und der Ankunft Ansgars in Hammaburg 834 liegen nur elf Jahre, es ist daher nicht unwahrscheinlich, dass Graf Bernhard bereits zu diesem Zeitpunkt dem Ort vorstand. Und selbst ein möglicher namenloser Vorgänger würde dieselbe Funktion eingenommen haben, die eines sächsischen Statthalters unter fränkischer Oberhoheit, der aller Wahrscheinlichkeit nach nicht nur den Ort an der Alstermündung kontrollierte, sondern einen ganzen Gau.

Ansgar kommt also im Jahre 834 unter dem persönlichen Schutz Ludwigs des Frommen in eine Ansiedlung, die wohl spätestens zwischen 817 und 822 im Reigen mit den benachbarten Grenzbefestigungen Esesfelth und Delbende in den Fokus der Reichspolitik gerückt ist und mit dem Fall Ebos und dem damit verbundenen Bedeutungsverlust Esesfelths durch Kaiser Ludwig zum neuen weltlichen und mit Ansgars Ankunft auch kirchlichen Zentrum Nordelbiens auserkoren worden ist. So wird Graf Bernhard bzw. sein etwaiger Vorgänger sicher frühzeitig Kunde gehabt haben von Ansgars Kommen, der mit einem kleinen Tross gereist sein dürfte. Im Gepäck hatte er zweifelsohne Gastgeschenke, aber auch seinen notwendigen liturgischen Apparat. Aus dem Jahr 837 gibt es eine Auflistung der Mindestausstattung an Büchern, die in karolingischer Zeit für das Zelebrieren der lateinischen Mess- und Stundenliturgie notwendig gewesen ist: »*missale, evangeliarium, epistolarium, psalterium, antiphonarium, martyrologicum, homiliarium, capitularium*«[18]. Zu seiner Missionsreise nach Mittelschweden 830/31 etwa nahm Ansgar neben königlichen Geschenken gleich 40 Bücher mit, die für den Gottesdienst bestimmt waren[19]. Außerdem gibt es einen Beschluss der Synode von Aachen aus dem Jahr 817, dass in einer einfachen Pfarrkirche zwei, in einer Bischofskirche sogar sechs Glocken vorhanden sein sollten[20]. Es ist somit durchaus denkbar, dass Ansgar bei seiner Ankunft in Hamburg die für den beabsichtigten Kirchenneubau benötigten Glocken bereits mit sich führte.

DIE SUCHE NACH ANSGARS KIRCHE

Eine der spannendsten Fragen ist die nach dem Standort der Ansgar-Kirche in Hamburg, von der sich im archäologischen Befund bislang keinerlei Spuren haben finden lassen. Die durch den Ausgräber Reinhard Schindler 1949 in der Flucht des hochmittelalterlichen Mariendo-

12 Der Standort der durch Ansgar errichteten ältesten Kirche dürfte nördlich der Hammaburg unter der heutigen St.-Petri-Kirche zu suchen sein.

mes freigelegten Pfostenstandspuren von vier wuchtigen Vierkantpfosten (*Abb. 10*) können entgegen seiner Interpretation nicht für das 9. Jahrhundert beansprucht werden, sondern sind am ehesten mit dem hölzernen Kirchenbau Erzbischof Unwans (1013–1029) zu verbinden (s. Beitrag Karsten Kablitz). Nun könnte dieser Negativbefund in Analogie zum Fehlen klarer Hausgrundrisse und aufgehender Befestigungswerke gegebenenfalls noch mit den mehrfachen tiefgreifenden Geländeveränderungen späterer Jahrhunderte zu erklären sein. Dies umso mehr, wenn die Ansgar-Kirche den bescheidenen hölzernen Kirchenbauten entsprochen hat, wie sie etwa im südlich von Hamburg gelegenen Tostedt ausgegraben worden sind. Die dortige Saalkirche mit Chorquadrat weist in ihrer ersten Phase Abmessungen von 9,90 m (einschl. Chor: 13,50 m) × 5,40 m bzw. in Phase II von 12,30 m (17,40 m) × 6,90 m auf[21]. Ansgars Kirchenbau könnte hiernach Abmessungen von ca. 9–12 m Länge (mit Chor 12–15 m) und vielleicht 5–6 m Breite aufgewiesen haben (*Abb. 11*). In Anbetracht dieser bescheidenen Dimensionen wäre ein archäologischer Totalausfall des Kirchenbaus also durchaus denkbar, wie übrigens die literarisch bezeugten Ansgar-Kirchen etwa in Haithabu, Ribe oder Birka bislang ebenso vergeblich gesucht werden. Weniger erklärbar ist hingegen das völlige Fehlen jeglicher Hinweise auf Gräber des 9. Jahrhunderts, die aber rund um eine Kirche unbedingt zu erwarten wären.

Tatsächlich spielte die Kirche Ansgars in der Forschungsgeschichte zur Hammaburg eine nicht unwesentliche Rolle. So galt seit jeher als gesetzt, dass sich die Kirche unzweifelhaft innerhalb der umwehrten Burganlage, also im Inneren der eponymen Hammaburg befunden haben musste. Schließlich stand hier bis zu seinem Abriss der im Kern gotische Mariendom, und spätestens seit Reinhard Schindlers Entdeckung der vier mächtigen Pfostenspuren im Zentrum der großen Wallanlage fand der Topos scheinbar archäologische Bestätigung. Erst die 2002 publizierte Bearbeitung der älteren Domplatzgrabungen führte zu einer Neubewertung der Pfostenbefunde, die nunmehr dem 10./11. Jahrhundert zugewiesen worden sind[22]. Die jüngste Bearbeitung durch Karsten Kablitz konnte diesen Ansatz – unter Berücksichtigung der schriftlichen Überlieferung – auf das frühe 11. Jahrhundert präzisieren. Auch Kablitz allerdings folgte der gängigen Sichtweise, nach der er Ansgars Kirche zwangsläufig *innerhalb* der Befestigung der Hammaburg voraussetzte. Das Fehlen jeglicher für einen Kirchenbau zu beanspruchenden Befundreste innerhalb der Ringgrabenanlage 2 war dann auch der Grund, weshalb der Ausgräber zunächst die Identifizierung dieser Befestigung mit der historischen Hammaburg ablehnte, auch wenn er ihre Datierung in die erste Hälfte des 9. Jahrhunderts überzeugend herausarbeiten konnte. Erst im Zuge der interdisziplinären Diskussion mit verschiedenen Historikern in Vorbereitung der Ausstellung »Mythos Hammaburg« setzte sich die Überzeugung durch, dass der Standort der Kirche innerhalb der Befestigung keineswegs eine *conditio sine qua non* ist, womit eine neue Diskussionsgrundlage geschaffen war. Durch Wegfall der stets vorausgesetzten Doppelfunktion als Adelssitz und Kirchenstandort erschien Ringgraben 2 plötzlich nicht mehr als zu gering dimensioniert, sondern fügte sich gut in das Bild zeitgenössischer sächsischer und fränkischer Burganlagen (s. Beiträge Christian Frey, Peter Ettel, Thorsten Lemm u. Jens Schneeweiß).

Vor diesem Hintergrund seien Überlegungen erlaubt, wie man sich das Verhältnis zwischen dem örtlichen weltlichen Machthaber und dem neu ankommenden Missionar vorzustellen hat. Die Hammaburg, in einer raumgreifenden Ausbauphase wohl zwischen 817 und 822 um gut 75 Prozent vergrößert, bestand in dieser Dimension also bereits seit über einem Jahrzehnt. Ihre fortifikatorischen Funktionen waren sicher klar definiert und dürften ihren Niederschlag in einer funktional strukturierten Innenbebauung gefunden haben, die nicht zuletzt als Kern den Wohnkomplex des adligen Herrenhauses beherbergt haben muss. Es ist schwer vorstellbar, dass der Innenraum genügend Freiflächen aufgewiesen haben kann, um kurzfristig Platz für den Bau einer Kirche zu gewähren, mittel- und langfristig ja sogar noch Platz für die zugehörige Infrastruktur wie ein Kloster, wenn man Rimbert folgen darf[23], oder gar den Friedhof. Überdies wird man dem Adelssitz, der Hammaburg, das grundsätzliche Bedürfnis nach Einfriedung und Abgrenzung zusprechen müssen, was sich archäologisch allein im erhaltenen Ringgraben deutlich manifestiert, durch zu rekonstruierende Palisaden und Tortürme zudem unterstrichen wird. Das Haus Gottes dagegen sollte doch wohl allen Gläubigen zugänglich und zudem als weithin sichtbares Zeichen der kirchlichen Macht nicht durch Wälle und Tore abgeschottet sein.

Alle Indizien sprechen daher dafür, den Standort der Ansgar-Kirche außerhalb des Befestigungsringes der Hammaburg zu suchen. Betrachtet man die Topografie des Geestplateaus der Hamburger Altstadt einerseits und unterstellt andererseits eine kirchliche Ortskontinuität seit Ansgars Zeit, so kommt als Standort nur der ca. 80 m vom Nordtor der Befestigung entfernte Bereich der heutigen Kirche St. Petri in Betracht, was allein durch künftige Ausgrabungen zu überprüfen sein wird (*Abb. 12*).

Überhaupt muss man aus archäologischer Sicht bescheiden festhalten, dass Ansgars Wirken in Hamburg keinerlei gesicherte Spuren hinterlassen hat. Selbst die schriftlichen Quellen sind ausgesprochen spärlich und noch dazu in ihrer Glaubwürdigkeit und Aussagekraft höchst umstritten. Unter den oben genannten Einschränkungen ist von einer Ankunft Ansgars 834 in Hamburg auszugehen. Er wird hier, wie auch in seinen nordischen Missionsorten, zweifelsohne eine Kirche errichtet haben. Von der Existenz eines zugehörigen Klostergebäudes, gar eines »prächtigen«, gibt nur Rimberts Schilderung in der *Vita Anskarii* Kunde[24], die aber ihrer Zweckbestimmung nach bestrebt gewesen ist, das Wirken ihres Protagonisten zu erhöhen. Bei genauer Betrachtung klafft aber in der Vita Ansgars gerade in seiner Hamburger Zeit eine empfindliche Lücke. Aus Rimberts Lebensbeschreibung sind für die gesamte Spanne zwischen 834 und 845 nur der Bau von Kirche und Kloster zu Beginn seiner Tätigkeit sowie das Retten der Reliquien in den Wirren des Wikingerüberfalls zu erschließen, während die entscheidenden Missionsreisen, die Ansgars Ruf als Missionar des Nordens mitsamt dem damit verbundenen Martyrium und letztendlicher Heiligsprechung begründen, sowohl vor seiner Zeit in Hamburg als auch danach stattgefunden haben; lediglich von »treulicher« Amtsverwaltung in Dänemark wird einmal berichtet, außerdem von Aufenthalten in Torhout[25].

HAMMABURG IN NOT

Just in jene Jahre fällt zudem ein einschneidendes historisches Ereignis: Drei Jahre nach dem Tod Ludwigs des Frommen wurde 843 mit dem Vertrag von Verdun das Fränkische Reich auf die drei Söhne des Kaisers aufgeteilt. Dadurch gelangte das flandrische Kloster Torhout in das Westfränkische Teilreich Karls des Kahlen, während Hamburg nunmehr dem Ostfränkischen Teilreich Ludwigs des Deutschen angehörte. Für Ansgar bedeutete die Reichsteilung den Verlust der wirtschaftlichen Grundlage seiner Missionstätigkeit, was möglicherweise ein Grund dafür ist, warum aus dieser Zeit über Hamburg und die Missionstätigkeit keinerlei Nachrichten vorliegen. Kurz darauf stirbt mit Papst Gregor IV. (827–844), von dem Ansgar 831 die Missionslegation erhalten hat, nach Ludwig dem Frommen sein zweiter bedeutender Mentor.

Zwei Jahre später kam es schließlich zur Katastrophe, als Hamburg durch dänische Wikinger überfallen und gebrandschatzt wurde[26]. In besonders dramatischer Ausschmückung schildert erwartungsgemäß Rimbert die Ereignisse, um zum wiederholten Male die Gefahren und Leistungen zu illustrieren, denen sich sein Lehrmeister ausgesetzt sah und die jener zur Rettung der heiligen Reliquien vollbracht hat[27]: »*Aber während Diözese und Mission sich lobenswert und gottgefällig entwickelten, tauchten ganz unerwartet wikingische Seeräuber mit ihren Schiffen vor Hamburg auf und schlossen es ein. Die überraschende Plötzlichkeit dieses Ereignisses ließ keine Zeit, Männer aus dem Gau zusammenzuziehen, zumal auch der damalige Graf und Befehlshaber des Ortes, der erlauchte Herr Bernhar, nicht zugegen war; als der Herr Bischof dort von ihrem Erscheinen hörte, wollte er zunächst mit den Bewohnern der Burg und des offenen Wiks den Platz halten, bis stärkere Hilfe käme. Aber die Heiden griffen an; schon war die Burg umringt; da erkannte er sich zur Verteidigung außerstande, und nun sann er nur noch auf Rettung der ihm anvertrauten heiligen Reliquien; seine Geistlichen zerstreuten sich auf der Flucht nach allen Seiten, er selbst entrann ohne Kutte nur mit größter Mühe. Auch die Bevölkerung, die aus der Burg entrinnen konnte, irrte flüchtend umher; die meisten entkamen, einige wurden gefangen, sehr viele erschlagen. Nach der Einnahme plünderten die Feinde die Burg und den benachbarten Wik gründlich aus; am Abend waren sie erschienen; die Nacht, den folgenden Tag und noch eine Nacht blieben sie da. Nach gründlicher Plünderung und Brandschatzung verschwanden sie wieder. Da wurde die unter Leitung des Herrn Bischofs errichtete kunstreiche Kirche und der prächtige Klosterbau von den Flammen verzehrt. Da ging mit zahlreichen anderen Büchern die unserem Vater vom erlauchtesten Kaiser geschenkte Prachtbibel im Feuer zugrunde. Alles, was Ansgar dort an Kirchengerät und anderen Vermögenswerten besessen hatte, wurde bei dem feindlichen Überfall durch Raub und Brand ebenfalls vernichtet ...*«.

Die Fuldaer Jahrbücher dagegen erwähnen das Ereignis in nüchterner Chronistenpflicht mit einem einzigen Satz[28]: »*Auch eine Burg in Sachsen namens Hammaburg plünderten sie* [die »Nordmanni«] *und kehrten nicht ungestraft zurück*«. Auch die Jahrbücher von St. Bertin verzeichnen den Einfall der Normannen über die Elbe nach Sachsen, allerdings ohne direkten Bezug zur Hammaburg[29]. Diese Nichterwähnung, vor allem aber der Eintrag in den Fuldaer Jahrbüchern ist indes überaus aufschlussreich für eine unvoreingenommene Einordnung der Bedeutung Hamburgs zur Mitte des 9. Jahrhunderts (s. Beitrag Stephan Freund). Die Hammaburg scheint hier für den Leser einer näheren Charakterisierung bedurft zu haben, und zwar sowohl funktional – als *Burg* –, wie auch geografisch – als *in Sachsen*

13 Die Erhaltung des Grabens der Hammaburg II war sehr unterschiedlich. Stellenweise konnte nur mehr ein Rest der Grabensohle dokumentiert werden (*oben*: grauer Streifen rechts im Bild).

14 Von den einstigen Holzgebäuden hat sich oft nur die mit Rollsteinen ausgelegte Feuerstelle erhalten.

gelegen. Dies legt nahe, der Hammaburg nur den Status einer befestigten Anlage mit regionaler Bedeutung beizumessen. Immerhin, das darf dabei nicht übersehen werden, scheint der Überfall auf Hamburg dennoch zu den herausragenden Ereignissen des Jahres 845 gehört zu haben, da er den Chronisten berichtenswert erschien.

Welche archäologischen Spuren haben nun aber die Ereignisse des Jahres 845 hinterlassen? Bei einer regelrechten Brandschatzung, die noch dazu mehrere Tage gedauert haben soll, wenn man Rimbert Glauben schenkt, wäre ein Brandhorizont zu erwarten, der sich gleichmäßig über das gesamte Siedlungsgebiet auf dem Geestplateau erstrecken und als Leithorizont in jedem Schnitt abzeichnen müsste. Die tatsächlich nachgewiesenen Brandspuren aber beschränken sich auf Holzkohleschüttungen, Lehmbrandreste und feuergeschwärzte Rollsteine, die Karsten Kablitz überwiegend umgelagerten Herdstellen diverser Holzhäuser zuordnet. Ihre Menge und Dichte reichen jedenfalls nicht als Nachweis einer verheerenden *Brand*katastrophe aus. Dies fällt allerdings viel weniger ins Gewicht als der Gesamtbefund der Ringgrabenanlage 2, die nach Ausweis der aus der Grabenverfüllung geborgenen Keramik um 850 einplaniert worden ist (s. Beitrag Karsten Kablitz). Was liegt näher, als diese Niederlegung der Befestigung mit den Nachwirkungen des verheerenden Wikingerüberfalls von 845 in Verbindung zu bringen und so die durch Ringgraben 2 eingehegte Anlage mit der historischen Hammaburg der Ansgar-Zeit zu identifizieren?

Nur elf Jahre nach dem Aufstieg Hamburgs zum Missionsstützpunkt, zum kirchlichen und politischen Zentrum Nordelbiens, fünf Jahre nach dem Tod des geistigen Vaters dieser Ortswahl, Ludwigs des Frommen, und zwei Jahre nach dem Verlust Torhouts durch die Reichsteilung drohte nun Hamburg, in der Bedeutungslosigkeit zu versinken, das Projekt schien gescheitert: »*Auch der Erzsitz Hammaburg verödete fast völlig*«[30]. Diese Schilderung wird durch eine – in ihrer Authentizität zwar höchst verdächtige, aber dennoch zeitgenössische – Urkunde des ostfränkischen Königs Arnulf vom 9. Juni 888 bestätigt[31], durch die er dem in Ansgars Nachfolge in Bremen residierenden Rimbert verschiedene Privilegien zugesteht. Ein bezeichnendes Licht auf die damalige Situation Hamburgs wirft folgender Zusatz: »*wie es den Leitern [rectores] dieser Kirche vorher in Hamburg zustand, wo wegen der Bedrängnis durch die Heiden diese Befugnisse nicht mehr ausgeübt werden können*«. Graf Bernhard, ohnehin laut Rimbert während des Normannen-Überfalls nicht in Hammaburg zugegen, taucht nach seiner einmaligen namentlichen Nennung

im Dunkel der Geschichte ab, sein Adelssitz muss so in Mitleidenschaft gezogen sein, dass er nicht wieder aufgebaut bzw. im Falle einer möglichen Wiederherrichtung zumindest nicht mehr durch eine aufwendige Befestigung umhegt wird. Für die nächsten Jahrzehnte jedenfalls bleibt jeglicher Hamburger Adel urkundlich unsichtbar[32]. Keineswegs darf daraus aber geschlossen werden, dass Nordelbien nun aus dem Sichtfeld der ostfränkischen Reichspolitik gerückt wäre. Ludwigs Sohn Ludwig der Deutsche (*um 806–†876) hielt an den Grenzen Nordelbiens unvermindert die Dänen im Norden und die Obodriten im Osten im Rahmen diverser Heereszüge in Schach (s. Beitrag Thorsten Lemm), und von Bremen aus versuchte Ansgar, Hamburg wieder zu stärken[33].

HAMMABURG NACH DEM WIKINGER-ÜBERFALL

Aus archäologischer Perspektive sind Aufräumarbeiten und das Bemühen um einen Neuanfang zu konstatieren (s. Beiträge Karsten Kablitz u. Elke Först, Altstadt). Auch wenn der Adel nach dem Untergang der Hammaburg II in den historischen Quellen nicht greifbar ist, so ist eine ordnende Hand für die anschließende Aufbauphase vorauszusetzen, allein schon aus Gründen der territorialen Eigentumsverhältnisse, aber durchaus auch aufgrund des Umfangs der Erdbewegungen. Die Ruinen der Befestigung werden geschleift, der die Burg umgebende Graben wird mit Siedlungsschutt verfüllt. Danach erst kommt es zu großflächigen Planierungsarbeiten, in deren Verlauf teilweise massive Bodenabträge, auch im Bereich der zuvor verfüllten Grabenanlagen, vorgenommen werden, ohne dass sich derzeit absehen lässt, wohin das Material verlagert worden ist, was aber angesichts der doch insgesamt nur beschränkten Grabungsflächen nicht verwundert. Die Eingriffe sind stellenweise so erheblich, dass von den beiden ursprünglich bis zu 2,50 m tiefen Ringgräben nur noch Sohlbereiche verblieben sind (*Abb. 13*). Über der nun planierten Anlage zeichnet sich stratigrafisch klar fassbar der vom Ausgräber so bezeichnete Siedlungshorizont »III« ab, dessen Nomenklatur sich aus der Abfolge von sächsischer Grabenanlage als Periode I (= Hammaburg I) und erweiterter fränkischer Grabenanlage (=Hammaburg II) als Periode II ergibt. Insgesamt können 16 Befundkomplexe als Reste von Holzgebäuden angesprochen werden, von denen sich einige als Grubenhäuser zu erkennen geben. Meist zeichnen sich die Wohnhäuser aber nur mehr durch ihre einstigen Feuerstellen in Form kleinflächiger Rollsteinpflaster ab (*Abb. 14*). Ihre Verteilung konzentriert sich im einstigen Burgbereich auf den Norden und Westen. Dies spiegelt aber sicher nicht die historische Verteilung wider, sondern ist den sehr unterschiedlichen Erhaltungsbedingungen geschuldet, die in den fraglichen Nord- und Westbereichen zu späteren Überlagerungen der Siedlungsreste, im Süden hingegen zu beträchtlichen Erdabträgen mit damit verbundener Zerstörung der Befunde geführt haben. Auch westlich der einstigen Hammaburg liegen aus weiten Bereichen der Altstädter Geest zahlreiche Siedlungsspuren vor, die zeitlich mit dem Siedlungshorizont der Periode III auf dem Domplatz übereinstimmen, dort allerdings ohne vergleichbare Planierungsmaßnahmen wie am Burgareal. Insgesamt ergibt sich so in der Zusammenschau aller Befunde für die zweite Hälfte des 9. Jahrhunderts das Bild einer durchaus weitflächigen Großsiedlung, deren Anwohnerschaft nicht nur bestrebt, sondern auch in der Lage war, diese gewaltige Aufbauleistung zu vollbringen[34].

ANSGARS ZEIT IN BREMEN

Ansgar kehrte der Hammaburg im Zuge der dramatischen Ereignisse 845 den Rücken und entkam nach Bremen. Dort war zudem zufällig im selben Jahr der Bischofsstuhl durch den Tod des dritten Bremer Bischofs Leuderich (838–845) vakant geworden. Ansgar, bisher seit 831 lediglich mit einer Missionslegation versehen und 834 zum Missionsbischof ohne eigenes Bistum berufen, wurde nunmehr in Bremen endlich in den Rang eines regulären Bischofs erhoben. Mit dieser Personalie – ausgelöst durch den Überfall auf Hamburg und den zufällig fast gleichzeitigen Tod Leuderichs – schaffte Ludwig der Deutsche Tatsachen, die in den folgenden Jahrzehnten zu erheblichen kirchenrechtlichen Turbulenzen führen sollten, an deren Ende Hamburg stärker als je zuvor dastand. Das Bistum Bremen unterstand nämlich als Suffraganbistum eigentlich dem Erzbischof von Köln. Durch den Vertrag von Verdun 843 allerdings teilte die neue Reichsgrenze Köln dem Mittelreich Lothars I. zu, während Bremen zum Ostfrankenreich Ludwigs des Deutschen gehörte. Die Besetzung des Bremer Bischofsstuhls mit einem Vertrauten Ludwigs, dessen Auftrag unverändert die nordische Mission war und somit Bremen auf das Engste mit dem bisherigen Missionsstützpunkt Nordelbien und seinem Zentrum Hamburg verband, führte seitens des Kölner Erzstuhls umgehend zur Geltendmachung der alten Gebiets- und Zuständigkeitsansprüche. Zunächst agierte hier möglicherweise Hilduin von Köln (842–848/49) und nach einiger Vakanz, während derer mit Ansgar in Bremen sehr geschickt vollendete Tatsachen geschaffen worden waren, dann besonders der streitbare Kölner Erzbischof Gunther (850–863). Dieser wurde durch Papst Nikolaus I. 863 nach heftigen Auseinandersetzungen um die von Gunther tolerierte, vom Papst aber strikt abgelehnte Scheidung König Lothars II. exkommuniziert und abgesetzt. Ein entscheidener Widersacher Ansgars war damit auf höchster Ebene entmachtet worden, und so erscheint es geradezu als weitere nachträgliche Demütigung Gunthers, dass Papst Nikolaus nur wenige Monate später 864 den Bremer Bischof Ansgar zum Missionserzbischof für die Dänen und Schweden ernannt hat – wohlgemerkt kirchenrechtlich nicht als Erzbischof etwa eines regulären Bremer oder Hamburger Erzbistums, sondern lediglich als *Missions*erzbischof mit einer an die Person Ansgars gebundenen päpstlichen Legation (s. Beitrag Theo Kölzer). In einem kurz vor seinem Tod versandten Rundbrief an alle Bischöfe und den König bittet Ansgar denn auch um künftige Unterstützung der Legation, für ihn stand also offenbar der Missionsauftrag stets im Vordergrund, nicht die kirchenrechtliche Organisationsform[35]. Am 3. Februar 865 verstarb Ansgar in Bremen.

ANSGARS NACHWIRKEN UNTER RIMBERT

Als Nachfolger wurde 865 sein treuer Schüler Rimbert (*830–†888) auf den Bremer Bischofsstuhl berufen. Zwei Jahre später starb mit Papst Nikolaus I. (†867) ein weiterer wichtiger Zeitzeuge, der Ansgar gefördert und Gunther von Köln abgesetzt hatte. 870 schließlich folgte nach siebenjähriger Vakanz mit Priester Willibert (870–889) ein treuer Gefolgsmann Ludwigs des Deutschen auf den Kölner Erzstuhl.

In diese turbulenten Jahre, in denen es auch noch zu erneuten Reichsteilungen und -zuschnitten gekommen ist, fällt die Abfassung der *Vita Anskarii*, der Lebensbeschreibung des Heiligen Ansgar durch seinen Schüler und Nachfolger Rimbert, deren historischer Wert als Quelle zur Kenntnis der Nordischen Mission und der Verhältnisse in Nordelbien nicht hoch genug einzuschätzen ist, die aber zwischenzeitlich in der Forschung auch mit großer quellenkritischer Distanz als tendenziös betrachtet wird (s. Beiträge Henrik Janson u. Volker Scior). Als Entstehungszeit kommen die Jahre 865 (Tod Ansgars) bis 876 (Tod Ludwigs des Deutschen, da noch zu dessen Lebzeiten abgefasst) in Betracht. Rimbert war einerseits tun-

15 Lagebeziehung und Größenverhältnisse von Hammaburg I–III (= Periode I–IVa = 8.–10. Jahrhundert). Oben Grundriss St. Petri zur Orientierung.

lichst bemüht, dem Leben und Wirken Ansgars für die Nachwelt ein Maß an Bedeutung zuzuschreiben, das keinen Zweifel an dessen Lebensleistung aufkommen ließ und ihm so den Weg zur Heiligsprechung ebnen sollte, die auch bald nach Ansgars Tod erfolgte; zumindest aus heutiger Sicht kann ja nicht übersehen werden, dass das Lebenswerk Ansgars im Wesentlichen vom Scheitern gekennzeichnet war. Andererseits verfolgte der Autor mit Ansgars Biografie ein klares politisches Ziel in dieser für Hamburg und Bremen schwierigen Umbruchzeit: Es ging um nicht weniger als die Konstruktion der letztlich bis auf Karl den Großen zurückgeführten Tradition eines Hamburger Erzbistums, die sich namentlich in der weitreichenden Überhöhung seines vermeintlichen Gründers Ansgar manifestieren sollte. Keinesfalls ist hierbei Rimbert kriminelle Fälschungsabsicht nach heutigen Maßstäben zu unterstellen. Möglicherweise fußte seine Darstellung auf mündlichen Erzählkernen, nach denen Hamburg als Sitz eines (Erz-)Bistums zumindest einmal vorgesehen war. Diese Ereignisse lagen ja zum Zeitpunkt der Niederschrift bereits Jahrzehnte zurück – Rimbert war kaum vier Jahre alt, als Ansgar nach Hamburg kam. Der kirchenpolitische Hintergedanke indes war klar: Rimbert wollte die vor allem unter Gunther von Köln massiv eingeforderten Ansprüche Kölns auf dessen inzwischen in fremdem Reichsteil liegendes Suffraganbistum Bremen parieren.

Tatsächlich kam es nach Gunthers Absetzung (863) und anschließender siebenjähriger Vakanz unter Erzbischof Willibert von Köln (870–889) noch zu Rimberts Lebzeiten (†888) zunächst zu einer Beruhigung. Unter beider Nachfolgern, Erzbischof Hermann I. von Köln (889–924) und Bischof Adalgar von Bremen (888–909) flammte der Streit um Bremen aber erneut auf das Heftigste auf. In dieser kritischen Situation kommt es im Umfeld oder gar auf Veranlassung Adalgars zur Verfälschung der berühmten Ludwigs-Urkunde vom 15. Mai 834 (s. Beitrag Theo Kölzer). Ihrem eigentlichen authentischen Kern, der Immunitätsverleihung an das flandrische Kloster Torhout, wird die Gründungstradition für das (Erz-)Bistum Hamburg unter Ansgar angehängt, um die älteren Rechte Hamburgs zu dokumentieren. Wie Theo Kölzer zeigen kann, diente den Fälschern Rimberts *Vita Anskarii* als Vorlage für die Substanz der Urkunde. Inhaltliche Bestätigung sollten zudem zwei gleichfalls heute als gefälscht geltende Papsturkunden liefern, nach denen zunächst 831/32 unter Ansgar das Erzbistum Hamburg durch Papst Gregor IV. errichtet und 864 durch Papst Nikolaus I. bestätigt worden sei.

Die Entscheidung wurde durch die Streitparteien Köln und Bremen schließlich auf höchster Ebene gesucht. Papst Formosus (891–896) wies im Jahr 893 die Kölner Ansprüche auf Bremen ab und entschied den Streit durch die Einrichtung eines selbstständigen Erzbistums Hamburg-Bremen.

PLÖTZLICH ERZBISTUM

Überspitzt formuliert diente Hamburg im Streit zwischen Köln und Bremen lediglich als Argument, dessen historische Legitimation noch dazu konstruiert war. Plötzlich aber war fast 60 Jahre nach Ansgars Ankunft in Hamburg aus dem bescheidenen und inzwischen darniederliegenden Missionsstützpunkt per Schiedsspruch des Papstes ein Erzbistum in Union mit Bremen geworden.

Unklar ist, wo der faktische Sitz des Erzbischofs künftig verankert war. Ansgar war ja nun Bischof von Bremen, auch Rimberts Sitz lag, wie der seines Nachfolgers Adalgar, in Bremen, zumal es in Hamburg in der

16 Der Wallkörper der Hammaburg III wies nach seiner einmaligen Verstärkung wohl zu Ende des 10. Jahrhunderts im Querschnitt eine Breite von bis zu 22 m auf (= Periode IVb).

Folge des Wikinger-Überfalls nach dem archäologischen Ausweis gar keine hinreichende Infrastruktur gab. Zu diesem Zeitpunkt war Hamburg auf bestem Wege, in der politischen Bedeutungslosigkeit zu versinken. Die Hammaburg wurde zunächst nicht wieder aufgebaut, auch über eine zeitnahe Wiedererrichtung der Ansgar-Kirche gibt es keine zeitgenössischen Nachrichten, ebenso wenig gibt es Hinweise auf die Anwesenheit lokalen Adels, die Geistlichkeit war nach Bremen übergesiedelt, insgesamt schweigen die Urkunden weitgehend.

Vor diesem Hintergrund ist es ebenso verlockend wie plausibel, eine bislang nicht wirklich erklärbare archäologische Befundlage mit diesen historischen Vorgängen zu verknüpfen. Bei den verschiedenen archäologischen Untersuchungen auf dem Geestplateau der Hamburger Altstadt sind nämlich für die Zeit um 900 Spuren weitflächiger, umfassender und nachhaltiger Baumaßnahmen dokumentiert worden, die von einem regelrechten Bauboom zeugen. Betroffen sind gleichermaßen sämtliche Funktionen der frühstädtischen Infrastruktur: Allen voran ist ein massiver Wieder- bzw. besser Neuaufbau der Hammaburg zu konstatieren, auch kommt es erstmals im Rahmen eines strukturierten Hafenausbaus zu umfänglichen Uferbefestigungen, verbunden mit einer Ausweitung der Siedlung, was mit erneuten, diesmal um ein Vielfaches raumgreifenderen Planierungs- und Aufschüttungsmaßnahmen einhergeht (s. Beiträge Karsten Kablitz u. Elke Först, Altstadt). Art und Umfang dieser Baumaßnahmen, speziell des Befestigungsbaues, lassen kaum eine monokausale Erklärung in Folge eines gesteigerten Schutzbedürfnisses angesichts der nach wie vor drohenden Gefahr durch slawische oder dänische Übergriffe zu. Dafür hätte man nach der Zerstörung Hamburgs 845 nicht ein halbes Jahrhundert warten müssen, außerdem erfolgte der Wiederaufbau (Siedlungshorizont Periode III) seither ja sukzessive, aber eben unspektakulär. Der kurz vor 900 einsetzende Bauboom ist daher nicht allein auf eine äußere Bedrohung zurückzuführen, sondern vielmehr als unmittelbare Reaktion auf die von Bremen aus betriebene und nun 893 in Rom besiegelte Erhebung Hamburgs zum Erzbistum zu verstehen. Dabei muss von einer zentralen Steuerung der Ausbaumaßnahmen ausgegangen werden, für die als Motor nach den chronologischen Erwägungen nur Erzbischof Adalgar (888–909) in Betracht kommt.

DIE DRITTE HAMMABURG

Auch der neu errichtete Burgwall trug – wie schon seine beiden Vorgängeranlagen, von denen sich baulich nur mehr die Ringgräben erhalten haben – sicher den Namen *Hammaburg*, der sich natürlich erneut gleichermaßen auf die ihn umgebende Ansiedlung bezog. Die von Reinhard Schindler nach dem Krieg entdeckte und bis zur Neubewertung durch Ole Harck und Torsten Kempke im Jahr 2002 als die historische Ansgar-zeitliche Hammaburg betrachtete Wall-Graben-Anlage ist daher korrekt als Hammaburg III zu bezeichnen. Erst die jüngste Grabungskampagne 2005/06 vermochte deren Neudatierung zu bestätigen und sogar zu präzisieren, wie ihr auch wertvolle Erkenntnisse zur Baugeschichte zu verdanken sind (s. Beitrag Karsten Kablitz).

Die Ausmaße der Burg sind im Verhältnis zu den bescheidenen Vorgängerbauten beeindruckend. Der deutlich ovale, sich west-östlich ausdehnende Innenraum weist bei 85 m × 95 m Durchmesser eine Innenfläche von gut 6,7 ha auf. Umgeben wird er von einem 14–16 m breiten und sicher gut 5 m hohen Wall, der wiederum im Norden und Westen durch einen 4–6,50 m breiten und 2–3 m tiefen Graben flankiert wird. Die Verhältnisse an der Ostflanke der Anlage müssen vorerst ungeklärt bleiben, da dort unter dem Pressehaus und darüber hinaus bislang keine archäologischen Untersuchungen möglich waren. Das Fehlen eines Grabens an der zur Elbe gewandten Südflanke erklärt sich aus dem dort natürlichen Geländeabfall an der Kante des Geestplateaus, einem Prallhang des nacheiszeitlichen Elbstromes, der dort auf kurzer Strecke einen Höhenunterschied von gut 5 m vom Wallfuß bis ans Wasser aufweist. Vergleicht man die Lagebeziehung von Hammaburg I bis III (*Abb. 15*), so fällt das Beibehalten der jeweiligen Südflanke der Befestigungswerke an der südlichen steilen Geesthangkante deutlich ins Auge, bei Hammaburg I und II aufgrund der geringeren Dimensionen noch mit einem Graben versehen, der bei Hammaburg III aufgrund der mächtigen Wallanlage entbehrlich ist. Zweifelsohne bot der elbnahe Südbereich des Altstädter Geestplateaus hervorragende siedlungstopografische und fortifikatorische Voraussetzungen, an denen man deshalb drei Jahrhunderte lang – vom 8. bis ins frühe 11. Jahrhundert – festhielt.

Nicht minder auffällig ist die Beibehaltung der Lage des Westtores, das bereits die Hammaburg II aufweist, bei ihr allerdings noch kombiniert mit einem breiten Nordtor. Möglicherweise einem gesteigerten Schutzbedürfnis geschuldet weist die um 900 erbaute Hammaburg III als einzigen Zugang nur mehr ein Westtor auf, was aber angesichts des ausschließlich im Westen und Südwesten der Burg erfolgenden umfassenden Ausbaus der Siedlung und des Hafens vollends verständlich ist.

Die jüngste Grabungskampagne 2005/06 erbrachte den Nachweis, dass die Hammaburg III zweiphasig war, die um 900 errichtete Wall-Graben-Befestigung wurde demnach in einem Zug umfassend verstärkt. Leider ergaben sich keine Hinweise auf den genauen Zeitpunkt dieses Ausbaus, sodass archäologisch nur die Erbauung um 900 und die Niederlegung der Hammaburg III zu Beginn des 11. Jahrhunderts zu fassen sind, nicht aber ihre dazwischenliegende Baugeschichte. Ein plausibler Grund für den Ausbau wäre durchaus die Reaktion auf diverse slawische Übergriffe, die sich gegen die Oberhoheit der Billunger und die christliche Mission gleichermaßen gerichtet haben, namentlich als Folge des Slawenaufstandes von 983, was aber spekulativ bleiben muss. Immerhin muss die Bedrohung als sehr real aufgefasst worden sein, da die Befestigungsanlage ganz massiv ausgebaut wurde. Wo die Burg zunächst eine breite Berme und einen vorgelagerten tiefen Graben aufgewiesen hatte, wurden diese aufgefüllt und überschüttet, und die alte äußere Wallfront wurde ringsum um bis zu 8 m vorgeschoben. An ihren stärksten Flanken wies die Burg nunmehr einen Wallkörper von bis zu 22 m Tiefe auf (Abb. 16). Am Westtor wurde unverändert festgehalten, sicher musste es aber deutlich verstärkt werden, da allein die Durchfahrt erheblich länger geworden ist. Da die Wallanlage nur nach außen hin erweitert worden ist, der innere Wallbereich und somit auch die Innenfläche aber nicht verändert worden sind, liegt es nahe, von einer Nutzungskontinuität und einer ungestörten sowie unveränderten Innenstruktur während der gesamten Nutzungszeit der Burg auszugehen.

Im Gegensatz zu Hammaburg I und II haben sich von der dritten Befestigungsanlage zahlreiche Spuren der einstigen Innenbebauung erhalten, darunter jedoch keinerlei Hinweise auf einen Sakralbau des 10. Jahrhunderts. Insgesamt waren noch 19 Hausstellen und zwei Brunnenanlagen nachweisbar. Deren Überlieferung ist angesichts der massiven Störungen durch den mittelalterlichen Dombau und das nachfolgende Johanneum Zufälligkeiten unterlegen, die eine Hochrechnung auf die tatsächliche Dichte der einstigen Innenbebauung un- möglich machen. Einer der Brunnen konnte aufgrund der guten Holzerhaltung dendrochronologisch auf das Jahr 996 datiert werden, gehört also in die Spätzeit der Burg, die kurz danach zu Beginn des 11. Jahrhunderts aufgegeben und geschleift worden ist. Ihre Nutzungszeit erstreckte sich somit im Wesentlichen auf das 10. Jahrhundert.

EIN PAPST, ABER KEINE KIRCHE

Ein Großteil jenes Jahrhunderts war in Hamburg durch die mehr als 50jährige Amtszeit des Hamburg-Bremer Erzbischofs Adaldag (937–988) geprägt. Er war als Kanzler des Königs Otto I. auf das Engste mit dem Königshaus verbunden und nahm deshalb zweifelsohne eine besonders starke Stellung ein. In seiner Amtszeit konnte das junge Erzbistum Hamburg-Bremen endlich seine Kraft entfalten und mehrere bedeutende Suffragane hinzugewinnen, so die Diözesen Schleswig, Ribe und Århus im Jahr 948 und das 968 entstandene Bistum Oldenburg in Wagrien, von denen aus mit neuer Kraft die nordische Mission betrieben wurde.

Adaldag begleitete König Otto I. auf dessen zweitem Italienzug von 961–965 und erlebte dort die Absetzung des Papstes Benedikt V., den die Römer als Gegenkandidaten zu Ottos Favoriten Leo VIII. installiert hatten. Nach nur vier Wochen des Pontifikats vom 22. Mai bis zum 23. Juni 964 wurde Benedikt durch Otto im Zusammenhang mit dessen Kaiserkrönung wieder zum einfachen Diakon degradiert und Erzbischof Adaldag unterstellt. Dieser verbrachte den entmachteten und aus Rom verbannten Ex-Papst nach Hamburg, wo er bereits knapp ein Jahr später verstarb und bestattet wurde. Erst gut 30 Jahre später, das Datum schwankt in der Überlieferung zwischen 988 und 999, wurden die Gebeine Benedikts wieder nach Rom überführt. Diese Episode ist deshalb berichtenswert, weil dem Grab des nach Hamburg verbannten Papstes gewissermaßen die Rolle eines Kronzeugen in der Frage der angeblichen Ortskontinuität des Hamburger Domes zukommt. Zum Andenken an den in Hamburg 965 verstorbenen ehemaligen Papst hat man nämlich im gotischen Mariendom im Chorbereich Ende des 13./Anfang des 14. Jahrhunderts ein Kenotaph errichtet, das im späten 18. Jahrhundert abgebrochen wurde und dessen Überreste sich bei mehreren Grabungskampagnen auf dem Domplatz ab 1949 fanden[36]. Weder ist überliefert, aus welchem Anlass, noch durch wen, noch zu welchem Zeitpunkt dieses Leergrab errichtet worden ist, der genannte Datierungsansatz basiert allein auf stilistischen Vergleichen, und die Ersterwähnung erfolgte im 16. Jahrhundert durch den Domherrn Albert Krantz. Der methodische Argumentationsstrang der Verfechter der Kontinuitätstheorie unterstellt, dass das Kenotaph zwangsläufig und unverrückbar an exakt der Stelle errichtet worden sein müsse, wo sich weit über 300 Jahre zuvor das tatsächliche Grab Benedikts V. kurzzeitig befunden habe[37]. Dies sei ein entscheidendes Indiz dafür, dass der gotische Mariendom mindestens auf das 10. Jahrhundert zurückzuführen sei, also weit vor die historisch bezeugten Dombauten aus Holz durch Erzbischof Unwan (1013–1029) und den ersten steinernen Dom durch Erzbischof Bezelin Alebrand (1035–1043). Aus archäologischer Sicht muss man sich dem Problem stellen, dass einerseits die frühesten, mit einem Sakralbau auf dem Domplatz zu verbindenden Befunde jene vier Holzpfosten darstellen, die dem Unwan-Dom, also dem ersten Viertel des 11. Jahrhunderts, zuzuweisen sind (*Abb. 10*) und dass andererseits das Papstgrab bis zum Kenotaph des 13./14. Jahrhunderts keinerlei archäologische Spuren hinterlassen hat. Selbst die historischen Quellen schweigen sich aus, so dass die tatsächliche Grabstelle vorerst nicht zu ermitteln ist. Genau genommen steht nicht einmal fest, ob dem Verstorbenen überhaupt eine Erdbestattung zugedacht war oder ob man seine sterbliche Hülle nicht vielleicht in einem Schrein hinter dem Altar aufgebahrt hat. In diesem Zusammenhang kommt einer durch Thietmar von Merseburg bereits zwischen 1012 und 1018 überlieferten Prophezeiung einige Bedeutung zu, die Benedikt selbst noch zu Lebzeiten ausgesprochen habe: »*Mein hinfälliger Leib muß sich hier auflösen; dann aber wird dieses ganze Gebiet [Hamburg] dem Schwerte der Heiden zur Verwüstung und wilden Tieren zur Wohnung preisgegeben werden, und seine Einwohner werden vor meiner Überführung weder Ruhe noch Frieden finden. Doch wenn ich daheim [in Rom] bin, hoffe ich, durch päpstliche Fürbitte die Heiden zur Ruhe zu bringen*«[38]. Bereits die Absetzung führte nach Thietmar zu großem Unheil, es »*suchte ein schreckliches Sterben das Heer des Kaisers heim infolge der erwähnten Absetzung Papst Benedikts und seiner Verbannung, in der er auch starb*«[39]. Auch wenn Ursprung und Wahrheitsgehalt dieser Berichte in Thietmars Chronik nicht prüfbar sind, so ist dennoch die zeitliche Nähe zwischen der Episode Benedikts in Hamburg und deren Niederschrift durch den Chronisten zu bedenken, die zudem in einer Zeit größter heidnischer Bedrohung verfasst worden ist. Unter diesen Vorzeichen kann durchaus in Betracht gezogen werden, dass man niemals vorhatte, Benedikt in Hamburg zur *ewigen* Ruhe

zu betten. Möglicherweise erklärt sich dadurch eine Ungereimtheit im Nekrolog des Hamburger Domkapitels, das zwischen 1248 und 1255 niedergeschrieben worden ist und unter dem 4. Juli, Benedikts Todestag, den Brauch dokumentiert, dass seine Gebeine im Domchor aufgebahrt werden[40], als rituelle Handlung im Rückgriff auf die einst tatsächliche Aufbahrung in einem Schrein, vielleicht sogar im ständigen Wissen um die einem gebannten Fluch gleichkommende Prophezeiung. Anders ist kaum zu erklären, warum das Andenken an Benedikt auch Jahrhunderte nach seinem Tod in Hamburg noch aufrecht erhalten worden ist, bis man ihm letztlich sogar das Kenotaph im Dom gewidmet hat. Auch danach blieb die Erinnerung an den Kirchenvater wach und verschmolz im Volksglauben zu allerlei abenteuerlichen Geschichten, die wohl erst mit dem Zeitalter der Aufklärung in Vergessenheit gerieten[41].

Betrachtet man zuletzt das gotische Kenotaph als Ausdruck stolzen Selbstverständnisses der aufstrebenden Handelsstadt Hamburg in der Rückbesinnung auf Kaiser Otto den Großen und einen veritablen (verbannten Ex-) Papst in der Hammaburg, so gewinnt das Bildwerk seine Bedeutung nicht als bloße Hinweistafel auf den authentischen Ort der Beisetzung, sondern als Gedenktafel für einen bedeutenden Kirchenmann, ganz unabhängig vom Ort der einstigen Grabgrube. Als Beleg für die Rückverlängerung des gotischen Mariendoms in das 10. Jahrhundert und eine damit implizierte Ortskontinuität letztlich bis zurück zu Ansgar hat das Kenotaph in jedem Fall auszuscheiden.

Gleichzeitig stützt dieser Negativbefund ein weiteres Mal die Hypothese, dass die ursprüngliche Ansgar-Kirche und deren erste Nachfolger unter der heutigen Hauptkirche St. Petri zu suchen sind. Denn gerade unter der Annahme, die Erhebung zum Doppelerzbistum Hamburg-Bremen habe um 900 die verstärkten Baumaßnahmen in Hamburg ausgelöst, wäre allen voran der Neubau eines entsprechend repräsentativen Domes zu erwarten, der doch zweifelsohne unübersehbare archäologische Spuren hätte hinterlassen sollen.

DER AUSBAU VON HAFEN UND SIEDLUNG

Der für die Zeit »um 900« archäologisch zu konstatierende und historisch hier versuchsweise mit der unerwarteten Erhebung zum Erzbistum Hamburg-Bremen in Verbindung gebrachte Bauboom erstreckte sich nicht nur auf den Neubau der Hammaburg, sondern ganz wesentlich auch auf den Hafen südlich und südwestlich der

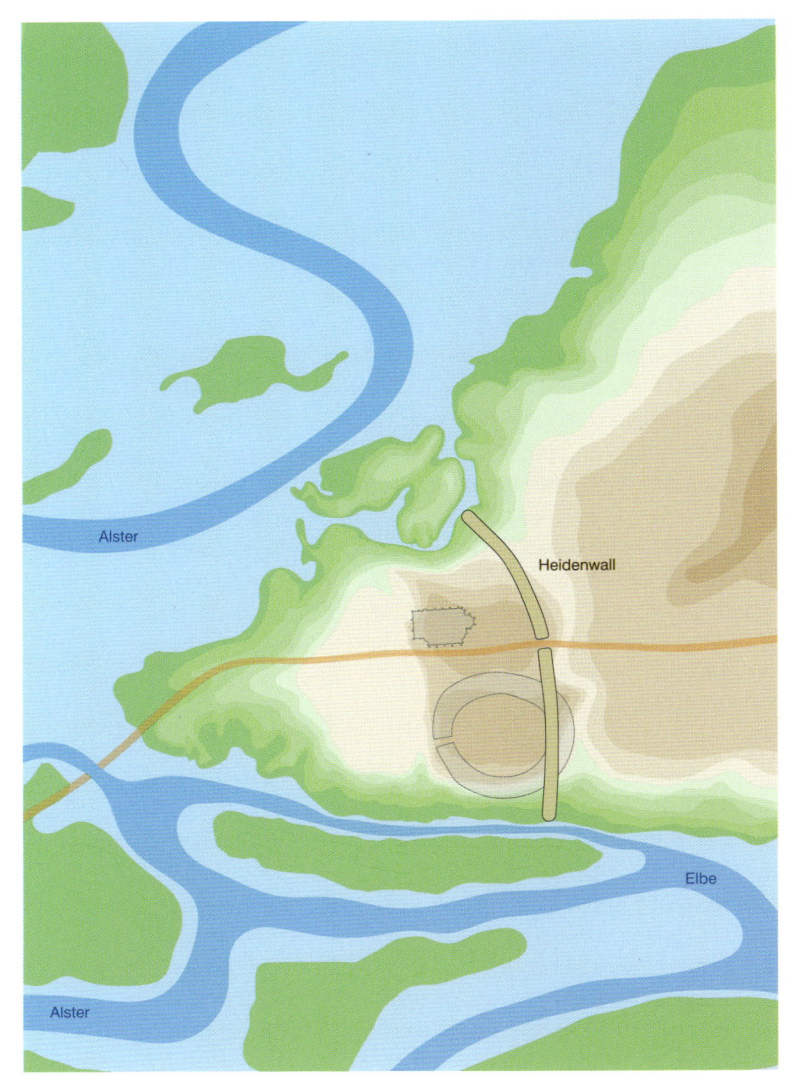

17 Der Heidenwall riegelte ab dem 11. Jahrhundert als Abschnittswall den Altstädter Geestsporn von der Alster im Norden bis zur Elbe im Süden ab. Grundriss Hammaburg III und St. Petri zur Orientierung, mittig der Höhenweg zur Alsterfurt.

Befestigung sowie die zugehörige, im Westen von ihr gelegene Ansiedlung (s. Beitrag Elke Först, Altstadt).

Erneut erscheint der Umfang der Maßnahmen ohne eine zentrale Steuerung und koordinierte Planung undenkbar. Der Ausbau ist also nicht der Niederschlag eines sukzessiven Entwicklungsprozesses, sondern das Resultat einer anlassbezogenen gemeinschaftlichen Kraftanstrengung, als deren Motor nur der in Bremen residierende Erzbischof sowie der – namentlich nicht bekannte, aber wohl aus dem Geschlecht der Billunger stammende – Hamburger Graf vorstellbar sind. Die archäologischen Detailbeobachtungen sind sehr vielschichtig, bisweilen ausgesprochen kleinteilig und erstrecken sich über viele Jahrzehnte verursacherbedingter Rettungsgrabungen, sodass eine zusammenfassende Auswertung vorerst ein Desiderat bleibt. Doch selbst in der kursorischen Zusammenschau ergibt sich ein ganz klares Bild: Die im 9. Jahrhundert allem Anschein nach noch unbefestigte und sumpfige Uferzone des südlich der Hammaburg verlaufenden Elbe-Nebenarms, die zuvor nur als Schiffslände fungiert haben dürfte, wird zeitlich parallel zur Errichtung der Hammaburg III um 900 massiv ausgebaut. Der gesamte Uferbereich am Südrand des Altstädter Geestplateaus wird von der Hammaburg aus bis an die im Westen gelegene Alsterniederung auf einer Länge von gut 300 m in einem Streifen von durchschnittlich 20 m Tiefe bis zu 1,30 m hoch aufgeschüttet. Die so befestigte und erhöhte Uferzone wird nun dicht mit Kleinhäusern bebaut, die zur Uferkante hin einen schmalen, nur wenige Meter breiten Streifen frei lassen. Die Aufschüttungen werden zum Uferrand hin durch Flechtwerkfaschinen und Packungen von Längshölzern befestigt, die mit Pflöcken im schlickigen Untergrund verankert worden sind. Streckenweise entsteht so eine niedrige kaiartige Uferbefestigung, die gewissermaßen die älteste bauliche Maßnahme des künftigen Hamburger Hafens darstellt.

Gleichzeitig überschreitet die Siedlungsfläche des frühen Hamburg erstmals den Flussarm und erstreckt sich nunmehr auch auf den schmalen Werder der später sogenannten Reichenstraßeninsel. Auch dort kommt es zu sukzessiven Aufhöhungen im Bereich des durch ständige Ablagerungen entstandenen Uferwalls, der sich auf dem Werder in einem Abstand von ca. 5 m zur abfallenden Uferkante mit etwa 8 m Breite und 1 m Höhe gebildet hat. Bebaut war dieser Uferwall mit dicht beieinander liegenden, gut 3,70 m schmalen und 6–7 m langen Flechtwandhäusern. Sie sparen einen Bereich aus, der anhand charakteristischer Kleinfunde wie einer Klappwaage als früher Ufermarkt anzusprechen ist. Die auf dem Uferwall der schmalen Insel gelegene Ansiedlung dürfte aufgrund der besonderen Zusammensetzung des Fundguts den Charakter einer klar parzellierten Händler- und Marktsiedlung mit einem florierenden Fernhandel gehabt haben (s. Beitrag Ralf Wiechmann).

VON DER HAMMABURG ZUM HEIDENWALL

Der eigentliche Aufstieg Hamburgs begann erst kurz vor 900, lange nach der Gründung des Ortes in spätsächsischer Zeit, lange nach Ansgar, dessen einstiges Wirken aber offenbar das entscheidende Argument für die kirchenrechtliche Erhebung zum Erzbistum und die darauf folgenden Ausbaumaßnahmen war. Diese haben Hamburg augenscheinlich so gestärkt, dass auch die verschiedenen literarisch überlieferten Verheerungen des 10. und 11. Jahrhunderts bei weitem nicht mehr die Auswirkungen des Überfalls durch die Wikinger im Jahre 845 hatten. Zu nennen sind insbesondere der große Slawenaufstand von 983 – ein möglicher Grund für den massiven Ausbau der Hammaburg III – sowie die Erhebung heidnischer Obodriten 1018[42], die dabei nach Adam von Bremen auch die Hammaburg zerstört haben sollen[43]; Helmold von Bosau berichtet überdies von einer weiteren Zerstörung um 1028[44]; aus archäologischer Sicht spricht vieles dafür, in einem dieser Ereignisse den Ausschlag für die anschließende planmäßige Niederlegung der Befestigung zu sehen. Der Siedlungskontinuität des zur Hammaburg gehörigen Wiks, d.h. der Siedlung auf dem südlichen Geestplateau, den Uferbefestigungen sowie der Händler- und Marktsiedlung auf dem südlichen Werder, der späteren Reichenstraßeninsel, vermochten all diese Verwüstungen nichts anzuhaben. Sie zeichnen sich zwar durch deutliche Brandschichten ab, die in allen Grabungsschnitten der vergangenen Jahrzehnte in den starken Auffüllschichten der Siedlung beiderseits des Elbarms beobachtet worden und daher als Zeugnis wiederkehrender großflächiger Brandereignisse zu betrachten sind (s. Beitrag Elke Först, Altstadt). In der Siedlungsentwicklung indes kam es zu keiner erkennbaren Zäsur, vielmehr wurde das Areal über jeder Brandschicht erneut aufgehöht und damit als nützliche Begleiterscheinung letztlich auch gegen Hochwasser sicherer gemacht.

Die Hammaburg aber als befestigte Wehranlage und Sitz des lokalen Adels wird nicht wieder hergerichtet, sie findet irgendwann in den ersten beiden Jahrzehnten nach der Jahrtausendwende ihr planmäßiges Ende. Ein Brandhorizont wie in der Siedlung oder andere markante Brandspuren zeichnen sich im archäologischen Befund nicht ab, was aber an den umfangreichen Planierungsmaßnahmen im Zuge der Einebnung liegen kann. In diesem Zusammenhang erhält die Überlieferung durch Adam von Bremen besondere Bedeutung, der davon berichtet, dass Erzbischof Unwan (1013–1029) gemeinsam mit dem Billunger Herzog Bernhard II. (1011–1059) nach der Zerstörung durch die Slawen »*eine stattliche Burg aus den Ruinen der alten Anlage aufgeführt und den Dom errichtet*« habe[45]. An anderer Stelle wird nur der Erzbischof als Bauherr genannt: »*...soll der Hochwürdigste Erzbischof nach der Niederwerfung der Slawen Burg und Dom wieder aufgebaut haben*«[46]; »*...baute Erzbischof Unwan seinen Erzsitz Hamburg wieder auf*«[47].

Nach Ausweis des archäologischen Befundes kam es aber nicht mehr zum Wiederaufbau oder gar Neubau

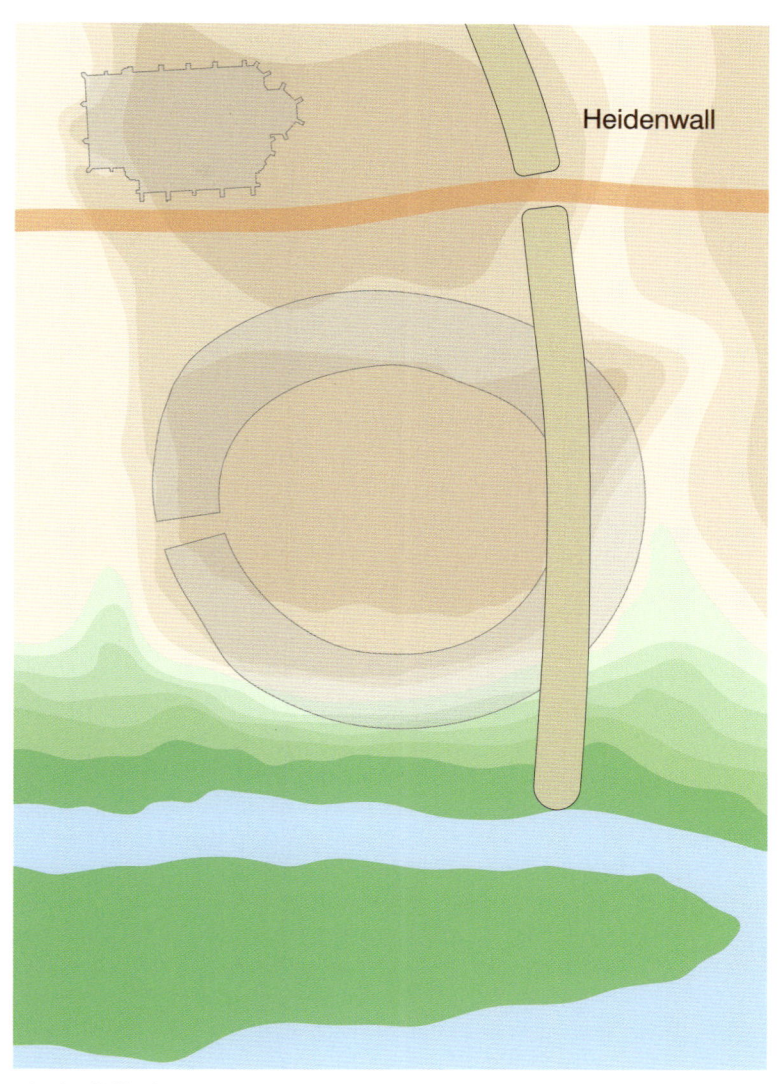

18 Die Südflanke des Heidenwalls überschneidet die zu Beginn des 11. Jahrhunderts einplanierte Hammaburg III. Oben Grundriss St. Petri zur Orientierung, mittig der Höhenweg zur Alsterfurt.

einer weiteren, durch Graben und Wall umhegten Burganlage, die in der Konsequenz als Hammaburg IV zu bezeichnen wäre. Vielmehr entschied sich die lokalen Machthaber, der ungenügenden Verteidigungslage der Großsiedlung endlich mit einer großen Lösung Herr zu werden. Die fortifikatorische Schwachstelle war allem Anschein nach seit jeher die weitgehend offene Ostflanke des ansonsten im Norden, Westen und Süden durch die Flussläufe umschlossenen Geestsporns, die zwar in ihrer südlichen Hälfte zur Elbe hin durch die Hammaburg abgeriegelt, nach Norden aber zur Alster hin ungeschützt war. In einer gemeinsamen Kraftanstrengung – anders ist die ausdrückliche Erwähnung bei Adam von Bremen nicht zu verstehen – haben nunmehr Adel und Klerus die seit der Niederlegung des Burgwalls schutzlose Siedlung durch den Bau des Heidenwalls nachhaltig befestigt und die burglose Ansiedlung damit erst wieder zur *civitas* Hamma*burg* gemacht. In Nord-Süd-Richtung quer über das Geestplateau verlaufend riegelt er als bogenförmiger Abschnittswall auf gut 300 m Länge nunmehr das gesamte Siedlungsareal von der Alster bis zur Elbe ab (Abb. 17). Vorgelagert sind ihm mehrere tiefe Gräben, die zu verschiedenen Ausbauphasen gehören und das Bauwerk damit als mehrphasig kennzeichnen. Seine archäologische Dokumentation ist bislang ausgesprochen lückenhaft (s. Beitrag Elke Först, Bischofsturm), sodass Aussagen zur baulichen Struktur oder zur Datierung nur mit großen Einschränkungen möglich sind. Auf jeden Fall folgt der Bau des Heidenwalls einer für die Hamburger Altstadt klar zu konstatierenden Horizontalstratigrafie, die ein allmähliches Wachsen aus einem kleinen Nukleus – der spätsächsischen Hammaburg I des 8. Jahrhunderts – über die verschiedenen immer größeren Graben- und Wallbefestigungen, Hammaburg II–III, bis hin zur ersten, das gesamte Siedlungsgebiet abriegelnden Wehranlage, den Heidenwall, erkennen lässt. Der Heidenwall ist letztlich nur ein weiterer Zwischenschritt in dieser schubweisen Ausdehnung des Siedlungsgebiets, deren Entwicklung sich konsequent mit dem Bau der neuen hochmittelalterlichen Stadtbefestigung um 1260 unter Einbeziehung der Stadterweiterungsgebiete mit den Kirchspielen St. Jacobi, St. Katharinen und St. Nikolai fortsetzt, wodurch der Heidenwall schließlich seine Wehrfunktion verloren hat.

Obwohl die Ostflanke der Hammaburg III bislang archäologisch nicht dokumentiert werden konnte, weil sie durch das 1938 errichtete Pressehaus überlagert wird, so ist ihr Grundriss in Kenntnis ihrer sonstigen Gesamtproportionen dennoch plausibel zu rekonstruieren. Dabei zeigt sich, dass sie den Verlauf des nachfolgenden Heidenwalls weit nach Osten überschneidet (Abb. 18). Entgegen früherer Annahmen ergibt sich daraus, dass der Heidenwall sich in seinem Verlauf nicht an den Ruinen oder Wallresten der aufgelassenen Befestigung orientiert hat, sondern eine Neuplanung auf der planierten Anlage darstellt und dieser also ohne chronologische Überlappung nachfolgte (s. Beitrag Karsten Kablitz). Gleichzeitig mit dem Bau des Abschnittswalls wurde nun auch die Lage des künftigen Stadttores festgelegt, durch das die von Osten kommende Altstraße führt. Dessen Standort bestätigt zudem die Datierung des Heidenwalls in das zweite Viertel des 11. Jahrhunderts, denn sie überquert unmittelbar nach dem Durchlass einen einstigen natürlichen Geländeeinschnitt, der schon bei Ausgrabungen am Speersort in den 1960er Jahren deutlich aufgefallen und als *Hammaburggrube* bezeichnet worden ist (s. Beitrag Elke Först, Bischofsturm). Diese breite und bis zu 2,20 m tiefe Mulde ist erst nach der Niederlegung der Hammaburg III zu Beginn des 11. Jahrhunderts verfüllt worden und dadurch erst für eine Straße passierbar geworden, deren bis heute beibehaltener Verlauf somit erst im Anschluss an die Verfüllung festgelegt worden sein kann. Diese älteste und wichtigste Straße Hamburgs, die Steinstraße, findet erstmals 1273 urkundlich als *platea lapidea* Erwähnung[48], wird aber aus genannten Gründen bis zum Bau des Heidenwalls zurückzuführen sein; gleichzeitig ist an ihrem Durchlass sicherlich in entsprechender Ortskontinuität das erste Stadttor zu verorten. Der ursprüngliche Straßenverlauf muss zur Zeit der Hammaburg diese Senke umgangen haben und dürfte ein wenig weiter nördlich zu suchen sein, sodass er in West-Ost-Richtung die heutige Kirche St. Petri, den vermutlichen Standort der Ansgar-Kirche, südlich passiert.

VON DER ALTEN BURG ZUR NEUEN DOM-IMMUNITÄT – HAMMABURG IM WANDEL

Folgt man Adam von Bremen, so haben Erzbischof und Herzog in den Jahren nach 1020 gemeinsam »*eine stattliche Burg* [castrum nobile] [...] *aufgeführt*«[49]. Folgt man dem archäologischen Befund, so kann es sich dabei nur um den Heidenwall gehandelt haben. Mit dem Bau dieses das gesamte Siedlungsgefüge zur einzigen offenen Flanke hin absichernden Abschnittswalls hat sich zumindest aus fortifikatorischen Erwägungen die Errichtung einer eigenständigen Burganlage erübrigt. Tatsächlich kann bislang auf dem gesamten Geestplateau der Hamburger Altstadt keine jüngere Befestigung nachgewiesen werden, die in der Nachfolge der einmal erweiterten und letztlich wohl in den 1020er Jahren geschleiften Hammaburg III entstanden sein könnte.

Erstaunlicherweise finden sich nun aber ausgerechnet in dem Bereich des aufgelassenen Burgareals die ersten archäologischen Spuren, die überzeugend mit einem frühen Kirchenbau in Hamburg in Verbindung zu bringen sind. Dabei handelt es sich um jene in einer Reihe mit einem Abstand von je 3 m zueinander liegenden Standspuren von vier mächtigen Vierkantpfosten mit einer Seitenlänge von je gut 50 cm × 50 cm, die bereits von Reinhard Schindler 1949 ausgegraben und von ihm als Überreste des Ansgar-Domes interpretiert worden sind[50]. Diese Frühdatierung ist inzwischen abzulehnen, nach wie vor zutreffend ist aber die Deutung als Stützpfeiler eines Großbaus von erheblicher Flächenausdehnung, dessen Ausrichtung exakt in der

Flucht des späteren mittelalterlichen Mariendomes und dessen Dimensionen eine Identifizierung als hölzerner Vorgängerbau nahelegen. Als Zeitfenster für seine Errichtung kommt nach der Befundlage auf den Ruinen der Befestigung sowie nach der historischen Überlieferung nur das Episkopat Erzbischof Unwans in Betracht, also die 20er Jahre des 11. Jahrhunderts, denn bereits sein Nachfolger Bezelin Alebrand hat den Unwan-Dom durch eine Steinkirche ersetzt[51], beide »*zu Ehren der Gottesmutter*«, also unter Marien-Patrozinium erbaut. Erst ab diesem Zeitpunkt, ab den 1020er Jahren, ist von einer gesicherten Ortskontinuität bis zum 1807 abgebrochenen Mariendom auszugehen. Diese Beobachtungen sind in zweierlei Hinsicht bedeutend: Zum einen ist daraus erneut abzuleiten, dass der Standort der Ansgar-Kirche und dessen Nachfolgebauten, wo sich auch die Grablege des einstigen Papstes Benedikt V. befunden haben muss, so es sie denn überhaupt als Erdgrab gab, andernorts zu suchen ist, und zwar am plausibelsten unter der heutigen Kirche St. Petri. Zum anderen muss es mit der Aufgabe der großen Wall-Graben-Anlage (Hammaburg III) und der anschließenden Neugründung des Domes durch Erzbischof Unwan zu einem Eigentums- und Funktionswechsel des seit dem 8. Jahrhundert in Grafenhand befindlichen Burgareals gekommen sein.

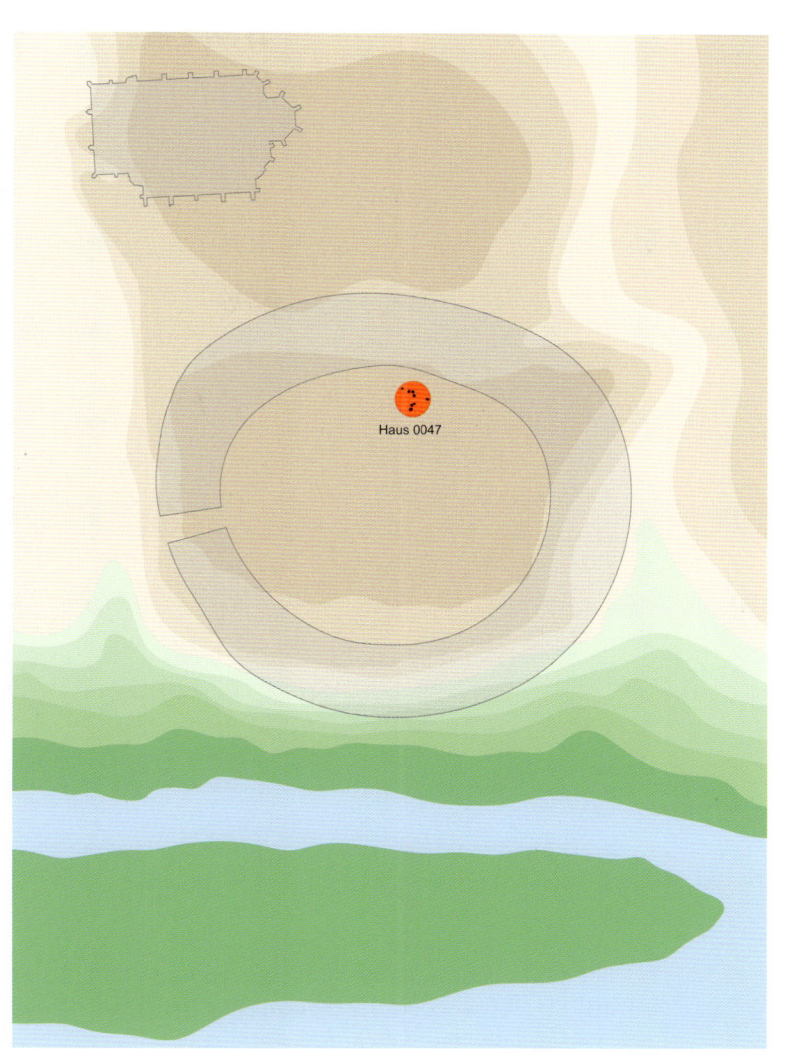

19 Befund 0047 könnte die Ecke eines auffallend großen Holzgebäudes markieren, das nach Planierung der Hammaburg III zu Beginn des 11. Jahrhunderts errichtet worden ist. Grundriss St. Petri zur Orientierung.

DIE BILLUNGER UND DIE BISCHÖFE – HAMBURG ALS DOPPELTE RESIDENZ

Um die möglichen Hintergründe für diesen erstaunlichen Vorgang zu beleuchten, müssen die Machtverhältnisse zwischen Klerus und Adel im Hamburg des 11. Jahrhunderts betrachtet werden (s. Beitrag Günther Bock, Hammaburg). Einen ersten Hinweis liefert Adam von Bremen, der den Wiederaufbau Hamburgs in den 1020er Jahren als Gemeinschaftsleistung des Erzbischofs Unwan und des Billunger Herzogs Bernhard II. würdigt[52]. Diese Nachricht wiegt umso mehr, als Bernhard im Laufe seiner langen, von 1011–1059 währenden Amtszeit in immer schärfere Gegnerschaft zum Hamburg-Bremischen Erzstuhl treten sollte, was den Chronisten Adam in seiner um 1075 verfassten Kirchengeschichte dazu veranlasste, die Billunger entweder weitgehend totzuschweigen oder aber namentlich Bernhard zu diskreditieren[53], wie es übrigens Rimbert bereits 200 Jahre zuvor mit dem Namensvetter Bernhards vorgemacht hat, den er im Zusammenhang mit dem Wikingerüberfall von 845 ja nur erwähnt, um dessen Abwesenheit und damit gleichzeitig Ansgars Schutzlosigkeit und Heldentum hervorzuheben. Tatsächlich schwelte zwischen den Billungern und dem Erzstuhl seit dem 10. Jahrhundert ein Streit um die Vormachtstellung an der Niederelbe, der im 11. Jahrhundert in offenen Auseinandersetzungen kulminierte, die im Besonderen natürlich Hamburg berührten, wo die beiden Interessenparteien räumlich ja unmittelbar aufeinandertrafen. Die Billunger, denen wahrscheinlich bereits der Ansgar-zeitliche Graf Bernhard als Hausherr der Hammaburg angehört hatte, waren durch Otto den Großen 936 mit dem Schutz der Reichsgrenze an der Niederelbe betraut worden und stiegen dort rasch zur einflussreichsten weltlichen Macht im Nordosten des Reiches mit herzoggleicher Stellung auf. Vielleicht ist daher der gemeinschaftliche Wiederaufbau Hamburgs unter Unwan und Bernhard im Sinne eines Zweckbündnisses in Zeiten größter Bedrohung von außen zu verstehen, das bereits unter ihren Vorgängern seit einigen Jahrzehnten bestanden haben dürfte. Gleichzeitig darf nicht überse-

20 Das Fundament der Bischofsburg während der Ausgrabung 1963.

hen werden, dass die Hamburger Grafen spätestens seit dem 11. Jahrhundert auch Hochvögte der Erzkirche waren, weshalb man von engen Verflechtungen zwischen beiden Parteien ausgehen darf; Unwan und Bernhard waren über die später als Heilige verehrte Emma von Bremen sogar direkt miteinander verschwägert.

Die gemeinschaftliche Aufbauleistung vor dem Hintergrund einerseits enger Verflechtungen und andererseits einer zwar schwelenden, aber ganz offensichtlich unterdrückten Konkurrenz lässt es am plausibelsten erscheinen, die Übergabe des einstigen Burgareals an den Hamburg-Bremer Erzstuhl als in gegenseitigem Einvernehmen erfolgte Neustrukturierung der beengten räumlichen Verhältnisse zwischen den genau hier aufeinandertreffenden Einflusssphären der Billunger und der Erzbischöfe zu betrachten. Die Hamburger Grafen haben die wohl in der Folge der Ereignisse von 1018 (nach Adam) bzw. eventuell um 1028 (nach Helmold) nicht wiedererrichtete Hammaburg geschleift, der Heidenwall wurde als neuer gemeinsamer Schutzwall Hamburgs errichtet, den Unwan allein keinesfalls hätte bauen können, schon weil der Bau auf das Engste mit hoheitlichen Befugnissen wie etwa dem Wegerecht und der Verteidigungspflicht verbunden ist, und umgehend erbaute Unwan auf dem frei gewordenen Areal einen neuen Dom, den ältesten Vorgängerbau des gotischen Mariendoms. Möglicherweise darf man im Dombau in-

mitten des aufgelassenen Burgareals auch einen Akt von starker Symbolkraft sehen: Während der Gründungsort der Ansgar-Kirche durch den Hamburger Grafen bei Ansgars Ankunft aus dem gräflichen Hoheitsgebiet zur Verfügung gestellt worden sein muss, kann der mittlerweile auf Augenhöhe erstarkte und in deutliche Konkurrenz getretene Erzbischof seinen Domneubau als sichtbares und repräsentatives Zeichen der Domfreiheit auf der Keimzelle der Hamburger Grafen errichten und sich spätestens jetzt als gleichwertiger Machtfaktor positionieren, der längst aus Ansgars Schatten getreten ist[54].

ANSGARS KIRCHE UND UNWANS DOM – ST. PETRI UND ST. MARIEN

Mit dem Neubau des Domes durch Unwan muss es zwangsläufig zu einem Funktionswechsel der alten Gründungskirche gekommen sein, die ja mit der tatsächlichen Erhebung Hamburgs zum Bischofssitz 893 zur Domkirche geworden war. Allem Anschein nach übertrug man nun – neben den entscheidenden Immunitätsrechten – auch das ursprüngliche Marien-Patrozinium auf den neuen Dom[55], während jetzt auf den Ansgar-Bau die Funktionen einer Stadtkirche übertragen worden sind[56]. In dieser Neuordnung könnte auch der Grund liegen, weshalb keine Hinweise auf das

21 Die Lithografie von Peter Suhr zeigt das im 13. Jahrhundert errichtete Steintor. Im Hintergrund über der Durchfahrt die Kirchtürme von St. Jacobi und St. Petri. Entsprechend kann man sich für das 12. Jahrhundert die Situation am Marientor/Schultor/Bischofsturm als Stadttor am Durchlass durch den Heidenwall vorstellen.

Gründungsdatum von St. Petri überliefert sind, da sie schlichtweg bereits seit Jahrhunderten existiert hat. Sie wird erstmals 1195 im Zusammenhang ihrer Schenkung an das Domkapitel urkundlich erwähnt, und zwar als Marktkirche bzw. am Markt gelegene Kirche[57] ohne Nennung des Patroziniums, das erstmals für 1220 überliefert wird[58]. Durch diese Abfolge der Bauten kann sich der Widerspruch auflösen, dass die Forschung die Gründung der St.-Petri-Kirche trotz der späten urkundlichen Erwähnung bereits im zweiten Viertel des 11. Jahrhunderts vermutet[59], wo nun doch eine Neugründung des Mariendomes eben für diese Zeit archäologisch am plausibelsten ist, man aber kaum zwei bedeutende Kirchen gleichzeitig neu errichtet haben würde. Als Parallele wäre die Entwicklung in Bremen zu benennen, wo gleichfalls unter Erzbischof Unwan die Domgeistlichkeit von ihren parochialen Aufgaben befreit worden ist und die Belange der Gemeinde der neu gegründeten, dem hl. Veit geweihten Kirche übertragen worden sind[60], die ab 1139 dann als Marktkirche belegt und um 1220 zu *Unser Lieben Frau* umgewidmet, also unter das Marien-Patronat gestellt worden ist (s. Beitrag Dieter Bischop). Wie St. Petri in Hamburg ist sie die erste stadtbürgerliche, von der erzbischöflichen Domkirche unabhängige Pfarrkirche Bremens.

ALSTERBURG UND BISCHOFSTURM – ARCHÄOLOGISCHEN PHANTOMEN AUF DER SPUR

Die Übertragung des Burgareals an die Erzkirche unter Unwan führt zwangsläufig zur Frage nach dem neuen Standort der gräflichen Residenz, die derzeit mit archäologischen Mitteln nicht zu beantworten ist. Ein Ringwall als Nachfolgebau der geschleiften Hammaburg III ist jedenfalls auf der Altstadtgeest bislang nicht nachgewiesen. Möglicherweise ist für diese Umbruchphase den Billungern auch kein eigens umwehrtes Herrenhaus zuzuschreiben – die Schutzfunktion für Hamburg hat ja schließlich der Heidenwall übernommen. Zumindest von den Dimensionen her käme dann ein auffällig groß dimensioniertes Pfostengebäude aus der Zeit nach der Planierung im Norden des Domplatzes im Betracht (*Abb. 19*), von dem acht weit überdurchschnittlich kräftige Kantholz- und Rundpfosten dokumentiert werden konnten, die sich zu einem Gebäudeeck gruppieren (Haus 0047; s. Beitrag Karsten Kablitz).

Grundsätzlich denkbar, wenngleich aufgrund der politisch unruhigen Lage eher unwahrscheinlich, wäre auch eine vorübergehende Verwaltung Hamburgs von außerhalb, etwa vom Lüneburger Stammsitz der Billun-

22 Der kleine Mauerzug setzt im Südosten des Bischofsturm-Fundaments an und könnte als Rest der nördlichen Torwange interpretiert werden.

ger aus, analog dem Bremer Erzsitz als Hauptresidenz für die Hamburg-Bremischen Erzbischöfe. Denn erst für das Episkopat Bezelin Alebrands (1035–1043) berichtet Adam von Bremen über entsprechende bauliche Aktivitäten beider Parteien: Der Erzbischof ließ »*wegen der Schwäche des Ortes*« und »*gegen die häufigen Überfälle der Feinde*« den Holzdom Unwans durch ein erstmalig in Stein (*lapide quadro*) errichtetes Bauwerk ersetzen[61]. »*Dann errichtete er für sich ein zweites steinernes Gebäude mit sehr festen Türmen und Bollwerken*«. Jetzt kommt der Herzog ins Spiel: »*Dadurch aber sah sich der Herzog veranlaßt, es diesem Bauwerk gleichzutun und ebenfalls für die Seinen im selben Burgbezirk [in eodem castro] ein festes Haus zu errichten. So stand nach dem Wiederaufbau des Ortes auf der einen Seite des Domes die Bischofspfalz, auf der anderen die Hofburg des Herzogs*«.

Die Formulierung Adams ist ein weiteres Indiz dafür, dass mit der »*stattlichen Burg [castrum nobile]*«, die bereits Bezelin Alebrands Vorgänger Unwan gemeinsam mit demselben Herzog Bernhard II. in den 1020er Jahren errichtet hat, wie auch mit dem »*Burgbezirk [castro]*«, in dem Bernhard und Bezelin Alebrand mehrere Jahre später ihre neuen Residenzen gebaut haben, nicht etwa die Hammaburg III oder ein unbekannter Nachfolgebau als abgegrenzte Burganlage gemeint ist, sondern der Heidenwall als neue Befestigung für die gesamte *civitas* Hammaburg. Es ist nämlich kaum vorstellbar, dass der Erzbischof innerhalb einer bestehenden gräflichen Wall-Graben-Befestigung die Initiative ergreift und sich auf der begrenzten Fläche zunächst einen steinernen Dom und im Anschluss noch einen regelrechten Bischofspalast erbaut. Weiterhin ist dies als erneute Bestätigung dafür zu werten, dass nach Aufgabe der Hammaburg III das ehemals gräfliche Areal in die Verfügungsgewalt der Erzbischöfe übergeben worden ist.

Von allen drei bei Adam beschriebenen Gebäuden fehlen bislang gesicherte Spuren, wenngleich seit dem ausgehenden 15. Jahrhundert diverse Standorte dafür in die Diskussion eingebracht worden sind. Als gesichert hat allein die Lokalisierung des Domes zu gelten, auch wenn der Bezelin-Bau bei nüchterner Betrachtung nur über die Kontinuität der für Unwans Holzdom in Anspruch genommenen Pfostenbefunde bis hin zum 1807 abgebrochenen gotischen Dom erschlossen werden kann – gesichertes Quadermauerwerk aus der Bauperiode Bezelins fehlt.

Die Bischofspfalz [*domus episcopi*], nach dem Dom das zweite Steingebäude [*domus lapidea*] überhaupt in Hamburg, weshalb Adam gerade dieses Baumaterial für beide Gebäude explizit als Ausdruck besonderer Wertschätzung und Bewunderung in einer bis dahin ausnahmslos durch Holzbau geprägten Landschaft hervorhebt, wurde bereits durch die frühe Forschung wahlweise östlich des Domes, dann wieder südlich davon lokalisiert[62]. Auch am östlichen Ende der einstigen Reichenstraßeninsel glaubte man, den Bau allein aufgrund des Flurnamens *Widenburg*[63] lokalisieren zu dürfen, bis man 1962 am Speersort ein großes Findlingsfundament entdeckt hat, das umgehend zur *Bischofsburg* erklärt worden ist und als solche seither zum festen Hamburger Denkmalbestand und Schulwissen gehört (*Abb. 20*). Jüngste Ausgrabungen 2008/09 des Archäologischen Museums Hamburg konnten aber inzwischen für dieses Fundament eines Rundturms eine Entstehung erst im 12. Jahrhundert glaubhaft machen (s. Beitrag Elke Först, Bischofsturm). Seine bisherige Datierung basierte archäologisch nur auf einer Handvoll datierbarer Randscherben in Verknüpfung mit der knappen Schilderung bei Adam von Bremen. Die Neudatierung wird durch Schichtzusammenhänge abgesichert, die bei den unmittelbar westlich anschließenden Ausgrabungen am Eckgrundstück Speersort/Kreuslerstraße dokumentiert werden konnten und nunmehr zeigen, dass das Turmfundament auf Verfüllschichten des 12. Jahrhunderts aufliegt. Seine Lage unmittelbar am inneren Wallfuß des älteren Heidenwalls[64], direkt neben der an dieser Stelle den Heidenwall querenden Steinstraße, legt eine Inter-

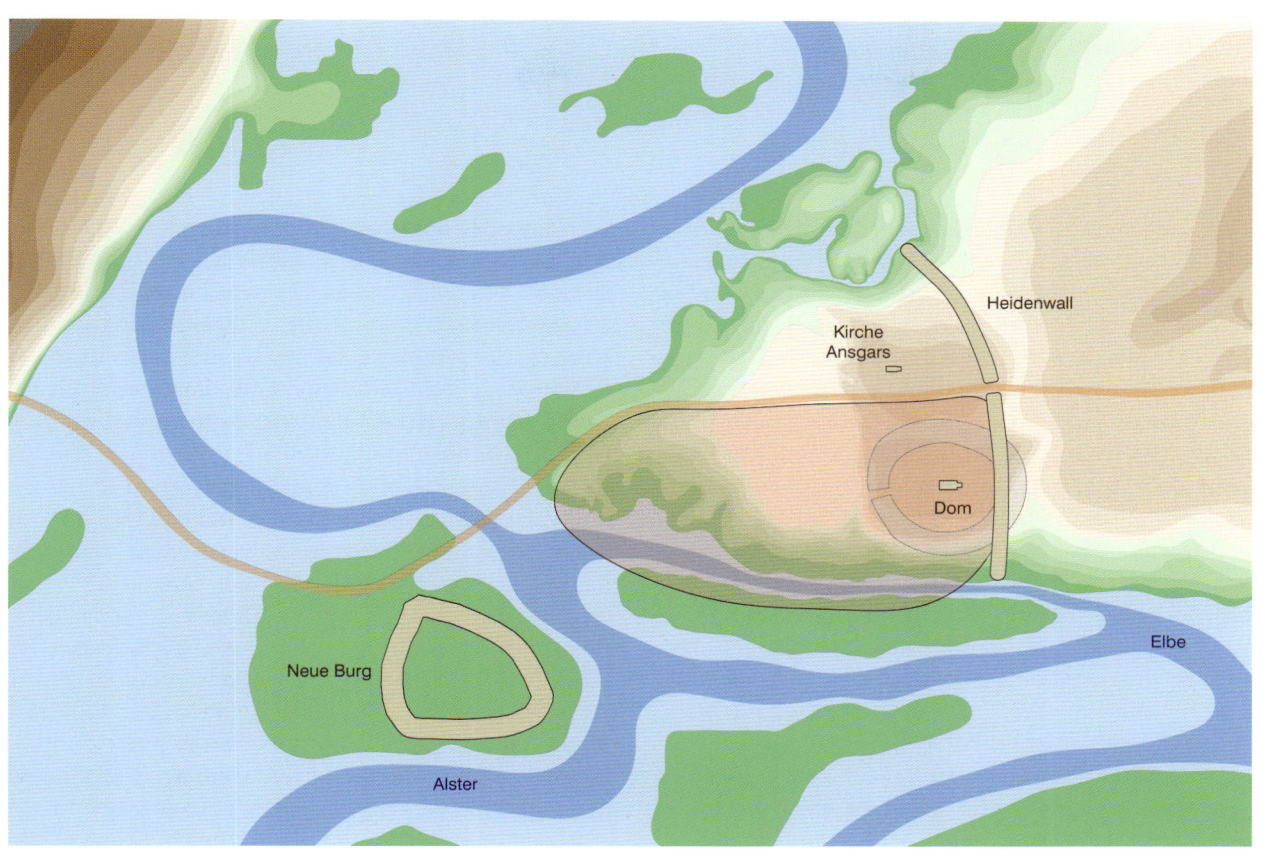

23 Das Siedlungsgebiet Hamburgs im 11. Jahrhundert mit der Neuen Burg im Westen und dem Heidenwall im Osten (Grundriss Hammaburg III zur Orientierung).

pretation als Torturm des Hamburger Stadttores nahe (*Abb. 21*). Ein während der Grabungen 1962–1965 dokumentierter kleiner, west-östlich verlaufender Mauerzug unmittelbar im Südosten des Fundaments dürfte entsprechend als Rest der nördlichen Torwange zu deuten sein (*Abb. 22*). Aller Wahrscheinlichkeit nach ist somit der *Bischofsturm* mit dem ab dem 13. Jahrhundert am Speersort bezeugten *Marientor* gleichzusetzen, auch *Porta cathedralis* genannt, dem späteren *Schultor*, das noch im 16. Jahrhundert Erwähnung findet[65], aber in den ältesten Stadtansichten aus dieser Zeit nicht mehr vorhanden ist.

Die Hamburger Residenz des Erzbischofs bleibt somit vorerst nicht greifbar, wird aber mit guten Argumenten nur im Immunitätsbezirk des Doms zu suchen sein.

Nicht besser steht es um das herzogliche Pendant »*auf der anderen*« Seite des Domes, das durch die Hamburger Lokalforschung mit dem griffigen Terminus *Alsterburg* belegt wird. Ihre Datierung entspricht der des Bischofspalastes: Sie soll unter Bezelin Alebrand errichtet worden sein, also zwischen 1035 und 1043. Zunächst bedeutet dies, dass die Residenz der Hamburger Herzöge für die Jahre zwischen der Aufgabe der Hammaburg III in den 1020er Jahren und dem Neubau unter Bernhard II. bzw. Bezelin Alebrand in Hamburg selbst nicht greifbar ist.

Danach sind es erneut – wie schon bei der Bischofsresidenz – Steinfundamente aus Altgrabungen, die mit der »*Hofburg des Herzogs [pretorium ducis]*« in Verbindung gebracht werden. Einschränkend ist allerdings zu betonen, dass die Übersetzung der Beschreibung Adams von Bremen stets kurzerhand »*ein festes Haus*«, nach mittelalterlichem Sprachgebrauch also unzweifelhaft ein *Stein*gebäude voraussetzt, obwohl Adam lediglich »*domus*« im Gegensatz zur »*domus lapidea*« des Erzbischofs schreibt; da Adam auch in anderen Zusammenhängen das erstmalig im Norden vereinzelt zum Kirchenbau verwendete Material ausdrücklich hervorhebt, wird man die Nichterwähnung im Zusammenhang mit der *domus* bzw. dem *pretorium* des Herzogs so deuten müssen, dass sein Bauwerk eben nicht aus Stein bestanden haben wird[66], was die archäologische Spurensuche doch entscheidend verändert. Dessen ungeachtet gilt einmal ein 1886/87 in der Baugrube des heutigen Rathauses aufgedecktes quadratisches Steinfundament als der gesuchte Bau, neuerdings auch das bereits 1843 freigelegte mächtige Turmfundament der alten Kirche St. Nikolai, das für einen Kirchturm zu stark sei und daher auf eine Turmburg als Vorgängerbau zurückgehen könne[67]. Beide Interpretationen sind spekulativ und im Falle des Fundaments unter dem Rathaus nicht einmal chronologisch überzeugend, da im Fundament Ziegelschutt verbaut war, der frühestens aus dem 12. Jahrhundert stammen kann. Der Versuch, diese Beobachtung einer späteren Ausbauphase zuzuschreiben, erscheint konstruiert[68]. Im Übrigen unterstellt die Forschung zumeist, Bernhard habe seine Burg als Gegenreaktion im Sinne einer weltlichen Machtdemonstration im Reflex gegen den erzbischöflichen Bau errichtet. Adams Wortwahl »*dux provocatus*«, vor allem im Zusammenhang mit der Beschreibung des gemeinschaftlichen Wiederaufbaus Hamburgs zunächst unter Unwan und nun unter Bezelin Alebrand, wo doch »*in seinen Tagen Frieden und Sicherheit*« herrschten, macht es aber ebenso wahrscheinlich, dass Bernhard es dem Erzbischof schlichtweg gleichgetan und sich – möglicherweise nach einer Übergangszeit in einem Provisorium oder einer Zweitresidenz[69] – nun eben in Hamburg wieder ein Herrenhaus errichtet hat.

Erscheint Adams Bericht in den zeitlichen Abfolgen einigermaßen plausibel, so ist die Beschreibung der Alsterburg bei Helmold von Bosau – immerhin gut 100 Jahre später – weitaus unschlüssiger als in der Forschung bisweilen kritiklos oder irreführend rezipiert[70]. Helmold nämlich schreibt um 1167, dass »*der ältere Adolf [senior Adolfus]*« »*dieses feste Haus [domum]*« habe errichten lassen und dass seine Witwe »*die starke Festung Hamburg [arcemque firmissimam Hammemburg]*« habe »*aufmauern lassen [murato opere construxerat]*«, »*damit sie ein Bollwerk für die Stadt [firmamentum urbi] sein sollte gegen die Einfälle der Barbaren*«[71]. Bauherr der *domus* sei Adolf I. von Schauenburg und Holstein (1110–1130), der die Alsterburg um 1124 errichtet haben soll[72]. Dessen namentlich nicht genannte Frau, die Mutter Adolfs II. (1130–1164) wiederum habe die Burg »*aufmauern lassen*«, was zumeist als Erneuerung – und zwar nun aus dem besonders erwähnenswerten Baumaterial Stein – um 1130 interpretiert wird[73]. Heinrich von Badwide schließlich habe die genannten Anlagen 1139 zerstört. Nimmt man bei entsprechender Auslegung des Satzbaus an, die *domus* Adolfs I. wie auch das von ihm errichtete *quicquid nobile* habe innerhalb der durch seine Witwe ausgebauten *arx firmissima* bzw. *firmamentum urbi* gestanden, so bleibt dennoch der Zeitpunkt der durch die Witwe Adolfs ja nur erneuerten, aber nicht durch sie erbauten Anlage, die möglicherweise mit dem Heidenwall zu identifizieren ist, entgegen Stoob (»*um 1124*«) offen. Die *domus* des Herzogs muss auf jeden Fall vor 1130 (Tod Adolfs I.) entstanden sein, die *arx* dementsprechend davor, ihre Erneuerung hernach zu Lebzeiten der namentlich ungenannten Witwe. Dass Helmold von Bosau den Begriff *domus* häufig auch für einen Kirchenbau verwendet,

vereinfacht die Sache nicht[74], wie auch die Nichtnennung der Herzogs-Mutter höchst ungewöhnlich ist, ist doch ihr Sohn Adolf II. einer von Helmolds Protagonisten und sein Zeitgenosse. Unabhängig von diesen Überlegungen bewegen sich Helmolds Baugeschichten sämtlich in der ersten Hälfte des 12. Jahrhunderts, was sowohl für die Alsterburg als auch für die Neue Burg zu jung ist. Man wird sich weiterhin ausschließlich auf Adam von Bremen stützen müssen, so es die Alsterburg als zweite Herzogsresidenz denn überhaupt gegeben hat und sie nicht mit der Neuen Burg gleichzusetzen ist.

DIE NEUE BURG – DER SPRUNG ÜBER DIE ALSTER

Adam von Bremen berichtet von einer weiteren Burganlage, die ihm folgend als die Neue Burg bezeichnet wird und nun erstmals jenseits der Alster in gewissermaßen gespiegelter Geländesituation zur Hammaburg in der südlich sich windenden Alsterschleife liegt (*Abb. 23*). Helmold von Bosau schweigt merkwürdigerweise zu dieser ihm zeitlich näher liegenden Baumaßnahme, obwohl er sich zur älteren Alsterburg äußert. Adams Beschreibung indes weist so deutliche Parallelen zu seiner Schilderung der Gebietsaufteilung der Hamburger Altstadt zwischen Bernhard II. und Bezelin Alebrand auf, dass man versucht ist, darin ein und denselben Vorgang zu sehen. Wenn Adam zudem mehrfach ausdrücklich betont, dies alles habe sich »*damals*« zugetragen, so passt das nicht überzeugend zur angeblich erst um 1061 erfolgten Gründung der Neuen Burg, also nur gut 14 Jahre vor Adams Niederschrift[75]: »*Denn auch der Herzog gab damals die alte Hamburger Feste [veteri castello Hammaburg] auf und ließ für sich und die Seinen zwischen Elbe und Alster eine neue Burg errichten [novum quoddam presidium (...) fundavit]. So merkwürdig schieden sich Herzen und Wohnstätten der beiden, und der Herzog bewohnte die neue, der Erzbischof die alte Ansiedlung [vetus (...) oppidum]*«. Der weltliche Protagonist soll nach übereinstimmender Lesart der Forschung trotz fehlender namentlicher Nennung durch Adam der Sohn Herzog Bernhards II. (1011–1059), nämlich Ordulf (1059–1072) sein, während es sich bei dem Erzbischof gesichert um Bezelin Alebrands (1035–1043) Nachfolger Adalbert (1043–1072) handelt. Die Unstimmigkeiten in der historischen Überlieferung haben selbst in der jüngsten Forschungsgeschichte zu entsprechenden Verwechslungen und Unsicherheiten geführt[76].

PAPST BENEDIKT V. – EXIL IN DER HAMMABURG

Ist bereits das Schicksal Papst Benedikts V. geradezu abenteuerlich, so setzt sich dieses Abenteuer gut 1000 Jahre später nicht minder spektakulär fort. Benedikt V., nur vier Wochen im Sommer 964 im Amt, wurde durch Kaiser Otto den Großen abgesetzt, aus Rom verbannt und ins Exil nach Hamburg verbracht, wo er schon im Jahr darauf verstarb. Nach gängiger Meinung wählte man Hamburg als möglichst weit entfernten Verbannungsort, dessen Unwirtlichkeit den baldigen Tod des Ex-Papstes beförderte. Die neuesten Erkenntnisse zur Bedeutung und zur Infrastruktur Hamburgs im 10. Jahrhundert widersprechen dem aber deutlich. Allein der Umstand, dass die Wahl auf Hamburg fiel, bestätigt den Stellenwert des Ortes im Reich. Wenig bekannt ist zudem, dass zuvor schon 939 Erzbischof Friedrich von Mainz durch Otto I. nach Hamburg verbannt worden war. Gut 30 Jahre nach seinem Ableben wurden die Gebeine Benedikts nach Rom überführt. Seine zwischenzeitliche Hamburger Grablege ist bis heute unentdeckt, wenn es sie denn überhaupt gegeben hat, denn die sterblichen Überreste könnten ebenso in einem Schrein aufgebahrt gewesen sein. Das Andenken an den Kirchenvater indes blieb auch Jahrhunderte über seinen Tod hinaus in Hamburg wach. So errichtete man ihm gut 350 Jahre später um 1300 an prominenter Stelle im Chorbereich des gotischen Mariendoms ein Leergrab, ein sogenanntes Kenotaph. Es bestand aus bemalten Fayence-Fliesen und zeigte – wie man von einem Kupferstich aus dem 17. Jahrhundert weiß – auf der Frontplatte ein idealisiertes Standportrait des Papstes in Lebensgröße, umrahmt von Heiligen- und Reiterdarstellungen (*Abb. 1*). Bei Umbaumaßnahmen im Jahr 1782 wurde schließlich das Grabmal abgebrochen, und einige Bruchstücke davon gelangten in die Baugrube. Als dann 1807 der Dom vollständig abgerissen wurde, schien die Erinnerung an Benedikt vollends verblasst zu sein.

Erst 1949 tauchten völlig überraschend bei den ersten archäologischen Sondagen auf dem kriegszerstörten Domplatz einige Fragmente der gotischen Kenotaph-Fliesen im umgelagerten Grabungsschutt auf. Auch spätere Ausgrabungskampagnen förderten weitere Bruchstücke zutage, sodass bislang 15 Stück vorliegen (*Abb. 2*). Im Zuge der weiteren Forschungen zur Frühgeschichte Hamburgs sollte diesen Fundstücken künftig die Rolle als Kronzeuge bei der Lokalisierung der Kirche des Heiligen Ansgar zukommen. Man unterstellte nämlich, dass der Standort des gotischen Kenotaphs identisch mit dem Ort der Bestattung Benedikts V. im 10. Jahrhundert sein müsse. Damit glaubte man, den Mariendom direkt bis in ottonische Zeit

1 Der Kupferstich aus dem Jahr 1661 zeigt die älteste erhaltene Abbildung des gotischen Kenotaphs für Benedikt V. im Hamburger Mariendom.

2 Vom zerstörten Kenotaph Benedikts V. aus dem Mariendom fanden sich in den Grabungskampagnen diverse Fragmente.

zurückdatieren zu können, indirekt sogar bis zur Gründung der Kirche durch Ansgar im 9. Jahrhundert. Damit werden die Bruchstücke aber deutlich überstrapaziert, zumal die archäologischen Belege zur Baugeschichte des Domes maximal bis ins frühe 11. Jahrhundert reichen. Der Standort von Ansgars Kirche dagegen bleibt bisher unbekannt und könnte aufgrund mehrerer Indizien unter der heutigen Kirche St. Petri zu suchen sein.

Rainer-Maria Weiss

Literatur: s. Beitrag Rainer-Maria Weiss Anm. 36-41; zur Verbannung Friedrichs von Mainz vgl. Widukind von Corvey II, 25.

DIE ENTWICKLUNG DES HAMBURGER STADTWAPPENS BIS ZUM TYPAR IV

1 Ältester erhaltener Siegelstempel der Stadt Hamburg (Typar IV). Dm 8,9 cm

Die auf dem heutigen hamburgischen Stadtwappen abgebildete dreitürmige Burg mit geschlossenem Tor beruht auf Vorläufern, die bis ins 12. Jahrhundert zurückreichen. In variierender Ausgestaltung ist schon früh der mit Kuppel und Kreuz versehene Mittelturm zu erkennen, während über den beiden Flügeltürmen Sterne abgebildet sind. Diese Marien-Sterne weisen ebenso wie das Kreuz auf ein sakrales Gebäude hin, den mittelalterlichen Dom St. Marien, der, obwohl *de facto* Bremen Sitz des im 9. Jahrhundert entstandenen Erzbistums Hamburg-Bremen war, bis zum Reichsdeputationshauptschluss (1803) und dem darauf folgenden Abbruch der Kathedralkirche in den Jahren 1804–1807 bestehen blieb. Zinnenbekrönte Mauern und Türme betonen die Wehrhaftigkeit der Stadt, während das geschlossene Tor auf die beanspruchte Unabhängigkeit verweist. Im 12. Jahrhundert geprägte Münzen lassen bereits die wesentlichen Bestandteile der Darstellung erkennen. Auch das hamburgische Staatssiegel bildet dieses Wappen ab. Da die drei ältesten Stempel des seit 1241 belegten Siegels bereits im Mittelalter verloren gingen, stellt das Typar IV den ältesten noch erhaltenen Siegelstempel dar. Es trägt die Umschrift »SIGILLUM BURGENSIUM DE HAMMENBURCH" und wurde in den Jahren von 1304 bis zur Eingliederung Hamburgs ins napoleonische Kaiserreich 1810/11 zur Beglaubigung von wichtigen, vom Rat ausgestellten Urkunden verwendet. Die älteste Urkunde mit dem Siegelabdruck datiert auf den 25. Dezember 1304. Sie hat die Sicherung der Landstraße zwischen Hamburg und Lübeck und die gemeinsame Prägung von Münzen zum Gegenstand. Nach seiner Auslagerung in ein stillgelegtes Salzbergwerk bei Grasleben während des 2. Weltkriegs wurde das IV. hamburgische Staatssiegel 1945 entwendet und gelangte in den Antiquitätenhandel. Nachdem die Stadt Hamburg erfolglos auf Rückgabe des Siegels geklagt hatte, konnte das Typar IV 2012 dank einer Initiative der Handelskammer Hamburg und des Fördervereins für Hamburgische Wirtschaftsgeschichte e. V. mit Unterstützung der Hubertus Wald Stiftung und weiterer Spender erworben und somit der Öffentlichkeit wieder zugänglich gemacht werden. Neben dem Hauptsiegel wurden auch andere städtische Siegel verwendet, die das Wappen abbilden. Bereits seit dem 14. Jahrhundert gab es das kleinere Geheimsiegel (*sigillum secretum*), seit dem 16. Jahrhundert das noch kleinere Signet. Die Verwendung der städtischen Siegelstempel ist nicht nur durch Abdrucke an Urkunden, sondern auch durch zahlreiche Einträge in den Kämmereirechnungen belegt. Ursprünglich stand sie dem Rat zu, der sie als Hoheitsrecht ausübte. Der Hauptrezess von 1712 bestimmte das Siegelrecht als Hoheitsrecht, das der ganzen Stadt zusteht, aber vom Rat ausgeübt wird. Neben seiner herausragenden Bedeutung als Zeugnis der Rechtsgeschichte ist das Typar zudem ein Objekt, das auch unter ästhetischen und kunsthandwerklichen Gesichtspunkten von großem Wert ist.

Dirk Brietzke

Literatur: Eckardt 1995.

Im Sommer 2014 begonnene archäologische Ausgrabungen an der Neuen Burg werden hoffentlich zur Klärung beitragen können, ob mit der aus Ordulfs Perspektive »alten« Hamburger Feste (veteri castello Hammaburg) wirklich die damals kaum 25 Jahre alte Alsterburg seines Vaters Bernhard gemeint sein kann oder nicht doch die tatsächlich über 250 Jahre alte Hammaburg, die zu Bernhards Zeiten aufgegeben und an die Kirche übertragen worden war. Immerhin betont Adam ausdrücklich, dass mit dem Bau der Neuen Burg nunmehr der Herzog das neue, der Erzbischof hingegen das alte »oppidum« bewohne, Letzterer also bei wörtlicher Auslegung die Alsterburg als Residenz übernommen haben müsste, was natürlich nicht der Fall sein kann. Die auf die »neue« zu beziehende »alte« Burg kann also nur die Hammaburg, nicht etwa die nebelhafte Alsterburg sein. Dazu würde auch die Erscheinungsform der Neuen Burg als beeindruckender Holz-Erde-Ringwall in direkter Nachfolge und mit annähernd gleichen Dimensionen der Hammaburg III typologisch passen, die das Intermezzo der Alsterburg in Gestalt einer zeitlich und regional völlig untypischen steinernen Turmburg wenig glaubhaft macht. Zur Mitte des 11. Jahrhunderts also, in einer regelrechten Krisenzeit, die durch äußere (feindliche Übergriffe) wie auch innere Bedrohungen (Investiturstreit und sich anbahnende Zerschlagung des Erzbistums) charakterisiert ist, war Hamburg im Osten durch das mächtige, neu errichtete Bollwerk des Heidenwalls, im Westen nunmehr durch die Neue Burg abgesichert, die dort jetzt die gleiche fortifikatorische Funktion eingenommen hat, wie sie zuvor die Hammaburg drei Jahrhunderte lang innehatte (*Abb. 23*).

Zur weiteren Geschichte der Neuen Burg fehlen jegliche historische Nachrichten, hier ist man allein auf archäologische Beobachtungen aus baubegleitenden Notgrabungen der frühen 1950er und späten 1960er Jahre angewiesen[77]. In der Zusammenschau der Ergebnisse der ausgesprochen kleinflächigen Sondagen bei gleichzeitig großflächigen Zerstörungen durch die Neubaumaßnahmen können zwar immerhin recht präzise Beobachtungen zum Wallaufbau gemacht werden, die Datierungsansätze aber gehen mangels dendrochronologischer Beprobungen der massenhaft beobachteten und überaus gut erhaltenen Bauhölzer nicht über einen allgemeinen Zeitansatz in das 11. Jahrhundert hinaus. Immerhin haben sich damit in Übereinstimmung mit der typologischen Analyse des Fundmaterials Überlegungen erledigt, die Neue Burg in ihrem Kern als Standort der historischen Hammaburg zu betrachten[78].

KAISER, PAPST UND KÖNIG – HAMBURG IM FOKUS DER WELTPOLITIK

Die schon unter Herzog Bernhard II. sich abzeichnenden, unter seinem Sohn Ordulf dann offen ausbrechenden Machtkämpfe mit den Hamburg-Bremischen Erzbischöfen, allen voran mit dem einflussreichen und streitbaren Adalbert (1043–1072), haben die Entwicklung Hamburgs im 11. Jahrhundert zweifelsohne nachhaltig geprägt, sind aber aus einer übergeordneten Perspektive betrachtet nur von lokaler, bestenfalls regionaler Bedeutung. Die Geschichte Hamburgs allein aus dieser beengten Binnensicht zu beleuchten, würde seiner Rolle und Bedeutung in der ottonischen und salischen Weltpolitik bei weitem nicht gerecht werden. Die Hauptrollen spielen dabei die Erzbischöfe Adalbert und Liemar, die insgesamt von 1043–1101 über ein halbes Jahrhundert lang die Geschicke der Stadt maßgeblich mitbestimmten. Vor allem während Adalberts Episkopat gelangte das Erzbistum Hamburg-Bremen zu seiner größten Machtfülle und räumlichen Ausdehnung und hätte auf dem Höhepunkt die bedeutendste Kirchenprovinz des christlichen Abendlandes werden sollen, wenn Adalberts Pläne zur Errichtung eines ganz Nordeuropa umspannenden Patriarchats Hamburg-Bremen umgesetzt worden wären. Dann wären alle Bistümer im slawischen Missionsgebiet an der unteren Elbe, vor allem aber alle Diözesen Dänemarks, Schwedens und Norwegens einschließlich des angedachten dänischen Erzbistums, dem Hamburger Erzbischof bzw. Patriarchen des Nordens unterstellt gewesen. Möglich waren diese unerhörten Pläne Adalberts nur durch seine auf absoluter Loyalität beruhende uneingeschränkte Vertrauensposition bei König Heinrich IV. (1053–1106), für den er zunächst sogar als Reichsregent die Vormundschaft bis zur Mündigkeit des Königs innehatte. Die ausufernde Machtfülle Adalberts brachte die Fürsten und Bischöfe des ganzen Reiches gegen ihn auf, und so erzwangen sie 1066 seine Entlassung durch Heinrich IV. Das innige Verhältnis beider indes blieb bestehen und übertrug sich auch auf Adalberts Nachfolger Liemar.

In demselben Maße, wie der Investiturstreit des 11. Jahrhunderts aber das Verhältnis Heinrichs IV. zu Papst Gregor VII. (1073–1085) belastete, das in Heinrichs sprichwörtlichem Gang nach Canossa 1077 kulminierte, bekämpfte der Papst, wie schon sein Vorgänger Alexander II. (1061–1073), den einflussreichen Erzbischof von Hamburg-Bremen und Vertrauten des Königs. Dies galt bereits für Erzbischof Adalbert und dessen Patriarchatspläne, aber ebenso für Adalberts Nachfolger, Erzbischof

Liemar (1072–1101). Er wurde 1075 sogar durch den Papst exkommuniziert, nachdem er den Kirchenfürsten als »*periculosus homo*« geschmäht hatte (s. Beitrag Volker Scior). Liemar begleitete 1077 den König auf seiner Reise nach Canossa, ein erneuter Hinweis auf das enge Verhältnis beider, wie auch auf die besondere Stellung des Hamburger Erzbischofs, zumal Heinrich nur im engsten Kreis zusammen mit seiner Frau und seinem Sohn zum geschichtsträchtigen Treffen mit dem Papst reiste.

Begann bereits unter Adalbert der Stern des Erzbistums Hamburg-Bremen zu sinken, so wirkte sich die päpstliche Opposition unter Liemar in vollem Umfang aus. Genau in dieser dramatischen Phase der 1070er Jahre schrieb Adam von Bremen seine *Geschichte des Erzbistums Hamburg*, die er Erzbischof Liemar zueignete. Die Zweckbestimmung der Chronik lag in erster Linie darin, die Bedeutung und Tradition der hamburgischen Kirche und ihres Missionsauftrages und damit ihren Führungsanspruch für den gesamten Norden seit Ansgars Zeiten zu dokumentieren. Dadurch sollten Bestrebungen des Papstes und der nordischen Könige abgewehrt werden, eigene Bistümer zu errichten und sich so dem Einfluss Hamburgs zu entziehen. Das Schicksal des Erzbistums aber war zu dieser Zeit bereits besiegelt, sein Einfluss in Skandinavien schwand spätestens mit der Neugründung des Erzbistums Lund 1104 (s. Beitrag Volker Scior).

Die sehr komplexen historischen Zusammenhänge führen deutlich vor Augen, wie unmittelbar und intensiv die Hamburg-Bremische Kirche des 11. Jahrhunderts in das internationale politische Geschehen dieser Zeit eingebunden war, welche Bedeutung und Machtfülle, aber auch welch mächtige Fürsprecher und Gegner die Erzschöfe hatten. Vor diesem Hintergrund erscheinen die heimischen Machtgerangel mit den Billunger Herzögen geradezu provinziell, die ja ohnehin etwa zu Erzbischof Unwans Zeiten in den 1020er Jahren nicht faktisch feststellbar, sondern durch Adam von Bremen aus der generell Billunger-feindlichen Haltung zur Zeit seiner Niederschrift um 1075 nur rückprojiziert erscheinen. Man kann sich bisweilen des Eindrucks nicht erwehren, dass diese Auseinandersetzungen namentlich durch Teile der Lokalforschung aus einer gewissen hamburgischen Froschperspektive, aus der heraus sich der Wahrnehmungshorizont bereits jenseits der Alster zu krümmen beginnt, deutlich überbewertet werden. Will man sich wirklich vorstellen, dass der einflussreiche Erzbischof Adalbert als Ausdruck seiner »*extensiven Territorialpolitik*« auf dem Süllberg in Blankenese, 15 Kilometer westlich vor den Toren Hamburgs, 1059 eine kleine Burganlage als Propstei erbaut, die bereits 1063 durch die umliegende Bevölkerung wieder zerstört wird[79]? Soll es den Erzbischof wirklich beeindruckt haben, dass der Billunger Herzog Ordulf in Hamburg die Neue Burg errichtet hat, die letztlich doch eher dem gemeinsamen Schutz der *civitas* Hammaburg an der Westflanke in Ergänzung zum Heidenwall im Osten gedient hat? Mit dieser zu lokal fokussierten Sichtweise wird man in der Beurteilung der machtpolitischen Ambitionen sicher weder den Erzbischöfen noch dem Herzogshaus gerecht. Gleichwohl sind die politischen Kräfteverhältnisse an der Elbe durchaus nicht zu marginalisieren, aber in der Gesamtbetrachtung verschiebt sich die Gewichtung bisweilen, und das Pendel schlägt in Hamburg zugunsten des Erzstuhls aus, der zeitweise zusätzlich zu den Fährnissen der weltpolitischen Großwetterlage eben auch Gegenwind an der Niederelbe spürt.

ZEITENWENDE – DAS ERBE DER BILLUNGER

1066, wenige Monate nach der im Januar erzwungenen Entlassung Erzbischof Adalberts aus den Diensten Heinrichs IV., überschlagen sich die Ereignisse just im Moment der größten Schwächung des Erzbischofs. Zuvor durch den König getätigte umfängliche Gebietsschenkungen des Reiches an die Kirche von Hamburg-Bremen wurden nun auf Druck der Kontrahenten zurückgenommen und anderweitig aufgeteilt, u. a. an die Billunger und andere sächsische Große. Gleichzeitig brach ein Aufstand der innerslawischen heidnischen Gegenkräfte gegen den christlichen Obodritenfürsten Gottschalk aus, der am 7. Juni 1066 zu dessen gewaltsamem Tod sowie der Zerstörung Hamburgs im selben Jahr führte und im Verlust der erst unter Adalbert gegründeten Bistümer östlich der Elbe und letztlich in der zeitweiligen Tributpflicht unter slawischer Herrschaft endete. Zwei weitere verheerende slawische Übergriffe auf Hamburg sind für 1072 überliefert[80]. Die Stadt muss so stark in Mitleidenschaft gezogen worden sein, dass selbst Adalberts Wunsch, im Dom bestattet zu werden[81], nach seinem Tod 1072 nicht erfüllt werden konnte. Im Abstand von wenigen Tagen war überdies auch sein weltlicher Gegenspieler in Hamburg, Herzog Ordulf, der angebliche Erbauer der Neuen Burg, gestorben. Auf Adalbert folgt in dieser schwierigen Zeit der nicht minder streitbare Erzbischof Liemar, während fortan Ordulfs Sohn Magnus Billung (1072–1106) vom Stammsitz in Lüneburg aus die weltlichen Geschicke lenkt. Hierhin hatten sich die Billunger aus den nordelbischen Gebieten nach den schweren Niederlagen zurückgezogen, während sie zur Ausübung ihrer Herrschaftsrechte in Holstein und Stormarn in Hamburg als Lehnsmann einen Grafen einsetzten. Magnus' Wirken – immerhin 34 Jahre lang – findet nur wenig Niederschlag in den zeitgenössischen Quellen, weshalb ihm in der Forschung überwiegend politische Bedeutungslosigkeit unterstellt wird, was seiner tatsächlichen Stellung allein angesichts seiner Beziehungen zu Heinrich IV., seiner militärischen Erfolge gegen die Slawen in der Schlacht von Schmilau 1093 und seiner engen Heiratsverbindungen mit dem Kaiserhaus aber kaum gerecht werden dürfte[82]. Seine historische Geringschätzung ist wohl mit darin begründet, dass mit Magnus mangels männlicher Nachkommen die direkte Herzogslinie der Billunger 1106 ausstirbt. Seine Nachfolge als Herzog von Sachsen tritt auf Veranlassung König Heinrichs V. (1106–1125) Lothar von Süpplingenburg (ab 1106) an, der spätere König (ab 1125) und Kaiser (1133–1137) Lothar III. Dieser setzt nach dem Aussterben der von den Billungern berufenen Hamburger Grafenlinie im Jahre 1110[83] mit Adolf I. von Schauenburg und Holstein (1110–1130) einen neuen Grafen als Statthalter in Hamburg ein, dessen Familie fortan die Geschicke der Stadt lenken wird. Die Zeit für einen Neuanfang war günstig, da unter dem Sohn des 1066 erschlagenen Obodritenfürsten Gottschalk, Heinrich (1093–1127), eine lange Phase der friedlichen Annäherung der Slawen einsetzte.

DIE STADTWERDUNG HAMBURGS

So konnte sich Hamburg ab etwa 1100 nachhaltig konsolidieren und an der allgemeinen großräumigen Entwicklung des Städtewesens in Nordwestdeutschland teilhaben. Gleichzeitig kam es in den Regionen an der Niederelbe zum umfangreichen Zuzug von Neusiedlern in Verbindung mit einem regelrechten inneren Landesausbau, auch und gerade im Umland Hamburgs in den Elbmarschen bis nach Bergedorf. Die zu entrichtenden Zehntabgaben trugen wesentlich zum Prosperieren Hamburgs bei. Auch hier vergrößerte sich das Siedlungsgebiet stetig, wenn auch im Vergleich zur Neugründung Lübeck (1143) bescheiden, ja selbst Stade besaß noch im späten 12. Jahrhundert nahezu das Doppelte der Flächenausdehnung und der Einwohnerzahl Hamburgs, welche bei gerade einmal 600 bis 800 Einwohnern gelegen haben dürfte .

Den entscheidenden Schub für den Aufstieg Hamburgs brachte die Gründung der Neustadt im Jahre 1188 durch Graf Adolf III. von Schauenburg (*1160–†1225). Er stellte dafür das in seinem Besitz befindliche Areal der Neuen Burg zur Verfügung, die Jahrzehnte zuvor – die Angaben schwanken zwischen 1139 und 1142 – während der Machtkämpfe seines Vaters Adolf II. um die Nachfolge im Herzogtum Sachsen zerstört und offenbar nicht wieder aufgebaut worden war. So erfolgte gewissermaßen eine Neugründung als *gräfliche* Neustadt gegenüber der seit Jahrhunderten bestehenden, inzwischen *erzbischöflichen* Altstadt, was die entsprechende Gebietsaufteilung über 100 Jahre zuvor in den 1020er Jahren unter Herzog Bernhard II. und Erzbischof Unwan zeitlich versetzt bestätigte.

Um die Neustadt und ihre Bürger auf eine gesicherte wirtschaftliche Basis zu stellen, erwirkte Adolf III. die Zusicherung diverser Privilegien durch Kaiser Friedrich Barbarossa, deren Verschriftlichung, wie eingangs erwähnt, erst um das Jahr 1265 in einer heute als Fälschung erkannten, auf 1189 zurückdatierten Urkunde erfolgte. Diese wertvollen Privilegien, wie etwa freie Schifffahrt, freier Warenverkehr, Fischfangrechte und vieles mehr, wurden bis ca. 1220 im Zuge der allmählichen Vereinigung der Neustadt mit der Altstadt auf die nunmehr gemeinsame Stadt Hamburg übertragen. Mit St. Nikolai erbauten sich die Neustädter Bürger ihre eigene Kirche, das erste Hamburger Rathaus und die Börse entstanden ebenfalls jenseits der Alster, wie auch ein großer Marktplatz, der Alsterhafen, Mühlen und vieles mehr, was eine aufstrebende Kaufmanns- und Händlerstadt charakterisiert, als welche die Neustadt bewusst angelegt worden war. 1228 schließlich trat Erzbischof Gerhard II. (1219–1258) die jahrhundertealten stadtherrlichen Rechte der in Bremen residierenden Erzbischöfe über die einstige Altstadt an seinen Schwager Graf Adolf IV. (1225–1239) ab, obwohl nur wenige Jahre zuvor, nämlich 1224, Papst Honorius III. (1216–1227) endgültig das umstrittene Doppelerzbistum Hamburg-Bremen bestätigt hatte. Die Grafen von Holstein und Stormarn waren somit fortan die alleinigen Stadtherren Hamburgs. Die Stadt wuchs bis um 1300 stetig und fühlte sich – gestärkt durch die zahlreichen Privilegien – zunehmend frei. Mit dem Eintritt in die mittelalterliche Städtehanse formte sich letztlich das bis heute bestehende Selbstverständnis als Freie und Hansestadt Hamburg, deren überaus bescheidene Ursprünge einst in spätsächsischer Zeit an der Alstermündung lagen.

ANMERKUNGEN

1 Zusammenfassend etwa Schindler 1957b.
2 Harck 2002.
3 Kablitz 2011.
4 Die maßgeblichen Arbeiten von Theuerkauf 1988, Wavra 1991, Klapheck 2008, Knibbs 2011 und anderen wurden weitgehend nur in Fachkreisen diskutiert und haben deshalb das populäre Geschichtsbild nicht beeinflusst.
5 Vgl. zu weiteren vorfränkischen Befestigungen in Nordsachsen Lemm 2013b, 366 f.
6 Harck 2002, 59; Wilschewski 2007, 147, 244–246.
7 Z. B. Richter 1982; Busch 1995a.
8 Z. B. Neddermeyer 1832, 1 Titellithografie »Hamburg um 1071«, 27 mit Anm. 18; Giseke 1792, 337; von Heß 1810, 110 f.
9 Vita Anskarii 12.
10 Adam I, 18. Der genaue Zeitpunkt der Überbringung ist unsicher, die Angaben bei Adam sind fehlerhaft. Adam I, 14, der 200 Jahre nach Rimbert schreibt und diesen ausgiebig als Grundlage verwendet, verlegt Karls Planungen für Heridags Kirche kurzerhand nach Hamburg.
11 Pelc 2012.
12 Ann. regni Franc. ad anno 817.
13 Theuerkauf 1995, 13; zur Entwicklung der Nordostgrenze vgl. Lemm 2013b, 285, 354–356.
14 So schon Lemm 2013b, 368.
15 Vielfach angestellte Überlegungen, Ludwig habe Ansgar bereits 831 auf dem Reichstag zu Diedenhofen (heute Thionville) den Missionsauftrag erteilt, die zugehörige Beurkundung aber wegen der politischen Wirren erst am 15. Mai 834 vorgenommen, sollen hier nicht vertieft werden, zumal diese Diskussion um einen Zeitunterschied von drei Jahren durch die Archäologie keine Bereicherung erfährt. Die historischen Abfolgen unter Berücksichtigung der Vorgänge um Esesfelth und Ebo lassen das Datum 834 weitaus plausibler erscheinen, das dann in der inhaltlichen Abhängigkeit die Datierung der Bestätigungsurkunde für die Privilegien Ansgars durch Papst Gregor IV. für das Jahr 834 entgegen der bisher in der Hamburger Geschichtsschreibung überwiegend favorisierten Option 831/32 wahrscheinlicher macht.
16 Das früheste Dokument, das den Wortlaut der verfälschten Urkunde wiedergibt, ist der zwischen 1118 und 1123 zusammengestellte *Codex Vicelini*, der im Staatsarchiv Münster verwahrt wird.
17 Vita Anskarii 16.
18 Kartsovnik 2001, 9.
19 Vita Anskarii 10.
20 Maixner 2010, 116.
21 Ahrens 1982, 524-526; Drescher 1985.
22 Harck 2002, 74 f.
23 Vita Anskarii 16: »*Da wurde die unter Leitung des Herrn Bischofs errichtete kunstreiche Kirche und der prächtige Klosterbau von den Flammen verzehrt*«.
24 Vita Anskarii 16.
25 Vita Anskarii 15.
26 Rimbert (Vita Anskarii 16) benennt lediglich *pyratas,* während die Ann. Bert. ad anno 845 genauer von einem Raubzug der Normannen unter König Horich berichten, allerdings ohne Hamburg namentlich zu nennen.
27 Vita Anskarii 16.
28 Ann. Fuld. ad anno 845: »*Castellum etiam in Saxonia, quod vocatur Hammaburg, populati nec inulti reversi sunt*".
29 Ann. Bert. ad anno 845.
30 Vita Anskarii 23: »*Ipsa quoque metropolis Hammaburg pene deserta facta est*«.
31 Hamb. UB I, 32 Nr. 22. Die Urkunde trägt als Datum den 9. Juni 888, wurde also zwei Tage vor dem Tod Rimberts in Frankfurt am Main ausgestellt, der sie daher nicht mehr selbst erhalten haben wird, sondern sein Nachfolger Adalgar. Der Adressat Rimbert wird darin als Erzbischof tituliert, was angesichts des negativen Urteils über die Ludwigs-Urkunde von 834 nicht sein kann (s. Beitrag Theo Kölzer und S. 34 f.). Zudem wird im Jahr 965 dem Bremer Erzbischof Adaldag erneut, diesmal durch Kaiser Otto I., das Markt-, Münz- und Zollrecht übertragen, was bei der Existenz einer entsprechenden längst bestehenden Regelung aus Rimberts Zeit überflüssig wäre. Versuche, diese Situation mit einer vorübergehenden Sonderregelung seit 888 zu erklären (z. B. Drögereit 1965, 10 f.), überzeugen nicht.
32 Möglicherweise kann man Cobbo dem Älteren eine vergleichbare Rolle zugestehen, wie sie sein Vater Graf Egbert als fränkischer Statthalter innehatte, der auf Geheiß Karls des Großen 810 die Burg Esesfeld erbaut hat. Immerhin war Cobbo der Anführer einer durch Ludwig den Deutschen nach dem Überfall auf Hammaburg entsandten Delegation, die dem Dänenkönig Horich I. eine Entschädigungszahlung abverlangte: Miraculi Sancti Germani, S. 14 Kap. 17,18; Dümmler 1960, 283 f. mit Anm. 6; Hartmann 1990, 63 f.
33 Vita Anskarii 23, wobei Rimberts Bericht zweifelsohne weniger die Stärkung Hamburgs als Bestrebungen zur endgültigen Loslösung des einstigen Suffragans Bremen vom Erzbistum Köln schildert (s. S. 34 f.).
34 Dem entgegen stehen Sensationsmeldungen, mit denen Hans-Georg Stephan 2011 an die Presse getreten ist, nach denen er im südwestlichen Solling in der Wüstung Schmeessen Keramik ausgegraben habe, die gänzlich der Hamburger Keramik der Mitte des 9. Jahrhunderts entspreche. Daraus schließt er, dass sich hier der Zufluchtsort der 845 vor den Wikingern geflohenen Hammaburger befunden habe, immerhin gut 250 Kilometer entfernt. Die entdeckten Scherben entsprächen zwar in Form und Zier der Hamburger Ware, seien aber mit rötlichem Solling-Sandstein gemagert und somit eindeutig vor Ort gefertigt worden, worin der Ausgräber den Beweis sieht, dass sich Hamburger Töpfer hier niedergelassen hätten. Die wissenschaftliche Auswertung der Fundkeramik bleibt abzuwarten, wenige Keramikproben sind abgebildet bei Stephan 2010, 101 Taf. 23; Stephan 2013, 75–79 Abb. 8.
35 Vita Anskarii 41; vgl. Theuerkauf 1995, 16.
36 Busch 1995c; 1999c.
37 Z. B. Richter 1982, 43; Plagemann 1999, 32; Busch 1999b; Harck 2002, 75.
38 Thietmar von Merseburg IV, 62.
39 Thietmar von Merseburg II, 35.
40 »*ossa sua in medio chori in capsella ponentur et memoria sollempniter peragetur*«, nach Koppmann 1875, 91 f.

41 Busch 1999b, 29–33.
42 Zu den chronologischen Ungenauigkeiten der unterschiedlichen historischen Überlieferungen vgl. Ruchhöft 2008, 121–128.
43 Adam II, 42, 43.
44 Helmold I, 19.
45 Adam II, 70: »*castrum nobile de ruinis antiquae civitatis elevantes ecclesiam […] construxerunt*«.
46 Adam II, 49: »*civitatem et ecclesiam fecisse novam*«.
47 Adam II, 60: »*metropolem Hammaburg renovavit*«.
48 Neddermeyer 1832, 302.
49 Adam II, 70.
50 Schindler 1951a, 76 Abb. 2.
51 Adam II, 70.
52 Adam II, 70: »*Unwanus archiepiscopus et cum eo dux Barnardus*«.
53 Z.B. Adam II, 48.
54 Vgl. Harck 2002, 79, der es für möglich hält, »*dass die Bremer Erzbischöfe überhaupt kein Interesse daran gehabt hätten, auf dem Platz des ersten Domes aus der 1. Hälfte des 9. Jahrhunderts einen Nachfolgebau zu errichten, da hierdurch die Kontinuität Hamburgs – und nicht Bremens – als Erzbischofssitz für die Mission des Nordens seit Ansgar herausgestrichen worden wäre*«.
55 Entsprechend kann Adam II, 70 verstanden werden, der bei der Schilderung des Dombaus durch Bezelin betont, dass die hölzerne Vorgängerkirche Unwans »*zu Ehren der Gottesmutter erbaut [quae constructa erat in matris Dei honorem]*« worden sei, andernfalls hätte man eine Formulierung mit Bezug auf eine Renovierung/Wiederherstellung der der Gottesmutter geweihten Kirche erwarten können.
56 So schon Mathieu 1973, 34.
57 Hamb. UB I, 272 Nr. 309: »*ecclesiam eiusdem loci forensem*«.
58 Hamb. UB I, 388 Nr. 437: »*ecclesiam sancti Petri Hamburgensis*« in der Bestätigungsurkunde Papst Honorius' III. für die Besitzübertragung der Kirche auf das Domkapitel.
59 So etwa Reincke 1951, 24; Schindler 1957b, 154; Wavra 1991, 244.
60 Schindler 1957b, 154 nach Adam II, 48; vgl. Schwarzwälder 1960, 152–154; Hägermann/Weidinger/Elmshäuser 2012, 80, 84.
61 Adam II, 70.
62 Für beide Orte beschreibt bereits der Domherr Albert Krantz (um 1448–1517), Metropolis IV, 35 und Saxonia V, 27 die Aufgrabung mächtiger Fundamente eines Rundturms (nach Schrader 1914, 107).
63 Schrader 1914; Busch 1999a, 18 f.
64 Zur Position eines Wehr- und Wachtturmes unmittelbar hinter dem Wall vgl. Harck 2002, 24 f. mit Anm. 77; Heine 1992, 39–41.
65 Neddermeyer 1832, 27, 299. Besonders interessant ist in diesem Zusammenhang der Hinweis J. Bollands, dass der Turm auf der gegenüberliegenden südlichen Seite des Speersorts mindestens bis ins 15. Jahrhundert ein Pendant gehabt haben soll, was die Interpretation als Nordturm eines doppeltürmigen Stadttores vollends stützt, wie es letztlich auch das Hamburger Stadtwappen zeigt (Gutachten J. Bolland, Direktor des Hamburger Staatsarchivs vom 26. 11. 1962, Ortsakten des Archäologischen Museums Hamburg zu Fpl. 72).
66 Zur Verwendung bestimmten Vokabulars bei Adam von Bremen vgl. Rossignol 2013, 105–111, 149–157.
67 Busch 1999a, 23–25 Abb. 19 u. 21; Harck 2002, 15–19, 76 Abb. 6.
68 Busch 1999a, 23 Abb. 19; Richter 1982, 51 f.
69 Vgl. Adam II, 60: Erzbischof Unwan wohnte »*ebenso wie Herzog Bernhard, häufig an diesem Orte und lebte oft das halbe Jahr über in Hamburg*«. Auch die Herzogsresidenz war also keineswegs ganzjährig bewohnt und stets der Hauptsitz, was schon für Bernhards gleichnamigen Vorgänger zutreffen dürfte, der ja zum Zeitpunkt des Wikinger-Überfalls nicht in der Hammaburg gewesen ist.
70 Vgl. z.B. Reincke 1951, 26 f. (Bernhard als Bauherr beider Burgen); Richter 1982, 51–53; Busch 1999a, 23 (Bernhard als Bauherr der Alsterburg, sein Sohn Ordulf als Bauherr der Neuen Burg).
71 Helmold 56.
72 Stoob 2008, 209 Anm. 8.
73 Vgl. Richter 1981, 60, irrig unter Bezug auf die Neue Burg.
74 Harck (2002, 61 mit Anm. 227) bringt eine Grabinschrift aus dem abgebrochenen Mariendom mit einem möglichen Kirchenbau Adolfs I. im Jahr 1106 in Verbindung, den er für einen der Forschung bislang unbekannten Erneuerungsbau des Mariendoms hält.
75 Adam III, 27.
76 Z.B. Richter (1982, 60) bezieht den Ausbau durch die Mutter Adolfs II. auf die Neue Burg, Busch (1999a, 23) dagegen auf die Alsterburg, was nach Busch 1126, nach Richter um 1130 stattgefunden habe; nach Richter sei die letzte Hamburger Burg 1139, nach Harck (2002, 15) explizit die Alsterburg um 1142 zerstört worden.
77 Harck 2002, 9–19; Först 2007.
78 So aber Harck 2002, 14–19, 76.
79 Z.B. Busch 1999a, 20; Richter 1982, 50.
80 Adam III, 64.
81 Adam III, 68.
82 Hartmann 2012, 154–157.
83 Zur Genealogie der Hamburger Grafen vgl. Bock *im Druck 2*.

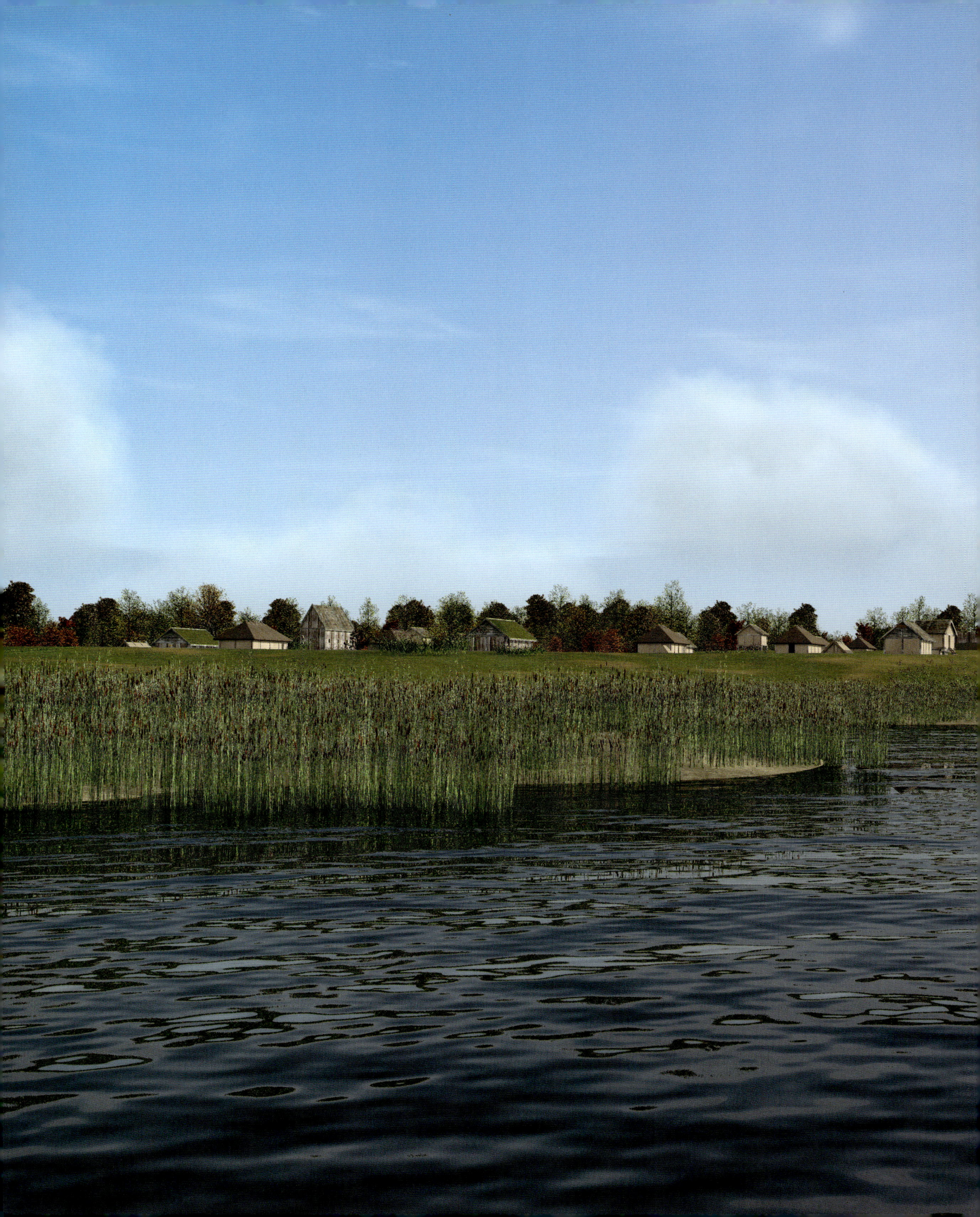

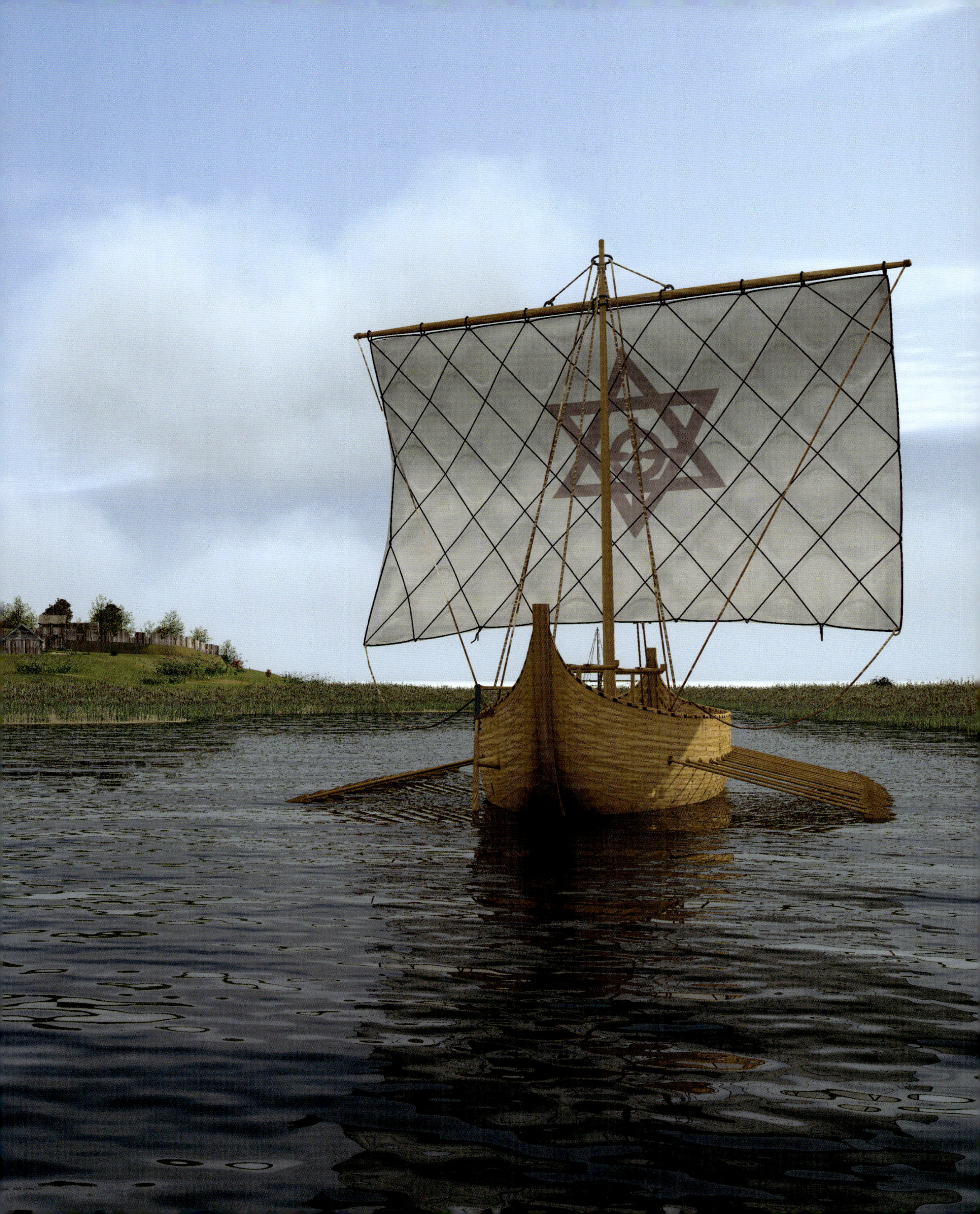

Tafel 3 Virtuelle Rekonstruktion Hammaburgs zur Zeit Ansgars (vor 845).
Ansicht von Westen, wo der Geestsporn in die Alsterfurt ausläuft. Ein Schiff läuft in den Hafen Hammaburgs ein.

Die Suche nach der Hammaburg – im Spiegel archäologischer Forschung

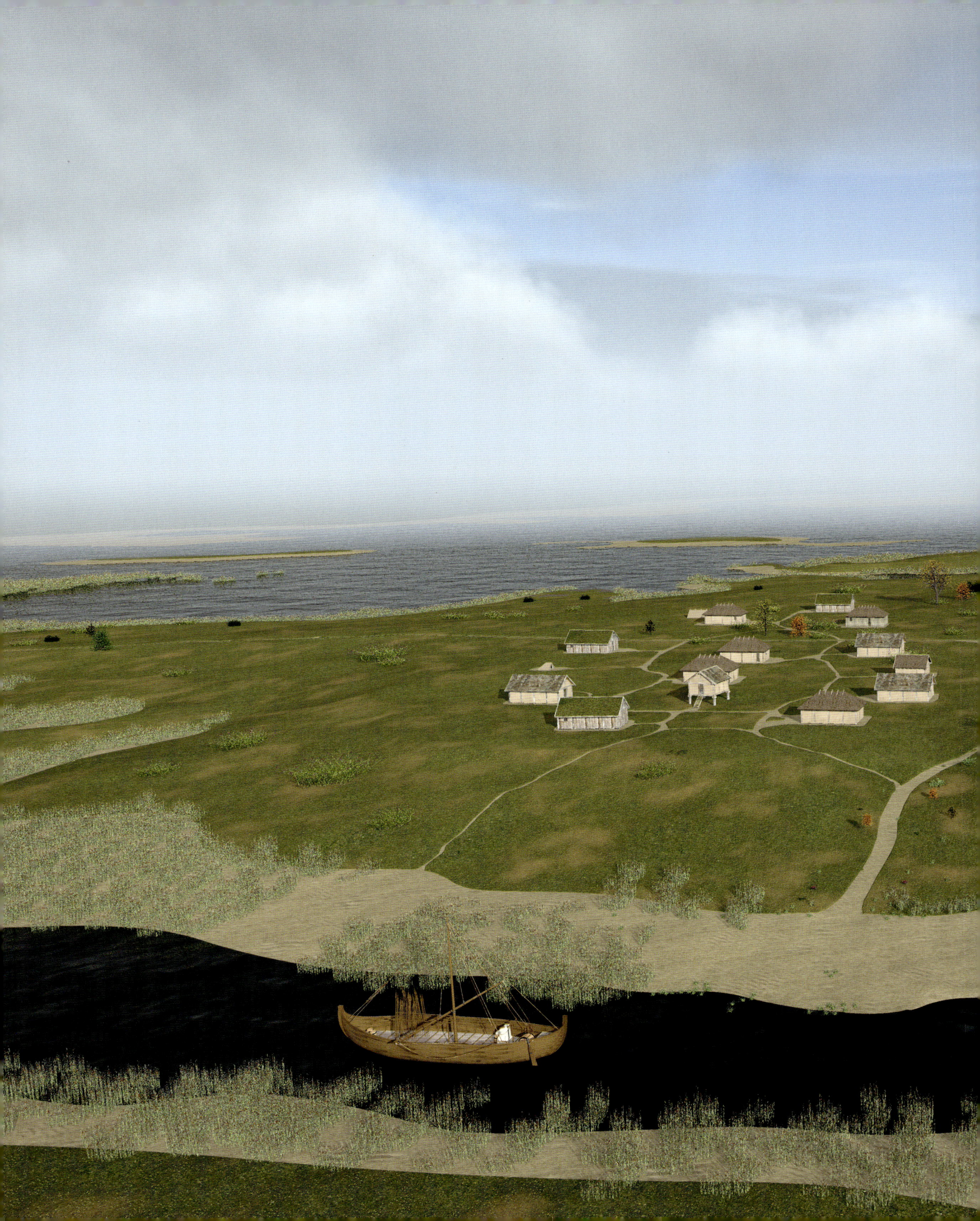

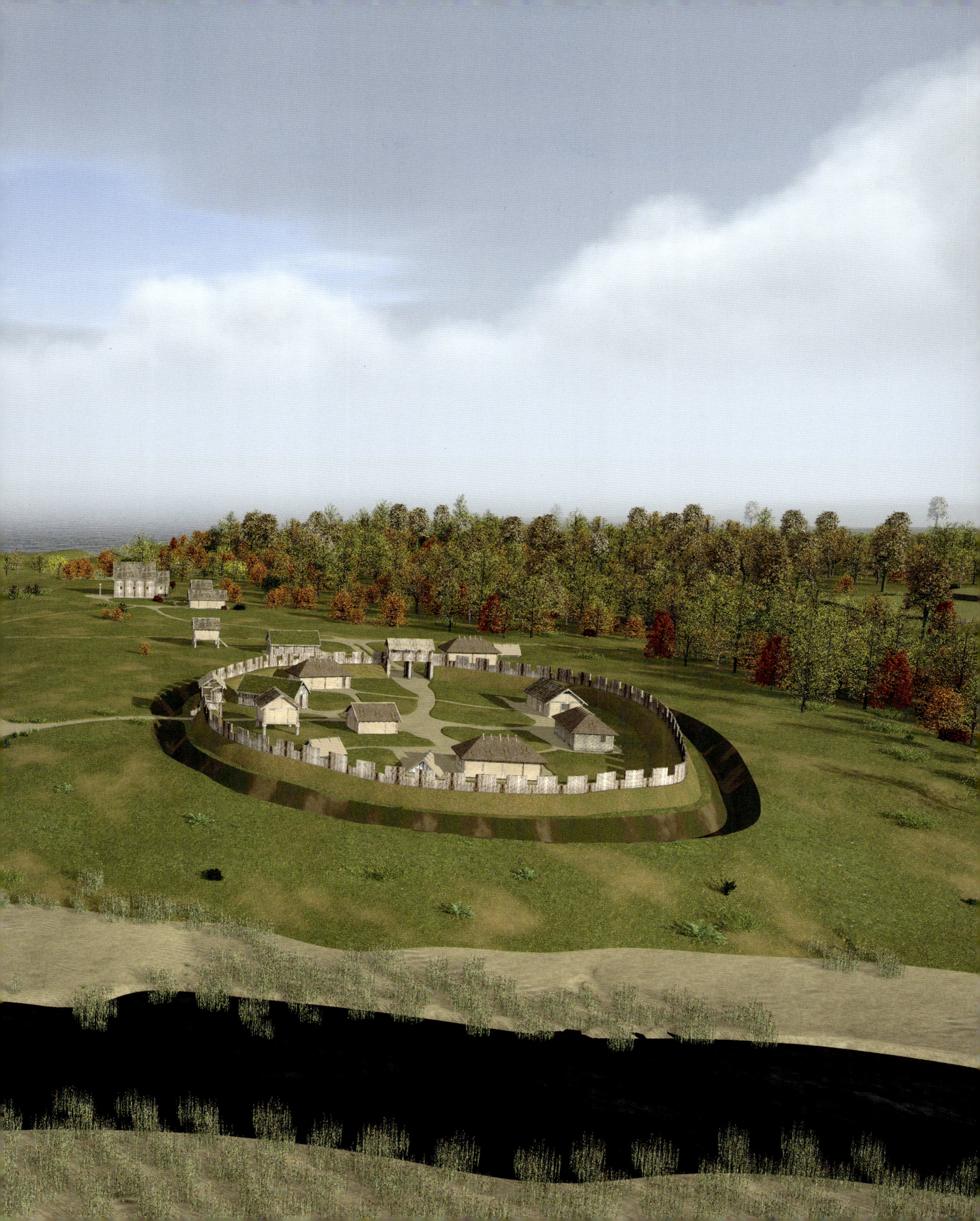

Die Ausgrabungen auf dem Hamburger Domplatz

Tafel 4 Virtuelle Rekonstruktion Hammaburgs zur Zeit Ansgars (vor 845).
Ansicht von Süden. Im Osten befindet sich die Hammaburg am südlichen Rand des Geestplateaus, nördlich davon die Kirche Ansgars.
Westlich von Burg und Kirche liegt die offene Siedlung auf einem niedrigeren Plateau des Geestsporns.

Die Entdeckung der Hammaburg in der Nachkriegszeit

Anne Klammt

»Diese Arbeiten waren mit einem gewissen Risiko verbunden und die Herren von der Baupolizei hatten Mühe, den Entdeckungseifer der Ausgräber in den erforderlichen gesetzlichen Schranken zu halten.«[1]

Nicht nur vom heutigen Standpunkt, sondern auch aus damaliger Sicht waren die Ausgrabungen der Nachkriegszeit auf dem Domplatz und in der Altstadt gefährliche Unternehmungen. Die Archäologen gruben mit ihrem Team auf der Suche nach Hamburgs Ursprüngen in engen Schächten, umgeben von den instabilen Schuttmassen der von Bomben zerstörten Gebäudeblocks. Oft genug standen ihnen nur Spitzhacke und Schaufel zur Verfügung, und der Aushub musste mühevoll in Eisenloren geschaufelt werden, die von Hand bewegt wurden (*Abb. 1*). Immer wieder füllten sich die Ausgrabungsschnitte mit Regen- und eindringendem Grundwasser,

1 Die Ausgrabungen der 1940er und 1950er Jahre waren mit schwerer körperlicher Arbeit verbunden. Baumaschinen standen nur in begrenztem Umfang zu Verfügung. Eine Gruppe von Grabungsarbeitern im Bereich der heutigen Domstraße Mitte der 1950er Jahre. Im Hintergrund die Kirche St. Petri.

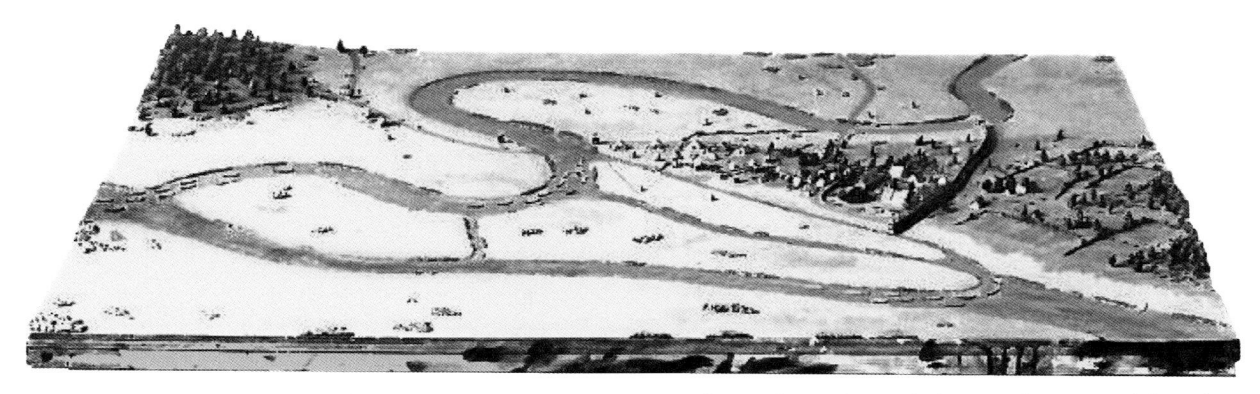

2 Diese Aufnahme zeigt das 1947 für die neue Ausstellung des Museums für Hamburgische Geschichte angefertigte Modell Hamburgs um 845. Zu erkennen ist, dass der Heidenwall und die Hammaburg als gleichzeitig bestehende Befestigungen dargestellt wurden.

sodass sie einem wiederholt zur Hilfe gerufenen Feuerwehrmann später als »*Loch mit sehr viel Wasser drin*« in Erinnerung blieben[2]. Diese Mühen und Gefahren haben sich gelohnt, denn die Stadtkerngrabungen der Nachkriegszeit waren außerordentlich erfolgreich. Insgesamt wurden zahlreiche Ausgrabungen und Baubeobachtungen im gesamten Gebiet der Altstadt gemacht (s. Beitrag Elke Först, Altstadt), doch die bedeutendste Entdeckung gelang mit der Freilegung der Hammaburg auf dem Domplatz. Sie war das Ergebnis systematischer Forschung. Insbesondere sind diese Erfolge mit dem leitenden Archäologen Reinhard Schindler (* 1912– † 2001) zu verbinden[3]. Bis zu seinem Wechsel auf die Stelle des Landesarchäologen des Saarlandes 1959 hat sich die damals am Museum für Hamburgische Geschichte beheimatete Bodendenkmalpflege unter Schindlers Leitung zu einer der führenden archäologischen Institutionen Westdeutschlands entwickelt.

1947/48: VOR DEN AUSGRABUNGEN – DAS ALTE BILD DER HAMMABURG

1946 wurde Reinhard Schindler am Museum für Hamburgische Geschichte eingestellt, und zwar zunächst als Nachtwächter. Es war dies eine der vielen, teils unorthodoxen Maßnahmen, mit deren Hilfe es dem Leiter des Museums Walter Hävernick gelang, die neue Abteilung für Bodendenkmalpflege an seinem Museum zu institutionalisieren[4]. Zuvor waren in verschiedenen Hamburger Museen archäologische Funde ausgestellt worden, während die Bodendenkmalpflege nördlich der Elbe beim Museum für Völkerkunde und südlich der Elbe beim Helms-Museum (heute Archäologisches Museum Hamburg) gelegen hatte. Durch Kriegsschäden wie auch durch die Auslagerung der Magazine war die wissenschaftliche Infrastruktur aber so erheblich gestört, dass Hävernick und Schindler eigentlich eine Neugründung der Bodendenkmalpflege durchführten. Der promovierte Archäologe Schindler brachte die hierfür notwendigen beruflichen Erfahrungen aus seiner Zeit als verantwortlicher Archäologe des nach der deutschen Annexion 1939 eingerichteten Gaues Danzig-Westpreußen mit. Nach kurzer Zeit als Kriegsgefangener war er 1945 nach Hamburg gelangt, wohin sich seine Familie geflüchtet hatte.

War Schindler 1946 in seinen ersten Monaten am Museum für Hamburgische Geschichte mit der Instandsetzung des teilzerstörten Gebäudes befasst, begann er parallel, zusammen mit Hävernick die archäologische Untersuchung der Hamburger Altstadt zu planen. Als ein erster Schritt ist die kritische Sichtung des bisherigen Forschungsstandes zu sehen, aus der heraus er Hypothesen zur Stadtentwicklung ableitete und ihre Überprüfbarkeit mit Hilfe der Archäologie skizzierte. Diese Beschäftigung gipfelte in einem programmatischen Beitrag in einer wissenschaftlichen Zeitschrift 1948[5] und floss zuvor in die Gestaltung eines Modells für den neu von ihm eingerichteten Raum zur frühen Stadtgeschichte im Museum ein. Von diesem frühen Modell ist ein Foto (*Abb. 2*) erhalten und eine anschauliche Erläuterung des Modells, die hier in Auszügen wiedergegeben werden soll[6]:

»*Hamburg ist zu Beginn des 9. Jahrhundert, vielleicht auf Veranlassung Karls des Großen gegründet worden. Offenbar ging diese älteste historisch bezogene Ansiedlung namens Hammaburg aus einer spätsächsischen Fluchtburg oder altheidnischen Kult- oder Gerichtsstätte hervor. Die Ortslage wird begünstigt durch die Natur der Landschaft. Dort wo die alte Handelsstraße den Lauf der Alster kreuzt und die diluvialen Höhen sich am weitesten in die sumpfige Niederung vorschieben, lag diese älteste Ansiedlung. Nach Osten hin war sie durch eine Holzerdemauer (den später sogen. Heidenwall) und einen Trockengraben gegen Angriffe von der Landseite gesichert. Nach Süden, Westen und Norden hin sollte die wasserreiche, sumpfige Niederung Schutz bieten. Die Taufkirche (später »Dom«), dicht hinter der Wallmauer gelegen, war mit den Klostergebäuden und der Halle des fränkischen Grafen zusammen noch einmal besonders eingefriedet.*

Nördlich von dieser Bischofsburg lag ein Obstgarten, westlich davon erstreckte sich [...] die Handwerkersiedlung. Noch weiter westwärts bis zur Alster hin [...] siedelten im Vorgelände die Kaufleute. [...]« Wie wenig gesichert diese Vorstellung war, ist Schindler klar gewesen, und so schließt die Beschreibung mit dem Hinweis: «*Das Modell ist gebaut nach dem neuesten Stand der historischen, topographischen und prähistorischen Forschung. Es erhebt keineswegs den Anspruch auf vollgültige Richtigkeit in allen Einzelheiten.*»

Die eingehende Beschäftigung mit allen Forschungsarbeiten Schindlers zeigt, dass dieser letzte Satz außerordentlich bezeichnend für das wissenschaftliche Selbstverständnis des Archäologen war. Obwohl Schindler meist rasch erste Ergebnisse seiner Ausgrabungstätigkeiten vorlegte, scheute er sich nicht, angesichts einer neuen Befundlage seine vorherigen Überlegungen zu revidieren. Ebenso hat er in seinen Publikationen die Vorläufigkeit seiner Deutungen wie auch die Grenzen der Methodik herausgestellt. Das macht seine Forschungen abseits aller eigentlichen Erkenntnisse zu einem wertvollen wissenschaftsgeschichtlichen Beitrag.

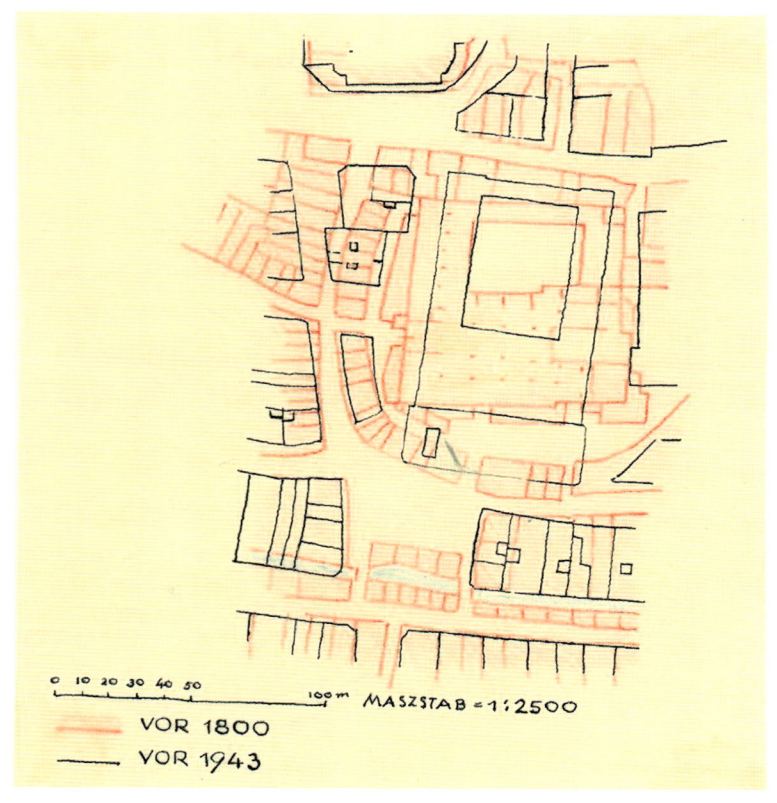

3 Skizze, in der zwei Katasterpläne zusammengepaust wurden. In Blau gezeigt ist das 1877 verfüllte Reichenstraßenfleet. Die von Schindler als »Lageskizze I« eingeordnete, nicht datierte Zeichnung war Vorlage für eine Reinzeichnung in seinen Publikationen.

1949: SUCHE NACH DEM DOM – »... WENN AUCH MIT SEHR KLÄGLICHEM ERFOLG.«[7]

Im April 1949 begann Reinhard Schindler im Bereich des teilzerstörten Johanneums mit der ersten Ausgrabung auf dem Domplatz. Ziel seiner Kampagne war es, die Baugeschichte des zu Beginn des 19. Jahrhunderts abgebrochenen Mariendomes zu klären, dessen Reste sich unter dem Johanneum erstreckten. Zu diesem Zeitpunkt hatte Schindler bereits erste Erfahrungen mit der Untersuchung im Stadtkern auf dem Grundstück der Kleinen Bäckerstraße 25 (Fpl. 33) am ehemaligen Reichenstraßenfleet sammeln können (s. Beitrag Elke Först, Altstadt). Allerdings stellten sich die Arbeiten auf dem Domplatz als sehr schwierig heraus, denn die tiefgründige Beräumung der Fundamente des Doms zusammen mit den Resten der leicht diagonal verlaufenden Grundmauern des Johanneums (*Abb. 3*) schufen eine kaum zu überblickende Befundlage. Erschwerend kam hinzu, dass die Ausgräber nur kleine Untersuchungsflächen öffnen konnten. Alles zusammen genommen führte dazu, dass Schindler im Juni 1949 in einem Brief an den Kölner Archäologen Otto Doppelfeld schrieb: »*Da auch ich jetzt, Ihren Spuren folgend, den Uranfängen des Hamburger Domes nachspüre, – wenn auch mit sehr kläglichem Erfolg – habe ich stets mit großem Interesse Ihre Arbeiten im Kölner Dom verfolgt.*«[8] Den schleswig-holsteinischen Kirchenforscher Alfred Kamphausen lud er im Juli zu einem Besuch der Grabungen mit dem Hinweis ein, dass die Zerstörungen auf dem Domplatz sehr groß seien und sich ihm bei dem Versuch der Interpretation »*ein Berg von Fragezeichen*« auftürme[9].

Aber es gelangen schließlich noch drei wichtige Entdeckungen. Dies waren neben Gruben mit spätsächsischer Keramik vier Pfosten, die als Reste einer karolingerzeitlichen Kirche angesehen wurden, sowie die Fragmente des Kenotaphs Papst Benedikts V. (s. Beiträge Rainer-Maria Weiss). Für die Frage der Hammaburg war alles drei von Bedeutung, denn das spätmittelalterliche Kenotaph schien das Vorhandensein eines päpstlichen Grabes des 10. Jahrhunderts auf dem Domplatz zu beweisen, und weil ein solches Grab nur innerhalb eines Domes denkbar war, auch des hölzernen Domes. Die aufgedeckten Pfosten wiederum schienen Schindler nach den Keramikfunden in das 9. Jahrhundert zu gehören, und er erwog, sie in die Zeit Karls des Großen zu datieren, also noch vor Ansgar[10]. Ungewiss war zu diesem Zeitpunkt jedoch, ob diese frühe Kirche innerhalb einer Befestigung, der im Modell von 1947 dargestellten Bischofsburg, lag.

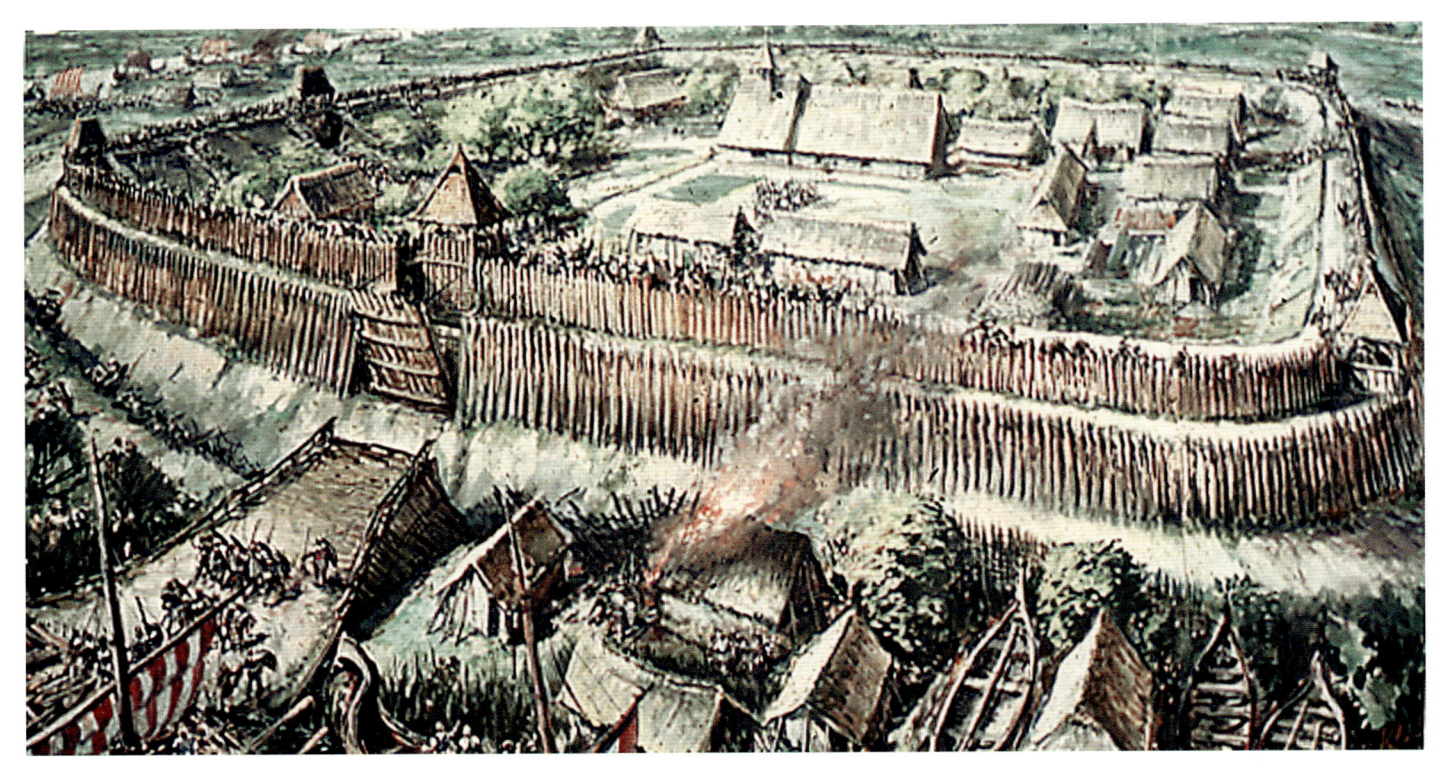

4 Eine sehr lebhafte Darstellung bietet das Bild von Otto Klenze von 1957. Details wie das Tor zum Hafen bilden nicht den Wissensstand der späten 1950er Jahre ab. Die rustikale, an ein amerikanisches Fort des 19. Jahrhunderts erinnernde Umwehrung ist zwar überzeichnet, die beiden Stufen des Walles folgen aber Schindlers Rekonstruktion.

WINTER 1949: DIE HAMMABURG WIRD ENTDECKT UND BEKANNT GEMACHT

Im Dezember 1949 legte Schindler am westlichen Rand des Domplatzes einen schmalen Untersuchungsschnitt im Bereich der heutigen Domstraße an. Er vermutete hier aufgrund der Parzellenstruktur in den alten Katasterplänen des 19. Jahrhunderts die Befestigung der Bischofsburg bzw. der Hammaburg. Tatsächlich gelang es unter ausgesprochen ungünstigen Umständen, Reste einer Holz-Erde-Befestigung freizulegen, die, aufgrund der Überlagerung mit Schichten des 11. Jahrhunderts und dem spärlichen Fundmaterial aus der Befestigung selbst, als eindeutig frühmittelalterlich datiert werden konnte. Die erste aktenkundige Notiz dieser Entdeckung erfolgte am 10. Dezember 1949 in einem Brief Schindlers an die Gefängnisbehörde, in der er um die Aufstockung seiner Grabungsmannschaft bat, die sich aus Gefangenen des Hüttengefängnisses zusammensetzte. Er schrieb darin u. a., er habe »*gerade in den letzten Tagen noch wichtige Beobachtungen von älteren Befestigungen der Hammaburg gemacht*«[11]. Die Dokumentation dieser Beobachtungen erwies sich jedoch noch als Herausforderung eigener Art, und nach dem Einsturz der einen Wand des Schnittes gelang nur die Teildokumentation der für die wissenschaftliche Beweisführung so wichtigen Schichtenfolge. Dennoch schienen sich in jener Untersuchungsfläche die Hypothesen Schindlers verifizieren zu lassen.

Zusätzliche Sicherheit erlangte er noch im Frühjahr 1950 mit einem weiteren Schnitt im Westen des Domplatzes, wo erneut die Befestigung an der von Schindler aufgrund des Katasterplans vorausgesagten Stelle freigelegt wurde[12].

Zu jeder großen archäologischen Entdeckung gehört die Rezeption der Ergebnisse durch die Fachwissenschaft, und hierzu hat wesentlich eine Fachtagung beigetragen, die Schindler zusammen mit dem aufgrund seiner Haithabu-Grabungen bereits sehr bekannten Archäologen Herbert Jankuhn im Juni 1950 im Museum für Hamburgische Geschichte durchführte. Jankuhn hatte im Januar des Jahres Schindlers Grabung besichtigt und ihm nur wenige Tage später vorgeschlagen, zusammen ein Treffen im Kreis ausgewählter Kollegen aus dem In- und Ausland zu veranstalten. Im Mittelpunkt des Arbeitstreffens sollte die Beurteilung der Hamburger Funde und Befunde stehen[13]. Den Eröffnungsvortrag hielt Jankuhn über die Frage der Stadtentwicklung im nördlichen Mitteleuropa, wobei er sich besonders auf das südliche Skandinavien, also sein Forschungsfeld, bezog[14]. Direkt auf Hamburg nahm Jankuhn nur kurz, aber in signifikanter Weise Bezug. Er nannte den Ort nämlich in einer Aufzählung zusammen mit Birka, Haithabu und Dorestad, samt und sonders Orte, die bis heute als *emporiae* und *port of trades* diskutiert werden (s. Beitrag Hauke Jöns u. Martin Segschneider). Gerade für die Verknüpfung Hamburgs mit dem weiträumigen Handels-

und Tauschnetz des 9. Jahrhunderts hatten die Hamburger Grabungen aber bis dahin nur recht wenig Material geliefert. Die Verbindung dieser Orte miteinander war dennoch gerechtfertigt, da sie alle von Ansgar im Zuge seiner Missionsreisen besucht worden waren.

Schindler berichtete auf dem Treffen über die Ergebnisse der bisherigen Forschung und hier auch über die Befestigung auf dem Domplatz. Er konnte nun aus einem vergrößerten Wissensbestand referieren, denn seit Mai grub sein Mitarbeiter Steffens erneut auf dem Gelände westlich des Johanneums in der vermuteten Verlängerung der Befestigung und war fündig geworden. Der Wall ließ sich nun detaillierter beschreiben. Dennoch war für Schindler die Gesamtentwicklung der mittelalterlichen Stadt das leitende Thema des Vortrages. Hierfür lieferte ihm seiner Ansicht nach erst die noch ausstehende feinchronologische Ordnung der Keramik die notwendige Voraussetzung[15]. In der gemeinsamen Durchsicht des Fundmaterials, das die Teilnehmer jeweils mitgebracht hatten, stellte er die Keramiksequenz aus der Kleinen Bäckerstraße zur Diskussion, die sich kaum mit den Funden vom Domplatz verbinden ließ; wie man heute weiß aufgrund chronologischer Unterschiede.

Die Frage der richtigen zeitlichen Einordnung der Hamburger Keramik beschäftigte Schindler noch viele Jahre, und er suchte, obgleich er sich früh darauf festgelegt hat, die Hammaburg der ersten Hälfte des 9. Jahrhunderts entdeckt zu haben, weiter nach einem archäologischen Befund, der ihm eine präzise Datierung mittels der Keramik ermöglichte. Er meinte, diesen Befund im Laufe seiner letzten Kampagnen 1956/57 auf dem Domplatz endgültig gefunden zu haben. Als Kronzeuge diente ihm eine, wie er dachte, klar abgegrenzte Schicht mit slawischer Keramik, die bis unter die von ihm als die Hammaburg des 9. Jahrhunderts identifizierte Holz-Erde-Befestigung reichte und daher älter sein musste[16]. Es bedurfte gut eines halben Jahrhunderts archäologischer Forschung zur frühmittelalterlichen Keramik und der Ausgrabung 2005/06 auf dem Domplatz, um die Einschätzung Schindlers, es handle sich um eine Fundschicht der Zeit von 804–817, als Irrtum zu erkennen (s. Beitrag Torsten Kempke, Keramik).

NEUE BILDER DER HAMMABURG

Ohne auf alle weiteren Schritte der langen und von Zweifeln und wiederholten Veränderungen geprägten Forschungen auf dem Domplatz näher einzugehen, soll noch einmal ein Modell der Hammaburg betrachtet wer-

5 In den 1950er Jahren wurde das Modell von 1947 mehrfach verändert. Auffallend ist das Fehlen des ursprünglich vorhandenen Heidenwalls und das Einfügen kleiner Ecktürme in die Burg. Die Blickrichtung der Aufnahme ist von Osten. Mittig verläuft eine Vorläuferin der Steinstraße auf eine Furt über die Alster zu, die ungefähr bei der heutigen Trostbrücke zu lokalisieren ist. Über die, wie man fälschlicherweise glaubte, Bille und die Alster nähern sich im Modell Boote der Wikinger, um die aus Einzelgehöften und der Burg bestehende Siedlung Hammaburg anzugreifen.

den. Es ist dasselbe, das eingangs erläutert wurde, doch in einem völlig anderen Zustand[17]. Es zeigt nun den Forschungsstand der späten 50er Jahre. Vermutlich ist es 1950 erstmals überarbeitet worden, um die neuesten Entdeckungen in der Sonderausstellung »Denkmalpflege in Hamburg« des Museums darzustellen. Das Lebensbild von Otto Klenze (Abb. 4) spiegelt diesen älteren Zustand des Modells wider. Genau wie im Modell wird der dramatische Zeitpunkt des Überfalls 845 gezeigt. Zu erkennen ist weiterhin eine gestufte Befestigung mit Ecktürmen und einem Tor im Süden zum Hafen hin. Inmitten der Befestigung steht die Kirche, deren Rekonstruktion mit überlangem Chor im Osten sich wohl auf die Funktion als Domkirche zurückführen lässt, die Platz für den Konvikt bieten musste.

Bei weiteren Grabungen musste Schindler 1955 seine Annahme, es habe ein Tor zu dem am Reichenstraßenfleet vermuteten Hafen gegeben, revidieren. Diese Erkenntnis ist in das Modell im Museum für Hamburgische Geschichte eingeflossen (Abb. 5). In einer gewissermaßen aus der Vogelperspektive gemachten Aufnahme des Modells wird neben der Form der Befestigung sehr gut die verkehrstopografische Lage deutlich. Die Befestigung liegt an einem von West nach Ost führenden Weg, dessen Verlauf in Nachahmung der Steinstraße rekonstruiert wurde. Der Weg läuft auf eine Alsterfurt zu, die ungefähr bei der heutigen Trostbrücke vermutet wird. Schwach erkennbar ist in dem Foto unten, wo der 1946 in dem Modell vorhandene Heidenwall entfernt worden ist. Wie gesehen, hatte Schindler noch vor Beginn der Ausgrabungen 1947 vermutet, dass die Hammaburg innerhalb eines vom Heidenwall geschützten Bereichs als Burg gelegen habe. Angesichts der gänzlich verschiedenen Struktur der 1938 untersuchten Befestigungsreste östlich des Domplatzes (s. Beitrag Rainer-Maria Weiss) und der von ihm selbst ausgegrabenen Wall-Graben-Anlage hat er diese Vorstellung aufgegeben und datierte den Heidenwall nun in das 11. Jahrhundert[18]. Da die Hammaburg aber seiner Vorstellung folgend nach der Zerstörung 845 aufgegeben worden sei, hätte Hamburg rund 150 Jahre lang keine Befestigung aufgewiesen.

DAS ENDE DER FRÜHEN FORSCHUNGEN

Die Epoche der frühen Forschungen in der Hamburger Altstadt endete natürlich nicht mit dem Weggang Schindlers 1959, denn unter seinem Nachfolger Dietrich Bohnsack wurden der Torturm am Speersort und die sogenannte Neue Burg untersucht (s. Beiträge Elke Först). Weiterhin fanden auch Jahrzehnte später Ausgrabungen auf dem Domplatz statt, was Thema des vorliegenden Bandes ist. Allerdings standen der Forschung anders als zu Beginn der Tätigkeit Schindlers kaum noch unbebaute bzw. Trümmergrundstücke zur Verfügung. Die durch den Krieg gerissenen Baulücken hatten sich mehrheitlich geschlossen, und der Ausbau des Straßen- und U-Bahnnetzes war beendet. Als Tätigkeitsfeld erwuchsen der Bodendenkmalpflege nun die Neubaugebiete in den Außenbezirken. Hier wurden jedoch keine stadtgeschichtlichen, sondern vor- und frühgeschichtliche Forschungsfelder eröffnet. Dies alles hatte Schindler zum Zeitpunkt seines Wegganges erkannt, und er sah daher die Notwendigkeit einer thematischen und institutionellen Neuausrichtung der noch immer eher behelfsmäßig ausgestatteten Bodendenkmalpflege am Museum für Hamburgische Geschichte[19]. Als Schindler ging, war er ganz wesentlich aufgrund seiner Forschungen zur Hammaburg zu einem einflussreichen Wissenschaftler geworden. So war er 1958 zum korrespondierenden Mitglied des Deutschen Archäologischen Institutes bestimmt worden[20]. Für die Hammaburg bedeutete Schindlers Wechsel jedoch das vorläufige Ende ihrer intensiven wissenschaftlichen Erforschung.

ANMERKUNGEN

Archiv AMH – Archiv des Archäologischen Museums Hamburg
Archiv MHG – Archiv des Museums für Hamburgische Geschichte
Archiv RLT – Archiv des Rheinischen Landesmuseums Trier
OA AMH Fpl. 35 – Ortsakten zum Fundplatz 35 (Domplatz) der Abteilung Bodendenkmalpflege im Archäologischen Museum Hamburg.

1. Schindler 1951b, 82. Schindler bezieht sich hier auf Untertunnelungen, die unter seiner und H. G. Steffens' Leitung zur Untersuchung der Befestigung der Periode IV (nach Kablitz) angelegt wurden.
2. Schreiben von Hans Brunswig an Schindler vom 17. Mai 1958 (Archiv RLT).
3. Zum beruflichen Werdegang Schindlers: Merten 2001.
4. S. verschiedene Unterlagen und Memoranden im Archiv des MHG.
5. Schindler 1948.
6. Archiv MHG II.9.1; OA AMH Fpl. 35.
7. Durchschlag des Briefes vom 23. Juni 1949 von Schindler an O. Doppelfeld (Archiv AMH).
8. Ebd.
9. Durchschlag Schreiben Schindlers an Kamphausen vom 8. Juli 1949 (Archiv AMH).
10. Schindler 1951a, 76.
11. OA AMH Fpl. 35.
12. Ebd.
13. Brief vom 6. Januar 1950 an Schindler (Archiv AMH).
14. Manuskript Vortrag Jankuhn (Archiv AMH).
15. Manuskript Vortrag Schindler (Archiv AMH).
16. Schindler 1959b.
17. OA AMH Fpl. 35.
18. Schindler 1957b, 156–160.
19. S. hierzu den umfangreichen Schriftwechsel Schindlers, in dem er sich um die Bestellung seiner Nachfolge bemüht hat (Archiv RLT).
20. 16.12.1958 Kenntnisgabe der Ernennung zum korrespondierenden Mitglied des DAI (Archiv RLT).

Die Ergebnisse der Ausgrabungen 2005–2006

Karsten Kablitz

In den Jahren 2005 und 2006 wurden auf dem Hamburger Domplatz archäologische Ausgrabungen durchgeführt (*Abb. 1*). Ziel dieser Untersuchung war es, die letzte Gelegenheit zu nutzen, sich der von der Stadtgeschichtsforschung hier seit alters vermuteten karolingischen Hammaburg und der Domkirche Ansgars archäologisch zu nähern. Die Frage, ob nicht hier im Herzen der Hamburger Altstadt jene im Jahre 845 von den Wikingern zerstörte Hammaburg lag, war seit kurzem wieder hochaktuell geworden. 2002 hatte das Archäologische Museum Hamburg (Helms-Museum) die Ergebnisse einer Neubewertung der früheren Ausgrabungen auf dem Domplatz veröffentlicht. Darin lehnten die Archäologen Ole Harck und Torsten Kempke die bisherige Annahme ab, dass sich dort jene Burg befunden habe, die der heutigen Großstadt ihren Namen gab. Die Forscher hatten nämlich erkannt, dass die hier 1949 entdeckte und seitdem als die Hammaburg aus der Zeit des Missionars Ansgar interpretierte Befestigungsanlage erst etwa zwei Generationen nach den Ereignissen von 845 errichtet wurde. Tatsächlich stellte diese Datierung die gesamte Hamburger Entstehungsgeschichte infrage. 2005 bot sich der Archäologie nun die besondere Chance, ein in den Jahrzehnten davor bislang noch nicht untersuchtes Areal im Südwesten des Domplatzes zu öffnen. Die Ausgrabungen waren dank einer akribischen Dokumentation und des Einsatzes moderner Vermessungstechnik sehr erfolgreich. Viele der Funde und Befunde früherer Ausgrabungen zeigen sich heute in einem anderen Licht, und erstmals ergibt sich eine schlüssige Abfolge besiedlungsgeschichtlicher Ereignisse auf diesem zentralen Areal des ältesten Hamburg. Verständlich werden die neuen Ergebnisse jedoch erst aus der Gesamtbetrachtung aller bisherigen archäologischen Forschungen, beginnend 1938, als beim Bau des Pressehauses erstmals eine mittelalterliche Befestigung entdeckt worden ist.

DOMPLATZGRABUNGEN 1938 BIS 2006

Das Gelände des 1804–1807 abgerissenen Hamburger Domes ist seit der Mitte des 20. Jahrhunderts wiederholt archäologisch in den Blick genommen worden. Die erste Ausgrabung fand im Jahre 1938 unter der Leitung von Volkmar Kellermann statt. Er konnte bei Errichtung des Hamburger Pressehauses erste baubegleitende Untersuchungen im östlichen Teil des einstigen Dombezirks

1 Blick nach Südwesten über den bis 2006 als Parkplatz genutzten Domplatz. Aufgenommen vom Dach des Pressehauses, heute Sitz der Wochenzeitung *Die Zeit*.

2 Während der Ausgrabungen der 1950er Jahre (rot) wurden vor allem Flächen in der neu angelegten Domstraße und der Schmiedestraße untersucht. Die Ausgrabungen der 1980er Jahre (grün) konzentrierten sich auf den Domplatz. 2005/06 (blau) wurden alle Restflächen auf dem Domplatz ausgegraben.

das vom Bombenkrieg nahezu verschonte Pressehausgelände stand nicht für Grabungen zur Verfügung. Im Zusammenhang mit dem Ausbau der Hamburger U-Bahn (Linie U1) konnten Ende der 1950er Jahre weitere Trümmerbrachen im Westen des Domgeländes archäologisch erschlossen werden, doch geschah dies unter enormem Zeitdruck, und den Bodendenkmalpflegern gelangen wenig mehr als Baubeobachtungen[3]. Von 1980 an wurde dann auch der bis dahin noch wenig erfasste Kernbereich des heutigen Domplatzes unter der Leitung von Renate Schneider in einer mehrjährigen, bis zum Jahr 1987 andauernden Grabungskampagne untersucht (*Abb. 2, grüne Flächen*)[4].

Ihren vorläufigen Abschluss fanden die Grabungen auf dem Hamburger Domplatz 2005/06 (*Abb. 2, blaue Flächen*). Angestoßen durch Planungen zur Errichtung eines großen Neubaus bot sich für die Archäologie die Gelegenheit, letzte noch im Boden verborgene Befunde und Funde aus der Frühzeit Hamburgs aufzunehmen. Für die Grabungen wurden die bislang noch unerschlossenen oder lediglich durch Sondagen erkundeten Platzbereiche zwischen den Grabungsflächen von 1949–1956 und 1980–1987 ausgewählt. Besondere Aufmerksamkeit galt den erstmals 2005/06 zugänglichen Randflächen im Nordosten an der Buceriusstraße sowie im Südwesten am Alten Fischmarkt im Bereich der hier 1912 erbauten, im Krieg unzerstörten Domplatz-Tankstelle. Die Arbeiten wurden durch das Helms-Museum Hamburg, heute Archäologisches Museum Hamburg, unter Leitung des Verfassers durchgeführt.

vornehmen[1]. Im Westen des Domareals standen zu dieser Zeit noch der 1837–1840 erbaute Gebäudekomplex mit der Hamburger Gelehrtenschule Johanneum und der Städtischen Bibliothek. Sie wurden im Bombenkrieg stark beschädigt und später abgerissen. Diese Fläche im Westen des ehemaligen Dombezirkes wurde erstmals in den unmittelbaren Nachkriegsjahren vom Hamburger Bodendenkmalpfleger Reinhard Schindler erforscht[2]. Das Ziel seiner von 1949–1956 durchgeführten Untersuchung war die Freilegung der Überreste des mittelalterlichen Domes in der Mitte der Fläche und der Hammaburg in den Randbereichen des Dombezirks (*Abb. 2, rote Flächen*). Der Ausgräber nahm hierbei an, dass im 9. Jahrhundert die einstige Hammaburg als Domburg die Bischofskirche Ansgars schützend umgeben habe. Es wurden also mit den zahlreichen, oft kleinen Grabungsflächen weite Bereiche des Domplatzes erkundet, allein

DER FORSCHUNGSSTAND ZU BEGINN DER GRABUNG 2005

Die bei all diesen Domplatzgrabungen dokumentierten Befunde sind, insbesondere was den im vorliegenden Bericht interessierenden Zeitraum zwischen dem 8. und 11. Jahrhundert angeht, wiederholt diskutiert und bewertet worden. Eine Herausforderung stellten vor allem die Befunde dar, die zu einem mehrphasigen Wallring mit vorgelagertem Grabenwerk gehören und nur im Norden und Westen des Domplatzes erfasst worden sind. Schindler hatte sie in den 1940er/50er Jahren ergraben und in ihr die in den Schriftquellen überlieferte karolingische Hammaburg gesehen. Ausgangspunkt kontroverser Diskussionen waren aber zudem die in den 1980er Jahren im Süden des Domplatzes aufgedeckten zwei Gräben einer mutmaßlichen doppelten Ringgrabenanlage aus spätsächsischer Zeit.

STAND 1956 – DIE KAROLINGISCHE HAMMABURG SCHEINT ENTDECKT

Für Schindler gliederte sich das Geschehen auf dem Domplatz in eine Reihe deutlich abgegrenzter, zumeist eng datierbarer Zeitabschnitte[5]. Am Beginn stand eine spätsächsische Siedlungsphase, vertreten durch Grubenanlagen und einige Nutzungshorizonte mit Keramik des 6.–8. Jahrhunderts, die sich weitflächig auf dem Domgelände verteilten. Die Befunde wurden den Beobachtungen von 1949–1956 zufolge von Siedlungsschichten mit slawischen und slawoiden Gefäßresten des frühen 9. Jahrhunderts überlagert (s. Beitrag Torsten Kempke, Keramik). Diesen Siedlungshorizont ordnete der Ausgräber den slawischen Obodriten zu und schloss sich den Historikern Arno Jenkis und Walter Lammers an, die vermuteten, dass das zu Beginn des 9. Jahrhunderts von den Franken eroberte sächsische Land nördlich der Elbe zwischen 804 und 810/11 unter slawische Herrschaft geraten war. Sie nahmen an, der im Gebiet Ostholsteins und Westmecklenburgs lebende Stamm der Obodriten sei in dieser Zeit nach Westen gewandert und habe sich zumindest an strategischen Punkten angesiedelt. Ausgehend von dieser Vorstellung war die von Schindler entdeckte Wall-Graben-Befestigung, die mutmaßliche Hammaburg, durch ihre stratigrafische Lage über den slawischen Schichten nach unten und durch die Schriftquellen nach oben zeitlich eingegrenzt: Die Burganlage musste in der Zeit nach 810/11 und noch vor 834 gebaut worden sein, als Ansgar im Schutze der Befestigung seine Missionsstation mit einer Kirche errichtete. Zu dieser Missionsstation, für die Schindler den Status eines erzbischöflichen Sitzes annahm, gehörten, nach den Schriftquellen zu urteilen, eine Domkirche, eine Bibliothek und ein Kloster.

Entsprechend wies der Ausgräber Pfostengruben in der Flucht des spätmittelalterlichen Mariendomes der Domkirche Ansgars zu und stufte sie in die 830er Jahre ein. Das Ende der karolingischen Domburg war durch den archivalisch überlieferten Überfall der dänischen Wikinger auf Hamburg und die Zerstörung der Befestigungsanlage, der zugehörenden Siedlung und der Kirchenbauten auf das Jahr 845 datiert. Während die Wall-Graben-Befestigung nach dem Urteil des Ausgräbers nicht noch einmal wieder hergerichtet wurde, konnten sich der Kirchensitz auf dem Domplatz und die Burgsiedlung schon im 9. Jahrhundert wieder erholen, um im 10. Jahrhundert zu neuer Bedeutung aufzusteigen. Beleg hierfür war nicht zuletzt die Verbannung des Papstes Benedikt V. nach Hamburg im Jahr 964, was ohne einen Grundbestand sakraler Repräsentanz und profaner Entfaltung kaum vorstellbar schien. Kirche und Siedlung wurden entsprechend möglicherweise bereits am Ende des 10. Jahrhunderts durch den als Abschnittsriegel zwischen die Niederungen der Alster und der Elbe eingeschobenen Heidenwall gesichert. Das Verteidigungswerk bezog im Osten die Ruine der niedergegangenen Hammaburg ein. Nach Rückschlägen im späten 10. Jahrhundert, als Hamburg offenbar mehrfach Verwüstungen durch slawische Übergriffe hatte erleiden müssen, erlebte der Domplatz während des zweiten Viertels des 11. Jahrhunderts Schindler zufolge dann eine Blütezeit. In rascher Folge verwirklichten hier die Erzbischöfe Unwan und Bezelin Alebrand großzügige, zunächst in Holzbauweise, dann als Massivbau errichtete Kirchenbauwerke.

EINE SPÄTSÄCHSISCHE DOPPELGRABEN-ANLAGE?

Zu einer ersten kritischen Neubewertung durch Ralf Busch und Caroline Schulz führten die Grabungen der 1980er Jahre[6]. Die überraschend freigelegten beiden Ringgräben auf dem südlichen Domplatz wurden als die Reste einer Doppelgrabenbefestigung aus spätsächsischer Zeit und somit noch deutlich vor der Eroberung Nordelbiens durch die Franken Anfang des 9. Jahrhunderts gedeutet, damit war aber Schindlers These einer unbefestigten Siedlung sächsischer Zeit vor Errichtung seiner Hammaburg hinfällig. Gegen eine spätsächsische Siedlungsphase sprach nicht zuletzt, dass sich die Siedlungsgruben, auf die Schindler verweisen konnte, durchweg als Teile der nun erkannten Grabenwerke herausgestellt hatten. Die neu entdeckte Anlage, so wurde vermutet, ist auch von den 804 nach Hamburg vorgestoßenen Slawen als Befestigung genutzt worden. Entsprechend galten daher die noch immer mit einer slawischen Aufsiedlung des Domplatzes in Verbindung gebrachten Schichtbefunde mit slawischer Keramik als Zeugnis einer obodritischen Burgzeit bis 810/11. Die Grabungsergebnisse der 1980er Jahre gaben auch keinen Anlass, an der von Schindler postulierten fränkischen Hammaburg und an dem hier vermuteten Dom Ansgars zu zweifeln, noch die Beurteilung des Geschehens nach 845 neu zu bedenken. Die Hamburger Forschung konnte daher mit Blick auf die Domplatzgeschichte des 9–11. Jahrhunderts den Ansätzen Schindlers weitgehend folgen.

2002 – NICHT DIE HAMMABURG, ABER EINE DOMBURG?

Nach einer eingehenden Durchsicht aller Grabungsergebnisse von 1949–1987 gelangte Ole Harck im Jahr 2002 zu einer grundlegend neuen Einschätzung der frühen Domplatzgeschichte[7]. Die Doppelgrabenanlage des 8. Jahrhunderts schien wegen fehlender Wallreste und aufgrund der als fortifikatorisch ungünstig betrachteten mehrfachen Unterbrechung der Grabenringe mit Erdbrücken nicht mehr im Sinne einer Burganlage interpretierbar. Die Gegebenheiten ließen Harck eher an einen Platz mit Aufgaben im Bereich des Kultes, des Handels und der Rechtspflege denken. Damit war die seit Busch und Schulz vermutete Platzkontinuität von Befestigungen aus der sächsischen und der karolingischen Zeit infrage gestellt. Dies galt umso mehr, als die bis dahin in die Karolingerzeit gestellten Befunde aufgrund der seit Schindlers Zeiten wesentlich verfeinerten Chronologie der slawischen Gefäßkeramik von Torsten Kempke als jünger eingeschätzt wurden (s. Beitrag Torsten Kempke, Keramik). Das bedeutet, dass alle einst als Niederschlag einer slawischen Übergangszeit zwischen 804 und 810/11 betrachteten Schichtbefunde nun das gesamte 9. Jahrhundert einnehmen. Die Errichtung der als karolingische Hammaburg gedeuteten Wall-Graben-Befestigung rückte entsprechend in die Zeit um 900 auf, ihr Ende war jetzt in das 11. Jahrhundert einzustufen und fiel möglicherweise mit der Errichtung des Heidenwalls zusammen, der die sich herausbildende Stadt bis in das 13. Jahrhundert hinein nach Osten schützte. Als Konsequenz war aber dann zunächst die Idee einer genuin slawischen Burg- und Siedlungsphase in Zweifel zu ziehen und stattdessen an eine langandauernde vorstädtische Siedlungsphase zu denken, in der sächsische und slawische Töpfertraditionen nebeneinander existierten. Vor allem jedoch war die durch Schindler beantwortet scheinende Frage nach der Ortslage der Hammaburg wieder offen, denn die so gedeutete Schichtenabfolge schloss den Domplatz als Standort aus! Harck hat als Alternative den Standort der unter dem Billungerherzog Ordulf Mitte des 11. Jahrhunderts erbauten Neuen Burg in der Alsterschleife westlich der Altstadtgeest ins Gespräch gebracht und meinte, dort habe zuvor die karolingische Hammaburg gelegen.

Zudem hatte der Forscher dargelegt, dass die von Schindler für den Dom Ansgars aus den 830er Jahren herangezogenen Pfostenbefunde nicht in die karolingische Zeit datieren und die Ausgrabungen auch darüber hinaus keine Hinweise auf eine sakrale Infrastruktur des 9. Jahrhunderts erbracht hatten. Somit war auch mit Blick auf das Hamburger Erzbistum die Standortfrage neu aufzuwerfen. Harck zufolge lassen sich die kirchlichen Verhältnisse erst von der Mitte des 10. Jahrhunderts an deutlicher umreißen, als Papst Benedikt V. sich in Hamburg aufhielt. Möglicherweise hat, so Harck, zu dieser Zeit ein Kirchenbau auf dem Domplatz gestanden. Dieser wäre dann der Vorläufer oder sogar bauliche Kern jenes Holzdomes, den Erzbischof Unwan in den 1020er Jahren errichten ließ, und Grablege des bereits 965 in seiner Verbannung verstorbenen Kirchenoberhauptes. Die um 900 angelegte Befestigung auf dem Domplatz war mithin als Domburg anzusprechen und stand somit in einer Reihe mit den zeitgleichen befestigten Bischofssitzen in Norddeutschland. Die kurz vor der Mitte des 11. Jahrhunderts von Erzbischof Bezelin Alebrand erbaute Quadersteinkirche gehört dann bereits in die Zeit nach Aufgabe und Schleifung der Burganlage.

DIE KAMPAGNE 2005/06 – EIN NEUES BILD ERGIBT SICH

Nach den 2005/06 durchgeführten Ausgrabungen auf dem Hamburger Domplatz zeichnet sich ein nochmals verfeinertes Bild der frühen Geschichte Hamburgs zwischen dem 8. und dem 11. Jahrhundert ab. Hierzu tragen 2005/06 erstmals ausgegrabene Befunde ebenso bei wie verbesserte Auswertungsmöglichkeiten durch den Einsatz der digitalen Datenverarbeitung; sie lassen manches ältere Grabungsergebnis in neuem Licht erscheinen (Abb. 3). Die Befunde der Domplatzgrabungen seit 1949 sind jetzt erstmals in einer zusammenhängenden Datenbank erfasst und vollständig in digitalisierte Vermessungspläne übertragen worden. Die Befunde untergliedern sich nach dieser Neuaufnahme nunmehr in fünf Perioden, wobei die Bewertung des historischen Geschehens weitgehend den nach 1987 gewonnenen Annahmen folgt, in entscheidenden Punkten das ältere Forschungsbild aber auch korrigiert. Neue Gesichtspunkte ergaben sich vor allem mit Blick auf die 1980–1987 aufgedeckte, bislang in das 8. Jahrhundert gestellte doppelte Grabenanlage (Perioden I und II, Ringgräben 1 und 2) und die seit 1949–1956 bekannte Wall-Graben-Befestigung aus der Zeit um 900 (Periode IV, Wall-Graben-Anlage). Um zu diesem Ergebnis zu gelangen, wurde eine große Anzahl unterschiedlicher Details zusammengefügt, deren detaillierte Darstellung zurzeit im Rahmen einer Publikation »Domplatzgrabungen III« durch den Verfasser vorbereitet wird[8]. An dieser Stelle werden daher zusam-

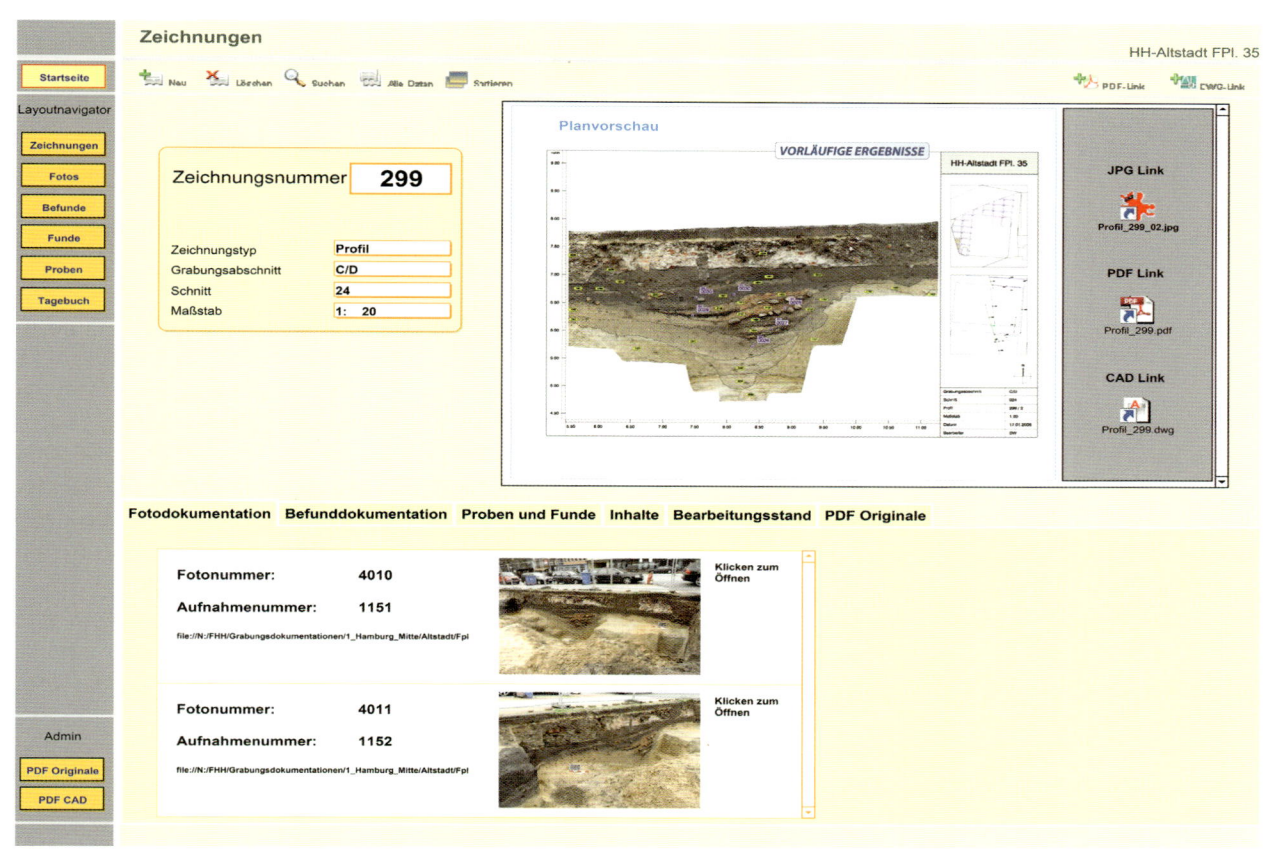

3 Die Unterlagen aller Grabungskampagnen wurden digitalisiert und in einer Datenbank erstmals systematisch zusammengeführt.

menfassend die Ergebnisse in chronologischer Abfolge, beginnend mit der Gestalt des Ortes vor dem Einsetzen der frühmittelalterlichen Besiedlung, vorgestellt.

DIE ALTLANDSCHAFT

Der Domplatz liegt im Süden der Altstädter Geest, die von der Niederung der Alster im Nordwesten und der Elbe im Süden begrenzt wird. Das eiszeitliche Geländerelief im Bereich des Hamburger Domplatzes westlich der Buceriusstraße ist heute trotz der engmaschigen archäologischen Untersuchungen nicht mehr abschließend zu bestimmen. Die Ursache ist zum einen in den umfangreichen Bodenbewegungen im Zuge des mittelalterlichen und neuzeitlichen Dombaus und der regen Bestattungstätigkeit im Umfeld des Mariendomes zu sehen, die im Mittelbereich des Domplatzes jeweils mit erheblichen Eingriffen in den anstehenden Geestboden verbunden waren. Tiefgreifende Störungen des Bodens waren zudem mit der Errichtung des Johanneums zur Mitte des 19. Jahrhunderts verbunden. Vor allem sind die Gegebenheiten aber durch zwei großangelegte Planierungsmaßnahmen im Bereich der Domplatzgeest verwischt worden, bei denen es bereits bald nach der Mitte des 9. Jahrhunderts und noch einmal in der Zeit um 900 zu, soweit heute zu sehen ist, beträchtlichen Bodenabträgen gekommen ist. Möglich ist lediglich eine Bestandsaufnahme der Geländestruktur, so wie sie unmittelbar vor Errichtung der Domplatz-Burg um 900 und vor Herausbildung der ältesten noch erhaltenen Siedlungsschichten bestanden hat, die allgemein in das 9. und 10. Jahrhundert zu stellen sind. Das nach den Grabungen von 2005/06 erstellte Bild weicht dabei in einigen Bereichen deutlich von den Höhenkartierungen ab, die erstmals von Schindler und erneut von Harck erarbeitet worden sind[9].

Insgesamt ergibt sich heute folgendes Bild: Die Befunde zeigen einen leicht nach Süden geneigten Hang mit Höhen zwischen 8,20 und 8,85 m ü. NN knapp unterhalb des Speersorts im Norden und zwischen etwa 5,60 und 6,80 m ü. NN im Süden in der Nordflucht des Schopenstehls. Nahe am Fischmarkt lag die Geländehöhe bei etwa 5,15 m ü. NN. Das Domplatzplateau ging nach Norden hin in eine seichte, dem Verlauf der Straße Speersort folgende Senke über, die bis etwa 6,20 m hinabreichte. Im Westen brach das Gelände zwischen Schulstraße und Schmiedestraße bis auf 3,50 m ü. NN ab. Der heute durch Aufschüttungen weitgehend abgemilderte Südhang der Altstädter Geest zur Elbe-Niederung war in vorgeschichtlicher Zeit als Steilkante ausgebildet. Im Grabungsbefund fällt der Domplatz hier an der Nordseite des Schopenstehls auf kurze Entfernung auf Werte unter 1,50 m ü. NN ab und könnte bereits auf Mitte des

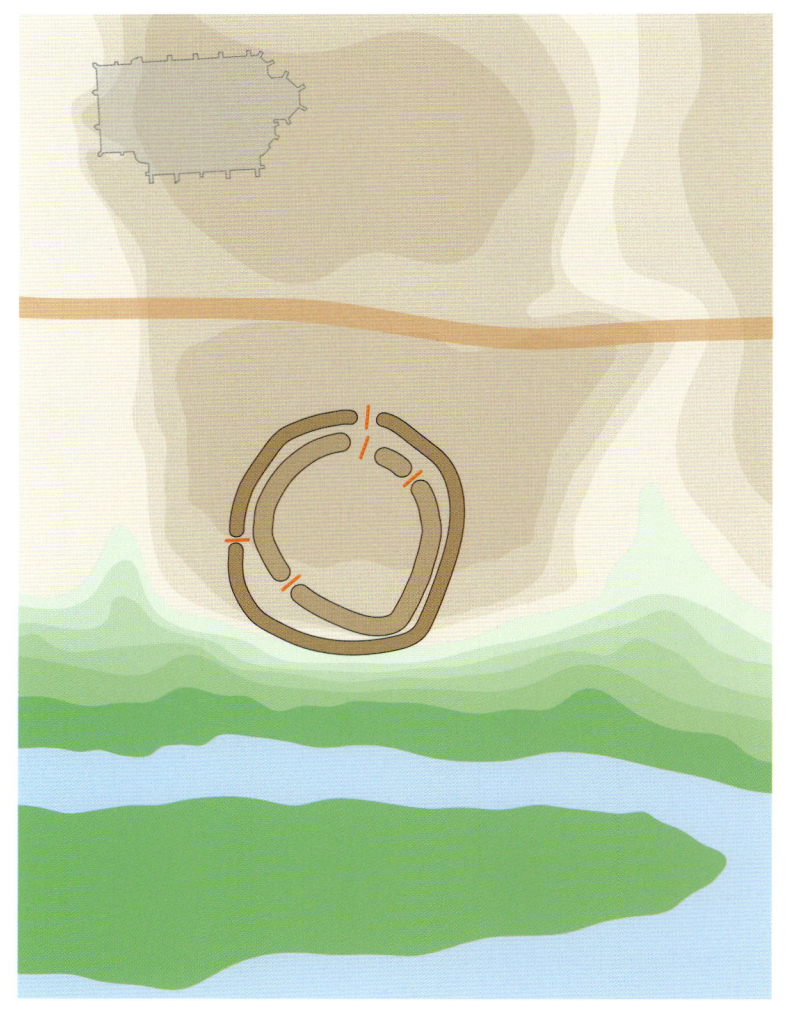

4 Graben 1 (innen, 8. Jahrhundert) und 2 (außen, 9. Jahrhundert) auf einem Höhenmodell der Altlandschaft. Gut erkennbar ist die abweichende Form des jüngeren gegenüber dem älteren (inneren) Graben. Die Zugänge (orange) der Anlagen nehmen nur im Norden aufeinander Bezug. Grundriss der Kirche St. Petri zur Orientierung.

Straßenzuges in die Marsch übergegangen sein. Der bis an die Südseite des Schopenstehls herangeführte Wall der um 900 auf dem Domplatz erbauten Ringburg lässt davon ausgehen, dass der Geestabbruch in vorgeschichtlicher Zeit noch um einiges weiter südlich lag und möglicherweise auf Mitte der Grundstücke an der Südseite des Schopenstehls verlief. Verwertbare archäologische Hinweise darauf, welche Bodenverhältnisse in den vom Pressehaus überbauten Flächen östlich des heutigen Domplatzes vorherrschen, liegen nicht vor.

PERIODE I UND PERIODE II – DIE RINGGRÄBEN 1 UND 2

Zu den auffälligsten Ergebnissen der neuen Ausgrabungen und der Durchsicht der älteren Grabungsdokumentation gehört die Neubewertung der 1987 entdeckten, vermeintlichen Doppelkreisgrabenanlage am Südrand des Domplatzes. Zwar nehmen die beiden Grabenläufe sichtbar aufeinander Bezug, und auch bauliche Gemeinsamkeiten sind nicht zu verkennen, doch ist heute davon auszugehen, dass es sich nicht um ein zusammengehörendes Grabensystem gehandelt hat, sondern um zwei getrennte, nacheinander errichtete und genutzte Anlagen (*Abb. 4*). Das um Neufunde der Untersuchungen von 2005/06 vermehrte keramische Fundmaterial lässt erkennen, dass die bislang gültige Datierung in die Zeit vor 800 nur noch für den inneren Grabenlauf gerechtfertigt ist, während der äußere Graben bereits deutlich in das 9. Jahrhundert hineinreicht. Der innere Grabenlauf trennt sich als Periode I von dem äußeren, der Periode II zuzuweisenden Grabenzug ab.

In aller Kürze soll dargelegt werden, worauf sich diese Trennung der zwei Perioden begründet, die zunächst unabhängig von der detaillierten Ansicht der keramischen Funde erfolgte. Insgesamt beruht die Aufgliederung der Gräben auf drei Argumenten: Form und Verlauf der Grabenzüge, Tiefe und Querschnitt der Gräben sowie schließlich die Lage der Tore beziehungsweise der Erdbrücken.

Bislang wurde stets angenommen, dass es sich bei den Grabenbefunden um jeweils kreisförmige bis schwach längsovale, nahezu konzentrisch verlaufende Ringzüge gehandelt hat, die am Steilhang der Altstädter Geest zur Elbmarsch möglicherweise offen ausliefen[10]. Die Bestandsaufnahme der digitalisierten Altgrabungen zeigt nunmehr ein neues Bild. Der innere Grabenlauf besaß hiernach einen schrägovalen bis gedrückt eiförmigen Zuschnitt mit einer Innenfläche von etwa 48 m in der Breite und von bald 58 m in der Länge. Die Längsachse der Grabenanlage war deutlich von Nordwest nach Südost geneigt. An einem rundum geschlossenen Verlauf des Grabenzuges ist nicht zu zweifeln. Zwar war der südöstliche Grabenarm recht steil auf die südliche Abbruchkante des Altstädter Geestrückens gerichtet, so dass ein offener Grabenverlauf zunächst durchaus denkbar erscheint, doch bog der Graben auf der gegenüberliegenden Seite, im Südwesten, so stark nach innen ein, dass von einem Zusammengehen der beiden Grabenarme zwingend auszugehen ist. Der äußere Grabenlauf war dagegen als mehr oder minder regelhaftes, leicht nordost-südwestlich ausgerichtetes, aus geradlinig verlaufenden oder nur leicht gebogenen Teilstücken zusammengesetztes Polygon angelegt, das sich im Ganzen betrachtet an ein breites Oval annäherte. Trotz der Nähe zur Elbe-Niederung ist auch hier ein geschlossener Grabenring anzunehmen, wobei der südliche Grabenverlauf die Straßenflucht des Schopenstehls nicht überschritten haben dürfte. Die Grabenanlage besaß in der Längsachse einen lichten Durchmesser von etwa 75 m und wies von Grabenschulter zu Grabenschulter eine Breite von gut 65 m auf.

Eine gemeinsame Vermessung und gleichzeitige Bauausführung der Grabenzüge ist vor dem Hintergrund der in ihrer Grundanlage doch recht unterschiedlichen Grabenringe nur schwer vorstellbar. Die Asymmetrie der Ringanlagen fällt besonders im Südwesten ins Auge, wo der äußere Graben mit fast geradlinigem Verlauf nahezu genau nach Süden führte, während der innere Grabenlauf scharf nach Südosten einbog. Ein ähnlich diskontinuierlicher, wenn auch weniger auffälliger Befund zeigt sich im Nordosten. Der äußere Graben zog hier mit näherungsweise geradem Verlauf weit nach Südosten ab. Der innere Graben beschrieb im selben Abschnitt dagegen einen gleichmäßigen Kurvenbogen mit zunächst südöstlicher und dann südlicher Richtung. Dem unterschiedlichen Verlauf beider Grabenzüge entsprechend zeigen sich in den verschiedenen Streckenabschnitten stark abweichende Abstände zwischen den Gräben. Die Grabenreste lagen im Nordwesten etwa dreieinhalb bis viereinhalb Meter und im Nordosten etwa sechs Meter auseinander, während der Abstand im Südwesten achteinhalb Meter und mehr betrug. Im Südosten, knapp oberhalb der Geestkante rückten die beiden Grabenläufe dann auf etwa zwei Meter aneinander heran. Sollten die beiden Gräben zur selben Zeit bestanden haben, hätten sie sich in ihrem weiteren Verlauf vermutlich beinahe berührt und in einem Randbereich möglicherweise sogar überschnitten.

Deutliche Hinweise, die gegen eine gemeinsame Entstehung der beiden Grabenringe sprechen, finden sich auch in den Grabenprofilen. Während der innere Ringgraben nämlich auf den meisten Abschnitten als Sohlgraben ausgeführt war und nur wenige Teilstrecken V- oder Y-förmige Profile zeigten, ist dies für den äußeren Graben genau umgekehrt: Der äußere Grabenlauf wies neben seltenen sohlförmigen Partien überwiegend ein Spitzgrabenprofil oder ein Y-Profil auf. Ein im Südosten des Domplatzes angelegter Grabenschnitt fing diese Unterschiede beispielhaft ein (Abb. 5). Sichtbar wurde, dass der Innengraben insgesamt etwas tiefer und deutlich breiter konzipiert war als der äußere Grabenzug. Aus den Profilbefunden lässt sich errechnen, dass der innere Ringgraben eine mittlere Tiefe oberhalb 2,50 m und eine durchschnittliche Breite von etwa sechs Metern aufgewiesen haben muss, während der äußere Graben mit Tiefen eher unterhalb 2,25 m und einer Breite von etwas mehr als vier Metern insgesamt weniger eindrucksvoll ausfiel.

Lassen die Lage- und Profilbefunde eine Interpretation im Sinne zweier in zeitlichem Abstand erbauter, zunächst als Einzel-, dann als Doppelringanlage genutzter Grabenzüge noch möglich erscheinen, so schließen die zum Teil versetzt liegenden Zugangsbrücken beider Grabenringe eine Nutzung als Doppelgrabenanlage aus.

Im Zusammenhang mit der Auswertung der Grabungsergebnisse der 1980er Jahre war man noch davon ausgegangen, dass es lediglich einen einzigen, für beide Grabenzüge gemeinsamen Durchlass im Norden der vermuteten Doppelgrabenanlage gegeben hat, und hatte gerade hierin den Beweis für die Zusammengehörigkeit der beiden Grabenringe gesehen. Eine zweite, allerdings auffällig schmalere Brücke im Nordosten des inneren Grabens wurde zwar dokumentiert, aber nicht weiter beachtet. Bei der Zusammenschau aller bei den drei Domplatzgrabungen aufgedeckten Grabenbefunde sind nun weitere Erdbrücken sichtbar geworden. Im Vergleich zum Durchlass im Norden handelt es sich um ebenfalls recht enge Nebendurchlässe, die wie die innere Brücke im Nordosten jeweils nur den Zuweg zu einem der beiden Grabenringe erlaubten, nicht aber durch beide Grabenzüge durchlaufend passierbar waren. Bei dem inneren Grabenlauf fällt ein bislang noch nicht erfasster, weit abseits des Nordzuganges eingeschobener Übergang im Südwesten des Grabenzuges auf, der dem bereits bekannten Durchlass im Nordosten schräg gegenüberlag. Der äußere Grabenlauf besaß neben dem Zugang im Norden einen Durchlass im Westen, durch den der Grabenring von der Seite her erschlossen wurde. Die Erdbrücke wurde bei den Ausgrabungen von 2005/06 aufgedeckt, als es im Südwesten des Domplatzes gelang, einen bislang archäologisch noch nicht erfassten, etwa 25 m langen Abschnitt des äußeren Grabenzuges vollständig neu aufzunehmen.

Bei einer Anlage ohne vorrangig fortifikatorische Aufgaben, wie Harck sie vorsah, bedarf es keiner näheren Erläuterung, dass sich die durch die Grabenringe wechselseitig gesperrten Übergänge im Nordosten, Westen und Südwesten für einen zusammenhängenden Doppelgrabenbefund nicht begründen lassen, wenn denn für die Grabenbrücken nicht überhaupt eine Sonderfunktion abseits einer Wegeerschließung vermutet werden soll. Wird ein Befestigungswerk im Sinne der von Busch ins Auge gefassten Doppelgrabenburg angenommen, wäre zu klären, ob die neben dem Hauptzugang im Norden vorhandenen schmaleren Durchlässe an den Seitenflanken als Nebenzugänge mit versetzter Wegeführung angesprochen werden können. Verschwenkte Torgassen kommen bei gestaffelten sächsischen Anlagen neben linear geführten Zugängen verschiedentlich vor, wie es die Burganlagen I und II von Esesfelth bei Itzehoe (s. auch Beitrag Thorsten Lemm) und möglicherweise auch die Hünenburg bei Embsbüren, Kr. Emsland, zeigen[11]. Eine entsprechende Bauweise findet sich beim Rundwall in Aukrug-Bünzen, Kr. Rendsburg-Eckernförde, und vielleicht auch bei der Heilsburg bei Wiersdorf, Lkr. Rotenburg/Wümme[12]. In Betracht zu ziehen ist die Brückensituation im Westen und Südwesten der Hamburger Anlage, die Erdbrücke im Nordosten des inneren Grabens lässt wegen des in unmittelbarer Nähe gelegenen, durch beide Gräben gehenden Nordzugangs keine Wegeverschwenkung entstehen und kann außer Acht bleiben.

Die Zugangskonstellation an der West- und Südwestseite der Ringgräben ist entgegen dem ersten Eindruck für die Verteidigung wenig günstig. Ein Angreifer, der den äußeren Grabenübergang passiert hätte, würde auf dem Weg zur inneren Grabenbrücke nach rechts gelenkt und hätte damit den Vorteil für sich, den verteidigenden Burgleuten mit seiner Schildseite entgegentreten zu können. Dies widerspricht der bei versetzten Burgzugängen gängigen Bauweise, die einen Angreifer nach links zwingt, wo er den Verteidigern die ungeschützte Schwertseite zuwenden muss. Der Befund dürfte damit kaum als versetzter Grabenübergang zu deuten und für eine Interpretation als Doppelgrabenburg in Anspruch zu nehmen sein. Im Übrigen wäre auch bei einer klassischen Verschwenkung des Zuganges im Westen und Südwesten eine Doppelgrabenanlage nicht sinnvoll anzunehmen, es sei denn, es ließe sich eine Begründung dafür finden, warum dieser Seitenweg besonders geschützt wurde, während sich der deutlich exponierte Hauptzugang im Norden mit seiner einfachen Doppelbrücke und der geradlinigen Wegeführung einem Angreifer im Vergleich recht offen darbot. Man sollte davon ausgehen dürfen, dass hier im Norden ein ebenso hoher, wenn nicht höherer baulicher Aufwand betrieben worden wäre wie an der West- und Südwestflanke der Anlage.

Das aus den Verfüllungen der beiden Ringgräben geborgene keramische Fundmaterial trennt den älteren inneren Graben von der jüngeren äußeren Anlage deutlich ab und bestätigt den Befund zweier einander ablösender Grabenanlagen[13]. Dass es möglicherweise eine kurze Überlappungszeit vor Einebnung des älteren und während der Bauzeit des jüngeren Ringgrabens gegeben hat, ist dabei von den Funden her nicht auszuschließen und wegen der engen räumlichen Bezugnahme beider Grabenanlagen aufeinander nicht einmal unwahrscheinlich. Der Bau des äußeren Grabenringes wäre ohne Kenntnis des inneren Grabenverlaufs kaum in der vorliegenden Weise realisierbar gewesen. Die aus beiden Grabenbefunden vorliegenden Radiokarbondaten tragen bedauerlicherweise nicht zur näheren zeitlichen Zuordnung der Ringanlagen bei (s. Beitrag Pieter M. Grootes u. Marie-Josée Nadeau).

Aus den Verfüllschichten des inneren Grabenlaufs hat sich ausschließlich lokale sächsische Gefäßkeramik bergen lassen, slawische und slawisch anmutende Waren, wie sie in jüngeren Fundkomplexen vom Domplatz auftreten, sind nicht vorhanden. Neben nicht näher bestimmbaren Wandscherben liegen in größerer Zahl Bodenstücke von Kümpfen vor, die an die Keramik aus sächsischen Bestattungen des 6.–8. Jahrhunderts erinnern. Kugeltopfkeramik ist nicht nachweisbar. Alles in allem scheinen die Funde die Zeitspanne zwischen etwa 700 und 800 abzudecken, womit die Auflassung der Anlage in die Zeit um die Wende zum 9. Jahrhundert datiert werden kann. Ob und gegebenenfalls wie weit die Errichtung der Anlage vor das 8. Jahrhundert zurückreicht, ist am Fundmaterial nicht ablesbar. Das keramische Spektrum des äußeren Grabenrings ist im Ganzen jünger einzustufen als das Fundgut des Innengrabens. Wieder herrschen sächsische Gefäßreste vor. Im Vergleich fällt die bei einem ansonsten recht ähnlichen Fundbild geringere Zahl an Standbodenscherben auf. Kugelbodengefäße sind auch im Fundmaterial des äußeren Grabens, soweit sich sagen lässt, nicht vertreten. Die vorhandenen Randstücke gehören zu eher schlanken, wenig ausgebauchten Gefäßen. Erstmals tritt jetzt slawische und slawoide Keramik auf. Die Gefäßreste lassen sich den Typen Feldberg, Sukow und Hamburg A zuordnen, der später häufige Menkendorfer Typ und Scherben der Ware Hamburg B fehlen noch. Mit sehr wenigen Stücken kommt auch bereits Muschelgruskeramik vor. Insgesamt ist das Fundmaterial aus der Grabenverfüllung in die erste Hälfte des 9. Jahrhunderts zu stellen. Die Einebnung des äußeren Ringgrabens ist in die Zeit um 850 zu setzen. Da eine zeitnahe Errichtung des äußeren Grabenrings kurz vor, im Zuge oder bald nach der Verfüllung des inneren Grabens vorauszusetzen ist, darf als gesichert angenommen werden, dass die Anlage in der Zeit um 800 erbaut worden ist.

Während die Grabenstruktur der beiden Ringgräben sich in den archäologischen Profilen deutlich abbildet und die Grabenverläufe sich aus den Flächenbefunden angemessen rekonstruieren lassen, können zu dem aufgehenden Befund nur Überlegungen angestellt werden, die auf einer Reihe von Indizien und dem Vergleich mit anderen frühmittelalterlichen Anlagen fußen.

Palisaden oder Wälle sind vorauszusetzen, doch haben sich im Boden keine entsprechenden Spuren erhalten können, und auch zugehörige Lauf- oder Bebauungshorizonte des 8. und der ersten Hälfte des 9. Jahrhunderts fehlen. Immerhin geben die in die Grabenverfüllungen beider Perioden mit zum Teil erheblichen Mächtigkeiten eingelagerten Holzkohleschüttungen und feuergeschwärzten oder brandzersprengten Steingerölle Auskunft über eine Bebauung innerhalb oder auch im Umfeld der Gräben. Die Materialien sind Hinterlassenschaften von Herdstellen und Ofenanlagen, und die umfangreich eingefüllten Hüttenlehmstücke Reste ehemaliger Hausbauten.

RINGGRABEN 1

Für das Grabenoval der Periode I erscheint wegen der geringen Abmessungen von etwa 48 auf 58 m eine Rekonstruktion als Wall-Graben-Befestigung kaum vorstellbar. In dem Grabenring stünde selbst bei einem niedrigen, schlanken und ohne jede Berme errichteten Binnenwall von vielleicht vier Metern Breite kaum mehr als eine Nutzfläche von 40 auf 50 m und 0,15 ha Ausdehnung zur Verfügung. Ein derart kleinflächiger Ringwall würde aus dem Rahmen des frühmittelalterlichen sächsischen Burgenbaues fallen und wäre allenfalls mit den mitunter sehr kleinen Rundwällen vergleichbar, die unter anderem bei den Westslawen zu finden sind[14]. Gegen einen Wall-Graben-Ring sprechen auch die im Vergleich zu dem eher bescheiden anzunehmenden Wallkörper großzügig ausfallenden Erdbrücken, über die Zugang zu dem Grabenring bestand. Sieht man einmal davon ab, dass eine Anzahl von drei Toren für einen Ringwall ohnehin schon auffällig ist, wären die hier zu rekonstruierenden Walltore wohl auch weit überdimensioniert.

Vermutlich ist eine Palisadenbewehrung in Erwägung zu ziehen, wie sie für einen kleinen befestigten Adelssitz denkbar ist, aber auch für einen umhegten Bezirk ohne ausgeprägt fortifikatorische Ausrichtung, einen Kult-, Handels- oder Gerichtsplatz, wie es Harck vorschlug.

RINGGRABEN 2

Anders als der recht eng bemessene innere Grabenlauf kommt der Ringgraben der Periode II von seiner Größenordnung her als Wall-Graben-Befestigung in Betracht. Hier scheint eine Palisadenwehr eher unangemessen, wenn auch nicht ausgeschlossen. Einen Wall von vielleicht sieben oder acht Metern Breite angenommen, käme die Anlage bei ihrem lichten Durchmesser von gut 65 auf etwa 75 m auf einen nutzbaren Innenraum von etwa 50 × 60 m oder 0,25 ha und läge damit im unteren und mittleren Größenbereich sächsischer und auch slawischer Ringwälle des 9. und 10. Jahrhunderts[15]. Im Unterschied zu dem dreifach erschlossenen inneren Grabenlauf würde sich der Hamburger Befund mit seinen beiden Zuwegen im Norden und im Südwesten auch im Hinblick auf die Torbauten gut in das Bild eines frühmittelalterlichen Ringwalls einordnen, der üblicherweise lediglich mit einem oder seltener mit zwei Toren ausgestattet war. Während sich die Zufahrt im Norden der Anlage mit ihren etwa sieben Metern Breite als ein wagengängiges Großtor darstellen lässt, wäre der Durchlass im Südwesten, auf den eine nur knapp zweieinhalb Meter breite Grabenbrücke zuführte, als Not- oder Ausfalltor anzusprechen.

Ob der als Ringwallanlage rekonstruierte Graben 2 mit der archivalisch überlieferten karolingischen Hammaburg zu verbinden ist, wie es die Zeitstellung in der ersten Hälfte des 9. Jahrhunderts nahelegt, ist allein von den Domplatzbefunden her nicht zu beurteilen, aber zumindest naheliegend. Anzumerken ist in diesem Zusammenhang, dass jeder Hinweis auf eine sakrale Nutzung fehlt, der den Grabenbefund mit der Kirchengründung Ansgars verbinden könnte. Von der älteren Hamburger Forschung wurde aber stets von einer Zusammengehörigkeit von Befestigung und Kirche ausgegangen. Entsprechend wichtig war der vermeintliche Nachweis einer Pfostenreihe in der Flucht der späteren Domkirche. Schindler hatte sie der gesuchten Kirche Ansgars zugewiesen. Die Ausgrabung 2005/06 hat aber ergeben, dass die Pfostenreihe beide Ringgräben (1 und 2) überschneidet, also eindeutig jünger ist.

PERIODE III – FRÜHMITTELALTERLICHER SIEDLUNGSHORIZONT

Der Dombezirk ist nach der Auflassung des Ringgrabens Periode II und einer umfassenden Planierung des Geländes von der Mitte des 9. Jahrhunderts an aufgesiedelt worden (*Abb. 5*). Die Siedlung wurde in der Zeit um 900 am Vorabend der Errichtung der Wall-Graben-Befestigung der Periode IV aufgegeben.

Die Datierung des Siedlungsplatzes der Periode III ist durch ein aussagekräftiges keramisches Fundinventar aus den zugehörigen Siedlungsschichten und

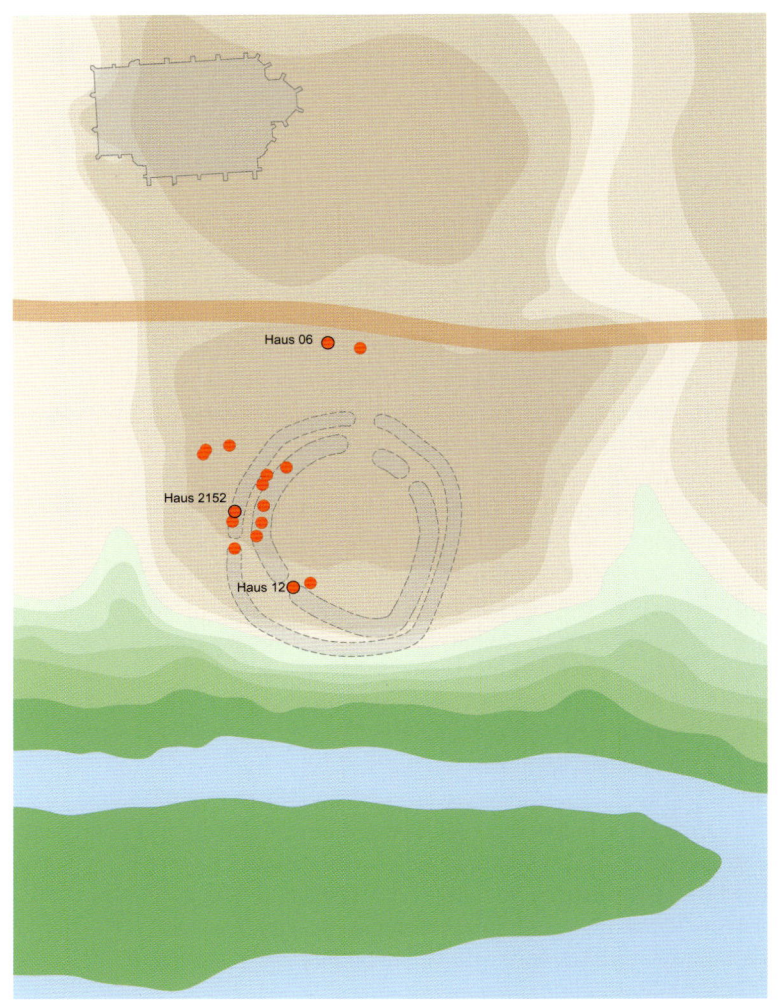

5 Nach Aufgabe des jüngeren Grabens Mitte des 9. Jahrhunderts werden auf dem Gelände der einstigen Befestigung Häuser gebaut. Reste hiervon fanden sich nur im Westen und Norden des Areals. Im Osten und Süden sind mögliche Spuren durch die spätere Bebauung zerstört worden. Periode III – zweite Hälfte 9. Jahrhundert.

Hausbefunden gesichert[16]. Die im Fundmaterial stark hervortretende sächsische Keramik zeigt bereits entwickelte, in das 9. Jahrhundert weisende Züge. Auffällig ist hier das weitgehende Fehlen von Standbodenkeramik, auch finden sich erste Hinweise auf sehr frühe Kugelbodengefäße. Slawische oder slawisch beeinflusste Keramik ist vor allem durch verzierte Randscherben von Gefäßen des Typs Feldberg und durch Fragmente der in das 9. Jahrhundert zu stellenden Ware Hamburg A vertreten. Daneben lässt sich unverzierte Sukower oder Feldberger Keramik ausmachen. Vereinzelt kommen auch bereits Menkendorfer Gefäße und Scherben der Gruppe Hamburg B vor, die im 10. Jahrhundert im Fundmaterial vom Domplatz hervortreten (s. Beitrag Torsten Kempke, Keramik). Abgerundet wird das Fundbild durch einige Muschelgrusscherben, die vermutlich von Kugeltöpfen stammen.

Zu dem Siedlungshorizont gehörende Kulturschichten und Hausstellen wurden bereits von Schindler in den 1940er/50er Jahren aufgedeckt, seinerzeit aber noch in das frühe 9. Jahrhundert gestellt. Die Befunde konzentrierten sich auf den Norden und Nordwesten des Domplatzes, streuten aber auch in den Südwesten hinein. Insgesamt haben sich bei den Nachkriegsgrabungen acht Hausbefunde nachweisen lassen. Die Hausreste sind zumeist lediglich durch ihre aus Feldsteinen gesetzten und mitunter lehmverstrichenen Herdstellen und vereinzelte Pfostenstellungen bezeugt, darunter auch das Haus 01 im Südwesten des Domareals, das wegen einer Kreuzfibel, die aus dem Hausschutt geborgen wurde, erwähnenswert ist (s. Beitrag Sven Spiong)[17]. Herauszuheben sind weiter ein mit einer Herdstelle ausgestattetes Grubenhaus im Norden des Domplatzes (Haus 06) sowie ein Wandbohlenhaus mit Feuerstelle und Dielenboden, das sich im Südwesten hat freilegen lassen (Haus 12). Die Grabungen 1980–1987 haben mit der Aufdeckung von Siedlungsschichten im Norden, Westen und Süden des mittleren Domplatzes sowie mit weiteren sieben Hausresten zum Siedlungsbild beitragen können. Zu bedauern war auch hier wieder die sehr lückenhafte Befunderhaltung, die keine Rekonstruktion des Baubestandes zuließ. Der Siedlungshorizont der Periode III konnte auch bei den Untersuchungen von 2005/06 des Domplatzes noch einmal angeschnitten werden. Zugehörige Befunde wurden im Nordosten und im Südwesten der Grabungsfläche angetroffen, wo es darüber hinaus gelang, die beiden nahezu deckungsgleich übereinanderliegenden Herdstellen eines zweiphasigen, ebenerdigen Hauses zu dokumentieren (Haus 2152). Das bei den Grabungen aufgenommene Profil zeigt den zwischen dem Ringgraben der Periode II und der Wall-Graben-Befestigung der Periode IV eingeschobenen Hausbefund und lässt exemplarisch die Mittlerstellung der Periode III zwischen der sächsisch-karolingischen Zeit und dem 10./11. Jahrhundert deutlich werden (Abb. 6).

Auch wenn Hausreste lediglich am nördlichen und westlichen Rand des Domgeländes nachweisbar sind und die Siedlungsschichten im Süden des Domgeländes stark ausdünnen, geben die Befunde der drei Domplatzgrabungen Veranlassung, eine zusammenhängende, den ganzen heutigen Domplatz umfassende Besiedlung zu vermuten. Unsicher muss bleiben, ob auch der Osten des Dombezirks von der Siedlung erschlossen wurde. Anhaltspunkte hierfür haben sich bei den Domplatzgrabungen von 1949–2006 nicht ergeben und konnten auch von Kellermann in den 1930er Jahren auf dem Gelände des Pressehauses nicht erhoben werden. Nach Westen hin schlossen die Befunde der Periode III an Siedlungsbefunde gleicher Zeitstellung an, die in weiten Bereichen der westlichen Altstädter Geest oberhalb des Reichenstraßenfleets nachgewiesen wurden (s. Beitrag Elke Först, Altstadt). Die Domplatzsiedlung erscheint damit als Teil einer weiträumigen Großsiedlung des 9. Jahrhunderts und legt zusammen mit den Befunden aus dem Westen Zeugnis von der raschen Erholung Hamburgs nach den Zerstörungen durch die dänischen Wikinger im Jahr 845 ab.

PERIODE IV – WALL-GRABEN-BEFESTIGUNG

Die Wall-Graben-Befestigung, die der Domplatzsiedlung der Periode III in den Jahren um 900 nachfolgt, ist von Schindler als einphasiger, näherungsweise orthogonaler Bau mit abgerundeten Ecken und ausgebogenen Seiten rekonstruiert worden. Er sah einen vorgelagerten, zum Teil doppelten Graben sowie ein Tor im Westen vor. Im Osten findet die Anlage Anschluss an die von Kellermann im Baugrund des Pressehauses dokumentierten Gräben, die dort somit den Verlauf des späteren Heidenwall vorgezeichnet hätten. Die Befunde an der Wallaußenseite führten Schindler zu einer variablen Rekonstruktion mit unterschiedlich aufgebauten Wallfronten im Norden und im Westen der Burganlage. Während hiernach im Norden der Befestigung eine oben am Wall aufgerichtete Doppelpalisade vorhanden war, soll dem Wallkörper im Westen eine unten am Wallfuß ansetzende einschalige Hochpalisade vorgeblendet gewesen sein[18]. Nachdem bereits Schulz aus Überlagerungen von Wall und Graben im Nordwesten des Beringes geschlossen hatte, dass es sich bei der Wehrbefestigung um ein mehrphasiges Verteidigungswerk gehandelt haben muss[19], ist Harck schließlich von insgesamt drei Bauphasen ausgegangen. Neu war die Annahme, dass die Befestigung als nach Süden offener Halbkreis angelegt war. Zugehörige Gräben waren wegen der natürlichen Senken im Norden und Westen der Burganlage nicht sicher auszumachen. Der östliche Verlauf der Befestigung musste unbekannt bleiben, da die 1938 untersuchte Befundlage unter dem Pressehaus, anders als noch Schindler es annahm, nicht mit den Befunden vom westlichen Domplatz in Beziehung zu bringen war. Für den Wall der dritten Bauphase wurde ein einheitlicher Frontaufbau ähnlich der von Schindler für den Westabschnitt der Befestigung rekonstruierten Hochpalisade angenommen. Die Phasen 1 und 2 waren Harck zufolge lediglich durch Befunde im Inneren des Wallkörpers dokumentiert[20].

Heute im Zuge der Neubewertung aller Grabungen lassen sich nunmehr zwei Bauphasen der Befestigungsanlage auf dem Domplatz, die Erstanlage Periode IVa

6 2005/06 wurden Reste einer mit Steinen eingefassten Herdstelle eines zweiphasigen Hauses freigelegt. Es wurde auf dem verfüllten Graben 2 erbaut und um 900 vom Wall der jüngeren Befestigung der Periode IV überlagert. Periode III – zweite Hälfte 9. Jahrhundert.

und eine Ausbaustufe Periode IVb unterscheiden und sowohl im Hinblick auf den Wallaufbau und die vorgelagerten Grabenzüge als auch auf den Wallverlauf näher beschreiben.

Periode IVa ist dabei im Wesentlichen in der Weise zu rekonstruieren, wie es Schindler für die Nordseite der Befestigung vorgeschlagen hat. Periode IVb, die durch Verstärkung des Walles und nach Umbauten an der Wallfront entstand, stimmt weithin mit dem Burgwall Harck Stufe 3 überein, der sich an Schindlers Entwurf für die Westseite der Befestigung orientiert. Alle wesentlichen im Befund erhaltenen und für die Rekonstruktion des Wallaufbaus relevanten Elemente der beiden Burgphasen sind in dem von Schindler an der Nordseite des Domplatzes aufgenommenen Wallschnitt L zu erkennen, der den Burgwall vom inneren Wallfuß bis zum Wallgraben erschließt (*Abb. 7*). In der Mitte des Walles ist der aus Plaggen stufenweise aufgeschichtete und mit Bodenaushub aufgehöhte Wallkern der Befestigung zu erkennen. Ein eng vergleichbarer Wallaufbau hat sich

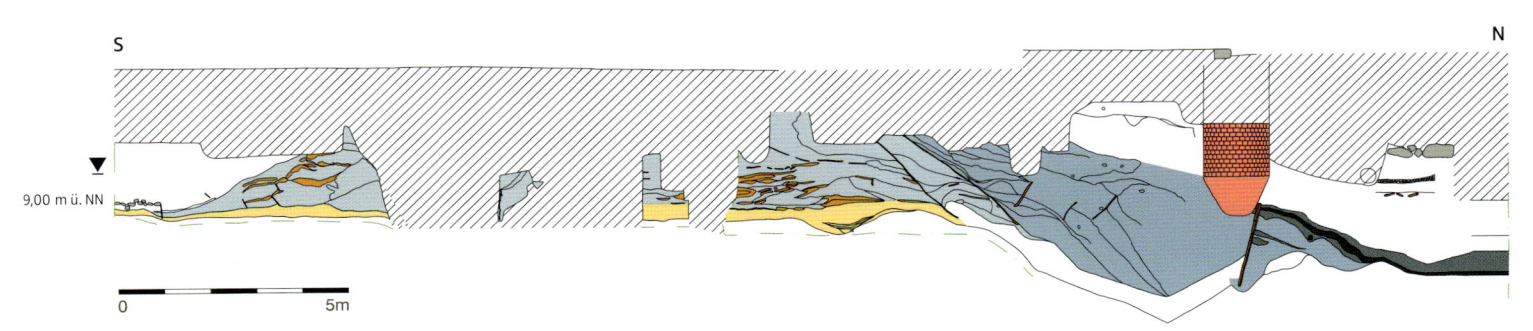

7 Querschnitt durch Wall und Graben der Befestigung Periode IV (spätes 9./10. Jahrhundert). Der Wall der Periode IVa besteht aus Grassoden (orange) und Sandschüttungen (hellblau). Die Berme zwischen Wall und Graben war mit giebelförmig verlegten Holzbohlen bedeckt (dunkelbraun, vgl. Abb. 9). Im Zusammenhang mit der Verstärkung des Walls in Periode IVb wurde der Graben zugeschüttet (dunkelblau) und am vorverlagerten Wallfuß eine Wallpalisade angesetzt (schwarz). Die Palisade war durch einen vorgelagerten Anschüttungskeil gesichert (graublau).

im Südwesten der Burganlage dokumentieren lassen (*Abb. 8*). An der Wallfront sind in Periode IVa die schräg angeböschte, mit Holzbohlen bedeckte Berme und der vorgelagerte Wallgraben im Profil erfasst. Die ehemalige Wallpalisade ist oberhalb der Berme zu ergänzen. Wie die doppelt gelagerten Holzschrägen zeigen, ist die Berme einmal ausgebessert worden. Die aus giebelförmig verlegten Spaltbohlen bestehenden Holzdecken konnten *in situ* auf etwa 15 m Länge freigelegt werden (*Abb. 9*). Berme und Graben sind im Zusammenhang mit dem Ausbau zur Periode IVb nach Norden hin überschüttet und aufgefüllt worden. Die an den Fuß der nach außen vorgeschobenen Wallfront angesetzte Wallpalisade hat sich an der nördlichen Schulter des verfüllten Grabens der Periode IVa am Ort erhalten. Die Palisadenfront der Periode IVb ließ sich an der gesamten Nord- und Westseite der Befestigung in der Fläche und verschiedentlich auch im Profil weiter verfolgen. Den Palisaden war ein Anschüttungskeil vorgelagert, der die Hölzer am Wallfuß absicherte. Die flach getreppte Wallinnenseite ist im Schnitt durch den Wallkörper deutlich sichtbar. Gut erhaltene Befunde im äußersten Nordosten der Burganlage zeigen, dass die inneren Wallstufen mit Holzbohlen verblendet waren (*Abb. 10*).

Die Wall-Graben-Befestigung Periode IV ist, wie es schon Schindler für seine einphasige Burganlage annahm, als rundum geschlossene Ringbefestigung zu rekonstruieren, wobei jetzt im Ganzen von einer ovalen, leicht in west-östlicher Richtung gestreckten Anlage mit Innenabmessungen von 85 auf 95 m und einer Innenfläche von etwa 0,65 ha auszugehen ist. Deutlich wird auch, dass sich die Befunde der Kellermannschen Ausgrabungen in der Baugrube des Pressehauses östlich des heutigen Domplatzes nicht mit der Wehranlage auf dem Domplatz verbinden lassen, denn die östliche Befestigungslinie der Wall-Graben-Befestigung reichte weit über die Grabenbefunde vom Pressehaus hinaus. Somit ist die Annahme Schindlers, der jüngere Heidenwall hätte die östliche Flanke der älteren Burg in sich aufgenommen, abzulehnen (*Abb. 11 u. 12*).

Die Nutzungsdauer und das Ende der Burgzeit lassen sich mit Hilfe der Fundkeramik aus den Wallbefunden recht sicher umreißen[21]. Nicht unerwartet bleiben die vorliegenden Radiokarbondatierungen dagegen für

8 2005/06 wurde im Südwesten des Domplatzes erneut der Wall geschnitten und hierbei auch die beiden älteren Gräben des 8. (Graben 1) und des 9. Jahrhunderts (Graben 2) dokumentiert. In den aus Sodenpackungen aufgeschichteten Wall greifen tief moderne Kabelgräben ein. Perioden I, II und IV.

eine nähere zeitliche Einordnung erneut zu unscharf (s. Beitrag Pieter M. Grootes u. Marie-Josée Nadeau). Aus dem Wallkörper und aus den Burgwallhorizonten im Innenraum der Befestigungsanlage liegt neben sächsischer unverzierter Gebrauchskeramik slawische Ware der Typen Feldberg und Menkendorf sowie slawisch beeinflusste Keramik der Hamburger Typen A und B vor, die sich dem 9. und 10. Jahrhundert zuordnen lässt. Aus den Versturzschichten des niedergelegten Walles, die an der Westseite der Befestigung dokumentiert werden konnten, wurde Keramik des 11. Jahrhunderts geborgen. Die Befunde werden von Horizonten überlagert, die in das ausgehende 11. und in das 12. Jahrhundert zu stellen sind[22]. Auch im Norden gehören die Horizonte der Wallplanierung dem 11. Jahrhundert an, die hier in die der Burg vorgelagerte Geländesenke hineingeschoben wurden[23]. Die zugehörenden Befunde wurden jüngst bei Grabungen an Kreuslerstraße und Speersort noch einmal erfasst und hier zeitlich entsprechend eingegrenzt (s. Beitrag Elke Först, Altstadt). Die der Befestigung auf dem Domplatz nachfolgende Periode V setzt mit dem zweiten Viertel des 11. Jahrhunderts ein. Alles in allem zeigen die Funde eine Nutzung der Verteidigungswerke im gesamten 10. Jahrhundert an. Die Schleifung der Anlage dürfte in die ersten Jahrzehnte nach der Jahrtausendwende einzustufen sein. Bedauerlicherweise hat sich keine Möglichkeit ergeben, die Burgstufen Periode IVa und Periode IVb zeitlich gegeneinander abzugrenzen. Überlegungen, die den Ausbau der Burgbefestigung mit den Übergriffen der Slawen auf Hamburg in den Jahren ab 983 in Verbindung bringen, müssen spekulativ bleiben.

PERIODE IVa

Werden die aus dem Norden und dem Westen der Befestigung vorliegenden Befunde der Periode IVa in einer Rekonstruktion zusammengefasst, ergibt sich für den Aufbau des Walles mit vorgelagertem Graben folgendes Bild: Ein etwa 14–16 m breiter und vielleicht fünf Meter hoher Burgwall mit gestuftem, holzausgesteiftem inneren Wallfuß und einer holzausgekleideten, zwischen zwei und drei Meter hohen Schrägberme auf der Außenseite. Oben auf der Berme war noch einmal eine vier bis fünf Meter hoch aufgerichtete Frontpalisade aufgesetzt. Im Norden und Nordwesten war ein Burggraben vorgelagert, der zwischen vier und sechseinhalb Meter breit und etwa zwei bis drei Meter tief war. Im Südwesten, wo der etwa drei Meter unter das

9 Die Berme der älteren Bauphase der Befestigung Periode IV konnte in dem in Abbildung 7 gezeigten Untersuchungsschnitt genauer erfasst werden. Sie war flächig mit giebelförmig verlegten Bohlen so abgedeckt, dass ein Angreifer keine sichere Standfläche fand. Periode IVa – spätes 9./10. Jahrhundert.

10 Im Nordosten des Domplatzes konnte 2005/06 erkannt werden, wie der Wall auf seiner Innenseite mit Holzbohlen verblendet war. Bei der Planierung des Walls im 11. Jahrhundert sind diese Bohlen verstürzt und unter den Erdmassen begraben worden. Periode IV – spätes 9./10. Jahrhundert.

Domplateau abfallende Geesthang nach Art einer Berme in den Befestigungsbau einbezogen werden konnte, setzte die Frontpalisade am oberen Rand des Geesthanges an. Entsprechendes ist, auch wenn die Befundlage hier kein genaues Bild ergibt, für den Süden anzunehmen, da die Wallfront auch hier bis an die Geestkante herangerückt war und der gewachsene Hang ein rampenartiges Annäherungshindernis bildete. Hier im Süden und Südwesten ist vermutlich auf einen Schutzgraben verzichtet worden, doch fehlen Grabungsbefunde, die hierüber nähere Auskunft geben könnten. Unklar bleibt, wie man sich die Verhältnisse im Osten der Verteidigungswerke vorzustellen hat, doch ist eine einheitliche Gesamterscheinung der Befestigungsanlage anzunehmen. Unsicher ist vor allem, ob sich der im Norden bezeugte Wallgraben im Osten der Wehrbefestigung fortsetzte. Allerdings sollte gerade nach Osten zur offenen Altstädter Geest hin, wo die Burganlage

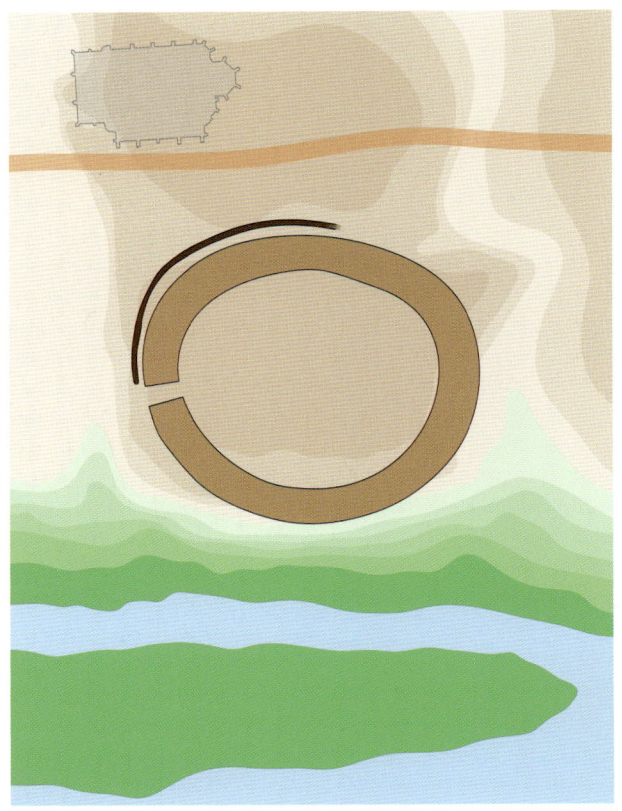

11 Die Befestigung in ihrer ersten Ausbauphase Ende des 9./Anfang des 10. Jahrhunderts hat weit über den heutigen Domplatz herausgereicht. Im Norden und Westen bestand die Anlage aus Wall und Graben, im Süden wurde die natürliche Geländestufe ausgenutzt, und ein Graben war nicht nötig. Im Osten liegen keine archäologischen Aufschlüsse vor. Periode IVa – spätes 9./10. Jahrhundert.

12 In der zweiten Ausbauphase, im Laufe des 10. Jahrhunderts, wurde der Wall auf seiner Außenseite durch Anschüttungen erheblich verstärkt (*Zuwachs s. gestrichelte Markierung*). Der Graben musste verlegt werden. Er ist nur an wenigen Stellen beim Bau der heutigen Straßen archäologisch untersucht worden. Periode IVb – 10. Jahrhundert.

keinen natürlichen Schutz besaß, ein Wallgraben vorauszusetzen sein. Schindlers Überlegung, nach der sich im Westen der Verteidigungswerke das Burgtor befunden haben muss, kann nun bestätigt werden. Die Befunde lassen dort ein umfängliches Torhaus vermuten, das möglicherweise auch mit einem Torturm versehen war, auch wenn solche Einzelheiten letztlich nicht zu erkennen sind.

PERIODE IVb

Im Zusammenhang mit der Verstärkung des Burgwalles wurde der Wallgraben der Periode IVa, soweit vorhanden, zugefüllt und die Wallfront im gesamten Wallverlauf um bis zu acht Meter vorgeschoben. Der Wallkörper wuchs hierdurch auf bis zu 22 m Breite an. Im Norden und Nordwesten, wo die Wallpalisade von der Berme herab in die etwa anderthalb Meter tiefer liegende Senke versetzt wurde, lässt sich eine Palisadenfront mit einer Höhe von vielleicht vier bis fünf Metern rekonstruieren. Oben am Wall ist, leicht zurückversetzt, eine weitere, niedrigere Palisadenwehr zu vermuten. Im Südwesten und Süden der Verteidigungswerke, wo die Wallpalisade von der Geesthöhe an den Fuß des Geesthanges herabverlegt wurde, sind vergleichbare Umbauten anzunehmen. Über die Bauvorgänge im Osten der Befestigung sind wir nicht im Einzelnen unterrichtet, doch dürfte auch hier eine gestaffelte Frontbewehrung mit einer Hochpalisade an der Wallfront und einer oberen Staffelpalisade entstanden sein. Die Verteidigungswerke haben in Periode IVb möglicherweise nur noch im Nordwesten und im Osten einen Wallgraben besessen, da hier eine besondere Gefährdungslage bestand. Im Norden scheint jedenfalls nach der Auflassung des Grabens der Burganlage Periode IVa kein neuer Grabenzug mehr angelegt worden zu sein. Entsprechend ist auch für den Südwesten und den Süden, wo ein Wallgraben wegen der Lage der Befestigungswerke am Geesthang bereits für die Periode IVa fraglich war, kein Grabenwerk mehr zu vermuten. Da im Zusammenhang mit dem Ausbau zur Befestigung Periode IVb keine Veränderungen am inneren Wallfuß vorgenommen wurden, blieb die nutzbare Burginnenfläche in ihrer Ausdehnung unverändert. Veranlassung, das Burgtor zu verlegen, dürfte kaum bestanden haben, doch ist davon auszugehen, dass das Torgebäude wegen des um einiges verstärkten Burgwalles von Grund auf erneuert worden ist.

DIE INNENBEBAUUNG

Befunde aus der Nutzungszeit der Wall-Graben-Befestigung Periode IV liegen nur aus den Randbereichen des Domplatzes im Norden und Süden als flächendeckende Kulturschichten vor. In der Mitte des Domplatzes haben dagegen der Bau der Domkirche, das umgebende Gräberfeld und die spätere Überbauung mit Johanneum und Bibliothek alle älteren Siedlungsreste vollständig zerstört. Den Siedlungsschichten in den Randbereichen kann eine Reihe von ebenerdig errichteten und eingetieften Häusern zugeordnet werden, die der Burgbesatzung und den für den militärischen und repräsentativen Bedarf tätigen Handwerkern und abhängigen Dienstleuten als Aufenthaltsräume, Wohngebäude und Werkstätten gedient haben dürften. Insgesamt sind 19 Hausstellen nachgewiesen. Für die Wasserversorgung der Burgbewohner standen darüber hinaus zwei Brunnen zur Verfügung. Die Befunde liegen ausschließlich aus dem Südwesten, Süden und Südosten der Burganlage vor, doch dürfte auch der Norden der Befestigung baulich erschlossen gewesen sein, wie es die hier erfassten Kulturschichten des 10. Jahrhunderts zeigen. Die von Schindler unmittelbar am Innenfuß des Nordwalls unter den Versturzschichten des Burgwalles vermuteten Steinfundamente und -pflaster von kasemattenartig an den Wall angebauten Burghäusern haben sich nicht bestätigen lassen. Darauf hinzuweisen ist, dass sich im Zusammenhang mit der Wall-Graben-Befestigung der Periode IV keine Belege für eine sakrale Nutzung des Domgeländes ergeben haben, sodass die Befestigung nicht als Domburg anzusprechen ist. Für Harcks Vorschlag, die von Schindler noch dem Ansgardom zugeschriebenen vier Pfosten in der Platzmitte mit einer Domkirche des 10. Jahrhunderts zu verbinden, bestehen archäologisch keine Anhaltspunkte. Die wenigen aus den Pfostengruben geborgenen Wandscherben sind nur sehr allgemein in das 10./11. Jahrhundert zu stellen und, da ohnehin umgelagert, für eine Datierung nicht geeignet. Hinweise auf die Grablege des 965 im Hamburger Exil verstorbenen und in der Hamburger Domkirche bestatteten Papstes Benedikt V. haben die Domplatzgrabungen nicht erbringen können (*Abb. 13*).

Bedauerlicherweise haben sich nur wenige Hinweise auf die Bauweise, Ausrichtung und Größe der im Burginnern errichteten Bauten ergeben. Auch sind keine Aussagen über die Funktion der einzelnen Baulichkeiten möglich. Offen bleiben muss daher, wo im Einzelnen sich etwa die Befehlsstelle des Burgkommandanten, die Unterkünfte der Burgleute und die Stallungen für ihre Reittiere befunden haben und wo genau die Werkstätten und Wohnhäuser der Handwerker und der Dienstleute zu suchen sind. Auffällig ist allerdings die aus einem Pfostenhaus, einem zu einem archäologisch nicht überlieferten Haus gehörenden Pfostenkeller und einem Grubenhaus sowie weiteren durch ihre Herdstellen belegten Hausbefunden gebildete Gebäudegruppe[24], die sich im Süden der Burganlage um die beiden Brunnen I und II drängt und den Bereich gegenüber den anderen überbauten Flächen hervorzuheben scheint.

Die dokumentierten Haus- und Brunnenbefunde sind in die Siedlungshorizonte der Burginnenbebauung stratigrafisch eingebunden und hierdurch allgemein in das 10. Jahrhundert eingestuft. Eine Zuordnung der Siedlungsreste zu den Burgbaustufen IVa und IVb ist nicht durchführbar. Einzig Brunnen II bildet möglicherweise eine Ausnahme, denn sein hölzerner Unterbau hat das Baumringdatum 996 geliefert, und mit dieser späten Entstehung dürfte er der Ausbaustufe Periode IVb zuzuweisen sein. Die Befundlage gibt keine Handhabe für die Zuordnung der Kulturschichten im Burginneren zu den umgebenden Wallbefunden. Es bleibt deshalb unbekannt, ob mit den Umbauten an den Verteidigungswerken möglicherweise Umstrukturierungen in der Fläche verbunden waren.

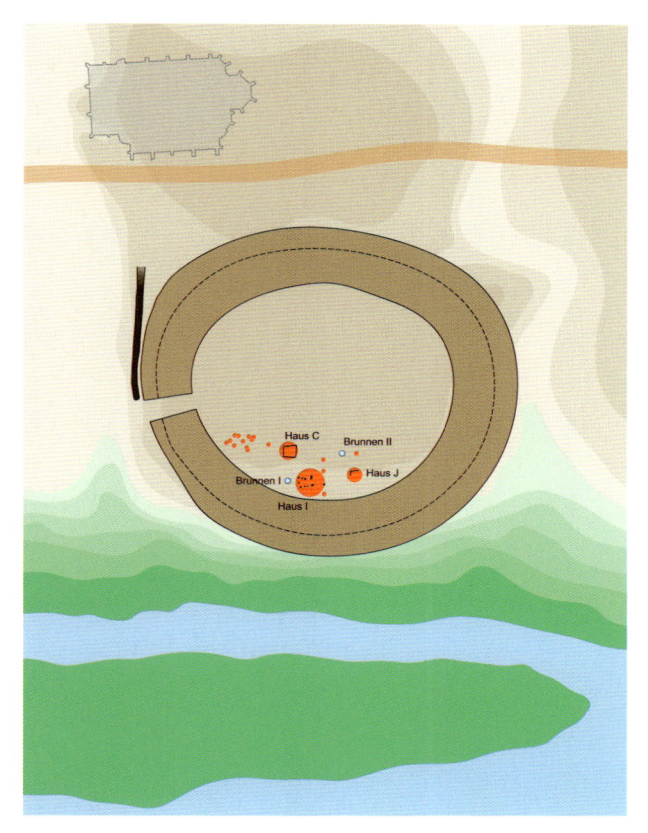

13 Im Inneren der Burg wurden Pfosten- und Grubenhäuser errichtet. Die Wasserversorgung war durch Brunnen (blau) gesichert. Nur im Süden des Domplatzes haben sich Reste dieser Besiedlung erhalten, nördlich davon haben die Dombauten und der zugehörige Friedhof ab dem 11. Jahrhundert ihre Spuren zerstört. Periode IV – 10. Jahrhundert.

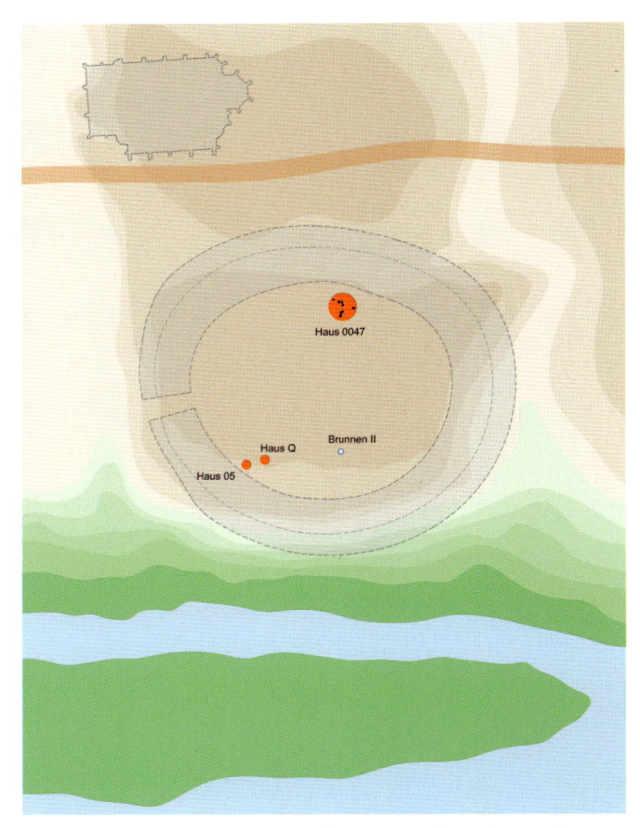

14 Zu Beginn des 11. Jahrhunderts wurde die Befestigung aufgegeben und planiert. Es entstanden neue Hausbauten über den Resten der älteren Besiedlung, doch einer der alten Brunnen wurde weiterhin genutzt. Periode V – 11. Jahrhundert.

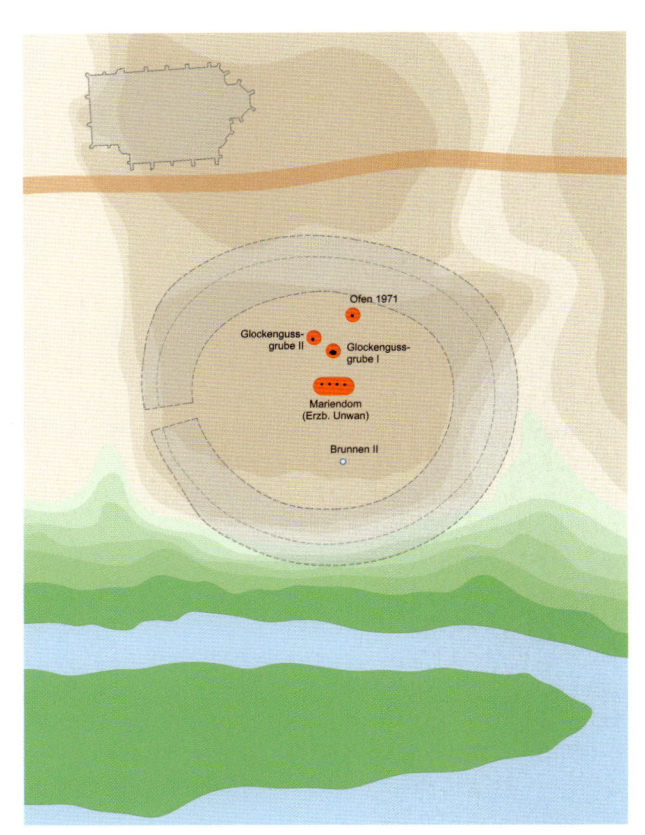

15 In der ersten Hälfte des 11. Jahrhunderts wurde auf dem Areal der ehemaligen Befestigung erstmals eine Domkirche gebaut und mit Glocken ausgestattet, die vor Ort gegossen wurden. Vom ersten Holz-Dom wurden 1949 vier Pfosten freigelegt. Mit großer Wahrscheinlichkeit wurde dieser Bau von Bischof Unwan (1013–1029) in Auftrag gegeben. Unter seinem Nachfolger Bezelin Alebrand (1035–1043) wurde der Bau in Stein ersetzt. Periode V – 11. Jahrhundert.

PERIODE V – DER DOMPLATZ NACH SCHLEIFUNG DER WALL-GRABEN-BEFESTIGUNG

Im Zusammenhang mit der Niederlegung der Befestigung der Periode IV bald nach der Wende zum 11. Jahrhundert ist die Topographie des Domplatzes beträchtlich verändert worden. Die Masse des Bodenmaterials aus der Schleifung der Burgwälle wurde dabei vermutlich in die Senke im Norden der Befestigung, in den Wallgraben im Nordwesten und in die Bodenrinne im Südwesten der Burganlage hineingeschoben. Die Bodenaufträge im Burginneren scheinen sich dagegen auf den näheren Wallfuß beschränkt zu haben. Damit kam es zwar zu einer erkennbaren Nivellierung der Höhenunterschiede im weiteren Domplatzbereich, aber nicht zu einer vollständigen Einebnung des Burgwalles. Der ehemalige Wallverlauf blieb, wenn auch sicherlich deutlich abgeschwächt, zunächst im Gelände sichtbar.

Periode V bringt erstmals abgesicherte Befunde, die eine kirchliche Bautätigkeit auf dem Domplatz belegen[25]. Daneben haben sich Haus- und Werkstattbefunde des 11. Jahrhunderts eingestellt, die auf eine profane Nutzung der Randbereiche des ehemaligen Burggeländes deuten (*Abb. 14 u. 15*).

Archäologisch treten zunächst zwei Glockengussgruben hervor, die bei den Grabungen von 1980–1987 in mittlerer bis nördlicher Domplatzlage aufgedeckt worden sind (*Abb. 16*). Die Grubenanlagen sind durch die Befundumstände in das 11. Jahrhundert datiert, wozu sehr gut passt, dass hier das hochmittelalterliche Wachsausschmelzverfahren zur Anwendung kam und nach Ausweis der mitgefundenen Gussformreste Kirchenglocken vom Bienenkorbtyp gegossen wurden, wie sie bis in das 12. Jahrhundert hinein gebräuchlich waren[26]. Damit gehören die Gussgruben in die Zeit der zwischen den 1020er und den 1040er Jahren aufgerichteten Dombauten der Erzbischöfe Unwan und Bezelin Alebrand. Auch wenn ein letzter archäologischer Nachweis nicht angetreten werden kann, sollte damit davon ausgegangen werden dürfen, dass die viel diskutierten vier Pfostenspuren weder mit der Kirche Ansgars zu verbinden sind, wie es Schindler annahm, noch mit dem von Harck postulierten Dom des 10. Jahrhunderts, sondern dem hölzernen Kirchenbau Erzbischof Unwans angehörten; einem Kirchenbau, dessen Flucht dann der mittelalter-

16 In den 1980er Jahren konnte eine gut erhaltene Glockengussgrube des 11. Jahrhunderts freigelegt werden.

liche steinerne Mariendom aufnahm. Unbestimmt muss dabei bleiben, wie die Holzkirche rekonstruiert werden kann. Die in der Fläche dokumentierten Kantholzpfosten mit Seitenlängen von etwa 0,40–0,45 auf 0,45–0,50 m und einem Abstand von Pfostenkern zu Pfostenkern von jeweils sehr genau drei Metern lassen auf einen Großbau von einiger Flächenausdehnung schließen[27]. Ob die Befunde aber zu einer dreischiffigen Basilika gehört haben, wie mit Blick auf die Kathedralbauten in der Bremer Residenz des Erzbistums angenommen worden ist[28], oder doch zu einer einschiffigen Saalkirche, ist vom Grabungsbefund her nicht aufzulösen.

Die profane Übersiedlung des Domplatzes deutet sich in Befunden aus dem Norden und dem Süden an. Im Süden des Areals lassen sich ein Grubenhaus (Haus 05) und ein durch seine Herdstelle belegtes ebenerdiges Wohngebäude nachweisen (Haus Q). In diesen Zusammenhang gehört auch der um 996 noch innerhalb der Burg der Periode IV abgetiefte Brunnen im Südosten des Domplatzes. Der Brunnen wurde nach Auflassung der Burganlage zunächst weitergenutzt und vermutlich kurz vor der Mitte des 11. Jahrhunderts, wohl im Zusammenhang mit den Bauarbeiten an der Quadersteinkirche Erzbischof Bezelin Alebrands aufgegeben und verfüllt. Aus dem Norden liegen die Befunde eines aufwendigeren Pfostengebäudes vor, das vermutlich noch vor Ablauf des 11. Jahrhunderts wieder aufgegeben worden ist. Dokumentiert wurden acht auffällig kräftige Kantholz- und Rundpfosten, die sich zu einem Gebäudeeck gruppieren. Der Hausgrundriss war nicht mehr zu ermitteln (Haus 0047). Unweit nordöstlich wurde ein auf rechteckiger Grundfläche von etwa 1,00 × 1,10 m aus Tuffstein aufgemauerter Ofen aufgedeckt, der dem stratigraphischen Befund zufolge gleichfalls der Periode V angehört (Ofen 1971). Eine Besonderheit stellt die aus Lehm gestrichene, stark überfeuerte Grundplatte dar, in die ein in acht gleichgroße Segmente geteilter Zirkelkreis eingeritzt war. Die Kreisritzung besaß einen Durchmesser von etwa 28–30 cm und war in einen quadratischen Rahmen von etwa 36 cm Seitenlänge eingefasst. Kreisdurchmesser und Rahmenlänge scheinen auf ein Fußmaß zurückzugehen. Die Funktion der Ofenanlage konnte nicht geklärt werden (*Abb. 17*).

17 Nahe der Kirche wurde eine in Stein gesetzte Ofenanlage freigelegt, die wohl im Zusammenhang mit den Dombauarbeiten steht. Auf der von der Hitze rot verfärbten Grundplatte wurde ein segmentierter Kreis eingeritzt, dessen Maße wohl auf ein altes Fußmaß zurückgehen.

ZUSAMMENFASSUNG

Die archäologischen Befunde des 8. bis 11. Jahrhunderts vom Hamburger Domplatz lassen sich nach Abschluss der Grabungen von 2005/06 in eine geschlossene, fünf Perioden umfassende Abfolge gliedern. Am Beginn standen zwei Ringgrabenanlagen. Das Grabenwerk der Periode I gehört in die sächsische Zeit vor 800 und ist möglicherweise als früher Adelssitz oder als Umhegung eines Kult-, Handels- oder Gerichtsplatzes zu deuten. Der Ringgraben der Periode II verdient besondere Aufmerksamkeit. Der als Wall-Graben-Befestigung zu rekonstruierende Befund fällt in die Zeit der schriftlichen Überlieferung zur Anwesenheit Ansgars in Hamburg in den 830er Jahren und des Wikingerüberfalls auf Hamburg im Jahr 845. Dass es sich bei der Anlage um die in den Schriftquellen überlieferte karolingische Hammaburg handelt, ist zu vermuten, allein aufgrund der archäologischen Befundlage jedoch nicht abschließend herzuleiten (s. Beitrag Rainer-Maria Weiss). Nach Auflassung der Befestigung bildete sich in Periode III Mitte des 9. Jahrhunderts eine Siedlung auf dem Domplatz heraus. Sie ist im Zusammenhang mit dem Handelsplatz zu sehen, der sich zur selben Zeit auf der Altstädter Geest nördlich des Reichenstraßenfleets entwickelte. Die Siedlung wurde im Vorfeld der Errichtung der Wall-Graben-Befestigung der Periode IV in der Zeit um 900 aufgegeben und das Gelände eingeebnet. Möglicherweise ist die Burganlage, die bis zum Beginn des 11. Jahrhunderts genutzt wurde, bereits mit den Billungern, den späteren Grafen von Lüneburg, in Verbindung zu bringen. Eben sie legten noch vor 1061 mit der Neuen Burg rechts der Alster einen neuen Burgsitz an. Eine Domburg war die Befestigung auf dem Domplatz nicht. Zum Standort des Domes wurde der Ort erst in Periode V und im Zusammenhang mit der Kirchenbautätigkeit, die erst Erzbischof Unwan und dann sein Nachfolger Bezelin Alebrand ab dem zweiten Viertel des 11. Jahrhunderts hier entfalteten.

ANMERKUNGEN

Der Verfasser dankt Anne Klammt und Ingo Petri für Recherche sowie Tim-John Müller für die Ausarbeitung der Grafiken.

1. Kellermann 1939a; 1939b.
2. Schindler 1948a; 1948b, 49; 1951; 1956a; 1957a; 1957b; 1960.
3. Steffens 1957; Schindler 1958.
4. Schneider 1989, 20.
5. Schindler 1957b.
6. Busch 1995a; Schulz 1995a; 1995b.
7. Harck 2002; 2007; vgl. Harck/Kempke 2002.
8. Der Band wird als dritter Band der Reihe »Domplatzgrabung in Hamburg« voraussichtlich 2015 erscheinen und die Auswertung der frühmittelalterlichen Grabungsbefunde durch den Autor enthalten.
9. Schindler 1957b, Abb. 35; Harck 2002, Abb. 1 u. 8.
10. Schulz 1995a, 28–32; Busch 1987a; 1995a, 21; 1999, 15 f.; Harck 2002, 59 u. 75; 2007, 127 f.; Harck/Kempke 2002, 33–35.
11. Kühn 1989; Heine 2000b.
12. Moritz 1986, 77 f.; Tempel 2000.
13. Ergebnisprotokoll der Keramikdurchsicht im November 2013, Archäologisches Museum Hamburg.
14. Schuchhardt 1931, 166–236; v. Uslar 1964, 74–102; Brachmann 1999; Kempke 1999.
15. Struve 1972; Heine 1995, 38–45 u. 70–7; Lemm/Wilschewski 2009; Scheschkewitz 2009.
16. Kempke 2002, 115–121 u. 128 f.; Ergebnisprotokoll der Keramikdurchsicht im November 2013, Archäologisches Museum Hamburg.
17. Das bei den Grabungen von 1949–1956 gefundene Gewandstück wird mitunter als Hinweis auf einen frühen christlichen

Begräbnishorizont und als Beleg für einen Kirchenbau der Karolingerzeit auf dem Domplatz ins Gespräch gebracht. Vgl. Busch 2002a, 41; 2002b, 213 f.

18 Schindler 1951, 76–90; 1957a, 63–76. 1957b, 66–73, 81–88, 118–127 u. 156–160.
19 Schulz 1995a; 1995b.
20 Harck 2002, 31–35 u. 38–61; Harck/Kempke 2002, 35–37.
21 Kempke 2002, 115–121 u. 128 f.; Ergebnisprotokoll der Keramikdurchsicht im November 2013, Archäologisches Museum Hamburg.
22 Schindler 1957b, 151; Steffens 1957, 60; Kempke 2002, 98 f.
23 Vgl. Harck 2002, 35–37, 58 f u. 76.
24 Pfostenhaus I, Erdkeller J und Grubenhaus C.
25 Vgl. Wilschewski 2007, 143–165.
26 Drescher 1992; Kramer 2007, 63–70 u. 75 f.
27 Schindler 1951, 76.
28 Plagemann 1999, 31–34.

Mythos Hammaburg – Von ¹⁴C-Konzentrationen zur Datierung der Anfänge Hamburgs

Pieter M. Grootes, Marie-Josée Nadeau

Nach ca. 1.200 Jahren Siedlungsaktivität sind die Spuren der Anfänge Hamburgs weitgehend durch spätere Aktivitäten ausgelöscht oder zumindest stratigrafisch gestört worden. Die Bedeutung der archäologischen Funde und Befunde der Grabungen am Domplatz in den Jahren 1980–1987 und 2005/06 für die Entstehungsgeschichte Hamburgs war daher gerade zu Beginn der Auswertung schwierig zu beurteilen. Eine genaue zeitliche Einstufung von Bodenspuren durch die Radiokarbondatierung sollte hierbei helfen, und deshalb sind während der beiden Grabungskampagnen insgesamt 44 Proben aus den ältesten Siedlungsschichten mittels radioaktivem Kohlenstoff (Radiokarbon, ¹⁴C) datiert worden (*Abb. 1*).

RADIOKARBONDATIERUNG

Die Radiokarbondatierungsmethode[1] benutzt den radioaktiven Zerfall des natürlichen Kohlenstoffisotops mit der Atommasse 14 (^{14}C), um das absolute Alter archäologischer Funde zu bestimmen. ^{14}C wird in der Atmosphäre ständig in geringen Mengen durch kosmische Strahlung aus Stickstoff produziert. Dieser ^{14}C oxidiert zu Kohlendioxid ($^{14}CO_2$), welches sich global homogen mit dem atmosphärischen CO_2 vermischt. CO_2 und damit auch ^{14}C wird von Pflanzen bei der Photosynthese aufgenommen, gespeichert und gelangt so in lebende Organismen. Die Nahrungsaufnahme und Atmung von Pflanzen und Tieren sorgen für einen ständigen Austausch von Kohlenstoff mit der Atmosphäre, wobei die relativen Häufigkeiten der Kohlenstoffisotope ^{12}C, ^{13}C und ^{14}C im Vergleich zum atmosphärischen CO_2 definiert werden[2]. Mit dem Absterben eines Lebewesens endet dieser Austausch. Während ^{12}C und ^{13}C stabil sind und ihre relativen Häufigkeiten in dem abgestorbenen Material weiterhin konstant bleiben, ist ^{14}C radioaktiv und hat eine Halbwertzeit von 5.730 (± 40) Jahren[3]; d. h., dass in 5.730 Jahren die Hälfte der ^{14}C-Atome zerfällt. Die Abnahme des ^{14}C-Gehalts des Kohlenstoffs dient somit als eine Art Uhr, die genau dann zu laufen beginnt, wenn der Kohlenstoffaustausch mit der Umgebung endet. Generell tritt dieser Augenblick mit dem »*Tod*« der organischen Substanz ein. Im Falle von Holz gilt, dass nach der Bildung eines Jahrringes der Kohlenstoffaustausch von dessen Zellulose endet und nicht etwa erst beim Schlagen des Holzes oder bei seiner Verbrennung zu Holzkohle. Weil der ursprüngliche ^{14}C-Gehalt nicht mehr durch eine direkte Messung bestimmt werden kann, muss als Grundannahme einer ^{14}C-Datierung vorausgesetzt werden, dass erstens der ursprüngliche ^{14}C-Gehalt der Probe dem der Atmosphäre entsprach und zweitens der atmosphärische ^{14}C-Gehalt überall auf der Erde gleich und zu jeder Zeit konstant war. In Wirklichkeit treten jedoch Schwankungen im atmosphärischen ^{14}C-Gehalt auf, die aber über die sogenannte Baumring-Kalibrierungskurve kompensiert werden können[4].

DIE ZUVERLÄSSIGKEIT EINER ALTERSBESTIMMUNG

Die Beantwortung einer Frage – etwa wann wurde die Burg gebaut? – mittels einer Radiokarbondatierung erfordert jedoch weit mehr als nur die genaue Messung der Konzentration des radioaktiven Kohlenstoffs in der Probe. Zuerst einmal muss abgesichert werden, dass tatsächlich nur Kohlenstoff des ausgewählten Probenmaterials gemessen wird. Dies geschieht, indem jeder verunreinigende Fremdkohlenstoff durch mechanische und chemische Reinigung entfernt wird. Dann ist es nötig, die Qualität des Messergebnisses aufgrund sämtlicher bei der Probenaufbereitung und Messung gesammelten Informationen zu beurteilen. Weiterhin muss aber der zeitliche Zusammenhang zwischen der Bildung des organischen Probenmateriales (bei Holzkohle die Zellulose) durch Photosynthese aus atmosphärischem CO_2 und der Siedlungsaktivität, die mittels der Probe datiert werden soll, genau abgeschätzt werden – stammt also das Holzkohlestück etwa aus einem Herdfeuer, in dem kurz zuvor geschlagenes Holz verbrannt worden ist, oder ist vielleicht Holzkohle aus einer älteren Siedlungsschicht bei Erdarbeiten umgelagert worden und gelangte so in eine jüngere Siedlungsschicht. Werden so wie im Falle der Hammaburg mehrere Proben aus einer Grabenverfüllung genommen, ist daher zu beachten, ob die Streuung der Datierungen Rückschlüsse auf die Anlage, Nutzung und abschließende Verfüllung des Grabens erlaubt. Die eigentliche Deutung der Radiokarbondatierungen liegt deswegen weitgehend im Bereich der Archäologie. Im Folgenden werden wir die Datierungsergebnisse der Proben in ihren jeweiligen Grabungsprofilen und ihre Signifikanz für die Datierung der Anfänge Hamburgs diskutieren.

DIE PROBEN DER DOMPLATZGRABUNGEN

Während der Grabungskampagne der Jahre 1980–1987 wurden insgesamt 33 Proben zur Radiokarbondatierung der ältesten Siedlungsspuren und der Verfüllung zweier Ringgräben geborgen. Davon wurden 23 zur konventionellen ^{14}C-Datierung in den Laboren in Hamburg (Institut für Bodenkunde, Universität Hamburg) und Kiel (Leibniz-Labor für Altersbestimmung und Isotopenforschung) ausgewählt. 13 dieser Proben ergaben ein ^{14}C-Alter. Insgesamt liegen sie in einem Bereich von 120 BC bis 850 AD, was bedeutet, dass gleich mehrere von ihnen viel älter als erwartet datieren, nämlich vor das 9. Jahrhundert und somit vor die schriftliche Erwähnung der Hammaburg[5].

Bei der Kampagne 2005/06 sind 32 weitere ^{14}C-Proben gesammelt worden, mit deren Hilfe die beiden Ringgräben (Periode I und II), die frühe Siedlung (Periode III) und die Wall-Graben-Befestigung (Periode IVa/b) zeitlich eingeordnet werden sollten. Die Proben sind diesmal im Leibniz-Labor für Altersbestimmung und Isotopenforschung der Christian-Albrechts-Universität zu Kiel mittels der Beschleunigermassenspektrometrie (AMS = *accelerator mass spectrometry*) datiert worden. Der Vorteil des AMS-Verfahrens ist, dass für die direkte massenspektrometrische Bestimmung der ^{14}C-Konzentration

1 Lage der Entnahmestellen für ^{14}C-Proben.

eine ca. tausendfach geringere Probenmenge als für die klassische Messung der Radioaktivität des ^{14}C-Zerfalls genügt. Entsprechend nimmt die Wahrscheinlichkeit zu, eine datierbare Probe zu finden, denn es kann nun etwa ein wesentlich kleineres Stück Holzkohle beprobt werden als noch in den 1980er Jahren. Somit steigt die Auswahl möglicher Proben, und es ist einfacher, jene auszuwählen, die von ihrer Lage her am besten den zu datierenden archäologischen Befunden zuzuordnen sind. Dies erhöht die Aussagekraft der Datierungen in erheblichem Maße.

PROBENAUFBEREITUNG UND MESSUNG

Die Proben der Kampagne 2005/06 wurden im Kieler Labor nach einem standardisierten Verfahren zunächst für die eigentliche Messung vorbereitet. Hierbei wird das Probenmaterial – etwa ein Holzkohlestück – zuerst unter dem Mikroskop auf Verunreinigungen kontrolliert und von Fremdmaterial getrennt. Die Proben werden dann mit 1 % HCl Lösung (Salzsäure) in hochreinem MilliQ-

DIE AUSGRABUNGEN AUF DEM HAMBURGER DOMPLATZ

OxCal v4.2.3 Bronk Ramsey (2013); r:5; IntCal 13 atmospheric curve (Reimer et al 2013)

HAM-1856	1160 ± 60 BP
HAM-1857	2070 ± 70 BP
HAM-1858	1300 ± 60 BP
HAM-1859	1350 ± 60 BP
HAM-2459	1460 ± 70 BP
HAM-2460	1270 ± 60 BP
HAM-2461	1350 ± 60 BP
HAM-2462	1280 ± 70 BP
HAM-2463	1270 ± 70 BP
HAM-2464	1240 ± 60 BP
KI-2024	1400 ± 55 BP
KI-2165	1620 ± 50 BP
KIA-32190 Probe 08 / Bfd. 2226	1375 ± 20 BP
KIA-32191 Probe 09 / Bfd. 2265	1260 ± 20 BP
KIA-32192 Probe 10 / Bfd. 2222	1335 ± 25 BP
KIA-32193 Probe 11 / Bfd. 2223	1250 ± 25 BP
KIA-32194 Probe 12 / Bfd. 2224 ?	1280 ± 25 BP
KIA-32195 Probe 13 / Bfd. 2221	1245 ± 25 BP
KIA-32195 Probe 13 / Bfd. 2221 - HS	1235 ± 25 BP
KIA-32203 Probe 21 / Bfd. 2222	1365 ± 35 BP
KIA-32196 Probe 14 / Bfd. 2254	1290 ± 25 BP
KIA-32196 Probe 14 / Bfd. 2254 - HS	1155 ± 20 BP
KIA-32197 Probe 15 / Bfd. 2254	4425 ± 45 BP
KIA-32197 Probe 15 / Bfd. 2254 ?	1650 ± 30 BP
KIA-32198 Probe 16 / Bfd. 2248	1290 ± 25 BP
KIA-32199 Probe 17 / Bfd. 2182	1075 ± 30 BP
KIA-32200 Probe 18 / Bfde 1977/1979	1295 ± 25 BP
KIA-32201 Probe 19 / Bfde 1977/1979	1195 ± 25 BP
KIA-32202 Probe 20 / Bfd. 2242	1220 ± 25 BP
KIA-32204 Probe 22 / Bfd. 2272	1260 ± 25 BP
KIA-32205 Probe 23 / Bfd. 2273	1405 ± 25 BP
KIA-32206 Probe 24 / Bfd. 2265	1180 ± 20 BP
KIA-32207 Probe 25 / Bfd. 2274	1190 ± 20 BP
KIA-32208 Probe 26 / Bfd. 1841	1165 ± 25 BP
KIA-32209 Probe 27 / Bfd. 1842	1330 ± 20 BP
KIA-32210 Probe 28 / Bfd. 2151	1290 ± 20 BP
KIA-32211 Probe 29 / Bfd. 2196	1340 ± 25 BP
KIA-32212 Probe 30 / Bfd. 1601	1280 ± 20 BP
KIA-32185 Probe 03 / Bfd. 1706	1295 ± 25 BP
KIA-32185 Probe 03 / Bfd. 1706 - HS	1335 ± 25 BP
KIA-32183 Probe 01 / Bfd. 2140	1155 ± 25 BP
KIA-32184 Probe 02 / Bfd. 2142	1235 ± 25 BP
KIA-32186 Probe 04 / Bfd. 2005	1205 ± 25 BP
KIA-32187 Probe 05 / Bfd. 1685 ?	1495 ± 20 BP
KIA-32187 Probe 05 / Bfd. 1685 ?	1200 ± 25 BP
KIA-32188 Probe 06 / Bfd. 1797 ?	1660 ± 35 BP
KIA-32189 Probe 07 / Bfd. 1786	1235 ± 20 BP
KIA-32213 Probe 31 / Bfd. 2295 ?	1005 ± 20 BP
KIA-32214 Probe 32 / Bfd. 1230	1230 ± 20 BP

Calibrated Age (years AD)

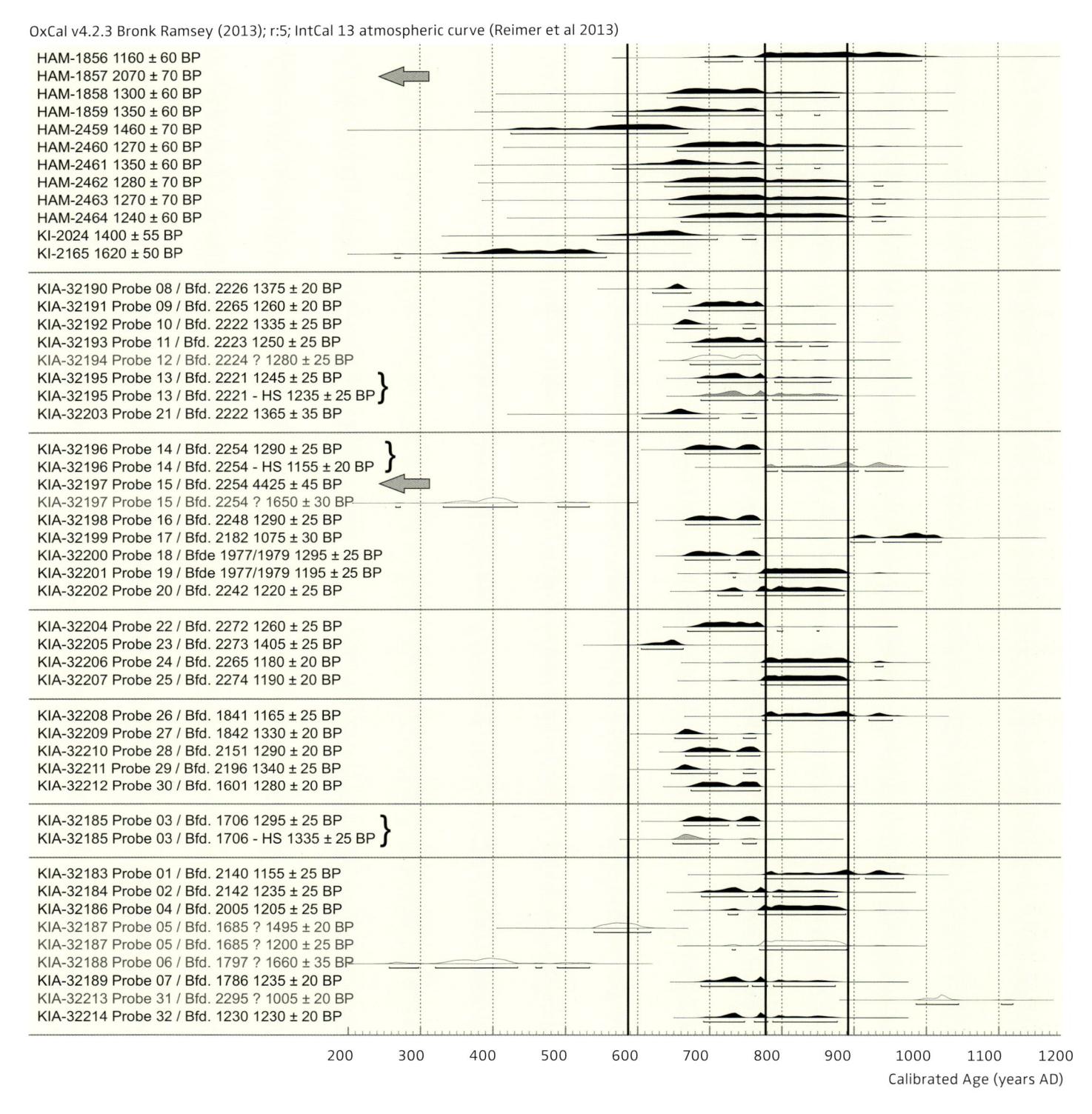

2 Die Radiokarbondatierungen der Domplatzgrabungen 1980/87 und 2005/06. Dargestellt sind als Kurve jeweils die Wahrscheinlichkeiten, nach denen die Proben in einem bestimmten Jahr gewachsen sein könnten. Die mit Linien unterlegten Bereiche zeigen jene Kalenderbereiche an, die alle zusammengenommen mit 95%iger Wahrscheinlichkeit (2-Sigma Bereich) die Entstehungszeit der Probe (das gesuchte Alter) enthalten. Grau gefüllt sind die Verteilungskurven der Huminsäure-Kontrolldatierungen (»HS«). In Weiß erscheinen Proben, die als unzuverlässig beurteilt werden. Die Pfeile zeigen Proben an, deren Datierungen älter sind als der Bereich 200 bis 1200 AD.

KIA = Proben der Kampagne 2005/06, die vom Leibniz-Labor, Kiel, datiert wurden. Angegeben sind Probe- und Befundnummern samt ihrem errechneten konventionellen Radiokarbonalter und dessen statistischer Unsicherheit in ^{14}C-Jahren BP. **HAM** = Datierungen von Proben der Kampagne 1980/87 durch das Hamburger Radiokarbon-Labor. Angegeben ist das konventionelle Radiokarbonalter samt Unsicherheit. **KI** = Datierungen von Proben der Kampagne 1980/87 durch das Kieler Radiokarbon-Labor. Angegeben ist das konventionelle Radiokarbonalter samt Unsicherheit. Die Wahrscheinlichkeitsverteilung der Radiokarbonalter wurde mittels des Kalibrierungsprogrammes Oxcal v4.2.3 und des IntCal13 atmosphärischer Kalibrierungsdaten berechnet und als Kurven ausgegeben. Die Datierungen wurden zur besseren Übersicht nach der Befundlage (s. Profile 4.1–4.5) zusammengefasst.

Wasser extrahiert. Auf diese Weise werden Karbonate zerstört und wasser- sowie säurelösliche organische Moleküle (Fulvinsäure) zunächst gelöst und durch weiteres Waschen mit MilliQ-Wasser entfernt. Anschließend werden mit einer 1 % NaOH-Lösung (Natronlauge) die laugelöslichen organischen Moleküle (Huminsäure) gelöst und durch Waschen ausgespült. Nun werden die Proben erneut mit 1 % HCl extrahiert und gewaschen, um auch den in der Lauge gelösten atmosphärischen CO_2 zu entfernen. Dieser gereinigte Rückstand wird bevorzugt datiert, weil er das stabilste, nicht-lösliche und nicht-mobile organische Material (z. B. Zellulose) der Probe enthält. Er wird getrocknet und dann mit Kupferoxid und Silberwolle in einer Quarzampulle bei 900 °C im Muffelofen verbrannt. Das so gewonnene CO_2 der Probe wird schließlich mit Wasserstoff über einem Eisenkatalysator bei 600 °C zu Graphit reduziert und das Graphit-Eisengemisch für die AMS Messung in eine Messpatrone gepresst[6].

Der ^{14}C-Gehalt der Proben ergibt sich aus dem Vergleich der simultan ermittelten ^{14}C-, ^{13}C- und ^{12}C-Ionenstrahlintensitäten der Probe mit denen des CO_2-Messstandards (Oxalsäure II) sowie geeigneter Nulleffekt-Proben[7]. Das konventionelle ^{14}C-Alter wird anschließend nach Stuiver und Polach[8] berechnet, mit einer Korrektur auf Isotopenfraktionierung anhand des gleichzeitig mit AMS gemessenen $^{13}C/^{12}C$-Verhältnisses. Die Messungssicherheit im ^{14}C-Ergebnis berücksichtigt die Zählstatistik, die Stabilität der AMS-Anlage und die Unsicherheit im subtrahierten Nulleffekt[9]. Mit OxCal v4.2.3[10] erfolgt schließlich die Übersetzung des konventionellen ^{14}C-Alters, also mit der Halbwertzeit von 5.568 Jahre nach Libby und unter Annahme eines konstantem atmosphärischen ^{14}C-Gehalts, in ein *calibrated* (Kalender-)Alter mit der Halbwertzeit 5.730 ± 40 Jahre und einem gemessenen variablen atmosphärischen ^{14}C-Gehalt gemäß der Baumringeichkurve (IntCal13)[11].

RADIOKARBON – ALTER – QUALITÄT UND STRATIGRAFIE

Die konventionellen ^{14}C-Alter der 32 Proben der Domplatzkampagne 2005/06 streuen über 655 Jahre, von 1005 Jahren BP[12] (Probe 31, Befund 2295, KIA 32213) bis 1660 Jahre BP (Probe 6, Befund 1797, KIA 32188) (*Abb. 2*). Drei dieser Datierungen sind deutlich zu alt, um in einem Zusammenhang mit der Hammaburg zu stehen. Das gleiche trifft auch auf zwei der zwölf erfolgreichen Datierungen der Kampagne 1980/87 zu.

Bevor diese Datierungen archäologisch gedeutet werden können, soll zuerst die Qualität der Messung der ^{14}C-Konzentration und des Probenmaterials sowie der Zusammenhang zwischen den Anfängen der Hammaburg und der Photosynthese des Probenmaterials eruiert werden.

QUALITÄT DER MESSUNG

Die Kieler AMS-Anlage hat während der Messungen der 2005/06 ermittelten Proben gut und stabil funktioniert. Die aufbereitete Menge Kohlenstoff war generell mehr als die für eine präzise Datierung empfohlene Standardmenge von 1 mg Kohlenstoff (Ausnahmen: Probe 6 mit 0,54 mg C, Probe 15 mit 0,87 mg C und Probe 21 mit 0,60 mg C), und der in der Ionenquelle erzeugte Ionenstrom war im Standardbereich, mit Ausnahme der kleinen Probe 6 mit 76 % des normalen Ionenstromes. Die Ergebnisse sind in dieser Hinsicht also generell als zuverlässig einzuschätzen.

QUALITÄT DES PROBENMATERIALS

Die CO_2-Ausbeute bei der oben beschriebenen Verbrennung des chemisch gereinigten Probenmaterials bei 900 °C liefert einen wichtigen Hinweis auf die Qualität dieses Materials. Für reines organisches Material wie Holz oder andere Pflanzenreste soll der C-Gehalt bei 50 % oder höher liegen; für Holzkohle findet man sogar C-Gehalte bis über 80 %. Ist der C-Gehalt jedoch wesentlich geringer, deutet dies darauf hin, dass die aufbereitete Probe noch einen signifikanten Mineralanteil enthalten hat. Für C-Gehalte von weniger als 5 % muss man mit einer nicht zu vernachlässigenden Verunreinigung der Probe durch in dieser Mineralfraktion vorhandenen umgelagerten alten Kohlenstoff rechnen[13]. Die eingereichten Proben der Ausgrabungen 2005/06 wurden vom Einsender als *verkohltes Holzstück* (die Proben 1 u. 2), *Holz* (Probe 12 u. 21) sowie *Holzkohle* (alle weiteren Proben) beschrieben, und tatsächlich wiesen 18 Proben einen C-Gehalt im Bereich 55 bis 83 % C auf. Neun der übrigen Proben waren teilweise mineralisch angereichert mit einem Kohlenstoffanteil im Bereich von 7–46 %. Die Messergebnisse dieser Proben können dennoch als zuverlässig betrachtet werden. Die Zuverlässigkeit der Datierung der Proben 05 mit einem C-Gehalt von weniger als 0,3 %, 06 mit ca. 3,6 % und 15 mit einem C-Gehalt von gerade einmal 0,01 % ist jedoch fraglich. Die

Proben 12 und 31 enthielten keinen verwertbaren Kohlenstoff im Rückstand und konnten daher nicht datiert werden. Für die Proben 05 und 15 sowie 12 und 31 ist deshalb auch der Kohlenstoff der Huminsäurefraktion datiert worden. Es handelte sich bei diesen vier Proben wahrscheinlich um sehr stark zersetzte Holzkohle oder einfach um schwarze humose Partikel, die während der Ausgrabung aus der Erde aufgesammelt worden waren. Bei der chemischen Reinigung löste sich dann (fast) aller Probenkohlenstoff.

Alter *recalcitranter* (schwer abbaubarer) Sedimentkohlenstoff ist jedoch weniger löslich und wird durch die chemische Reinigung im datierten Rückstand angereichert, was dann in der Messung zu einem zu hohen Alter führt. Dies betrifft die Proben 05, 06 und 15 (*Abb. 2*). Die Huminsäure-NaOH-Lösung der Proben 05, 12, 15 und 31 wurde angesäuert, wodurch die Huminsäuren ausfielen, und – nach dem Waschen und Trocknen – datiert werden konnten. Huminsäure-Datierungen sind jedoch weniger zuverlässig, weil oft jüngere Huminsäuren, gelöst in infiltrierendem Regenwasser, abgelagert werden können und so eine zu junge Datierung ergeben. Bei aufsteigendem Grundwasser kann aber auch alte Huminsäure in die Probe geraten. Deshalb wurden zur Überprüfung der Ergebnisse dieser Proben auch die Huminsäure der unproblematischen Proben 03, 13 und 14 datiert. Die Datierung der Huminsäure stimmt für die Proben 03 und 13 gut mit der des Rückstandes überein (Unterschied: 40 ± 35 Jahre, ~1,1 Sigma bzw. 10 ± 35 Jahre, ~ 0,3 Sigma). Diese Proben waren von guter Qualität mit 84 % bzw. 82 % des aufbereiteten Kohlenstoffs im Rückstand. Probe 14 war stärker zersetzt (53 % des Kohlenstoffs im Rückstand), und die Huminsäurefraktion datiert signifikant jünger (135 ± 30 Jahre, ~4,2 Sigma) als der Rückstand, wahrscheinlich aufgrund einer jüngeren Verunreinigung der mobilen Huminsäure. Die Proben 05 und 15 lieferten nur 16 % bzw. 20 % ihres Kohlenstoffs im Rückstand. Das für die Zeit der Hammaburg hohe Rückstandsalter der Probe 05 (1495 ± 20 ^{14}C-Jahre) könnte einer alten Komponente im 0,3 % C-Rückstand zuzuschreiben sein. Die Huminsäure-Datierung könnte richtig sein, wie es für die Proben 03 und 13 zutrifft, oder doch zu jung, wie es bei Probe 14 der Fall ist. Die Probe 15 mit nur 0,01 % Kohlenstoff im Rückstand enthält einen signifikanten Anteil an altem umgelagertem Kohlenstoff und ergibt für den Rückstand und die Huminsäure ein zu hohes Alter. Die *passenden* Huminsäure-Alter der Proben 12 und 31 sind für eine archäologische Deutung nicht belastbar.

DER ZUSAMMENHANG ZWISCHEN DER PROBE UND DER ARCHÄOLOGIE

Die Abnahme der ^{14}C-Konzentration in organischem Material (oft Zellulose) beginnt, wie beschrieben, wenn nach der Photosynthese der Kohlenstoffaustausch mit der Umgebung endet. Dies ist gewissermaßen die *Stunde Null* der Radiokarbonuhr. Die Archäologie fragt aber nicht nach diesem Zeitpunkt, sondern möchte wissen, wann das Probenmaterial an der Fundstelle abgelagert worden ist, wann also etwa ein Holzkohlestück in eine Grube gelangt ist. Die Zeit zwischen der Bildung des Probenmaterials und der Ablagerung der Probe ist außerordentlich variabel und reicht von weniger als einem Jahr, beispielsweise bei Getreide, Pflanzenresten, Samen, bis zu vielen Jahrhunderten, so etwa für Holz und Holzkohle aus dem Kernholz von Bauholz, das möglicherweise zudem wiederverwendet worden ist. Eine weitere Komplikation der Datierungsmethode ergibt sich aus den Schwankungen im atmosphärischen ^{14}C-Gehalt, wodurch die ^{14}C-Uhr scheinbar mal schneller, mal langsamer geht (*Abb. 3*). Für archäologische Fragen, die eine genaue zeitliche Zuordnung erfordern, ist eine Übersetzung des konventionellen ^{14}C-Alters in das Kalenderalter mittels der Baumringkalibrierungskurve[14] (»*kalibriertes*« Alter) notwendig. Dies führt aber oft zu zusätzlicher Unsicherheit. Die messbedingte, im Altersbereich der Hammaburg symmetrische Wahrscheinlichkeitsverteilung der ^{14}C-Alter liefert nach der Kalibrierung wie so oft einen Kurvenverlauf, der an eine breitgezogene und unregelmäßige Hügellandschaft erinnert. Sie bildet die Wahrscheinlichkeit ab, mit der die Probe einem bestimmten Jahr zugeordnet werden kann. Eine archäologische Auseinandersetzung mit dem Probenmaterial und der Kalibrierung ist daher notwendig, um die Datierungsergebnisse optimal zu deuten. Zusätzlich erschwert wird diese Deutung, wenn wie bei den Grabungen am Domplatz die Stratigrafie in vielen Bereichen stark gestört ist und man mit umgelagerten Proben rechnen muss.

DER ÄUSSERE GRABEN (RINGGRABEN 2/ HAMMABURG DES 9. JAHRHUNDERTS)

Die Abbildungen *4,1* und *4,3–5* zeigen Profile des äußeren Grabens, die Abbildung *4,2* des inneren Grabens im südwestlichen Bereich der Domplatzgrabung 2005/06 mit den stratigrafischen Positionen von 24 ^{14}C-Proben und ihrem gemessenen ^{14}C-Alter. Alle Profile zeigen eine komplexe Schichtung, und die in den Profilen eingezeichneten ¹⁴C-Alter streuen scheinbar widersprüchlich, indem ältere Daten aus oberen jüngeren Schichten stammen und jüngere ¹⁴C-Alter aus tiefer gelegenen, also älteren Schichten. Jene Profile, die die Verfüllung der beiden ältesten Grabenanlagen zeigen, sind für die Diskussion der Anfänge Hamburgs besonders wichtig. Unter der Voraussetzung, dass die Proben aus den Gräben korrekt aus deren Verfüllschichten entnommen worden sind (und nicht etwa aus Störungen späterer Zeit), kann mit den Proben die Verfüllung *post quem* datiert werden. Die Probe mit dem jüngsten ¹⁴C-Alter ist »entstanden«, bevor sie in die Verfüllung gelangte, und somit ist der Graben verschüttet worden, nachdem die Radiokarbonuhr der Probe zu laufen anfing.

Die Profile in den Abbildungen *4,3* und *4,4* zeigen konsistente jüngste Alter von 1180 ± 20, 1190 ± 20 und 1165 ± 25 ¹⁴C-Jahre BP für die Proben 24, 25 und 26. Weil die Proben 24 und 25 dem untersten Bereich der Verfüllung des äußeren Grabens entnommen wurden, muss der Graben zu dieser Zeit oder später verschüttet worden sein. Sämtliche weiteren Datierungen der darüber gelegenen Proben in den Profilen *4,3* und *4,4* sowie alle Datierungen von Proben aus den Profilen *4,1* und *4,5* sind älter und müssen daher auf umgelagerte und alte Holzkohlen oder Hölzer zurückgeführt werden. Diese Proben sind Zeugen von Siedlungsaktivitäten, die der Verfüllung des äußeren Grabens vorausgegangen sind, doch können sie nicht weiter zugeordnet werden, denn sie sind verlagert. Die Proben 02, 09 und 17 der Kampagne 1980/87 lieferten drei Datierungen aus der Verfüllung des äußeren Grabens. Die Probe 02, KI 2165, ist mit 1620 ± 50 ¹⁴C-Jahre BP zu alt für einen Zusammenhang mit der Hammaburg. Die Messung als CO_2 in der damaligen Proportional-Zählrohranlage des Leibniz-Labors war jedoch qualitativ gut und die Holzkohleprobe ausreichend groß sowie mit ca. 50 % C-Gehalt von guter Qualität[15]. Die Datierungen der Proben 9 und 17 – HAM-1858, 1300 ± 60 und HAM-2461, 1350 ± 60 ¹⁴C-Jahre BP – sind älter als die drei neuen Datierungen, obwohl die statistische Signifikanz des Altersunterschieds wegen der 60-Jahren Messunsicherheit nur knapp oberhalb 2-Sigma (95 %) liegt. Es handelt sich bei diesen Proben daher wohl auch um umgelagertes Material.

DER INNERE GRABEN (GRABEN 1)

Die Verfüllung des inneren Grabens wurde über die Proben 04, 06, 08 und 20 der Kampagne 1980/87 sowie über die Proben 14 und 15 der Grabung 2005/06

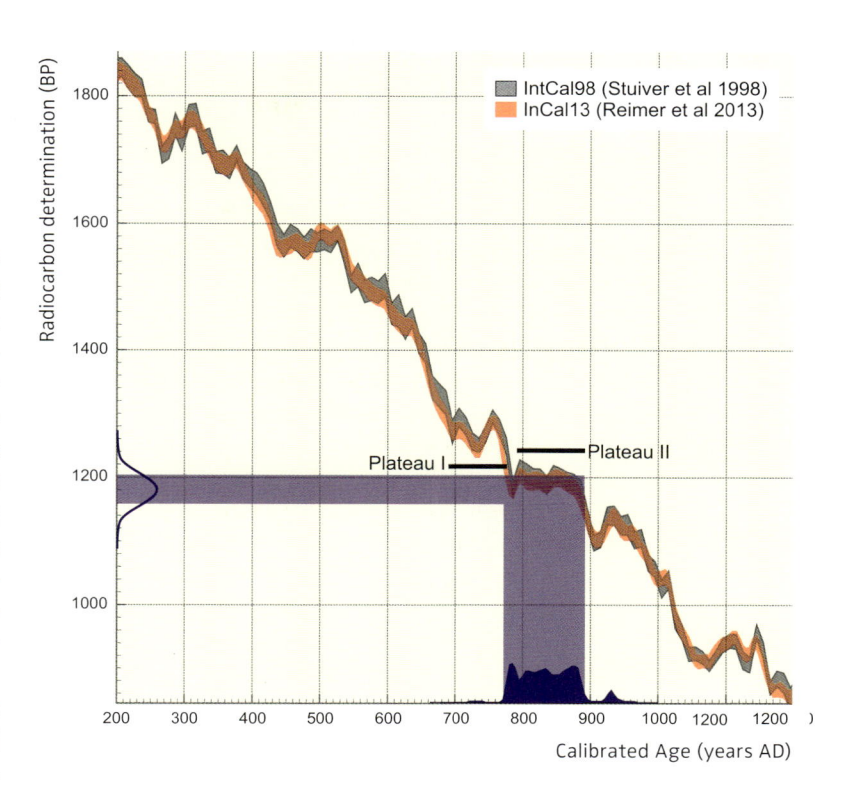

3 Baumringeichkurven für den Bereich 200 bis 1200 AD; in Grau die IntCal98-Kurve, in Rot IntCal13. Erkennbar werden die Plateaus I und II [ca. 690–780 und 780–880 (900) AD], auf welche die meisten Datierungen entfallen.

(*Abb. 4,2*) datiert. Die Datierung der Probe 08 lieferte mit 2070 ± 70 ¹⁴C-Jahre BP (HAM-1857) ein ganz aus der Reihe fallendes Alter. Informationen zur Probenqualität fehlen leider. Die Alter der Proben 04, 06 und 20 sind mit 1400 ± 55 (KI-2024), 1350 ± 70 (HAM-1859) und 1280 ± 70 (HAM-2462) ¹⁴C-Jahren BP aufgrund ihrer größeren Messunsicherheit statistisch nicht voneinander und auch nicht von dem Alter der Proben 09 und 17 aus dem äußeren Graben zu unterscheiden. Auch die drei jungen Datierungen der Verfüllung des äußeren Grabens liegen noch innerhalb des 2-Sigma-Bereichs der Probe 20, nicht aber in dem der beiden anderen Proben. Die Verfüllung des inneren Grabens muss im datierten Bereich oder später stattgefunden haben und könnte somit vor der des äußeren Grabens erfolgt sein.

DIE ANFÄNGE HAMBURGS – STATISTISCHE WAHRSCHEINLICHKEIT DER KALIBRIERTEN ALTER

Die Datierung der Funde in und über den Grabenprofilen (*Abb. 4,1–5*) deutet auf Aktivitäten im Bereich des Domplatzes vor der Verfüllung der Gräben hin. Die zeitliche Streuung der gemessenen Alter in Verbindung mit deren räumlicher Verteilung in den Profilen bildet die vielfältigen Materialverlagerungen auf dem Domplatz ab. Weil man bei verlagertem Material ein kleines Stück Holz oder

4 – 1

4 – 2

Kampagne 2005/06 (Proben 05, 06, 15) betreffen, wie oben diskutiert, organisch armes Sediment und sollten deshalb außer Betracht gelassen werden. Genauso sollen das junge Alter der Probe 31, das an der Huminsäurefraktion gemessen wurde, und das »*passende*« Alter der Huminsäuren der Probe 12 nicht in die Auswertung einbezogen werden. Für die beiden zu alten Ausreißer der Datierungen – aus den 1980er Jahren – Nr. 2 (KI-2165) und Nr. 8 (HAM-1857) – liegen keine bekannten Gründe vor, um sie zu verwerfen.

Die atmosphärische ^{14}C-Konzentration im Bereich 600–1000 AD war variabel mit Schwankungen von 1 bis 1,5 %. Nach einem Anstieg in der zweiten Hälf-

Holzkohle in einem so komplexen Profil schwer einem historischen Ereignis oder einer Phase zuordnen kann, sind einzelne Datierungen schlecht zu deuten; insbesondere auch, weil man zudem die Kalibrierung zum Kalenderalter miteinbeziehen muss. Doch das Gesamtbild der Wahrscheinlichkeitsverteilungen des kalibrierten Alters aller Proben zusammen ermöglicht die archäologische Deutung der Datierungen (*Abb. 2*). Die ^{14}C-Messergebnisse sind in der Abbildung zur Vereinfachung der Diskussion z. T. per Profil (*Abb. 4,1–5*) zusammengefasst. Die oben als unzuverlässig qualifizierten Ergebnisse sind in Grau aufgelistet, und die Wahrscheinlichkeitsverteilung ihrer Kalenderalter (die Verteilungskurve) wird ohne Füllung gezeigt. Die Kontrolldatierungen der Huminsäure sind mit Klammer angezeigt, und die Wahrscheinlichkeit ihrer Kalenderalter ist Grau gefüllt.

Die Kalenderalter der Proben liegen generell im Bereich 600–1000 AD. Die drei älteren Datierungen der

te des 7. Jahrhunderts folgten eine Abnahme bis ca. 760 AD, eine schnelle Zunahme bis ca. 785 AD und wieder eine Abnahme bis ca. 875 AD sowie ein erneuter Anstieg bis ca. 900 AD (*Abb. 3*).**[16]** Demzufolge zeigen Proben der Periode von ca. 690–760 AD heute ein sogenanntes ^{14}C-Altersplateau; das bedeutet, dass Proben unterschiedlichen Alters in dieser Periode etwa dasselbe ^{14}C-Alter aufweisen. Ein ähnliches ^{14}C-Altersplateau gibt es für Proben der Periode 785–875 AD. Abbildung 2 zeigt, dass die meisten Proben einem dieser beiden Altersplateaus zuzuordnen sind. Die statistische Unsicherheit im gemessenen ^{14}C-Alter führt dazu, dass die Wahrscheinlichkeit, dass die Photosynthese – also die Einlagerung des gemessenen ^{14}C – in einem bestimmten Kalenderjahr stattfand, erst außerhalb der Plateaus abnimmt. Die ^{14}C-Alter der Proben 08, 10, 21, 23, 27 und 29 der Kampagne 2005/06 entsprechen der Atmosphäre während des ^{14}C-Anstiegs 635–695 AD und schließen damit zeitlich eng an das ältere Plateau an. Dies ist auch der Fall für die Proben 01 und 19 der Kampagne 1980/87. Die meisten Probenalter (zwei der ersten und neun der zweiten Kampagne) gehören zum älteren Plateau 690–760 AD, während weitere fünf Proben der ersten Grabung und drei der zweiten Grabung etwas jüngere ^{14}C-Alter aufweisen und daher in beide Plateaus fallen, also in den gesamten Bereich 690–875 AD. Schließlich gehören noch fünf Proben nur dem Plateau 780–875 AD an, und lediglich drei zeigen sogar jüngere wahrscheinliche Kalenderalter. Diese Altersverteilung deutet darauf hin, dass die frühen Siedlungsaktivitäten im Umfeld des Domplatzes,

4 – 3

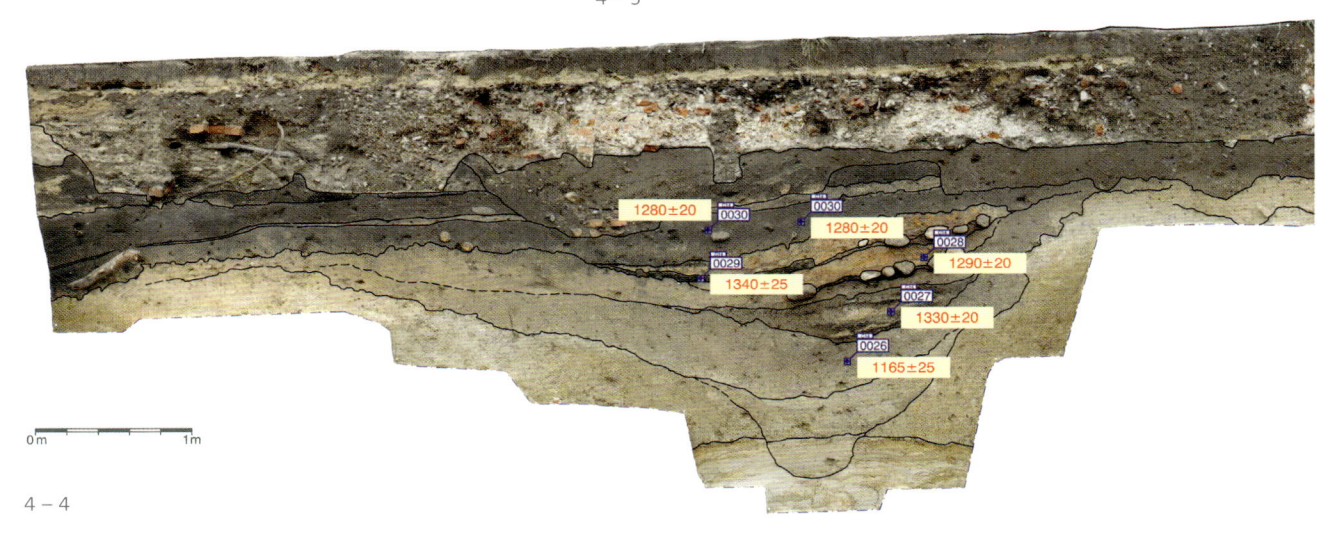

4 – 4

deren Spuren in den Grabungsprofilen gefunden wurden, sich erst in der zweiten Hälfte des 7. Jahrhunderts (nach 635 AD) richtig entwickelten. Betrachtet man eine mögliche zeitliche Lücke zwischen Wachstum des Holzes und seiner Verwendung (*Altholzeffekt*), könnte diese Entwicklung erst um 700 AD stattgefunden haben. Die beprobten Strukturen am Domplatz enthalten überwiegend Hinweise auf das 8. Jahrhundert. Dies passt zu den spätsächsischen Keramikscherben, die

4 Grabungsprofile 2005/06 mit Grabenschnitt. Eingetragen sind die Positionen der datierten ^{14}C-Proben und ihre Radiokarbonalter in Jahren BP samt Unsicherheit.
4 – 1 Profil 330 Ostteil, Schnitt 019; 4 – 2 Profil 330 Westteil, Schnitt 019; 4 – 3 Profil 333, Schnitt 019; 4 – 4 Profil 299, Schnitt 024; 4 – 5 Profil 250, Profil 24 (fotogrammetrisch aus verschiedenen Sektionen zusammengesetzt). Die Streuung der ^{14}C-Alter deutet auf umgelagertes Probenmaterial.

4 – 5

aus den beiden Gräben geborgen worden und allgemein dem 7.–8. Jahrhundert zuzuordnen sind (s. Beitrag Karsten Kablitz)[17]. Die Zeit der Verfüllung des inneren Grabens wird mit den Proben 04, 06 und 20 der Kampagne 1980/87 aufgrund der vielen Umlagerungen leider kaum eingegrenzt. Festzuhalten bleibt aber, dass das Holzwachstum der Probe 14 erst nach 670 AD (2-Sigma Bereich) stattfand und der innere Graben deshalb erst danach verschüttet worden ist. Aus den für die Verfüllung des äußeren Grabens wichtigen Datierungen der Proben 24, 25 und 26 in die Jahre 1180 ± 20, 1190 ± 20 und 1165 ± 25 ^{14}C Jahre BP lässt sich wiederum eine Verfüllung des Grabens nicht vor 780 AD erschließen. Wenn wir weiterhin annehmen, dass das Holz dieser drei Proben nicht umgelagert worden ist, dann wäre diese Verfüllung höchstwahrscheinlich vor 900 AD zustande gekommen, obwohl die Proben 24 und 26 mit 5,7 % bzw. 21,9 % eine zusätzlich mögliche Periode rund um 935 AD ergeben.

Eine zeitliche Einschränkung für die Aufschüttung des älteren Walls (Burg IVa), der eine Siedlungsschicht und die Grabenverfüllungen überlagert, liefert die Probe 17 (KIA 32199, 1075 ± 30 BP), die mit 2-Sigma Wahrscheinlichkeit (über 95 %) erst nach ca. 900 AD entstanden sein kann.

FAZIT

Die kritische Auseinandersetzung mit der Qualität der Proben und der AMS ^{14}C-Messung zusammen mit der archäologischen Aussagekraft der gemessenen ^{14}C-Alter führt zu einer besseren zeitlichen Einordnung der Anfänge Hamburgs. Sie zeigt aber auch, dass die Datierungen aufgrund der möglichen Umlagerung der Proben und plateaubedingten breiten Altersbereiche in Bezug auf die Einebnung der beiden Gräben leicht überinterpretiert werden können. Die individuellen ^{14}C-Datierungen der Grabungen am Domplatz können wegen der Umlagerungen nur als *terminus ante quem* für die Verfüllung der Gräben und die Aufschüttung des älteren Walls der Burg IV gesehen werden. Es sind aber weitere Schlussfolgerungen aus der Synthese aus der Verteilung der wahrscheinlichen Kalenderalter der gesamten Serie mit der relativchronologischen Einstufung der Keramikfunde und der historischen Daten möglich. Die zeitliche Verteilung der Datierungen dokumentiert signifikante Siedlungsaktivitäten im Umfeld des Domplatzes erst ab Ende des 7. Jahrhunderts. Die fast rein spätsächsischen Keramikscherben der Verfüllung des inneren Grabens werden dazu passend generell in das 8. Jahrhundert gestellt. Beides zusammen belegt eine spätsächsische Siedlung ab Ende des 7. Jahrhunderts.

Wann der innere Graben angelegt worden ist, kann nicht durch Proben belegt werden, doch ist ein Zusammenhang mit der spätsächsischen Siedlung des 8. Jahrhunderts wahrscheinlich. Die Verschüttung kann über die ^{14}C-Datierungen nicht festgelegt werden, weil die datierten Proben wahrscheinlich altem, bei der Verfüllung umgegrabenem Siedlungsmaterial entstammen. Die oben getroffene Aussage der ^{14}C-Datierung, »*die Verfüllung muss nach AD 670 stattgefunden haben*«, ist nicht wirklich hilfreich beim Versuch, das Ereignis näher einzugrenzen. Aber das weitgehende Fehlen slawischer und slawisch beeinflusster Keramik in seiner Verfüllung[18] deutet darauf hin, dass der innere Graben um 800 AD verfüllt worden ist. Gemeinsam stellen die Radiokarbondatierungen und die zeitliche Zuordnung der Keramikfunde den inneren Graben in das späte 7. und 8. Jahrhundert.

Auch für den äußeren Graben lässt sich durch die Proben nicht ermitteln, wann er ausgehoben worden ist. In der Rekonstruktion kommen sich die Gräben an ihrer Oberkante sehr nahe, wie im Beitrag von Karsten Kablitz dargelegt, und sie existierten deshalb kaum gleichzeitig. Der äußere Graben entstand also wohl um 800 AD und mag somit der historischen Hammaburg zuzuweisen sein. Die Verfüllung könnte mit der nachfolgenden Übersiedlung zusammenhängen. Die jüngsten Datierungen der Verfüllung des äußeren Grabens fallen in das späte 8. bis späte 9. Jahrhundert und schließen diese Periode ein, leider aber ist es aufgrund des Plateaus von 780–890 AD nicht möglich, dies zu präzisieren. Die Verfüllung zeigt eine Mischung aus Keramik slawischer und spätsächsischer Machart, wobei der slawische Anteil geringer ist als der spätsächsische. Diese Mischung passt zu der oben skizzierten Verfüllung des Grabens um die Mitte des 9. Jahrhunderts.

Die Proben der stratigrafisch deutlich jüngeren Wälle und Wallversturzschichten der Periode IV zeigen ähnlich hohe und zugleich stark streuende ^{14}C-Alter wie die Proben der Grabenverfüllungen. Für die Datierung der Anfänge der Burg sind sie bedeutungslos. Eine Ausnahme bildet die Probe 17 im älteren Wall (*Abb. 4,2*), die erst nach 900 AD entstanden ist. Die Burganlage muss damit nach 900 AD, aber noch im 10. Jahrhundert errichtet worden sein. Diese Datierung stimmt überein mit der Auswertung der Keramik durch Kempke im Jahre 2002, der von einer Errichtung der Burganlage »*im ausgehenden 9. Jahrhundert oder in der ersten*

Hälfte des 10. Jahrhunderts« [19] ausging, und auch mit der detaillierten Analyse der neuen Ausgrabungsergebnisse von 2005/06 durch Karsten Kablitz im vorliegenden Band überein. Die Siedlungshorizonte der Periode III gehören damit zur zweiten Hälfte des 9. Jahrhunderts.

ANMERKUNGEN

1. Libby 1965; Taylor 1987.
2. Isotope sind Formen eines Elementes, die bei gleichen chemischen Eigenschaften unterschiedliche Massen haben; hier für Kohlenstoff die atomaren Massen 12, 13 und 14: Symbol ^{12}C, ^{13}C und ^{14}C.
3. Godwin 1962a; 1962b.
4. Dendrochronologen haben durch den Vergleich von Wachstumsmustern der Jahresringe von Bäumen (gute Wachstumsbedingungen = breiter Ring; schlechte Bedingungen = schmaler Ring) regionale Jahrringchronologien aufgebaut, die bis zu 14.000 Jahre zurückreichen. Die Messungen der ^{14}C-Konzentration in einzelnen, durch Jahresringzählungen absolut datierten Jahrringen oder Jahrringblöcken haben zu einer globalen Baumringeichkurve für ^{14}C geführt, womit die gemessene ^{14}C-Konzentration einer Probe in ein absolutes Kalenderalter übersetzt werden kann. Die andauernden internationalen Kalibrierungsarbeiten an Baumringen, ozeanischen Sedimentkernen, Korallen und Tropfsteinkarbonaten im Bereich 0 bis 50.000 Jahre vor heute werden von den beteiligten Radiokarbonlaboren und zusammenarbeitenden Forschergruppen regelmäßig gesammelt und als verbesserte und erweiterte Eichkurve (IntCal98, IntCal04, IntCal09, IntCal13) in der Zeitschrift *Radiocarbon* publiziert.
5. Busch 1995a.
6. Nadeau et al. 1998.
7. Zur 3-MV-Messanlage für Beschleuniger-Massenspektrometrie (AMS) des Leibniz-Labors und das Messverfahren vgl. Nadeau et al. 1997.
8. Stuiver/Polach 1977, 355.
9. Nadeau et al. 1997.
10. Bronk Ramsey 2009.
11. Reimer et al. 2013.
12. BP steht für »*Before Present*« (= vor heute), wobei sich *Present* auf das Nulljahr der Radiokarbonzeitskala, also das Jahr AD 1950 bezieht.
13. Grootes/Nadeau/Rieck 2004.
14. Die Eichkurve wird in diesem Bereich durch viele ^{14}C-Baumringmessungen bestimmt. Die Unterschiede zwischen IntCal98 und IntCal13 sind gering und beruhen hauptsächlich auf der statistischen Verarbeitung der Messdaten mit einhergehender Glättung der Eichkurve in IntCal2013 und sind für die vorliegende Diskussion meist nicht relevant. Der Anstieg der ^{14}C-Konzentration in den Jahresringen zweier japanischer Zedern über die Jahre 774–775 AD um ca. 1,2 %, äquivalent mit einer Abnahme in ^{14}C-Alter von ca. 100 Jahre, publiziert durch Miyake et al. 2012, zeigt aber, dass kurzfristige Schwankungen in der atmosphärischen ^{14}C-Konzentration in archäologischen Diskussionen durchaus betrachtet werden müssen.
15. Persönliche Mitteilung Dr. H. Erlenkeuser.
16. S. Anm. 14.
17. Dies bestätigte sich in der Durchsicht der Keramik im Herbst 2013 (Ergebnisprotokoll).
18. Kempke 2002, 129.
19. Ebd.

Slawische Keramik im frühen Hamburg

Torsten Kempke

Aus der Hamburger Siedlungsagglomeration des 8. bis frühen 11. Jahrhunderts kennen wir Scherben von mehr als 1.000 verschiedenen Gefäßen. Rund drei Viertel von ihnen zählen zur einheimischen Tonware (*Grauware*), bei der die »*spätsächsischen*« Formen, die *Eitöpfe* mit noch angedeutetem Standboden oder Wackelboden im Laufe des 9. und 10. Jahrhunderts abgelöst werden durch *Kugeltöpfe*, bei denen keine Standfläche mehr zu erkennen ist – auch sie sind von Sachsen gefertigt worden. Nur wenige Eitöpfe und Kugeltöpfe tragen ein Dekor. Hinzu tritt friesischer Import, schon zur Ansgar-Zeit waren dies durchweg Kugeltöpfe; er macht rund ein Zehntel des Hamburger Gefäßbestandes aus. Die Gefäße des 9. Jahrhunderts sind gut an der Beimengung von Muschelgrus zu erkennen, doch seit dem 10. Jahrhundert wurden sich die Erzeugnisse der friesischen und der einheimischen Töpfer immer ähnlicher und sind im archäologischen Fundgut zunehmend schwieriger zu unterscheiden[1]. Ein weiteres Zehntel der Irdenware aus Hamburg ist slawisch, sämtliche dieser Gefäße haben einen Standboden[2]. Bis weit in das 9. Jahrhundert hinein sind auch sie meist unverziert, dann aber setzt sich die Kammstrichornamentik durch. Es gibt kaum einen Topf, der nicht ein mehr oder weniger schwungvoll mit dem Zahnstock eingezogenes Wellenband trägt; auch Kreuze, Zickzacklinien, schräge Einstiche und Stempelmuster sind geläufig. In Starigard/Oldenburg lässt sich der Wandel besonders gut verfolgen (*Abb. 1*). Um die Jahrtausendwende kommt innerhalb der slawischen Tonware eine neue Zierweise auf, die Gurtfurchenornamentik – man hielt einen Stock an das auf der Scheibe rotierende Gefäß, so dass eine Spirallinie entstand, die erst kurz über dem Boden endete. Nicht anders als die Sachsen verstanden es auch die Slawen im Laufe der Jahrhunderte immer besser, einem von Hand aufgebauten Gefäß auf rotierender Scheibe eine gleichmäßigere Form zu geben. Regelrechte Drehscheibenware – ein Tonklumpen wird gleich auf der sich schnell drehenden Scheibe zu einem Gefäß geformt – fertigten Sachsen und Slawen jedoch selbst im 11. Jahrhundert noch nicht, auch Töpferöfen sind noch nicht nachzuweisen[3]. Während so die technische Entfaltung der Gefäßherstellung bei Sachsen und Slawen annähernd synchron verläuft, wird der formale Kontrast schärfer – am Ende des hier zu betrachtenden Zeitraums stehen die unverzierten Kugeltöpfe der Sachsen den mit Kammstrichmuster oder Gurtfurchen dekorierten Standbodengefäßen der Slawen gegenüber.

In der Frühzeit gibt es durchaus einige Gefäße, bei denen sich nicht mit letzter Sicherheit sagen lässt, ob es sich um spätsächsische Eitöpfe oder aber um Exemplare des Typs Sukow handelt, der frühen unverzierten slawischen Ware[4]. Hierzu gehören vor allem Töpfe mit leicht ausbiegendem, rundlich endendem Rand (*Abb. 2,1–2*), die diesseits und jenseits der Grenze im 8. und 9. Jahrhundert häufig vorkommen. Mit ihnen zusammen werden keramische Reste geborgen, die eindeutig dem Typ Sukow zuzurechnen sind, erkennbar vor allem an einem mehr oder weniger kantig abgestrichenen Rand, der leicht nach außen, nach oben oder nach innen weisen kann (*Abb. 2,3–8*). Auch an der frühen verzierten slawischen Ware, als Typ Feldberg bezeichnet, treten solche Randprofile auf (*Abb. 2,9–12*). In Oldenburg sind solche Gefäße vor 800 noch selten, am häufigsten erscheinen sie in der ersten Hälfte des 9. Jahrhunderts[5]. Unter diesen Formen zeigen die kantig abgestrichenen, nach innen weisenden Ränder (*Abb. 2,7–10*) eine Verbreitung, die kaum über die Grenzen des Obodritenreiches hinausgeht[6]. Bei einem Gefäß des Feldbergtyps aus Hamburg, von dem leider nur ein kleines Fragment erhalten ist, lässt sich die zu vermutende Provenienz noch enger eingrenzen: die kreuzweise angeordneten Zahnstockeindrücke (*Abb. 2,9*) finden sich häufig zwischen Alt Lübeck und Hammer an der oberen Stecknitz[7], wesentlich seltener aber unter den zahlreichen Funden aus Oldenburg und Groß Strömkendorf. Ob diese keramischen Kontakte Hamburgs zum Reich der Obodriten erst zur Ansgarzeit geknüpft worden sind oder weiter zurückreichen, womöglich bis in das 8. Jahrhundert, bleibt ungewiss.

Neben die echten slawischen Gefäße treten seit dem 9. Jahrhundert Mischformen, die sächsische und

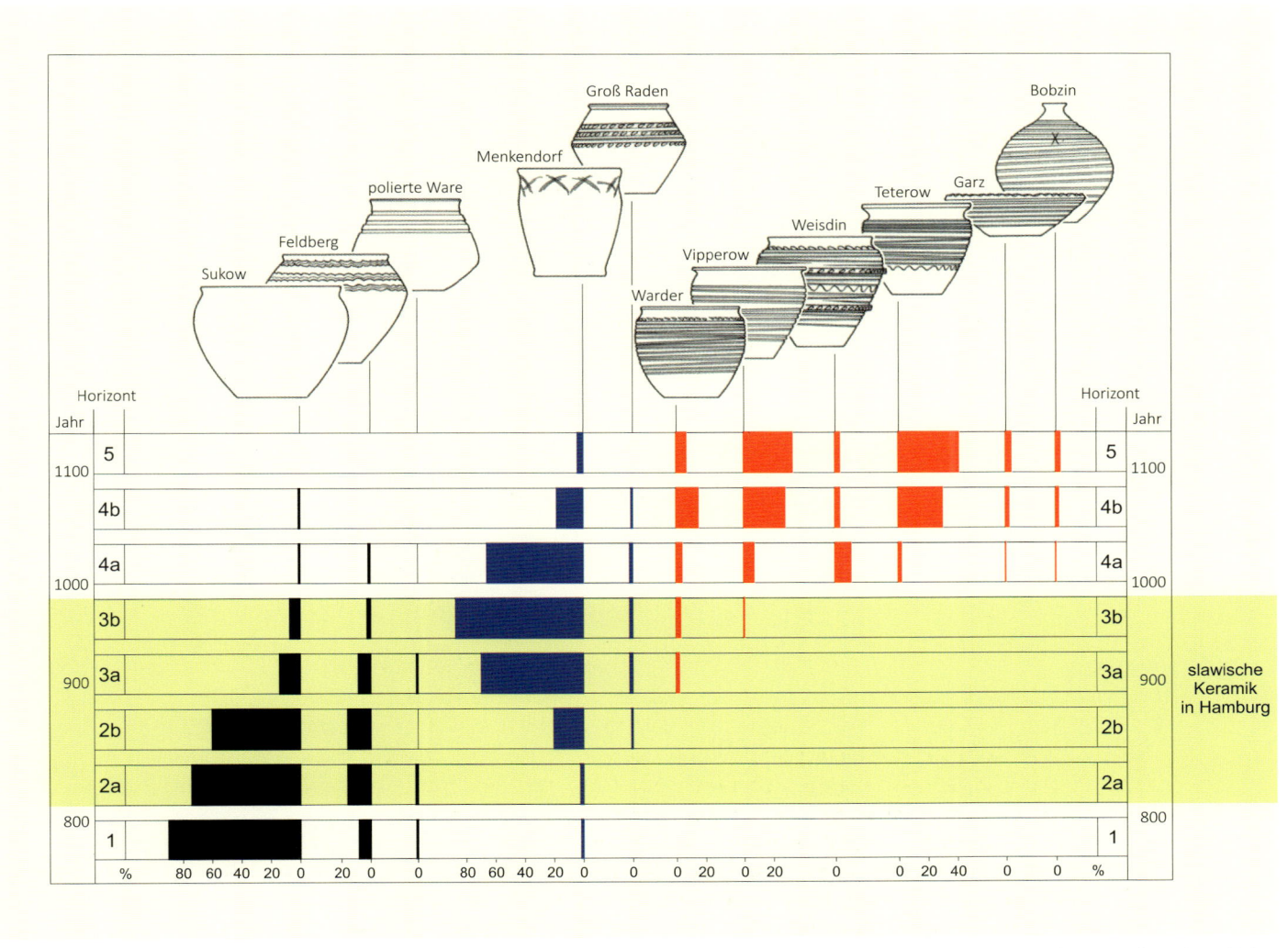

1 Anteile der Keramiktypen in den Siedlungshorizonten des 8.–12. Jahrhunderts im Burgwall Starigard/Oldenburg. Der in Hamburg repräsentierte Zeitraum ist gelb hinterlegt.

slawische Charakteristika miteinander vereinen – die Gefäßform, wohl stets mit Wackelboden oder Kugelboden, ist einheimisch-sächsisch, das Dekor folgt dem Vorbild slawischer Kammstrichware, auch Randgestaltung und gewisse technische Merkmale verraten mitunter slawischen Einfluss. Unter diesen Mischformen reicht zumindest der Typ Hamburg A bis in das 9. Jahrhundert zurück. Wellenbänder, Kreuze, Schrägstriche, Zahnstockeindrücke, oft begrenzt durch Horizontalbänder geben dem Typ Hamburg A einen gewissen slawischen Anstrich; die Muster sind oft flach und sorgfältig eingezogen wie beim Typ Feldberg. Die Verdickung der Gefäßwand zum Rand hin ist jedoch für die sächsische Wackelboden- und Kugelbodenkeramik charakteristisch (*Abb. 4,1–7*). Töpfe vom Typ Hamburg A kennt man nicht nur aus Hamburg selbst, sondern auch aus dem übrigen Stormarngau und vom südlichen Elbufer. Im Burgwall von Hollenstedt, der um 900 bestand, treten etliche Gefäße dieser Art auf, und zwar, nicht anders als in Hamburg, zusammen mit sächsischer Keramik einerseits und slawischer Tonware andererseits[8].

Im slawischen Gebiet erfolgt in der zweiten Hälfte des 9. Jahrhunderts der Übergang von der frühslawischen zur mittelslawischen Periode – die Kammstrichware bestimmt nun das Bild, die unverzierte Ware spielt nur noch eine untergeordnete Rolle. Gleiches gilt für die einst so dominante bauchige oder S-förmige Profilierung der Töpfe – nun treten doppelkonische Gefäße in den Vordergrund, aber auch steilwandige Formen. Vielfältiger ist zudem das Dekor, denn neben den waagerechten Wellenbändern gewinnen Kreuze, senkrechte Wellen, Bögen, Schrägstriche und Stempelmuster an Bedeutung. Bis vor wenigen Jahrzehnten glaubten die meisten Archäologen, dass der Beginn der mittelslawischen Periode mit den sie prägenden Typen Menkendorf und Groß Raden um 800 oder noch früher anzusetzen sei. Nichtkeramische Funde des 9. Jahrhunderts, auf die man in frühslawischen Fundkomplexen gestoßen war, passten jedoch ebenso wenig in das Bild wie erste dendrochronologische Daten, die seit den 1970er Jahren vorlagen – die Periodengrenze zwischen früh- und mittelslawischer Keramik war hiernach erst im fortgeschrittenen

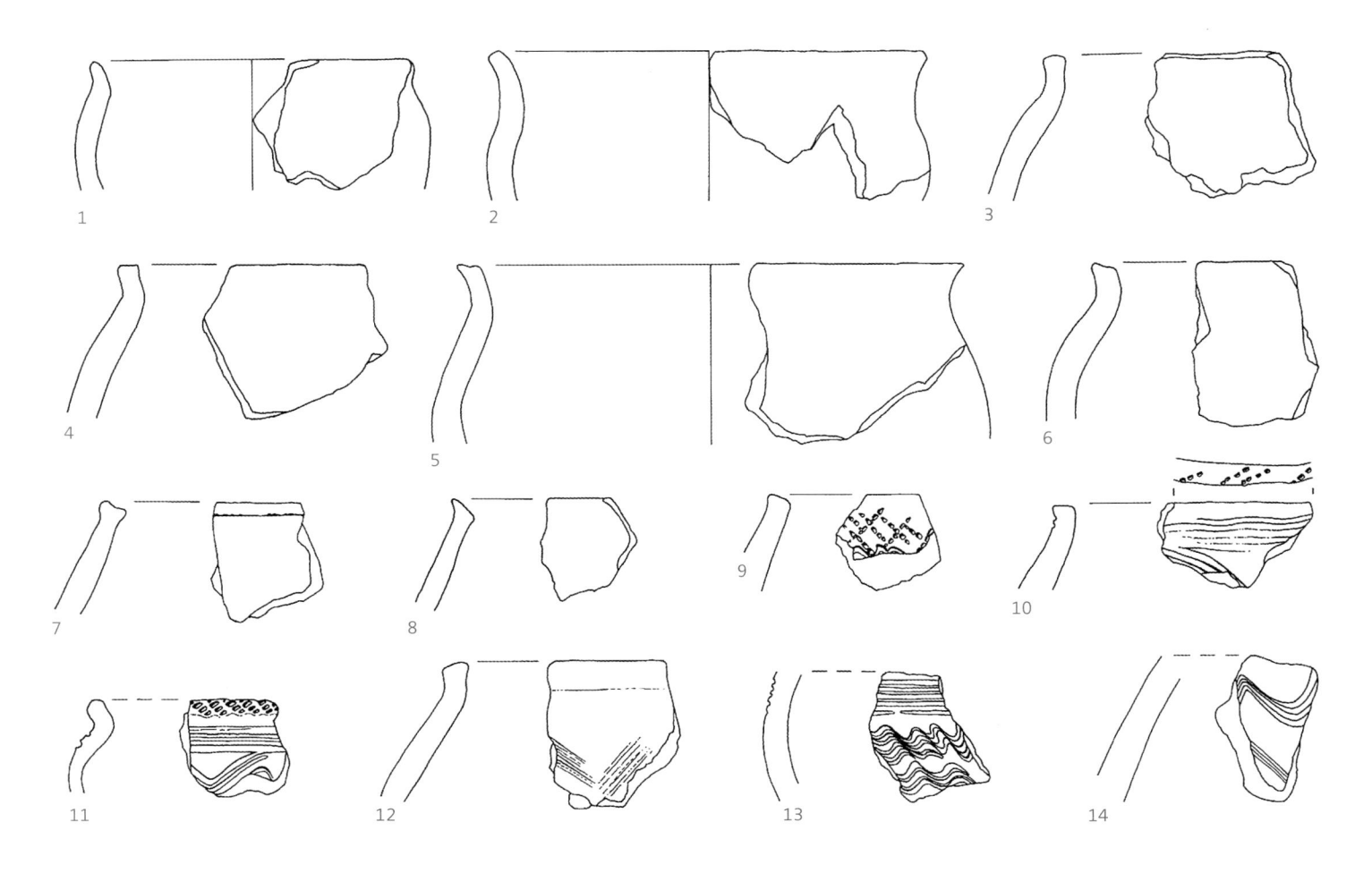

9. Jahrhundert zu ziehen[9]. Eine stetig wachsende Zahl dendrochronologisch datierter Fundkomplexe bestätigt diesen Zeitansatz[10]. Was die slawische Keramik in Hamburg betrifft, so genügt es, den Blick auf gut datierte Fundplätze im Reich der Obodriten zu richten. In Oldenburg etwa hat man um das Jahr 866 den Wall massiv verstärkt – über der Wallbauschicht dominieren zunächst noch unverzierte Töpfe vom Typ Sukow, erst danach erlangt Kammstrichware vom Typ Menkendorf das Übergewicht[11]. Auf dem Burgwall Klein Gladebrügge, im letzten Jahrzehnt des 9. Jahrhunderts errichtet und wohl nur wenige Jahrzehnte bestehend, sind unverzierte und kammstrichverzierte Ware annähernd gleich stark vertreten[12] – lässt man nur größere Fragmente gelten, so dürfte sich das Gewicht zugunsten der Kammstrichware verschieben. Demnach beginnt die mittelslawische Periode in dem für die Ostkontakte Hamburgs relevanten Gebiet nicht weit vor 900.

In Hamburg zeigt sich der Typ Menkendorf mit einem breiten Formenspektrum (*Abb. 3,1–7*). Die geometrischen Muster – Kreuze, meist schräg gestellt, Zickzackdekor, senkrechte Wellen – kommen vor, spielen aber ebenso wenig wie im slawischen Küstengebiet eine herausragende Rolle; es überwiegt die Wellenzier. Beachtung verdienen die keineswegs seltenen, nicht umbiegenden, sondern nach oben oder gar nach innen gerichteten Ränder (*Abb. 3,1. 4*). Die Gefäße sind meist von mäßiger Qualität, diejenigen mit nach innen gerichtetem Rand werden meist als *Kümpfe* bezeichnet. Sie sind nur in den obodritischen Landen zwischen Kieler Förde und Warnow regelmäßig vertreten, zum Beispiel in Groß Raden, Oldenburg und Warder[13].

Wesentlich sorgfältiger ausgeführt wurden die Gefäße des mittelslawischen Typs Groß Raden, die im ganzen nordwestslawischen Gebiet hin und wieder vorkommt. Nur am namengebenden Fundort im westlichen Mecklenburg, wo Befunde des 10. Jahrhunderts so großflächig freigelegt werden konnten wie sonst bislang nirgends, sind gleich etliche Töpfe dieser Art zutage getreten[14]. Ob der Typ nennenswert in das 9. Jahrhundert zurückreicht, lässt sich nicht sagen. In Hamburg fanden sich mehrere dieser doppelkonischen Töpfe mit langer Schulter (*Abb. 3,8–10*).

Sächsische Kugeltöpfe mit slawischem Wellenmuster – so lässt sich der Typ Hamburg B charakterisieren. Erste Gefäße dieser Art waren schon Reinhard Schindler aufgefallen, der sie mit unverzierten Eitöpfen zusammenfasste[15]. Bei der kräftigen Abdrehung des zum Rand hin dicker werdenden oberen Gefäßteils haben Sandkörner der Magerungsmasse oft Schleifspuren an der Innenseite des Randes hinterlassen – ein technisches Merkmal, das sich auch an Gefäßen Menkendorfer und Groß Radener Art findet. Spektakulär ist die Verzierung: ein großes, für slawischen Geschmack wohl oftmals zu

2 Hamburg, Keramik der Typen Sukow (1–8) und Feldberg (9–14). Abb. o. M

großes Wellenband, Kreuze, Zickzackmuster oder Bögen, nicht etwa das ganze Gefäß umziehend, sondern nur einen Teil (*Abb. 4,8–11*). Weil alle Bruchstücke dieser Gefäße sich so deutlich ähneln, liegt der Verdacht nahe, dass wir es mit den Erzeugnissen eines einzigen Töpfers oder einer einzigen Werkstatt zu tun haben, ergänzt durch Imitate minderer Qualität. In slawischer Technik fertigte man Gefäße, die den Bedürfnissen der Sachsen entsprachen. Diese wellenverzierten Kugeltöpfe fanden in Hamburg offenbar guten Absatz, sie sind gewiss auch dort hergestellt worden – von anderen sächsischen Fundstellen beiderseits der Niederelbe kenne ich keine Belege für den Typ Hamburg B, und es fehlen dort auch Indizien für andere Keramiksorten vergleichbarer Qualität. In den slawischen Landen ist dieser Typ ebenfalls unbekannt.

Das mangelnde Vorkommen dieses Typs außerhalb Hamburgs erschwert aber die zeitliche Einordnung. Auf dem Hamburger Domplatz beschränkt sich sein Vorkommen auf den südlichen Teil, wo auch die Typen Menkendorf und Groß Raden gehäuft auftreten[16]. Im 10. Jahrhundert war der Typ Hamburg B somit gewiss vorhanden, ob er bis in das 9. Jahrhundert zurückreicht, erscheint überaus fraglich.

In der Zeit um 1000 vollzieht sich der Übergang von der mittel- zur spätslawischen Periode, geprägt von der Gurtfurchenware. Ihr sind in Hamburg nur wenige Gefäßreste zuzurechnen (*Abb. 5*). Das ansehnlichste Stück barg man auf dem Siedlungsareal in der Elbeniederung; in gleicher Schicht fand sich eine zwischen 1020 und 1040 geprägte Münze[17]. Das Gefäß gehört zum Typ Warder (*Abb. 5,2*), der im slawischen Küstengebiet von der Kieler Förde bis zum Stettiner Haff vorkommt[18]. Weiter südlich und östlich fehlt er, während er in dem der Ostsee zugewandten Teil des damaligen Dänemarks einschließlich Schonen sehr zahlreich auftritt[19]. So wird auch dieses wohl jüngste slawische Gefäß aus Hamburg im Reich der Obodriten gefertigt worden sein. Innerhalb der einheimischen Tonware erscheinen die letzten Kugeltöpfe mit Wellenmuster, nicht mehr dem Typ Hamburg B zuzurechnen, ebenfalls im 11. Jahrhundert (*Abb. 6*).

Das Ende der slawischen Keramik in Hamburg im frühen 11. Jahrhundert ist ein überaus bemerkenswertes Phänomen, wenn man in Rechnung stellt, dass im slawischen Gebiet selbst die Gurtfurchenware weitaus häufiger auftritt als die vorhergehenden Keramiksorten – was nicht überrascht, liegt ihr Ende dort doch erst frühestens in der Mitte des 12. Jahrhunderts (*Abb. 1*).

Überblickt man die slawische Keramik in Hamburg insgesamt, so fällt auf: Überall, wo man auf dem Geestsporn zwischen Alster und Elbe auf Funde des 9. bis frühen 11. Jahrhunderts gestoßen ist, fand sich auch slawisches Material[20]. Für eine etwaige Beschränkung der slawischen Komponente auf einen Teilbereich des Siedlungsareals, wie es noch Schindler annahm, gibt es keine Anhaltspunkte. Das Hervortreten des Domplatzes ist bedingt durch die großflächige Erforschung der Fundstelle und die ausführliche Publikation.

Auf dem Domplatz lässt sich erkennen, wie sich die slawische Keramik in die Stratigrafie einfügt. Mit Schindler bleibt feszuhalten, dass slawische Keramik schon auftritt, bevor man den Ringwall (Periode IV) baute, der den Domplatz umzieht. Dieser Befestigung gehen, was Schindler noch nicht erkennen konnte, zwei Grabenringe voraus, die seit den 1980er Jahren großflächig ergraben wurden und seither als Überreste der ältesten Befestigung des Ortes gelten können. Der innere Graben (Periode I nach Kablitz) gehört offenbar in eine Zeit, in der slawische Keramik in Hamburg noch nicht gebräuchlich war – unter den Tongefäßresten aus seinen Füllschichten fand sich keine einzige Scherbe, die man als slawisch oder slawisch beeinflusst bezeichnen könnte. Anders steht es mit den Füllschichten des äußeren Grabens: Sie enthalten einige frühe slawische Scherben. In der ersten Hälfte des 9. Jahrhunderts, als die slawische Keramik in Hamburg einsetzte, lag der Graben (Periode II) somit noch offen. Ausgehend von der Datierung dieser slawischen Gefäßreste lässt sich der Grabenring (Periode II) als letzter noch erhaltener Rest der zur Zeit Ansgars bestehenden, im Jahre 845 zerstörten Hammaburg deuten.

In Periode III, der sich eine Befestigung auf dem Domplatz nicht zuordnen lässt, ist frühe slawische Tonware mit den Typen Sukow und Feldberg gut repräsentiert, ebenso die friesische Muschelgrusware. Unter dem Wall der Befestigung Periode IV barg man im Schnitt P (1956) jedoch auch Scherben vom Typ Menkendorf sowie ein großes Gefäßfragment vom Typ Groß Raden (*Abb. 3,8*) mit kräftig einziehender Schulter, für das sich gut datierte Parallelen erst im 10. Jahrhundert finden lassen, so in Groß Raden, Oldenburg und Warder. Nach

3 Hamburg, Keramik der Typen Menkendorf (1–7) und Groß Raden (8–10). Abb. o. M

der slawischen Irdenware zu urteilen, reicht Periode III mindestens bis in das ganz späte 9. Jahrhundert, eher noch bis in das 10. Jahrhundert.

Der Verbreitungsschwerpunkt der mittelslawischen Ware (Typ Menkendorf und Groß Raden) sowie des slawisch beeinflussten Typs Hamburg B liegt am Südrand des Domplatzes. Dort, in den Schnitten G (1950) und J (1954), stieß Schindler auf die von ihm so bezeichnete Slawenschicht, die er als Hinterlassenschaft einer Siedlung der Obodriten aus der Zeit der slawischen Oberhoheit über das Gebiet zwischen 804 und 810 betrachtete (s. auch Beitrag Stephan Freund). Tatsächlich ist slawisch und slawisch beeinflusste Keramik[21] gut vertreten; sie dominiert aber nicht: Gefäßreste der Typen Menkendorf, Groß Raden und Hamburg B weisen in das 10. Jahrhundert (*Abb. 3,3.9.10; 4,11*). Über der fraglichen Schicht folgen Ablagerungen, die als Wallreste zu deuten sind.

Bei Berücksichtigung aller Grabungsergebnisse auf dem Domplatz ergibt sich: Die Periode IV mit der Wall-Graben-Befestigung gehört weitgehend in das 10. Jahrhundert. Das Ende der Burg ist über die slawische Keramik zeitlich nicht einzugrenzen. Eine einzige Scherbe ist mit Sicherheit der Gurtfurchenware zuzuordnen (*Abb. 5,1*). Spätestens in der ersten Hälfte des 11. Jahrhunderts endet somit die slawische Keramikkomponente auf dem Domplatz, ohne dass sich noch ein Zusammenhang mit der Bebauungsgeschichte des Areals erkennen ließe.

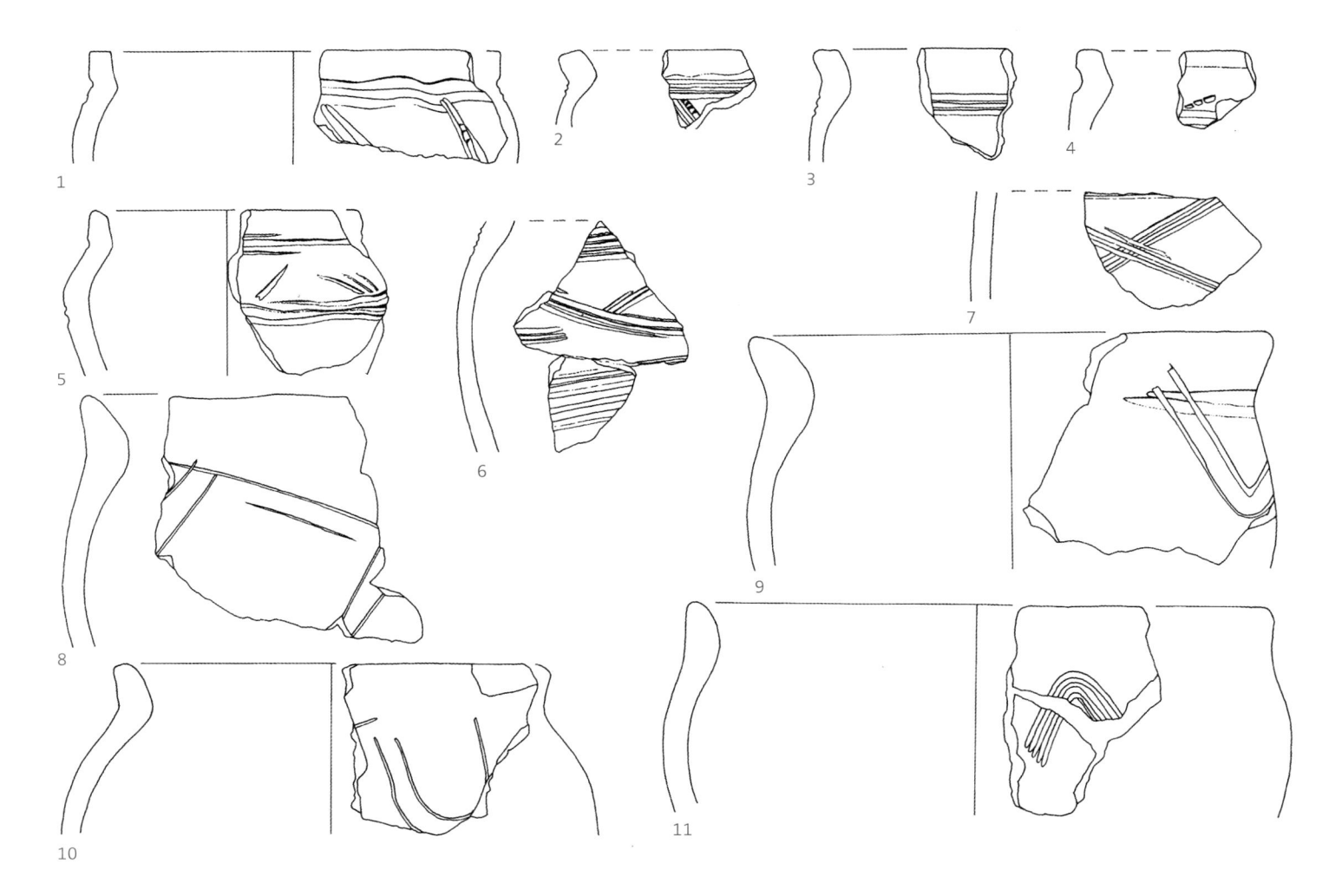

Damit können wir uns der historischen Deutung der slawischen Keramik in Hamburg und seinem Umland zuwenden. Seit der Karolingerzeit ist am Ostrand des Frankenreiches – im heutigen Deutschland von der Oberpfalz bis an die Niederelbe – ein slawischer Einschlag im archäologischen Material zu beobachten. In manchen Gegenden treten slawische Ortsnamen hinzu – nicht so im Hamburger Raum. Südlich der Elbe reichen die slawischen Ortsnamen nicht über die Ilmenau nach Westen, nördlich der Elbe überschreiten sie den von Boizenburg bis Kiel verlaufenden *Limes Saxoniae* um einige Kilometer, doch in den schon zur Karolingerzeit sächsisch besiedelten Landstrichen westlich der Bille fehlen sie[22]. Historische Nachrichten über westlich der genannten Linie siedelnde Slawen fehlen ebenfalls. Dem negativen Zeugnis onomastischer und historischer Quellen entspricht das archäologische Material insofern, als auf keinem einzigen Fundplatz im Hamburger Raum das slawische Material dominiert – regelrecht *slawische Siedlungen* sind dort demnach nicht nachweisbar[23].

Berücksichtigt man ferner, dass die Keramik das einzige Element im archäologischen Material ist, bei dem sich slawischer Ursprung oder Einfluss aufzeigen lässt[24], so bleiben zwei Deutungsrichtungen: Entweder dienten die slawischen Töpfe als Handelsware oder als Behälter für Handels- oder Tributware, oder sie sind als Beleg für die Ansiedlung von Slawen an sächsischen Orten zu werten.

Der Handel hat gewiss eine Rolle gespielt. Im 9. und 10. Jahrhundert waren die slawischen Gefäße oft von besserer Qualität als die einheimische Irdenware. So sind viele slawische Töpfe auf dem Seeweg nach Haithabu importiert worden. Ihr Anteil an der gesamten Keramik beträgt dort im Siedlungsareal 7 Prozent, im Hafen jedoch 24 Prozent[25]. In Hamburg mögen die Verhältnisse ähnlich gewesen sein, und womöglich sind etliche slawische Töpfe aus dem *Stormarngau* und aus dem südelbischen Umland über Hamburg dorthin gelangt.

Das Vorbild slawischer Keramik führte bald zur Herstellung von Eitöpfen des Typs Hamburg A und von Kugeltöpfen des Typs Hamburg B. Bei letzteren liegt der Verdacht nahe, dass sich ein Slawe oder eine Slawin in Hamburg niedergelassen und guten Absatz für das vor Ort gefertigte Tongeschirr gefunden hat. Solche Erzeugnisse einzelner Werkstätten lassen sich bislang nur dann

4 Hamburg, sächsisch-slawische Mischformen, Typ Hamburg A (1–7) und Hamburg B (8–11). Abb. o. M

gut erkennen, wenn sie sich durch typologische Besonderheiten auszeichnen. Neben dem Typ Hamburg B sind dies in der Zeit um 1000 zwei große Gefäßserien in Oldenburg[26], jeweils vertreten durch mehr als 100 in Resten erhaltene Töpfe, und der Haithabu-Drehscheibentopf des 10. Jahrhunderts[27], der in seiner Qualität die Werkstattserien aus Hamburg und Oldenburg deutlich übertrifft.

Haithabu und Hamburg sind die einzigen Orte, an denen friesische und slawische Keramik in nennenswertem Umfang zusammen auftreten. Dass Friesen über Eider und Treene und dann auf dem Landweg nach Haithabu kamen, um von dort aus Handel im Ostseeraum zu treiben, ist allgemein bekannt. Die Muschelgruskeramik – als Handelsware offenbar nicht begehrt, da aus dem Hamburger Umland nicht bekannt – hat als Mitbringsel friesischer Kaufleute zu gelten, die zu Schiff von der Nordsee aus nach Hamburg gelangten. In Hamburg mögen sie slawische Kaufleute aus dem Travegebiet getroffen haben, um Pelze und Wachs, Honig oder Sklaven zwecks Weiterverkauf im Westen Europas zu erwerben. Womöglich begaben sich friesische Händler auch zu dem bedeutenden Burgwall Hammer an der oberen Stecknitz, um dort die begehrten Waren zu kaufen. Aus geographischen Gründen waren Hamburg und Hammer prädestiniert für direkte slawisch-friesische Kontakte; sächsische und friesische Gefäßreste hat man in Hammer mehrfach geborgen[28]. Spätestens zur Zeit Ansgars profitierte der Ort am Zusammenfluss von Alster und Elbe von seiner Grenzlage. Angesichts des in karolingisch-ottonischer Zeit erst im Ausbau befindlichen Landwegenetzes, verbunden mit der Provenienzbestimmung der slawischen Irdenware aus Hamburg, ist anzunehmen, dass die über Hamburg und Hammer führende Handelsroute noch nicht über die obodritischen Lande hinausführte.

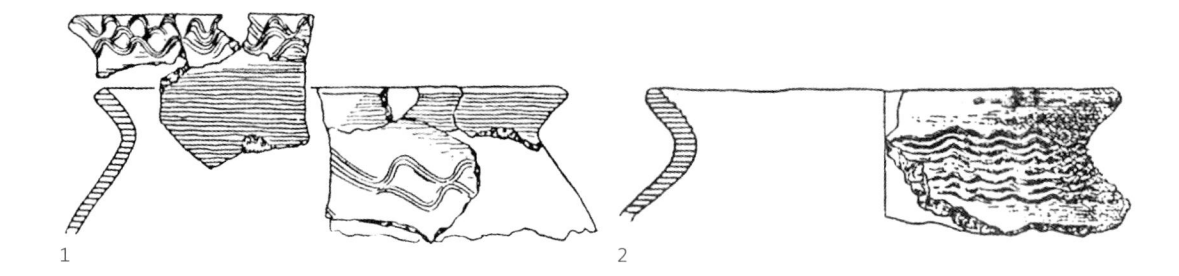

Warum endet der Zustrom slawischer Keramik kurz nach der Jahrtausendwende? Die politischen Beziehungen zwischen Sachsen und Obodriten erlebten im 9. und 10. Jahrhundert einen ständigen Wechsel zwischen Konflikt und Kooperation, ohne dass sich Auswirkungen auf das Keramikspektrum erkennen lassen. Daher wird auch ein Bruch zwischen den sächsischen und obodritischen Herrschern nach dem Lutizenaufstand 983 nicht zum Verschwinden der slawischen Keramik in Hamburg geführt haben. Wahrscheinlicher ist, dass sich die lokale Keramikherstellung am Ende der ottonischen Zeit mehr und mehr an dem wohl zuvörderst von Friesland vermittelten Standard westlicher Gefäßherstellung orientierte. Der Kugeltopf wurde Allgemeingut, slawische Keramik war nicht mehr gefragt.

Wie steht es mit den Schlussfolgerungen, die Schindler einst aus dem Vorkommen slawischer Keramik in Hamburg zog? Ihm war zunächst der Unterschied zwischen den Keramikspektren vom Domplatz und der zuvor durchgeführten Grabung in der einstigen Elbniederung an der Kleinen Bäckerstraße aufgefallen (s. auch Beitrag Elke Först, Altstadt). Zur einheimischen Irdenware gesellte sich auf dem Domplatz die slawische Keramik (»*Ostseeware*«), während in der Kleinen Bäckerstraße die zumindest friesisch inspirierten Kugeltöpfe (»*Nordseeware*«) in beachtlicher Menge hinzutraten. Die »*Burgkeramik*« (»*Hammaburg-Keramik*«; »*civitas-Keramik*«) mit östlichem Einschlag sah Schindler im Kontrast zur westlich geprägten »*Suburbiumskeramik*«; später sprach er bezüglich der Funde vom Domplatz von »*Geestkeramik*« und unterschied sie von der »*Marschenkeramik*«[29]. In seinen späteren Arbeiten hat Schindler das Thema nicht weiter verfolgt, und man darf fragen, ob diese etwaigen Unterschiede nicht rein chronologisch bedingt sind, da die Zeit nach 1000 in der Niederung sehr gut belegt ist, auf dem Geestrücken jedoch nicht – erst eine detaillierte Gesamtvorlage der Hamburger Keramik könnte diesen Punkt klären.

Zweitens glaubte Schindler, dass slawische Tonware »*nach der Schichtenabfolge in einer relativ kurzen Zeitspanne unmittelbar vor Erbauung der Befestigung in die Erde*« gelangt sei[30]. Diese Einschätzung gründete sich zunächst auf eine Schicht im Schnitt G, der 1950 untersucht worden war; es handele sich bei den Keramikresten um die »*Hinterlassenschaft eines ersten obodritischen Westvorstoßes in der kurzen Zeitspanne der strafweise und vorübergehend vollzogenen Aussiedlung der nordelbischen Sachsen durch Karl d. Gr.*«, womit die Jahre 804 bis 810 gemeint waren[31]. Noch deutlicher schien der weiter wallwärts 1954 gezogene Schnitt J zu zeigen, »*daß die slawische Fundschicht unmittelbar von den Fundamenten der Hammaburgbefestigung überlagert war*«, die im zweiten oder dritten Jahrzehnt des 9. Jahrhunderts errichtet worden sei[32].

Hier verbinden sich Fehldeutungen und Unklarheiten. Erstens sind die slawischen Funde aus den besagten Schnitten kaum vor dem 10. Jahrhundert in den Boden gelangt. Zweitens kann von einem »*exklusiv-slawischen*« Fundhorizont nicht die Rede sein; die Reste von rund 100 slawischen Gefäßen verteilen sich auf einen Zeitraum von gut 200 Jahren, wobei der »*Zustrom*« gewiss Schwankungen erlebte. Drittens bestehen erhebli-

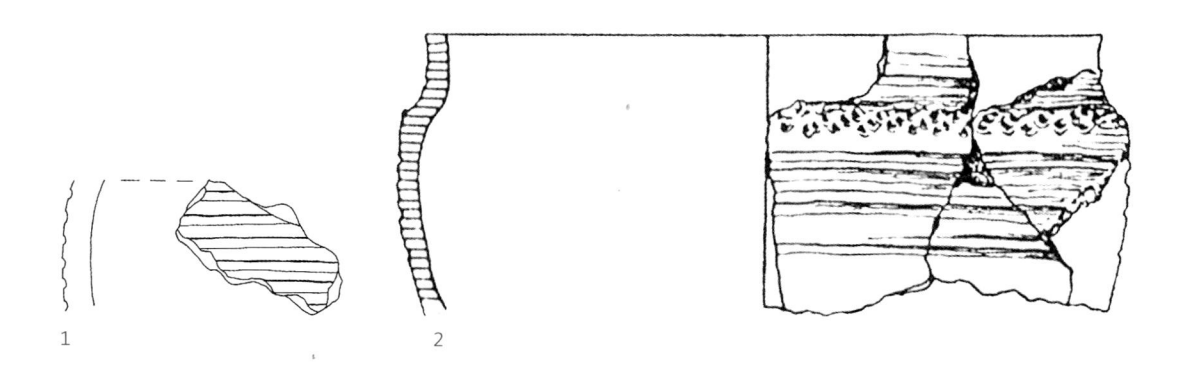

5 Hamburg, Gurtfurchenware, Wandungsscherbe (1) und Typ Warder (2). Abb. o. M

che Probleme bei der Erkennung des inneren Wallfußes und damit auch bei der stratigrafischen Deutung der slawischen Funde. Der Hypothese, dass eine slawische Besiedlung Hamburgs zwischen 804 und 810 archäologisch nachgewiesen sei, ist jegliche Grundlage entzogen.

Den Irrtümern Schindlers stehen seine weit größeren Verdienste gegenüber: Die Aufdeckung wesentlicher – gewiss längst nicht aller – Teile des frühmittelalterlichen Hamburgs unter der heutigen City. Wenn auch heute neue Grabungen eine differenziertere Sicht gestatten – die Menge der slawischen Keramik hat sich in den letzten Jahrzehnten annähernd verdoppelt – so bleibt doch das Problem, dass es nur wenige slawische Scherben sind, die dazu beitragen, den Ringwall auf dem Domplatz von der Zeit Ansgars nunmehr in die ottonische Zeit zu verschieben.

6 Hamburg, Kugeltöpfe mit Wellenzier. Abb. o. M

ANMERKUNGEN

1 Allgemein zur Keramikentwicklung bei Sachsen und Friesen: Steuer 1979, 93–102; Stilke 2001a.
2 Ausführlich zur slawischen Keramik vom Hamburger Domplatz: Kempke 2002.
3 Allgemein zur nordwestslawischen Keramik: Kempke 2001; Töpferöfen sind mittlerweile für die fortgeschrittene spätslawische Zeit nachgewiesen: Biermann/Pust 2011.
4 Typengliederung erstmals Schuldt 1956; ausführlich zum Typ Sukow: Dulinicz 2006.
5 Kempke 1988a, 91–95; Gabriel/Kempke 1991, 135.
6 Schon in Groß Strömkendorf treten diese Randformen kaum noch auf; Brorsson 2010.
7 Hansestadt Lübeck: Siedlungen Genin, Pöppendorf, Vorwerk (Willroth 1985, Abb. 2,4; 3,9; 4,2), Kücknitz (Dulinicz/Kempke 1993, Abb. 15,1.2.6; 21,27), Burgwälle Alt Lübeck (Kempke 1988b, Abb 26, 11), Lübeck-Burgkloster (Willroth 1982, Abb. 98,16; 100,22; 101,19; 102,6; 103,6). – Kreis Herzogtum Lauenburg: Burgwälle Alt Horst, Hammer, Farchau (Schmid-Hecklau 2002, Taf. 37,9.10; 56,1.5.6.7.9; 57,1.7; 121, 2; 122,2), Klempau (Fehring 1981, Abb. 4, 13).
8 Laux 1997, 57–73; dazu Kempke 2002, 109 f.
9 Kempke 1984, 58–80.
10 Herrmann/Heußner 1991; Henning/Heußner 1992; Dulinicz 2006.
11 Kempke 1988a, 91.
12 Goltz 1989.
13 Schuldt 1985, 85–87, Form 1 und 2; Kempke 1984, 40, 65; Kempke 1981, Taf. 5,1.4.6; 6,5.9; 8,3; 9,1; zusammenfassend Kempke 2001, 223.
14 Schuldt 1985, 90; Kempke 2001, 239.
15 Schindler 1952a, 117 Taf. VII, 3; 1959b, 193 f. Typ 3, Abb. 2, 6.7.13. Er fasste sie irrigerweise mit sächsischen Eitöpfen zusammen. Deren Ähnlichkeit mit früher slawischer Keramik führte zum Hinweis auf das Elbe-Saale-Gebiet; aus Ostholstein und Mecklenburg lag damals noch kein Vergleichsmaterial vor.
16 Kempke 2002, Abb. 13 f.
17 Steffens 1955, 112 f. Abb. 3.
18 Kempke 1981, 292 f. Abb. 2.
19 Roslund 2007, 300 f.
20 Gemarkung Hamburg-Altstadt: Pelzerstr. – Schauenburgerstr. (Fpl. 44, Christeleit 2011); Große Reichenstr. 7–9 (Fpl. 49, Steffens 1955); U-Bahn-Grabung (Fpl. 53, Steffens 1958b); Dornbusch (Schindler 1961).
21 Ein Fundstück mit Kreuzstempeln (zuletzt Schindler 1959b, Abb. 2,3; Kempke 2002, Abb. 10,11) ist nicht slawisch, sondern als Tüllenschale zu deuten, die im Nordseeraum neben den dort üblichen Ei- und Kugeltöpfen auftritt (Stilke 2001a, 50, 53).
22 Zur sächsisch-slawischen Grenze zuletzt Müller-Wille 2011b; Lemm 2013b, 339–356.
23 Zu den Siedlungen des 8.–12. Jahrhundert westlich des Limes Saxoniae ausführlich Lemm 2013, 226–243.
24 Schindler (1961, 104) erwägt slawischen Einfluss bei Blockbauten in der Grabung Dornbusch; sie sind leider unvollständig erfasst, Feuerstellen fehlen. Ob es sich wirklich um slawische Häuser handelt, bleibt ungewiss.
25 Lüdtke 2013, 51–60; 84.
26 Kempke 1988a, 99;
27 Zuletzt Lüdtke 2013, 38–44; Stilke 2001a, 43 f.;
28 Schmid-Hecklau 2002, 105–112; Kat.Nr. 87, Taf. 46–68; zur Verbindung Hamburg–Hammer s. Beitrag Kempke (Fernwege) in diesem Band.
29 Schindler 1951a, 91; 1952a.
30 Schindler 1951b, 284, Abb. 1, 7–20 mit Ei- und Kugeltöpfen und den Typen Hamburg A und B.
31 Schindler 1951a, Abb. 14 Schicht D; 1952a, 118.
32 Schindler 1955, 20.

SLAWISCHE KERAMIK

Die Teilung Mitteleuropas in einen germanisch-deutschen Westen und einen slawischen Osten lässt sich an den politischen Grenzen ebenso erkennen wie an den Namen der vor rund 1.000 Jahren gegründeten Orte: Endungen auf -ingen, -stedt und -büttel enden im Osten ungefähr an der Linie Kiel – Lauenburg – Magdeburg. Östlich davon gibt es stattdessen Ortsnamen, die auf -ow, -itz oder -in enden und meistens slawischen Ursprungs sind. Als obersten Gott vor Einführung des Christentums verehrten die Germanen Wotan (Odin), die Slawen Swantewit (Swarog).

Im archäologischen Material ist dieser Kontrast nicht überall zu erkennen. Waffen, Werkzeug und Hausgerät zeigen kaum Unterschiede zwischen Ost und West. Gleiches gilt für die hier wie dort bis weit nach 1100 üblichen Wallburgen. Anders ist dies bei den ländlichen Siedlungen: Bei den Sachsen und den anderen Stämmen des Karolingisch-Ottonischen Reiches geht die Entwicklung hin zu großen Dörfern, bei den Slawen hingegen zu kleineren Ortschaften und Gehöftgruppen. Wie bei ihren Nachbarn im Westen zeigt sich auch bei den Slawen im Laufe des frühen Mittelalters eine kräftige Entfaltung technischen und künstlerischen Schaffens. Von Wikingern und Friesen lernten die Obodriten, Rügenslawen und Pomoranen den Bau von Seeschiffen. In Mähren blühte nach 800 ein eigenständiges Kunsthandwerk auf und fand bald bei den anderen slawischen Völkern Nachahmung: Schläfenringe, getragen am Stirnband oder Kopftuch, waren im 11.–13. Jahrhundert der übliche Frauenschmuck vom Obodritenland bis zur Kiewer Rus´.

Unter den verschiedenen Fundgattungen sind Tongefäße am weitaus häufigsten. Scherben eines zerbrochenen Gefäßes waren, anders als Gegenstände aus Holz oder Metall, zu nichts mehr zu gebrauchen und blieben oftmals bis heute erhalten. Aus Schleswig-Holstein, östlich der Linie Kiel-Lauenburg, kennt man mehr als 400 Fundstellen mit slawischer Keramik, im Westen zwischen Eider und Elbe knapp 150 Fundorte mit sächsischer Keramik. Etliche Burgwälle und Siedlungen entlang der Grenze führen beide Sorten. Andernorts, in Ostdänemark und Teilen Schwedens, ebenso bei den baltischen Völkern, treten nach der Jahrtausendwende Tongefäße slawischer Art an die Stelle einheimischer Irdenware. Auch die Hamburger fertigen Töpfe nach slawischem Vorbild, vor allem im 10. Jahrhundert. Bald nach 1000 aber stellt man in Hamburg nur noch Kugeltöpfe friesischer Art her, selbst die Einfuhr slawischer Töpfe kommt zum Erliegen. Mit Völkerwanderungen oder Eroberungen haben Veränderungen des Keramikspektrums somit nicht immer zu tun.

Torsten Kempke

	Slawische Töpfe, als Handelsgut oder Tributware aus dem Reich der Obodriten nach Hamburg gelangt		Im Hamburger Raum nach slawischem Vorbild gefertigte Töpfe
eher 10. Jh.	Typ Menkendorf	Typ Groß Raden	Typ Hamburg B
eher 9. Jh.	Typ Sukow	Typ Feldberg	Typ Hamburg A

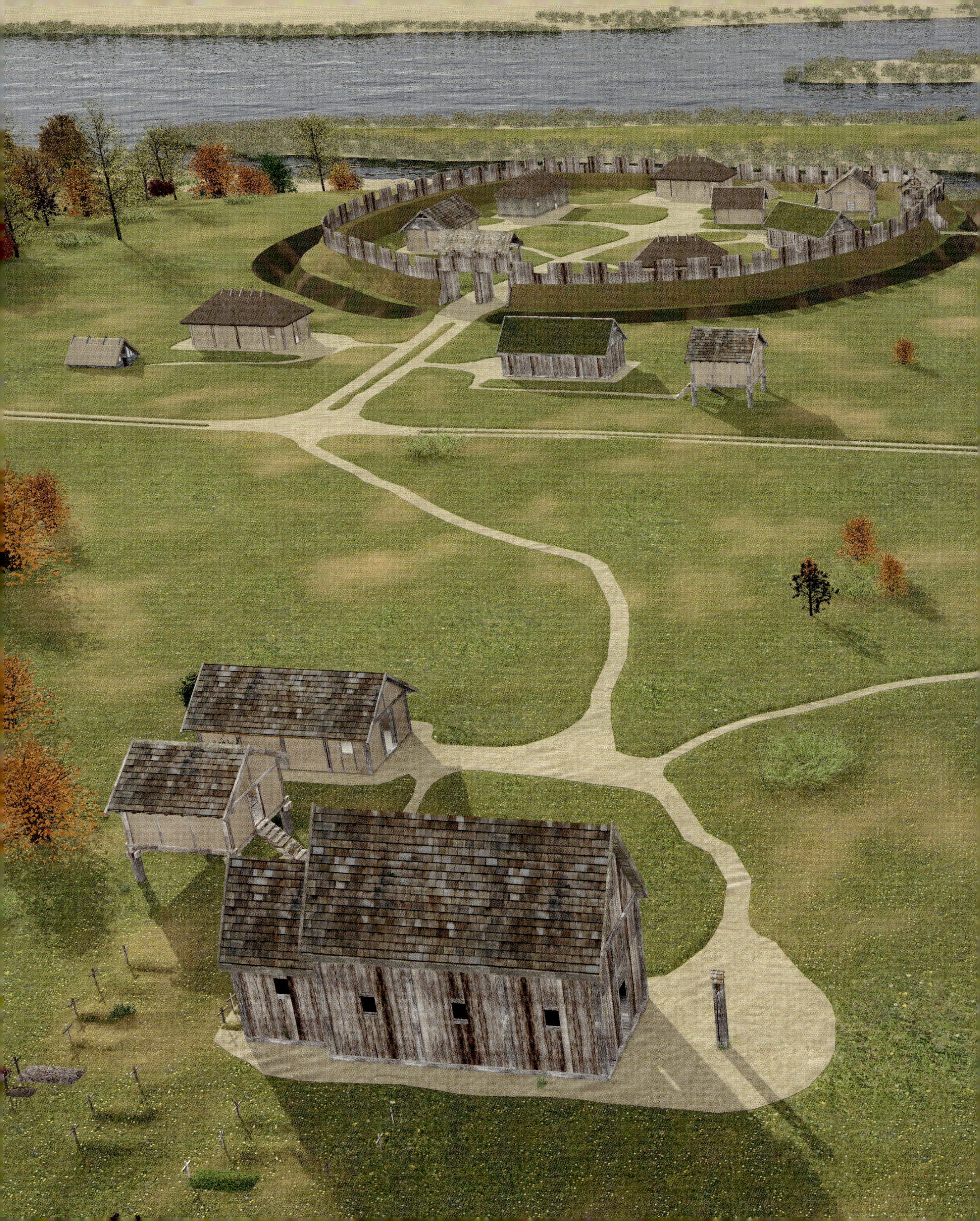

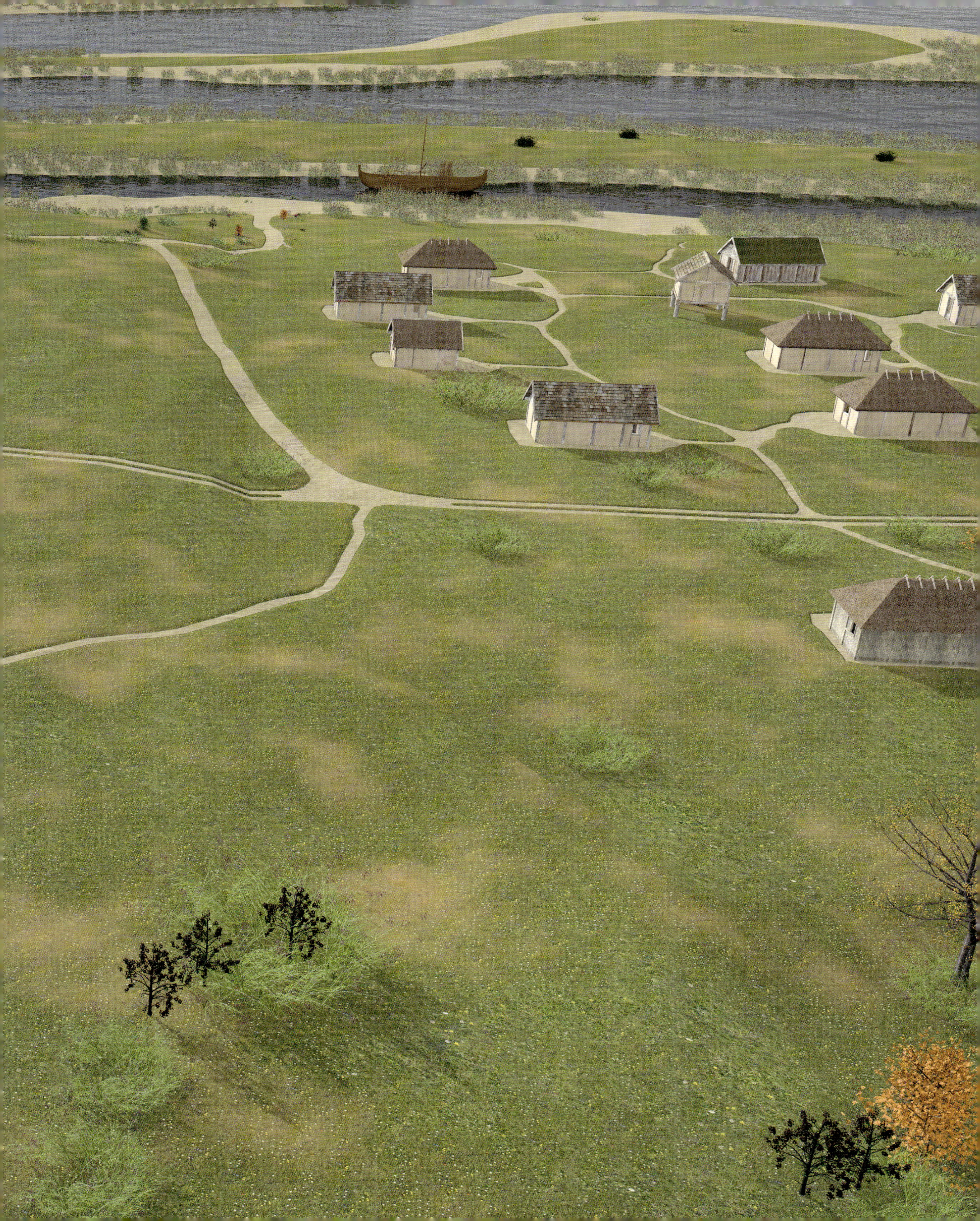

Die Ausgrabungen in der Hamburger Altstadt

Tafel 5 Virtuelle Rekonstruktion Hammaburgs zur Zeit Ansgars (vor 845).
Ansicht von Norden. Die Kirche Ansgars im Vordergrund ist archäologisch nicht nachgewiesen, ihr Standort ist aber unter der heutigen St.-Petri-Kirche zu vermuten.

Hamburg im frühen Mittelalter

Elke Först

ALTLANDSCHAFT

Das prägende topografische Merkmal der Hamburger Altstadt ist ein Geestsporn, der nach Norden und Westen in die Alsterniederung und nach Süden in die durch Wasserläufe aufgegliederte Flussmarsch der Elbe abfällt. Im heutigen Stadtbild ist die ursprüngliche Topografie durch die tief greifende Umgestaltung des Stadtbildes, beginnend nach dem Großen Brand im Jahr 1842, weitestgehend überformt. Noch immer aber sind die zur Elbmarsch und zur heutigen Binnenalster abfallenden Geesthänge erkennbar.

Der von Ole Harck[1] publizierte Höhenschichtplan der Hamburger Altstadt spiegelt die durch bauliche Bodeneingriffe in Teilbereichen stark veränderte Geomorphologie eines pleistozänen Moränenrückens wider, der im Bereich der Hamburger Altstadt von der 12-m-Höhenlinie im Osten terrassenartig auf die 3-m-Höhenlinie im Westen abfällt (Abb. 1). Im Wesentlichen durch menschliche Eingriffe überformt sind die Alsterniederung und die südlich vorgelagerte Elbmarsch, die im Zuge der im 13. Jahrhundert einsetzenden Baulandgewinnungsmaßnahmen durch Bodenaufträge massiv aufgehöht wurden. Die Elbmarsch gliederte sich hier ursprünglich durch verschiedene natürliche Wasserläufe in mehrere Werder auf. Zu ihnen zählen die sogenannte *Reichenstraßeninsel*, der *Cremon*, der *Grimm* sowie der *Grasbrook*, die als Stadterweiterungsgebiete, mit Ausnahme des *Grasbrooks*, ab 1200 planmäßig kolonisiert worden sind.

Der Domplatz mit den Überresten der zweiphasigen Grabenanlage aus dem 8. und der ersten Hälfte des 9. Jahrhunderts sowie der um 900 errichteten, ebenfalls zweiphasigen Wall-Graben-Befestigung der Periode IVa/b (s. Beitrag Karsten Kablitz) liegt im Bereich des heute hier nach Süden zum späteren Reichenstraßenfleet abfallenden Geesthanges (Abb. 1). Die Errichtung der beiden Gräben in spätsächsischer und karolingischer Zeit erfolgte auf einem Plateau, das nach Schleifung des jüngeren Grabens teilweise abgegraben und anschließend planiert worden war. Das heutige Gelände fällt auf einer Strecke von knapp 95 m von Norden um wenigstens 3 m nach Süden ab. Sowohl im Westen entlang des von Norden nach Süden verlaufenden Straßenzuges Bergstraße – Schmiedestraße – Alter Fischmarkt als auch im

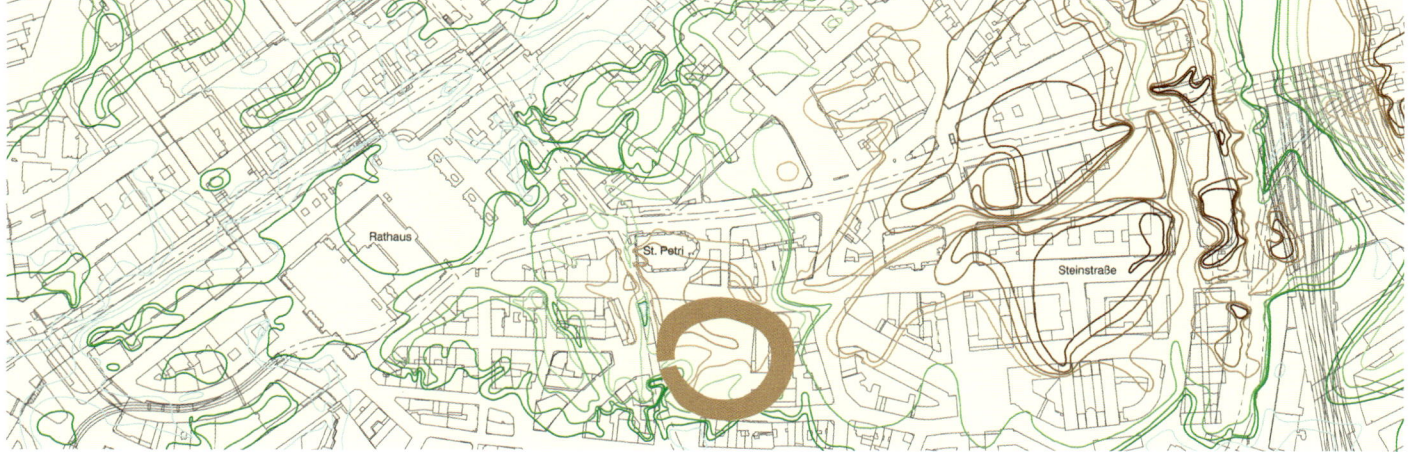

1 Hamburg. Höhenschichtplan nach Harck (2002) mit der in Graubraun wiedergegebenen Wall-Graben-Befestigung der Periode IVa/b.

Norden im östlichen Abschnitt der Straße Speersort sind im Höhenschichtplan rinnen- bzw. senkenartige Geländeeinschnitte fassbar. Allerdings ist der Geländeeinschnitt westlich des Domplatzes – mit Ausnahme des in den Grabungsschnitten von 1949/50 erfassten, stufenartig nach Westen abfallenden Geesthanges mit einer Erosionsrinne (s. Beitrag Karsten Kablitz) – offenbar auf den U-Bahnbau 1958/59 zurückzuführen. Wie diese Rinne ist auch die Senke im Norden mit dem hier eingegrabenen, zu Periode IVa der Wall-Graben-Befestigung gehörigen Graben natürlichen Ursprungs[2]. Im Höhenschichtplan zeichnet sich östlich des Domplatzes ein weiterer, von Norden nach Süden verlaufender Geländeeinschnitt ab, der sich teilweise mit den 1938 in der Baugrube des Pressehauses angeschnittenen Gräben bzw. mit dem hier im östlichen Graben verlegten, 1269 urkundlich genannten Hasenmoor (einem steingefassten Abwassergraben) des sogenannten Heidenwalls und weiteren, 1968 bei der Erweiterung des Pressehauses dokumentierten Gräben deckt[3]. Der in Form eines Querriegels zwischen Alster und Elbe angelegte Heidenwall sicherte vom frühen 11. bis zum 13. Jahrhundert als älteste Stadtbefestigung den Geestsporn der Hamburger Altstadt mit dem Kirchspiel St. Petri nach Osten ab. Auch in diesem Fall ist davon auszugehen, dass der sich im Höhenschichtplan abzeichnende Geländeeinschnitt in Wahrheit auf die Gräben dieser Befestigungslinie zurückzuführen ist. Vor dem Hintergrund der massiven Bodeneingriffe und Überformungen ist daher lediglich eine Annäherung an das ursprüngliche Relief des altstädtischen Geestsporns möglich. Erkennbar ist jedoch ein stufenartig nach Westen sowie nach Norden und Süden zur Alsterniederung und Flussmarsch hin abfallender Geestsporn.

Im Westen und Norden umfloss die Alster als mäandrierender Nebenfluss der Elbe den Geestsporn. Die Alstermündung, das heutige Nikolaifleet, ist in Luftlinie knapp 1 km vom Domplatz entfernt. Unterhalb des Geestsporns dehnte sich zur Alster hin ein breiter Niederungsstreifen aus, der regelmäßig überschwemmt wurde. Im Bereich des Hamburger Rathauses und des Rathausmarktes liegt die alte Oberfläche der Uferniederung weit unter Normalnull. Erst für den Bau der beiden hier gelegenen Bettelordensklöster St. Marien Magdalenen und St. Johannis wurde das Baugelände in der ersten Hälfte des 13. Jahrhunderts durch einen Sandauftrag über einer mächtigen Packlage aus Birken- und Erlenzweigen massiv aufgehöht[4].

Die naturräumlichen Gegebenheiten lassen ein auf drei Seiten durch Erlenbruchwald im Uferbereich der Alster und des späteren Reichenstraßenfleets geschütztes, hochwasserfreies Siedlungsareal mit einer Fläche von ca. 6 ha in Spornlage erkennen. Die Alster und die Wasserläufe in der Elbmarsch mit ihrer nahen Anbindung an die Elbe sowie die Nähe zur Alsterfurt des aus Stormarn kommenden, über den Geestsporn der Hamburger Altstadt nach Osten führenden Landweges in Höhe der Mühlenbrücke boten darüber hinaus verkehrstopografisch gute Voraussetzungen zur Gründung einer Siedlung mit zentralörtlichen Funktionen, die sich im nördlichen Grenzbereich des karolingischen Reiches zu den dänischen Wikingern im Norden und den im Osten siedelnden Slawen befand. Die Standortfaktoren – hochwasserfreie Lage im Übergangsbereich zwischen Geest und Marsch mit direkter Anbindung an Land- und Wasserwege – teilt Hamburg mit den von Annette Siegmüller und Hauke Jöns[5] herausgestellten *Geestrandburgen*. Die bereits in älterer Zeit als siedlungsgünstig erkannte Lage wird u. a. durch sekundär umgelagerte Funde trichterbecherzeitlicher Keramik und Scherben der Römischen Kaiserzeit auf dem Domplatz sowie der späten Vorrömischen Eisenzeit im Norduferbereich des Reichenstraßenfleets unterhalb des Domplatzes angezeigt. In die gleiche Richtung weist ein auf alten Plänen verzeichneter, um 1800 abgetragener Grabhügel am Raboisen im Bereich der Domkurien nordöstlich der alten, 1195 erstmals genannten Markt- und Hauptkirche St. Petri hin. Hier befindet sich heute das 2006 eröffnete Einkaufszentrum Europapassage[6].

SIEDLUNGSAREALE UND WEGEVERBINDUNGEN

Die bislang bekannt gewordenen archäologischen Baubefunde und Funde des Frühmittelalters konzentrieren sich auf ein eng gefasstes Areal, das im heutigen Stadtgrundriss im Westen durch die Große Johannisstraße, im Norden durch den Straßenzug Rathausstraße – Speersort, im Osten durch die Buceriusstraße und im Süden durch den Straßenzug Neß – Große und Kleine Reichenstraße begrenzt wird (*Abb. 2*). Im östlichen Teil des umschriebenen Areals liegt der Domplatz, der bis dato als Keimzelle der Stadt gilt. Auf ihm bzw. in seinem Umfeld liegen die in drei großen Grabungskampagnen der Jahre 1949–1956, 1980–1987 und 2005/06 ausgegrabenen Überreste dreier Befestigungen. Hierzu zählen die beiden Spitz- bzw. Sohlgräben der in den 1980er Jahren entdeckten und zunächst als einphasig interpretierten sogenannten Doppelgrabenanlage[7], die aber nach den keramischen Funden aus den Grabenverfüllungen zweiphasig ist. Die jüngere Grabenanlage lässt sich in die erste Hälfte des

EIN KLEINES KREUZ AUS KNOCHEN

Das kleine Pektoralkreuz (ein Kreuzanhänger) wurde 1954 im Bereich des einstigen Ufermarktes in Fundschichten des 10. Jahrhunderts bei Ausgrabungen auf der ehemaligen Reichenstraßeninsel südlich des Domplatzes entdeckt. Das Hamburger Kreuzchen wurde aus Knochen geschnitzt und misst nur 2,03 cm in der Höhe, 1,4 cm in der Breite und ist 0,45 cm dick. Die Oberfläche ist stark abgegriffen und wirkt daher regelrecht poliert, nur am Fußende ist die Oberseite abgeplatzt. Am Kopfende weist der Anhänger eine Durchbohrung für eine Trageschnur auf, von der sich ein ca. 10 cm langes Stück aus unversponnener Pflanzenfaser erhalten hat. Leider ist jüngst durch unsachgemäße Behandlung das Kopfende abgebrochen und unzulänglich repariert worden. Die im Halbrelief gearbeitete Miniatur stellt den gekreuzigten Jesus dar. Fünf Kerben zeigen auf dem kleinen Kopf Augenbrauen, Augen und den Mund an. Unter dem Hals ist ein V-förmiges doppeltes Band eingekerbt, während der Rest des Körpers mit schräg angesetzten Kerben gestaltet ist. Diese Bildformel wurde in der byzantinischen Kunst entwickelt und fand breiten Anklang, bis sie dem uns heute vertrauten Motiv des Lendenschurzes wich.

Man kennt mehrere dieser Anhänger, die sich alle so sehr ähneln, dass angenommen worden ist, sie stammten aus einer Werkstätte. Gleich zwei werkstattfrische Exemplare stammen von der Burg Kanstein bei Langelsheim nahe Goslar im Harz (Niedersachsen), wo verschiedene Beinschnitzereien angefertigt worden sind und möglicherweise das Produktionszentrum lokalisiert werden kann.

Bisweilen ist vermutet worden, die Kreuzchen seien als diplomatische oder missionarische Geschenke in Umlauf gekommen, was bislang aber nicht überzeugend zu belegen ist.

Immerhin aber ist das kleine Kreuz neben der Kreuzfibel aus dem 9. Jahrhundert (s. Beitrag Sven Spiong) das älteste Fundobjekt in Hamburg, das den christlichen Glauben bezeugt. Gemeinsam mit den anderen Anhängern seiner Art macht es sichtbar, wie weit verbreitet das Christentum schon war.

Lisa Hansen

Literatur
Steffens 1955; Wiechmann 1999b; Gabriel 2001; Steinmetz 2002.

1 Das vom Gebrauch polierte Knochenkreuz aus der Grabung Große Reichenstraße, Fpl. 49 (Inv.-Nr. MHG 1954:117).

IM MIST GEFUNDEN – DER VERGOLDETE REITERSPORN VON DER REICHENSTRASSENINSEL

1 Der vergoldete Sporn aus der Ausgrabung Große Reichenstraße, Fpl. 42 (Inv.-Nr. MHG 1954:70).

2 Sporen aus den Altstadtgrabungen. Vorne: Untersuchungen beim U-Bahnbau, Fpl. 62; hinten: Ausgrabung Große Reichenstraße, Fpl. 49 (Inv.-Nr. *von links nach rechts*: MHG 1958:78; 1948:102; 1954:69).

Unter den auffälligen Funden der 1954 durchgeführten Ausgrabung an der Großen Reichenstraße befinden sich zwei Stachelporen, von denen einer aufgrund seiner vergoldeten Messingplattierung besonders ins Auge sticht (Abb. 1 u. 2). Während der eiserne Stachelsporn aus einem gestörten Grabungsbereich stammt, fand sich der vergoldete Sporn in einer Dungschicht, mit der das Gelände im Zuge der um 1200 planmäßig durchgeführten Baulandgewinnung künstlich aufgehöht wurde. Nach der Fundvergesellschaftung mit Kugeltopfkeramik und importierter Keramik der rheinländischen Pingsdorfer und der belgischen Andenne Ware ist der vergoldete Sporn in die zweite Hälfte des 12. Jahrhunderts zu datieren.

Der eiserne Sporn mit langem Dorn und Nietplatten ist typologisch älter und gehört in die zweite Hälfte des 10. Jahrhunderts. Der jüngere, aus Eisen gefertigte, mit feuervergoldetem Messingblech belegte Sporn gehört zur Gruppe der Stachelsporen mit langem Stachel, welcher in einer kugelförmigen Verdickung mit kegelförmiger Spitze endet. Das vergoldete Messingblech ist flächendeckend mit reihenförmig angeordneten, runden Buckeln verziert, die mittels einer Punze von der Rückseite her eingeschlagen wurden. Die Messingkugel des Stachels zeigt ebenso, wenn auch in größeren Abständen, erhabene, versetzt angeordnete, punktförmige Spitzen. Obgleich die Enden der geraden Schenkel fehlen, ist davon auszugehen, dass Nietplatten zur Befestigung der Riemengarnitur dienten.

Vergleichbare Sporen in Form und Verzierung, aber ohne Vergoldung sind als Bodenfunde aus dem slawischen Burgwall Starigard in Oldenburg/Holstein und aus einer Siedlung nahe des slawischen Burgwalles Warder, Gde. Rohlstorf, Kr. Segeberg, bekannt. Beide können aufgrund ihrer Fundlage um die Mitte des 12. Jahrhunderts datiert werden. Ein dritter Vergleichsfund ohne Fundortangabe befindet sich in der Kieler Sammlung von Schloss Gottorf. Die gebuckelten Messingblechbeläge weisen, ebenso wie einzelne Merkmale der kugelförmigen Stachelspitze, auf die Erzeugnisse einer Werkstatt hin, deren Standort aufgrund der angewandten Perlpunzverzierung im slawisch besiedelten Bereich der südlichen Ostseeküste zu vermuten ist. Zwei weitere, sekundär umgelagerte, eiserne Stachelsporen mit pyramidenförmig verdicktem Dorn fanden sich 1958 bei der U-Bahn-Grabung am Alten Fischmarkt (Abb. 2). Ein Sporn mit schlaufenförmigen Bügelenden, deren Außenseiten kreuzförmig verbreitert sind, konnte im Südabschnitt der Ausgrabungen im Vorfeld des Baues der U-Bahnlinie 1 aus einer dunghaltigen Aufhöhungsschicht der um 1200 auf der Reichenstraßeninsel einsetzenden Baulandgewinnungsphase geborgen werden und lässt sich in das 12. Jahrhundert datieren. Der zweite Sporn gleicher Zeitstellung unterscheidet sich vom ersten lediglich durch die in Nietplatten endenden Bügel und stammt aus dem Süduferbereich des Reichenstraßenfleets im Mittelabschnitt der genannten U-Bahn-Grabung.

Elke Först

Literatur
Steffens 1954; Gabriel 1984; Goßler 2011.

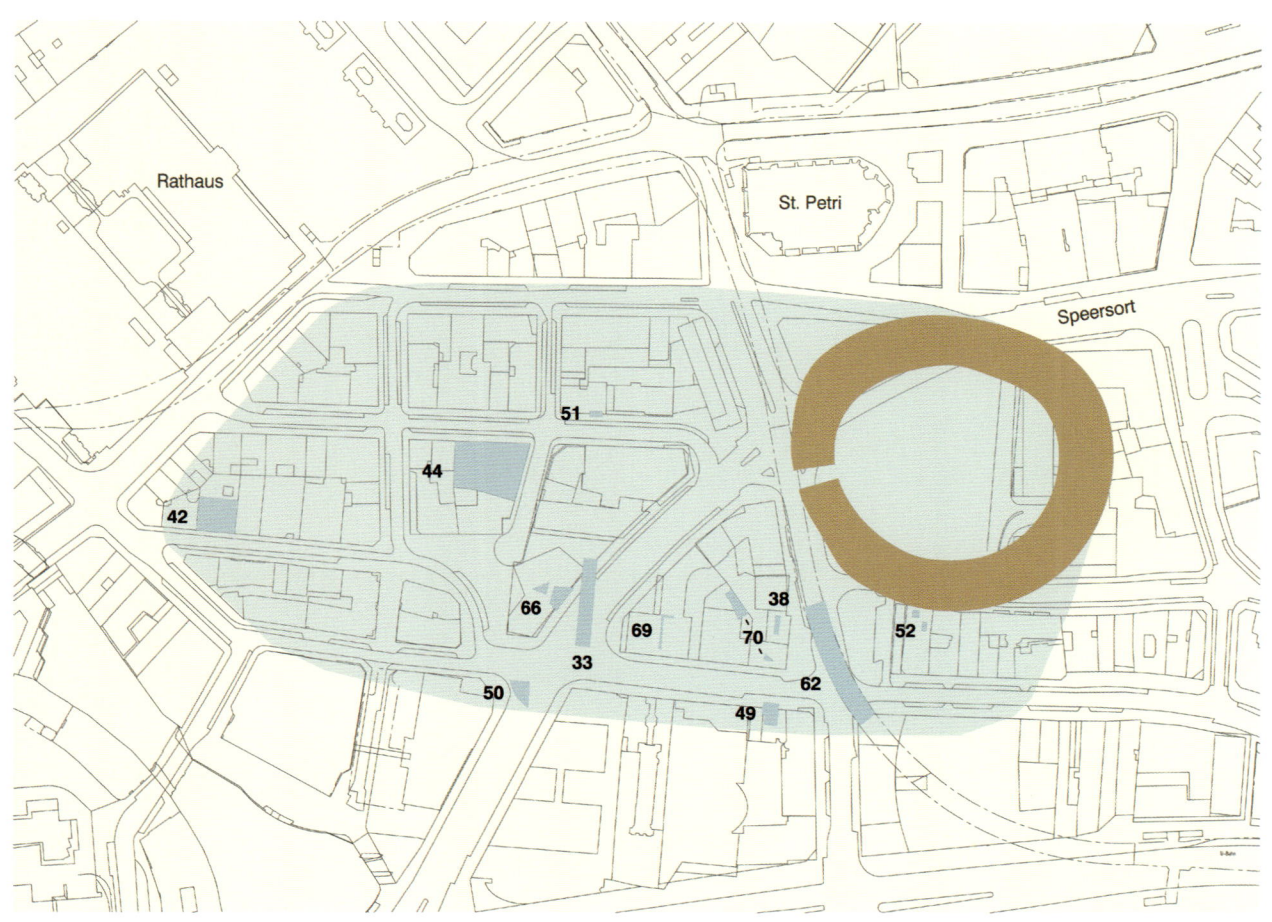

2 Hamburg-Altstadt. Frühmittelalterliches Siedlungsareal (blau markiert) mit den in Blau gekennzeichneten Fundplätzen: 33 – Kleine Bäckerstraße; 38 – Alter Fischmarkt; 42 – Große Bäckerstraße; 44 – Schauenburger Straße – Pelzerstraße; 49 – Große Reichenstraße; 50 – Große Reichenstraße – Domstraße; 51 – Schauenburger Straße – Pelzerstraße; 52 – Schopenstehl; 62 – U-Bahn-Grabung Alter Fischmarkt; 66 – Dornbusch; 69 – Große Reichenstraße – Domstraße; 70 – Große Reichenstraße – Alter Fischmarkt und dem Fundplatz 35 mit der in Hellbraun wiedergegebenen Wall-Graben-Befestigung der Periode IVa/b.

9. Jahrhunderts und somit in die Missionszeit Ansgars und der historischen Hammaburg datieren. Nach Aufgabe der Anlage um die Mitte des 9. Jahrhunderts und einer daraufolgenden Siedlungsphase ohne nachgewiesene Befestigung wurde um 900 die Wall-Graben-Befestigung errichtet, die der Ausgräber Reinhard Schindler nach dem damaligen Kenntnisstand mit der Hammaburg identifizierte (*Abb. 2*). Sie wurde im frühen 11. Jahrhundert niedergelegt. Erst danach sind auf dem Burggelände Spuren eines Dombaues sicher fassbar.

Der Forschungsstand, fußend auf den überwiegend als kleine Grabungsschnitte angelegten Ausgrabungen der Jahre 1948–1959 und Nachuntersuchungen bis in das Jahr 1962, lässt in Hinblick auf das zu den Befestigungen gehörige *Suburbium* nur schlaglichtartige Einblicke zu. Insgesamt sind derzeit neben dem Domplatz zwölf Fundplätze bekannt, die zeitlich bis in das Frühmittelalter zurückreichen. Die Mehrzahl, insgesamt acht, liegt auf dem Nordufer des Reichenstraßenfleets und somit unterhalb des Geestsporns in Hanglage. Von den weiteren vier befinden sich zwei auf dem Geestsporn und zwei auf dem Uferwall des später als Reichenstraßeninsel bezeichneten Werders in der Elbmarsch (*Abb. 2*). Westlich bzw. nördlich des alten Hauptverkehrsweges durch die Stadt in der Achse Große Johannisstraße, Rathausstraße und Speersort sind frühmittelalterliche Fundstellen nicht zu belegen. Die Ergebnisse der 2008–2011 durchgeführten Ausgrabungen am bzw. im Speersort zeigen deutlich auf, dass die Wegetrasse in diesem Abschnitt erst nach der im 11. Jahrhundert erfolgten Zuschüttung der Senke vor der Nordflanke der Wall-Graben-Befestigung sowie der anschließenden Aufhöhung und Planierung des Geländes im 12. Jahrhundert entlangführte[8]. Im Verlauf des Speersorts fanden sich Reste der ursprünglichen Pflasterung aus Feldsteinen und Findlingen (*Abb. 4*). Für das Jahr 1273 ist die Erstnennung als *Platea lapidea* (Steinstraße) zu belegen. Die von Harck[9] als ältere Wegespuren gedeuteten Hölzer und Sandbänder in der Senkenverfüllung von Schnitt VII der 1962–1965 durchgeführten Ausgrabung Bischofsturm lassen auch eine andere Interpretation zu, die z.T. auf vergleichbaren Schichtbefunden eines im 12. Jahrhundert verfüllten Grabens zwischen der Petrikirche und dem Bischofsturm beruht. Danach handelt es sich bei

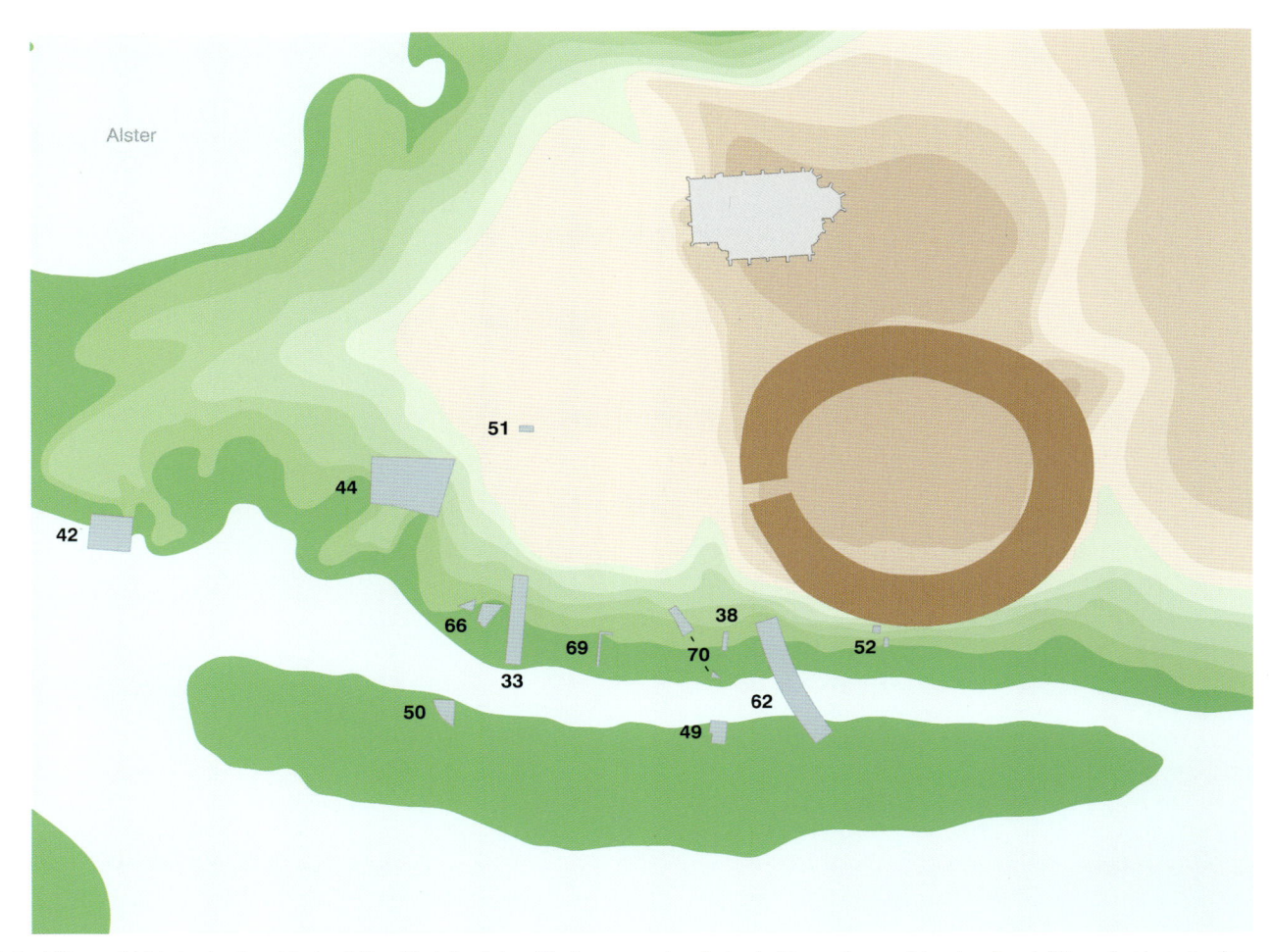

3 Überarbeiteter Höhenschichtplan im Bereich des frühmittelalterlichen Siedlungsareals mit den in Blau gekennzeichneten Fundplätzen beiderseits des Reichenstraßenfleets und der in Hellbraun wiedergegebenen Wall-Graben-Befestigung der Periode IVa/b.

4 Speersort (Fpl. 159). Blick nach Osten in die Steinstraße mit den im Profil sichtbaren Resten der spätmittelalterlichen Straßenpflasterung aus Feldsteinen.

der als Überrest eines Knüppeldamms angesprochenen Holzlage um Hölzer, die zur Trockenlegung der Senke vor ihrer Verfüllung eingebracht wurden. Reste einer älteren, hochmittelalterlichen Straßenpflasterung aus kleinen Feldsteinen sind lediglich in Grabungsschnitt L von Schindler[10] über der Senkenverfüllung fassbar. In den weiter westlich gelegenen Straßenaufschlüssen sind ältere Straßenbeläge hingegen nicht nachzuweisen. Daher muss die frühmittelalterliche Wegeführung über den Geestsporn anders verlaufen sein. Denkbar ist eine weiter südlich gelegene Trassenführung in der Achse der späteren, 1266 erstmals erwähnten Schauenburger Straße. Diese Trasse quert den Südrand des zu 1248 genannten, südwestlich vor der Petrikirche gelegenen Marktplatzes *Berg* und führt auf das Tor in der Westflanke der um 900 errichteten Wall-Graben-Befestigung zu. Es ist möglich, dass nach Aufgabe der Befestigung der Hauptverkehrsweg in die Achse Speersort – Steinstraße mit der Torsituation unmittelbar östlich des Bischofsturms verlegt worden ist, als auf dem einstigen Burggelände der Dombau begann und daran östlich anschließend der Heidenwall errichtet wurde.

DIE FRÜHMITTELALTERLICHEN FUNDPLÄTZE

In der Zusammenschau liefern alle bekannten frühmittelalterlichen Fundplätze wichtige Erkenntnisse zur Entwicklung des *Suburbiums*. Dies gilt insbesondere für die Fundplätze auf dem Nordufer des Reichenstraßenfleets, das in die Alster mündete. Die Kartierung der Fundplätze im Höhenschichtplan der Hamburger Altstadt zeigt deutlich ihre Hanglage an einer durch die Gezeiten und hochauflaufende Sturmfluten buchtenförmig bewegten Uferlinie auf (*Abb. 3*). Die Linie spiegelt sich letztendlich in historischen Stadtplänen des 19. Jahrhunderts (vor der 1877 erfolgten Zuschüttung des Reichenstraßenfleets) im Vor- und Zurückspringen der wasserseitigen Speicherfronten auf den schmalen, z.T. tiefen Grundstücken wider. Damit deutet sich an, dass sich die bauliche Erschließung des Norduferbereiches nach einem bestimmten Muster vollzog. Für das auf dem Werder, der späteren Reichenstraßeninsel, gelegene Südufer des Reichenstraßenfleets zeichnet sich jedoch eine davon abweichende Entwicklung ab, auf die noch einzugehen sein wird.

Mit Ausnahme der Ausgrabungen an der Kleinen[11] und Großen Bäckerstraße[12], am Dornbusch[13] und Schopenstehl[14], in deren Verlauf auch Reste von Kleinhäusern aufgedeckt worden sind, beschränkt sich die bauliche Befundsituation im Norduferbereich weitestgehend auf die Erfassung von Uferbefestigungen in Form von Flechtwerkfaschinen und Packungen von Längshölzern, die mit Pflöcken im schlickigen Untergrund verankert worden waren. Im Süduferbereich an der Großen Reichenstraße fanden sich Reste von kleinen Flechtwandhäusern[15]. Während der beiden baubegleitend auf dem Geestsporn durchgeführten Untersuchungen auf versetzt gegenüberliegenden Grundstücken an der Schauenburger Straße, Ecke Pelzerstraße war es lediglich möglich, drei Teilprofile zu dokumentieren, die aufgrund der vertikalen Erfassung keinen Einblick in die Siedlungsstruktur auf dem Geestsporn geben.

Am Fundplatz Altstadt 44[16] konnten zwei zeitlich aufeinanderfolgende Siedlungshorizonte mit Spuren von Flechtwandhäusern mit Herdstellen erfasst werden. Anhand des Fundmaterials – spätsächsische Keramik, slawische und slawisch beeinflusste Keramik der Typen Menkendorf und Hamburg B, Muschelgruskeramik mit einem Lampenfragment der englischen *Late Saxon Shelly Ware*, Badorfer Ware sowie Fragmente einer Tatinger Kanne – ist der ältere Siedlungshorizont in die zweite Hälfte des 9. Jahrhunderts und der jünge-

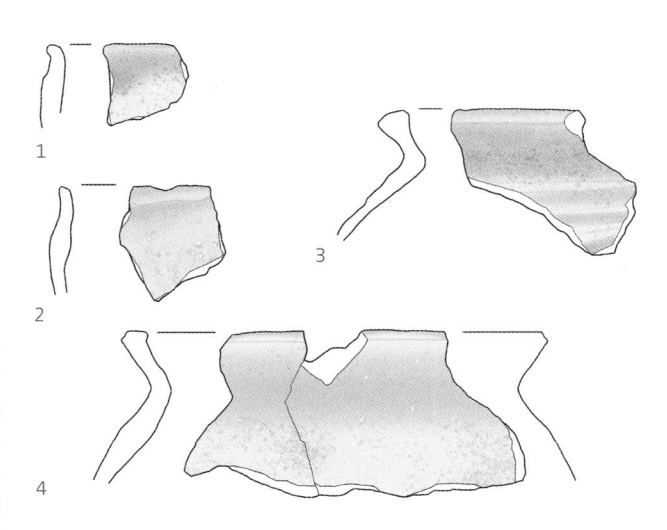

5 Schauenburger Straße – Pelzerstraße (Fpl. 51). 1 u. 2 – spätsächsische Keramik; 3 u. 4 – Kugeltopfkeramik (Inv.-Nr. MHG 1954:357). M. 1:3

re in das frühe 10. Jahrhundert zu datieren. Die Dokumentation des zweiten Fundplatzes Altstadt 51 an der Schauenburger Straße, Ecke Pelzerstraße erlaubt keine eindeutige Interpretation des in der südlichen Baugrubenwand vorgefundenen grubenartigen Befundes mit einem Durchmesser von knapp 2 m und einer Tiefe von 1,15 m. Aus der unteren sandigen Füllschicht dieser Grube konnten zwei Randscherben spätsächsischer Standbodengefäße geborgen werden. Hinzu kommen aus der darüber liegenden Verfüllung eine mit Muschelgrus gemagerte Kugeltopfscherbe, zwei Randscherben von Kugeltöpfen der hart gebrannten grauen Irdenware und ein Fragment der weißen Pingsdorfer Ware mit orangefarbener Bemalung. Insgesamt umfasst das keramische Spektrum somit den Zeitraum vom 8.–13. Jahrhundert (*Abb. 5*). Die Fundvergesellschaftung mit jüngerer Keramik lässt auf eine sekundäre Umlagerung der spätsächsischen Scherben schließen[17]. Nach der vorliegenden Datierung in die zweite Hälfte des 9. Jahrhunderts/das frühe 10. Jahrhundert fallen die beiden Siedlungshorizonte des Fundplatzes Altstadt 44 in die Zeit der von Kablitz[18] herausgearbeiteten Periode III auf dem Domplatz, die durch eine Siedlungsphase nach Aufgabe der jüngeren, Ansgar-zeitlichen Grabenanlage um die Mitte des 9. Jahrhunderts und vor Errichtung der Wall-Graben-Befestigung um 900 gekennzeichnet ist.

In allen Grabungsprofilen des Nordufers lässt sich mit Ausnahme der Ausgrabung am Dornbusch eine gleichartig aufgebaute Stratigrafie erkennen, die bereits von Steffens[19] und Schindler[20] beschrieben und herausgestellt worden ist. Deutlich erkennbar lassen sich drei künstlich über dem gewachsenen Kleiboden aufgetragene Schichtpakete voneinander unterscheiden, die sich chronologisch bestimmten Siedlungsphasen des Früh-, Hoch- und Spätmittelalters zuordnen lassen. Das untere,

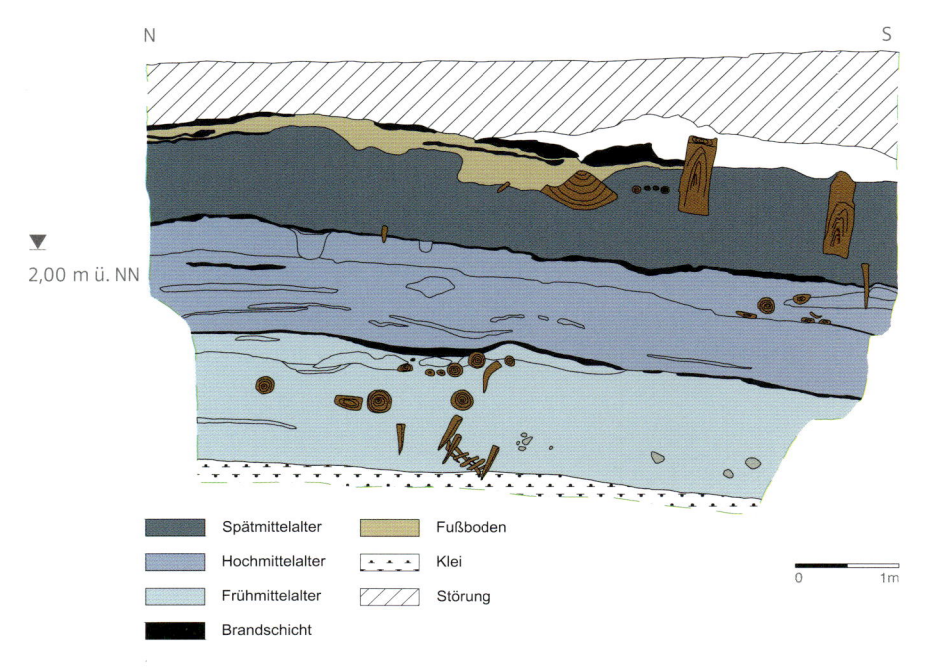

6 Alter Fischmarkt (Fpl. 38). Stratigrafie des Ostprofils.

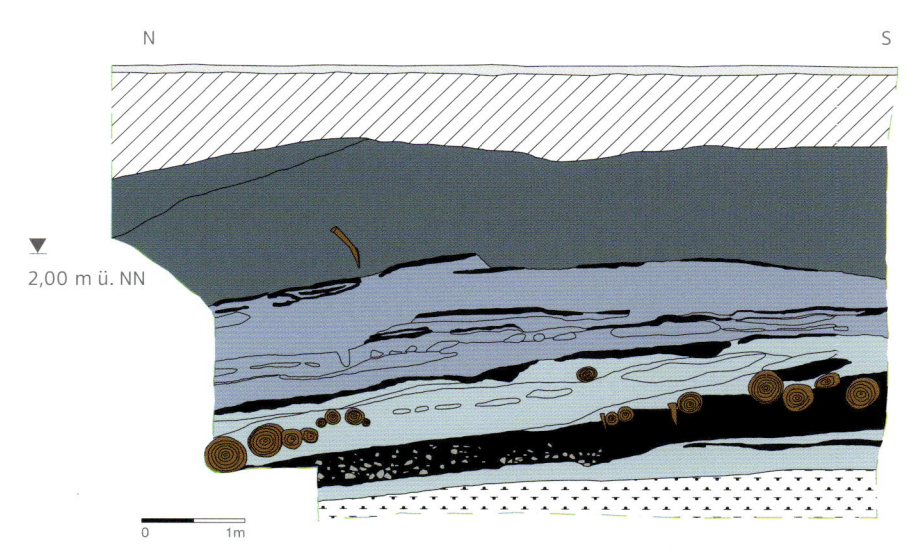

7 Alter Fischmarkt (Fpl. 38). Stratigrafie des Westprofils (Legende s. Abb. 6).

und misthaltigen Aufträgen lagert. Von den Ausgräbern Schindler und Steffens wurden die beiden Brandschichten, die das untere von dem mittleren und das mittlere von dem oberen Schichtpaket trennen, mit historischen Ereignissen wie z. B. die Zerstörung Hamburgs durch slawische Stammesverbände in den Jahren 983, 1066 und 1072 verknüpft, was sich naturgemäß anhand der Keramikdatierung nicht jahrgenau verifizieren lässt.

Bei den genannten Schichtpaketen handelt es sich durchweg um künstliche Aufträge, die sukzessive im Zuge der Nutzung des Alsternebenarms als Wasserverkehrsweg zur sicheren Begehung und nachfolgend zur Bebauung der sumpfigen Uferzone unterhalb des *Suburbiums* aufgebracht worden sind. Die starke Durchmischung des unteren Schichtpaketes mit Holzresten deutet auf großflächige Rodungsmaßnahmen hin, möglicherweise wurden die Hölzer hier zudem zu Bauholz zugeschlagen. Bereits Schindler[24] zog diese Möglichkeit in Erwägung und führte die vielen Holzabfälle auf den Bau der von ihm als Hammaburg interpretierten Wall-Graben-Befestigung zurück, die nun aber erst zu Periode IVa/b nach Kablitz (s. Beitrag in diesem Band) gehört.

Das untere Schichtpaket ist in mehreren Grabungsprofilen durch eine Brandschicht zweigeteilt (*Abb. 7*). Diese Zweiteilung spiegelt zwei zeitlich aufeinander folgende Auftragsphasen wider, die sich auch in den dokumentierten Baubefunden des Schichtpaketes niederschlagen. Bei den erfassten Baustrukturen handelt es sich zum einen um Uferbefestigungen in Form von gestaffelt angelegten Flechtwerkfaschinen, zum anderen um Packungen von längs zur Uferkante liegenden Rundhölzern, die mittels in den Untergrund eingetriebener Staken in ihrer Position gehalten wurden (*Abb. 8 u. 9*). An einem Fundplatz konnte eine vor der hölzernen Uferbefestigung befindliche Schotterlage aus Kies beobachtet werden[25]. An den verschiedenen Fundplätzen lässt sich dieser Wechsel der Uferbefestigung entweder durch Flechtwerkfaschinen oder Packungen von Rundhölzern beobachten und als zwei Phasen des ersten Schichtpaketes verstehen. Nicht zuletzt sind Nord-Süd verlaufende Flechtwerkwände wie z. B. in der Ausgrabung Kleine Bäckerstraße[26] zu belegen, die wohl, ebenso wie verschiedentlich dokumentierte Flechtwerkmatten, zur Festigung und Stabilisierung des aufgetragenen Bodenmaterials dienten. Damit deutet sich an, dass die baulichen Maßnahmen zur Nutzung des Nordufers von Norden nach Süden vorangetrieben worden und möglicherweise von einer bereits bestehenden Grundstücksstruktur am Geestrand ausgegangen sind.

durchgängig bis zu 1,40 m starke Schichtpaket über dem Klei, von Schindler[21] als *torfige Schicht* bzw. *Holzschnitzelschicht* bezeichnet, besteht aus mehreren, stark mit Holz- und Pflanzenresten durchsetzten Aufträgen. In der Regel ist das Paket durch eine Brandschicht zweigeteilt und durch eine zweite Brandschicht[22] von dem darüber liegenden mittleren Schichtpaket mit der Bezeichnung *Zwischenschicht* getrennt (*Abb. 6*). Das mittlere, durchschnittlich 1 m starke Schichtpaket setzt sich aus sandigen und lehmigen Aufträgen zusammen, in die dünne Holzkohlebänder eingebettet sind. Überlagert wird das mittlere Schichtpaket von einer weiteren Brandschicht[23], auf dem ein als *Dungschicht* bezeichneter, oberer Schichtenverband aus überwiegend dung-

Zum unteren und einmal zum mittleren Schichtpaket gehören Überreste von Kleinhäusern unterschiedlicher Konstruktion, die in den Ausgrabungen Kleine und Große Bäckerstraße sowie am Dornbusch und Schopenstehl jeweils in einiger Entfernung vom befestigten Ufer angeschnitten worden sind. Am Dornbusch wurden im Abstand von 7–8 m Entfernung zur Uferlinie zwei in Blockbauweise errichtete, als Speicher gedeutete Häuser mit einer Größe von 5,60 × 7 m bzw. 6 × 9 m Grundfläche[27] erfasst (*Abb. 10*). Sie wurden auf einer künstlich aufgetragenen Kleischicht errichtet, die selbst wiederum eine mit Sand verfüllte Brackwassersenke überlagerte. Aus dieser verfüllten Senke wurde Keramik geborgen. Diese umfasst drei Randscherben spätsächsischer Töpfe, eine frühslawische Randscherbe mit Wellenzier vom Typ Feldberg (*Abb. 11,1*) und das Randfragment eines schwarz polierten Topfes mit schräg nach innen abgestrichener Randlippe, der aufgrund seiner Machart der Polierten Ware des 9./10. Jahrhunderts[28] zuzuordnen ist (*Abb. 11,2*). Hinzu kommen zwei Randscherben von Kugeltöpfen des 10. und des 13. Jahrhunderts, wobei letztere aufgrund ihrer Zeitstellung klar aus dem Zeithorizont der übrigen Fundstücke herausfallen und vermutlich von den Ausgräbern falsch zugeordnet worden sind. Für beide Blockhäuser lassen sich, bedingt durch den weichen Baugrund und die spätere Auflast, Setzungen um mehr als einen halben Meter nachweisen. Danach dürfte die Höhe des ehemaligen Laufniveaus um 0,80 m ü. NN gelegen haben. Anhand der Funde werden beide Blockhäuser von Schindler[29] dem 10. Jahrhundert zugewiesen. Das datierende Fundmaterial aus den innerhalb der Blockhäuser nach ihrer Aufgabe abgelagerten *Torfschichten* umfasst insgesamt 65 Randscherben. Unter diesen befinden sich lediglich drei spätsächsische Topfränder (*Abb. 11,6*) und die verzierte mittelslawische Randscherbe einer Schüssel (*Abb. 11,3*). Die übrigen Randscherben von Kugeltöpfen weisen kurze, stark nach außen gebogene, z. T. spitz zulaufende Ränder und S-förmig profilierte Ränder mit abgerundeter, z. T. verdickter oder schräg nach außen abgestrichener Randlippe auf, die sich in das 10.–12. Jahrhundert datieren lassen (*Abb. 11,7–17*). Des Weiteren finden sich unter den Scherben eine muschelgrusgemagerte Wandscherbe, drei spätslawische Wandscherben mit Gurtfurchenzier (*Abb. 11,4–5*)[30] und schließlich die Randscherbe eines Kugeltopfes mit stark nach außen gebogenem Rand, die unterhalb des Randes mit einer horizontalen Reihe und auf der Schulter mit einer diagonal verlaufenden Reihe von Kreuzstempeln verziert ist (*Abb. 11,18*).

8 U-Bahn-Grabung Alter Fischmarkt (Fpl. 62). Blick nach Süden auf das mit gestaffelten Flechtwerkfaschinen befestigte Nordufer des Reichenstraßenfleets.

9 Alter Fischmarkt (Fpl. 38). Blick nach Süden auf das mit Packungen von Rundhölzern befestigte Nordufer des Reichenstraßenfleets aus beiden Auftragsphasen des unteren Schichtpaketes.

10 Dornbusch (Fpl. 66). Blick in die Baugrube bei der Freilegung eines Blockhauses.

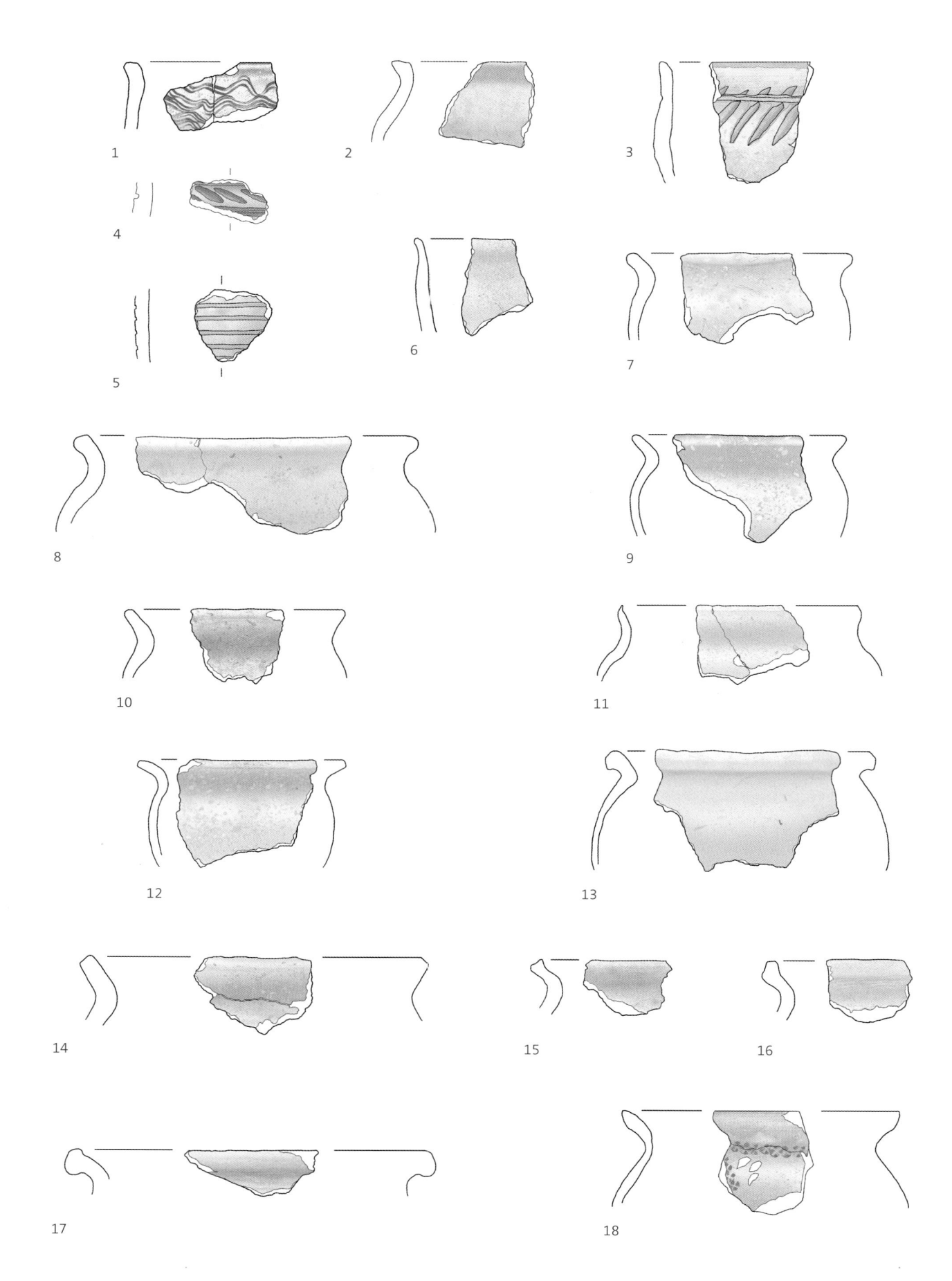

11 Dornbusch (Fpl. 66). 1–5 – slawische Keramik; 6 – spätsächsische Keramik; 7–18 – Kugeltopfkeramik. (Inv.-Nr. MHG 1959:112, 113, 116). M 1:3

Setzungserscheinungen, die denen am Dornbusch vergleichbar sind, zeigen auch zwei Hausbefunde an der Kleinen Bäckerstraße[31], die zum mittleren Schichtpaket gehören. Das ältere, auf einer Fläche von 4 × 2,80 m nachgewiesene Flechtwandhaus mit Holzbodendielung und einer feldsteingepflasterten Herdstelle lag auf der Oberkante des unteren Schichtpaketes in einer Höhe von durchschnittlich 1,20 m ü. NN. Es stand ca. 14 m von dem mit einer breiten Packung aus Rundhölzern befestigten Fleetufer entfernt. An diese kaiartige Uferbefestigung schloss sich rechtwinklig in das Fleet laufend eine Steinpflasterung an, die vom Ausgräber als Furt interpretiert wurde. Nach der stratigrafischen Zuordnung zum mittleren Schichtpaket sind die vorgefundenen Hausreste jedoch zeitlich jünger einzustufen. Eine Datierung in das frühe 11. Jahrhundert ist daher wahrscheinlich.

Auch in der Ausgrabung Große Bäckerstraße[32] wurde im unteren Schichtpaket ein Hausbefund dokumentiert. Es zeichnet sich bei einer Länge von 7,80 m und einer Breite von 2,70 m bzw. 3,50 m an den Schmalseiten durch eine kombinierte Wandkonstruktion aus Flechtwerkwänden mit Rund- und Spalthölzern aus und wird als Nebengebäude interpretiert[33] (*Abb. 12*). Unmittelbar südlich des vorgefundenen Grundrisses wurde die Nordwand eines weiteren Gebäudes angeschnitten. Die Hausbefunde und mit ihnen das gesamte untere Schichtpaket[34] sind anhand der Keramik – überwiegend Kugeltöpfe mit stark nach außen gebogenen Rändern und gelbtoniger Pingsdorfer Keramik – in das 10. Jahrhundert zu datieren[35].

Ein weiteres, abgebranntes Flechtwandhaus wurde am Schopenstehl im unteren Schichtpaket in einer Tiefe zwischen 0,27 bis 0,48 m u. NN angeschnitten (*Abb. 13*). Bemerkenswert ist hier der Nachweis eines zum Hausbefund gehörigen, ursprünglich kastenförmigen Brunnens aus vertikal gesetzten Brettern und Bohlen. Aus dem Brunnen wurden Scherben eines Standbodengefäßes und eines Kugeltopfes aus dem 9./10. Jahrhundert geborgen.

Die Datierung aller dieser genannten, zum unteren Schichtpaket gehörigen Kleinhäuser in das 10. Jahrhundert erscheint deutlich zu jung im Hinblick auf die Interpretation dieser Bebauung des Uferstreifens als Teil des historisch überlieferten *Suburbiums* der Hammaburg des 9. Jahrhunderts. Tatsächlich widersprächen die vorliegenden Scherbenfunde spätsächsischer, früh- und mittelslawischer Keramik in den zum unteren Schichtpaket gehörigen Auftragsschichten nicht einer Anfangsdatierung noch in die erste Hälfte des 9. Jahrhunderts, wohl aber ihre Vergesellschaftung mit jüngeren, slawisch beeinflussten Keramiktypen und jüngerer Kugeltopfkera-

12 Große Bäckerstraße (Fpl. 42). Grabungsplan mit den erfassten Hausresten.

mik in den Ausgrabungen an der Großen Bäckerstraße[36] und am Dornbusch[37]. Danach handelt es sich bei der älteren Keramik um umgelagerte Funde in den Auftragsschichten, die, wie es bereits Schindler[38] vermerkte, aus dem Bereich der nahen Geestsiedlung stammen.

Die in den Ausgrabungen Alter Fischmarkt, Schopenstehl und Große Reichenstraße – Domstraße[39] durch eine Brandschicht dokumentierte Zweiteilung des unteren Schichtpaketes lässt an einen früheren Nutzungsbeginn der nördlichen Uferzone denken. Auf diese Fragestellung hin wurden exemplarisch die Keramikfunde aus den unteren Schichtpaketen der Grabungsschnitte Große Reichenstraße – Domstraße und Alter Fischmarkt untersucht. Das keramische Fundmaterial aus den Schichten der älteren Auftragsphase im unteren Schichtpaket der 1961 durchgeführten Ausgrabung Große Reichenstraße – Domstraße umfasst erneut sowohl spätsächsische als auch slawische und slawisch beeinflusste Keramik sowie frühe Kugeltöpfe. Zu fünf spätsächsischen, granitgrusgemagerten Töpfen gehören Randscherben mit kurzem, z. T. verdicktem Rand, der einmal durch eine Kehle vom Gefäßkörper deutlich abgesetzt ist (*Abb. 14, 3–5*). Eine Randscherbe mit spitz zulaufender Randlippe und eine Wandscherbe mit einem erkennbaren Muster aus Zickzacklinien und Wellen entsprechen der mittelslawischen Keramik vom Typ Menkendorf (*Abb. 14, 1–2*). Zwei weitere Randscherben weisen einen verdickten Rand mit horizontal abgestrichener Randlippe

13 Schopenstehl (Fpl. 52). Blick nach Nordosten in den Grabungsschnitt mit dem angeschnittenen Flechtwandhaus und Holzkastenbrunnen.

auf (Abb. 14,7–8). Diese Randgestaltung fällt aus dem üblichen Erscheinungsbild der spätsächsischen Keramik heraus. Vergleichbare Randprofile vom Domplatz fasst Kempke[40] als *Keramik ohne sicheren slawischen Einfluss* zusammen und merkt im Hinblick auf ihre Machart die nahe Verwandtschaft zum slawoiden Typ Hamburg B an. Damit deutet sich in Anlehnung an den Typ Hamburg B eine Datierung in das ausgehende 9./10. Jahrhundert an. Insgesamt liegen acht Randscherben von Kugeltöpfen vor, von denen fünf einen kurzen, stark nach außen gebogenen, spitz zulaufenden Rand aufweisen (Abb. 14, 6, 9). Zwei weitere Kugeltopfscherben zeigen S-förmige Randprofile mit abgerundeter Randlippe (Abb. 14, 10–11). In der Zusammenschau entspricht das vorliegende keramische Fundinventar dem vom Geestsporn bekannten Fundspektrum an der Schauenburger Straße, Ecke Pelzerstraße, hier Fundplatz Altstadt 44[41]. Damit ist eine Datierung in die zweite Hälfte des 9./frühes 10. Jahrhundert wahrscheinlich.

Bestätigt wird dieser Datierungsansatz durch das keramische Fundmaterial aus dem unteren Schichtpaket in der Ausgrabung Alter Fischmarkt[42], wobei für diese Untersuchung eine annähernd sichere Zuweisung der Funde zur älteren und jüngeren Auftragsphase dieses Pakets möglich ist. Zur älteren Auftragsphase gehören wenigstens elf spätsächsische Topfrandscherben mit kurzem, z.T. verdicktem Rand, der dreimal durch eine Kehle vom Gefäßkörper abgesetzt ist (Abb. 15,4–10, 12–13). Hinzu kommen die Randscherben eines Kumpfes (Abb. 15,14) und eines nachlässig gefertigten tonnenförmigen Gefäßes, an dessen Außenwandung deutliche, durch das Kneten des feuchten Tones entstandene Vertiefungen von Fingerkuppen sichtbar sind (Abb. 15,11). Kugeltöpfen zuzuordnen sind fünf Randscherben mit kurzen, nach außen gebogenen bzw. langen S-förmig profilierten Rändern (Abb. 15,15–17). Muschelgruskeramik ist in einem Fall durch einen kurzen Kugeltopfrand mit horizontal abgestrichener Randlippe zu belegen (Abb. 15,1). An slawischer bzw. slawisch beeinflusster Keramik sind drei Randscherben, davon einmal mit Wellenzier des Typs Hamburg B (Abb. 15,4) und eine frühslawische Randscherbe vom Typ Sukow (Abb. 15,2) nachweisbar. Weiterhin ist eine Randscherbe mit verdicktem Rand und horizontal abgestrichener Randlippe vorhanden, die dem oben beschriebenen Sondertyp angehört, der auch auf dem Domplatz und in der Ausgrabung Große Reichenstraße – Domstraße auftritt (Abb. 15,3). Hinzu kommt eine Wandscherbe mit Linienzier vom Typ Hamburg B.

In der Brandschicht über der älteren Auftragsphase finden sich drei vergleichbare Randprofile spätsächsischer Keramik (Abb. 16,1) und ein durchlochter Probierstein aus Schiefer (Abb. 16,2). Aus den darüberliegenden Schichten der jüngeren Auftragsphase ist neben sieben spätsächsischen Scherben (Abb. 16,5–7) und drei Kugeltopfscherben (Abb. 16,8–10) auch eine relativ dünnwandige Randscherbe vom Typ Menkendorf mit Nachdrehspuren und einem Muster aus Linien und Einstichen auf der Schulter geborgen worden (Abb. 16,3). In der trennenden Brandschicht zum jüngeren mittleren Schichtpaket wurden insgesamt sechs Randscherben aufgefunden, von denen vier zur frühen Kugeltopfkeramik (Abb. 16,13–15), eine verzierte zum Typ Hamburg B (Abb. 16,12) und eine unverzierte zur mittelslawischen Keramik vom Typ Menkendorf gehören (Abb. 16,11).

In der Zusammenschau lassen sich vor dem Hintergrund der geringen Fundmengen keine signifikanten, feinchronologisch zu bewertenden Unterschiede zwischen den beiden Auftragsphasen und den Brandschichten

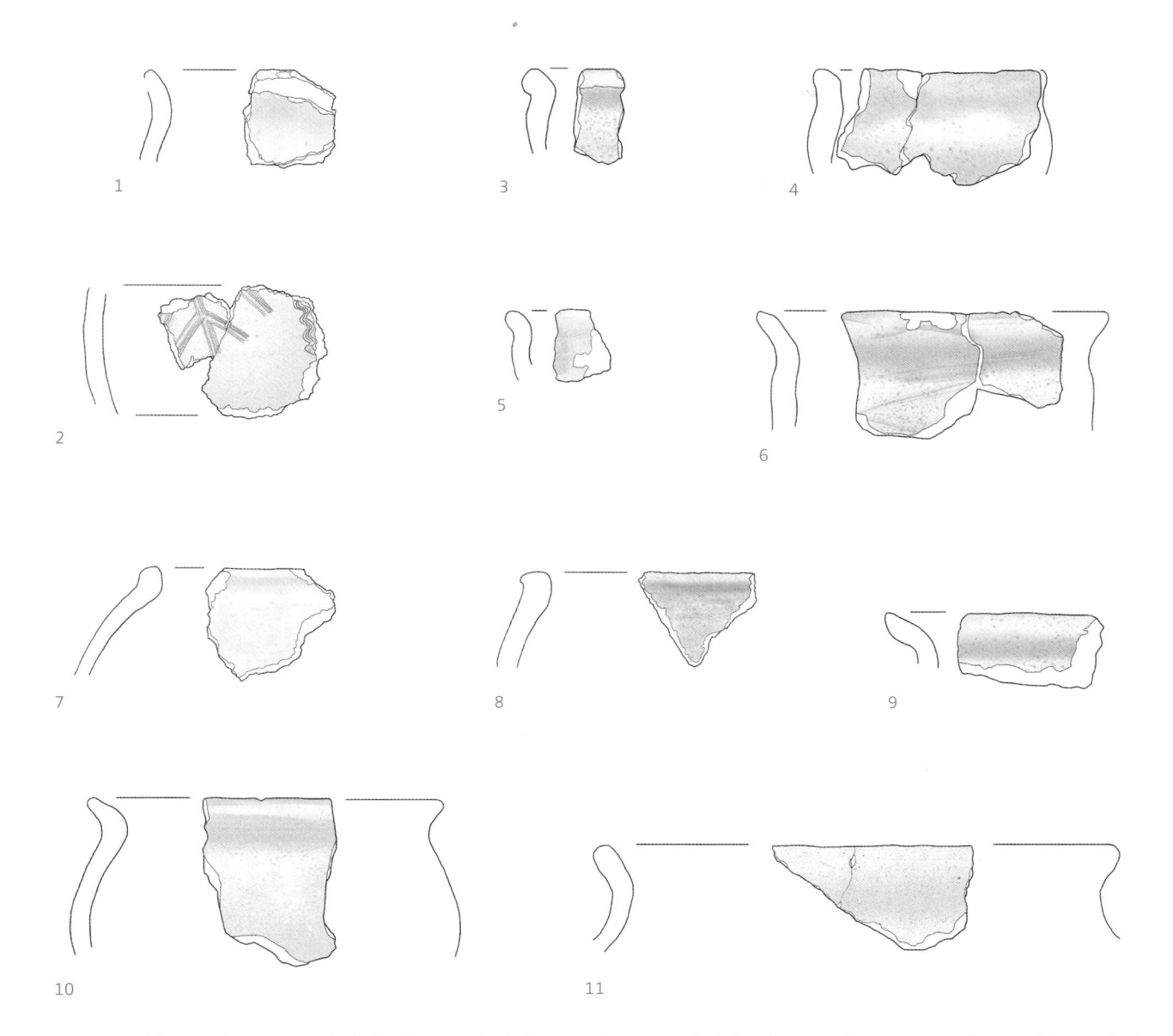

14 Große Reichenstraße – Domstraße (Fpl. 69). 1–2 – slawische Keramik; 3–5 – spätsächsische Keramik; 7–8 – Keramik ohne sicheren slawischen Einfluss; 6, 9–11 – Kugeltopfkeramik. (Inv.-Nr. MHG 1961:13, 14, 27). M 1:3

herausstellen. So ist z. B. der Typ Hamburg B sowohl in der älteren Auftragsphase als auch in der Brandschicht unter dem mittleren Schichtpaket nachweisbar. Auffällig ist das nahezu vollkommene Fehlen von Muschelgruskeramik im Norduferbereich des Reichenstraßenfleets, was sich auch im Süduferbereich beobachten lässt. Nach Kempke[43] hat der Typ Hamburg B seinen Verbreitungsschwerpunkt im Süden des Domplatzes zusammen mit den Typen Menkendorf und Groß Raden. Diese Vergesellschaftung spricht für eine Datierung des Typs Hamburg B in das 10. Jahrhundert (s. Beitrag Torsten Kempke, Keramik).

Im aufliegenden mittleren Schichtpaket aus wechselnden Sand- und Lehmschichten mit eingebetteten Holzkohlebändern treten in den Ausgrabungen Große Reichenstraße – Domstraße und Alter Fischmarkt erstmals Scherben der aus dem Rheinland importierten Pingsdorfer Ware auf. In der Ausgrabung Große Bäckerstraße ist diese Warenart bereits in dem unteren Schichtpaket vorhanden[44]. Das Gleiche merkt Schindler[45] für die Ausgrabung Kleine Bäckerstraße an, sodass die Datierung des unteren Schichtpaketes bis in das 10. Jahrhundert hinein bestätigt wird. In der Ausgrabung Große Bäckerstraße lässt sich das mittlere Schichtpaket in das 11. bis um die Mitte des 12. Jahrhunderts datieren[46]. An Importwaren sind neben der nun vorherrschenden Kugeltopfkeramik erstmals Scherben der rheinländischen Paffrather Ware und der belgischen Andenne Ware fassbar. Das aufliegende, obere Schichtpaket aus Dungschichten umfasst die Zeitspanne von der zweiten Hälfte des 12. Jahrhunderts bis um kurz nach 1300.

Die genannte Zeitspanne vom Ende des 9. Jahrhunderts bis in das 10. Jahrhundert markiert somit offenbar den Beginn der Aufschüttungen im Norduferbereich des späteren Reichenstraßenfleets. Damit deutet sich

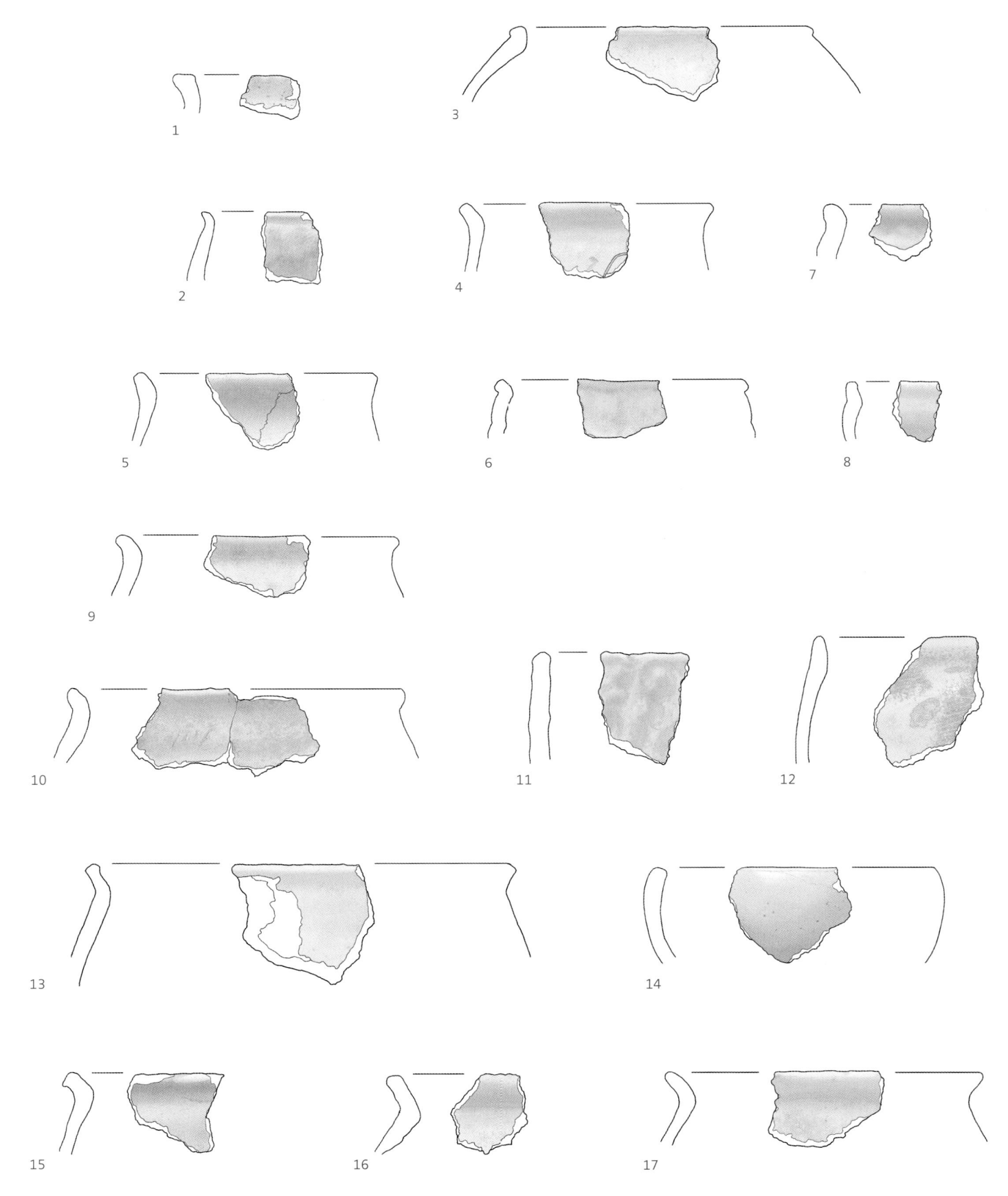

15 Alter Fischmarkt (Fpl. 38). Keramik aus der älteren Auftragsphase des unteren Schichtpaketes:
1 – Muschelgruskeramik; 2 – slawische Keramik; 3 – Keramik ohne sicheren slawischen Einfluss; 4 – slawisch beeinflusste Keramik (Typ Hamburg B); 7–14 – spätsächsische Keramik; 15–17 – Kugeltopfkeramik. (Inv.-Nr. MHG 1950:89, 91, 93, 95, 97, 98). M 1:3

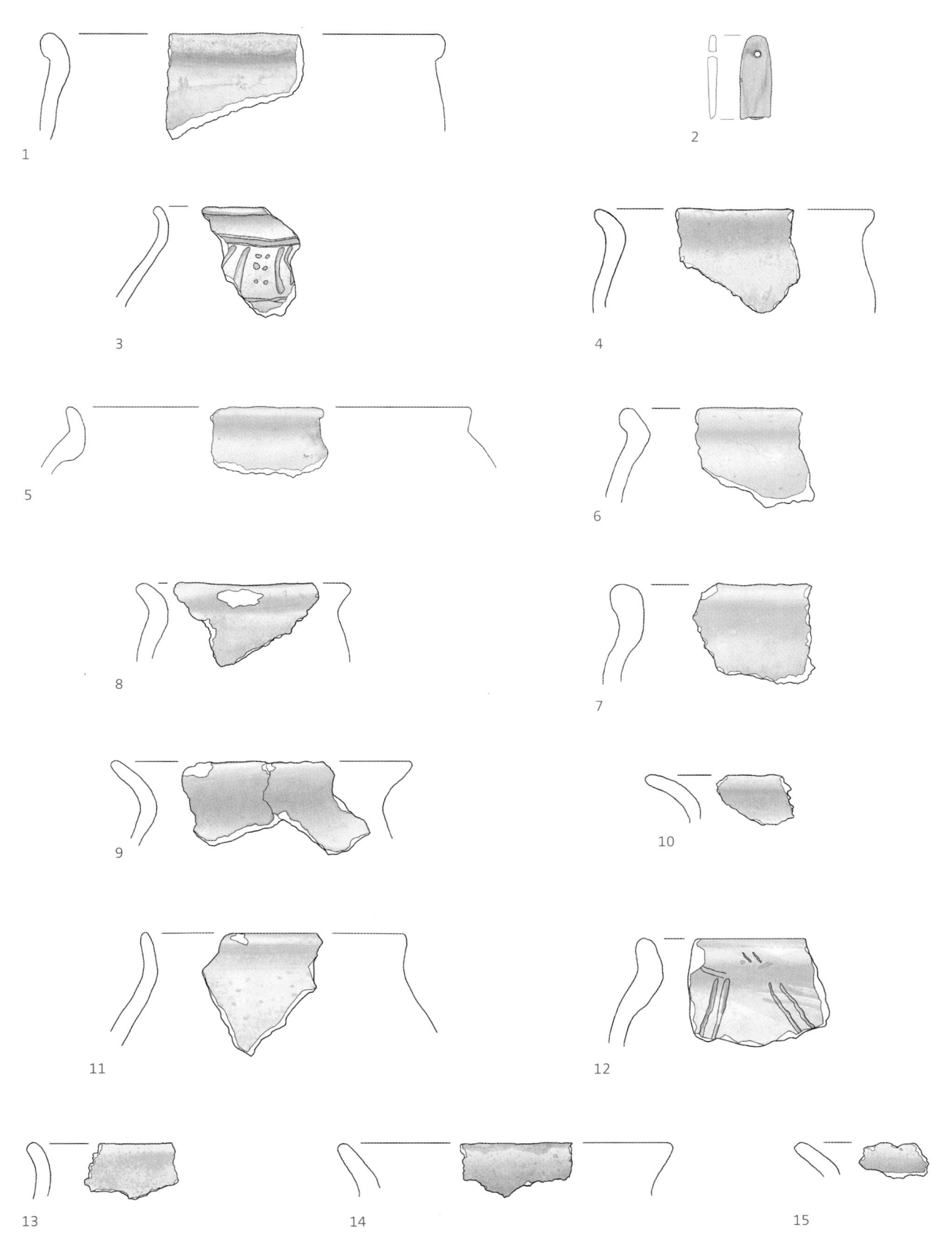

16 Alter Fischmarkt (Fpl. 38). Funde aus der Brandschicht über der älteren Auftragsphase des unteren Schichtpaketes:
1 – spätsächsische Keramik; 2 – Probierstein. Keramik aus der jüngeren Auftragsphase des unteren Schichtpaketes: 3 – slawische Keramik;
4–7 – spätsächsische Keramik; 8–10 – Kugeltopfkeramik. Keramik aus der Brandschicht über der jüngeren Auftragsphase des unteren Schichtpaketes:
9 – slawische Keramik; 12 – slawisch beeinflusste Keramik (Typ Hamburg B); 13–15 – Kugeltopfkeramik. (Inv.-Nr. MHG 1950:75, 81, 83–85, 88, 99). M 1:3

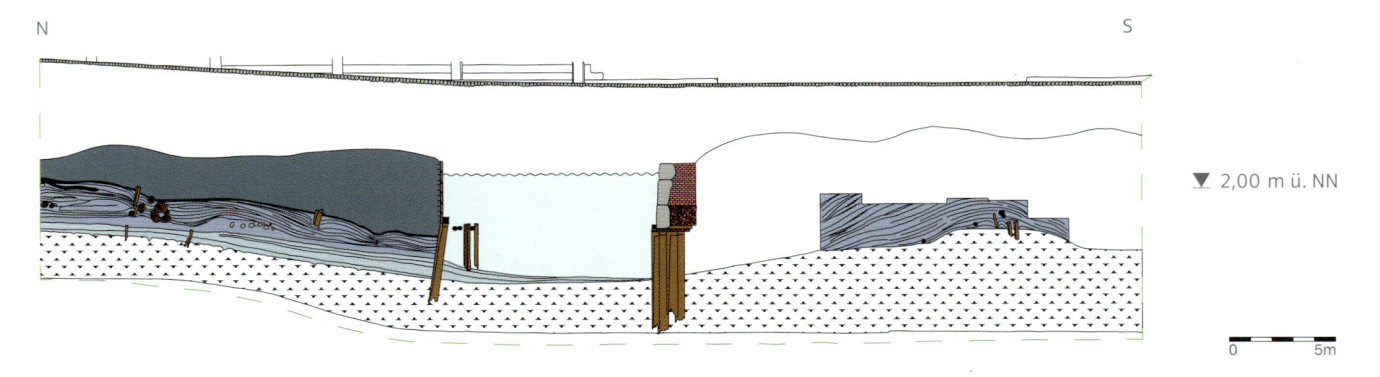

17 U-Bahn-Grabung (Fpl. 62). Querprofil durch das Reichenstraßenfleet (Legende s. Abb. 6) nach Schindler 1958.

18 Große Reichenstraße (Fpl. 49). Reste von Flechtwandhäusern aus beiden Auftragsphasen des unteren Schichtpaketes.

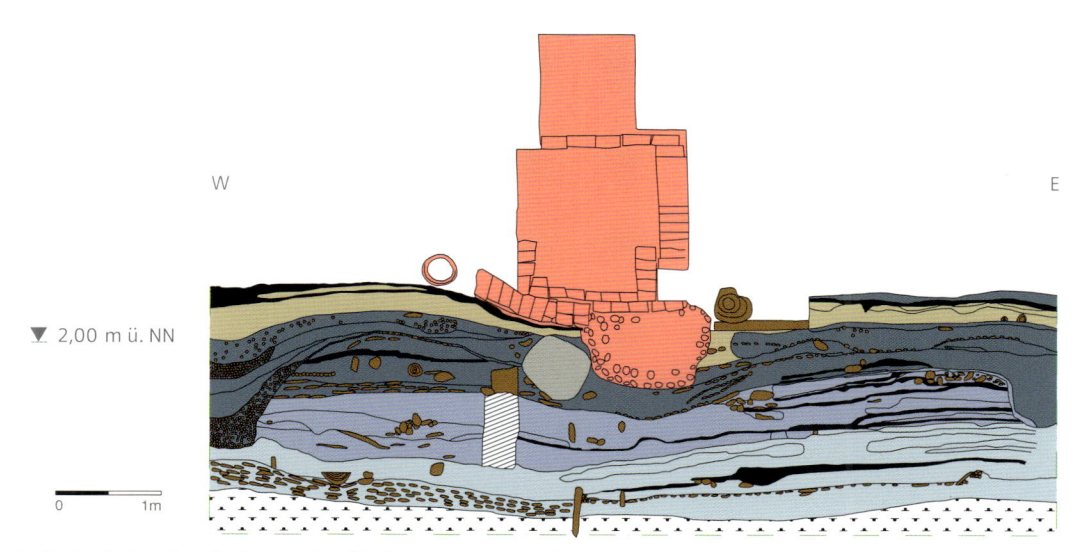

19 Große Reichenstraße (Fpl. 49). Stratigrafie des Nordprofils (Legende s. Abb. 6).

an, dass diese Baumaßnahmen mit dem Ende der Siedlung und der Errichtung der Wall-Graben-Befestigung auf dem Domplatz um 900 zeitlich zusammenfallen. Die Mächtigkeit des unteren Schichtpaketes bis zu einer Stärke von 1,30 m auf einer Hangbreite von durchschnittlich 20 m und einer Hanglänge von knapp 300 m spricht für geplante, zentral gesteuerte, groß angelegte Baumaßnahmen einer Kolonisierungsphase, die zeitgleich durchgeführt worden sind. Zur Umsetzung eines solchen Bauvorhabens mit erheblichen Erdbewegungen muss eine hohe Anzahl von Arbeitskräften vor Ort zur Verfügung gestanden haben, die auch untergebracht und verpflegt werden mussten.

Infolge der kleinräumigen archäologischen Erfassung sind Aussagen zur Bebauungsstruktur im Norduferbereich des späteren Reichenstraßenfleets im 10. Jahrhundert nur unter Vorbehalt zu treffen. Es zeichnet sich ab, dass die befestigte Uferzone dicht mit Kleinhäusern bestanden war, wobei zwischen den Häusern und der Uferkante ein mehrere Meter breiter unbebauter Streifen lag. Verschiedentlich gefundenes verkohltes Getreide (Gerste) im Uferbereich und in den Häusern deutet an, dass auf dem Wasserweg Getreide transportiert und möglicherweise in den Kleinhäusern zwischengelagert worden ist.

Anhand der Stratigrafie scheint die Siedlungsentwicklung im Süduferbereich des Reichenstraßenfleets auf der Reichenstraßeninsel auf den ersten Blick ähnlich verlaufen zu sein, weicht aber in bestimmten Punkten von ihr ab. Im Verlauf der 1958/59 durchgeführten U-Bahn-Grabung konnte für den nördlichen und mittleren Trassenabschnitt Alter Fischmarkt – Große Reichenstraße ein Querprofil durch das Reichenstraßenfleet mit der nördlichen und südlichen Uferzone erstellt werden (Abb. 17)[47]. Das dokumentierte Ostprofil im Süduferbereich lässt in einem Abstand von ca. 5 m zur abfallenden Uferkante auf einer Breite von 8 m einen 1 m hohen Uferwall erkennen. Auf diesem Uferwall liegen die von Steffens[48] publizierten dicht beieinander liegenden Flechtwandhäuser. Sie gehören zu zwei Siedlungsphasen und hatten Wände aus Rund- und Spalthölzern bei einer nachgewiesenen Breite von ca. 3,70 m und einer geschätzten Länge von 6–7 m an der Großen Reichenstraße (Abb. 18). Vor ihrer Errichtung war das Gelände zunächst um 30 cm, dann nochmals um 20 cm aufgehöht worden, sodass die Häuser in einer Höhe von 0,60 m bzw. 0,80 m ü. NN angetroffen wurden (Abb. 19)[49]. Das verwendete Auftragsmaterial unterscheidet sich in seiner Zusammensetzung – vorwiegend Lehm und Dung – deutlich vom unteren Schichtpaket auf dem Nordufer des Reichenstraßenfleets. Die erkennbare Bebauungsstruktur gleicht – trotz abweichender Bauweise – dem Siedlungsmuster der an der Ems gelegenen zeitgleichen Händlersiedlung auf der Stadtwurt von Emden[50]. Anhand der Funde aus den Häusern – hierzu zählen auch Scherben Pingsdorfer Keramik – gehören sie zeitlich in das 10. Jahrhundert. Das Spektrum der Kleinfunde, das u. a. eine bronzene Klappwaage, ein knöchernes Kruzifix, eine Perle aus Bergkristall, mehrere Gusstiegelfragmente einer Bunt- und Edelmetallverarbeitung sowie Wetzsteine aus Schiefer umfasst, zeigt, dass sich dort auf dem Uferwall des Reichenstraßenfleets ein Ufermarkt befunden hat.

Auf das untere Schichtpaket folgt hier analog zur Stratigrafie des Nordufers das mittlere, in einer Höhe zwischen 1 m und 1,70 m ü. NN liegende Schichtpaket aus dunkelbraunen und hellgelben Sandschichten mit eingebetteten Holzkohlebändern (Abb. 19). Aus der Sandschicht unmittelbar über dem unteren Schichtpaket stammt eine zwischen 1020 und 1040 geprägte Münze, die mit spätslawischer Keramik, u. a. des Typs Warder[51], vergesellschaftet war. In einer darüber liegenden Sandschicht fanden sich Randscherben von Kugeltöpfen mit stark nach außen gebogenem Rand, die auf der Schulter und an der Randinnenseite eine Wellenverzierung tragen. Bei diesen handelt es sich – wie Kempke[52] bereits herausstellt – um einen wohl in Hamburg gefertigten, slawisch beeinflussten Sondertyp, der verschiedentlich im Nord- und Süduferbereich des Reichenstraßenfleets nachzuweisen ist, so in den unteren Schichtpaketen der Ausgrabungen Große Bäckerstraße[53] und Große Reichenstraße – Domstraße[54], wo er zusammen mit Pingsdorfer Keramik vorliegt. Das mittlere Schichtpaket lässt sich anhand der Funde in das 11. und 12. Jahrhundert datieren. Das aufliegende jüngste Schichtpaket aus Dungaufträgen gehört in die Phase der um 1200 einsetzenden Baulandgewinnung und Parzellierung der Reichenstraßeninsel in schmale, den Werder von Norden nach Süden querende Grundstücke im Zuge der planmäßig durchgeführten Stadterweiterung nach Süden mittels holzkastenartig gefasster Bodenaufträge (Abb. 19).

AUSBLICK AUF DIE STADTENTWICKLUNG IM 11. UND 12. JAHRHUNDERT

Nach Schleifung der Wall-Graben-Befestigung im Umfeld des späteren Domplatzes setzt in der ersten Hälfte des 11. Jahrhunderts nach den erfassten Spuren bzw. Bauresten von Dombauten die kirchliche Nutzung des Burggeländes ein. Als Bauherr des ersten steinernen Domes ist Erzbischof Bezelin Alebrand (1035–1043) überliefert. Sowohl die Senke mit dem Graben im Norden des östlichen Abschnittes des Speersorts als auch der Geestabhang mit der Erosionsrinne vor der Westflanke der Befestigung im Verlauf Schmiedestraße – Alter Fischmarkt wurden im 11. Jahrhundert verfüllt. Danach wurde das Gelände im Norden einhergehend mit Bodenaufträgen planiert. Es konnten 2008 in der Ausgrabungsfläche der heutigen Kita St. Petri zwischen Petrikirche und Bischofsturm keine Spuren einer Bebauung in diesem Bereich entdeckt werden, wohl aber eines Grabens von 5,60 m Breite und mit einer Tiefe von gut 2 m, der nach Süden in den Speersort zieht[55]. Die Funktion des Grabens ist aufgrund seiner ausschnitthaften Erfassung bislang ungeklärt. Nach der Zuschüttung des Grabens im 12. Jahrhundert kam es hier zur ersten Aufsiedlung des nördlich der Hammaburg gelegenen und zuvor unbesiedelten Geländes, zur Anlage der mit Feldsteinen und Findlingen gepflasterten Steinstraße und zum Bau des Bischofsturms (s. Beitrag Elke Först) im Torbereich des Heidenwalls, welcher als Querriegel den Geestsporn nach Osten abriegelte. Die Errichtung des Heidenwalls erfolgte vermutlich im 11. Jahrhundert, wohl im Anschluss an die Niederlegung der Wall-Graben-Befestigung im ersten Viertel des 11. Jahrhunderts. 1061 gab der Billungerherzog Ordulf den Bau der Neuen Burg außerhalb des frühmittelalterlichen Siedlungsareals in der Alsterschleife in Auftrag. Die zeitliche Nähe zum Ende der Wall-Graben-Befestigung einhergehend mit dem Beginn der kirchlichen Nutzung des aufgelassenen Burgareals weist darauf hin, dass die Neue Burg in der Nachfolge jener Wall-Graben-Befestigung entstand. Dieser Interpretation folgend müsste sich die Wall-Graben-Befestigung im Besitz der Billungerherzöge befunden haben, auch wenn es dazu keinerlei schriftliche Überlieferung gibt. Das Gelände der Neuen Burg wiederum wurde dann 1188 vom Schauenburger Grafen Adolph III. für die Gründung der Hamburger Neustadt zur Verfügung gestellt, die von Kaiser Friedrich Barbarossa besondere Privilegien erhielt, welche später, um 1220, im Zuge der Vereinigung der gräflichen Neustadt mit der bischöflichen Altstadt zur Gesamtstadt Hamburg auf diese übertragen wurden. Um 1200 beginnt die planmäßige Kolonisierung der vorgelagerten Werder in der Elbmarsch.

In der ersten Hälfte des 13. Jahrhunderts hatten sich damit jene Grundzüge der städtischen Infrastruktur, bezogen auf die Altstadt, herausgebildet, die bis zur Mitte des 19. Jahrhunderts das Stadtbild entscheidend mitprägten.

ANMERKUNGEN

1. Harck 2002, Abb. 3, 8. Der Höhenschichtplan geht auf die in den Jahren 1965–1973 von Dr. Friedrich Grube, Geologisches Landesamt Hamburg, angefertigte Vorlage zurück und gibt die Unterkanten der künstlich eingebrachten Auffüllungshorizonte wieder.
2. Kablitz 2011, 107–110.
3. Harck 2002, 31–35, Abb. 34.
4. Först (Manuskript 2013).
5. Siegmüller/Jöns 2012, 585–587.
6. Schindler 1960, 41.
7. Schulz 1995, 28; Harck 2002, 59.
8. Först (Manuskript 2013).
9. Harck 2002, 35–37.
10. Schindler 1957a, 66 f., Abb. 2, 1.
11. Schindler 1948, 25–33; 1949, 161–180; 1957b, 13–35.
12. Schindler 1957b, 35–44; Steffens 1952, 103–114; Wagner 2009 (ungedr. Magisterarbeit).
13. Bohnsack 1961, 148 f.; Schindler 1961, 99–106.

14 Hamburg-Altstadt, Fpl. 52.
15 Schindler 1957b, 44–57.
16 Christeleit 2011, 229–251.
17 Hamburg-Altstadt, Fpl. 51, hier die Inv.-Nr. MHG 1954:357.
18 Kablitz 2011, 69–78.
19 Steffens 1952, 104 f., Abb. 1.
20 Schindler 1952a, 119.
21 Ebd.
22 Die Brandschicht ist in den Ausgrabungen Hamburg-Altstadt, Fundplätze 33 (Kleine Bäckerstraße), 38 (Alter Fischmarkt), 52 (Schopenstehl), 69 (Große Reichenstraße – Domstraße) und 70 (Große Reichenstraße – Alter Fischmarkt) zu belegen.
23 Die Brandschicht ist in den Ausgrabungen Hamburg-Altstadt, Fundplätze 33 (Kleine Bäckerstraße), 38 (Alter Fischmarkt), 42 (Große Bäckerstraße), 62 (Alter Fischmarkt, Nordabschnitt der U-Bahn-Grabung), 52 (Schopenstehl), 69 (Große Reichenstraße – Domstraße) und 70 (Große Reichenstraße – Alter Fischmarkt) zu belegen.
24 Schindler 1957b, 129.
25 Hamburg-Altstadt (Fpl. 69).
26 Schindler 1949, 173 f., Abb. 9, Blatt I, Plan X; 1957b, 29, Taf. 20, 2.
27 Schindler 1961, 100–103, Abb. 2.
28 Gruppe P nach Kempke 1984, 45 f.; 2002, 104.
29 Schindler 1961, 103, Abb. 3.
30 Schindler 1961, Abb. 3, 21-22; Kempke 2002, 107.
31 Först 2007, 134 f.; Schindler 1949, 170 f.
32 Schindler 1957b, 42–44; Steffens 1952, 108–112; Wagner 2009, 101–194.
33 Wagner 2009, 117, Taf. 21.
34 In der Großen Bäckerstraße gleichzusetzen mit der *untersten Schicht*.
35 Wagner 2009, 69 f.
36 Wagner 2009, 53 f., 69 f.
37 Schindler 1961, 102.
38 Ebd.
39 Hamburg-Altstadt, Fpl. 38, 52 u. 69.
40 Kempke 2002, 113, Abb. 10, 2–5.
41 Christeleit 2011, 240–246.
42 Hamburg-Altstadt, Fundplatz 38.
43 Kempke 2002, 115.
44 Wagner 2009, 55–61.
45 Schindler 1952a, 120, Anm. 9; hier als *unterste Schicht*.
46 Wagner 2009, 70 f.
47 Schindler 1958, 135–137, Abb. 6.
48 Steffens 1954, 114–116, Taf. XXXVII, XXXVIII, XL, XL1; Schindler 1957b, 54–57.
49 Först 2007, 133 f.
50 Stilke 1995, 125 f.
51 Kempke 2002, 107; Schindler 1957b, Abb. 17.
52 Kempke 2002, 112 f.; Schindler 1957b, Abb. 17.
53 Wagner 2009, 54, Taf. 13, 164.
54 Hamburg-Altstadt, Fpl. 50, Inv.-Nr. MHG 1955:191 u. 1955:192.
55 Först (Manuskript 2013).

Der Bischofsturm – Vom Wohnturm zum Stadttor

Elke Först

Zu den großen archäologischen Entdeckungen beim Wiederaufbau Hamburgs nach dem 2. Weltkrieg zählt jene des sogenannten Bischofsturms, die 1962–1965 unter der Leitung von Dietrich Bohnsack auf dem Trümmergrundstück Kreuslerstraße 4 – Speersort 10 gelang[1] (Abb. 1). Beim Abbruch eines provisorischen Baues der Nachkriegsjahre für einen Neubau stießen die Bauarbeiter auf ein gewaltiges ringförmiges Turmfundament aus Findlingen und Feldsteinen. Es hat eine Fundamentstärke von ca. 4 m bei einem Außendurchmesser von ca. 19 m und zieht mit seinem südlichen Verlauf unter den Gehweg- bzw. Straßenbereich Speersort (Abb. 3,1). Während der darauf folgenden Ausgrabung konnte ein an der Westseite sitzender kleinerer Steinring mit einem Außendurchmesser von 4,40 m freigelegt werden, der zu einem noch 4,20 m tief erhaltenen Brunnenschacht gehört. Die Fundamentsetzung erfolgte in Art einer Schalenmauer. Der Zwischenraum zwischen innen und außen gesetzten großen Findlingen ist mit Feldsteinen gefüllt, die mit Marschenschlick gebunden sind. Im Zwischenbereich zur östlichen Nachbarparzelle Speersort 8 wurde in mehreren Profilschnitten mit der kürzesten Entfernung von knapp 4 m zum Fundament der innere Wallfuß des Heidenwalls angeschnitten (Abb. 3,4). Er wurde in Nachfolge der Wall-Graben-Befestigung auf dem Domplatz, hier Periode IVb nach Karsten Kablitz (s. auch Beitrag in diesem Band), errichtet und riegelte als älteste Stadtbefestigung den Geestsporn mit der hochmittelalterlichen bischöflichen Altstadt nach Osten ab (Abb. 2). Zum Heidenwall gehörende Gräben wurden 1908–1910 beim U-Bahnbau in der Mönckebergstraße und 1938/39 beim Bau des Pressehauses[2] am Speersort entdeckt. Demnach handelt es sich um ein mehrphasiges Grabensystem. Nach einer erneuten Auswertung der vier unter dem Pressehaus angeschnittenen parallelen Gräben durch Ole Harck[3] wurde der älteste Graben (Graben 1) frühestens im 12. Jahrhundert durch den folgenden Graben 2 ersetzt, denn die westliche Schulter dieses jüngeren Grabens schneidet in eine Grube ein, die Ziegelschutt enthielt, was eine genauere zeitliche Ansprache erlaubt. Es ist nicht möglich, den bis heute nur an einer Stelle archäologisch erfassten Wallkörper des Heidenwalls mit den bekannten angeschnittenen Grabenverläufen stratigrafisch zu verknüpfen. Das Gleiche gilt für jene Grabenreste, die 1968 weiter östlich beim Erweiterungsanbau des Pressehauses am Kattrepel dokumentiert werden konnten[4].

Im nahen Umfeld des Turmfundamentes konnten verschiedentlich ältere Gruben und Pfosten, z. T. unter einer den gewachsenen Boden überlagernden Ortsteinschicht, dokumentiert werden, die sich stratigrafisch nicht mit dem Turmbau verbinden lassen. Kennzeichnend für die Mehrheit dieser Befunde ist ihre Fundleere bzw. -armut, die eine nähere Datierung ausschließt. Darüber hinaus wurden an Befunden eine Feuerstelle mit Scherben und einem bronzenen Schreibgriffel der Harzer Gruppe aus dem 12./13. Jahrhundert sowie eine holzkohlehaltige Grube mit Eisenschlacken freigelegt (Abb. 3,7–8). In der östlichen Wand der Baugrube wurde zudem eine kastenförmige Eintiefung mit torfiger Verfüllung angeschnitten, die spätmittelalterliche Scherben grauer Irdenware enthielt.

1 Blick vom Turm der Kirche St. Petri auf das Fundament des Bischofsturms während der Ausgrabung im Jahr 1963.

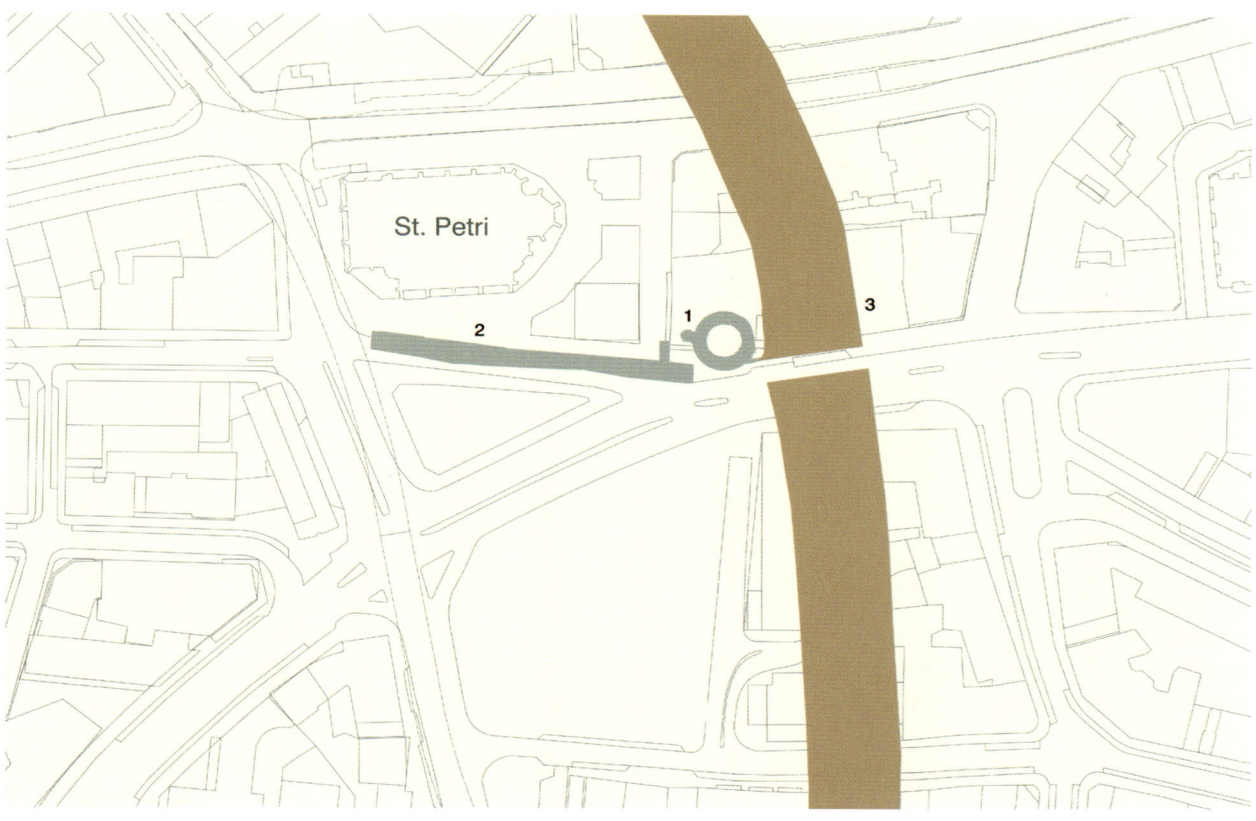

2 Lage des Bischofsturms (1) und Verlauf der archäologisch nachgewiesenen Steinstraße (2) sowie der rekonstruierte Verlauf des Heidenwalls (3) nach der historischen Parzellenstruktur um 1800.

Im Abgleich mit der um 1074 verfassten Hamburgischen Kirchengeschichte durch Adam von Bremen und der Datierung der wenigen keramischen Funde aus den Fundamentbereichen und aus den Verfüllungen im Innenraum des Turmes sowie des Brunnens identifizierte Bohnsack[5] die Baureste als Wohnturm des Erzbischofs Bezelin-Alebrand (1035–1043). Von diesem wird berichtet, dass er sich in Hamburg ein *steinernes Haus* errichten ließ und den Bau einer Stadtmauer mit Türmen plante, was jedoch wegen seines frühen Todes nicht zur Ausführung kam.

Die Interpretation des Turmfundamentes als Wohnturm des Erzbischofs Bezelin Alebrand blieb von Beginn an nicht unwidersprochen[6]: So wurden durch den Hamburger Historiker und Direktor des hiesigen Staatsarchivs Jürgen Bolland[7] auf der Grundlage der Rückschreibung der Grundstückseigentumsverhältnisse nachdrückliche Einwände gegen diese Deutung erhoben. Nach Bolland lässt die Rückschreibung erkennen, dass das Eckgrundstück Kreuslerstraße – Speersort bereits im Mittelalter in städtischem Besitz gewesen ist. Zudem wäre die Ausführung eines erzbischöflichen Wohngebäudes als massiver Rundturm ungewöhnlich und entspräche nicht dem gängigen Typus eines Bischofspalastes. Hinzu kommt die Lage des Turmfundamentes unmittelbar hinter dem Heidenwall an der hochmittelalterlichen Steinstraße, die den Heidenwall an dieser Stelle querte und eine Funktion als Torturm der ersten Stadtbefestigung nahelegt. Darauf deuten auch eine an der Ostseite des Fundamentes ansitzende Sodenpackung und ein West-Ost verlaufender Mauerrest, die in den Schnitten V und VI unter dem Gehwegbereich Speersort angeschnitten worden sind und als Torwangen gedeutet werden können (*Abb. 3,3*).

In den Jahren 2008 und 2009 ergab sich nun aufgrund der baulichen Neugestaltung der betreffenden Flächen die Gelegenheit, die unterschiedlichen Deutungen des Turmfundamentes im archäologischen Befund zu überprüfen. 2008 wurde zunächst der freie Platz zwischen der Petrikirche und der Kreuslerstraße untersucht, denn dort wurde die Kindertagesstätte (Kita) St. Petri gebaut. Im folgenden Jahr wurden das 1926 erbaute Gemeindehaus St. Petri auf dem Grundstück Kreuslerstraße 6–8 und eben jenes Gebäude auf dem Eckgrundstück Kreuslerstraße 4 – Speersort 10 abgebrochen, in dessen Untergeschoss der Bischofsturm als Filiale des Archäologischen Museums Hamburg lag. Während der Abbrucharbeiten wurde baubegleitend eine archäologische Ausgrabung durchgeführt. Beide Ausgrabungen der Jahre 2008 und 2009 erbrachten wichtige Ergebnisse sowohl zur frühen baulichen Entwicklung des nördlichen Vorgeländes der um 900 errichteten Wall-Graben-Befestigung der Periode IVa/b nach Kablitz als auch zur Neudatierung und -interpretation des Turmfundamentes[8].

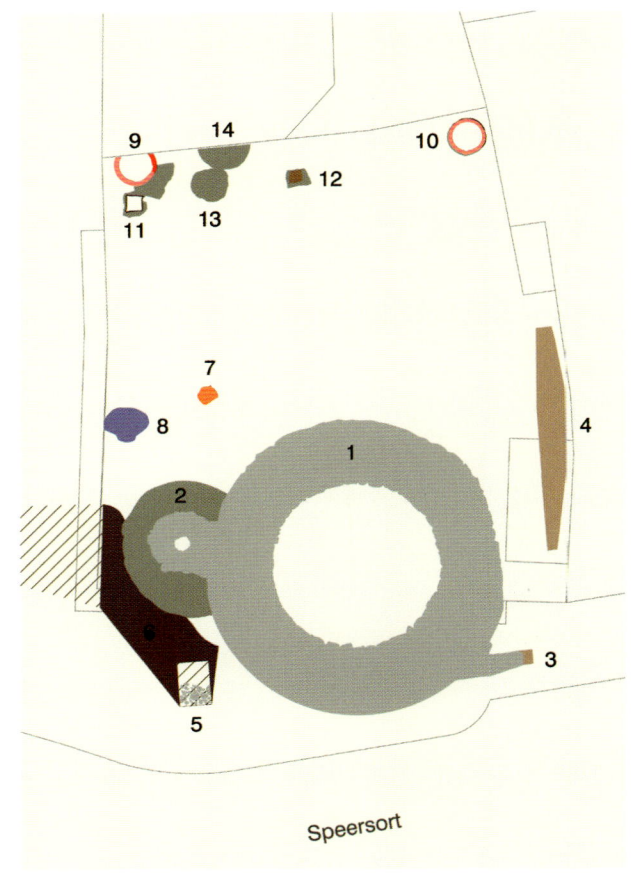

3 Übersichtsplan der bei den Ausgrabungen von 1962–1965 und 2009 erfassten Befunde auf den Grundstücken Kreuslerstraße 6–8 und Kreuslerstraße 4 – Speersort 10: 1 – Fundament des Bischofsturms mit ansitzendem Brunnenschacht; 2 – Baugrube des Brunnens; 3 – Torwange; 4 – innerer Wallfuß des Heidenwalls; 5 – Pflasterung der Steinstraße; 6 – Senke (»Hammaburggrube«); 7 – Feuerstelle; 8 – Schlackengrube; 9 – Backsteinbrunnen; 10 – Backsteinkloake; 11 – Holzkastenbrunnen; 12 – hölzerne Kloake; 13–14 – Brunnensuchlöcher.

DIE ERGEBNISSE DER AUSGRABUNG KITA ST. PETRI

Im Verlauf der 2008 durchgeführten Ausgrabung am Standort der heutigen Kita St. Petri konnten insgesamt sieben archäologische Bauperioden dokumentiert werden, von denen die Perioden 1–3 archäologische Baubefunde früh- und hochmittelalterlicher Zeitstellung erbrachten. Die Ausgrabungsfläche liegt am Nordrand einer West-Ost verlaufenden, auf einer Breite von maximal 21,50 m erfassten Senke, die nach Süden zur Straßenmitte Speersort bis zu 2,20 m abfällt, um dann in Richtung auf den Domplatz wieder anzusteigen (Abb. 4,3). Die Höhe des gewachsenen Bodens beiderseits der Senke liegt im bzw. in der Verlängerung des 1956 von Reinhard Schindler angelegten Grabungsschnittes L bei 7,80 m ü. NN im Süden und 8,30 m ü. NN im Norden[9]. In diese Senke wurde der zur Periode IVa nach Kablitz[10] gehörende Graben der Wall-Graben-Befestigung eingetieft. Die Senke lässt sich im Norden mit der sogenannten. »Hammaburggrube«[11] unter dem Bischofsturm verbinden, die bei den Ausgrabungen 1962–1965 mit den Profilen A und B, dem Nord-Süd-Brunnen-Profil, dem Südprofil 12a sowie dem West-, Ost- und Südprofil von Schnitt VII dokumentiert werden konnte. Die Baugruben von Turmfundament und Brunnen schneiden in die Senke und die sie überlagernden Planierschichten ein und sind von daher jünger.

Der älteste, Periode 1 zuordbare Befund gehört zu einer in den Speersort ziehenden, in den gewachsenen Boden eingetieften, grabenartigen Struktur. Sie wurde im Planum und in der Südwand der Baugrube auf einer Länge von 4,70 m angeschnitten (Abb. 5,1). Die mit Holzresten durchsetzte sandig-lehmige Verfüllung enthielt keine datierbaren Funde. Lediglich anhand der Stratigrafie ist eine zeitliche Zuordnung in das 9. Jahrhundert möglich. Überlagert wurde der grabenartige Befund von zwei sterilen Sandschichten, auf die eine weitere Sandschicht mit einem eingebetteten Pflaster aus kleinen Feldsteinen und schwarzblauen Flintbruchstücken folgte (Abb. 5,2; 6). Das Steinpflaster der Periode 2 war nach Osten und Norden auf einer Fläche von 15 × 11 m nachweisbar und fiel nach Süden zur Senke hin ab. Es liegt nahe, dieses Steinpflaster als Relikt eines Marktplatzes zu deuten. Dagegen spricht aber die sehr geringe Zahl von Funden (wenige stark zerscherbte Keramik und Tierknochen), welche nicht dem typischen Bild solcher Plätze entspricht. Dazu hätten auch Nutzungsspuren in Form von eingefahrenen Radspuren, eingetriebenen Holzstaken oder eingeschlagenen Holzpfosten gezählt, die ebenfalls an dieser Stelle nicht nachgewiesen werden konnten. Möglicherweise diente das gepflasterte Gelände daher der besseren Sichtkontrolle des Befestigungsvorgeländes der Wall-Graben-Befestigung auf dem Domplatz vor feindlichen Angreifern. Stratigrafisch lassen sich die beiden Fundkomplexe – Steinpflaster und Wall-Graben-Befestigung – jedenfalls miteinander verbinden.

Zu Beginn der nachfolgenden Periode 3 und nach der Niederlegung der Wall-Graben-Befestigung wurde die Senke bzw. »Hammaburggrube« in der ersten Hälfte des 11. Jahrhunderts verfüllt. Danach kam es zur Aushebung eines Grabens von ca. 5,60 m Breite und einer Tiefe von 2,05 m, der in einem leichten Bogen von Nordosten nach Süden in den Speersort zog und sowohl die Senkenverfüllung als auch das Steinpflaster der Periode 2 durchschnitt (Abb. 5,3). Der Graben führte nach Nordosten und wurde dort deutlich schmäler, sodass sich in der heutigen nordöstlichen Gebäudeecke der Kita St. Petri

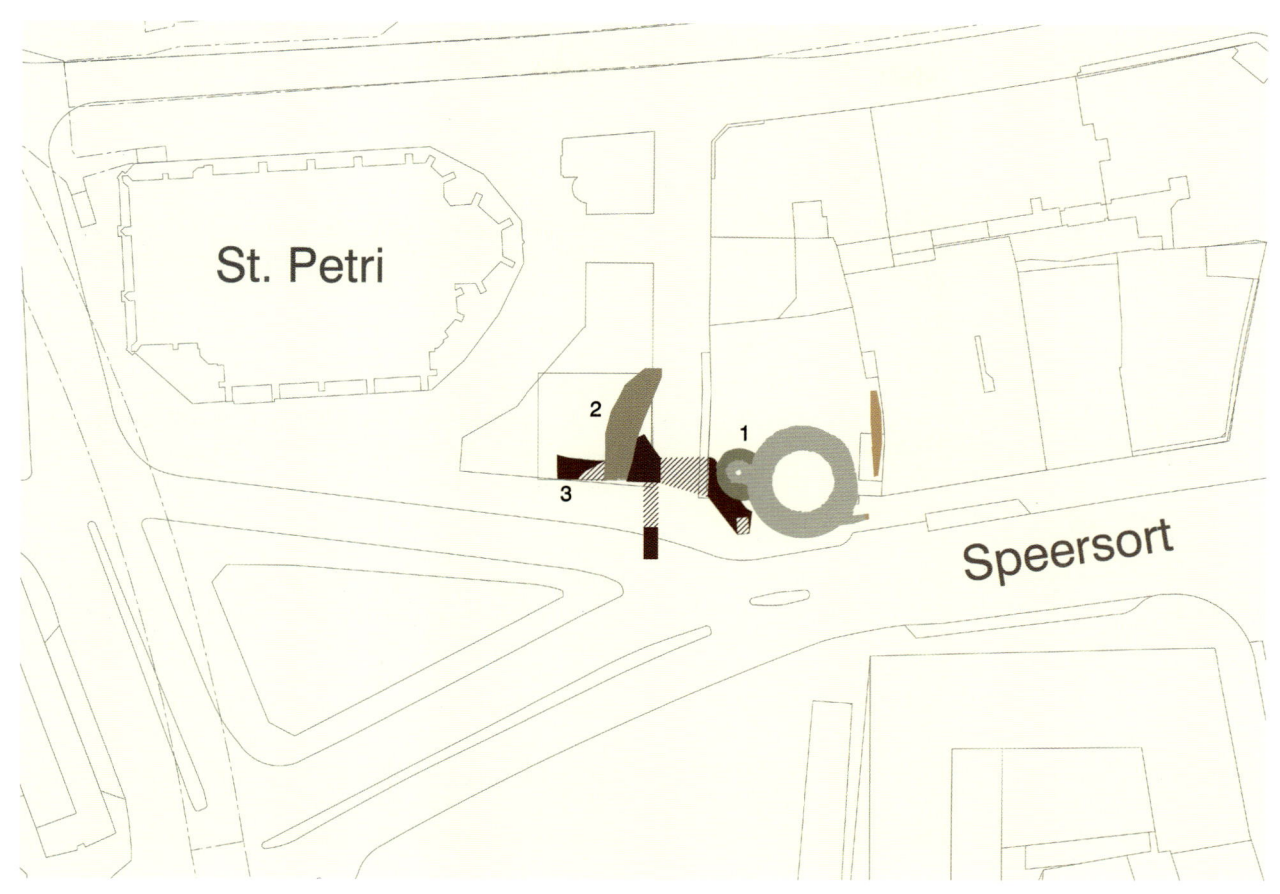

4 Lage der Senke (»Hammaburggrube«) am Speersort: 1 – Baugrube des am Fundament des Bischofsturms sitzenden Brunnenschachtes; 2 – Graben der Periode 3 der Ausgrabung Kita St. Petri; 3 – Verfüllung der Senke.

der nördliche Grabenkopf abzeichnete. Nach Auskunft pflanzlicher Reste, die in Proben von der Grabensohle entdeckt wurden, lag der Graben in einem brachliegenden, von Bebauung freien Umfeld. Dies zeigt sich an einem hohen Anteil an Ackerunkräutern und sogenannten Ruderalpflanzen[12]. Über der tonigen Ablagerungsschicht der Grabensohle fand sich flächig eine Schicht aus Ästen, Knüppeln und Reisig, die zur Trockenlegung und Festigung vor der Verfüllung des Grabens eingebracht worden war (Abb. 7). Zu den wenigen keramischen Funden aus den Füllschichten gehören Kugeltopfscherben der hart gebrannten grauen Irdenware und Scherben einer Amphore der belgischen Andenne Ware, die einen Verfüllungszeitpunkt im 12. Jahrhundert anzeigen. Nach Zuschüttung des Grabens wurde das Gelände großflächig mit Bodenaufträgen planiert. Die in den Planierschichten aufgefundenen, in das 12. Jahrhundert zu datierenden Scherben umfassen neben lokal gefertigter Kugeltopfkeramik auch Scherben von aus dem Rheinland importierten Gefäßen, so eines Kugeltopfes der Paffrather Ware und eines Bechers der weißen Pingsdorfer Ware. Nach der Planierung erfolgte im ausgehenden 12. Jahrhundert bzw. zu Beginn des 13. Jahrhunderts in Periode 4 die erste Bebauung mit Schwellrahmenbauten, die in Resten erfasst wurden. In den spätmittelalterlichen Perioden 5 und 6 sind neben Hausbefunden zahlreiche Relikte des Gerbergewerkes in Form von Gerbergruben fassbar. In Verbindung mit den in einer Backsteinkloake auf dem benachbarten Grundstück Kreuslerstraße 6–8 entsorgten Abfällen eines Schuhmachers weisen sie auf eine hier ansässige Werkstatt hin. Die Periode 7 umfasst hauptsächlich frühneuzeitliche Baubefunde, zu denen u. a. ziegelgemauerte Kloakenschächte und Befunde des weiter hier an Ort und Stelle ausgeübten Gerbergewerkes zählen.

Die dokumentierten Grabungsprofile mit der in Periode 3 verfüllten Senke lassen sich mit den in den Jahren 1962–1965 bei der Ausgrabung Bischofsturm angefertigten Grabungsprofilen der angeschnittenen »Hammaburggrube« stratigrafisch verknüpfen. Im Südprofil 12a, das nach Westen an das Turmfundament heranzieht, läuft die Senkenverfüllung aus, deren Oberkante hier bei max. 8 m ü. NN liegt und überlagert eine Sandschicht (Abb. 8,5). Diese lässt sich stratigrafisch mit zwei Sandschichten unter der lehmigen Senkenverfüllung in mehreren Grabungsprofilen im Südostbereich der Ausgrabungsfläche Kita St. Petri verbinden (Abb. 9,5). Diese Sandschichten unter der Senkenverfüllung sind ebenso

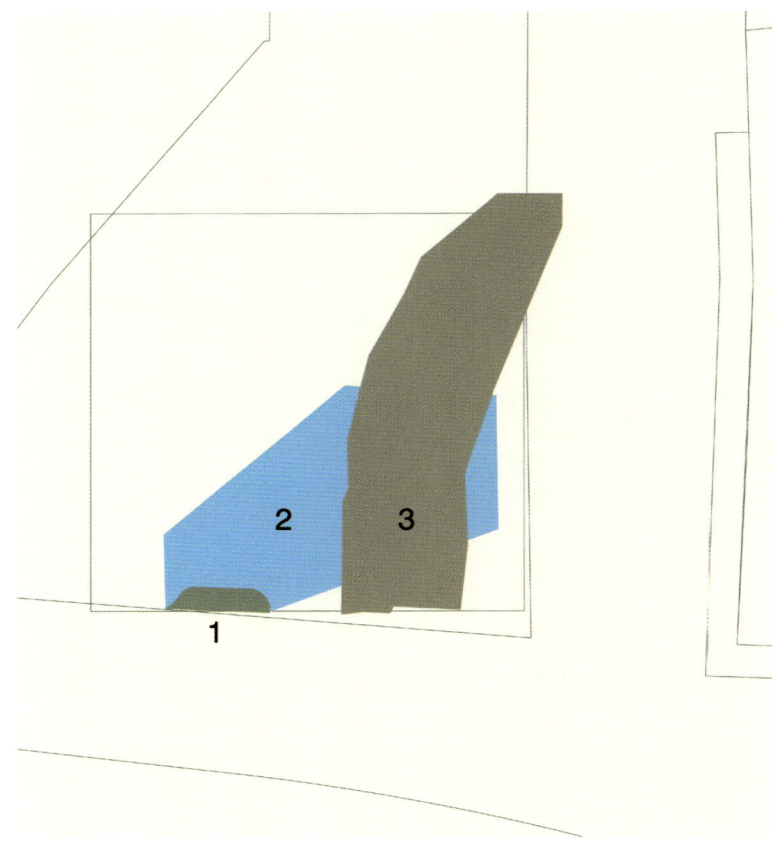

5 Übersichtsplan der Ausgrabung Kita St. Petri mit den erfassten Befunden der Perioden 1–3: 1 – Graben der Periode 1; 2 – Steinpflaster der Periode 2; 3 – Graben der Periode 3.

DIE ERGEBNISSE DER BAUBEGLEITENDEN ARCHÄOLOGISCHEN UNTERSUCHUNG AUF DEM GRUNDSTÜCK KREUSLERSTRASSE 6–8

Die ersten archäologischen Baubefunde auf dem Grundstück Kreuslerstraße 6–8 wurden bereits 1926 beim Bau des Gemeindehauses St. Petri entdeckt und dokumentiert[13]. In der Baugrube fanden sich fünf aus Klosterformatziegeln aufgemauerte runde Schächte. Vier dieser Schächte lagen jeweils in den Grundstücksecken und wurden als Brunnen gedeutet. Der fünfte und mit einem Außendurchmesser von 2,95 m größte Schacht befand sich mittig im hinteren Drittel des Grundstücks und diente als Kloakenschacht, in dem u. a. die Abfälle einer im 14./15. Jahrhundert tätigen Schuhmacherwerkstatt entsorgt worden waren[14].

Nach Abbruch des Gemeindehauses St. Petri konnten 2009 zwei der 1926 dokumentierten Ziegelschächte in der Nordwest- und Nordostecke der Parzelle vollständig ausgegraben werden. Sie ließen sich nun dank ihrer Bauweise einmal als Brunnen und einmal als Kloakenschacht identifizieren (Abb. 3,9–10). Der in der Nordwestecke befindliche Brunnen wurde nach den keramischen Funden in den Füllschichten der Baugrube im späten 13./14. Jahrhundert angelegt. Die Baugrube des Brunnens überlagerte im Süden einen älteren Holzkastenbrunnen mit einer Seitenlänge von 1,10 × 1 m, der dem Nachweis von Ziegelbruchstücken in der Brunnenverfüllung nach frühestens Ende des 12. Jahrhunderts verfüllt worden war (Abb. 3,11). Östlich der beiden Brunnen fanden sich zwei Gruben, die als Relikte von Probeschürfungen auf der Suche nach einem geeigneten Brunnenstandort zu interpretieren sind (Abb. 3,13–14). Eine weiter östlich im Grundstück gelegene Grube mit kastenförmiger Bretterkonstruktion, bei der es sich vermutlich um die Reste eines hölzernen Kloakenschachtes handelt, ist in das 12./13. Jahrhundert zu datieren (Abb. 3,12).

Die Zusammenschau der auf den Grundstücken Kreuslerstraße 6–8 und Kreuslerstraße/Ecke Speersort dokumentierten archäologischen Baubefunde ergibt, dass sich in den Ausgrabungsflächen keinerlei Baubefunde fassen lassen, die mit dem Turmfundament stratigrafisch zu verbinden sind und in das 9.–11. Jahrhundert reichen. Die vorgefundenen Überreste – Feuerstelle, Schlackengrube, Brunnen und Kloaken – belegen eine städtisch geprägte Aufsiedlung erst ab dem ausgehenden 12. Jahrhundert. Dies entspricht den Ergebnissen der Ausgrabung Kita St. Petri, wo sich mit Periode 4 erstmals Hausbefunde gleicher Zeitstellung nachweisen lassen.

im Nord-Süd-Brunnenprofil und in den entlang der Westwand der Baugrube aufgenommenen Profilen A und B der Altgrabung Bischofsturm dokumentiert. Im Südprofil 12a liegen die Sandschichten einem Ortsteinband auf, das die Grenze zum gewachsenen Boden markiert (Abb. 9,6). Das Ortsteinband überzieht nach Westen eine ältere Grube, die sich im Anschluss des Nord-Süd-Brunnenprofils fortsetzt (Abb. 9,7). Entscheidend für die Datierung des Bischofsturms sind die dokumentierten Ansätze der Baugruben von Turmfundament und Brunnen, die deutlich über der Senkenverfüllung und den ihr aufliegenden Planierschichten liegen. Die Baugrube des Turmfundamentes ist im Südprofil 12a in einer Höhe von 8,45 m ü. NN durch die Kellersohle des 1962 abgebrochenen Gebäudes Ecke Kreuslerstraße – Speersort gekappt (Abb. 8,1). Dieser Umstand führt zur Schlussfolgerung, dass der höher gelegene Laufhorizont, von dem aus der Fundamentgraben ausgehoben worden ist, nicht erhalten ist.

Nach der stratigrafischen Verknüpfung von Schichtbefunden der Altgrabung Bischofsturm mit Schichtbefunden der 2008 durchgeführten Ausgrabung Kita St. Petri erfolgte der Turmbau im 12. Jahrhundert unmittelbar nach der Zuschüttung des zu Periode 3 gehörenden Grabens und der anschließenden Planierung des Geländes.

6 Ausgrabung Kita St. Petri. Das Steinpflaster der Periode 2 gestört durch jüngere Baubefunde.

7 Ausgrabung Kita St. Petri. Holzlage im Graben der Periode 3.

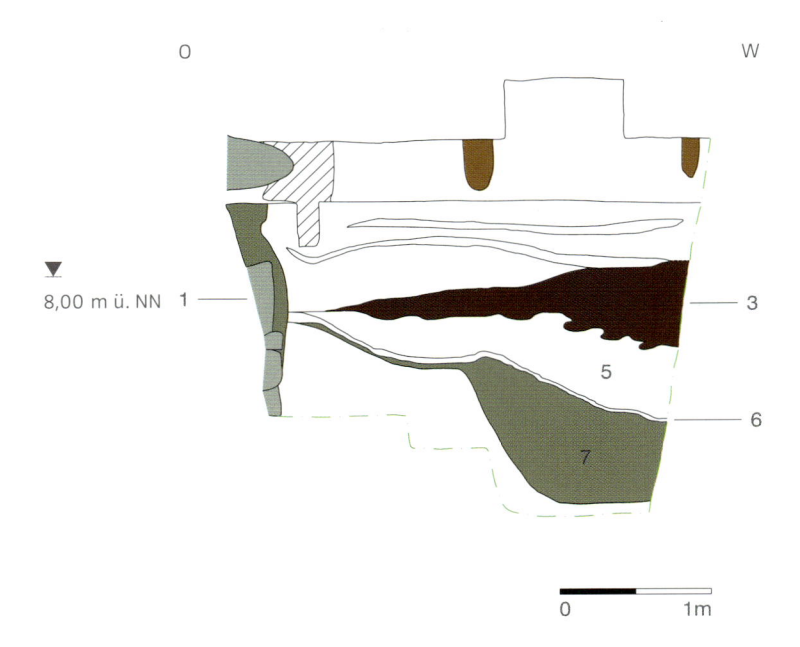

8 Ausgrabung Bischofsturm. Südprofil 12a: 1 – Baugrube des Bischofsturmfundamentes; 3 – Verfüllung der Senke; 5 – Sandschicht; 6 – Ortsteinband; 7 – Grube.

TORTURM KONTRA WOHNTURM

Mit der nunmehr deutlich zu korrigierenden Neudatierung der Errichtung des Turmfundamentes in das 12. Jahrhundert entfällt die Deutung als Wohnturm des Erzbischofs Bezelin Alebrand (1035–1043). Der exponierte Standort unmittelbar hinter dem inneren Wallfuß und an der ersten steingepflasterten Straße Hamburgs – mit der in ihrem östlichen Verlauf namengebenden Bezeichnung Steinstraße in Verlängerung des Speersorts – legt die Funktion des Baues als Torturm der hochmittelalterlichen Stadtbefestigung Heidenwall nahe (*Abb. 2*).

In den Erbebüchern des Kirchspiels St. Petri findet sich um die Mitte des 13. Jahrhunderts der Hinweis auf ein als *magna porta* und damit als *groß* bezeichnetes Tor. Im 14. Jahrhundert wird dieses Tor aufgrund der Nähe zur gegenüberliegenden Domschule dann auch *Schultor* genannt. Von Seiten der stadtgeschichtlichen Forschung wurde das Schultor weiter östlich des ausgegrabenen Turmfundamentes unmittelbar hinter dem Hasenmoor verortet[15]. Nach der Zusammenstellung von Bolland[16] sind für das 14. Jahrhundert noch Ausgaben für die Instandhaltung des Schultores überliefert, das dann wohl nach einem Brand im Jahr 1444 abgebrochen worden ist. In der ältesten überlieferten Stadtansicht Hamburgs von 1574 ist es jedenfalls nicht mehr vorhanden.

Sowohl das Turmfundament als auch die *magna porta* bzw. das Schultor sind einerseits archäologisch, andererseits schriftlich im städtischen Baubestand des 13. Jahrhunderts sicher nachzuweisen. Nach dem derzeitigen Kenntnisstand kann nicht ausgeschlossen werden, dass das Turmfundament auf dem Eckgrundstück Kreuslerstraße – Speersort mit dem historischen Schultor zu identifizieren ist und damit zur hochmittelalterlichen Stadtbefestigung Heidenwall gehört. Mit dem Bau der Stadtmauer um 1260, die auch die Vorstadt St. Jacobi und die zu den Kirchspielen St. Katharinen und St. Nikolai gehörigen, in der Elbmarsch liegenden Stadterweiterungsgebiete umschloss, verlor der Heidenwall mit dem Schultor seine Wehrfunktion. Als Kirchspielgrenze blieb es aber weiterhin von Bedeutung, und in seinem nördlichen Abschnitt bis zum Speersort hin war es im Verlauf der verfüllten Gräben als unbebauter Streifen in den Stadtplänen bis um die Mitte des 19. Jahrhunderts sichtbar.

9 Ausgrabung Kita St. Petri. Südprofil der Grabungsfläche: 2 – Graben der Periode 3; 3 – Verfüllung der Senke; 7 – Steinpflaster der Periode 2; 5 – Sandschichten.

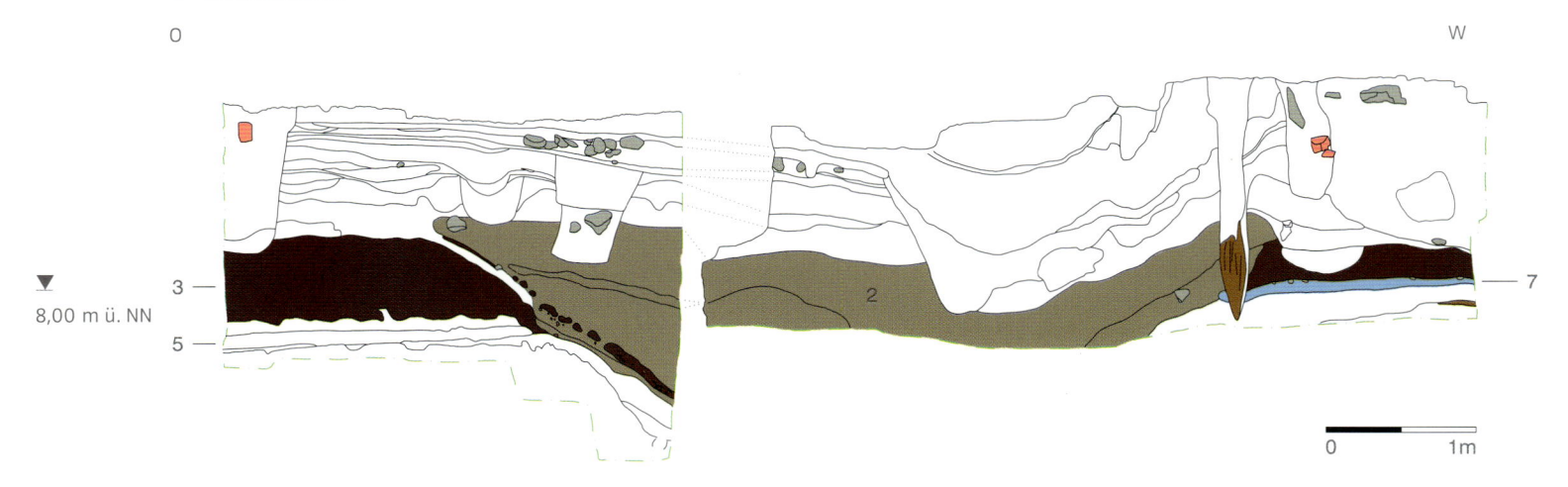

ANMERKUNGEN

1 Bohnsack 1986, 147–162.
2 Kellermann 1939, 192–196.
3 Harck 2002, 33, Abb. 22.
4 Ebd. 34 Abb. 23.
5 Bohnsack 1986, 157.
6 Zuletzt Harck 2002, 23–30; Weidner 2002, 154; Wilschewski 2007, 154 f.
7 S. Schreiben von J. Bolland an D. Bohnsack vom 26.11.1962 in der Ortsakte des AMH, Hamburg-Altstadt, Fundplatz 72.
8 Först (Manuskript 2013).
9 Schindler 1957a, 63, Abb. 2,1.
10 Kablitz 2011, 107 f.
11 S. Grabungsbericht von Fr. Westhusen in der Ortsakte des AMH, Hamburg-Altstadt, Fundplatz 72.
12 Die Untersuchung der Bodenproben erfolgte durch das Niedersächsische Institut für historische Küstenforschung, Wilhelmshaven.
13 Hansen 1927, 142–148.
14 Bracker 1989, 308, Kat.-Nr. 14.125.
15 von Lehe 1939, 186 f., Abb. 2.
16 S. Anm. 5.

Die Geologie unter der Ham(ma)burg

Gisela Kersting, Jens Kröger und Ingolf Stüven
unter Mitwirkung von Jürgen Ehlers

Der Untergrund Norddeutschlands wurde von den Gletschern und Schmelzwässern des Eiszeitalters geprägt. Drei große Eiszeiten lassen sich in Norddeutschland nachweisen – die Elster-, Saale- und Weichsel-Eiszeit. Die Elster-Eiszeit war die älteste, die Weichsel-Eiszeit die jüngste Kaltzeit, in der das Eis bis in unser Gebiet vorgedrungen ist. Aber was war vor dem Eiszeitalter?

Vor der großen Abkühlung des Eiszeitalters, die schließlich zu den Vereisungen großer Teile Norddeutschlands geführt hat, war das Tertiär, die sogenannte »Braunkohlenzeit«. Das Klima war deutlich wärmer als heute, und zunächst waren große Bereiche in Norddeutschland vom Meer bedeckt. In diesem Meer wurde ein feiner, schwarzer Ton abgelagert, der sogenannte »Glimmerton«. Dieser Meereston ist im Untergrund Hamburgs weit verbreitet, und wer in der Hamburger Innenstadt tief genug gräbt – zum Beispiel beim Bau der U-Bahnlinie U4 –, der trifft unweigerlich auf den »Glimmerton«. Seine Oberfläche liegt zwischen 15 und 30 m u. NN.

Die Oberfläche des »Glimmertons« war ursprünglich eine sanft geneigte Ebene. Während des nachfolgenden Eiszeitalters haben aber Gletscher und Schmelzwässer diese Oberfläche in ein recht lebhaftes Relief umgestaltet.

Die Ablagerungen der Gletscher, die wir im Bereich der Hamburger Innenstadt finden, sind Grundmoränen. Sie bestehen aus einem Gemisch von Ton, Schluff, Sand, Kies und Steinen, das an der Sohle der Gletscher abgelagert worden ist. Früher bezeichnete man diese Abla-

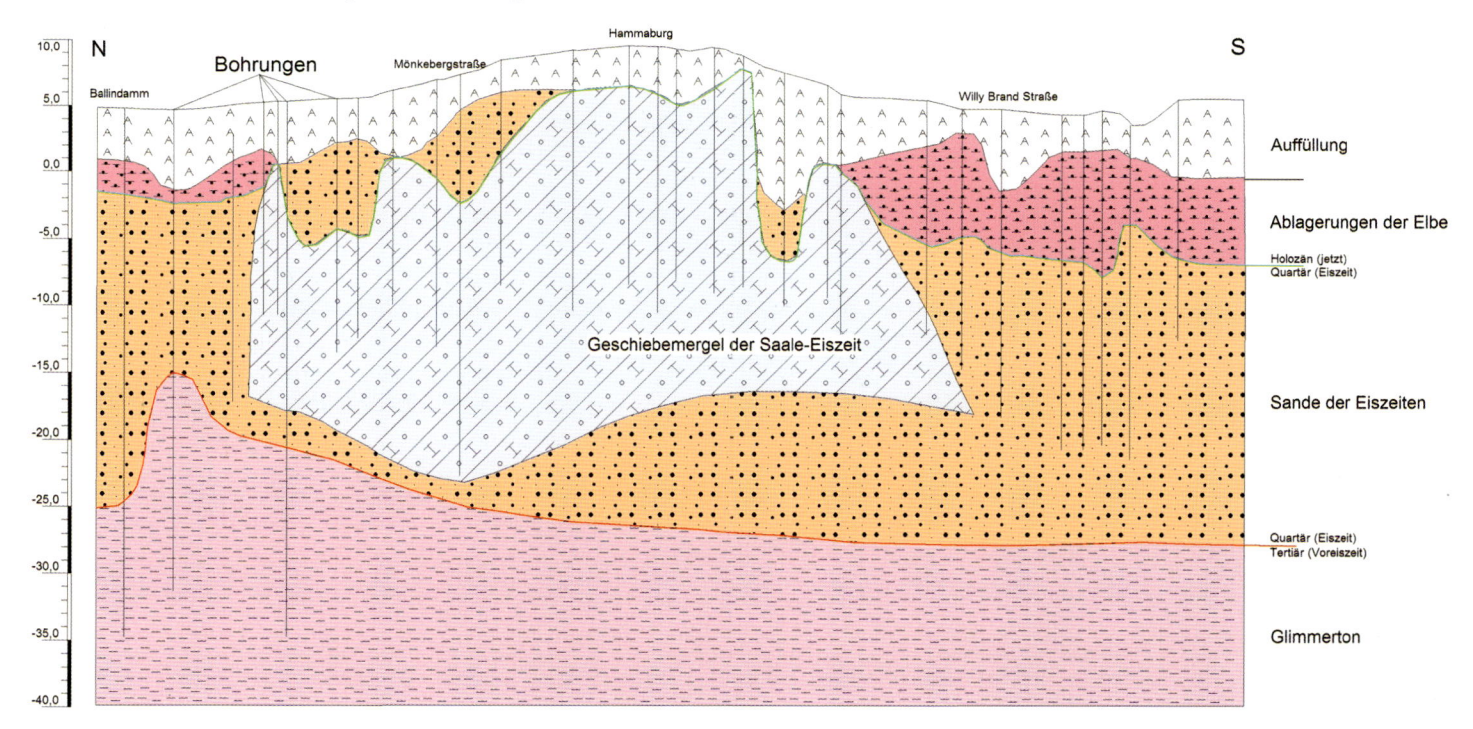

1 Profilschnitt durch die Hamburger Innenstadt; Lage s. Abb. 2.

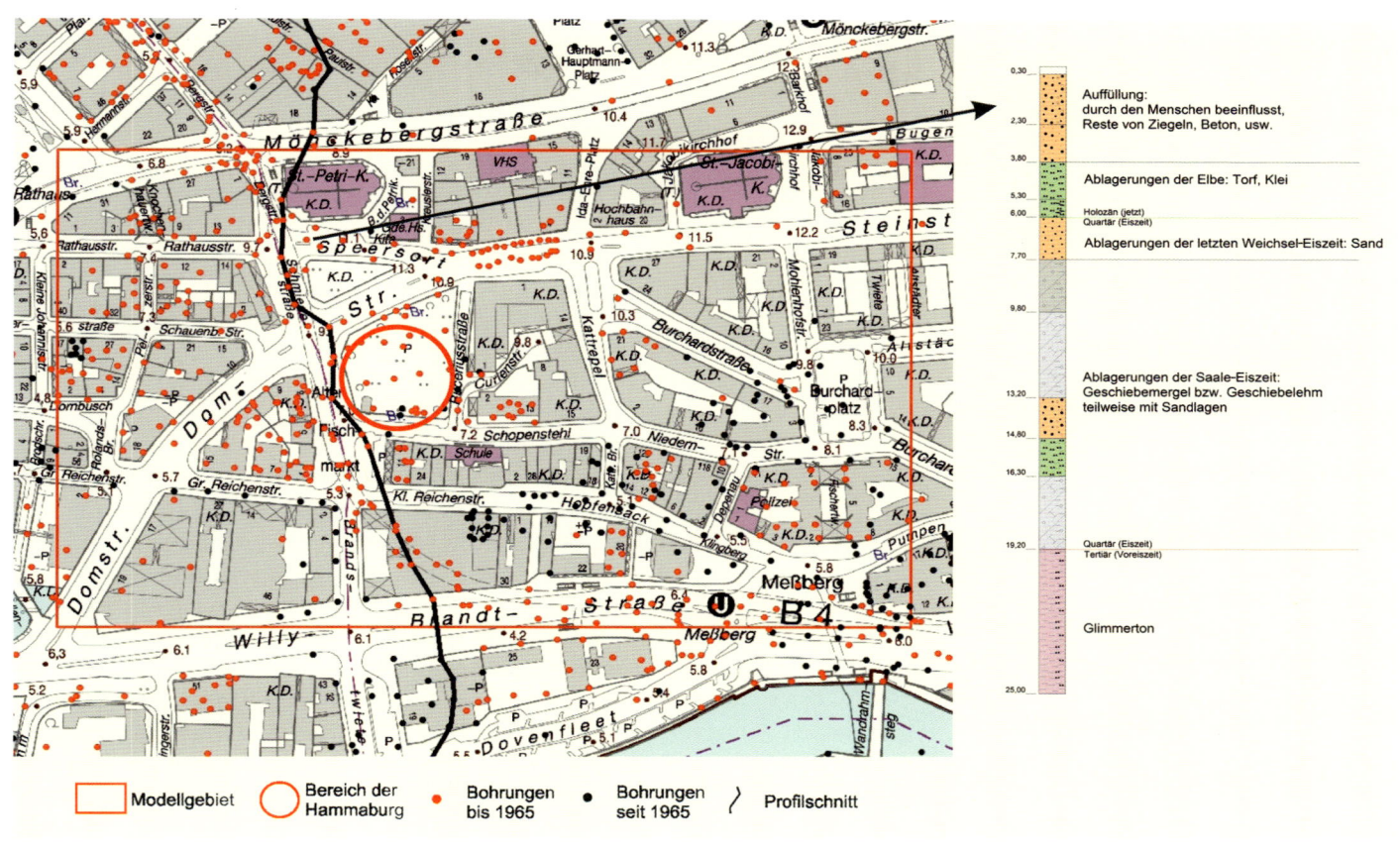

2 Bohrungen im Bereich der Innenstadt. Neue Bohrungen (ab 1965) sind in schwarz dargestellt.

gerungen als »Geschiebemergel« (wenn sie Kalk enthielten) oder »Geschiebelehm« (wenn sie kalkfrei waren). Beide Gletscherablagerungen werden heute häufig unter dem englischen Begriff »Till« zusammengefasst.

Die Schmelzwässer des Eiszeitalters haben zum Teil tiefe Rinnen in den Untergrund eingeschnitten, zum Teil aber auch Sand und Kies zu ausgedehnten Sanderflächen aufgeschüttet. Auch die Schichten des Eiszeitalters liegen heute nicht mehr in der Form vor, in der die Gletscher und ihre Schmelzwässer sie abgelagert haben. Sie sind teils vom Eis gestaucht, teils nachträglich wieder abgetragen worden.

In der letzten Eiszeit, der Weichsel-Eiszeit, sind die Gletscher nicht mehr bis in die Hamburger Innenstadt vorgedrungen. Dennoch hat diese Vereisung den Untergrund Hamburgs wesentlich beeinflusst. Die Schmelzwässer des weichselzeitlichen Eisschildes haben sich vor dem Eisrand gesammelt und sind dann in einem gewaltigen Urstrom nach Westen, in Richtung Nordsee abgeflossen. Die Hammaburg liegt am nördlichen Rand dieses ehemaligen Urstroms auf einer kleinen Anhöhe, einem sogenannten »Geestsporn«, der seine Umgebung um etwa 10 m überragt.

Der geologische Untergrund im Bereich der Hamburger Innenstadt ist relativ gut bekannt. Hier sind zahlreiche Bohrungen durchgeführt worden. Die meisten davon dienten zur Erkundung des Baugrundes. Sie sind häufig zwischen 10 und 20 m tief. Darüber hinaus gibt es auch eine Reihe von Brunnenbohrungen, die Aufschluss über den Aufbau der Erdschichten bis in eine Tiefe von mehreren Hundert Metern geben (Abb. 2).

Große Bauvorhaben, wie zum Beispiel der Bau der U-Bahn-Linie U2 vom Hauptbahnhof Nord durch die Binnenalster zum Jungfernstieg (Baubeginn dieses Abschnitts 1965) und der Bau der City-S-Bahn (Baubeginn 1967) setzten voraus, dass die geologischen Gegebenheiten vor Baubeginn sorgfältig erkundet wurden. Zu diesem Zweck hat damals Friedrich Grube vom Geologischen Landesamt sogenannte »Strukturkarten« des Untergrundes erstellt. Hierzu wurden zunächst in eine transparente Karte im Maßstab 1:1.000 alle damals bekannten Bohrungen eingetragen. Anschließend wurden von dieser Karte so viele Mutterpausen hergestellt, wie geologische Schichten unterschieden werden konnten. Diese Karten hießen z. B. »Oberkante Miozän« für die Darstellung der Oberfläche des Tertiärs, »Basis Drenthe« für die Unterkante des saale-eiszeitlichen Drenthe-Geschiebemergels oder »Unterkante Auffüllung«.

Die Strukturkarte »Unterkante Auffüllung« entspricht nicht in allen Bereichen der natürlichen ehemaligen Geländeoberkante. Die Darstellung gibt auch die Veränderungen wieder, die von Menschen durch Gräben, Versorgungsleitungen, U-Bahntrassen und andere Bau-

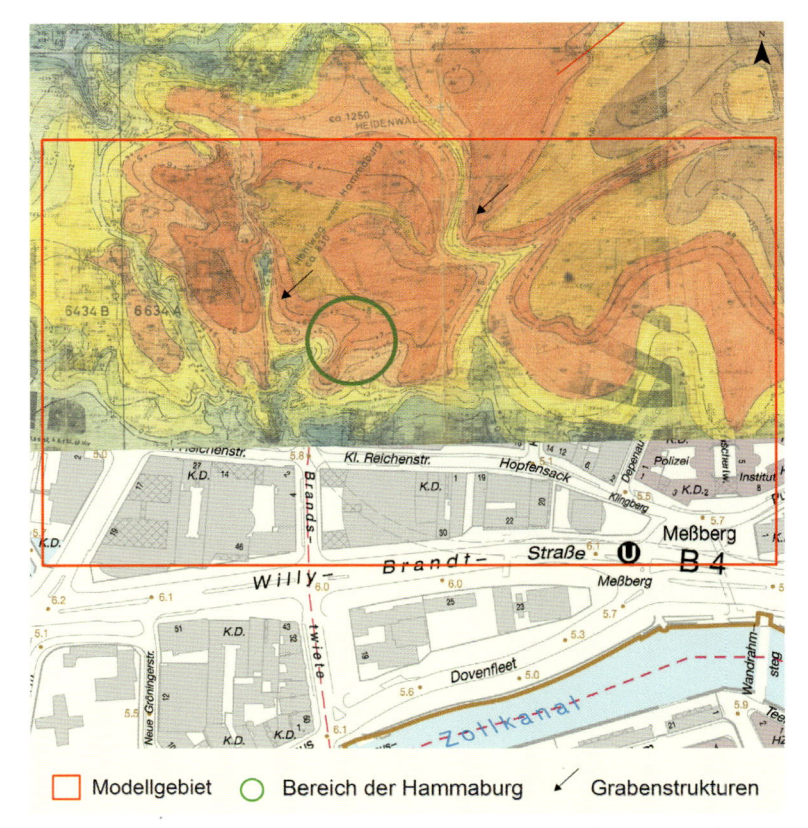

3 Strukturkarte aus dem Bereich der Hamburger Innenstadt (Karte »Unterkante Auffüllung« von Grube 1964).

werke seit der Ablagerung der Bodenschichten bis zum Zeitpunkt der Bohrungen vorgenommen wurden. Die unter der dargestellten Fläche liegenden Ablagerungen sind von Menschenhand unberührt. Die Karte zeigt nicht die alte Geländeoberfläche aus der Zeit vor dem Bau der Hammaburg, wie von Ole Harck dargestellt[1], sondern spiegelt alle Veränderungen der Oberfläche wider, die zwischen damals und heute vorgenommen worden sind.

Bei der Herstellung dieser Karten ergab sich ein technisches Problem. Da jede Karte einzeln von Hand erzeugt werden musste, waren die jeweiligen Ober- und Untergrenzen der verschiedenen Schichten nicht miteinander abgestimmt. Es ließ sich nicht vermeiden, dass dabei Widersprüche entstanden. Diese Widersprüche äußerten sich darin, dass zum Beispiel die 10-m-Linie der »Basis Drenthe« die -10-m-Linie der »Oberkante Miozän« schnitt. Diese Fehler wurden aufgespürt, indem man die fraglichen Mutterpausen auf dem Leuchttisch übereinander legte und die Tiefenangaben Meter für Meter daraufhin überprüfte, ob es eventuell Überschneidungen gab. Da alle Eintragungen mit schwarzer Tinte vorgenommen wurden, konnte nicht radiert werden. Fehlerhafte Linien mussten mit der Rasierklinge entfernt werden.

Anschließend wurden von allen Karten Lichtpausen auf normalem Papier hergestellt. Die verschiedenen Tiefenbereiche wurden mit genormten Buntstiften far-

big angelegt. Jeder, der einmal versucht hat, eine Fläche mit einem Buntstift gleichmäßig anzumalen, weiß, dass das Ergebnis nicht immer befriedigend ist. Durch die Farbstriche entstehen unerwünschte Unregelmäßigkeiten. Um eine gleichmäßige Farbverteilung zu erreichen, wurden daher die Flächen anschließend mit Löschpapier verrieben.

Wenn der Kartensatz fertig war, konnten in einem nächsten Arbeitsschritt beliebige Profilschnitte gelegt werden, die genauer waren, als wenn man lediglich von den vorhandenen Bohrsäulen ausgegangen wäre.

Friedrich Grube hat die Methode und die Ergebnisse seiner Untersuchungen in einer Reihe von Aufsätzen veröffentlicht[2]. Damals konnte aus Kostengründen nichts in Farbe gedruckt werden, sodass die Veröffentlichungen nur vereinfachte Karten und Profile in Schwarzweiß-Darstellung enthalten. Alle Originalkarten und Profile sind in Farbe im Archiv des Geologischen Landesamtes vorhanden. Sie sind als Bilddateien gescannt worden und stehen damit weiteren Bearbeitern zur Verfügung.

Trotz der großen Zahl von Bohrungen und der hohen Informationsdichte ist es immer noch so, dass nicht in jedem Fall eine eindeutige Interpretation der Ergebnisse möglich ist. So ist es zu verstehen, dass zum Beispiel Paluska[3] in seiner Karte einen Arm der Bille an der Hammaburg vorbeiführt. Aus heutiger Sicht ist diese Deutung unwahrscheinlich, es handelt sich eher um einen Arm der unteren Alster bzw. der Elbe. Die Elbe hat im Laufe ihrer Geschichte Flussarme und Elbinseln entstehen und vergehen lassen. Entsprechend änderten sich auch die Mündungsbereiche der Alster und der Bille. Eine genaue Zuordnung alter Flussarme und Mündungsarme ist daher heute nur noch schwer möglich.

Wenn man heute ein Modell des geologischen Untergrundes erstellen will, so stehen nicht nur mehr Bohrungen (Abb. 2) als damals zur Verfügung, sondern auch wesentlich verbesserte Verfahren, um ein dreidimensionales Bild des Untergrundes zu gewinnen. Im Geologischen Landesamt wird mit dem Programm GOCAD gearbeitet, in dem nicht nur punktuelle Informationen (Bohrungen), sondern auch interpretierte Profilschnitte (Abb. 4) direkt in die Auswertung miteinbezogen werden können. Fehlinterpretationen in den Profilschnitten sind in der 3D-Darstellung klar zu erkennen und können entsprechend korrigiert werden. Im 3D-Modell wird sowohl die Überlagerung und Verschneidung als auch die Oberflächenstruktur der einzelnen geologischen Schichten deutlich. Jede Schicht kann als einzelner 3D-Körper dargestellt werden.

Das Ergebnis ist ein echtes 3D-Modell, das im Bedarfsfall auch unter Einsatz eines 3D-Druckers Schicht für Schicht dreidimensional ausgedruckt werden kann.

Das geologische 3D-Modell im Bereich der Hamburger Innenstadt (Modellgebiet siehe *Abb. 2*) erfasst sowohl die Ablagerungen der Elbeniederung (Marsch) als auch die der Geest, auf deren hochwassergeschützter Lage die ersten Siedlungen Hamburgs und die Hammaburg errichtet wurden.

Die Oberfläche des 3D-Modells zeigt deutlich den Höhenunterschied des »Geestsporns« zu den Ablagerungen der Elbe (Marsch). Die Geest besteht in diesem Bereich der Innenstadt hauptsächlich aus saalezeitlichem Geschiebemergel, dessen Oberflächenstruktur bereits das Relief des »Geestsporns« anzeigt. Deutlich zu sehen sind die unterschiedlichen Hochlagen, die für die ersten Siedlungen genutzt wurden.

Die in der Karte »Unterkante Auffüllung« (*Abb. 3*) zwischen den Anhöhen liegenden interpretierten Grabenstrukturen, die auf die U-Bahntrasse westlich des Domplatzes bzw. auf die östlich des Domplatzes gelegenen Gräben des Heidenwalles zurückzuführen sind, sind im Relief der interpolierten 3D-Oberflächestruktur des Geschiebemergels (*Abb. 5*) nicht so deutlich zu erkennen.

Dies liegt zum einen an den zur Verfügung stehenden Bohrungsdaten und zum anderen an der Art der Kartenerstellung.

Während bei der 2D-Kartenerstellung die Vorstellung des bearbeitenden Geologen eingeht und z. B. Grabenstrukturen auch bei wenigen Informationen erkannt werden, benötigt ein automatisches Interpolationsverfahren, das bei der 3D-Modellierung eingesetzt wird, eine höhere Datendichte, um derartige Strukturen zu erfassen.

ANMERKUNGEN

1 Vgl. Harck 2002, 10 Abb. 1.
2 Grube 1962; 1970; 1972; Grube et al. 1976.
3 Paluska 1976.

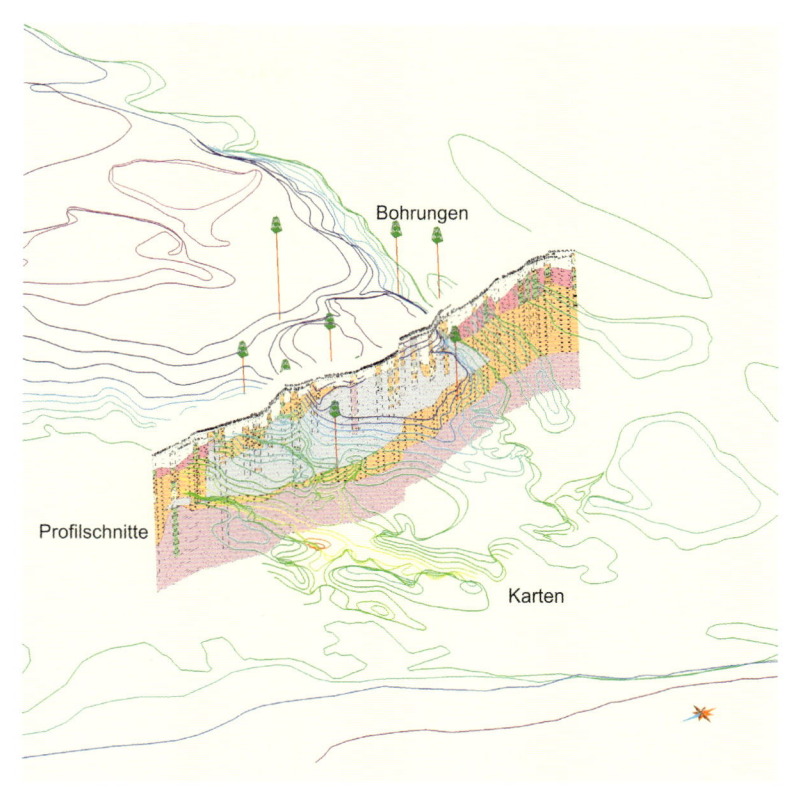

4 Einarbeitung eines geologischen Profilschnitts in das dreidimensionale Geländemodell.

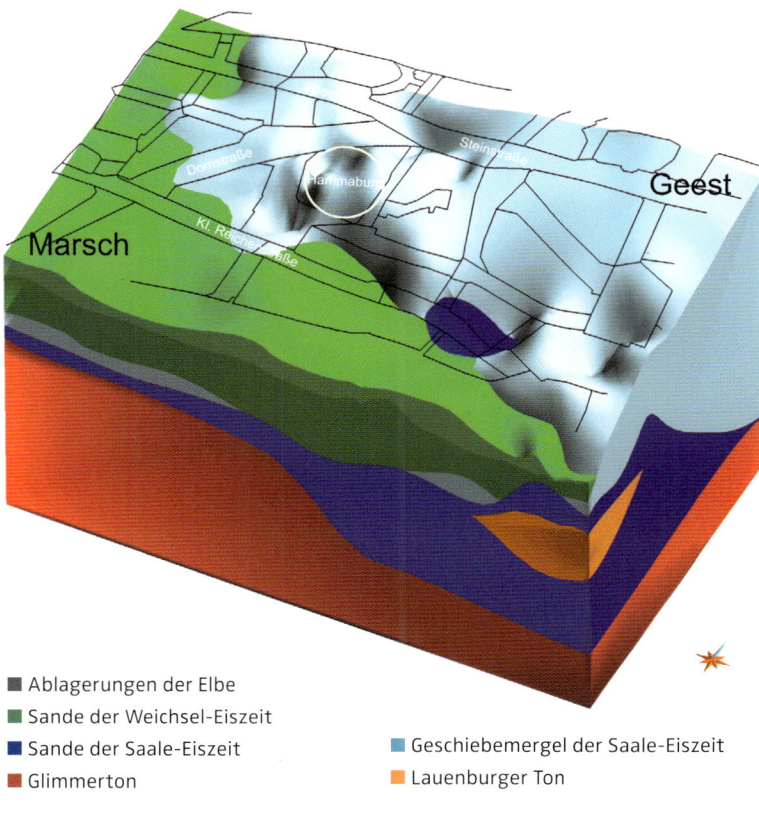

- Ablagerungen der Elbe
- Sande der Weichsel-Eiszeit
- Sande der Saale-Eiszeit
- Geschiebemergel der Saale-Eiszeit
- Glimmerton
- Lauenburger Ton

5 Dreidimensionales Modell des Untergrundes im Bereich der Hamburger Innenstadt, erstellt mit Hilfe von GOCAD.

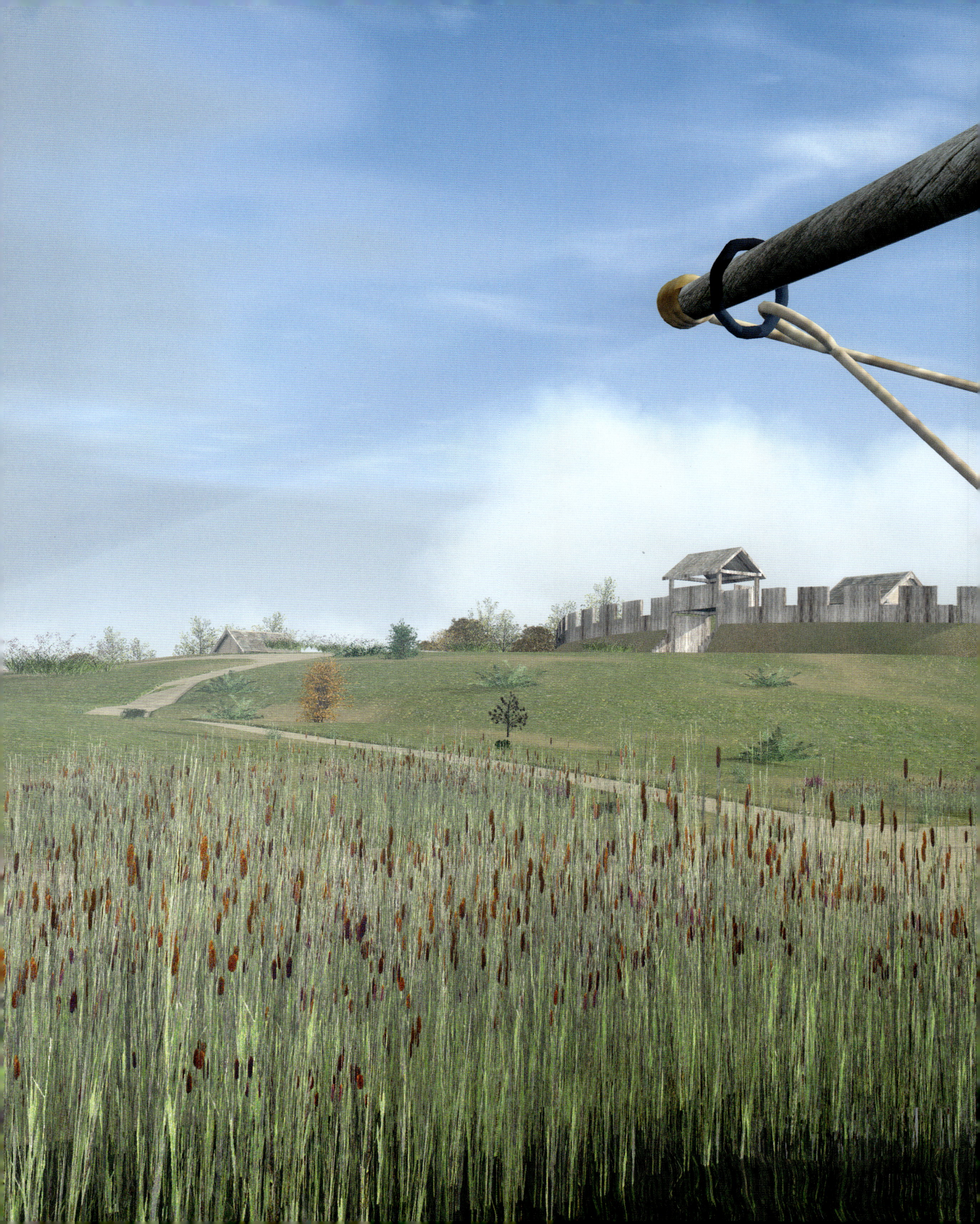

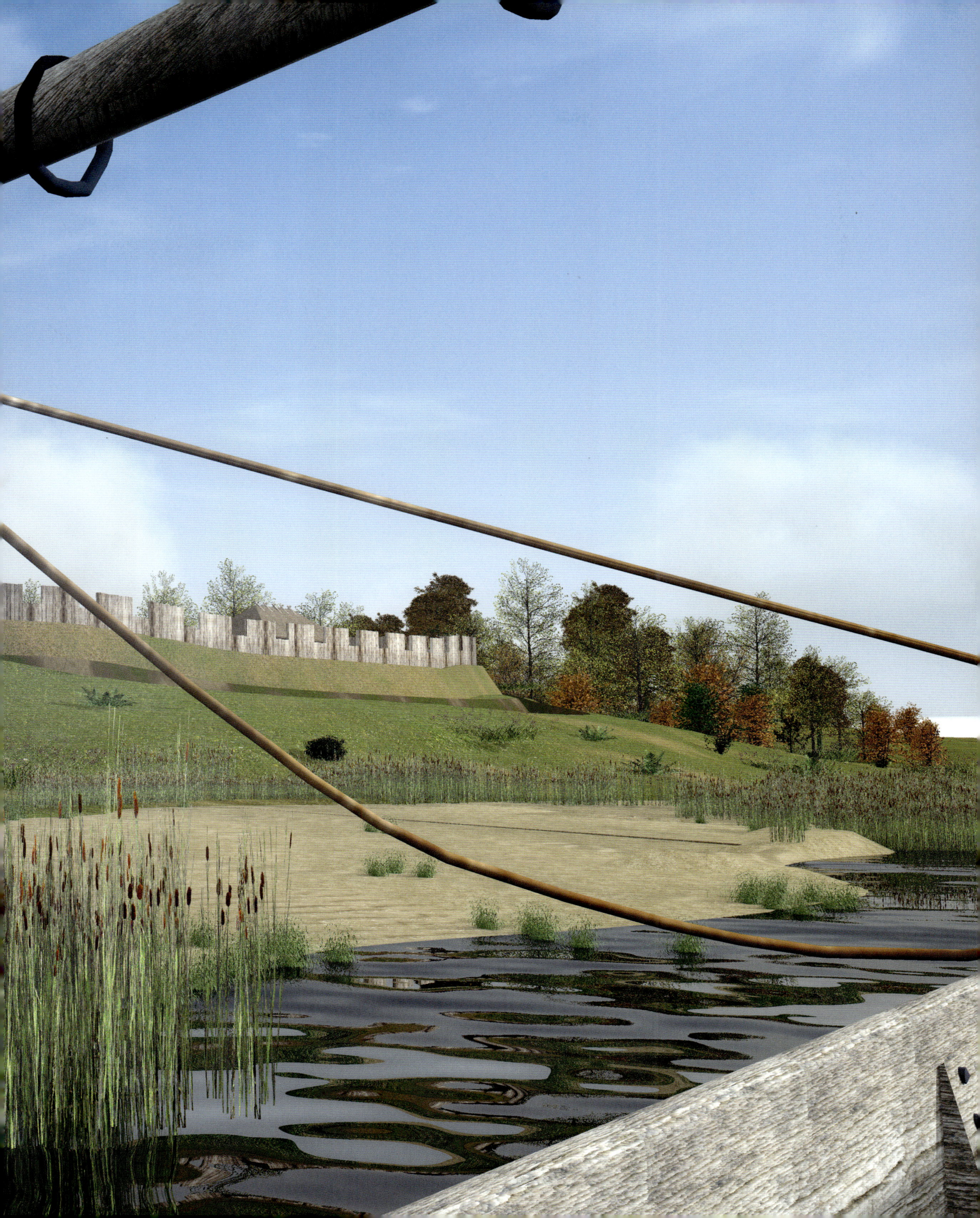

Tafel 6 Virtuelle Rekonstruktion Hammaburgs zur Zeit Ansgars (vor 845).
Ansicht von Südwesten aus einem Schiff, das sich der Schiffslände unterhalb der Hammaburg nähert.

Die Hamburger Befunde in der wissenschaftlichen Diskussion

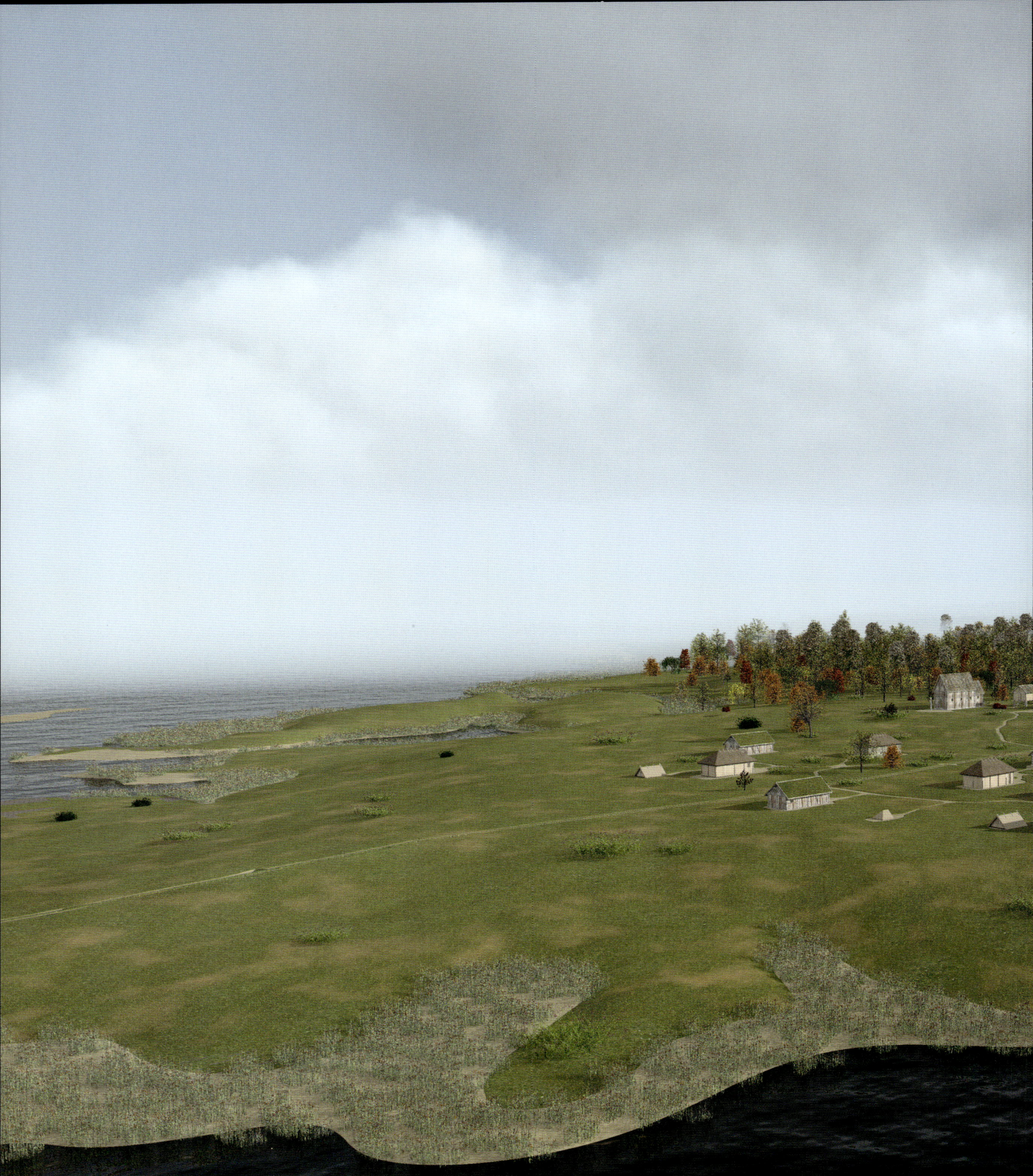

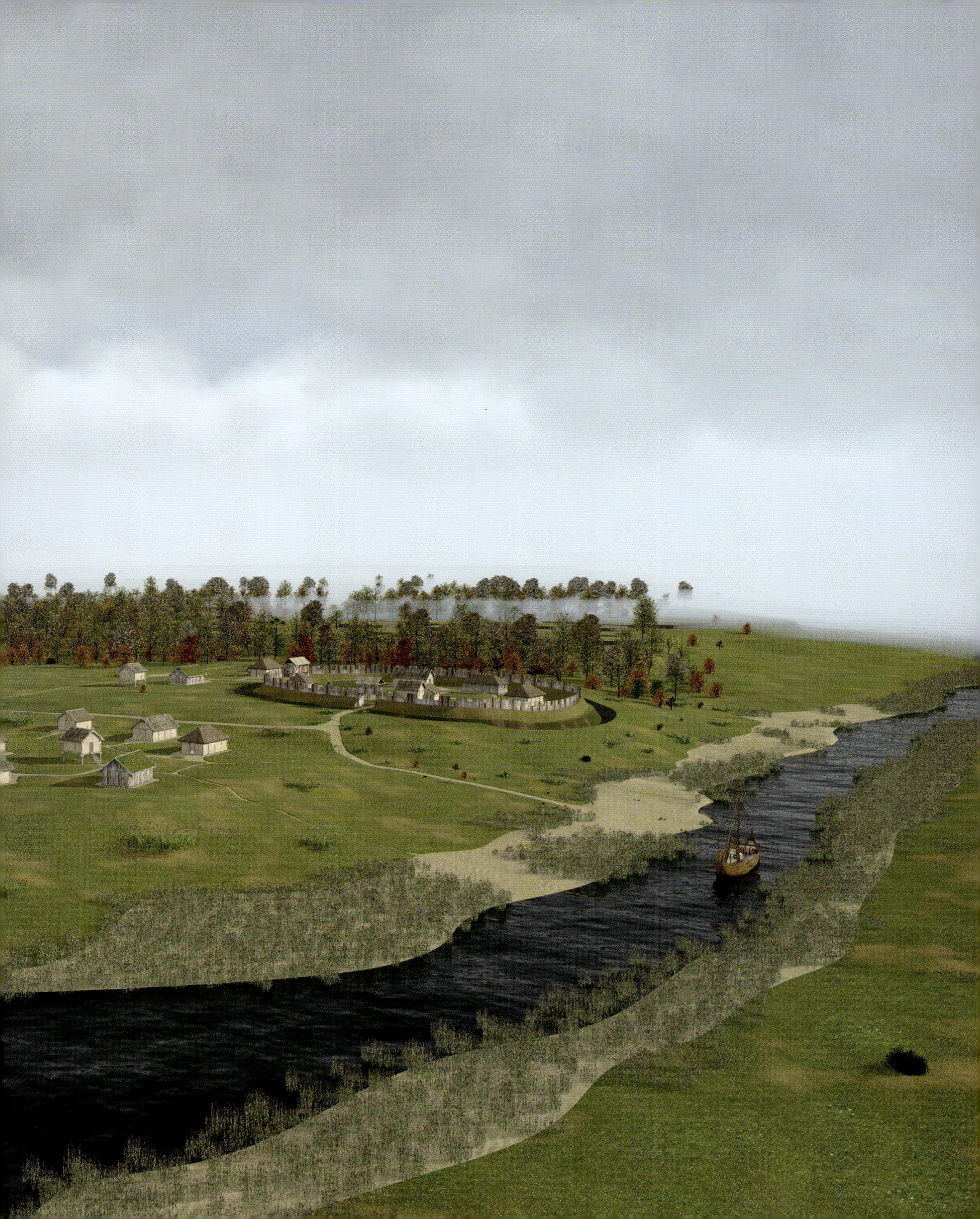

Tafel 7 Virtuelle Rekonstruktion Hammaburgs zur Zeit Ansgars (vor 845). Ansicht von Südwesten. Ein Schiff nähert sich der Schiffslände unterhalb der Hammaburg.

In der Diskussion: Die Hammaburg und die Grabungen auf dem Domplatz

Anne Klammt

Im vorweihnachtlichen Hamburg versammelte sich 2013 in den Räumen der Patriotischen Gesellschaft an der Trostbrücke und somit zwischen der Neuen Burg und dem Domplatz eine Runde von 25 Experten zu einem Fachkolloquium[1]. Anlass war die wissenschaftliche Vorbereitung der Sonderausstellung *Mythos Hammaburg* des Archäologischen Museums Hamburg. Im Mittelpunkt stand nichts weniger als die Frage nach dem Beginn Hamburgs im Lichte der archäologischen Ausgrabungen aus 75 Jahren Forschung und Bodendenkmalpflege (1938–2013). Auslöser waren die Ergebnisse der letzten großen Grabungskampagne der Jahre 2005/06 auf dem Hamburger Domplatz. In ihrem Zuge haben sich wesentliche Neuerkenntnisse ergeben. Sie zeichnen nicht nur ein anderes Bild des frühen Hamburgs, sondern werfen zudem die Frage auf, wie Hamburg mit der Gesamtentwicklung im nördlichen Saum des karolingischen und ottonischen Reiches zu verbinden ist.

Es handelt sich um ein ausgesprochen komplexes Thema, denn 2013 ließ sich die Hammaburg sowohl aus der archäologischen Befundlage als auch den Schriftquellen nur schemenhaft erschließen. Eine paradoxe Situation; schließlich galt die Hammaburg seit den Grabungen der 1940er und 1950er Jahre für lange Zeit als entdeckt, und ihre große Bedeutung für die Entwicklung Hamburgs schien eindeutig erwiesen. Doch gut 60 Jahre später stand trotz eines erheblichen wissenschaftlichen Kenntniszuwachses beides zur Diskussion: Die Lokalisierung der eponymen Burg sowie ihr Anteil an der Entstehung der heutigen europäischen Großstadt.

DIE ERSTE WEGMARKE: DAS FACHKOLLOQUIUM

1949 begann auf dem Domplatz die archäologische Suche nach der Hammaburg und zeitigte sehr rasch Erfolge. Es wurde eine frühmittelalterliche Befestigung freigelegt, die für fast 50 Jahre als die historisch überlieferte Hammaburg und Standort der ebenfalls vermeintlich entdeckten Kirche Ansgars galt. Die Interpretation der archäologischen Befunde war jedoch in erheblichem Maße von den Vorerwartungen des Ausgräbers Reinhard Schindler bestimmt. Unzweifelhaft war für ihn, dass sich innerhalb der Hammaburg des frühen 9. Jahrhunderts die bischöfliche Kirche des Erzbistums Hamburg befunden hatte. Ebenso stand die politische und wirtschaftliche Abhängigkeit des *vicus* in der Vorburgsiedlung von der Burg fest. Die Entwicklung Hamburgs war somit durch die herrschaftliche Entscheidung, Hamburg zum Ausgangspunkt der Mission und der Grenzsicherung zu machen bestimmt. Die Ansiedlung von Handwerk und Handel war eine Folge hiervon, nicht die Voraussetzung. Ältere sächsische Strukturen spielten keine wesentliche Rolle für die Stadtwerdung.

Schindlers Datierungen und Befundansprachen haben sich in den vergangenen Jahrzehnten durch weitere Ausgrabungen in Hamburg und die Umdatierung bestimmter Fundkomplexe als überholt erwiesen[2]. Doch auch sein Gesamtbild ist mittlerweile von zwei Seiten unter Druck geraten, und zwar von der Archäologie und von der Geschichtswissenschaft. Die Vorstellung karolingischer Domburgen in Sachsen, also von Befestigungen, deren wesentliche Funktion im Schutze der bischöflichen Kirche in dem zunächst im Geleit militärischer Gewalt missionierten Gebiet lag, ließ sich mit archäologischen Mitteln bislang nicht zufriedenstellend verifizieren. Zweifelsfrei gibt es Befestigungen der Domimmunität in Sachsen, so in Bremen, aber vielerorts gehören sie nicht in die Gründungszeit, und somit können Domburgen nicht als selbstverständlicher, origninärer Bestandteil der frühen Bistumssitze angenommen werden. Die große wirtschaftliche Bedeutung der kirchlichen Gründung in Hamburg und die Auswirkung der missionarischen Tätigkeit Ansgars in Skandinavien wird von der archäologischen Forschung heute anders eingeschätzt als zu Schindlers Zeiten. Die frühen kirchlichen Gründungen Sachsens im späten 8. bis frühen 9. Jahrhundert erfolgten in eine Kulturlandschaft hinein. Bestehende Wegenetze und wirtschaftliche Infrastruk-

1 Das Kolloquium in den Räumen der Patriotischen Gesellschaft.

turen, etwa eingeführte Stätten saisonalen Handels, wurden antizipiert. Trotz der zunächst unbestreitbar aggressiven Aneignung Sachsens durch die Franken wurde das Gebiet anschließend integriert und nicht vollständig neu erfunden. Entlang der Nordseeküste mit den großen Flussmündungszonen entwickelte sich ein komplexes Netz von Handelsplätzen und Produktionsstätten, das kaum Eingang in die Schriftquellen jener Zeit gefunden hat, dennoch wahrgenommen wurde. Sah die ältere Forschung die historisch fassbaren Bistumsgründungen als Ausgangspunkt der Stadtentwicklung in Hamburg, aber auch an vielen anderen Orten an, rückt heute die Betrachtung des Ineinandergreifens von persistenten Mustern und Innovationen durch die fränkische Eroberung in den Vordergrund. Anders beurteilt wird heute auch der Zusammenhang karolingerzeitlicher Burgen entlang der Elbe, die nun nicht mehr nur als Grenzbefestigung gedeutet werden, wie es die Forschungen zu Esesfelth und dem Höhbek zeigen.

Die Erfolge der Mission Ansgars in Skandinavien werden inzwischen völlig anders eingeschätzt als vor 60 Jahren. Christliche Bestattungssitten – Körperbestattungen in gestreckter Rückenlage mit dem Kopf im Westen und ohne Grabbeigaben, Waffenausstattung und zunächst ohne aufwendige Grabbauten – sind hier für das 9. Jahrhundert, wenn überhaupt, dann nur an wenigen Orten zu fassen. Hierzu zählt die dänische Forschung nach neuen Ausgrabungen nun Ribe. Geht es aber um die Christianisierung größerer Bevölkerungskreise, also mindestens der gesamten regionalen und lokalen Elite, dann trägt Ansgar seinen Titel als Apostel des Nordens letztlich zu Unrecht.

Einen anderen Blickwinkel auf das frühe Sachsen und hier besonders Hamburg nehmen inzwischen auch die Geschichtswissenschaften ein. Ergänzend zu der klassischen Quellenkritik, die sich um die Echtheit der kaum je unverfälscht überlieferten Schriftquellen bemüht, werden intensiv die offenen und verborgenen Ziele der einzelnen Quellen wie auch die Geisteswelt der Verfasser untersucht. Leider bieten die Quellen zur Frühgeschichte Hamburgs der Forschung hier reiches Material. Alle Urkunden sind nur in veränderten Abschriften erhalten. Die beiden besonders sprechenden Chroniken, die *Vita Anskarii* Rimberts und die *Gesta Hammaburgensis Ecclesiae Pontificum* Adams von Bremen, sind letztlich als Erzählungen anlässlich tagespolitischer Ereignisse einzuordnen. Ortsbeschreibungen, die zu Schindlers Zeiten noch als Leitfaden zur Suche und Identifizierung historischer Stätten heranziehen konnten, werden heute in der sprachlichen und sachlichen Kompetenz der Autoren gespiegelt. Rimbert und Adam haben in Latein mit dem Wortschatz der Antike Ortschaften beschrieben, die nicht mit den Sprachkonzepten der antiken Welt zu erfassen waren. Darüber hinaus verfasste Adam seine Beschreibungen Hamburgs aus dem Rückblick, und Hammaburg war ihm die Projektionsfläche seiner »Geschichte« des Erzbistums Hamburg-Bremen. Rimbert verfasste sein Werk unter dem Eindruck bedrohlicher juristischer Auseinandersetzungen um seinen Stuhl, ebenso wie er als Ansgars Erbe und Schüler dessen ganz auf die Mission ausgerichtete Konzeption des Bremer Bistums verändern musste, ohne diesen Wandel hervortreten zu lassen. Mit dem Ende der Nordostexpansion des fränkischen Reiches waren auch die Möglichkeiten der Mission beschnitten. Große Erfolge, die auch Ansgar schon nicht mehr erreicht hatte, waren kaum noch zu verzeichnen, und in den Vordergrund trat die Konsolidierung der Bistümer in Sachsen.

Als Problem von einiger Sprengkraft hat sich mittlerweile die Frage des kirchenrechtlichen Status' Hammaburgs erwiesen. Die Echtheit der hierfür ausschlaggebenden Urkunden ist bereits diskutiert worden, bevor in Hamburg die archäologischen Forschungen auf dem Domplatz begonnen haben. Eine erste virulente Phase erlebte die Diskussion dann in der zweiten Hälfte des 20. Jahrhunderts und erreichte die stadtgeschichtliche Forschung mit den Beiträgen des Historikers Gerhard Theuerkauf. Er stellte die Existenz des Erzbistums Hamburg vor der Vereinigung mit Bremen nach 845 in Abrede. Obgleich eine Abhandlung von ihm in einem Band mit den vorläufigen Auswertungen der Grabungskampagne 1980–1987 auf dem Domplatz erschien, sind seine Überlegungen nicht als Ansatz genutzt worden zu einer gemeinsamen archäologisch-historischen Revision der gesamten bisherigen Einordnung Hamburgs als einziges sächsisches Bistum nördlich der Elbe.

Nicht hinreichend berücksichtigt und systematisch in die Überlegungen einbezogen wurde zudem, dass sich die Rolle des frühen Hamburgs kaum beschreiben lässt, wenn nicht das Umland berücksichtigt wird. Tatsächlich verblieb die Forschung der vergangenen beiden Jahrzehnte aber dabei, in Einzelarbeiten die Ausgrabungen auszuwerten und konnte so gar nicht die ursprüngliche Idee Schindlers von einer stadtarchäologischen Forschung einlösen. Dieser hatte Hamburg immer als eine Stätte gesehen, an der exemplarisch Probleme der (hier höchst erfolgreichen) Stadtentwicklung im nördlichen Rand des Fränkischen und Ottonischen Reiches erforscht werden kann.

DIE NÄCHSTE WEGMARKE: DIE AUSSTELLUNG

Das Fachkolloquium war ein erster, ein großer Schritt, um die stadtarchäologische und -geschichtliche Forschung zu öffnen und in den interdisziplinären Diskurs zu bringen. Die Belebung des allzu lange ruhenden Austauschs mit der skandinavischen Wissenschaft und die Einbindung in die aktuellen Untersuchungen zur maritimen Verkehrstopografie der Nord- und Ostseeküste war ein weiteres Ziel des Treffens. Tatsächlich ist mit dem Kolloquium jedoch ein Prozess begonnen worden. Die aktuellen Ergebnisse dieser noch immer in Gang befindlichen Neubewertung der frühen hamburgischen Geschichte sind nun in die Ausstellung eingeflossen. Für viele der im Dezember 2013 diskutierten und von Heiko Steuer im folgenden Beitrag präzise umrissenen Probleme ist inzwischen Klarheit erreicht worden, andere harren weiterhin unserer Erforschung.

ANMERKUNGEN

1 Für die vorliegende Publikation konnten noch weitere Beiträge gewonnen werden.
2 Im Folgenden wird auf eine Nennung der Belege verzichtet, denn der Beitrag schöpft aus der Diskussion und den Vorträgen des Kolloquiums, die in den vorliegenden Band eingegangen sind. Allein der Beitrag von Joachim Henning, Universität Frankfurt, musste krankheitsbedingt entfallen.

Hamburg im 9. und 10. Jahrhundert – Ein Zentralort zwischen Nord- und Ostsee? Zusammenfassende Überlegungen nach dem Abschluss des Kolloquiums

Heiko Steuer

Die *Hammaburg* war schon fast ein Mythos geworden, wie es in einigen Hamburger und überregionalen Tageszeitungen im Januar und Februar 2014 formuliert wurde[1]. Aber nun haben die neuen Ausgrabungen doch den Nachweis erbracht, dass die Hammaburg am Domplatz gelegen hat, jedenfalls einer der beiden in die Zeit Ansgars zu datierenden ringförmigen Gräben. Das sind Ergebnisse des interdisziplinären Fachkolloquiums am 13. und 14. Dezember 2013 in Vorbereitung der Sonderausstellung, der der vorliegende Band gewidmet ist[2].

DER FORSCHUNGSSTAND

Wie war der Forschungsstand zur Zeit, als die Fachtagung im Gespräch zwischen Archäologen und Historikern noch einmal alle vorliegenden schriftlichen und archäologischen Quellen neu zu bewerten versuchte?

Die Lebensdaten des Bischofs Ansgar, mit Hamburg verbunden, bilden das Gerüst für die Diskussion, welche Befestigungsanlagen auf dem Domplatz und seiner Umgebung nun von Ansgar seinerzeit besucht, gesehen und vielleicht auch weiter ausgebaut worden waren, zum Beispiel der zweite äußere Ringgraben.

Also darf wiederholt werden:

A – Zur schriftlichen Überlieferung[3]: Ansgar (* um 801 – † 865) hielt sich 822 in Corvey auf, in der großen Klosteranlage mit Kirche und zahlreichen Nebengebäuden, war 826 bei der Taufe des Dänenkönigs Harald Klak nahe der prächtigen Pfalz Ingelheim im Kloster St. Alban bei Mainz (s. Beitrag Michael Müller-Wille) und reiste mit diesem als Missionar über den Handelsplatz Dorestad nach Dänemark, 829/30 weiter nach Schweden (Birka) und wurde 831/32 Erzbischof in Hamburg, was er bis 845 blieb, also etwa 13 Jahre. In jenem Jahr 845 wurde er nach Überfall, Zerstörung und Plünderung der Hammaburg durch Wikinger nach Bremen versetzt und leitete das Bistum von dort aus, wo er noch einmal 20 Jahre wirkte, bis zu seinem Tode. Zwischenzeitlich war er aber wieder als Missionar auf Reisen nach Norden, erneut zum schwedischen Birka 852, in Haithabu 849/54, in Ribe 854/60 bzw. in Dänemark 849/54, also über zehn Jahre. Diskutiert wird immer noch, ob in Hammaburg 831/32 ein Erzbistum oder nur ein Bischofssitz eingerichtet worden war[4], denn erst auf der Synode in Mainz 848 wurde das Erzbistum Hamburg-Bremen beschlossen, wozu die päpstliche Bestätigung dann 864 erfolgte[5].

B – In der recht zeitnah von seinem Nachfolger Rimbert (um 830–888)[6] geschriebenen *Vita Anskarii* steht im Kapitel 16 zum Überfall der *pyratas*, dass diese die *civitas Hammaburgensis* vom Wasser her einschlossen. Der Bischof (Ansgar) wollte zunächst die Burg und die offene Siedlung mit den Bewohnern, *in urbe ipsa vel in suburbio*, verteidigen, musste dann aber aufgeben und retten, was zu retten war, während die Piraten die *civitas* und den nahegelegenen *vicus (in vico proximo)* ausplünderten und dann verschwanden. Doch die unter der Leitung des Bischofs errichtete kunstreiche Kirche und der prächtige Klosterbau (*ecclesia miro opere ... cum claustra monasterii*) wurden durch Feuer vernichtet[7]. Beschrieben wird also eine größere Siedlungsagglomeration aus Befestigung (*civitas*), offener Siedlung (*suburbium, vicus*), Kirche und Kloster[8]. Dieses Bild sollte man bei den weiteren Überlegungen zu Rang und Struktur der Hammaburg im Sinn behalten; das sind mehrere Bauten, die sicherlich nicht auf den Domplatz gepasst haben, sondern in näherer oder weiterer Entfernung gelegen haben müssen. Das entspricht denn auch am ehesten in Größe und Struktur den anderen karolingerzeitlichen Bischofssitzen.

Aus den Lebensdaten folgt – und das wurde während der Tagung thematisiert –, dass Ansgar innerhalb der etwas mehr als zehn Jahren nur wenige Wochen oder Tage am Ort war; in Birka hat er sich demgegenüber eineinhalb bis zwei Jahre aufgehalten[9]. Jetzt geht es darum, wie der Ort strukturiert war, welche Bauten dort standen, als der Platz als Bischofssitz ausgewählt und Ansgar dorthin geschickt wurde. Archäologisch ist nun die zweifache Grabenanlage oder zumindest einer der Gräben in diese Zeit zu datieren, was wichtigstes Ergebnis ist, ob die Gräben nun gleichzeitig oder nacheinander eingetieft worden sind. Im Innenraum hat man keine Siedlungsspuren der ersten Hälfte des 9. Jahrhunderts gefunden, was auch nicht sein muss.

Der schriftlichen Überlieferung ist zu entnehmen, dass früh im 9. Jahrhundert ein Graf schon nördlich der Elbe, als Erbauer der Burg Esesfelth für das Jahr 810 überliefert, zur Sicherheit der Grenze gegen die Slawen residierte (Thorsten Lemm), eine Funktion, die später von der Hammaburg übernommen wurde, ein »Amtsvorfahr« des Grafen Bernhard, der zur Zeit des Wikingerüberfalls 845 eben nicht am Ort war.

Zwar hat Ansgar im Raum Hamburg also schon eine Kirche vorgefunden, von Karl dem Großen um 810/811 erbaut[10], und man erwartet, dass er nun eine Bischofskirche hätte bauen lassen. Denn bei seinen späteren Reisen von Bremen aus in den Norden bekam er in Haithabu, Ribe und Birka vom jeweiligen »Stadtherrn« und König Land zugewiesen für einen Kirchenbau[11]. Aber trotz langjähriger Ausgrabungen ist weder in Haithabu und Birka, in Handelsplätzen, deren Areal heute unbebaut ist, noch in Ribe mit geringerer Überbauung bisher eine Kirche entdeckt worden. Zwar vermutet Christian Radtke[12] wie andere vor ihm, in Haithabu die Ansgar-Kirche als Holzbau unter der heutigen Haddebyer Kirche – das ist eine sehr periphere Lage zum Handelsplatz selbst –

oder auf einem der Gräberfelder in Haithabu, aber das sind nur Hypothesen[13]. In Hamburg hat die ständig sich wandelnde Bebauung einerseits fast alles zerstört und weist andererseits kaum noch mögliche Grabungsflächen aus, anders als in Bremen, wo man im Bereich des Doms auch Ansgars Kirche gefunden hat. Aber auch über den Vergleich mit den sonstigen Stadtplätzen dieser Zeit scheint es schwierig, einen Kirchengrundriss, sicherlich erst einer Holzkirche, zu finden, sodass dies auch für Hamburg nicht erwartet werden muss.

Ein weiterer Punkt ist, dass im Vergleich mit der Pfalz Ingelheim, dem Kloster Corvey, mit Städten auf römischer Grundlage wie Mainz, mit Handelsplätzen wie Dorestad, Haithabu, Ribe (*vicus Ripa*) und Birka (*portus Birka*) auch Hamburg und der Platz, der nach den Quellen *Hammaburg* hieß, ein wesentlich größeres Areal umfasst haben wird, als bisher auf dem Domplatz mit den Graben- und Wallabfolgen erschlossen worden ist. Ansgar kannte alle diese Orte, ihre größere Einwohnerzahl und die dort vorhandenen Baustrukturen, und er wird auch in Hamburg Entsprechendes, zumindest im Ausbau Begriffenes vorgefunden oder erwünscht haben und nicht nur einen kleinen Adelssitz oder einen Handelsplatz, der nur zeitweilig »in Betrieb« war. Die Schriftüberlieferung nennt Hammaburg zudem gleichzeitig *civitas*, *urbs* und *vicus*, was auch andernorts für verschiedene Siedlungsbereiche spricht[14]. Aus dem Namensbestandteil -*burg* darf man nicht regelhaft auf eine Befestigung schließen. Befestigte Siedlungen wie – zwar erst im 10. Jahrhundert – Haithabu behalten ihren Namen ohne den Zusatz -*burg*.

Außerdem ist, was immer wieder auch in der Diskussion betont wurde, die topografische, die verkehrsgünstige Lage im Netz von Land- und Wasserwegen zu berücksichtigen. Im sächsischen Binnenland sind Bischofssitze und andere Zentralorte wie Klöster und Handelsplätze an Wegekreuzungen entstanden[15]. Außerdem liegt Hamburg an einer Furt und in der geografischen Mitte der Elbübergänge bei Stade und Bardowick an einer neuralgischen Stelle im Zuge des karolingischen Ausgriffs nach Nordelbien.

Sicherlich sollten Schlüsse *ex silentio* vermieden werden, aber in beiden Wissenschaften, Geschichte und Archäologie, arbeitet man einerseits mit Analogien und andererseits mit der Zusammenschau von Ergebnissen an verschiedenen erforschten Plätzen, bildet gewissermaßen einen Mittelwert für die Beschreibung des Ortes Hammaburg. Die zahlreichen Beiträge während des Fachkolloqiums haben sich gerade dieses methodischen Ansatzes bedient, was sich sowohl in den Vorträgen als auch in der ausführlichen Diskussion gezeigt hat.

DAS FACHKOLLOQUIUM

Die Beitragsfolge ist in Themenblöcke gegliedert[16]: Es beginnt mit den (neuen) archäologischen Befunden auf dem Domplatz, dem Vergleich mit dem weiteren spätsächsischen Umfeld und der rechtlichen und politischen Position der Hammaburg vom 8.–10. Jahrhundert. Dann folgen Betrachtungen zu fränkischen, sächsischen und slawischen Burgen, die zum Vergleich mit der Hammaburg anregen sollen. Da die Hammaburg auch ein Bistumssitz war, bedachte man den Vergleich mit den anderen sächsischen Bistumssitzen des 8. und 9 Jahrhunderts. Logisch bildete die Beschreibung der Handelswege, Handelsorte und Hafenplätze im Netz der Land- und Wasserwege die abschließende Zusammenführung.

Der historische Hintergrund ist bekannt und gesichert: Rimbert als Nachfolger Ansgars in Bremen schrieb die *Vita Anskarii* zwischen 865 und 876, also zeitnah, und ist daher wohl recht zuverlässig für die frühesten Abschnitte der Mission nach Norden. Doch auch er hat natürlich gewissermaßen eine Programmschrift für sein eigenes Episkopat verfasst[17]. Stärker mit politischer Absicht ist die Bischofsgeschichte der Hamburger Kirche des Adam von Bremen (um 1040 bis nach 1081) etwa 200 Jahre später entstanden und daher trotz scheinbarer Objektivität anders zu bewerten. Das sind jedoch Themen für Historiker, nicht für Archäologen.

Nach dem Bericht von Karsten Kablitz zu den Grabungen 2005/06 wurde die älteste Befestigung, der Graben 1 mit einem Durchmesser von 50 m, um 800 einplaniert und die größere ovale Anlage, der Graben 2 mit einem Durchmesser von 75 m, um 850 einplaniert, d.h., nach dieser Äußerung sind die beiden streckenweise parallel verlaufenden Gräben nicht zeitgleich, zumindest nicht in der Nutzung. Eine stärkere Siedlungsschicht, die Periode III, überlagert diese frühen Gräben. Damit gehört zumindest Graben 2 der Hammaburg in die Zeit Ansgars und hat vielleicht ein Ende durch den Wikingereinfall 845 gefunden. Die nachfolgenden Befestigungen mit einem Durchmesser von etwa 140 m, die Wall-Graben-Befestigung der Periode IV mit den Phasen a und b, stratigrafisch oberhalb der Periode III, sind über mittelslawische Keramik, Menkendorfer Keramik, sowie Muschelgruskeramik in die Zeit um 900 bzw. ins 10. Jahrhundert datiert. Diese Anlage wurde im 11. Jahrhundert geschleift und weiter östlich der Heidenwall angelegt.

Das Thema der Tagung »*Mythos Hammaburg – Die Anfänge Hamburgs im Lichte der Archäologie*« gibt die Richtung der Diskussion an, d.h. methodisch gesehen geht diese von der Bewertung der Ausgrabungsergebnisse aus und fragt erst im nächsten Schritt, ob davon jetzt etwas überzeugender zu den Nachrichten der schriftlichen Überlieferung passt.

Bei der Wiedergabe zum Inhalt und zur Diskussion der Referate wird es ohne einige Wiederholungen nicht gehen, wenn man gleichberechtigt berichten will, denn gewisse Themen und Probleme wurden mehrfach aufgegriffen.

(1) Nach der topografischen Struktur bot sich der Hügel von St. Petri, umflossen von Elbe, Alster und Bille, für den Beginn der Besiedlung an, was Elke Först mit Einbindung der Schichtenabfolge und damit der Siedlungsphasen vom 8.–12./13. Jahrhundert erläutert. Rückschreitend kommt man vom mächtigen Bischofsturm des 12. Jahrhunderts zum Heidenwall des 11. Jahrhunderts und weiter zu den Spaltbohlen- und Flechtwandhäusern des 10. Jahrhunderts, die teils als Lagerhäuser auf eine nahe Hafensituation hinweisen können, auf einen Ufermarkt, wie er in Emden ausgegraben ist, und weiter zu den Wällen der Periode IVa/b und schließlich zu den beiden parallelen bzw. doppelten Gräben, die zu einem oder zu zwei Ringwallanlagen des 9. und 8. Jahrhunderts gehörten, die nachfolgend in der Diskussion wechselnd als Doppelanlage oder als aufeinanderfolgende Gräben betrachtet wurden. Schon diese Kontinuität der zwei Phasen (nach Karsten Kablitz) ist bemerkenswert, weil sie die Bedeutung der Lageposition Hamburgs über die Jahrhunderte hinweg unterstreicht. Aber eindeutige und datierende Funde, aus der die Lage des Hafens erschlossen werden kann, fehlen, so dass die Diskussion kontrovers bleibt, ob ein Hafen nördlich von St. Petri oder südlich vom Dom am Reichenstraßenfleet bestanden hat. Dabei schließt das eine das andere nicht aus, bei einer solch günstigen Lage zwischen Gewässern mag es mehrere Häfen gegeben haben. Außerdem liegt der Ort nützlich in einem Netz von Straßen (gleich, ob erst der aufblühende Ort auch die Wege an sich gezogen hat oder diese von alters her bestanden), hatte wohl auch schon seit der Zeit Ludwigs des Frommen Münzrecht[18].

(2) Entscheidend ist, was die Grabungsergebnisse auf dem Domplatz durch Zusammenschau alter und neu erschlossener Befunde nun tatsächlich aussagen (können). Betont wird wieder, im Beitrag von Karsten Kablitz, dass eine lückenlose Abfolge vom 8.–11. Jahrhundert sicher belegt ist, aufzuteilen in fünf Perioden. Der Wall (Periode IV) in seinen beiden Phasen a und b, den Reinhard Schindler seinerzeit als die Hammaburg Ansgars ansah, ist jünger und datiert ins 10. Jahrhundert. Weitgehend im Inneren dieses Wallareals sind nun die beiden zeitgleichen oder, wie die Hamburger Archäologen

überzeugt sind, aufeinanderfolgenden Gräben gut dokumentiert: Gegen Gleichzeitigkeit spricht nach Kablitz, dass die Tore nicht in einer Linie liegen und dass die Grabenquerschnitte unterschiedlich sind. Nun helfen auch die ^{14}C-Datierungen zur Entscheidung nicht (Pieter M. Grootes), da es bei der Spanne von 700–900 am Material aus beiden Gräben bleibt. Aber das ist nicht überraschend, da die Einfüllung der Gräben aus verschiedenen Epochen erst nachträglich hineingelangt ist. Allein anhand des Materials, Keramikscherben (Torsten Kempke), könnte eine Unterscheidung erfolgen, da im inneren Graben nur sächsische Keramik des 8. Jahrhunderts und im äußeren auch slawische Keramik sowie Muschelgrusware des 9. Jahrhunderts gefunden worden ist. Die Bemerkung, dass die Gräben sich bei Rekonstruktion der alten Oberflächenposition eigentlich berührt haben müssten und im Übrigen dann auch kein Platz für zwei Wälle wäre, spräche wieder gegen Gleichzeitigkeit (Ralf Wiechmann). Unterschiedliche Wallprofile wurden, so meine Ansicht, oft gleichzeitig, zumindest zeitnah ausgehoben, wie das auch für Haithabu des 10. Jahrhunderts bewiesen ist: Vor dem mächtigen Halbkreiswall gibt es dort einen breiten muldenförmigen Graben sowie einen Spitzgraben, die zudem einen deutlich größeren räumlichen Abstand zueinander hatten. Befunde von neolithischen Rondellen und anderen Erdwerken, auch von hallstattzeitlichen Herrenhöfen zeigen, dass Einhegungen durch einen Graben oftmals durch wiederholte neue Eingrabungen zu einem mehrfach gestaffelten System geführt haben. Auf unterschiedliche Grabenbefunde an anderen Orten weist Thorsten Lemm hin. Mit einem solchen Beispiel kann Joachim Henning mit dem »fränkischen Kastell *contra Magadaburg*« und den dortigen vier Gräben beitragen. In der Diskussion vertrat Karsten Kablitz den Standpunkt, dass der innere Graben der Hammaburg nur ohne Wall zu rekonstruieren sei, da die Anlage sonst sehr klein gewesen wäre; aber dazu gibt es mächtig breite und einst hohe slawische Ringwälle, die ebenfalls einen erstaunlich kleinen Innenraum gehabt haben (so auch Ingo Petri in der Diskussion). Statt Wall wäre auch nur eine Palisade bei beiden Gräben möglich, schlug Kablitz vor.

Zur Funktion des Grabens oder der Gräben wird auch vorgeschlagen, sie nur als Einhegung einer Fluchtburg oder eines Adelssitzes anzusehen, keinesfalls als eine wirkliche Domburg für Ansgar, eher als Herrensitz des Grafen Bernhard, der beim Überfall 845 nicht am Ort war, führte Rainer-Maria Weiss aus. Immerhin ist nach langer Diskussion festzuhalten, dass von der Bebauungsabfolge nur die beiden Gräben, gleichzeitig oder nicht, in die Zeit Ansgars und damit zur historisch erwähnten Hammaburg passen. Dass tatsächlich keinerlei Bebauung im Inneren nachgewiesen werden konnte, so Rainer-Maria Weiss, spricht – so meine ich – nicht gegen die Anwesenheit von Ansgar; denn die Ringgrabenanlage war sicherlich nur ein kleiner Teil des gesamten damaligen Hamburg; und wieder kann man darauf hinweisen, dass weder in Haithabu, noch in Birka trotz großflächiger Ausgrabungen ein kirchliches Zentrum entdeckt werden konnte.

(3) Die Hammaburg darf nicht isoliert gesehen werden, sondern ist in den Gesamtzusammenhang der damaligen Besiedlung einzupassen, was Jochen Brandt in seinem Vortrag erörterte. Die vorrangig betrachteten Gräberfelder der »sächsischen« Zeit wurden seit dem späten 6. Jahrhundert bis teils in das 9. Jahrhundert belegt[19]. Und sogenannte »*slawische*« Keramik findet sich von der Elbe aus weit nach Westen verbreitet. In diesem Zusammenhang hätte man auch über die Zeit der Obodritenherrschaft in Hamburg und Umgebung sprechen können[20]. Zur Lageposition in Hamburg von Gräberfeldern und Siedlungen kann bisher noch wenig ausgesagt werden, was den Abstand zwischen ihnen anbetrifft – die Überlegung zielt darauf hin, dass im Areal der Hammaburg keine Bestattungen entdeckt worden sind und damit auch keine Kirche erwartet werden könne, was aber auch nicht sein muss. In Norddeutschland gibt es Beispiele (Dunum)[21], da liegt zum Beispiel ein heidnisch-christliches Gräberfeld ohne Kirche viele Hundert Meter entfernt von drei zugehörigen Siedlungen, und in einer stand die Kirche. Erst um 900 ist im Raum Hamburg/Harburg die Verlagerung der Gräber zur Kirche abgeschlossen. Die Hierarchie der Siedlungen bringt es also mit sich, dass christliche Gräberfelder nicht bei einer Kirchen gelegen haben müssen, wie Wulf Thieme bemerkte.

Es kam schon zu diesem Zeitpunkt des Kolloquiums die Frage nach den politischen und wirtschaftlichen *Zentralorten* auf, fuhr er fort, die sich später seit dem 12. Jahrhundert als Kirchenorte (wie Bardowick) ausweisen. Wurde ein Platz wie die Hammaburg zu einem Zentralort, weil nur hier Ansgar als Bischof und ein Graf überliefert sind? Was macht einen Zentralort zu dieser Zeit in diesem Raum aus, die Bündelung von Kult, Handel, Herrschaft und politischer Funktion, so Hauke Jöns, sowie entscheidend die topografische Lage (Torsten Kempke). Überzeugend ist – so Rainer-Maria Weiss – die spätere Abfolge in Hamburg ab dem 11./12. Jahrhundert: Die Einplanierung der Burg (Periode IV), die Errichtung des Heidenwalls, der Bau des Bezelin-Doms aus Stein und die Gründung der Neuen Burg. Solche Bedeutung hätten die beiden Ringgräben dem Ort noch nicht gegeben, aber – so meine ich – gerade die spätere Entwicklung wirft ein Licht auf die »*nicht unwichtige*« Frühphase. Und – so Weiss – der Ort war es immerhin schon wert, hier ein Bistum zu gründen, und man weiß nicht, was es im Raum Hamburg sonst noch an Siedlungskernen gegeben haben wird, gab Martin Kroker zu bedenken. Auch hier weise ich erneut auf die topografisch günstige Verkehrslage hin, was mehrfach betont worden ist[22].

(4) Die rechtliche und politische Stellung der Hammaburg im 8.–10. Jahrhundert ist kein archäologisch zu beleuchtendes Problemfeld, zumal zur Zeit der Hammaburg Ansgars keine Kirche nachweisbar ist. Zur Zeit Karls des Großen wurden beiderseits der Elbe Befestigungen wie die von Esesfelth[23] oder Hohbuoki[24] ausgebaut, womit die Elbgrenze und das östliche Vorland unmittelbar in die politischen Ereignisse einbezogen worden sind[25], was an der Funktion eines Platzes wie Hammaburg, noch in der Entwicklung befindlich, nicht ohne Einfluss vorübergegangen sein wird. Henrik Janson beleuchtete die Rolle Ansgars als Bischof von Hamburg und Apostel des Nordens und Volker Scior die des Adam von Bremen, der erst im 11. Jahrhundert über Ansgar und Rimbert im 9. Jahrhundert geschrieben hat – anders als die *Vita Anskarii* und die *Vita Rimberti* deutlich später und somit rückblickend entstanden, und zwar in Bremen. So meint Volker Scior, dass erst Adam den Mythos Hammaburg erfunden hätte, anders als zum Beispiel die zeitnahe Lebensbeschreibung Ansgars durch Rimbert. Dabei ging es Adam vielleicht eigentlich nicht um die Hammaburg, sondern um Bistums-Chroniken, also um eine ganz andere Zielsetzung[26], und außerdem war Hamburg nun als Grenzstadt zu den Slawen einer besonderen Bedrohung ausgesetzt. Damit wurde im Programm des Kolloquiums der Weg zur Mission und Kirchenorganisation in karolingischer und ottonischer Zeit in Sachsen beschritten, beschrieben von Stephan Freund. Nach den Sachsenkriegen, die wesentlich der Mission galten, wurden im neu eingebundenen sächsischen Raum zahlreiche Bistümer gegründet, von Mainz und Köln aus. Die wichtigen ersten Kirchen werden zu 810 und 813 genannt, sie entstanden zeitlich vor dem Kirchenbau des Ansgar nicht in Hamburg[27], sondern zuerst weiter nördlich der Elbe nach der Errichtung der Burg Esesfelth 810 bei Itzehoe für den Ausgang der Missionsarbeiten (Henrik Janson), so in Heiligenstedten (826/31), nur 800 m von der Burg entfernt, in Schenefeld und Meldorf, jeweils aus dem frühen 9. Jahrhundert[28]. Es war ein politischer Vorgang, Hamburg zum Bistumssitz zu machen, Papst Gregor IV. hatte Hamburg als Erzbischofssitz festgelegt, was zugleich Ludwig dem Frommen als Beweis seiner Macht dienen konnte (Henrik Janson und Volker Scior). Damit ergeben sich klare politische Begründungen für den hohen Stellenwert der Hammaburg, und Stephan Freund stellte zur Diskussion, ob, wenn es das Erzbistum Hamburg/Bremen den Ergebnissen Henrik Jansons folgend gegeben habe, dieses gar als Konkurrenz zu Köln anzusehen wäre.

Jetzt kam in der Diskussion erneut die verkehrsgeografisch günstige Lage an der Elbe zur Sprache, weil von hier aus die Wege nach Norden zu kontrollieren waren (Rainer-Maria Weiss). Deshalb war es auch für die Piraten bzw. Wikinger ein Ziel, den Ort als Brückenkopf 845 zu zerstören.

Für die Bewertung der Hammaburg war es – so die Diskussion mehrfach – besonders wichtig, dass die politische und missionarische Funktion von der Befestigung Esesfelth hierher verlagert wurde. Der dorthin 810 mit dem Missionsauftrag entsandte Bischof Ebo von Reims verlor diese Funktion, weil er sich nach 814 in den Nachfolgestreitereien der Söhne Karls des Großen auf die falsche Seite gestellt hatte, was Henrik Janson mit Nachdruck beschrieb.

Die Bewertung der Bedeutung der Hammaburg spitzte sich in der Diskussion erneut zu: Wie lange war Ansgar überhaupt in der Hammaburg, nur wenige Tage innerhalb der zehn Jahre, die er sich im Norden aufgehalten habe, zwischen 831/32 und 845 (Henrik Janson, so auch Volker Scior); für Kurzbesuche, einen Rastaufenthalt, hätte die Ausstattung einer kleinen Pfalz genügt, und die Hammaburg wäre damit wesentlich bescheidener gewesen, brauchte kein größeres Bauprogramm, sie war nur ein Missionsstützpunkt, kein ausgebauter Bischofssitz. Deshalb seien die archäologischen Befunde so gering. Aber: Gerade weil betont wurde, wie bekannt Ansgar im Reich und im Norden gewesen ist, passt das nach meiner Ansicht nicht zur Hammaburg als einem Nebenschauplatz, zumal, wie andernorts schon gesagt, Ansgar beachtlich große Orte kannte und sich deshalb kaum in einem unwichtigen Platz festgesetzt hätte.

(5) Es galt nachfolgend zu prüfen, ob die Betrachtung der fränkischen Burgen, die Burgen der Karolinger wie *Hohbuoki* oder *Magadaburg* und Magdeburg helfen könnten, Grundriss und Ausmaße der Hammaburg zu verstehen. Der Bogen wurde geschlagen von Burgen der Karolinger im Binnenland (Peter Ettel) mit den auffälligen Befunden in Karlburg am Main[29], auf der Büraburg bei Fritzlar[30] oder den Vorburgen der großen Pfalzen[31]. Die Frage nach dem Charakter von Zentralorten kam also auch an dieser Stelle auf. Jens Schneeweiß schilderte die Grabungsbefunde auf dem Höhbeck an der Elbe, im Kastell *Hohbuoki*, das 810 von den slawischen Wilzen erobert worden war und schon 811 wieder hergestellt

wurde[32]. Weiterhin bietet er an, die sächsischen Befunde des 8. und frühen 9. Jahrhunderts unter den Ringwällen bei Meetschow mit dem Ort Schezla zu identifizieren[33], der in der Reihe der Grenzhandelsplätze im Diedenhofener Kapitular von 805 genannt wird[34]. Joachim Henning erläuterte seine Grabungen in einer Befestigung am Hochufer der Elbe mit vier Ringgräben, die er mit dem schriftlich ebenfalls für 805 überlieferten Kastell *contra Magadaburg* identifizieren will[35], obgleich die Reihe der ^{14}C-Daten für einen älteren Zeitansatz spricht. Auch in Magdeburg selbst sind mehrere parallele Gräben entdeckt worden, deren Datierung aber umstritten zu sein scheint und die teils völkerwanderungszeitlich und teils auch ottonisch sein könnten (Stephan Freund). Hierzu bringt nun Babette Ludowici Weiteres in der vorliegenden Veröffentlichung.

Zum Vergleich mit den beiden Ringgräben der Hammaburg blickt man auf die mehrfachen parallelen Grabenzüge, die entweder eine zeitgleiche Tiefenstaffelung bieten oder aber aus einer zeitlich mehr oder weniger engen Abfolge von Eingrabungen bestehen und zudem unterschiedliche Querschnitte aufweisen. Genannt werden die verschieden alten Gräben von der Büraburg bei Fritzlar[36], Halberstadt, Magadaburg, Magdeburg, auch im Norden Esesfelth[37] sowie Haithabu[38], was zeigt, dass Mehrfachgräben sowohl eine Zeiterscheinung in der Karolingerzeit waren als auch eine zeitlose Erscheinung im gesamten Verlauf der Ur- und Frühgeschichte, und die Hammaburg bestätigt damit nur eine allgemeine Regel. Doch sei die Anlage untypisch klein, wie Peter Ettel unterstrich. Vergleichbar mit der Hammaburg sind nun aber die genannten Burgplätze auch deshalb, weil nirgends eine Kirche entdeckt werden konnte außer auf dem Büraberg (Jochen Brandt).

(6) Folgerichtig ergänzt der Blick auf die sächsischen Anlagen in Schleswig-Holstein, also nördlich der Elbe, und der damit zu verbindende Vergleich mit slawischen und karolingischen Burgen des 8.–10. Jahrhundert die Möglichkeiten, die Hammaburg einzuordnen.

Die nordwestslawischen Burgen (Felix Biermann) werden erst jüngst besser datierbar über Dendrochronologie; es hat sich gezeigt, dass einige der großen Burgen früh sind und die kleinen Anlagen mit 60–90 m Durchmesser erst in der zweiten Hälfte des 9. Jahrhunderts aufkommen. Man meint, dass die zahlreichen slawischen Burgen erst als Reaktion auf die kriegerische Bedrohung aus dem Westen entstanden sind. Die Hammaburg ist im Vergleich zu diesen Ringanlagen zwar klein, jedoch eher mit jüngeren, mittelslawischen Burgwällen zu parallelisieren.

In Esesfelth wird die ältere sächsische Doppelgrabenanlage des 7. Jahrhunderts von einer jüngeren Befestigung – ebenfalls einer Doppelgrabenanlage mit Wall und Reiterhindernissen – abgelöst (Thorsten Lemm), gegründet 810, mit der sich die fränkisch-karolingische Macht nördlich der Elbe festgesetzt hatte[39]. 817 wird sie von Dänen und Obodriten belagert. Esesfelth wird in der schriftlichen Überlieferung als *castellum* und als *civitas* benannt, worauf zurückgekommen werden sollte; denn an diesem Platz hatten die Karolinger anscheinend vor, einen Verwaltungsmittelpunkt einzurichten.

Hier wird erneut deutlich, dass Mehrfach-Ringgräben zeitlos sind, immer wieder gebaut werden und sich eben als sinnvolle militärische Anlagen erwiesen haben. Somit ergibt sich für die Hammaburg auch auf diesem Weg des Vergleichs keine sinnvolle zeitliche Einordnung.

Man möchte zwar unterscheiden zwischen den Wallanlagen aus Rasensoden im Westen, also bei den Sachsen, und den komplexeren Holz-Erde-Bauwerken bei den Slawen. Aber derartige Zuweisungen helfen nur teilweise weiter; denn wenn »slawische« Bauleute für westliche Große eine Burg nahe der Elbe (Hollenstedt 804) bauen, welche Bauweise wählen sie dann? Die unterschiedliche Bauweise von Burgen ist weder mit einem Ethnos wie Sachsen oder Slawen noch mit einer politischen Einheit verbunden, sondern folgt sichtlich aus landschaftlichen Traditionen und naturräumlichen Gegebenheiten. Der Hinweis in der Diskussion, dass die nordelbischen Burganlagen im Abstand von 8–11 Kilometer lägen, in Tagereisen-Entfernung, macht diese Anlagen als Verwaltungsmittelpunkte verständlich (Stephan Freund).

Als Nebenbemerkung sei noch auf die Reiterhindernisse, die strahlenförmigen Gräben vor den Wällen und Gräben der Burg Esesfelth hingewiesen, zu denen es durchaus Vergleichbares gibt, wohl sogar bei Meetschow und weiter in Süddeutschland[40].

Zu beachten ist – gewissermaßen als Einschub in der Vortragsfolge –, dass die Schriftquellen in der Begriffswahl wenig konsequent waren (Christian Frey) und dass man aus den Bezeichnungen nicht auf die Funktion oder den Rang einer Befestigung schließen kann; denn man wollte anscheinend nicht die Realität beschreiben, sondern verfolgte immer spezielle, wechselnde Ziele. Benennungen wie *urbs*, *civitas* und *vicus* im Lateinischen und -*burg* im Volksprachigen unterscheiden eben nicht zwischen Burg und Stadt[41]; erinnert wird an Romaburg, Freiburg, Colnaburg als Städte, doch Haithabu heißt Dorf auf der Heide oder *vicus,* ebenso Birka, wo es einen *comes vici* gegeben hat. Es steht auch nirgends in den

Quellen, dass eine Kirche innerhalb einer Burg gelegen haben muss, sondern das ist allgemein auch in der Nachbarschaft möglich. Zitiert sei Christian Frey: »*Schriftlichkeit war nicht dafür da, um Realitäten abzubilden*«. Damit sagt der Hinweis von Rimbert, dass Ansgars Kirche in einer *civitas* lag, wenig, auch wenn aus Rom die Auflage bekannt war, dass ein Bistum nur in einer *civitas* gegründet werden durfte, an einem »volkreichen« Ort, aber wenn es in Sachsen (und anderswo) solche Orte nicht gab, ernannte man die Neugründung einfach zur *civitas*[42]. Rimbert spricht auch weiter von *urbs* und *suburbium* sowie von *vicus*. Der überlieferte Name Hammaburg und zugleich die Zuordnung als *civitas* sagen also ebenfalls nichts über eine Befestigung, es kann die ganze Gegend um die Hammaburg herum gemeint sein, und die Kirche für Ansgar mag – wie mehrfach formuliert – an einem ganz anderen Platz gestanden haben. *Civitas* meint gleichzeitig – so Frey – Gemeinschaft der Bewohner und einen Platz. Aber wieder sollte man davon abgehen, *vicus* als Händlersiedlung für Hamburg abzulehnen, weil diese an dem kleinen Grabungsareal oder an anderen Stellen in der heutigen Stadt noch nicht nachgewiesen sei, aber auch der Namensanteil -*burg* erlaubt nicht den Schluss auf eine Befestigungsanlage und meint genauso auch nur die Bewohner (erst später Bürger) einer Siedlung. Oben wurde gesagt, dass Esesfelth sowohl als *civitas* als auch als *castellum* benannt wird; und Thorsten Lemm meint mit Recht, dass mit *civitas* ein Raum gemeint sei, zu dem die Burg, aber zum Beispiel auch die Kirche bei Heiligenstedten in nur 800 m Entfernung und ein Handelsplatz beim heutigen Itzehoe im 9. Jahrhundert, *urbs/suburbium* bezeichnet, gezählt haben[43]. Das könnte mit dieser großen Flächenerstreckung und denselben Benennungen der Ortsteil-Qualitäten als Modell auch für Hamburg gedacht werden.

(7) Das Ziel, die Hammaburg einzuordnen, führt weiter zur Archäologie sächsischer Bischofssitze im 8. und 9. Jahrhundert, Uwe Lobbedey beschreibt den Stand der Forschung zu den unter Karl dem Großen eingerichteten Bischofssitzen Paderborn, Osnabrück, Münster, Minden, Bremen und Verden und zu denen, die unter Ludwig dem Frommen († 849) entstanden, Hildesheim und Halberstadt sowie als letzten und jüngsten Bistumssitz Hammaburg und nennt jeweils die frühen Daten vor und um 800[44]. Den bisher nur eingeschränkt befriedigenden archäologischen Forschungsstand zum Bischofssitz Bremen – abgesehen von der Domkirche mit fünf Ausbauphasen – analysiert Dieter Bischop. Ausführlich ist Münster mit Domburg, Kirchenbauten und Gräberfeldern des späten 8. und 9. Jahrhunderts zu beschreiben (Martin Kroker)[45]. Hier sprechen die Quellen von *civitas* als volkreichem Platz, und die archäologisch erfassbare Fläche mit Besiedlung umfasst immerhin auch 7,5 ha[46]. Volkreich war auch ein Bischofssitz wie Paderborn, wenn man den nahe gelegenen großen Handelsplatz Balhorn dazu zählt[47]. Deshalb sollte für die Hammaburg ebenfalls weiträumiger gedacht werden, auch wenn Ausgrabungen noch nicht weitergeholfen haben. Erneut wurde hier diskutiert, wie facettenreich die Anwendung des Begriffs *civitas* war (Stephan Freund), wenn es um die Gründung eines Bischofssitzes ging, verbunden mit kirchlichen Strukturen und Verwaltungsmöglichkeiten. Auch die verkehrsgünstige Lage wird wieder als wichtiger Grund hervorgehoben und gemeint, dass schon vorher eine Kirche im Zuge der Mission erbaut war, ehe an einem solchen Ort der Bischofssitz eingerichtet worden sei, so auch in Hamburg. Tatsächlich sprechen die archäologischen Befunde bei den noch laufenden Kirchengrabungen in diesen Plätzen für immer frühere Datierungsansätze (Uwe Lobbedey)[48]. Die Abfolge im Zuge der Sachsenkriege war auch zuerst Eroberung, dann Missionierung und Bau von Kirchen, ehe die Gründung der zahlreichen Bischofssitze erfolgte.

Es bleibt aber bei einer spiegelbildlichen Argumentation: Erfolgte die Gründung von Bischofssitzen in Schnittpunkten von Wegenetzen oder wurden Wege aufgrund des entstandenen Bischofssitzes an diese herangezogen (Christian Frey, Martin Kroker)? Jedenfalls ist davon auszugehen, dass – auch ohne Landkarten oder Luftbilder – den Leuten die Erschließung der Landschaft durch Wegenetze bekannt war, was man an der Position schon älterer Herrschaftssitze ablesen kann, wie Peter Ettel ausführte.

(8) Am Schluss wird gewissermaßen die gerade vorangegangene Diskussion wieder aufgegriffen, und die Aussagen durch entsprechende archäologisch-geografische Befunde werden bestätigt. Es geht um Handelswege und logisch denn auch um Handelsorte in Sachsen und dem weiteren Umfeld vom 8.–10. Jahrhundert.

Hamburg lag in einem überregionalen Wegenetz (Torsten Kempke), und zwar sowohl zu Lande wie auch auf den Flüssen und am Meer[49]. Alle diese Wegeverbindungen sind sehr alt; man kann sie bis in die Bronzezeit zurückverfolgen. Nur manchmal beeinflussen politische und Flussgrenzen das Netz der Verbindungen, wobei zu bemerken ist, dass Flüsse eigentlich nie Grenzen waren, vielmehr ausgezeichnete Verbindungen schufen. Im römischen Sinne konnten Rhein und Donau Grenzen sein, und im entsprechenden Rückgriff aus karolingischer Zeit auf die Antike denn auch als Sonderfall die Elbe[50].

So gab es eine größere Zahl von frühmittelalterlichen Häfen an den Küsten von Nord- und Ostsee, die Hauke Jöns vorstellte. An der südlichen Ostseeküste waren das Truso, Ralswiek, Groß Strömkendorf, Rostock-Dierkow und Haithabu, wenn man von Ost nach West schaut, die sich alle seit dem frühen 8. Jahrhundert als »ports of trade«[51] entwickelten. An der südlichen Nordseeküste gab es solche Plätze auf den Nordfriesischen Inseln, wie die Lembecksburg bei Borgsum auf Föhr oder die Tinnum- und die Archsumburg auf Sylt, sowie an der Elbe mit dem Nebenfluss der Schwinge der gut untersuchte Platz Groß Thun bei Stade[52]. Auch alle kleinen Nebenflüsse waren wegen des geringen Tiefgangs der Schiffe befahrbar (Hauke Jöns), sodass noch mit mancherlei Entdeckungen zu so frühen Plätzen gerechnet werden kann. Friesische Händler möchte man seit dem frühen 8. Jahrhundert in der Verbreitung der Münzsorte der Sceattas wirken sehen.

Im Zuge der Diskussionen wurden häufig dieselben Argumentationen und Beispiele aufgeführt, die sich an die Referate anschlossen und damit vorgriffen oder nachfolgend berichteten: Ein Zeichen dafür, dass Befundbeschreibungen und -interpretationen plausibel sind und sich gegenseitig bestätigen, ebenfalls das methodische Vorgehen.

- Betont wurde, dass es Widersprüche zur Bewertung der Hammaburg gibt, die entweder unbedeutend oder bedeutend war, letzteres wegen der Lage und ihrer Funktion.
- Bedauernd erwähnt wurden auch mehrfach die beschränkten Ausgrabungsmöglichkeiten in Hamburg.
- Beunruhigend schien, dass es keine Kirche im Areal der beiden Gräben auf dem Domplatz gab, die auch nicht gefunden werden könnte, weil sogar Gräber fehlen.
- Das Wegenetz und die Lage am Elbeübergang beschreibt positiv die topografische Lage der Hammaburg.
- Dass Hamburg in den Quellen als *civitas* gekennzeichnet wurde, spricht für eine wichtige Bedeutung und auch für eine größere räumliche Erstreckung über den Domplatz hinaus.
- Mehrfach fiel die Charakterisierung Hamburgs als Zentralort, worauf noch eingegangen werden soll.
- Hamburger Forscherinnen und Forscher gehen also davon aus, dass es im Bering der Hammaburg in der ersten Hälfte des 9. Jahrhunderts keine Kirche gegeben hat, weil Gräber fehlen, wobei der Umkehrschluss – wie schon gesagt wurde – nicht erlaubt ist, von christlichen Gräbern ausgehend eine Kirche auf dem Friedhof zu postulieren.

DIE BEWERTUNG ALS ARCHÄOLOGE

Dabei geht es natürlich um meine Meinung, die sich auf eigene Notizen sowie auf die Diskussionsprotokolle der Tagung stützt.

Die Hammaburg im Muster der anderen Plätze der gleichen sächsischen Zeit zu betrachten, zwingt geradezu, Ähnliches trotz Fehlens archäologischer Belege anzunehmen – ein Fazit von Rainer-Maria Weiss. Es hat sich also gezeigt, dass nicht nur die jüngsten archäologischen Befunde neue Datierungen erlauben, sondern dass auch die altbekannten Schriftquellen immer wieder neu gelesen werden müssen, um eine Übereinstimmung zwischen beiden Quellengruppen zu erreichen, wie die Beiträge der Historiker gezeigt habe.

Die Beurteilung der archäologischen Befunde auf dem Domplatz hat anscheinend nun durch neue Datierungen Klarheit gebracht. Entscheidend ist der überzeugende Nachweis einer kontinuierlichen Entwicklung vom 8. bis ins 11. Jahrhundert und darüber hinaus bis in die Gegenwart. Das Schwergewicht der Überlegungen liegt auf der Frage nach der Situation während der Ansgar-Zeit. Die Wall-Graben-Befestigung, seinerzeit von Schindler für die Ansgar-Zeit in Anspruch genommen, gehören nun deutlich in eine jüngere Phase. Doch ist das Problem nicht leichter zu lösen, wenn die beiden Gräben jetzt zwar ungefähr in die Ansgar-Zeit datiert werden können, aber doch immer noch offenbleibt – sichtbar an der widersprüchlichen Diskussion –, was diese Anlage nun darstellt, zumal nicht sicher entschieden werden kann, ob die Gräben gleichzeitig bestanden oder nacheinander unabhängig voneinander ausgehoben worden sind. Dabei ist es nur dann von Bedeutung, wenn der eine Graben keine (!) Funktion mehr hatte, als der andere gebaut wurde, und das Ganze nicht nur ein komplexer Ausbauvorgang war. Aus vielen Epochen der Ur- und Frühgeschichte sind Befunde überliefert, die zeigen, dass ein Grabenverlauf ständig erneuert wurde, teils durch erneutes Ausheben des alten Grabens, teils durch Eintiefen eines neuen Grabens. Der zeitliche Abstand kann wenige Jahre, aber auch ein halbes Jahrhundert betragen haben; für die Hammaburg vermutet man letzteres. Das Fehlen jeglicher ausführlicher Hinweise auf die Gestaltung der Innenfläche macht das Problem nicht leichter.

Um noch einmal zu überlegen: Wenn der ältere Graben mit kleinem Durchmesser um 800 eingeebnet worden ist, dann war er schon vor dem Zugriff der Franken angelegt worden, um etwas einzuhegen, vielleicht nur mit einer Palisade ergänzt, zumindest diente er dann als Rechtsgrenze. Wer oder was wurde eingezäunt?

Man planiert den Graben, um den neuen, etwas weiteren Graben samt Palisade zu errichten. War das zur Zeit des neuen von den Franken geschickten Adligen? Und fand Ansgar diese Anlage vor, die er dann hätte ausbauen können. Sie wurde um 850 einplanert, um einer größeren Siedlungsfläche Raum zu bieten. Diese Ereignisse gehen eigentlich an Ansgar vorbei, der zudem nur kurze Zeit überhaupt in der Hammaburg weilte.

Was aber gab es vor Ansgar auf dem Domplatz? Über die Slawenepoche, die obodritische Oberhoheit von 804–812 wurde wenig gesprochen[53]. Der eine Ringgraben scheint aus dem 8. Jahrhundert vor der kurzen slawischen Besetzung des Platzes zu stammen, der zweite – wenn man sich für eine Abfolge entscheidet – aus der Ansgar-Zeit oder gar aus einer etwas späteren Jahrzehnt. Doch ist das auch nicht entscheidend: Den Archäologen überzeugt, dass anhand der schriftlichen Überlieferung der Ort Hammaburg einen gewissen Rang und eine wahrnehmbare Ausstattung gehabt haben wird, gerade weil Ansgar dorthin geschickt worden ist. Die Plätze, die er sonst aufgesucht hat, waren bedeutende Pfalzen im Karolingerreich wie Ingelheim oder frühe Städte wie Mainz und im Ostseeraum größere bevölkerungsreiche Handwerker- und Handelsplätze wie Haithabu, Ribe und Birka.

Die Bischofssitze im sächsischen Teil des Karolingerreiches wurden an durchaus schon dichter besiedelte Plätze gelegt, wo schon erste Kirchen standen und genügend Bevölkerung wohnte, um als *civitas* im Sinne der Bestimmung für einen Bischofssitz gelten zu können.

Damit wurde die systematische Erschließung der Länder bis zur Elbe[54] und schon darüber hinaus nach Norden erreicht. Es entstand ein Netzwerk aus kirchlichen Zentralorten, und dieses gliederte sich bzw. richtete sich aus am Geflecht der überregionalen Verkehrsverbindungen zu Lande und zu Wasser. Die frühe Geschichte und die archäologischen Grabungsergebnisse an den anderen Bischofsplätzen sind mehrfach vorgelegt worden, die ein solches Muster bestätigen.

Diese Zusammenschau lässt ahnen, wie Hamburg zur Zeit Ansgars strukturiert gewesen sein wird, wesentlich größer natürlich als nur die Fläche des Domplatzes. Die Grabenanlage war nur ein Element, weiterhin muss man mit Speichern, Häfen, Handwerksplätzen rechnen. Denn sonst würde die Hammaburg völlig aus dem Rahmen der frühen Handwerker- und Handelsplätze fallen, die teils gerade erst entdeckt und noch ausgegraben werden, zum Beispiel Groß Strömkendorf oder Rostock-Dierkow südlich der Ostsee einerseits oder Groß Thun und Stade andererseits oder wie Haithabu, Ribe und Birka, die Ansgar außerhalb des Karolingerreiches besucht hat.

Es muss eigentlich auch nicht weiter diskutiert werden, welchen Rang anfangs die Hammaburg hatte oder durch Ansgar gleich gewinnen sollte. Denn wenn Ansgar sich zwischen 831/82 und 845 zeitweise an dem Ort aufgehalten hat – real und nicht nur als Phantom – und der zu überfallen sich für Wikinger zu lohnen schien –, so wie er zu den Handelsplätzen im Norden gereist ist, dann wird die Unterbringung vergleichbar gewesen sein mit den ihm zuvor bekannten Plätzen, dem Zuschnitt einer karolingischen Pfalz wie Ingelheim, wo er sich 826 aufgehalten hat – natürlich ohne die spätantik beeinflussten Prachtbauten, aber mit entsprechenden Versorgungsgehöften im unmittelbaren Umfeld; er kannte Plätze wie Mainz, Köln, Dorestad und Corbie/Corvey. Über die Frühphase Bremens, die ebenso durch die moderne Großstadt überbaut worden ist, sehen die Kenntnisse kaum besser aus als in Hamburg, müssten aber auch vergleichbar gewesen sein. Außer der Parallelisierung der archäologisch erfassten Befestigungsanlagen mit der schriftlich überlieferten Hammaburg sollte noch feststellbar sein, ob und welche spätsächsischen Wurzeln es am Ort gegeben hat; denn immerhin hat man zeitweilig einen oder beide frühen Ringgräben in diese Zeit datiert, ehe Hamburg eine karolingische Einrichtung von Mission, Herrschaft und Handel wurde. Inzwischen geht die Hamburger Forschung vom schon existierenden Handelsplatz im 8. Jahrhundert aus, was überzeugt, wenn man einen Rundblick auf andere Plätze dieser Phase wirft: Etwas weiter im Süden gehören die Ringgräben des Kastells *contra Magadaburg* auch ins 8. Jahrhundert, im Norden die frühen Gräben am Platz der Burg Esesfeld gar ins 7. und frühe 8. Jahrhundert. Es ist an der Zeit, erneut gerade diese Epoche der spätsächsischen Phase vor dem Zugriff durch die Karolinger insgesamt zu betrachten.

DIE FRAGE NACH DEM ZENTRALORT HAMMABURG ZWISCHEN NORD- UND OSTSEE

Gegenwärtig wird die Diskussion um frühgeschichtliche »Zentralorte« überlagert von der Analyse von »Netzwerken«. Im Rahmen des sogenannten *spatial turn* werden Landschaften als Gesamtheit in den Blick genommen und ihre »Inszenierung« und »Konstruktion« durch die damalige Bevölkerung und Herrschaft zu erfassen gesucht. Zusätzlich kann sich innerhalb eines solchen

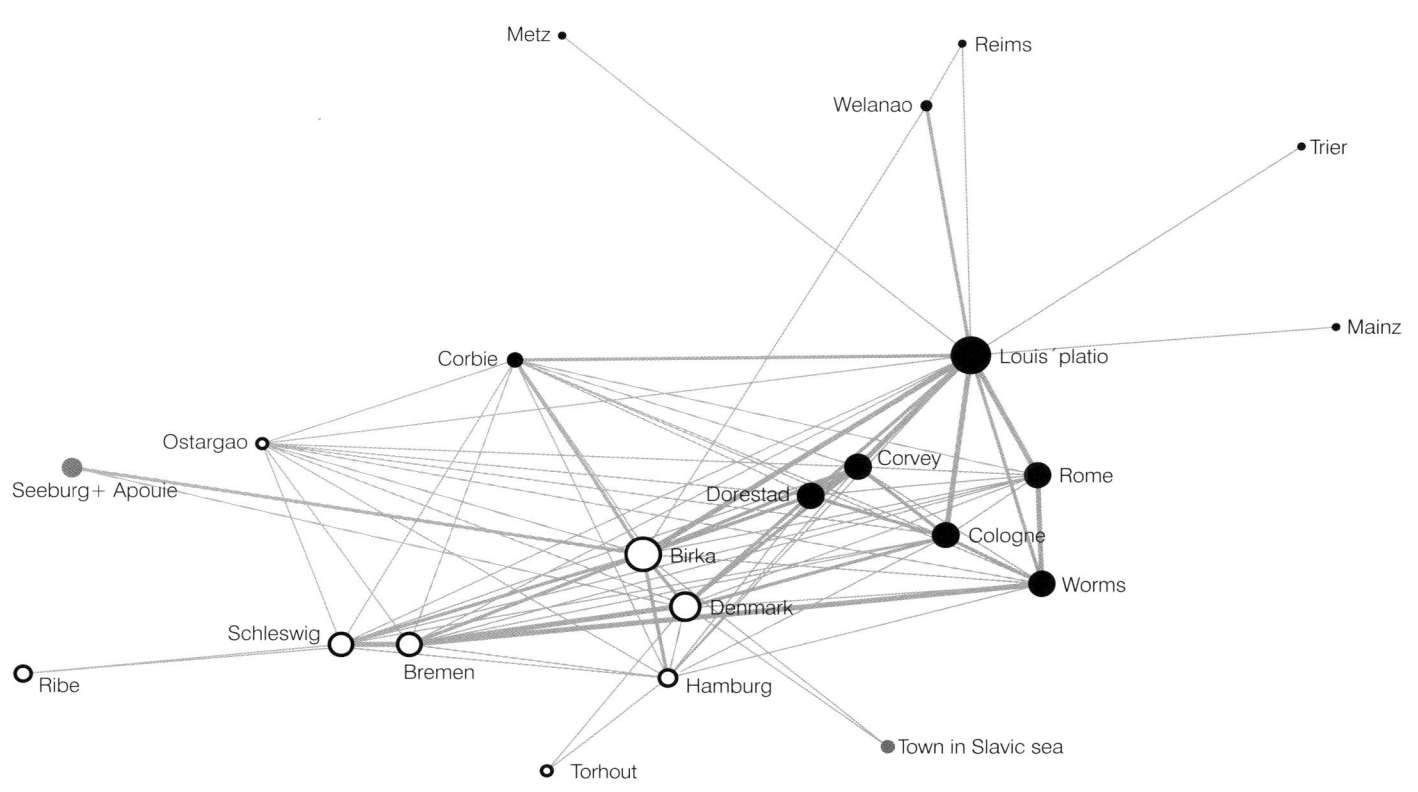

1 Netzwerkanalyse am Beispiel der Reisestationen Ansgars.

Netzwerkes mit einem Zusammenhang von Zentralorten ein Zentralraum abzeichnen[55]. Die Bischofssitze in Sachsen wie Paderborn oder Osnabrück bilden das Zentrum solcher Netze. Auch die Burgensysteme zur Grenzsicherung schließen sich einem Zentralort als Knoten im Netz an, so an der Elbe mit Esesfelth, Hohbuoki oder dem Kastell *contra Magadaburg*[56], die Unter-Zentralorte waren, sofern man dieses Modell akzeptiert[57]. Die großen Handelsplätze, wie das *emporium* Haithabu,[58] die »Grenz«-Handelsorte an der Küste und im Inneren der Flusstrichter als »ports of trade« oder »Reichtumszentren«[59] wie Groß Thun[60] an der Elbe oder Sievern[61] an der Weser gehören in diese Kategorie,[62] auch als Ufermärkte diskutiert[63]. Dabei sollte definiert sein, was man jeweils unter diesen Begriffen »Zentralorte«[64] oder »nodal points and central places«,[65] Zentralortforschung,[66] »ports of trade«,[67] »Zentralorte und Netzwerke«[68] verstehen will. Netzwerke spiegeln sich in Wegesystemen, auf denen nicht nur Missionare und Kriegerverbände entlangzogen, sondern vor allem auch Kaufleute mit ihren Waren[69].

Søren Michael Sindbæk[70] und nach ihm Ulrich Müller[71] haben mit statistischer Netzwerkanalyse Ansgars Reisestationen im Rahmen von 55 Gruppen von Leuten ausgewertet, die in der Vita Anskarii mit Aufenthaltsorten und -dauer genannt sind. Es wird unterschieden zwischen Orten im Karolingerreich und den Missionsorten außerhalb im Norden. Linienstärken und Punktgrößen erfassen die Häufigkeiten. Das Netzwerk ist nicht geografisch gedacht, sondern bildet Nähe und Entfernungen ab. So sind Schwerpunkte der Pfalz Ludwigs des Frommen und Birka, Corvey und Hamburg weniger intensiv markiert, während Plätze wie Mainz, Trier, Metz oder Ribe randlich erscheinen (*Abb. 1*). Ein solches Verfahren erlaubt es, den Stellenwert eines Zentalortes in diesem Netz zu gewichten.

Die Hammaburg war im 9. und 10. Jahrhundert ein Zentralort, an der Elbe gelegen in vielversprechender Position zwischen Nord- und Ostsee – wie weiter im Norden Haithabu. Er wurde aus Kriegsgründen 845 als Bischofssitz aufgegeben, aber sehr bald an Ort und Stelle mit neuen Befestigungen wieder ausgebaut. Auch andere große Siedlungen dieser Zeit wie der Handelsplatz Dorestad oder auch Köln wurden häufig von Wikingern überfallen, was jedoch nicht daran hinderte, den Platz immer wieder aufzubauen und seine zentralörtliche Funktion zu behalten. Dass der Rückzug des Karolingerreichs von der Elbe im Hannoverschen Wendland, aus dem Raum rund um den Höhbeck, nur zeitweilig war, wurde während der Tagung auch diskutiert.

Ansgar jedenfalls kannte verschiedenartige Zentralorte und war es also gewöhnt, sich an einem Platz mit überregionalem Anspruch aufzuhalten und wollte bzw. konnte diesen vielleicht auch entsprechend ausbauen. Der eingeebnete zweite Ringgraben könnte auf seine Veranlassung ausgehoben worden sein. Doch Ansgar war in erster Linie auf Missionsreisen und kein »Verwaltungsbischof«, sodass der Ausbau in Hamburg eben vorerst ausgeblieben zu sein scheint. In den Sachsenkriegen ging es anfangs um »Gewaltmission«[72], anschließend erst um »friedliche« Mission solcher Leute wie Bischof Ansgar[73]. Aber dabei ging es auch nicht nur um die Ausbreitung des Christentums, sondern der Weg wurde zugleich für Kaufleute und Waren bereitet. Waren Missionare nicht nur Heilige,[74] sondern auch Wirtschaftsspione?[75] Ansgar besuchte bei seiner Mission in Skandinavien multiethnische Handelsplätze, an denen wie in Dorestad und sicherlich auch in Haithabu Händler im Auftrag fränkischer Hofverbände von Grundherren tätig waren. Die Hammaburg wird ebenso ein multiethnischer Sammelplatz gewesen sein, an dem sich Franken und Sachsen, Dänen und Slawen sowie Kaufleute aus ganz anderen Regionen begegneten. Viele von ihnen waren Christen, manche wurden erst bekehrt. Wie der Stand der Christianisierung in diesem Raum und weiter im Norden im frühen 9. Jahrhundert gewesen ist, wird unterschiedlich beurteilt. Die Historiker sind dabei zurückhaltender als die Archäologen.

Wie deutlich der Einsatz von Metallsuchgeräten durch die Archäologie unsere Kenntnisse auch auf diesem Feld bereichert hat, mag nur der Hinweis auf die Emailscheiben- und Heiligenfibeln des 9. Jahrhunderts unter den Funden belegen. Bisher zeigten die Verbreitungskarten eine Grenze an der Elbe, was mit der Grenze des christianisierten Raumes interpretiert wurde. Anhand der schriftlichen Überlieferung war es auch erlaubt, von Christen – nicht nur durch die Missionsarbeit Ansgars – jenseits weiter im Norden zu sprechen. Inzwischen zeigen neue Verbreitungskarten, dass diese »christlichen« Fibelformen auch in Jütland und auf den dänischen Inseln in auffallend großer Zahl in Gebrauch waren und damit zeigen, dass ein Teil der Bewohner Christen war[76].

Außer den Zentralorten im Binnenland gab es im 9. und 10. Jahrhundert die sogenannten Grenzhandelsorte oder auch »ports of trade«. Die Hammaburg war ebenfalls zu Anfang ein solcher Grenzhandelsort am Übergang über die Elbe, ehe sie zum Zentralort inmitten eines Siedlungsraumes wurde. Zeitgleich sind die Grenzhandelsorte des Diedenhofener Kapitulars von 805[77] als Kontrollplätze des Handels nach Osten in einer Linie von der Elbe im Norden bis zur Donau im Süden, wozu Bardowick gehört hat und Schezla, bisher nicht lokalisiert, gegenwärtig mit den Befunden in Meetschow gleichgesetzt[78]. Als Zentralorte besonderer geografischer Lageposition außer der Hammaburg sind Elbe abwärts auch Stade mit Groß Thun zu nennen. Wie ein Zentralort in seiner ganzen flächenhaften Ausdehnung ausgesehen haben kann, ist am Beispiel von Paderborn mit der großen Handelssiedlung in der Nachbarschaft Balhorn zu sehen. Diese erstreckt sich auf einer Länge von über 1 km am Hochufer der Alme, und die Entfernung zur Domburg in Paderborn beträgt nur 2,5 km[79]. Transformiert nach Hamburg, muss man nach einer ganz anderen Größenordnung als nur dem Domhügel suchen, um das erneut zu betonen. Diese Plätze Stade/Groß Thun, Sievern und Paderborn/Balhorn sind in ihrem Rang auch erst jüngst bei großflächigen Ausgrabungen und/oder Prospektionen mit Metallsuchgeräten erkannt worden, was in Hamburg wegen der dichten Bebauung nicht möglich ist, aber anderswo wird es noch mancherlei Überraschungen geben.

Nicht nur unbefestigte Handelsplätze an Grenzen gehörten in die Zeit Ansgars, sondern ebenso Burgen zur Grenzsicherung und zur Besetzung und Kontrolle neuer Territorien. In den Sachsenkriegen Karls des Großen entstanden auf fränkischer Seite die großen Befestigungen Büraberg, mit einer Kirche aus den Jahren 741/42, Amöneburg und Christenberg und auf sächsischer Seite die Eresburg bei Obermarsberg, die 772 das erste Angriffsziel Karls gewesen ist. Im Binnenland lag die Karlburg am Main, die als Herrschaftssitz im Rahmen der Tagung betrachtet wurde. Bei den Burgen lagen am Main großflächige Handels- und Handwerkerplätze sowie Uferhafenanlagen, die *villa* Karlburg erstreckte sich am Ufer entlang über eine Länge von mehr als 1 km,[80] und dieser Zentralort war eingebunden in verschiedene überregionale Netzwerke[81]. Im Norden an und jenseits der Elbe sind als Grenz- und Besatzungsburgen Esesfelth, Hammaburg, Delbende, *Hohbuoki* und vielleicht auch das Kastell bei *Magadaburg* zu nennen, die also andere Funktionen hatten als die Orte des Diedenhofener Kapitulars mit Schezla (Meetschow) und Bardowick. Der Platz Hammaburg war also anscheinend am ehesten ein Grenzort für die Mission und weniger eine Befestigung, denn auch alle anderen Handelsplätze von Haithabu und Ribe bis Birka waren ebenfalls zwar bevölkerungsreich durch Kaufleute und Handwerker, aber hatten keine militärische Funktion.

WIE SIEHT ES MIT DEN KRITERIEN FÜR DIE EINORDNUNG DER HAMMABURG ALS ZENTRALORT NUN AUS?

Die historischen Fakten:
(a) Nach der allgemeinen Definition gehört die Lage im Nodus eines Netzwerkes dazu, in topografisch günstiger Situation, was bei Hamburg ohne Zweifel der Fall ist.

(b) Trotz der Bedenken der Historiker wird auch der Name mit *-burg* wie bei Romaburg, Colnaburg, Regensburg, Strassburg (alle zwar mit einer Wurzel in der römischen Antike), für einen herausragenden Ort gewählt worden sein.

(c) Die Bezeichnung als *civitas* (oder auch als *urbs* sowie *vicus*) gehört zu einem Zentralort, auch wenn bedacht werden muss, dass ein Bischofssitz nur in einer *civitas* gegründet werden kann. Im antiken Sinne meint *civitas* zudem vielleicht auch im Mittelalter noch einen Raum, zum Civitas-Hauptort gehörte ein weites Umland, und in römischer Zeit stießen die Grenzen der *civitates* aneinander. So ließe sich auch Hamburg als Großraum verstehen.

(d) Die Wahl als Missionsstandort und Bischofssitz kennzeichnet Hammaburg als Zentralort für das Umland, als Mitte der Kirchenorganisation des Raumes und als Ausgang für weitreichende missionarische Aktivitäten, eben über die Wegenetze.

(e) Die politische und militärische Funktion ist für die Hammaburg weniger deutlich zu fassen, auch wenn außer dem Bischof auch ein Graf Ortsherr war, Angehöriger einer Herrschaft. Vielleicht waren – wie angemerkt wurde – die beiden Ringgräben und auch die späteren Wälle nur die Reste eines ausgebauten Herrensitzes inmitten eines weit größeren besiedelten Bereichs von mehreren Kilometern Durchmesser: »Hammaburg« als Benennung einer Landschaft wie z. B. bei Karlburg.

(f) Rimbert nennt einen *vicus* bei der Hammaburg wie für Haithabu, Ribe und Birka mit *negotiatores*, also Kaufleuten.

(g) Der Missionsstandort und der Handelsplatz müssen von einer Obrigkeit, dem Frankenkönig mit Blick auf die Ausdehnung seines Machtbereichs und dem Papst für die Mission und der Einsetzung eines Bischofs, »genehmigt«, geplant und kontrolliert worden sein. Nur deshalb erscheint die Hammaburg auch in der schriftlichen Überlieferung.

(h) Als Ort mit Münzprägerecht seit der Mitte des 9. Jahrhunderts war Hamburg auch ein Zentralort.

Die archäologischen Fakten:

(a) In der Hierarchie der Siedlungen an der Elbe und im Umfeld gehörte Hamburg, auch wenn dabei zurückgeschlossen werden muss aus etwas jüngerer Zeit, zu einer Spitzenposition.

(b) Die größere Bevölkerungszahl kann nur vermutet, nicht bewiesen werden; doch reicht der Raum zwischen den Flüssen dazu durchaus aus[82]. Aber ein Bischofssitz braucht Bevölkerungen als Multiplikatoren, eine dörfliche Siedlung ist ungeeignet.

(c) Diese Position ist prädestiniert für Häfen; und Hinweise auf Lagerhäuser – vielleicht für Getreide – sind archäologisch erfasst.

(d) Auch Hinweise für die Umgestaltung des Geländes beispielsweise mit Aufschüttungen sind zentralörtlich häufiger überliefert, von Lübeck über Braunschweig bis Konstanz, auch wenn dort meist etwas später. In Hamburg mag Ähnliches geschehen sein.

(e) Die Funktionsvielfalt, was Handel und Handwerk angeht, ist über Importkeramik und anderes bedeutenderes Material,[83] Fernhandelsgüter, bisher nur weniger überzeugend nachzuweisen, aber immerhin gibt es auch Tatinger Kannen aus dem Rheinland[84].

(f) Ein Ort wie die Hammaburg als Zentrum einer Grundherrschaft mit Streubesitz, als Marktort und einer Handwerkersiedlung kann als Zentralort bezeichnet werden, wenn – wie während der Tagung auch angesprochen – die Einbeziehung des Umlands, des Territoriums, der Landschaft nachgewiesen werden kann. Erinnert sei an den Grafen Bernhard um 845 oder später an die Billunger.

(g) Über die Bischofskirche des Ansgar in Hamburg wissen wir nichts; sie kann aber, wie in anderen Orten auch, ganz woanders gestanden haben, weitab von den Ringgräben auf dem Domplatz, unter einer der späteren bedeutenden Hamburger Kirchen. Anfangs eine einfache Kirche, wird diese dann ständig, wie im Bremen des Ansgar belegt, immer weiter ausgebaut. Kirchenverlegungen mit ihrer anfänglichen zentralen Funktion sind eher selten.

(h) Die erste Kirche in oder bei Hamburg, 834 erwähnt und beim Piratenüberfall 845, hat irgendwo in der Agglomeration Hammaburg gelegen, auch ohne nachgewiesen zu sein, ebenso die durch Karl den Großen für 810/11 belegte Kirche nördlich der Elbe. Als Standort der Ansgar-zeitlichen Kirche werden sowohl die Marienkirche[85] als auch St. Petri diskutiert.

(i) Für die Hammaburg ist mit einem größeren Bereich von Siedlungskonzentrationen verschiedener Aktivitäten zu rechnen, das Handelszentrum braucht nicht an der Bille gelegen zu haben, sondern kann sich weiter entfernt im Norden der Petrikirche, wie bei Stade mit Groß Thun, bei Meetschow im Wendland oder bei Itzehoe mit Esesfelth und der Kirche in Heiligenstedten (Karsten Kablitz) befunden haben.

Schließlich könnte auch der Süllberg in Hamburg schon bald im 10. Jahrhundert als befestigter Platz existiert haben und zum Gesamtkomplex »Hammaburg/Hamburg« zu zählen sein[86].

Auch die Hammaburg war als Zentralort in verschiedene Netzwerke gleichzeitig eingebunden, die sich überlagert haben, im herrschaftlichen Netzwerk mit dem Umland, im Netzwerk der Handelsorte, im Netz der Befestigungslinie an der Elbe, als Zentralort im Netzwerk der Missionsaktivitäten.

Pfalzen sind keine Zentralorte, wenn sie nur Stationen auf dem Reiseweg des Königs, Bischofs oder eines anderen Großen waren; weitere Funktionen müssen dazukommen.

Dasselbe trifft für Adelssitze zu, wenn diese nur zu Kurzaufenthalten Durchreisender gedient haben. Erinnert sei an die vielen Adelsburgen seit dem 10./11. Jahrhundert oder auch an die dicht beieinander gelegenen slawischen Ringwälle, die eine besondere Aufgabe am Ort haben, aber keine zentral weiter wirkenden Funktionen.

Grenzhandelsorte, auch wenn in einer Linie an der Ostgrenze aufgereiht, sind zuerst nur örtliche, punktuelle Kontrollplätze und damit ebenfalls noch keine Zentralorte.

Auch Befestigungen im System einer flächendeckenden Landessicherung oder in einer Burgenkette an der Grenze sind noch keine Zentralorte, können es im Laufe ihrer Geschichte aber werden, wenn weitere Funktionen hinzukommen.

Als Mittelpunktsburg zur Erfassung eines Territoriums mit Verwaltungsaufgaben, also multifunktional ausgelegt, wird eine Befestigung zum Zentralort. In einem Burgennetz wird nur eine die zentrale Festung sein, auch als Ort der Repräsentation von Herrschaft. Die Karlburg am Main mit wirtschaftlich ausgerichteter Talsiedlung voller Handwerksplätze ist ein Zentralort.

So macht auch ein kurzfristiger Aufenthalt eines Bischofs auf Missionsreise einen Ort noch nicht zu einem Zentralort. Doch die fortdauernde Funktion als Bischofssitz erhöht den Rang des Platzes Hamburg-Bremen und macht ihn zum Zentralort. Die ältere Hammaburg inmitten eines Netzwerkes wird aber nicht erst dadurch zum Zentralort, dass sie bestimmte Funktionen, wie die eines Bischofssitzes übernehmen soll, sondern bestimmte Funktionen lagern sich an einen schon dichter besiedelten und entsprechend gelegenen Ort an und macht ihn durch Weiterentwicklung und Ausbau von einem schlichten Handelsplatz zum Zentralort.

SCHLUSSWORT

Die Hammaburg war also – nach meiner Ansicht – ein Zentralort, sicherlich wie andere auch schon im 8. Jahrhundert, dann als Bischofssitz ab 831/32 zeitweilig schon bedeutender und nach kurzer Unterbrechung 845 mit kontinuierlicher Entwicklung bis heute.

Hamburg liegt zwischen Nord- und Ostsee, im 9. Jahrhundert noch in einem frühen beginnenden Stadium, später im 10./11. Jahrhundert schon mit anderem Gewicht, was Vergleiche mit Stade die Elbe abwärts und Lübeck auf der anderen Seite zur Ostsee bestätigen können.

Aber man muss dabei an einen größeren Raum denken, über den Domplatz weit hinaus. Man hat als Standort der Kirche Ansgars sogar auch den Platz der »Neuen Burg« des 11. Jahrhunderts, einige Hundert Meter weiter im Westen, vorgeschlagen, dessen Ausmaße eher den anderen umwallten Bischofssitzen entsprechen würden[87].

Es bleiben aber doch einige Zweifel; denn warum wurde Hamburg im Diedenhofener Kapitular von 805 – also vor der Erhebung zum Bischofssitz – überhaupt noch nicht erwähnt. Die besondere Lage an de Elbe an der Grenze zu den Slawen bestand schon, und der Ort würde gut in die Reihe der Grenzhandelsorte passen.

Michael Müller-Wille meinte noch 2004: »*Weder der Standort der Hammaburg noch derjenige der Bischofskirche – geschweige denn der 810 von Karl dem Großen errichteten Missionskirche nördlich der Elbe – lässt sich derzeit archäologisch mit Sicherheit belegen*«[88].

Hamburg liegt nördlich der Elbe, so kann also wie angedeutet sowohl die Kirche Karls des Großen als auch die Ansgar-Kirche im Großbereich Hammaburg gelegen haben.

Die neuen Forschungen und Grabungen bis zu den Jahren 2005/06 haben es ermöglicht, die Phasenfolge auf dem Domplatz neu zu ordnen und sicherer zu datieren, und damit die Hammaburg Ansgars vom Mythos zur Realität werden lassen. Im Beitrag zum Reallexikon der Germanischen Altertumskunde im Jahr 1999[89] wurde die Doppelgrabenanlage noch in spätsächsische Zeit vor 800 datiert,[90] von der ein Graben jetzt in die Ansgar-Zeit gehört, und die nächste Wallanlage wurde zeitweilig als Ansgar-zeitlich oder jünger gedacht, gehört aber ins ausgehende 9.–10. Jahrhundert.

Die stratigrafisch dazwischen nachgewiesene ausgedehnte Siedlungsphase, aber ohne eigentliche erkennbare Bauspuren, wäre danach damals am ehesten Ansgar-zeitlich gewesen. Die Grabungsbefunde dazu müssen noch ausführlicher ausgewertet und publiziert werden; denn im Fundstoff mögen mehr Hinweise auf Zentralortfunktionen verborgen sein als bisher bekannt. Und auch bei der »Doppelanlage« bleiben noch Zweifel, weil m. E. nicht geklärt werden konnte, ob die Gräben zeitgleich oder nacheinander entstanden sind, wie genau bei ihrer engen topografischen Lage seinerzeit der Bauvorgang abgelaufen ist.

In der Ausstellung »Mythos Hammaburg« 2014/15 wird aufgrund der Diskussionen während der Tagung ein Interpretationsvorschlag geboten, der dem Besucher die gegenwärtig überzeugendste Deutung der archäologischen Befunde vorstellt. Doch könnte man weiterhin vom »Mythos Hammaburg« sprechen, vor allem, wenn man die Ansicht von Historikern berücksichtigt, die Ansgar in der Hammaburg selbst fast als Phantom betrachten, als Erfindung seiner Rolle durch Adam von Bremen erst im 11. Jahrhundert, weil keine Bebauung, keine Kirche und keine Bischofsresidenz gefunden werden konnte und Ansgar selbst vielleicht nur wenige Tage am Ort gewesen ist.

Einer überregionalen Zeitung (Frankfurter Allgemeine Zeitung, 14. Februar 2014) ist zu entnehmen, dass sich als vorherrschende Meinung nun durchgesetzt hat, Hamburg sei von Beginn an ein Handelsort und ein Zentralort gewesen. Rainer-Maria Weiss, Direktor des Archäologischen Museums Hamburg, fasst zusammen: »*Der berühmte Missionar Ansgar wurde 834 in einen bestehenden Handelsplatz entsandt*«.

ANMERKUNGEN

1 Dazu Hamburger Abendblatt vom 25.1.2014 und Frankfurter Allgemeine Zeitung vom 27.1.2014 sowie vom 14.2.2014.
2 Nicht übersehen werden sollte aber, dass eigentlich fast alle Thesen und Probleme schon im Konzeptpapier zum Fachkolloquium 2013 formuliert und in ihrem Stellenwert betont wurden (Anne Klammt für das Archäologische Museum Hamburg).
3 Kartierungen der Aufenthaltsorte Ansgars bei Müller-Wille 2004, 439 Abb. 6; 2007, 281 Abb. 1; Dobat 2010 (2013) 408 Abb. 1.
4 Lammers 1980; Müller-Wille 2007, 255: Ansgar ist Erzbischof; aber Klapheck 2008; Knibbs 2011, nach Klammt 2013a, 11 Anm. 22.
5 Theuerkauf 1995.
6 Padberg 2003, 636.
7 Vita Anskarii 16.
8 Vgl. dazu auch Müller-Wille 2007, 259.
9 Müller-Wille 2004, 442; 2007, 275.
10 Ebd. 258.
11 Ebd. 272 (Ribe), 275 (Birka), 279 (alle drei Orte, auch Haithabu).
12 Radtke 2004, 32 ff.
13 Müller-Wille 2007, 268 f., zur Lage der Kirche weiter Kleingärtner/Tummuscheit 2007, 228–231; Hilberg 2009, 83, 90 f.; Staecker 2009, 311 ff.
14 Köbler 1973 und unten Abschnitt (6).
15 Steuer 2002; 2003a.
16 Padberg 2003.
17 Ebd.
18 Wiechmann, in: Busch/Wiechmann 1999, 482. Auch Corvey hatte Münzrecht, und bisher ist keine einzige Prägung von dort bekannt geworden; somit kann das auch für Hamburg so gewesen sein.
19 Thieme 2013.
20 Konzeptpapier Vorbereitung Fachkolloquium, 4; Kempke 1998; 2002.
21 Reinhardt 1967, 64 Abb. 1 u. 66 Abb. 2.
22 Vgl. dazu die Lage der anderen sächsischen Bistumssitze: Steuer/Biegel 2002; Wilschewski 2007; Ludowici 2010.
23 Lemm 2013a.
24 Schneeweiß 2011c; 2012b; Schneeweiß/Kennecke 2013.
25 Schneeweiß 2012a; Saile 2009.
26 Konzeptpapier Vorbereitung Fachkolloquium, 11; Hinweis auf Klapheck 2008; Knibbs 2011; dazu Janson 2011.
27 Müller-Wille 2007, 258.
28 Lemm 2013a; Müller-Wille 2007, 266.
29 Ettel 2001; 2008b; 2011; 2013, 19 Abb. 7 (Farb-Abb.).
30 Sonnemann 2010; 2013; Hanauska/Sonnemann 2012.
31 Ettel 2008a; 2013.
32 Schneeweiß 2011c; 2012a; 2013.
33 Schneeweiß 2010b; Schneeweiß/Kennecke 2013.
34 Hübener 1989, 252 Abb. 1 Karte; Schneeweiß 2012, 266 Fig. 1 Karte.
35 Henning 2012.
36 Sonnemann 2010; 2013, 349 Abb. 17; Hanauska/Sonnemann 2012; Ettel 2013b, 14 Abb. 6.2,
37 Lemm 2013a, 218 f. mit Abb. 2: Doppelgraben, datiert in die zweite des Hälfte 7. Jahrhunderts.
38 Radtke 1999, 365 Abb. 43; Steuer 1971.
39 Meier 2008.
40 Heine 2007.
41 Köbler 1973.
42 Steuer 2003a.
43 Lemm 2013a, 220 Karte Abb. 3.
44 Daten bei Wilschewski 1999; 2007; Steuer/Biegel 2002.
45 Kroker 2007.
46 Müller-Wille 2007, 265: nur 4,3 ha.
47 Rudnick 1997; Eggenstein 1999; 2008; 2013.
48 Für Osnabrück z. B. Schlüter 2002; Fischer 2005.
49 Scheschkewitz 2010.
50 Konzeptpapier Vorbereitung Fachkolloquium, 11 mit Anm. 16 f.; gegen ein Grenzsicherungskonzept Saile 2009; Schneeweiß 2012b; auch Lemm 2013a; eher dafür Henning 2012.
51 Steuer 2003b.
52 Nösler 2011; Schäfer 2011; Schäfer/Scherf 2008.
53 Kempke 2002.
54 Harck 1997, 110 Abb. 1 (Kirchen des 9. Jahrhunderts zwischen Ems, Weser und Elbe), 114 Abb. 3 (Holzkirchen im Nordteil und Steinkirchen im Südteil), 117 Abb. 5 (Kirchen des 9. Jahrhundert auch nördlich der Elbe).

55 Kleingärtner/Zeilinger (Hrsg.) 2012; Ettel/Werther 2013; Ettel 2013b, 5 Abb. 2: zur Hierarchie der Zentralorte.
56 Henning 2012.
57 Schneeweiß 2012a.
58 Hilberg 2009; Müller 2013; Ettel 2013b, 2 Abb. 1.1.
59 Jöns 2002.
60 Schäfer 2011; Jöns 2010.
61 Aufderhaar u.a. 2009 (2011); Jöns 2010.
62 Scheschkewitz 2010.
63 Siegmüller/Jöns 2012.
64 Mit Tabellen zu den Elementen eines Zentralortes: Steuer 2007; Schenk 2010; Hårdh/Larsson 2002; Ludowici 2010; Müller 2010; Sonnemann 2013, 348 Tab. 1.
65 Sindbæk 2009; 2012.
66 Nakoinz 2009; 2013.
67 Steuer 2003b.
68 Müller 2009; 2010; 2012.
69 Ludowici 2010; Ludowici u.a. (Hrsg.) 2010; Müller-Wille 2010.
70 Sindbæk 2007, 64 Fig. 3.
71 Müller 2009, 747 Abb. 5.2.
72 Becher 2013b, 323 Karte: eingetragen sind Bardowick 793 und Hollenstedt 804; Harck 1997; Hardt 2010.
73 Hardt 2010, 346–348 zur Mission Ansgars.
74 Krüger 1986; Jankuhn 1967.
75 Dobat 2013; Staecker 2009.
76 Staecker 2009, 319 Fig 6: Email- und Heiligenfibeln in Dänemark; starker Fundzuwachs: Baastrup 2009, 517 Abb. 1 Verbreitungskarte.

77 Hübener 1989, 252 Abb. 1; Schneeweiß 2012, 266 Fig. 1.
78 Schneeweiß 2010b; 2012a; Schneeweiß/Kennecke 2013.
79 Eggenstein 2008, 115 Abb. 1; Eggenstein 1999, 401 Abb. 1.
80 Ettel 2001; 2008b; 2011; 2013, 22 Abb. 8; Ettel et al. 2013: zu einem weiteren Ort – einem Königsgutkomplex – odieser Art mit großflächiger Erstreckung über mehrere Kilometer.
81 Obst 2013, 375.
82 Rainer-Maria Weiss nennt in Berichten des Hamburger Abendblatts vom 25.1.2014 mutig »*höchstens 100*« Einwohner für das 9. Jahrhundert und 200 für das frühe 10. Jahrhundert. Mehr passen auch nicht auf die Fläche innerhalb des Ringgrabens oder des späteren Walles. Aber Hammaburg war mehr als nur dieses kleine Areal.
83 Christeleit 2011.
84 Dobat 2013, 420 Abb. 2.
85 Müller-Wille (2004, 444) vermutet, wie andere auch, den Standort und eine Platzkontinuität unter dem Mariendom von 834 bis zum Abbruch 1805; auch Harck 2002.
86 Kempke 1993.
87 Müller-Wille 2007, 261; nach Wilschewski 2007, 160 ff. u. Abb. 131.
88 Müller-Wille 2004, 445.
89 Busch/Wiechmann 1999; auch Harck 2002, 59; Busch 2004, 21 Plan.
90 So auch noch Müller-Wille 2004, 445; 2007, 260.

HAMMABURG – HAMBURG

In den ersten schriftlichen Zeugnissen wird Hamburg »Hammaburg« genannt. Der Name kommt aus dem Altsächsischen, das eine Vorform des Plattdeutschen ist. Es wurde vom germanischen Stamm der Sachsen gesprochen, die im Zuge der Völkerwanderung aus Nordeuropa nach Norddeutschland einwanderten. Wir kennen nicht viele Texte, die auf Altsächsisch verfasst wurden; das längste schriftliche Zeugnis dieser Sprache ist der »Heliand«. Der »Heliand« ist eine Evangelien-Neudichtung, die die Erzählungen um das Wirken Jesu Christi in einen altsächsischen Kontext einordnet. Der Heiland und seine Jünger wandern darin nicht durch Palästina, sondern durch eine Landschaft, die der Norddeutschen Tiefebene nachempfunden ist – was sehr interessante Einblicke in die Wahrnehmung der niederdeutschen Umwelt ermöglicht. Nahezu alle Orte, die in den Evangelien vorkommen, wurden mit dem Suffix -burg versehen, und aus den Erzählungen wird deutlich, dass es sich auch um Burgen handelte. Aus Bethlehem wurde so Bethleêmaburg, aus Nazareth wurde Nazarethburg. Damit sind keine Burgen im Sinne des Hochmittelalters gemeint; vielmehr waren die Burgen in der Zeit vor 1000 n. Chr. in Norddeutschland runde Anlagen, die von einem Graben umgeben waren, Wälle aus Erde hatten und auf denen Holzpalisaden standen. Der Zugang wurde durch ein verschließbares Tor geregelt. In ihnen lebte nicht nur die Elite, sie dienten auch als Verwaltungs- und Versammlungsorte, in ihnen wurde Vieh gehalten und Handwerk betrieben. Diese Burgen waren für die Landschaften des Frühmittelalters sehr prägend, sie waren die Zentralorte ihrer Zeit. Städtische Siedlungen kannte man noch nicht. Aus diesem Grund nutzte der unbekannte Autor des »Heliands« die Burgen, um seinem Publikum die Erzählungen verständlich zu machen. Er verwendete die Burgen als Handlungsorte seiner Erzählung im Ersatz für die antiken Städte des Mittelmeerraumes.

Der erste Teil des Namens »Hammaburg« verweist auf das altsächsische Wort »ham« oder »hamm«. Dieses bezeichnete eine Wiese oder eine Koppel. Wichtig war für die Bedeutung eine Einzäunung – ein wenig der von der ursprünglichen Bedeutung hat im Wort »hemmen« überlebt.

Ins Hochdeutsche übersetzt heißt »Hammaburg« also »Wiesenburg«. Die Lage im Weideland war somit namengebend für die Urbefestigung Hamburgs. Dieses war nicht ungewöhnlich für Orte jener Zeit, die entweder nach den Personen benannt wurden, denen sie gehörten, oder auch nach prägenden Landschaftselementen.

Christian Frey

1 Die Hünenburg bei Stöttinghausen im Lkr. Diepholz (Rekonstruktion) ist ein typischer Ringwall mit Vorburg, wie er im gesamten norddeutschen Tiefland während des Frühmittelalters errichtet worden ist.

2 Die slawische Burg bei Ratekau, Kr. Ostholstein, vermittelt einen Eindruck vom heutigen Aussehen der üblichen Burgen des Frühmittelalters in ganz Norddeutschland.

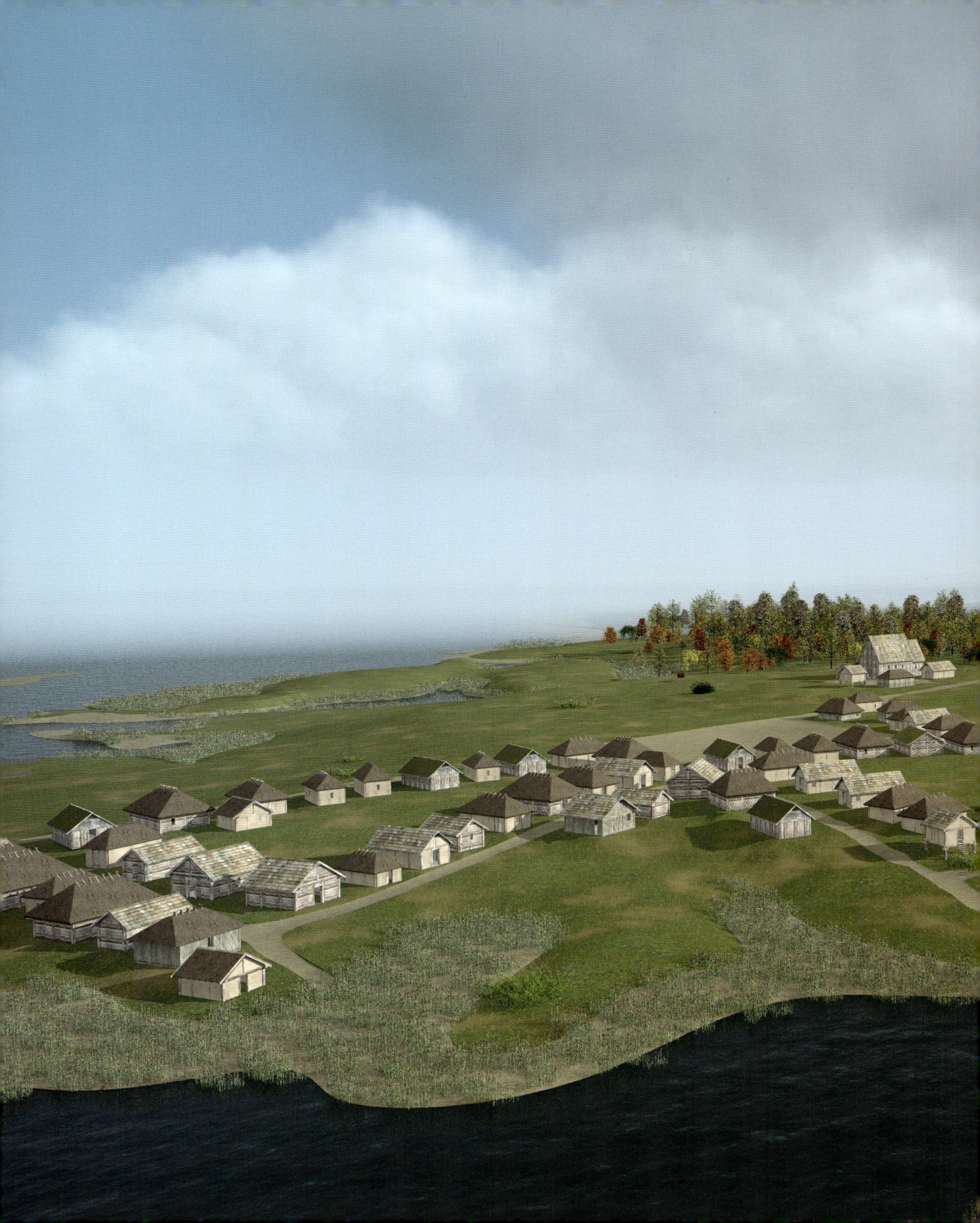

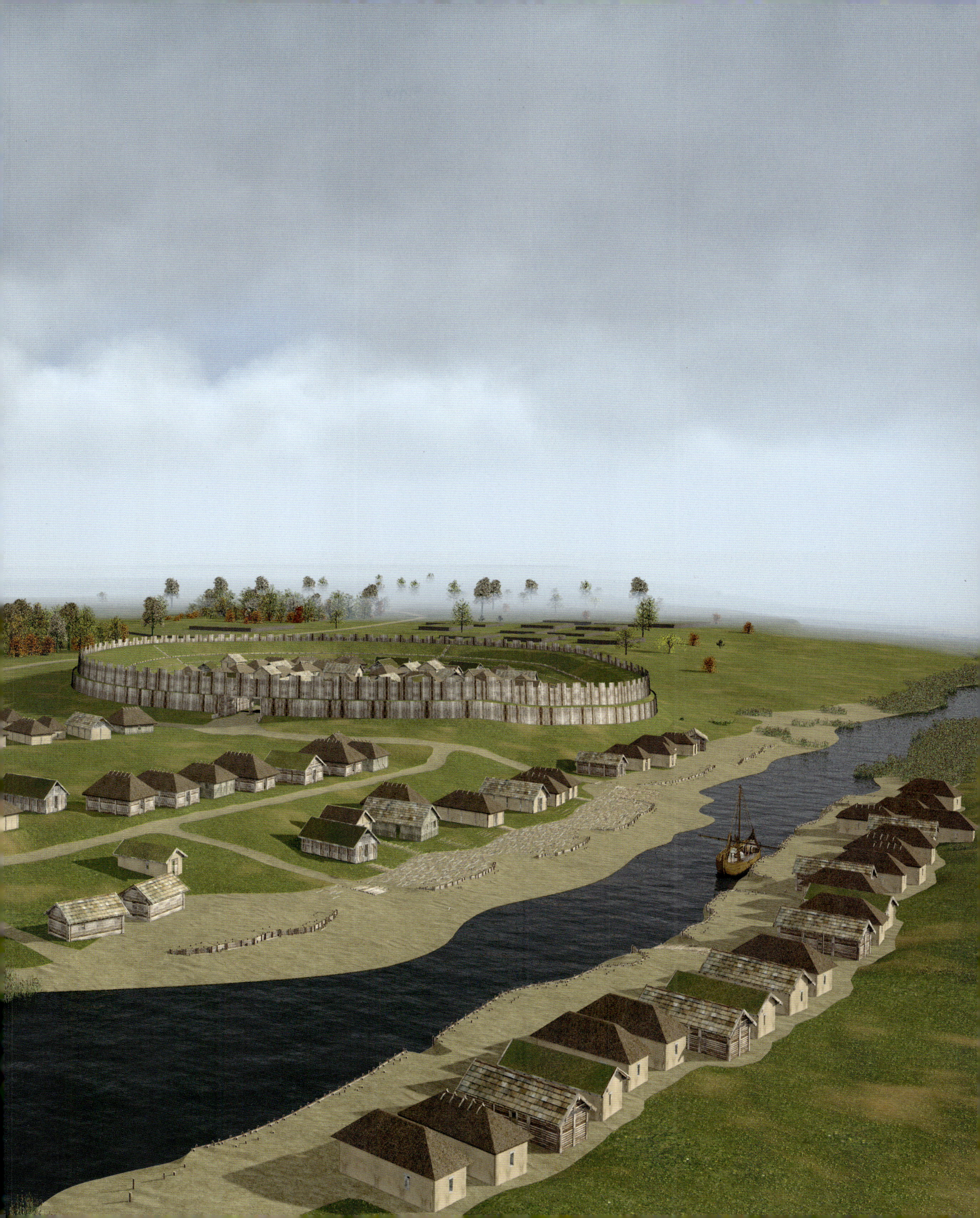

Ham(ma)burg im spätsächsischen Umfeld

Tafel 8 Virtuelle Rekonstruktion Hammaburgs im 10. Jahrhundert.
Ansicht von Südwesten. Ein Schiff liegt an der Schiffslände am Ufer der Reichenstraßeninsel.

Burgen und Siedlungen der spätsächsischen Zeit beiderseits der Niederelbe

Wulf Thieme

Hamburg – *das Tor zur Welt*. Dieser Begriff des späten 19. und 20. Jahrhunderts fließt vielfach unbewusst oder bewusst auch in die Betrachtung Hamburgs im 9. Jahrhundert ein. Erkennbar wird dies an zwei immer wieder geäußerten Leitmotiven:
– Hamburg als Ausgangspunkt der christlichen Mission Nordeuropas
– Hamburg als Stützpunkt des Fränkischen Reichs nördlich der Elbe

Die in verschiedenen Quellen genannte Hammaburg bildet das Symbol für die Bedeutung Hamburgs im 9. Jahrhundert. Eine Ringwallanlage, die der Bodendenkmalpfleger Reinhard Schindler in den Jahren nach dem 2. Weltkrieg auf dem Domplatz in Ausschnitten ausgegraben hatte, wurde mit der Hammaburg identifiziert. Siedlungsspuren in der Nachbarschaft und Anlandemöglichkeiten am Rande der Elbniederung ließen in Verbindung mit den Kirchenschätzen, die die Wikinger 845 erbeutet hatten, einen lebendigen Handelsort vermuten.

Hamburg soll folglich spätestens im 9. Jahrhundert einen Mittelpunktsort mit einer weltlichen und/oder kirchlichen Institution sowie mit einem Handelsplatz gebildet haben. Tatsächlich erfüllte Hamburg aufgrund schriftlicher Belege wenigstens zeitweise zwei dieser Bedingungen: Sitz eines Grafen und Sitz des Bischofs Ansgar. Für die Erfüllung der dritten Bedingung, den Handelsplatz, gibt es erst zur Mitte des 9. Jahrhunderts entsprechende Hinweise. Somit bleibt es die Aufgabe der archäologischen Forschung, die Spuren des 8. und 9. Jahrhunderts zu finden, anhand derer sich das Werden Hamburgs zu einem zentralen Ort im Norden des Frankenreiches aufzeigen lässt.

Die neuen Ausgrabungsergebnisse haben Zweifel an den bisherigen Vorstellungen der Entwicklung Hamburgs geweckt. Tatsächlich sind auf dem Domplatz wenigstens vier aufeinanderfolgende Befestigungen erfasst worden. Ihre Deutung und zeitliche Einordnung ist noch nicht abschließend geklärt, doch scheint gesichert zu sein, dass im späten 8. und im 9. Jahrhundert auf dem Domplatz keine stark befestigte, etwa rechteckige Wallanlage existiert hatte, sondern ein deutlich kleineres Bauwerk mit einem Kreisgraben. Und von einem Kirchenbau des 9. Jahrhunderts fehlen dort jegliche Spuren. Während auf einigen Grundstücken westlich des Domplatzes Besiedlungsreste dieser Zeitstellung bekannt sind, fällt jenes archäologische Fundgut noch dürftig aus, das für die Existenz eines Schiffsanlegers mit Markt sprechen könnte. Immerhin blieb der Nordhang des Geländesporns bisher weitgehend unbeobachtet. Allein in der Baugrube der *Europapassage* kam es zu baubegleitenden Untersuchungen nördlich der Mönckebergstraße. Am Rande der Alster könnten im Norden Schiffsländen, Hütten und auch der bisher in der Innenstadt fehlende Friedhof des 8. und 9. Jahrhunderts neben dem historisch belegten Grabhügel (s. Beitrag Elke Först, Altstadt) bestanden haben.

Trotz der Konzentration der Befunde im Stadtbereich und weiterer Argumente bleibt offen, wann Hamburg eine überregionale Bedeutung errang. Geschah dies schon, bevor Graf Bernhard und Bischof Ansgar ihre Aufgaben in Hamburg wahrnahmen, oder wurde die Entwicklung gerade dadurch in Gang gesetzt? Wieso kam es trotz der Reichsburg Esesfelth (s. Beitrag Thorsten Lemm) und der kirchlichen Zelle Welanao, beide bei Itzehoe, Kr. Steinburg, gelegen, zur Stationierung eines Grafen und zur Gründung des Bischofssitzes in Hamburg? Der Bau der ersten Befestigungen in Hamburg kann aus verschiedenen Gründen erfolgt sein, er stand zumindest nicht im Zusammenhang mit dem späteren Bischofssitz. Und wieso wurde in Hamburg, wenn man die bisherigen archäologischen Funde und Befunde richtig einschätzt, ein Zentrum quasi im Niemandsland gegründet?

Einigen dieser Fragen gehen die beiden folgenden Beiträge nach, indem sie den sächsischen Siedlungsraum und das kulturelle Leben beiderseits der Niederelbe im 7.–9. Jahrhundert erläutern. Beide stellen forschungsbedingt Befunde und Funde vorrangig aus dem linkselbischen Raum vor. Babette Ludowici legt den Schwerpunkt auf den Burgenbau südlich der Elbe und führt befestigte Anlagen vor, von denen die ältesten schon zur Zeit der kriegerischen Auseinandersetzungen des Großvaters Karls des Großen mit den Sachsen entstanden und die jüngeren in dem Zeitraum vor und während der Eroberungskriege des fränkischen Königs Karl errichtet wurden. Dazu zählen Burgen beiderseits der Elbe. Ziel ist es, Diskussionsansätze zu finden, um unterschiedliche Möglichkeiten zur Deutung insbesondere der Kreisgräben auf dem Domplatz zu erhalten.

Jochen Brandt beschreibt die kulturellen und siedlungsarchäologischen Verhältnisse beiderseits der Niederelbe, in welche die Befunde der Hamburger Altstadt einzufügen sind. Er schöpft vorrangig aus den reichhaltigen und vielseitigen Grabungsergebnissen im süderelbischen Landkreis Harburg. Dabei handelt es sich um mehrere Gräberfelder und verschiedene Siedlungsplätze, darunter zwei größere Anlagen, die unterschiedliche Hausgrundrisse aufweisen. Eine dieser Siedlungen liegt in direkter Nachbarschaft eines gleichzeitigen Friedhofs, der neben zwei Großsteingräbern angelegt worden ist[1]. Weiterhin stehen Ausgrabungen einer Kirche mit mehreren Bauphasen sowie an weiteren älteren Kirchen zur Verfügung[2]. Außerdem gibt es eine weitgehend untersuchte Befestigung[3]. Der Beitrag geht unter anderem auf die topografische Situation der Siedlungen und Friedhöfe ein, deren Beurteilung nicht unwichtig ist, um die Standortwahl für das frühe Hamburg zu begründen.

In einem dritten Beitrag trägt der Verfasser zusammen, welches Bild sich zur Zeit aus der Verknüpfung der archäologischen Hinterlassenschaften des 7. bis 10. Jahrhunderts beiderseits der Elbe hinsichtlich der Frage nach dem frühen Hamburg erkennen lässt. Die drei Beiträge werden sich in ihren Ausführungen und Deutungen auf die archäologischen Befunde und Funde stützen. Die verschiedenen schriftlichen Zeugnisse, die in manchen archäologischen Arbeiten zum frühen Mittelalter im Niederelberaum nicht nur zusätzliche Interpretationshilfen boten, werden höchstens abschließend erwähnt.

ANMERKUNGEN

[1] Laux 1987a; Först 2002; Thieme 2004a; 2004b; Brandt et al. 2011.

[2] Drescher 1973; 1985; Richter 1991.
[3] Ahrens 1973.

Der ländliche Raum in spätsächsischer Zeit. Das südliche Hinterland der Hammaburg

Jochen Brandt

Die frühmittelalterliche Befestigung auf dem Hamburger Domplatz, bestehend aus zwei aufeinanderfolgenden Grabenwerken, wurde auf einem Ost-West ausgerichteten Geestrücken errichtet, der auf der Westseite in einer Spornlage zwischen der westlich mäandrierenden Alster und einem südlich gelegenen Fächer kleinerer Fließgewässer der Elbe endet. Der Rücken selbst fällt in mehreren Stufen von Osten nach Westen ab.

Nur sehr spärliches, als Verfüllung in die Gräben gelangtes Fundmaterial weist auf eine zugehörige Besiedlung hin, deren Art und Umfang kaum zu ermessen sind. Auch für die nachfolgende Siedlung des späteren 9. und 10. Jahrhunderts, die nach den beiden Grabenwerken und vor dem etwas jüngeren Burgwall bestanden hat, gibt es nur wenige Funde und Befunde. Es stellt sich damit die Frage nach der Größe und Struktur dieser Siedlung, die, als Keimzelle eines befestigten zentralen Kirchen- und Handelsortes, zu Beginn des 9. Jahrhunderts bereits von einiger Bedeutung gewesen sein sollte.

In diesem Beitrag soll es darum gehen, anhand von Referenzquellen aus dem spätsächsischen Umfeld der Altstadtbesiedlung zu prüfen, ob sich Anhaltspunkte für die Platzwahl sowohl der Siedlung als auch der *Hammaburg* ergeben. Dabei werden in erster Linie archäologische Befunde aus dem südlich der Elbe gelegenen Umland heranzuziehen sein, da sich die Quellenlage im nordelbischen Hamburg und dem südlichen Holstein als ausgesprochen dürftig darstellt. Die beiden bekannten Siedlungen von Schenefeld, Kr. Steinburg[1], sowie Eggerstedt, Kr. Pinneberg[2], sind nur punktuell untersucht worden, auf Hamburger Gebiet kommt als einzige umfangreicher gegrabene Siedlung die von Hamburg-Bramfeld hinzu[3]. Zu ergänzen ist eine beim Kiesabbau entdeckte Fundstelle in Lemsahl-Mellingstedt gegenüber der in einer Alsterschleife gelegenen Mellenburg[4]. Sie befindet sich auf dem westlichen Ufer der Alster in einem Bereich, wo sich von Nordwesten her die Mellingbek stark annähert, und ist nur wenige Kilometer flussabwärts von dem dendrochronologisch auf das Jahr 795 ± 10 datierten Bohlenweg durch das Wittmoor entfernt[5]. Das bekannte Reitergrab von Hamburg-Schnelsen liegt wenige Dutzend Meter abseits eines nur ausschnitthaft erfassten frühmittelalterlichen Gräberfelds[6] – des einzigen nachgewiesenen Gräberfeldes des Frühmittelalters auf Hamburger Gebiet.

Im Landkreis Harburg ist dagegen, ebenso wie in den benachbarten nordniedersächsischen Landkreisen, eine größere Zahl von frühmittelalterlichen Fundplätzen bekannt. In der Mehrzahl handelt es sich dabei um Gräberfelder, es sind aber auch einige Siedlungsplätze darunter. Von diesen soll im Folgenden ein Teil auf topografische und verkehrsgeografische Aspekte hin betrachtet werden und ebenso auf Fragen der Ausdehnung wie Laufzeit und der Lagetreue im Vergleich zur heutigen Besiedlung hin untersucht werden. Als Referenzquelle wird dazu in allen Fällen die Kurhannoversche Landesaufnahme aus den 1760er bis 1780er Jahren herangezogen, da diese das Landschaftsbild vor der industriellen Revolution und den damit einhergehenden massiven Veränderungen der Kulturlandschaft wiedergibt. Damit soll allerdings nicht postuliert werden, dass die dort dargestellte Kulturlandschaft voll und ganz der frühmittelalterlichen entspreche; dennoch dürfte es sich um eine bessere Annäherung in Bezug auf die hier verfolgten Fragestellungen handeln als sie das moderne Kartenbild liefert.

FALLBEISPIELE

WULFSEN UND TANGENDORF[7]

Die beiden Gräberfelder von Tangendorf[8] und Wulfsen[9] liegen in einer Entfernung von 4,4 km zueinander im Einzugsgebiet der Aue, eines Nebengewässers der Luhe (*Abb. 1*). Das Gräberfeld von Wulfsen, mit fast 700 Bestattungen des 7.–9. Jahrhunderts das größte in der Nordheide und abgesehen von einigen Verlusten durch Bodenabbau vollständig untersucht, liegt 500 m nördlich des Aubaches und 900 m östlich des alten Dorfkerns

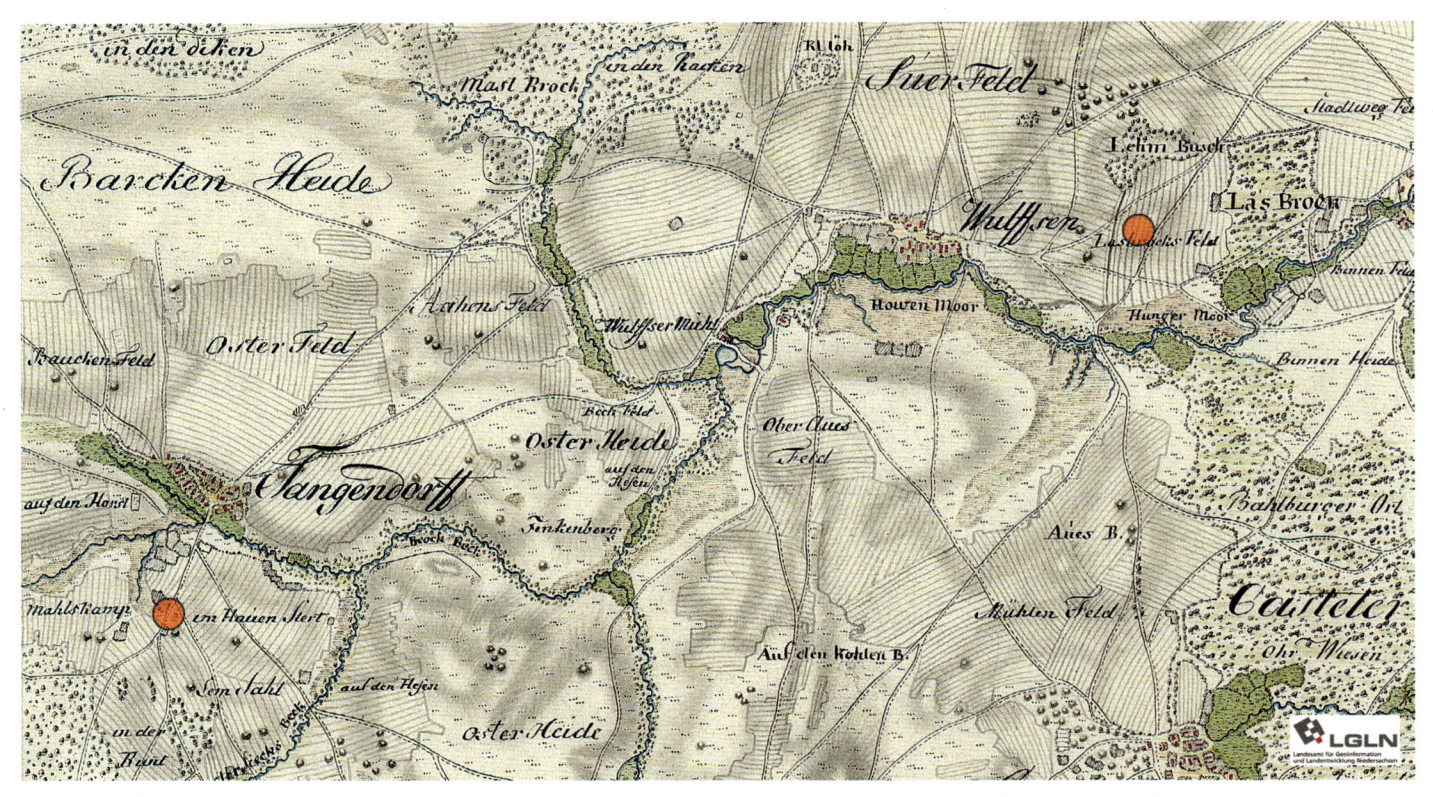

1 Die Fundplätze Wulfsen und Tangendorf, projiziert auf die Kurhannoversche Landesaufnahme von 1776 (in dieser Darstellung ohne Maßstab). Rot: Gräberfelder.

auf dem Südosthang einer Geestkuppe. Der östliche Rand des Gräberfeldes ist knapp 100 m von der heutigen Landesstraße 234 entfernt, die auch in der Kurhannoverschen Landesaufnahme schon als Weg verzeichnet ist. Das Gräberfeld von Tangendorf liegt an der heutigen Kreisstraße 6, Richtung Toppenstedt. In geringer Entfernung ist auf der anderen Seite des Weges in der Kurhannoverschen Landesaufnahme ein Grabhügel verzeichnet, von dem Willi Wegewitz vermutete, dass dieser als Anziehungspunkt bei der Platzwahl des Gräberfeldes gedient haben könnte. Zu Beginn des 20. Jahrhunderts soll das damals bewirtschaftete Gelände den Flurnamen »upp'n Karkhoff« getragen haben, was bereits auf die Existenz eines größeren Gräberfeldes hindeutet. Von dem Tangendorfer Friedhof, gut 500 m südlich des alten Dorfkerns gelegen, sind leider nur einige wenige Bestattungen bekannt, die bei einer Notgrabung im Jahr 1956 in einer Baugrube für ein Einfamilienhaus entdeckt worden sind. Immerhin kamen neun Bestattungen zutage, die teils West-Ost, teils Süd-Nord orientiert waren, darunter fanden sich zwei Männer mit Waffenausrüstung. In Wulfsen sind neben Körpergräbern beiderlei Ausrichtung auch Brandbestattungen in Form von kreisförmig oder rechteckig angeordneten Scheiterhaufenpodesten überliefert, sowie einige Pferdegräber. Einzelne Gräber sind jeweils mit einem Kreisgraben eingefasst, der als Materialentnahmegraben für einen kleinen Grabhügel gedeutet werden kann.

ASHAUSEN UND STELLE

Das lediglich in einem Teilbereich erfasste Gräberfeld von Ashausen[10] umfasst 22 in drei Reihen angelegte West-Ost orientierte Körpergräber, die wohl größtenteils in das 8. Jahrhundert datieren (*Abb. 2*). Der Fundplatz wurde im Jahr 1903 beim Sandabbau entdeckt, und die Gräber wurden hierbei unsachgemäß geborgen. Der von Martin Lienau vorgelegte Grabungsbericht beruht lediglich auf den mehrere Jahre später eingeholten Aussagen beteiligter Arbeiter und ist dementsprechend nur bedingt verlässlich. Auffällig sind in jedem Fall einige Waffenfunde sowie Arm- und Halsringe, bei denen es sich um friesische und skandinavische Importe zu handeln scheint. Das Gräberfeld liegt auf der höchsten Stelle des Osterberges, einem Geestsporn 120 m oberhalb der Gabelung des Ashäuser Mühlenbaches, wo dieser aus der Geest austritt und Richtung Elbe umbiegt. Der Ortskern liegt der Kurhannoverschen Landesaufnahme zufolge nicht auf der Geest, sondern östlich des Gräberfeldes an deren Fuß, bereits im Mündungstrichter der Luhe, die hier in die Elbmarsch übergeht. Friedrich Laux hat diesen Fundplatz aufgrund seiner topografischen Lage und der teilweise fremdartigen Funde als friesischen Stützpunkt auf dem Weg nach Bardowick – dem zu 805 im Diedenhofener Kapitular genannten Grenzhandelsort zwischen den Sachsen und Slawen – gedeutet (s. auch Beitrag Jens Schneeweiß[11]. Diese Theorie erscheint mir allerdings die problematischen Überlieferungsbedingungen des wie

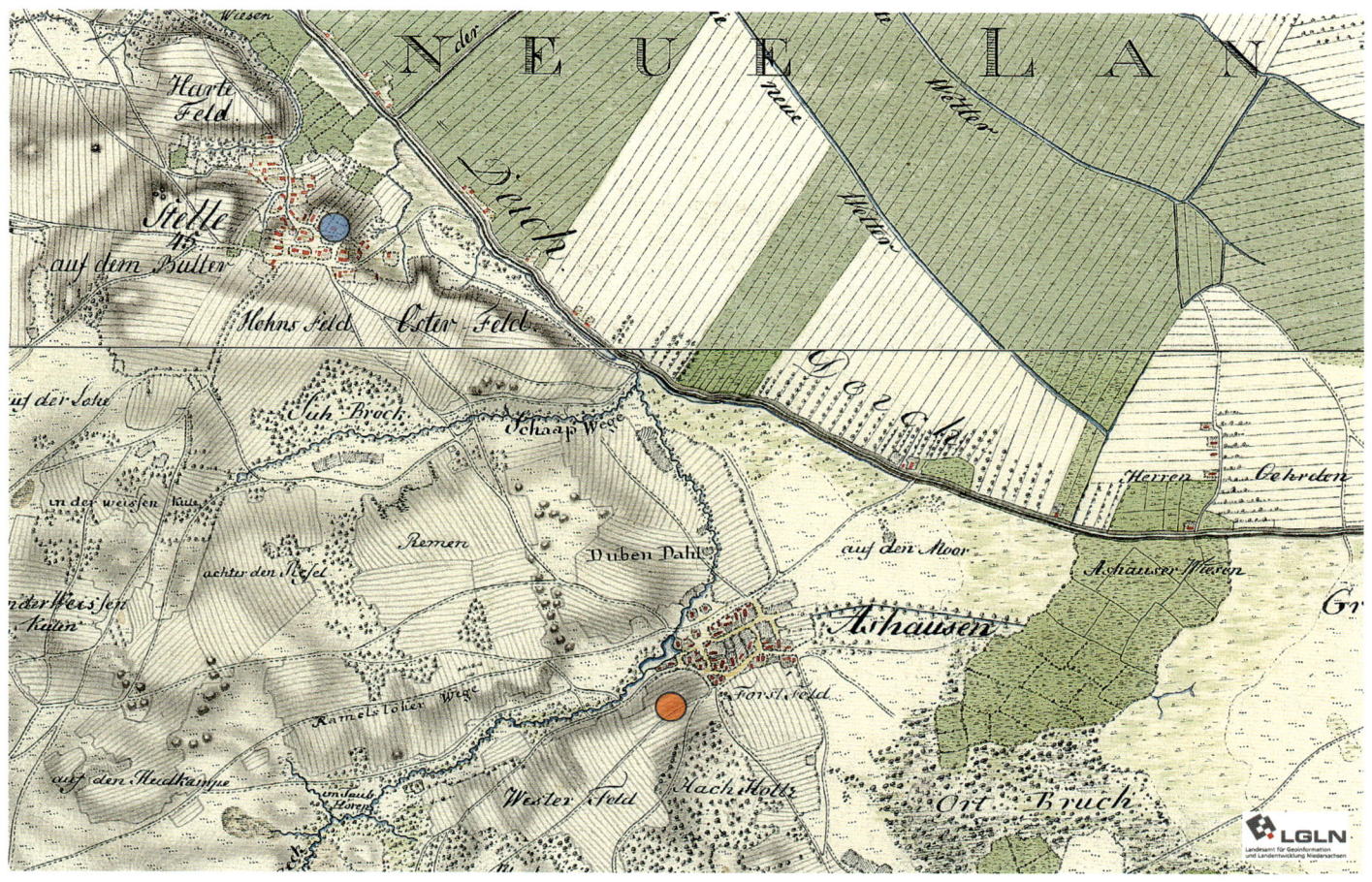

2 Die Fundplätze Ashausen und Stelle, projiziert auf die Kurhannoversche Landesaufnahme von 1776 (in dieser Darstellung ohne Maßstab). Rot: Gräberfeld – Blau: Befestigung.

gesehen nur ausschnittweise erfassten Fundplatzes zu überfordern.

2,6 km nordwestlich von Ashausen ist in der Ortschaft Stelle im Jahr 1985 bei der Untersuchung eines frühneuzeitlichen Bauernhauses ein spätsächsisches Grubenhaus entdeckt worden[12]. Es handelt sich um einen Sechspostenbau. Weitere Aussagen zu der Siedlung konnten bislang nicht gewonnen werden, hervorzuheben ist aber, dass sich unter den Funden einige slawische Scherben des Typs Menkendorf fanden. Der Fundplatz liegt auf einer spornartigen Ausbuchtung der Geest oberhalb der Elbmarsch, und zwar in dem auf der Kurhannoverschen Karte relativ locker und diffus streuenden alten Ortsteil. Bis zum Ashäuser Mühlenbach sind es 500 m Richtung Nordosten; im 18. Jahrhundert gab es allerdings noch einen ca. 100 m näher gelegenen Zulauf zum Mühlenbach.

MASCHEN UND HITTFELD-KAROXBOSTEL

Der Reihengräberfriedhof von Maschen[13] liegt 1,1 km südwestlich vom Dorfkern entfernt in einer weiten Ausbuchtung der Seeve an dem nach Westen abfallenden Geesthang (*Abb. 3*). Ursprünglich existierte hier eine Kuppe, der *Fuchsberg*, die im Zuge des Autobahnbaus in den 1950er Jahren abgegraben wurde. In unmittelbarer Nähe führte im 18. Jahrhundert eine der wichtigen Verkehrsrouten der Region, der Postweg von Harburg nach Lüneburg, zu einer Furt über die Seeve, die in einem Bogenradius von gut 1 km den Fundplatz umfließt. Der Fundplatz selbst mit seinen über 200 Bestattungen des 7.–9. Jahrhunderts ist hinlänglich bekannt, weniger deutlich wird dabei in der Publikation des Grabungsberichtes, dass es auch hier eine schwach ausgeprägte Phase mit Scheiterhaufenpodesten gegeben hat, die möglicherweise aufgrund der sehr schwierigen Bedingungen während der Ausgrabungen – diese mussten parallel zu dem nicht unterbrochenen Abbaggern des Fuchsbergs erfolgen – nicht erkannt worden ist. Das Gräberfeld wurde in der Nachbarschaft zweier vorgeschichtlicher Grabhügel angelegt. Der Ort Maschen befindet sich am Nordrand eines von der übrigen Geest abgeschnittenen Höhenzuges, der *Hallonen*, im Mündungstrichter der Seeve am Übergang in die Elbmarsch. Im Südwesten des Kerndorfes konnte im Jahr 2012 im Vorfeld eines Bauvorhabens eine Ausgrabung im Bereich eines der ältesten Höfe Maschens durchgeführt werden[14]. Dabei kamen zwei Gebäude zutage, ein abgebranntes hochmittelalterliches Haus sowie ein großer Pfosten-/Schwellenbau.

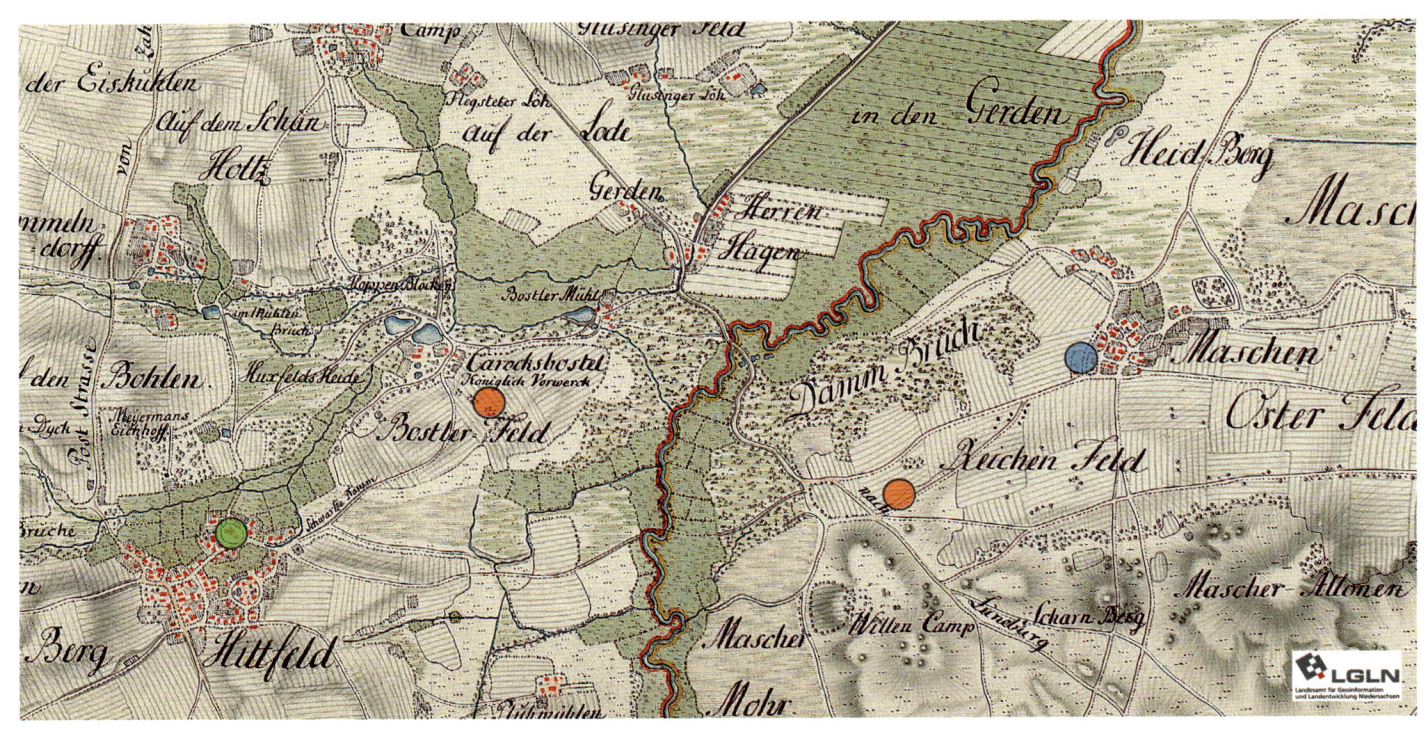

3 Die Fundplätze Maschen, Hittfeld und Hittfeld-Karoxbostel, projiziert auf die Kurhannoversche Landesaufnahme von 1776 (in dieser Darstellung ohne Maßstab). Rot: Gräberfelder – Grün: Kirche – Blau: Befestigung.

Der Letztgenannte verfügte über eine Herdstelle, in der sich Webgewichte und Keramik des 8./9. Jahrhunderts fanden. Da sich der Kurhannoverschen Landesaufnahme zufolge keine Siedlungen in unmittelbarer Nähe des Gräberfeldes finden, wird man meines Erachtens trotz der großen Entfernung davon ausgehen dürfen, dass es sich um den Friedhof des heutigen Dorfes Maschen handelt, das bereits im Frühmittelalter bestanden hat.

Auf dem gegenüberliegenden westlichen Ufer der Seeve liegt am Rande der Niederung zwischen zwei West-Ost verlaufenden Bächen eine isolierte Geestkuppe, der Hübarg. Dort wurde bei Bauarbeiten im Jahr 1967 ein weiteres größeres Gräberfeld des Frühmittelalters entdeckt, der Fundplatz Hittfeld-Karoxbostel[15]. Leider waren die Bauarbeiten bereits so weit fortgeschritten, dass archäologische Untersuchungen nur noch sehr begrenzt erfolgen konnten, dennoch wird deutlich, dass es sich auch hier um ein Gräberfeld mit einer Brand- und einer jüngeren Körperbestattungsphase handelt. Lediglich zwei der Körpergräber waren mit Waffen ausgestattet, in einem dritten waren – laut Aussage eines befragten Bauarbeiters – ein Mensch und ein Pferd gemeinsam beigesetzt worden. Anders als auf dem nur 2 km entfernten und nahezu in Sichtweite liegenden Friedhof von Maschen wurden in Karoxbostel noch acht weitere Pferde begraben. Mit insgesamt neun Pferdebestattungen ist dies gerade angesichts der begrenzten Untersuchungsfläche und der nur gut 20 Gräber ein sehr hoher Anteil. Zu den beiden Bachläufen sind es vom Hübarg aus 350 bzw. 320 m, in unmittelbarer Nähe zum Gräberfeld liegt auf der Kuppe auch ein Grabhügel. Richtung Südwesten befindet sich in 850 m Entfernung die Kirche von Hittfeld. Für diesen Ort und seine Kirche ist im Frühmittelalter eine größere Bedeutung zu ermessen, da er in der mittelalterlichen Kirchenorganisation regionale Bedeutung besaß[16]. Zugleich sind aus der Kirche selbst wenige Baubefunde bekannt, die auf die Existenz einer Holzkirche mit zugehörigem Kirchfriedhof bereits im 9. Jahrhundert hindeuten[17]. Die Kirche hat eine sehr ungewöhnliche Lage auf einer kleinen Sandkuppe in der moorigen Niederung. Die alten Höfe des Dorfes verteilen sich hingegen in einem Halbkreis um die Kirche herum über den südlich benachbarten Geesthang.

Friedrich Laux vermutet aufgrund der weit gestreuten Gräber, der Waffenausstattung und der Pferdebestattungen, dass es sich bei Karoxbostel um einen Adelsfriedhof handelt, der zu einem einzelnen Hof gehörte. Auf diesem hätten dann womöglich die Stifter der Hittfelder Kirche gelebt, deren Gräber an dem postulierten Kirchenbau des 9. Jahrhunderts zu finden seien[18]. Diese Interpretation erscheint zwar durchaus denkbar, ist aber angesichts der sehr geringen Zahl gut dokumentierter Befunde sowohl in Hittfeld als auch in Karoxbostel allemal mit einem Fragezeichen zu versehen. Dies gilt umso mehr, als überhaupt nicht klar ist, ob dort nicht große Teile eines wesentlich umfangreicheren Gräberfeldes unbeobachtet weggebaggert worden sind; die ungewöhnlich weite Streuung der beobachteten Gräber spricht jedenfalls für diese Vermutung. Vor dem Hintergrund der übrigen hier vorgestellten Fallbeispiele könnte es sich in

Karoxbostel ebenso gut um das ursprüngliche Gräberfeld Hittfelds gehandelt haben. Die Entfernung zum Ort spricht jedenfalls nicht zwingend dagegen. Möglicherweise spielten bei der Platzwahl des Gräberfeldes die oben dargestellten topografischen Gründe eine wichtigere Rolle als die Nähe zum Ort.

HOLLENSTEDT

Nach kirchenhistorischen Quellen gehört auch die Hollenstedter Kirche zu den bedeutenden und daher vermutlich ältesten Kirchen der Region[19]. Bislang lassen sich dafür allerdings fast keine archäologischen Belege beibringen. Lediglich im Zuge einiger Baustellenbeobachtungen wurden im näheren Umfeld Funde des frühen und hohen Mittelalters geborgen. Außerdem konnten vor der Nordwestecke der Kirche in einem kleinen Aufschluss Spuren von Bestattungen dokumentiert werden, die vor dem 11./12. Jahrhundert angelegt worden sein müssen[20]. Die Kirche selbst liegt 180 m westlich des heutigen Verlaufs der Este auf dem zum Fluss hin abfallenden Hang (*Abb. 4*). Eindeutige Siedlungsbefunde sind im näheren Umfeld bisher nicht bekannt geworden. 500 m flussaufwärts und ebenfalls auf dem linken Ufer der Este wurde in den 1930er Jahren im Zuge des Autobahnbaues auf dem Glockenberg eine kleine frühmittelalterliche Nekropole entdeckt[21]. Diese wurde größtenteils unsachgemäß geborgen, anhand von Nachuntersuchungen, die unmittelbar auf die Entdeckung folgten, konnte aber noch Folgendes festgestellt werden: Drei Männer waren jeweils mit einer unterschiedlichen Waffenausstattung beigesetzt worden. Zwei der drei Gräber enthielten zudem ein Pferd, in einem von ihnen fanden sich neben den Pferdeknochen ein Sporn und Zaumzeug sowie Sattelteile. Schließlich wurde noch ein Grab entdeckt, das nur ein Pferd barg (s. Beitrag Wulf Thieme, Spätsächsische Befunde).

In den 1970er Jahren konnten im Umfeld des Fundplatzes mehrere baubegleitende archäologische Maßnahmen durchgeführt werden, denen zufolge hier nicht ein großes Gräberfeld existierte, sondern man vielmehr von der Nekropole vermutlich eines einzelnen Hofes einer bessergestellten Familie auszugehen hat, so wie Laux es für Karoxbostel vermutet hat. Die Lage abseits des bei der Kirche anzusiedelnden Ortskerns sowie die auffallende Grabausstattung sprechen dafür, dass Laux' Modell auf die Situation in Hollenstedt zutreffen könnte.

Weitere 1,1 km flussaufwärts folgt die Alte Burg, der in der Literatur wiederholt mit Karl dem Großen in Verbindung gebrachte frühmittelalterliche Ringwall auf dem linken Esteufer[22]. Die Vermutung, Karl habe hier im

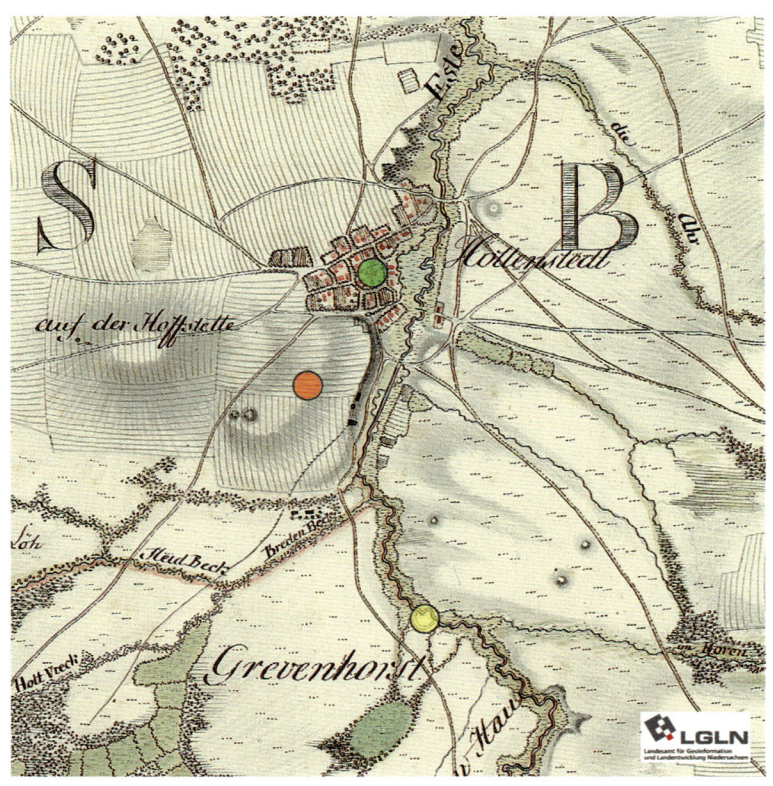

4 Die Fundplätze Hollenstedt und Alte Burg, projiziert auf die Kurhannoversche Landesaufnahme von 1776 (in dieser Darstellung ohne Maßstab). Rot: Gräberfeld – Gelb: Siedlung – Grün: Kirche.

Jahr 804 Hof gehalten – die Annalen berichten von Verhandlungen mit Obodriten und Dänen »ad holdunstedi«[23] – kann als widerlegt gelten. Kronzeuge für diese Interpretation war die frühmittelalterliche Keramik aus dem Burgwall, bei der es sich neben der einheimischen spätsächsischen Ware um slawische Keramik der Typen Feldberg und Menkendorf sowie des mittlerweile ausgesonderten Typs Hamburg A handelt[24]. Dieses Spektrum wird nach heutiger Einschätzung in das 9.–10. Jahrhundert gestellt, was mit neueren dendrochronologischen Daten aus der Alten Burg korrespondiert[25]. Der Burgwall ist nach meiner Einschätzung als Anlage anzusehen, die im Zuge der Ausbildung der herrschaftlichen Strukturen oder als Reaktion auf kriegerische Bedrohungen im späten 9. Jahrhundert errichtet worden ist. Im Vergleich zu Anlagen wie der Schwedenschanze bei Groß Thun, Lkr. Stade, oder der Burg Esesfelth, Kr. Steinburg, fällt auch hier die ins Hinterland zurückgezogene Lage des Burgwalls weit abseits der Elbe auf. Da die Este allerdings gegenüber der Schwinge und der Stör deutlich kleiner ist und eine Schiffbarkeit in weitaus geringerem Maß gegeben gewesen sein dürfte, möchte ich im Vergleich dazu auch für die *Alte Burg* eine geringere, sprich regionale oder vielleicht sogar nur mikroregionale Bedeutung annehmen. Dass das Vorkommen slawischer oder slawoider Keramik dem in keiner Weise entgegensteht, wird weiter unten diskutiert.

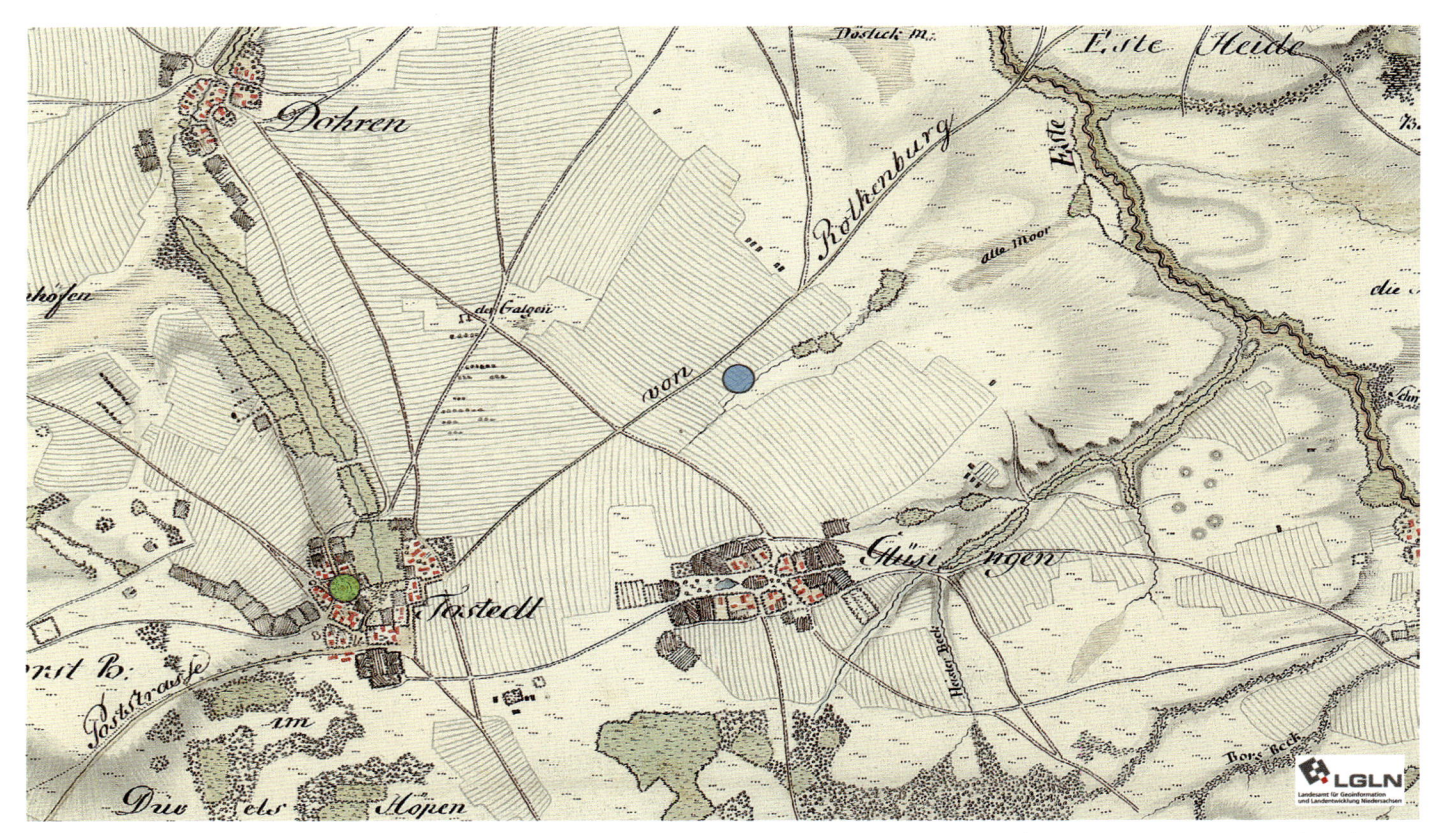

5 Die Fundplätze Todtglüsingen und Tostedt, projiziert auf die Kurhannoversche Landesaufnahme von 1776 (in dieser Darstellung ohne Maßstab). Grün: Kirche – Blau: Befestigung.

TOSTEDT UND TODTGLÜSINGEN

Das nächste Fallbeispiel findet sich zehn Kilometer flussaufwärts von Hollenstedt (*Abb. 5*). An einem der westlichen Zuläufe der Este wurde 1999 im Zuge der Erschließung eines Gewerbegebietes in der Gemarkung Todtglüsingen eine frühmittelalterliche Siedlung entdeckt[26]. Die Siedlung befindet sich direkt zwischen dem Bachlauf und der heutigen Bundesstraße 75, die bereits im 18. Jahrhundert als Poststraße zwischen Harburg und Rotenburg (Wümme) existierte. Die heutige Ortschaft Todtglüsingen liegt 900 m weiter südlich. Leider gelang es erst in einem fortgeschrittenen Stadium der Bebauung, systematische Grabungen durchzuführen, aber es ist klar, dass hier im 8.–10. Jahrhundert eine mindestens weilerartige Ansiedlung bestanden hat. Zuletzt wurde im Sommer 2013 auf einer kleinen Gewerbefläche ein Sechspfostengrubenhaus mit Herd in der Südostecke dokumentiert. In diesem Haus fanden sich Scherben des Typs Hamburg A, bereits in anderen Bereichen der Siedlung war slawische Keramik der Typen Feldberg und Menkendorf entdeckt worden.

Richtung Südwesten befindet sich in einer Entfernung von 1,6 km Tostedt, einer der Zentralorte in der Region. Der Ortskern von Tostedt liegt an der Bundesstraße 75 und im Quellbereich eines als *Töste* oder *Mühlenbach* bezeichneten Gewässers, das von hier Richtung Norden zur Este fließt. In Tostedt stand seit dem 9. Jahrhundert eine Holzkirche, die mehrfach in Holz, später auch in Stein um- und neugebaut worden war[27]. Abgesehen von einzelnen Funden konnten ansonsten bisher aber im Ort keine frühmittelalterlichen Siedlungsspuren ausfindig gemacht werden.

DAERSTORF/ELSTORF UND KETZENDORF

Aus der Feldmark zwischen den Dörfern Wulmstorf, Daerstorf, Elstorf und Ketzendorf sind gleich drei bedeutende frühmittelalterliche Fundplätze bekannt (*Abb. 6*). Zu nennen ist zunächst das Gräberfeld von Ketzendorf mit seinen 550 Süd-Nord bzw. West-Ost orientierten Körpergräbern des 8.–9. Jahrhunderts[28]. Der Fundplatz befindet sich direkt nördlich eines kleinen Bachlaufes am Rande einer größeren Grabhügelgruppe. Durch das Gräberfeld verläuft ein schmaler Weg, der den Hauptteil der Nekropole von den vorgeschichtlichen Grabhügeln und einer kleinen, wohl erst gegen Ende der Belegung entstandenen Grabgruppe trennt. Der heutige Ort Ketzendorf ist 900 m entfernt.

900 m in östlicher Richtung liegt, direkt nördlich eines kleinen Zulaufs zu dem oben genannten Bach, das zeitgleich belegte Gräberfeld von Neu Wulmstorf-Elstorf, das seit 2006 systematisch durch das Archäologische Museum Hamburg erforscht wird[29]. Bislang konnten bereits über 400 Bestattungen dokumentiert werden, wobei im Vergleich mit Ketzendorf

markante Gemeinsamkeiten wie auch Unterschiede zu beobachten sind. Auch in Elstorf finden sich Körpergräber beiderlei Ausrichtung, von denen wie in Ketzendorf einige wenige überhügelt waren. Zusätzlich gibt es in Elstorf aber einen ausgeprägten Horizont mit Brandgräbern in Form von Scheiterhaufenpodesten, die einen Beginn der Belegung im 7., wenn nicht bereits im 6. Jahrhundert anzeigen. In Elstorf zeigt sich wie in Ketzendorf eine Anlehnung an vorgeschichtliche Grabstätten, in diesem Fall eine Gruppe von Großsteingräbern, die erst im 19. Jahrhundert abgeräumt worden zu sein scheinen. Und wie in Ketzendorf führt auch hier eine Gasse durch das Gräberfeld, die den Hauptteil der Nekropole von einem der Großsteingräber abtrennt, um das sich eine kleine Zahl sehr später Körpergräber gruppiert. Dieser Weg, angesichts der geringen Entfernung zwischen beiden Gräberfeldern mit Sicherheit ein und derselbe, spielte offensichtlich für beide Nekropolen eine zentrale Rolle bei der Platzwahl. Ein hohes Alter und vermutlich eine größere Bedeutung dieser – heute nur noch als Feldweg genutzten – Wegetrasse verdeutlichen weitere vorgeschichtliche Grabhügelgruppen an ihrem Verlauf in westlicher und östlicher Richtung. Anders aber als in Ketzendorf finden sich in Elstorf Pferdebestattungen, von denen bislang fünf dokumentiert werden konnten, dazu kommt die Deponierung eines Pferdeschädels mitsamt den Beinknochen – eine Deponierungsart, die im spätsächsischen Umfeld fremd ist und vielmehr einen klaren skandinavischen bzw. osteuropäischen Bezug aufweist[30].

Unmittelbar nördlich des Elstorfer Gräberfeldes wurde zwischen 1989 und 2006 im Vorfeld eines Bodenabbaus der größte Teil der zugehörigen Siedlung ausgegraben[31]. Die bereits in der (ehemaligen) Gemarkung Daerstorf gelegene Siedlung lässt sich als agrarisch strukturierte Ansiedlung ansprechen, die aus mehreren Höfen und nach vorläufiger Einschätzung des Fundmaterials mindestens vom 8. bis zum 9. Jahrhundert bestanden hat. Aus Hölzern eines über längere Zeit genutzten Brunnens am Rande der Siedlung konnte ein Dendrodatum von 770 gewonnen werden. Auch in der Daerstorfer Siedlung fanden sich slawische Scherben nach Art der Typen Feldberg, Hamburg A und Menkendorf. Die Verkoppelungskarte aus dem 19. Jahrhundert deutet aufgrund eines ungewöhnlichen Zuschnitts der Flurstücke und Besitzverhältnisse an, dass die Bewohner dieser Siedlung nach der planmäßigen Aufgabe des Siedlungsplatzes in die beiden Dörfer Wulmstorf und Daerstorf abwanderten, die 1 km östlich des Fundplatzes liegen[32].

6 Die Fundplätze Ketzendorf, Daerstorf und Elstorf, projiziert auf die Kurhannoversche Landesaufnahme von 1776 (in dieser Darstellung ohne Maßstab). Rot: Gräberfelder – Blau: Befestigung.

RESÜMEE

Die hier vorgestellten Fallbeispiele spätsächsischer Siedlungen und Gräberfelder lassen einige Schlussfolgerungen zu, die auch für die frühmittelalterliche Besiedlung der Hamburger Altstadt von Bedeutung sein dürften. Zunächst einmal ist zu erkennen, dass zumindest punktuell mit einer Siedlungsdichte gerechnet werden kann, die der heutigen nicht nachsteht. Selbstverständlich ist dabei nicht von heutigen Bevölkerungszahlen auszugehen, aber die räumliche Organisation der Besiedlung scheint in Ansätzen schon ausgebildet gewesen zu sein. Damit soll jedoch nicht behauptet werden, dass allerorten mit einer Platzkontinuität von den frühmittelalterlichen zu den heutigen Ortslagen zu rechnen ist. Die Beispiele von Todtglüsingen und Daerstorf belegen, dass auch das Gegenteil der Fall sein kann. Für die Platzwahl der betrachteten Siedlungen gilt das, was allgemein für prähistorische Siedlungen vorausgesetzt werden kann: Niederungen werden vermieden, deren Randsäume genießen allerdings eine gewisse Bevorzugung. Fließgewässer liegen in wenigen Hundert Metern Entfernung, eine Nutzung als (mindestens sekundäre) Wasserquelle wird man sicher voraussetzen dürfen. Besondere

Aufmerksamkeit verdient die Beobachtung, dass diese topografischen Feststellungen auch in Bezug auf die Gräberfelder Gültigkeit besitzen. Deren Verhältnis zur heutigen ebenso wie zur damaligen Besiedlung lässt sich so umreißen, dass die Gräberfelder teilweise eine Randlage zum zugehörigen Ort aufweisen (z.B. Ashausen oder Elstorf), teilweise aber auch bis zu 1 km von den – heutigen, aber dennoch als zugehörig angesprochenen – Ortslagen entfernt sein können. Wiederholt lässt sich auch beobachten, dass frühmittelalterliche Fundplätze an Wegetrassen liegen, die als Altwege mit einer besonderen regionalen Relevanz anzusehen sind.

Ein zweiter Punkt verdient, besonders hervorgehoben zu werden: Im Süden Hamburgs findet sich weitaus öfter, als dies bisher bekannt war, slawische bzw. slawoide Keramik. Lange galt der Burgwall von Hollenstedt als singulärer Fundplatz im südwestlichen Hinterland von Hamburg. Nicht zuletzt auf diesem Umstand beruhte die damalige Ansicht, es müsse sich um die Befestigung Karls des Großen handeln, in der sich Slawen anlässlich des Treffens 804 eingefunden hätten. Derartige Keramik – nach bisherigem Kenntnisstand den Typen Feldberg, Hamburg A und Menkendorf zuzuordnen und damit im Wesentlichen ins 9.–10. Jahrhundert zu datieren – ist nun aber im Hinterland in einem zwar nur dünnen, aber dennoch flächendeckenden Fundschleier vorhanden. Neben den bereits angesprochenen Fundplätzen von Stelle, Daerstorf, Hollenstedt und Todtglüsingen liegt diese Keramik noch aus Bütlingen, Klecken, Leversen, Moisburg und Handeloh sowie aus Harsefeld, Lkr. Stade[33], vor. Wo ihr Vorkommen mit Baubefunden einhergeht, kann mit Ausnahme von Hollenstedt nicht von sozial, ökonomisch oder politisch herausgehobenen Siedlungsplätzen gesprochen werden. Vielmehr scheinen diese Funde den Niederschlag eines materiellen oder ideellen Kulturaustauschs innerhalb eines breiten Grenzsaums zwischen dem sächsischen und dem slawischen Gebiet darzustellen, der vielleicht nicht sonderlich intensiv, aber doch bis weit ins agrarisch geprägte Hinterland spürbar war. Die Vorstellung, diese Funde mit der schriftlich überlieferten Hoheit der Obodriten über das nordsächsische Gebiet in den Jahren 804 bis 812 in Verbindung bringen zu können, ist reizvoll, deckt sich aber nicht mit der derzeitigen, als jünger anzusetzenden Datierung der genannten Keramiktypen.

... UND HAMBURG?

Vor diesem Hintergrund wird man genau wie in Hollenstedt auch die slawischen und slawoiden Scherben auf der Hamburger Altstadtgeest zurückhaltend beurteilen wollen, und man wird zudem die These, ihr Vorkommen dort habe mit der postulierten Funktion Hamburgs als zentralem Handelsplatz zu tun, auf den Prüfstand stellen müssen.

Bleibt zu fragen, wie sich eine Besiedlung auf dem Geestsporn zwischen Alster und Elbe aus Sicht der südlichen Nachbarn dargestellt haben könnte. Zunächst einmal lässt sich ganz klar sagen: Die Existenz einer ländlichen Siedlung auf dem Geesthang oberhalb der Elbe wäre in keiner Weise überraschend; mindestens ein Teil der für die Versorgung eines Zentralortes notwendigen agrarisch tätigen Höfe ließe sich problemlos hier ansiedeln. Dass bei den Ausgrabungen in der Vergangenheit keine Hinweise auf ein zugehöriges Gräberfeld gefunden worden sind, steht dem nicht entgegen. Ein solches könnte sehr wohl in einer Entfernung von bis zu einem Kilometer gelegen haben. Angesichts der Verhältnisse südlich der Elbe käme dafür – um nur eine unter vielen Möglichkeiten zu nennen, denke man an das Fallbeispiel Maschen, – das rund 500 m entfernte Ende des Geestsporns in der Alsterschleife in Frage, dort wo die vermutliche West-Ost-Hauptverkehrsroute der Alsterquerung auf die Geest führt. Möglicherweise muss in der spätsächsischen Zeit noch ein prähistorisches Siedlungs- und Verhaltensmuster zugrunde gelegt werden, nach dem eher die Gräberfelder als die Siedlungen die in der damaligen Raumordnung verkehrsgeografisch begünstigten Stellen besetzten, weil die Gräberfelder räumliche Fixpunkte bildeten, während die Siedlungen innerhalb des zugehörigen Territoriums immer wieder verlegt wurden. Räumlich manifeste Gebietsansprüche wurden daher eben wohl über die dauerhaften Grabstätten dokumentiert. Wenig wahrscheinlich ist, dass sich auf dem Domplatz ein frühmittelalterliches Gräberfeld befunden hat, das so vollständig zerstört worden ist, dass es sich bislang jeder archäologischen Nachweisbarkeit entzogen hat. Frühmittelalterliche Gräberfelder sind in der Region für gewöhnlich relativ großflächig und sehr dicht belegt, und zumindest einzelne Gräber können durchaus Tiefen bis zu 1,5 m aufweisen. Auch wenn es Indizien für eine erhebliche Geländemodellierung des Domplatzareals bereits im Frühmittelalter gibt (s. Beitrag Karsten Kablitz), ist ein Substanzverlust so massiven Ausmaßes, dass es zu einem Totalverlust aller Körpergräber einer frühmittelalterlichen Nekropole gekommen sein könnte, überaus fraglich.

Abschließend sei vor dem Hintergrund des hier Dargestellten noch ein Blick auf die Lage der Hammaburg geworfen. Nach dem nunmehr neu vorgelegten Geländemodell (s. Beitrag Gisela Kersting et al.) wurde die Burg am südlichen Rand des Geestsporns, unmittelbar oberhalb des Hanges zu einem Nebenarm der Elbe errichtet. Dies lässt es zumindest denkbar erscheinen, dass es bei der Platzwahl von vornherein darum ging, einen am Hangfuß unterhalb der Burg gelegenen Hafen zu schützen. Einschlägige Besiedlungsspuren gibt es im Bereich des späteren Reichenstraßenfleets, sie reichen allerdings nach derzeitigem Kenntnisstand nicht bis in das 9. Jahrhundert zurück[34]; die Aufsiedlung dort scheint erst im 10. Jahrhundert begonnen zu haben (s. Beitrag Elke Först, Altstadt). Eine für die Versorgung der Burg und eines Hafens wirtschaftende Siedlung mag dann irgendwo auf dem Sporn im näheren Umfeld bestanden haben. Dies bleibt aber spekulativ, da es hierfür keinen archäologischen Nachweis gibt und ein solcher aufgrund der intensiven jahrhundertelangen Bautätigkeit im Altstadtbereich Hamburgs wohl auch kaum noch zu erbringen sein dürfte.

ANMERKUNGEN

1. Tummuscheit 2008.
2. Pinneberg, Fpl. 28 (Ahrens 1966, 426–438).
3. Bramfeld, Fpl. 30 (Schindler 1960, 107–109; Laux 2002).
4. Lemsahl-Mellingstedt, Fpl. 20 (Schindler 1960, 169).
5. Ehem. Duvenstedt, Fpl. 2 (Schindler 1960, 120 f.; Ortsakte Archäologisches Museum Hamburg).
6. Briel 2011; Schindler 1952b.
7. Bei den hier verwendeten Auszügen der Kurhannoverschen Landesaufnahme handelt es sich um die Ausgabe der Niedersächsischen Landesvermessung und der Historischen Kommission für Niedersachsen aus den Jahren 1959–1961. Diese Ausgabe ist nicht georeferenziert. Der Maßstab beträgt näherungsweise 1:25.000, Nord ist in etwa oben.
8. Tangendorf, Fpl. 7 (Wegewitz 1968, 99–103).
9. Wulfsen, Fpl. 8 (zuletzt Thieme 2004a; 2013).
10. Ashausen, Fpl. 14 (Lienau 1910; Laux 1987c).
11. Capitularia; Laux 1987c, 147 f.
12. Thieme 2004b, 468.
13. Maschen, Fpl. 10 (Wegewitz 1968, 11–50; Kleemann 2002, 185–195).
14. Maschen, Fpl. 127 (unpubliziert).
15. Hittfeld, Fpl. 9 (Laux 1993).
16. Richter 1993, 217–219.
17. Ebd. 219 f.; Laux 1993, 210 f.
18. Laux 1993, 206–212.
19. Richter 1983, 163.
20. Ebd. 170 f.
21. Hollenstedt, Fpl. 2 (Wegewitz 1968, 68–74.)
22. Ahrens 1973; Ahrens/Matthies 1983; Laux 1997.
23. Ann. regni Franc. ad anno 804; Ann. Fuld. ad anno 804.
24. Laux 1997, 62–65; Kempke 2002, 110 u. 129.
25. Die Dendrodaten stammen aus nicht stratifizierten Konstruktionshölzern des Walles, die zum überwiegenden Teil im Graben entdeckt worden sind (Ahrens/Wrobel 1993). dies nimmt Laux (1997, 108–111) zum Anlass, sie als nicht relevant einzustufen, da das Ergebnis seiner historischen Interpretation zuwiderläuft.
26. Deisting 2004.
27. Drescher 1985.
28. Ahrens 1983; Kleemann 2002, 175–185; Thieme 1983.
29. Brandt 2008; Brandt et al. 2011.
30. Brandt 2008, 139 f.
31. Thieme 2004a; 2005.
32. Freundliche Mitteilung Dr. E. Deisting.
33. Nach eigener Recherche sowie freundlichen Mitteilungen von Dr. D. Nösler und W. Thieme.
34. HH-Altstadt, Fpl. 52 und 70 (Ortsakte Archäologisches Museum Hamburg).

Hamburg, Magdeburg und die Suche nach den »spätsächsischen« Befestigungen: Bemerkungen zu einem Forschungsproblem

Babette Ludowici

Beschäftigt man sich mit als archäologische Befunde dokumentierten Relikten einer Befestigung des frühen Mittelalters am Unterlauf der Elbe, empfiehlt sich immer noch die (erneute) Lektüre des Aufsatzes von Wolfgang Hübener über »*Karolingerzeitliche Siedlungen und Befestigungen in Nordwestdeutschland*« aus dem Jahr 1978[1]. Hübener hat darin nämlich nicht bloß den damaligen Stand der archäologischen Forschung zu solchen Plätzen resümiert, er hat auch alle damit verbundenen quellenimmanenten Probleme forschungsprogrammatisch ausformuliert. »*Das größte Hindernis*« auf dem Weg zu weiterem Erkenntnisgewinn sah er seinerzeit »*nicht so sehr in der für den großen niederdeutschen Raum geringen Zahl von gut beobachteten Befunden als vielmehr in der sehr unsicheren Datierung der Befunde selbst.*«[2] Wie nicht nur das Beispiel »Hammaburg« zeigt, ist die präzise Datierung von Befestigungen nach wie vor eine große wissenschaftliche Herausforderung. Auch wenn wir wie im Fall der beiden Ringgräben vom Hamburger Domplatz heute in der Lage sind, bemerkenswert kurze Zeitspannen als gesicherte Datierungen angeben zu können, so sind wir als Archäologen gleichwohl weiterhin gezwungen, uns stets bewusst zu machen, dass wir bei der Verwendung dieser Daten mit (wenn auch hohen, so doch immer noch) Wahrscheinlichkeiten argumentieren.

Aber auch eine andere Feststellung Hübeners verifizierte sich aufs Neue am Fallbeispiel »Hammaburg«: »*Der Aussagebereich* [relevanter archäologischer Befunde] *liegt (...) nicht in den uns geläufigen Normen (Bischofssitz, Bischofsburg, Kloster, Abtei, Burg, Stadt Hafen), sondern in einzelnen Elementen, die natürlich in jedem der geläufigen Begriffe teilweise enthalten sind.* (...) *Das typische Profil eines Grabens einer Wehranlage oder der glückliche Fall, einen solchen über eine längere Strecke verfolgen zu können (z. B. Münster, Paderborn, Hamburg, Magdeburg) gibt – selbst in Verbindung mit einer Steinmauer – keinen hinreichenden Grund, sich für eine ›Burg‹, ›Bischofsburg‹, eine ›Pfalz‹ oder eine ›befestigte Stadt‹ zu entscheiden.*«[3]

Zu den von Hübener 1978 problematisierten Sachverhalten, die uns immer noch beschäftigen, gehört ebenso der nicht gelingende sichere Nachweis von Befestigungsanlagen des frühen Mittelalters im nordwestdeutschen Raum, die schon in *vor*karolingischer Zeit, im Sinne von »vor den Sachsenkriegen Karls des Großen ab 772« angelegt worden sind bzw. existiert haben[4]. Noch 1993 und 1995 haben Hans-Jürgen Brachmann und Hans-Wilhelm Heine für den Raum zwischen Ems, Elbe, Nordseeküste und Mittelgebirgen bzw. Harz das völlige Fehlen von datierbaren Anlagen dieser Zeitstellung konstatiert[5], und erst Ralf Busch hielt 1999 eine solche »spätsächsische« Burg für archäologisch nachgewiesen, als er die zwei Ringgräben vom Hamburger Domplatz auf der Basis von ^{14}C-Daten »*aus den Grabenverfüllungen und der Innenfläche*« als »*Doppelgrabenanlage*« der Zeit zwischen 600 und 750 n. Chr. gedeutet hat[6] –, und es gehört jetzt zu den zentralen Ergebnissen der erneuten Auswertung aller Altgrabungen im Licht der Untersuchungen von 2005/06 durch Karsten Kablitz, dass das nicht bestätigt werden kann.

Andernorts erzielte Ergebnisse der Suche nach »spätsächsischen« Befestigungen gibt es nur wenige und sie sind rasch aufgezählt (*Abb. 1*): Als eine Befestigung, die bereits seit vorkarolingischer Zeit existiert haben soll, ist schon seit dem 19. Jahrhundert immer wieder die

1 Hamburg und im Text erwähnte Befestigungsanlagen: 1 – Oldenburg bei Heiligenstedten (Kr. Steinburg); 2 – Schwedenschanze bei Groß-Thun (Stadt Stade); 3 – Borger Burg bei Bomlitz (Heidekreis); 4 – Hünenburg bei Watenstedt (Lkr. Wolfenbüttel); 5 – *magadoburg*/Magdeburg.

»Hünenburg« bei Watenstedt (Lkr. Wolfenbüttel) betrachtet worden, wenn auch nur auf Grund von historisch-topographischen Überlegungen[7]. 2006 kam Immo Heske, der alle bis dato an dieser Anlage durchgeführten Grabungen ausgewertet hat, zu dem Schluss, dass die »Hünenburg« schon im 5./6. Jahrhundert genutzt worden sein sowie im 7./8. Jahrhundert über eine Steinmauer verfügt haben dürfte[8], und er sah dadurch ihre Identifizierung als eine 743 und 748 in fränkischen Quellen erwähnte Hoohseoburg im Gebiet der Sachsen unterstützt[9]. Eine Nutzung oder ein Baubeginn in der zweiten Hälfte des 7. oder in der ersten Hälfte des 8. Jahrhunderts kann ebenso für zwei weitere Anlagen immerhin in Betracht gezogen werden: Thorsten Michel und Andreas Schäfer haben 2007 von den hölzernen Bauteilen des Walles und aus einem Nutzungshorizont im Innenbereich der sogenannten »Schwedenschanze« bei Groß-Thun (Stadt Stade) gewonnene ^{14}C-Daten des 7./8. Jahrhunderts und ein Dendrodatum von 673/74 n. Chr. vorgelegt[10], und Frank Andraschko, Hans-Wilhelm Heine und Dirk Hering wiesen 2011 auf ein ^{14}C-Datum von 656–769 calAD (95,4 % Wahrscheinlichkeit) und weitere ^{14}C-Daten des frühen 7. bis 9. Jahrhunderts aus dem Wallkörper der Borger Burg bei Bomlitz, Heidekreis hin[11].

Wie belastbar die genannten Zeitansätze für die drei Burgen sind, wird sich, wie am Fall der »Hammaburg« nachzuvollziehen, erst im Spiegel zukünftiger Erkenntnisse über die jeweiligen Befundgefüge vor Ort erweisen können. Ein weiteres Fallbeispiel macht noch sehr viel anschaulicher, dass die Datierungen bis auf weiteres im besten Wortsinn »frag-würdig« bleiben müssen, nämlich die 2005 von Rainer Kuhn postulierte Entdeckung einer der Völkerwanderungszeit zuweisbaren Befestigung auf dem westlichen Hochufer der Elbe[12]. Diese Entdeckung ist das Resultat der Umdatierung einer bis dahin für karolingerzeitlich gehaltenen Wehranlage durch Kuhn, nämlich der berühmten und schon lange bekannten Doppelgrabenanlage vom Magdeburger Domplatz (*Abb. 2 und 3*). Ernst Nickel, der Entdecker dieser beiden Gräben, hatte sie zunächst über Keramik des 8.–10. Jahrhunderts aus ihrer Verfüllung in eben diese Zeit datiert und 1966 dann auch ihren Bauherrn identifiziert, als er in einem Bericht zu seinen Grabungen feststellte: »*Wenn man bedenkt, dass die Aushebung der Spitzgräben* [vom Magdeburger Domplatz] *einen größeren Einsatz erfordert, dann kann ihre Entstehung nur mit Maßnahmen Karls des Großen in Zusammenhang gebracht werden.*«[13] Dass Magdeburg bauliche Maßnah-

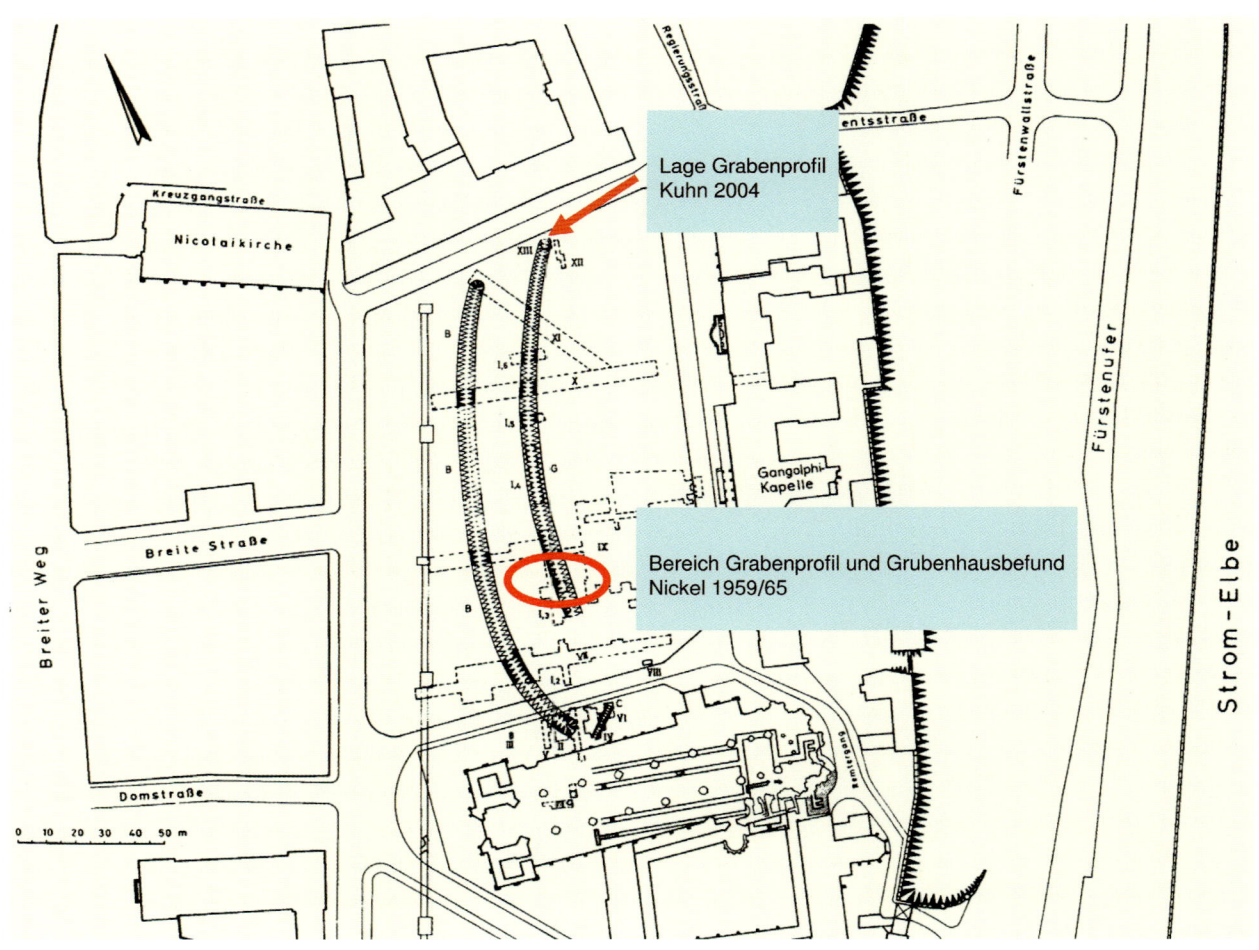

2 Die von Ernst Nickel 1959/65 auf dem Magdeburger Domplatz dokumentierte *Doppelgrabenanlage*. Eingetragen ist die Lage der im Text erwähnten Befunde von 1959/65 und 2004 zum inneren Graben.

men Karls des Großen erfahren hat, wurde damals aus dem Umstand erschlossen, dass im sogenannten Diedenhofener Kapitular Karls des Großen aus dem Jahr 805 ein Ort namens *magadoburg* als Grenzhandelsplatz aufgeführt wird, an dem ein Beauftragter Karls vor Ort den Warenverkehr über die Elbe einer Kontrolle durch die fränkische Reichsgewalt unterwirft[14].

Bei der nun von Kuhn vorgenommenen neuen zeitlichen Einordnung der Doppelgrabenanlage vom Magdeburger Domplatz spielen ^{14}C-Daten eine argumentative Schlüsselrolle. Wie Nickel arbeitet Kuhn mit der Prämisse, dass datierbare Objekte aus der Verfüllung von Gräben Aufschluss über den Zeitpunkt ihres Aushubs gäben. Aber seine Argumentation basiert nicht auf Keramik, sondern auf fünf Holzkohleproben, die aus dem Verfüllmaterial des »inneren« der beiden Magdeburger Gräben entnommen wurden. Sie traten in einem schmalen Schnitt zutage, der 2004 durch diesen Graben bzw. seine Verfüllung gezogen worden ist[15] (*Abb. 2*). Als »Fällzeiträume« für die beprobten verbrannten und in Resten dort in der Grabenfüllung zur Ablagerung gekommenen Hölzer kommen mit 95,4% (2-Sigma-Bereich) Wahrscheinlichkeit die Jahre 416–598, 418–595, 396–591, 558–671 und 434–645 calAD in Frage. Meine Reihenfolge der Nennung der fünf ^{14}C-Daten entspricht der Abfolge der zugehörigen Holzkohlen von unten nach oben in der Grabenfüllung[16]. Dieser Befund bzw. diese Datenabfolge ist von Kuhn dahingehend interpretiert worden, »*dass mit dem Beginn der Grabenverfüllung im unteren Bereich spätestens im 5./6. Jh. zu rechnen ist*« und »*die Verfüllung des Grabens im oberen und mittleren Bereich mit hoher Wahrscheinlichkeit im 6./7. Jh. [erfolgte]*« und das wiederum führte ihn zu dem Schluss, dass der Graben »*nach den hier vorgelegten Daten (...) in die Völkerwanderungszeit [gehört]*« und »*der Zeitpunkt, zu dem der Graben angelegt wurde, (...) spätestens im 5./6. Jh. [liegt]*«[17].

Aber diese Schlussfolgerung ist nicht tragfähig. Wie andernorts ausführlich erläutert, entzieht ihr allein schon eine eingehende Befundkritik die Grundlage[18]. Ein wesentlicher Ausgangspunkt dieser Kritik sind zwei Tatsachen, nämlich 1.): Bei der Verfüllmasse eines Grabens handelt es sich naturgemäß und immer (!) um verlagertes Material, das datierbare Objekte jedweder dem Bau des Grabens vorangegangen, *älterer* Zeitstellung enthalten kann, und 2.): Objekte aus einer Grabenfüllung können zwar durchaus aus der Zeit der Ausschachtung des Grabens stammen, müssen das aber keineswegs. Dass die Datierung der Ausschachtung eines Grabens nur durch Objekte aus seiner (wann auch immer erfolgten) Verfüllung deshalb zwar sicher grundsätzlich nicht gänzlich unmöglich, tatsächlich aber doch sehr riskant ist und stets unter Vorbehalt erfolgen muss, zeigen zwei neu gewonnene ^{14}C-Daten aus einem anderen Befund vom Magdeburger Domplatz und dessen stratigrafisches Verhältnis zum inneren der beiden »Nickelschen« Gräben. Die Daten stammen von zwei Tierknochen, und nach Ausweis der Analysen hat das Leben der zwei zugehörigen Tierindividuen mit einer Wahrscheinlichkeit von jeweils 95,4 % in der Zeit von 440–604 calAD und von 661–771 calAD geendet. Beide Knochen wurden in der Verfüllung eines Grubenhauses gefunden wurden, das durch den inneren Graben geschnitten wird[19] (*Abb. 2*), und hieraus ergibt sich unausweichlich ein *terminus ante quem non* für den Zeitpunkt des Aushubs dieses Grabens: Es ist – mit einer Wahrscheinlichkeit von gleichfalls 95,4 % – frühestens (!) das Jahr 661 n. Chr. und damit wird Kuhns Datierung des Grabens in das 5. oder 6. Jahrhundert hinfällig.

Ernst Nickel bzw. seine karolingerzeitliche Datierung der Magdeburger Doppelgrabenanlage und seine Identifizierung ihres Bauherrn sind deshalb allerdings noch lange nicht ins Recht gesetzt. Wann nach 661 n. Chr. der innere Graben angelegt wurde, ist nämlich noch nicht verlässlich zu bestimmen. Ich möchte gleichwohl die Hypothese wagen, dass er nicht nur vor den Sachsenkriegen ausgehoben, sondern auch schon vor der Zeit Karls des Großen wieder verfüllt war, und zwar aufgrund folgender anderer Befundbeobachtung: In einem der Schnitte, die Ernst Nickel durch den inneren Graben gezogen hatte (*Abb. 2*), wurde auflagernd auf einer ersten Verfüllschicht, die den Graben wenigstens im geschnittenen Teilbereich seiner Funktion beraubt hatte, ein als »Schlickmasse« beschriebenes Sediment dokumentiert. Eingebettet in diese offenbar aus zersetzten organischen Materialien bestehende Masse fanden sich Tierknochen mit ^{14}C-Daten des späten 7. bis mittleren 10. Jahrhunderts (2-Sigma-Bereich) zusammen mit einem zerscherbten Gefäß, das dem 6./7. Jahrhundert angehören dürfte. Dieser Befund, den ich ebenfalls andernorts im Detail darstelle[20], erlaubt u. a. die Interpretation, dass der irgendwann nach 661 n. Chr. ausgehobene Graben im fortgeschrittenen 8. Jahrhundert schon wieder außer Funktion gewesen sein könnte.

Nimmt man an, der innere Graben sei in den Jahrzehnten vor oder um 700 gebaut, genutzt und wieder

3 Vorbereitungen zur Abnahme eines Lackprofils des äußeren Grabens vom Magdeburger Domplatz (Grabung Nickel 1959/65).

funktionslos geworden, postuliert also eine Befestigung dieser Zeit an einem Platz, der 805 von Karl dem Großen kontrolliert wird, dann entsteht eine interessante Parallele zu einem Geschehen, das Torsten Lemm am Ort der Doppelgrabenanlage Oldenburg I bei Heiligenstedten, Kr. Steinburg, im südlichen Schleswig-Holstein nördlich der Elbe rekonstruiert hat. Lemm hat die »Oldenburg I« mit einer schlüssigen Argumentation auf der Grundlage einiger ^{14}C-Daten in die zweite Hälfte des 7. Jahrhunderts datiert und geht davon aus, dass diese Befestigung ab 809 n. Chr. durch einen von Karl dem Großen beauftragten sächsischen Grafen ausgebaut wurde und als die berühmte »Burg Esesfelth« (= Oldenburg II) in die Überlieferung Eingang gefunden hat[21]. Vielleicht hatte entsprechend auch der von Karl in Magdeburg Beauftragte nicht nur, wie angewiesen, den dort stattfindenden Warenumschlag zu kontrollieren, sondern ebenfalls

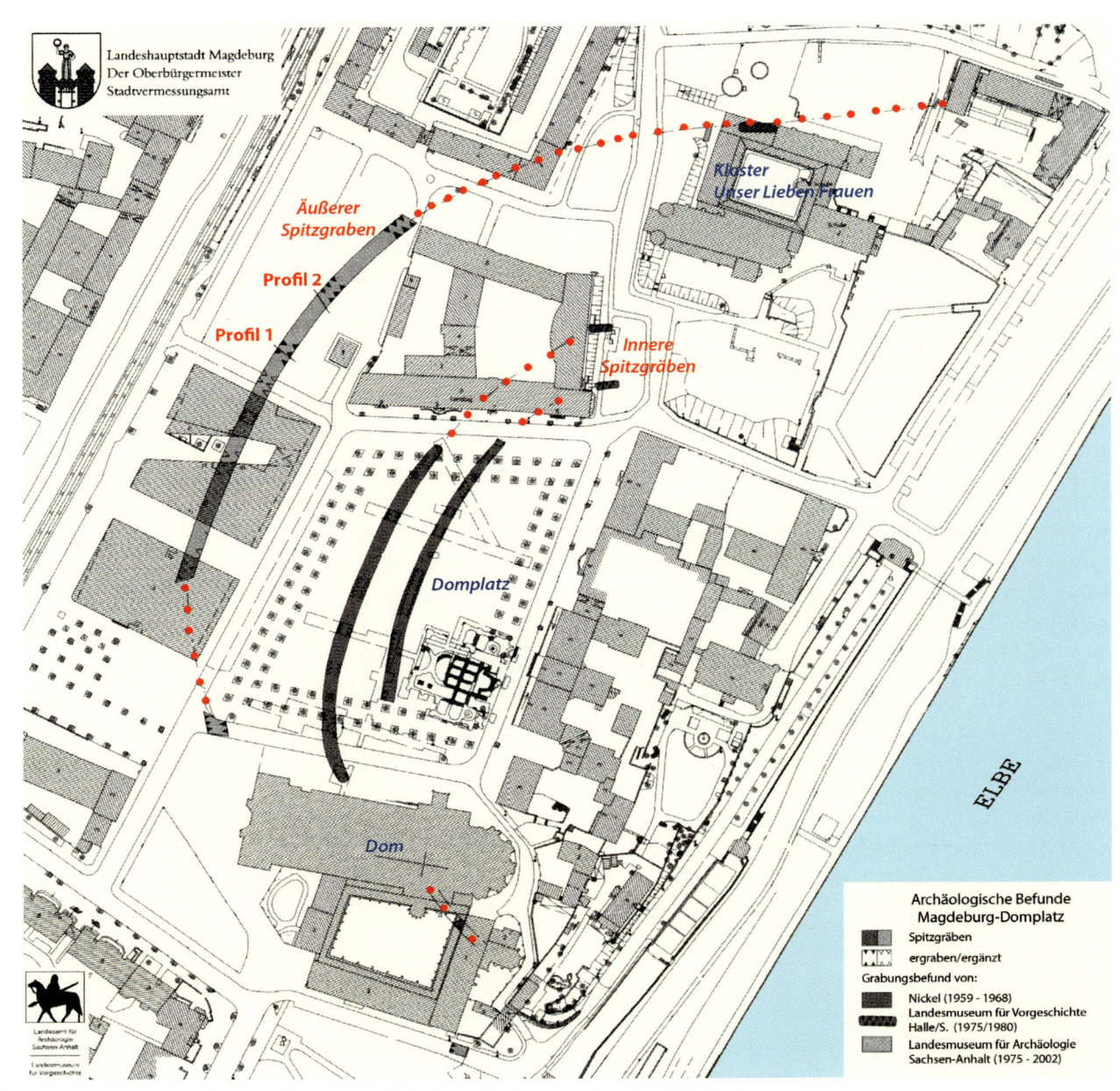

4 Die »Doppelgrabenanlage« vom Magdeburger Domplatz und der ihr im Westen vorgelagerte dritte Graben.

eine alte verschliffene Befestigung zu erneuern und zu erweitern, also eine, wie Nickel schrieb, bauliche »*Maßnahme*« Karls des Großen durchzuführen. Das lediglich zu erschließen (was ja auch Ernst Nickel mit anderer Begründung getan hat), ist im Sinne einer sauberen Argumentation notwendig, denn obwohl die Forschung im Toponym *magadoburg* sicher zu Recht »*große Burg*« liest[22], stellt das Diedenhofener Kapitular nicht fest, dass der Frankenkönig dort auf dem linken Ufer der Elbe eine Befestigung errichten oder erneuern ließ[23].

Wenn es sie gegeben hat – wo genau in Magdeburg sollte man dann eine karolingische Ausbauphase der postuliert älteren, aber wohl nicht mehr brauchbaren Befestigung vom Domplatz suchen? Will man nicht mit Ernst Nickel den äußeren »Nickelschen« Graben dem inneren im Sinne einer Doppelgrabenanlage zuschlagen und damit gleichfalls der Zeit um 700 zuweisen (die Frage, ob beide Gräben gleichzeitig sind oder wie auch immer aufeinanderfolgen, ist noch nicht beantwortet), dann könnte dieser äußere Graben eine karolingische Neuauflage des aufgegebenen inneren gewesen sein. Dafür fehlt aber momentan jeder Beweis. Ein bis auf Weiteres sehr viel aussichtsreicherer Kandidat ist ein im Jahr 1998 rund 75 Meter weiter westlich entdeckter und in gleicher Linienführung verlaufender dritter Graben (*Abb. 4*). Die Ausgräberin Birgitta Kunz hat ihn 2004 gleichfalls wieder über ¹⁴C-Daten aus seiner Verfüllung an den Beginn des 9. Jahrhunderts datiert[24].

Kunz hat außerdem schon 2008 die von Rainer Kuhn 2004 aus dem inneren »Nickelschen« Graben gewonnenen ^{14}C-Daten (s. o.) anders als dieser interpretiert[25]: Sie deutet sie als Hinweis auf eine Datierung der Doppelgrabenanlage vom Domplatz in das 7./8. Jahrhundert. Kunz hat dabei den sogenannten »Altholzeffekt« bei ^{14}C-Daten von Holzkohlen kalkuliert. In Anbetracht der oben geschilderten Befundbeobachtungen und der Kunz noch nicht bekannten Überschneidungssituation von innerem Graben und älterem Grubenhaus lässt sich diese Einschätzung (zumindest was den inneren Graben anbelangt) momentan nur unterstützen.

Auch wenn als Fazit festzustellen ist, dass Nickels Ansprache der Doppelgrabenanlage als Baumaßnahme Karls des Große durch die in den 1990er und 2000er Jahren aufgedeckten neuen Befunde derzeit weder verlässlich bestätigt noch widerlegt werden kann, ein Befestigungsbau auf dem linken Elbufer durch den Frankenkönig nicht einfach grundsätzlich vorausgesetzt werden darf und eine Befestigung des 5./6. Jahrhunderts dort nicht nachweisbar ist, wird in Magdeburg doch zunehmend offensichtlich, dass dort »*neue Machthaber ihr Fundament auf den Ruinen der alten*« gelegt haben dürften, ganz so, wie das Lemm im Fall der Burg *Esesfelth* feststellen konnte[26].

Mit der erörterten hypothetischen Datierung des inneren der beiden Gräben vom Magdeburger Domplatz in die Zeit um 700 n. Chr. entstünde außerdem eine interessante zeitliche Nähe dieser Fortifikation zur »Schwedenschanze« bei Groß-Thun, der »Borger Burg« und der »Hünenburg« bei Watenstedt. Andraschko, Heine und Hering halten die Nutzung der »Borger Burg« im Zusammenhang mit den überlieferten Auseinandersetzungen der fränkischen Könige des 7./8. Jahrhunderts vor Karl dem Großen mit der damaligen Einwohnerschaft der Gebiete zwischen Weser und Elbe für möglich[27]. Dort zu lokalisierende Befestigungsanlagen finden in den fränkischen Schriftquellen zur Zeit vor Karls »Sachsenkriegen« Erwähnung, allen voran die oben erwähnte »Hoohseoburg«. Aber die sich kaum mehr als schemenhaft abzeichnende »frühe Burgenlandschaft« zwischen Weser und Elbe muss nicht notwendig mit fränkisch-sächsischen Auseinandersetzungen in Verbindung gebracht werden. Andere Gründe für den Bau solcher Anlagen sind denkbar, ganz anders geartete Konfliktkonstellationen, von denen die Überlieferung nichts weiß. Aber das ist natürlich ebenfalls keine neue Erkenntnis. Wolfgang Hübener hat auch diese Problematik 1978 schon treffend knapp umrissen, und er sei deshalb hier abschließend noch einmal mit seiner diesbezüglichen Bemerkung zitiert: »*Die (...) mittelalterliche Archäologie hat in der Freude über ihre in der Tat beachtlichen Erfolge die Datierung und die Klassifizierung (....) [von] Befunden zu stark nach den schriftlich überlieferten grundsätzlichen Ereignissen und Möglichkeiten ausgerichtet.*«[28]

ANMERKUNGEN

1 Hübener 1978.
2 Ebd. 423.
3 Ebd. 426.
4 Ebd. 427 f.
5 Brachmann 1993; Heine 1995.
6 Busch 1999c.
7 Vgl. hierzu zuletzt mit älterer Literatur: Heske 2006, 194; Steinmetz 2003.
8 Heske 2006, 192 ff.
9 Ebd. 195.
10 Michel/Schäfer 2007.
11 Andraschko/Heine/Hering et al. 2011.
12 Kuhn 2005.
13 Nickel 1966, 264.
14 Zum Kapitular z. B. Hardt 2005c.
15 Kuhn 2005.
16 Vgl. hierzu Kuhn 2005, 52, Abb. 3.
17 Alle Zitate: Kuhn 2005.
18 Vgl. Ludowici *im Druck*.
19 Zum Befund ebd.
20 Ebd.
21 Lemm 2013b, insbesondere 186 ff.
22 Udolph 1999.
23 Vgl. Hardt 2005c.
24 Kunz 2004.
25 Kunz 2008.
26 Lemm 2013a, 218.
27 Andraschko/Heine/Hering 2011, 148.
28 Hübener 1978, 426 f.

Anmerkungen zu den spätsächsischen Befunden vom Hamburger Domplatz und ihrem Umfeld

Wulf Thieme

Als Ergänzung zu den beiden vorangehenden Beiträgen sollen einige Gedanken und Anmerkungen vorgetragen werden, die verdeutlichen wollen, in welch schwierigem archäologischen Umfeld sich die frühen Befunde, die beiden Kreisgräben und die Ringwallanlage, auf dem Domplatz im Zentrum von Hamburg befinden. Den Ausgangspunkt der Diskussion bildet ein Bauwerk mit einem Kreisgraben, von dem nur Reste des Grabens überliefert sind. Es wird heute als Urzelle der späteren Stadt Hamburg betrachtet. Dieses Bauwerk wurde nördlich der Elbe in einem scheinbar dünn besiedelten Gebiet errichtet und nicht im Harburger oder Lüneburger Raum, in dem im 8. und 9. Jahrhundert ein reges Leben herrschte. Hier setzt die Diskussion um diese Anlage und um ihre Bedeutung an.

Zur Besiedlungsgeschichte nördlich der Elbe in Hamburgs Umfeld kann nur eine stichpunktartige Darstellung erfolgen, weil sich der dortige Forschungsstand im Wesentlichen auf wenige ältere Ausgrabungen beschränkt, sieht man von den Untersuchungen in Hamburgs Innenstadt und im Kreis Herzogtum Lauenburg ab. Die zum Teil schon vor 75 Jahren erfolgten Ausgrabungen betrafen einzelne Siedlungen, einen lückenhaft erfassten Friedhof sowie einen Bohlenweg, während eine Befestigung bisher nur anhand von Streufunden zeitlich zuzuordnen ist[1]. Aufgrund der veränderten Beurteilung der Befunde auf dem Domplatz müssen nicht nur die Ergebnisse älterer Ausgrabungen, sondern auch die neueren Untersuchungen kritisch beleuchtet werden. Natürlich darf zugleich ein prüfender Blick auf den Domplatz nicht unterbleiben.

Das frühe Hamburg lag zwar im sächsischen Siedlungsraum, trotzdem sind aufgrund der ungeklärten Gründungssituation alle Beobachtungen daraufhin zu prüfen, ob sie für eine Entstehung durch eine fremde Macht wie den fränkischen König sprechen, denn zu bedenken ist, dass es auf den ersten Blick nördlich der Elbe nichts Vergleichbares zu den beiden Kreisgräben gibt. Die Frage einer zeitweiligen slawischen Nutzung des Domplatzes muss wenigstens erwogen werden, weil slawisches Fundgut in Hamburg und im näheren Hamburger Umfeld beiderseits der Elbe vorkommt und schon östlich der Bille das slawische Siedlungsgebiet beginnt. Doch fehlen hierzu, abgesehen vom Kreis Herzogtum Lauenburg, die systematische Aufnahme der Funde und ihre Publikation[2]. Trotzdem sollte, um Hamburgs Stellung in Südholstein beurteilen zu können, ein Blick in den obodritischen Siedlungsraum geworfen werden, nicht nur wegen der slawischen Keramik und der sogenannten Hamburger Ware vom Domplatz (s. Beitrag Torsten Kempke, Keramik), sondern auch wegen der dortigen Burgen, die in einem allgemeinen Vergleich selbstverständlich berücksichtigt werden müssen.

ZUR DATIERUNG DER FUNDPLÄTZE

Bevor die Ausgrabungsergebnisse im Großraum Hamburg beiderseits der Elbe diskutiert werden, muss ein Problem angesprochen werden, das sich aus den unterschiedlichen Methoden zur Datierung von Gräberfeldern und Siedlungen ergibt. Nördlich der Elbe existieren verschiedene Fundstellen in der Hamburger Innenstadt rund um den Domplatz, die im Wesentlichen Siedlungsreste beinhalten; außerdem liegen dort die beiden hier besonders interessierenden Ringgräben und die große Burg. Im weiteren Umland konnten bisher ein Grab eines Bewaffneten und fast beigabenlose Reihengräber sowie ein paar Siedlungen ergraben werden. Das Grab (Schnelsen) lässt sich nur mit Bestattungen südlich der Elbe vergleichen, während die Siedlungsplätze und die Befestigungsanlagen wenigstens anhand des keramischen Fundgutes Gemeinsamkeiten untereinander aufweisen. Zusätzlich gelingt es, die meisten Fundplätze in der Innenstadt anhand stratigrafischer Beobachtungen zu verbinden. Es fehlen aber die für eine feine zeitliche Gliederung wichtigen Kleinfunde, sodass die stratigrafisch geordneten Keramikfragmente gewöhnlich über den Vergleich mit Fundmaterial entfernter Ausgrabungsstätten datiert werden, für die ^{14}C-Datierungen oder auch Dendrodaten vorliegen[3].

Linkselbisch stehen mehrere große Friedhöfe zur Verfügung, die anhand der zahlreichen Gräber mit vielseitigen Ausstattungen der Toten datiert werden[4]. Diese setzen sich einerseits aus Trachtzubehör, andererseits aus Waffen sowie Geräten zusammen. Mittels dieser Gegenstände, vorrangig anhand von Perlen, Fibeln und Gürtelzubehör, ergeben sich Anhalte für die Datierung. Diese Datierungshilfen lassen sich bis in die erste Hälfte des 9. Jahrhunderts hinein verfolgen. Danach nehmen Zahl und Art der Beigaben pro Bestattung ab und beschränken sich fast ausschließlich auf einzelne Fibeln, aber auch auf einzelne Münzen aus der Zeit Ludwigs des Frommen. Tongefäße kommen nur in den Brandgräbern und in einzelnen mit Waffen ausgestatteten Gräbern vor. Sie können deshalb nur kurzfristig und eingeschränkt Datierungsanhalte geben.

Dagegen beruht die Datierung der Siedlungen beiderseits der Elbe fast ausschließlich auf zerscherbter Keramik. Nur in Ausnahmefällen, wie in den Siedlungen von Daerstorf und Todtglüsingen, sind zusätzlich zu zahlreicher sächsischer und slawischer Keramik auch wenige Kleinfunde wie Perlen, Riemenzungen und Fibeln entdeckt worden (*Abb. 1*). Durch sie ergibt sich kurzfristig eine Datierungsbrücke zwischen Gräber- und Siedlungs-

1 Slawische und sächsische Scherben – Auswahl aus verschiedenen Befunden. Daerstorf, Gde. Neu Wulmstorf, Lkr. Harburg.

chronologie[5]. Zusätzlich wurde in Daerstorf ein Kastenbrunnen freigelegt, der nicht nur Keramik enthielt, sondern dessen Pfosten auch dendrochronologisch datiert werden konnten (*Abb. 2*). Er bietet somit eine zusätzliche Datierungshilfe. Zudem sind in Daerstorf einzelne ^{14}C-Daten ermittelt worden. Naturwissenschaftliche Datierungsmethoden wurden auch an Hölzern aus der Burg bei Hollenstedt angewandt[6]. Jedoch muss insgesamt festgestellt werden, dass sich die chronologischen Ergebnisse von frühmittelalterlichen Gräberfeldern und Siedlungsplätzen im Niederelbegebiet nur bedingt vereinen lassen.

2 Hölzerner Kastenbrunnen während der Ausgrabung im Planum (*links*) und Profil (*rechts*). Daerstorf, Gde. Neu Wulmstorf, Lkr. Harburg.

3 Grab III, Hollenstedt, Lkr. Harburg. Teile der Grabausstattung. Abb. o. M

Zu beachten ist außerdem ein historisches Problem: Die älteren Publikationen zu frühmittelalterlichen Untersuchungen in Hamburg und in der weiteren Umgebung sind oft schon über 50 Jahre alt und beinhalten damit Datierungen, die mit den damaligen Methoden gewonnen worden sind[7], im Gegensatz zu den Ergebnissen der neueren Ausgrabungen, für die moderne Datierungsmethoden eingesetzt und neue Datierungsansätze verwendet worden sind. Zu berücksichtigen ist weiterhin, dass die Beobachtungen und Ergebnisse der alten Untersuchungen in Hamburg und beiderseits der Niederelbe aus Rettungsgrabungen stammen und nicht im Rahmen von Forschungsgrabungen gelungen sind.

SIEDLUNGSRAUM BEIDERSEITS DER NIEDERELBE

In der archäologischen Literatur wurde der sächsische Lebensraum südlich und nördlich der Elbe während des frühen Mittelalters bisher selten gemeinsam, d. h. elbübergreifend betrachtet. Die Elbe wurde immer als Trennlinie gesehen. Dies erfolgte einerseits aufgrund der historischen Vorgaben: Fast alle Vorstöße der fränkischen Heere in den Niederelberaum endeten am Elbstrom. Die nördlich der Elbe lebenden Sachsen wurden höchstens mit kurzen Überfällen eingeschüchtert, blieben aber bis 804 außerhalb des Reiches. Folgenreicher für die Forschung ist die moderne politische Grenze entlang der Elbe, die für die Arbeit der staatlichen Bodendenkmalpflege bindend ist und die gewöhnlich auch von den Forschungsvorhaben der Universitätsinstitute beachtet wird.

Dadurch ergaben sich hier die linkselbischen Sachsen, die oft noch in Bewohner des Gaus Wigmodi und des Bardengaues aufgeteilt wurden. Davon abgesetzt lebten Slawen im Gebiet des Landkreises Lüchow-Dannenberg. Nördlich des von mehreren Flussarmen durchzogenen, teilweise sumpfigen Elbtales siedelten die nordelbischen Sachsen. Sie grenzten im Norden an die Dänen und im Osten an die Obodriten. Der *Limes saxoniae*, den erstmals Adam von Bremen im 11. Jahrhundert beschrieben hat (s. Beitrag Volker Scior), beherrscht noch heute als Trennlinie zwischen Sachsen und Slawen die historische und archäologische Diskussion über rechtselbische Ereignisse und Befunde des frühen Mittelalters.

Wenn man aus Sicht der Archäologie nach den Gründen für die Wahl Hamburgs als Sitz eines Grafen bzw. eines Bischofs und damit nach Hinweisen auf die Bedeutung Hamburgs sucht, kann dies nicht ohne Beachtung des Hamburger Umlands, des Wirkungsbereichs der beiden Amtsträger, geschehen. Da die Befestigungsbauten auf dem Domplatz wahrscheinlich mit bestimmten Aufgaben des Grafen verbunden waren, beginnt die

Suche bei den beiden Ringgräben: Welcher existierte, als das Grafenamt in Hamburg eingerichtet wurde? Möglicherweise umgab die Kreisanlage einen großen Hof, in dem sich die Amts- und Wohnräume des Grafen befanden. Wie das nordelbische Gebiet unter anderem verwaltungsmäßig organisiert war, entzieht sich archäologischer Erkenntnis, sofern man nicht jene Burgen in den Kreisen Steinburg und Segeberg in gut 60 km Entfernung von Hamburg in diesen Zusammenhang einbeziehent. Die Funktion oder Stellung des Herrn aus Hamburg-Schnelsen wäre sicherlich wissenswert; auch im Vergleich mit den linkselbischen Herren, die uns z. B. aus Hollenstedt bekannt sind (*Abb. 3*). Jedoch war der Mann von Schnelsen schon vor der Zeit Karls des Großen gestorben und besaß keinen archäologisch fassbaren Nachfolger.

Die Frage nach den Gründen und den Voraussetzungen für die Einrichtung eines Bischofssitzes in Hamburg richtet sich im Grunde an die Historiker. Von archäologischer Seite lassen sich nur Auswirkungen einer christlichen Mission bzw. einer kirchlichen Verwaltung aufzeigen, z. B. in Form von Gebäuden wie Kirchen oder Klöstern oder von Kirchhöfen. Doch für diese konnten nördlich der Elbe bisher keine sicheren Belege erbracht werden. Anders sieht es in den Gebieten links der Elbe aus. Dort sind in einigen Kirchen und in mehreren Friedhöfen Ausgrabungen mit interessanten Ergebnissen durchgeführt worden[8]. Doch diese Ergebnisse dürfen kaum ohne Vorbehalt auf Südholstein übertragen werden.

HAMBURG UND NORDELBIEN

Die heutige Großstadt Hamburg bildet räumlich den Mittelpunkt der Metropolregion Hamburg. Zu früh für die archäologische Denkmalpflege drängte die dichte Besiedlung bis in die Außenbereiche vor. Folglich konzentrieren sich die archäologisch untersuchten Spuren aus dem frühen Mittelalter in der Hamburger Altstadt[9]. Nur wenige Plätze sind im Mittelbereich und in den Vororten ermittelt worden. Dieser Eindruck scheint sich in den benachbarten südholsteinischen Kreisen Pinneberg, Steinburg und Stormarn fortzusetzen, wenn man die Literatur betrachtet (*Abb. 4*). Erst im Kreis Herzogtum Lauenburg ist eine größere Zahl frühmittelalterlicher Fundplätze bekannt[10]. Aber eine detaillierte Durchsicht der publizierten Landesaufnahmen, die älteste (Kr. Steinburg) stammt von 1939, die jüngste (Kr. Pinneberg) von 1966,[11] der Lokalliteratur sowie der Museumsbestände wird die Siedlungsplätze aus dem frühen Mittelalter sichtbar vermehren. Hierzu ist anzumerken,

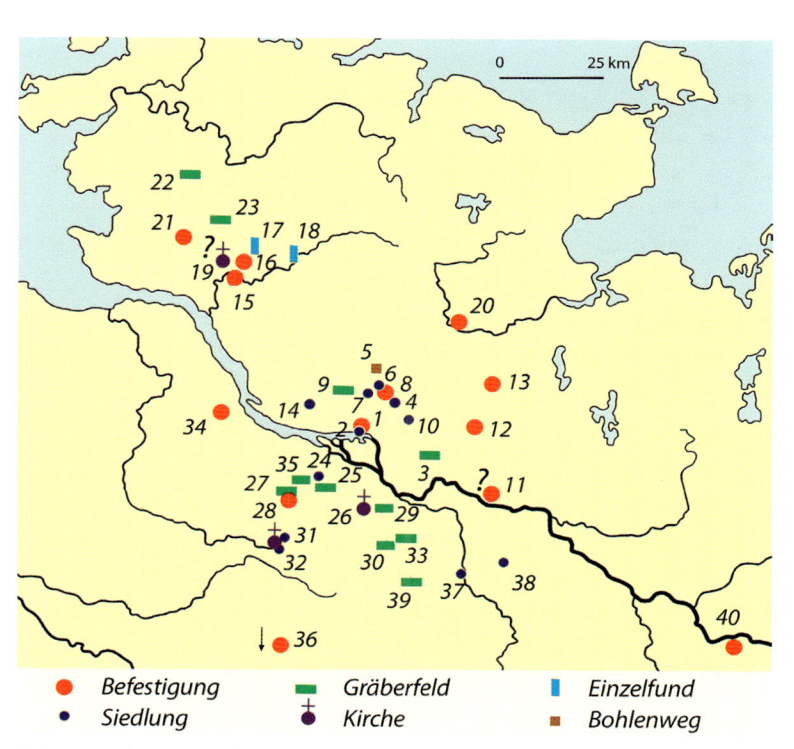

4 Lage der im Text erwähnten Fundorte. Mit einer Fundplatznummer versehen sind die Fundorte im Arbeitsgebiet der Bodendenkmalpflege am Archäologischen Museum Hamburg.

Hamburg
1 Altstadt, Domplatz (Fpl. 35)
2 Altstadt (Fpl. 38, 51, 62)
3 Bergedorf (o. Fpl.)
4 Bramfeld (Fpl. 30)
5 Duvenstedt, Wittmoor (Fpl. 2)
6 Lemsahl-Mellingstedt (Fpl. 20)
7 Poppenbüttel (Fpl. 31)
8 Sasel, Mellenburg (Fpl. 1)
9 Schnelsen (Fpl. 7)
10 Tonndorf-Lohe (Fpl. 6)
Kr. Herzogtum Lauenburg
11 Delbende, genaue Lage unbekannt
12 Kasseburg, Runwall
13 Sirksfelde, Sirksfelder Wallberge
Kreis Pinneberg
14 Pinneberg-Eggerstedt
Kreis Steinburg
15 Itzehoe, Oldenburgskuhle/Esesfelth
16 Kaaks, Kaaksburg
17 Pöschendorf, Krinkberg
18 Rensing, Gde. Stadt Kellinghusen
19 Welanao, genaue Lage unbekannt
Kreis Stormarn
20 Bad Oldesloe, Fresenburger Wallberg
Kreis Dithmarschen
21 Burg, Bökelnburg
22 Immenstedt

Kreis Rendsburg-Eckernförde
23 Bendorf
Landkreis Harburg
24 Daerstorf, Gde. Neu Wulmstorf (Fpl. 186)
25 Elstorf, Gde. Neu Wulmstorf (Fpl. 4 u. 11)
26 Hittfeld, Kirche (Fpl. 8)
27 Hollenstedt (Fpl. 2)
28 Hollenstedt (Fpl. 7)
29 Maschen, Gde. Seevetal (Fpl. 10)
30 Tangendorf, Gde. Toppenstedt (Fpl. 7)
31 Todtglüsingen (Fpl. 56)
32 Tostedt (Fpl. 7)
33 Wulfsen (Fpl. 8)
Lkr. Stade
34 Groß Thun, Stadt Stade
35 Ketzendorf, Stadt Buxtehude
Lkr. Heidekreis
36 Borg, Gem. Bomlitz
Lkr. Lüneburg
37 Bardowick
38 Rullstorf, Kronsberg
39 Oldendorf (Luhe)
Lkr. Lüchow-Dannenberg
40 Vietze, Gem. Höhbeck

dass sich landschaftlich ungünstige Verhältnisse und die Entfernung von Südholstein zur Zentrale für die Bodendenkmalpflege im Archäologischen Landesamt in Schleswig nachteilig in dem geringen Fundzuwachs nach Abschluss der Landesaufnahme auswirken.

5a Slawische Keramik aus der Siedlung am Treudelberg. Lemsahl-Mellingstedt, Hamburg. Abb. o. M

Auffällig ist die verschwindend kleine Zahl an Friedhöfen: Nur in Hamburg-Schnelsen sind das frühe Reitergrab und wenige spätere Gräber ohne datierbare Ausstattungen bekannt[12]. Der Bestattungsplatz Hamburg-Schnelsen, Fundplatz 3, konnte nur ausschnittsweise untersucht werden. Das Körpergrab eines Mannes, der durch Waffen, Reitzubehör und Pferd ausgezeichnet war, ist in der ersten Hälfte des 8. Jahrhunderts und damit vor den Sachsenkriegen und vor der Ansgar-Zeit entstanden. Die benachbarten, fast beigabenlosen Reihengräber in West-Ost-Richtung hat man wahrscheinlich erst in der Mitte des 9. Jahrhunderts und später angelegt[13], denn es fehlen unter anderem die typischen Bestattungen mit Perlenketten, Stabdornen und Fibeln. Auf ein weiteres Körpergrab kann das Schwert aus Hamburg-Bergedorf hindeuten. Dasselbe gilt für einen Sporn aus Rensing sowie für die Altfunde vom Krinkberg, Gde. Pöschendorf, beide Kr. Steinburg. Erst in Immenstedt, Kr. Dithmarschen, und Bendorf, Kr. Rendsburg-Eckernförde, sind eindeutige Grabfunde bestätigt[14].

Man wird davon ausgehen können, dass die Sachsen nördlich der Elbe ihre Toten genau wie jene südlich des Stromes in der Nachbarschaft ihrer Höfe beerdigt haben. Entsprechend wären Körpergräber nördlich der Elbe spätestens seit der zweiten Hälfte des 8. Jahrhunderts zu erwarten. Wahrscheinlich wurden sie wie in Schnelsen neben Grabhügeln oder Großsteingräbern angelegt. Doch im näheren Umkreis der Siedlungen und Höfe Bramfeld, Tonndorf, Poppenbüttel (alle Hamburg) und Pinneberg-Eggerstedt sind keine obertägigen Grabmale bekannt.

Derzeit ist die geringe Zahl der Fundplätze nicht schlüssig zu erklären, sodass die Diskussion um die frühmittelalterliche Nutzung des Domplatzes zunächst vom momentanen Fundbestand ausgehen muss. Immerhin gibt es verschiedene Siedlungshinweise. Sie beruhen fast ausschließlich auf Oberflächenfunden. An fünf Plätzen ist es zu Ausgrabungen gekommen, von denen die in Hamburg-Bramfeld und Pinneberg-Eggerstedt Hausgrundrisse erbracht haben[15]; ihre Datierung erfolgte anhand der keramischen Reste. Als dritte Siedlung fällt ein Platz hoch über der Alster in Hamburg-Lemsahl durch ihre slawische Keramik auf (*Abb. 5a/b*)[16]. Außer den Befestigungen auf dem Domplatz existierte die zweiphasige Wallanlage der Mellenburg in Hamburg-Sasel, deren Datierung einige Tonscherben grob ermöglichen (*Abb. 6*). Weitere Burgen liegen in den Kreisen Stormarn, Herzogtum Lauenburg, Segeberg und Steinburg verteilt. Zudem existiert ein einfacher, dendrochronologisch datierter Bohlenweg im Wittmoor im Nordwesten von Hamburg[17].

In dieser scheinbar dünn besiedelten Gegend wurde an dem wichtigen Übergang über die Alster eine Ringgrabenanlage oberhalb des Elbtales gebaut. Ob dort schon eine Siedlung bestanden hat oder diese gleichzeitig oder sogar erst später errichtet worden ist, bleibt noch zu klären. Aufgrund der Beispiele anderer Befestigungsanlagen im weiteren Umland ist auf dem Domplatz zunächst eine Befestigung ohne benachbarte Siedlung zu erwarten. Aber es fragt sich nun erneut: Erlangte die erste Kreisgrabenanlage schon eine regionale Bedeutung, oder hat Hamburg erst als Sitz eines Grafen und eines Bischofs an Anziehungskraft für Siedler und Händler und damit an Bedeutung gewonnen?

5b Slawische Keramik und zwei Spinnwirtel aus der Siedlung am Treudelbarg. Lemsahl-Mellingstedt, Hamburg. Abb. o. M

HAMBURG UND DER LINKSELBISCHE SIEDLUNGSRAUM DER SACHSEN

Linkselbisch herrscht kein gleichmäßiger Forschungsstand. Abgesehen von der Arbeit Rolf Bärenfängers und verschiedenen Aufsätzen von Friedrich Laux, der seine Untersuchungen anhand der Gräberfelder durchführte, wird archäologische Forschung im südelbischen Raum weitgehend kreisintern betrieben[18]. Für die Überlegungen rund um den Hamburger Domplatz existiert dank der zahlreichen Ausgrabungen im Landkreis Harburg und dem westlichen Teil des Landkreises Lüneburg ein vielseitiges und breites Angebot an Befunden und Funden. Sie betreffen Siedlungsstellen, unterschiedliche Bestattungsplätze sowie eine mehrphasige Kirche und einen Burgwall. Auf den Friedhöfen gibt es unterschiedliche Totenausstattungen in Brand- und Körpergräbern, auch Tiergräber sind vorhanden. Beachtenswert ist die Nachbarschaft der Friedhöfe zu Großsteingräbern und Grabhügeln. Neben Plätzen mit Einzelbefunden konnten drei Siedlungen im Landkreis Harburg flächig untersucht werden, die Baubefunde ergaben. Von großem Wert für die zukünftige gemeinsame Auswertung sind einige Siedlungsplätze, die direkt neben oder in der Nachbarschaft von gleichzeitigen Friedhöfen liegen[19].

Die Aufarbeitung der meisten Gräberfelder im Landkreis Harburg und im oberen Luhetal, Lkr. Lüneburg, ist in Aufsätzen erfolgt[20], während es von den Siedlungsgrabungen höchstens Vorberichte gibt[21]. Eine Fundgattung ist weitgehend unberührt geblieben, nämlich die der Burgwälle. Über deren Alter liegen kaum exakte Kenntnisse vor, weil sie schon früh unter Denkmalschutz gestellt und deshalb, wenigstens im Landkreis

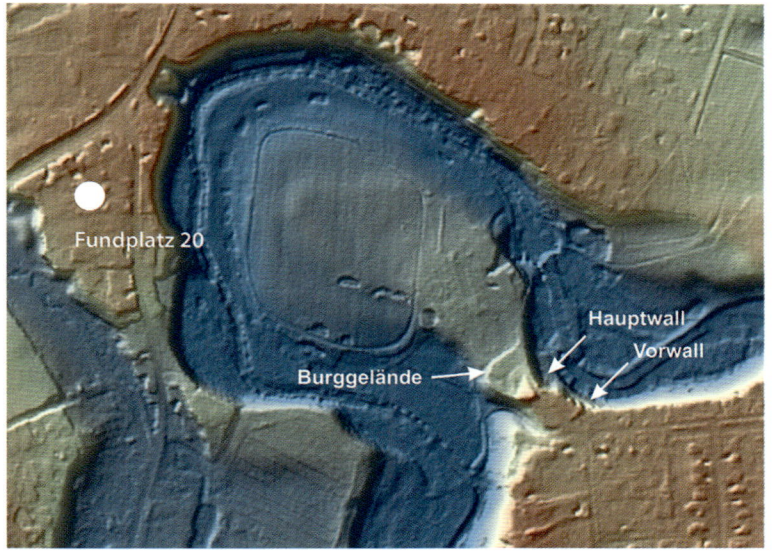

6 Lage der Mellenburg im Geländemodell. Lemsahl-Mellingstedt, Hamburg.

Harburg, nicht untersucht worden sind. Eine Ausnahme stellt die Rettungsgrabung in der Alten Burg bei Hollenstedt dar, zu der Publikationen existieren[22].

Durch die Ausstattung der Gräber und durch das reiche keramische Fundgut sächsischer, aber auch slawischer Machart ergeben sich kulturelle Verbindungen und chronologische Anhalte, die für die Diskussion der Funde und Befunde auf dem Domplatz wertvoll sein werden. Doch die Ergebnisse von zwei Ausgrabungen, die sicherlich mehr Licht in die kulturgeschichtliche und politische Situation an der Elbe bringen werden, nämlich Rullstorf und Bardowick, beide Lkr. Lüneburg, stehen noch nicht vollständig zur Verfügung[23].

7 Elstorf, Lkr. Harburg. Grabausstattung eines Bewaffneten. Abb. o. M

HAMBURG, EIN ZENTRALORT SCHON IM 9. JAHRHUNDERT?

Als archäologische Hinweise auf zentrale Orte in der Region beiderseits der Niederelbe während des frühen Mittelalters werden in der Literatur frühe Kirchen, Befestigungsanlagen und Bestattungen mit Waffen sowie mit Pferden, sogenannte »*Adelsgräber*«, herangezogen. Als weitere Indikatoren eines Zentralortes werden Handwerksbetriebe und Ansammlungen von Fremdgut gewertet. Im Landkreis Harburg wird für manche Orte eine zentrale Stellung schon für das frühe Mittelalter vorausgesetzt, trotz fehlender Belege, weil sie im Hochmittelalter das Zentrum eines Gaues oder eines Archidiakonats bildeten.

Was macht also diese vermutete besondere Stellung Hamburgs im 9. Jahrhundert und vielleicht schon im 8. Jahrhundert aus? Warum wurde gerade dieser Ort als Grafensitz und für den Bischof ausgewählt? Wann geschah dies? Kamen die beiden Amtspersonen in einen alten Ort, der nun aufgewertet wurde, oder handelt es sich um eine Neugründung?

Nimmt man nur die archäologischen Fakten, d. h. man lässt alle schriftlich überlieferten Nachrichten unbeachtet, so sind in Hamburg bis zur Mitte des 9. Jahrhunderts nur die Befestigungsanlagen auf dem Domplatz als bedeutsam anzusprechen. Es handelt es sich hierbei um zwei Anlagen, von denen nur die gekappten und verfüllten Kreisgräben (Graben 1 und 2) überdauert haben, sowie den zweiphasigen Burgwall (Phase IV), den Schindler ergraben hatte. Dagegen fehlen von kirchlichen Einrichtungen aus der Karolingerzeit jegliche Spuren. Das kleine knöcherne Kruzifix (s. Beitrag Lisa Hansen) ist kein Indiz für die Existenz einer Kirche. Und die bisherigen Funde vom Domplatz und der Umgebung lassen auch keinen blühenden Handelsplatz in der ersten Hälfte des 9. Jahrhunderts erkennen (s. Beitrag Ralf Wiechmann).

Deshalb werden Argumente und Belege möglichst aus der Region benötigt, um die Entstehung Hamburgs und seine Entwicklung zu begründen. Zunächst muss nach Vergleichen oder Vorbildern von Befestigungsanlagen gesucht werden, deren Reste den beiden Ringgräben gleichen. Es liegt nahe, derartige Bauwerke im sächsischen Siedlungsraum zu betrachten, aber auch fränkische Burgen sind von Interesse. Da die fränkischen und die sächsischen Burgen nördlich der Elbe und im östlichen Niedersachsen in besonderen Beiträgen im Band behandelt werden, richtet sich die Suche nach vergleichbaren Beispielen an dieser Stelle auf die Region südlich der Niederelbe. Dort bieten sich beispielsweise die Burgen in Groß Thun bei Stade, Lkr. Stade, Hollenstedt, Lkr. Harburg, und in Borg bei Bomlitz, Lkr. Heidekreis, an. Doch alle diese Befestigungen lagen nach bisheriger Kenntnis fern von gleichzeitigen Siedlungen, Friedhöfen oder Handelsstraßen.

Wer hat den Bau der Befestigungen auf dem Hamburger Domplatz, besonders der beiden älteren Anlagen, veranlasst, und wer hat ihn durchgeführt? Ist für ihren Bau ein hochrangiger Amtsträger verantwortlich wie Graf Egbert, der im kaiserlichen Auftrag in Esesfelth tätig war (s. Beitrag Thorsten Lemm)? Oder kann der Bauherr im Hamburger Umfeld gefunden werden? Notwendigerweise wäre hier zunächst an eine Person von herausgehobenem sozialen Rang zu denken. Um derartige Personen zu erkennen, eignen sich bisher allein besondere Grabinhalte. Dabei wird jedoch kaum an jene Männer bzw. ihre Familien oder Nachkommen zu denken sein, die in Südholstein und in der nördlichen Lüneburger Heide anhand ihrer Grabanlagen und Grabausstattungen aus dem Gros der Gräber während der ersten Hälfte des 8. Jahrhunderts hervortreten. Sie wurden mit Vollbewaffnung, Reitausrüstung und Pferd beerdigt; zugehörige Frauen sind nicht bekannt, denn Frauen mit besonderen Grabbeigaben sind erst seit dem späten 8. Jahrhundert nachzuweisen[24]. Diese Männer lassen sich auf den Friedhöfen von Hollenstedt, Maschen, Tangendorf oder Rullstorf bzw. von Schnelsen bestätigen (*Abb. 7*). Jedoch sind in der Nachbarschaft der Friedhöfe jener Waffenträger bisher keine gleichzeitigen Befestigungen mit Kreisgraben nachgewiesen. Ebenso fehlen zu den beiden Befestigungen von Groß Thun und Borg herausragende Grabstellen. Sicherlich kämen Personen eines Kreises als Bauherren in Frage, die sozial über den beschriebenen Männern und ihren Familien anzuordnen sind. Eine solche Elite ist jedoch weder in Hamburg noch im weiteren Elberaum archäologisch belegt. Somit kehrt die Frage zu den vergleichbaren Befestigungen und zur Klärung ihrer Funktionen zurück.

Wenn man jene Orte im Landkreis Harburg zum Vergleich heranzieht, die für das hohe Mittelalter als regionale Zentralorte bezeichnet werden, weil sich dort eine Kirche – möglichst mit einem Archidiakonat verbunden – und ein regionaler Kirchhof befanden sowie herrschaftliche Amtsleute anwesend waren, dann ergibt sich für das frühe Mittelalter ein sehr lückenhaftes Bild. Als Zentralort wird auch wiederholt Bardowick bezeichnet[25]. Als Hinweise gelten hierbei die Nennung im Diedenhofener Kapitular von 805 als Markt und Zollstation zu den Slawen, Überlegungen für einen Bischofssitz sowie die Anwesenheit Karls des Großen. Doch die archäologischen Befunde ergaben bisher weder eine frühe Kirche noch einen Herrensitz. Es gibt nur Spuren von Buntmetallverarbeitung und zahlreiche Fibeln als Streufunde[26].

Zur Einrichtung des Bischofssitzes in Hamburg gehörte sicherlich der Bau einer Kirche. Es wird sich um einen Holzbau gehandelt haben, doch Befunde fehlen bisher. Diese Kirche bildete einen wichtigen Bestandteil des aufstrebenden Ortes Hamburg. Die schriftlichen Quellen nennen zwar verschiedene Kirchengründungen im späten 8. und im 9. Jahrhundert in Norddeutschland, doch existieren nur von wenigen auch archäologische Nachweise, und nur selten konnten weitere Befunde in der Nachbarschaft ergraben werden, welche die Bedeutung des zugehörigen Ortes verdeutlichen könnten. So stand die Kirche in Tostedt scheinbar isoliert in der Landschaft, inzwischen deuten erste Funde spätsächsischer Tonscherben nun auf einen benachbarten Hof hin. In dem späteren kirchlichen Mittelpunktsort Hittfeld sind außer frühen Pfostenresten in der Kirche wenigstens Siedlungsspuren in der Nachbarschaft freigelegt worden[27]. Und während in dem karolingischen Marktplatz Bardowick die Anfänge des sogenannten Doms noch unerkannt in der Erde verborgen liegen, sind inzwischen in seiner Nähe schlichte Baubefunde freigelegt worden[28]. Dagegen steht für die schriftlich bezeugte christliche Zelle Welanao, Kr. Steinburg, der archäologische Nachweis noch aus.

KREISGRÄBEN UND BURGWÄLLE

Die Diskussion über die Entstehung und Bedeutung Hamburgs ging über Jahrzehnte von der schriftlichen Erwähnung der Hammaburg aus. Die archäologischen Untersuchungen ergaben schließlich zwei Kreisgräben und eine zweiphasige Ringwallanlage aus dem frühen Mittelalter auf dem Domplatz. Für die Befestigungen hat man eine besondere topografische Lage gewählt, nämlich auf dem Südhang eines Geländesporns über dem Nordrand des Elbetals. Der Geländerücken wird im Norden vom Tal der Alster flankiert. Gegenüber der frühmittelalterlichen Situation zeigt das Gelände heute zwar eine völlig veränderte Gestaltung durch großflächige Bodeneingriffe und auch Aufschüttungen, doch ist die Gesamtsituation zu rekonstruieren. Über den Geländesporn führte ein mittelalterlicher Handelsweg hangparallel von der Elbfurt bei Schnakenbek im Osten kommend über Hamburg nach Nordwesten über Wedel nach Elmshorn und Itzehoe mit Esesfelth. Das Alter des Weges ist noch nicht geklärt.

Strategisch gesehen war die Lage Hamburgs am Nordrand des breiten nassen Elbtales für die hier tätigen politischen Kräfte des Frankenreichs ungünstig, denn der König und die zuständigen Erzbischöfe saßen westlich der Elbe. Gegen militärische Vorstöße von Osten (Obodriten) oder Norden (Dänen) gab es nach bisheriger Kenntnis keine Vorposten, und ein direkter Entsatz durch das Elbtal war nicht sofort möglich. Wie gefährdet die Lage Hamburgs war, verdeutlicht das wikingische Flottenunternehmen 845 aus einer dritten Stoßrichtung, nämlich von der Elbe. Zwar war 809 die Burg Esesfelth gegen die Dänen errichtet worden, doch die Absicherung nach Osten, die zugleich den Elbübergang bei Artlenburg hätte schützen müssen, ist ungewiss. Zwar wurde 822 die Burg Delbende erwähnt, danach aber nicht wieder, und diese Burg konnte bisher nicht lokalisiert werden.

Da schriftliche Hinweise fehlen, die den Anlass oder Zweck beschreiben, die zum Bau der Anlagen auf dem Hamburger Geländesporn geführt haben, sind verschiedene Möglichkeiten zu prüfen. Diese reichen von Verteidigungs- und Schutzanlagen an Gebietsgrenzen, an Handelsstraßen und in zentralen Orten bis zur Einrichtung von Verwaltungs- oder gar Herrschaftssitzen. Doch wodurch zeichnen sich diese Funktionen im archäologischen Befund aus? Zu erinnern ist hier an die Diskussion um die Funktion der Burg bei Hollenstedt, Lkr. Harburg[29].

Während der Aufbau der beiden Grabenanlagen 1 und 2 ungeklärt bleibt, weil selbst die Gräben unvollständig erhalten sind, besteht eine Vorstellung von der Konstruktion der späteren Burgwall-Befestigung der Phase IV. Auch für die jüngere Anlage sind bisher der Auftraggeber/Erbauer, die Funktion und die genaue Zeitstellung unbekannt.

Natürlich liegt es nahe, zunächst jene Burgen vergleichend zu betrachten, in denen in den letzten Jahren Ausgrabungen stattgefunden haben und die mit Burgen in Verbindung gebracht werden, die laut schriftlicher Überlieferung zur Zeit der Sachsenkriege von fränkischer Seite erbaut wurden. Gemeint sind die Burgen Esesfelth bei Itzehoe, Kr. Steinburg, und die Vietzer Schanze auf dem Höhbeck, Lkr. Lüchow-Dannenberg (s. Beiträge Thorsten Lemm u. Jens Schneeweiß). Gewisse Gemeinsamkeiten mit den beiden Kreisgräben vom Domplatz sind höchstens in der vorkarolingischen Grabenanlage bei der Esesfelth zu erkennen[30]. Deshalb muss die Suche auf die Burgen in Schleswig-Holstein und Niedersachsen erweitert werden. Doch nur in wenigen fanden aussagekräftige Untersuchungen statt, sodass es bisher zu keinen vergleichenden Studien gekommen ist[31]. Deshalb bleiben fast nur die Publikationen älterer Ausgrabungen für den Vergleich.

Die Suche soll mit der Topografie der Burgen im sächsischen Siedlungsraum beiderseits der Elbe beginnen; ein zusätzlicher Blick in das Herzogtum Lauenburg, nach Ostholstein und Mecklenburg wäre sinnvoll. Die Befestigungen auf dem Geländesporn in Hamburgs Innenstadt lagen erhöht über dem Steilufer des Elbtals und nutzten die Geländestruktur mit zwei Rinnen. Zum Vergleich bietet sich die Anlage auf dem Höhbeck, Lkr. Lüchow-Dannenberg, an, während die Bökelnburg, Kr. Dithmarschen, die auf einer freistehenden deutlichen Kuppe errichtet worden ist, nicht in Frage kommt. Nicht ganz so ausgeprägt ist die Lage der Kaaksburg und der Burg Esesfelth bei Itzehoe, beide Kreis Steinburg, auf leicht ansteigendem Gelände am Rande von Flussniederungen. Mit den Niederungsburgen in Groß Thun und Hollenstedt bestehen von der Lage her keine Ähnlichkeiten. Auch wenn im benachbarten slawischen Siedlungsraum in Südholstein mehrere Burgen liegen, befindet sich nur die Burg Alt-Fresenburg bei Bad Oldesloe, Kr. Stormarn, in einer ähnlichen Lage. Höhenburgen wie der Sirksfelder Wallberg bzw. Niederungsburgen wie der Runwall bei Kasseburg, beide Kr. Herzogtum Lauenburg, bieten keine Vergleichspunkte. Soweit Untersuchungen in den genannten Burgen stattfanden, scheint nur die in Esesfelth einen Doppelgraben zu besitzen, der ein Rund bildete.

Ein Blick über die Elbe in den linkselbischen sächsischen Lebensraum ergibt in Hamburgs Süden und im Landkreis Harburg vier Ringwallanlagen[32]. Von diesen erfuhr nur die Burg bei Hollenstedt Datierungsversuche, von denen der erste Ansatz in das frühe 9. Jahrhundert inzwischen verneint wird[33]. Auch von den meisten Burganlagen in den benachbarten Landkreisen liegen weder bautechnische Kenntnisse noch Datierungen vor. Immerhin ist auffällig, dass man keine dieser Anlagen für die frühkarolingische oder eine noch frühere Zeit beansprucht hat[34]. Deshalb überraschten die Dendrodaten von Hölzern aus der Niederungsburg bei Groß Thun[35] und die ^{14}C-Ergebnisse der neuen Untersuchung an der Höhenburg Borg bei Bomlitz, Lkr. Heidekreis[36].

Der kurze Überblick zeigt, dass man Burgen in der nordwestdeutschen Tiefebene während des 8. und 9. Jahrhunderts anscheinend aufgrund politischer und militärischer Ziele errichtet hat. Dafür hat man die topografischen Voraussetzungen genutzt und dem Gelände entsprechend die Bauweise variiert. Für genauere Aussagen sind spezielle Studien Voraussetzung. Dies betrifft beispielsweise die Frage, ob die Anlagen in Hamburg »*sächsischer*«, »*fränkischer*« oder »*slawischer*« Entstehung waren, sofern sich im Sand des Domplatzes überhaupt gravierende bautechnische Unterschiede abzeichnen konnten. In den folgenden Kapiteln des Bandes wird darauf näher eingegangen. Damit wäre die Suche nach den Bauherren auch bei besserer Erhaltung der konstruktiven Details keine Aufgabe für die Archäologie, sondern für die Geschichtswissenschaft; denn wer entschied über die Lage einer Burg bzw. über deren Konstruktion? Eine zentrale Macht oder eine regionale Kraft? Entsprechende Beispiele zeigen Graf Egbert als Beauftragten des fränkischen Kaisers in Esesfelth bzw. die fränkisch-sächsischen Truppen entlang der Elbe. Oder lag die Entscheidung bei dem ausführenden Baumeister?

SIEDLUNGEN

Als Vergleichsbeispiele zurr Besiedlung in der Hamburger Innenstadt lassen sich einige großflächig untersuchte Siedlungen aus dem Landkreis Harburg und aus dem nördlichen Hamburg heranziehen. Es handelt sich um Flachsiedlungen. Diese Siedlungsplätze zeigen einen recht vielseitigen Aufbau. So setzte sich die Siedlung bei Daerstorf, Gde. Neu Wulmstorf, aus langen dreischiffigen Pfostenbauten, aber auch aus kleineren rechteckigen Pfostenbauten, daneben zahlreichen Grubenhäusern, Rutenbargen, langschmalen Pfostenbauten sowie Zisterne und Brunnen zusammen *(Abb. 8)*. Die Hausbauten weisen nur in wenigen Fällen Überschneidungen oder mehrere Bauphasen auf. Es haben anscheinend mehrere Höfe gleichzeitig bestanden. Erst in wenigen Fällen gelingt es, die Höfe in eine zeitliche Abfolge zu bringen. Die anderen Ausgrabungen erreichten nur kleinere Ausmaße, sodass die jeweils freigelegten Bereiche nicht die Vielzahl an Gebäuden aufweisen. Allen diesen Siedlungen gemeinsam ist der ländliche Charakter, wie Viehställe und unterschiedliche Vorratsbauten sowie kleinere Werkplätze erkennen lassen[37]. Es handelt sich weder um Ansiedlungen mit vorstädtischer Struktur noch um Ansammlungen von Bauten im Schutze einer Burg oder an einem Handelsplatz, wie sie in Hamburgs Innenstadt zu erwarten sind.

SIEDLUNGSKONTINUITÄT

Die meisten der bisher erkannten Siedlungsplätze aus dem frühen Mittelalter im Landkreis Harburg liegen in der Feldmark heutiger Ortschaften. Das heißt, es besteht dort keine Ortskonstanz. Es ist höchstens eine Siedlungskontinuität innerhalb der Gemarkung seit dem

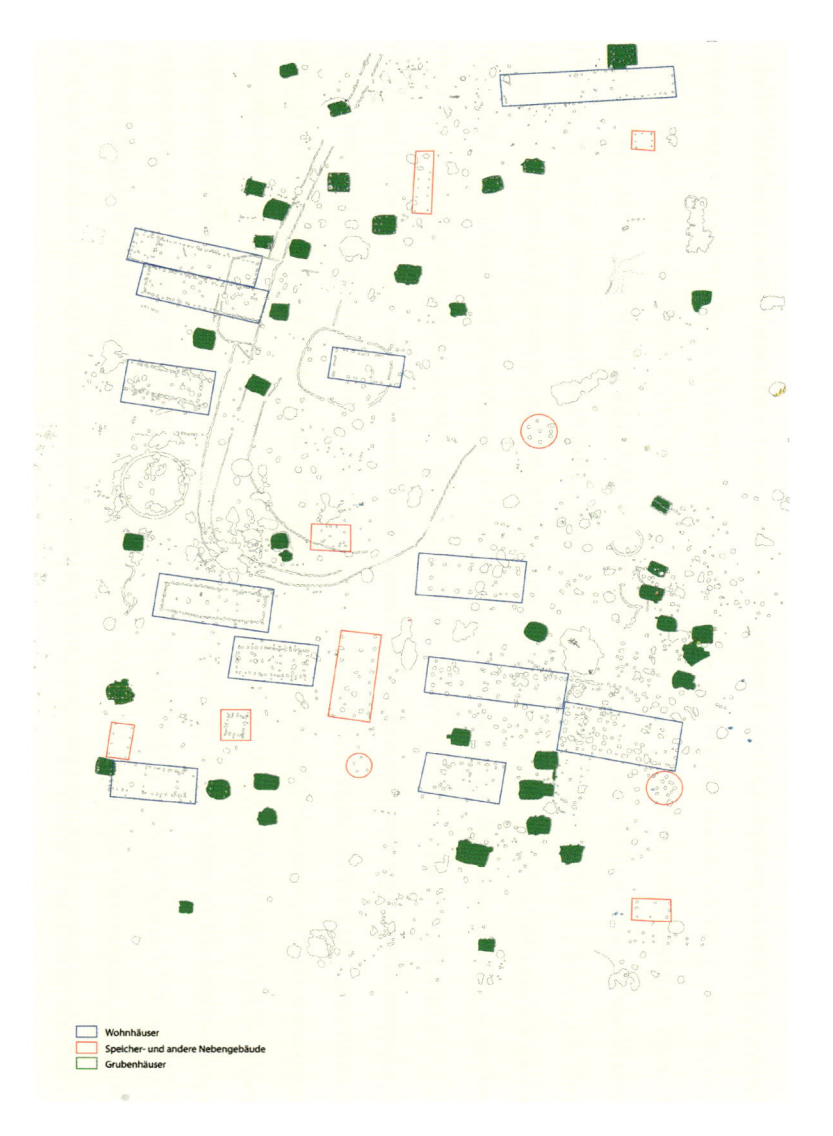

8 Spätsächsische Siedlung, Ausschnitt aus dem Grabungsplan. Daerstorf, Gde. Neu Wulmstorf, Lkr. Harburg. Abb. o. M

frühen Mittelalter zu belegen. Die bisher bekannten Siedlungsplätze des 8./9. Jahrhunderts wurden im 10. oder noch im 11. Jahrhundert zugunsten eines neuen Standortes, meistens wohl im heutigen Ortszentrum, verlassen. Selbst wenn urkundliche Nennungen für Orte wie Bendestorf oder Lüllau, beide Lkr. Harburg, aus dem 9. Jahrhundert existieren, ist damit nicht gewährleistet, dass dort eine Ortskonstanz bis in die Gegenwart besteht, weil die archäologischen Belege noch fehlen. Man wird davon ausgehen müssen, dass es in der ottonischen und salischen Zeit zu Umstrukturierungen im Besitz- und Verwaltungsbereich gekommen ist.

Diese begrenzte Siedlungskontinuität kann auch anhand mehrerer der traditionellen frühmittelalterlichen Bestattungsplätze im Landkreis Harburg bis in das späte 9. Jahrhundert, vielleicht bis in das frühe 10. Jahrhundert bestätigt werden, doch verhindert das Fehlen von Beigaben genaue Auskünfte. Das Ende dieser Gräberfelder wird in der Literatur immer mit dem Wechsel zu den Kirchhöfen, die gewöhnlich in einem zentralen Dorf lagen, begründet. Andererseits gibt es aber keine gezielten Untersuchungen auf frühen Kirchhöfen, sodass deren Beginn unbekannt bleibt. Immerhin gelang es Hans Drescher, auf dem alten Kirchhof in Tostedt Bestattungen freizulegen, die er der zweiten Holzkirche und damit dem 9. Jahrhundert zuordnen konnte[38].

Nördlich der Elbe lässt sich die Kontinuitätsfrage wegen der schütteren archäologischen Basis nicht verfolgen. Wenigstens für Bramfeld und Poppenbüttel, beide Hamburg, sowie Pinneberg kann festgehalten werden, dass die frühmittelalterlichen Ansiedlungen nicht im späteren Ortskern lagen. Entsprechend sind in dem alten Kirchort Hamburg-Bergstedt bisher keine frühmittelalterlichen Befunde oder Funde erkannt worden. Die Konstanz- und Kontinuitätsfrage muss selbstverständlich auch an das Zentrum von Hamburg gerichtet werden. Durch die besondere Lage und die schriftlich erwähnten überregionalen Funktionen des Ortes ließe sich eine Besiedlungskonstanz spätestens seit dem 9. Jahrhundert erwarten, trotz der Zerstörung 845. Doch beides muss erst archäologisch abgesichert werden. Deshalb ist zunächst zu klären, ob es in der Innenstadt während des 8.–10. Jahrhunderts bevorzugte Besiedlungsbereiche gegeben hat, ob diese konstant bewohnt waren, ob Bereiche mit Besiedlungslücken existierten oder ob sich sogar Besiedlungsverlagerungen abzeichnen. Zu fragen ist dann, inwieweit und wann das Gelände des heutigen Domplatzes von Besiedlungsphasen betroffen war. Und schließlich ist zu untersuchen, welche Rolle der Nordhang des Geländesporns zur Alster hin für die frühmittelalterliche Siedlungstopografie Hamburgs spielte.

KIRCHEN – CHRISTIANISIERUNG

Mit der Ernennung Ansgars zum Bischof mit Sitz in Hamburg (s. Beitrag Henrik Janson) erfolgte eine Aufwertung des Ortes Hamburg. Über mögliche frühere kirchliche Bauten und die Aktivitäten Ansgars als Bauherrn geben nur schriftliche Quellen Auskunft. Von archäologischer Seite gibt es keinerlei Hilfen. Es sind in Hamburgs Mitte weder Spuren von frühen Kirchen oder Bestattungen mit christlichen Symbolen noch andere Hinweise auf christliche Aktivitäten im 9. Jahrhundert entdeckt worden. Auch aus dem Umland liegen bisher keine Belege darüber vor, ob Ansgar und damit die christliche Mission in Südholstein Neuland betraten und erfolgreich wirkten.

Dagegen stehen der Diskussion linkselbisch Ausgrabungsergebnisse von mehreren Friedhöfen unterschiedlicher Struktur und aus einigen Kirchen neben schriftlichen Auskünften zur Verfügung. Erste Hinweise auf eine Christianisierung einzelner Familien oder der ganzen Bevölkerung bietet die Ausgrabung in Tostedt, Lkr. Harburg. Dort gelang es Hans Drescher, vier Kirchengrundrisse übereinander nachzuweisen. Die älteste Kirche, einen kleinen Holzbau, datierte er anhand einiger Tonscherben in das frühe 9. Jahrhundert. Und die Gräber neben dem zweiten Kirchenbau auf dem Kirchhof verdeutlichen die erfolgreiche Durchsetzung der fränkischen Gesetze durch den lokalen oder regionalen Amtsträger[39]. Dagegen herrschten auf den zeitgleichen Gräberfeldern in den Landkreisen Harburg und Lüneburg noch heidnische Sitten vor. Sehr deutlich zeigt sich hieran, wie schwer der Nachweis einer erfolgreichen Christianisierung eines ganzen Landstriches zu erbringen ist, wenn wie hier im südlichen Niederelbegebiet bis in das späte 9. Jahrhundert trotz der angedrohten schweren Strafen Bestattungen bei den Gräbern der heidnischen Ahnen und neben urgeschichtlichen Grabmälern stattfanden, während zugleich bereits Kirchfriedhöfe in Nutzung kamen[40].

AUSBLICK

Befestigung – Kirche – Handelsplatz bzw. *Graf – Bischof – Händler – Handwerker*: Aufgrund der neuen archäologischen Belege begann der Ort Hamburg mit einer befestigten Anlage, die sich in den Resten eines Kreisgrabens dokumentiert. An diese Befestigung waren verschiedene Aufgaben und Personen gebunden, die für die Bedeutung dieses Standortes sprechen. Doch kann die Archäologie dies bisher nicht mit weiteren Funden und Befunden untermauern. Erst für das fortgeschrittene 9. Jahrhundert kommen spärliche weitere Ausgrabungsergebnisse hinzu, die in Verbindung mit schriftlichen Quellen und Rückschlüssen, die aus Vergleichen mit anderen Orten gewonnen werden, die Entwicklung Hamburgs zu einem Ort mit einer gewissen Bedeutung aufzeigen. Um diese Stellung des kleinen Ortes Hamburg seit dem frühen Mittelalter in der Region zu verdeutlichen, bedarf es einer sichtbaren Verbesserung des archäologischen Wissensstandes in Südholstein, d. h. in Hamburg und über dessen Grenzen hinaus. Diese Forderung richtet sich auch auf den linkselbischen Raum.

ANMERKUNGEN

1 Schindler 1960, 107–109, 169, 267, 248, 244; v. Richthofen 1939; Ahrens 1966, 426–438; Thieme 1996.
2 Kempke 2002; Kersten 1951, u. a. 107–115; Struve 1971; Schmid-Hecklau 2002; Först 2002, 70–72; Thieme 2004a, 383.
3 Kempke 1998.
4 Thieme 2013, Abb. 1.
5 Thieme 2005.
6 Ahrens/Wrobel 1993.
7 Schindler 1952a.
8 Kirchen: Hittfeld (Richter 1993), Tostedt (Drescher 1985); – Gräberfelder: u. a. Elstorf (Brandt et al. 2011), Ketzendorf (Ahrens 1983), Oldendorf (Laux 1983), Wulfsen (Thieme 2004b).
9 Schindler 1960, 41–59; Bohnsack 1961, 146-149; Harck 2002; Christeleit 2011.
10 Kersten 1951; Schmid-Hecklau 2002.
11 Kersten 1939; 1951; Hingst 1959; Schindler 1960; Ahrens 1966.
12 Schindler 1952b; Laux 1993.
13 Schindler 1952b.
14 Hamburg-Bergedorf (Schindler 1960, 66), Rensing (Kersten 1939, 457), Pöschendorf (Kersten 1939, 435), Immenstedt (Stein 1967, 348), Bendorf (Stein 1967, 332).
15 Schindler 1958b; Laux 2002; v. Richthofen 1939; Ahrens 1966, 426–438.
16 Thieme 2011, 102 f.
17 Thieme 1996; 2011, 103 f.
18 Bärenfänger 1988; Laux 2005, 327, dort weitere Lit. von F. Laux.
19 Brandt 2008.
20 U. a.Wegewitz 1968; Ahrens 1983; Laux 1983; 1987c; 1993; Thieme 2004b; 2013.
21 Först 2002; Thieme 2004a.
22 Ahrens 1973; Ahrens/Wrobel 1993; Laux 1997.
23 Gebers 2004; Assendorp/Kunze 2010.
24 Thieme 2013.
25 Hübener 1993.
26 Gebers 2004; Assendorp/Kunze 2010.
27 Drescher 1973.
28 Assendorp/Kunze 2010.
29 Ahrens/Wrobel 1993, 295-297; Laux 1997, 7–14.
30 Lemm 2013a, Abb. 2.
31 Struve 1981; Heine 1991; Ettel 2013c.
32 Richter 1990.
33 Ahrens 1973; Ahrens/Wrobel 1993; Laux 1997; Kempke 1998.
34 Heine 1991.
35 Schäfer/Scherf 2008; Nösler 2011.
36 Andraschko/Heine/Hering 2011.
37 Schindler 1958b; Thieme 2004a.
38 Drescher 1985.
39 Ebd.
40 Laux 1987c.

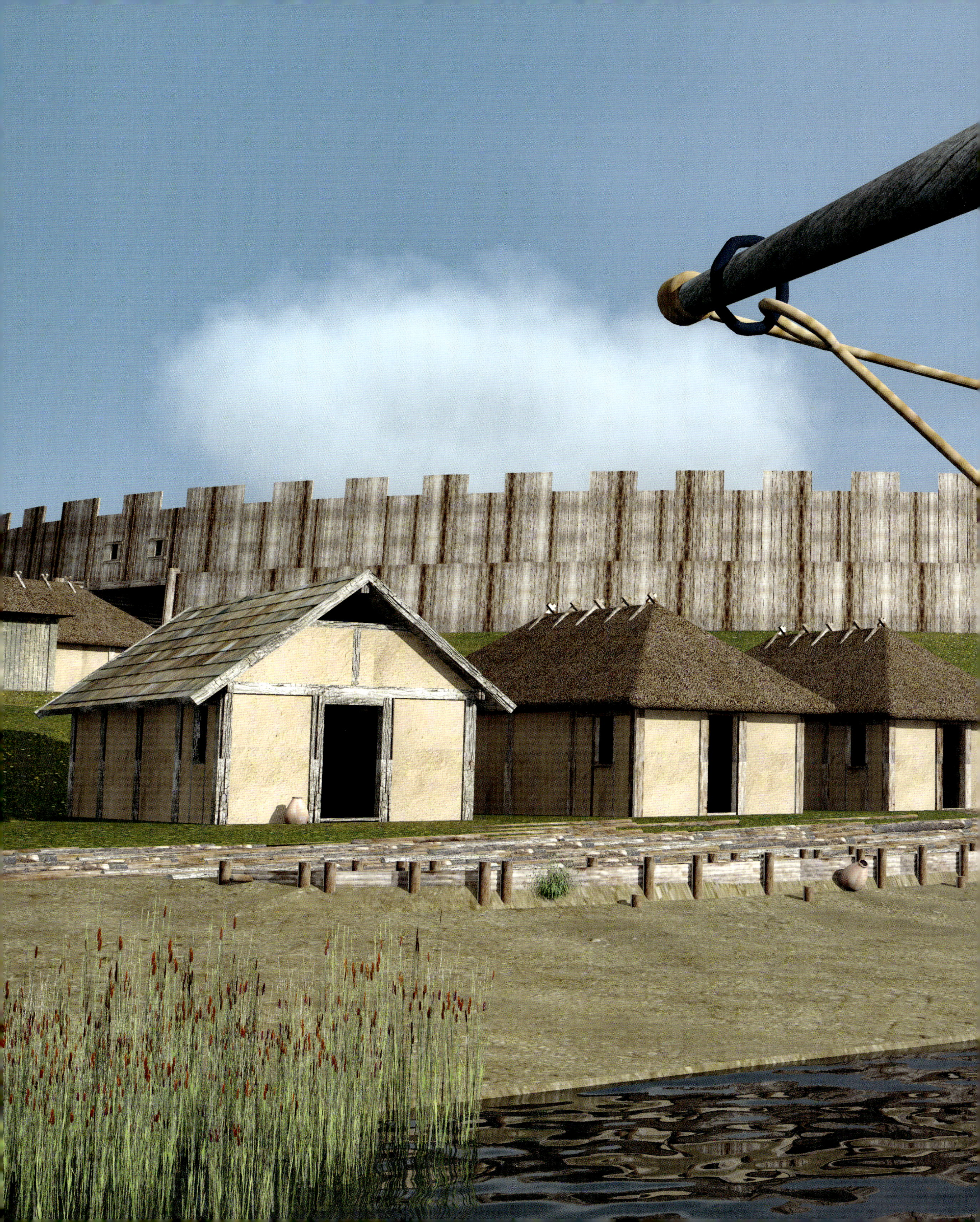

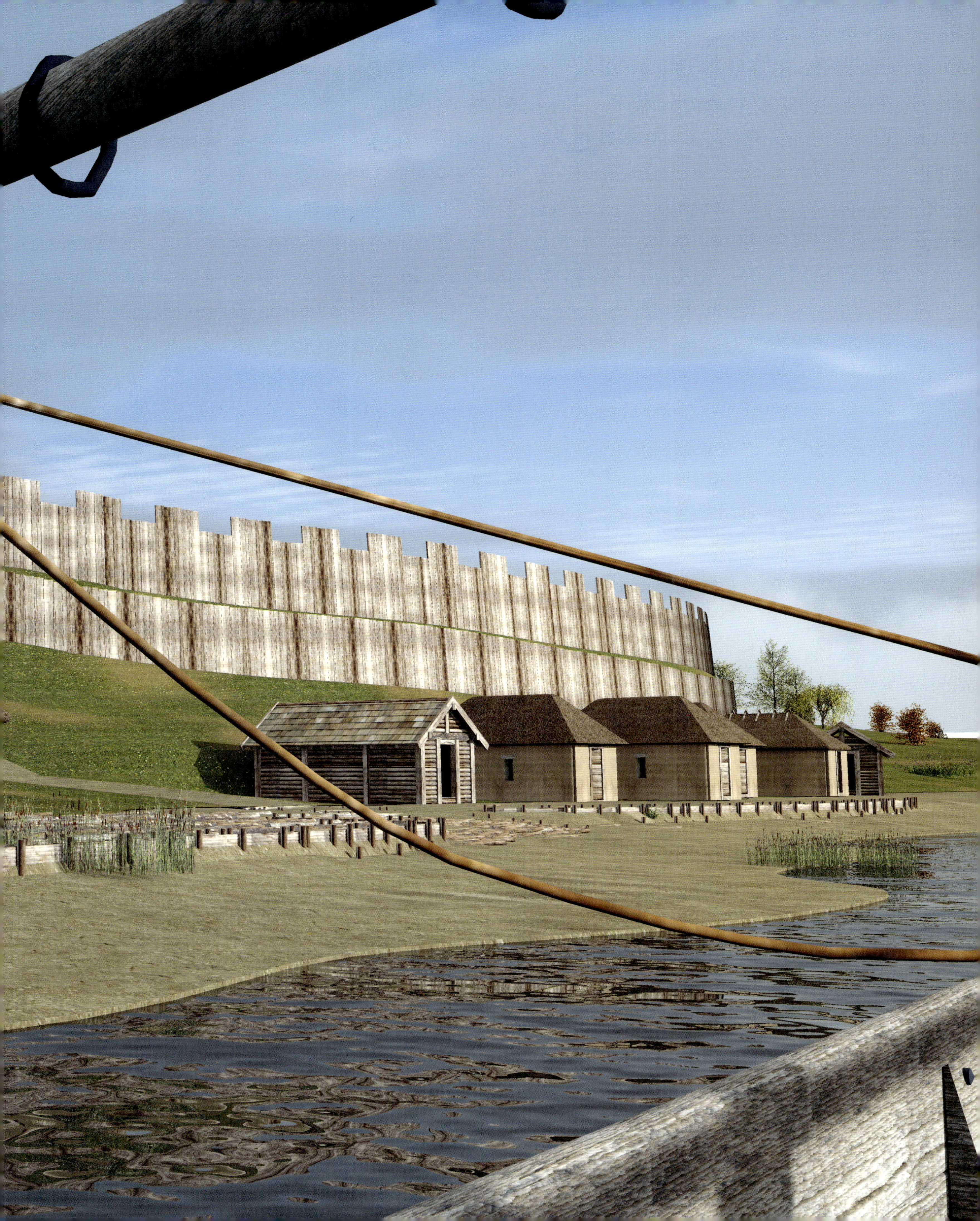

Ham(ma)burg im Spiegel der Reichspolitik des 9. bis 11. Jahrhunderts

Tafel 9 Virtuelle Rekonstruktion Hammaburgs im 10. Jahrhundert.
Ansicht von Südwesten aus einem Schiff, das sich der Schiffslände unterhalb der Hammaburg nähert.

Karolingische und ottonische Politik in Sachsen

Stephan Freund

»*Aber Karl der Große, der tapferste der Könige, stach durch große Weisheit hervor. [...] Er überlegte hin und her, wie der Stamm* [i.e., der Sachsen, St. Fr.] *auf den rechten Weg zu führen sei. Und er zwang ihn teils durch sanfte Überredung, teils durch kriegerische Attacken dazu. [...] So wurden die, die einst Bundesgenossen und Freunde der Franken waren, nun Brüder, und wie wir jetzt sehen, wurde aus dem christlichen Glauben gleichsam ein Stamm.*«[1]

Die durch Widukind von Corvey im 15. Kapitel des ersten Buches seiner Sachsengeschichte zusammengefasste Bewertung der Auswirkungen der Herrschaftszeit Karls des Großen auf die sächsische Geschichte veranschaulicht aufs Beste die zu behandelnde Thematik und deren Problematik: Eine über dreißigjährige blutige Auseinandersetzung des späten 8. und frühen 9. Jahrhunderts wird in wenigen Worten und ohne irgendwelche Einzelheiten als Vorgeschichte der Zustände im letzten Drittel des 10. Jahrhunderts geschildert und in sanftes Licht getaucht, der sogenannte ›Sachsenschlächter‹ Karl der Große zum weisen König und Gründervater stilisiert. Welche dramatischen und zum Teil langwierigen Entwicklungen dem Urteil des Corveyer Mönchs vorangegangen sind, soll im Folgenden aufgezeigt werden.

Karolingische und ottonische Politik in Sachsen (*Abb. 1*) zu behandeln, heißt Verhältnisse des 9. mit denen des 10. Jahrhunderts vergleichend zu betrachten. Mit der Aufgabe verbindet sich eine ganz grundsätzliche Problematik: Die Situation in Sachsen hat sich in diesen zwei Jahrhunderten grundlegend verändert – sowohl im Inneren als auch in Bezug auf das Reich. Das zur Zeit Karls des Großen dem fränkischen Großreich angegliederte, aber Rand- und in Teilen Grenzzone bleibende Sachsen (*Abb. 2*) war in der Zeit der Ottonen zum Mittelpunkt der Königsherrschaft avanciert. Dieser Wandel betraf auch die über Geschehnisse in Sachsen berichtenden Quellen: Die Ereignisse der Karolingerzeit wurden ausnahmslos von nichtsächsischen Autoren aus dem Rückblick geschildert und damit aus der Fremdperspektive und überwiegend mit gehörigem zeitlichem Abstand. Die wenigen zeitnahen Berichte sind im Umfeld des karolingischen Hofes entstanden[2]; spätere Nachrichten entstammen im Wesentlichen Heiligenviten[3]. In ottonischer Zeit wird dann vornehmlich die sächsische Sicht transportiert, also die Binnenperspektive. Die seit der Mitte des 10. Jahrhunderts schreibenden Verfasser erzählen häufig auch die Geschichte des späten 8. und frühen 9. Jahrhunderts, jedoch in stilisierter Form und vielfach im Bestreben, ihr einen anderen Anschein zu verleihen und sie zur Vorgeschichte des sächsischen Aufstiegs umzudeuten[4]. Man hat diesen Vorgang als eine mittels der Historiografie vorgenommene ›Vergangenheitsbewältigung‹ bezeichnet[5]. Das Paradebeispiel dafür bieten die eingangs zitierten Sätze Widukinds von Corvey, der in seiner in den 960er Jahren verfassten Sachsengeschichte die blutige Niederwerfung und Zwangschristianisierung seines Volkes während der Zeit Karls des Großen stilisierend verklärt hat und damit das sächsische Trauma zu überwinden sucht[6].

Zu diesen zeitlichen und inhaltlichen Bezugspunkten treten Hamburg und Magdeburg als räumliche hinzu. Beide können in gewisser Hinsicht exemplarisch für die politischen Entwicklungen des 9. und 10. Jahrhunderts stehen: Beide Orte wurden zum Sitz eines Erzbischofs, wobei der Weg dorthin jeweils ein gänzlich anderer war und sich vor einem gewandelten historischen Kontext vollzog. Insofern sind beide Orte Spiegel der Wandlungen von der Karolingerzeit zur Ottonenzeit.

KRIEG UND MISSION – DIE KAROLINGISCHE POLITIK IN SACHSEN

Die karolingische (Kirchen-)Politik in Sachsen lässt sich am besten mit den Wörtern ›Krieg‹ und ›Mission‹ charakterisieren[7]. Beides entspricht den den Quellen zu entnehmenden Ereignissen und Maßnahmen, und beides – insbesondere der Gedanke der christlichen Mission –

1 Sachsen zur Zeit Ottos des Großen.

steht im Zentrum der Darstellungsabsicht der damals entstandenen Texte.

Im Sommer des Jahres 772 begab sich Karl der Große mit einem militärischen Aufgebot nach ›Sachsen‹**8**. Das zunächst als zeitlich befristete Strafexpedition begonnene Unternehmen endete schließlich nach jahrzehntelangen erbitterten Auseinandersetzungen zu Beginn des 9. Jahrhunderts mit der Eroberung und Einverleibung Sachsens ins Fränkische Reich**9**. Dabei handelt es sich um eine Kette von einzelnen, gleichwohl aber miteinander zusammenhängenden Kämpfen, die bereits von den Zeitgenossen als »*langwierigste, grausamste und für das Frankenvolk anstrengendste* [Auseinandersetzung], *die es je geführt hat*«, bezeichnet wurde**10**.

Innerhalb dieser sogenannten ›Sachsenkriege‹ sind mehrere Phasen mit unterschiedlichen Akzenten auszumachen: Eine erste Phase von 772–776; die zweite von 776–785 sowie eine dritte, die bis ins Jahr 804 andauerte.

Die erste und die zweite Phase sind durch eine zunehmende Eskalation der Gewalt(-bereitschaft) gekennzeichnet. Es kam zur Zerstörung heidnischer Kultstätten, zu zwangsweisen Massentaufen, zum berüchtigten Blutbad von Verden an der Aller (782) sowie zum Erlass harter, die sächsische Eigenständigkeit und Identität drastisch einschneidender Verordnungen in Form sogenannter Kapitularien. Am folgenreichsten war die *Capitulatio de partibus Saxoniae* des Jahres 782, in der bereits für geringfügige Verstöße gegen kirchliche oder weltliche Gebote die Todesstrafe angedroht wurde, darunter selbst Zuwiderhandlungen gegen die christlichen Fastengebote. Eigenständige sächsische Versammlungen wurden gänzlich untersagt. Am Ende dieser zweiten Phase wurden mit der Taufe des sächsischen Anführers Widukind in Attigny im Jahre 785, für den Karl der Große demonstrativ die Patenschaft übernahm, sowie mit der Bestellung vornehmer Sachsen zu Grafen aber auch erste Ausgleichsversuche unternommen. Es folgte eine Zeit relativer Ruhe, ehe es 793 erneut zu Aufständen kam. Die Auseinandersetzungen dieser dritten Phase fanden vorwiegend im Elb-Weser-Dreieck – also im weiteren Umfeld Hamburgs – statt. Erbitterte Kämpfe, vielleicht sogar Zwangsdeportationen sächsischer Gruppierungen gingen parallel zu Versuchen zu deeskalieren: Sächsischen Großen wurden Verwaltungsaufgaben übertragen, und die Kapitariengesetzgebung wurde mit dem *Capitulare Saxonum* (797)

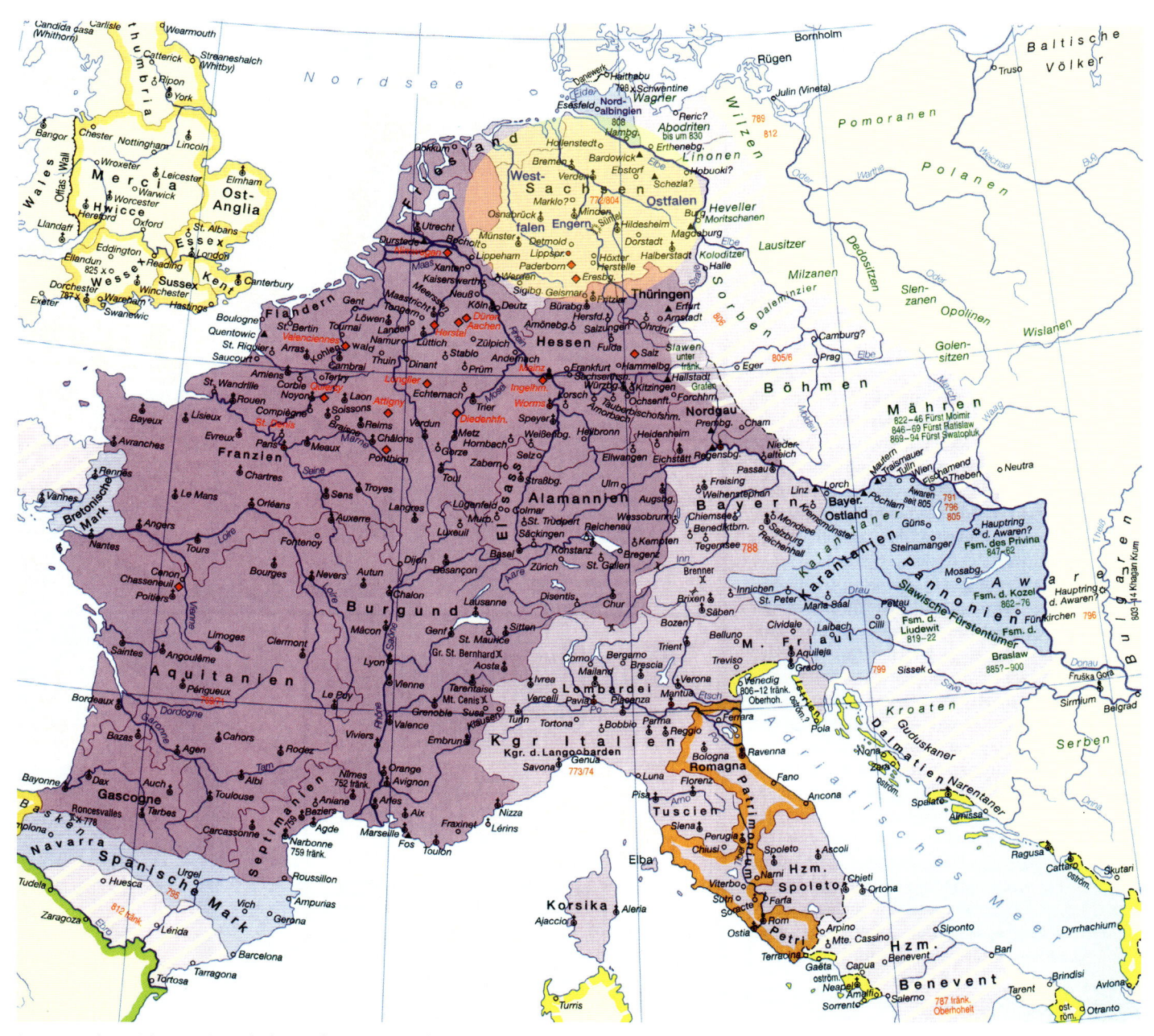

2 Das Frankenreich zur Zeit Karls des Großen 768–814; hervorgehoben: Sachsen.

deutlich abgemildert. Zuletzt erfolgte auf fränkisches Geheiß um 802/03 die Kodifizierung der *Lex Saxonum*. Mit dieser schriftlichen Aufzeichnung des sächsischen Rechts wurde dessen Eigenständigkeit anerkannt und erhielten die Sachsen Teile ihrer Identität wieder.

Die lange Dauer der Auseinandersetzung hatte ihre Ursachen in der andersgearteten Struktur des sächsischen Volkes sowie in der Verknüpfung von Krieg und Mission. Während die innere Ordnung der Franken weitgehend hierarchisch auf den König ausgerichtet war, bildeten die Sachsen einen eher lockeren, aus mehreren Gruppierungen mit jeweils eigenen Anführern bestehenden, polyzentrischen Verband. Die mit den Franken geschlossenen Friedensverträge wurden daher stets nur von einem Teil der Sachsen als verbindlich erachtet[11]. Auf fränkischer Seite erkannte man dies offenbar lange Zeit nicht, weshalb die Nichteinhaltung der Abmachungen erhebliche Verbitterung und eine daraus resultierende massive Verschärfung der Auseinandersetzungen auslöste. Verhängnisvoll wirkte sich auch die Entscheidung des karolingischen Hofes aus, Sachsenunterwerfung und Sachsenmission Hand in Hand gehen zu lassen. Für die zwangsweise zum Christentum bekehrten Sachsen entstand dadurch der Eindruck, die Religion der Sieger aufgezwungen zu bekommen. Die zugleich erfolgende Erhebung des Zehnten zugunsten der Kirche verstärkte dieses Empfinden. Der Verlust von Teilen der bisherigen Identität schürte den sächsischen Widerwillen.

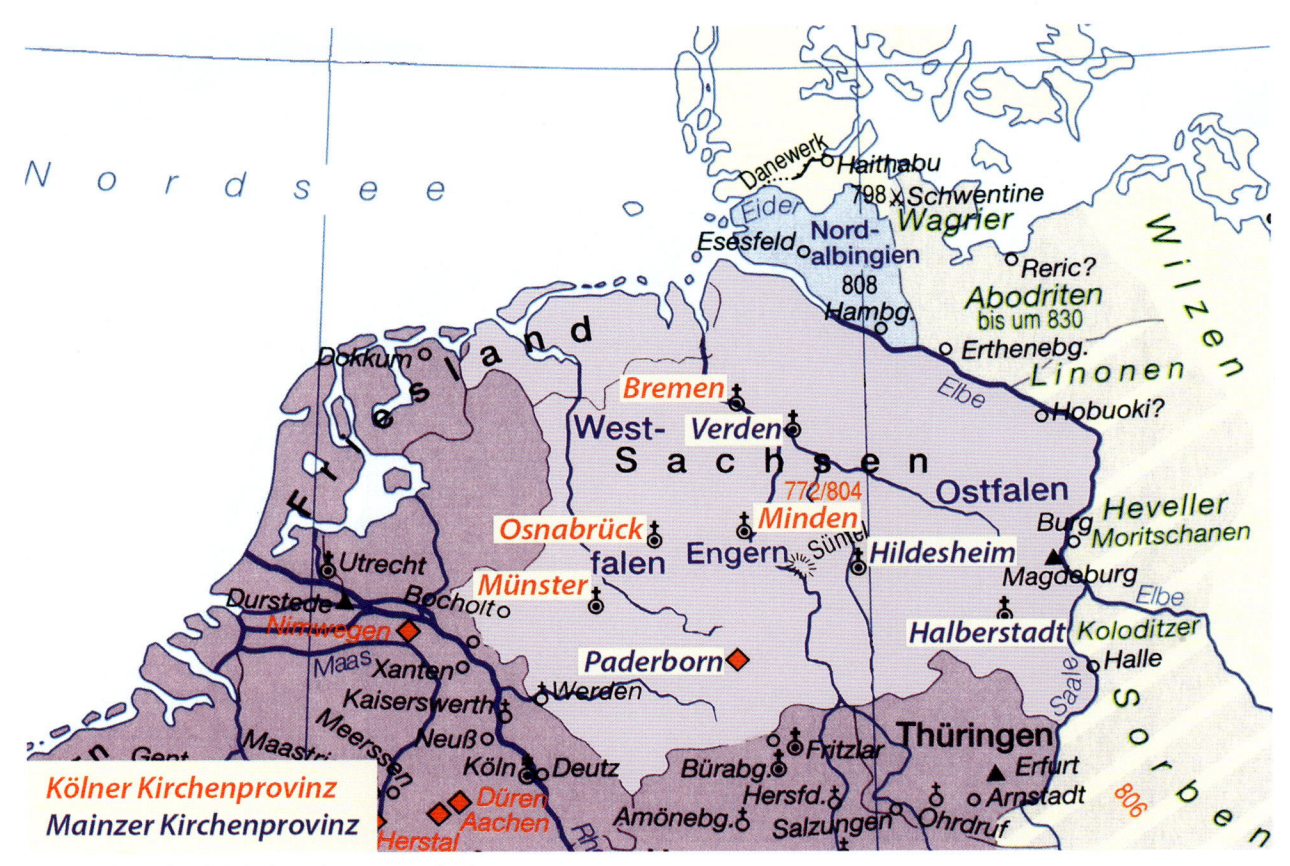

3 Entstehung der sächsischen Bistumsorganisation.

Um den karolingisch-fränkischen Maßnahmen Dauerhaftigkeit zu verleihen, wurde bereits relativ früh der Versuch unternommen, das Gebiet durch kirchliche Institutionen wie Klöster, Zellen und Missionskirchen zu durchdringen[12]. Die Einzelheiten dieses Vorgangs sind jedoch nicht zur Gänze geklärt. Insbesondere ist umstritten, ob bereits zur Zeit Karls des Großen eine umfassende kirchenorganisatorische Gliederung in Form von Bischofssitzen erfolgt ist. Zwar kam es zu einer immer weiter nach Norden ausgreifenden kirchlichen Erfassung des neu eroberten Landes, doch zahlreiche Details dieses Vorgangs, insbesondere die Datierung der Bistumsgründungen, werden kontrovers diskutiert[13]. Folgende kirchenorganisatorische Strukturen entstanden in Sachsen seit dem ausgehenden 8. Jahrhundert (*Abb. 3*): Der Mainzer Kirchenprovinz unterstellt wurden die Bistümer Paderborn (777/806), Halberstadt (781/814), Verden (810) und Hildesheim (814), dem Kölner Metropolitansprengel die Bistümer Bremen (787/89), Osnabrück (778/803), Münster (793/805) und Minden (ab etwa 805). Aus dem Bistum Bremen entwickelte sich infolge der Zerstörung Hamburgs im Jahre 845 – so die bisherige Sicht – ein Erzbistum mit Sitz in Bremen im Jahre 847. Die meisten Maßnahmen wurden von der späteren historiografischen Überlieferung Karl dem Großen zugeschrieben, vielfach wurden sie jedoch erst unter seinem Sohn und Nachfolger Ludwig dem Frommen oder sogar noch später vollends realisiert. In der sächsischen Erinnerung des 10. Jahrhunderts nahm Karl dann jedoch die Gestalt eines ›Gründervaters‹ an, auf dessen – nun als ruhmreich apostrophierte – Taten man sich berief.

Der Schaffung von Bischofssitzen gingen zumeist Stiftungen geistlicher Gemeinschaften voraus. Diese wurden vielfach von den Karolingern selbst vorgenommen bzw. von ihnen initiiert. Regional unterschiedlich ging die Initiative dazu dann allmählich an die Bischöfe und den Adel über. Spätestens in der zweiten Hälfte des 9. Jahrhunderts treten die Karolinger als Gründer nicht mehr in Erscheinung. Dies ist einerseits ein Indiz für die auch in anderen Gegenden des Fränkischen Großreichs zu beobachtende Schwäche des Königtums und seine nachlassende Prägekraft, andererseits aber auch ein Zeichen für die zunehmend gelungene Integration Sachsens ins Reich, die zu einem immer stärker eigenständigen Agieren der in diesem Gebiet wirkenden Großen führte.

Vergleicht man die sächsischen Bistumsgründungen in ihrer Gesamtheit, so sticht – ungeachtet aller Unterschiede im Detail – bei der Betrachtung der späteren Bistümer Bremen und Hamburg regelrecht ins Auge, dass in diesem Gebiet nur sehr wenige geistliche Institutionen geschaffen wurden und die Karolinger hier nur begrenzt tätig waren (*Abb. 4*): Nur das Domstift St. Petrus in Bremen sowie vielleicht noch das Domstift St. Maria in Hamburg[14] sind als karolingische Gründungen an-

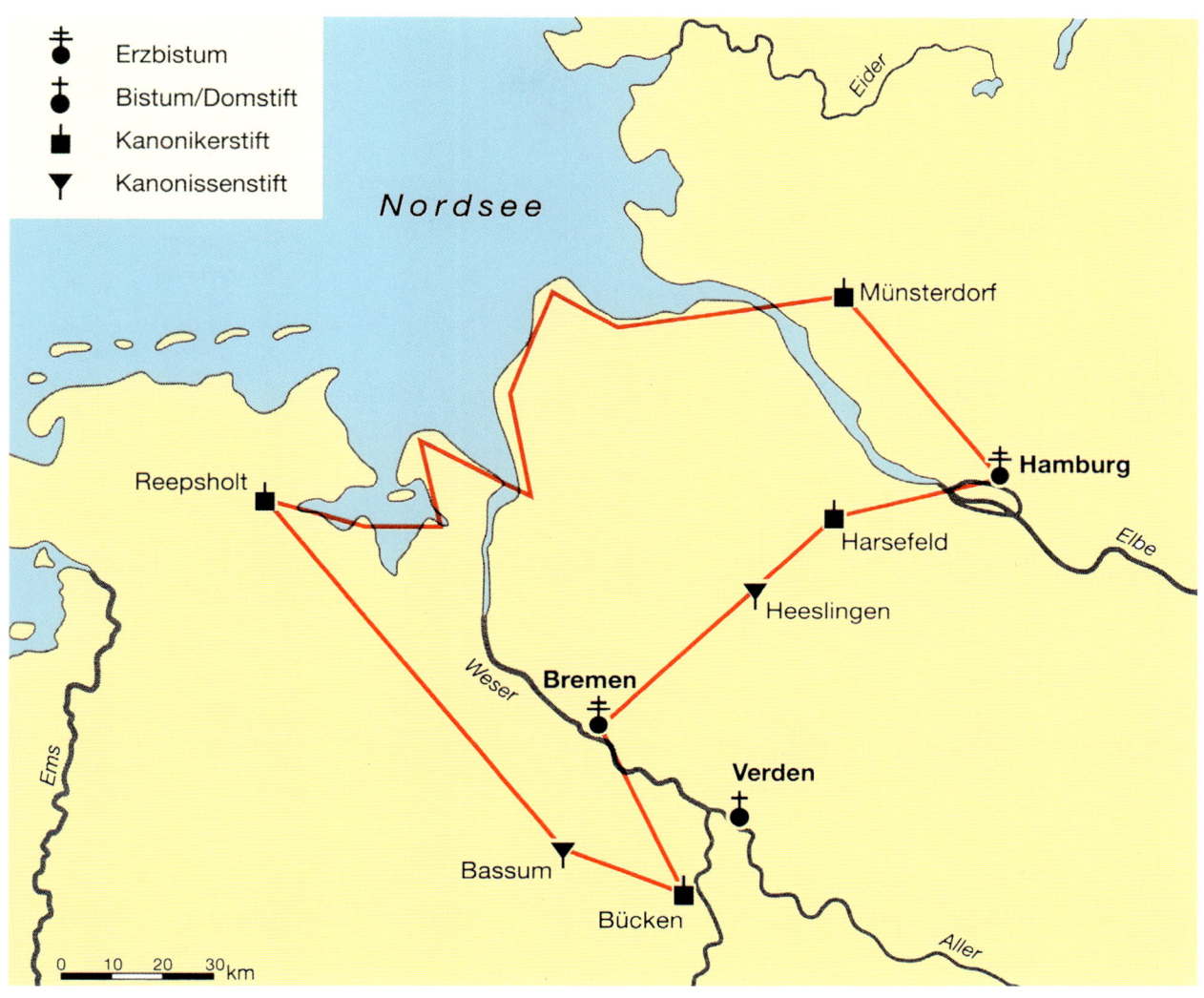

4 Das Erzbistum Hamburg-Bremen bis 1024.

zusprechen. Die wenigen weiteren Gründungen zählen allenfalls zum karolingischen Umfeld und sind deutlich später erfolgt[15]. Erst nach 973 und damit rund 150 Jahre nach der vermeintlichen Schaffung des Erzbistums Hamburg kam es dann zu weiteren adeligen Gründungen[16]. Als Grund dafür, dass in diesem Gebiet nur wenige geistliche Institutionen ins Leben gerufen wurden, wird zumeist die gefährdete Randlage entlang von Elbe und Weser sowie an der Nordsee angeführt[17].

Nach dem Ende der Zeit Karls des Großen (768–814) und Ludwigs des Frommen (814–840) machten sich im Frankenreich zunehmend zentrifugale Kräfte bemerkbar und kam es allmählich zur Ausbildung einzelner Teilreiche mit regionalen Schwerpunkten[18]: Im hier interessierenden Ostfrankenreich waren dies die Rhein-Main-Gegend um Frankfurt sowie Regensburg, also die Mitte und der Süden des Reiches. Spätestens mit Beginn der Herrschaft Ludwigs des Kindes (900–911) war das Königtum nur noch bedingt der Ordnungsfaktor im Reich. Stattdessen begann der von heftigen Konkurrenzkämpfen begleitete Aufstieg einzelner Adelsfamilien, darunter die im Mittelrhein-Maingebiet beheimateten Konradiner, die mit Konrad I. von 911–918 den König stellten und deren Herrschaft sich in Franken und Thüringen konzentrierte[19] sowie die ebenfalls in Thüringen, aber vor allem in Sachsen begüterten Liudolfinger[20].

STIFTUNG UND MEMORIA – DIE ENTSTEHUNG DER OTTONISCHEN SAKRALLANDSCHAFT IN (OST-)SACHSEN

Mit der Königserhebung des Liudolfingers Heinrichs I. im Mai 919 ist das rund 100 Jahre zuvor von den Karolingern annektierte und mit dem Schwert missionierte Sachsen nicht nur endgültig angekommen im Fränkisch-Ostfränkischen Reich, sondern sogar an dessen Spitze gelangt[21]. Dem im Mai 919 zunächst nur durch Franken und Sachsen gewählten Heinrich I. (919–936)[22] gelang es, das infolge der unglücklichen Herrschaft Konrads I. (911–918) in seine einzelnen Bestandteile, die sogenannten jüngeren Stammesherzogtümer, auseinander-

5 Das ostfränkische Reich zu Beginn der Herrschaft Heinrichs I.: Lothringen, Schwaben und Bayern verweigerten Heinrich zunächst die Anerkennung als König.

fallende Rumpfreich (*Abb. 5*) zu einen: Binnen weniger Jahre erlangte er die Anerkennung durch Schwaben und Bayern sowie durch das Westfrankenreich (Vertrag von Bonn 921). Bis 925 konnte überdies Lotharingien dem Reich wieder angegliedert werden. Infolge der Organisation der Landesverteidigung mittels der sogenannten *Burgenbauordnung* wurde schließlich im Jahre 933 durch die Schlacht bei Riade an der Unstrut die Ungarngefahr bewältigt.

Die Herrschaft von Heinrichs I. Sohn Otto I. (936–973)[23] stieß in Teilen der ottonischen Familie, aber auch unter den Herzögen bis in die frühen 950er Jahre auf heftigen Widerstand[24] und war erst seit der Schlacht auf dem Lechfeld im Jahre 955 gänzlich unbestritten. Zur hier interessierenden Bilanz von Ottos Königtum zählen die Reichssynode von Ingelheim im Jahre 948, die Heirat mit Adelheid, der Witwe König Lothars von Italien im Jahre 951 und die damit verbundene Ausweitung der Herrschaft nach Italien, die Kaiserkrönung des Jahres 962 sowie nicht zuletzt die Gründung des Erzbistums Magdeburg im Jahre 968. Sein Sohn und Nachfolger, Otto II. (973–983), bewahrte das Erreichte im Wesentlichen, leitete mit dem Ausgreifen über Rom hinaus in Richtung Unteritalien in der Italienpolitik aber zugleich eine neue Entwicklung ein, die infolge seines frühen Todes unterbrochen wurde. Otto III. (993–1002) knüpfte daran ebenso an wie an die großväterliche Kirchen- und Bistumspolitik, denn während seiner Zeit wurde im Jahre 1000 Gnesen zum Sitz eines Erzbischofs erhoben, wodurch in langfristiger Perspektive Polen Teil des christlich-abendländischen Kulturkreises wurde.

Sachsen, speziell das Umfeld des Harzes, bildete zur Zeit Ottos I. den Herrschaftsmittelpunkt des Reiches, hier entstand bis zu seinem Tode 973 ein dichtes Netz von Königspfalzen sowie neu gegründeten königlichen und adeligen Klöstern und Stiften, das seitens der Forschung als »ostsächsische Königs- und Sakrallandschaft« bezeichnet wird[25]. Räumlich hatte damit gegenüber der Karolingerzeit eine deutliche Verlagerung stattgefunden (*Abb. 6*): Aus einer Randzone war nunmehr die Kernzone des Reiches geworden.

Auf dem Gebiet der Kirchenpolitik wurden einerseits Entwicklungen fortgesetzt, deren Anfänge bereits im 9. Jahrhundert lagen und Teil des Integrationsprozesses

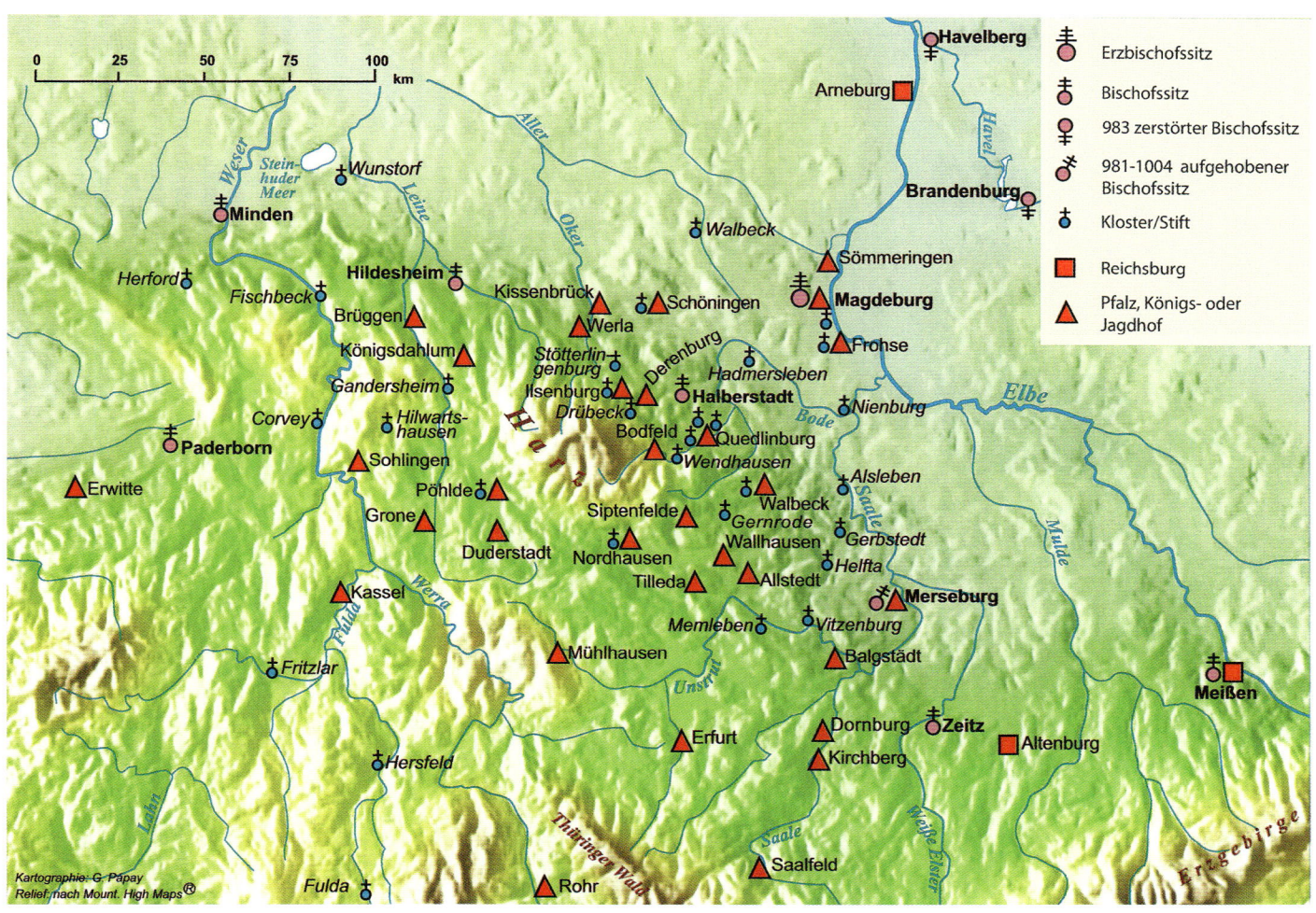

6 Die ostsächsische Königs- und Sakrallandschaft am Ende der Ottonenzeit.

Sachsens ins Frankenreich waren, andererseits kam es aber auch zu markanten Veränderungen: Das Königtum wurde nun erneut zum Initiator kirchlicher Stiftungen, der Adel schloss sich diesem Beispiel rasch an. Inspiriert durch die liudolfingisch-ottonische Familie kam es im 10. Jahrhundert insbesondere in Ostsachsen zur Entstehung zahlreicher Klöster und Stifte, darunter auffallend vielen Frauengemeinschaften, deren Hauptaufgabe in der Pflege der *Memoria* – der ehrenvollen Erinnerung – der Stifterfamilien bestand[26]. Das Damenstift Gandersheim, die früheste liudolfingische Gründung (gegründet 856) bildet gewissermaßen das Bindeglied zwischen der karolingerzeitlichen, zunächst durch das Königtum initiierten, dann vom Adel fortgeführten Stiftungspolitik und der nunmehrigen ottonischen. Als frühe, im ersten Drittel des 10. Jahrhunderts vorgenommene ottonische Gründungen wären Quedlinburg (936) sowie das Moritzkloster in Magdeburg (937) zu nennen, Nordhausen (961–965) und Memleben (vor 979) als Beispiele aus der zweiten Hälfte des 10. Jahrhunderts. Hinzu traten zahlreiche adelige Stiftungen, deren herausragendes Beispiel das Damenstift Gernrode (961) darstellt, doch daneben wären auch weitere Gründungen wie jene in Frose (vor 950) oder Hadmersleben (961) und viele weitere zu nennen.

Die deutlichsten Veränderungen nahmen die Ottonen auf dem Gebiet der Bistumsorganisation vor (*Abb. 7 und 8*). Um das Jahr 948 kam es – vermutlich im Zusammenhang mit der Synode von Ingelheim – zu Bistumsgründungen in Brandenburg und Havelberg[27]. Beide wurden zunächst der Mainzer Kirchenprovinz zugeordnet. Seit Beginn der 950er Jahre[28] verfolgte man am Hofe Ottos des Großen Pläne, die auf eine grundsätzliche Neuorganisation der Bistumsverhältnisse in Sachsen abzielten: Magdeburg sollte Sitz eines Erzbischofs werden[29]. Mit der im Jahre 968 vollendeten Gründung des Erzbistums Magdeburg (*Abb. 8*) wurden zugleich Suffraganbistümer in Meißen, Zeitz und Merseburg neu geschaffen sowie die Bistümer Brandenburg und Havelberg dem Magdeburger Erzbischof unterstellt. Die neue Kirchenprovinz erstreckte sich somit vor allem Richtung Osten und griff damit über die in der Karolingerzeit eroberten Gebiete hinaus. Zudem wurde dadurch ein Gegengewicht zur bisherigen Kölner und insbeson-

7 Urkunde: Otto I. verkündet die Gründung der erzbischöflichen Kirche in Magdeburg. Ausgestellt im Oktober/November 968 in Oberitalien (Ravenna?).

dere Mainzer Stellung in Sachsen geschaffen. Anders als die Karolinger haben die Ottonen darauf verzichtet, die Gebiete östlich der Elbe systematisch ihrem Herrschaftsbereich anzugliedern, sondern sich offenbar mit der Anerkennung ihrer Oberhoheit begnügt. Des Weiteren entwickelten die Ottonen kein den Karolingern vergleichbares Missionsprogramm. Das Schwert zur Durchsetzung des christlichen Glaubens kam kaum einmal zum Einsatz[30]. Die diachrone Betrachtung der Kulturkontakte in die östlich angrenzenden, überwiegend slawisch besiedelten Gebiete zeigt, dass insbesondere die Regierungszeit Ottos I. ein überwiegend friedliches Nebeneinander war. Einzelne kriegerische Ereignisse ragen heraus, wurden in ihrer Gesamtwirkung später aber wohl deutlich überinterpretiert[31].

Den Abschluss der ottonischen Bistumspolitik in Sachsen bildete die bereits erwähnte Schaffung des Erzbistums Gnesen durch Otto III. im Jahre 1000[32].

Zieht man ein Zwischenfazit dieses weitgespannten Überblicks, so lassen sich für den Zeitraum vom späten 8. bis ins ausgehende 10. Jahrhundert drei Phasen herausstellen: Ein erster, als karolingische Zeit zu bezeichnender und bis etwa ins erste Drittel des 9. Jahrhunderts reichender Abschnitt, in dem die meisten Maßnahmen durch das karolingisch-fränkische Königtum vorgenommen oder initiiert wurden. Ein zweiter, in dem diese Bestrebungen, insbesondere die Klostergründungen durch Bischöfe sowie fränkische und sächsische (?) Adelige fortgeführt wurden, bei gleichzeitigem massivem Rückgang der königlichen Beteiligung. Seit etwa den 930er Jahren ist dann eine dritte Phase auszumachen, in der nunmehr das ostfränkisch-ottonische Königtum als Gründer bzw. Initiator in Erscheinung tritt, nicht aber mit der Intensität der Karolinger.

Darüber hinaus sind weitere Einzelbeobachtungen festzuhalten[33]: Die karolingische Politik im neu erober-

8 Kirchliche Einteilung des nordalpinen Reichsteils Ottos des Großen nach der Errichtung des Erzbistums Magdeburg 968.

ten Sachsen wurde in starkem Maße durch – modern formuliert – gesetzgeberische Maßnahmen durchzusetzen versucht. Diese lassen sich im Erlass mehrerer Kapitularien nachvollziehen. Getragen und überwacht wurden sie durch *missi regis*, Königsboten. Die Schaffung kirchlicher Strukturen wurde durch einen gezielten Reliquienerwerb und -transfer ergänzt, der dem Christentum Akzeptanz verschaffen sollte. Die Vorgehensweise erscheint in dieser Hinsicht sehr systematisch, sofern man darunter versteht, dass die Durchdringung des eroberten Gebietes mit großer Intensität betrieben wurde. Ob man dies zugleich als planmäßiges Agieren bezeichnen sollte, muss dahingestellt bleiben[34].

Von den (fränkischen) Quellen wird diese karolingische Politik als Missionspolitik eines christlichen Herrschers geschildert[35]. Dies ist einerseits durchaus ernst zu nehmen, andererseits zugleich ein stilistisches Mittel, das der Verschleierung der expansiven Absichten und der dabei angewandten Gewalt diente. In vielen Fällen orientierte sich die Politik wohl an Augenblickserfordernissen.

Im 10. Jahrhundert bildete Sachsen die Kernlandschaft des Ottonischen Reiches, das aus dem ostfränkischen Teilreich unter Einbeziehung wichtiger Gebiete des sogenannten *Mittel-* oder *Lotharreichs* hervorgegangen war. Die in der Karolingerzeit und danach entstandene Kirchenorganisation blieb auf der Bistumsebene zunächst unangetastet, wurde allerdings durch zahlreiche Kloster- und Stiftsgründungen insbesondere im Harzraum verdichtet. In der zweiten Hälfte des 10. Jahrhunderts nahmen dann auch die Ottonen eigene Akzentsetzungen bezüglich der Bistumsorganisation vor, zunächst in Form von östlich gelegenen, aber Mainz unterstellten Gründungen, dann – im Jahre 968 – mit der Schaffung des neuen Erzbistums Magdeburg. Dieser Zuschnitt wurde – nach dem Slawenaufstand des Jahres 983, in dessen Zuge die neu gegründeten Bistümer Brandenburg, Havelberg und Oldenburg zerstört wurden, zunächst als lediglich theoretisch existierender Anspruch – auch im 11. und 12. Jahrhundert beibehalten. Bei der ottonischen Raumerfassung ist ebenfalls eine große Intensität zu beobachten. Gesetzgeberische Maßnahmen fehlen jedoch, und auch Königsboten als besondere königliche Beauftragte werden in dieser Form nicht erwähnt. Von einem planmäßigen Vorgehen sollte man daher nicht sprechen, vielmehr erweckt das Agieren den Anschein ausgesprochen pragmatischen Handelns, das stets an den aktuellen Notwendigkeiten ausgerichtet wurde[36]. Der über einen langen Zeitraum und sehr nachhaltig verfolgte Wunsch, in Magdeburg etwas Besonderes und Dauerhaftes zu schaffen, bildet in dieser Hinsicht gewiss eine Ausnahme. Der missionarische Impetus als handlungsleitendes Motiv fehlt ebenso[37] wie expansive, eine Unterwerfung und formale Eingliederung der weiter östlich gelegenen Gebiete ins Reich erstrebende Absichten.

Vor diesem Hintergrund ist nun zu fragen, wie sich Hamburg und Magdeburg in diesen Kontext einfügen.

HAMBURG UND MAGDEBURG – ZWEI ERZBISTUMSGRÜNDUNGEN IM VERGLEICH

Sowohl Hamburg als auch Magdeburg werden in der ersten Hälfte des 9. Jahrhunderts erstmals erwähnt.

Magadoburg ist im Diedenhofener Kapitular aus dem Jahre 805 als Handelsplatz bezeugt[38]. Die archäologischen Befunde deuten darauf hin, dass hier zur Zeit Karls des Großen ein umfangreicher Befestigungswall geschaffen wurde, der der Absicherung des unweit der Elbe gelegenen Handelsplatzes diente[39]. Im weiteren Verlauf des 9. und 10. Jahrhunderts erwuchs daraus – dies lässt sich auf der Grundlage ottonischer Urkunden des 10. Jahrhunderts nachvollziehen – eine Kaufmannssiedlung mit Marktrecht[40]. Magdeburg besaß demnach bereits in karolingischer Zeit eine wichtige wirtschaftliche Funktion. Über mögliche kirchliche Entwicklungen der Frühzeit ist den schriftlichen und archäologischen Quellen nichts zu entnehmen. Dies änderte sich in der ersten Hälfte des 10. Jahrhunderts: Schon bald nach dem Herrschaftsantritt Ottos I. setzte eine bis zu dessen Tod († 7. Mai 973) andauernde Schenkungswelle zugunsten Magdeburgs ein. Zunächst wurde in Magdeburg ein dem hl. Mauritius geweihtes Kloster gegründet, das nach dem Tod von Ottos erster Gemahlin Edgith als deren erste Grablege diente[41]. Ab der Mitte der 950er Jahre bemühte sich Otto dann intensiv und mit großer Hartnäckigkeit darum, in Magdeburg den Sitz eines Erzbischofs zu schaffen und damit die in fränkischer Zeit entstandene Kirchenorganisation des Reiches nachhaltig zu verändern[42]. Dies war nur im Zusammenwirken mit dem dafür kirchenrechtlich verantwortlichen Papst möglich. Angesichts der bisherigen Zugehörigkeit Magdeburgs zur Mainzer Kirchenprovinz bzw. zum Bistum Halberstadt musste zudem ein Ausgleich mit deren Vertretern gefunden werden. Anfänglich war offenbar beabsichtigt, das Bistum Halberstadt zum Erzbistum aufzuwerten und den Bischofssitz zugleich nach Magdeburg zu verlegen. Der Widerspruch des Mainzer Erzbischofs Wilhelm verhinderte das Vorhaben für mehrere Jahre. Erst nach der Kaiserkrönung Ottos am 2. Februar 962 wurden dann energische Schritte zur Umsetzung der Gründungspläne in die Wege geleitet. Von einer Verlegung und Aufwertung des Halberstädter Bischofssitzes war nun aber nicht mehr die Rede, stattdessen sollte in Magdeburg mit päpstlicher Billigung ein neues Erzbistum geschaffen werden. Damit wurden die bisherigen Kompetenzen der Mainzer Kirchenprovinz Richtung Osten geschmälert. Trotz massiver Proteste des Halberstädter Bischofs Bernhard gegen die sein Bistum betreffenden Gebietsabtretungen erlangte Otto I. im April 967 ein rechtserhebliches päpstliches Privileg, das die Errichtung eines Erzbistums in Magdeburg zugestand. Im Herbst 968 wurde Magdeburg dann endgültig zum neuen Erzbistum erhoben. Merseburg, Meißen und Zeitz wurden als neue Suffraganbistümer gegründet, Havelberg und Brandenburg aus dem Mainzer Diözesanverband herausgelöst und ebenfalls Magdeburg unterstellt.

Lässt sich die Entwicklung Magdeburgs bis zur Schaffung des Erzbischofssitzes somit relativ klar nachvollziehen, so verhält sich dies im Falle Hamburgs gänzlich anders. Bislang wurde folgende Entwicklung für wahrscheinlich gehalten[43]: Im Zuge der fränkischen

Eroberung Sachsens sei in Hamburg eine Befestigung errichtet worden. Karl der Große habe dort einen Priester namens Heridag eingesetzt und den Raum von der Verfügungsgewalt anderer Bischöfe ausdrücklich ausgenommen. Pläne Karls, Heridag zum Bischof zu erheben und in Hamburg ein Bistum zu gründen, seien infolge von Heridags frühem Tod jedoch nicht mehr verwirklicht worden. Der Sohn und Nachfolger Karls, Ludwig der Fromme, habe dann im Jahre 831 zunächst ein Bistum errichtet. Dieses sei – vielleicht 831/832 – durch Papst Gregor IV. zum Erzbistum erhoben worden, was Ludwig 834 bestätigt habe. Zum Bischof, dann Erzbischof sei der aus dem nordfranzösischen Kloster Corbie stammende Ansgar erhoben worden, dem durch Papst Gregor IV. zudem die Missionslegation über den gesamten Norden, also auch über Schweden und Dänemark, anvertraut worden sei. Infolge einer Plünderung Hamburgs durch die Normannen im Jahre 845 sei Ansgar dann – durch Ludwig den Deutschen – das damals vakante Bistum Bremen als Amtssitz übertragen und mit Hamburg zum neuen Erzbistum Hamburg-Bremen vereint worden. Der daraufhin mit dem Erzbistum Köln, dessen Metropolitansprengel Bremen bis dahin angehört hatte, ausgebrochene Streit sei schließlich im Jahre 847 auf einer Synode in Mainz mit der Anerkennung des neuen Erzbistums Hamburg-Bremen entschieden worden. Papst Nikolaus I. habe diese Maßnahme im Jahre 864 urkundlich bestätigt (s. Beitrag Henrik Janson).

Diese Sicht ist seit längerer Zeit Gegenstand intensiver Forschungsdiskussionen[44], die sich insbesondere um die Frage der Echtheit der jeweiligen Urkunden Ludwigs des Frommen, Gregors IV. und Nikolaus' I. drehten bzw. den Zusammenhang zwischen diesen Diplomen und der von Rimbert verfassten *Vita Anskarii* kritisch in den Blick nahmen, auf deren Aussagen die allermeisten Einzelheiten der hier gebotenen Frühgeschichte Hamburgs beruhen. Insbesondere in der Lebensbeschreibung Ansgars, die dessen aus Kloster Torhout stammender Schüler und Nachfolger Rimbert in den Jahren zwischen 865 und 876 aufgezeichnet hat, wird in aller Ausführlichkeit eine regelrechte Gründungsgeschichte des (Erz-)Bistums Hamburg geboten, die dessen Existenz bis auf Karl den Großen zurückführen soll[45].

Neueste Forschungen zu den Urkunden Ludwigs des Frommen haben nun aber für die Frühgeschichte Hamburgs weitreichende Folgen[46]: Bei Ludwigs Diplom handelt es sich um eine Fälschung, die vermutlich in der Zeit zwischen 889 und 893 angefertigt worden ist. Der in der ge- bzw. verfälschten Form erstmals im 12. Jahrhundert überlieferten Urkunde liegt allerdings ein eng umgrenzter echter Kern zugrunde. Demzufolge wurde die Ernennung Ansgars zum Missionsbischof durch Ludwig den Frommen im Jahre 834 bestätigt. Zugleich wurde ihm die in Flandern gelegene (Kloster-)Zelle *Torhout* als wirtschaftliche Grundlage übereignet. Alle anderen Angaben, so insbesondere die Behauptung der Gründung eines Erzbistums in Hamburg, sind dieser Neueinschätzung zufolge Teil der späteren Fälschung. Bestimmte Formulierungen der Urkunde greifen auf Rimberts *Vita Anskarii* zurück. Insbesondere die folgenschwere und detailreiche Gründungsgeschichte des (Erz-)Bistums Hamburg, der man bis ins 21. Jahrhundert hinein Glauben geschenkt hat, wurde in der *Vita* durch Rimbert geschaffen, um Rechte seines Bremer Sitzes gegenüber dem Metropolitansitz in Köln zu stärken.

Der Nachweis, dass es sich bei Ludwigs Urkunde um eine Fälschung handelt, hat zudem zur Folge, dass das seit Langem unter Fälschungsverdacht stehende, im 12. Jahrhundert erstmals in der Überlieferung auftauchende Diplom Gregors IV. ebenfalls als ge- oder verfälscht anzusehen ist und als Zeugnis für die frühe Hamburger (Kirchen-)Geschichte ebenso ausscheidet[47].

Somit bleibt zu fragen, was überhaupt als historisch gesichert gelten kann?

Anders als für Magdeburg gibt es für die Hammaburg und ihre mögliche Funktion zur Zeit Karls des Großen keine schriftlichen Quellen[48]. Die Lage Hamburgs spricht dafür, dass – ähnlich wie im Falle Magdeburgs – (verkehrs-)geografische Gründe die Wahl des Ortes als Siedlungs- und Handelsplatz begünstigten (s. Karten in den Beiträgen Torsten Kempke, Fernwege, u. Thorsten Lemm)[49]. Archäologisch wurde eine Ringanlage aufgedeckt, deren innerer Ringgraben wohl in der Zeit um 800 errichtet wurde, der äußere erst anschließend, nach Aufgabe des inneren Grabens (s. Beitrag Karsten Kablitz). Ein Kirchenbau konnte in oder neben der Anlage nicht nachgewiesen werden, was angesichts der Neubewertung des urkundlichen Befundes auch nicht weiter überraschend ist. Vieles spricht derzeit dafür, dass die Hammaburg im frühen 9. Jahrhundert ein Zentralort mit Kontrollfunktionen am nordöstlichen Rand des infolge der Eroberung Sachsens durch Karl den Großen deutlich erweiterten Fränkischen Großreichs war, an dem Informationen über die Verhältnisse in den weiter nördlich gelegenen Nachbargebieten gesammelt und an die fränkischen Befehlshaber weitergeleitet wurden[50]. Über spezielle missionarische Funktionen des Ortes ist nichts bekannt. Die innere Struktur des die Hammaburg umgebenden Gebiets ist wohl am besten als Übergangs- und Kommunikationszone mit regem Warenaustausch zu charakterisieren, der wohl allenfalls in Zeiten verschärfter Konfrontationen kurzfristig zum Erliegen kam. Vor diesem Hintergrund verliert die Teilen der Forschung lange Zeit als spektakulär erscheinende Nachricht der Reichsannalen, wonach Karl der Große den Nordosten des Landes, das später sogenannte *Nordelbien*, im Jahre 804 den Obodriten übertragen bzw. ihnen eine Art Oberaufsicht anvertraut habe[51], ihren überraschenden Charakter. Die *Hammaburg* befand sich damals in einem Gebiet, in dem unterschiedliche politische Kräfte, insbesondere Franken und Obodriten, aber auch Dänen Einfluss besaßen, bisweilen pragmatisch zusammenwirkten, aber wohl über einen längeren Zeitraum hinweg ohne feste Grenze koexistierten. Die möglicherweise im Jahre 809/10 erfolgte Festlegung des *Limes Saxoniae* könnte hier eine Zäsur gebildet und die Eingliederung *Nordelbiens* ins sächsische Gebiet zur Folge gehabt haben.

In der gesicherten schriftlichen Überlieferung erscheint Hamburg erstmals zu 845. Zu diesem Jahr berichten die Fuldaer Jahrbücher, das wichtigste im Ostfrankenreich verfasste Annalenwerk, Folgendes: »*845: Die Normannen plünderten das Reich Karls* [des Kahlen, St. Fr.], *fuhren auf der Seine bis Paris und zogen, als sie ebenso von ihm wie von den Bewohnern reichlich Geld erhalten hatten, in Frieden ab. Auch in Friesland kämpften sie in drei Treffen, wurden zwar in dem ersten geschlagen, aber siegreich in den zwei anderen, brachten sie eine große Menge Menschen um. Auch eine Burg in Sachsen namens Hammaburg plünderten sie und kehrten nicht ungestraft zurück*«[52].

Die hier berichtete Zerstörung der *Hammaburg* wurde bislang nur in Verbindung mit der daraufhin angeblich im Jahre 847 erfolgten Zusammenlegung mit dem Erzbistum Bremen beachtet. Sie ist jedoch für eine Einschätzung der frühen Geschichte Hamburgs von ausschlaggebender Bedeutung: Der Verfasser dieses Abschnitts der Jahrbücher war vermutlich Rudolf von Fulda († 8. März 865)[53], ein Schüler des Hrabanus Maurus. Rudolf leitete über viele Jahre die Fuldaer Klosterschule und war der Verfasser der *Translatio s. Alexandri*. Diesem Reliquienübertragungsbericht stellte Rudolf eine Geschichte des sächsischen Stammes voran. Rudolf war somit bestens über die sächsische Sicht auf die eigene Frühgeschichte unterrichtet, und auch die bedeutendsten Angelegenheiten des ostfränkischen Reichsteils werden ihm bekannt gewesen sein, da das Kloster Fulda in karolingischer Zeit einer der wichtigsten Aufenthaltsorte des ostfränkischen Königs Ludwig des Deutschen war[54]. Vor diesem Hintergrund ist die Form der Erwähnung der *Hammaburg* höchst aufschlussreich: Sie wird nämlich zum einen als *castellum* bezeichnet, zum anderen als in Sachsen gelegen und drittens namentlich als »*Hammaburg*« benannt. Nach Auffassung des Verfassers bedurfte der geplünderte Ort offenbar einer näheren Charakterisierung. Wie diese erfolgte, ist das eigentlich Spannende: *castellum* wird zumeist als Bezeichnung einer Festung, Burg oder Befestigungsanlage verwendet[55]. Damit wird ein Ort beschrieben, dessen herausragende Eigenschaft sein wehrhaftes Äußeres war. Auch die nähere Angabe der Lage des Ortes »*in Sachsen*« sowie dessen namentliche Nennung deuten darauf hin, dass diese zusätzlichen Informationen nach Ansicht des Autors unverzichtbar waren, um die Ereignisse einordnen zu können. Die Rezeption des Annalenwerks erfolgte innerhalb monastisch-klerikaler, gebildeter Kreise. Diesen aber wäre Hamburg ein Begriff gewesen, hätte sich dort im Jahre 845 der Amtssitz eines Bischofs Ansgar befunden. Hamburg wäre in diesem Falle entweder nicht näher charakterisiert oder als Sitz Ansgars oder in ähnlicher Form bezeichnet worden. Dies hätte für die Zuhörer/Leser einen klaren Bezug hergestellt, der überdies das Frevelhafte des normannischen Überfalls – auf eine geistliche Institution – noch deutlicher hätte zutage treten lassen[56]. So aber deutet die Form der Nachricht in den Fuldaer Jahrbüchern darauf hin, dass die im Jahre 845 zerstörte oder zumindest beschädigte *Hammaburg* lediglich eine befestigte Anlage mit regionaler Bedeutung war, nicht aber der Amtssitz eines Bischofs[57].

Die Form der Nachricht in den Fuldaer Annalen liefert somit ein weiteres Argument für die Auffassung, dass die Urkunden Ludwigs des Frommen und Papst Gregors IV., in denen behauptet wird, in Hamburg sei ein Bischofssitz errichtet und Ansgar zum ersten Hamburger Bischof ernannt worden, spätere Fälschungen sind. Damit erübrigen sich auch Überlegungen, inwieweit Hamburg in der ersten Hälfte des 9. Jahrhunderts dem kirchenrechtlich für ein Bistum geforderten *civitas*-Status entsprochen habe. Zugleich wird klar, weshalb in Hamburg in karolingisch-fränkischer Zeit kaum kirchliche Institutionen geschaffen wurden. Der Grund war wohl weniger die problematische Randlage, sondern vielmehr gibt es dafür eine ganz einfache Erklärung: Hamburg war damals kein Bischofssitz, der einer entsprechenden Flankierung bedurft hätte.

Die Behauptung, Ansgar sei zunächst Bischof in Hamburg gewesen und nach 845 Bischof in Bremen geworden, entstammt der *Vita Anskarii*. Im 22. Kapitel berichtet Rimbert, nach der Zerstörung Hamburgs sei es auf einer Bischofsversammlung zu Beratungen darüber gekommen, wie Ansgar für den Verlust der Hammaburg durch Ludwig den Deutschen entschädigt werden könne. Man habe Ansgar daraufhin Bremen als neuen Amtssitz zugewiesen[58]. Die Forschung identifiziert diese Bischofsversammlung zumeist mit der Mainzer Synode des Jahres 847 (Oktober). Deren Akten sowie ein Begleitschreiben des einladenden Mainzer Erzbischofs Hrabanus Maurus haben sich erhalten. Sie bieten jedoch keine Bestätigung der Nachricht der *Vita Anskarii*, sprechen vielmehr deutlich gegen deren Schilderung: In Hrabans Begleitschreiben ist eine Liste der dort anwesenden Erzbischöfe und Bischöfe enthalten. Ansgar erscheint darin – ohne nähere Amtsbezeichnung – an fünftletzter und damit wenig prominenter Stelle[59]. Da es im Frühmittelalter üblich war, innerhalb derartiger Aufzählungen eine Reihung nach Rang und/oder Weihedatum vorzunehmen, liefert die Einordnung Ansgars an nachrangiger Stelle ein weiteres Indiz gegen die Annahme, er sei bereits im Jahre 847 (Erz-)Bischof von Hamburg gewesen. Auch findet sich in den 31 Kapiteln der Konzilsakten kein Hinweis auf die durch Rimbert behaupteten Beratungen über eine mögliche Entschädigung Ansgars. In der Schlusssentenz wird überdies berichtet, weitere Themen habe man aber aufgrund der Kürze der zur Verfügung stehenden Zeit nicht behandeln könnten[60]. Da dem Begleitschreiben Hrabans sowie dem Schluss der Konzilsakten zu entnehmen ist, dass sie Ludwig dem Deutschen zur Kenntnisnahme, insbesondere aber zur Durchführung der Beschlüsse übersandt worden seien, steht dieser Befund in klarem Widerspruch zu den Behauptungen Rimberts bzw. kann dessen Bericht nicht auf die Mainzer Synode von 847 bezogen werden.

Auch die zweite von Rimbert erwähnte Kirchenversammlung, auf der über die Abgrenzung des Bistums Hamburg-Bremen gegenüber dem Bistum Verden entschieden worden sein soll, liefert keine gesicherten Angaben. Dieses Treffen wurde auf eine im Oktober 848 in Mainz stattfindende Synode bezogen. Auch hier sind erhebliche Zweifel angebracht: Von der Synode sind einerseits keinerlei Akten überliefert[61], andererseits wird Ansgar in einer spät überlieferten Teilnehmerliste gar nicht erwähnt[62]. Somit muss es mehr als fraglich bleiben, ob die Vereinigung Bremens und Hamburgs zu einem neuen gemeinsamen Erzbistum im Jahre 845/847 stattgefunden hat.

Angesichts dieser ernüchternden Befunde stellt sich die Frage, wie wir uns Ansgars Tätigkeit vorzustellen haben und ob es Beispiele für eine derartige, mit Verfälschungen arbeitende und lange Zeit erfolgreiche Stilisierung einer Person gibt.

Der Gedanke liegt nahe, Ansgar, den ›*Apostel des Nordens*‹, mit dem in der ersten Hälfte des 8. Jahrhunderts wirkenden Bonifatius, dem ›*Apostel Germaniens*‹, zu vergleichen[63]: Der Angelsachse Winfried hatte im Jahre 719 von Papst Gregor II. zunächst die Bischofsweihe, den Missionsauftrag für Germanien und den Namen Bonifatius erhalten. 722 wurde er – wiederum durch Gregor II. – zum Missionsbischof geweiht, allerdings ohne festen Bischofssitz. Vergleichbar der Unterstützung Ansgars durch Ludwig den Frommen fand Bonifatius Rückhalt beim karolingischen Hausmeier Karl Martell, der ihm 723 einen Schutzbrief verlieh. Es folgte im Jahre 732 die Erhebung zum Erzbischof des östlichen Teils des Frankenreichs durch Papst Gregor III. – wiederum ohne festen Sitz. Derselbe Papst ernannte ihn 737/38 zum päpstlichen Legaten für das gesamte Frankenreich. In den Jahren 743/746 erhielt Bonifatius dann den Bischofssitz von Mainz, wobei er weiterhin den ihm als Person übertragenen Erzbischofstitel trug. Mainz wurde erst 781/82 zum Erzbistum erhoben. Schon bald nach Bonifatius' Tod (5. Juni 754) setzte eine umfangreiche hagiografische Stilisierung ein, die ihren Ausgangspunkt – ganz ähnlich wie bei Ansgar – bei seinem Nachfolger als Mainzer Bischof, Lul, nahm. Auch im Falle Bonifatius' wurde in der *Vita* ein Bild gezeichnet, das seine tatsächliche Wirksamkeit stark überhöhte, zugleich aber – was bislang aber nicht hinreichend beachtet wurde – seitens der (bayerischen) Zeitgenossen nicht ohne Widerspruch blieb[64].

Folgendes Szenario ist für den Werdegang Ansgars und die weitere Entwicklung nach 834 denkbar[65]: Winfrid-Bonifatius vergleichbar besaß Ansgar – vielleicht verliehen durch Papst Gregor IV. – zunächst wohl die Würde eines Missionsbischofs ohne festen Amtssitz. In dieser Funktion erhielt er im Jahre 834 die Unterstützung Ludwigs des Frommen in Form der Zelle *Torhout*. Der Tod seines Gönners und die nach dessen Tod mit Vehemenz fortgeführten Auseinandersetzungen zwischen den Söhnen Ludwigs des Frommen führten zum Vertrag von Verdun und der Aufteilung des Reiches in Kompetenzbereiche. *Torhout* ging für Ansgar damit verloren. Die Einfälle der Normannen ins Reich taten ein Übriges.

Angesichts dessen musste Ansgar einerseits nach neuer Unterstützung Ausschau halten, andererseits hatten sich die Verhältnisse im fränkischen Reich auch in kirchenpolitischer Hinsicht gewandelt und hatte insbesondere das nun dem Mittelreich angehörende Erzbistum Köln mit einem zeitweisen Bedeutungsverlust zu kämpfen. Der Bremer Bischofssitz war nach dem Tod Leuderichs im Jahre 845 zunächst unbesetzt geblieben. Die

Besetzung Kölns gestaltete sich schwierig, da sich Hilduin, der Kandidat Lothars, nicht durchsetzen konnte und sich 848 offenbar zurückziehen musste. Etwa zu dieser Zeit könnte Ansgar das Amt des Bremer Bischofs übernommen zu haben. Er besaß damit einen festen Amtssitz, der ihm die Fortsetzung seiner missionarischen Tätigkeit ermöglichte[66]. Ludwig der Deutsche dürfte – vielleicht unter dem Einfluss Ebos von Reims (seit 845 Bischof von Hildesheim, † 851) – diese Besetzung befürwortet haben, konnte er sich dadurch doch Ansgars Kontakte nach Dänemark zunutze machen. Als Bischof von Bremen strebte Ansgar seit 848/849 danach, den Einflussbereich Bremens auszudehnen, sich insbesondere gegen das Bistum Verden abzugrenzen bzw. sich aus der Oberhoheit des Kölner Erzbistums zu befreien. Die Schaffung eines neuen Erzbistums konnte überdies die Gelegenheit eröffnen, die Kirchenstruktur im Reichsteil Ludwigs des Deutschen zu stärken und Einflüsse des Mittelreichs in diesem Raum zurückzudrängen. Die Gelegenheit dafür war günstig, denn der 850 erhobene Kölner Erzbischof Gunthar, der 860 von Papst Nikolaus I. das Pallium verliehen bekommen hatte, war im Jahre 863 wegen seiner Befürwortung des Ehescheidungsvorhaben Lothars II. beim Papst in Ungnade gefallen und des Amtes enthoben worden. Vor diesem Hintergrund ist es denkbar, dass Papst Nikolaus I. (858–867), der die päpstliche Stellung und den päpstlichen Vorrang in mehreren Streitfällen nachdrücklich betont hatte, dafür gewonnen werden konnte, am 31. Mai 864 eine Bulle auszustellen, mit der er die behauptete Vereinigung der Bremer und der Hamburger Kirche bestätigte und zugleich den beanspruchten erzbischöflichen Rang Hamburgs anerkannte[67]. Als Rimbert die Nachfolge des am 3. Februar 865 in Bremen verstorbenen Ansgar antrat, bemühte er sich darum, seine Stellung zu festigen, indem er in Ansgars *Vita* eine ausführliche Vorgeschichte verfasste, mit deren Hilfe er seiner Kirche ein höheres Alter und eine bis in die Zeit Ludwigs des Frommen und Gregors IV. zurückreichende Gründungstradition zuschrieb. Die Kölner Erzbischöfe indes gaben sich damit bis ans Ende des 9. Jahrhunderts nicht zufrieden. Im Jahre 890 erhob Erzbischof Hermann beim Papst Klage auf Wiederherstellung seiner Metropolitanrechte über Bremen. Die erst unter Papst Formosus (891–896) zugunsten der Hamburg-Bremer Kirche entschiedene Auseinandersetzung bildete dann allem Anschein nach den Anlass zur Verfälschung des Privilegs Ludwigs des Frommen aus dem Jahre 834, in das nunmehr die auf Rimberts *Vita Anskarii* beruhende Behauptung einer bereits damals erfolgten Erhebung Hamburgs zum Erzbistum eingefügt wurde.

Letztlich blieb das Erzbistum Hamburg-Bremen wohl bis ins zweite Drittel des 10. Jahrhunderts unvollendet. Erst 968/972 erhielt das Erzbistum mit dem Bistum Oldenburg in Holstein einen ersten Suffragansitz (*Abb. 8*). Doch bereits im Jahre 983 wurde auch Hamburg Opfer der slawischen Erhebung, in deren Folge weite Teile der durch Otto den Großen geschaffenen Bistumsorganisation östlich der Elbe für Jahrzehnte verloren waren. In der zweiten Hälfte des 11. Jahrhunderts wurde dieses Bild dann durch Adam von Bremen in seiner Geschichte der Hamburger Kirche ausgebaut und damit gewissermaßen kanonisiert (s. Beitrag Volker Scior). Aber all diese Entwicklungen sind hier nicht mehr Gegenstand der Betrachtung.

Die Unterschiede zum Beispiel zu Magdeburg sind markant: Hier sind die Vorgänge, die zur Entstehung des Erzbistums führten, bekannt und durch zweifelsfrei authentische königliche und päpstliche Urkunden dokumentiert.

ANMERKUNGEN

1. Widukind von Corvey 53. Zu dieser bereits gegen Ende des 9. Jahrhunderts einsetzenden Umstilisierung Karls des Großen vgl. Beumann 1987.
2. Es handelt sich insbesondere um die Reichsannalen (Ann. regni franc.) sowie um die von Einhard verfasste Lebensbeschreibung Karls des Großen (*Vita Karoli Magni*).
3. Folgende Quellen wären u. a. zu nennen: Die Lebensbeschreibung des angelsächsischen Missionars Lebuin († um 780), aus der Mitte des 9. Jahrhunderts (*Vita Lebuini*). Zuletzt wurden jedoch durch Matthias Springer (2006) massive Zweifel an der Glaubwürdigkeit der *Vita* geäußert. Weiterhin: Der in Paderborn verfasste Translationsbericht des hl. Liborius, vgl. dazu De Vry 1997, mit einer Neuedition und Übersetzung des Paderborner Berichts. Die wichtigste Quelle für die frühe Hamburger Geschichte bildet Rimberts Lebensbeschreibung Ansgars. Siehe dazu unten Anm. 45.
4. Vgl. dazu Beumann 1987. Die wichtigsten, ab den 950er Jahren entstandenen Quellen sind die Sachsengeschichte Widukinds von Corvey sowie die Fortsetzung der Chronik Reginos von Prüm aus der Feder Adalberts von Magdeburg (*Reginonis abbatis Prumiensis*); deutsche Übersetzung: Adalberts Fortsetzung der Chronik Reginos.
5. Vgl. zu Widukind zuletzt Becher 2012a; Die bis heute maßgebliche Untersuchung zu den Intentionen von Widukinds Werk stammt von Helmut Beumann (1950).
6. Widukind von Corvey 53.
7. Das Vorhaben, in den beiden ersten Abschnitten jeweils allgemeine Kennzeichen der karolingischen bzw. der ottoni-

schen Politik in Sachsen im zusammenfassenden Überblick herauszuarbeiten, um Unterschiede und Gemeinsamkeiten hervortreten zu lassen, birgt die Gefahr von Verallgemeinerungen und Vereinfachungen in sich, wird im Interesse des Aufzeigens der großen Entwicklungslinien jedoch bewusst in Kauf genommen.

8   Zur Diskussion um ›Sachsen‹ und zur Definition des darunter verstandenen Raumes vgl. Springer 2004b; Ehlers 1995.
9   Vgl. dazu zuletzt Becher 2013; zu den Details und den Quellennachweisen der im Folgenden geschilderten Ereignisse vgl. Schieffer 2005, 58–61; Ehlers 2007, 271–279; Springer 2004b, 166–168; Lampen 1999; Kahl 1982.
10 Vita Karoli Magni 9. Deutsche Übersetzung: Rau 1955, 173, 175.
11 In den Augen der fränkischen Geschichtsschreibung begründete dies den Vorwurf der *perfidia*, der Treulosigkeit, den insbesondere Einhard stark betont hat.
12 Grundlegend dazu Ehlers 2007; vgl. zuletzt Schieffer 2011.
13 Die jeweils in Klammern angegebenen Daten beziehen sich auf Ehlers 2007. In den meisten Fällen fehlt jedoch eine verlässliche urkundliche Datierung bzw. stützen sich die Datierungen auf Diplome zweifelhafter Echtheit.
    Zu den Bistumsgründungen vgl. auch den bereits älteren Überblick von Honselmann 1984.
14 St. Petrus in Bremen, gegr. 787–789 durch Karl den Großen; Domstift St. Maria in Hamburg, gegr. um 831 durch Ludwig den Frommen. Vgl. dazu Ehlers 2007, 68 f.
15 Münsterdorf (*Welanao*): Kanoniker, gegr. um 822 durch Erzbischof Ansgar?; Bassum, St. Viktor und Mauritius: Frauen, gegr. um 860 durch die Matrone Liutgart mit Erzbischof Ansgar; Bücken, St. Maria und Maternian: Kanoniker, gegr. um 882 durch Erzbischof Rimbert von Hamburg-Bremen. Alle Angaben nach Ehlers 2007, 69.
16 Heeslingen, St. Vitus: Frauen, gegr. um 973 durch Graf Hed (Stader Grafen); Reepsholt, St. Mauritius: Kanoniker, gegr. vor 983 durch Wendila und Reingard; Harsefeld, St. Maria: Kanoniker, gegr. nach 1002 durch Graf Heinrich von Stade. Alle Angaben nach Ehlers 2007, 69
17 So zuletzt Ehlers 2007, 68. Vielleicht liegt der eigentliche Grund dafür aber in dem Umstand, dass in der ersten Hälfte des ersten Jahrhunderts in Hamburg gar kein (Erz-)Bistum bestand, das einer Flankierung bedurft hätte, bzw. dass der Raum generell kirchenorganisatorisch damals kaum erschlossen war. Siehe dazu die Ausführungen unten S. 212.
18 Zu dieser Übergangszeit des karolingischen Reiches vgl. Schieffer 2005, 147–155; Keller/Althoff 2008, 45–69.
19 Zu Konrad I. vgl. die Aufsatzsammlung »Konrad I. – Auf dem Weg zum »Deutschen Reich?« Goetz 2006.
20 Zur frühen Geschichte der Liudolfinger bzw. zu den Ottonen-Liudolfingern generell vgl. Schneidmüller 2000; Keller 2001.
21 Zu Heinrich I. und seiner Herrschaft vgl. Giese 2008.
22 Vgl. dazu Keller/Althoff 2008, 115–119.
23 Zu Otto I. allgemein vgl. Laudage 2001; Puhle 2001; Becher 2012b; Schieffer 2012.
24 Vgl. dazu Freund 2009; 2012.
25 Vgl. Schulze 2001a.
26 Vgl. dazu generell Schieffer 2011.
27 Vgl. dazu Keller/Althoff 2008, 180.
28 Vgl. dazu Keller 2007; Generell zur ottonischen Politik seit den 950er Jahren vgl. Keller/Althoff 2008, 186–206.
29 Zu den Einzelheiten dieses Vorgangs s. u. S. 212. Dort finden sich auch weiterführende Literaturangaben.
30 Vgl. Hardt 2103.
31 Vgl. dazu Lübke 1988.
32 Vgl. dazu zuletzt den Tagungsband »*Polen und Deutschland vor 1000 Jahren*« Borgolte 2002.
33 Zu den durchaus markanten Unterschieden speziell zwischen der Politik Karls des Großen und derjenigen Ottos des Großen vgl. Keller 2000.
34 Ehlers 2007 geht dezidiert von einer Konzeption aus, die der Schaffung kirchlicher Strukturen zugrunde gelegen habe.
35 Exemplarisch dafür kann die Darstellung der Sachsenkriege bzw. Karls des Großen in den Reichsannalen stehen, insbesondere jedoch in Einhards Vita Karoli Magni.
36 Anders Ehlers 2007, 95, der auch für Otto I. nach einer »*Konzeption*« fragt.
37 Weder im Zusammenhang mit der Gründung des Magdeburger Moritzklosters noch in der Gründungsurkunde des Erzbistums werden Missionsbestrebungen explizit erwähnt, wenngleich diese der Forschung zumeist als Motive dafür gelten.
38 *Capitulare missorum in Theodonis villa datum secundum, generale* (Capitularia regnum Francorum Nr. 44, 122–126). Das nach 818 entstandene Chronicon Moissacense 258 berichtet für diese Zeit von einem Feldzug Karls in diese Gegend und spricht dabei ebenfalls von Magdeburg – *Magedoburg*.
39 Die Resultate der zwischen 2000 und 2008 durchgeführten Grabungen im Dom und auf dem Domvorplatz deuten darauf hin, dass sich bereits im frühen 9. Jahrhundert ein oder zwei Befestigungswälle auf dem heutigen Domvorplatz befunden haben (s. Beitrag Babette Ludowici).
40 Es handelt sich um folgende Urkunden: D O I 14, 37, 38, 46, 300, 301; D O II 29, 112.
41 Zur Gründung des Moritzklosters vgl. Wentz/Schwineköper 1972; Schwarze-Neuss 2000.
42 Zur Gründung des Erzbistums Magdeburg vgl. Althoff 1998; 2001; Hehl 1998; Becher 2000.
43 Auf Einzelnachweise wird im Folgenden verzichtet. Einen Überblick zur Forschungsdiskussion bietet Klapheck 2008, 72–86. Die hier kurz dargelegte bisherige Sicht der überwiegenden Mehrheit der Forschung repräsentieren neben anderen Reinecke 1973; 1987; Seegrün 1974; 1976; Schieffer 1986; Wavra 1991.
44 Die kritische Sicht auf Hamburgs Frühgeschichte ist vertreten durch die Arbeiten von Gerhard Theuerkauf (1988); Richard Drögereit (1972; 1975a). Vgl. zuletzt Knibbs 2011.
45 *Vita Anskarii*. Zu Ansgar, seiner Beziehung zu Hamburg und seinen Tätigkeiten vgl. zuletzt Klapheck 2008, zur Entstehungszeit insbesondere S. 22. Zu Rimbert vgl. auch Becher 2003.
46 Im Zuge der Vorbereitung einer kritischen Edition der Urkunden Ludwigs des Frommen wurde durch Theo Kölzer auch das seit Langem diskutierte Diplom des Kaisers aus dem Jahre 834 einer grundlegenden Quellenkritik unterzogen. Die Argumentation Kölzers findet sich in knapper Form hier in diesem Band zusammengetragen, so dass an dieser Stelle auf weitere Nachweise verzichtet werden kann. Für die Möglichkeit, die Ludwigs-Urkunde und die zugehörigen Erläuterungen bereits vorab einsehen zu können, danke ich Herrn Kölzer auch an dieser Stelle ganz herzlich!

47 Vgl. zu dieser Urkunde die in sich schlüssige und überzeugende Argumentation von Janson (s. Beitrag in diesem Band), der aber m. E. durch den Nachweis, dass es sich beim Ludwigs-Diplom um eine Fälschung handelt, die entscheidende Stütze weggebrochen ist. Die Echtheit des Gregor-Diploms wurde bereits von der älteren Forschung bezweifelt. So weist z. B. Drögereit 1975a, 155–160 darauf hin, dass die Urkunde in Teilen vom Diplom Nikolaus' I. abhängig ist. Gegen die Echtheit des Gregor-Diploms spricht u. a. auch dessen geringe Rezeption. Vgl. zur Gregor-Urkunde auch Wavra 1991, 285–294, welche die Urkunde für echt hält.

48 Eine die aktuellen Grabungsergebnisse sowie insbesondere die aktuellen Forschungen zur schriftlichen Überlieferung berücksichtigende Geschichte Hamburgs fehlt. Eckart Klessmann (2002) bietet keine Gesamtsicht, sondern konzentriert sich auf die Entwicklungen vom Spätmittelalter bis 1945. Die ersten 500 Jahre Hamburgs werden auf 20 (!) Seiten unkritisch und summarisch abgehandelt. Bei dem Werk »Hamburg. Geschichte der Stadt und ihrer Bewohner«, hg. von Werner Jochmann und Hans-Dieter Loose (1982) handelt es sich um eine an ein breiteres Publikum gerichtete Darstellung, die auf einen wissenschaftlichen Apparat verzichtet und auf einem schmalen Literaturfundament beruht.

49 »Dort, wo der untere Alsterlauf in die Elbniederung austritt, schiebt sich von Osten her eine bis zu 15 Meter hohe Geestzunge in das Flusstal vor, was seit eh und je einer relativ bequemen Übergang über die auf etwa 50 Meter eingeengte Alsterniederung ermöglicht. In der Tat benutzte ein alter von Lauenburg kommender Höhenweg diesen Alsterübergang in der Gegend des heutigen Großen Burstah, um anschließend am gegenüberliegenden westlichen Geesthang dem Verlauf des gegenwärtigen Alten Steinwegs zu folgen. Gleichermaßen einen natürlichen Schutz für Siedler, aber auch eine schiffbare Verbindung zur Elbe boten die Wasserläufe, die diese Geestzunge an drei Seiten umgaben. Im Norden und Westen schlängelte sich die Alster vorbei, während im Süden das damals deltaförmige Mündungsgebiet der Bille sich mit dem Unterlauf der Alster in der Gegend der heutigen Trostbrücke vereinigte. Unmittelbar im Grenzbereich zwischen Marsch und Geest floß der nördlichste Mündungsarm dieses Deltas, das spätere Reichenstraßenfleet. Es stellte eine Verbindung über die Elbe zur Nordsee her und sollte für die weitere Entwicklung der Siedlung höchst bedeutsam werden.« Richter 1982, 17.

50 Der Begriff ›Grenze‹ ist für das Frühmittelalter ausgesprochen problematisch, weil er feste Trennlinien zwischen Gebieten suggeriert, die in dieser Form – das zeigen insbesondere archäologische Funde – kaum irgendwo bestanden. Vgl. dazu auch Hardt 2012, 129–149.

51 Annales regni Franc. ad anno 804; Vgl. dazu Jenkis 1955. Die seitens der älteren Forschung intensiv geführte Diskussion, ob dieser Nachricht Glauben zu schenken sei und welche Gründe den Frankenkönig bewogen haben mögen, den heidnischen Obodriten diese Aufgabe anzuvertrauen, ist vor dem Hintergrund zeittypischen Denkens der ersten Hälfte des 20. Jahrhunderts in festen politischen Kategorien oder Blöcken zu interpretieren. Die Fragestellung wird den Verhältnissen des frühen 9. Jahrhunderts jedoch nicht gerecht. Vgl. dazu zuletzt Klapheck 2008, 88–95, der von einer »Pufferzone« spricht.

52 Annales Fuldenses ad a. 845: »*Normanni regnum Karli vastantes per Sequanam usque Parisios navigio venerunt et tam ab ipso quam ab incolis terrae accepta pecunia copiosa cum pace discesserunt. In Frisia quoque tribus proeliis conflixerunt: in primo quidem victi, in secundis vero duobus superiores effecti mangnam hominum multitudinem prostraverunt. Castellum etiam in Saxonia, quod vocatur Hammaburg, populati nec inulti reversi sunt.*« Deutsche Übersetzung S. 33. Zu den Fuldaer Jahrbüchern vgl. ebenda S. 1–5.

53 Zu Rudolf von Fulda vgl. Berschin 1991; Deutinger 2005.

54 Zu Kloster Fulda in dieser Zeit vgl. Schieffer 1997.

55 Vgl. dazu Mittellateinisches Wörterbuch 1999, 338 f. Nur im Zusammenhang mit weiteren Erläuterungen findet sich mitunter die Verwendung im Sinne von ›befestigte [!, St. Fr.] Ortschaft, Stadt‹.

56 Paderborn, wo im Herbst des Jahres ein Reichstag stattfand, zu dem auch Gesandte der Normannen erschienen, bedarf für den Verfasser der Fuldaer Annalen auffallenderweise keiner näheren Charakterisierung! Vgl. Ann. Fuld. ad anno 845.

57 Diese Sicht wird gestützt durch die Annales Bertiniani, die zum Jahr 845 von Normanneneinfällen berichten und ebenfalls von der Zerstörung eines Ortes in Sachsen wissen, diesen namentlich nicht erwähnen, aber als »Stadt der Slaven« charakterisieren.

58 Vita Anskarii in der deutschen Übersetzung Trillmich 1978, 47 f.

59 Konzilien 160.

60 Ebd. 176 f.

61 Ebd. 179.

62 In der Chronik des Klosters Hirsau von Johannes Trithemius aus dem Jahre 1601 ist eine ausführliche Teilnehmerliste der Mainzer Versammlung überliefert, innerhalb derer etliche Personen als anwesend genannt werden, die 848 bereits verstorben waren, weshalb dem Bericht wenig Glaubwürdigkeit geschenkt wird. Ansgar ist aber ohnehin nicht erwähnt. Vgl. dazu Konzilien 179 u. 182 mit den genauen Angaben.

63 Zu Winfried-Bonifatius vgl. zuletzt die knappe Biographie von v. Padberg 2003.

64 Vgl. dazu Freund 2007.

65 Bei den folgenden Ausführungen handelt es sich um erste und vorläufige Überlegungen und um eine bewusste Thesenbildung, mit der der Versuch unternommen wird, unter Einbeziehung des historischen Kontexts der Ereignisse auf der Reichsebene eine mögliche Entwicklung aufzuzeigen, die zur Übernahme des Bremer Bischofsstuhls durch Ansgar und zur Entstehung des Erzbistums Hamburg-Bremen geführt haben könnte. Dass hierbei vieles Spekulation bleiben muss, versteht sich von selbst und wird in Kauf genommen. Auf detaillierte Belege wird verzichtet. Stattdessen sei auf folgende Darstellungen verwiesen: Bauer 1994, 41–87; Bigott 2002; Schieffer 2005.

66 Wavra 1991, 258 Anm. 118 verweist darauf, dass Ansgar bereits »*849 wieder eine Missionsreise nach Dänemark und drei Jahre später nach Schweden*« unternommen habe.

67 Diplom Nikolaus I. 4a (Curschmann 1909). Zu Nikolaus I. vgl. Fried 1994; Herbers 2012, 83–85.

Karolingerzeitliche Funde aus dem Frankenreich in Ham(ma)burg – Tatinger Kanne und Kreuzfibel

Wolfram Giertz

In der Masse des überwiegend aus lokalen und regionalen Bezugsquellen gespeisten »Kleinfunde«- und Keramik-Spektrums der Hamburger Stadtkerngrabungen (s. Beitrag Torsten Kempke, Keramik) fallen jene Drehscheibenwaren und Schmuckstücke des Kleidungszubehörs unmittelbar auf, für die eine Herkunft aus den fränkischen Kernlanden des Karolingerreichs angenommen wird. In den Berichten zu archäologischen Maßnahmen auf dem Domplatz und in dessen näherer Umgebung, ferner in der weiterführenden Literatur, wurden insbesondere zwei Objekte von jeher als für die Frühgeschichte Ham(ma)burgs bedeutsam hervorgehoben und in einen weit über Hamburg hinausweisenden kulturgeschichtlichen Zusammenhang gestellt: Es sind dies zum einen die leider nur fragmentarisch erhaltene Tatinger Kanne (Abb. 1) aus einer baubegleitenden Fundbergung in der Schauenburgstraße – Ecke Pelzerstraße im Jahre 1952[1], zum anderen die 1956 auf dem Domplatz geborgene Kreuzfibel (Abb. 2 links) aus Buntmetall mit verschiedenfarbigen Glaseinlagen[2] (s. Beitrag Sven Spiong). Aufgrund der Kreuzform der Fibel und dem – nach Vergleichsstücken – einstmals vielleicht vorhanden gewesenen Kreuz-Dekor der Tatinger Kanne aus aufgeklebter Zinnfolie wurden diese qualitätvollen Produkte des Gewerbefleißes aus der Zeit Karls des Großen entweder in einem engeren Sinne – d.h. auf die einstige Trägerin des Schmuckstücks bezogen[3] – oder in einem weiteren Sinne als christlich interpretiert, bzw. einem im Prozess der Christianisierung befindlichen Kontext der »Missionszeit«, also den Jahrzehnten um oder wenig nach 800, zugewiesen[4]. Ob diese Charakterisierung berechtigt und aufgrund der Faktenlage hinreichend zu begründen ist, wird in diesem Beitrag wie manches andere, das sich an Hypothetischem und bisweilen Spekulativem – gewissermaßen als Mythos eigener Art – um die Tatinger Kannen und Kreuzfibeln rankt, nicht in der wünschenswerten Ausführlichkeit abzuhandeln oder gar abschließend zu beantworten sein. Es soll im Folgenden in thematischer Selbstbeschränkung[5] in erster Linie der Versuch unternommen werden, die bedeutsamen Reste der Tatinger Kanne wie auch die Kreuzfibel aus Ham(ma)burg mit den Mitteln der typologisch-antiquarischen Methode zu beschreiben, sie unter Heranziehung von typengleichen und eng verwandten Vergleichsstücken in einen breiten handwerks-, handels- und kulturgeschichtlichen Zusammenhang zu stellen und darin, soweit dies derzeit möglich ist, in Raum und Zeit zu verankern. Weiterhin werden diesen aus der Masse der Hamburger Fundstücke herausragenden Objekten, beide zweifellos veritable Schlüsselfunde zur Hamburger Stadtgeschich-

1 Tatinger Kanne, Schauenburgerstraße – Pelzerstraße (Fpl. 44).

2 Kreuzfibel »Typ Hamburg« aus einem Siedlungsbefund auf dem Domplatz (*links*; Hamburg-Altstadt Fpl. 35) und aus dem Münzhandel (*rechts*; Herkunft Troyes [?]). M 2:1

te, weit weniger spektakuläre Relikte der Hamburger Frühgeschichte an die Seite gestellt, mit denen sie die Zeitstellung und – unter Vorbehalt der Ergebnisse naturwissenschaftlicher Untersuchungen – wohl auch die Provenienz aus entfernten Regionen im weite Teile Mittel- und Nordwesteuropas umfassenden Reich Karls des Großen gemeinsam haben. Bei diesem Vorhaben kommt uns gelegen, dass jüngste naturwissenschaftliche Untersuchungen der Tatinger Ware nun erstmals belastbare Aussagen zu deren bis dahin völlig ungeklärter und hypothetisch meist »im Rheinland«[6] verorteter Herkunft erlauben[7]. In gleichem Maße mit erheblichem Erkenntniszuwachs verbunden ist eine kürzlich im Handel wohl aus einer Sammlung erworbene, dem Hamburger Stück eng verwandte Kreuzfibel (*Abb. 2 rechts*). Diese könnte, was bedauerlicherweise nicht nachzuweisen ist, von einer in oder in der Umgebung der Stadt Troyes zu vermutenden Fundstelle im Département Aube in der Region Champagne-Ardenne, im Nordosten Frankreichs gelegen, stammen.

KAROLINGERZEITLICHE DREHSCHEIBEN-KERAMIK AUS MAINFRANKEN UND DEM RHEINLAND IN HAMBURG

DIE TATINGER KANNE

Die 1952 geborgenen 22 Fragmente einer Tatinger Kanne (*Abb. 1*) gehören angesichts der völlig übereinstimmenden Merkmale des keramischen Scherbens und etlicher Anpassungen untereinander allesamt wohl ein und demselben Gefäß an. Die Zuordnung der einzelnen Scherben zu bestimmten Teilen des Gefäßkörpers ermöglicht uns eine genaue Bestimmung der Form, die von der zeichnerischen Rekonstruktion Reinhard Schindlers aus dem Jahr 1959[8] (*Abb. 3*) in wesentlichen Details abweicht: Vier Scherben mit vertikal geführten Glättstrichen sind der konisch erweiterten Halszone der Kanne, sechs weitere dem Hals-Schulter-Bereich zuzuordnen mit einem diese beiden Zonen trennenden, nur schwach ausgeprägten Wulst. Acht Fragmente gehören der gewölbten Schulter- bzw. Bauchzone an, ein weiteres dem gleichfalls durch einen Wulst[9] betonten, nach unten hin schräg nach innen abknickenden Umbruch zum untersten, ebenfalls leicht gewölbten Wandungsbereich, der wiederum durch zwei Scherben vertreten ist. Vom flachen Standboden ist eine weitere Scherbe vorhanden. Er zeigt geringfügige Abnutzungsspuren, die den Gebrauch der Kanne bezeugen. Die Wandstärke der Kanne nimmt vom Boden zum Hals hin kontinuierlich ab, von ca. 6 mm bis zu 4 mm. Die Höhe der Kanne ist nach den erhaltenen typengleichen Exemplaren auf ca. 25 cm zu schätzen. Reste einer auf die Oberfläche geklebten dekorativen, für die Tatinger Ware charakteristischen Zinnfolienauflage sind auf fünf Fragmenten der gewölbten Schulterzone der Kanne erhalten, von denen zwei anpassende Scherben einen horizontal umlaufenden Zinnfolienstreifen von etwa 8 mm Breite erkennen lassen. Unklar ist, ob es sich bei den erhaltenen Auflagenresten um Korrosionsprodukte der Zinnfolie selbst oder lediglich um Spuren des Klebemittels handelt. Keinerlei Spuren von Zinnfolienauflage sind auf dem konischen Hals und auf der Zone unterhalb des Bauchknicks zu erkennen. Fragmente des Randes, einer evtl. vorhanden gewesenen Ausgusstülle oder des Henkels der Kanne sind nicht erhalten. Gleichwohl kann angesichts der beschriebenen Merkmalskombination als sicher gelten, dass die Tatinger Kanne aus Hamburg von derselben Form ist wie die zerscherbte, aber vollständig erhaltene, mit Zinnfoliendekor versehene Tatinger Kanne aus Grab 551[10] im frühmittelalterlichen Gräberfeld des südschwedischen Birka (Abb. 4). Wie die Hamburger Kanne weist sie den tief liegenden Bauchknick und zwei das Gefäß gliedernde horizontale Wülste auf, an denen jeweils der weit geschwungene Bandhenkel ansetzt. Die von Reinhard Schindler zum Vergleich für den Hamburger Fund herangezogene, der Verstorbenen in Birka, Grab 457[11], mitgegebene Kanne, ist von deutlich abweichender Form mit weich geschwungenem, ungegliedertem Profil. Ein mit Zinnfolie dekoriertes Exemplar aus Birka, Grab 597[12] (Abb. 5), verdeutlicht die aufgezeigten Unterschiede und gibt uns einen ersten Hinweis auf die im Folgenden dargelegte und in einen größeren handwerksgeschichtlichen Kontext eingeordnete Vielfalt und Heterogenität der Tatinger Kannen und der ihnen im Werkstattkontext zugrunde liegenden Tatinger Ware(n).

FORMEN UND WERKSTATTKREISE DER TATINGER WARE

Im Jahr 2013 haben nach einem ersten diesbezüglichen Forschungsprojekt Mitte der 1990er Jahre wieder aufgelegte naturwissenschaftliche Untersuchungen der Tatinger Ware am Helmholtz-Institut für Strahlen- und Kernphysik der Universität Bonn unter Beteiligung des Verfassers mit an Sicherheit grenzender Wahrscheinlichkeit den Nachweis ihrer Herkunft aus der mainfränkischen Region, genauer gesagt aus dem Raum Karlburg-Würzburg, führen können[13]. Als mögliche Produzenten rücken archäologisch bislang nicht nachgewiesene Töpferwerkstätten[14] im frühstädtisch geprägten, durch eine starke gewerbliche Komponente gekennzeichneten und mit einer ausgedehnten Schiffslände mainseitig an den Fernhandel angebundenen Zentralort Karlburg[15] in den Fokus. Wie im Folgenden zu zeigen sein wird, ist dieses (Zwischen-)Ergebnis der andauernden Untersuchungen zwar als erfreulicher Fortschritt zu werten, letztlich jedoch nichts weiter als ein wissenschaftlicher Etappensieg. Das mit der »Tatinger Ware« seit Auffindung der namengebenden Kanne aus Tating verbundene Problem der Provenienzbestimmung ist damit nämlich keineswegs ein für alle Mal gelöst, da sich spätestens seit den 1981 publizierten, mineralogisch begründeten Untersuchungen Richard Hodges'[16] und den typochronologischen, 1996 veröffentlichten Hinweisen des Verfassers[17] bereits seit Langem abzeichnete, dass keineswegs nur eine einzige Werkstatt oder Herkunftsregion mit der Produktion von Tatinger Ware befasst gewesen sein konnte, sondern vielmehr eine Anzahl von zwei bis zu fünf verschiedenen Werkstätten bzw. Töpferorten beteiligt gewesen sein musste, die hypothetisch ihre je eigenen, aus der lokalen bzw. regionalen handwerklichen Tradition herrührenden Fertigungsweisen praktizierten und dabei naturgemäß geologisch verschiedene, auf dem Analyseweg günstigenfalls sauber zu unterscheidende Tonvorkommen bzw. Rezepturen verwendeten. In diesem Beitrag sollen die im Falle des »mainfränkischen Tating« erwiesenen, ansonsten lediglich umständehalber zu erschließenden Werkstattkreise erstmals zu plausiblen Gruppen zusammengestellt und diese mittels einer auf das Wesentliche beschränkten Typentafel (Abb. 6) mit ihrem Gefäßformenspektrum – speziell den Kannen – anschaulich und zum Vergleich dargestellt werden. Als Zwischenergebnis und am Ende der Bemühungen wird der Versuch einer regionalen und Gruppen-Zuordnung der Tatinger Kanne aus Hamburg stehen.

An dieser Stelle ist kurz innezuhalten, um die Auswahlkriterien, die bei der Gruppenbildung eine Rolle gespielt haben, zu erläutern. Es ist in Fachkreisen nicht unumstritten, ob allein die mit Zinnfolienauflage versehene, durch Oberflächenglättung und gelungenen Reduktionsbrand schwarz glänzende Varietät – gleich welcher Gefäßform – als der Tatinger Ware zugehörig

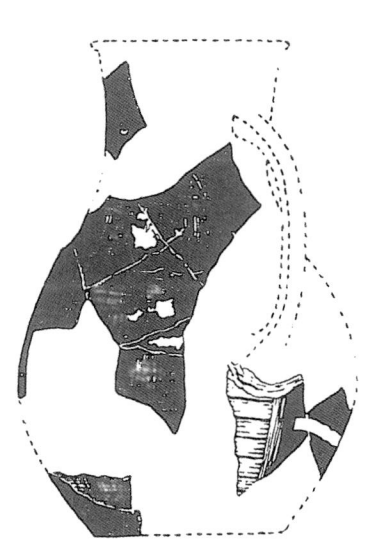

3 Tatinger Kanne (Hamburg-Altstadt Fpl. 44). Zeichnerische Rekonstruktion durch Schindler 1959, M 1:4 (vergrößert nach Neuvermessung durch Verf.).

4 Tatinger Kanne, Birka, Grab 597.

zu gelten habe, welche überwiegend durch die »klassische«, vom eponymen Ort Tating bekannt gewordene Kannenform vertreten wird, oder ob auch die durchaus häufigen unverzierten Kannen in einer den »klassischen Tatinger Kannen« identischen Form, jedoch mit zum Teil beträchtlicher Sandmagerung, mitzuzählen sind[18]. Oder gehört gar das weitere Umfeld von weder formenkundlich noch in ihrer Zierweise mit den »klassischen« Kannen völlig in Deckung zu bringenden, beispielsweise mit eingestochenen Zickzacklinien[19] oder Rollstempeldekor[20] verzierten Kannen identischer oder vergleichbarer Form noch mit dazu? Um nicht ohne Not – vor allem im Hinblick auf potenziell signifikante Merkmalskombinationen – Einzelstücke von vornherein ausschließen zu müssen, wird hier eine inklusive Vorgehensweise zur Anwendung gebracht. Sie setzt den Bearbeiter methodisch in die Lage, auch die keramischen »Grauzonen« der Tatinger Ware in die Betrachtungen miteinbeziehen zu können.

Die mittels Neutronenaktivierungsanalyse (NAA) kürzlich mit hoher Wahrscheinlichkeit als mainfränkisch erwiesene, quantitativ wohl bedeutendste und meistpublizierte Gruppe der Tatinger Ware(n) schließt auch alle zwölf bereits Mitte der 1990er Jahre beprobten Randscherben der »klassischen« Kannenform mit leicht konisch erweitertem Hals und selten schwach, meist rundlich verdicktem Rand mit ein, die seinerzeit einem einzigen, allerdings nicht lokalisierbaren Produktionskontext zugewiesen werden konnten[21]. Das hierfür eingeworbene Probenmaterial, insgesamt 40 Scherben, stammte von sieben meist östlich und nordöstlich des Rheins gelegenen Fundplätzen in Deutschland und in den benachbarten Niederlanden, bis hinauf in das dänische Ribe[22]. Sechs der Randscherben zeigen im Einzelfall geringe, jedoch sicher nachgewiesene Reste von Zinnfolienauflage, sechs weitere sind zumindest im Rand- und Halsbereich offenbar gänzlich unverziert. Drei Randscherben weisen die für die »klassische« Kannenform typischen, am Hals durchgezapften, bogenförmig weit herabreichenden Bandhenkel mit rechteckigem Querschnitt auf, zwei Randscherben die hierfür üblichen knapp unterhalb der Randlippe ansetzenden und dem Hals eng anliegenden, an der Mündung stufig beschnittenen Ausgusstüllen. Zum »klassischen« Kannentyp mainfränkischer Provenienz dürfte im formenkundlichen Vergleich die Masse der entlang des Mains, am Rhein, in Westfalen, im östlichen Nordseeküstenbereich und in Skandinavien dokumentierten Fundstücke der Tatinger Ware gehören[23]. Als formenkundlich zu unterscheidende Untergruppen seien stellvertretend die bereits oben genannte Kanne aus Birka, Grab 597, mit geschwungenem, ungegliedertem Wandungsverlauf (*Abb. 4*) sowie die aus Birka, Grab 551, geborgene Kanne mit durch Wülste gegliedertem Gefäßkörper und betontem Wandungsknick im unteren Gefäßdrittel (*Abb. 5*) herangezogen. Beide Kannenformen weisen gelegentlich – soweit dem Erhaltungszustand entsprechend überhaupt noch erkennbar – einen »plakativ« eingesetzten Zinnfoliendekor gleicharmiger Kreuze auf dem unteren Teil der Wandung auf, ansonsten meist horizontal arrangierte Rautengitter und/oder Bänder, Rautenreihen sowie spitz ausgezogene Dreiecke in aufgeklebter Zinnfolie[24]. Zu letzterer Form, der mit Wandungsknick und Wülsten, und somit mit einiger Wahrscheinlichkeit zum »mainfränkischen Tating«, ge-

5 Tatinger Kanne, Birka, Grab 551.

hört – um an dieser Stelle dem Ergebnis bereits vorzugreifen – mit Bestimmtheit auch die Tatinger Kanne aus dem Hamburger Fund von 1952[25]. Vermutlich gleichfalls der Gruppe des »mainfränkischen Tating« zugehörig ist der zinnfolienverzierte, beutelförmige Becher aus Birka, Grab 457[26]. In Kombination mit den Tatinger Kannen aus verschiedenen Gräbern desselben Gräberfeldes darf man ihn wohl funktional als Bestandteil eines einstmals aus Kanne und Becher bestehenden Trinkgeschirr-Sets ansprechen. Ein solcher Gefäßsatz diente vielleicht zum profanen Gebrauch (Weinkonsum) eines im zentralörtlichen Birka sozial herausgehobenen, dem Christentum möglicherweise affinen Milieus, will man nicht gleich daran denken, dass es sich jeweils um im weiteren Sinne liturgisch genutzte Gefäße gehandelt haben könnte, im Falle der Kannen etwa um Handwaschgefäße, (Mess-) Weinkannen oder – wie Wilhelm Winkelmann vorgeschlagen hat – Taufkannen[27]. Will man diesen Gedanken weiter spinnen, so könnte man in Anbetracht der Beutelform karolingerzeitlicher Pyxiden aus Edelmetall im Falle des beutelförmigen Bechers aus Birka, Grab 457, gar an einen Hostienbehälter denken, also – in Winkelmanns Diktion – selbst hier an ein »liturgisches Gefäß der Missionszeit«.

Allen bislang durch den Verfasser in Augenschein genommenen Exemplaren der »klassischen« Kannenform mit Zinnfolienauflage bzw. des als mainfränkisch erwiesenen Probenmaterials der NAA gemeinsam – und dies gilt auch für das Hamburger Exemplar – ist der an der Oberfläche mittel- bis schwarzgraue, durch sorgfältige Glättung mit häufig vertikal geführten Strichen oftmals glänzende, manches Mal geringfügig sandgemagerte keramische Scherben mit im Bruch leicht porösem, mattem, mittel- bis schwarzgrauem Kern.

Eine weitere, hiervon in wesentlichen Merkmalen abweichende, hypothetisch zweite Gruppe Tatinger Ware(n) erfassen wir vermutlich mit einer zinnfolienverzierten Kanne (?) aus dem frühmittelalterlichen Handelsort Hamwic (Southampton) im Süden Englands (*Abb. 6,1*), die Richard Hodges aufgrund von minerologischen Untersuchungen den karolingerzeitlichen Großtöpfereien von Mayen in der Eifel glaubte zuweisen zu können[28]. Die örtliche Tradition der Massenproduktion qualitätvoller Drehscheibenwaren, darunter auch merowinger- und frühkarolingerzeitliche Derivate der römerzeitlichen schwarz polierten, sogenannten Terra Nigra, reicht in Mayen bis weit in die mittlere Römische Kaiserzeit zurück. Tatsächlich hat – formen- und warenkundlich betrachtet – die von Hodges zeichnerisch rekonstruierte Form zahlreiche Entsprechungen in von der Forschung bisweilen als älter erachteten Gefäßen, die, allesamt in der merowinger- und frühkarolingerzeitlichen reduzierend gebrannten, geglätteten Mayener Ware MB (nach Redknap) gefertigt, aus gesichertem Produktionskontext am Ort stammen[29]. Die meist mit einem schulterständigen, von innen durch die Gefäßwand gesteckten und an der Mündung abgeschnittenen Röhrenausguss[30] versehenen Mayener Kannen in dieser Warenart – zinnfolienverzierte Exemplare sind bislang nicht bekannt – weisen durchweg dünne, breite, unmittelbar unter dem schräg ausbiegenden Rand ansetzende Bandhenkel auf. Diese Mayener Kannen unterscheiden sich somit deutlich von den oben beschriebenen »klassischen« Kannenformen des »mainfränkischen Tating«. Bei dem von Hodges vorgestellten, mit nur wenigen Scherben äußerst bruchstückhaft überlieferten Gefäß aus Hamwic mit konisch erweitertem Hals und unverdicktem Steilrand ist allerdings durchaus ungewiss, ob es sich überhaupt um eine Kanne oder nicht vielmehr um einen zinnfolienverzierten »Tatinger Becher« handelt, da jegliches Indiz für das ehemalige Vorhandensein eines Henkels oder gar einer Ausgusstülle zu fehlen scheint. Die Form ist als Becher in der merowinger- und frühkarolingerzeitlichen Ware MB (nach Redknap) in Mayen gut belegt[31]. Die Oberfläche dieser Warenart ist im Reduktionsbrand gewöhnlich schwarz gefärbt, sie weist eine gute Oberflächenglättung auf. Der keramische Scherben ist in seiner Matrix dicht und glatt, im Kern häufig rot oder rotbraun gefärbt und gelegentlich mit diagnostischen feinen Magerungspartikeln regional vorkommender vulkanischer Feldspate durchsetzt[32].

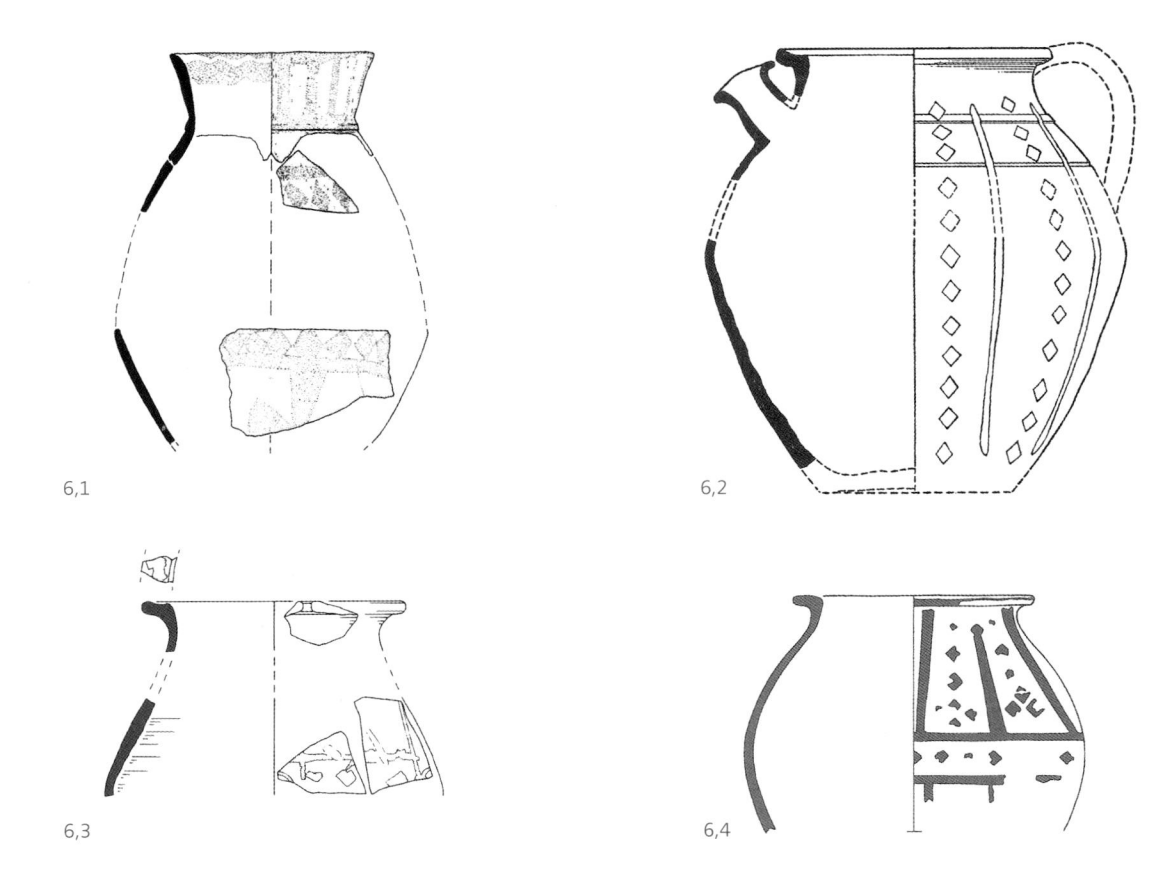

6 Typentafel Tatinger Kannen, Westgruppe: 1 – Mittelrhein/Mayen? (Hamwic-Southampton/GB); 2 – Maasgebiet/Huy? (Old Windsor, Berks./GB); 3 – Maasgebiet/Huy? (London/GB); 4 – Pariser Becken? (Dorestad, Wijk bij Duurstede/NL). M 1:4

Greifen wir bei dem Versuch einer Gruppenbildung der Tatinger Ware(n) noch weiter nach Westen aus, so rückt der handwerksgeschichtlich in gleicher Weise wie Mayen in der provinzialrömischen (Spät-)Antike wurzelnde Gewerbe- und Handelsort Huy an der Maas in den Blickpunkt unserer Betrachtungen: Dieser im sogenannten karolingischen Stammland im heutigen Belgien gelegene Zentralort – siedlungstopografisch geradezu eine »Schwestersiedlung« von Karlburg am Main – wurde der Fachwelt im Verlauf von zahllosen Fundbergungen und planmäßigen Ausgrabungen von Töpferwerkstätten bekannt und darf den Umständen entsprechend als gut erforscht gelten. Von der Spätantike an und offenbar kontinuierlich bis in das Hochmittelalter hinein wurde hier in frühstädtischem Kontext eine im Waren- und Formenspektrum breit gefächerte Palette von Drehscheibenwaren hoher Qualität erzeugt, die – ausweislich von Funden im Londoner Raum[33] – spätestens seit dem ausgehenden 7. Jahrhundert als häufig hochdekorierte Qualitätsware offenbar auch in den supra-regionalen Fernhandel eingespeist wurde[34].

Im Ursprung gründet das stadtsässige Töpfergewerbe in Huy in einer bereits in der Vorrömischen Eisenzeit regional entwickelten, in galloromischer Zeit ausdifferenzierten und über die Spätantike hinaus in ausgesprochen konservativer Weise am Ort hochgehaltenen Handwerkstradition. Hierzu gehörte wie im mittelrheinischen Mayen die Produktion reduzierend schwarz gebrannter geglätteter Ware, die sich in ihren jüngsten Ausformungen – gelegentlich münzdatiert[35] – wie auch die hiermit verwandte schwarze und graue rauwandige Ware bis in das erste Viertel des 9. Jahrhunderts sicher verfolgen lässt. Die unweit Huy und im nahe benachbarten Andenne anstehenden tertiären Tone (»blanche derle«) sind von hervorragender Qualität und fallen bei oxidierender Brennführung »pfeifentonartig« weiß aus. Auch die schwarz glänzenden Nigra-Derivate lokaler spätmerowinger- und karolingerzeitlicher Produktion weisen einen meist weißen bis hellgrauen Kern auf[36]. Für die karolingerzeitlichen Kannenformen des Typs Huy sind schulterständige, an der Mündung aufgeweitete Ausgusstüllen belegt[37], gelegentlich in Kombination mit vertikal auf die Wandung angarnierten Bandauflagen[38]. Die genannten morphologischen Merkmale in Kombination mit einem im Kern weißen bis hellgrauen keramischen Scherben finden sich bei zwei zinnfolienbelegten Tatinger Kannen mit eiförmigem, schwach bzw. ausgeprägt doppelkonischem Wandungsverlauf und Deckelpfalzrändern in insularem Fundkontext in London[39] (*Abb. 6,3*) und in dem London nahe gelegenen Old Windsor, Berkshire[40] (*Abb. 6,2*). Das von der o. g. Kanne aus Huy überlieferte Dekorationsschema vertikal orientierter Bandauflagen ist bei den beiden Tatinger Kannen dieses hypothetisch »maasländischen Tating« möglicherweise in die Ziertechnik mit Zinnfolienauflage übertragen worden, da auch hier vertikale, die Wandung bis zum flachen Standboden herablaufende Bänder die Gefäße schmücken – bei beiden Belegstücken übrigens in fast gleicher Weise gestaltet mit Rautenreihen, die den Bändern zwischengeschaltet sind. Die in Huy über Jahrhunderte hinweg kontinuierlich fortgeführte Produktlinie geglätteter, reduzierend schwarz gebrannter Feinware wird, wie im übrigen etwa zur selben Zeit auch in Mayen und – allem Anschein nach – im mainfränkischen Karlburg[41], abrupt und ohne jegliches Wiederaufleben zugunsten einer nun massiv einsetzenden Produktion von oxidierend weiß oder gelb gebrannten Drehscheibenwaren aufgegeben. Diese innovativen Produktlinien eröffneten den Töpfern sogleich die Möglichkeit, als Zierweisen anstelle der nun vielleicht überholten, als »altmodisch« oder unzweckmäßig empfundenen Zinnfolienauflage im »Tatinger Stil« der Zeit Karls des Großen nunmehr Rotbemalung und – in der Folgezeit geradezu eine Spezialität der Töpfer in Huy – flächendeckende gelbe Bleiglasur auf den hellen Gefäßkörper aufzubringen, in letzterem Fall vielleicht in Anlehnung an das Erscheinungsbild von noch weit kostbareren Glasgefäßen[42]. Dies sei in unserem Zusammenhang vor allem deshalb erwähnt, weil die nach einem eponymen Fundort in London sogenannten Lime Street pitcher[43] des Typs Huy, d. h. unten stark ausgebauchte ovoide, zur Gänze bleiglasierte Röhrenausgusskannen mit Deckelpfalzrändern spätkarlingisch-ottonischer Zeitstellung, in ihren morphologischen Merkmalen den o. g., hypothetisch maasländischen Tatinger Kannen ausgesprochen nahestehen: Auch hier finden sich vertikale, gelegentlich diamantierte Bandauflagen; belegt sind nunmehr sogar die für die maasländische Tatinger Ware lediglich aus der Randform erschlossenen keramischen Deckel[44]. Es könnte sich beim Lime Street pitcher des Typs Huy, mit auch auf dem Analyseweg mittlerweile nachgewiesener Herkunft aus dem mittleren Maasgebiet[45], somit um eine vielleicht noch vor Mitte des 9. Jahrhunderts einsetzende Nachfolgeproduktion einer dritten, hypothetisch maasländischen Gruppe der Tatinger Ware(n) handeln. Für diejenigen Gefäße, die einer solchen Gruppe zuzurechnen sind, zeichnet sich eine Distribution vorwiegend nach Norden, in den insularen Raum ab, wozu mögliche weitere Belegstücke in England mit dem zinnfolienverzierten Fragment einer (Fuß-?)Schale in Ipswich und mehreren Scherben aus den Grabungen in Lincoln und York vorliegen[46], welche den typisch weißen bis hellgrauen, in der Matrix dichten, ohne makroskopisch erkennbare Magerungsbestandteile »pfeifentonartig« wirkenden bzw. hellgrauen Scherben der maasländischen Nigra-Derivate aufweisen.

Ob die zahlreichen bei den Grabungen in Saint-Denis[47] bei Paris gefundenen Fragmente zinnfolienverzierter Tatinger Kannen mit im Kern meist hellgrauem Scherben als Indiz für einen möglichen vierten Werkstattkreis für die Erzeugung von Tatinger Ware(n) im Pariser Becken zu werten sind oder ob diese Funde dem hypothetisch maasländischen, ggf. durch den Handel auch nach Westen ausgerichteten Werkstattkreis zugeschlagen werden können, ist derzeit schwer zu entscheiden. Festzuhalten gilt, dass die unverdickt ausbiegenden Randprofile der aus Saint-Denis bekannt gewordenen Tatinger Kannen keinen Deckelpfalz und im Vergleich mit den Produkten des mainfränkischen und des hypothetisch maasländischen Werkstattkreises auch ein abweichendes Dekorationsschema der Zinnfolienauflage aufweisen[48]. Formenkundlich zu dieser Gruppe zugehörig, ebenso im Hinblick auf die Warenart und angesichts der bis dahin nur für Saint-Denis belegten Zierweise mit aus Rauten zusammengesetzten Kreuzen der Zinnfolienauflage, ist eine Tatinger Kanne (*Abb. 6,4*), die bei Ausgrabungen im frühstädtischen Gewerbe- und Handelsort Dorestad (Wijk bij Duurstede) in der Nähe von Utrecht zum Vorschein kam[49]. Supra-regionale Handelskontakte lassen sich in diesem Fall als Hintergrund vermuten, etwa im Zusammenhang mit den im frühen Mittelalter in Saint-Denis stattfindenden Handelsmessen, die zweifellos auch von der Fernhändlerschaft Dorestads besucht worden sind[50]. Formen und Zierweisen der Tatinger Kannen dieses vielleicht im Raum Paris zu lokalisierenden westlichsten Werkstattkreises stehen jenen mit hypothetisch maasländischer Provenienz jedenfalls deutlich näher als denen der nachweislich mainfränkischen, östlichen Gruppe der Tatinger Ware(n). Gliedert man das Verbreitungsmuster auf die hypothetisch westlichen Werkstattkreise (Mayen? Huy? Pariser Becken?) und die östliche Gruppe (Mainfranken: Raum Karlburg-Würzburg), wie es sich beispielsweise aus der Kartierung Ludwig Wamsers (*Abb. 7*) ermitteln lässt, auf, so ergibt sich – *grosso modo* – für die westlichen eine Distribution nach Norden insbesondere in den insularen, angelsächsischen Raum, für den östlichen, quantitativ möglicherweise bedeutenderen, hingegen eine Verbreitung überwiegend im

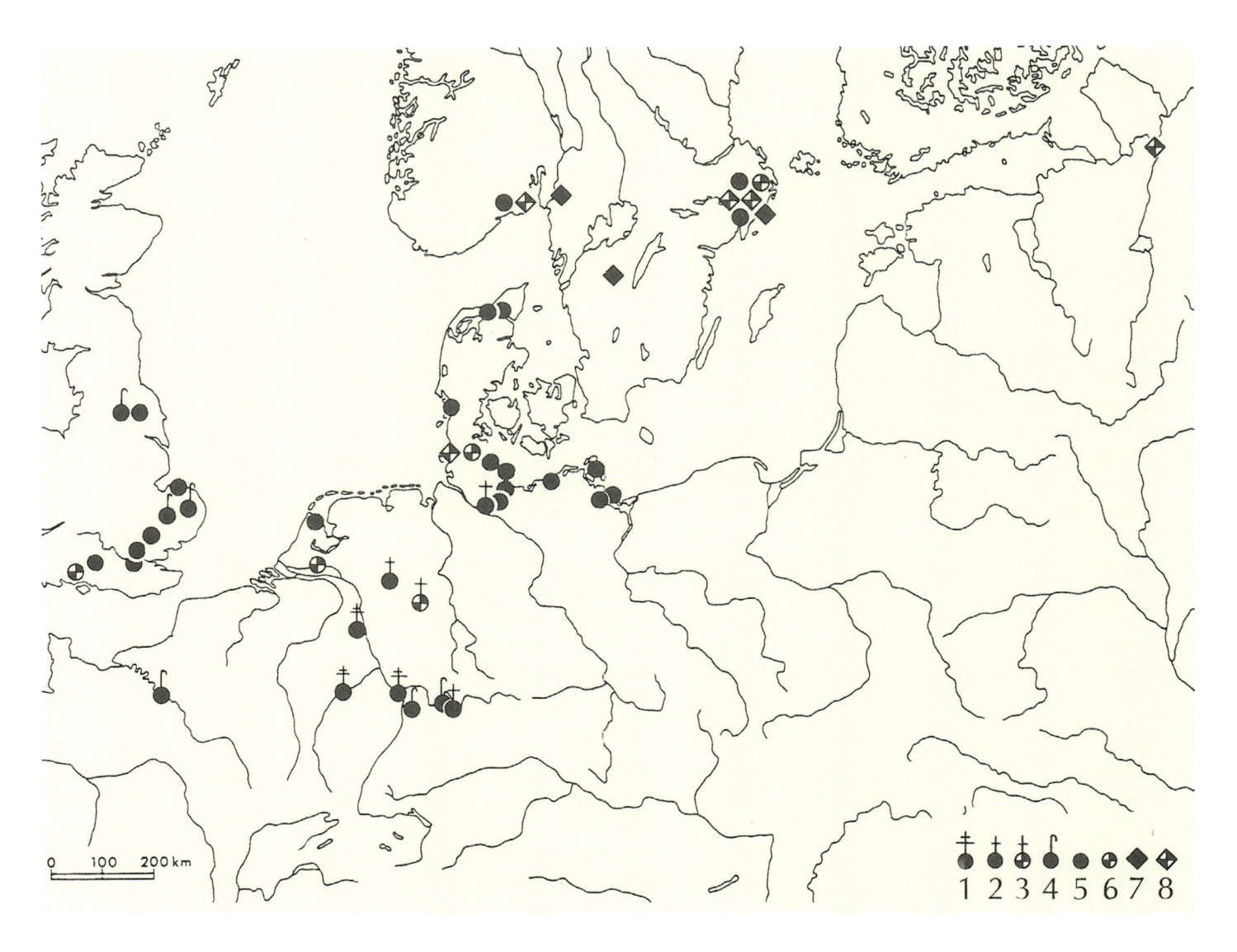

7 Fundorte Tatinger Kannen: 1 – Sitz eines Erzbischofs; 2 – Sitz eines Bischofs; 3 – Sitz eines Bischofs (Nachweis von Kreuzornamentik); 4 – Kloster; 5 – Siedlung; 6 – Siedlung (Nachweis von Kreuzornamentik); 7 – Grab; 8 – Grab (Nachweis von Kreuzornamentik).

Maingebiet und entlang des Rheins sowie in die sächsischen und benachbarten slawischen Regionen östlich und nordöstlich des Rheins bis hin nach Skandinavien, mit einem auffallend reichen Fundaufkommen mutmaßlich mainfränkischer Tatinger Kannen sowie eines »Tatinger Bechers« in den (Frauen-)Gräbern Birkas. Das angesichts der Verbreitungskarte mit einiger Verwunderung festzustellende weitgehende Fehlen zinnfolienverzierter Tatinger Ware(n) gleich welchen Werkstattkreises auf linksrheinischem fränkischem Reichsgebiet irritiert, vor allem in dem als mögliche Herkunftsregion hypothetisch in Anspruch genommenen karolingischen Stammland an der Maas wie ausdrücklich auch in der seit der Zeit »um 800« für wenige Jahrzehnte als Residenz fungierenden Pfalz Aachen[51]. Dies gibt Anlass zu der Frage, ob insbesondere die nach Osten und Norden hin verbreiteten, mit plakativem Kreuz-Dekor versehenen Erzeugnisse des »mainfränkischen Tating« vielleicht sogar für ein Konsumenten-Milieu am Rande oder gar außerhalb des karolingischen Reichsgebiets eigens hergestellt und gezielt dorthin verhandelt oder sonst wie distribuiert worden sein könnten. Mithin also doch eine »Keramik der Missionszeit« im engeren Sinne mitsamt den damit verbundenen »christlichen« Konnotationen?

Kommen wir nun abschließend zur Tatinger Kanne aus Hamburg zurück, so ist festzustellen, dass sich dieses Gefäß sowohl in Bezug auf seine Machart, Form und ursprünglich vielleicht vorhanden gewesene Zierweise mit in Zinnfolie aufgeklebten Kreuzen als auch hinsichtlich des im östlichen Nordseeküstenbereich liegenden Fundortes – also im Distributionsraum des östlichen Werkstatt- und Formenkreises der Tatinger Ware(n) – mit hoher Wahrscheinlichkeit als Produkt einer mainfränkischen Töpferei der Zeit »um 800« im Raum Karlburg-Würzburg zu erkennen gibt. Nicht uninteressant ist in diesem Zusammenhang, dass sich mindestens eine weitere in Hamburg gefundene Scherbe dieser entfernten Region zuweisen lässt, und zwar die Wandscherbe eines sandgemagerten, rauwandigen, im reduzierenden Brand hell- bis mittelgrau gefärbten Gefäßes der insbesondere im Zentralort Karlburg in Fundkontexten der Zeit »um 800« überaus häufigen sogenannten (älteren) Rauwandigen Drehscheibenware[52] (*Abb. 8*). Zwei zusammengehörige Randscherben mit unverdickt ausbiegendem Rand in einer dunkelrotbraunen, im Kern grauen, schwach glimmerhaltigen und trotz Sandmagerung nur leicht rauwandigen Ware finden ihre besten Entsprechungen in der sogenannten karolingischen, roten, glimmerhaltigen Ware (»Rote Drehware«), für die eine Herkunft aus dem Untermaingebiet bzw. Vorspessartraum angenommen wird[53] und die u. a. auch im mainfränkischen Karlburg vertreten ist. Bemerkenswert ist, dass die o. g. Scherbe der rauwandigen grautonigen Ware und eine der beiden Randscherben der »Roten Drehware« aus Mainfranken bzw. dem Untermaingebiet aus ein und demselben archäologischen Kontext des Siedlungshorizontes Periode III aus der Hamburger Altstadtgrabung 1981/82 stammen[54].

RHEINISCHE DREHSCHEIBENKERAMIK DER KAROLINGERZEIT IN HAM(MA)BURG

Zu den aus Mainfranken und dem Untermaingebiet nach Hamburg gelangten Drehscheibenwaren gesellen sich mehrere Scherben aus der karolingerzeitlichen Produktion der Großtöpfereien am Köln-Bonner Vorgebirge. Mindestens drei der im Hamburger Fundmaterial vorliegenden, kleinteiligen Bruchstücke sind angesichts ihrer Machart der fein gemagerten, oxidierend weiß bzw. gelb gebrannten sogenannten Badorfer Ware (*Abb. 9*)[55] aus der zweiten Hälfte des 8. Jahrhunderts und dem 9. Jahrhundert zuzuordnen. Eine weitere Scherbe (*Abb. 10*) – gelbgraue Oberfläche mit hellgrauem Kern aufgrund wechselnder Brennführung – kann als typisch grob sandgemagerte, sogenannte Walberberger Ware[56] der zweiten Hälfte des 8. und des frühen 9. Jahrhunderts bestimmt werden. Letztere Scherbe gehört mit einiger Sicherheit, erstere lediglich unter Vorbehalt in die frühe, fränkisch geprägte Phase Ham(ma)burgs in der Zeit um bzw. wenig nach 800. Kontakte gleich welcher Art zwischen dem karolingerzeitlichen Hamburg und dem Kölner Raum sind anhand der rheinischen »Importwaren« jedenfalls erwiesen.

DIE »HAMMABURG-FIBEL« IM VERGLEICH – KREUZFIBELN VOM »TYP HAMBURG«

Die in verschiedenen Zuständen, sowohl »bodenfrisch« als auch restauratorisch überarbeitet, bereits mehrfach zunächst als »Zierstück«[57], sodann als Fibel[58] publizierte karolingerzeitliche Kreuzfibel vom Domplatz (s. Beitrag Sven Spiong und *Abb. 2*), ist an ihrem Fundort Hamburg als »Hammaburg-Fibel« wohlbekannt und dient dem vorliegenden Begleitkatalog zur Ausstellung in Gestalt einer dem Original nahekommenden Reproduktion als Logo. Wie im Falle der oben abgehandelten Hamburger Tatinger Kanne soll den weiter ausholenden Überlegungen zu ihrer möglichen Herkunft und Funktion, bei weitestgehender Ausklammerung des in der Forschung unstrittigen Datierungsrahmens ihrer Herstellung in der Zeit »um 800« bzw. kurz danach, zunächst einmal die alle Merkmale nach Möglichkeit vollständig erfassende antiquarisch-typologische Beschreibung vorangestellt werden[59].

Das durch Korrosion erheblich in Mitleidenschaft gezogene Gussstück aus Buntmetall in einer rötlichen, wohl stark kupferhaltigen Legierung misst in der Breite – d. h. in der Achse des Nadelapparats – 30,6 mm, in der Höhe 31,1 mm, bei einer maximalen Dicke in der Mitte von 3,7 mm, die zu den leicht einziehenden Rändern des zentralen Rautenfeldes hin auf bis zu 0,7 mm ausdünnt. Dem als Reliefgrund dienenden, an den Seiten leicht einziehenden Rautenfeld liegt auf einer höheren Reliefebene ein gleicharmiges Kreuz auf, dessen als schmale Wülste ausgebildete Kreuzarme in der Mitte und an den Enden rundlich verdickt sind, mit Gruben, die zur Aufnahme von kugeligen Glaseinlagen möglicherweise nachträglich und den Fibelkörper an diesen Stellen perforierend ausgebohrt worden sind. Auch die über die Spitzen der Raute hinausgezogenen jeweils drei Endrundeln weisen dort, wo die im Gussmodell anscheinend vorgegebenen, nicht nachträglich ausgefeilten, ungleich großen Rundeln zusammentreffen, muldenförmige, zur Rückseite der Fibel hin durchbohrte Fassungslöcher auf, ebenso die Kreuzesmitte. Vom mittig gelegenen Kreuz mit rundlichen Armen gehen, den rautenförmigen Reliefgrund vollflächig bedeckend, radiale Strahlen aus, die durch feinen Kerbschnitt zu einem Rautengitter gestaltet bzw. diamantiert sind. Von den ehemals neun kugelförmigen Glaseinlagen sind noch drei in ihrer Fassung vollständig erhalten, davon zwei in der Farbe transluzid flaschengrün[60] mit einem Durchmesser von 2,3 bzw. 2,7 mm und eine dritte purpurrot mit trans-

8 Fragment der Rauwandigen Drehscheibenware (grautonig), Mainfranken (Hamburg-Altstadt, Fpl. 35). M 1:1

9 Fragmente von Ware des Badorfer Typs, Köln-Bonner Vorgebirge (Hamburg-Altstadt, Fpl. 35). M 1:1

10 Fragment von Ware des Walberberger Typs, Köln-Bonner Vorgebirge (Hamburg-Altstadt, Fpl. 35). M 1:1

luziden gelbgrünen Schlieren und einem Durchmesser von 2,5 mm. Die Rückseite der Fibel weist eine kreisrund ausgehöhlte Mulde mit einem Durchmesser von ca. 10 mm auf, die sie umgebende Fläche ist plan gefeilt. Der rückseitig bei einer Fibel aus funktionalen Gründen zu erwartende Nadelapparat ist sicher nachzuweisen, jedoch nur mehr in Resten vorhanden: Die ursprünglich wohl zweilappige Nadelhalterung wurde zu irgendeiner Zeit sekundär bis auf geringe Spuren auf die Ebene der Rückseite heruntergefeilt bzw. abgeschliffen. Auch von der gegenüberliegenden Nadelrast ist nur noch ein ca. 1 mm hoher Stumpf vorhanden. Durch die der abgefeilten Nadelhalterung nächstgelegene Fassungsmulde ist ein ca. 1,4 mm langer, vom rötlichen Gussstück durch seine goldgelbe Farbe (Messing?) abweichender, gerader Stift getrieben, der auf der Vorderseite am Ende durch Schlagwirkung abgeflacht scheint. Rückseitig ist das Ende des Stiftes durch restauratorische Eingriffe soweit überformt, dass nicht sicher zu entscheiden ist, ob auch dieses Ende einst durch Schlagwirkung abgeflacht oder vielmehr abgebrochen war. Hinsichtlich der Funktion des Stiftes sind zwei Möglichkeiten in Betracht zu ziehen: Zum einen könnte es sich um eine nach irreparabler Beschädigung des Nadelapparats von der Schauseite her ersatzweise durchgetriebene, auf der Rückseite in Richtung der Nadelrast umgebogene Nadel aus Messingdraht handeln, zum anderen um einen in nahezu voller Länge erhaltenen Nietstift. Die Tatsache, dass die Nadelhalterung völlig plan abgefeilt wurde, könnte darauf hindeuten, dass mittels Nietstift an dieser Stelle eine Lasche fest auf der Fläche befestigt war, möglicherweise zum Zwecke einer Zweitverwendung der nicht mehr als solche brauchbaren Kreuzfibel als kreuzförmiges Amulett. Kreuzförmige Amulette mit nietbefestigten Laschen sind in einiger Zahl aus frühmittelalterlichen Frauengräbern im schwedischen Birka bekannt, bestehen dort allerdings nicht aus umgearbeiteten Kreuzfibeln, sondern sind eigens aus Blech so angefertigt (*Abb. 11*)[61]. Bei der möglichen Entfernung einer evtl. vorhanden gewesenen Lasche (aus wertvollem Edelmetall?) an dem Hamburger »Zierstück« wäre ggf. allein der fest eingetriebene Nietstift im Bohrloch stecken geblieben, worauf man das aufgetragene und verbrauchte Fragment endgültig weggeworfen haben könnte – wobei allerdings auch der Verlust der Fibel bzw. des »Zierstücks« nach unglücklichem Abreißen der Nadelreparatur oder der Lasche in Frage kommt.

Kommen wir nun zum ersten Vergleich: Die eingangs bereits erwähnte, aus dem Handel, wohl aus einer französischen Sammlung, erworbene Kreuzfibel aus Troyes (?) (*Abb. 2 rechts*) ist der »Hammaburg-Fibel« als in jeder Hinsicht typengleich unmittelbar an die Seite zu stellen. Bei nahezu identischen Maßen – 30,5 mm in der Breite, 31,0 mm in der Höhe und 3,5 mm als maximale Dicke, an den Seiten des Rautenfeldes bis auf 1,0 mm, hier mit einem feinen Rändchen versehen ausdünnend – weist die Kreuzfibel aus Troyes (?), unabhängig von dem wesentlich besseren Erhaltungszustand im Vergleich mit der »Hammaburg-Fibel«, ein viel präziser ausgeformtes, plastisch gewölbtes, nach allen Seiten hin weich abgerundetes Kreuzrelief, eine durch feinen Kerbschnitt (wohl bereits im Modell) tiefer ausgearbeitete Diamantierung des Reliefgrundes und eine deutlich höhere Qualität in der Formung der jeweils drei, hier weitestgehend maßhaltigen Endrundeln auf. Die tief ausgehöhlten Gruben zur Aufnahme der Glaseinlagen sind anscheinend bereits im Fibelmodell (aus Wachs?) in dieser Weise angelegt. Keine einzige wirkt nachträglich ausgebohrt oder perforiert gar den Fibelkörper. Von den – wie bei der »Hammaburg-Fibel« – auch hier ehedem in derselben Positi-

11 Kreuzanhänger aus Frauengräbern in Birka. Abb. o. M

on vorhanden gewesenen neun kugeligen Glaseinlagen sind noch in sechs Fassungen Reste erhalten: Drei davon blaugrün, eine gelbgrün und zwei weitere in einem tief purpurroten Farbton. Die Farbintensität der Glaskugeln wirkt kräftiger als beim Hamburger Vergleichsstück, die verwendeten Glassorten ein wenig qualitätvoller. Der Blick auf die Rückseite der Kreuzfibel aus Troyes (?) zeigt eine gut erhaltene, zweilappige, wohl ebenso wie die fragmentarisch erhaltene Nadelrast aus dem Gussstück herausgefeilte Nadelhalterung. Reste der Nadel lassen erkennen, dass diese, wie bei karolingerzeitlichen Buntmetall-Fibeln üblich, aus Eisen bestand. Die Rückseite der Fibel ist bis auf die mittig gelegene Mulde plan gefeilt, die Mulde selbst angesichts der gratigen konzentrischen Bohrriefen und Rattermarken allem Anschein nach – zur Versäuberung? – aus dem Gussstück selbst herausgebohrt.

Die beiden äußerst eng verwandten und trotz gewisser Qualitätsunterschiede möglicherweise werkstattgleichen Kreuzfibeln aus Hamburg und Troyes (?) können der von Egon Wamers 1994 definierten Gruppe der »Kreuzfibeln mit drei Eckrundeln« zugeordnet werden, und zwar einer nun durch drei, vormals lediglich zwei Exemplare gebildeten Untergruppe[62]. Aufgrund der Priorität und der – im Unterschied zur Kreuzfibel aus Troyes (?) – gesicherten Provenienz aus einem Hamburger Fundkontext sei an dieser Stelle vorgeschlagen, diese Untergruppe von nun an mit dem Begriff Kreuzfibel vom »Typ Hamburg« zu bezeichnen.

Weiten wir den Vergleichsrahmen ein wenig aus, beschränken uns dabei aber erst einmal auf den Hamburger Raum, so rückt als nächstes eine ebenfalls mehrfach publizierte Kreuzfibel aus einem Frauengrab im karolingerzeitlichen, spätsächsischen Gräberfeld bei Wulfsen[63] (s. Beitrag Sven Spiong) im Hamburg benachbarten Lkr. Harburg ins Blickfeld. Diese Kreuzfibel teilt gewisse Merkmale im Umriss und im Aufbau mit den beiden zuvor beschriebenen Kreuzfibeln, sie ist jedoch unverkennbar einfacher gestaltet. Die aus einem gelblichen Buntmetall (Messing?) gegossene Kreuzfibel aus Wulfsen zeigt einen wohl aus dem Werkstück herausgefeilten Nadelapparat mit 2-lappiger Nadelhalterung und die uns bereits von den beiden o. g. Stücken bekannte kreisrunde, hier 12 mm im Durchmesser betragende Mulde zur Aufnahme des von der Fibel zusammengerafften und -gehaltenen Bekleidungsstoffs. Im Falle der Wulfsener Fibel könnte dies wegen ihrer Fundlage auf der geschlossenen Zahnleiste der Verstorbenen möglicherweise ein Leichentuch oder ein Schleier gewesen sein. Wieder fällt die rautenförmige Mittelplatte der Fibel mit jeweils drei Eckrundeln bzw. Dreipassecken an den Spitzen als Gestaltungsprinzip ins Auge. Auch die Maße sind den o. g. Kreuzfibeln aus Hamburg und Troyes (?) ähnlich: 33,5 mm in der Breite, 31,0 mm in der Höhe, bei einer maximalen Dicke von 2,8 mm. Die völlig plan wirkende, kerbgeschnittene Binnenraute der Wulfsener Kreuzfibel, wie wir sie u. a. von typengleichen Fibeln in Westfalen (Abb. 12,6 u. 12,8) und einem Gussmodel für derartige Werkstücke aus Bad Neustadt a. d. Saale kennen[64] (Abb. 12,7), zeigt bei näherer Betrachtung an einer Ecke der Rautenplatte stehen gebliebene Reste eines in einer lanzettförmigen Spitze endenden, im Fibelmodell wohl kreuzförmig in Kerbschnitt angelegten Binnendekors der Raute. Dieser nun verbindet das Wulfsener Stück mit einer ganzen Reihe von untereinander gleichartigen Kreuzfibeln in Form eines Ankerkreuzes mit flügelförmig erweiterten Enden der Kreuzarme und zusätzlichem schmalem Diagonalkreuz, wie wir sie in nahezu derselben Ausfertigung[65] von Fundstellen u. a. in Mainz[66], Münster[67], Balhorn bei Paderborn[68] und Zellingen bei Karlburg[69] (Abb. 13,2) kennen, mit wenigen Ausnahmen aus den fränkischen Kernlanden[70] jedenfalls ganz überwiegend aus Regionen östlich des Rheins. Dieser hochkarolingerzeitliche Kreuzfibel-Typ aus der Zeit um 800 ist, bei gleicher Grundform, auch in hochwertigeren Ausführungen hergestellt und dann mit verschiedenfarbigen kugeligen Glaseinlagen, so wie auch die Kreuzfibeln des »Typs Hamburg«, reich verziert worden[71]. Auch dieser Fibeltyp ist mit einem hervorragend gearbeiteten Exemplar im Fundmaterial des frühstädtischen Gewerbe- und Handelsorts Karlburg in Mainfranken vertreten[72] (Abb. 13,1), sodass sich die Frage stellt,

12 Kreuzfibeln mit Eckrundeln aus dem Maingebiet (1–2, 4, 7) und dem westfälisch-lippischen Raum (3, 5, 6, 8). 1 u. 2 – Karlburg; 3 – Osnabrück; 4 – Mainz; 5 – Wünnenberg-Fürstenberg, Kr. Paderborn; 6 – Ortswüstung Hocelhem, Kr. Soest; 7 – Bad Neustadt a. d. Saale, Veitsberg (Bereich Pfalz Salz); 8 – Ortswüstung Aspen, Kr. Soest. M ca. 1:1

ob die bemerkenswerte Fundhäufung von Kreuzfibeln der genannten, in stilistischer oder technischer Hinsicht untereinander eng verwandten Typen an diesem Ort und in seiner Umgebung[73] (Abb. 12), einschließlich eines den Kreuzfibeln aus Hamburg und Troyes (?) nahe verwandten Stücks mit rundlichen Kreuzarmen[74] (Abb. 12,1), nicht vielleicht als Hinweis auf eine dort – neben anderen Orten – zu lokalisierende Produktion qualitätvollen Kleidungszubehörs zu werten ist. Als zusätzliches Indiz für eine hypothetische Produktion von karolingerzeitlichen Kreuzfibeln im mainfränkischen Karlburg in den Jahrzehnten »um 800« und danach wäre nicht zuletzt die aufgrund des ungewöhnlich hohen Fundaufkommens dort zu lokalisierende (Massen-)Produktion von spätkarolinger- und ottonenzeitlichen Fibeln des »Typs Karlburg«[75] (Abb. 13,3) zu berücksichtigen, da diese meist emailverzierten Quadratfibeln mit Diagonalkreuz – wenn man sie versuchsweise einmal um 90° dreht und »auf die Spitze stellt« – in ihrem Aufbau frappierende formenkundliche Übereinstimmungen insbesondere mit den Kreuzfibeln des »Typs Hamburg« aufweisen, die auf eine genetische Beziehung hindeuten könnten: Eine in Bezug auf den Nadelapparat um 90° nun zum Quadrat gedrehte, ehedem rautenförmige Mittelplatte, ein emailliertes, in Rundeln auslaufendes, vormals als Relief ausgebildetes Kreuz »mit rundlichen Armen« und schließlich nur mehr aus dem Gussstück herausgefeilte knospenartige Gebilde, die aus den drei Endrundeln eines hypothetischen Vorgänger-Typs entwickelt worden sein könnten.

FAZIT

Mit der Tatinger Kanne, der Kreuzfibel vom »Typ Hamburg« und verschiedenen nach Hamburg gelangten Warenarten qualitätvoller Drehscheibenkeramik als »Importwaren« aus den fränkischen Kerngebieten hat das fränkisch geprägte, in die Missionsbestrebungen der Zeit eingebundene Ham(ma)burg des frühen 9. Jahrhunderts nachweislich Zugang zur gehobenen, handwerklich anspruchsvollen Sachkultur aus verschiedenen Regionen des Karolingerreichs gehabt. Die Umstände, unter denen diese Dinge nach Hamburg gelangten, die Art und Weise, wie – und von wem – sie nach Hamburg geliefert, mitgeführt, zur Versorgung bereitgestellt oder gar geschenkt wurden, wird in den in diesem Beitrag behandelten Fällen kaum mehr zu klären sein. Für

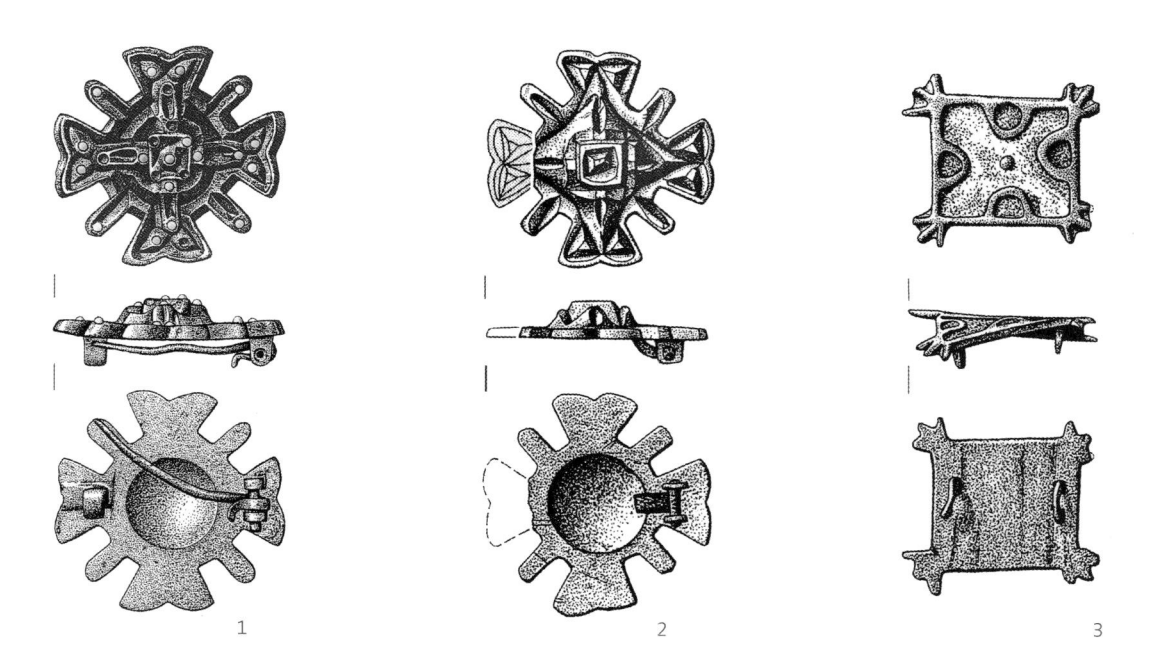

13 Kreuzfibeln und Quadratfibel aus Karlstadt-Karlburg und Umgebung. 1 – Karlstadt-Karlburg; 2 – Zellingen, Kreis Main-Spessart; 3 – Karlstadt-Karlburg. M 1:1

die »Hammaburg-Fibel« wird man – wie dies bereits von anderer Seite vorgeschlagen worden ist[76] – einen möglichen Grabkontext einer dann weiblichen Bestattung[77] nicht ganz ausschließen können, zumal fast alle weiteren Funde fränkischer Kreuzfibeln in den Randzonen des Karolingerreichs und in den sächsischen und slawischen Gebieten, mit Ausnahme eines Exemplars aus Münster und des für einen Siedungskontext in Anspruch genommenen Hamburger Stücks, offenbar aus Grabzusammenhängen wie in Wulfsen stammen[78]. Die erhebliche Beschädigung und anschließende Reparatur, möglicherweise gar völlige Umarbeitung des als Fibel irgendwann unbrauchbar gewordenen Kleidungsschmucks zu einem »Zierstück« oder Amulett könnte eine solche, rein hypothetische, bei Erdarbeiten um die Mitte oder in der zweiten Hälfte des 9. Jahrhunderts vielleicht abgeräumte Bestattung zeitlich um einiges von der unumstrittenen Entstehungszeit der Fibel in den Jahrzehnten um 800 oder wenig danach abrücken. Hierfür spricht nicht zuletzt auch der in die Zeit um die Mitte oder zweite Hälfte des 9. Jahrhunderts datierte Fundzusammenhang der Fibel in einem Siedlungshorizont der Periode III (Haus 01 im Westen des Domareals; s. Beitrag Karsten Kablitz)[79].

Unsicher ist die Befundlage zur Tatinger Kanne. Allerweltsgeschirr ist sie nicht. Wie kam sie nach Hamburg, wer besaß sie? Wem ging sie zu Bruch? Kontakte nach Mainfranken zeichnen sich ab, vielleicht ein Amtsträger auf Reisen, aus dem Würzburger Raum? Ein Geschenk an eine lokale Größe? Ein Kleriker, liturgisches Gerät im Gepäck? Eine Lieferung zur Versorgung der Burg, Tafelgeschirr, Kochtöpfe, dies und das? Fernhandelsware, die für Birka bestimmt war? Der Möglichkeiten gibt es viele. Wir wüssten es gern.

ANMERKUNGEN

1 Schindler 1959a, 61 Abb. 2,3, 66; Inv.-Nr. MHG 1952:275.
2 Schindler 1957b, 73, 101 Abb. 34; Inv.-Nr. MHG 1956:168.
3 Busch 1995e, 112, Abb. auf 113.
4 Die Tatinger Kannen werden nach einem namengebenden Fundort in Friesland so bezeichnet. Einen vorzüglichen Überblick über den Forschungsstand zur Importkeramik, insbesondere auch zur Tatinger Ware unter Berücksichtigung der Hamburger Kanne, bietet Christeleit 2011. Umfassend über die Tatinger Ware informiert Stilke 2001b, auf den ich bezüglich der Forschungsgeschichte und der Chronologiediskussion aus Platzgründen verweise. Mit Verbreitungskarten ferner: Ring/Wieczorek 1979; Steuer 1987; 1999; Wamser 1999; Ettel 2008.

5 Der vorliegende Beitrag wurde nach Bekanntwerden eines für die Einordnung der »Hammaburg-Fibel« relevanten Neufundes sowie jüngster Forschungsergebnisse zur Provenienz (einer Gruppe) der sogenannten Tatinger Ware noch kurz vor Redaktionsschluss in Auftrag gegeben und in diesen Band aufgenommen. Für die wünschenswerte Sichtung weiteren, im Text nicht genannten Hamburger Fundmaterials oder die Anfertigung aktualisierter Verbreitungskarten und Zeichnungen der besprochenen Keramik und des Kleidungszubehörs fehlte die Zeit.

6 Sollte mit »Rheinland« die im frühen Mittelalter bedeutende Töpferregion am Köln-Bonner Vorgebirge gemeint sein, so hält Verf. dies schon aus dem Grund für äußerst unwahr-

scheinlich, dass dort zu keiner Zeit reduzierend gebrannte Irdenwaren, zu denen die Tatinger Ware gehört, hergestellt worden sind, was im Übrigen auch für die Produktion bleiglasierter Irdenware gilt. Anders als z. B. die Töpferorte Mayen und Huy wurzelt die am Vorgebirge »um 500« einsetzende Keramikproduktion nicht in einer regionalen provinzialrömischen Tradition, sondern setzt die »um 500« in Südwestdeutschland abrupt abbrechende, von ihrer Herkunft her danubisch-provinzialrömische Tradition in der Herstellung rauwandiger Drehscheibenwaren fort; vgl. Giertz 2004.

7   Die Bekanntgabe der Provenienzbestimmung durch das Analyseteam (Wolfram Giertz, Aachen; Hans Mommsen, Bonn; Ralf Obst, Bamberg) erfolgte im Katalog der Aachener Karlsausstellungen 2014: Pohle 2014, 119 (die Autoren zeichnen mit den Signaturen WG, HM und RO).

8   Schindler 1959a, 61 Abb. 2,3.

9   Dieser untere Wulst der Gefäßwand-Gliederung ist in typischer Weise beim Dreh- bzw. Glättvorgang durch Stauchung der Tonmasse nach oben erzeugt worden und somit oben meist deutlicher ausgeprägt als unten, wo er glatt in den Wandungsverlauf zum Boden hin übergeht. So auch gut zu erkennen bei der nicht mit Zinnfolie versehenen, formgleichen Tatinger Kanne aus Dorestad; vgl. Pohle 2014, 196 Abb. zu Kat. 225.

10 Arbman 1937, 40, 88 (»mit Kreuzzeichen«), Taf. 16,2; Selling 1955, 46 (»unterhalb des Bauchwulstes zwei Kreuzzeichen sichtbar«), Taf. 2,1.

11 Arbman 1937, 89 Abb. 14 (Mitte); Selling 1955, 46 (»Verzierung nicht erhalten«), Taf. 2,3.

12 Arbman 1937, Taf. 16,1; Selling 1955, Taf. 1,4a u. 4b.

13 Die Publikation der Ergebnisse der Neutronenaktivierungsanalyse unter dem Arbeitstitel »Charakterisierung und Provenienzbestimmung der karolingerzeitlichen Tatinger Ware« durch die interdisziplinäre Forschungsgruppe (vgl. oben, Anm. 5) ist vorgesehen für die »Zeitschrift für Archäologie des Mittelalters«. Der Vorlage der Analyseergebnisse soll in diesem Beitrag nicht vorgegriffen werden.

14 Bei einer im März 2014 gemeinsam mit R. Obst (mit Dank des Verf.) durchgeführten Sichtung des umfangreichen Fundmaterials aus Feldbegehungen der Archäologischen Arbeitsgemeinschaft Karlstadt im Bereich der Wüstung *villa* Karlburg konnten einige stark verzogene, wohl frühmittelalterliche Scherben mit Fehlfarben sowie weitere mit durch Überfeuerung entstandener Aufgasung als mutmaßliche Fehlbrände bzw. Ausschussware heraussortiert werden. Diese sogenannten Streufunde werden als Probenmaterial im Rahmen der laufenden Untersuchungen an Karlburger Keramikfunden und regional anstehenden Töpfertonen mit in die zweite Phase des Bonner Analyseprogramms einbezogen.

15 S. Beitrag Peter Ettel sowie Ettel 2001; 2008a; 2013b; Obst 2012.

16 Hodges 1981, 17 f., 64–68. Hodges (ebd. 65) identifiziert anhand des von neun verschiedenen Fundstellen in England, Deutschland, Dänemark und Norwegen eingeworbenen Probenmaterials der Tatinger Ware (»Tating ware«) insgesamt acht mineralogisch zu bestimmende Warenarten, die er zu fünf Gruppen zusammenstellt, ohne daraus ableiten zu wollen, dass dies ein Hinweis auf fünf verschiedene Produktionsstätten sei.

17 Der Verfasser (Giertz 1996, 40 f.) kommt zu dem Schluss, dass die von ihm herausgestellte maasländische Warenart HUYT 6: Fine black burnished ware (»Feine schwarze geglättete Ware«) ausweislich des keramischen Scherbens große Ähnlichkeit aufweist mit Fragmenten von »Ware des Typs Tating« (»Tating-type ware«) aus York, Ipswich und London, von denen letzterer Fund – eine Tatinger Kanne mit Zinnfolienauflage, vgl. Abb. 6,3 in diesem Beitrag – auch aus formenkundlichen Erwägungen einer karolingerzeitlichen Produktion in der Region Mittlere Maas, wohl in Huy, zugewiesen werden kann.

18 Für Beispiele verschiedenfarbiger, im Einzelfall gar oxidierend gelb gebrannter Gefäße in der Form der Tatinger Kannen vgl. die Farbabbildung einschlägiger Funde aus den Grabungen in Dorestad: Pohle 2014, 196 Abb. zu Kat. 225. Hinsichtlich der Charakterisierung des keramischen Scherbens der Tatinger Ware betont Hodges (1981, 65), dass es insbesondere unter den Dorestader Funden eine große Gruppe rauwandiger, sandgemagerter Kannen ohne Zinnfoliendekor gebe, die sich in diesem Merkmal von den »feinen Kannen« unterschieden.

19 Vgl. z. B. die bereits mehrfach als der Tatinger Ware zugehörig publizierte Kanne mit eingestochenem Zickzacklinien- und Pick-Dekor aus Karlburg – *villa*, Befund 3: Ettel 2001, Taf. 59,11; 2008, 103 Abb. 1,14. In der zeichnerischen und in der mit Gips ergänzten physischen Rekonstruktion weist sie einen im Bestand wohl nicht gesicherten Bauchknick auf; vgl. Wamser 1999, 208 Abb. 1 u. 2, 209 Abb. 3. Nach Fundautopsie des Verf. handelt es sich makroskopisch aufgrund der Magerung mit Feldspaten vermutlich vulkanischen Ursprungs mit hoher Wahrscheinlichkeit um die reduzierend gebrannte, geglättete, merowinger- und frühkarolingerzeitliche Mayener Ware MB (nach Redknap), wofür eindeutig auch der für diese Mayener Warenart vielfach überlieferte eingestochene Zickzack- und Pick-Dekor spricht; vgl. Redknap 1984, 408 Abb. 5,6–28; 1988, 14 Abb. 8, 10–19. Zu dem nach Ansicht des Verf. zu frühen Datierungsansatz Redknaps für diese Mayener Produktlinie vgl. Giertz 1996, 46 f.

20 Vgl. van Es/Verwers 1980, 98 Abb. 54,5 mit einzeiligem Rollstempeldekor auf Höhe des oberen Henkelansatzes zwischen konisch erweitertem Hals und der Schulter sowie auf der Schulter selbst.

21 Stilke et al. 1996.

22 Bei den neuerlichen chemischen Untersuchungen wurden zwei weitere Randscherben der Tatinger Ware in der »klassischen« Kannenform aus Fundkontexten in Karlburg am Main hinzugenommen.

23 Verbreitungskarten mit jeweils aktualisiertem Fundortnachweis u. a. bei: Ring/Wieczorek 1979, 359 Abb. 4; Steuer 1999, 410 Abb. 3; Wamser 1999, 215 Abb. 6 mit siedlungstypologisch differenzierter Kartierung der Fundorte; Ettel 2008a, 105 Abb. 3.

24 Nach Hodges (1981, 65) zeigt die Tatinger Kanne aus Birka, Grab 457, Reste von Zinn- und Goldfoliendekor. Selling (1955, 46) vermerkt hingegen für diese Kanne »*Verzierung nicht erhalten*«; vgl. ebd. Taf. 2,3.

25 Da die oben zum Vergleich herangezogene Tatinger Kanne aus Birka, Grab 551, nach Aussage Arbmans und Sellings Kreuzdekor unterhalb des Bauchknicks aufweist, könnte dies auch für die formgleiche Hamburger Kanne der Fall gewesen sein, zumal diese nachweislich Zinnfoliendekor hatte.

26 Arbman 1937, 88, 89 Abb. 14 (rechts der Mitte), Taf. 16,3; Selling 1955, 46, Taf. 3,3.
27 Winkelmann 1972 bringt den berechtigten Hinweis auf die Fundhäufungen der Kannen in der Umgebung von Bischofskirchen wie in Köln, Paderborn und Münster und in Klöstern wie Lorsch. Auch die Neufunde aus Köln stammen aus der Nähe der Bischofskirche, vgl. Hupka 2012. Mit vergleichbarer Argumentation die mögliche liturgische Verwendung der Tatinger Kannen betreffend und ausführlich begründet zuvor schon Selling (1955, 42–59). An eine eher profane Verwendung von mindestens zwei Tatinger Kannen und einem prunkvollen, mit Goldfolie in der Art der Tatinger Ware verzierten Glasbecher ist im Falle einschlägiger Funde von der Hofstelle eines Wikingerhäuptlings im nordnorwegischen Borg auf den Lofoten zu denken; vgl. Munch et al. 2003, 207 (Tatinger Kanne) und 213, 218 (Glasbecher). Zu einem ebenfalls in Goldfolie mit Kreuzdekor verzierten Glasbecher aus Dorestad vgl. Isings 2012 mit Farbtaf. Abb. 153; Pohle 2014, 197 Abb. zu Kat. 226.
28 Hodges 1981, 16 Abb. 3,1,1, 18, 65. Zu den mineralogisch nachgewiesenen Magerungsbestandteilen gehören die für die Mayener Keramik typischen Mineralien, v. a. Feldspate vulkanischen Ursprungs, darunter Sanidin und Hornblende.
29 Auch der von Hodges (1981, 18) bemerkte vertikale Ritzdekor auf dem Rand des Gefäßes ist gut mit der von ihm nach dem mineralogischen Befund angenommenen Mayener Provenienz vereinbar, da vielfältige eingestochene und Ritzdekore für Mayener Ware MB (nach Redknap) geradezu typisch sind; vgl. oben Anm. 18. Ein weiteres Indiz für die Mayener Provenienz ist der von Hodges beschriebene und nach Fundautopsie des Verf. zu bestätigende rote Kern des keramischen Scherbens dieses Gefäßes.
30 Vgl. z. B. die von Hupka (2012, 112, Abb. auf 113) im Zusammenhang mit den Funden zinnfolienverzierter Tatinger Kannen abgebildeten beiden am Rand beschnittenen, offenbar schulterständigen Ausgusstüllen im Bild oben links, die mit hoher Wahrscheinlichkeit von »normalen« Mayener Röhrenausgusskannen bar jeder Zinnfolienauflage in der Ware MB (nach Redknap) stammen dürften; vgl. Redknap 1999, 260 Abb. 64, D60.2, D60.5, D61.5, D63.1.
31 Vgl. Redknap 1999, 249 Abb. 59, darunter auch etliche mit vertikalen Ritzlinien am Rand, wie von Hodges für das Stück aus Hamwic beschrieben, s. o., Anm. 18 und 28.
32 So auch im Falle des »Tatinger Bechers« aus Hamwic, s. o., Anm. 27.
33 Evison 1979, 38, 127 Abb. 15h; Giertz 1996, 35.
34 Hier bereits von einem »Eigenhandel der Maasstädte« sprechen zu wollen, wäre gewagt, doch sei darauf hingewiesen, dass die Maasorte Huy und Lüttich nach archivalischer Quellenlage spätestens gegen Ende des 10. Jahrhunderts am Londoner Hafen präsent sind, wobei von Seiten der Historiker meist von einem länger zurückreichenden Kontinuum des nach Norden, auch in den insularen Bereich gerichteten Handels der Maasstädte ausgegangen wird; vgl. z. B. Ammann 1953, 381; Joris 1961, 24. Zur archäologischen Quellenlage vgl. Giertz 1996 mit einer Vielzahl von Einzelbelegen.
35 Beispielsweise Willems 1991, 42 f. Abb. 17: Porträtdenar Karls des Großen, XPISTIANA RELIGIO Typ, ca. 812–814, in stratigrafischer Vergesellschaftung mit einem Fundensemble meist reduzierend gebrannter glatt- und rauwandiger Waren des Typs Huy (nach Giertz) aus der Zeit »um 800«. Die von Willems irrtümlich als Porträtdenar Ludwigs des Frommen publizierte, äußerst seltene Münze wurde auf Hinweis des Verf. bereits von Simon Coupland in dessen Verzeichnis der Porträtmünzen Karls des Großen eingepflegt.
36 Giertz 1996, 63: Reduzierend gebrannte Waren der Gruppe HUYT 4 und oxidierend gebrannte Waren der Gruppe HUYT 9.
37 Giertz 1996, 39 Abb. 2,20 (mit Einglättverzierung), 49 Abb. 5,18.
38 Willems 1989, 32 Abb. 1,2.
39 Blackmore 1989, 86 f. Abb. 32, 64, »French Blackware C« (mit Zinnfolienauflage). Ein weiteres, formenkundlich vergleichbares Gefäß mit Bauchknick, ohne Zinnfolienauflage (ebd. Abb. 32,68) hat eine für die hochkarolingerzeitlichen Kannen des Typs Huy typische schulterständige Ausgusstülle mit aufgeweitetem Rand. Nach Fundautopsie des Verf. sind beide Gefäße nach warenkundlichen Kriterien der maasländischen Produktion zuzuordnen; vgl. dazu auch Giertz 1996, 41.
40 Dunning 1959, 52 f. Abb. 24, mit der für die hochkarolingerzeitlichen Tüllenkannen des Typs Huy üblichen Ausgusstülle und ausgeprägtem Wandknick, wie sie auch eine der beiden Kannen aus London aufweist.
41 Den Übergang von der sogenannten rauwandigen (grautonigen) Drehscheibenware hin zur nachfolgenden sog. älteren gelbtonigen Drehscheibenware könnte – sofern es sich nicht um eine in den Handel gelangte Fehlfarbe handelt – beispielsweise die gelbtonige Tatinger Kanne aus Dorestad (vgl. Pohle 2014, 196 Abb. zu Kat. 225 [unten links]) markieren, die morphologisch völlig mit den »klassischen Tatinger Kannen« übereinstimmt.
42 Die vertikalen Bandauflagen dieser vollflächig bleiglasierten Kannen lassen einerseits an die vertikalen Bänder der Zinnfolienauflage, andererseits an die Auflagen der karolingerzeitlichen Reticella-Gläser denken.
43 Dunning 1959, 61 f. Abb. 33. Zur Entwicklung der Kannenform bis in die Zeit nach Mitte des 11. Jahrhunderts vgl. Giertz 1996.
44 Giertz (1996, 42–45 Abb. 3) als Übersicht über die in der zweiten Hälfte des 9. Jahrhunderts in Huy gängigen, nach Fehlbrandscherben höchstwahrscheinlich in Huy selbst hergestellten bleiglasierten Röhrenausgusskannen, Deckel, Becher und Fußschalen/Lampen.
45 Noch nicht abgeschlossene, bislang unpublizierte Reihenuntersuchung mittels Neutronenaktivierungsanalyse am Helmholtz-Institut für Strahlen- und Kernphysik der Universität Bonn (W. Giertz, H. Mommsen).
46 Einzelnachweise in Giertz 1996, 40 f.
47 Meyer-Rodrigues 1993; Wyss 2010, 157.
48 Darauf hat bereits Stilke (2001, 263) zu Recht hingewiesen.
49 Van Es/Verwers 2009, 148 Abb. 101,2; Pohle 2014, 196 Abb. zu Kat. 225 (unten rechts).
50 Wyss (2010, 157) zum Fundkontext von Scherben der Tatinger Ware in der Verfüllung eines Bassins auf dem Abteigelände von Saint-Denis spricht sich für »Tafelgeschirr einer Oberschicht« aus. Vermutlich wird es sich um zerscherbtes Tafelgeschirr aus dem Haushalt der Abtei handeln, wobei auch in diesem Fall die Verwendung in einem wie auch immer gearteten liturgischen Kontext nicht völlig auszuschließen ist.
51 Vgl. die Verbreitungskarte in Wamser 1999, 215 Abb. 6. Das seines Erachtens »seltsame Verbreitungsbild« der Tatinger

Kannen war bereits Janssen (1987, 132) aufgefallen: »*Man müsste geradezu annehmen, die Tatinger Kannen seien im Eigenverbrauch im küstenfernen Binnenland Restriktionen unterworfen und weitgehend dem Export in weit entfernte Gebiete vorbehalten gewesen, eine wenig wahrscheinliche Annahme, die sich auch vom Fundbild her nicht stützen lässt.*« Bislang gibt es in Aachen nach Kenntnis des Verf. keinerlei Funde von »Tatinger Ware«. Gelegentliche »Verdachtsfälle« stellten sich bei Autopsie durchweg als römisch-frühkaiserzeitliche sogenannte Terra Nigra heraus.

52 Archäologischer Kontext: Siedlungshorizont, Periode III. Zum Datierungsrahmen und zur vermutlichen Provenienz dieser Warenart in der mainfränkischen Region vgl. Obst (2012b, 99 f.) anhand von münzdatierten Fundkomplexen in Karlburg, mit Angaben der älteren Literatur.

53 Archäologischer Kontext: 1) Siedlungshorizont, Periode III; 2) »Graben 1, Periode I)«. Warenart Gruppe 15 (nach Stamm): Stamm 1962, 149–151, Taf. 17, 231–235; Ettel 2001, 57.

54 Ettel (2001, 57; 2008a, 104) beschreibt diese Warenart aus dem Untermaingebiet als »*im Grundton rötliche unverzierte Drehscheibenware mit leichtem Glimmeranteil [...], deren Oberfläche glatt bis leicht rau sein kann und im Bruch des Öfteren gemantelt ist mit grauem Kern.*« Die Beschreibung trifft für die beiden zusammengehörigen Randscherben aus Hamburg in allen Einzelheiten zu.

55 Die in diesem Beitrag abgebildete, in typischer Weise (zweizeilig?) mit Rechteckrollstempel verzierte Wandscherbe bringt bereits Schindler (1959a, 61 Abb. 2,2) jüngst auch Christeleit (2011, 235, 236 Abb. 6,2) mit ausführlicher Erörterung des archäologischen Kontexts (Hamburg-Altstadt, Fpl. 44). Zwei weitere, aneinander passende, rollstempelverzierte, ebenfalls der Badorfer Ware zuzuordnende Wandscherben stammen vom Domplatz (Hamburg-Altstadt, Fpl. 35). Grundlegende Informationen zur Warenart, zum Datierungsrahmen und zur Forschungsgeschichte der Badorfer Ware bietet Sanke 2001. Zur Definition der Warenarten der Vorgebirgskeramik und zum derzeit meist verwendeten Chronologiesystem vgl. Keller 2012. Zu zwei dendrochronologisch in das 9. Jahrhundert datierten Fundkomplexen mit Badorfer Ware im Rheinland vgl. Rünger 2012, Taf. 1 f.
Die drei vom Verf. in Augenschein genommenen, rollstempelverzierten Hamburger Scherben der Badorfer Ware dürften den Phasen Keller C bis D1–2 angehören, die einen weiten Datierungsrahmen vom ausgehenden 8. Jahrhundert bis in das späte 9. Jahrhundert ausfüllen, vgl. Keller 2012, 217–220. Das von Schindler (1959a, 66, 61 Abb. 2,1) sowie Christeleit (2011, 235, 236 Abb. 6,1) publizierte Randfragment, das als der Badorfer Ware zugehörig angesprochen und der Karolingerzeit zugewiesen wurde, ist angesichts der eckigen Ausformung des Schrägrandes eher hochmittelalterlich; eine Fundautopsie war vor Redaktionsschluss nicht mehr möglich.

56 Archäologischer Kontext: Wallkern der Burg Periode IVa, Kernwall 1956, Schicht 1558. Hinsichtlich der Warenart zuletzt Keller (2012, 213–214). In dieser frühkarolingerzeitlichen Machart der Zeit »um 800« wurden überwiegend hartgebrannte Drehscheibenkugeltöpfe mit Rollrand hergestellt, was auch für die Hamburger Scherbe der Fall sein dürfte. Zur Form dieser Kugeltöpfe vgl. Janssen 1987, 81 Abb. 3. Zur stark sandgemagerten Untergruppe »Buschgasse« vgl. Giertz 2000, 240 f.

57 Schindler 1957b, 73, 101 Abb. 34.

58 Busch 1987a, 254; 1995e, 112, Abb. auf 113; 2001, 541–543; 2002b, 213 f., 217 Abb. 1.

59 Für die Gelegenheit zu einer gemeinsamen ausgiebigen Begutachtung der Fibel möchte ich Ingo Petri, Archäologisches Museum Hamburg, herzlich danken.

60 Die Glaskugeln weisen keine erkennbare Korrosion auf. Es dürfte sich um ein qualitätvolles Soda-Kalk-Glas antiker Rezeptur halten, das visuell beispielsweise dem flaschengrünen Grundglas der Goldtessellae aus der musivischen Ausstattung der Oktogonkuppel der Aachener Marienkirche entspricht. Es wäre wünschenswert, wenn die Glaseinlagen der Hamburger Kreuzfibel noch mit in das derzeit in Kooperation mit der Universität Göttingen laufende Aachener Glasforschungsprojekt einbezogen werden könnten; vgl. Giertz/Ristow 2013; Pohle 2014, 102–105 Abb. zu Kat. 116, 180 f. Abb. zu Kat. 211. Es ist mit dem Hinweis auf die Glaskugeleinlagen des Tassilokelches anzunehmen, dass der Werkstoff »Farbenglas« in den Jahrzehnten um 800 einen »guten Ruf« hatte und auch die Produzenten von bronzegegossenen Kreuzfibeln mit Glaseinlagendekor keineswegs nur ein billiges Substitut für Edelsteinbesatz verwendeten, sondern vielmehr am Glasluxus der Karlszeit auf ihre Weise teilhatten.

61 Zuletzt Gräslund 2003, 485–487 Abb. 30,3.

62 Wamers (1994, 139, 244) nennt noch eine schlecht erhaltene eiserne Fibel aus Altenburg in Thüringen als zugehörig.

63 Thieme 1985; Busch 1987a, 162 mit Abb.

64 Wamers 1994, 244. Neuerdings wohl auch ein Fund aus Frankreich, vgl. die Fundanzeige in einem auf Fibeln spezialisierten französischen Forum: http://fibulae88.net/viewtopic.php?f=71&t=306 [Zugriff am 14.09.2014].

65 Spiong (2000, 187, 262 Taf. 2,7) bezeichnet diesen Fibeltyp als »Typ Münster«, den er in die zweite Hälfte des 8. bzw. den Anfang des 9. Jahrhunderts datiert.

66 Wamers 1994, 134, A 40, 135 Abb. 81, A 40.

67 Die nach Winkelmann (1972, 43 Abb. 13) meist unter Hinweis auf den angeblich »um 800« zu datierenden Fundkontext in diese Zeit datierte Fibel aus Münster; vgl. Wamers 1994, 136, gehört nach Kroker (2005, 232 f.) tatsächlich wohl erst einem Fundkontext der Zeit um 900 an. An der formenkundlich begründeten Zuweisung dieser Fibel in die Karlszeit, die Jahrzehnte um 800, ändert dies gleichwohl nichts; vgl. auch Wamers 2011, 75.

68 Bergmann 1999, 440 Abb.1,4.

69 Ettel 2001, Taf 96, 5; Übersicht über diese Fibelgruppe bei Wamser 1999, 228 Abb. 11.

70 Ein typengleiches Exemplar wurde in einem französischen Forum als Fund aus dem Département 37, Indre-et-Loire, der Gegend um Tours, angezeigt: http://www.la-detection.com/dp/message-98840.htm; Zugriff am 14.09.2014.

71 Als Vorbild diente wohl der Typ des edelsteinbesetzten Gemmenkreuzes (*crux gemmata*). Ein reich mit Glaseinlagen und Perlen verziertes, wie die Kreuzfibel aus Troyes (?) in Nordfrankreich erworbenes Exemplar einer silbervergoldeten Kreuzfibel wäre hier zu nennen; vgl. Schulze-Dörrlamm 1997, 342 Farbtaf. III.

72 Eggenstein et al. 2008, 270, 271 Abb. zu Kat. 130,4. Weitere Fibeln dieses Typs aus Ingolstadt: Ebd. 271 Abb. zu Kat.

130,5; Großhesselohe, Gem. Pullach: Ebd. 271 Abb. zu Kat. 130,6. Zu weiteren Neufunden des Typs aus dem süddeutschen Raum vgl. Fingerlin 2007, 36 Abb. 4 (Hüfingen und Unterthalheim, mit Verbreitungskarte 36 Abb. 4); Gross 2008 (Botzheim).
73 Wamser 1999, 229 Abb. 12.
74 Dieses den Fibeln aus Hamburg und Troyes (?) eng verwandte Stück in einfacherer Ausfertigung weist dieselbe Form des Kreuzes mit rundlichen Armen auf, nur dass sich hier den Kreuzarmen unmittelbar drei Endrundeln anschließen und der rautenförmige Reliefgrund entfallen bzw. durch vier in den Kreuzarm-Zwickeln positionierte Rundeln ersetzt worden ist. Die zusätzlichen Rundeln in den Zwickeln weisen diese kleine Fibel aus Karlburg der von Mechthild Schulze-Dörrlamm definierten karolingerzeitlichen Kreuzfibelgruppe vom »Typ Worms« zu; vgl. Schulze-Dörrlamm 1997, 343 Abb. 2,3. Schulze-Dörrlamm (ebd. 342) datiert die Entstehungszeit von Fibeln des »Typ Worms« in das frühe 9. Jahrhundert. Die Verbreitungskarte (ebd. 344 Abb. 3) mit Fundliste 350 f. zeigt ihr Vorkommen entlang und in den Regionen östlich des Rheins.
75 Wamser 1999, 225 Abb. 8; die Verbreitungskarte belegt eine signifikante Häufung von Fibelfunden dieses Typs in Mainfranken, im Raum Karlburg.
76 Busch 2002b, 213.
77 Wamers (2011, 76) weist darauf hin, dass es auf dem Kontinent keinerlei Hinweise darauf gibt, weder aus Grabfunden, noch anhand der bildlichen Überlieferung, dass Kreuzfibeln von Männern getragen worden seien.
78 Vgl. z. B. die Kartierung karolingerzeitlicher Kreuzfibeln bei Müller-Wille (2003, 447 Abb. 28,4) wonach die Mehrzahl der Fibelfunde in den sächsischen und slawischen Gebieten Grabkontexten zugewiesen werden. Die Hamburger Kreuzfibel ist dort als Siedlungsfund kartiert. Zu Münster vgl. Endnote 67.
79 Kablitz in diesem Band schreibt: »*Kreuzfibel, die aus dem Hausschutt geborgen wurde*«.

Ansgar und seine Mission im Norden

Michael Müller-Wille

LEBEN UND WIRKEN ANSGARS NACH DER *VITA ANSKARII*

Lebensstationen und Wirkungsstätten des fränkischen Benediktinermönchs und Missionars Ansgar (801–865) sind vielfach in enger Anlehnung an die *Vita Anskarii* erläutert worden, deren älteste Handschrift bald nach 865 im Kloster Corvey verfertigt wurde[1]. Die Vita wurde von seinem Schüler und Nachfolger Rimbert (um 830–880) nach dem Tode Ansgars verfasst[2]. Obgleich sich aus der *Vita* der Verlauf der Missionsreisen durchaus beschreiben lässt, wie im Folgenden zu sehen ist, werden die Intentionen Ansgars und die erreichten Ziele in der Forschung widersprüchlich beurteilt, was sich anhand zweier in jüngster Zeit erschienener Artikel[3] zum Ende dieses Beitrages verdeutlichen lässt.

Ansgar, 801 in der Picardie geboren, wurde als Halbwaise von seinem Vater dem Kloster *Corbeia* (Corbie) an der unteren Somme, etwa 20 km östlich von Amiens, als Novize anvertraut (*Abb. 1*). Corbie gehört zu den jüngeren iro-fränkischen Klöstern columbianisch-benediktinischer Prägung, die in der zweiten Hälfte des 7. und im ersten Drittel des 8. Jahrhunderts gegründet wurden. Seit 814/15 übernahm Corbie die Pflicht, ein Tochterkloster im östlichen Teil Sachsens zu gründen. *Nova Corbeia* (Corvey) sollte einer der wichtigsten Stützpunkte der karolingischen Missions- und Kirchenpolitik in Sachsen werden. Zehn Jahre nach seiner Entsendung (822) als *primus et magister scolae et doctor … populi* (der erste Schulmeister und Volkserzieher) sollte Ansgar das Amt des Erzbischofs übernehmen, nachdem Ludwig der Fromme in den frühen dreißiger Jahren *in ultima … Saxoniae regione trans Albiam in civitate Hammaburg sedem constituit archiepiscopalem* (für das äußerste Gebiet Sachsens jenseits der Elbe in der Burg Hamburg einen Erzstuhl [errichtet hat])[4]. Zuvor hatte Ansgar, Rimbert zufolge, schon Missionsreisen bis nahe an dänisches Gebiet (826) und nach Birka in Mittelschweden (829/30) unternommen. Nach der Verlegung des Bischofssitzes von Hamburg nach Bremen infolge der Einfälle dänischer Wikinger im Jahre 845 wandte sich Ansgar erneut den dänischen und schwedischen Missionsgebieten zu; er gründete Kirchen in Hedeby (Haithabu), Ribe und Birka.

Ansgars Reisen gen Norden sind in seiner *Vita* beschrieben. Die erste im Jahr 826 ging von Ingelheim/Mainz aus und führte in Begleitung des getauften Teilkönigs Harald Klak zunächst auf dem Rhein über Köln und Dorestad weiter in friesisches Küstengebiet und *ad confinia Danorum* (bis nahe an dänisches Gebiet), womit möglicherweise Ribe bezeichnet ist (*Abb. 2*)[5]. Hedeby dürfte Ausgangs- und Rückkehrhafen derjenigen Missionsreise gewesen sein, die Ansgar im Jahre 830/31 erstmals zu den *partes … Sueonum* (nach Schweden) geführt hat[6]. Den Hafenort Birka erreichten Ansgar und seine Begleiter auf Schiffen von Händlern. Auf der vieltägigen Fahrt, die nach mittelalterlicher Überlieferung sicherlich die küstennahen Seewege bevorzugte, wurden sie überfallen. Sie verloren dabei Handelsgut, die Geschenke an den König und 40 Bücher, die für den Gottesdienst bestimmt waren. Auch mussten Ansgar und seine Mitbrüder unter großen Schwierigkeiten Wegestrecken zu Fuß zurücklegen. Dies dürfte unter anderem auf eine Landbrücke bei Södertälje zutreffen, ehe sie die Insel Björkö (Birka) im Mälarsee erreichten.

ANSGARS MISSION AUS SICHT DER ARCHÄOLOGIE

Den archäologischen Beitrag zur karolingischen Mission im nördlichen Europa müsste man nach wie vor mit der Überschrift »*Auf der Suche nach den Kirchen Ansgars*« versehen, wie die folgenden Bemerkungen zu den Kirchenstandorten von Hamburg, Hedeby, Ribe und Birka zeigen. In der älteren Forschung ist man stets davon ausgegangen, dass in Hamburg die *ecclesia miro opere* (kunstreiche Kirche)[7] – die Kirche Ansgars – an dem Ort gestanden habe, auf dem der spätere Mariendom errichtet wurde. In diesem Sinne hat man auch die nach dem 2. Weltkrieg durchgeführten Grabungen auf dem Dom-

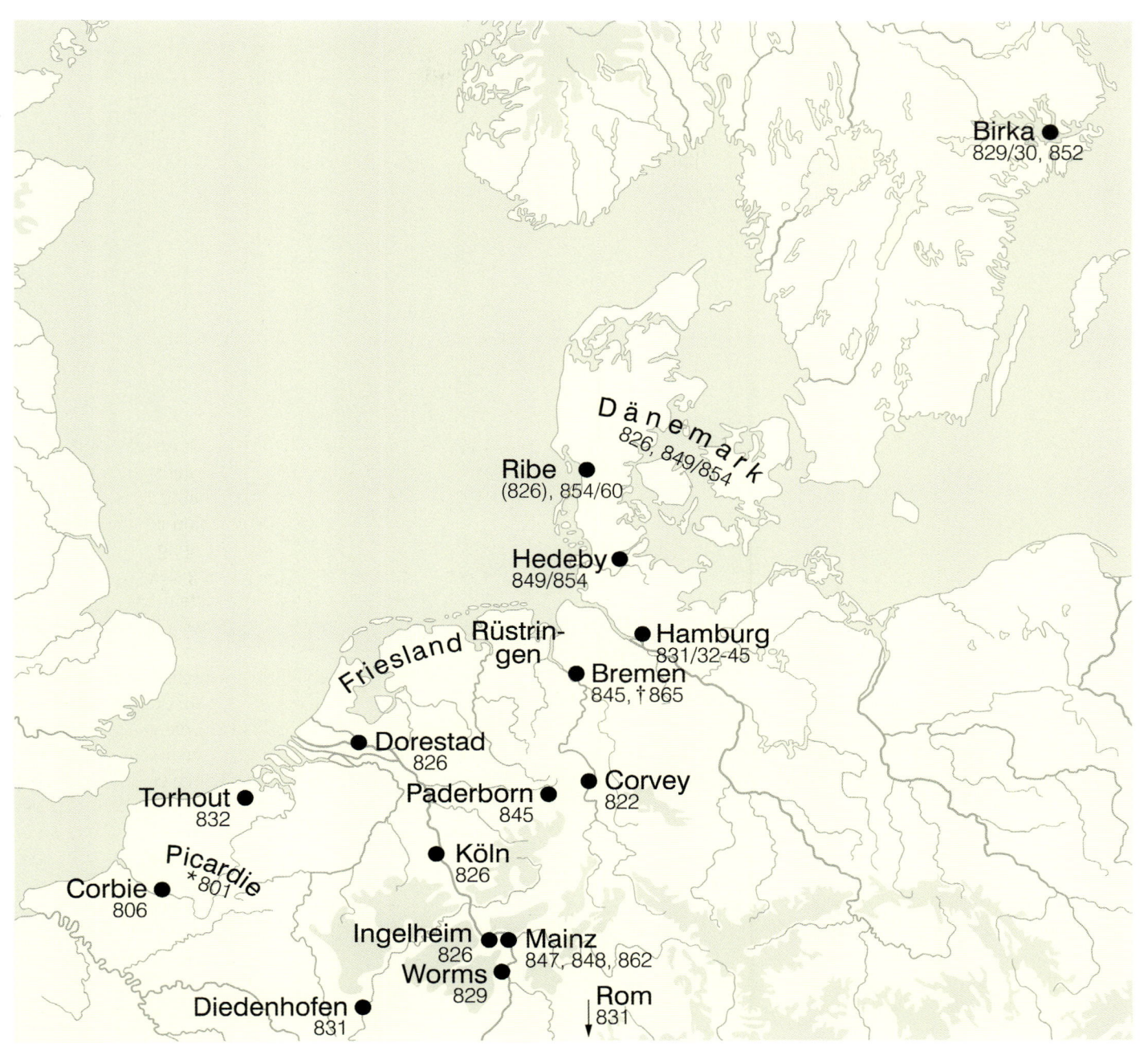

1 Ansgars Besuchs- und Aufenthaltsorte.

gelände südlich der St.-Petri-Kirche im Zwickel zwischen Bille und Alster interpretiert (*Abb. 3A*). Die ältesten sicheren Belege eines Sakralbaus sind die in einer Reihe angeordneten Pfostengruben, die offenbar zu einer Holzkirche aus der Zeit vor der aus Quadersteinen errichteten Marienkirche unter Erzbischof Bezelin (1035–1043) gehören. Ole Harck verknüpft diesen Bau mit der von Adam von Bremen genannten Kirche, die unter Erzbischof Unwan (1013–1029) errichtet oder erneuert worden ist[8]. Jedenfalls hat in Hamburg eine (bischöfliche) Kirche bestanden, in welcher der im Jahre 965 verstorbene Papst Benedikt V. bestattet worden ist; seine Gebeine wurden 999 nach Rom überführt[9].

Festzustellen bleibt, dass die frühen Kirchen nördlich der Elbe und in Hamburg – die um 810/11 geweihte Taufkirche (Heridag-Kirche) und die bischöfliche Kirche Ansgars – bislang noch nicht lokalisiert sind.

Ausführlich hat kürzlich Frank Wilschewski Überlegungen zum Standort der *Hammaburg* und des Bischofssitzes im 9. Jahrhundert angestellt[10]. Nach seiner Meinung kommt am ehesten das Gelände der sogenannten *Neuen Burg* westlich der unteren Alster in Frage, die im 11. Jahrhundert auf einem 300 × 200 m großen Gelände errichtet wurde – eine Fläche, die der Größe anderer umwallter Bischofssitze in Sachsen entspricht (*Abb. 3B*). Eine Revision der Altgrabungen durch Elke Först hat

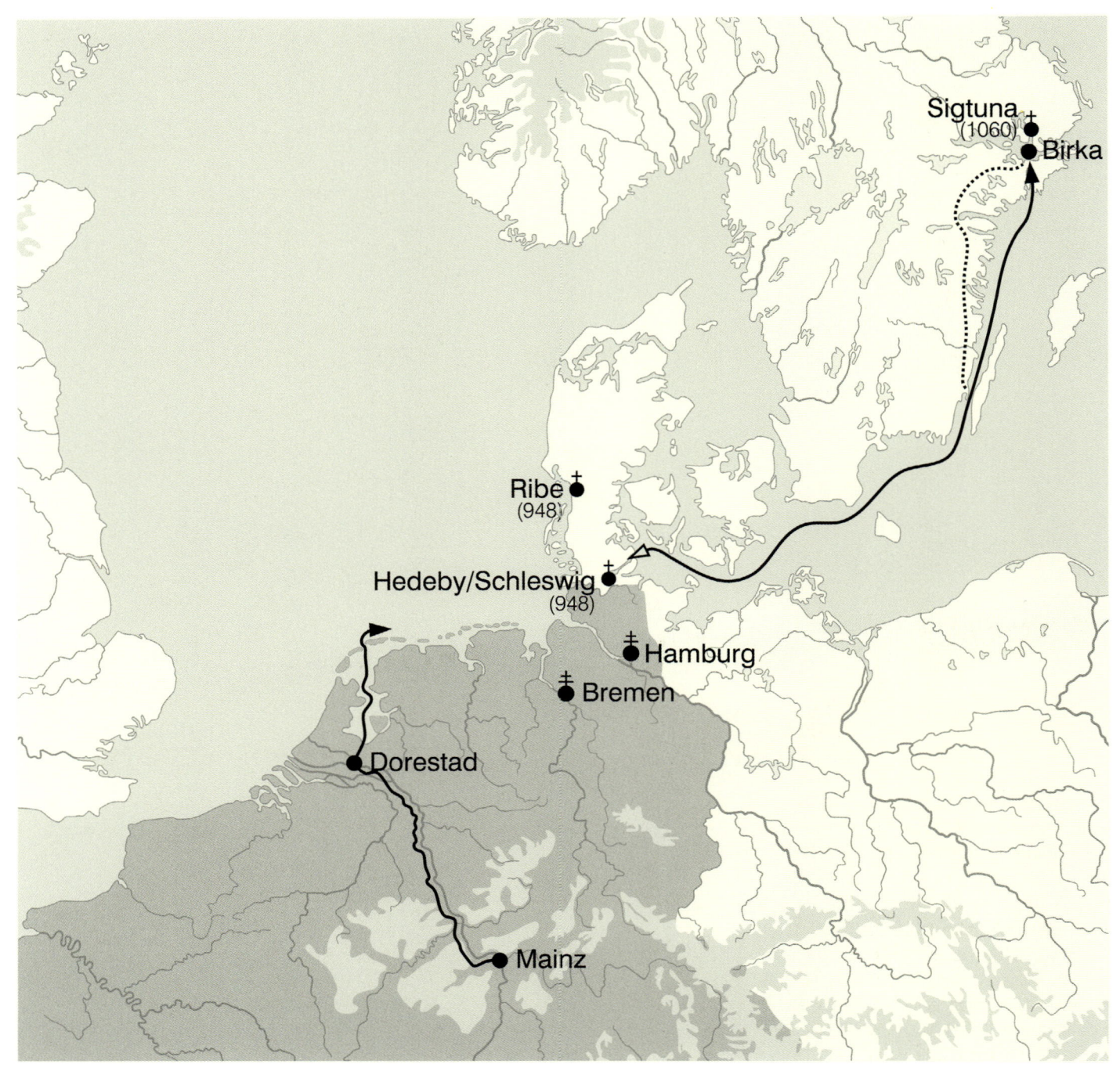

2 Ansgars Reisen.

jedoch zu dem Ergebnis geführt, dass sich keinerlei Ansatzpunkte für eine Nutzung des angesprochenen Geländes im 9. Jahrhundert als Standort der schriftlich überlieferten Kirchen oder auch einer Befestigung ergeben[11].

Während seiner Zeit im bischöflichen Amt zu Bremen machte Ansgar, wie schon erwähnt, nach den Worten Rimberts *iterum spiritu fervere coepit intimo ... in partibus Danorum pro Christi elaborare nomine* (mit glühendstem Eifer erneut den Versuch, in Dänemark für Christi Namen etwas auszurichten)[12]. In dieser Phase einer zweiten Mission richtete er sich an den dänischen König – Horich I. und seinen Nachfolger Horich II. Ziel seiner Reise waren Hedeby, *portus Sliaswich* (849/54), und Ribe, *vicus Ripa* (854/60), die beiden wichtigsten Handelsplätze im Süden der Jütischen Halbinsel, die inmitten eines dicht besiedelten Umlandes beiderseits der Schlei bzw. an der Westküste gelegen waren[13]. Die meisten mit der karolingischen Mission der ersten Hälfte des 9. Jahrhunderts zu verknüpfenden Orte nördlich der Elbe – die Missionszellen sowie Hamburg und Ribe – sind über Flüsse zu erreichen (*Abb. 4*)[14]. Dazu gehört auch die von

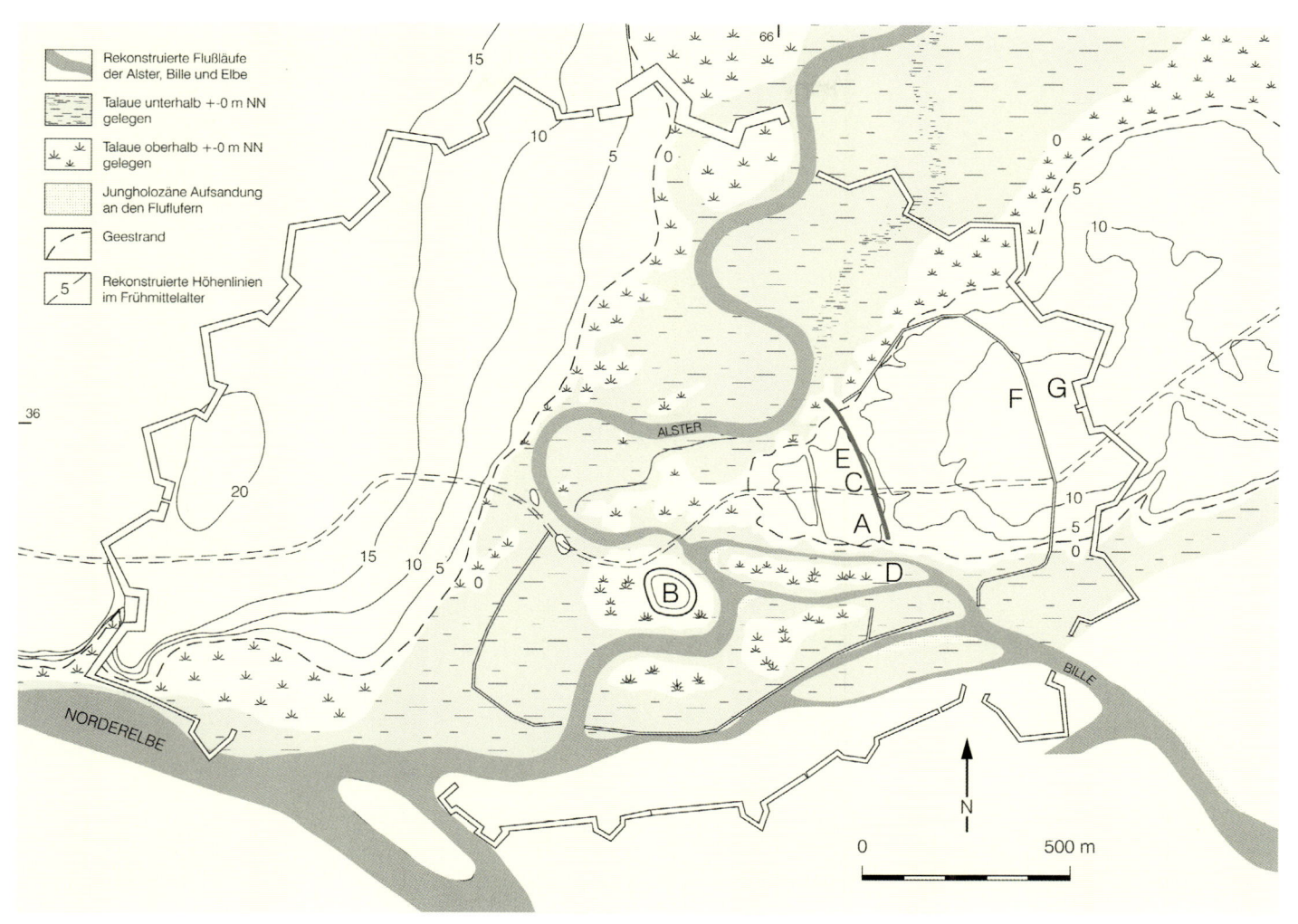

3 Hamburg, Altstadtbereich. Rekonstruktion der frühmittelalterlichen Landschaft. Wichtige Fundstellen und historische Befestigungen. A – Domgelände; B – *Neue Burg*; C – *Bischofsburg*; D – ungefähre Lage der Wiedenburg; E – Heidenwall; F – Stadtbefestigung des 14. Jahrhunderts; G – Stadtbefestigung des 17. Jahrhunderts.

Karl dem Großen im Jahre 809 errichtete Burg von Esesfelth bei Itzehoe (s. auch Beitrag von Thorsten Lemm)[15].

In Hedeby, das vom Süden und Westen her nur über den Landweg erreichbar war, ist die von Rimbert beschriebene Taufkirche bislang noch nicht lokalisiert. Christian Radtke, plädiert, wie auch andere Forscher, aus mehreren Gründen für den Standort eines ansgarzeitlichen Sakralbaus unweit der Einmündung des Haddebyer Noores in die Schlei, und zwar dort, wo die in ihrem heutigen Bauzustand bis in die Zeit um 1200 zurückzuführende St. Andreas-Kirche steht (*Abb. 5*)[16]. Nach der hochmittelalterlichen Chronik des Zisterzienserklosters Rüde bei Flensburg, das eng mit dem Benediktinerkloster St. Michaelis in Schleswig verbunden war, hat Ansgar seine Kirche in *Hadæboth*, dem Lande- und Fährhafen am südlichen Schleiufer, bauen lassen. Radtke schließt aber auch einen Sakralbau im engeren Siedlungsbereich von Hedeby nicht aus. Das hier befindliche sogenannte Stadt- oder Flachgräberfeld umfasst überwiegend beigabenlose und West-Ost orientierte Körperbestattungen und könnte somit als christlicher Friedhof gedeutet werden, der »*nach gegenwärtigem Kenntnisstand einen Kirchenbau in seinem Zentrum verlangt*«[17]. Im 9. Jahrhundert dürften sich drei Gräberfelder – das mittlere ist das Stadtgräberfeld – westlich der lang gestreckten Siedlung entlang des westlichen Ufers am Haddebyer Noor befunden haben[18].

Von der Missionskirche, dem einzigen Gotteshaus in *Sliaswich* (Hedeby), bis zur Bischofskirche mit benachbarten Pfarrkirchen und Klöstern in Schleswig, der Nachfolgesiedlung nördlich der Schlei, war es noch ein langer Weg. Erst im 11. und 12. Jahrhundert – nach Repaganisierung und erneuter Mission in der Mitte des 10. Jahrhunderts – bildete sich eine Struktur aus, die mit der Bischofskirche im Zentrum der Stadt dem karolingerzeitlichen und älteren Mainz entsprach (*Abb. 6*). Mainz war Ausgangspunkt der ersten Missionsreise Ansgars, nachdem Harald Klak hier in der prachtvollen Klosterkirche St. Alban, einer der größten Sakralbauten der Karolingerzeit, getauft worden war[19].

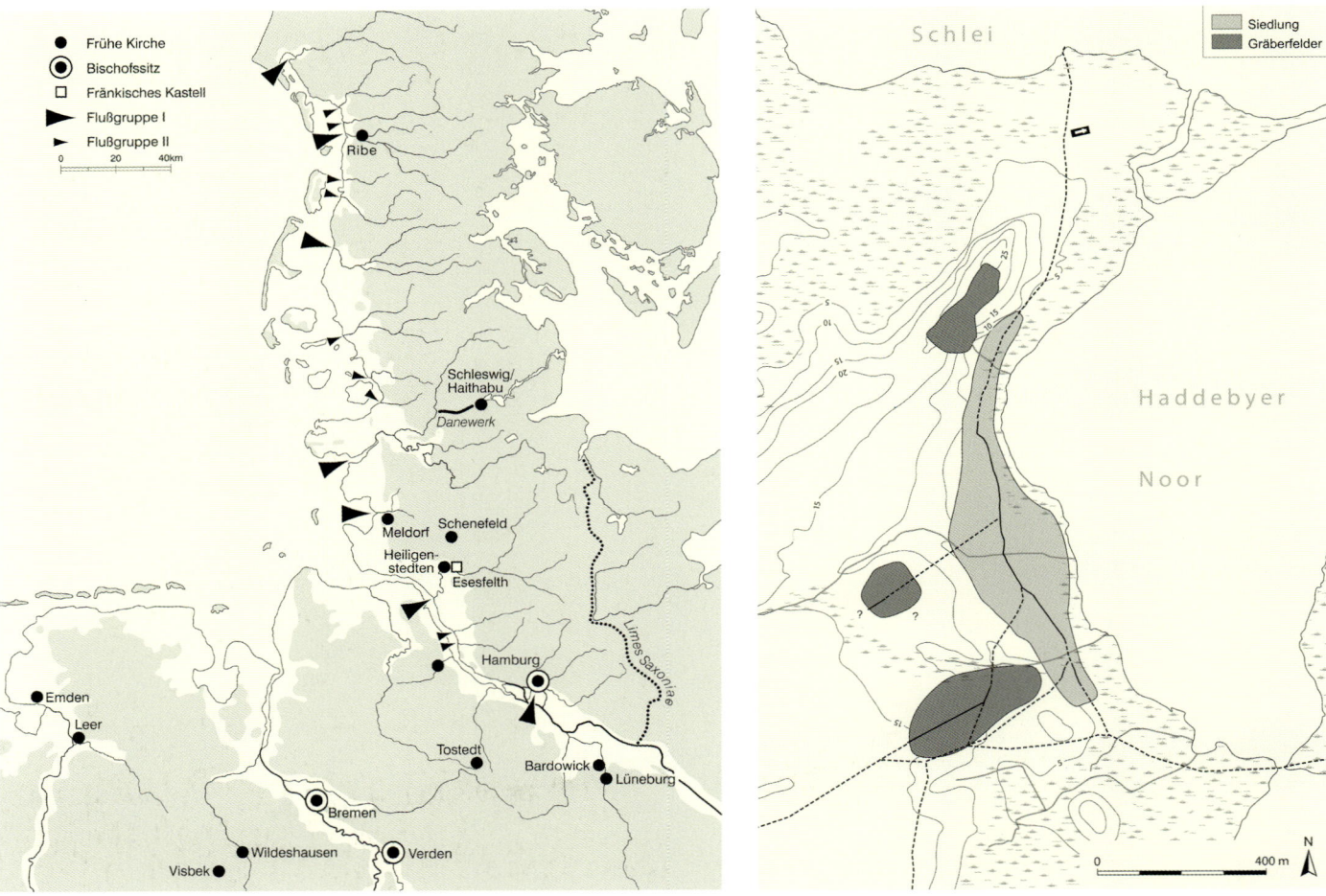

4 Frühe Kirchengründungen in Nordwestdeutschland und Süddänemark.

5 Hedeby (Haithabu). Vermutete Ausdehnung von Siedlung und Gräberfeldern im 9. Jahrhundert.

Ebenso wie in Hedeby verlieh in Ribe der dänische König ein Grundstück – *locum tribuit*[20] –, auf dem Ansgar eine Kirche errichten konnte. Die jüngeren Überlieferungen beziehen sich auf Rimberts Aussagen. So berichtet Adam von Bremen, Ansgar möge dem Wunsche Horichs des Jüngeren (II.) folgen, dass er *in alio portu regni sui apud Ripam extrueret ecclesiam in Daniam secundam* (zu Ribe, einem anderen Hafen seines Reiches, eine zweite Kirche in Dänemark errichten lasse[n])[21].

Die Siedlung am Ostufer der Ribe Å, ein in maximal fünfzig Parzellen aufgeteiltes Gelände, hat offensichtlich vom frühen 8. bis zum Ende des 9. Jahrhunderts bestanden (*Abb. 7,1*). Sie dürfte mit dem von Rimbert genannten *vicus Ripa* übereinstimmen. Einrichtungen eines Hafens – Adam von Bremen spricht von *portus apud Ripam* – sind allerdings bislang nicht gefunden worden; sie könnten weiter flussabwärts gelegen haben. Östlich des flussnahen parzellierten Siedlungsareales schlossen sich weitere Flächen mit Siedlungsspuren an, weiterhin ein halbkreisförmiger Graben und ein Gräberfeld wohl größeren Umfanges.

Die Suche nach dem Standort der Kirche Ansgars in Ribe ist bis heute noch nicht abgeschlossen. Immer wieder hat man auf die Domkirche (*Vor Frue Kirke Maria*) hingewiesen, die gegenüber der frühen Siedlung auf der Westseite der Ribe Å gelegen ist (*Abb. 7.2*). Seit 2008 finden Ausgrabungen vor der Südseite des Domes statt. Sie konnten den Beleg für einen Friedhof mit west-östlich ausgerichteten, überwiegend beigabenlosen Körpergräbern erbringen. Radiokarbondatierungen weisen auf das 9. bis frühe 11. Jahrhundert hin. Morten Søvsø resümiert in einem kürzlich erschienenen Beitrag: »*Vieles deutet darauf hin, dass es gelungen ist, den Platz zu finden, an dem der dänische König Horich II. in der Mitte des 9. Jahrhunderts die Genehmigung gab, eine Kirche zu bauen und einem Priester ständigen Aufenthalt zu gewähren*«[22]. Als christliche Bestattungen werden auch Gräber am Südende des Gräberfeldes östlich der frühen Siedlung gedeutet (*Abb. 8*). Den derzeitigen Forschungsstand zu Ribe während und nach der Missionszeit, vor allem zu den in den Jahren 2008–2012 erfolgten Grabungen auf dem Domplatz mit Nachweis eines um die Mitte des 9. Jahrhunderts angelegten Kirchfriedhofes, erläutert Morten Søvsø ausführlich im vorliegenden Band.

Ebenso wie bei den Missionstätigkeiten der 820er und 850er Jahre im Grenzgebiet und im südlichen Bereich

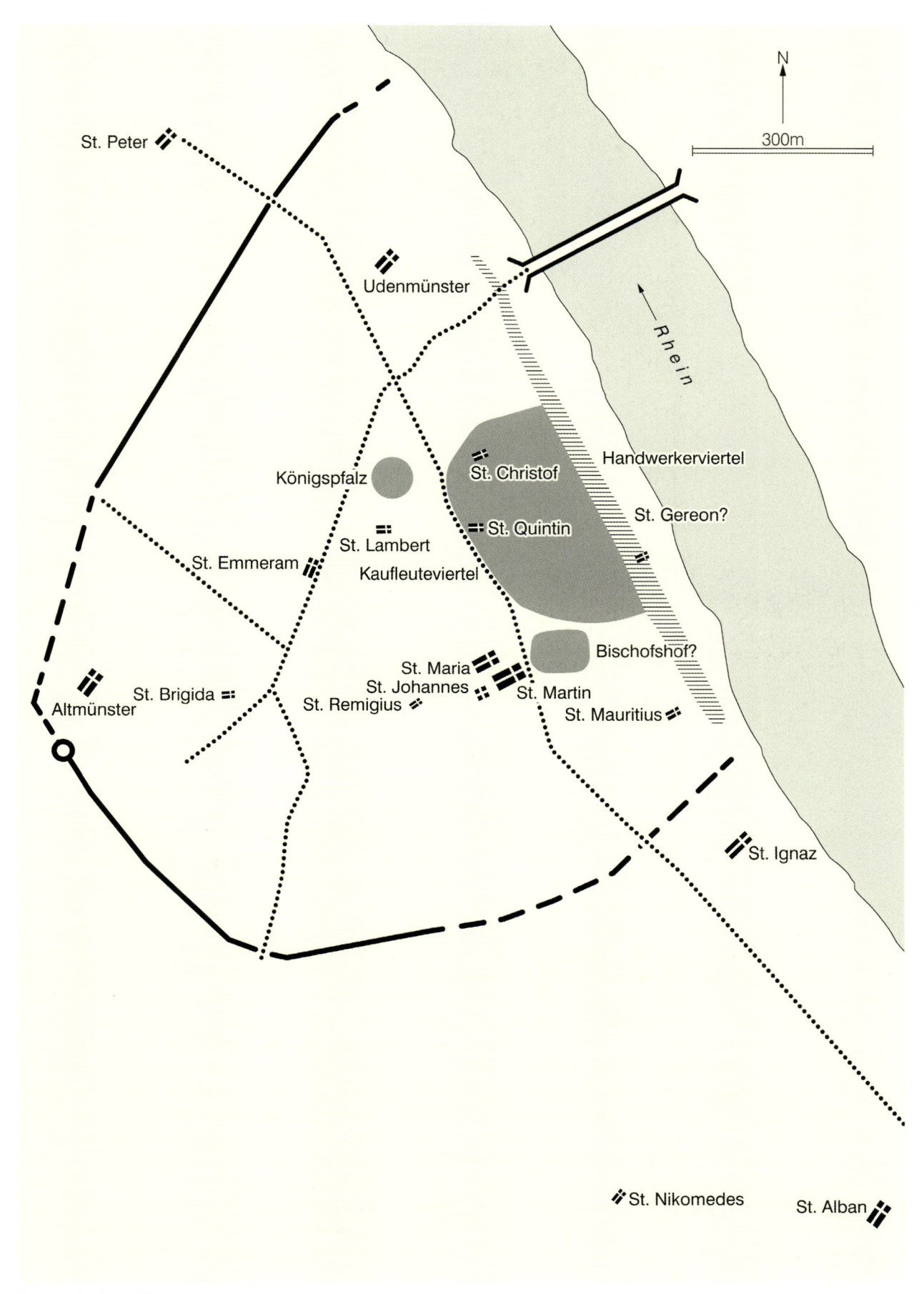

6 Mainz im 8. und 9. Jahrhundert.

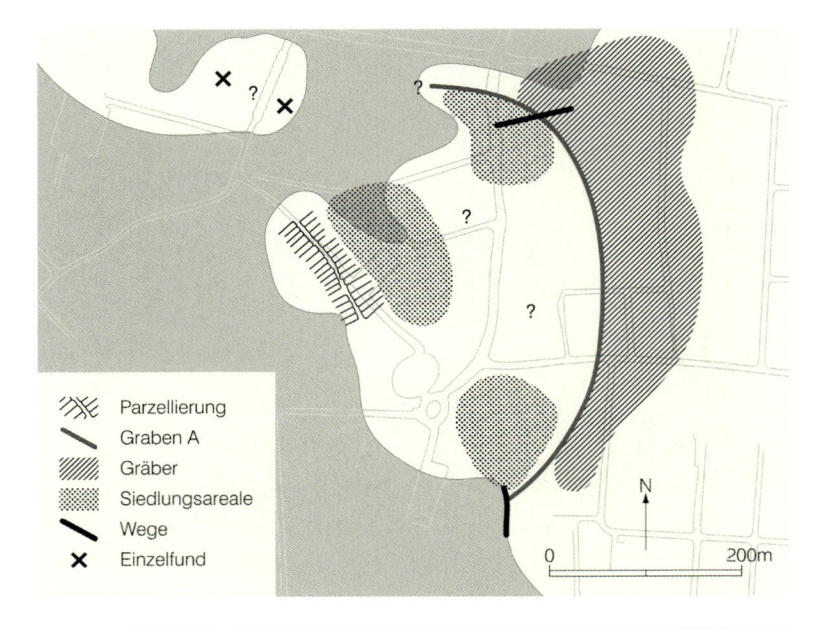

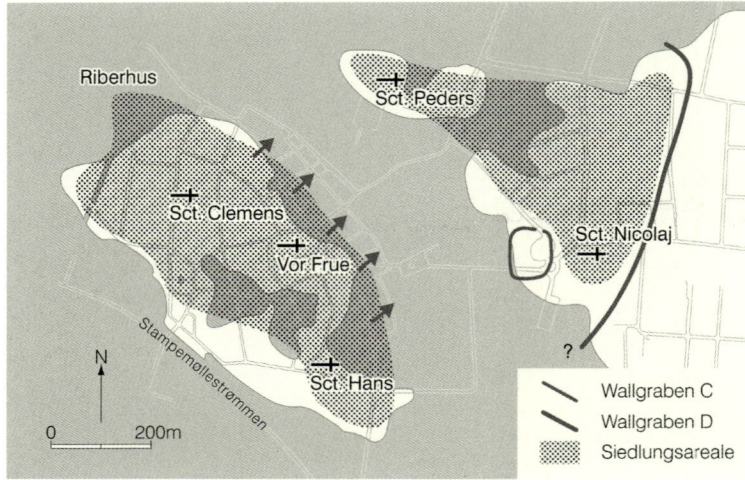

7 Ribe. *Oben* – Siedlungsareale, Wege, Gräben, Gräberfelder und Einzelfunde, 9. Jahrhundert. *Unten* – Siedlungsareale, Gräben und Kirchen, 12. Jahrhundert.

des dänischen Königreiches hat Ansgar zu Beginn der dreißiger Jahre des 9. Jahrhunderts die weit nach Norden ausgreifende Mission in Mittelschweden mit dem Ziel verknüpft, den dort herrschenden König der *suoenes* in die Bemühungen der Bekehrung einzubeziehen. Im Zusammenhang mit seinen Aufenthalten in den Jahren 829/30 und 852 ist von der Errichtung einer *ecclesia* auf der *hereditas* (Eigen) des Vorstehers Hergeir und eines *oratorium* auf königlichem Grundstück die Rede[23]. Unabhängig von der Bewertung der ausführlichen Passagen Rimberts über die beiden Aufenthalte Ansgars in Birka, die in der Literatur unterschiedlich ausfällt[24], bleibt die Frage, welche Aussage die Archäologie zum frühen Kirchenbau in Birka machen kann.

Auch in Birka ist es, ebenso wie in Hedeby und Ribe, bislang nicht gelungen, kirchliche Gebäude nachzuweisen. So haben Björn Ambrosiani und seine Mitarbeiter darauf verzichtet, bei der Kartierung der Denkmäler auf der Insel – Häfen, Siedlungsgebiete, Befestigungen, Gräberfelder – einen Kirchenstandort einzubeziehen. In der Forschung werden zwei Bereiche in Betracht gezogen, zum einen der Siedlungskern, die sogenannte Schwarze Erde (*svarta jorden*), zum anderen – in Analogie zu den karolingerzeitlichen Domburgen in Sachsen – der Burgberg (*Abb. 9*); darüber hinaus wird der unweit von Birka in der Gemeinde Ekerö gelegene Siedlungskomplex von Helgö diskutiert, in dem sich Hergeirs *hereditas* befunden haben könnte[25]. Zeugnisse der neuzeitlichen Rezeptionsgeschichte der Missionstätigkeit Ansgars sind in Birka das Ansgar-Kreuz (1830/34) und die Ansgar-Kapelle (1930).

Abschließend sei nun kurz auf die beiden erwähnten Beiträge eingegangen, in deren Mittelpunkt die Mission Ansgars steht. Die unterschiedliche Betrachtungsweise der beiden Autoren – Andres Dobat und Gerd Althoff – wird deutlich; sie dürfte mit der jeweiligen Gewichtung der archäologischen bzw. der historischen Quellen zusammenhängen. Eine nähere Erörterung und Abwägung der Argumente muss an anderer Stelle erfolgen.

Dobat hat einen umfangreichen Aufsatz unter dem Titel »*Zwischen Mission und Markt – Ansgars Kirchen im Norden. Eine interdisziplinäre Betrachtung der kontinentalen Mission im Skandinavien des 9. Jahrhunderts*« verfasst[26]. Ihm zufolge war die Entstehung von Haithabu, Ribe und Birka – ich zitiere ihn ausführlich – »*nicht nur eine Folge der existierenden Handelsverbindungen zwischen Skandinavien und dem Kontinent. Die Plätze waren auch ein Ergebnis des Strebens der skandinavischen Machtelite, das überregionale Handelsgeschehen ihrer Einflusssphäre einzuverleiben und an der Monopolisierung wirtschaftlich zu profitieren*«[27]. Und er setzt fort: »*So wie die südskandinavische Elite hatten auch die Machtinstanzen des kontinentalen Wirtschaftssystems ein Interesse daran, die Handelsverbindungen mit Skandinavien in einem institutionalisierten und damit kontrollierbaren Rahmen zu pressen. In dieser Entwicklung fassen wir vermutlich eines der Motive der Aktivitäten Ansgars und des Erzbistums Hamburg-Bremen in Skandinavien. Nicht nur die Erfüllung des christlichen Missionsauftrages, sondern insbesondere die wirtschaftlichen Interessen der kirchlichen Machtelite des karolingischen Reiches waren das Motiv der Reisen einzelner Kirchenmänner und der Etablierung von Kirchen in Birka, Haithabu und Ribe*«[28].

Dobat betrachtet also die Missionsaktivitäten vorwiegend aus einer ökonomischen Perspektive. Abschließend schreibt er allerdings einschränkend: »*Es wäre falsch, wenn man ... den Aktivitäten des Erzbistums*

Hamburg-Bremen eine religiöse Motivation gänzlich absprechen würde. Die wirtschaftliche Ebene der kirchlichen Kontakte und das ökonomische Interesse der kirchlichen und weltlichen Machtelite des Kontinents ist vielmehr den von Seiten der Forschung traditionell betonten religiösen und politischen Motiven zur Seite zu stellen«[29].

In seinem Beitrag »*Strategien und Methoden der Christianisierung einer kriegerischen Gesellschaft*« im Essayband zur Paderborner Ausstellung *Credo. Christianisierung Europas im Mittelalter* (2013) betont Althoff, wie zuvor schon andere Forscher, in enger Anlehnung an die schriftliche Überlieferung das Sendungsbewusstsein der führenden Personen. An einigen Beispielen zeigt er, »*wie wichtig bei vielen Missionsinitiativen die Rolle christlicher Herrscher und ihrer bereits bestehenden Kontakte zu heidnischen Potentaten war, die den Missionaren einen einigermaßen gesicherten Zugang zu ihren Missionsobjekten ermöglichten, indem sie als Abgesandte und unter dem Schutz der christlichen Machthaber auftraten*«[30]. Ausdrücklich führt er das Beispiel der Missionsarbeit Ansgars an, die in enger Anlehnung an und im Auftrag von Kaiser Ludwig dem Frommen erfolgte. Dabei hatte sich der Kaiser »*durch seine Taufpatenschaft über den Dänenkönig Harald 826 verpflichtet, das Christentum seines ›Patenkindes‹ durch weitere priesterliche Belehrung und Begleitung zu festigen*«[31].

Die Vorbereitung und Unterstützung der Missionsinitiativen durch den Kaiser wurden in der *Vita Anskarii* von anderen »Argumenten« unterstützt, welche die göttliche Berufung Ansgars in den Vordergrund rücken – bis hin zum Martyrium. Berufung zur Mission und Martyrium durchziehen die Lebensgeschichte und zeugen von durchdachten und nachvollziehbaren Missionsstrategien. Einher mit der übergeordneten Missionsstrategie gehen die üblichen Mittel *archaischer Diplomatie*, wie sie Althoff bezeichnet: Empfehlungen von Freunden und Machthabern, Einladungen zu Gastmählern und Verteilung von Geschenken[32].

Der Hamburger Bischofssitz Ansgars mitsamt der näheren Umgebung nahm im 9. Jahrhundert durch Reliquientranslationen ebenso wie die südlicher gelegenen Bischofssitze und andere kirchliche Einrichtungen an der Sakralisierung Sachsens teil. Insgesamt sind nach Aussage schriftlicher Quellen für die Zeit vom späten 8. Jahrhundert bis um 900 mehr als 60 Reliquientranslationen nach Sachsen belegt[33]. Sie zeigen in ihrer Ausbreitung eindrucksvoll die Durchdringung und Konsolidierung des neuen Glaubens in den Missionsgebieten bis hin zur nördlichen Peripherie jenseits der Niederelbe.

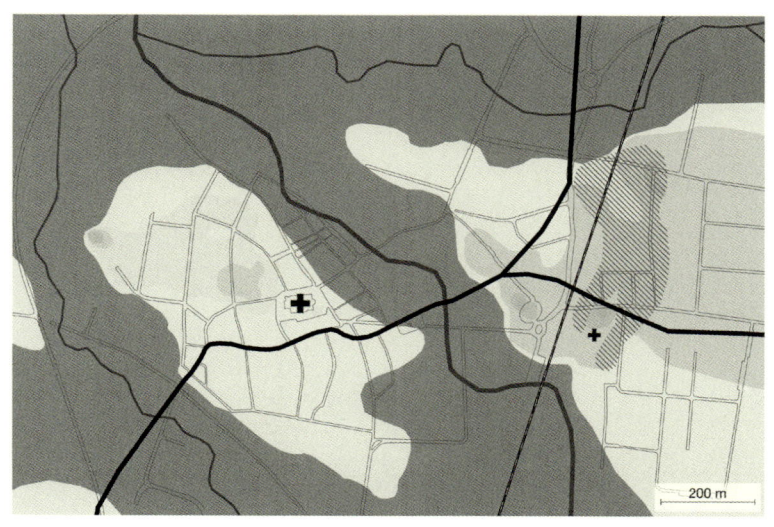

8 Ribe. Christliche Gräber des 9. Jahrhunderts östlich und westlich der Ribe Å.

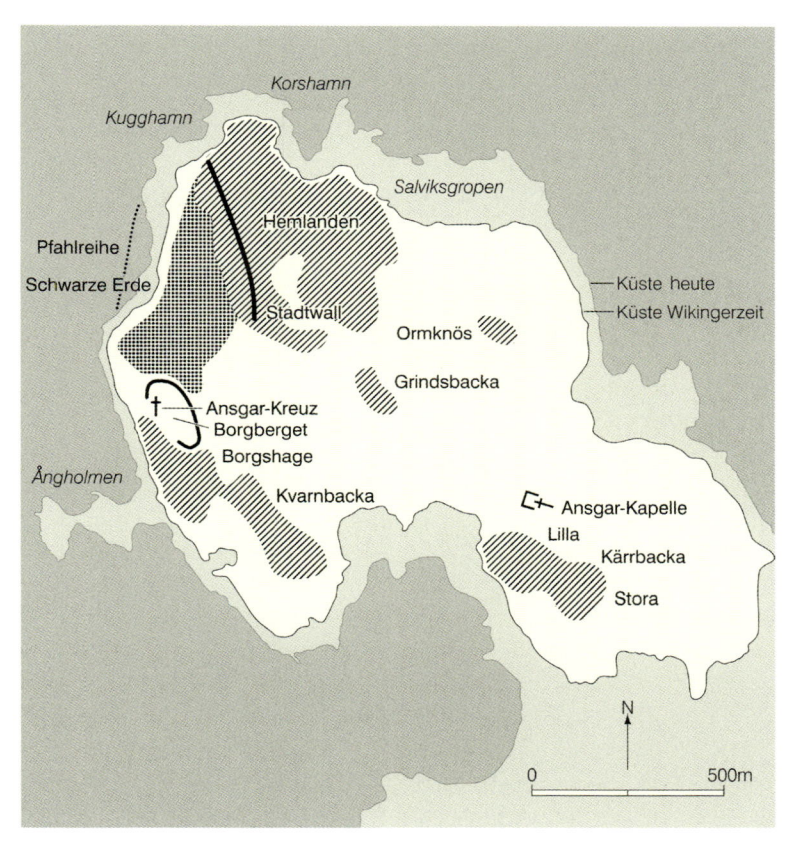

9 Birka. Siedlungsgebiet (*Schwarze Erde*), Häfen, Pfahlreihe, Stadtwall, Burgberg und Gräberfelder zur Wikingerzeit. Angegeben sind die Strandlinien zur Wikinger- und Jetztzeit, weiterhin die Standorte des Ansgar-Kreuzes und der Ansgar-Kapelle.

ANMERKUNGEN

1 Burkhart 2013.
2 Vita Anskarii (hier und im Folgenden in der deutschen Übersetzung von Trillmich 1978).
3 Gemeint sind die Beiträge aus der Sicht eines Historikers (Althoff 2013) und eines Archäologen (Dobat 2013).
4 Vita Anskarii 30 f.; 44 f.
5 Ebd. 36 f.
6 Ebd. 40 f.
7 Ebd. 52 f.; zu den Kirchenstandorten im Norden vgl. Müller-Wille 2004; 2007; 2011, 103–130.
8 Harck 2002, 74 f.
9 Harck 2006, 208 f.
10 Wilschewski 2007, 160–162.
11 Först 2007.
12 Vita Anskarii 78 f.
13 Ebd. 80 f.; 102 f.; zu den Bezeichnungen der Hafen- und Handelsplätze vgl. Kleingärtner 2013, 177–189 mit Abb. 30.
14 Vgl. Harck 1993; Müller-Wille 2002.
15 Lemm 2013, 263–270.
16 Radtke 2004.
17 Ebd. 38 Anm. 48.
18 Arents/Eisenschmidt 2010, 313 f.
19 Müller-Wille 2012; Schulze-Dörrlamm 2013.
20 Vita Anskarii 102–103.
21 Adam von Bremen 201–202 (in der deutschen Übersetzung von Buchner/Trillmich 1961).
22 Søvsø 2010, 147; zur Christianisierung Dänemarks allgemein Kleingärtner 2012.
23 Vita Anskarii 42 f.; 92 f.
24 Nilsson 2012.
25 Ambrosiani 1992; vgl. auch Zachrisson 2011 (Burgberg); Kalmring 2012 (Topografie allgemein).
26 Dobat 2013.
27 Ebd. 429.
28 Ebd. 429.
29 Ebd. 430.
30 Althoff 2013, 313.
31 Ebd. 317.
32 Ebd.
33 Röckelein 2013 mit Karte 199.

Ansgars Kirche in Ribe

Morten Søvsø

EINLEITUNG

Nach wenigen und dazu missglückten Missionsversuchen im 8. Jahrhundert gelang unter dem Missionar Ansgar der erste Durchbruch des christlichen Glaubens im Norden. Im Jahr 829 erhielt er die Erlaubnis des schwedischen Königs Bjørn, in der bedeutenden Handelsstadt Birka eine Kirche zu errichten. Birka lag etwas westlich des heutigen Stockholm. Um 850 gelang es Ansgar, die Zulassung des dänischen Königs für die Errichtung der ersten Kirche Dänemarks in der damaligen größten Stadt, Haithabu, zu erhalten, die an der südlichen Reichsgrenze lag. Die dritte Kirche im Norden wurde um das Jahr 855 in Ribe errichtet.

Die Kirchen in Birka und Haithabu sind heute nicht mehr vorhanden, und trotz ausdauernder Suche ist deren genauer Standort nicht bekannt (s. Beitrag Michael Müller-Wille). Lange glaubte man, dass dies auch für Ansgars dritte Kirche, jener in Ribe, gelten würde. Die Ausgrabungen der Jahre 2008–2012 am Dom zu Ribe haben jedoch ein großes christliches Gräberfeld nachgewiesen, auf dem die frühesten Bestattungen im 9. Jahrhundert vorgenommen wurden. Mit hoher Wahrscheinlichkeit handelt es sich hierbei um den Friedhof zu Ansgars Kirche, und der Dom von Ribe kann somit seine Ursprünge in gerader Linie bis in die Mitte des 9. Jahrhunderts zurückführen. Im Folgenden werden die vorläufigen Resultate der umfassenden Ausgrabungen präsentiert, deren Bearbeitung noch nicht abgeschlossen ist.

Am 26. Dezember 2000 brach kurz nach Mitternacht ein verheerender Brand im Zentrum von Ribe aus. Das Haus am Torvet 13, unmittelbar südlich des Doms, stand in Flammen, und erst nach längeren Löscharbeiten gelang es der Feuerwehr, eine Ausbreitung des Feuers auf die umliegenden Häuser zu verhindern. Das Gebäude Torvet 13 konnte jedoch nicht gerettet werden, und im Lauf des Jahres 2001 wurde die stark brandgeschädigte Ruine abgerissen.

Eigentümer des Gebäudes war die Domgemeinde zu Ribe, und der Abriss leitete gleichzeitig einen langwierigen Vorgang ein, an dessen Ende das Haus an gleicher Stelle wieder entstehen wird. Einen Abschnitt in diesem Prozess bildeten die archäologischen Ausgrabungen, die in zwei Kampagnen von Juni 2008 bis September 2012 erfolgten. Durch sie ergab sich zum ersten Mal die Möglichkeit, die Geschichte des Ortes anhand archäologischer Relikte zu untersuchen. Das führte zu einer Reihe von sensationellen Entdeckungen, so etwa dem Nachweis eines der ältesten Ziegelgebäude Dänemarks, Neuem zum aus Stein gebauten Vorgänger des Doms wie auch einem Stadtquartier des 11. Jahrhunderts und schließlich mehreren Phasen von mit Grundmauern versehenen Kanonikerhöfen[1].

Das wichtigste Resultat aber ist zweifellos ein Gräberfeld, das sich unter den genannten Siedlungsresten fand und dessen Gräber als christlich betrachtet werden

1 Dieser Mann (Bestattung G1135) starb mit ungefähr 40 Jahren und wurde beim wikingerzeitlichen Dom zu Ribe begraben. Eine ^{14}C-Probe seines Oberschenkelknochens datiert ihn in das 9. Jahrhundert, das bedeutet, der Mann könnte Ansgar begegnet sein.

2 Eine freudige Überraschung war die Entdeckung eines großen Fragments eines Runensteins im Fundament des abgebrannten Gebäudes von 1850. Das reich dekorierte Bruchstück stammt etwa aus dem Jahr 1000 und ist der erste bekannte Runenstein aus Südwestjütland!

müssen. Das Gräberfeld war von einem ansehnlichen Graben umgeben, der stratigraphisch in die Belegungszeit des Gräberfeldes einzuordnen ist. Die Gräber wurden um das Jahr 1050 von Kulturschichten versiegelt, und ^{14}C-Datierungen von Skeletten weisen diese in das 9., 10. und 11. Jahrhundert. Vieles deutet darauf hin, dass es damit gelungen ist, jenen Ort zu finden, für den der dänische König Horich II. Mitte des 9. Jahrhunderts Ansgar die Erlaubnis erteilte, eine Kirche zu errichten und dauerhaft einen Pfarrer zu beschäftigen[2]. Bei den Ausgrabungen fand sich ebenfalls ein größeres Fragment eines reich dekorierten Runensteins, der in der Nähe oder auf dem Kirchhof gestanden haben kann (*Abb. 2*)[3].

2012 wurde der gesamte Domplatz in Ribe erneuert, und auch diese Bauarbeiten führten zu umfassenden archäologischen Ausgrabungen. Vor allem die oberste Kulturschicht wurde von den Arbeiten berührt, aber in kleineren Gräben und Pflanzlöchern konnten auch die untersten und somit ältesten Schichten erfasst werden. Aufgrund dieser verstreuten Beobachtungen war es möglich, mit großer Sicherheit den Umfang des ältesten Kirchhofs zu rekonstruieren, und es zeichnet sich das Bild eines nahezu kreisrunden Begräbnisplatzes von ungefähr 9.000 m² ab.

LANDSCHAFT UND VERKEHRS-TOPOGRAFIE

Ribe liegt an einem landschaftlichen Knotenpunkt, an dem die vorgeschichtliche westjütische Landstraße, der spätere Drivvej, sich mit der schiffbaren Riber Au kreuzt, die 6 km westlich der Stadt in das Wattenmeer mündet. Im Landesinneren besteht das Auensystem aus Zuflüssen, die sich fächerförmig in die zentralen Bereiche des südlichen Jütland ausbreiten, dort, wo sich früher auch der bekannte *Farris-Wald* erstreckt hat. In diesem unwegsamen Gelände werden die Voraussetzungen für den Verkehr über Land in der Wikingerzeit und im Mittelalter kaum sonderlich günstig gewesen sein. Stattdessen boten die Wasserwege nahezu unbegrenzte Möglichkeiten, um Ribe mit Bauholz und Brennstoff zu versorgen.

Der Verlauf der wikingerzeitlichen und mittelalterlichen Hauptverkehrsadern ist nur sporadisch bekannt. Vieles deutet jedoch darauf hin, dass der Wegeverlauf im Wesentlichen dem entsprach, was sich auf den ältesten Landkarten des 17. Jahrhunderts und jüngeren Kartenwerken abzeichnet (*Abb. 3*). In Ribe laufen am Übergang der Riber Au die Wege nach Varde, Kolding, Haderslev,

Schleswig und Tønder zusammen. Ein Knotenpunkt mit Zugang zur Nordsee und ein vergleichbares potenzielles Umland fanden sich zur damaligen Zeit wohl kaum in Dänemark. In diesem Licht gesehen, wundert es nicht, dass an diesem Ort um 700 n. Chr. die älteste Stadtentwicklung Dänemarks stattfand.

Das älteste Ribe lag an der Nordseite der Au und war ein friesisch inspirierter Handelsplatz, der bereits seit dem frühen 8. Jahrhundert eine reguläre Münzwirtschaft besaß, die auf einem lokal geprägten sogenannten *Wotan/Monster Sceatta* basierte – einer kleinen dicken Silbermünze von nur ca. 1 cm Durchmesser[4]. Das Gebiet im Süden, wo später der Dom gebaut werden sollte, war eine, soweit bekannt, unbebaute trockene Insel in der Landschaft, die von allen Seiten von Feuchtgebieten und der Au umgeben war. Über diese trockene Insel, deren Oberfläche zwischen 2 und 5 m ü. NN lag, wand sich der Weg zu einer Furt hin, die sicherlich spätestens im 12. Jahrhundert durch eine feste Brücke ersetzt wurde. Von dieser Brücke sind bislang allerdings keine Spuren gefunden worden. Diese angenommene Brücke wurde Mitte des 13. Jahrhunderts von dem Damm abgelöst, der heute die Namen Mellemdammen und Nederdammen trägt[5].

HEIDNISCHE GRÄBER AM MARKTPLATZ

Im Ribe des 8. und 9. Jahrhunderts trafen sich Händler aus nah und fern. Man muss annehmen, dass sich die bunte ethnische Vielfalt auch in den Gräberfeldern des Marktplatzes widerspiegelt, von denen kleinere Bereiche in den Gebieten nördlich und östlich des Marktplatzes lokalisiert und ausgegraben worden sind[6]. Bislang konnten über 40 heidnische Gräber nachgewiesen und ausgegraben werden, hiervon acht Körpergräber, während es sich beim Rest um Brandgräber ganz verschiedener Art handelt. Nur ein ganz kleiner Teil des Gräberfeldbereichs ist untersucht worden, und es müssen noch viele Gräber in den Gebieten liegen, die heute zur Bahn gehören und Neubaugebiete sind[7].

CHRISTLICHE GRÄBER AM MARKTPLATZ?

Am Forsorgscentret for Sønderjylland[8] Ribelund wurden 1991 ca. 625 m² Fläche untersucht, wobei u. a. ein kleines Gräberfeld mit zwei Brandgräbern und 14 Körpergräbern ausgegraben wurde[9]. In den Körpergräbern fanden sich keine Beigaben. Die Bestatteten sind alle in Rückenlage mit dem Kopf im Westen beigesetzt worden, wobei bei

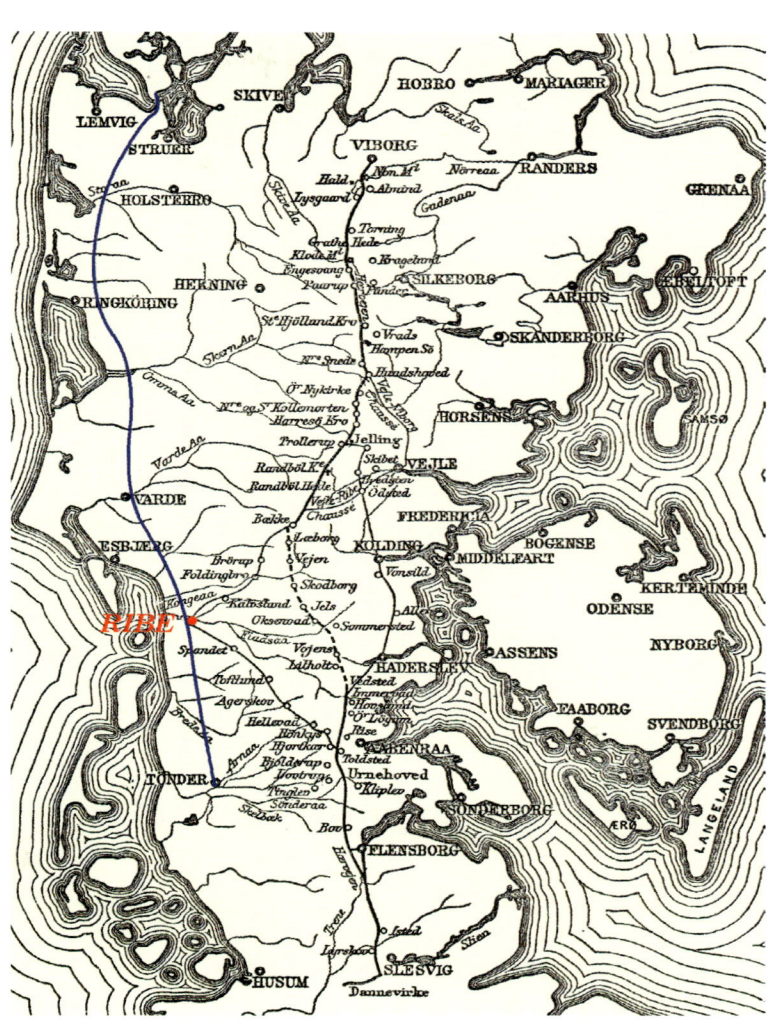

3 Hugo Matthiessens Rekonstruktion vom Verlauf des Heerweges durch Jütland und der Drivvej (in Blau), die Hauptlandstraße Westjütlands. Vom Hafen Ribes aus strahlen die Wege in das ganze Jütland.

allen jeweils entweder die Arme oder die Beine leicht bis deutlich angewinkelt oder sogar über Kreuz lagen. Einzelne Fälle von Überlagerungen zweier Gräber sowie eine abweichende Orientierung zwischen den einzelnen Bestattungen sprechen für eine längere Nutzung des Gräberfeldes. So können die Gräber in eine ältere Gruppe mit abweichenden Orientierungen und in eine jüngere Gruppe mit ost-west-orientierten Gräbern untergliedert werden. Am Knochenmaterial der Gräber wurden zwei ^{14}C-Datierungen vorgenommen. Die Proben stammen jeweils von der älteren und der jüngeren Gräbergruppe, und beide kalibrierten Datierungen haben ihren überwiegenden Schwerpunkt im 10. Jahrhundert[10].

Das Gräberfeld kann auf verschiedene Weise interpretiert werden, dass es sich aber um christliche Gräber handelt, muss als wahrscheinlich angesehen werden. Es kann nicht entschieden werden, ob es sich hierbei um zugereiste Händler oder um die Anfänge einer lokalen christlichen Gemeinde handelt. Das Gräberfeld befindet sich nur ca. 50 m vom Platz der späteren Gemeindekirche St. Nikolaj.

4 Schematische Rekonstruktion von Ribe in der jüngeren Wikingerzeit. Die Stadt lag nördlich der Au und war von einem Halbkreiswall umgeben. Im Osten lagen die heidnischen Gräberfelder des 8. und 9. Jahrhunderts. Südlich der Au lag die Kirche Ansgars zur Hauptlandstraße hin, die über die Dominsel verlief und die Au ungefähr dort kreuzte, wo heute die Badstuegade endet.

DIE URSPRÜNGLICHE TOPOGRAFIE DES RIBER DOMS UND ÄLTERE UNTERSUCHUNGEN

Das Areal um den Dom von Ribe ist heute von Kulturschichten bedeckt, die von der späteren Bebauung und weiteren Begräbnissen im Umfeld der Kirche zeugen. Die Stärke der Schichten, die sich ab ca. 1050 gebildet haben, variiert zwischen 3 und 4,5 m. Wie die ursprüngliche Landschaft ausgesehen hatte, bevor sich diese Horizonte ablagerten, war vor den Ausgrabungen 2012 unbekannt. Die Ausgrabungen am Domplatz konnten belegen, dass sich unter dem östlichen Teil des Doms eine Flugsanddüne befindet, deren Oberfläche bei 4 m ü.NN liegt. Sie wurde irgendwann in vorgeschichtlicher Zeit abgelagert und bildet zusammen mit den natürlichen Landschaftsformen eine markante Terrasse, die sich nach Süden 1,5 m oberhalb der Hauptverkehrsader, der späteren Sønderportsgade, erhebt (Abb. 4). Der Platz, an dem der Riber Dom liegt, ist daher ein Punkt in der Landschaft, der sich im Verhältnis zum Hauptweg und der wikingerzeitlichen Stadtentwicklung nördlich der Riber Au deutlich abhebt. Er war jedoch nicht der höchste Punkt auf der Domseite; sowohl im Norden wie im Westen stieg der Untergrund noch weiter an.

Ab Mitte des 12. Jahrhunderts ist das Gebäude des heutigen Doms von wachsenden Erdmassen umgeben gewesen, die bereits während seiner Errichtung eine gewisse Mächtigkeit hatten. Bei der Hauptrestaurierung des Doms von 1882–1904 wurde die Kirche an allen vier Seiten freigegraben. Was für das Mauerwerk sicherlich vorteilhaft war, hatte aber die unglückliche Konsequenz, dass das Gebäude fortan in einem Loch lag und dadurch von der umliegenden Stadt abgegrenzt wurde.

Die gewaltigen Erdarbeiten bei der Hauptrenovierung im und um das Kirchengebäude zerstörten eine große Anzahl der mittelalterlichen Bestattungen und brachten den größten Teil der vielen vornehmen Sandsteinsarkophage hervor, die man heute aus dem Dom kennt[11]. Die ältesten Befunde wurden jedoch im Großen und Ganzen nicht erfasst, und lediglich drei kleinere Untersuchungen konnten einen ersten Eindruck von dem vermitteln, was an dieser Stelle im Untergrund schlummert (Abb. 5). 1986 wurde im Inneren des Doms eine Untersuchung eines Teilbereichs unter dem Grab von König Christoffer I. in der Vierung des Doms vorgenommen. Hier wurden zuunterst Gräber nachgewiesen, deren Orientierung von der des heutigen Gebäudes abweicht. Es gab keine Spuren von Steinbauten in den Gräbern und auch sonst kein datierendes Material. Die Gräber sind aber von einem gemauerten Tuffsteingrab überlagert worden, dessen Orientierung dem des stehenden Gebäudes glich[12].

1987 fand südwestlich des erhaltenen Teils des Kreuzganges vom Dom eine Schachtausgrabung von nur 5 m² statt. Ältester Befund war hier eine Bestattung, die nicht ¹⁴C-datiert werden konnte. Das Grab ist von Bebauungsschichten ohne Spuren von Steinbauten überdeckt gewesen. 1995 wurden 6 m² bei der Adresse Torvet 9, südöstlich des Doms, ausgegraben. Im anstehenden Boden fanden sich zwei Eingrabungen in Form und Größe von Kindergräbern, die zwar eine größere Anzahl von Nägeln enthielten, jedoch keine erhaltenen Skelettteile[13].

Vor dem Hintergrund der ersten beiden Untersuchungen schloss Per Kristian Madsen polemisch: »*Vorläufig könnte es so aussehen, als ob die Kirche vor der Bebauung kam!*«[14] – eine Annahme, die durch die jüngsten Untersuchungen bestätigt worden ist.

DIE AUSGRABUNGEN UNTER DEM ABGEBRANNTEN HAUS

Die Ausgrabungen auf dem Grundstück des abgebrannten Hauses wurden in zwei Kampagnen von 2008–2009 und 2011–2012 durchgeführt (*Abb. 6*). Insgesamt wurde ein Areal von etwas über 400 m² der ursprünglichen Oberfläche bis in 3,5 m Tiefe aufgedeckt und untersucht. Die Ausgrabung begann bei 6 m ü.NN und wurde bis in den anstehenden Boden abgetieft, so dass alle Kulturschichten und der Horizont des Gräberfeldes vollständig untersucht wurden. Indem die Ausgrabung in sogenannten natürlichen Schichten vorgenommen wurde, konnte detailliert das dynamische Siedlungsgeschehen von den jüngsten Nutzungsspuren bis – zum jetzigen Zeitpunkt den Untersuchung – hinab in die Zeit von 1050 verfolgt werden, als eine erste Siedlungsschicht die ältesten Kulturschichten, die ursprünglichen Humusschichten und die von diesem Niveau aus eingetieften vielen Bestattungen versiegelten.

Die Datierung der ältesten flächendeckenden Kulturschichten ist für das Verständnis des darunterliegenden Gräberfeldes von Bedeutung, und deshalb sollen die Voraussetzungen für die zeitliche Bestimmung hier kurz umrissen werden. Im südlichen Teil des Ausgrabungsfeldes fanden sich in den Kulturschichten Reste eines aus Holz gebauten Hauses mit Lehmfußboden und Feuerstelle. Teile der südlichen Wand hatten sich erhalten. Sie bestanden aus 40–45 cm breiten plankonvexen Stabbohlen, deren konvexe Seite nach außen gewandt

war. Drei dieser Eichenbohlen wurden dendrochronologisch datiert: *nach 1037, 1077* und *1077–1089*[15]. Das Jahr 1077 wird als Baujahr des Hauses angenommen. Unter dem Haus lag eine ca. 40 cm dicke Kulturschicht, die u.a. mehrere Gruben enthielt. Von zwei dieser Gruben liegen dendrochronologische Datierungen vor: *nach 1039* und *nach 1048*. Die Datierungen werden von drei

5 Im Luftbild von 2008 ist die Ausgrabung im Areal des abgebrannten Gebäudes während ihrer Anfangsphase zu sehen. In Grün markiert sind die Sondagen von 1986, 1987 und 1995 im Umfeld.

6 Die Ausgrabung erfasste eine bis zu 4 m mächtige Abfolge von Kulturschichten mit Bestattungen, Gebäuderesten, Abfallgruben, Zäunen, Gräben, Brunnen und vielen anderen Befunden. Hier werden nachmittelalterliche Bestattungen im Kreuzgang vor ihrer Bergung dokumentiert. Insgesamt wurden 608 Bestattungen auf dem Grundstück ausgegraben, die einen Zeitraum von um 855 bis zur Schließung des Domkirchhofs im Jahr 1805 umspannen.

5 m

7 Übersichtsplan der 83 wikingerzeitlichen Gräber, die innerhalb der Untersuchungsfläche lagen. Jüngere Störungen, die bis in das Niveau der Grablegen reichten, sind hellgrau angegeben. Die beiden Gräben des Kirchhofs sind schwarz markiert.

Münzfunden aus der ältesten Kulturschicht unterstützt. Zwei von ihnen wurden unter Svend Estridsen (amt. 1047–1074) geschlagen, während die dritte Münze irgendwann im Zeitraum von 1045–1060 in Emden geprägt wurde.

Die Dendrodatierungen und Münzen werden durch das umfangreiche Fundmaterial ergänzt, und bei einer übergeordneten Bewertung der Entstehung der Kulturschichten im Verhältnis zu den exakten Datierungen muss das Jahr 1050 als wahrscheinlichster Zeitpunkt angesehen werden, an dem die profane Bebauung vor Ort begann. Der Beginn der Übersiedlung wird als Resultat einer Parzellierung gedeutet, aufgrund derer dieser Bereich des zum Dom gehörigen Gräberfeldes aus seiner ursprünglichen Nutzung als Friedhof entlassen wurde.

Wie es so oft bei stadtarchäologischen Untersuchungen der Fall ist, sind weite Bereiche der ursprünglichen alten Oberfläche durch spätere Eingriffe in Form von Gruben, Gräben, Fundamenten und Ähnlichem zerstört worden. Zwischen den Störungen fanden sich jedoch als ein dunkler Horizont intakte Bereiche der erhaltenen natürlichen Humusschicht mit Spuren der Wachstumsfläche. Er ist vergleichbar mit anderen Wachstumshorizonten unter den Kulturschichten der Stadt[16]. Im südlichen Ende des Feldes lag die alte Oberfläche bei 2,40 m ü. NN, während sie im Norden bei ca. 2,60 m ü. NN lag. Die annähernd 10 cm dicke Humusschicht geht über in ein typisch westjütisches Podsol-Profil mit Bleichsand und Ortsteinausfällungen. Der anstehende Boden vor Ort ist mittelkörniger homogener Heidesand.

Die Untersuchung jüngerer Störungen, die in den anstehenden Boden reichen, hatte bereits gezeigt, dass sich in der Untersuchungsfläche ältere Gräber befanden. Als der Mutterboden mit der Schaufel entfernt worden ist, sind dann jedoch noch weitere sichtbar geworden – dies ist ein Hinweis darauf, dass diese Gräber bereits vollständig zugewachsen gewesen sein müssen, bevor die Kulturschichten der nachfolgenden Besiedlung das Gräberfeld gewissermaßen versiegelten (*Abb. 7*). Während der Ausgrabungen wurde besondere Aufmerksamkeit auf den Nachweis alter obertägiger Grabmarkierungen gelegt, doch verlief dies ohne positives Resultat. Die von den Siedlungsschichten überlagerten Bestattungen machen deutlich, dass es sich um Flachgräber gehandelt hat, die also nicht mit einem Hügel versehen gewesen sind. Es kann jedoch nicht ausgeschlossen werden, dass ursprünglich Steine, kleine Holzkreuze oder anderes die Lage einzelner Gräber angegeben haben, aber entfernt wurden, ohne eine Spur zu hinterlassen. Dass derartige mögliche Grabkennzeichnungen nur wenig langlebig gewesen sein mögen, deuten einige sich überlagernde Gräber an.

In den untersuchten Gräbern fanden sich Relikte von Särgen in Form von fast zur Gänze vergangenen Holzspuren sowie einer Reihe von verschiedenen Nägeln und Nieten, die in den meisten Fällen Aufschlüsse zur Form des einzelnen Sarges geben konnten. Die Bestatteten waren – von einigen kleineren Abweichungen abgesehen – alle auf den Rücken liegend mit dem Kopf im Westen und den Armen ausgestreckt an den Seiten beigesetzt worden. Die Erhaltung der Skelette war sehr unterschiedlich, wie aus dem Messplan zu erkennen ist (*Abb. 7*).

DIE GRÄBEN UM DEN BESTATTUNGSBEREICH

Die Ausgrabung hat zwei kräftige Grabenverläufe freigelegt, die ost-westlich verliefen und sich aufgrund der Stratigrafie und des Fundmaterials als zum Gräberfeld zugehörig erwiesen haben. Die Gräben werden als eine Grenze aufgefasst, mit der die geweihte Erde des Friedhofes der umgebenden profanen Welt entzogen werden sollte. Solche Gräben umgeben christliche Friedhöfe regelhaft und werden häufig unter den Wällen von Dorfkirchen angetroffen. Bei wikingerzeitlichen heidnischen Grabplätzen sind sie dagegen unbekannt[17]. Der älteste Graben wurde zwar von jüngeren Gräbern geschnitten, doch fanden sich auch Gräber unter ihm. Die Grenze, die durch den Graben markiert wird, war also während des gesamten Belegungszeitraumes des wikingerzeitlichen Friedhofs nur vorübergehend in Funktion. Der Graben ist ca. 1,5 m breit gewesen, mit einer gerundeten Sohle bei lediglich etwas über 0,5 m Tiefe. Am Grund fanden sich dünne, durch Wasser abgelagerte Sandhorizonte, während die eigentliche Grabenfüllung aus dunkelgrauem, schlammigem Lehm bestand. Ohne es mit Sicherheit entscheiden zu können, handelt es sich wohl um eingebrachtes Material in Verbindung mit der Verfüllung des Grabens. Im Graben wurde lediglich eine einzelne graugebrannte Wandscherbe sowie Tierknochen gefunden, die keinen Datierungsanhalt geben.

Ganz im Süden des Feldes wurde ein erheblich größerer Graben registriert, der nicht in seiner vollen Breite ausgegraben werden konnte, aber auf 2,5 m Breite geschätzt wird, während er 1,5 m tief war. Im Profilschnitt zeigte sich, dass der Graben mehrere Male gereinigt worden war. Die Lage an der Schnittgrenze bot leider nur wenige Möglichkeiten, um die einzelnen Schichten im

Sargtyp/Grabtyp	Anzahl	Anteil in %
Bohlensarg ohne Nägel	42	61
Bohlensarg mit Nägeln	5	7
Bohlensarg aus wiederverwendeten Materialien	2	3
Ausgehöhlter Baumsarg	14	20
Ausgehöhlter Baumsarg in Kammer	1	1
Einbaum	1	1
Einbaum in Kammer	1	1
Wagenkasten	1	1
Ohne Sarg	2	3
Insgesamt	**69**	**~100**

8 Anteile der unterschiedlichen Grabtypen.

Geschlecht/Alter	Anzahl	Anteil in %
Männer	30	47
Frauen	17	27
Kinder	17	27
Insgesamt	**64**	**~100**

9 Anthropologische Untersuchung der Skelette. Der Anteil der Männer überwiegt, was aber teilweise auf die bessere Erhaltung des meist kräftigeren Skelettmaterials der männlichen gegenüber den weiblichen Individuen zurückzuführen ist. Eindeutig ist, dass sowohl Männer wie auch Frauen und Kinder auf christliche Weise am wikingerzeitlichen Dom in Ribe bestattet wurden. Die jüngsten Kinder waren Säuglinge.

DIE CHRISTLICHEN GRÄBER DER WIKINGERZEIT

Insgesamt 83 Gräber konnten bei der Ausgrabung nachgewiesen werden. Von ihnen mussten 77 ausgegraben werden, da sie sonst im Zuge der anschließenden Baumaßnahmen zerstört worden wären. Im Allgemeinen sind die Grabgruben annähernd senkrecht bei ebener Sohle eingetieft worden. Die Gruben waren üblicherweise zwischen 60 und 80 cm tief und sehr sorgfältig ausgehoben. Die Füllung sämtlicher Grabgruben bestand aus ihrem eigenen Aushub; nach Abschluss der Bestattungszeremonie wurde also die zuvor entnommene Erde wieder in die Grube geschüttet. In nahezu allen Fällen handelte es sich bei den Gräbern um Sargbestattungen verschiedenen Typs (Abb. 8). Am häufigsten wurden Bohlensärge verwendet, ein nicht unbedeutender Anteil der Toten ist jedoch in ausgehöhlten Baumsärgen bestattet worden. Ausnahmen waren ein Einbaum sowie ein in Klinkerbauweise ausgeführter Wagenkasten.

Die Skelette sind nach ihrer Bergung von der Anthropologischen Abteilung (ADBOU) der Syddansk Universität, Odense, untersucht und Alter wie Geschlecht bestimmt worden. Die noch vorläufigen Ergebnisse sind in Abbildung 9 dargestellt.

Die Skelette der Männer sind generell robuster als die der Frauen und erhalten sich dadurch besser im Erdboden. Dies ist wohl Teil der Erklärung dafür, dass sich augenscheinlich mehr Männer als Frauen unter den Bestatteten befinden. Das Vorhandensein von Frauen und Kindern unterstreicht jedoch deutlich, dass der Kirchhof kaum allein von zugereisten Händlern benutzt worden sein kann.

Graben voneinander zu trennen. Der Einsatz von Metalldetektoren und das Schlämmen des Aushubes haben ein beträchtliches Fundmaterial gesichert. Am wichtigsten sind hier drei Münzen. Es sind dies die unter Knud dem Großen in London (Hauberg 17) und unter Svend Estridsen in Viborg (Hauberg 65) geschlagenen vollständigen Stücke sowie das Fragment einer abgeschnittenen, wahrscheinlich ausländischen Münze, ohne dass sich Weiteres zu ihr sagen lässt. Unter den anderen interessanten Funden können mehrere menschliche Knochen sowie der Schädel eines Pferdes genannt werden. Die Münzen und das übrige Fundmaterial deuten auf eine Datierung von um das Jahr 1000 bis zur letzten Füllung im dritten Viertel des 11. Jahrhunderts hin. Der zugefüllte Graben wird von dem 1077 errichteten Holzhaus überdeckt.

DATIERUNG DES ÄLTESTEN KIRCHHOFS

Die Kulturschichten, die den wikingerzeitlichen Kirchhof überdeckt hatten, sind durch Dendrochronologie, Münzen und viele andere Funde sehr gut datiert. Es gibt keinen Zweifel daran, dass die jüngsten Gräber um 1050 versiegelt wurden und damit älter sind als dieses Datum. Die Gräber und deren Fundmaterial selbst helfen bei den Datierungen wenig, da nur zwei von den 77 ausgegrabenen Bestattungen Beigaben enthielten: Ein kleines Eisenmesser und eine Perlenkette (Abb. 10), die beide nicht eindeutiger datiert werden können als in die jüngere Wikingerzeit (900–1050).

Form und Lage der Gräber könnten auf eine längere Nutzungszeit hindeuten. Die sich ändernden Orientie-

10 Unter den 17 Kindergräbern fand sich die Bestattung eines sech Jahre alten Mädchens. Es ist mit einer Perlenkette beigesetzt worden, die aus sehr abgenutzten Perlen besteht. Sie kann in das 10. Jahrhundert datiert werden.

DIE AUSGRABUNGEN AM DOMPLATZ 2012

rungen deuten auf eine längere Periode des Gebrauchs hin, in der die Gräber an verschiedenen, einander ablösenden Kirchengebäuden ausgerichtet worden sind. Die Unterschiede in der Orientierung der Bestattungen können möglicherweise aber auch darauf zurückzuführen sein, dass jene Gebäude, welche die Richtung vorgaben, auf dem Gräberfeld weit entfernt lagen. Der wichtigste Hinweis auf eine längere Belegungsdauer ist jedoch die in gleich mehreren Fällen auftretende Überlagerung von Grabgruben. Dies bedeutet, dass mögliche überirdische Grabdenkmäler bereits fehlten, als ein neues Grab angelegt wurde.

Um das Problem der Datierung zu lösen, wurden bislang 36 ^{14}C-Proben von den Grablegen genommen. Ungefähr ein Drittel der kalibrierten Datierungen entfallen auf das 9. Jahrhundert, das zweite Drittel auf das 10. Jahrhundert und das letzte Drittel auf das 11. Jahrhundert. Aber sind diese Datierungen auch wirklich zutreffend? Diese Frage kann bislang nicht mit voller Sicherheit beantwortet werden, doch passen die Resultate genau zu den archäologischen Datierungen. Ein gewichtiges Argument für die Richtigkeit der Datierungen ist zudem, dass sie in zehn Fällen an Gräbern vorgenommen wurden, die einander überlagern, so dass man mit Sicherheit weiß, welches das jeweils älteste und welches das jüngste ist. Die ^{14}C-Datierungen haben jedes Mal das stratigrafisch ältere Grab vor das stratigrafisch jüngere Grab datiert. Die Datierungen widersprechen ebenfalls nicht dem Enddatum des Kirchhofs um ungefähr 1050.

Der Nachweis des wikingerzeitlichen Kirchhofs unter dem abgebrannten Gebäude Torvet 13 im Jahr 2009 warf eine Anzahl von archäologischen Fragen auf. Als erstes richteten sie sich auf die Ausdehnung des ältesten Kirchhofs und die Dauer der Nutzung. Diese Problemstellungen standen in vorderster Linie, als der Domplatz in Ribe 2012 umgebaut werden sollte. Obwohl die Erdarbeiten, wie eingangs erläutert, nur an einzelnen Stellen durch die Kulturschichten bis zum Untergrund reichten, ist es gelungen, die ursprünglichen alten Oberflächen sowie die einstige Form und Größe des ältesten Kirchhofs zu ermitteln.

An einigen Stellen sind jene Gräben nachgewiesen worden, die den ältesten Kirchhof umgaben, und es konnte dokumentiert werden, dass die Begrenzung des wikingerzeitlichen Friedhofes nördlich und westlich des Doms den Verlauf der jüngeren, mittelalterlichen Kirchhofsmauern vorgezeichnet hat. Ansgars Kirchhof ist also die Ursache dafür, dass die Skolegade einen leicht gebogenen Verlauf nimmt. Aus den gesamten Beobachtungen ergibt sich das Bild des ältesten Kirchhofs als annähernd kreisförmiges Areal von ca. 9.000 m² (*Abb. 11*).

Nachdem die Ausdehnung festgestellt worden war, galt die nächste Frage der Anzahl der Bestattungen in der Wikingerzeit. Wenn man mit der gleichen Gräberdichte rechnet, wie sie auf dem Grundstück des abgebrannten Hauses vorliegt – also dem Außenbereich des Kirchhofs – kann man die absolute Zahl der Bestatteten mit ca. 2.000 veranschlagen. Die Gräber scheinen nahe der Kirche dichter zusammen zu liegen, so dass die Zahl wahrscheinlich noch höher anzusetzen ist: vielleicht mit 3.000. Bei einer Benutzungsdauer von 200 Jahren entspräche dies zwischen zehn und 15 Bestattungen im Jahr.

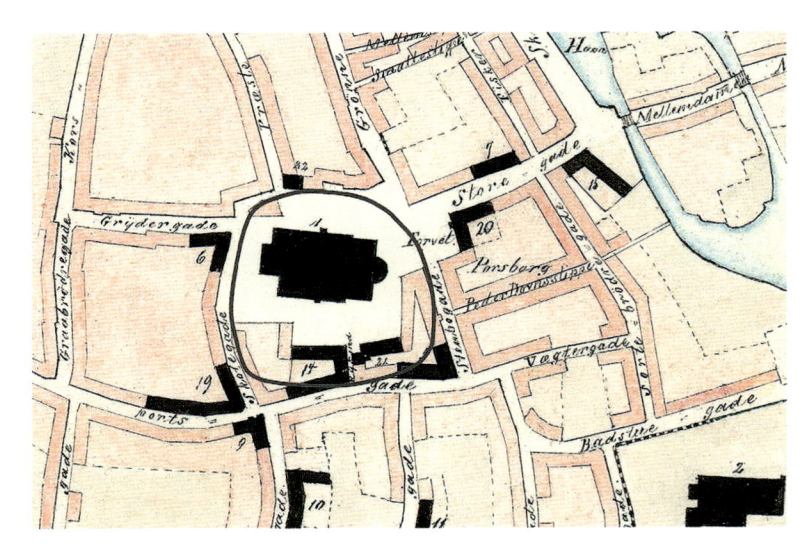

11 Der wikingerzeitliche Kirchhof kann aufgrund des heutigen Wissenstandes etwa kreisförmig rekonstruiert werden. Seine Begrenzung bestand aus einem Graben, innerhalb dessen es Anzeichen für einen Zaun gibt.

ANSGARS KIRCHHOF

Die Diskussion um den Zeitpunkt der Christianisierung Dänemarks und deren Verlauf ist ungefähr genauso alt, wie es das Fach Geschichte an den dänischen Hochschulen gibt. Das wachsende archäologische Quellenmaterial hat während der letzten Jahre Entscheidendes zum Verständnis der vorchristlichen Religion, dem Bruch zwischen Heidentum und Christentum sowie zu den verschiedenen dinglichen Hinterlassenschaften des frühen Christentums beigetragen, ob es sich nun um Schmuck, Gräber oder Kirchengebäude handelt[18]. Die hier besprochene Ausgrabung passt gut in dieses Muster hinein, indem sie zum ersten Mal archäologisches Material liefert, welches die spärlichen schriftlichen Quellen zur Geschichte des ältesten Doms in Ribe beleuchtet.

Sollten die archäologischen Beobachtungen in ihrer Gesamtheit korrekt sein, bedeutet dies, dass im 9. Jahrhundert christliche Bestattungen am Dom zu Ribe vorgenommen worden sind. Das stützt den Bericht vom Wirken Ansgars und deutet darauf hin, dass die Ausgrabung jenen Ort hat nachweisen können, an dem Ansgar ein Kirchengebäude errichten durfte. Abgesehen davon, dass diese neue Situation zu einem bewegten und umstrittenen Dasein geführt haben muss – zumindest bis zur Glaubensänderung von König Harald Blauzahn ca. 963 –, hat die Kirche offensichtlich eventuelle Angriffe überwunden. Diese Fähigkeit zu überleben kann eine der Ursachen dafür sein, dass gerade Ribe nach der Neuordnung der dänischen Bistümer um das Jahr 1020 herum die Heimat für ein riesiges Stift wurde, das ganz Jütland umfasste[19].

Zum Kirchhof muss ein Kirchengebäude gehört haben, das in den knapp 300 Jahren seit der Stiftung um 855 bis zur Errichtung von Bischof Thures Steinkirche in den 1120er Jahren aus Holz gebaut war. Es muss sich um mehrere einander ablösende Kirchen aus Holz gehandelt haben, und die Reste dieser Kirchen müssten noch in den Schichten unter dem heutigen Dom verborgen liegen.

Wer waren die Bestatteten am wikingerzeitlichen Dom? Diese zentrale Frage kann noch nicht beantwortet werden, sondern erfordert die Resultate der gründlichen anthropologischen Untersuchungen, die zurzeit stattfinden. Da auch Frauen und Kinder beigesetzt wurden, kann es sich bei den hier Beigesetzten nicht allein um Zugereiste handeln, und sollte man zum jetzigen Zeitpunkt eine Einschätzung abgeben, dann ist es am wahrscheinlichsten, dass der wikingerzeitliche Dom ein Münster war – also Tauf- und Hauptkirche eines größeren Gebietes. Bei diesem Gebiet könnte es sich um kleinere oder größere Teile von Nordjütland handeln, da weitere Kirchen der älteren Wikingerzeit fehlen.

Der christliche Glaube setzte sich bei den international orientierten Schichten der Gesellschaft zuerst durch – der Aristokratie –, die durch Handel, Heirat und andere persönliche Kontakte mit den christlichen Gemeinschaften entlang der Nordseeküsten in Kontakt standen. Bei einer ganzen Anzahl der wikingerzeitlichen Gräber am Riber Dom lassen sich diskrete aristokratische Merkmale identifizieren, und sollte man eine Einschätzung darüber abgeben wollen, wer dort seine Verstorbenen begraben ließ, dann könnten es die orthodoxen Christen der jütischen Oberklasse gewesen sein, für die die Befolgung der Glaubensvorschriften schwerer wog, als die Rücksicht auf die familiären Traditionen.

ANMERKUNGEN

1 Søvsø 2009.
2 Møller/Nyborg 1979, 62.
3 Imer/Knudsen/Søvsø 2013.
4 Feveile 2006b.
5 Søvsø 2009.
6 Feveile 2006a; 2006c.
7 Feveile 2006a, 38.
8 Eine Betreuungseinrichtung für psychisch und physisch behinderte Menschen.
9 Feveile 2006d.
10 Ebd. 276.
11 Møller/Nyborg 1979, 521 ff.
12 Frandsen/Madsen/Mikkelsen 1990, 14 ff.
13 Klemensen 1996.
14 Frandsen/Madsen/Mikkelsen 1990, 17.
15 Bonde 2009.
16 Feveile 2006a, 23 ff.
17 Engberg/Kieffer-Olsen 1992.
18 Lund 2004.
19 Gelting 2004.

Der alte Streit um Ansgars Bistum – neu entfacht. Eine Vorbemerkung

Anne Klammt und Rainer-Maria Weiss

War der heilige Ansgar, der Apostel des Nordens, ein Fälscher? Ist das Erzbistum Hamburg erst im späten 9. Jahrhundert in Bremen entstanden? Brandschatzten die Wikinger 845 somit gar keinen bischöflichen oder gar erzbischöflichen Dom, sondern den Stützpunkt einer eher erfolglosen Mission? Oder werden Ansgar und sein Erzbistum ganz zu Unrecht in Abrede gestellt? Mit diesen Fragen sah sich das Archäologische Museum bei der Vorbereitung der Ausstellung konfrontiert und suchte im Kolloquium nach Antworten.

2011, kurz nach Abschluss der Erstauswertung der letzten archäologischen Kampagne auf dem Domplatz, veröffentlichte der amerikanische Mediävist Eric Knibbs ein Buch unter dem provokanten Titel »*Ansgar, Rimbert and the Forged Foundations of Hamburg-Bremen*« (Ansgar, Rimbert und die gefälschten Grundlagen Hamburg-Bremens). Er griff darin die zuerst von Richard Drögereit aufgebrachte und dann von dem Hamburger Gerhard Theuerkauf weiterentwickelte These auf, dass Hamburg gar kein Erzbistum gewesen sei und Ansgar nicht als Erzbischof in der Hammaburg gewirkt, sondern erst später in Bremen mit mancherlei Geschick ein vereintes Bistum Hamburg-Bremen erfunden habe. Knibbs zufolge münzte dann überhaupt erst sein Nachfolger Rimbert dieses zu einem Erzbistum um. Kurz vor Knibbs' Veröffentlichung hatte der Historiker Thomas Klapheck 2008 seine Dissertation »*Der heilige Ansgar und die karolingische Nordmission*« publiziert, in der er sich ebenfalls intensiv mit der Frage nach dem kirchenrechtlichen Status Hamburgs auseinandersetzt. Er ist allerdings zur Hammaburg und seiner Kirche zu einem gänzlich anderen Ergebnis als später Knibbs gekommen. Beide setzten damit einen seit Langem schwelenden Disput um die Echtheit und Deutung der urkundlichen Überlieferung zum Hamburger (Erz-)Bistum fort. Für die Bewertung der jüngsten Hamburger Grabungsergebnisse und ihrer Darstellung in einer Ausstellung ergab sich daher die Frage, wie diese gegensätzlichen Auffassungen zur kirchlichen Rolle Hamburgs erstens zu beurteilen sind, und zweitens welche Konsequenzen sich daraus für das Verständnis der archäologischen Hinterlassenschaften ergeben.

Aber muss die Deutung der archäologischen Spuren des frühen Hamburgs denn nicht ohnehin ganz unabhängig von dem kirchenrechtlichen Status vorgenommen werden? Dürfen Vorannahmen unser Bild bestimmen? Dieser Einwand trifft selbstverständlich zu, denn die Archäologie sucht nicht mit dem sprichwörtlichen Spaten nach einer Bebilderung der schriftlichen Überlieferung mit Gegenständen und Spuren; und zugleich ist er abwegig, weil das Spannungsfeld zwischen archäologischem Befund und schriftlicher Überlieferung jenes besondere Arbeitsgebiet der Mittelalterarchäologie eröffnet. Anders als es für die Archäologie vorgeschichtlicher Epochen der Fall ist, kann die Mittelalterarchäologie in den Bereich zwischen zeitgenössischer Überlieferung und materieller Realität vordringen. Wurde im Mittelalter durch den Papst ein Bistum oder gar ein Erzbistum eingerichtet, dann mussten unbedingt zahlreiche Voraussetzungen erfüllt sein, wie etwa die Klärung der künftigen vermögensrechtlichen Situation, die Gewährleistung der organisatorischen Durchführbarkeit oder die politische Unbedenklichkeit der Neugründung. Hätte man also in Hamburg ein Bistum gegründet, dann müssten die Zeitgenossen damals doch eigentlich überzeugt gewesen sein, dass Hamburg alle Kriterien erfüllte, zumindest aber, dass sein nordalbingisches Umfeld fest in das Reich integriert und erschlossen werden sollte. Daraus ergibt sich für die Archäologie, dass sie mit dem Grabungsbefund die dingliche Manifestation dessen erfassen kann, was die zeitgenössischen Quellen über das frühe Hamburg berichtet haben, über seine wirtschaftliche Stärke, seine möglichen Potenziale und – was besonders wichtig ist – seine endgültige politische Einbindung eine Generation nach der fränkischen Eroberung. Anhand der schriftlichen Überlieferung könnte es also möglich sein, die Gesamtheit der archäologischen Befunde und Funde gewissermaßen aus der Sicht der damaligen Menschen zu betrachten. Gehen wir allein von den Ergebnissen der archäologischen Forschung aus und sortieren sie aus unserem heutigen Blickwinkel, zeigt sich für alle sächsischen Bistumssitze ein ähnliches Bild: Die archäologischen Hinterlassenschaften jener Orte deuten auf verkehrsgeografisch gut angebundene, aber meist keineswegs herausragende ältere Siedlungen hin. Die Entscheidung, dort Bistümer zu gründen, folgte also vielen Überlegungen, die sich aber offenbar nicht in einem charakteristischen archäologischen Fundbild widerspiegeln. Das bedeutet auch, dass die Archäologie nicht zur Lösung der Frage nach dem kirchenrechtlichen Status Hamburgs beitragen kann, obgleich er großen Einfluss auf die Interpretation der Bodenfunde hat.

Angesichts dieser Bedeutung des Themas waren wir sehr glücklich, gleich zwei Spezialisten gewonnen zu haben, die sich mit der komplexen Überlieferung zur Frühgeschichte des Erzbistums Hamburg-Bremen auseinandersetzen. Es war dies zum einen der schwedische Mittelalterhistoriker und Spezialist für die frühe Kirchengeschichte der skandinavischen Länder, Henrik Janson von der Universität Göteborg, zum anderen Volker Scior, Verfasser der kritischen Auseinandersetzung zur Wahrnehmung und Schilderung des Eigenen und Fremden bei Adam von Bremen und weiteren mittelalterlichen Autoren. Wie erhofft, wurden beide Vorträge im Kolloquium sowohl aus Sicht der archäologischen wie der schriftlichen Quellen intensiv erörtert. Henrik Jansons durchdachte Einbettung der umstrittenen Quellen des 9. Jahrhunderts in die Auseinandersetzungen zwischen Ludwig dem Frommen und Papst Gregor IV. wurde als nachvollziehbare Begründung seiner Auffassung Ansgars als Erzbischof von Hamburg akzeptiert. Der Archäologe Thorsten Lemm wies zudem auf die Passungen zwischen seinen Beobachtungen zur Situation der Burg Esesfelth und den Überlegungen von Henrik Janson hin. Auch ließ sich die Sicht Jansons mit Sciors Interpretation der Hamburger Kirchengeschichte aus der Feder Adams von Bremen vereinbaren, obgleich Scior Adams Bemühen, die Bedeutung von Ansgar ganz erheblich zu erhöhen, in den Mittelpunkt stellte.

Mit diesen und weiteren Ergebnissen ist das Archäologische Museum anschließend an die Öffentlichkeit getreten und hierbei auf breites mediales Interesse gestoßen. Die Berichterstattung in namhaften Tageszeitungen machte den Diplomatiker Theo Kölzer von der Universität Bonn aufmerksam, der für 2014 die umfassende Edition aller Urkunden Ludwigs des Frommen vorbereitet. Unter diesen befindet sich auch eine ganz bestimmte, der eine Schlüsselstellung in der Überlieferung zur Gründung eines Erzbistums Hamburg bzw. Hamburg-Bremen zugeschrieben wird. Als Diplomatiker, also als Spezialist für die Beurteilung der Authentizität von Urkunden, kommt Kölzer zu dem Ergebnis, dass jenes Dokument aus dem Jahr 834 in wesentlichen Punkten verfälscht sei. Daraus ergibt sich für ihn im Weiteren, dass Hamburg nicht als Erzbistum gedacht und Ansgar dort niemals Erzbischof gewesen sei, aber auch nicht jener Fälscher, als der er etwa bei Knibbs dargestellt wird. Um die Bedeutung dieses Befundes für die Interpretation der archäologischen Spuren vom Domplatz gewiss, wandte sich Kölzer mit einem kollegialen Hinweis auf seine Ergebnisse an das Archäologische Museum.

Es kommen also zwei Fachwissenschaftler, Janson und Kölzer, auf verschiedenen methodischen Wegen zu diametralen Ergebnissen. Stephan Freund wiederum folgt nun Kölzer und beleuchtet so die Frage der Integration des sächsischen Gebietes neu.

An diesem Punkt hat sich das Archäologische Museum Hamburg in enger Absprache mit den beteiligten Wissenschaftlern entschieden, diesen wissenschaftlichen Disput nicht nur dem geschlossenen Kreis des Kolloquiums zugänglich zu machen, sondern ihn sowohl in die Ausstellung wie auch in den vorliegenden Begleitband einzubeziehen. Daher haben wir Professor Kölzer gebeten, in einem kurzen Beitrag eine Zusammenfassung seiner Forschungen zu der betreffenden Urkunde zu geben. Ganz bewusst sollen so beide Positionen zugänglich gemacht und zur allgemeinen Diskussion gestellt werden.

Die gefälschte »Gründungsurkunde« Kaiser Ludwigs des Frommen für Hamburg

Theo Kölzer

Gemäß der am 15. Mai 834 von Kaiser Ludwig dem Frommen in seiner Pfalz Aachen ausgestellten Urkunde[1] wurde nach vermeintlich älteren Plänen Karls des Großen in Hamburg ein Bischofssitz für Nordelbien errichtet, Ansgar zum Erzbischof geweiht und diesem namens des Kaisers und der römischen Kirche die Missionslegation übertragen. Zur wirtschaftlichen Fundierung der Neugründung wurde Ansgar die flandrische Zelle (das Klösterlein) Torhout geschenkt, und für den Grundbesitz der Zelle und des Bischofssitzes gewährte der Kaiser Immunität und Königsschutz.

Die Urkunde ist die mit Abstand am häufigsten gedruckte Urkunde des Kaisers, obwohl sie seit Langem als Fälschung gilt[2]. Gleichwohl ging die Forschung bislang von einem echten Kern aus, dessen Substanz freilich in rund anderthalb Jahrhunderten Forschungsgeschichte unterschiedlich bemessen wurde. Da die urkundlichen und chronikalischen Quellen, insbesondere die *Vita Anskarii* aus der Feder von dessen Nachfolger Rimbert († 888), eng miteinander verwoben sind, glaubte man, diese Frage nicht vornehmlich mit den Methoden der Quellenkritik beantworten zu können. Man suchte daher meist nach deduzierten historischen Argumenten, um ein plausibles Gesamtbild des Geschehens zu konstruieren, setzte sich aber damit der Gefahr eines Zirkelschlusses aus.

Das Interesse der Forschung gerade an dieser Urkunde ist verständlich, denn eng verknüpft mit ihrer Beurteilung ist die bis in die jüngste Zeit strittige Frage der Errichtung eines (Erz-)Bistums Hamburg durch Papst Gregor IV. 831/32, die Papst Nikolaus I. 864 bestätigt habe[3]. Dieser Teil der Urkunde wurde mehrheitlich deren echtem Kern zugeschrieben. Eine erneute Diskussion hat vor allem Richard Drögereit seit den späten 1960er Jahren angestoßen, indem er auch die beiden Papsturkunden verwarf und Ansgar lediglich als Missionsbischof und ab 847 als Bischof von Bremen gelten ließ, dem erst 864 die auf seine Person und nicht etwa auf das Bistum Bremen bezogene Würde eines *Missions*erzbischofs für die Dänen und Schweden verliehen worden sei[4]. Die frühe Gründung eines Hamburger Erzbistums wertete Drögereit als eine um 890 von Bischof Adalgar von Bremen (888–909) ins Spiel gebrachte Fiktion. Sie habe im Streit mit dem Erzbischof von Köln um dessen Suffraganbistum Bremen durch die Konstruktion einer vorgeblich alten Hamburger Tradition die für Hamburg-Bremen positive Entscheidung des Papstes Formosus von 893 beeinflussen sollen. Diese These wurde heftig kritisiert und galt bald als widerlegt, obwohl nicht alle Probleme ausgeräumt werden konnten. Jüngst wurde denn auch die Gründung eines Erzbistums Hamburg zur Zeit Ludwigs des Frommen erneut bestritten[5]: Eric Knibbs zufolge habe Ansgar als einfacher Priester-Missionar von Papst Gregor IV. ein Legationsprivileg (einen Missionsauftrag) erhalten und sei erst in der Nachfolge des 834 gestürzten Erzbischofs Ebo von Reims auf Betreiben Ludwigs des Frommen zum Missionsbischof geweiht worden. Ansgar selbst habe die Urkunde Ludwigs gefälscht (so schon Brigitte Wavra[6]), und auf dieses Machwerk habe sich Rimberts *Vita Anskarii* gestützt, die in der Forschung stets als vertrauenswürdig und als eine der wichtigsten Quellen zur nordischen Mission beurteilt worden war.

In dieser Situation wird es nötig sein, sich zunächst der quellenkritischen Grundlagen zu versichern, die den Interpretationsrahmen vorgeben. Für die Urkunde Ludwigs des Frommen ist von zwei Überlieferungssträngen (*Abb. 1*) auszugehen: Ein verlorenes, aber gut bezeugtes Bremer Pseudo-Original der Urkunde wurde 1158 Barbarossa[7] und ein Jahr später Papst Hadrian IV.[8] zur Bestätigung vorgelegt und erst aus diesem Anlass erstellt. Es repräsentiert aber bereits eine erweiterte Fassung der verlorenen ursprünglichen Fälschung. Deren Text ist bewahrt unter anderem in dem »*Codex Vicelini*«, einem Bremer Kopialbuch des 12. Jahrhunderts, das eine nur geringfügig erweiterte Fassung bietet, welche eine Ausweitung der Missionslegation im Norden erstrebt, sowie in einem Druck Philipp Caesars von 1642, der sich auf einen heute verlorenen »*Hamburger Codex*« stützte[9].

Eine subtile diplomatische (urkundenkritische) Analyse kann zunächst bestätigen, dass sich die überlie-

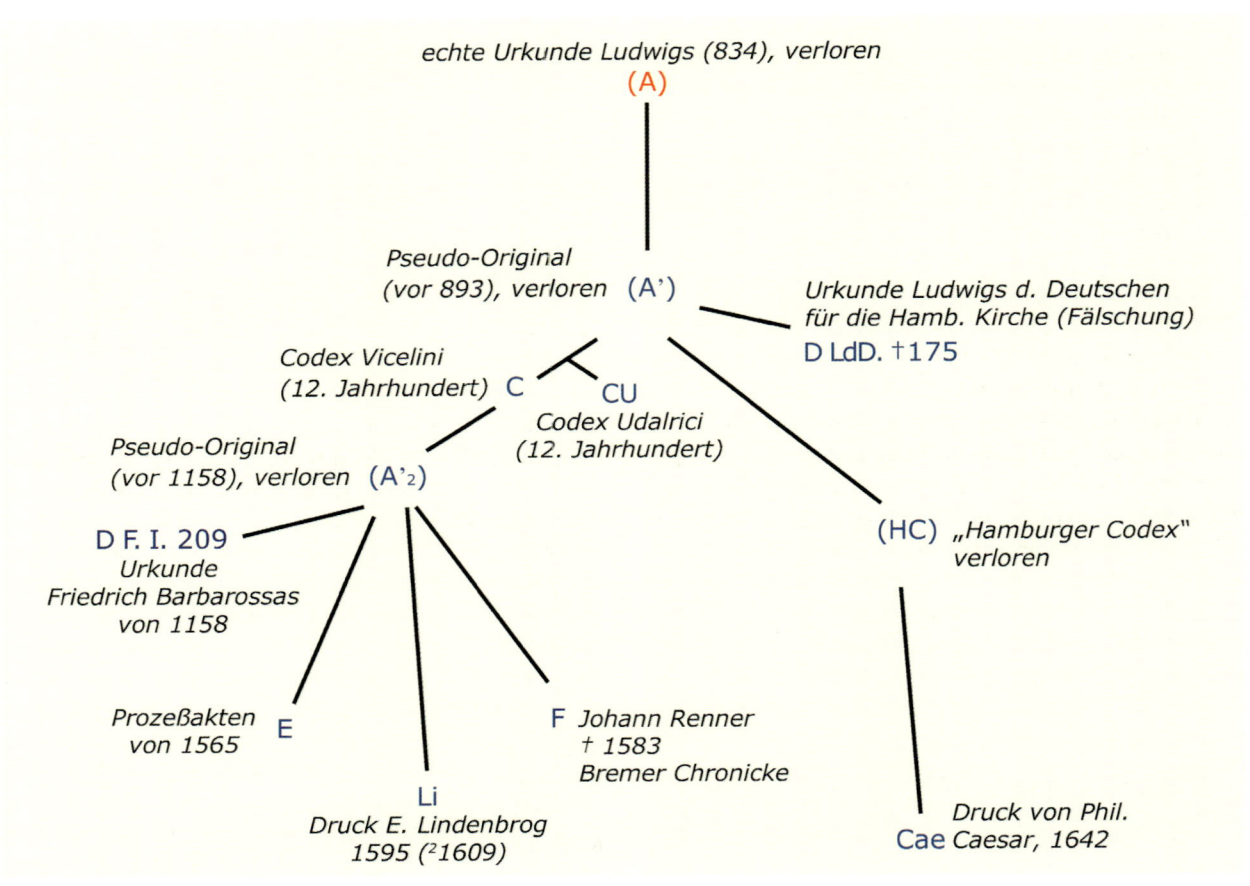

1 Überlieferung der Urkunde Ludwigs des Frommen: D LdD. †175 – Urkunde Ludwigs des Deutschen für die Hamburger Kirche (Fälschung); D F. I. 209 – Echte Bestätigungsurkunde Friedrich Barbarossas von 1158; E – Hamburg, Staatsarchiv, Reichskammergericht S. 22 fasc. 7: Prozeßakten von 1565; F – Bremen, Staats- und Universitätsbibliothek, Hs. brem. a. 96: Johann Renner (†1583), »Der Bremer Chronicke«.

ferte Urkunde Ludwigs des Frommen in der Tat auf eine echte Vorlage aus der Zeit nach der Wiedereinsetzung (1. März 834) des zuvor entthronten Kaisers stützt; damit darf zugleich das Datum der Urkunde (15. Mai 834) als verlässlich angesehen werden. Gescheitert ist jedoch der wiederholte Versuch, in der überlieferten Fassung des kaiserlichen Privilegs eine lediglich verunechtete »Gründungsurkunde« für Hamburg nachzuweisen. Denn für Urkunden Ludwigs des Frommen ganz ungewöhnlich ist der überlange, zu Beginn eingeschaltete Bericht (Narratio), der in kanzleifremder Diktion ausführlich die Vorgeschichte der Hamburger Bistumsgründung erzählt, und zwar – wie sich philologisch nachweisen lässt – in Anlehnung an Rimberts 865/76 abgefasste Vita Anskarii[10]. Mit Ausnahme der Immunität lieferte die Vita zugleich auch die inhaltliche Substanz der Urkunde. Die ältere Forschung war fälschlich von dem umgekehrten Abhängigkeitsverhältnis ausgegangen. Nach Wavra soll die Fälschung der Urkunde Ludwigs auf Initiative Ansgars bereits 843/50, wohl 847/48 im Umkreis der Mainzer Synoden, entstanden sein[11], die laut Rimbert die Union Bremens mit Hamburg verfügt hätten[12]. Aber trotz der Zustimmung von Thomas Klapheck und Eric Knibbs[13] muss diese These jetzt als widerlegt gelten. Denn es lässt sich nachprüfbar zeigen, dass der Fälscher die Entlehnungen aus Rimberts Vita seinem individuellen Sprachstil angepasst hat, und er musste auf Rimberts Vita Anskarii zurückgreifen, weil seine echte urkundliche Vorlage diesbezüglich offenkundig keinen Stoff bot. Wenn aber somit Rimberts Vita Anskarii als Vorlage der gefälschten Urkunde feststeht – und zugleich Rimbert aus philologischen Gründen als Fälscher der Kaiserurkunde ausscheidet (Gleiches gilt überdies für den Verfasser der Lebensbeschreibung Rimberts, der Vita Rimberti) – stürzt die tragende Säule für die jüngeren Konstrukte, die Ansgar selbst als spiritus rector einer ersten Fälschungsaktion im Umfeld der Mainzer Synoden von 847/48 erweisen wollten.

Als unbestritten echter Kern der Kaiserurkunde gilt der Forschung die von Ludwig verliehene Immunität. Dabei handelt es sich um das Verbot für ›staatliche‹ Amtsträger, auf dem Boden des Immunitätsinhabers Amtshandlungen vorzunehmen. Der Text der Kaiserurkunde erinnert nur entfernt an das übliche Kanzleiformular, gibt aber, wie eine vergleichende Analyse zeigt, keinen Anlass, die Tatsache der Immunitätsverleihung als solche in Zweifel zu ziehen. Die Frage ist nur, auf was sich die Immunität bezog. Während in vergleichbaren Fällen die Immunität pauschal der Bischofskirche »*samt allen dazugehörigen Besitzungen*« verliehen wird, wird hier der Besitztitel – das Kloster Torhout – eigens genannt, und die Nennung des Bischofssitzes (*prefate sedis et*) wirkt angesichts des übrigen Kontextes wie nachträglich hineingeflickt. Plausibler ist daher die Annahme, dass die Immunität sich ursprünglich nur auf die flandrische Zelle Torhout bezog, den einzigen konkreten Besitztitel Ansgars, den wir kennen. Diese durch den Formularvergleich mit anderen Immunitätsurkunden gewonnene Erkenntnis wird gestützt durch historische Parallelfälle, denn solche Schenkungen zur wirtschaftlichen Fundierung einer Missionstätigkeit waren nicht selten: Erzbischof Ebo von Reims und sein Nachfolger Gauzbert (der spätere Bischof von Osnabrück) hatten z. B. zur Unterstützung ihrer Mission im Norden *Welanao* (Münsterdorf bei Itzehoe) erhalten[14], Liudger, der als erster Bischof von Münster gilt, Leuze-en-Hainaut (Hennegau), und Karl der Große hatte dem von ihm beauftragten Missionar Willehad – er gilt als erster Bischof von Bremen – die Zelle Justine-Herbigny in den Ardennen geschenkt. Aufschlussreich ist auch eine Urkunde Ludwigs des Frommen für Bischof Wolfger von Würzburg zur Dotierung der im Slawenland (*in terra Sclavorum*) errichteten (Missions-)Kirchen, die bislang ohne Ausstattung (*sine dote*) geblieben waren. Der Text ist als Urkundenformular überliefert[15], und die Parallele zur Hamburger Urkunde ist deutlich; für eine bewusst verfälschende Verfremdung des Immunitätsformulars der Hamburger Urkunde finden sich keine belastbaren Anhaltspunkte. Das heißt: Im Kern war Ludwigs ursprüngliche Urkunde die auf Torhout bezogene Dotationsurkunde für den Missionar Ansgar mit einer eigenständig formulierten und gleichfalls auf Torhout bezogenen Immunitätsverleihung vom angegebenen Tag. Dieser bescheidene Ausgangspunkt wurde erst im Nachhinein mithilfe von Rimberts Vita Anskarii zur Hamburger »*Gründungstradition*« ausgebaut.

Wir haben es also in der Urkunde Ludwigs des Frommen mit einem resümierenden und abgeleiteten Fundationsbericht zu tun, der so keinesfalls Bestandteil einer echten Urkunde des Kaisers gewesen sein kann, zumal der Fälscher ihn an einer Stelle unvermittelt in der 1. Person Singular (*ego*) sprechen lässt, anstatt das übliche herrscherliche »*Wir*« (*pluralis maiestatis*) zu verwenden. Inhaltlich stärkstes Fälschungsindiz ist jedoch die Zusammenfassung ganz unterschiedlicher Betreffe in einer einzigen Urkunde: Bistumsgründung, (erweiterter) Missionsauftrag, Schenkung von Torhout mit Vorrechten, Immunität. Für eine solche Melange gibt es unter den echten Urkunden Ludwigs des Frommen keine Parallele, und nur bezüglich der Immunität für Torhout stehen wir auf festerem Boden. Festzuhalten ist auch, dass die Zelle Torhout bei Rimbert nicht etwa einer Diözese Hamburg inkorporiert wird, sondern dass Ansgar als Abt der Zelle fungiert, die dessen Missionslegation wirtschaftlich unterstützen und überdies für Priesternachwuchs sorgen sollte[16]. Das ist angesichts der genannten Parallelen durchaus nicht ungewöhnlich, was auch für die Befreiung der Hintersassen, also der vom Grundherrn abhängigen Bauern der Zelle von der Heerfahrtspflicht gilt. So wurden etwa die Leute des vor der Atlantik-Küste gelegenen und ständigen Wikinger-Angriffen ausgesetzten Klosters Noirmoutier von öffentlichen Lasten zugunsten der neu angelegten Befestigung des Klosters befreit[17]. Vielleicht war Ludwigs Schenkung von Torhout ursprünglich sogar die Kompensation für den Verlust von *Hrodnace* (Ronse/Renaix, belg. Prov. Oost-Vlaanderen). Dieses Kloster wird in Ludwigs Urkunde als Schenkung Karls des Großen an den Missionar Heridag erwähnt; es wurde später von Ludwig an das Kloster Inden (Kornelimünster) vergeben. Für das weitere Schicksal Torhouts, seines Heimatklosters, ist wiederum Rimbert unser wichtigster Gewährsmann[18]: Danach hatte der westfränkische König Karl der Kahle diesen Besitz nach dem Teilungsvertrag von Verdun (843), der das flandrische Kloster seinem Herrschaftsbereich zuschlug, eingezogen und weiterverliehen.

Ist mit der diplomatischen Analyse der Urkunde Ludwigs des Frommen zugleich ein Fix- und Orientierungspunkt auch für die übrigen Hamburger Fälschungen gewonnen, wird man in der Tradition Richard Drögereits der jüngsten Deutung von Eric Knibbs zu folgen haben[19]: Knibbs bestreitet die Einrichtung einer Hamburger (Erz-)Diözese 831/32 und sieht Ansgar 834 zum Missionsbischof erhoben, der nach seinem Scheitern 847 Bischof von Bremen und 864 Missionserzbischof für die Dänen und Schweden wurde. Zuvor (831) habe Papst Gregor IV. Ansgar lediglich ein Legationsprivileg für die Mission im Norden verliehen, und Ludwig der Fromme habe 834 als wirtschaftliche Basis der Mission die flandrische Zelle Torhout mit Immunität geschenkt, was in der Tat den echten Kern der Fälschung auf den Namen des Kaisers bildete.

Dass Ansgar selbst das Fälschungswerk im Umfeld der Mainzer Synoden von 847/48 in Szene gesetzt habe, muss jetzt freilich definitiv als widerlegt gelten. Zu unterscheiden sind vielmehr zwei Fälschungsstufen: In einem ersten Anlauf wurde unmittelbar vor 893 mittels Rimberts *Vita Anskarii* eine ausführliche Missionsgeschichte verfasst und die Errichtung eines Hamburger Erzbistums fingiert, was offenkundig auf eine alte Tradition und Selbstständigkeit der Hamburger Gründung abhebt. Ausgehend von dem Bremer »*Codex Vicelini*« wurde die Missionslegation nach der dort überlieferten erweiterten Fassung B von Rimberts *Vita Anskarii* (vor 1123) ausgedehnt[20], und dies bestätigte 1158 Friedrich Barbarossa aufgrund des zu diesem Zweck angefertigten und ihm vorgelegten Pseudo-Originals. Dieser Versuch zur Ausweitung der Missionslegation auf Norweger, Färöer, Grönländer usw. lässt sich erstmals im Zusammenhang mit Erzbischof Adalberts von Bremen (1043–1072) Plänen, in Bremen ein Patriarchat für ganz Skandinavien zu errichten, verfolgen und erreichte unter Erzbischof Hartwig I. (1148–1168) einen neuen Höhepunkt. Gerhard Theuerkauf möchte zwischen 1047 und 1158 verschiedene Stadien der Erweiterung des Missionsgebiets unterscheiden[21], doch wird man nicht annehmen wollen, dass dafür jeweils neue Urkundenfälschungen fabriziert worden sind.

Aus quellenkritischer Sicht ist demnach die erste Fälschungsaktion sicher anzusetzen nach Rimberts *Vita Anskarii* (entstanden 865/76), der zudem selbst als Urkundenfälscher ausscheidet, und vor einer Anfang des 11. Jahrhunderts entstandenen Fälschung Ludwigs des Deutschen zugunsten der Hamburger Kirche[22], denn sie benutzte diese erste Fassung der Urkunde auf den Namen Ludwigs des Frommen. Die Fälschung auf den Namen Ludwigs des Deutschen (um 806–876) bezeugt zugleich, dass dem Anspruch auf Torhout nun, nach zwischenzeitlichem Verlust, eine neue Beglaubigung verschafft werden sollte. Der Streit um Torhout wurde sodann unter Erzbischof Adalbert, vermutlich 1049, durch einen Tausch beigelegt[23], weshalb dieser Besitztitel danach keine Rolle mehr spielte.

Eine noch engere Datierung der ersten Fassung der Fälschung führt in die Auseinandersetzung zwischen Erzbischof Adalgar von Bremen (888–909) und Erzbischof Hermann I. von Köln (889–924) um dessen Suffraganbistum Bremen. Papst Formosus entschied diesen Streit 893 durch Etablierung eines neuen Erzbistums Hamburg-Bremen, und dieser Streit war die Geburtsstunde der Fälschung auf den Namen Ludwigs des Frommen. Aus dieser Perspektive wird deutlich, warum das Festhalten an der Echtheit der beiden einschlägigen Papsturkunden Gregors IV. (831) und Nikolaus' I. (864) manche argumentative ›Klimmzüge‹ erforderte[24], und nach diesen Erfahrungen bedürfte auch die für die nordische Mission zentrale und bislang überwiegend für vertrauenswürdig beurteilte Vita Anskarii Rimberts einer kritischen Überprüfung.

Das diplomatische Urteil stützt demnach Drögereits und Knibbs' Ablehnung der Gründung eines (Erz-)Bistums Hamburg bereits unter Ludwig des Frommen. Aber schon mit Blick auf die historischen Parallelen (Willibrord, Bonifatius) war stets wahrscheinlicher, dass Ansgar zunächst als Missionar und Missionsbischof wirkte und dass sich kirchliche Strukturen in dem nach jahrzehntelangem Krieg ›angeschlossenen‹ Sachsenland überhaupt erst allmählich entwickeln konnten[25]. Dass jüngst die vermeintlich frühen Gründungsdaten von Halberstadt (814) und Hildesheim (815) gleichfalls als auf Fälschungen beruhend eliminiert werden konnten[26], deutet in dieselbe Richtung. Im Raum Halberstadt war z. B. Bischof Hildegrim von Châlons-en-Champagne († 827) als Missionsbischof tätig, ohne selbst je Bischof von Halberstadt gewesen zu sein. Eine Missionslegation zugleich mit der Gründung eines Erzbistums an der bedrohten Peripherie des Reiches – 835–837 überfallen z. B. die *Nordmanni* regelmäßig Friesland – zu verbinden, noch dazu ohne Suffragane (untergeordnete Bistümer), wäre jene erklärungsbedürftige Hamburger Sondersituation, die die Forschung immer wieder beschäftigt hat. Überdies haben sich inzwischen mit Ausnahme Paderborns alle Urkunden Ludwigs des Frommen für sächsische Bistümer als gefälscht (Halberstadt, Osnabrück, Hildesheim) oder zumindest problematisch erwiesen (Minden), was den Begründungsdruck bezüglich des exponiert liegenden Hamburg erhöht. Die Konstruktion der letztlich bis auf Karl den Großen zurückgeführten Tradition eines Hamburger Erzbistums, die schon Rimbert in seiner *Vita Anskarii* nach der ersten Kölner Protestaktion unter Erzbischof Gunthar (850–863) gezielt angestoßen hatte, war als Argument nötig, um die Ansprüche Kölns auf sein seit 843 im Reichsteil Ludwigs des Deutschen liegendes Suffraganbistum Bremen zu parieren. *In loco nuncupato Hammaburch*[27] kann Ansgar demnach bis zur Zerstörung des Ortes (*locus*) 845 allenfalls für rund ein Dutzend Jahre einen bescheidenen Missionsstützpunkt gehabt haben. Ansgar wäre somit vorübergehend Missionsbischof *in* Hamburg, aber nie (Erz-)Bischof *von* Hamburg gewesen!

ANMERKUNGEN

1 Regesta Imperii I 1906 Nr. †928 (Fälschung).
2 Auf Wunsch der Organisatoren biete ich im Folgenden eine stark verkürzte und vereinfachte Fassung der Vorbemerkung zur kritischen Edition für die Monumenta Germaniae Historica, die sich in Druckvorbereitung befindet. Der komplette Editionstext mit allen Belegen erscheint vorab in der Zeitschrift Archiv für Diplomatik 60 (2014). Daher ist nur die wichtigste Literatur verzeichnet. – Die Klärung des komplizierten Sachverhalts verdankt wesentliche Impulse der Diskussion mit meiner Assistentin, Frau Dr. Britta Mischke, der für ihr kritisches Engagement auch an dieser Stelle herzlich gedankt sei.
3 Germania Pontificia 6 Nr. 11, 21.
4 Vgl. etwa Drögereit 1975a.
5 Theuerkauf 1988; Klapheck 2008; Knibbs 2011.
6 Wavra 1991.
7 D F. I. 209 (Urkunden Friedrichs I.).
8 Germania Pontificia 6 Nr. 175.
9 Caesar 1642.
10 Vita Anskarii c. 12.
11 Wavra 1991, 318-321.
12 Vita Anskarii c. 22.
13 Klapheck 2008, 85; Knibbs 2011, 106.
14 Vita Anskarii c.13, 14.
15 Formulae 40.
16 Vita Anskarii c. 15.
17 Regesta Imperii I 1906 Nr. 875.
18 Vita Anskarii c. 21, 36.
19 Knibbs 2011.
20 Vita Anskarii c. 13.
21 Theuerkauf 1988.
22 D LdD. †175 (Urkunden der Karolinger 1934).
23 Adam von Bremen, Zusatz zu I. 22 sowie III. 6.
24 Seegrün 1974; 1976; Schieffer 1986.
25 Den Forschungsstand resümiert Ehlers 2013. Eine Bonner Dissertation zum Thema ist in Arbeit.
26 Kölzer 2012; 2013.
27 So die Urkunde Ludwigs.

Ansgar und die frühe Geschichte des Erzbistums Hammaburg

Henrik Janson

Auf wenige Fragen der karolingischen Kirchengeschichte gibt es so viele unterschiedliche Antworten wie auf die nach Ansgars kirchlichem Status und der Gründung des Erzbistums Hamburg-Bremen. Tatsächlich scheinen heute die Abweichungen in den verschiedenen Sichtweisen aufgrund mehrerer neu veröffentlichter Werke größer denn je. Es gibt jedoch eine grundlegende Geschichte zu diesem Thema, wie sie in der *Vita Anskarii* und den frühsten Dokumenten der Bremer Überlieferung berichtet wird. Sie wurde 1877 von Georg Dehio sowie den meisten späteren Wissenschaftlern anerkannt, darunter Albert Hauck, Bernhard Schmeidler, Lauritz Weibull, Wolfgang Seegrün und Theodor Schieffer, um nur einige zu nennen. Erst kürzlich wurden deren Grundzüge auch von Brigitte Wavra übernommen.[1]

DIE GRÜNDUNG VON HAMBURG-BREMEN AUS ÜBERLIEFERTER SICHT

Gemäß dieser Interpretation gründete Kaiser Ludwig der Fromme 831 einen Bischofssitz in Hammaburg, wobei Ansgar zum ersten Bischof von Hammaburg ernannt wurde. Auf Betreiben von Papst Gregor IV. wurde Hammaburg dann 831/32 in den Status eines erzbischöflichen Sitzes erhoben. Zur gleichen Zeit wurde Ansgar vom Papst das *pallium* verliehen, und er erlangte so den Status eines Erzbischofs. Darüber hinaus ernannte der Papst ihn neben Erzbischof Ebo von Reims, der bereits seit 823 apostolischer Legat in den nördlichen Ländern war, ebenfalls zum apostolischen Legaten bei den Dänen, Schweden und Slawen. Des Weiteren gab der Kaiser Ansgar das Kloster Torhout, um seine Arbeit zu unterstützen.

Ansgar wurde demnach bereits Anfang der 830er Jahre zum Erzbischof von Hammaburg und päpstlichen Legaten für den Norden ernannt. Er baute dort eine Kirche und ein Kloster, die jedoch beide 845 beim Angriff der Nordmänner zerstört wurden. Sie gingen in Flammen auf, und er selbst war gezwungen, mit nichts als den Kleidern, die er auf dem Leib trug, und einigen Reliquien zu fliehen.[2] Die kirchliche Institution in Hammaburg löste sich auf, als die Geistlichen in unterschiedliche Richtungen flohen. Ebenfalls zu der prekären Lage trug der Vertrag von Verdun von 843 bei, durch den Ansgar mit dem Kloster von Torhout seine wirtschaftliche Grundlage verlor. Nach einer Zeit des entwurzelten Umherwanderns gaben die Mönche auf und kehrten nach Corbie zurück, von woher sie ursprünglich gekommen waren.

König Ludwig der Deutsche suchte nun nach einer Lösung für Ansgars Unterhalt. Zwar stand kein passendes Kloster zur Verfügung, doch Bischof Leuderich von Bremen war kurz nach der Plünderung von Hamburg 845 gestorben, und so bot sich die Gelegenheit, Ansgar, den Legaten für den Norden, in diesem nahegelegenen und etablierten Bistum unterzubringen. Auf der Synode von Mainz 847 wurde diese Lösung Ludwigs des Deutschen von der Kirche gebilligt. Das Projekt des Erzbistums Hammaburg wurde aufgegeben, der Sitz aufgelöst, und die Sachsen auf der anderen Seite der Elbe, die Transalbingier, wurden zwischen dem Sitz von Bremen und dem Sitz von Verden aufgeteilt, wie es bereits vor der Entstehung des Erzbistums Hammaburg der Fall gewesen war.

Diese Lösung sollte sich jedoch bald als problematisch erweisen. Es gab Einwände gegen die Tatsache, dass der erzbischöfliche Sitz in Hammaburg, zu dem Ansgar zunächst berufen worden war, nun dem Bischof von Verden unterstand. Ein Erzbistum wurde durch den Papst geschaffen und konnte nicht durch einen König oder eine regionale Synode aufgelöst werden. Auf Befehl des Königs wurde der Fall 848 einer neuen Synode vorgelegt. Dort wurde entschieden, dass Ansgar sein altes Erzbistum ohne Einschränkungen behalten sollte. Das Bistum Verden, das zugunsten dieser Institution Land aufgegeben hatte, sollte durch gleichwertige Gebiete des Bistums Bremen entschädigt werden.

Aus kirchlicher Sicht war das Problem durch diese Maßnahmen jedoch nicht wirklich gelöst. Da die Entscheidung die Gründung eines Erzbistums betraf, musste dies dem Papst vorgelegt werden. Darüber hinaus gehörte das Bistum Bremen zur Kirchenprovinz Köln, sodass diese Änderungen ebenfalls ein päpstliches Urteil erforderten. Dabei machte es keinen Unterschied, dass der Stuhl des Erzbischofs von Köln zu jener Zeit nicht besetzt war.

Ludwig der Deutsche jedoch bezog den Papst in diesem Stadium nicht ein. Er argumentierte nämlich, dass die Rechte des Erzbischofs und des Erzbistums Hammaburg nicht verletzt worden wären. Er hätte nur das Einkommen ersetzt, das der Erzbischof durch die Beschlagnahmung von Torhout durch Karl den Kahlen verloren hatte. 850 nahm der Fall eine neue Wendung. Seit 843 gehörte Köln zum Reich von Kaiser Lothar, der 850 schließlich Gunthar zum neuen Erzbischof von Köln ernannte. Ansgar beschloss, Gunthars Zustimmung zu der neuen Sachlage um Hammaburg einzuholen. Gunthar weigerte sich zunächst, willigte aber später darin ein, den Fall in Rom entscheiden zu lassen. Doch bevor es dazu kam, geriet Gunthar in einen Konflikt mit Papst Nikolaus I. und wurde daraufhin 863 exkommuniziert und abgesetzt.[3]

Im Frühjahr 864 schließlich schickte Ludwig der Deutsche eine Delegation unter der Führung von Bischof Salomo von Konstanz nach Rom. Ansgar beteiligte sich daran, indem er den Bremer Kleriker Nordfrid zur Unterstützung Salomos entsandte im Bestreben, die Vereinigung Hammaburgs und Bremens zu erreichen. Auf Basis der von Papst Gregor IV. in den 830er Jahren verliehenen Privilegien stimmte sein Nachfolger Nikolaus I. am 31. Mai 864 der Zusammenlegung der beiden Sitze zu. Der Bischofssitz Bremen sollte vollständig in Ansgars erzbischöflichen Sitz Hammaburg integriert werden. Darüber hinaus sollte der Erzbischof von Köln keinen weiteren Einfluss auf die Diözese Bremen haben, da diese nun zu einer anderen Kirchenprovinz gehöre.

ALTERNATIVE INTERPRETATIONEN

Diese weit verbreitete Ansicht wurde bereits 1888 von Traugott Tamm und 1910 von Christian Reuter in Frage gestellt, aber die am sorgfältigsten konstruierte alternative Theorie wurde in den 1960er und 1970er Jahren von Richard Drögereit[4] vertreten. Drögereits Interpretationen fanden jedoch wenig Unterstützung, und bis Ende des 20. Jahrhunderts hatten Karl Reinecke, Wolfgang Seegrün, Theodor Schieffer und Brigitte Wavra die meisten seiner Argumente überzeugend widerlegt.[5] Brigitte Wavra entkräftete außerdem Gerhard Theuerkaufs 1988[6] veröffentlichte Theorie, der Drögereits Überlegungen weiter fortgeführt hatte. Theuerkaufs Beitrag war zuvor insbesondere von der landesgeschichtlichen und archäologischen Forschung aufgegriffen worden, was sicherlich wesentlich mit der Publikation zusammen mit den Auswertungen der archäologischen Grabungen der 1980er Jahre auf dem Hamburger Domplatz zusammenhängt.[7] In jüngerer Zeit haben dann allerdings zwei Doktorarbeiten, die von Thomas Klapheck und die von Eric Knibbs, das alte Kriegsbeil wieder ausgegraben. Bevor ich mich jedoch diesen neuen Studien widme, erlaube ich mir einige Bemerkungen zu den Theorien über fälschliche Darstellungen in mittelalterlichen Dokumenten im Allgemeinen, da das Hauptproblem bezüglich der Frühgeschichte Hamburg-Bremens nicht in erster Linie auf einen Mangel an Dokumenten, sondern vielmehr auf einen Mangel an Originalen zurückzuführen ist. Dieser Umstand hat zahlreiche Wissenschaftler dazu veranlasst, mehr oder weniger komplexe Fälschungstheorien mit Argumenten der Diplomatik (Urkundenlehre) zu unterstützen.

Tatsächlich reicht häufig die Diplomatik, um ein Dokument als echt oder gefälscht zu identifizieren. Dabei ist jedoch wichtig, wie Theodor Schieffer 1986 zu Recht betonte, dass der »*Diplomatiker*« immer »*Historiker*« bleibt.[8] Diplomatik ohne historischen Kontext kann kein vollfunktionales analytisches Instrument der historischen Recherche sein. »*Die Echtheitskritik ist in der Tat wie ein sehr glattes, ja gefährliches Parkett.*«[9] Bei Aufnahme seiner Arbeit an der Germania Pontificia hatte Schieffers Kollege Heinrich Büttner vorgeschlagen, dass man sich bezüglich »*Echtheitsfragen*« sofort miteinander abstimmen sollte, »*denn ein Einzelner kann sich dabei, durch eine überraschende Beobachtung fasziniert, in eine Sackgasse verrennen und sich an einer verblüffenden, aber nicht stichhaltigen These festbeißen*«.[10]

Angesichts der Diskussionen über das »*erfundene Mittelalter*«, im Rahmen derer renommierte deutsche Geschichtsprofessoren im Fernsehen auftreten mussten, um die historische Existenz Karls des Großen zu belegen, wird die Bedeutung von Büttners Rat deutlich.[11] Quellenkritik muss zwischen zwei Polen vermitteln: Erstens dem naiven Vertrauen in jegliche schriftliche Überlieferung und zweitens dem nicht minder ernsten Problem der übermäßig kritischen Zurückweisung von Quellen. 1675 erklärte der Jesuit Daniel Papebroch, dass fast alle merowingischen Dokumente zweifelhaft und tatsächlich keine authentischen Urkunden aus der Zeit vor AD 700 erhalten seien. Der Benediktiner Jean Mabillon entwickelte 1681 die Wissenschaft der Diplomatik, um zu beweisen, dass Papebroch Unrecht hatte, was ihm aufgrund der umfangreichen historischen Erkenntnisse der damaligen Zeit gelang.[12]

Kommen wir also zurück zum Streit um die Hammaburg. Richard Drögereit argumentierte, dass das Erzbistum Hammaburg eine Erfindung von Erzbischof Adalgar von Bremen und ungefähr auf 890 zu datieren sei, als der Kölner Erzbischof die *causa* Bremen erneut dem Papst vorlegte.[13] Drögereit nahm an, dass das Privileg Gregors IV. für Ansgar, angeblich von 831 oder 832, ebenso gefälscht sei wie das von Nikolaus I. aus dem Jahr 864. Darüber hinaus sei die *Vita Anskarii* im selben Geiste interpoliert (verfälschend umgestaltet) worden. Theodor Schieffer und Thomas Klapheck haben jedoch überzeugend gezeigt, dass Drögereits Theorie Interpolationen in der *Vita Anskarii* in einem solchen Umfang voraussetzte, dass ohne sie wenig von dem Werk übrig bleiben würde. Der Stil des *Vita*-Textes und der mutmaßlichen Interpolationen sind darüber hinaus identisch. Die *Vita* selbst wurde kurz nach Ansgars Tod im Jahre 865 geschrieben, und das Manuskript aus Corvey ist kaum jünger. Insgesamt gibt es überzeugende Gründe für die Schlussfolgerung, dass der Text in diesem Manuskript mehr oder weniger genau so erhalten ist, wie Rimbert ihn schrieb.[14]

Es besteht kein Zweifel, dass Rimbert in seinen späteren Jahren als Bischof und Erzbischof von Bremen bezeichnet wurde, doch Schieffer zeigte eindeutig, dass er in einem Dokument aus dem Mai 868, in dem nicht weniger als zwanzig ostfränkische »Bischöfe« aufgeführt sind, nach dem »Bischof« von Mainz und dem »Bischof« von Salzburg als »Bischof« von Hammaburg erwähnt wird. Es gibt nur eine Erklärung dafür, dass Rimbert, obwohl er dem jüngsten aller Bistümer vorstand, als Dritter in dieser Liste geführt wird: Er muss zusammen mit denen von Mainz und Salzburg zu den Erzbischöfen gezählt haben. Dies wird durch ein weiteres Dokument vom selben Ereignis im Mai 868 belegt, in dem Rimbert, der Bischof von Hammaburg, als *Rimbertus archiepiscopus* erwähnt wird.[15] Also war Rimbert im Mai 868 sowohl *archiepiscopus* als auch *Hammaburgensis*. Tatsächlich wurde er im *Pallium*-Privileg, das Nicolas I. im Dezember 865 an Rimbert vergab, bereits als »Erzbischof von Hammaburg« geführt.[16] Drögereit hatte versucht, auch dieses Dokument in Zweifel zu ziehen, doch wird es übereinstimmend als echt anerkannt.[17] Folglich kann kein Zweifel daran bestehen, dass Rimbert nach Ansgars Tod im Jahre 865 Erzbischof von Hammaburg wurde.

Diese Schlussfolgerung hat die Kritiker der etablierten Auffassung dazu gezwungen, sich stattdessen auf das zu konzentrieren, was vor 865 geschah. Das wiederum brachte Ansgar und Rimbert in Verdacht, selbst Fälscher gewesen zu sein. Die Auffassung, Ansgar könnte an Fälschungen beteiligt gewesen sein, wurde 1991 auch von Brigitte Wavra vertreten.[18] Sie hatte betont, dass das Gründungsprivileg Ludwigs des Frommen für Hammaburg, das eine unbestreitbar authentische Datumsangabe vom 15. Mai 834 enthielt, älter als die *Vita Anskarii* sein musste. Einige Wissenschaftler hatten sich zuvor für die Authentizität dieses Dokuments ausgesprochen, doch es war zumeist als späte Fälschung interpretiert worden, basierend auf einer Kombination aus einem verloren gegangenen Original eines unbekannten Ludwig-Privilegs und der *Vita Anskarii*. Wavra betonte jedoch, dass das Dokument von Bischofsrechten spricht, während in der *Vita Anskarii* von Erzbischofsrechten die Rede ist; dies wäre tatsächlich unerklärlich, wenn die *Vita* die Grundlage des Gründungsprivilegs war.[19]

Eric Knibbs unterstützte Wavra jüngst ausdrücklich in diesem Punkt.[20] Außerdem kam er richtig zu dem Schluss, dass das Gleiche auch über Rimberts Bericht über den Brief des Papstes Gregor IV. an Ansgar gesagt werden kann, in dem die unschuldige Interpolation von *archi-* vor dem ursprünglichen *episcopus* sogar zu dem sonderbaren Ergebnis führte, dass die *Vita* von einer Weihe Ansgars als Erzbischof sprach, obwohl es eine besondere erzbischöfliche Weihe gar nicht gegeben hat.[21] Schon 1986 hatte Theodor Schieffer ebenfalls auf diesen Umstand hingewiesen. Seiner Meinung nach beweist dies nicht nur, dass der Brief Gregors IV. älter war als die *Vita Anskarii*, sondern dass er außerdem authentisch sei.[22] Für Wavra und Knibbs gerieten diese Umstände jedoch zu Argumenten dafür, dass Ansgar nach dem Verlust von Torhout im Jahre 843 selbst Briefe gefälscht habe.[23]

Heute herrscht daher weitgehend Einvernehmen über die Tatsache, dass die Privilegienbriefe Ludwigs des Frommen und des Papstes Gregor IV. für Hammaburg und Ansgar aus der Zeit vor 865 stammen. Somit bleibt die Frage, ob diese echt oder gefälscht sind. Für Thomas Klapheck und Eric Knibbs sind beide Dokumente Überbleibsel von Fälschungen aus der Mitte oder vom Ende der 840er Jahre. Klapheck liefert keine wirklich neuen Argumente für die fraglichen Probleme,[24] doch Eric Knibbs rekonstruiert mutig einen völlig neuen Ablauf der Ereignisse, um seine eigene Theorie zu untermauern. Diese Theorie werden wir an dieser Stelle untersuchen, weil sie zumindest in der englischsprachigen Welt auf große Unterstützung stieß und es von erheblicher Bedeutung für die frühe Geschichte Hammaburgs ist, ob Knibbs' Interpretation sich als richtig oder falsch erweist.

Laut Knibbs war Hammaburg vor 865 kein erzbischöflicher Sitz und noch nicht einmal Bischofssitz.[25] Papst Gregor IV. habe weder Ansgar zum Erzbischof ernannt noch Hammaburg zum Erzbistum erklärt. Knibbs datiert ein inzwischen verlorenes Originalprivileg von Gregor auf die Jahre 831/32 und behauptet, dass Gregor Ansgar in diesem verschollenen Dokument nur zum päpstlichen Legaten bei den *Dani*, den *Sueones* und (wahrscheinlich) den *Slaui* ernannt habe.[26] Damit wäre Ansgar zu diesem Zeitpunkt noch kein Bischof gewesen. Erst am 15. Mai 834 erteilte Ludwig der Fromme laut Knibbs ein Privileg, in dem Torhout an Ansgar übertragen wurde und mit dem der Kaiser ihn auch zum Bischof der Dänen weihen ließ. Das erhaltene Dokument von Ludwig, das nachweislich auf den 15. Mai 834 datiert ist, sei ursprünglich kein Gründungsprivileg für den bischöflichen Sitz Hammaburg gewesen, sondern ein Dokument, das Ansgar zum Missionsbischof der Dänen ernannte und ihm Torhout für seinen Unterhalt zusprach. Hammaburg wäre jedoch zu diesem Zeitpunkt noch nicht Teil des Plans gewesen. Erst als Ansgar Torhout 843 verloren hatte und nach dem Tod Leuderichs von Bremen im Jahre 845 hätten Ansgar »oder seine Unterstützer in Corvey«[27] das Konzept einer Diözese über die *Nordalbingi* auf der anderen Seite der Elbe sowie eines bischöflichen Sitzes in Hammaburg entwickelt. Knibbs vermutet, dass Ansgar Hammaburg wegen des Schutzes durch das *castrum* zum »Zentrum seiner Aktivitäten« machte. Als Ansgar Torhout 843 verlor, begann er, von Hammaburg als seinem Bischofssitz von dem, was er laut Knibbs ursprünglich *Nordalbingia* nannte, zu träumen und er fing an, die beiden Briefe zu fälschen, um seine Legatsrechte mit seinem Bischofstitel bei den Dänen und den nunmehr begehrten Ländern von *Transalbingia* zu kombinieren. Dies sei der Ursprung der Idee eines (Erz-)Bistums Hammaburg, und sie wurde laut Knibbs gefördert, um eine Übernahme der transalbingischen Länder von den Diözesen Bremen und Verden zu unterstützen, wobei Hammaburg selbst in kirchlichen Angelegenheiten rechtmäßig zu letzterer, also Verden, gehörte. Die Fälschungen hätten damals jedoch keine Auswirkungen, und nach Ansgars Ernennung zum Bischof von Bremen verloren sie eine Zeitlang an Bedeutung.[28]

Knibbs ist zugegebenermaßen ein hoch qualifizierter Diplomatiker, aber meiner Meinung nach werfen seine Konstruktionen letztlich mehr historische Probleme auf als sie zu lösen vermögen; ein Eindruck, der sich deutlich verstärkt, sobald sich Knibbs mit der Zeit Rimberts beschäftigt. Der Privilegienbrief von Papst Nikolaus I. an Ansgar vom 31. Mai 864, den Rimbert zum größten Teil in der *Vita Anskarii* zitiert, erwähnt die Gründung des Erzbistums Hammaburg und die Verleihung des *Palliums* durch Gregor IV.; er scheint die wichtigsten Elemente der überlieferten Auffassung zu bestätigen.[29] Laut Knibbs ist dieses Privileg jedoch eine komplette Erfindung Rimberts. Er führt an, dass lediglich ein paar Wörter aus dem echten Privileg übrig geblieben seien, in dem Gregor Ansgar 831/32 zum päpstlichen Legaten ernannte, doch wenn das Nikolaus-Privileg von der Vereinigung des Erzbistums Hammaburg mit dem Bistum Bremen und der Schenkung von Torhout an die *Metropolis* Hammaburg – und nicht an Ansgar selbst – spricht, seien dies allein Rimberts Zutaten.[30]

Der Inhalt des echten Nikolaus-Privilegs an Ansgar, so Knibbs, sei in einem Antwortbrief von Nikolaus I. an Ludwig den Deutschen erhalten. In diesem Brief gibt der Papst dem König eine kurze Antwort auf eine lange Liste von unterschiedlichen Fragen, die ihm im Mai 864 in Rom von der durch Bischof Salomo von Konstanz angeführten Delegation überbracht worden waren. Eine dieser Fragen betraf die Kirche in Bremen. Knibbs postuliert, dass dies der einzige erhaltene Beweis für Ansgars Privilegien außerhalb der Bremer Überlieferungen sei und dass wir nur in diesem kurzen an den ostfränkischen König gerichteten Kommentar zu dem Thema Bremen etwas über Ansgars wahren Status erführen.[31]

In diesem Kommentar lobt Nikolaus den Eifer Ludwigs des Frommen und erklärt, er, Nikolaus, sei bereit (*parati sumus*), dem Beispiel seines Vorgängers Gregor IV. zu folgen. Damit bestätigt er, dass zu diesem Zeitpunkt bereits zwei Privilegien bestanden – eines von Ludwig dem Frommen und eines von Gregor IV. Weiterhin sagt er, der Bischof von Bremen und seine Nachfolger sollen auf Betreiben Ludwigs des Deutschen und durch die Bestätigung durch seine eigene päpstliche Autorität die erzbischöflichen Rechte über die *Dani* und *Suewi* in Bremen haben. Der Kölner Erzbischof Günter (zu diesem Zeitpunkt, wie gesehen, bereits abgesetzt), so erklärt der Papst kategorisch, hätte in dieser Angelegenheit nicht konsultiert werden sollen.[32]

Auf dieser Basis gelangt Knibbs zu dem Schluss, dass Papst Nikolaus I. unter dem Einfluss von Ansgars gefälschten Versionen der Privilegien Gregors IV. und Ludwigs des Frommen Ansgar zum Erzbischof von Bremen bei den Dänen und Schweden ernannte.[33] Wenn wir Knibbs' Szenario für einen Moment gelten lassen und annehmen, dass es den Tatsachen entspricht, stehen wir vor einem großen Problem. Wie wir bereits gesehen haben, möchte Knibbs uns doch glauben lassen, dass weder Ludwig der Fromme noch Gregor IV. je vorhatten, Hammaburg zum erzbischöflichen oder auch nur bischöflichen Sitz zu machen – Hammaburg habe in Ansgars Privilegien ursprünglich keine Erwähnung gefunden. Gregor IV. habe ihn 831/32 nur zum päpstlichen Legaten für den Norden ernannt, aber er wäre damals noch kein Bischof gewesen. Nur auf Betreiben Ludwigs des Frommen, so Knibbs, wurde Ansgar im Mai 834 »*Missionsbischof*« der Dänen. Erst in den 840er Jahren habe Ansgar begonnen, Hammaburg in die beiden Dokumente einzufügen, wurde dann aber 847 Bischof von Bremen und habe seinen Plan vergessen. Nikolaus I. ernannte ihn dann 864 zum Erzbischof von Bremen bei den *Swevi* und *Dani*. Wenn diese Rekonstruktion der Ereignisse zutrifft, stellt sich aber mit aller Macht die Frage, warum derselbe Papst, d.h. Nikolaus I., der Ansgar 864 zum Erzbischof von Bremen ernennt, Rimbert nur zwei Jahre später zum Erzbischof in Hammaburg beruft, welches laut Knibbs niemals auch nur annähernd als Bischofssitz (geschweige denn erzbischöflicher Sitz) gedacht war.[34] »*Aus Gründen, die nicht völlig klar sind*«,[35] lautet Knibbs unmittelbare Antwort auf diese entscheidende Frage, wodurch ein großes analytisches Vakuum im Kern seiner Verschwörungstheorie entsteht.[36]

FÄLSCHUNGEN ODER ECHTE PRIVILEGIEN?

Soweit ich es beurteilen kann, krankt Knibbs' Recherche an der Tatsache, dass er am falschen Ende ansetzt.[37] Die nächste große Studie dieses Problems sollte sich mit der *Vita Anskarii* beschäftigen und ihren Kontext untersuchen. Seltsamerweise gibt es eine solche Untersuchung noch nicht,[38] aber selbst ein recht summarischer Blick auf dieses Thema lässt Knibbs' Theorie als sehr unwahrscheinlich erscheinen.

Die Vita Anskarii ist ein Buch in Briefform, geschrieben für das außerordentlich große Kloster Corbie in Westfranken, dem Zentrum der Gelehrsamkeit und des intellektuellen Lebens Frankens im 9. Jahrhundert. Der Text ist in erster Linie an den Abt und die vielen Hundert stolzen Mönche dieses berühmten Klosters gerichtet. Es gab dort immer noch Brüder, die Ansgar und seine Taten sehr gut kannten, zum Beispiel Pater Witmarus, der Ansgar auf seiner ersten Schwedenreise im Jahr 830 begleitet hatte und den Rimbert seinem Publikum als Zeugen für die Richtigkeit dessen nannte, was er über die Reise berichtete.[39] Möglicherweise immer noch am Leben oder zumindest sehr bekannt im Kloster war auch Pater Gislemarus, der von Ansgar 830 die Aufgabe als Hofpriester Harald Klaks übernommen hatte und später in sein Heimatkloster zurückkehrte.[40] Aller Wahrscheinlichkeit nach befanden sich auch viele der Mönche, die Ansgar auf diesem frühen Versuch einer Mission bis zum Zusammenbruch seiner Angelegenheiten Mitte der 840er Jahre begleitet hatten, ebenfalls unter den Rezipienten.[41]

Wenn Rimbert ein Buch an diesen Kreis geschickt hätte, in dem er versuchte, wie Knibbs es annimmt, Ansgars Geschichte so erheblich umzuschreiben, hätte er sich zweifellos der Lächerlichkeit preisgegeben. Es wäre absolut töricht gewesen, Pater Witmarus und der übrigen gelehrten Gemeinschaft weismachen zu wollen, Ansgar sei in den frühen 830ern Erzbischof von Hammaburg geworden, wenn er doch, wie Knibbs' Thesen unterstellen, noch nicht einmal Bischof von Hammaburg war und erst 864 Erzbischof wurde – und zwar von Bremen. Dies hätte sich unmöglich so zutragen können.

Auf dieser Basis erscheint die *Vita Anskarii* vielmehr als nützliche Informationsquelle, durch die wir verifizieren können, dass die Geschichte, die uns Ansgars erhaltene Privilegien erzählen, größtenteils korrekt ist – vielleicht nicht völlig korrekt (immerhin sind sie schlecht erhalten), aber doch zum größten Teil. Wir können kleine Anpassungen in der *Vita Anskarii* erwarten und wissen auch von einigen solchen Fällen,[42] aber ein so umfangreiches Umschreiben der jüngeren Vergangenheit in der Art, wie Knibbs' Theorie sie nahelegt, wäre meiner Meinung nach nahezu unmöglich gewesen.

Knibbs hat Recht mit seiner Feststellung, dass es einen Unterschied zwischen der Antwort Nikolaus' I. an Ludwig den Deutschen und dem von Rimbert zitierten Privileg von Ansgar gibt, aber dieser hat nicht jene Bedeutung, welche Knibbs ihr zuschreibt, der darin ganz Drögereit[43] nachfolgt. Theodor Schieffer tat diese Überlegungen Drögereits einfach ab, weil er keinen eigentlichen Unterschied entdecken konnte.[44] Bis zu einem gewissen Punkt kann ich dieser Position zustimmen, aber es gibt doch einen kleinen Unterschied, den ich für wichtig halte, denn er sagt Einiges über die Politik Ansgars und der Kirche Bremens im Jahre 864 aus. Laut seinem Antwortbrief an Ludwig den Deutschen war Nikolaus bereit zu bestätigen, dass der Bischof von Bremen in Bremen die erzbischöflichen Rechte für die *Dani* und *Swevi* haben sollte. Im komplett ausgearbeiteten Privileg für Ansgar stellt sich allerdings ein deutlich nuancierteres Bild dar. Ansgar war nun zum Erzbischof für die *Nordalbingi* ernannt worden, jedoch nur zum Legaten für die *Sueones* und die *Dani*, und nun hatte der Papst auch noch die *Slaui* hinzugefügt. Der erzbischöfliche Sitz sollte Hammaburg heißen und dort auch verbleiben.[45]

Es gibt eine gute Erklärung für diese Unterschiede. Der Antwortbrief an Ludwig den Deutschen war offensichtlich eine Absichtserklärung nach einer Anhörung beim Papst, wahrscheinlich um den 31. Mai 864 herum.

Die ostfränkische Delegation hatte zahlreiche Fragen ihres Königs überbracht, und der Papst beantwortete diese verschiedenen Fragen. Das gesamte Privileg wurde jedoch aller Wahrscheinlichkeit nach nicht zu diesem Zeitpunkt aufgesetzt. Das Dokument ist auf den 31. Mai AD 864 datiert, denn dies war das Datum der Entscheidung über diese Angelegenheit, aber die Einzelheiten und das endgültige Dokument wurden an diesem Tag nicht ausgearbeitet.**46** Nachdem der Papyrus auf dem Schreibtisch lag, dauerte es noch einige Zeit, bis die exakten Formulierungen zu den sensiblen rechtlichen Angelegenheiten ausformuliert waren. Dazu gehörten unter anderem Fragen, die für ganz Nordeuropa von Bedeutung waren. Um die Kurie zu unterstützen, hatte Ludwig der Deutsche durch Salomo von Konstanz Nikolaus I. das inzwischen verschollene Originalprivileg von Gregor IV. für Ansgar übersandt. Die Kurie untersuchte nun die Statuten**47** genau, und laut Nikolaus wurde festgestellt, dass sie mit göttlicher Voraussicht formuliert waren (*omnemque ibi deo dignam statutam providentiam agnoscentes*).**48** Denn zwischen der ersten Antwort an den König und dem rechtsverbindlichen Privileg hatte die Kurie den Brief Gregors IV. genau untersucht und seine juristischen Feinheiten entdeckt.**49**

Bischof Salomos Delegation einschließlich Ansgars Vertreter, dem Bremer Priester Nordfrid, hatte offensichtlich den Fall so präsentiert, dass der Papst glaubte, Bremen solle erzbischöflicher Sitz für die *Dani* und die *Swevi* werden. Dies passt perfekt zur Bremer Sicht Mitte der 860er Jahre, denn weder Ansgar noch Rimbert schenkten den *Slaui* Beachtung. Die ganze *Vita Anskarii* belegt vielmehr, wie gering das Interesse an den *Slaui* zu diesem Zeitpunkt war. Es überrascht also kaum, dass die ostfränkische Eingabe sich ausschließlich auf die *Dani* und die *Swevi* konzentrierte. Die Form letzterer Bezeichnung beweist die unterschiedlichen Einflüsse hinter den beiden Aussagen des Papstes. Salomo, Nordfrid und die königliche Petition hatten offensichtlich von den *Swevi* gesprochen, aber als die Kurie sich das Privileg von Gregor IV. noch einmal ansah, fanden sich dort nicht nur die *Slaui*, sondern auch die Form *Sueones*, was auch der im ausformulierten Privileg von Nikolaus I. verwendete Begriff ist. Außerdem fanden sie Ansgars Legat und dass er eigentlich nicht Erzbischof der *Dani* und *Swevi* war. Stattdessen wurde deutlich, dass der erzbischöfliche Sitz Hammaburg nur erzbischöflicher Sitz für die »Nordalbingier« war.

Die abschließende Entscheidung der Kurie, wie im Nikolaus-Privileg für Ansgar zu finden, war keineswegs das große Los für Bremen; sie wies bedeutende Schwachstellen auf. Die wohl größte, die sich sogar auf Ludwig den Deutschen auswirkte, war der Umstand, dass Ansgar nur zum Legaten für die *Suones*, *Dani* und *Slaui* gemacht (oder vielmehr als solcher akzeptiert) wurde, d. h. nicht zum Erzbischof dieser Gruppen. Die Aufgabe des Legats war jedoch personengebunden! Er ging also nicht automatisch an seine Nachfolger über. Somit verlor Rimbert als Ansgars Nachfolger mit diesem Dokument seinen gesamten über die Grenzen seiner eigenen sehr kleinen Erzdiözese (und über die Grenzen des Reiches) hinausgehenden Einfluss. Wenn, wie Knibbs' Theorie behauptet, Rimbert ein echtes Dokument vorlag, das Ansgar und seine Nachfolger in alle Ewigkeit zu Erzbischöfen von Bremen und der *Dani* und *Swevi* erklärte, warum hätte er die von Knibbs unterstellten Bemühungen unternehmen sollen, um sich zum Erzbischof von Bremen und nur über die *Nordalbingi* zu degradieren?

Außerdem wird im Folgenden bewiesen, dass dieser Privilegienbrief von Nikolaus, aus dem Rimbert in der *Vita Anskarii* umfangreich zitiert und von dem Knibbs behauptet, dass Rimbert ihn größtenteils selbst geschrieben habe, den Zielen Rimberts und der Bremer Kirche widerspricht. Dem Antwortschreiben von Nikolaus I. an Ludwig den Frommen haben wir entnommen, dass Bischof Salomo und die königliche Delegation offensichtlich den Fall so dargestellt hatten, als ob Bremen neuer erzbischöflicher Sitz werden sollte. Im Privilegienbrief von Nikolaus I. an Ansgar erklärt der Papst aber eindeutig Hammaburg zum Haupt und Sitz des neuen vereinten Erzbistums.**50** Nachdem er den größten Teil des Briefs in Kapitel 23 der *Vita Anskarii* zitiert hat, beendet Rimbert das Kapitel mit einem kurzen Kommentar an seine Leser, in dem er der diesen nahelegt, Bremen sei tatsächlich der erzbischöfliche Status verliehen worden:

> »Mit diesem Dekret und diesen Bestimmungen des gesegneten Papstes Nikolaus wurde Bremens Kirche mit Hammaburg, das zuvor zum erzbischöflichen Sitz erklärt worden war, zusammengefügt und vereint, und (*ecclesia Bremensis!* ergänzt H. J.) erhielt erzbischöflichen Status.«**51**

Dies entsprach nicht der Wahrheit und war zwar vielleicht auch keine direkte Lüge, aber auf jeden Fall eine bewusst ungenaue Darstellung dessen, was das Nikolaus-Privileg tatsächlich enthielt. Das Ergebnis war, dass die Bremer Kirche daraus als erzbischöfliche Kirche hervorging. Rimbert wollte offensichtlich bei seinen Lesern den Eindruck erwecken, Bremen hätte nun tatsächlich den Status eines Erzbistums erlangt. Offenbar wollten er und seine Kirche nicht dazu gezwungen werden, nach Hammaburg zurückzukehren. Demnach kann Rimbert das Privileg von Nikolaus I., das Hammaburg ganz klar zum erzbischöflichen Sitz erklärt, nicht geschrieben haben. Tatsächlich scheint gerade die Tatsache, dass Rimbert den Inhalt des Privilegs direkt nach dem Zitat verzerrt darstellen musste, vielmehr zu beweisen, dass er es richtig zitiert.

Somit ist eindeutig bewiesen, dass das Nikolaus-Privileg Rimberts Interessen grundsätzlich widerspricht. Er wurde zur Rückkehr nach Hammaburg gezwungen und hatte im Norden keinerlei kirchliche Macht. Knibbs scheint sich dieser Komplikationen bezüglich seiner Theorie nicht vollständig bewusst, was seine Interpretation der zwei Quellen unhaltbar macht. Rimbert war sich dessen jedoch völlig im Klaren gewesen. Trotzdem hielt er sein Leben lang an Bremen fest und bemühte sich darum, seinen Einfluss im Norden zu erhalten, indem er behauptete, dass er die Legatsrechte von Ansgar durch »das Recht der Nachfolge als Erbe« (successionis jure quam heredetarium) erhalten habe.[52] 300 Jahre lang blieben die Erzbischöfe von Bremen in Bremen und bemühten sich nachzuweisen, was die Absichtserklärung von Nikolaus I. an Ludwig den Deutschen bezüglich ihrer Position als Erzbischöfe für den Norden hatte hoffen lassen.[53] Nur Mitte des 11. Jahrhunderts gelang es Erzbischof Adalbert von Bremen unter Heinrich III. und den deutschen Päpsten, diesen Standpunkt durchzusetzen, aber nach dem Tod von Erzbischof Liemar 1101 wurde er wieder aufgehoben, als die Kirchenprovinz Lund entstand.[54] Dass Rimbert einen Brief mit derartigem Inhalt und derartiger Wirkung gefälscht haben soll, während ihm ein Brief vorlag, in dem Bremen zum erzbischöflichen Sitz für die Dänen und Schweden erklärt wird, ist völlig unvorstellbar, ja regelrecht absurd.

EINE DRITTE MÖGLICHKEIT

Die Theorie, dass die frühsten Dokumente der Geschichte Hamburg-Bremens Ergebnis eines gigantischen Fälschungsprojekts von Ansgar und Rimbert sind, kann meiner Ansicht nach getrost verworfen werden, aber die Diskussion hat nichtsdestotrotz wichtige neue Erkenntnisse ans Licht gebracht. Es scheint nun nämlich tatsächlich ziemlich wahrscheinlich, dass das Ludwig-Privileg und das Gregor-Privileg größtenteils echt sind. Kaiser Ludwigs Privileg vom 15. Mai 834 wurde seit Mitte des 19. Jahrhunderts mit Vorsicht begegnet,[55] weil das Datum nicht zur zeitlichen Abfolge der Vita Anskarii oder der späteren literarischen Quellen Chronicon Breve Bremense und Adam von Bremen passt, die alle auf die Entstehung eines Bischofssitzes und des erzbischöflichen Sitzes Hammaburg in den Jahren 831/32 hindeuten.[56] Diese späten Quellen sind jedoch tatsächlich keine solide Grundlage für eine Datierung, und sowohl das Chronicon Breve Bremense als auch Adam beziehen sich auf Rimbert.[57]

Durch ihre Analysen dieses Dokuments haben Wavra und zum Teil auch Knibbs gezeigt, dass nicht nur die Datumsklausel absolut korrekt ist,[58] sondern auch viele andere Aspekte dieser Urkunde auffallend echt sind.[59] Bereits 1912 argumentierte Hermann Joachim für die Akzeptanz von Kaiser Ludwigs Privileg als echtes, wenn auch vielleicht leicht interpoliertes Gründungsdokument von Hammaburg, und zu einem übereinstimmenden Ergebnis kam auch Bernhard Schmeidler nach seiner eigenen Analyse, wenn er auch von verschiedenen Interpolationen ausging.[60] Ansgars Ernennung zum Erzbischof durch den Papst muss laut Joachim kurz nach dem 15. Mai 834 erfolgt sein,[61] doch Schmeidler blieb bei der etablierten Chronologie. Er datierte Ansgars Konsekration und das päpstliche Privileg Gregors auf 831/32 und dies führte ihn dazu anzunehmen, dass die Gründungsurkunde für Hamburg vom 15. Mai 834 mehr als zwei Jahre nach diesen beiden Ereignissen ausgegeben worden war.[62]

Schmeidlers Konstruktion wurde weithin akzeptiert, und auch Knibbs übernahm die Überlieferung der Datierung des Gregor-Privilegs auf 831/32, aber wie viele Wissenschaftler vor ihm empfand er Gregors Erwähnung von Ansgar als seinen filius, seinen »Sohn«, als unangemessene Äußerung eines Papstes gegenüber einem Bischof. Seit dem frühen 5. Jahrhundert galt die Regel, dass der Papst einen Bischof als frater, »Bruder«, bezeichnete.[63] Knibbs schloss hieraus, dass sich das Gregor-Privileg nicht auf Ansgar als Bischof beziehen konnte.[64] Seine Lösung besteht, wie bereits erläutert, darin, dass das Gregor-Privileg sich nur auf das Legat bezogen habe. Knibbs weist eine Beteiligung Gregors IV. an den Ereignissen um Ansgar im Jahre 834 zurück und hält an der Datierung des Gregor-Privilegs auf 831/32 fest mit dem Resultat, dass er die Fälschungstheorie entwickeln muss, die bereits weiter oben als inakzeptabel überführt wurde.[65]

Tatsächlich gibt es aber keinerlei Grund, an dem Datum 831/32 festzuhalten. Da die erhaltene Form des Gregor-Privilegs größtenteils zutreffend ist, soweit sie über Ansgar als Bischof und Erzbischof spricht, und da wir mit größter Wahrscheinlichkeit das Datum der Gründung des Bistums Hammaburg im Brief Ludwigs des

DIE HEILIGENFIBELN AUS DER HAMMABURG UND IHREM UMLAND

Die Bekehrung der Sachsen zum Christentum hat im Schmuck des 9. Jahrhunderts deutliche Spuren hinterlassen. Ebenso wie viele andere Christen im Großraum zwischen Maas und Elbe, Main und Nordseeküste pflegten auch einige Frauen an der Unterelbe, ihren Mantel auf der Brust mit einer kleinen Scheibenfibel aus Buntmetall zu verschließen, auf der die Emailbüste einer/s Heiligen ohne Nimbus in Vorderansicht zu sehen war. Dadurch bezeugten sie ihren Glauben gegenüber den Heiden und stellten sich zugleich unter den Schutz eines bestimmten Heiligen, von dem sie Fürsprache bei Gott erhofften. Trotz starker Stilisierung ihrer Gesichter, Körper, Haare und Gewänder sind die Dargestellten anhand von charakteristischen Details und vereinzelten Attributen zu identifizieren. Man erkennt außer dem Haupt Christi im Strahlenkreuz die Büsten von geflügelten Engeln, von heiligen Bischöfen im Messgewand (Glockenkasel), aber auch von anderen Heiligen oder Heiligenpaaren in antiken Gewändern (Tunika und Mantel) sowie von der hl. Maria.

Die Scheibenfibel mit einem Heiligenbild aus »Senkschmelz« oder »Grubenschmelz« traten plötzlich in Regionen auf, in denen es bis dahin nicht üblich gewesen war, Mantelschließen mit menschlichen Figuren zu verzieren. Als schlichte Erzeugnisse des Kunsthandwerks müssen sie nach Vorbildern von weitaus höherer, künstlerischer Qualität angefertigt worden sein. Wann dies geschah, lässt sich an ihren Fundumständen nicht ablesen, weil sie entweder Einzelstücke sind oder aus Frauengräbern ohne gut datierbare Beigaben stammen. Aufschluss geben aber die Marienfibeln in sogenannter Senkschmelztechnik, bei denen man die Büste der Gottesmutter in die Metallscheibe eingetieft, durch eingelötete senkrechte Metallstege gegliedert und danach mit Emails unterschiedlicher Farbe ausgefüllt hat (*Abb. 1 u. 2*).

Sie sind stark vereinfachte Nachbildungen byzantinischer Senkschmelzfibeln wie jener goldenen Rosettenfibel, auf der die Büste der betenden Gottesmutter mit dem griechischen Kürzel ihres Titels zu sehen ist. Da Fibeln mit dieser Beischrift im Byzantinischen Reich erst nach dem Ende des Bilderstreits (843) geschaffen worden sind, können ihre nordalpinen Imitationen frühestens in der zweiten Hälfte des 9. Jahrhunderts entstanden sein. Das gilt auch für die einfacheren Grubenschmelzfibeln mit einer Heiligenbüste aus emaillierten Mulden wie die Fibel von Wulfsen (*Abb. 3*). Diese zeigt einen Mann, der keine Messkasel, sondern spätantike Gewänder trägt, also ein Apostel sein dürfte.

Marienbüsten zieren dagegen die zwei Senkschmelzfibeln aus Maschen und Todtglüsingen sowie die Perlrandfibel aus der Hammaburg (*Abb. 4*) und bezeugen somit die große Verehrung der Gottesmutter in dieser Region, die sich auch an dem Patrozinium des Hamburger Domes zeigt. Die Missionare mögen den Frauen Maria als besonders mächtige Schutzpatronin empfohlen haben.

1 Maschen, aus Frauengrab 54. Senkschmelzfibel aus vergoldetem Kupfer mit dem Brustbild der hl. Maria in den Farben weiß, dunkel- und türkisblau. M ca. 3 : 1

2 Todtglüsingen, Detektorfund. Senkschmelzfibel aus vergoldetem Kupfer mit dem Brustbild der hl. Maria in den Farben weiß, hellblau und hellgrün. M ca. 3 : 1

3 Wulfsen, aus Frauengrab 720. Grubenschmelzfibel aus Buntmetall mit dem Brustbild eines hl. Mannes, wohl eines Apostels, in rotem Email. M ca. 2,5 : 1

4 Hamburg, Streufund aus der Hammaburg. Scheibenfibel mit doppeltem Perlrand und dem Relief der betenden Maria (Maria Orans) aus vergoldetem Kupfer. M ca. 2,5 : 1

SENKSCHMELZFIBELN

Maschen, Lkr. Harburg (*Abb. 1*) ❙ W-O Frauengrab 54 (Mit der Bildseite auf der Brust der Toten, keine weiteren Beigaben) ❙ Archäologisches Museum Hamburg (Inv.-Nr. HM V 1958:269) ❙ Senkschmelzfibel aus Kupfer mit Resten von Vergoldung und dem Brustbild der hl. Maria. Sie trägt eine bauchige Haube anstelle eines langen Schleiers sowie einen Mantel, der unter dem Hals geschlossenen ist, aber nach beiden Seiten ausschwingt. Ihr Gesicht und Hals sind weiß, die Haube und das Kleid dunkelblau, und ihr Mantel ist türkisblau. – Dm. 3,0 cm. ❙ Zweite Hälfte 9. Jahrhundert. ❙ Wegewitz 1968, 21 Taf. 7 und E2; Laux 1987, 184 Nr. 74; Haseloff 1990, 91 Abb. 70a/b; Frick 1993, 254, 287–289; Wamers 1994, 75 f. Liste 11,8; Krüger 1999, 190 f. Nr. 49 Abb. 9, 4 a–b; Spiong 2000, 194 Nr. 3; Schulze-Dörrlamm 2003, 459–462 Abb. 9, 3 und Verbreitungskarte Abb. 30 mit Fundliste 5. ❙

Todtglüsingen, Gem. Tostedt, Lkr. Harburg (*Abb. 2*) ❙ Detektorfund von 2012 ❙ Archäologisches Museum Hamburg (Inv.-Nr. HMA 2012/159/2) ❙ Senkschmelzfibel aus Buntmetall mit Resten von Vergoldung und dem Brustbild der hl. Maria. Diese trägt eine bauchige Haube anstelle eines langen Schleiers sowie einen Mantel, der unter dem Hals geschlossen ist, aber nach beiden Seiten ausschwingt. Ihr Gesicht und Hals sind weiß, ihr Mantel sowie Gewand hellblau, und ihre Haube ist hellgrün. – Dm. 2,9 cm. ❙ Zweite Hälfte 9. Jahrhundert. ❙ Unpubliziert. ❙

GRUBENSCHMELZFIBEL

Wulfsen, Lkr. Harburg (*Abb. 3*) ❙ Aus dem W-O Frauengrab 720 des Gräberfeldes ❙ Archäologisches Museum Hamburg (Inv.-Nr. HMA 8/720) ❙ Grubenschmelzfibel aus Buntmetall mit der Büste eines Mannes in Frontalansicht, gebildet aus Mulden mit roten Einlagen. Sein kurzes, bogenförmiges Haar endet oberhalb der Ohren, zwei Punkte deuten seine Vorderarme und zwei schräg gestellte, rechteckige Mulden seine Kleidung an. Wegen der stark stilisierten, spätantiken Gewänder – einer Tunika sowie eines schräg über Brust und Schulter gelegten Philosophenmantels – dürfte der Heilige ein Apostel sein. – Dm. 2,4 cm. ❙ Zweite Hälfte 9. Jahrhundert. ❙ Thieme 1985, Abb. 4; 1987, 170; Frick 1993, 293 Tab. 2, 294, 385 Nr. 34; Wamers 1994, 76. 219 Abb. 47 mit Liste 11, Nr. 46; Krüger 1999, 198 f. Nr. 82, Abb. 25, 6; Spiong 2000, 195 Nr. 4 Taf. 3.10; Schulze-Dörrlamm 2003, 485, Verbreitungskarte Abb. 26 mit Fundliste 3. ❙

FIBEL MIT DOPPELTEM PERLRAND

Hamburg / Hammaburg (*Abb. 4*) ❙ Domplatz, Streufund aus einer Grabung der 1980er Jahre ❙ Archäologisches Museum Hamburg (HMA 1991/1/97) ❙ Die Scheibenfibel aus vergoldetem Kupferguss ist mit einem doppeltem Perlrand und dem Relief einer stehenden Halbfigur in Frontalansicht verziert. Man erkennt eine (schwangere?) Frau mit Schleier in einem langärmeligen Kleid, deren Bauch kreisförmig betont ist und die ihre Hände betend erhoben hat (*Maria Orans*). Auf der Rückseite sind noch zwei Zapfen der Haltung mit dem Rest der Eisennadel erhalten. – Dm 2,2 cm. ❙ Spätes 9. bis 10. Jahrhundert. ❙ Unpubliziert. ❙

Mechthild Schulze-Dörrlamm

Literatur
Wegewitz 1968; Thieme 1985; 1987; Laux 1987b; Haseloff 1989; 1990; Frick 1993; Wamers 1994; Busch 1995d; Krüger 1999; Spiong 2000; Kleemann 2002; Schulze-Dörrlamm 2003; 2005.

Frommen vom 15. Mai 834 finden, bedarf es einer neuen Erklärung für den ungewöhnlichen Ausdruck *filius*; und tatsächlich gibt es eine.

Wie Knibbs zugibt, konnte Joachim 1912 einige andere Beispiele aufzeigen, in denen ein Erzbischof als *filius* des Papstes bezeichnet wird.**66** Dementsprechend war dies also nicht völlig unmöglich, wenn die historischen Rahmenbedingungen entsprechend waren. Genau so ein historischer Kontext lässt sich im Zusammenhang mit dem 15. Mai 834 finden. Im vorangegangenen Jahr hatten sich dramatische Ereignisse zugetragen, darunter der Konflikt zwischen Ludwig dem Frommen und seinen Söhnen auf dem Lügenfeld (Rotfeld bei Colmar) im Juni 833. Papst Gregor IV. war mit Lothar I. über die Alpen gekommen, was für Kaiser Ludwig den Frommen und die Bischöfe seines inneren, loyalen Kreises eine Bedrohung darstellte. In der Folge kam es zu einer wichtigen Auseinandersetzung – offenbar ein dramatisches Vorspiel**67** zum späteren Investiturstreit, der mit Hilfe von Ritualen und Symbolen ausgefochten wurde, die in den verfügbaren Quellen schwer nachzuvollziehen sind.**68**

Ein Brief ist erhalten, den der Papst selbst an die fränkischen Bischöfe aus der Gruppe um den »alten« Kaiser auf dem Lügenfeld geschickt hatte.**69** Aus diesem Brief können wir ersehen, dass dem Papst die Weise, in der ihn diese Bischöfe empfangen hatten, gründlich missfallen hatte. Er war eines Meineides beschuldigt und sogar mit der Exkommunikation bedroht worden. Daraufhin beschrieb Gregor IV. nun den Kaiser als einen Mann, der »*gegen die christliche Religion*« handle und »*sich kopfüber in den Ruin stürzte*« (*agere contra fidem, et precipitari in perniciem*).**70** Zur großen Empörung des Papstes hatten die fränkischen Bischöfe sich dazu bereit erklärt, seiner Aufforderung zu folgen und ihn zu treffen, doch der Kaiser hatte ihnen Anderes befohlen. Papst Gregor betonte in den berühmten Worten, die später auch sein Nachfolger Gregor VII. im Investiturstreit verwendete, ihnen hätte bewusst sein müssen, dass das päpstliche *regimen animarum* Vorrang vor dem weltlichen *regimen imperiale* hatte.**71** Demnach fand auf dem Lügenfeld eine symbolische Schlacht statt, nicht nur im Hinblick auf die höchste Macht über die Kirche, sondern offenbar auch über die weltliche Führung.**72** Das Pontifikat hatte seine Position unter der Ägide des jungen Kaisers Lothar I. in Italien deutlich stärken können.**73**

Nun nahmen dramatische Ereignisse ihren Lauf. Plötzlich wurde Kaiser Ludwig von seinen Truppen und seinem Gefolge im Stich gelassen. Angesichts der drohenden völligen Niederlage ergab Ludwig sich seinen Söhnen.**74** Er wurde abgesetzt und inhaftiert, und seine heftig kritisierte Frau, Königin Judith, wurde nach Italien gebracht und dort gefangen gehalten.**75** Trotz dieser augenscheinlichen Demütigung Ludwigs des Frommen konnten die Vereinbarungen und ihre Auswirkungen ohne Zugeständnisse an das Pontifikat durch den Kaiser selbst oder die fränkische Kirche, durch die Ludwig ohne päpstliche Intervention vollständig rehabilitiert und wieder eingesetzt wurde, umgesetzt werden. Gregor IV. hatte kurz vor einem beeindruckenden Triumph für das *regimen animarum* des Pontifikats über das *regimen imperiale* und den Kaiser auf der anderen Seite der Alpen gestanden. Das Resultat war jedoch nichts anderes als eine überaus problematische Beziehung zu Ludwig dem Frommen. Es wundert also nicht, dass diese Entwicklung den Papst sehr unglücklich stimmte.**76**

Eine Passage im Brief von Gregor IV. an die fränkischen Bischöfe auf dem Lügenfeld ist nun von besonderer Bedeutung für die Hammaburg-Frage. Als erstes beschwert sich der wütende Gregor IV. in seinem Brief, dass die fränkischen Bischöfe des Kaisers ihn als »*Bruder*« und »*papa*« (*frater et papa*) angeredet hätten. Dafür maßregelte der Papst sie scharf, denn, so erklärt er, diese Anreden widersprächen sich. Sie wären verpflichtet, ihm nichts anderes als Ehrerbietung gegenüber einem Vater entgegenzubringen. Ungeachtet der herrschenden Sitte war Gregor IV. offensichtlich nicht bereit, als ihr »*Bruder*« behandelt zu werden.**77**

Das Jahr, das auf die Ereignisse auf dem Lügenfeld folgte, war ausgesprochen dramatisch. Ludwig der Fromme ergab sich – wie gesehen – seinen Söhnen und verlor seine Macht.**78** Er wurde inhaftiert und musste eine erniedrigende öffentliche Buße leisten. Dann änderte sich die Meinung zu seinen Gunsten. Jetzt führten seine Halbbrüder, Bischof Drogo von Metz und Abt Hugo von St. Quentin, seine Sache an, und Ende Februar 834 wechselte einer seiner Söhne, Ludwig der Deutsche, bald gefolgt von Pippin von Aquitanien,**79** die Seiten. Gemeinsam zwangen die beiden ihren Bruder Lothar I. zur Flucht aus Paris.**80** Der alte Kaiser wurde freigelassen und kehrte an die Macht zurück. Er feierte Ostern Anfang April 834 in Aachen, wo er darauf wartete, dass seine inzwischen freigelassene Königin von einem seiner treuesten Gefolgsmänner, Ratold, dem Bischof von Verona, aus Italien zu ihm gebracht wurde.**81** Nach seiner Wiedervereinigung mit der Königin in Aachen bekundete Ludwig seine Rückkehr an die Macht mit einer Jagdreise durch die Ardennen**82** und kehrte dann nach Aachen zurück, um sich einer Aufgabe zu widmen, die ganz oben auf seiner Tagesordnung stand: Die Bestrafung Erzbischof Ebos von Reims, der Ludwigs Ansicht nach der Anführer des Aufstands gegen ihn gewesen war.[83] Ebo von Reims aber war, dies wurde eingangs beschrieben, wie Ansgar mit der päpstlichen Legation für den Norden betraut worden.

Erzbischof Ebos Position war nach der Flucht Lothars I. aus Paris am 28. Februar 834 und der Rückkehr von Ludwig dem Frommen an die Macht am 1. März alles andere als gut. Es gab Unsicherheiten bezüglich seines Aufenthaltsortes und Gerüchte über seine geplante Flucht zu den Nordmännern unter dem Deckmantel seines Legationsauftrags. Dank des raschen Handelns durch den alten Kaiser wurde er schnell gefangen genommen – möglicherweise mit Schätzen und Reliquien aus seiner Kirche – und in Fulda inhaftiert.[84] Recht bald stellte Kaiser Ludwig am 15. Mai 834 als erste bedeutende politische Handlung den Gründungsbrief für Ansgar und Hammaburg aus, in dem er über die Möglichkeiten spricht, die sich nun für die nördlichen Regionen der Welt unter den *Dani* und *Sueones* ergaben. Schon 1910 zog Christian Reuter eine Verbindung zwischen Ansgars Ernennung und Ebos Sturz.[85] Hermann Joachim übernahm diese These 1912,[86] doch seltsamerweise gibt es genügend andere Wissenschaftler, die, wie Bernhard Schmeidler, dessen ungeachtet verzweifelt an Rimberts Chronologie festhalten.[87] Eric Knibbs hält Reuters Beobachtung jedoch richtigerweise für »*offensichtlich*«, und auch wenn er trotzdem Rimberts Chronologie benutzt, um seine unhaltbare »*Legatshypothese*« zu konstruieren, datiert er Ansgars Konsekration zum Bischof korrekt auf den 15. Mai 834.[88]

Joachim sprach sich berechtigterweise für die Anerkennung sowohl von Kaiser Ludwigs Gründungsbrief als auch des Privilegs Gregors IV. als weitgehend echt aus und datierte dementsprechend letzteren nach dem 15. Mai 834[89]: Die meisten, wenn nicht alle Abweichungen, die Wissenschaftler diesen Dokumenten zuschreiben, erklären sich durch die einzigartige historische Situation im Sommer 834. So lässt sich z. B. die umstrittene Grenze zwischen den Bereichen der päpstlichen und kaiserlichen Rechtshoheit durch diese Lage erklären, jedoch kaum in einem anderen Zusammenhang[90]: Wir wissen aus einem Brief von Karl dem Kahlen, dass der Kaiser Gregor IV. dazu bringen wollte, der Absetzung Ebos zuzustimmen, doch der Papst weigerte sich[91]: Selbst der Papst muss jedoch den Druck seitens des erzürnten Sohns Karls des Großen gespürt haben. Der Privilegienbrief an Ansgar war vermutlich der daraus erfolgte Kompromiss, und da Gregor IV. Ebo im Amt beließ, konnte Ansgar sich nur dessen päpstlicher Legation anschließen. In diesem Zusammenhang sah der Papst nun auch eine Möglichkeit, auf die Provokation seitens der fränkischen Kirche im vorangegangenen Sommer zu reagieren: Er revanchierte sich, indem er vom neuen kaiserlichen Erzbischof Ansgar als *frater et filius* und sogar nur als *filius* sprach.[92] Dies genau ist der historische Kontext, der die *filius*-Referenz im Privileg Gregors IV. an Ansgar erklärt.

Der Zusammenhang mit der Gründung des (erz-)bischöflichen Sitzes Hammaburg scheint demzufolge deutlich genug. Ansgar wurde in Aachen[93] vor dem Hof des wiedereingesetzten Ludwigs des Frommen in Gegenwart des wahrscheinlich äußerst besorgten Erzbischofs Ebo von Reims geweiht. Die geschilderte historische Situation 834 war außerordentlich. Im Zuge dieser Turbulenzen waren an dem kaiserlichen Hof vertraute Gesichter verschwunden und neue erschienen.[94] Der Angriff auf Ebo von Reims, zu dem Ansgars Aufstieg beitrug, warf extrem komplizierte Probleme des kanonischen Rechts auf. Ihre Lösung erforderte die Hinzuziehung der größten Expertise. Ludwigs des Frommen überwältigendes Bedürfnis, Ebo abzustrafen, mag auch dazu geführt haben, dass in einer einzigen, nachgerade irregulären Aktion Maßnahmen vollzogen wurden, die ansonsten wohl Schritt für Schritt vorbereitet und ausgeführt worden wären.[95] So aber war etwa der Erzkanzler Theoto, Abt von Marmoutier, nicht anwesend, um tätig zu werden, denn er musste widerständige Grafen im Westen bekämpfen.[96] Vereinfacht gesagt: Die Zeitumstände um das Ludwigs-Privileg waren das natürliche Umfeld für ungewöhnliche Vorgehensweisen und stilistische Auffälligkeiten in den Urkunden.[97] Doch noch ein weiteres außerordentlich ungewöhnliches Detail kam hier zu Wirkung. Der gesamte Vorgang – Ansgars Ernennung und die Gründung des Bischofsitzes Hammaburg – musste zudem so dargestellt werden, als sei er wesentlich von der Reue des Kaisers über sein eigenes Versäumnis angeschoben worden, den Wünschen seines Vaters Karls des Großen bezüglich der kirchlichen Organisation auf der anderen Seite der Elbe nachzukommen. Hierin liegt die Ursache für die gänzlich eigenartige *narratio* (Erzählung) in der Urkunde, die ein persönliches Bekenntnis (*confessio*) des Kaisers selbst enthält. Eine solche *confessio* erforderte aber natürlich die Verwendung der ersten Person Singular (*ego autem* ...). Sie konnte nicht in dem sonst vom Kaiser selbstverständlich genutzten *pluralis maiestatis* erfolgen! Genau dieser Wechsel in die erste Person Singular ist oft als Argument gegen die Echtheit des Ludwigs-Privilegs angeführt worden, tatsächlich aber spricht es gerade sehr deutlich für dessen Authentizität.

Es kann also meines Erachtens kein Zweifel daran bestehen, dass die Gründung des Bischofssitzes Hammaburg und die Weihe Ansgars auf den 15. Mai 834 datiert werden sollten. Die Delegation nach Rom kann nicht lange danach aufgebrochen sein, vermutlich im Frühsommer 834.[98]

DIE HERIDAG-KIRCHE IN ESESFELTH

Nachdem es hier um die Frühgeschichte von Hammaburg geht, muss nun auch die Geschichte, die in Kaiser Ludwigs Gründungsprivileg über die Pläne von Karl dem Großen für einen Bischofssitz auf der anderen Seite der Elbe berichtet wird, Erwähnung finden.[99] Wenn meine Schlussfolgerungen zur Authentizität dieses Dokuments als Gründungsprivileg für den Bischofssitz Hammaburg zutreffen, kann es tatsächlich die Geschichte, wie Ludwig der Fromme sie erzählt wissen wollte, enthalten. Kurz gesagt handelt sie davon, dass Karl der Große das Gebiet nördlich der Elbe außerhalb der sächsischen Unterteilung in Diözesen behalten hatte. Stattdessen beschloss (decrevit) er, dort einen Bischofssitz zu gründen. Der Kaiser hatte vor, Heridag, den ersten Priester, zum Bischof zu weihen, starb jedoch vor der Durchführung seines Plans. Als Ludwig der Fromme das Reich übernahm, war er – und eben hier wird das beschriebene Bekenntnis (confessio) im Brief eingeschoben – mit anderen Regierungsangelegenheiten beschäftigt gewesen und hatte sich nicht in dem Maß um die Pläne seines Vaters gekümmert, wie er es hätte tun sollen. Stattdessen teilte er auf Anraten »einiger Einflüsterer (wörtl. Überreder)« (suadentibus quibusdam) das Land zwischen den benachbarten Bischöfen auf.[100]

Diese Erzählung passt zu dem, was in den Annalen des Fränkischen Reiches berichtet wird.[101] Im Jahre 809 lesen wir, dass Karl der Große beschlossen hatte (statuit), eine civitas auf der anderen Seite der Elbe zu errichten. Als der Kaiser den Standort für diese civitas gewählt hatte, befahl er einem Grafen mit Namen Egbert, die Elbe zu überqueren und einen Ort unter seine Kontrolle zu bringen, der dem Chronisten zufolge am Fluss Stör liegt und Esesfelth heißt.[102] Die Aktivitäten von Graf Egbert werden auch in Kaiser Ludwigs Privileg von 834 erwähnt, und obwohl die kirchliche Seite dieses Projekts in den Reichsannalen nicht zur Sprache kommt, wird doch deutlich, dass sich beide Quellen auf dasselbe Ereignis beziehen. Die Tatsache, dass die Annalen von einer civitas sprechen, scheint den Plan Karls des Großen bezüglich der Gründung eines Bischofssitzes zu bestätigen, denn es ist kaum vorstellbar, dass Karl der Große bei der Gründung einer civitas keinen Bischofssitz eingeplant hatte.[103] Die nächste Erwähnung dieser Gründung finden wir 817,[104] als Ludwig der Fromme die alleinige Regierung übernommen und laut seiner eigenen confessio die Pläne seines Vaters vernachlässigt hatte; der Ort wird nicht mehr als civitas, sondern als castellum Esesfelth bezeichnet.[105]

Wavra weist in diesem Zusammenhang auf einen wichtigen Umstand hin: Die älteste fränkische Kircheninstitution im Gebiet jenseits der Elbe war die Kirche, in der Heridag Priester wurde und in der Karl der Große ihn zumindest angeblich zum Bischof weihen wollte. Diese Kirche wird normalerweise als Kirche von Hammaburg identifiziert, aber, wie Wavra feststellt, ohne eine offensichtliche Alternative zu nennen, findet sich in den Quellen nichts, was auf Hammaburg hinweisen würde;[106] ich würde sogar sagen, ganz im Gegenteil. Die Heridag-Kirche gehörte aller Wahrscheinlichkeit nach zu der von Karl dem Großen 809 gegründeten civitas. Höchstwahrscheinlich stand diese in Verbindung zu der civitas in Esesfelth, die Graf Egbert Mitte März 810 zu befestigen begann. Der Name dieser Kirche wurde passenderweise Heiligenstedten.

Mitte der 830er Jahre war diese Gegend der Machtbereich Ebos. 822/23 hatte Ebo Welanao von Ludwig dem Frommen zur Unterstützung seiner Legatsaktivitäten im Norden erhalten. Dort hatte er ein kleines Kloster, eine cella, gegründet, und fortan muss die Präsenz des berühmten karolingischen Prälaten Ebo diesen Teil Transalbingiens zutiefst beeindruckt haben. Sogar die Kirche von Heiligenstedten scheint unter Ebos Kontrolle gestanden zu haben.[107] Es ist sicher nicht vermessen, zu vermuten, dass Ludwig der Fromme sich zumindest teilweise auf Ebo bezog, als er von den »Einflüsterern« sprach, welche ihn die Pläne seines Vaters für Esesfelth vergessen lassen hatten.[108] Diese Region zwischen den Bischöfen in Verden und Bremen auf der anderen Seite der Elbe aufzuteilen, war eine viel bessere Lösung für Ebo, als einen örtlichen Bischof auf seiner Türschwelle zu wissen. Andererseits befand sich Esesfelth, seit es unter Ebos Kontrolle stand, Mitte der 830er Jahre mehr oder weniger außerhalb der Reichweite Ludwigs des Frommen. Als er den Angriff auf Ebos Legatsrechte und dessen Einflussbereich jenseits der Elbe vorbereitete, musste Ludwig der Fromme – aller Wahrscheinlichkeit nach unterstützt von Ludwig dem Deutschen – eine andere Basis für Ansgar finden. Die Wahl fiel auf das castellum Hammaburg. Welanao wurde an Ebos Verwandten Gautbert, (Erz-)Bischof der Sueones, weitergereicht, doch sobald das Gebiet unter die stabilere Kontrolle des Erzbistums Hamburg-Bremen gekommen war, schloss Erzbischof Rimbert Welanao.[109] Die Spuren Ebos verblassten.

ABSCHLIESSENDE BEMERKUNGEN

Diese neuerliche Untersuchung der Quellen bezüglich der Frühzeit der Kirche und des erzbischöflichen Sitzes Hammaburg erfolgte mit dem Ziel, die Interpretation der archäologischen Bodenurkunden Hamburgs zu unterstützen. Im Ergebnis zeigt sich, dass die zu Beginn des Artikels skizzierte traditionelle Darstellung der Entwicklung größtenteils zutrifft! Die umfangreichen Neuerzählungen, wie sie in letzter Zeit besonders durch Eric Knibbs vorgetragen wurden, ließen eine erneute Betrachtung der Angelegenheit notwendig erscheinen, und obwohl Knibbs' Theorie insgesamt widerlegt werden kann, besteht kein Zweifel daran, dass er Ansgars Bischofsweihe richtig auf den 15. Mai 834 datiert. Er hat ebenfalls recht mit seiner Behauptung, dass der Auslöser dieser Entwicklung ein politischer Nebeneffekt des Streits zwischen Ebo von Reims und Ludwig dem Frommen im Juni 833 auf dem Lügenfeld war. Doch wie Hermann Joachim und Bernard Schmeidler in ihren Analysen von 1912 und 1918 anführten, ist das von Ludwig dem Frommen am 15. Mai 834 ausgestellte Gründungsprivileg größtenteils in seiner Originalform erhalten,[110] und wie Joachim richtig bemerkt, muss daher das Privileg Papst Gregors IV. für Ansgar, bisher auf 831/32 datiert, aus den Monaten nach dem Mai 834 stammen. Der 15. Mai 834 ist folglich nicht nur das Datum von Ansgars Weihe, sondern auch das Gründungsdatum des (erz-)bischöflichen Sitzes Hammaburg.

Daraus ergibt sich, dass Ansgars Aktivitäten in Hammaburg von sehr begrenzter Dauer und begrenztem Umfang gewesen sein müssen – maximal zehn Jahre. Weiterhin ist die lange Zeit vorherrschende Vorstellung, dass es einen Vorläufer dieser Kirche in der sogenannten Heridag-Kirche aus der Zeit Karls des Großen gab, abzulehnen. Die große Ähnlichkeit zwischen dem, was das Ludwigs-Privileg über die Gründung der Heridag-Kirche auf der anderen Seite der Elbe sagt und dem, was die Reichsannalen über die Gründung der *civitas* in Esesfelth durch Graf Egbert in den Jahren 809/10 enthalten, zeigt, dass die Heridag-Kirche nicht in Hammaburg, sondern in Esesfelth gegründet und unter dem Namen Heiligenstedten bekannt wurde. Karl der Große hatte an dieser Stelle angeblich einen Bischofssitz geplant, starb jedoch, bevor er seinen Plan umsetzen konnte, und als Ludwig der Fromme an die Macht kam, führte er die Pläne seines Vaters nicht zu Ende. Stattdessen gab er dieses Gebiet, einschließlich Welanao und Heiligenstedten, an Ebo von Reims als Brückenkopf zur Unterstützung des Legats für den Norden. Als sich Kaiser Ludwig 834 gegen Ebo von Reims wandte, versuchte er nicht nur, die päpstliche Zustimmung zur Absetzung Ebos als Erzbischof von Reims zu erwirken, sondern griff auch Ebos Legatsrechte im Norden an. Damit belebte er die Pläne Karls des Großen bezüglich eines Bischofssitzes jenseits der Elbe wieder und erwähnte gewisse »*Einflüsterer*«, die ihn überzeugt hätten, dieses Projekt aufzugeben. Damit meinte er offensichtlich Ebo, der die Kontrolle über das Gebiet Welanao-Esesfelth übernommen hatte. Hinter Kaiser Ludwigs Angriff auf Ebo im Mai 834 stand Ludwig der Deutsche,[111] der nun wahrscheinlich eine Gelegenheit witterte, die westfränkische Vorherrschaft und die Initiative der Gruppe um Lothar bezüglich der kirchlichen Probleme in der nördlichen Politik aufzubrechen. Da Esesfelth sich jedoch inzwischen in den Händen Ebos befand, musste der Plan Karls des Großen für einen Bischofssitz jenseits der Elbe mit einer kleinen Änderung durchgeführt werden; die beiden Namensvettern fanden einen Ersatz für Esesfelth in Form des *castellum Hammaburg*. In Aachen erklärte der Kaiser Ansgar am 15. Mai 834 zum ersten Bischof von Hammaburg und machte ihn zum Erzbischof,[112] während Ebo von Reims gezwungen wurde, bei dieser Zeremonie mitzuwirken.[113] Der Kaiser hatte außerdem erklärt, dass Ansgar sowohl das kaiserliche als auch das päpstliche Legat erhalten sollte, d. h. das Legat durch die Autorität des Kaisers – wie bereits bei seiner ersten Reise nach Schweden[114] – und das Legat durch die Autorität der Heiligen Römischen Kirche, also des Papstes.[115]

Dies sagt einiges über die wiedererlangte Position des Kaisers im Verhältnis zur kaiserlichen Kirche und zum Pontifikat aus.[116] Nun verhandelte er mit dem römischen Pontifex mit dem Einfluss und der Autorität seines Vaters.[117] Angesichts der kaiserlichen Mandate scheint sich Gregor IV. gefügt zu haben, jedoch nur, soweit notwendig. Mit Paragrafen, über die Nikolaus I. – wie wir gesehen haben – sagte, dass sie mit göttlicher Voraussicht aufgesetzt worden wären, machte er Ansgar tatsächlich zum Erzbischof, indem er ihm das *pallium* verlieh, allerdings nur über die *Nordalbingi*. Er ernannte ihn auch zum päpstlichen Legaten, aber diese Ehre blieb auf Ansgar persönlich beschränkt und erstreckte sich nicht auf seine Nachfolger. Schließlich fügte Gregor in Eigeninitiative die *Slaui* zu den vom Kaiser festgelegten Volksgruppen, also den *Dani* und *Sueones*, hinzu.[118] Dies war offensichtlich ein Signal, dass das Pontifikat in dieser Angelegenheit seinen eigenen Willen durchsetzen konnte.[119] Interessant ist, dass weder Ansgar noch Rimbert der Hinzufügung des Papstes in diesem Punkt je Beachtung geschenkt zu haben scheinen. Sie interessierten sich nie für die *Slaui*, sondern empfanden sich offensichtlich als auf das vom Kaiser festgelegte Legatsgebiet beschränkt.**120**

Was seinerzeit als kluge Lösung erschienen war, sollte sich als nicht ganz so vorteilhaft erweisen, nachdem die Lage sich beruhigt hatte und die Pläne umgesetzt werden sollten. Es hatte einen Grund gegeben, warum Karl der Große die vorteilhaft gelegenen Flussufer von Esesfelth dem Marschland um Hammaburg vorgezogen hatte. Nach dem Verlust von Torhout und dem Angriff durch die Nordmänner im Jahre 845 war die Begeisterung für die Fortführung des Projekts Hammaburg verpufft.**121** Die Tatsache, dass Erzbischof Ebo selbst zu diesem Zeitpunkt am Hof von Ludwig dem Deutschen auftauchte und zum Bischof von Hildesheim**122** ernannt wurde, machte die Situation nicht einfacher.**123** Die Mönche kehrten nach Corbie zurück – zurück zu einer *vita contemplativa*. Vielleicht war es dies, was die Gemeinde in Corbie auch von Ansgar erwartete,**124** doch stattdessen hielt er an seiner *vita activa* fest, und Ludwig der Deutsche machte ihn zum Bischof von Bremen. Nach Ebos Tod 851, als Gautbert immer noch Bischof von Osnabrück war, sicherte sich Ansgar, mit Sicherheit abermals unterstützt durch Ludwig den Deutschen, seinen Anspruch auf das Legat im Norden und unternahm eine weitere Reise zu den *Sueones*. Er musste Gautbert immer noch als (Erz-)Bischof der *Sueones* respektieren, aber als der Erzbischof von Köln 863 von Papst Nikolaus I. exkommuniziert wurde, war Gautbert bereits gestorben, und Ludwig der Fromme sah eine günstige Gelegenheit, Bremen nicht nur dem Einfluss Kölns zu entreißen, sondern auch den inzwischen einzigen legitimen apostolischen Kanal zu den nördlichen Kirchen zu nutzen: Das Legatsamt von Erzbischof Ansgar. Es ging ihm darum, das Pontifikat dazu zu bringen, Bremen zum erzbischöflichen Sitz für die *Dani* und *Sueones* zu machen.**125** Dieser Plan ging nicht ganz auf. Nachdem er das Privileg von Gregor IV. aus dem Jahr 834 gesichtet hatte, fand Nikolaus I. heraus, dass Hammaburg und nicht Bremen der erzbischöfliche Sitz über die *Nordalbingi* war, und daran sollte sich nichts ändern. Ansgar musste sich mit seinen Ämtern als Erzbischof von Hammaburg und päpstlicher (sowie kaiserlicher) Legat für den Norden zufriedengeben. Dies war natürlich für Ansgar selbst kein großes Problem, aber für Ludwig den Deutschen und Rimbert bedeutete es, dass sie mit Ansgars Tod ihren Einfluss im Norden verloren. Rimbert sah sich darüber hinaus durch dieselbe kirchliche Autorität gezwungen, auf das verfallene Grundstück in den Sümpfen von *Hammaburg* zu ziehen. Dies empfand er weder als besonders attraktive noch dringliche Verpflichtung und blieb in Bremen. Hammaburg konnte allein weiterexistieren, als schlechtes Gewissen des Erzbischofs von Bremen. Später, ab ca. 890, verursachte dieser Zustand große Schwierigkeiten für Rimberts Nachfolger als Erzbischöfe von *Hamburg-Bremen*, sobald die Erzbischöfe von Köln richtigerweise darauf hinwiesen, dass es in Bremen keinen Erzbischof geben sollte.

Zusammenfassend kommen wir zu dem Schluss, dass es noch einen weiteren wichtigen Punkt gibt, in dem die überlieferte Geschichte über Ansgar und die frühe Kirche von Hammaburg korrigiert werden muss. Es ging nicht darum, den Heiden das Evangelium zu bringen oder die *Barbaren* zu zivilisieren. In erster Linie ging es gar nicht um Religion oder *Missionierung* – ein häufig falsch verwendeter Begriff, der in der Welt des frühen Mittelalters in seiner modernen Bedeutung unbekannt war. Es ging um Politik.**126**

ANMERKUNGEN

1 Dehio 1877; Hauck 1912, 689–711; Schmeidler 1918; 1927; Weibull 1941; 1942; Seegrün 1967; 1976; Schieffer 1986; Wavra 1991.

2 Dass er hierbei auch sein Pallium verlor, wird nicht explizit gesagt, aber ergibt sich.

3 Aufgrund seiner Unterstützung der unrechtmäßigen Ehe Lothars II. mit Waldrada, Oediger 1954–1961, Nr. 193; Heidecker 2010.

4 Tamm 1888; Reuter 1910; Drögereit 1969; 1972; 1975a; 1975b.

5 Reinecke 1973; Seegrün 1974; 1976; Schieffer 1986; Reinecke 1987; Wavra 1991.

6 Theuerkauf 1988.

7 Theuerkauf 1995.

8 Schieffer 1986, 504.

9 Ebd. 503.

10 A. a. O.

11 Beispielsweise in der Dokumentation »*300 Jahre erstunken und erlogen?*« (19.2.1997), von Klaus Simmering produziert für den Mitteldeutschen Rundfunk, Leipzig. Vgl. auch Matthiesen 2001.

12 Sickel 1867, 30–36; Rutherford 1998.

13 Drögereit 1975a.

14 Vgl. Joachim 1912, 204; Schieffer 1986, 511–513, 516 f.; Klapheck 2008, 78–81.

15 Schieffer 1986, 538–540.

16 Curschmann 1909, Nr. 6.

17 Z. B. Schieffer 1986, 537; Theuerkauf 1988, 93 mit Fußnote 113; Knibbs 2011, 179 mit Anm. 8.

18 Tatsächlich wurde Rimbert bereits von Schmeidler verdäch-

tigt, der jedoch diese Ansicht später zurückzog, s. May 1937, Nr. 21.
19 Wavra 1991, 314 f.; vgl. auch Joachim 1912, 214 f.
20 Knibbs 2011, 103–117.
21 Ebd. 93 mit Anm. 51.
22 Schieffer 1986, 525 f.
23 Wavra 1991, 315; Knibbs 2011: 124–135. vgl. Klapheck 2008, 85 f.
24 Klapheck 2008, 85 f.; vgl. Knibbs 2011, 80 Anm. 24.
25 Knibbs 2011, 71–99.
26 A. a. o.
27 Ebd. 119.
28 Knibbs 2011, 100–119, 128, 133 u. 160.
29 Curschmann 1909, Nr. 4a; Vita Anskarii c. 23.
30 Knibbs 2011, 137–173.
31 Ebd. 155–157.
32 Epistolae 6, 291 f.: »*Piae memoriae Hludowici imperatoris studium collaudamus, praedecessorisque nostri sanctae memoriae Gregorii vestigia sequi parati sumus. Ut episcopus Bremonensis licet a Gunthario haec non potuerit dari licentia, nec ab eo tale quid peti debuerit, tamen pro amore domni Regis, quia pia est eius petitio, cum nostra auctoritate in praedicto loco Bremon potestatem et honorem archiepiscopatus super Danos et Swevos habeat, et simili modo sui successores per tempora futura perpetualiter teneant atque possideant.*«
33 Knibbs 2011, 160.
34 Vgl. Seegrün 1974, 11 f.
35 Knibbs 2011, 177.
36 Die unbekümmerten Argumente, die Knibbs (2011, 177–183 und 211) bezüglich Rimberts Fälschung bei der Entstehung dieses erzbischöflichen Sitzes anführt, ändern dieses Bild nicht. In einem früheren Zusammenhang betont Knibbs selbst, was für eine komplexe Angelegenheit die Schaffung eines Bischofssitzes und noch viel mehr eines erzbischöflichen Sitzes war (Knibbs 2011, 4 u. 49–70). Noch schwieriger war es, die Akzeptanz der Gesellschaft und der Kircheninstitutionen zu erlangen. Außerdem fällt auf, dass Knibbs, obwohl er Raum für ein riesiges Loch in dieser Argumentation lässt, damit seine Theorie funktioniert, weiterhin annehmen muss, dass Rimbert später dazu gezwungen war, seine eigenen Fälschungen »*fälschlich darzustellen*« (Knibbs 2011, 154 f., 166).
37 Vgl. Knibbs 2011, 191 und 201.
38 Vgl. jedoch Wood 1987; 2001, 125–127; Palmer 2004.
39 Vita Anskarii c. 10.
40 Vita Anskarii c. 10. Mitte des 9. Jahrhunderts wurde er Teil der erbitterten öffentlichen Debatte gegen Ebos Feind Hinkmar von Reims bezüglich der Prädestination; vgl. dazu Zechiel-Eckes 1999, 80 f.; Steckel 2011, 626; Palmer 2004, 243.
41 Vita Anskarii c. 21. Sie gingen nicht nach Corvey, wie Knibbs (2011, 119) zu glauben scheint.
42 Zum Beispiel, als Rimbert (Vita Anskarii c. 14) versucht, Ansgar für die Ordination von Gautbert bei den *Sueones* verantwortlich zu machen, sowie die Interpolation des oben erwähnten *Archi-*.
43 Drögereit 1975a, 195–207.
44 Schiffer 1986, 536 f.
45 Curschmann 1909, Nr. 4a; Vita Anskarii c. 23.
46 Der Unterschied zwischen der rechtlichen Handlung und ihrer Beurkundung, dessen erhebliche Bedeutung für Privat- und Königsurkunden zuerst Julius Ficker (1877) herausstellte, hat nicht die gleiche Relevanz für Papsturkunden, denn die Beurkundung ist hier wesentlich deutlicher die Rechtshandlung als solche (vgl. Bresslau 1958, II, 461). Dennoch müssen wir uns den Prozess recht ähnlich dem vorstellen, was Michael Borgolte (1977, 105–134) in Verbindung mit St. Gallen schilderte. Vgl. hierzu schon Bresslau 1886, 54: »*Allgemein aber kann die sofortige Herstellung der Reinschrift der gerichtlichen Urkunde nicht gewesen sein; in ein und derselben Gerichtsversammlung sind sehr häufig mehrere Rechtsgeschäfte vorgenommen worden; dann mußte dem Kanzler Zeit zur Herstellung der Urkunden gelassen werden … Es versteht sich aber von selbst, daß der Kanzler in solchen Fällen an Ort und Stelle sofort eine kurze Aufzeichnung machen mußte, in welcher er etwa Ort und Zeit der Tradition, Namen des Ausstellers und der Zeugen, Object der Verfügung, und was sonst für die Ausfertigung der Reinschrift erforderlich war, fixirte.*«
47 Curschmann 1909, Nr. 4a: »*Unde per saepe nominatum uenerabilem missum Solomonem uidelicet Constantiae ciuitatis episcopum, nobis hoc relatus est confirmandum ac postulatum est nostra auctoritate roborandum. Nos igitur, id subtili perpendentes examine, animaduertimus …*«
48 Curschmann 1909, Nr. 4a; Vita Anskarii c. 23.
49 Janson 2004, 217 f.
50 Curschmann 1909, Nr. 4a: »*Hammaburgensem scilicet et Bremensem, non deinceps duas, sed unam esse uocari subdique sedi, quae praedecessoris nostri decreto archiepiscopali est munera sublimate.*«
51 Vita Anskarii c. 23: »*His itaque decretis atque institutionibus papae sanctissimi Nicolai Bremensis ecclesia adiuncta et unita sedi Hammaburgensi, quae prius metropolis constituta fuerat, facta est archiepiscopalis.*«
52 Vita Rimberti c. 16.
53 Janson 2004, 219 f.
54 Janson 2004.
55 Rettberg 1848, 492: »*Für ein späteres Machwerk wird man diese Urkunde schon nach einem einfachen Vergleich mit dem Bericht Rimberts erklären müssen.*«
56 Koppmann 1866, 12 Anm. 3, und 19; vgl. May 1937, Nr. 17.
57 Vgl. Joachim 1912, 218 f.; Knibbs 2011, 89–91 mit weiteren Nachweisen.
58 Vgl. Sickel 1867, 270 f.; Tangl 1909, 204.
59 Wavra 1991, 303–321; Knibbs 2011, 107–110 u. 111, Anmerkung 35. Ihre Bedenken bzgl. der Authentizität dieses Dokuments sind andererseits wenig überzeugend; vgl. Schmeidler 1918, 211–212: »*Diese* [Urkunde] *hat unter den Diplomen Ludwigs einen einzigartigen Inhalt, eine zweite Bistümsgründung und Erteilung der Legation ist nicht erhalten; große Teile unseres Stückes sind daher nicht formelmäßiger Art, sie bieten singuläre Narratio. Sie allein deswegen schon verwerfen, ist in der Tat doch nicht gerechtfertigt und eine petitio principii; nicht jede Urkunde besonderen geschichtlichen Inhalts, für die es als Gesamtstück keine Parallelen gibt, ist darum schon Fälschung.*« Nach Fertigstellung meines Beitrages für den vorliegenden Band hat mir die Redaktion Theo Kölzers Kommentar zu diesem Dokument zugänglich gemacht, der von ihm zu diesem Zeitpunkt zur Veröffentlichung in seiner kritischen Edition der Urkunden

Ludwigs des Frommes in der Monumenta Germaniae Historica vorbereitet wurde. Kölzer folgt darin in Vielem Drögereit und bringt ein neues Argument gegen die Untersuchungen von Wavra, Klapheck und Knibbs vor. Allerdings bringt Kölzers Kommentar m. E. kein neues Argument gegen die hier von mir dargestellte Abfolge der Ereignisse vor.

60 Joachim 1912, 204–228; Schmeidler 1918, 206–243.
61 Joachim 1912, 216; vgl. Reuter 1910, 259.
62 Vgl. Schmeidler, 1918, 245.
63 Wolfgang Seegrün (1974, 6; 1976, 33) hatte versucht, diese Auffälligkeit dadurch zu erklären, dass sie ursprünglich aus einem Privileg von Papst Eugen II. bezüglich Ansgars Rolle bei Ebos Legation 826/27 stammte; Vgl. Wavra 1991, 286 u. 290. Knibbs (2011, 88 Anm. 36 u. 225 f.) weist diese Möglichkeit überzeugend zurück. Der *filius*-Bezug hatte auch Theodor Schieffer (1986, 515, vgl. 525 u. 533) sehr beschäftigt, der ihn als Übertragungsfehler wertete. Knibbs (2011, 86 und 88 Anm. 36) konnte diese Erklärung richtigerweise widerlegen, zumal der Ausdruck dreimal im Brief wiederholt wird, als ob der Papst ihn betonen wollte.
Er wurde auch von Nikolaus I. in seinem Privileg für Ansgar von 864 übernommen. Curschmann 1909, Nr. 4a; Vita Anskarii c. 23.
64 Gegen Knibbs' Theorie kann jedoch angeführt werden, dass es erstaunlich wäre, wenn das Pontifikat in den 830er Jahren für so eine wichtige Legation, bei der die Kompetenzen eines Bischofs von größter Bedeutung waren, einen Legaten ernannt hätte, der noch kein Bischof war.
65 Knibbs 2011, 78–91.
66 Joachim 1912, 259 mit Anm. 5. Ursprünglich aufgezeigt von Dümmler 1854, 172–173 Fußnote 3.
67 Noble 1974, 352.
68 Die Literatur zu diesem Thema ist extrem umfangreich. Zur Orientierung siehe Noble 1974, 321–352; Fried 1990, 265–272; 2007, 98–109; Boshof 1996, 192–212; Koch 2005, 143–166; Booker 2009; de Jong 2009, 214–259; Scherer 2013, 147–195.
69 Epistolae 5, 228–232. Scherers (2013, 179–183) jüngste schwache Spekulationen über den Ursprung dieses Briefs können, soweit ich es beurteilen kann, getrost von der Hand gewiesen werden.
70 Epistolae 5, 230: »*videntes* [d.h. die fränkischen Bischöfe, die loyal zu Ludwig dem Frommen standen] *illum* [d.h. Ludwig der Fromme] *agere contra fidem, et preçipitari in perniciem.*«
71 Epistolae 5, 228.
72 Noble 1974, 336 f.
73 Ebd. 335 f.: »*Während Wissenschaftler schon lange den Beitrag von Päpsten aus der karolingischen Zeit wie Nikolaus I. und Johannes VIII. zu den zeitgenössischen Traditionen des Pontifikats anerkennen, fand der Beitrag Gregors IV. leider wenig Beachtung.*«
74 Ullmann 1962, 168–172; Fried 1990, 266–271.
75 Koch 2005, 148–152.
76 Vgl. Noble 1974, 347 f. mit Anm. 46 und 47.
77 Epistolae 5, 228: Der Brief beginnt: »*Romano pontifici scribentes contrariis eum in prefacione nominibus appellastis, fratrem videlicet et papam, dum congruencius esset solam ei paternam reverenciam exhibere*«; s. Ullmann 1962, 168–172; Fried 1990, 231–273, 268; 2007, 96. Die Frage hatte in den 860er Jahren ihre Bedeutung noch nicht verloren, und Nikolaus I. war vermutlich sehr froh, die *filius*-Erwähnung aus dem Privileg Gregors IV. für Ansgar zitieren zu können; vgl. Heidecker 2010, 162.
78 Koch 2005, 148–152.
79 Sickel 1867, 270 f. Pippin wurde zum Mittun durch eine Delegation überzeugt, die Ludwig der Deutsche ausgeschickt hatte. Angeführt wurde diese Delegation von Hugo von St. Quentin (ebd. 97).
80 Collins 1990, 363–389, 385 f.
81 Koch 2005, 152–159.
82 de Jong 2009, 250.
83 Zu Ebos Rolle und Beziehung zu Ludwig dem Frommen während dieser Jahre, s. z.B. Goetting 1984, 65–68; Scherer 2013, 157–164; vgl. Booker 2009, 186–197.
84 McKeon 1974, 443; vgl. Schmeidler 1918, 208.
85 Reuter 1910, 259.
86 Joachim 1912, 216–219.
87 Z.B. May 1937, Nr. 18 und Germania Pontificia 6, Nr. 11.
88 Knibbs 2011, 90.
89 Joachim 1912. Lauritz Weibull scheint der gleichen Ansicht gewesen zu sein, Weibull 1942, 192 f.
90 Schmeidler 1918, 213 f.: »*... im allgemeinen Sinne ist die von der Urkunde dem Kaiser zugewiesene Rolle bei der Begründung des Erzbistums Hamburg nur in karolingischer Zeit bis zum Tode Ludwigs denkbar und möglich. Karl der Große hatte in der Anschauung gelebt und sie zur Durchführung gebracht, dass ihm die Leitung und Regierung der Kirche von Gott übertragen und selbst der Papst für ihn nur dienendes und ausführendes Organ, nicht selbständige, gleichberechtigte Instanz sei. Solche Anschauungen konnten sich in Nachwirkung der überragenden Persönlichkeit Karls noch eine Zeitlang erhalten, sie wurden aber schon von Ludwig nicht mehr voll durchgeführt und traten bald genug hinter der entgegengesetzten Ansicht von der nicht nur gleichberechtigten, sondern vielmehr führenden Rolle der Kirche zurück. Nach dem Pontifikat Nikolaus I. wäre ein Fälscher, der der geschichtlichen Wahrheit zuwider dem Kaiser eine solche führende Tätigkeit bei Gründung seiner Kirche zugeschrieben hätte, völlig undenkbar, er würde auch seiner Kirche einen sehr schlechten Dienst erwiesen haben.*«
91 Schrörs 1884, 32; vgl. Joachim 1912, 218.
92 Joachim 1912, 259.
93 Vgl. Regesta Imperii I, Nr. 927.
94 Unter diesen neuen Gesichtern waren besonders prominent Bischof Drogo von Metz und Abt Hugo von St. Quentin. Beide waren jeweils Halbbrüder Ludwigs des Frommen, und beide hatten zuvor harte Zeiten zu erleiden gehabt, als 816–821 Benedikt von Aniane und Ebo von Reims zu den führenden Perönlichkeiten am Hofe Ludwigs aufgestiegen waren (Boshof 1996, 104–105). Ludwig sandte Drogo und Hugo 817 ins Kloster, und auch als sie sich schon 821 mit Ludwig ausgesöhnt hatten, verblieben sie doch ohne größeren Einfluss am Hofe. Erst 834 mit den Ereignissen nach dem Lügenfeld wurden sie enge Vertraute Ludwigs. Beide stiegen nun sehr rasch zu Führungspositionen auf. Drogo wurde, wahrscheinlich im März (Boshoff 1996, 209 Anm. 193), mit der Leitung der Hofkapelle betraut, und Hugo erreichte eine wichtige Stellung in der Kanzlei, bevor er in Nachfolge des im Mai oder Juni gefallenen Theoto Erzkanzler wurde (Sickel 1867, 95).

95 Vgl. Sickel 1867, 104: »Nun waren es aber ganz verschiedene Aufgaben, Urkunden und Geschäftsbriefe nach herkömmlichen Formeln abzufassen, und andererseits etwa eine politische Correspondenz zu führen, bei welcher jeder Gedanke erwogen und jedes Wort abgewogen werden sollte. Die Lösung der letzteren Aufgabe erforderte eine höhere Bildung, und dass die Notare, mochten sie auch noch so einsichtsvoll und geschäftskundig sein, dieser nicht teilhaftig waren, davon überzeugen wir uns leicht, wenn wir ihre stilistischen Leistungen in Betracht ziehen.«

96 Sickel 1867, 95.

97 Da Hugo von St. Quentin unmittelbar Theoto als Erzkanzler nachfolgte, ist es gut möglich, dass er bereits an der Ausfertigung des Ludwigs-Privilegs für Hammaburg beteiligt war. In der Tat mögen die beiden Kaiserbrüder, Drogo und Hugo, sehr wahrscheinlich daran gearbeitet haben. Es gibt stilistische Details, auf die ich an dieser Stelle nicht ausführlich eingehen kann, die meiner Auffassung nach durchaus auf den Einfluss der Hofkultur unter Karl dem Großen im Zenit der karolingischen Renaissance im frühen 9. Jahrhundert zurückgeführt werden können. Für seine Kommentierung des Stilelements dieses Dokumentes danke ich Tore Janson, Universität Göteborg.

98 Zu diesem Zeitpunkt finden sich auch die Personen an der Seite des Kaisers, die wir aus der Vita Anskarii im Zusammenhang mit Ansgars Weihe und Reise nach Rom kennen, darunter Bischof Drogo von Metz, der Halbbruder des Kaisers, der Ansgar weihte, unterstützt von z. B. Willerich von Bremen, der zu den wenigen gehörte, die Kaiser Ludwig auf dem Lügenfeld die Treue hielten. Weitere getreue Diener Ludwigs waren Bischof Bernhold von Straßburg, der für den Kaiser auf dem Lügenfeld verhandelte, und der bereits erwähnte Ratold von Verona, der Königin Judith im April aus Italien begleitet hatte. Laut Rimbert waren diese beiden die Anführer der römischen Delegation, die Gregor IV. dazu brachte, Ansgar das *pallium* zu verleihen und Hammaburg zum erzbischöflichen Sitz zu machen; Vita Anskarii c. 12–13. Bernard Schmeidlers (1918, 236) Argument, dass Ratold im Sommer 834 nicht von Verona nach Rom hätte reisen können, stimmt nicht mit der politischen Lage der damaligen Zeit überein.

99 Zuletzt Knibbs 2011, 117–124, für den dies eine Erfindung Ansgars ist.

100 Gedruckt von Wavra 1991, 351–354. Der Kaiser gestand auch, dass das kleine Kloster (*cella*) Rodnach zu diesem Zeitpunkt Heridags Kirche genommen und dem Kloster (*monasterium*) Inden (Korneliusmünster) – bei Aachen von Ludwig dem Frommen und Benedikt von Aniane gegründet – übergeben worden ist.

101 Wavra 1991, 307–309; Knibbs 2011, 121–123.

102 Ann. regni Franc. ad anno 809. Neuere archäologische Sichtweisen zu Esesfelth finden sich bei Lemm 2013a.

103 Die Terminologie ist zugegebenermaßen keineswegs eindeutig; vgl. Schlesinger 1961, 15; Rossignol, 2011, 78 f.; vgl. auch Chronicon Moissiacense ad anno 810.

104 Übrigens dasselbe Jahr, als Ludwig der Fromme und Benedikt von Aniane Inden gründeten.

105 Ann. regni Franc. ad anno 817.

106 Wavra 1991, 243–251.

107 Vgl. Wavra 1991, 249 f.

108 Dies wäre selbstverständlich noch wesentlich naheliegender, wenn meine Vermutung zutrifft, dass Drogo von Metz und Hugo von St. Quentin eine entscheidende Rolle bei der Ausfertigung des Ludwigs-Privilegs spielten. In diesem Falle ist es am wahrscheinlichsten, in jenen »*Einflüsterern*« Ebo von Reims und Benedikt von Aniane zu vermuten.

109 Wavra 1991, 250.

110 Das mangelnde Verständnis sowohl des Ludwig-Privilegs als auch des Gregor-Privilegs basiert auf dem Unvermögen – siehe Noble 1974, 335 f. –, die Heftigkeit des Konflikts von 833–834 zwischen dem Papst und dem Kaiser zu begreifen.

111 Auf die wichtige Rolle Ludwigs des Deutschen und Ansgars enge Verbindung zu ihm weist Drögereit (1975a, 205 f.) hin. Vgl. Wavra 1991, 353: »... *ad nostram nostraeque sobolis perpetuam divinae* and 354: *pro nobis proleque nostra, atque statu totius Imperii nostri, divinam misericordiam.*«

112 Erreicht durch das Gregor-Privileg.

113 Wavra 1991, 353: »... *statuimus una cum consensu Ecclesiastico, praefata ultima in regione Saxonia trans Albiam in loco nuncupato Hammaburg cum universa Nordalbingorum provincia Ecclesiae proprii vigoris constituere sedem, cui ad primum praeesse atque solenniter consecrari per manus Drogonis Metensis, & summae sanctaeque palatinae dignitatis ansgarium fecimus Archiepiscopum, astantibus Archiepiscopis Ebone Rhemensi ...*«

114 Vita Anskarii c. 9–12. Knibbs 2011, 112 f. übersieht diesen Punkt.

115 Erreicht durch das Gregor-Privileg.

116 Wavra 1991, 353: »*Cui, videlicet Ansgario, quia praefatis in Gentibus, haec nostris in diebus dignissima in conuocatione Gentilium vel redemtione captiuorum monstrata sunt lucra, tam nostra, quam Sanctae Romanae Ecclesiae Sedis auctoritate, hanc Deo dignam in gentibus commisimus legationem ac proprii vigoris ascribere decreuimus dignitatem.*« Dies bedeutet nicht, dass der Kaiser selbst päpstliche Legate ernannte (vgl. Joachim 1912, 222 und Knibbs 2011, 93 und 112 f.), sondern nur, dass er beschloss, was der Bischof von Rom ausführen sollte. Eine alternative Situation, in der diese Formulierungen, in denen die Position des Kaisers gegenüber dem Papst erklärt wird, Sinn ergeben hätten, ist tatsächlich sehr schwer vorstellbar.

117 Vgl. Weibull 1942, 192–193.

118 Vgl. Hauck 1912, 698–671 und Schmeidler 1918, 212–214 mit einer ähnlichen Interpretation dieser Ereignisse. Wie Schmeidler hervorhob, tat Ludwig der Fromme dies genau dann, als Ebo 822–823 zum Legaten ernannt wurde.

119 Ein weiteres Manöver mit der gleichen symbolischen Wirkung war vielleicht seine Beiordnung von Ebos Neffen Gautbert zur päpstlichen Legation zur gleichen Zeit, als er diesem das *pallium* als Erzbischof der *Sueones* verlieh; vgl. Weibull 1941, 156; Janson 2004, 218 f.; Klapheck 2008, 82 f. Knibbs' Einwände gegen Klapheck zu diesem Thema (Knibbs 2011, 226 f.) überzeugen nicht.

120 Es ist möglich, dass es dieses Legatsamt unter kaiserlicher Autorität war, vergeben von Ludwig dem Frommen am 15. Mai 834, auf welches Rimbert laut seiner Vita später im Norden als Erbe von Ansgar bestand. Vita Rimberti c. 16: »*legationis suae offitium, quod ad praedicandum gentibus verbum Dei primitus a decessore suo susceptum est et post-*

modum sibi successionis iure quasi hereditarium provenit, ... eidem legationi insistens, semper autem constitutos habens presbiteros, per quos et verbum Dei gentiles audirent, et solatium captivi christiani haberent, ad ecclesias inter ipsos paganos constitutas longe ab ecclesia sedis suae, quodque gravissimum erat, marinis discriminibus adeundas. ...; Vita Rimberti c. 20: *frequenter videlicet, dum iret ad Sueoniam, tempestatem maris orationibus suis sedasse, caeci cuiusdam oculos illuminasse per confirmationem, quam episcopali more cum chrismate sacro in eodem faciebat.*«

121 Auf die gesamte Geschichte des alten *castellum Hammaburg* gesehen, sind die wenigen Jahre Ansgars letztlich von marginaler Bedeutung geblieben. Das Projekt hatte nur einen geringen Einfluss entwickelt, bis Ansgar 845 gezwungen war, es zu verlassen. Nichtsdestotrotz, wenn die Annalen von St. Bertin über den Angriff zu 845 berichten, dann sprechen sie von dem Ort Hammaburg als civitas und mit einer gewissen Unschärfe wird es als »*eine bestimmte civitas der Slawen*« bezeichnet [*quandam civitas Sclavorum*] (Ann. Bert. ad anno 845). Die Funktion als *castellum* mag aber weiterhin die Wahrnehmung bestimmt haben – speziell im Zusammenhang mit kriegerischen Auseinandersetzungen. Die Fuldaer Annalen beschreiben das Ereignis von 845 als einen Angriff auf das *castellum Hammaburg* in *Saxonia* und geben entsprechend keinen Hinweis auf die Funktion des Ortes als Bischofssitz. (Ann. Fuld. ad anno 845). Auch Ansgar schloss die Episode Hammaburg rasch ab und identifizierte sich recht bald völlig mit der Bremer Kirche, indem er sich selbst in den frühen 860er Jahren als *Bremensis ecclesiae presul* und als Nachfolger Bischof Willehads von Bremen (*Miracula S. Willhadi*, c. 1) bezeichnete. Die Notwendigkeit sich auf Hamburg zu beziehen, trat erst dann auf, als es galt, bestimmte Rechte zu beanspruchen. In den 860er schien es ein gangbarer Weg zu sein, auf das alte Hammaburg-Privileg zurückzugreifen, um den Papst dazu zu bringen (per Überredung bzw. Vortäuschung), Bremen und nicht Hammaburg zum Sitz des Erzbistums für den Norden zu machen. Allerdings ließ sich Nikolaus I. nicht von diesem Manöver täuschen.

122 Goetting 1984, 72–78. Die Präsenz Ebos am Hofe Ludwig des Deutschen war möglicherweise ein Beweggrund für Ansgar, seine Pläne mit der Hammaburg aufzugeben, um sich völlig seiner neuen Rolle als Bischof von Bremen zu widmen. Am Ende von Ebos Leben und speziell nach dessen Tod veränderte sich die Situation indes vollständig. Ludwig der Deutsche (und so auch Ansgar) begann, sich auf die Notwendigkeit zu besinnen, den kirchlichen Einfluss auf den Norden für sich zu sichern. Und dies wurde umso eiliger, als Gautbert eine Dekade später verstarb.

123 In einem Brief des Erzbischofs Hrabanus Maurus von Mainz (Konzilien, 159–160) bezüglich der Mainzer Synode des Jahres 847. Hrabanus nennt unter anderen Ebo, Gautbert und Ansgar (alle ohne Titel) als seine *coepiscopi* (Mitbischöfe) »*qui ad predicta ecclesiae* [i.S. der Metropolitankirche von Mainz] *diocesim pertinet*«, also so, als wären alle drei lediglich Bischöfe und Suffragane von Mainz. Dies, obwohl Ebo selbstverständlich noch immer den Titel des Erzbischofs von Reims für sich beanspruchen durfte und obgleich Gautbert und Ansgar als Bischöfe von Osnabrück und Bremen jeweils Suffragane von Köln waren. Dass diese »*formlose Liste*« (Schieffer 1986, 535), welche mitten im administrativen Wirrwarr nach dem Vertrag von Verdun geschrieben wurde, daher nur von geringem Wert für das Verständnis der Position Ansgars 847 hat, ist in aller Deutlichkeit von Theodor Schieffer und Brigitte Wavra dargelegt worden (Schieffer 1986, 535-537; Wavra 1991, 319 Anm. 232; vgl. Seegrün 1974, 8 f.; 1976, 27 f.).

124 Vgl. Wood 1987, 39.

125 Vielleicht empfand Ludwig der Deutsche dieses Problem nach der Taufe des mächtigen Nordmannes Weland am westfränkischen Hof Karls des Kahlen 862 als dringlicher. Man darf nicht vergessen, wie Palmer (2004, 242) betont, dass Corbie ein direkter Weg zum Hof Karls des Kahlen war. Pläne am westfränkischen Hof bezüglich neuer kirchlicher Aktionen im Norden könnten ein guter Grund für Rimbert (und Ludwig den Deutschen) gewesen sein, die Sache von Ansgar und Hamburg-Bremen nach Ansgars Tod in Corbie zu propagieren.

126 Vgl. Dobat 2013.

Ansgar als Argument – Die Aktualität des ersten »Erzbischofs« von Hamburg im 11. Jahrhundert

Volker Scior

Das Bild, das wir uns heute von der Person und dem Wirken Ansgars machen, von der Frühzeit des Erzbistums Hamburg und von der Missionspolitik im Gebiet des heutigen Norddeutschlands, Dänemarks und Skandinaviens, hängt zu einem Gutteil an einem Werk aus deutlich späterer Zeit: Der Hamburgischen Kirchengeschichte des Adam von Bremen aus dem letzten Drittel des 11. Jahrhunderts[1]. Dieses Werk, das zu den faszinierendsten Erzeugnissen der hochmittelalterlichen Historiografie gehört, ist bereits oft untersucht und interpretiert worden, und fast immer hat man in seinem Verfasser Adam sowohl einen überzeugten Kleriker und Politiker erblickt als auch einen wichtigen Gewährsmann für die frühmittelalterliche Missions- und Kirchenpolitik in Nordeuropa[2]. Von der Einschätzung der bisherigen Forschung ausgehend, möchte ich im Folgenden drei Aspekte in den Mittelpunkt stellen: 1. will ich das Bild, das Adam von Ansgar auf der Grundlage seiner Quellen zeichnet, resümieren; 2. möchte ich skizzieren, wie Adam die Frühzeit Hamburgs beschreibt; 3. schließlich will ich thesenartig eine Erklärung für seine Äußerungen anbieten. Zunächst seien jedoch noch kurz einige einleitende Worte zu Adam und seiner Schrift vorausgeschickt.

Adam von Bremen war im Norden ein Fremder. Er bezeichnete sich selbst als einen *proselitus et advena* und stammte wohl aus dem heutigen Ostfranken oder Westthüringen, jedenfalls so offenkundig aus dem Süden des heutigen Deutschlands, dass sich ein späterer Leser aus dem Norden, vielleicht aus Bremen, an seiner Ausdrucksweise stieß[3]. Dennoch – und das ist für das Bild, dass er von Ansgar und Hamburg vermittelte, von größter Bedeutung – verfasste er seine Chronik als engagierter Angehöriger des Erzbistums Hamburg-Bremen, dem er sich selbst überdeutlich zurechnete. Vom amtierenden Erzbischof Adalbert, einem der wichtigsten und berühmtesten Erzbischöfe seiner Zeit, Ende der 1060er Jahre, also nur relativ kurz vor der wahrscheinlichen Abfassung, als *magister scholarum* in den Norden geholt, schrieb er sein Werk als *sanctae Bremensis ecclesiae canonicus* – mithin im Wesentlichen nicht in Hamburg, sondern am Bischofssitz in Bremen, wo er Zugang zum Archiv hatte und wichtige Quellen fand[4].

Zumindest auf den ersten Blick ist Adam kaum ein Gewährsmann für die Geschichte Ansgars, jedenfalls berichtet er nicht aus erster Hand. Er verfasste seine Hamburgische Kirchengeschichte ungefähr im Jahr 1075, also gut 200 Jahre nach dem Tod Ansgars. Was er über Ansgar und die Frühzeit Hamburgs wusste und was er mitteilte, hatte er erfragt und sich angelesen. Nachweislich hat er für sein Werk außerordentlich viele Quellen verwendet, darunter auch diverse Viten wie die *Vita Anskarii*, die Ansgars Nachfolger Rimbert verfasst hatte, aber auch die *Vita Rimberti* sowie Wunderberichte, die aus der Feder Ansgars selbst stammten[5]. Gemessen an der damaligen Zeit muss man ihn daher als durchaus gut informierten Geschichtsschreiber betrachten, nicht nur, was die geo- und ethnografischen Kapitel im vierten Buch angeht, sondern auch, was die Frühgeschichte seines Erzbistums betrifft.

Wichtig für die Einstufung der Angaben Adams über Ansgar ist die Gattung, der sein Werk angehört. Denn die Tatsache, dass es sich bei den *Gesta* um eine Bistumschronik handelt, präjudiziert in wichtigen Aspekten die Darstellung, nicht zuletzt erkennbar am chronologischen Gerüst, das sich – wie in Bistumschroniken üblich – an den Amtszeiten der Erzbischöfe orientiert. Diesem chronologischen Ablauf folgen im Wesentlichen die ersten drei Bücher, während das vierte Buch eher räumlich strukturiert ist, obwohl es, entgegen vielen Aussagen in der Forschung, einen integralen Bestandteil des Werkes darstellt[6]. Diese hier nur sehr kurz skizzierten Charakterisierungen von Autor und Werk bilden nun gleichsam den Hintergrund der Angaben über Ansgar und das frühe Hamburg, der mit bedacht werden muss. Wir haben einen gut informierten Geschichtsschreiber vor uns, der nicht wertfrei oder neutral einen Blick in die frühmittelalterlichen Anfänge des Bistums gewährt, sondern der vielmehr engagiert die Geschichte seines Bistums vor Ort schreibt. Man muss hinzufügen, dass es selbstverständlich gute Gründe dafür gab, gerade in den 1070er Jahren dieses Werk zu verfassen, und dass diese *causae scribendi* sowohl mit der Situation im Reich zu tun hatten, die man gemeinhin unter dem Terminus Investiturstreit zusammenfasst, als auch mit der Situation im Norden selbst. Doch darauf sei unten noch eingegangen.

ZUM BILD ANSGARS IN DER HAMBURGISCHEN KIRCHENGESCHICHTE

Nach Adams Chronik war Ansgar der erste Erzbischof Hamburgs, und zwar seit dem Jahr 832. Adam plädiert wortreich für dieses frühe Gründungsdatum des Erzbistums. Er führt genau an, welche Bischöfe Ansgar weihten, und berichtet von einer kaiserlichen Initiative zur Ernennung des Erzbischofs und von einer Bestätigung durch ein päpstliches Privileg[7]. Adam greift in seiner Argumentation vor allem auf zwei Urkunden – ein Diplom Ludwigs des Frommen von 834 (BM 928)[8] und eines Papst Gregors IV. von 831/32 – sowie auf Rimberts *Vita Anskarii* (Fassung A)[9], zurück. Höchste weltliche und kirchliche Autoritäten garantierten demnach, so muss man den Text lesen, die frühe erzbischöfliche Stellung Hamburgs. Der Akt der Gründung war ein politischer, und in der Chronik wird deutlich, dass es auch Opponenten gab[10]. Adam weist in seiner Authentifizierungsstrategie darauf hin, dass die entsprechenden Urkunden von Kaiser und Papst im Archiv der Bremer Kirche aufbewahrt würden[11]. In Anlehnung an diese Quellen und an die genannte *Vita Anskarii* berichtet er, bereits Karl der Große habe Pläne zur Errichtung eines Erzbistums in Hamburg gehegt. Erst Ludwig der Fromme aber habe Hamburg zur Mutterkirche (*mater ecclesiae*) »*für alle Barbarenvölker, für die Dänen, Schweden, Slawen und andere Nachbarvölker ringsum bestimmt.*«[12] Die Gründung des Erzbistums Hamburg und die Ernennung Ansgars sind somit eingebettet in die Geschichte der Mission im Norden. Adam verfolgt ganz konkret die Verbindung zweier Erzählstränge: Zum einen der Geschichte des Erzbistums Hamburg-Bremen, zum anderen der Geschichte der *legatio gentium*, des Auftrags zur Mission im Norden Europas.

Beide Themen durchziehen als rote Fäden die gesamte Chronik[13]. Das wird in der Komposition der Darstellung Ansgars und in nahezu allen Einzelheiten deutlich. Im Kapitel vor der Ernennung Ansgars zum Bischof zählt Adam dessen Verdienste für die Mission bei den Dänen auf[14]. Dadurch stellt er, was wichtig ist, einen unmittelbaren Zusammenhang zwischen der Mission im Norden und der Gründung des Erzbistums Hamburg her. Ansgar wird aufgrund missionarischer Eignung und Leistung Erzbischof, und Hamburg wird dadurch gleichsam zur legitimen Missionsstation für den gesamten Norden. Parallel gestaltet Adam wenige Seiten zuvor die Abschnitte über das Bistum Bremen. Auch hier nennt er Karl den Großen als geistigen Urheber – er inseriert eine Urkunde Karls, nach der dieser 788 das Bistum gründete –, und auch hier wird der Kandidat, in diesem Fall Willehad, vor allem aufgrund seiner Verdienste um die Mission zum Bischof ernannt – hier für das nördliche (*septentrionalis pars*) Sachsen unter Hinzufügung eines Teilgebiets von Friesland (*Fresia*)[15].

Die Urkunden, auf die sich Adam in seinen parallel angelegten Darstellungen über die Gründungen Bremens und Hamburgs bezieht, haben in der Forschung eine intensive Diskussion nach sich gezogen. Sie werden in unterschiedlichem Ausmaß für ge- oder verfälscht gehalten, und auch die Berichterstattung in der *Vita Anskarii* steht inhaltlich in engem Zusammenhang mit diesen (Ver-)Fälschungen. Die jüngsten diplomatischen Untersuchungen Theo Kölzers legen zweierlei nahe: Zum Ersten ist die für die Frühgeschichte Hamburg-Bremens zentrale und auch von Adam verwendete Urkunde Ludwigs des Frommen vom 15. Mai 834 in der überlieferten Fassung unecht und wurde am Ende des 9. Jahrhunderts, nach der Fertigstellung der *Vita Anskarii*, verfälscht; zum Zweiten hatte Ansgar zwar eine päpstliche Missionslegation inne und war seit 847 auch Bischof von Bremen, er wurde jedoch nie Erzbischof von Hamburg, zu dem ihn letztlich erst Rimbert machte, um wiederum selbst Vorteile davon zu haben[16]. Henrik Janson geht in diesem Band von einem anderen, geringeren Grad der urkundlichen Verfälschung und von einem anderen historischen Verlauf aus – nach ihm war Ansgar tatsächlich Erzbischof von Hamburg, wenngleich erst ab 834. Wenn die Ergebnisse Kölzers und/oder Jansons auch nur annähernd Bestand haben werden, ergibt sich in jedem Fall die eindeutige Situation, dass Adam von Bremens Darstellung (mindestens) stark tendenziös ist. Damit stellt sich zugleich die Frage, ob Adam – der ja wie in den genannten urkundlichen und hagiographischen Verfälschungen von einer frühen Gründung eines Erzbistums Hamburg schreibt – knapp 200 Jahre später die Fälschungen nicht als solche erkannt hat, oder ob er deren Aussagen übernahm, weil sie in seine Tendenz passten. Allein die Frage, ob es sich bei den Urkunden und den Aussagen in der *Vita Anskarii* um eine »*plumpe Fälschung*« handelte und sich Adam bei der Gründungsdarstellung »*im wesentlichen*« an seine Quellen hielt[17], ist dabei nicht weiterführend. Vielmehr muss man dann nach den Gründen für die Tendenz in Adams Darstellung suchen, zumal er auch noch andere ge- und verfälschte Aussagen übernahm. Die von Adam als Argument herangezogene Urkunde für Bremen etwa stammt höchstwahrscheinlich aus den Jahren 1056–1062 und ist somit erst während des Pontifikats Erzbischof Adalberts und kurz vor der Berufung Adams nach Bremen entstanden[18].

Der Textbefund ist also zunächst Folgender: In der Parallelisierung der beiden Gründungsdarstellungen gelingt es Adam von Bremen, sowohl das Bistum Bremen als auch das – seiner Behauptung nach – *Erzbistum* Hamburg in einen rechtlich von den höchsten weltlichen und geistlichen Autoritäten abgesicherten Gründungs- und Missionszusammenhang zu stellen. Adam übernimmt aus den Zeugnissen erstens die frühe Errichtung des *Erzbistums* unter Ludwig, die durch den angeblichen Plan Karls noch zeitlich und autoritativ unterstrichen wird[19], sowie zweitens die Präzisierung und Ausweitung des Missionsraumes[20]. Diese Frühdatierung der Gründung hatte legitimatorische Funktion, denn sie rechtfertigte die kanonisch bedenkliche Zusammenlegung der Bistümer Hamburg und Bremen, die angeblich 848 erfolgte und 864 durch Nikolaus I. und 893 durch Papst Formosus rechtlich verbrieft worden ist. Die Unierung beider Bistümer wäre dann vorgenommen worden, als Ansgar aufgrund des Wikingerüberfalls aus Hamburg geflohen war und ihm das vakante Bistum Bremen als neue *sedes* überlassen wurde, so dass der Hamburger Erzbischof in der Folgezeit in Bremen residierte. Mit Hilfe der Frühdatierung – und das ist wohl das zentrale Argument in den Fälschungen – konnte die Unierung der Bistümer als Zuweisung des Bistums Bremen an ein bereits bestehendes *Erzbistum* Hamburg beschrieben werden. Damit aber boten die (Ver-) Fälschungen, denen Adam hier folgte, zwei entscheidende, aktuelle und konkrete Vorteile (die im Übrigen bestehen bleiben, gleich ob man Kölzer oder Janson folgt): 1. bildeten sie im Vergleich zu einer Zusammenlegung zweier Bistümer ein wirkungsvolleres historisches und rechtliches Argument gegenüber den Ansprüchen anderer, hier des mächtigen Erzbistums Köln auf Bremen[21], und 2. verbesserten sie die Position Hamburg-Bremens gegenüber Ersatzansprüchen des Bistums Verden für den Verlust der nun an Hamburg gefallenen Missionszuständigkeit in den nordelbischen Gebieten[22].

Mit seiner Darstellung der Entstehungsgeschichte des Erzbistums ordnet sich Adam also in eine lokale – nämlich Bremer – Tradition ein, die eigene Geschichte zu verfälschen. Sie setzte bereits kurz nach der Gründung des Erzbistums ein, regte zu Urkundenproduktion und Geschichtsschreibung an und stärkte die erzbischöflichen Interessen gegenüber den Ansprüchen anderer argumentativ. Gleichwohl würde es jedoch zu kurz greifen, die Darstellung Adams nur mit dieser Tradition erklären zu wollen, auch wenn sich der Chronist ausdrücklich auf die angesprochenen Quellen bezieht. Tendenzen der Fälschungen aus dem 9. Jahrhundert wurden im weiteren Verlauf immer wieder aufgegriffen, weil sie aktuell blieben. Auch Adams Bericht über die Entstehung des Erzbistums ist von aktuellen, gegenwärtigen Interessen zur Abfassungszeit geprägt, was deutlich wird, wenn die enge Debatte um die Urkundenfälschungen der Frühzeit verlassen und die Situation zur Abfassungszeit der Kirchengeschichte in die Überlegungen einbezogen wird. Denn ausgerechnet während des Pontifikats Adalberts, mithin also kurz vor Abfassung der Hamburgischen Kirchengeschichte, wurden die Fälschungsaktivitäten im Bemühen um die Herausstellung von Privilegien des Erzstuhls verstärkt[23]. Infolge des hierbei unternommenen Rückgriffs auf die erwähnten Urkunden[24] weisen die Fälschungen dieser Zeit strukturelle Ähnlichkeiten mit denen der Jahre 870–888 auf. So sind sowohl die Urkunde Ludwigs des Frommen als auch das Privileg Papst Nikolaus I. kurz vor Abfassung der Hamburgischen Kirchengeschichte noch jeweils zweimal verfälscht worden, und in beiden Fällen lässt sich dieselbe Tendenz wie bei den früheren Verfälschungen feststellen: Der geistliche Herrschaftsraum des Erzbistums wurde durch längere Völkerlisten weiter ausgedehnt und präzisiert. Genau diese Tendenz weist nun Adams Kirchengeschichte auf: Niemand vor Adam, kein Urkundenfälscher und kein Vitenschreiber, auch nicht die hier zuerst verdächtigen Rimbert und Adaldag, hat den Zuständigkeitsraum des Erzbistums Hamburg so ausführlich, so prägnant und präzise ausgeweitet wie der Geschichtsschreiber im 11. Jahrhundert, vor allem im vierten Buch[25]. Ausgerechnet die in den Verfälschungen zur Zeit Adalberts vorgenommenen Präzisierungen und Ausweitungen des (beanspruchten) Missionsraumes korrespondieren auffällig mit der Vielzahl von Völkerschaften, die Adam im vierten Buch seines Werkes geo- und ethnografisch darstellt. Die in der Historiografie narrativ ausführlich mögliche Konkretisierung eines sprichwörtlich bis an das

KREUZFIBELN BEI DEN SACHSEN

Schon während der Sachsenkriege des Frankenkönigs Karl gelangten Objekte mit christlicher Symbolik bis an die neuen Grenzen des Karolingerreiches. Neben den Taubenfibeln sind es besonders die Kreuzfibeln, die bei den Sachsen zu den frühesten Zeugnissen des christlichen Glaubens gehörten. Sehr ähnliche Gewandschließen wurden im späten 8. Jahrhundert im gesamten Karolingerreich getragen. Die Frauen verschlossen damit, nach der Lage der Fibel im Grab zu urteilen, eine Palla (langes Gewand) unter dem Hals bzw. auf der Brustmitte. Die Männer trugen, wie Bildquellen zeigen, Fibeln auf der rechten Schulter am Mantel. Doch waren es mehr als einfache Gewandschließen, denn mit der Fibel wurde auch das Bekenntnis zum christlichen Glauben für alle kenntlich gemacht. Bislang sind nur wenige Kreuzfibeln aus Frankreich und somit einem zentralen Gebiet des Frankenreichs bekannt geworden, was jedoch eine Frage des Forschungsstandes sein dürfte. Eine beachtliche Anzahl Kreuzfibeln ist dafür aus genau jenen Regionen bekannt geworden, die im Laufe des 8. und 9. Jahrhunderts in das Karolingerreich einbezogen wurden: Sachsen, die Ostmark und der östliche Alpenraum. Diese weite Verbreitung und die hohe Stückzahl – inzwischen sind weit über 100 kreuzförmige Fibeln bekannt – zeigen, dass die Integration der neuen Reichsteile bereits um 800 weitgehend abgeschlossen war. Nun trug dort auch die ländliche Bevölkerung derartige Gewandschließen, die somit als Alltagsgegenstände anzusehen sind. Die Fibeln kommen in verschiedenen Varianten vor, die allerdings keine regionalen Typen darstellen. Es handelt sich vielmehr um ein variantenreiches Typenspektrum, das im gesamten Karolingerreich verfügbar war, und die Fibeln als Bestandteil karolingischer Alltagskultur zu erkennen gibt.

1 Kreuzfibel vom Hamburger Domplatz. M 3 : 1

Fibel vom Hamburger Domplatz ❘
Siedlungsfund, Fpl. 35 ❘
Archäologisches Museum Hamburg (Inv.-Nr. 1956/168)
Gegossenes Buntmetall mit grünen und roten Glaseinlagen in den Kreuzarmen. ❘
B. 3,06 cm; H. 3,1 cm; Dicke 0,5 cm, auf der Rückseite mitgegossenes, zur Seite gebogenes Blech (eventuell die Nadelrast) und Draht aus Buntmetall (eventuell der Nadelrest). ❘
Um 800 ❘

2 Replik der Kreuzfibel vom Hamburger Domplatz. M 3 : 1

3 Kreuzfibel vom Gräberfeld bei Wulfsen. M 3 : 1

Aus dem Umland von Hamburg kennen wir vom Gräberfeld bei Wulfsen, Lkr. Harburg, eine bronzene gegossene Kreuzfibel mit Kerbschnittverzierung. Sie besitzt ein rautenförmiges Mittelteil und mit je drei Endrundeln versehene Kreuzarme. Ihre Datierung in das späte 8. oder frühe 9. Jahrhundert ergibt sich aus der Lage des Grabes im kontinuierlich gewachsenen Gräberfeld und seiner Nord-Süd-Ausrichtung. Weitere Vergleichsfunde stützen diese Datierung. Eine mit Glaseinlagen reich verzierte Kreuzfibel vom Hamburger Domplatz kann anhand der Neubewertung ihres Fundkontextes (s. Beitrag Karsten Kablitz) erst in der zweiten Hälfte des 9. Jahrhunderts in den Boden gelangt sein, könnte aber angesichts der Beschädigung und möglicherweise Umarbeitung einige Zeit früher hergestellt worden sein (s. Beitrag Wolfram Giertz). Wie bei der Kreuzfibel aus Wulfsen ist auch hier die Grundform eine Raute, und die Enden der Kreuzarme tragen ebenfalls je drei Rundeln. Die Größe der beiden Fibeln ist nahezu gleich.

Die beiden Kreuzfibeln aus Hamburg und Wulfsen sind zusammengenommen ein guter Beleg für die Übernahme der materiellen Kultur mit dem entsprechenden Symbolgehalt des Karolingerreiches durch die einheimische Bevölkerung.

Kreuzfibel vom Gräberfeld bei Wulfsen, Lkr. Harburg.
Grab 414, Fpl. 8
Archäologisches Museum Hamburg (Inv.-Nr. HMA 2004/68/A2)
Gegossenes Buntmetall. – B. 3,37 cm; H. 3,1 cm; Dicke 0,85 cm, auf der Rückseite mitgegossene Nadelhalterung mit Resten der eisernen Nadel.
Um 800

Sven Spiong

Literatur
Spiong 2000; Busch 2002.

4 Kreuzfibel vom Gräberfeld bei Wulfsen. M 3 : 1

Weltende reichenden (Missions-)Raumes stellt die konsequente Weiterführung eines Gedankens dar, der in den Urkundenfälschungen bereits angelegt ist und in Adams Darstellung von der Gründung des Erzbistums, lange vor dem vierten Buch also, für den Leser argumentativ vorbereitet wird. Diese Tatsache sowie die Bestätigung oder gar Ergänzung des erzbischöflichen Zuständigkeitsbereichs in nahezu jeder Urkundenfälschung lässt auf einen hohen diesbezüglichen Bedarf zu Adalberts und Adams Zeit schließen.

Es ist letztlich nicht einwandfrei zu entscheiden, ob Adam wusste, dass es sich bei den zitierten Urkunden und den entsprechenden Passagen der *Vita Anskarii* um Fälschungen handelte – was seine Tendenz klar hervortreten ließe. Immerhin jedoch kann aus ihrer Übernahme in die Kirchengeschichte darauf geschlossen werden, dass die historische wie rechtliche Legitimation der erzbischöflichen Ansprüche Adams Absichten entsprach. Werner Trillmichs Äußerung, Rimbert habe in der *Vita Anskarii* die »*Absichten* [Karls des Großen] *in Bezug auf Hamburg überschätzt*«, hat keine große Wahrscheinlichkeit für sich und kann auch für Adam kaum in Anspruch genommen werden; die Meinung, Adam habe »*kein Rechtsverständnis*« besessen,[26] trifft nicht zu, wenn der enge Zusammenhang zwischen Legitimationsbedürfnis und Rechtsdenken in Rechnung gestellt wird, der sich aus den Berichten über die Bistumsgründungen Bremens und Hamburgs ergibt. Im Gegenteil: Allein das mehrfache Zitieren von Urkunden, welche die *privilegia* des Erzbistums sichern sollten, belegt eindeutig ein Rechtsdenken, wenn auch kaum ein im modernen Sinne (vermeintlich) ›neutrales‹, sondern ein den Interessen des Erzbistums verpflichtetes[27]. Zwar kann eine Beteiligung Adams an den Verfälschungen nicht nachgewiesen werden, jedoch erscheint ihre naive Benutzung wesentlich unwahrscheinlicher als eine bewusste und gezielte.

So lässt sich, gleich welcher Ansicht in Bezug auf die Fälschungen man nun folgt, festhalten: Die Ansprüche auf einen erweiterten, über die Reichsgrenzen hinausreichenden Missionsraum im Norden und Nordosten Europas gehen in Adams Werk von Hamburg aus, dessen frühe Gründung als Erzbistum mit Missionsaufgaben den Garanten dieser Ansprüche bildete. Dagegen werden die herrschaftlichen Interessen des Erzbistums am Weserraum bei der Gründung Bremens hervorgehoben, war Bremen doch die eigentliche *sedes* der Erzbischöfe von Hamburg und lag dieser Ort doch inmitten der Region, die der Erzbischof im 11. Jahrhundert zu beherrschen in der Lage war. Insbesondere Ansgar aber erhält in der Chronik eine Bedeutung als Missionar im Norden Europas, die man gar nicht überschätzen kann. Ansgar ist als Missionar und Erzbischof für Adams Argumentation außerordentlich wichtig, weil er dreierlei garantierte: 1. eine frühe Gründung des Erzbistums Hamburg, 2. eine frühe Zuständigkeit Hamburgs für die Mission im Norden und 3. Missionserfolge im Norden. Ansgar ist deshalb von so großer Bedeutung in Adams Argumentation, weil er ihn als ersten Hamburger Erzbischof ansieht und weil er an ihm sehr große Missionserfolge festmacht. Es lässt sich im Vergleich mit der *Vita Anskarii* zeigen, dass Adam insbesondere die Missionserfolge Ansgars noch überhöhte[28]. Dasselbe tat er übrigens auch bei Erzbischof Rimbert, dem Nachfolger Ansgars. Auch bei ihm übertrieb er die Verdienste um die Mission im Norden[29].

Ansgar begründet also als erster Erzbischof die Legationsbefugnis des Erzbistums für den Norden historisch wie rechtlich. Er eignete sich somit blendend als Legitimationsfigur für das Erzbistum und die nachfolgenden Bischöfe. Adam nennt ihn gerade im Kontext seiner Missionsbemühungen und -erfolge *nostrum episcopum*, unseren Bischof[30]. Und Adam wählte überdies für seine Darstellung genau diejenigen Passagen aus der *Vita Anskarii* aus, in denen Rimbert über dessen Mission berichtete, ja er wandelte deren Angaben gar entsprechend seinen Intentionen um[31]. Auf der Schwedenmission nennt er Ansgar sogar *euangelista noster*[32], also »*unseren Evangelisten*« – den Hamburger Evangelisten im Norden gewissermaßen –, und indem Adam die Errungenschaften Ansgars auf Kosten anderer Missionare bewusst übertrieb, wies er wiederum pointiert auf die ausschließliche und schon frühe Zuständigkeit des Hamburger Erzbistums für die Mission im Norden hin, das – so suggeriert die Darstellung – mit Ansgar bereits damals über den einzig geeigneten Missionar verfügte. Ansgar wird so zum Vorbild für seine Nachfolger stilisiert – auch für den kurz vor der Abfassungszeit im Jahr 1072 ernannten Erzbischof Liemar, an den Adam seine Kirchengeschichte adressierte und an den er sich eindrücklich in seinem Epilog wandte. Liemar übernahm mit der Missionzuständigkeit – so legt es Adams Narration nahe – ein altes und ein legitimes Erbe, geradezu eine Verpflichtung. Auf diese Weise verschaffte Adam mit seinem Geschichtswerk dem Erzbistum Hamburg-Bremen im 11. Jahrhundert eine Identität. Das gelang ihm auf verschiedensten Ebenen, auch in der Darstellung Ansgars, auf dessen Pontifikat sich die Gemeinschaft zurückführte.

Adam bemühte sich wie andere Bistumschronisten auch, die Reihe der Bischöfe von der Gründung, bei ihm also Ansgar, bis zur eigenen Gegenwart lückenlos aufrecht zu erhalten – Kontinuität ist für die Herausbildung von Identität geradezu essenziell –, und insbesondere die Gründungsvorgänge von Institutionen wie Bistümern bilden in den entsprechenden Chroniken, in denen es letztlich darum geht, die Identität der eigenen Institution zu konturieren, grundsätzlich einen elementaren Baustein[33]. Die Anfänge der Institution des Hamburg-Bremer Erzbistums lagen, der Hamburgischen Kirchengeschichte nach zu urteilen, im Wirken Ansgars, bei dem gewissermaßen die Fäden der Kontinuität zusammenliefen.

HAMBURG IN DER KIRCHENGESCHICHTE ADAMS

Adam kennzeichnet Hamburg als Ort in Sachsen (*Saxonia*). Hamburg sei einst die angesehenste Stadt der Sachsen – *nobilissima civitas Saxonum* – gewesen, so schreibt er im allerersten Kapitel seines Werkes[34]. Doch ist die geografische Lage Hamburgs nicht nur gekennzeichnet durch die Zugehörigkeit zu Sachsen, sondern auch durch die Grenzlage zu den Dänen und v. a. zu den slawischen Völkerschaften, die unmittelbar im Osten benachbart waren. Hamburg wird bei Adam als Grenzstadt charakterisiert, die ständig durch Übergriffe gefährdet ist[35]. Diese topografische Lage in politischen und ethnischen Grenzgebieten wird komplettiert durch religiöse Grenzen: Die *civitas Hammaburg* ist bei Adam die *metropolis* Transelbiens für alle Barbarenvölkerschaften ringsum[36]. Um die noch junge Hamburger Pflanzung habe sich Ansgar sehr bemüht[37]. Dennoch seien *ecclesia*, *claustrum* und *bibliotheca* zerstört worden, als die Normannen im Jahr 845 Hamburg plünderten. Nur die Reliquien habe Ansgar bei seinem Rückzug mitnehmen können[38]. Für das wirtschaftlich schwache Bistum war die Ausstattung umso wichtiger, und Adam erwähnt sogar namentlich eine reiche Frau, die den Hamburger Bischöfen das Gut Ramelsloh vermacht habe[39].

Im Vergleich mit diesem Bild Hamburgs ist das, was sichere Rückschlüsse auf Ansgars Rolle vor Ort in Hamburg erlaubt, recht dürftig. Ansgar reiste, nach der Kirchengeschichte zu urteilen, v. a. als Missionar nach Dänemark und Schweden – eine Tätigkeit fernab Hamburgs, die Adam, wie oben skizziert, betont[40]; daneben wirkte Ansgar v. a. in Bremen, im erwähnten Ramelsloh und in Bassum, wo Ansgar ein weiteres Stift gründete[41]. In Hamburg ist Ansgar hingegen selten. Hier soll er die Nordelbier mit Bußen belegt haben, weil sie Christen verkauft hätten[42]. Der Gefangenenloskauf entwickelt sich unter Ansgars Nachfolgern ab den 880er Jahren geradezu zu einer fortwährend wiederkehrenden Aufgabe[43]. Oft greift Adam dieses Thema auch in späteren Jahrhunderten wieder auf, immer wieder berichtet er von Angriffen von Slawen, die Hamburg betrafen, auch von Gefangenen und Getöteten[44].

Ähnlich wie bei Ansgar stellt Adam auch bei dessen direktem Nachfolger Rimbert die Fürsorge für die Stadt heraus: Er habe sich viel um Hamburg gekümmert und den Klosterbrüdern und Armen dort die notwendige Förderung zuteilwerden lassen[45]. Wer und was in Hamburg tatsächlich vor Ort war, ist nach der Chronik jedoch schwierig zu entscheiden, denn man kann Adam auch die Nachricht entnehmen, dass Hamburg im Jahr 845 zerstört worden sei[46]. Für das 10. Jahrhundert berichtet er, dass während des Pontifikats Erzbischof Adaldags der von Kaiser Otto I. wegen Simonie (dem Kauf und Verkauf kirchlicher Ämter) abgesetzte Papst Benedikt V. aus Rom nach Hamburg gebracht und dort in Haft gehalten worden sei; der Papst habe, so der Chronist, »*unter uns*« ein frommes Leben geführt, bis er verstarb[47].

Adam bewertet es, soviel lässt sich trotz der letztlich sehr dürftigen Aussagen mit Sicherheit sagen, positiv, wenn sich die Erzbischöfe in Hamburg aufhielten und auch baulich tätig wurden, allerdings können seine Berichte nicht darüber hinwegtäuschen, dass er diese Zustände vor allem für seine eigene Zeit konstatiert. Es ergibt für das Verständnis des Textes und der Angaben sowohl über Ansgar als auch über die Frühzeit des Erzbistums Sinn, sich dem 11. Jahrhundert zu widmen. Denn wir dürfen nicht vergessen, dass die Linien des einflussreichen Bildes, das von Ansgar und von der Frühzeit des Erzbistums gezeichnet wird, bei Adam im 11. Jahrhundert zusammenlaufen. Von Bischof Unwan, der nach dem Jahr 1020 die Hamburger *civitas et ecclesia* wieder aus den Ruinen der alten Anlage aufbaute und ein Kloster, alles aus Holz, errichtete[48], heißt es positiv, er habe oft das halbe Jahr über in Hamburg gelebt und dort den dänischen König Knut und slawische Fürsten zu Verhandlungen hin eingeladen[49]. Auch von Alebrand-Bezelin berichtet Adam, er habe sich um Hamburg gekümmert. Dieser Bischof habe zum besseren Schutz gegen die häufigen Überfälle die St.-Marien-Kirche aus Stein erbauen lassen, dann ein zweites Steingebäude für sich mit sehr festen Türmen und Bollwerken. Der Herzog habe ihm das gleichgetan und ebenfalls ein Steinhaus errichten lassen, so dass beide durch den Dom voneinander getrennt in Hamburg residiert hätten. Die erzbischöflichen Pläne, den Ort auch noch mit Mauern umgeben und mit Türmen befestigen zu lassen, habe nur der Tod verhindert[50]. Solche baulich aktiven Erzbischöfe reichen aber schon in die Lebenszeit des Geschichtsschreibers und in die Zeit seiner persönlichen Anwesenheit im Norden hinein. Vor allem Erzbischof Adalbert, der Adam nach Bremen geholt hatte, der den Süllberg bebaute und eine neue Burg errichtete, habe in Hamburg während der Friedenszeiten fast alle Gottesdienste an hohen Feiertagen gefeiert und viele Geistliche zusammengeführt[51]. Adalbert habe sich zu seinen Lebzeiten oft fast den ganzen Sommer über hier aufgehalten und die Hauptfeste mit großem Glanze begangen. In Hamburg habe er Weihehandlungen vorgenommen, hohe Besucher empfangen und dem Ort so hohe Ehre erwiesen[52]. Das ist deshalb so wichtig, obwohl es hier um die Frühzeit Hamburgs geht, weil Adam von Bremen die Bedeutung Hamburgs als Erzbischofssitz akzentuieren wollte, denn nur die erzbischöfliche Stellung garantierte den Missionsauftrag. Und das tat er u. a. dadurch, dass er immer wieder die Anwesenheit der eigentlich in Bremen residierenden Bischöfe betonte und Hamburg so zum Zentrum der erzbischöflichen Tätigkeit zu machen versuchte. Für Adams Argumentation war es wichtig, dass sich die Erzbischöfe in Hamburg aufhielten und dass es Nachweise für ihre Aktivitäten gab. Was Adam aus seiner Gegenwart im 11. Jahrhundert kannte, versuchte er, auch in der Vergangenheit des 9. Jahrhunderts, in der Gründungszeit des Erzbistums, zu finden. Adam knüpfte Kontinuitäten. Hamburg machte er, das wird an vielen Stellen des Werkes deutlich, zur Mutterkirche im nordelbischen Teil Sachsens, in dessen Mitte sie ihr Haupt erhebt. Zwar habe Hamburg, schrieb Adam, seine städtische Zier verloren (*decor urbis*), doch besitze es durchaus noch Kraft und tröste sich im Unglück des Witwenstandes – nämlich ohne Suffragane – mit dem Gedeihen seiner Kinder, die es in seiner Legation in der ganzen Weite des Nordens täglich zuwachsen sehe[53].

Adam kann also letztlich kaum etwas über Hamburg mitteilen, schon gar nicht über die Frühzeit. Dennoch sucht er bisweilen förmlich nach der Kontinuität in der Geschichte der Stadt und des Erzbistums und verschafft dadurch Hamburg im 11. Jahrhundert eine Identität, die er zugleich selbst argumentativ benötigt. Hamburg ist bei Adam vornehmlich ein früh gegründetes, kontinuierlich trotz widriger Umstände, bestehendes Erzbistum, im Besitz der einzig legitimen Missionsrechte im Norden, an dem sich die erzbischöfliche Tätigkeit baulich und anderweitig zeigt.

Wie lässt sich in aller Kürze das Bild, das Adam von Bremen von Ansgar und von der Frühzeit Hamburgs zeichnet, erklären?

Die heutige Forschung geht mehrheitlich davon aus, dass es sich bei der Frühdatierung der Erzbistumsgründung um eine Fiktion handelt, weshalb sich die Frage stellt, warum Adam an einer frühen Gründung interessiert war – und zwar um 1075, als er schrieb. Zum einen ging es sicherlich um die Festschreibung der eingangs erwähnten historisch-rechtlich begründeten Vorteile, die gewissermaßen zur Identität des Erzbistums gehörten: Darunter die Kaschierung der Vereinigung der Bistümer Bremen und Hamburg als Zuweisung an das Erzbistum. Zum anderen ging es aber auch um die Aktualisierung historisch-rechtlich begründeter Vorteile des Erzbistums in einer krisenhaften Situation zur Abfassungszeit der Chronik.

Für die Interpretation der Hamburgischen Kirchengeschichte ist es von zentraler Bedeutung, dass Fälschungsaktivitäten des 9. Jahrhunderts, die in einer von außen bedrohlichen Situation die Grundlagen des Erzbistums Hamburg-Bremen historisch-rechtlich legitimierten, strukturell in Fälschungen in der Mitte des 11. Jahrhunderts aufgegriffen wurden. Ihr Hauptanliegen war die Ausweitung des geistlichen Herrschaftsraumes oder, mit anderen Worten: Die Ausweitung des Zuständigkeitsbereichs der Mission. In diese Tradition ordnet sich Adam von Bremen nun im 11. Jahrhundert mit seiner Darstellung der Entstehungsgeschichte des Erzbistums und der Geschichte Ansgars ein. Er schrieb in den 1070er Jahren, inmitten einer Krisenzeit – gekennzeichnet zum einen durch den sogenannten Investiturstreit mit seinen Auswirkungen auf das Erzbistum, zum anderen durch Entwicklungen im Norden Europas, die für Hamburg-Bremen äußerst ungünstig verliefen, da die erzbischöfliche Missionszuständigkeit für den Norden gerade zu diesem Zeitpunkt existenziell bedroht wurde. In den nordischen Reichen gab es sehr konkrete Bestrebungen, eigene Bistümer zu errichten und sich von dem Führungsanspruch der Hamburger Erzbischöfe im Norden loszusagen. Unterstützt wurden die Könige in Dänemark, Norwegen und Schweden ausgerechnet vom amtierenden Papst Gregor VII. Der Hamburg-Bremer Erzbischof Liemar hingegen, dem Adam sein Werk widmete, war einer der größten Gegner Gregors und Anhänger Heinrichs IV.[54]. Konnte schon Adalbert nur mit Mühe die Suprematie behaupten[55], so eskalierte die Situation während des Pontifikats seines Nachfolgers. Denn Gregor VII. betrieb durch die Förderung der Selbstständigkeitsbestrebungen in den nordischen Königreichen eine gegen den Anspruch Hamburgs gerichtete Politik[56]. In zwei Schreiben von Januar und April 1075 – genau zur selben Zeit also, zu der Adam die *legatio gentium* seines Erzbistums rechtfertigte –, wandte sich Gregor an den dänischen König, um ihn in den Auseinandersetzungen mit Heinrich IV. für sich zu gewinnen[57]; und in einem Brief an den schwedischen König erteilte er 1080, zu einer Zeit, als Adam seine Chronik wohl noch um Zusätze erweiterte, den Aktivitäten von Kirchenorganisatoren anderer Herkunft in Schweden apostolische Legitimität[58]. Adams Haltung scheint mit derjenigen Liemars durchaus in Einklang gestanden zu haben. Der Erzbischof wandte sich 1074/75, zur Abfassungszeit der Chronik, in scharfer Form gegen die päpstliche Politik gegenüber dem Episkopat,[59] er nannte Gregor einen *periculosus homo* und wurde Anfang 1075 gar exkommuniziert[60]. Liemar unterstützte Heinrich IV. tatkräftig, und dieser fühlte sich auch dem Erzbischof verbunden: Zeigt schon dessen Einsetzung ohne Beteiligung des Bremer Domkapitels die Bedeutung des Erzbistums für den König, der darüber hinaus keinen anderen deutschen Bischof so in seinen Urkunden hervorhob[61], so sahen sich auch insgesamt »*König und Erzbistum* [... stark] *aufeinander verwiesen*«[62]. Diese ›Königsnähe‹ der Erzbischöfe und, so kann man ergänzen, auch die ›Erzbischofsnähe‹ der Könige, wurzelten vor allem in der grundsätzlichen politischen Bedeutung, die den Erzbischöfen als Vermittler des Königs in der nordischen Politik zukam. Sie gründete kirchenrechtlich jedoch genau in den *prerogativa* des Erzbistums, um die selbst der – einer Parteinahme für Adalbert kaum verdächtige – Lampert von Hersfeld wusste[63], und die in den über die Reichsgrenzen hinausweisenden Legationsrechten an den nordischen Gebieten zu sehen sind[64].

So bildete die Zuständigkeit für die *legatio gentium* letztlich die Basis für den *honor* des Erzbistums, dessen Wiederherstellung nach Adams Worten durch seine eigene Schrift wie durch die Taten des Adressaten Liemar erreicht werden sollte. Schrift und Tat sollten hier kongruent gehen, ein politisch anspruchsvolles wie brisantes Miteinander von Historiograf und Erzbischof. Die Krisensituation zur Abfassungszeit veranlasste Adam, umso nachdrücklicher die Bedeutung Hamburgs zu akzentuieren, dem (behaupteten frühen) Erzbischofssitz, dem bei einem Verlust der Legationsrechte und -zuständigkeiten die Grundlagen entzogen worden wären. In dieser politischen Konstellation drohte das Erzbistum, seinen alten Missionsauftrag für den Norden zu verlieren. Als Adam sein Werk verfasste, zeichnete sich das schon ab. Die Folge, der Verlust der Legationsrechte Hamburgs, war um 1075–1080 zu erahnen, und deshalb schrieb Adam auch vehement gegen derartige Entwicklungen an. Die historisch-politische Situation zur Abfassungszeit muss demnach als ganz wesentlicher Einflussfaktor auf die Historiografie Adams angesehen werden. Denn die Funktion der Darstellung liegt darin, auf genau diese Situation zu reagieren. Und hier liegt deshalb auch der Grund für die Vehemenz und die Eindringlichkeit, mit der Adam in sprachlich schärfster Form seine Zuschreibungen zum Erzbistum äußert und sich von all denjenigen abgrenzt, die den alten *honor* der Hamburger Kirche weiter zu beschneiden trachteten. Zu jenen sind die außerhalb Hamburgs geweihten Bischöfe ebenso zu zählen wie die Selbstständigkeit anstrebenden nordischen Könige und Papst Gregor VII. Denn Letzterer beschleunigte zur Abfassungszeit eine Entwicklung, die an den Grundfesten des Erzbistums rüttelte, indem er die Ausbreitung der *fides* – des rechten Glaubens – durch das Erzbistum behinderte. Aufgrund der Deutlichkeit, mit welcher der Geschichtsschreiber hier die Interessen des Erzbistums vertritt, muss in der Verteidigung der Belange des Erzbistums gegen die Ansprüche und Eingriffe anderer durchaus eine *causa scribendi* der Chronik gesehen werden. Gerade deshalb betonte Adam auch so sehr die missionarischen Erfolge Ansgars und aller seiner Nachfolger bis zum kurz vor der Abfassungszeit verstorbenen Adalbert. Und diese Argumentation hatte zugleich noch eine weitere Stoßrichtung, nämlich gegen die konkurrierenden Missionare aus Angelsachsen/England, die ebenfalls die Hamburg-Bremer Zuständigkeit im Norden gefährdeten[65]. Gerade deshalb aber beschrieb Adam von Bremen den geografischen Raum in Nordeuropa in diesem einzigartigen vierten Buch seiner Kirchengeschichte, gerade deshalb ist dieses vierte Buch eben auch kein geografischer Annex zur eigentlichen Chronik, sondern bildet, im Gegenteil, einen Bestandteil desselben politischen Programms wie die ersten drei Bücher auch.

Adam ging es, ganz explizit nach seiner Selbstaussage, darum, den *honor*, Rang und Ehre, der Hamburger Kirche – und das hieß vor allem der Missionszuständigkeit im Norden – wiederherzustellen[66]. Diese Zielsetzung der Geschichtsschreibung lässt sich in allen vier Büchern finden. Hierfür war Ansgar ein besonders wichtiger argumentativer Baustein, denn das vor allem war die Geschichte, so wie sie Adam von Bremen begriff: ein Argument. Weil es die parteilose und objektive Geschichtsschreibung nicht gibt und nicht geben kann, agierte Adam demnach als Gewährsmann, aber nicht als Gewährsmann für die Realität in der Vergangenheit, sondern als Informant und Zeuge für die Legitimität der Ansprüche Hamburgs, und genauso agierte er als Kleriker und Politiker in Personalunion. Man kann im Rückblick sagen, vergeblich: Eine Generation nach Abfassung der Hamburgischen Kirchengeschichte, im Jahr 1104, wurde mit Lund ein eigenes Erzbistum im Norden gegründet. Die Zustände, gegen die Adam angeschrieben hatte, wurden damit verwirklicht.

ANMERKUNGEN

1 Adam von Bremen in der Ausgabe von B. Schmeidler 1917 (ND 1993) als Adam 1917; deutsche Übersetzung, wenn nicht anders angegeben, nach der Edition Werner Trillmichs.

2 Die Forschung zu Adam von Bremen und der Hamburgischen Kirchengeschichte ist äußerst umfangreich, sodass auf eine Aufzählung der wichtigsten Literatur hier verzichtet werden muss. Vgl. den Überblick bei Scior 2010 sowie die im Folgenden genannten Werke.

3 Adam (1917, 1) praefatio (*proselitus et advena*) und Scholion 151 in Hs. C2 (1917, 270): »*Hic apparet, quod scriptor huius libelli* [i.e. Adam] *fuit ex Germania superiori, unde vocabula pleraque sive nomina propria, cum ad suam aptare voluit linguam, nobis corrupit.*« Zu Adam von Bremen und seinem Werk vgl. zuletzt ausführlich: Scior 2000a; 2002, 29–37. Zu den hier angeführten Stellen vgl. Scior 2002, 78 f.

4 Adam (1917, 1) praefatio: »*A. minimus sanctae Bremensis ecclesiae canonicus*«; Helmold 14 (Schmeidler 1937, 30): *magister Adam*. Eine Urkunde Erzbischof Adalberts von 1069 Juni 11 führt an: »*Ego Adam magister scolarum scripsi & subscripsi*« (Hamb. UB 1, Nr. 101, 97).

5 Miracula S. Willehadi.

6 Vgl. Scior 2002, bes. 89–134.

7 Adam I, 14 (1917, 18 f.): »*disponens eandem Hammaburgensem ecclesiam cunctis Sclavorum Danorumque gentibus metropolem statuere*; 16, S. 22f.: *pius cesar votum parentis implere cupiens Hammaburg civitatem Transalbianorum metropolem statuit omnibus barbaris nationibus Danorum, Sueonum itemque Sclavorum et aliis in circuitu coniacentibus populis, eiusque cathedrae primum archiepiscopum ordinari fecit Ansgarium.*« Adam I, 16 (1917, 23): »*roborante id papa Gregorio quarto apostolica auctoritate et pallei datione.*« Die Tendenz, das Missionsgebiet zu erweitern, verfolgt die Fassung B von Rimberts Vita Anskarii 23; vgl. Trillmich in seiner Edition der Vita, S. 46 Anm. l u. S. 47 m. Anm. 81.

8 Regesta Imperii I, Nr. 927.

9 Trillmich in der Einleitung zu seiner Edition von Rimberts Vita Anskarii, S. 10.

10 So wird die Zustimmung der Bischöfe Willerich von Bremen und Helmgaud von Verden, unter die Ludwig der Fromme das nordelbische Gebiet vor der Gründung Hamburgs aufgeteilt hatte, eigens erwähnt; vgl. Adam I, 16 (1917, 23). Zu Auseinandersetzungen mit dem Erzbistum Köln, dem das Bistum Bremen bis zum Jahr 845 untergeordnet war und dessen Erzbischöfe auch in späteren Zeiten – namentlich zu Adams Gegenwart – gegensätzliche politische Positionen bezogen als die Hamburger Erzbischöfe, vgl. Scior 2002, 48–50.

11 Adam I, 11 u. 16 (1917, 14 u. 23).

12 Vgl. das Zitat Anm. 7.

13 Vgl. schon früh Trommer 1957; ausführlich Scior 2002.

14 Zu Ansgars Verdiensten um die Mission vgl. etwa Adam I, 15 (1917, 21 f.).

15 Das Diplom Karls: DKdGr 245 (Die Urkunden der Karolinger 1956, 344–346); vgl. Adam I, 12 (1917, 14–17). In dem Kapitel, das der Gründungsdarstellung unmittelbar vorausgeht, berichtet Adam auch von den Bekehrungserfolgen Willehads in den *maritim[ae] et boreales Saxoniae partes ac Transalbian[i] popul[i]*, zu welchen dieser als Erster gereist sei. Vgl. Adam I, 11 (1917, 12).

16 Auf die lange Debatte um die Fragen, ob und ggf. wann die Urkunden zu den Anfängen des Erzbistums Hamburg oder Bremen ge- oder verfälscht wurden, sei an dieser Stelle nicht ausführlich eingegangen. Vgl. dazu neben den Beiträgen insbesondere von Kölzer und Janson sowie auch von Freund in diesem Band die jüngeren Auseinandersetzungen mit dem Thema bei Knibbs 2011 und Klapheck 2008 sowie bei Theuerkauf 1988; zusammenfassend auch Scior 2002, 43–47.

17 So Hägermann 1983, 50 f.

18 Vgl. Theuerkauf 1988, 133 m. Anm. 373 und weiteren Nachweisen; zur Datierung ins 11. Jahrhundert: vgl. May 1937. Sie betont in auffälliger Weise die Rechte des Erzbistums am Weserraum und diente wohl der Sicherung von Herrschafts- und insbesondere Zehntansprüchen im 11. Jahrhundert, vor allem, wie die Forschung vermutet, gegenüber Forderungen des Bistums Verden. Dies liegt auch nahe, richtete sich doch ein Teil der Urkundenfälschungen zur Zeit Adalberts auf den Erwerb des Klosters Ramelsloh, das in der Diözese Verden lag. Die (angeblichen) Patriarchatspläne Adalberts, die auch Verden u. Ramelsloh als Bistumssitze unter Hamburg-Bremer Obödienz vorsahen, verursachten einen Streit mit dem Bistum Verden; vgl. dazu auch Johanek 1992. Zum Patriarchatsplan: vgl. bes. Fuhrmann 1955.

19 Dass Karl der Große tatsächlich ein Erzbistum in Hamburg plante, wird in der Forschung überwiegend bestritten. Vgl. zuletzt Wavra 1990, 241 f., die zwar den Plan Karls für eine Bistums-, nicht jedoch für eine Erzbistumsgründung in Hamburg für wahrscheinlich hält.

20 Diese Elemente stellen eine Erweiterung von DLdF 834 dar (Urkunden der Karolinger 1934). Dieselbe Tendenz findet sich auch im – ebenfalls gefälschten – DLdD 842 (ebd.). Vgl. dazu Theuerkauf 1988; vgl. Vita Anskarii 12, 42/44.

21 Seit den 870er Jahren kam es immer wieder zum Streit zw. den Erzbistümern, da das Bistum Bremen bis 845 Köln untergeordnet gewesen war.

22 Die Aufhebung eines *Erzbistums* konnte Verden nicht erwarten; vgl. Theuerkauf 1988, 89, 100 u. 117.

23 Ebd. 104–106 u. 135 f.

24 Hier ist neben DLdF 834 auch DLdD 842 zu nennen (Urkunden der Karolinger 1934); vgl. Theuerkauf 1988, 137.

25 Die Verfälschung von DLdF 834b zu c zeigt dieselbe Tendenz auf wie zuvor die Verfälschung von DLdF 834 zu DLdF 834a u. UN.I. 864b zu c. UN.I. 864d fügt dem noch die Bestätigung

26 So Trillmich in der Einleitung zur Edition von Rimberts Vita Anskarii, S. 6.
27 Vgl. Goetz 1993.
28 Vgl. zum Umgang Adams mit der Vita Anskarii bes. Trommer 1957, 211–218 sowie, konkret für Schweden, Hallencreutz 1984, 6–9.
29 Ähnlich wie mit der Vita Anskarii verfuhr Adam mit der Vita Rimberti, der er v. a. die Angaben zu Rimberts Missionsversuchen entnahm; vgl. dazu Trommer 1957, 213 f. u. 218. Zum immer wiederkehrenden Lob Ansgars und Rimberts als Missionare vgl. etwa Adam I, 42 (1917, 45).
30 Ansgar ist alleine fünf- von insgesamt siebenmal *noster* im Kontext seiner Missionsbemühungen.
31 Vgl. dazu Trommer (1957, 211–218), der (bes. 218) gegen Schmeidler (1918, 109–111), eine »*bewußte Tendenz*« Adams nachweist. Der Chronist behauptet, weder Willibrord noch Ebo von Reims hätten die Missionserfolge des späteren Erzbischofs Ansgar in Schweden erreicht. *Ansgarus noster* stellt er diesen *alii* gegenüber, erneut schreibt sich Adam hier explizit in Abgrenzung von »*anderen*« Missionsbischöfen dem Erzbistum zu. Zu Veränderungen gegenüber der Vita Anskarii vgl. auch Seegrün 1976, 26 f.
32 Adam I, 26 (1917, 32).
33 Vgl. zur theoretischen Begründung Scior 2002, 10–15 u. 17–27.
34 Adam I, 1 (1917, 4).
35 Und das auch für die eigene Zeit. Vgl. etwa Adam III, 26 (1917, 168 f.), sowie Scior 2002, 61 u. 98–102 m. Anm. 383.
36 Das ergibt sich bereits aus der Komposition, aber auch aus der detaillierten Argumentation und Beweisführung in der Hamburgischen Kirchengeschichte, die sowohl in den ersten drei Büchern als auch im vierten Buch eine Ausweitung des Zuständigkeitsbereichs des Hamburg-Bremer Erzbistums für die Mission im Norden – bis zum Ende der bewohnten Welt – gegen die Ansprüche anderer geradezu propagiert. Vgl. dazu Scior 2002.
37 Adam I, 20 (1917, 26).
38 Adam I, 21 (1917, 27).
39 Adam I, 23 (1917, 29). Auch die erhaltenen Urkunden zur Gründung Ramelslohs sind gefälscht. Vgl. Trillmich in der Edition, 197 Anm. 129.
40 Vgl. etwa Adam I, 15–17; 26; 29 (1917, 20–24; 31 f., 35).
41 Vgl. Adam I, 30 (1917, 35 f.).
42 Adam I, 29 (1917, 35).
43 Adam I, 39 (1917, 41).
44 Vgl. etwa Adam III, 51 (1917, 194 f.) zu 1066.
45 Adam I, 43 (1917, 46).
46 Adam I, 23 (1917, 29).
47 Adam II, 12 (1917, 69).
48 Adam II, 49 (1917, 109 f.).
49 Adam II, 60 (1917, 119 f.).
50 Adam II, 70 (1917, 131 f.).
51 Adam III, 26 f.; 46 (1917, 168; 170; 188–190).
52 Adam III, 21 (1917 163 f.)
53 Adam II, 17 (1917, 73).
54 Vgl. dazu Goez 1983, 30–41; Johanek 1992, 103
55 Schon Papst Alexander II. hatte in einem Schreiben an die Bischöfe v. Dänemark diese letztlich vor dem Zugriff Adalberts geschützt; vgl. Fuhrmann 1955, 163 u. im Anschluss daran Glaeske 1962, 82 Anm. 126. Svend Estridson selbst hatte sich wohl – unter Umgehung Adalberts – direkt mit der Bitte an Alexander gewandt, in seinem Land ein eigenes Erzbistum einzurichten; vgl. dazu Fuhrmann 1955, 163–164.
56 Seegrün 1976; Schmidt 1989, 37.
57 Vgl. die Briefe Gregors VII. v. 1075 Jan. 25 u. April 17 (Register Gregors VII., II, 51 u. 72, S. 192–194, 237 f.). Beide Schreiben Gregors blieben unbeantwortet. Möglicherweise war Svend bereits seit dem 28. April 1074 verstorben. Seegrün (1967, 85) nimmt den 28. April 1076 als Todesdatum an, kann dann jedoch nicht das Fehlen einer Antwort auf die beiden Schreiben Gregors erklären. Eine Unkenntnis von Svends Tod wäre ein Beleg für schwach ausgeprägte Beziehungen zwischen Rom u. Skandinavien (Nyberg 1986, 26 m. Anm. 108).
58 Vgl. den Brief v. 1080 Okt. 4 (Register Gregors VII., VIII, 11, S. 530). Der Begriff *Gallicana ecclesia* hat in der Forschung für Verwirrung gesorgt, da Missionare aus der *Gallia* für diese Zeit nicht in Schweden nachzuweisen sind. Janson (1998, bes. 330–332) hat nahegelegt, dass sich der Ausdruck auf den *quidem archiepiscopus Polaniae* bezieht, den er mit Erzbf. Aaron v. Krakau identifiziert. Aaron, vormals Mönch in Stablo und Braunweiler, gehörte wie Kg. Emund und Bf. Acelin v. Skara einer antikaiserlichen Gruppe in lothringischen Reformkreisen an. Nachdem diese Reformgruppen, gegen die Liemar opponierte, seit 1057 Einfluss auf das Papsttum genommen hatten, wurden zwei Bischöfe für Norwegen geweiht, die später Adalbert den Subjektionseid leisten mussten. Vgl. auch Scior 2002, 62–64.
59 Vgl. die Briefe Liemars von etwa Ende 1074 u. aus der zweiten Hälfte Jan. 1075 an Bf. Hezilo v. Hildesheim und andere, in: Erdmann/Fickermann 1950, Nr. 15 f., 33–38. Vgl. a. Goez 1983, 32–37 sowie Janson 1998, 328–330 u. 332 f.
60 Vgl. hierzu auch Robinson 1978.
61 Liemar wird in DHIV. 351 (Die Urkunden Heinrichs IV., 364) als *nominis nostri precipuus amator* bezeichnet. Hier wie in DHIV. 377 (ebd. 503) wird zudem Liemars *fides egregia ac perpetua devotio* hervorgehoben; vgl. dazu Johanek 1992.
62 Johanek 1992, 104.
63 Vgl. Lampert 1894, ad anno 1063, 88 als Begründung für die Aufnahme Adalberts in den Kreis der Regenten Heinrichs IV.: »*A quibus cum in partem consilii Adelbertus Premensis archiepiscopus assumptus fuisset, tum propter claritatem generis, tum propter aetatis atque archiepiscopatus prerogativam.*«
64 Johanek 1992, 105.
65 Vgl. etwa Sawyer/Sawyer 1993, 104.
66 Adam (1917, 1) praefatio: »*oculis atque auribus accepi ecclesiam vestram antiqui honoris privilegio nimis extenuatam.*«

Hammaburg und Domkirche in den frühen Jahrhunderten Hamburgs – Versuch einer historischen Neubewertung

Günther Bock

Als 2002 Ralf Busch in seinem Vorwort zu dem von ihm und Ole Harck herausgegebenen Sammelband zur Hamburger Domplatzgrabung »*Ein neues Bild der alten Stadt*« skizzierte, markierten acht Quellenzitate gewissermaßen die Eckpunkte seiner Überlegungen. Die Zitate, sie betreffen die Zeiten von vor 814 bis 1035/43, wurden allerdings nur zwei Quellen entnommen, der *Vita Anskarii* und der Kirchengeschichte des Adam von Bremen[1]. Diese Einschränkung verwundert, denn es handelt sich dabei nicht um Originalquellen, sondern um aus zeitlicher Distanz entstandene stilisierte Bearbeitungen. Die *Vita Anskarii* gilt in der Forschung als »*tendenziöse Lebensbeschreibung*«[2] des ersten Hamburger Erzbischofs Ansgar; überdies sind die Gattungsspezifika einer hagiografisch angelegten *Vita* zu berücksichtigen[3]. Nicht weniger problematisch erscheint Adams Werk, dem die Forschung »*ein tendenziöses, von den Interessen des Erzbistums geleitetes Rechtsdenken*« attestiert, zumal der Autor »*das Originalmanuskript […] in einem ungeordneten Zustand hinterlassen haben muß*« (s. Beitrag Volker Scior)[4].

Tatsächlich liegen diverse weitere Schriftquellen vor, die das frühe Hamburg entweder direkt namhaft machen oder die sich zumindest indirekt auf die frühe Keimzelle der späteren Stadt und auf die Herrschaftsverhältnisse ihres Umlands beziehen. Busch jedoch bewertet die von ihm angeführten, vom Autor der *Vita* und von Adam verfassten als »*die ursprünglichen Texte*« für das frühe Hamburg. Weder macht er deutlich, dass weitere Textzeugnisse vorliegen, noch benennt er die Kriterien seiner Auswahl oder stellt klar, dass die vorgelegten Texte aus Handschriften stammen, die im letzten Drittel des 9. Jahrhunderts (*Vita Anskarii*) respektive erst in den Jahren um 1200 (Adam) entstanden sind. Verfasst wurden beide Werke jeweils vor den frühesten erhaltenen Handschriften. Die *Vita* entstand zwischen 865 und 876, Adams Kirchengeschichte um 1075/76, also mehr als ein Jahrhundert vor der ältesten erhaltenen Handschrift[5].

Zum Umgang mit derartigen historiografischen Quellen gilt immer noch Helmut Beumanns Bewertung, »*die Historiographie* [ist] *nicht unmittelbarer Niederschlag des Geschehens,* [sie zeigt sich vielmehr] *perspektivisch wenn nicht tendenziös. Im Vergleich zu den Urkunden und sonstigen Überresten ist ihr daher stets nur ein sekundärer Quellenwert*« beizumessen[6].

Nicht die *Vita Anskarii* und schon gar nicht die gut 200 Jahre später von Adam zum Lobe der Hamburger Kirche niedergeschriebene Kirchengeschichte sind somit als Primärquellen zu verstehen. Vielmehr sind es Zweckschriften, die im Falle der *Vita* mehrere Umarbeitungen erfuhren. Auch handelt es sich keinesfalls um Tatsachenberichte, selbst die von Adam überlieferte angebliche Urkunde Karls des Großen des Jahres 788 samt dem dort mitgeteilten, auf Kosten der Verdener Kirche für die Bremer Diözese günstigen südelbischen Grenzverlauf[7] erwies sich als »*Fälschung ohne echte Vorlage*«[8]. Gleiches wird inzwischen auch für den von Adam überlieferten Text des sogenannten *Limes Saxoniae* angenommen, der eine weiter östlich verlaufende nordelbische Grenze des Erzbistums festschreiben sollte[9] und damit als Pendant zu der auf 788 gefälschte Urkunde verstanden werden kann.

FRÜHE GRAFEN BEIDERSEITS DER UNTERELBE

Bezeichnenderweise zitiert Ralf Busch Adams mehr als zwei Jahrhunderte später abgefassten kurzen Bericht zum Wikingerüberfall des Jahres 845[10], während er die ausführlichere Darstellung der *Vita Anskarii*, die überdies

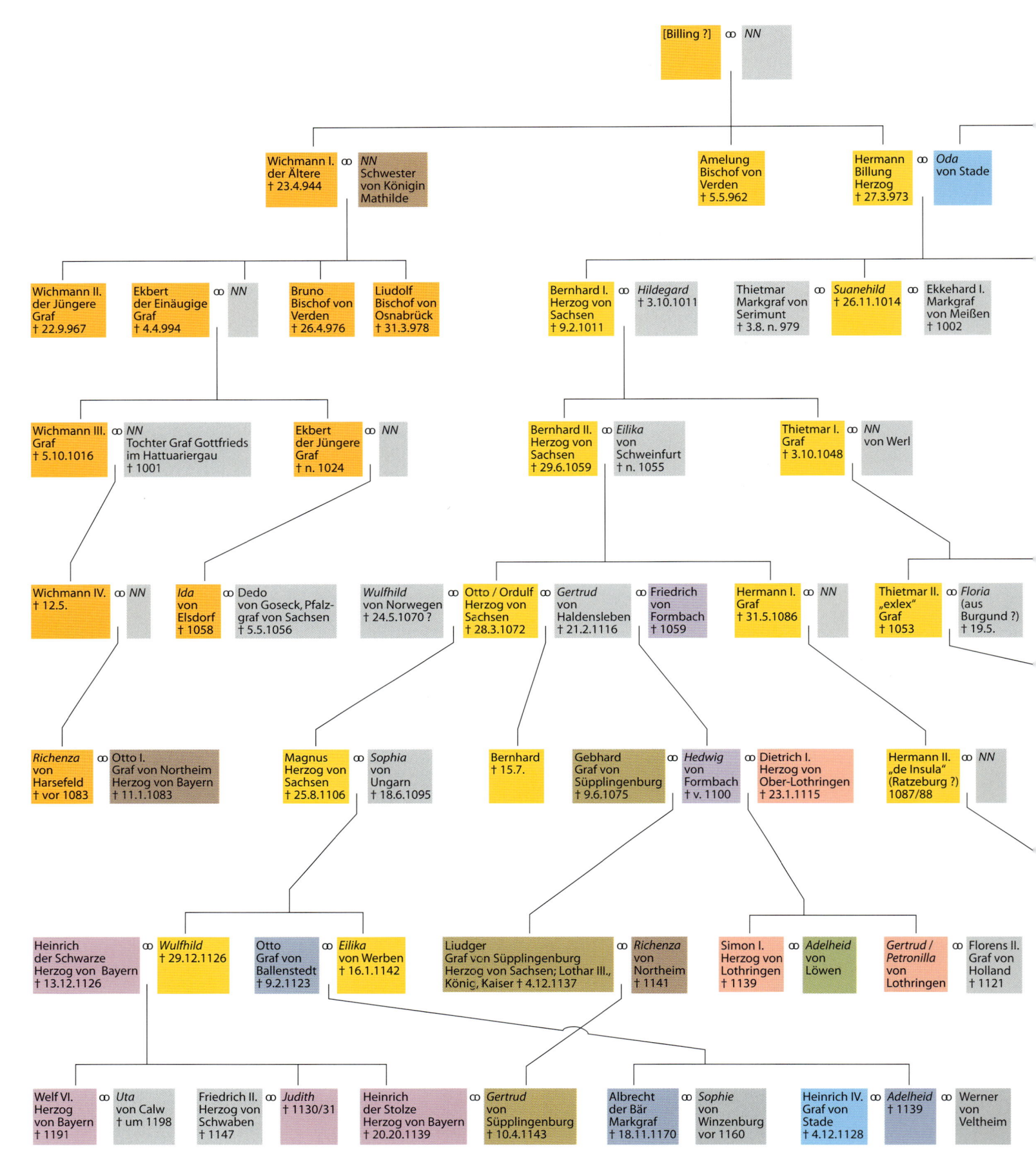

HAM(MA)BURG IM SPIEGEL DER REICHSPOLITIK DES 9. BIS 11. JAHRHUNDERTS

[Billing ?] ∞ NN

- Wichmann I. der Ältere † 23.4.944 ∞ NN Schwester von Königin Mathilde
- Amelung Bischof von Verden † 5.5.962
- Hermann Billung Herzog † 27.3.973 ∞ *Oda* von Stade

Children of Wichmann I.:
- Wichmann II. der Jüngere Graf † 22.9.967
- Ekbert der Einäugige Graf † 4.4.994 ∞ NN
- Bruno Bischof von Verden † 26.4.976
- Liudolf Bischof von Osnabrück † 31.3.978

Children of Hermann Billung:
- Bernhard I. Herzog von Sachsen † 9.2.1011 ∞ *Hildegard* † 3.10.1011
- Thietmar Markgraf von Serimunt † 3.8. n. 979 ∞ *Suanehild* † 26.11.1014 ∞ Ekkehard I. Markgraf von Meißen † 1002

- Wichmann III. Graf † 5.10.1016 ∞ NN Tochter Graf Gottfrieds im Hattuariergau † 1001
- Ekbert der Jüngere Graf † n. 1024 ∞ NN
- Bernhard II. Herzog von Sachsen † 29.6.1059 ∞ *Eilika* von Schweinfurt † n. 1055
- Thietmar I. Graf † 3.10.1048 ∞ NN von Werl

- Wichmann IV. † 12.5. ∞ NN
- *Ida* von Elsdorf † 1058 ∞ Dedo von Goseck, Pfalzgraf von Sachsen † 5.5.1056
- *Wulfhild* von Norwegen † 24.5.1070 ? ∞ Otto / Ordulf Herzog von Sachsen † 28.3.1072
- *Gertrud* von Haldensleben † 21.2.1116
- *Friedrich* von Formbach † 1059
- Hermann I. Graf † 31.5.1086 ∞ NN
- Thietmar II. „exlex" Graf † 1053 ∞ *Floria* (aus Burgund ?) † 19.5.

- *Richenza* von Harsefeld † vor 1083 ∞ Otto I. Graf von Northeim Herzog von Bayern † 11.1.1083
- Magnus Herzog von Sachsen † 25.8.1106 ∞ *Sophia* von Ungarn † 18.6.1095
- Bernhard † 15.7.
- Gebhard Graf von Süpplingenburg † 9.6.1075 ∞ *Hedwig* von Formbach † v. 1100
- Dietrich I. Herzog von Ober-Lothringen † 23.1.1115
- Hermann II. „de Insula" (Ratzeburg ?) 1087/88 ∞ NN

- Heinrich der Schwarze Herzog von Bayern † 13.12.1126 ∞ *Wulfhild* † 29.12.1126
- Otto Graf von Ballenstedt † 9.2.1123 ∞ *Eilika* von Werben † 16.1.1142
- Liudger Graf von Süpplingenburg Herzog von Sachsen; Lothar III., König, Kaiser † 4.12.1137 ∞ *Richenza* von Northeim † 1141
- Simon I. Herzog von Lothringen † 1139 ∞ *Adelheid* von Löwen
- *Gertrud / Petronilla* von Lothringen ∞ Florens II. Graf von Holland † 1121

- Welf VI. Herzog von Bayern † 1191 ∞ *Uta* von Calw † um 1198
- Friedrich II. Herzog von Schwaben † 1147 ∞ *Judith* † 1130/31
- Heinrich der Stolze Herzog von Bayern † 20.20.1139 ∞ *Gertrud* von Süpplingenburg † 10.4.1143
- Albrecht der Bär Markgraf † 18.11.1170 ∞ *Sophie* von Winzenburg vor 1160
- Heinrich IV. Graf von Stade † 4.12.1128 ∞ *Adelheid* † 1139 ∞ Werner von Veltheim

1 Genealogie der Billunger und ihrer Verwandten nach den Forschungen von Gerrit Aust und Günther Bock.

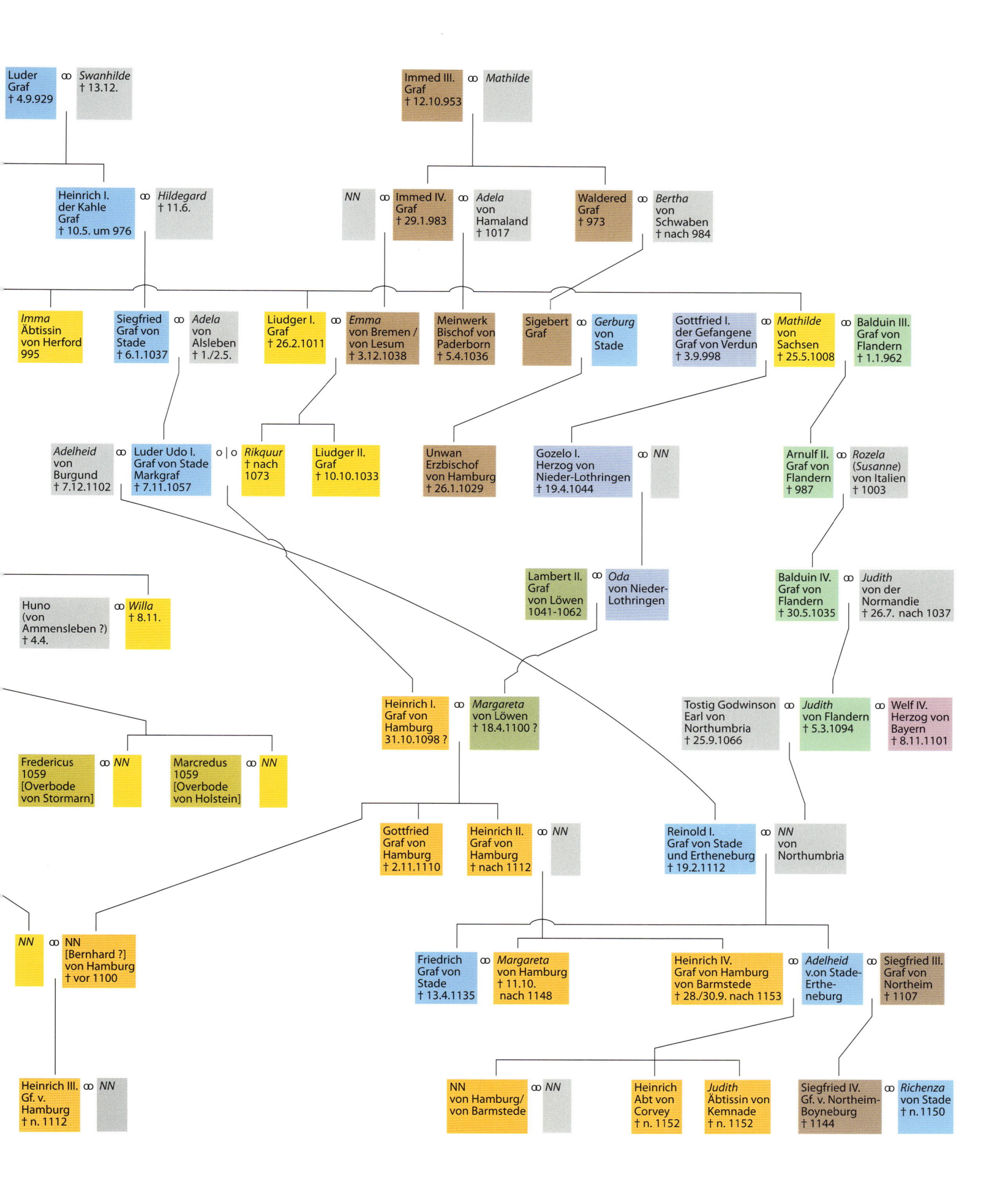

BOCK – HAMMABURG UND DOMKIRCHE IN DEN FRÜHEN JAHRHUNDERTEN HAMBURGS

Person	∞	Partner
Luder Graf † 4.9.929	∞	*Swanhilde* † 13.12.
Immed III. Graf † 12.10.953	∞	*Mathilde*

Heinrich I. der Kahle Graf † 10.5. um 976 ∞ *Hildegard* † 11.6.

NN ∞ Immed IV. Graf † 29.1.983 ∞ *Adela von Hamaland* † 1017

Waldered Graf † 973 ∞ *Bertha von Schwaben* † nach 984

Imma Äbtissin von Herford 995

Siegfried Graf von Stade † 6.1.1037 ∞ *Adela von Alsleben* † 1./2.5.

Liudger I. Graf † 26.2.1011 ∞ *Emma von Bremen / von Lesum* † 3.12.1038

Meinwerk Bischof von Paderborn † 5.4.1036

Sigebert Graf ∞ *Gerburg von Stade*

Gottfried I. der Gefangene Graf von Verdun † 3.9.998 ∞ *Mathilde von Sachsen* † 25.5.1008

Balduin III. Graf von Flandern † 1.1.962

Adelheid von Burgund † 7.12.1102 ∞ Luder Udo I. Graf von Stade Markgraf † 7.11.1057

o | o *Rikquur* † nach 1073

Liudger II. Graf † 10.10.1033

Unwan Erzbischof von Hamburg † 26.1.1029

Gozelo I. Herzog von Nieder-Lothringen † 19.4.1044 ∞ *NN*

Arnulf II. Graf von Flandern † 987 ∞ *Rozela (Susanne) von Italien* † 1003

Huno (von Ammensleben?) † 4.4. ∞ *Willa* † 8.11.

Lambert II. Graf von Löwen 1041–1062 ∞ *Oda von Nieder-Lothringen*

Balduin IV. Graf von Flandern † 30.5.1035 ∞ *Judith von der Normandie* † 26.7. nach 1037

Heinrich I. Graf von Hamburg 31.10.1098 ? ∞ *Margareta von Löwen* † 18.4.1100 ?

Tostig Godwinson Earl von Northumbria † 25.9.1066 ∞ *Judith von Flandern* † 5.3.1094 ∞ Welf IV. Herzog von Bayern † 8.11.1101

Fredericus 1059 [Overbode von Stormarn] ∞ *NN*

Marcredus 1059 [Overbode von Holstein] ∞ *NN*

Gottfried Graf von Hamburg † 2.11.1110

Heinrich II. Graf von Hamburg † nach 1112 ∞ *NN*

Reinold I. Graf von Stade und Ertheneburg † 19.2.1112 ∞ *NN von Northumbria*

NN ∞ NN [Bernhard?] von Hamburg † vor 1100

Friedrich Graf von Stade † 13.4.1135 ∞ *Margareta von Hamburg* † 11.10. nach 1148

Heinrich IV. Graf von Hamburg von Barmstede † 28./30.9. nach 1153 ∞ *Adelheid v.on Stade-Ertheneburg* ∞ Siegfried III. Graf von Northeim † 1107

Heinrich III. Gf. v. Hamburg † n. 1112 ∞ *NN*

NN von Hamburg/von Barmstede ∞ *NN*

Heinrich Abt von Corvey † n. 1152

Judith Äbtissin von Kemnade † n. 1152

Siegfried IV. Gf. v. Northeim-Boyneburg † 1144

Richenza von Stade † n. 1150

den Ereignissen zeitlich erheblich näher steht, nicht berücksichtigt. Im Unterschied zu Adams Darstellung thematisiert die *Vita Anskarii* auch die weltliche Herrschaft. Der *Vita* zufolge war Graf Bernharius als Herr der Hammaburg und der umwohnenden *pagenses* beim Überfall nicht anwesend[11]. Beide Quellen nennen nicht das Jahr, das sich aus dem Bericht der Fuldaer Annalen zum Jahr 845 ergibt (»*845 Die Normannen [...] auch eine Burg in Sachsen namens Hammaburg plünderten sie*«)[12].

Die Abwesenheit des Grafen Bernhard deutet an, dass er neben Hamburg und dessen Umfeld noch über weitere Burgen und über weitere Menschen gebot, er also in einem größeren Gebiet seine Herrschaft ausübte. Diese Einschätzung führt zu jenem Grafen Bernhard, der 811 als einer von zwölf Grafen Verhandlungen mit dänischen Abgesandten an der Eider führte, respektive als Vater eines der Grafen erscheint (»*an der Eider zusammentraten [...] Graf Walach Bernhards Sohn, Graf Burchard, Graf Unroch, Graf Uodo, Graf Meginhard, Graf Bernhard, Graf Egbert, Graf Theotheri, Graf Abo, Graf Osdag und Graf Wigman*«)[13]. Auch wenn es nicht sicher erscheint, dass 34 Jahre später noch derselbe Graf in Hamburg tätig war, so spricht nichts dagegen, dass es sich aufgrund der damals nahezu exklusiv an die Nachkommen vererbten Namen bei den Namensträgern Bernhard um enge Blutsverwandte handeln dürfte.

Neben Bernhard betreffen diese Überlegungen auch *Egbertus comes*, der wahrscheinlich mit dem zum Jahr 809 in den Reichsannalen genannten Erbauer der Burg Esesfelth (*Egberto et comitibus Saxonicis*) identisch ist[14]. Egbert dürfte auch zu den zum Jahr 819 nicht namentlich genannten Befehlshabern der Grenzen Sachsens (*praefecti Saxonici limitis*) zu rechnen sein[15].

Neben Bernhard und Egbert verdient Graf Wichmann (*Wychmannus comes*) aus Hamburger Sicht besonderes Interesse, auch wenn er nie im direkten Zusammenhang mit der Unterelbregion erwähnt worden ist. Der Eintrag eines *Wychmannus comes* erfolgte um 825 in den Corveyer Traditionen; als erster der Zeugenreihe trat ein *Heriman* auf[16]. 855 erscheint ein Graf *Uuigmannus* in Hamaland (heute niederländische Provinzen Overijssel und Gelderland)[17]. Weiter fand 880 ein *Wigmannus comes* seinen Tod im Kampf gegen die Normannen[18].

Mit dem Grafen Wichmann in Verbindung gebracht wird jener *comes Herimannus*, den die um 850 verfassten *Miracula S. Willehadi* in Lesum (*Liastmona*) bei Bremen lokalisieren[19]. Lesum, eine Villikation mit zugehörigen rund 60 Dörfern und 700 Bauernstellen (*mansi*), sollte im 11. Jahrhundert zum Zankapfel zwischen den Billungern und den Hamburg-Bremer Erzbischöfen werden[20].

Alle genannten Grafen – Bernhard, Ekbert, Wichmann und Hermann – tragen Namen, die in den folgenden Jahrhunderten als Leitnamen jener Sippe hervortraten, die als Billunger in die Geschichte eingen (*Abb. 1*). Auch wenn sich erst ab der Mitte des 10. Jahrhunderts mit zunehmender Sicherheit genealogische Verbindungen ausmachen lassen, so deutet neben dem tradierten Namensgut vor allem die Besitzkontinuität auf diesen Familienverband, der ab der letzten Phase der Sachsenkriege Karls des Großen die Geschicke weiter Teile Sachsens bestimmte. Durch die Einsetzung Hermann Billungs zunächst zum Markgrafen (953), schließlich 966 zum Procurator Kaiser Ottos I., was faktisch seine Position als *dux* bedeutete, stach er Wichmann I. aus, seinen älteren Bruder; der Name ihres gemeinsamen Vaters ist nicht überliefert. Nach Wichmanns Tod 944 befanden sich dessen Söhne Wichmann II. († 967) und Ekbert der Einäugige († 994) in Opposition zu Herzog Hermann. Nach Hermanns Tod 973 versahen seine männlichen Nachkommen über insgesamt fünf Generationen bis 1106 das Herzogsamt in Sachsen. Mit dieser Herrschaftskontinuität nahmen die Billunger im Reich eine Sonderstellung ein.

Hermann Billungs Bruder Wichmann I. (genannt der Ältere, † 944) dürfte 937 als Graf in Wigmodien (*in pago Vnimoti in comitatu Wigmanni*) in Lesum ansässig gewesen sein[21]; er war aber auch andernorts aktiv. 955 beriet sich Kaiser Otto I. »*über die Sachsen, die sich mit den Slawen verschworen hatten, und das Urteil lautete, daß Wichmann* [II., der Jüngere, † 967] *und Ekbert* [der Einäugige, † 994] *als Landesfeinde anzusehen [...] seien*«, wie Widukind von Corvey berichtet[22]. Etwa zum Jahr 963 berichtet gleichfalls Widukind, Wichmann der Jüngere »*begab sich in die nördlichen Gebiete, um erneut Krieg mit dem Dänenkönig Harald* [Blauzahn] *zu beginnen*«[23]. Noch deutlicher formulierte es der Chronist zum Jahr 967, Wichmann der Jüngere unterstütze den Wagrierfürsten Selibur gegen Herzog Hermann Billung (*Herimanno duci*). Der belagerte Seliburs Burg, wobei es sich wahrscheinlich um Oldenburg/Starigard handelte, und zwang die Besatzung zur Kapitulation[24]. Schließlich floh Wichmann der Jüngere vor seinem Onkel Herzog Hermann in Richtung Wollin an der Odermündung. Auf der Flucht wurde er am 22. September 967 erschlagen. Dennoch gewährte ihm sein Onkel ein ehrendes Gedenken im Lüneburger Michaeliskloster (»*Graf Wichmann und viele andere wurden erschlagen*«)[25].

In all diesen Kämpfen fand Hamburg mit keinem Wort eine Erwähnung. Widukind sprach nur einmal beiläufig Hamburg als Exilsort an[26]. Ansonsten zogen sich wiederholt die Opponenten Herzog Hermann Billungs nach Nordelbien zurück, in »*die nördlichen Gebiete*«[27]. Dort standen sie in Kontakt mit Dänemark und zu den slawischen Fürsten und dürften hier über erheblichen Besitz verfügt haben, offenbar seit dem frühen 9. Jahrhundert. Nordelbien lässt sich somit als Rückzugsraum der Wichmann-Linie der Billunger verstehen. Doch auch hier bemächtigte sich Herzog Hermann der Besitzungen seiner Vettern.

DIE BILLUNGER BEI ADAM VON BREMEN

In seiner Hamburgischen Kirchengeschichte ging Adam von Bremen auf alle fünf billungischen Herzöge von Sachsen ein, außerdem erwähnte er drei dem Herzogshaus angehörende Grafen. Kein anderer Chronist berichtete mit vergleichbarer Ausführlichkeit über diesen Abschnitt der Geschichte Sachsens, was Adams Ausführungen besonderes Gewicht verleiht.

Sein Interesse an Herzog Hermann Billung und dessen Geschlecht – »*diesem Manne und seinen Nachkommen*«, wie Adam schreibt, begründet sich darin, dass »*sie bekanntlich für Bremen und andere Kirchen zu einer schweren Gefahr geworden sind*«[28]. In einer Gesellschaft, in der hochrangige Abstammung die Eignung für hohe Ämter begründete, muss Adams Behauptung, Hermann Billung sei ein »*Mann aus geringem Hause*« mit »*einem elterlichen Erbgut von sieben Hufen*« (Bauernstellen), diesen in höchstem Maße diskreditieren. Seinen Aufstieg verdankte Hermann dem »*Vertrauen des Königs*« Otto I. und seinem Ehrgeiz,[29] dennoch soll er »*ein wackerer und tapferer Herr gewesen sein*«[30].

Doch Hermanns positive Charakterzüge offenbaren sich bei Adam nur im Vergleich zu seinem ältesten Sohn und Nachfolger Bernhard I. († 1011), von Adam Benno genannt, der »*seinem Volke, anders als der Vater, durch Raffgier das Leben schwer machte*«[31]. Dessen Bruder Liudger erwähnte Adam lediglich, weil er 1011 gleichzeitig mit Bernhard I. starb und wegen »*seiner verehrungswürdigen Gemahlin Emma* [, die] *der Bremer Kirche sehr viel Gutes erwiesen hat*«; diese »*hochedle Fürstin Emma,* [† 1038 ...] *fast ihr gesamtes riesiges Vermögen hat sie an Arme und Kirchen ausgeteilt.*«[32]. Emmas Besitz Lesum jedoch »*verfiel für irgend ein Vergehen ihrer Tochter an Kaiser Konrad*«. Der gewaltige Komplex Lesum sollte noch zu Adams Lebzeiten in die Verfügung des Hamburg-Bremer Erzstifts gelangen[33]. Den Namen von Emmas Tochter hielt Adam nicht für berichtenswert, obgleich er persönlich 1059 nach den Forschungen von Bernhard Schmeidler die im Original erhaltene Sühneurkunde ausgefertigt hatte[34].

Dieses Erzählmuster setzt Adam bei Herzog Bernhard II. († 1059) fort: »*Herzog Bernhard dachte nämlich nicht mehr an seines Großvaters Demut und seines Vaters Frömmigkeit*«. Bernhard II. schrieb er »*Überheblichkeit*« und »*Undank*« zu, »*schließlich erhob er sich auch gegen Christus und befehdete bedenkenlos die Kirchen des Landes, besonders unsere*«. Doch der Hamburg-Bremer Erzbischof Unwan »*soll den Angriff dieses Mannes hochherzig* [...] *abgewiesen haben*«. Der »*aufrührerische*« Herzog Bernhard II. unterwarf sich Kaiser Heinrich II. »*dank der Vermittlung durch unseren Bischof*«[35].

Auf Hamburg speziell ging Adam erst mit dem Pontifikat des »*hochwürdigsten Erzbischofs Unwan*« (amt. 1013–1029) ein. Dieser habe »*nach der Niederwerfung der Slawen Burg und Dom wieder aufgebaut*«[36]. An anderer Stelle berichtet er, der Erzbischof weilte, »*ebenso wie der Herzog Bernhard, häufig an diesem Ort und lebte oft das halbe Jahr über in Hamburg*«[37].

Etwas später wurde Adam bezüglich Hamburgs konkreter, dort »*hatten ja Erzbischof Unwan und mit ihm Herzog Bernhard nach der* [...] *Zerstörung durch die Slawen eine stattliche Burg aus den Ruinen der alten Anlage aufgeführt und den Dom wiedererrichtet.*« Weiter schrieb er, »*Bischof Alebrand ließ* [...] *die zu Ehren der Gottesmutter erbaute Kirche aus Quadersteinen aufführen. Dann errichtete er für sich ein zweites steinernes Gebäude mit sehr festen Türmen und Bollwerken. Dadurch aber sah sich der Herzog veranlasst, es diesem Bauwerk gleichzutun und ebenfalls für die Seinen im selben Burgbezirk ein festes Haus zu errichten. So stand nach dem Wiederaufbau des Ortes auf der einen Seite des Domes die Bischofspfalz, auf der anderen die Hofburg des Herzogs.*«[38]. Diese Bautätigkeit wird von der Forschung in die Jahre 1020–1029 am Ende der Amtszeit des Erzbischofs datiert[39]. Auch wenn Adam zusätzlich an anderer Stelle den von 1035–1043 amtierenden Erzbischof Bezelin Alebrand als Bauherrn der Hamburger Domkirche benannte[40], kommt Unwan zweifellos die Urheberschaft zu.

Adam lokalisierte den Mariendom als zentrales Bauwerk, flankiert vom Sitz des Erzbischofs und der Herzogsburg. Während zur Lage der Domkirche Klarheit besteht, ist das *domum episcopi* in unmittelbarer Nähe der inzwischen teilweise eingeebneten Hammaburg zu suchen. Doch die Position des *pretorium ducis* bleibt unklar. Dieses trat damals funktionell an die Stelle der herzoglichen Hammaburg.

Das Verhältnis Erzbischof Unwans zu Herzog Bernhard II. war durch enge verwandtschaftliche Bande bestimmt. Unwan entstammte dem Geschlecht der Immedinger, den Nachkommen Widukinds. Bischof Meinwerk von Paderborn ist als sein Onkel anzusehen, Graf Liudgers I. Frau Emma als seine Tante und zugleich die Tante des Herzogs[41]. Hingegen suggeriert Adams etwa ein halbes Jahrhundert nach den Ereignissen niedergeschriebene Darstellung eine Konkurrenz zwischen den beiden in Hamburg agierenden Protagonisten.

Unter dem »*bei allen angesehenen Erzbischof Alebrand*«, der »*auch bei Herzog Bernhard und bei des Herzogs Bruder Thietmar um seiner fürstlichen Gesinnung willen hohes Ansehen*« genoss, kam mit Markgraf Udo, dem Adam »*Hochmut*« (*superbia*) bescheinigte und den er zu den »*Schurken*« (*malefactoribus*) rechnete, eine neue Kraft ins Spiel. Während Bezelin Alebrand von 1035–1043 als Erzbischof fungierte, trat Graf Luder Udo I. 1037 mit dem Tod seines Vaters Siegfried die Herrschaft in Stade an. Zum Markgrafen berief ihn erst 1056 Kaiser Heinrich III; ein Jahr später verstarb Luder Udo I. bereits[42]. Gründe für seine Diskreditierung Luder Udos I. nannte Adam nicht, dem überdies ein Fehler unterlief. Denn erst 13 Jahre nach dem Tod des Erzbischofs Bezelin Alebrand wurde Luder Udo I. zum Markgrafen berufen.

Unter dem von 1043–1072 amtierenden Erzbischof Adalbert wurde »*sein Bistum [...] erneut durch die Macht der Herzöge widerrechtlich heimgesucht*«[43]. Laut Adam waren »*unserer Kirche schlimmste Feinde [...] Herzog Bernhard und seine Söhne*«, denen er »*Mißgunst, Rivalität und Erbitterung*« anlastete, die »*Intrigen, Schmähungen und Verleumdungen*« betrieben. Erzbischof Adalbert hingegen gab sich »*vergeblich Mühe [...], sein schlechtes Verhältnis zu den Herzögen besser zu gestalten*«[44]. Nach dem Tod Herzog Bernhards 1059 waren sich »*seine Söhne Ordulf und Hermann*« der »*versteckten Feindschaft gegen die* [Hamburg-Bremer] *Kirche bewusst*«[45]. Adam unterstellte dem Herzogshaus der Billunger »*alten Haß ihrer Väter gegen die Kirche*«[46].

Zu dieser Darstellung mag nicht recht passen, dass der Herzog – Adam meint Bernhards II. von 1059–1072 regierenden Sohn Otto, den er durchgehend Ordulf nannte – »*damals die alte Hamburger Feste* (*castellum Hammaburg*)« aufgab und »*zwischen Elbe und Alster eine neue Burg* (*novum [...] presidium*)« errichten ließ: »*So merkwürdig schieden sich Herzen und Wohnstätten der beiden, und der Herzog bewohnte die neue, der Erzbischof die alte Ansiedlung*«[47].

Auf weitere angebliche Übergriffe der Billunger gegen die von Erzbischof Adalbert geleitete Hamburg-Bremer Kirche, die Adam auflistete, muss hier nicht eingegangen werden. Seine Darstellung folgt nahezu durchgehend einem Schwarz-Weiß-Muster. Nur beiläufig erwähnte Adam die Gründe des in seinen Augen aggressiven und feindlichen Verhaltens der herzöglichen Familie. So versuchte Adalbert, »*mit aller Kraft die alte Freiheit seiner Kirche wiederherzustellen*«. Dieses Vorhaben zielte darauf, »*kein Herzog, kein Graf und kein anderer Gerichtsherr sollte fortan in seinem Bistum noch irgendwelche Gewalt oder Befugnisse haben*«. Adam teilte dieses Ansinnen, das als beispiellos gelten kann und sämtliche seit Jahrhunderten gewahrten Rechte der Billunger, Udonen und anderer Geschlechter negierte; von einer *Wiederherstellung* kann keine Rede sein. Adam begriff die Konsequenzen: »*Das konnte natürlich nicht ohne Feindschaft abgehen*«[48].

Im Gegensatz zum Herzogshaus widmete Adam den Angehörigen der Wichmannlinie der Billunger kein Wort. Damit schwieg er auch zu den Auseinandersetzungen Wichmanns des Älteren, der Anspruch auf die von König Otto I. seinem jüngeren Bruder Hermann übertragenen Ämter und Würden erhob und dabei auch vor bewaffnetem Widerstand nicht zurückschreckte. Hermann hingegen bemächtigte sich nach Wichmanns Tod eines großen Teils von dessen Erbe und unterwarf es seiner Kontrolle. Wichmanns des Älteren Söhne Wichmann der Jüngere und Ekbert der Einäugige sahen sich zum bewaffneten Widerstand genötigt, wollten sie nicht auf ihr väterliches Erbe verzichten.

Ähnlich pauschal abqualifizierend wie über die Herzogslinie der Billunger berichtet Adam auch über die Slawen und ihre Herrscher. Eine Ausnahme markiert vor allem der Obodritenfürst Gottschalk, der 1066 von Aufständischen erschlagen worden war, was ihn gewissermaßen zum Märtyrer erhob, sowie der kurz vor 1043 erschlagene Ratibor[49]. Konsequent unterschied Adam von Bremen zwischen der Bedrohung der erzbischöflichen Positionen durch slawische Kräfte und den feindlichen Aktionen der Billunger.

Die bislang behandelte Chronistik bildet nur einen von mehreren Zugängen zu dieser Zeit, deren Erforschung nicht gerade auf eine überreiche Quellenüberlieferung zugreifen kann. Immerhin liegen diverse Urkunden vor, die ähnlich wie die Chronistik ein kritisches Herangehen verlangen. Hinzu kommen Nekrologeinträge, die Stiftungen zugunsten Verstorbener dokumentieren. Diese belegen ein enges positives Verhältnis des Stifters zum Verstorbenen. Das gut untersuchte Nekrolog des Lüneburger Michaelisklosters nennt sämtliche Hamburg-Bremer Erzbischöfe von Rimbert bis ein-

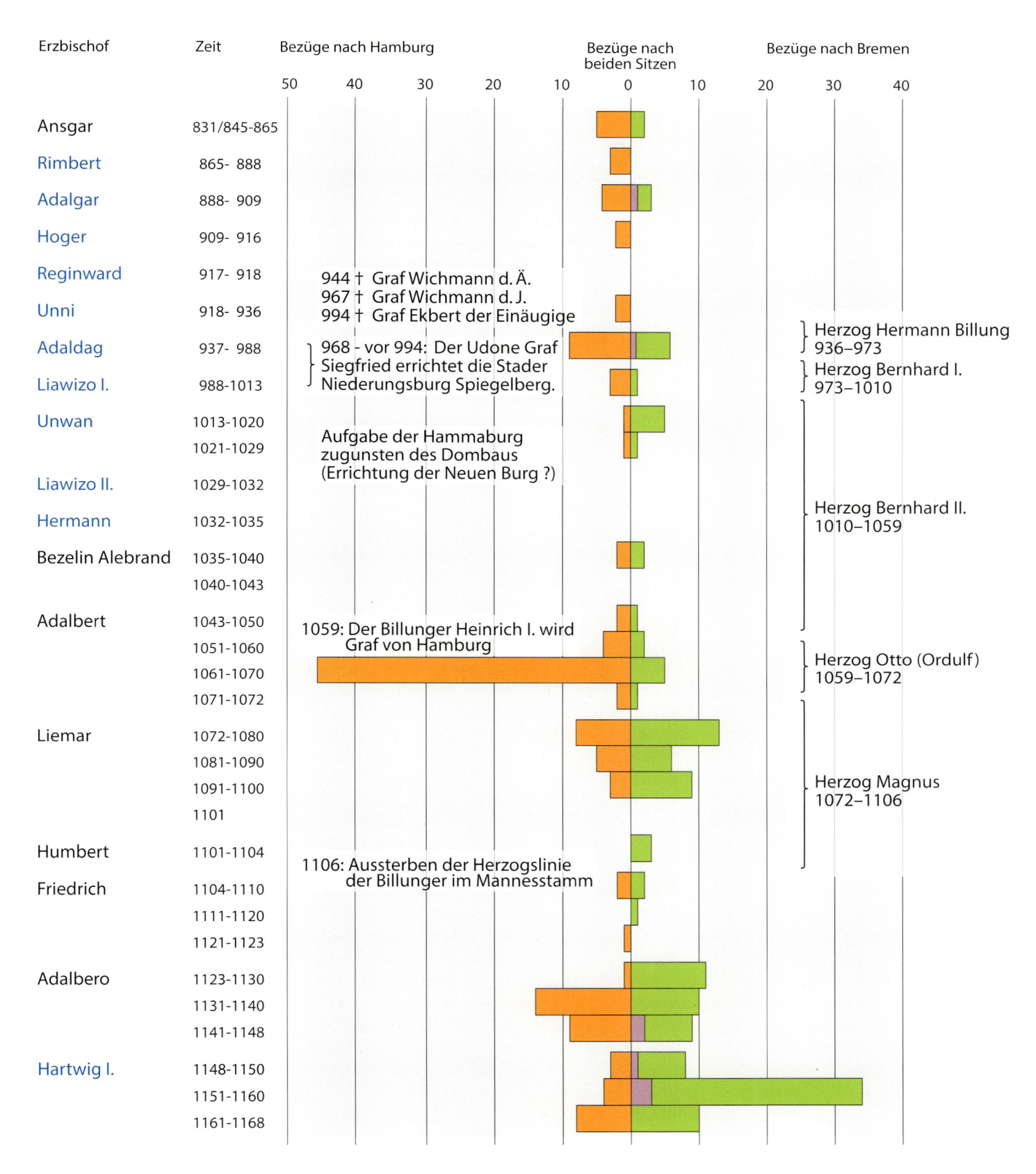

Erzbischof	Zeit	Bezüge nach Hamburg / Bezüge nach beiden Sitzen / Bezüge nach Bremen
Ansgar	831/845–865	
Rimbert	865–888	
Adalgar	888–909	
Hoger	909–916	
Reginward	917–918	944 † Graf Wichmann d. Ä.
		967 † Graf Wichmann d. J.
Unni	918–936	994 † Graf Ekbert der Einäugige
		Herzog Hermann Billung 936–973
Adaldag	937–988	968 – vor 994: Der Udone Graf Siegfried errichtet die Stader Niederungsburg Spiegelberg.
		Herzog Bernhard I. 973–1010
Liawizo I.	988–1013	
Unwan	1013–1020	Aufgabe der Hammaburg zugunsten des Dombaus (Errichtung der Neuen Burg?)
	1021–1029	
Liawizo II.	1029–1032	Herzog Bernhard II. 1010–1059
Hermann	1032–1035	
Bezelin Alebrand	1035–1040	
	1040–1043	
Adalbert	1043–1050	1059: Der Billunger Heinrich I. wird Graf von Hamburg
	1051–1060	
	1061–1070	Herzog Otto (Ordulf) 1059–1072
	1071–1072	
Liemar	1072–1080	
	1081–1090	
	1091–1100	Herzog Magnus 1072–1106
	1101	
Humbert	1101–1104	1106: Aussterben der Herzogslinie der Billunger im Mannesstamm
Friedrich	1104–1110	
	1111–1120	
	1121–1123	
Adalbero	1123–1130	
	1131–1140	
	1141–1148	
Hartwig I.	1148–1150	
	1151–1160	
	1161–1168	

Adalgar   Im Lüneburger Nekrolog geehrter Erzbischof, der vor 1106 den Billungern nahestand.

2 Eckdaten zu den Erzbischöfen von Hamburg-Bremen und zu den Herzögen von Sachsen, 831/45–1168.

schließlich Hermann und deckt damit die Jahre 865–1035 ab (*Abb. 2*). Daraus ergibt sich, dass die Herzöge Hermann Billung, sein Sohn Bernhard I. und sein Enkel Bernhard II. in seinen Anfangsjahren ein derart vertrautes Verhältnis zu den Erzbischöfen unterhielten, dass sie deren Totengedenken mit eigenen Aufwendungen förderten. Mit Adams Darstellung einer Familienfeindschaft der Billunger zu den Hamburg-Bremer Erzbischöfen oder gar zur *Kirche* lässt sich dieses zeittypische fromme Verhalten nicht in Einklang bringen.

Das zweifelsfrei positive Verhältnis der Billunger zu den Erzbischöfen endete 1035 mit dem Pontifikat des aus dem Süden des Reiches stammenden Bezelin Alebrand; das nunmehr distanzierte Verhältnis der Herzöge zu den Erzbischöfen setzte sich bis zum Tode Adalberos 1148 fort. Inzwischen war 1106 die Herzogslinie der Billunger ausgestorben und Liudger von Süpplingenburg an ihre Stelle getreten. Obwohl er über billungisches Erbe seiner Großmutter Gertrud von Haldensleben († 1116; der Witwe Herzog Ordulfs) verfügte, war er mit dem alten Herzogsgeschlecht nicht blutsverwandt. Liudger, der mit seiner Wahl zum deutschen König den Namen Lothar III. annahm, folgten sein Schwiegersohn Heinrich der Stolze und sein Enkel Heinrich der Löwe. Erst der Löwe widmete, inzwischen Herr der Grafschaft Stade geworden, dem als Erzbischof fungierenden letzten Stader Grafen Hartwig († 1168) in Lüneburg eine Memorienstiftung[50].

ERZBISCHOF UND WELTLICHE MACHT IN HAMBURG

Berichtete Adam von Bremen über die Anwesenheit sowohl des Erzbischofs als auch des Herzogs im selben Hammaburg genannten Ort, so zeigt sich diese Konkurrenz, mit zwischenzeitlich wechselnden Akteuren, auch noch in späteren Zeiten. Noch Ende 1264 benannte Graf Gerhard I. von Schaumburg den Bereich am Millerntor im Westen Hamburgs ausdrücklich als zur Neustadt gehörig (*partibus noue ciuitatis*); die Vereinigung der beiden Städte erfolgte erst in diesen Jahren[51]. Die Neustadt war in den späten 1180er Jahren auf dem Gelände der Neuen Burg entstanden.

Als wichtigste Persönlichkeit der erzbischöflichen Altstadt Hamburg lässt sich nahezu drei Jahrzehnte lang zwischen Ende 1236 und Mitte 1266 der Vogt Georg von Herwardeshude belegen; letztmals 1263 erscheint er als Vogt[52]. Insgesamt trat Georg in mindestens 55 Urkunden auf, in 17 wurde er als Vogt bezeichnet. Nur vier von Georgs Auftritten erfolgten in den Zeugenreihen vom Domkapitel ausgefertigter Urkunden, dreimal zeugte er für die Edelherren von Barmstede, mit denen er bei zwanzig Gelegenheiten gemeinsam auftrat, übertroffen von 29 Auftritten mit Angehörigen der Overbodengeschlechter von Stormarn und Holstein. Sein namengebender Sitz Herwardeshude lag westlich von Hamburg (heute St. Pauli), wo auch die Stader Grafen und die Markgrafen von Brandenburg[53] begütert waren.

Während sein Amtskollege Vogt Gerbert für die gräfliche Neustadt zuständig war, wirkte Georg als Vogt der erzbischöflichen Altstadt. Die damals die Hamburger Neustadt kontrollierenden Schaumburger Grafen bezeichneten Georg nie als ihren Vogt oder auch nur als ihren Gefolgsmann, bemühten ihn gleichwohl verschiedentlich als Zeugen[54]. Als *ihren* Mann bezeichneten die Schaumburger den zwölfmal in denselben Zeugenreihen als Vogt genannten Gerbert von Boyzenburg (*Gerbertus aduocatus noster*)[55]. Georg und Gerbert versahen verschiedene Ämter, stets wird Georg vor Gerbert genannt, oft als Spitzenzeuge, als prominenter Anführer der Zeugenreihe. Gerbert ist von 1253–1271 als Vogt bezeugt[56] und erscheint 1268 unter den Rittern (*milites comitis*) respektive 1269 unter den Gefolgsleuten (*fideles nostri*) der Grafen[57].

Mit Georgs Abtreten zwischen 1263 und 1266 dürfte die Eigenständigkeit der erzbischöflichen Altstadt Hamburg geendet haben. Fortan bildeten beide Körperschaften eine Stadt mit einem Vogt und einem gemeinsamen Ratskollegium. Das sah nur wenige Jahre früher noch völlig anders aus, als 1259 Papst Alexander IV. (amt. 1254–1261) zur Unterstützung des neuen Erzbischofs Hildebold (amt. 1258–1273) Schritte mit dem Ziel einleitete, die ihm zufolge widerrechtlich ohne Zustimmung des Domkapitels erfolgte Überweisung der Stadt Hamburg durch den verstorbenen Erzbischof Gerhard II. an den vormaligen Grafen Adolf IV. von Holstein (reg. 1225–1239; † 1261) rückgängig zu machen[58]. Den Hintergrund des Besitzwechsels bildete seinerzeit die enge Verwandtschaft der Akteure: Der Erzbischof war ein Onkel von Adolfs IV. Frau Heilwig. Mit seiner Forderung zur Wiederherstellung der Herrschaft des Erzbischofs stieß Erzbischof Hildebold in Hamburg jedoch auf Widerstand. Jedenfalls reagierten die Schaumburger Grafen als faktische Stadtherren am 10. Oktober 1258 mit einem den Hamburger Bürgern erteilten Privileg, das die Vereinigung der beiden bislang voneinander unabhängigen Städte voraussetzte und deren Einzugsbereich erheblich erweiterte, wobei die Grafen großzügig über Besitzungen und Ansprüche Dritter hinweggingen. Bemerkenswerterweise findet sich unter den Zeugen dieser ein Vierteljahr nach dem Tod des Bremer Erzbischofs Gerhard – also inmitten des bewaffnet ausgetragenen Nachfolgestreits – ausgestellten Urkunde kein Vertreter der Geistlichkeit[59].

Die damals endende Existenz zweier Rechtsbereiche namens Hamburg, dem erzbischöflichen in der Altstadt im Osten und dem weltlichen in der westlich benachbarten Neustadt, besitzt eine mehr als zwei Jahrhunderte währende Vorgeschichte, deren Anfänge sich schemenhaft in den zitierten Passagen der Hamburger Kirchengeschichte des Adam von Bremen erkennen ließen. Immerhin lässt sich die sich im 11. Jahrhundert verändernde Position der Erzbischöfe in deren Titular nachvollziehen. Überwogen seit Ansgar die Benennungen der Erzbischöfe nach Hamburg gegenüber ihren Bremer Bezügen, obgleich sich dort im Dom jeder Erzbischof bestatten ließ, so wuchsen die Bezüge nach Hamburg unter Erzbischof Adalbert in den 1060er Jahren erheblich, wozu nicht zuletzt die damals deutlich vermehrte urkundliche Präsenz Adalberts beitrug. Ab seinem Nachfolger Liemar stiegen dann stetig die Bezüge auf Bremen, das sich unter Hartwig endgültig durchsetzte.

Für die starke Präsenz Adalberts in Hamburg liegt ein klarer Anlass vor. Er selbst hatte 1059 die kirchenrechtliche Legalisierung des außerehelich geborenen Sohnes Heinrich der Billungerin Rikquur beurkundet[60]. Heinrich nahm in Hamburg seinen Sitz und gehörte im Juli 1073 zu den in Hötensleben versammelten Gegnern König Heinrichs IV.[61], 1075/76 trat er gemeinsam mit Graf Hermann auf[62], dem Onkel von Herzog Magnus, 1087/88 urkundete er als *comes Heinricus de Hammaburg* unter Erzbischof Liemar[63], Ende September 1093 gehörte er zu den Siegern der Schlacht von Schmilau bei Ratzeburg gegen gentilreligiöse Slawen[64]. Wohl zwei Jahre nach seinem Tod am 31. Oktober 1098 stifteten seine Söhne Gottfried und Heinrich II. der Hamburger Domkirche möglicherweise im Beisein des Erzbischofs Liemar ein Evangeliar, das wahrscheinlich aus dem Besitz seiner Großmutter Gräfin Emma stammte und das sie mit einer Widmungsinschrift versahen (s. folgenden Beitrag im Band)[65].

GESCHICHTE UND ARCHÄOLOGIE – EINE NEUE SYNTHESE DES FRÜHEN HAMBURG

Die neuerliche Auswertung der Grabungsbefunde auf dem Gelände des einstigen Hamburger St.-Marien-Domes ergab einen signifikanten Funktionswechsel dieses bedeutenden Platzes. Nach mehreren Burganlagen, die spätestens ab dem ausgehenden 8. Jahrhundert eine fortifikatorische Tradition dieses Platzes belegen und die keine Spur sakraler Bauten aufweisen, wurde hier der Steinbau des Mariendomes errichtet. Traditionell beziehen sich Geschichte und Archäologie bei der Datierung dieses Baues auf die vorstehend zitierten Stellen der Kirchengeschichte Adams von Bremen, der Erzbischof Unwan (amt. 1013–1029) als Bauherrn eines Holzbaus benannte. Den später errichteten Bau »*aus Quadersteinen*« schrieb Adam dem mit den Billungern verfeindeten Bezelin Alebrand zu[66].

Doch die Grabungsbefunde eröffnen ein tieferes Verständnis der entsprechenden Ausführungen des Chronisten Adam. Dem angesprochenen Funktionswechsel muss zwingend ein Wechsel der Besitzer des Bauplatzes vorausgegangen sein. Spätestens seit den Tagen des Grafen Bernharius/Bernhard um 845 ist von einer Anwesenheit der weltlichen Macht an diesem Platz auszugehen, was die Archäologie nicht nur bestätigt, sondern aufgrund der jüngsten Auswertungen sogar noch mehrere Jahrzehnte früher als die Schriftquellen ansetzen kann. Mindestens drei Burganlagen lassen sich nacheinander erkennen. Bereits der Name des Grafen Bernharius/Bernhard deutet auf die Vorfahren der Billunger. Adam von Bremen berichtete erst in der Mitte der Herrschaftszeit Herzog Bernhards II. über Aktivitäten seines Geschlechts in Hamburg. Auch wenn er die *Vita Anskarii* kannte und für sein Werk nutzte, unterschlug er Namen und Funktion des Hamburger Burgherrn Bernharius/Bernhard. Überdies verschwieg er, dass die Billunger schon vor Bernhard II. in Hamburg residierten und dass sie darüber hinaus nördlich der Elbe als bedeutendste Machthaber fungierten[67]. Man geht sicherlich nicht zu weit, in der Hammaburg eine bis in die Amtszeit des Erzbischofs Unwan fortdauernde Besitzkontinuität dieses Geschlechts anzunehmen, was allgemein für ihre Herrschaftsrechte und Besitzungen nördlich der Elbe gelten dürfte. Ihre Verfügung über die Hammaburg endete jedoch mit dem dort von Erzbischof Unwan initiierten Dombau.

Aufgrund der vergleichsweise geringen Ausdehnung der Innenfläche der Hammaburg ist dort ein geistlicher Bezirk mit eigener kirchlicher Gerichtsbarkeit, wie ihn eine Kathedralkirche kirchenrechtlich erforderte, auszuschließen. Somit ist davon auszugehen, dass sich die nur in den Schriftquellen belegbare von Ansgar geweihte Bischofskirche und ihre Nachfolgebauten außerhalb des Ringwalls befanden. Als Standort kommt vor allem der Bereich der erstmals 1195 als Marktkirche[68] bezeugten Petrikirche in Betracht. Deren geistliche Traditionen dürften durchaus bis in die Karolingerzeit zurückreichen.

Dass es sich beim Besitzerwechsel der Hammaburg um einen regulären Erbgang handelte, ist auszuschließen, da ein solcher sicherlich später seitens der Erzbischöfe als gewichtiges Argument für ihre Ansprüche auf diesen Platz angeführt worden wäre, wofür jedoch keine Quellen vorliegen. Zudem gibt es keine juristischen Gründe für einen derartigen Vorgang, da die Billunger in den fraglichen Zeiten stets über Blutserben verfügten und keiner der Erzbischöfe entsprechende Erbansprüche hätte geltend machen können. Mithin ist der Besitzwechsel, der mit dem Funktionswechsel von der Burg zum Platz der Domkirche einherging, in gegenseitigem Einvernehmen von Herzog und Erzbischof erfolgt und dürfte klaren Motiven gefolgt sein. Eine militärische Eroberung der Hammaburg durch die Erzbischöfe gegen die Billunger und die anschließende Behauptung dieses Platzes (während die Billunger nur wenige Hundert Meter entfernt die Neue Burg errichteten) erscheint ausgeschlossen.

Den möglichen zeitlichen Rahmen des erschlossenen Besitzerwechsels stecken die im Lüneburger Nekrolog genannten und dort mit einem ehrenden Totengedenken bedachten Hamburg-Bremer Erzbischöfe ab. Dieser Übergang der Hammaburg an die Hamburg-Bremer Erzbischöfe erstreckt sich von Adaldag (amt. 937–988) bis zu Hermann (amt. 1032–1035). Derzeit sprechen vor allem die angeführten Schriftquellen dafür, dass dieser Wechsel zu Zeiten Unwans (amt. 1013–1029) erfolgte. Da Adam jedoch die Errichtung der Neuen Burg als Billungerresidenz dem Herzog Ordulf (reg. 1059–1072) zuschrieb, ergibt sich eine Lücke von mehr als 30 Jahren. Es ist schwer vorstellbar, dass die Herzöge ihre alte Burg ohne einen existierenden Nachfolgebau aufgegeben hatten. Sollte dies nicht bereits die Neue Burg gewesen sein, bleibt die Lage dieser Residenz zu klären.

Das Herzogshaus der Billunger war, wir wiesen darauf hin, zur Mitte des 10. Jahrhunderts in die ältere Linie der Wichmänner und die jüngere Herzogslinie gespalten. Der 967 gewaltsam zu Tode gekommene Graf Wichmann II. (der Jüngere), der mehrfach im Kampf gegen das Kaiserhaus der Ottonen (Liudolfinger) und dem mit ihm verbündeten Herzog Hermann Billung nach Nordelbien und in die benachbarten Slawenlande ausgewichen war und der ohne Söhne starb, dürfte aufgrund seines nordelbischen Rückzugsraumes auch über Hamburg geboten haben. Mit seinem Tod fiel ein Teil seiner beiderseits der Unterelbe gelegenen Güter wohl an das später Udonen genannte Geschlecht, das damit unter Graf Heinrich dem Kahlen († um 973) dort eine breite Machtbasis erhielt. In Stade legte Graf Heinrich der Gute (um 976–† 1016; wohl ein Schwager Hermann Billungs) unterhalb der auf einer Geestzunge gelegenen Pfarrkirche St. Wilhadi eine runde Niederungsburg an, den Spiegelberg. Eine vergleichbare topografische Lage zeigt die Hamburger Neue Burg, zu deren Entstehungszeit die neuen, 2014 begonnenen Grabungen nun erstmals verlässlichere Datierungen erbringen könnten[69].

Doch müssen nicht zwingend die Herzöge die Vorbesitzer der Hammaburg gewesen sein. Vielmehr belegte Widukind von Corvey mehrfach Aktivitäten von Angehörigen der Wichmann-Linie nördlich der Elbe. Wichmann II. stand nicht nur wiederholt im Bündnis mit slawischen Fürsten, das gegen seinen Onkel Hermann Billung zielte, er kam auch in den Slawenlanden zu Tode (vgl. oben S. 294). Wichmann bezeichnete Hermann Billung »als Räuber seines väterlichen Erbes« und als »Dieb seiner Schätze«, wie Widukind von Corvey berichtete[70]. Es lässt sich durchaus annehmen, dass auch die Hammaburg ein Teil jenes Erbes war, das Herzog Hermann und seine Nachfolger ihren wichmännischen Brüdern, Neffen und Vettern entfremdet hatten.

Laut Adam von Bremen wurden vor der Errichtung des Unwan-Domes »aus Hamburg [...] viele Geistliche und Einwohner in die Sklaverei verschleppt«. Doch nach »der Niederwerfung der Slawen [wurden] Burg und Dom wieder aufgebaut« und ein aus zwölf Kanonikern gebildetes Domkapitel eingerichtet[71]. Indes setzen die archäologischen Befunde mit dem Funktionswechsel des bisherigen Burgplatzes weitgehende Veränderungen voraus. Es bleibt aber fraglich, ob die von Adam berichteten Zerstörungen durch gentilreligiöse Slawen mit dem angesprochenen Funktionswechsel in Zusammenhang stehen. Es muss sogar gefragt werden – zumal wir dem von diesen Ereignissen berichtenden, mehr als ein halbes Jahrhundert später schreibenden Historiografen keine durchgehende Verlässlichkeit attestieren können –, ob es sich überhaupt um real stattgefundene Ereignisse handelt. Oder dienten die slawischen Glaubensfeinde dem der Geistlichkeit verpflichteten Chronisten möglicherweise als Chiffre? Für diese Annahme spricht, dass Adam weder einen Grund sah, den Herzögen Großzügigkeit zu attestieren, noch thematisierte er überhaupt ihre der Wichmann-Linie angehörenden Vettern. In seiner detaillierten Auflistung slawischer Aktivitäten nahm Christian Lübke die für die Jahre um 1018 von Adam behauptete Zerstörung Hamburgs nicht auf[72].

Der friedlich vollzogene Funktionswechsel, mit dem die vormals bedeutende Hammaburg endgültig mittels

Pazifizierung und Weihe den letzten Wichmännern entzogen wurde – Graf Ekbert der Jüngere verstarb nach 1024, das Todesjahr seines Neffen Wichmann IV. ist unbekannt – dürfte damals im gemeinsamen Interesse von Herzog und Erzbischof gelegen haben. Zu Lebzeiten Unwans war nicht abzusehen, dass sich dessen Nachfolger ab Bezelin Alebrand feindlich zu den Billungern stellten, auch wenn die tieferen Gründe ihrer Entzweiung im Dunkeln liegen. Waren Erzbischof Unwan und Herzog Bernhard II. über die später als Heilige verehrte Emma von Bremen verschwägert, so besaßen die aus dem Süden des Reiches stammenden Erzbischöfe Bezelin Alebrand, Adalbert und Liemar keine verwandtschaftlichen Bindungen zu den Billungern. Dass die mächtigen Herzöge ihre angestammte Burg ohne Not einem ihnen feindlich gesinnten Erzbischof übereignet hätten, ist auszuschließen – dieser Besitzwechsel erfolgte zweifellos unter Freunden.

Mit der Pazifizierung der Hammaburg und ihrem Übergang an den Erzbischof waren alle Ansprüche der Wichmannlinie gegenstandslos, und die Herzogslinie hätte mit der von ihnen in der Folge angelegten Neuen Burg selbst eine von den Wichmännern erbrechtlich nicht anfechtbare Position in Hamburg gewonnen. Doch es folgten nur noch wenige Jahre eines einvernehmlichen Wirkens der Erzbischöfe und der Herzöge in Hamburg. Ab Bezelin Alebrand, als die Erzbischöfe nicht mehr in Lüneburg ein Totengedenken erhielten, bestand dann die von Adam von Bremen vielfach thematisierte Feindschaft des Herzoghauses und der Erzbischöfe.

Als Konsequenz der Aufgabe der Hammaburg errichteten die Billunger in einer Alsterschleife unterhalb der Geesttzunge eine neue Befestigung, die Neue Burg. Adam schrieb den Bau der Neuen Burg dem Herzog Ordulf (amt. 1059–1072) zu, der zu ihren Gunsten seinen Sitz in der Altstadt aufgab, die sich nunmehr im alleinigen Besitz des Erzbischofs befand (»*Denn auch der Herzog gab damals die alte Hamburger Feste auf und ließ für sich und die Seinen zwischen Elbe und Alster eine neue Burg errichten. So merkwürdig schieden sich Herzen und Wohnstätten der beiden, und der Herzog bewohnte die neue, der Erzbischof die alte Ansiedlung*«)**73**. Diesen Burgbau stellte Adam in einen Kontext mit der Errichtung der Burg auf dem Süllberg durch Erzbischof Adalbert. Der Bau der Süllbergburg lässt sich 1059 urkundlich fassen (*Propstei St. Jacobi, Secundi und der Thebäischen Märtyrer auf dem Süllberg*), als der dort zeitgleich errichteten Propstei die Zehnten von acht Dörfern zugeschrieben wurden, deren Nutzung zu Lebzeiten Gräfin Rikquur und ihrem Sohn Graf Heinrich I. von Hamburg vorbehalten blieb**74**.

Wir verstehen die Aufgabe der Hammaburg – die sich ab dem Einsetzen der frühesten schriftlichen Quellen in der ersten Hälfte des 9. Jahrhunderts bis zu ihrer Aufgabe wohl in der ersten Hälfte des 11. Jahrhunderts im Besitz derselben Familiengruppe befand – und die Errichtung der Neuen Burg als Teile desselben, funktional und zeitlich aufeinander bezogenen Vorgangs. Für diese Annahme spricht auch der gemeinsame Name Hamburg für beide Rechtsbezirke, die sich ungeachtet aller späteren Brüche bis zur Bildung der gemeinsamen Stadt kurz nach 1260 verfolgen lassen und die es schwer machen, die in den jeweiligen Quellen angesprochene Stadt bzw. Körperschaft als erzbischöfliche oder gräfliche Stadt zu identifizieren. Verifizieren ließe sich die hier vorgestellte Abfolge durch eine Altersbestimmung des Baubeginns der Neuen Burg. Jener in der Alsterniederung errichteten Ringwallanlage, die wohl ab 1059 als Sitz der Hamburger Grafen diente, einem Zweig der in Lüneburg residierenden Billunger-Herzöge von Sachsen.

ANMERKUNGEN

1 Busch 2002c, 7 f.
2 Scior 2000a, 755.
3 Ebd. 753–756; Vollmann 2002.
4 Scior 2000b, 760 f.
5 Adam 2000, 5, 9, 139, 151.
6 Zu Methode und Parallelfällen vgl. Beumann 1950, IX.; Beumann 1987, 289–323; Althoff 1995, 163–182.
7 Adam I, 12 (2000, 117–183). Hier und in der Folge in der Übersetzung von Trillmich/Buchner 2000 mit angegebener Seitenzahl.
8 May 1937, Nr. 2.
9 Bock 2013, 13–30.
10 Adam I, 21 (2000, 129–195).

11 Vita Anskarii 16. In der Übersetzung von Trillmich/Buchner 1978, 50–53: »*Aber während Diözese und Mission sich lobenswert und gottgefällig entwickelten, tauchten ganz unerwartet wikingische Seeräuber mit ihren Schiffen vor Hamburg auf und schlössen es ein. Die überraschende Plötzlichkeit dieses Ereignisses ließ keine Zeit, Männer aus dem Gau zusammenzuziehen, zumal auch der damalige Graf und Befehlshaber des Ortes, der erlauchte Herr Bernhar, nicht zugegen war; als der Herr Bischof dort von ihrem Erscheinen hörte, wollte er zunächst mit den Bewohnern der Burg und des offenen Wiks den Platz halten, bis stärkere Hilfe käme. Aber die Heiden griffen an; schon war die Burg umringt; da erkannte er sich zur Verteidigung außerstande, und nun*

sann er nur noch auf Rettung der ihm anvertrauten heiligen Reliquien; seine Geistlichen zerstreuten sich auf der Flucht nach allen Seiten, er selbst entrann ohne Kutte nur mit größter Mühe. Auch die Bevölkerung, die aus der Burg entrinnen konnte, irrte flüchtend umher; die meisten entkamen, einige wurden gefangen, sehr viele erschlagen. Nach der Einnahme plünderten die Feinde die Burg und den benachbarten Wik gründlich aus; am Abend waren sie erschienen; die Nacht, den folgenden Tag und noch eine Nacht blieben sie da. Nach gründlicher Plünderung und Brandschatzung verschwanden sie wieder. Da wurde die unter Leitung des Herrn Bischofs errichtete kunstreiche Kirche und der prächtige Klosterbau von den Flammen verzehrt. Da ging mit zahlreichen anderen Büchern die unserem Vater vom erlauchtesten Kaiser geschenkte Prachtbibel im Feuer zugrunde. Alles, was Ansgar dort an Kirchengerät und anderen Vermögenswerten besessen hatte, wurde bei dem feindlichen Überfall durch Raub und Brand ebenfalls vernichtet; ihm blieb nur das nackte Leben. Vorher hatte man ja nichts weggebracht; dann aber ließ sich nur mitnehmen, was jeder auf der Flucht gerade greifen und etwa tragen konnte. Aber alle diese Verluste verbitterten unseren heiligen Herrn und Vater keineswegs, noch versündigte er sich durch Reden. Fast alles, was er seit seiner Erhebung zum Bischof zusammengebracht oder für die Bauhütte verwendet hatte, war mit einem Schlage dahin; er aber wiederholte ständig das Wort des seligen Job: ›Der Herr hats gegeben, der Herr hat's genommen. Wie es dem Herrn gefiel, so geschah es. Der Name des Herrn sei gepriesen!‹«.

12 Ann. Fuld. ad anno 845.
13 Ann. regni Franc. ad anno 811.
14 Ann. regni Franc. ad anno 809.
15 Ann. regni Franc. ad anno 819.
16 Traditiones Corbeienses A § 242b, 49; Hömberg 1963, 243.
17 Herborn 2002, 1882 f.
18 Ann. Fuld. ad anno 880.
19 Miracula S. Willehadi. Cap. 29, 389; Wenskus 1984, 507.
20 Hamb. UB 1, Nr. 87 = May 1937, Nr. 271; Adam von Bremen II, 80 u. III, 45 (2000, 322 f.; 384 f.); Glaeske 1962, 90; Giese 1992, 279; Althoff 1991, 320; Johanek 1992, 93 f. Zu Lesum vgl. auch Hucker 1977, 69–72.
21 D O I., Nr. 16.
22 Widukind III, 53 (1997, 206 f.). Hier und im Folgenden in der Übersetzung von Schneidmüller/Rotter 1997 mit Seitenzahlen).
23 Widukind III, 64 (1997, 216 f.).
24 Widukind III, 68 (1997, 220 f.).
25 Widukind III, 69 (1997, 222–225); Nekrologium S. Michaelis, 70 (*Wichmannus com*[es] *et multi alii occisi*); Bork 1951, 66–70; Althoff 1984, 415.
26 Widukind II, 25 (1997, 138 f.).
27 Widukind III, 64 (1997, 216 f.).
28 Adam II, 8 (2000, 241).
29 Adam II, 9 (2000, 241).
30 Adam II, 24 (2000, 257).
31 Adam II, 24 (2000, 257).
32 Adam II, 46 u. 80 (2000, 283 u. 321).
33 Adam III, 45 (2000, 385).
34 Schmeidler 1918, 256.
35 Adam II, 48 (2000, 287).
36 Adam II, 49 (2000, 287).
37 Adam II, 59 (2000, 299).
38 Adam II, 70 (2000, 315).
39 May 1937, Nr. 185, 45.
40 Adam von Bremen II, 70 (2000, 315).
41 May 1937, 41 f.; Althoff 1984, 292.
42 Adam II, 76 (2000, 319); Hucke 1956, Stammtafel A.
43 Adam III, 5 (2000, 333).
44 Adam III, 41, (2000, 379).
45 Adam III, 43 (2000, 381).
46 Adam III, 8 (2000, 337).
47 Adam III, 27 (2000, 361).
48 Adam III, 5 (2000, 333).
49 Adam III, 19 u. 50 (2000, 351 u. 391) zu Gottschalk; II, 71 u. 79 (2000, 315 u. 321).
50 Nekrologium S. Michaelis; Althoff 1984.
51 Hamb. UB 1, Nr. 680 = Schlesw.-Holst. RU 2, Nr. 291.
52 Hamb. UB 1, Nr. 671 = Schlesw.-Holst. RU 2, Nr. 266.
53 Chronicon Monasterii Rosenfeldensis, 122 = Hucke 1956, 173; Hamb. UB 1, Nr. 536 = v. Aspern 1850, Nr. 73 = Schlesw.-Holst. RU 1, Nr. 661 (von 1246).
54 Hamb. UB 1, Nr. 503 = Schlesw.-Holst. RU 1, Nr. 544 (1236); Hamb. UB 1, Nr. 702 = Schlesw.-Holst. RU 2, Nr. 326 (1266).
55 Hamb. UB 1, Nr. 645 = Schlesw.-Holst. RU 2, Nr. 188; Hamb. UB 1, Nr. 646 = Schlesw.-Holst. RU 2, Nr. 189 (1259).
56 Hamb. UB 1, Nr. 574 = Schlesw.-Holst. RU 2, Nr. 35 (1253); UB Stadt Lübeck 1, Nr. 327 = Schlesw.-Holst. RU 2, Nr. 427 (1271).
57 UB Stadt Lübeck 1, Nr. 307 = Schlesw.-Holst. RU 2, Nr. 385 (1268); Schlesw.-Holst. RU 2, Nr. 392 (1269).
58 UB Hochstift Hildesheim 2, Nr. 1101 = May 1937, Nr. 1075; Hamb. UB 1, Nr. 641 = Schlesw.-Holst. RU 2, Nr. 180 = May 1937, Nr. 1077.
59 Hamb. UB 1, Nr. 631 = Schlesw.-Holst. RU 2, Nr. 169.
60 Hamb. UB 1, Nr. 80 = Schlesw.-Holst. RU 1, Nr. 44 = May 1937, Nr. 256.
61 UB Hochstift Hildesheim 1, Nr. 128; Vgl. Bruno, Saxonicum bellum 24–26, 222–227.
62 Verdener Gesch. Qu. 2, Nr. 14 = Wichmann 1904, 188–189, Nr. 3 = UB Bm. Verden 1, Nr. 81.
63 Hamb. UB 1, Nr. 118 = May 1937, Nr. 388.
64 Aust 2010, 176 f.
65 Hamb. UB 1, Nr. 124 und Beilage III, 805 f.; Stork 2007, 269.
66 Adam II, 59 u. II, 70 (2000, 299 u. 315).
67 Lemm 2013a; 2013b; vgl. auch den Beitrag von Thorsten Lemm in diesem Band.
68 Hamb. UB 1, Nr. 309 = Schlesw.-Holst. RU 1, Nr. 194.
69 Zur bisherigen Forschung s. Först 2007.
70 Widukind II, 24, (1997, 180 f.).
71 Adam II, 43 u. 40 (2000, 279 u. 287).
72 Lübke 1987, 88–95.
73 Adam III, 27 (2000, 360 f.).
74 Hamb. UB 1, Nr. 80 = Schlesw.-Holst. RU 1, Nr. 44 = May 1937, Nr. 256.

Das Hamburger Elfenbein-Evangeliar als historische Quelle zum frühen Hamburg

Günther Bock

Das Hamburger Elfenbein-Evangeliar gehört als *Codex in scrinio* 93 zu den bedeutendsten Handschriften der Staats- und Universitätsbibliothek Hamburg (*Abb. 1*). Durch die 1834 erfolgte Versteigerung der Bibliothek des Hamburger Privatgelehrten Arnold Schuback (1762–1826) gelangte das Evangeliar in den Besitz der damaligen Stadtbibliothek, dem Vorgänger der heutigen Staatsbibliothek. Im Laufe der Zeit erfolgten mehrere Detailuntersuchungen zu Einzelaspekten der Handschrift, zum Elfenbein des Deckels, zur Buchmalerei der Kanontafeln, zu paläografischen Einzelheiten der Evangeliarhandschrift sowie zum Stifter des Codex an den Hamburger Dom[1].

Die zahlreichen Einzeluntersuchungen zum Codex erklären sich aus seinen verschiedenen, zu unterschiedlichen Zeiten beigefügten Teilen. Die Entstehung der eigentlichen Evangeliarhandschrift und ihrer Kanontafeln (folia 6v–13r) konnte dem von Corvey abhängigen Skriptorium des Klosters tom Roden an der Weser zugeschrieben werden; sie wurden auf kurz nach 1000 datiert. Damit sind sie aber keineswegs die ältesten Teile, denn das Elfenbeinrelief des Buchdeckels ist eine spätantike stadtrömische Arbeit der Jahre um 450. Um 1100 wurden die Zierinitialen zu den Evangelien nachgetragen (fol. 14v zum Matthäus-Evangelium, fol. 60v Markus-Evangelium, fol. 85r Lukas-Evangelium; auf eine Zierinitiale zum Johannes-Evangelium verzichtete man).

All dies ist zwar kunstgeschichtlich interessant, bietet jedoch keinen Anlass, sich aus Sicht der frühen Geschichte Hamburgs näher mit dem Codex zu befassen. Doch dafür sorgen auf fol. 13v ein Widmungstext und gegenüber auf fol. 13r ein Nekrologeintrag. Letzterer wiederholt die beiden in der Widmung genannten Todestage. Beide Einträge entstanden um 1100.

Die um 1170–1180 in einer Hildesheimer Werkstatt angefertigten Zierplatten auf dem Deckel können hier als spätere Zugaben für die Stiftung des Codex ebenso vernachlässigt werden wie drei Blätter mit liturgischen Texten (fol. II–IV) sowie eine auf den rückwärtigen Deckel eingeklebte, an das Stader Marien-Kloster adres-

1 Den Deckel des *Codex in scrinio* 93 der Staats- und Universitätsbibliothek Hamburg ziert ein spätantikes Halbrelief aus Elfenbein.

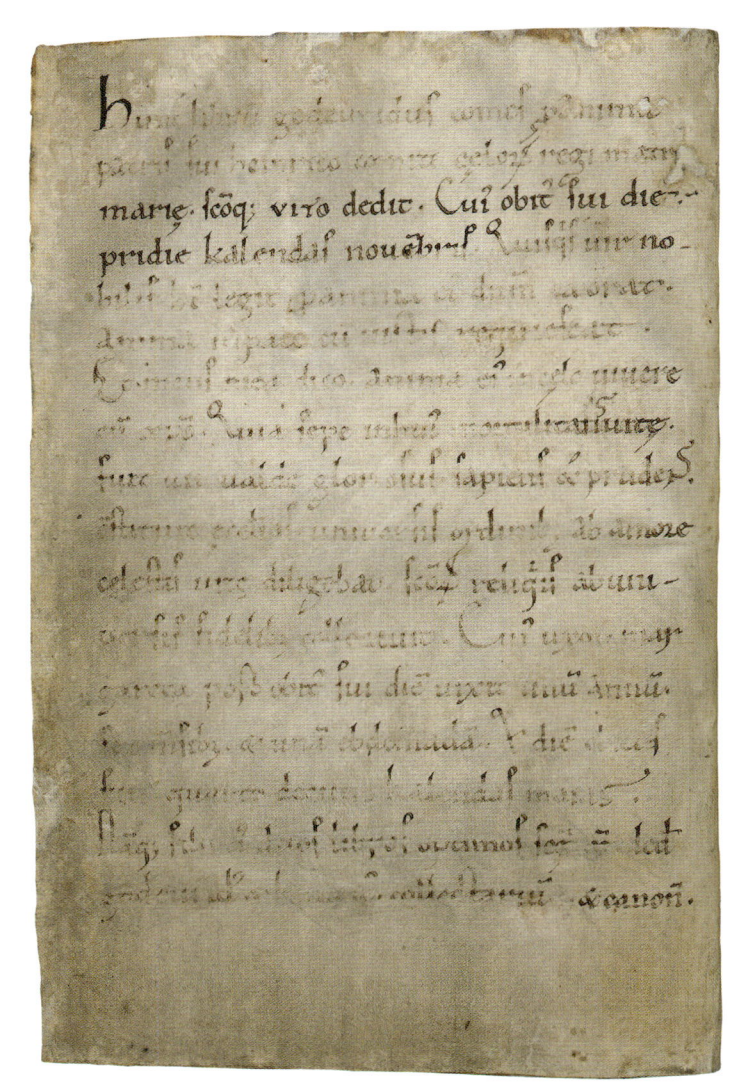

2 Der Widmungseintrag der Grafen Gottfried und Heinrich II. von Hamburg für ihre verstorbenen Eltern Graf Heinrich I. und Margareta weist schwere Rasurschäden auf, die nur die Namen der Domheiligen Maria und Vitus verschonten.

sierte Urkunde Papst Johannes' XXII. aus dem Jahr 1332, deren Schlusszeilen abgeschnitten wurden[2]. Auf das auf fol. 167r und v eingetragene Verzeichnis der Reliquien, mit denen fünf Altäre der Domkirche und ein Marienschrein ausgestattet waren, wird am Schluss dieses Beitrag eingegangen.

Aufgrund seines Alters und seiner Ausstattung wurde der Hamburger Elfenbein-Codex bereits im Mittelalter als besonders wertvolles Evangeliar verstanden; entsprechend verwendete man ihn jahrhundertelang als Festtagsevangeliar des Hamburger St.-Marien-Doms.

DER SCHENKUNGSEINTRAG

Die historische Forschung kennt die im Evangeliar eingetragene Schenkungsinschrift (*Abb. 2*) seit 1842. Der Hamburger Stadtarchivar Johann Martin Lappenberg publizierte damals im ersten Band des »Hamburgischen Urkundenbuches« wohl als erster den vollständigen Text des Dedikationseintrags und kommentierte ihn zusätzlich[3]. In der Übersetzung von Hans-Walter Stork und Gerrit Aust lautet der Text: »*Dieses Buch hat Graf Gottfried für die Seelenruhe seines Vaters, des Grafen Heinrich, dem Himmelskönig, seiner Mutter Maria und dem hl. Vitus geschenkt. Sein Todesdatum fällt auf den 31. Oktober. Jeder Ehrenmann, der dies liest, bete für seine Seele zu Gott. Seine Seele ruhe mit den Gerechten in Frieden. Meine Überzeugung ist, dass seine Seele mit Christus im Himmel lebt. Denn er war in diesem sterblichen Leben oft sehr ruhmreich, voraussichtig und klug: er richtete Kirchen ein, hatte wegen seiner Liebe zum himmlischen Leben hohe Achtung vor allen Ständen und ließ Reliquien der Heiligen für alle Gläubigen aufstellen. Seine Gattin Margareta überlebte ihn noch ein Jahr, sechs Monate und eine Woche. Ihren Todestag begehen wir am 18. April. – Überdies haben ihre Söhne Gottfried und Heinrich der hl. Maria noch zwei weitere Bücher vermacht: ein Collektar und eine Canonessammlung*«[4].

Der Nekrologeintrag *Obiit Heinricus comes pridie kalendas novembris et Obiit Margareta XIIII kal maias* benennt noch einmal die Todestage des Grafen Heinrich I. am 31. Oktober und seiner Frau Gräfin Margareta anderthalb Jahre später an einem 18. April (*Abb. 3*). Ihre Todesjahre ließen sich mit hoher Wahrscheinlichkeit als 1098 respektive 1100 identifizieren. Wohl bald nach Gräfin Margaretas Tod noch im Trauerjahr dürfte die Stiftung des Evangeliars, das damals die Bedeutung einer 100 Jahre alten ererbten Familienbibel einnahm, durch die überlebenden Grafensöhne Gottfried und Heinrich II. erfolgt sein. Als Stifter bezeichnen sich beide selbst im Stiftungseintrag.

Obwohl es sich bei beiden Einträgen zweifelsfrei um Originalquellen handelt – möglicherweise sogar um Autographe der Stifter –, nahmen sie in der historischen Behandlung bislang nicht den ihnen gebührenden Rang ein[5], ohne dass hier die Forschungsgeschichte referiert werden soll. Die geringe Beachtung in der Forschung verwundert, erscheinen die Aussagen des Widmungseintrags doch von wünschenswerter Klarheit. Das christliche Totengedenken, die *Memoria*, des Hamburger Grafenpaares Heinrich I. und Margareta verbanden ihre Söhne Gottfried und Heinrich II. mit dem Andenken an des Vaters *sehr ruhmreiches Leben*. Die Stiftung des wertvollen Evangeliars erfolgte augenscheinlich im Umfeld oder zumindest unter dem Eindruck des ersten Kreuzzugs, den am 27. November 1095 Papst Urban II. in Clermont-Ferrand verkündet hatte[6]. Der Vollständigkeit halber sei angemerkt, dass es sich bei den Grafen

Gottfried und Balduin von Bouillon, den Eroberern Jerusalems des Jahres 1099, um Vettern zweiten Grades der Hamburger Grafen handelt. Beide Gottfriede hatten in Herzog Gozelo I. von Lothringen († 1044) denselben namengebenden Urgroßvater, der als *Gazlinus dux* im Lüneburger Nekrolog erscheint[7]; es war der Vater Papst Stephans IX.

Als Stiftung an die Hamburger Domkirche und das dort angesiedelte Domkapitel mussten das Evangeliar, seine Stifter wie auch die mit der Stiftung beehrten vor den himmlischen Mächten und den anwesenden geistlichen Herren bestehen. Dass der verstorbene Graf Heinrich I. von Hamburg seitens seiner Söhne lediglich floskelhaft als *valde gloriosus* bezeichnet wurde, ist auszuschließen. Sein auf Erden erworbener Ruhm musste angesichts des auf dem Altar niedergelegten und künftig in allen wichtigen Messen verwendeten Evangeliars bestehen. In den Zeiten des ersten Kreuzzugs kann *sehr ruhmreich* nur ein ebenso mutiges wie siegreiches Auftreten des Grafen im Kampf gegen Feinde des christlichen Glaubens meinen. Weitere vorbildliche Taten des Grafen Heinrich, die Errichtung von Kirchen, seine Förderung der Menschen aller Stände und seine Bemühungen um verehrungswürdige Reliquien der Heiligen, schrieb man seiner Einsicht und Klugheit zu (»*valde gloriosus, sapiens et prudens. Constituit ecclesias, universis ordinibus ab amore celestis vite diligebat, sanctorum reliquiis ab universis fidelibus collocavit*«). Graf Heinrich I. von Hamburg wurde damit von den Empfängern des Evangeliars als vorbildlicher christlicher Fürst akzeptiert. Nur die Märtyrerkrone war ihm versagt geblieben.

Die Stiftung des Evangeliars und sein jahrhundertelanger Verbleib bedeutet, dass es an der Hamburger Domkirche St. Marien Empfänger gab, die dieses Geschenk entgegennahmen und es seiner Zweckbestimmung entsprechend verwendeten. Damit muss es um 1100 in Hamburg ein Domkapitel gegeben haben[8], was sowohl dessen Vernichtung durch angebliche slawische Zerstörungen der Jahre 1066 und 1072 als auch die ohnehin nicht urkundlich belegbare Neugründung der Zeit um 1140 gegenstandslos macht. Die im Widmungseintrag Graf Heinrich I. zugeschriebenen Kirchengründungen kontrastieren mit der erheblich jüngeren Darstellung des Helmold von Bosau, der nahezu ein Jahrhundert später mit drastischen Worten angesichts des nur ihm bekannten Slawenfürsten Kruto ein damals nicht vorhandenes kirchliches Leben beschwor (»*Die Streitkräfte der Sachsen wurden aufgerieben, zinspflichtig dienten sie Kruto, und zwar das ganze Land der Nordelbier, das in drei Stämme geteilt ist: die Holsten, Stormarn und Dithmarschen. Sie alle trugen das Joch der Knechtschaft, solange Kruto lebte. Voll war das Land von Raubgesindel, das mit Mord und Verschleppung unter dem Volk Gottes hauste. Sie verschlangen die Sachsenstämme mit gierigem Rachen*«)[9]. Damit muss mittels des Hamburger Elfenbeinevangeliars der Realitätsgehalt mancher Inhalte von Helmolds Chronik infrage gestellt werden.

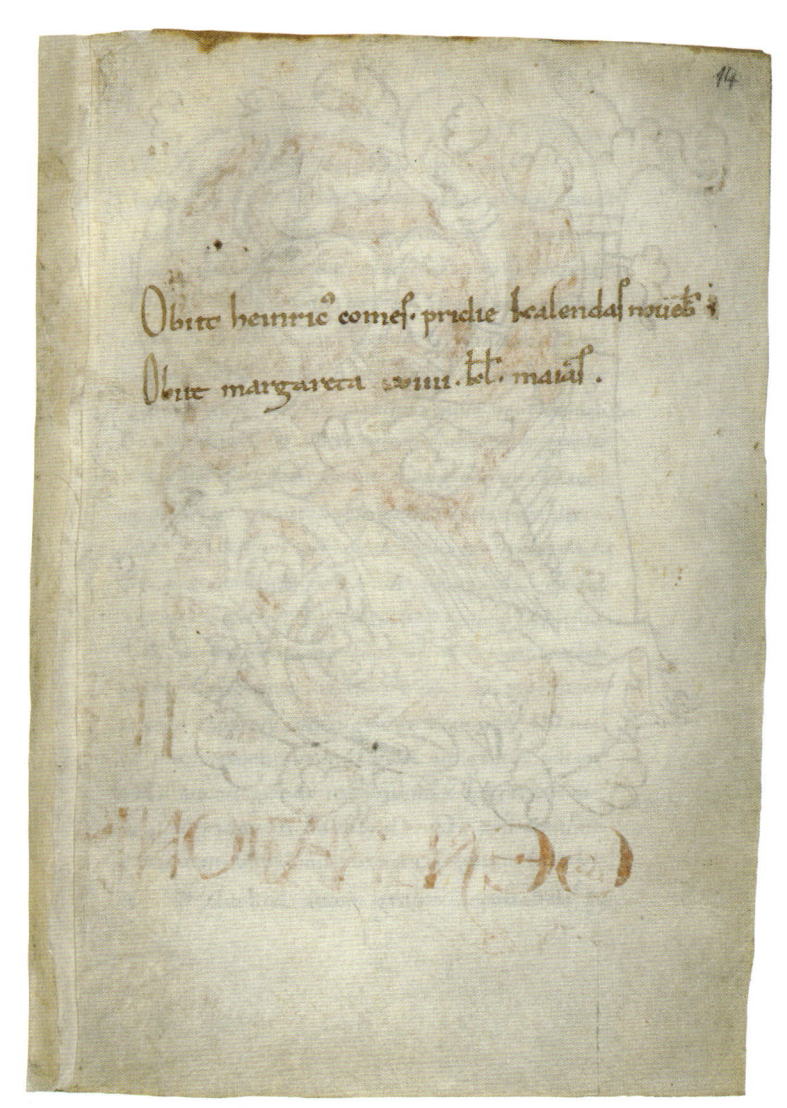

3 Der Nekrologeintrag für Graf Heinrich I. von Hamburg und seine Witwe Margareta.

GRAF HEINRICH I. ALS SIEGER

Das *sehr ruhmreiche* Wirken des Grafen Heinrich I. verweist unverkennbar auf ein Kampfgeschehen. Diese Beobachtung richtet unsere Aufmerksamkeit auf das den Deckel des Evangeliars schmückende spätantike Elfenbeinrelief, das wir als Teil der wohl im Jahr 1100 vollzogenen Dotation verstehen. Das Elfenbein verwundert jedoch als Titelverzierung des Festtagsevangeliars der Hamburger Domkirche St. Marien und Vitus, stellt es doch die römische Siegesgöttin dar, die einen Barbaren

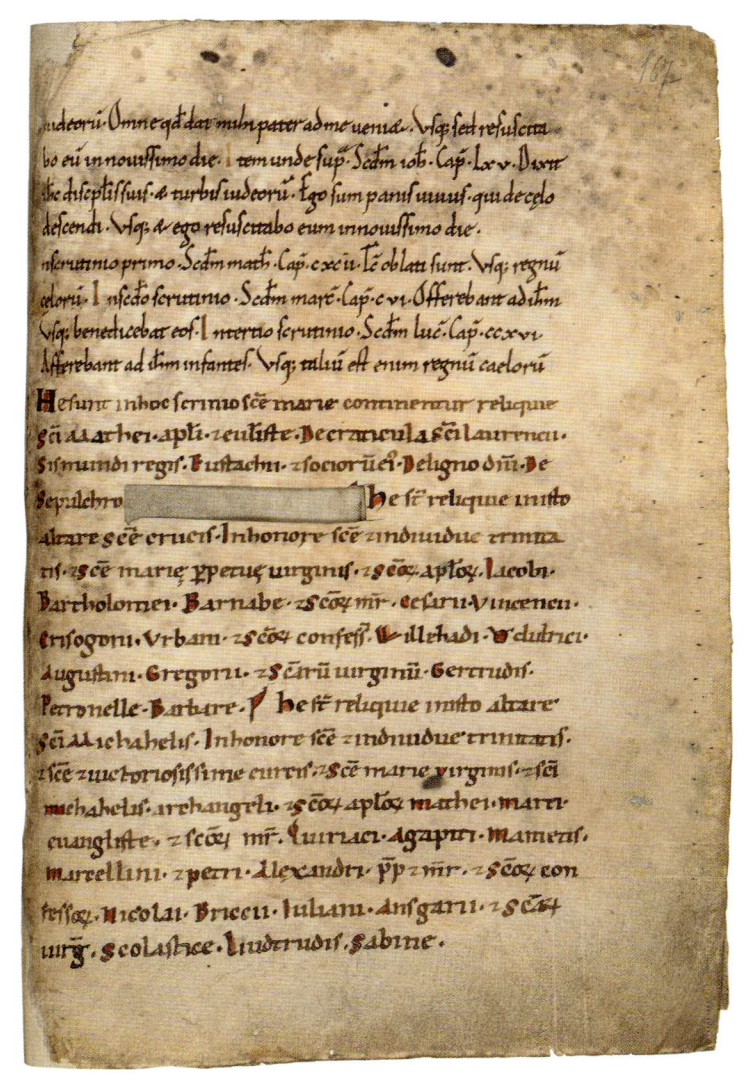

4a Das Reliquienverzeichnis des Elfenbeinevangeliars auf fol. 167r.

burg-Bremer Erzbischofs Liemar (amt. 1072–1101), der als Senior des Reichsepiskopats die vergangenen Jahre im Dienst Kaiser Heinrichs IV. in Italien und im Süden des Reiches verbracht hatte. Nach dem Ausscheren von Herzog Magnus aus dem Bündnis gegen Heinrich IV. Anfang 1080 befanden sich beide im selben Lager. Entsprechend trat 1087 oder 1088 Graf Heinrich I. von Hamburg als erster Gefolgsmann des Herzogs Magnus in einer Urkunde Erzbischof Liemars auf.[11]

Das Elfenbein weist auf eine Herkunft aus Rom, dem Sitz des Papstes. Von August 1057 bis zu seinem Tod im März 1058 amtierte der lothringische Herzogssohn Friedrich als Papst Stephan IX.; er war ein Vetter Herzog Bernhards II. (reg. 1011–1059) von Sachsen aus dem Hause der Billunger. Sofort nach seinem Amtsantritt entsandte er Hildebrand, den späteren Papst Gregor VII. (amt. 1073–1085), als Legaten nach Sachsen, wo er Weihnachten 1057 mit den *Großen des Landes* (*principes terrae*) zusammentraf, an deren Spitze wahrscheinlich Herzog Bernhard II. stand[12]. Das Bündnis des Reformpapsttums mit den Billungern hielt bis zum Beginn des Jahres 1080. Möglicherweise gehörte das Elfenbein zu den Geschenken, die Hildebrand im Auftrag des Papstes seinen sächsischen Freunden und Verbündeten überbrachte. Auf dem Augsburger Lechfeld wurde 955 der Sieg gegen die Ungarn unter dem Banner des Erzengels Michael errungen, *des siegbringenden Engels*[13]. Da die Billunger den Erzengel Michael als Schutzpatron ihres Hauses ansahen und ihm ihr Lüneburger Hauskloster geweiht hatten[14], erscheint dessen vermeintliche Darstellung zu diesem Zweck bestens geeignet. Dieses Elfenbein dann der Memorienstiftung ihrer Eltern beizugeben, mag den Söhnen Heinrichs I. und seiner Frau Margareta – bei der es sich höchstwahrscheinlich um eine Nichte Papst Stephans IX. handelt – als Akt von besonderer Aussagekraft erschienen sein.

Die unübersehbaren Bezüge zum Erzengel Michael geben zudem Anlass zur Überlegung, das Schmilauer Schlachtgeschehen mit dem Tag des Heiligen – dem 29. September – in Beziehung zu setzen. Dies gilt umso mehr, als genau 50 Jahre früher am Vorabend des Michaelstages 1043 der künftige Sachsenherzog Otto/Ordulf gemeinsam mit seinem Schwager, König Magnus von Norwegen und Dänemark, bei Lürschau nahe Schleswig einen entscheidenden Sieg über ein slawisches Heer errungen hatte[15].

Was spricht dagegen, diese Dotation als eine die einstige Feindschaft zwischen den Billungern und den Bremer Erzbischöfen endgültig überbrückende Symbolhandlung zu verstehen? Immerhin erscheint auffällig,

ersticht. Hinzu kommt die Vermutung, in der uns interessierenden Epoche sei diese Darstellung als siegreicher Erzengel Michael verstanden worden. Diese Interpretation deutet auf ein der Stiftung des Hamburger Elfenbein-Evangeliars zugrunde liegendes blutiges Kampfgeschehen.

Diesen Kampf meinen wir als den 1093 südlich von Ratzeburg bei Schmilau von Herzog Magnus und seinen Verbündeten über gentireligiöse Slawen errungenen Sieg[10] identifizieren zu können. Hinzu kommt ein weiterer möglicher Grund zur Stiftung des Codex. Das Elfenbein, die römische Siegesgöttin, umgewidmet zum Erzengel, dem Patron des Billungerhauses, dem sich auch die Hamburger Grafen zugehörig fühlten, symbolisiert deren Verbindung zu eben diesem bedeutenden Geschlecht. Die Sieger von Schmilau, namentlich bekannt sind lediglich Herzog Magnus und der Obodritenfürst Heinrich, dürften bei der feierlichen Stiftung des Codex im Hamburger Dom St. Marien zugegen gewesen sein. Gleichfalls denkbar ist die Anwesenheit des Ham-

dass der in der Bibel mehrfach als wirkungsmächtig gewürdigte Erzengel Michael, eine der bedeutendsten Heiligengestalten des Mittelalters, weder in Adams *Gesta* noch in Helmolds *Chronica Slavorum* erwähnt wurde; beide Autoren äußerten sich durchgehend wenig freundlich über die Billunger und ihre Verbündeten und schreckten selbst vor Diskreditierungen nicht zurück.

DIE RADIERUNG DES SCHENKUNGS-EINTRAGS

Laut Helmold von Bosau endete das Geschlecht der Hamburger Grafen mit dem gewaltsamen Tod des Grafen Gottfried, der sich auf der Grundlage weiterer Quellen auf den 2. November 1110 datieren lässt[16]. Die Erwähnung zweier Personen namens *Heinricus comes* inmitten der Zeugen der Salzwedeler Urkunde Kaiser Heinrichs V. vom 16. Juni 1112[17] lässt jedoch an Hamburger Grafen denken. Der an fünfter Position genannte Graf mag den 1100 im Widmungstext erscheinenden *Heinricus* meinen, in Position elf der Zeugenreihe ist sein gleichnamiger Neffe zu vermuten. In Salzwedel hielt Rudolf I., Markgraf der Nordmark und Stader Graf, seinen Vetter Graf Friedrich von Stade und Ertheneburg gefangen, den mutmaßlichen Schwiegersohn Graf Heinrichs II. von Hamburg.

Für diese Einschätzung sprechen nicht zuletzt die später in den Händen der mutmaßlichen Nachkommen der Hamburger Grafen befindlichen umfangreichen Besitztitel. Heraus ragten ihre Herrschaftsrechte, darunter vor allem die Hochvogtei der Hamburger Erzdiözese, die den gesamten nordelbischen Teil des Hamburg-Bremer Erzbistums einnahm. Insbesondere der weitgehend einer Rasur zum Opfer gefallene Name *Heinricus* legt nahe, dass gezielt vorgegangen wurde, was jedoch für einen erbenlos Verstorbenen keinen rechten Sinn ergibt. Überdies war es gerade der Chronist Helmold von Bosau, der um 1170 behauptete, die Nachkommen Herzog Hermann Billungs seien *in unseren Zeiten sehr mächtig geworden*[18]. Da die Herzogslinie aber bereits 1106 im Mannesstamm ausgestorben war und er die weiblichen Nachkommenlinien der Askanier und Welfen stets mit ihren Repräsentanten Albrecht dem Bären und Heinrich dem Löwen personifizierte, dürfte sich Helmolds Bemerkung auf die Nachkommen der Hamburger Grafen beziehen. Zu diesen zählen wir als älteste Linie die Edelherren von Barmstede, daneben auch die Grafen von Badwide in Ratzeburg und die Grafen von Schwerin. Erst nach dem Aussterben der Herren von Barmstede im Mannes-

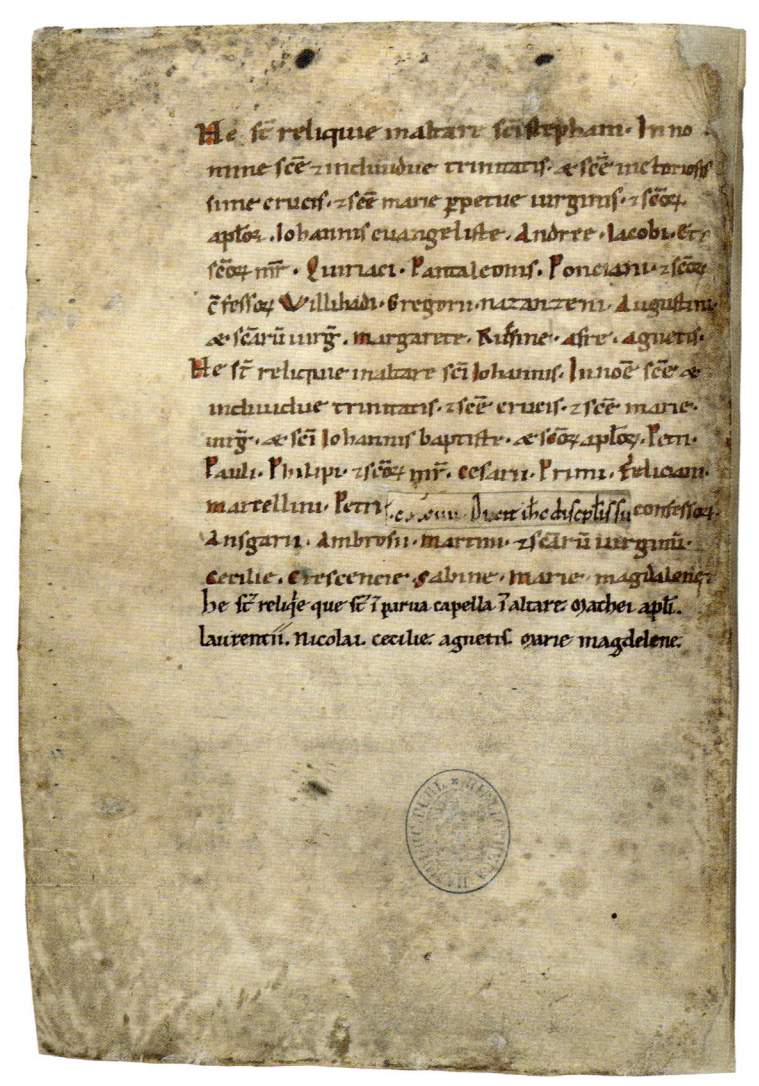

4b Das Reliquienverzeichnis des Elfenbeinevangeliars auf fol. 167v.

stamm um 1286/88 konnten die mit Bezug auf Helmold angeblich seit 1110 in Hamburg und dem sächsischen Nordelbien herrschenden Grafen von Schaumburg erstmals 1290 die Hamburger Domkirche, die bedeutendste und prestigeträchtigste Kirche im nördlichen Europa, als Grablege nutzen[19].

ZUSAMMENFASSUNG

Als historische Quelle veranlasst uns das Hamburger Elfenbeinevangeliar, speziell dessen Widmungseintrag, zu weitgehenden Korrekturen der bislang gültigen Geschichtsschreibung Hamburgs und des Unterelberaumes, die hier nur angerissen werden können. Die altbekannte Feindschaft zwischen dem billungischen Herzoggeschlecht und den Hamburg-Bremer Erzbischöfen lässt sich vor dem Pontifikat Bezelin Alebrands (1035–1043) weitgehend als Konstrukt des Historiografen Adam von Bremen bewerten. Hingegen blieb es unter Adalbert

(1043–1072) bei der beiderseitigen Feindschaft, bis sich dann unter Liemar (1072–1101) mit dem Ausscheren der Billunger aus dem Bündnis gegen Heinrich IV. Anfang 1080 beide Parteien schließlich – ungeachtet ihrer weiterhin bestehenden tiefgreifenden Differenzen – im Lager des salischen Kaisers wiederfanden. Wir meinen, den Hamburger Stiftungsvorgang als endgültigen Schlusspunkt der jahrzehntelangen Feindschaft zwischen Herzögen und Erzbischöfen verstehen zu können.

Als Eckpunkte für die undatierte Stiftung dienen uns die Schlacht von Schmilau des Jahres 1093 und der Tod des Mitstifters Graf Gottfried von Hamburg am 2. November 1110. Die langjährige Abwesenheit Erzbischof Liemars von seiner Diözese und sein Tod am 16. Mai 1101 engen diesen Zeitrahmen auf das Jahr 1100 ein. Zwar lässt sich nicht eindeutig die Stiftung mit seiner Person verbinden, doch wäre diesem Stiftungsakt mit ihm als Adressaten zweifellos erheblich größeres Gewicht beizumessen, als dies bei seinem kaum bezeugten Nachfolger Humbert (1101–1104) oder bei dem aus unbekanntem Hause stammenden Friedrich (1104–1123) der Fall gewesen wäre.[20]

Die deutlichen Hinweise auf den Erzengel Michael, einen der bedeutendsten Heiligen des Mittelalters, mögen über den 1043 bei Lürschau errungenen Sieg hinaus zudem einen Fingerzeig auf die Schmilauer Schlacht des Jahres 1093 bieten. Mehr noch könnte auch die Stiftung des Evangeliars am Michaelstag im Rahmen einer feierlichen Messe erfolgt sein, zumal im Hamburger Dom später ein Michaels-Altar mit Reliquien des Heiligen verbürgt ist, wie es das Reliquienverzeichnis des Evangeliars belegt (fol. 167r; *isto altare S(an)c(t)i Michahelis [...] et s(an)c(t)i / Michahelis archangeli*).

Letztlich entzündete sich der Streit um die Vorherrschaft im nördlichen Sachsen, wobei die Erzbischöfe Bezelin Alebrand, Adalbert und Liemar ihre Macht mit massiver Unterstützung des salischen Kaiserhauses auf Kosten des Herzoghauses ausbauen wollten. Dass sie sich letztlich nicht durchzusetzen vermochten, verschleierte Adam von Bremen ebenso wie ein Jahrhundert später Helmold von Bosau. Während Letzterer für weite Teile der Herrschaftszeit des Hamburger Grafen Heinrich I. – den er mit keinem Wort erwähnte – eine Herrschaft gentilreligiöser Slawen mit blutigen Christenverfolgungen behauptet, spricht der Widmungstext vielmehr von Kirchengründungen und Reliquienstiftungen des Grafen. Ein deutlicherer Kontrast ist schwerlich vorstellbar. Den zeitnahen Aussagen des Widmungstextes geben wir dabei eindeutig den Vorzug.

Spätere Generationen versuchten unter deutlich veränderten Rahmenbedingungen, das Bild der Hamburger Grafen zu vernebeln, wobei ihnen die Chronik des Helmold von Bosau als wichtiges Werkzeug diente. Inzwischen verlief der Konflikt zwischen den Schaumburger Grafen, die sich zunächst ab 1143 in Wagrien, dem heutigen Ostholstein, als Herrscher zu etablieren versuchten, und den Edelherren von Barmstede als Nachkommen der Hamburger Grafen im Mannesstamm. Die weitgehende Radierung des Stiftungseintrags belegt die Schärfe dieser Auseinandersetzung, die spätestens 1290 nach dem Aussterben der Herren von Barmstede im Mannesstamm in der Beseitigung der traditionellen Grablege der Hamburger Grafen und ihrer billungischen Ahnen im Hamburger Dom gipfelte. Dort, im Mittelschiff direkt zu Füßen des Hochaltars, etablierten die Schaumburger Grafen nunmehr ihre eigene Grablege. Als einzige Schaumburger Grafen waren zuvor nördlich der Elbe nur Adolf IV. 1261 im Kieler Franziskanerkloster und dessen älterer Sohn Johann I. 1263 im Kloster Reinfeld bestattet worden. Ihre Vorgänger fanden ihre letzte Ruhe ausnahmslos südlich der Elbe (Adolf I. 1130 im Benediktinerkloster Minden, Adolf II. 1164 im Dom Minden, Adolf III. 1225 im Kloster Loccum). Von den nachfolgenden Generationen sind nur die Bestattungen Gerhards II. († 1312) und Adolfs IX. († 1390) im Hamburger Dom zweifelsfrei belegt[21], da sich die Schaumburger in der Stadt stets der Rivalität des Domkapitels wie auch des zunehmend selbständiger agierenden Rates ausgesetzt sahen, zumal sie sich schwerpunkmäßig in Schleswig und in Dänemark engagierten.

Die Behauptung eines im Hamburger Dom vorhanden gewesenen und mit dem Abriss der Domkirche verlorenen Epitaphs, der »*Edelmann Herr Adolph, Graf von Schaumburg [...] und seine Söhne, seine gegenwärtigen Abkömmlinge, sind und waren seit jener Zeit [...] und erwiesen sich nach den römischen Kaisern und fränkischen Königen Karl dem Großen und seinem Sohne Ludwig als zweite Stifter und treueste Wohltäter*« der Hamburger Kirche[22], muss als bloße Propaganda der Jahre um 1290 zurückgewiesen werden. Vielmehr ist davon auszugehen, dass sich die genannte Grablege, an deren Stelle sich im vom Grundriss her vergleichbaren Bremer Dom die Gräber der Erzbischöfe liegen, vor 1290 in der Verfügung der Herren von Barmstede befand und vorher von den Hamburger Grafen und den Billungern genutzt wurde. Sie alle versahen neben dem Grafamt auch die Hochvogtei der Hamburger Erzdiözese, was ihnen das Recht auf diesen exponierten Begräbnisplatz in der Mutterkirche weiter Teile Nordeuropas gab. Die Annahme, die Schaumburger hätten sich lieber andernorts bestatten lassen, widerspricht diametral dem Glauben jener Zeiten, nach dem eine Bestattung in geweihter Erde nahe am Hauptaltar mit den Reliquien der Gottesmutter Maria und vieler Heiliger (eine repräsentative Zusammenstellung nennt das Reliquienverzeichnis des Evangeliars!) in besonderer Weise den Weg zur ewigen Seligkeit ebnete.

All dies spricht dafür, dass manche bislang gepflegte Sichtweise auf die frühe Geschichte Hamburgs und seines Umlands einer kritischen Überprüfung bedürfte, zumal die tradierten Einschätzungen vorwiegend auf den nur unzureichend reflektierten Aussagen erwiesenermaßen tendenziöser Chronisten gründen. Die längst überfällige historische Neubewertung wird sich weniger auf die Chronistik, sondern mehr auf Urkunden, Memorialnotizen und andere Schriftquellen stützen müssen. Dem Hamburger Elfenbein-Evangeliar und seinem Widmungseintrag kommt dabei als bislang nur unzureichend genutzte Primärquelle eine besondere Bedeutung zu.

ANMERKUNGEN

1 Vgl. den Katalogeintrag Brandis 1972, 156–159; Stork 2007, 265–288; Aust/Bock 2010, 7–22.
2 Die Urkunde ist in Parallelausfertigungen bekannt; vgl. Hamb. UB 2, Nr. 873; UB Bm. Lübeck 1, Nr. 572.
3 Hamb UB 1, 117, Nr. 124 und Beilage III, 805 f. (»*Hunc librum Godeuridus comes pro anima patris sui, Heinrico comite, celorum regi matrique Marie sanctoque Vito dedit. Cuius obitus sui dies pridie kalendas Nouembris. Quisquis uir nobilis hoc legit, pro anima eius Dominum exorat. Anima in pace cum iustis requiescat. Et mens mea dico, anima[m] eius in celo uiuere cum Christo, quia sepe in huius mortalitatis vite fuit uir ualde gloriosus, sapiens et prudens. Constituit ecclesias, uniuersis ordinibus ab amore celestis vite diligebat, sanctorum reliquiis ab universis fidelibus collocavit. Cuius uxor Margareta post obitus sui diem uixit unum annum, sex mensibus et unam ebdomadam. Quem diem obitus sui quarto decimo kalendas Maias. Namque filii eius duos libros optimos sancte Marie dederunt Godeuridus et Heinricus, collectarium et canonem*«).
4 Aust/Bock 2010, 7; Stork 2007, 269.
5 Schöffel 1929, 164 f., 206 referierte den Widmungseintrag, ohne ihn Helmolds erheblich später und deutlich anders akzentuierter Darstellung gegenüberzustellen. Das Titelelfenbein dort auf Tafel 1, nach 116.
6 Jordan 1978, 58; Keller 1990, 186, 287; Riley-Smith 2002, 1510; Becker 2012. Zu den Hintergründen vgl. Althoff 2013.
7 Althoff 1984, 58, 377.
8 Dieser Einschätzung folgt Bünz 2013, 52 f.
9 Helmold, cap. 26 (1990, 118 f.). Hier und folgend in der Übersetzung von Stoob 1990 mit Seitenzahlen.
10 Helmold, cap. 34 (1990, 144 f.); Ann. Hildesheimensis, 106; Bork 1951, 187, 196.
11 Hamb. UB 1, Nr. 118; May 937, Nr. 388. Die in den Editionen verwendete Datierung 1091 ist mit den Lebensdaten mehrerer Zeugen nicht vereinbar.
12 Schmidt 1975, 299–309; Werner 1992, 367–473; Blumenthal 2001, 83.
13 Widukind von Corvey III, 44. In der deutschen Übersetzung von Rau/Bauer 1971, 125.
14 Althoff 1984.
15 Radtke 1992.
16 Helmold, cap. 35 (1990, 146–149). Das Todesjahr Graf Gottfrieds nennt der Annalista Saxo anno 1100, 500. Der Todestag ergibt sich aus dem Nekrologen von St. Michaelis zu Lüneburg (*Nekrologium St. Michaelis*, 82) und von Möllenbeck (*Necrologium Mollenbecense*, 377); vgl. Althoff 1984, 421.
17 UB Erzstift Magdeburg, Nr. 196; Urkunden Heinrich V., Nr. 103.
18 Helmold, cap. 10 (1990, 64 f.); Hartmann 2012, 157.
19 Bock *im Druck 2*.
20 May 1937, 97–102.
21 Bei der Wieden 1966, 8, 11, 14, 18, 25, 36, 46, 56.
22 Anckelmann 1706, 7 f.

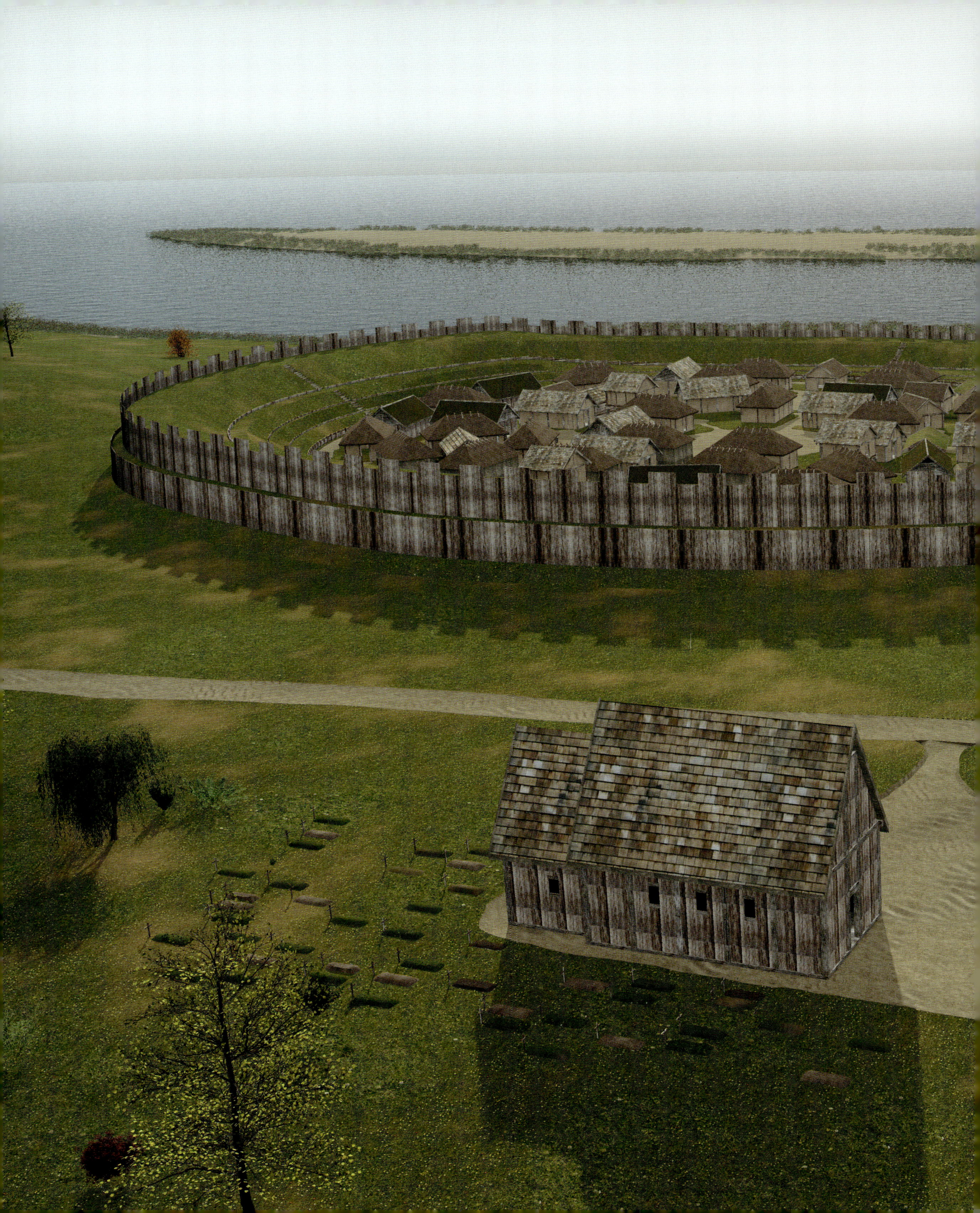

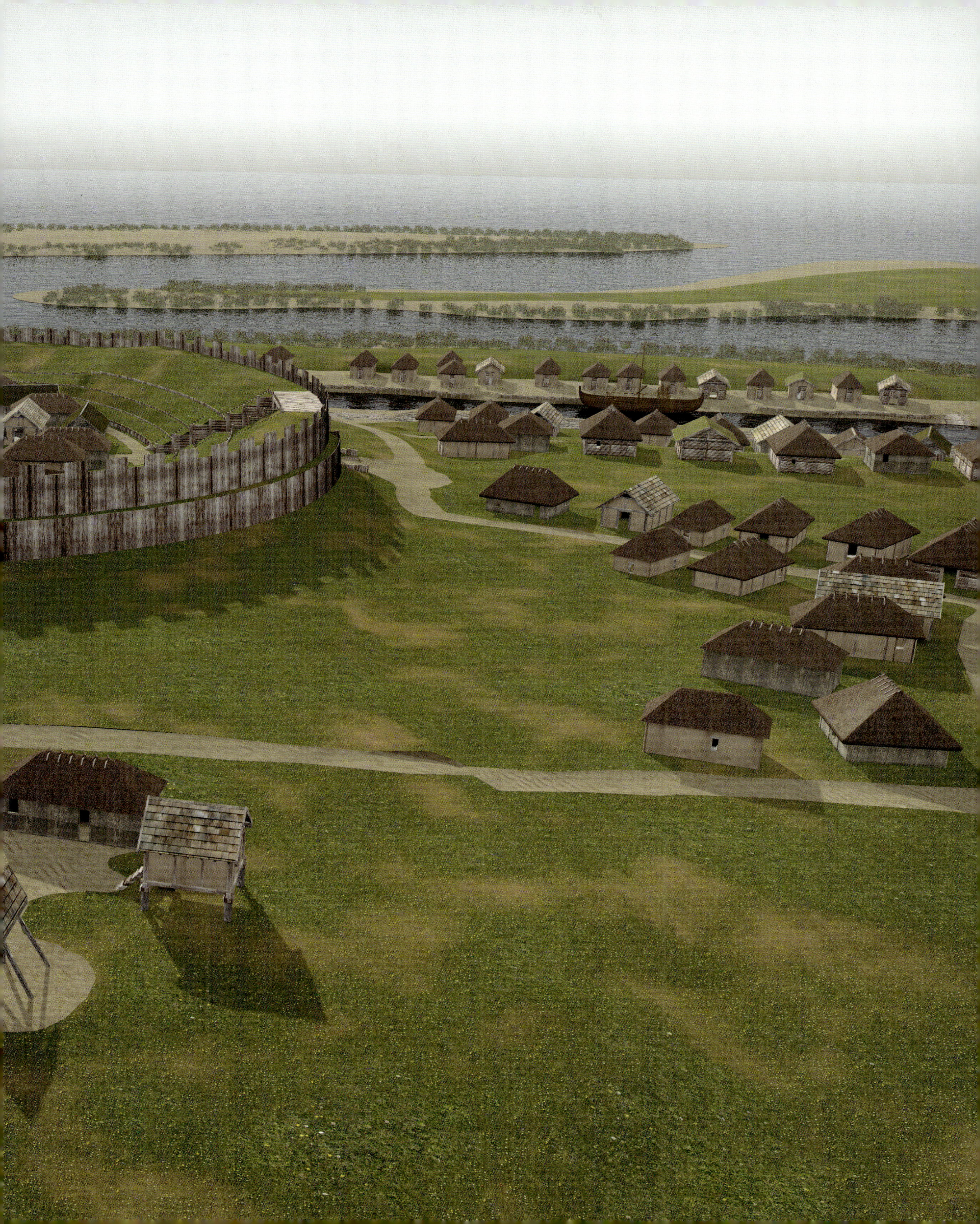

Ham(ma)burg als Befestigung im Spiegel des frühmittelalterlichen Burgenbaus

Tafel 10 Virtuelle Rekonstruktion Hammaburgs im 10. Jahrhundert.
Ansicht von Norden. Die Domkirche im Vordergrund, am Ort der zerstörten Kirche Ansgars errichtet, ist archäologisch nicht nachgewiesen, ihr Standort ist aber unter der heutigen St.-Petri-Kirche zu vermuten.

Zur Einführung: Fränkische Burgen – Typen, Konstruktionsweise, Funktion

Felix Biermann

Abgesehen wohl vom Grabenring 1, der vermutlich in das 8. Jahrhundert zu setzen ist, gehören die Graben- und Wallanlagen auf dem Hamburger Domplatz in die Phase der fränkischen Eroberung des unteren Elbegebiets bzw. in die Folgezeit, als Hamburg zu einem bedeutenden Ort im Norden zunächst des Fränkischen, dann Ostfränkischen Reiches geworden war (s. Beiträge Karsten Kablitz u. Rainer-Maria Weiss). Insofern ist es von vornherein sehr wahrscheinlich, dass Grabenring 2 (erste Hälfte des 9. Jahrhunderts) und die Burg der Periode IV des späten 9. bis frühen 11. Jahrhunderts unter fränkischer bzw. ostfränkischer Herrschaft entstanden. Daher ist zum Verständnis der Hamburger Domplatzbefunde die Betrachtung des frühmittelalterlichen fränkischen Burgenbaus von großer Wichtigkeit. Dies wird hier mit einem Überblick zum karolingischen Burgenbau in den östlichen Kerngebieten des Fränkischen Reiches (s. Beitrag Peter Ettel) und durch das Beispiel einer jüngst erforschten karolingischen Burg gewährleistet, die aufgrund ihrer Lage und ihres historischen Hintergrunds gute Vergleichsmöglichkeiten mit der Hamburger Situation bietet: Des Burgwalls auf dem *Höhbeck* im Hannoverschen Wendland, dessen seit langem vertretene Identifikation mit dem 810/11 schriftlich genannten fränkischen Kastell *Hohbuoki* bei neuen Ausgrabungen gesichert werden konnte (s. Beitrag Jens Schneeweiß). Auf dem Kolloquium außerdem vorgestellt wurde die Befestigung auf dem Weinberg von Hohenwarthe, die Joachim Henning mit dem seit langem gesuchten Kastell »*contra Magadaburg*« verbindet. Es wurde 806 auf Veranlassung des gleichnamigen Sohns Karls des Großen erbaut[1]. Wenn die weit streuenden 14C-Daten von Hohenwarthe auch keine Klarheit bringen, so halten wir die Interpretation doch für plausibel. Dafür sprechen Lage, Befestigungsart und die dort geborgene Keramik[2]. Beide Burgen entstanden – wie der Hamburger Grabenring 2 – im frühen 9. Jahrhundert an der unteren Mittel- bzw. Unterelbe, und ihr Sinn und Zweck wird schriftlich mitgeteilt: Sie dienten der Grenzsicherung des Reiches Karls des Großen gegenüber den in nur lose Tributabhängigkeit gebrachten Slawen jenseits der Elbe, zugleich sicher auch als Verwaltungs- und Herrschaftssitze im noch immer unsicheren Sachsenland. Karl beabsichtigte, mit der Errichtung dieser und weiterer Burgen am großen Strom eine lineare Grenze im Sinne eines antiken Limes einzurichten, zumindest aber, mit diesen Befestigungen einzelne zentrale Punkte in einer weiterhin flächig aufgefassten Mark zu besetzen[3]. Daher ist gerade der Vergleich dieser neu erforschten Burgen mit den Hamburger Wall- und Grabenanlagen sehr interessant.

Burgen spielten, wie auch schriftliche Quellen verdeutlichen[4], in den Kriegen Karls des Großen und generell im fränkischen Herrschaftssystem eine entscheidende Rolle. Sie wurden als militärische Stützpunkte schon während der Feldzüge errichtet, hernach dienten sie der Organisation, Verwaltung und Beherrschung des Landes; man kann ihnen militärische, administrativ-politische, oft auch religiöse und ökonomische Mittelpunktfunktionen für ihre jeweilige Umgebung, ferner Kontrollaufgaben für benachbarte Land- und Wasserstraßen, politische Grenzlinien oder -räume zuweisen. Sie boten im Gefahrenfalle der Bevölkerung Schutz, und es hat wohl auch regelrechte Fluchtburgen gegeben. Diese treten besonders während der Ungarneinfälle in der ersten Hälfte des 10. Jahrhunderts ins Licht der historischen Überlieferung[5]. Neben Burgen mit militärischen und administrativen Zwecken oder als Refugien gab es wehrhafte Pfalzen und Königshöfe, Domburgen, befestigte Handelsorte und weitere Funktionstypen. Generell war das fränkische Befestigungswesen des 8. bis 11. Jahrhunderts recht vielgestaltig. Das ergab sich aus unterschiedlichen Traditionen und wechselnden Formen der Herrschaftsorganisation innerhalb der Provinzen und Entwicklungsphasen des riesigen Reiches, aus den vielfältigen militärischen und administrativen Anforderungen der komplexen Großherrschaft, aus den vielen Arten von Herrschaftsträgern sowie aus der divergierenden Wirkungsmacht spätantik-römischer Fortifikationsmuster.

Im Zuge und Ergebnis der Sachsenkriege wurden von Karl und seinen Nachfolgern auffällig viele Burgen

– bezeichnet als *castelli*, *castri* oder *civitates* – errichtet oder auf älteren sächsischen Grundlagen ausgebaut. Allein im weiteren Umfeld des Elblaufes ist neben den bereits erwähnten Orten in den Schriftquellen von Fortifikationen an der Ohremündung (bei Wolmirstedt, 780), nicht ganz eindeutig bei Hollenstedt (804), bei Halle an der Saale (806), an unbekanntem Ort an der Elbe (808), bei *Esesfelth* nahe Itzehoe (810/17) und in *Delbende* (822) die Rede[6].

Da die Burgen aus archäologischer Perspektive ein Schlüssel zum Verständnis der karolingisch-ottonischen Epoche sind, gibt es dazu bereits ein umfangreiches Schrifttum, zu einzelnen Burgen wie auch generell zum Fortifikationswesen jener Zeit[7]. Problematisch ist meist allerdings die nähere Datierung der Befestigungen und ihrer Ausbaustufen. Das liegt daran, dass viele Wehrbauten als Höhenburgen errichtet worden sind und dann kein Holz für dendrochronologische Datierungen liefern, die archäologischen Funde aus Wall- und Grabensituationen aber meist sekundär abgelagert worden sind und mithin keinen direkten Rückschluss auf das Baudatum zulassen. ^{14}C-Daten bieten mit ihren weiten Datierungsspannen und ihrer Fehleranfälligkeit vage Hinweise, aber keine belastbare Grundlage für die hier notwendigen, auf Jahre oder wenigstens Jahrzehnte genauen chronologischen Einordnungen. Daher ist es nur selten möglich, die vielen frühmittelalterlichen Wallburgen im heutigen norddeutschen Gebiet einem bestimmten Zeit- und Herrschaftskontext zuzuordnen. Noch spärlicher sind unsere Kenntnisse über einzelne Ausbauphasen, und auch die Unterscheidung der Befestigungen der Franken und Sachsen, welche bereits vor Karls Kriegszügen Burgen errichtet hatten, gelingt nur unzureichend.

In den östlichen Teilen des Fränkischen bzw. dann Ostfränkischen Reiches wurden durchweg Befestigungen vom Burgwalltypus errichtet, mit Wällen in Holz-Erde-Konstruktion, oft gemauerten oder steinbelegten Fronten[8] und tiefen, nicht selten spitz ausgeprägten Gräben[9]. Neben Wällen kamen seit dem 8., vor allem aber im 9. Jahrhundert nach und nach auch frei stehende Trocken- und Mörtelmauern auf. Die Verwendung von Stein hing allerdings nicht nur von den technischen Kenntnissen der Burgenbauer, sondern auch von den natürlichen Materialressourcen ab – in der Norddeutschen Tiefebene, wo es an oberflächennah anstehendem Bruchstein überwiegend mangelt, spielten Steinmauern und -fronten eine nur geringe Rolle[10]. Die Eingänge der Burgen waren typischerweise als Kammer- oder Zangentore gestaltet, zuweilen auch mit turmartigen Aufbauten kombiniert[11]. Die Burgen des 8. und der ersten Hälfte des 9. Jahrhunderts waren in der Regel sehr groß – Flächen von 5–15 ha sind nicht unüblich[12]. In der Tendenz reduzierte sich die Fläche im Laufe der Zeit[13], und im Zuge dieser Entwicklung kam es auch zum Einbau von Befestigungen geringerer Ausmaße in größere, ältere Burgen. Dabei wurden seit dem 9. Jahrhundert im Bergland auch sehr kleine Burgen von weniger als 1 ha Fläche auf Bergkuppen oder -spornen, in der Norddeutschen Tiefebene kleine Niederungsringwälle errichtet, die als »sächsische Rundwälle« in die Forschung eingeführt worden sind[14]. Mit diesem Typus ist die Wall-Graben-Befestigung IV auf dem Hamburger Domplatz wiederholt verglichen worden[15]. Die Flächenreduktion wird auch mit der Zunahme der Errichtung von Eigenbefestigungen durch den hohen Adel, kirchliche und kleinere weltliche Herrschaftsträger zusammenhängen. Die Niederungsburgen, meist in versumpften Talungen positioniert, verfügten über geschlossene Wall-Graben-Ringe und nutzten gerade im sächsischen Gebiet oft Soden als Baumaterial[16]. Die Höhenburgen sind in Anlage und Grundriss meist ans Gelände angepasst und machen sich dabei den natürlichen Schutz von Bergkuppen oder Spornlagen sehr geschickt zunutze; neben den vorherrschenden geschlossenen Anlagen kommen Abschnittsbefestigungen vor. Die Höhenlage war nicht nur wehrtechnisch, sondern auch durch ihren Symbolgehalt begründet: Gerade in eroberten Gebieten wurde mit dieser erhöhten, das Land buchstäblich beherrschenden Position auch der militärische Triumph ausgedrückt. Die weit über die Elbe blickenden Kastelle auf dem Höhbeck und in Hohenwarthe belegen das ebenso wie die später in den Elbslawenkriegen errichteten Burgen von Meißen – 929 durch König Heinrich I. im Daleminzerland[17] – und *Jarina* (Gehren in der Niederlausitz) – in den 960er Jahren durch Markgraf Gero über den Siedlungsgebieten der unterworfenen *Lusizi*[18]. Das waren leicht verständliche »Symbole der Macht«[19].

Etliche der fränkischen Burgen des frühen 9. Jahrhunderts an der Elbe wurden auf die Hochufer des Flusses platziert, wobei starke und gestaffelte Grabenanlagen die oft nicht zureichende natürliche Schutzlage verstärkten. Halbkreisförmige oder abgerundet-rechteckige, mit mehreren, parallel zueinander verlaufenden Grabenzügen und Wällen befestigte Wehranlagen, die sich rückseitig an das Steilufer des Flusses anlehnen, kommen hier mehrfach vor, so in Hohenwarthe und auf dem Magdeburger Domplatz; die in den letzten Jahren vertretene Aufgliederung des letztgenannten Grabenwerkes in verschiedene frühgeschichtliche Phasen aufgrund von ^{14}C-Daten ist dabei fragwürdig[20]. Viele Burgen verfügen über Haupt- und Vorburgen, oft wohl eher im Ergebnis der beschriebenen Bauentwicklungen denn als ursprüngliches Konzept[21]. Die Vielfalt des fränkischen Burgenbaus verdeutlicht in besonderer Weise die Höhbeck-Schanze, bildet diese exakt zugemessene, lang-rechteckige Anlage von 170 x 70 m Fläche[22] doch einen herausragenden Befund selbst unter dem aus der Karolinger- und Ottonenzeit bekannten, von Rafael von Uslar als »*Viereckwall*« und von Peter Ettel als »*geometrische Burg*« bezeichneten Befestigungstypus[23].

Das variantenreiche Befestigungswesen des Fränkischen Reiches bietet zahlreiche Bezugspunkte für die Hamburger Wall- und Grabenwerke. Während die Burg der Periode IV mit ihrer ovalen Form, ihren Größenmaßen und ihrer starken Befestigung mit Sodenwällen und Spitzgräben gut mit dem im fortgeschrittenen 9. und 10. Jahrhundert üblichen Befestigungswesen in der Region verglichen werden kann, beispielsweise mit der Kaaksburg[24] oder der Alten Burg von Hollenstedt,[25] ist das für die älteren Grabenringe schwieriger: Im Verhältnis zum fränkischen Burgenbau der Zeit sind sie sehr klein, und ihnen fehlt der Wall; am ehesten kann man sie im hier behandelten Kontext mit einer Doppelgrabenanlage von etwa 80 m Durchmesser vergleichen, die sich als ältester Kern der karolingischen Befestigung von Esesfeld (bei Itzehoe) fand, aber bereits in das 7./8. Jahrhundert gehören soll und damit deutlich älter wäre als die fränkische Burgphase[26]. An ehemals vorhandene frei stehende Mauern ist in Hamburg kaum zu denken, schon weil es in der Umgebung keinen leicht greifbaren Bruchstein gibt. Für die Interpretation der späten Hamburger Domplatz-Burg liefert die Betrachtung der fränkischen Burgen daher viele Einsichten, doch die älteren Ringgräben sind auch vor diesem Hintergrund nicht ohne Weiteres einzuordnen.

ANMERKUNGEN

1 Henning 2012.
2 Zur archäologisch-historischen Einordnung dieses Fundplatzes vgl. auch Schimpff 2013, 137–147.
3 Vgl. hierzu die Diskussion zwischen M. Hardt (2001; 2002, 96 f.) und Th. Saile (2007a, 213–215); ferner Henning 2012, 142 f.
4 Vgl. von Uslar 1964, 34–44; Hömberg 1997, 125–127; Ettel 2010, 47; jeweils mit Quellen und Literatur.
5 Zu den Funktionen der Burgen vgl. von Uslar 1964, 219–235; Schwarz 1975, 384–391, 401; Brachmann 1993; Ettel 2010, 47; zu Fluchtburgen der Ungarnzeit: Biermann et al. 2012, 279 f. mit weiterer Literatur.
6 Schneeweiß 2011a, 371; Henning 2012, 136–143; zu Esesfeld jüngst: Lemm 2013b, 48–57, 68–72 u. a.; zur unklaren Lokalisierung von Delbende: Ruchhöft 2005; Schimpff 2013, 119.
7 Vgl. z. B. von Uslar 1964; Brachmann 1993; Hömberg 1997; Ettel 2010.
8 Teils in der Art von »Pfostenschlitzmauern«: Hömberg 1997, 135–142 Abb. 12, 13.
9 Vgl. von Uslar 1964, 212–215; Brachmann 1993, 86 ff.; Henning 2012, 142.
10 von Uslar 1964, 195–205; Brachmann 1987; Hömberg 1997, 127–135; Ettel 2010, 37.
11 von Uslar 1964, 207–211; Hömberg 1997, 122–155.
12 Hömberg et al. 1997, 127; Ettel 2010, 37.
13 Brachmann 1993, 89–91, 124–152; Hömberg 1997, 122; Ettel 2010, 35, 43.
14 von Uslar 1964, 74–90; Brachmann 1993, 91–94, 152–164; Ettel 2010, 35, 43; jeweils mit weiterer Literatur.
15 Vgl. z. B. von Uslar 1964, 94 f.
16 Vgl. von Uslar 1964, 195–205; Hömberg 1997, 144–152; Harck 2002, 45, 76; Lemm 2013b, 50–56.
17 Schmid-Hecklau 2004.
18 Gebuhr 2007.
19 So der Titel eines Buches von J. Zeune (1996).
20 Vgl. Kuhn 2005; Weber 2011, 384–386 Abb. 5, 6; Weber et al. 2012, 151–156. Der innere »Nickel-Graben« 1 (vgl. Nickel 1966; 1973) soll völkerwanderungszeitlich sein, doch bieten fünf ^{14}C-Daten mit 416–671 im 2-Sigma-Bereich einen dafür sehr weiten chronologischen Rahmen, und eine weitere Probe aus einer hoch gelegenen Kalkschicht bzw. Kalkbrenngrube im selben Graben weist sogar auf 774–992. Die Akzeptanz der ^{14}C-Daten durch die Bearbeiter überrascht angesichts des Umstandes, dass sie selbst die Schwierigkeit der ^{14}C-Datierung bei einem ebenfalls auf dem Magdeburger Domplatz geborgenen und zusätzlich dendrodatierten Grab feststellen, das »*auch bei Zugrundelegung einer 95%igen Wahrscheinlichkeit zu alt*« ist (Weber et al. 2012, 153, 156 Anm. 6).
21 von Uslar 1964, 148–161; Hömberg 1997, 122–125.
22 Schneeweiß 2011a, 371 f. Abb. 1.
23 von Uslar 1964, 114–139; Ettel 2010, 35.
24 Vgl. Lemm 2013b, 92–94.
25 Ahrens 1998, 79–93.
26 Vgl. Brachmann 1993, 142 f. Abb. 68; Lemm 2013b, 49–51, 187–192 Abb. 10.

Zur Einführung: Slawische und sächsische Burgen des 8. bis 10. Jahrhunderts – Typen, Konstruktionsweise, Funktion

Jens Schneeweiß

Der Burgenbau im sächsischen und nordwestslawischen Gebiet ist eng mit der politischen Geschichte der Karolinger und Ottonen verknüpft. Dendrochronologisch gestützte Datierungen vor allem der slawischen Ringwälle haben in den letzten zwei Jahrzehnten gezeigt, dass ihre Errichtung mehrheitlich in den Kontext konkreter Auseinandersetzungen in ottonischer Zeit zu stellen ist. Auch die älteren, karolingerzeitlichen Burgen des Feldberger Typs sind sicherlich im Zusammenhang mit den Übergriffen zur Zeit Karls des Großen zu sehen. Ihre Verbreitung wie auch die überlieferte Ereignisgeschichte zeigen jedoch auch deutlich, dass es niemals nur um fränkisch-slawische, fränkisch-sächsische oder ähnliche Auseinandersetzungen ging. Derartige Kategorien greifen zu kurz für die Beschreibung der damaligen Verhältnisse. Bündnisse wurden über sprachliche und religiöse Grenzen hinweg geschlossen und auch wieder aufgelöst, die Interessen- und Beziehungsgeflechte waren zu komplex und vielschichtig, als dass sie sich pauschal mit ethnopolitischen Gegensatzpaaren fassen ließen.

In der Zusammenschau zeigt sich eine recht große Heterogenität im Burgenbau, die letztlich die facettenreiche frühmittelalterliche Realität widerspiegelt. Es darf und muss offenbar davon ausgegangen werden, dass beim Befestigungsbau die jeweilig angestrebte Funktion im Vordergrund gestanden hat und pragmatische Wege eingeschlagen worden sind, um sie zu erreichen. Dies bedeutet vor allem, dass topografische Gegebenheiten ausgenutzt worden sind. Natürlich spielten auch Bautraditionen eine Rolle. So zeichnet sich der slawische Burgenbau besonders in ottonischer Zeit durch eine sehr entwickelte und handwerklich anspruchsvolle Bautechnik aus, es sind regelhaft Kasten- oder Rostkonstruktionen anzutreffen bei vorzugsweiser Verwendung von Eichenholz. Der sächsische Burgenbau hingegen scheint in sich heterogener zu sein: Der Holzanteil in den Holz-Erde-Wällen kann unterschiedlich groß sein, Sodenwälle sind keine Seltenheit, die verwendeten Holzarten variieren. Trotz solcher tendenziellen Unterschiede zwischen slawischem und sächsischem Burgenbau, die eine Unterteilung der Befestigungen nach Konstruktionsweise und Typen ermöglichen, lassen sich auf dieser Grundlage keine eindeutigen Rückschlüsse auf die Auftraggeber, Bauherren und die intendierte Funktion einer Anlage ziehen. Dies ist das grundlegende Dilemma, welches dazu führt, dass mit dem Burgenbau jener Zeit ein ganzes Bündel an Fragen verbunden ist, die zum Teil schon seit Langem kontrovers in der Forschung diskutiert werden. Dabei geht es in erster Linie um die Funktion(en) der Befestigungen.

Ein großer Komplex von Fragestellungen umfasst die Nennung von Burgorten in den schriftlichen Quellen, insbesondere die Frage, welche Vorstellungen sich mit den verwendeten Begriffen *vicus – urbs – civitas – -burg* verbinden lassen. Impliziert der eine oder andere Begriff bestimmte religiöse, ökonomische, administrative oder allgemein zentralörtliche Funktionen? Und lässt sich daraus eine konkrete bauliche oder planerische Vorstellung ableiten, falls ein fest umrissener Bedeutungsgehalt angenommen wird? Die Antwort kann auch hier nicht pauschal und eindeutig sein, denn die Schriftlichkeit diente nicht dazu, die Realität abzubilden, wie Christian Frey in seinem Beitrag betont. Insofern muss jede Quelle im Kontext ihrer Entstehung, im Lichte des damaligen Sprachgebrauchs und der Intentionen des Schreibers separat beurteilt werden. Das Spektrum dessen, was mit einer entsprechenden Bezeichnung gemeint sein kann, ist demnach groß und reicht von der bloßen Idee über eine konkrete Befestigung bis hin zu einem mehrteiligen multifunktionalen Ort, dessen Gesamtheit in der Nennung eines seiner Bestandteile enthalten ist (*pars pro toto*). Letzte Gewissheit wird sich nicht erlangen lassen. Lebhaft diskutiert wird dementsprechend die Frage, welche Gestalt der Ort Hammaburg im 9. Jahrhundert hatte, und insbesondere, ob Ansgar hier eine Kirche besaß. Festzuhalten bleibt, dass der archäologische Nachweis eines Kirchenbaus aus der Zeit Ansgars für die Hammaburg aus zweierlei Gründen nicht eingefordert werden darf, zum einen, weil er mit archäologischen Methoden kaum zu erbringen wäre, und zum anderen, weil sich aus den Schriftquellen keine konkrete Lagebeziehung zur Hammaburg (innerhalb oder außerhalb einer Befestigung) eindeutig ergibt.

Auch die Ableitung der Funktionen von Burganlagen aus dem archäologischen Befund ist nicht so einfach, wie es zunächst scheinen könnte. Archäologisch nachgewiesene Befestigungen lassen nicht ohne Weiteres erkennen, wer die wesentlichen Akteure waren, in welchem Verhältnis die Erbauer zu den Machthabern (Bauherren) standen und was mit dem Bau bezweckt wurde. Das Interpretationsspektrum schwankt seit jeher zwischen Fluchtburgen (Verteidigung/Schutzfunktion steht im Vordergrund) und Machtsymbol (Demonstration von Macht und Stärke steht im Vordergrund). Es liegt nahe, dass wohl nie nur die eine oder andere Funktion bestand, sondern immer mehrere zugleich, deren Zusammensetzung und Gewichtung sich im zeitlichen Verlaufe ändern konnte, je nachdem, welche Anforderungen an den Ort gestellt wurden. Als problematisch für die Interpretation des Befundes auf dem Hamburger Domplatz stellt sich die geringe Größe der Befestigungsanlage dar. Doch wie tief muss ein Graben, wie hoch muss ein Wall sein, um als Grenze, als Schutzwall, als Machtsymbol anerkannt zu werden? Absolute Maßzahlen sind als Parameter nur bedingt geeignet, denn ob eine Befestigung die vom Bauherrn beabsichtigte Aufgabe erfüllte, entschied in erster Linie die Wahrnehmung der Zeitgenossen. Auch hier ist wieder der Kontext, die (natur-)räumliche Situation am Ort und die politische Gesamtsituation von großer Bedeutung.

Der Ausbau zahlreicher Befestigungen lässt sich mit kriegerischen Überfällen in Verbindung bringen, so dass sicher Verteidigung und Schutzfunktion an erster Stelle stehen. Zerstörungshorizonte werden gern als Zeugen kriegerischer Auseinandersetzungen gesehen, doch ist dies für sich genommen nicht zwingend. Weder bedingt eine gewalttätige Auseinandersetzung um eine Burg ihre Zerstörung, noch muss eine Brandzerstörung durch einen kriegerischen Angriff verursacht sein. Schriftlich überliefert ist nur ein Bruchteil der damaligen Fehden und Kriege. Vor allem die Auseinandersetzungen jenseits der Reichsgrenzen sind mit Sicherheit unterrepräsentiert, denn sie interessierten die Chronisten am Hofe und in den Klöstern nicht. Weder die Sachsen zur Zeit der Sachsenkriege noch die Slawen waren ethnische oder politische Einheiten. Es gab verschiedene Verbände und Stämme, die sich gegenseitig befehdeten; das Konfliktpotenzial war offensichtlich nicht unerheblich. Wirtschaftliche Interessen im Zusammenhang mit dem Sklavenhandel zwischen Fränkischem Reich und den westslawischen Stämmen könnten ein lange unterschätzter Motor für gewaltsame Auseinandersetzungen gewesen sein. Die Idee einer ethnischen Einheit und brüderlichen Verbundenheit der Slawen ist eine erst auf das 19. Jahrhundert zurückgehende Vorstellung (*Panslawismus*), zuvor hatte die Bezeichnung »*Slawe*« vor allem eine soziale Implikation und wurde gleichbedeutend mit Knecht, Angehöriger eines niederen Standes oder Unfreier benutzt. Diese Form der Gewaltausübung auf andere Individuen wird in den schriftlichen Quellen wenig thematisiert und ist archäologisch nur schwer nachweisbar. Einige eiserne Sklavenfesseln können lediglich den mittelalterlichen Sklavenhandel belegen, geben jedoch keinesfalls das tatsächliche Ausmaß wieder, das sich momentan kaum abschätzen lässt.

Eine ganz besondere Rolle für Hamburg spielte Esesfelth, möglicherweise die erste fränkische *civitas* nördlich der Elbe, denn es kann angenommen werden, dass eine Übertragung sämtlicher Funktionen von Esesfelth auf Hamburg stattgefunden hat, als letztere zum Missionsstützpunkt für Ansgar ausgewählt worden ist (s. Beiträge Thorsten Lemm u. Henrik Janson). Die Burgen nördlich der Elbe lassen sich als Verwaltungszentren verstehen. Diese Interpretationen sind vor allem historisch begründet, doch auch strategisch-verkehrsgeografische Überlegungen können sie stützen. Von zentraler Bedeutung für die Beurteilung Hamburgs sind in diesem Zusammenhang die Bewertung der Stellung Nordalbingiens zum Reich und die Rolle, die möglicherweise einer Kontinuität bestimmter Geschlechter wie der Billunger beigemessen werden kann. Enge kulturelle Verbindungen zwischen Nord- und Südelbien und die Entwicklung Hamburgs sprechen letztlich gegen ältere Vorstellungen einer frühzeitig gescheiterten Integration Nordalbingiens. Eine solche Kontinuität der Herrschaft hat auch Auswirkungen auf die Beurteilung des sächsischen Burgenbaus, für den inzwischen sehr frühe Beispiele vorliegen.

Burgen in den Schriftquellen des frühen Mittelalters

Christian Frey

Archäologische Funde bieten der Mittelalterforschung die Gelegenheit, sich ein detailliertes Bild vom Leben der Menschen in dieser fernen Zeit zu machen. Sie zeichnen ein Bild von Burgen und Bauernhöfen, von Handel und Handwerk, von Krieg und Kunst, das uns eine klare Vorstellung vom Alltag der Menschen vor über 1.000 Jahren vermittelt. Die Archäologie vermag es allerdings nicht, die Vorstellungswelt der Menschen des Mittelalters für uns heute zu öffnen. Wahrnehmungen und Erfahrungen der Bewohner Norddeutschlands und die Vorstellungen von ihrer Umgebung haben aber in verschiedenen Texten überlebt, in denen die Ideen von der eigenen Realität zu Geschichte(n) geronnen sind, die uns überliefert wurden[1].

Lange Zeit bestand die interdisziplinäre Zusammenarbeit zwischen Archäologie und Geschichte im gegenseitigen Abwägen der jeweiligen Befunde. Die Ergebnisse von Geschichte und Archäologie miteinander in Beziehung zu setzen, ist noch immer ein wichtiges Desiderat, denn so kann beispielsweise eine historisch hergeleitete Chronologie durch archäologische Ergebnisse veri- oder falsifiziert werden. Doch ein solcher Abgleich ist nicht immer möglich; besonders dann nicht, wenn man versucht, über das in diesen Texten verwendete lateinische Vokabular auf Bauformen von Burgen oder Gebäuden zu schließen. Hierbei ist ein sehr vorsichtiger und kritischer Umgang mit den Quellen notwendig. Versucht man jedoch, sich den Wahrnehmungen der Menschen des Mittelalters zu nähern und bedenkt dabei die sprachlichen Möglichkeiten, die die Autoren hatten, um diese Erfahrungen zu Geschichte gerinnen zu lassen, kann man die mittelalterlichen Texte neu lesen und verstehen.

In diesem Beitrag sollen Burgen in ausgewählten Schriftquellen des frühen Mittelalters vorgestellt werden. Es wird gefragt, wie Burgen in den Quellen beschrieben werden und was das für die Erfahrungswelt der zeitgenössischen Autoren bedeutet. Dazu muss man aber auch nach den Voraussetzungen und Wissenshorizonten der Schreibenden fragen, vor welchen Herausforderungen sie bei der Niederschrift standen und was sie mit ihren Texten bezwecken wollten.

BURGEN IN LATEINISCHEN QUELLEN

Die weitaus meisten Quellen der ersten Hälfte des Mittelalters (von 500–1000 n. Chr.) wurden in lateinischer Sprache verfasst. Neben Urkunden und Verwaltungsschrifttum, religiösen, philosophischen und wissenschaftlichen Texten, neben Briefen und Gesetzestexten sind Chroniken, Jahrbücher und historische Schriften aus dem Mittelalter bekannt. Besonders die letztgenannten drei bilden eine Gruppe von Texten, die sich der eigenen Vergangenheit annehmen, sie erzählen und für die Zukunft bewahren wollten, und sind für unsere Fragestellung aufschlussreich. Die Autoren betteten die Schilderungen der Landschaften, in denen sich die berichteten Ereignisse abgespielt hatten, in die Geschichtserzählungen ein und bieten auf diese Weise einen Einblick in die historischen Räume.

Anders als in der Beschreibung von örtlichen Gegebenheiten in Urkunden, in denen es um eine möglichst präzise Wiedergabe von zeitgenössischer Wirklichkeit ging – damit Rechtsgeschäfte genau festgehalten werden konnten –, haben erzählende Texte nicht unbedingt den Bericht historisch exakter Gegebenheiten im Sinn. Die eigene Geschichte war (und ist für die politischen Kreise heute immer noch) ein Werkzeug zur Selbstdarstellung und zugleich ein formbarer Teil der eigenen Argumentation und Rechtfertigung. Man schrieb im Mittelalter nicht Geschichte, um zu zeigen, wie es war, vielmehr gestaltete man die Erzählungen, »*wie man es aus der Rückschau darstellen wollte*«[2].

Dazu kommt das Lateinische als hauptsächlicher Träger der schriftlichen Mitteilungen des früheren Mittelalters. Liest man die Texte der Zeit, so fällt auf, dass für Orte, die aus den Kontexten eindeutig als Burgen erkennbar sind, Vokabeln verwendet werden, die im antiken Latein Städte bezeichneten. Es tauchen hauptsächlich Begriffe wie *urbs* und *civitas* auf, um Orte wie die Hammaburg zu beschreiben. Die *Vita* des Bischofs Ansgar berichtet, Ludwig der Fromme habe mit der Zustimmung der Bischöfe und einer Synodalversammlung in der äußersten Region Sachsens jenseits der Elbe in der Burg Hamburg (civitas Hammaburg) den Sitz des Erzbischofs für den Norden eingerichtet[3]. Rimbert, der Verfasser der Lebensbeschreibung des Heiligen Ansgar (Vita Anskarii), kannte den Missionsbischof sehr genau, er war einer seiner engsten Mitarbeiter. Im Jahr 865 wurde er sogar der Amtsnachfolger Ansgars[4]. Es ist also anzunehmen, dass er auch die Hammaburg sehr genau kannte. Trotzdem beschrieb er sie als civitas und erzeugt so bei uns modernen Lesern die Illusion, wir könnten diesen Ort mit anderen, ebenso bezeichneten vergleichen. Was verstand Rimbert unter civitas, was unter urbs? Vor welchen Herausforderungen stand der Autor, als er mit dem ihm zur Verfügung stehenden lateinischen Wortschatz seine Umwelt beschreiben wollte?

Zunächst unterlag die Abfassung eines Textes wie der Vita Anskarii bestimmten narrativen Vorbedingungen. Bistümer mussten beispielsweise kirchenrechtlich in einer Ansiedlung gegründet werden, die bestimmten Anforderungen gerecht werden musste – und Rimbert musste dieses auch so berichten. Es mussten eigentlich Städte sein, in denen die Bischöfe wirken sollten[5]. Diese gab es im frühmittelalterlichen Sachsen jedoch nicht. Der Translationsbericht des Heiligen Liborius beschreibt dieses Dilemma, vor dem schon Karl der Große nach den langwierigen Sachsenkriegen stand. Städte, so schreibt der Autor des Berichts, in denen man nach alter Sitte die Bischofssitze hätte einrichten können, habe es in Sachsen nicht gegeben. Deshalb habe Karl Orte ausgewählt, die sowohl durch einen natürlichen Vorzug als auch durch lebhaften Verkehr gekennzeichnet seien[6].

Die Bezeichnungen civitas oder urbs für einen Ort wie die Hammaburg zu wählen, bewahrte den Autor also davor, näher auf diese Umstände eingehen zu müssen. Im Text scheint Hammaburg vergleichbar mit den traditionellen Bischofsstädten, auch solchen in Italien oder Frankreich, zu sein, ohne dass es in der Realität so gewesen wäre.

Die ortsqualifizierenden Begriffe urbs und civitas hatten seit der Antike aber auch einen großen Bedeutungswandel durchlebt. Latein wurde von den Trägern frühmittelalterlicher Schriftlichkeit mithilfe der Vulgata (der lateinischen Bibel), der Schriften der Kirchenväter und durch die Erzählungen und Lehrwerke antiker Autoren gelernt. Diese im Mittelalter schon historischen Schreiber hatten ein Vokabular zur Verfügung, das sich aus den Notwendigkeiten einer längst verschwundenen Welt entwickelt hatte. Die lateinische Sprache war in ihrer gesamten begrifflichen Vielfalt perfekt darauf abgestimmt, jene römisch-mittelmeerische Wirklichkeit abzubilden und zu beschreiben, die es im Frühmittelalter nicht mehr gab.

Für die Definition von Bedeutungen, Herleitungen und Verwandtschaften lateinischer Wörter im frühen Mittelalter waren die Etymologiae Isidors von Sevilla[7] maßgeblich, eine Enzyklopädie. Dieses Standardwerk war in nahezu jeder Klosterbibliothek vorhanden und hatte einen sehr großen Einfluss auf die Verwendung der lateinischen Schriftsprache. Isidor versuchte, mit seinem Werk eine Übersicht über das Wissen seiner Zeit zu geben. In zwanzig thematischen Kapiteln erklärte er mithilfe lateinischer Wörter und deren Herleitungen sowie Verweisen auf antike Autoren seinen Kosmos. Isidors Definitionen erwiesen sich als sehr einflussreich, nicht nur in ihren konkreten Bedeutungen, sondern auch in ihrer sehr typischen Art des Denkens – Ernst Robert Curtius bezeichnete die Etymologiae als das »Grundbuch des ganzen Mittelalters«[8]. Uns kommen die von Isidor dargebrachten Herleitungen und Definitionen oft seltsam vor, was ihre Wirkmächtigkeit im Mittelalter jedoch nicht schmälert. Der Germanist Wilhelm Köller sagt dazu:

»Etymologische Analysen können uns weder Aufschluss über die wahre Bedeutung eines Wortes liefern noch Aufschluss über das Wesen der durch sie benannten Dinge. Sie können uns allerdings Hinweise darauf geben, in welchen Wahrnehmungsperspektiven man sich ursprünglich Sachverhalte erschlossen und präsent gemacht hat.«[9].

Wie sich Isidor und somit auch seine Rezipienten die Vokabeln civitas und urbs erklärten, ist aus seiner Definition der Begriffe zu erkennen. Im zweiten Kapitel seines fünfzehnten Buches präsentiert Isidor folgende Herleitung:

»civitas ist eine Menge von Menschen, geeint durch das Band der Gemeinschaft und benannt nach den Bürgern (cives), d. h. nach den Einwohnern der Stadt selbst, [weil sie über das Leben sehr vieler entscheidet und dieses beschützt]. Denn urbs sind die Mauern selbst, civitas werden nicht die Steine, sondern die Bewohner genannt. 2. Es gibt aber drei Gemeinschaften: die der Familien, die der Städte und die der Völker. 3. Urbs ist benannt nach orbis (Kreis), weil die alten Städte im Kreis gebaut wurden [...]«[10].

Isidor macht sehr deutlich, in welchen Zusammenhängen civitas und urbs verstanden werden sollen. Sie bezeichnen zwar ein und dasselbe, betonen aber je einen anderen Aspekt. Während civitas die Gemeinschaft der Bewohner in den Mittelpunkt stellt, ist mit urbs die Befestigung an sich gemeint. Die Begriffe können also durchaus synonym gebraucht werden, heben dann aber je einen anderen Aspekt hervor. Dazu kommt, dass es im Frühmittelalter noch keine Unterscheidung von Burgen und Städten gab, wie Gerhard Köbler, der allerdings eine typische hoch- und spätmittelalterliche Burg im Sinn hatte, feststellte:

»*Vor dem zwölften Jahrhundert ist* burg *der befestigte Ort, den wir mit unseren Maßstäben wohl entweder als Burg oder als Stadt einreihen mögen, den die Zeit selbst aber weder als Burg noch als Stadt gesehen hat. [...] Im zwölften Jahrhundert dann verengt sich* burg *zur Burg und* stat *zur Stadt.*«[11].

Wohl gab es aber Besiedlung außerhalb der Befestigung. Rimbert berichtet in der *Vita* über den Ort der Hammaburg, dass es ein *suburbium* oder auch *vicus* gegeben habe[12], von dem man annehmen darf, dass es in unmittelbarer Nähe zur Burg gelegen hat. Beide Begriffe bezeichnen eine unbefestigte Ansiedlung. Isidor von Sevilla sagt, *suburbana* seien »*Gebäude in der Umgebung der Stadt*«[13], die *sub urbe*, also unterhalb der Burg, lägen. Unter einem *vicus* sei laut Isidor eine unbefestigte Ansiedlung zu verstehen, die nicht die Würde einer *civitas* habe und von einer »*gewöhnlichen Gemeinde von Menschen*«[14] bewohnt werde; aufgrund ihrer geringeren Größe seien die *vici* den Burgen untergeben. Diese Siedlung um die Burg herum wurde immer mitgedacht, sie gehörte zur Hammaburg dazu. Die eigentliche Burg war aber der wichtigere Teil des Ganzen und gab der frühstädtischen Siedlung ihren Namen. Dieser blieb auch erhalten, nachdem die Burg zerstört war, denn als Rechtsbereich blieb sie weiterhin bestehen[15], und im Sprachgebrauch hatte sich der Name der Burg schon längst auf die gesamte Siedlung übertragen.

BURGEN IN ALTHOCHDEUTSCHEN UND ALTSÄCHSISCHEN QUELLEN

Was verstand man im deutschsprachigen Raum im früheren Mittelalter unter einer Burg? Der Begriff »*burc*« oder auch »*burg*« tritt als Glossierung (Übersetzung oder Erklärung in den Manuskripten) in den mittellateinischen Texten für die Begriffe *urbs* und *civitas* auf[16] – was die oben unternommenen Überlegungen stützt. Schon im sogenannten *Abrogans*, einem lateinisch-althochdeutschen Glossar, das nach seinem ersten Eintrag »*abrogans = dheomodi*« benannt wurde, ist *civitas* mit *burg* wiedergegeben[17]. Weiterhin sind die Erzählzusammenhänge aufschlussreich: Aus der Gesamtheit der Kontexte, in denen von frühmittelalterlichen Burgen berichtet wird, lässt sich sagen, dass Burgen in der schriftlichen Überlieferung als kriegerische Orte auftreten, sie eine bestimmte Klientel von Bewohnern und Gästen beherbergen und ein besonderes, eigenes Recht haben[18].

Für Notker den Deutschen, der in der zweiten Hälfte des 10. Jahrhunderts im Kloster St. Gallen als Leiter der Klosterschule wirkte und ein Pionier der deutschen Schriftsprache war[19], war eine »*Burg*« eindeutig definiert. Für ihn ist das *búrgetor* der definitorische Bestandteil einer Burg. Er schreibt: »*án dero pórto déro búrg*« (Ist da ein Tor, ist es eine Burg)[20]. Damit ist die Zugänglichkeit der Befestigung das maßgebliche Kriterium. Dieses hat eine zweifache Implikation: Zum einen kann ein geschlossenes Tor Schutz bieten, zum anderen kann es einen Ort exklusiv machen und bestimmte Leute oder Gruppen aussperren oder einlassen. Dieses verweist auf zwei Hauptfunktionen von Burgen überhaupt: der einen als Ort des Schutzes und der Verteidigung, der anderen als Herrschaftsort und -symbol.

Einen besonderen Einblick in das frühmittelalterliche Norddeutschland bietet der Heliand, eine Evangelien-Neudichtung, die zum Zwecke der Missionierung im 9. Jahrhundert niedergeschrieben wurde. Der Heliand verlegt die Geschichte von Jesus Christus und seinen Jüngern in die Norddeutsche Tiefebene. Aus dem Heiland und seinen Jüngern werden altsächsische Männer, die durch die Lande ziehen und all jene Geschichten erleben, die aus den vier Evangelien bekannt sind. Der Heliand wurde auf Altsächsisch verfasst, einem deutschen Idiom, aus dem sich später Mittelniederdeutsch und wiederum später Niederdeutsch/Plattdeutsch entwickelte.

Der Heliand bereitete ein grundlegendes christliches Wissen religionsdidaktisch auf, um den kriegerischen Sachsen einen möglichst einfachen Zugang zu gewähren. Dazu nutzt er nicht nur die Volkssprache, sondern auch die Erzählform. Als kriegerisches Epos in Stabreimen kommt er in der gleichen Form daher, in der sich die Sachsen ihre Geschichten erzählten. Für die hier behandelte Fragestellung ist eine Besonderheit des Heliands von enormer Bedeutung. Alle Städte des Heiligen Landes, die in der Erzählung zu Handlungsorten werden, haben – mit Ausnahme Jerusalems – das Suffix »-*burg*«[21]. Selbst Rom als Mittelpunkt der antiken Welt wird zu *Rûmuburg*, von wo aus Octavian die Volkszählung anordnet, die zum Beginn der christlichen Heilsgeschichte unbedingt dazugehört (*Abb. 1*). Der Beginn der Weihnachtsgeschichte ist im Heliand wie folgt:

Thô uuard fon Rûmuburg | rîkes mannes
obar alla thesa irminthiod | Octauiânas
ban endi bodskepi | obar thea is brêdon giuuald
cuman fon them kêsure | cuningo gihuilicun,

thiornun tho listiun для leg. Tho niuuas lang te thiu. that im thar
androm aquam drohtines engil. heban cuninges bodo. endi het
sie ina haldan uuel. minnion sie an is mode. Ni uuis thu quad he
mariun uured. thiornun thinaro. siu is githuungan uuif. ne
for hugi thu sie te hardo. thu scalt sie haldan uuel. uuardon ira an
thesaro uueroldi. lesti in ar uuim treuua ford. so thu dadi. endi
hald inean friundskepi uuel. ne lat thu sie thi thiu ledaron
thoh siu undar ira lidon egi. barn an ira bosma. It cumid thurh
gibod godes. helages gestes fon heban uuanga. that is iesu krist
godes egan barn uualdandes sunu. Thu scalt sie uuel haldan
helaglico. ne lat thu thi thinan hugi tuiflien. merrean thina
mod githaht. Tho uuard eft thes mannes hugi giuuendid
aftar them uuordun. that he im te them uuiba ge nam. te thera
magad minnea. Ant kenda maht godes. uualdandes gibod.
uuas im uuilleo mikil. that he so helaglico haldan mosti. bi for
goda sie an is gisidea endi siu so subro drog. al te huldi godes.
helagna gest godlican gumon. ant that sie godes giscapu. mahtig
gimanodun. that siu ina an mannoliohti allaro barno bezt
brengean scolda.

Tho uuard fon rumuburg rikes mannes obar alla thesa irmin
thiod octauianas ban. endi bodskepi. obar thea is bredon
giuuald cuman. fon them kesure cuningo gihuilicun hem sittean
diun. so uuido so is heritogon obar al that landskepi. liudi gi
uueldun. hiet man that alla thea elilendiun man iro odil

---

1 Beginn der Heilsgeschichte im Heliand. 5v aus Cgm 25 in der Staatsbibliothek München.

hêmsitteandiun, | sô uuîdo sô is heritogon
obar al that landskepi | liudio giuueldun.[22]

Da war von Romburg | des reichen Herrschers
über all dies Erdenvolk | Oktavians
Bann und Botschaft | über sein breites Reich
gekommen von dem Kaiser | zu den Königen allen
die da herrschten in der Heimat | soweit seine
    Herzöge dort
über die Lande alle | der Leute walteten.[23]

Neben *Rûmuburg* gibt es im Heliand auch noch *Nazarethburg*[24], *Bethleêmaburg*[25] und weitere. Der Dichter des Heliands verändert mit dem Anhängen des Suffixes »-burg« die erzählten Orte so, dass sie für das Publikum verständlich werden. Im frühmittelalterlichen Sachsen sind Städte unbekannt. Viele ihrer zentralörtlichen Funktionen werden aber von Burgen wahrgenommen. Hier kommen die Menschen zusammen, hier findet der Erzählung nach der Heiland das Milieu, in dem er wirken kann: Burgen sind die frühstädtischen Zentren im frühmittelalterlichen Sachsen, außerhalb gibt es nur kleine Dörfer und Einzelgehöfte.

Aus den Erzählzusammenhängen lässt sich wiederum schließen, wie diese Burg-Orte konkret zu verstehen sind: Sie sind von einem Wall oder einer Mauer umgeben. Deutlich wird dies, wenn geschildert wird, dass Jesus den Burgwall von Jerusalem blinken sieht: »*blîcan thene burges uual*«[26]. Dieser Wall ist hoch[27], in der Burg gibt es »*Hohe Hornsäle*«[28] und überhaupt ist Jerusalem eine »*glänzende Burg*«[29]. In den Schilderungen des Heliand steht den Burgen ein Burgward (*burges uuard*) vor[30], die Burgen selbst sind Orte der Verwaltung. Schriftkundige Männer (*bôkspâha uuerôs*)[31] führen Steuerlisten, »*dass es nicht gelänge einem Mann | zu entziehen seinen Zins | wie er ihn zahlen sollte | jeder von seinem Haupte*«[32]. Und die Menschen, die von einer Burg stammen, sind hochgestellte Persönlichkeiten: Jesus selbst wird als »*Burggeborener*« dargestellt[33]. Daraus wird klar deutlich, dass Burgen im frühmittelalterlich-sächsischen Verständnis befestigte Orte der Herrschaftsausübung mit wichtigen Funktionen für ihr Umland waren.

Burgen waren sehr prägende Elemente in den Landschaften des Nordens, wie man aus diesen Schilderungen schließen kann. Der Autor des Heliands gab sich größte Mühe, seine Erzählungen der biblischen Geschichten sehr dicht an die Realität des Empfängerkreises seines Buches anzulehnen. Er wollte so nicht nur Interesse erzeugen, sondern auch einen schnellen und einfachen Zugang zu der für die Sachsen fremden und neuen Religion schaffen. Der Heliand wurde auch für rituelle Lesungen im Gottesdienst verwendet, wie Gebrauchsspuren in den Handschriften zeigen[34]. Dieses ist für die heutige Forschung ein Glücksfall, denn mit dem Heliand ist ein Text überliefert, der uns unintendiert einen detaillierten Einblick in die Landschaften des früheren Mittelalters gibt.

Während der erste Teil der Burgen im Heliand aus den biblischen Erzählungen stammt, weist der erste Teil des Namens unserer hier im Mittelpunkt stehenden Befestigung Hammaburg auf ihre Lage hin. Dieses war für die Namensbildung im altsächsischen Raum nicht ungewöhnlich: Zumeist entstanden die Namen aus einer Besitzbezeichnung (Bruns Wyk für Braunschweig) oder aus einer prägnanten Lagebeschreibung. Das altsächsische Wort *ham* oder auch *hamm* kann man mit Wiese oder auch Koppel übersetzen[35]. Dieser Begriff deutet stark auf ein kultiviertes und eingezäuntes Stück Land hin. Auch wenn es in den wenigen altsächsischen Texten aus dem norddeutschen Raum nicht überliefert ist, findet es sich in altsächsischen Texten von der britischen Insel. In späteren Sprachstufen des Niederdeutschen bezeichnet es eingepferchtes Weideland[36]. Ein wenig der Bedeutung hat in unserem Wort »hemmen« überlebt[37].

ZUSAMMENFASSUNG

Burgen wurden von den Autoren des frühen Mittelalters als Zentralorte wahrgenommen und auch als solche geschildert. Ausgehend von den archäologischen Befunden ist anzunehmen, dass hier in und um die Burgen Handel und Handwerk blühte und dass Burgen Herrschaftsorte waren; in die schriftliche Erinnerung treten sie als Orte der Gemeinschaft, in denen, wie im Fall der Hammaburg, zentrale gesellschaftliche Funktionen wahrgenommen werden.

Die Autoren der erzählenden Texte, die von der Frühzeit der Hammaburg berichteten, standen vor der Herausforderung, dass sie ihre Erzählungen in Latein zu leisten hatten. In den Skriptorien der Klöster und Stifte, in denen Texte wie die *Vita Anskarii* oder die *Hamburgische Kirchengeschichte* Adam von Bremens entstanden, wurde nahezu ausschließlich lateinisch geschrieben; ganz so, wie es die Kirchenväter getan hatten. Die antike Sprache war nur bedingt dafür geeignet, die frühmittelalterliche Welt abzubilden. Mit den Begriffen *urbs* und *civitas* versuchten die Autoren, Burgen zu beschreiben, wobei *civitas* mehr die Gemeinschaft der Bewohner, *urbs* mehr die Befestigung an sich betont.

Allerdings vermittelt diese semantische Dualität auch einen Eindruck davon, dass Burgen eben nicht nur aus ihrer architektonischen Konkretion als trutzige Befestigung bestanden: Sie waren ebenso auch Ausdruck einer Gemeinschaft.

Volkssprachliche Erzählungen wie der Heliand bildeten im früheren Mittelalter die absolute Ausnahme. Aber gerade die Evangelien-Erzählung des Heliands ermöglicht einen sehr interessanten Einblick in die frühmittelalterlichen Landschaften des Nordens. Die Künstler des Mittelalters kannten keine historische Distanz. Sie bildeten für sie historische Themen mit den Motiven ihrer eigenen Erfahrungen und Wahrnehmungen ab. So auch im Heliand: Jesus und sein Jünger wandern durch ein »*altsächsisches*« Galiläa. Die Städte des heiligen Landes werden zu Burgen, die Zentren des politischen, kulturellen und religiösen Lebens darstellen. In *Bethlemaburg* und *Sidonoburg* werden Burgen beschrieben, wie sie die Landschaften des 9. Jahrhunderts im norddeutschen Raum prägten.

Die Burg-Orte bestanden nicht nur aus den Befestigungen an sich, sondern auch aus umliegenden Siedlungen. Diese gehörten zu den Burgen und wurden in den Quellen nur explizit erwähnt, wenn es erzählerisch notwendig wurde; die Burg stand mit ihrem Namen als wichtigster Teil der gesamten Siedlung sonst immer als *pars pro toto* für den Ort.

Die Burg des Frühmittelalters wird durch Abgrenzung, Befestigung und Bewohnerschaft bestimmt. Ein Tor schließt sie ab und macht sie zu einem Schutzort, zugleich macht es aber auch aus der Burg etwas Exklusives: Das Tor regelt, wer hinein darf und wer draußen bleiben muss. Wer über dieses Tor bestimmt, ist der Herr der Burg. Es sind die Edlen und die Mächtigen, die in den Befestigungen leben – sie genießen Schutz und die Symbolkraft des Herrschaftsortes.

ANMERKUNGEN

1 Lässig 2013, 139. Simone Lässig beschreibt Geschichte an sich als »*geronnene Erfahrung von Menschen – Individuen wie sozialen Gruppen*«.
2 Althoff 2003, 81.
3 Vita Anskarii 12, 34: »*in ultima Saxonia regione trans Albiam in civitate Hammaburg sedem constituit archiepiscopalem, cui subiaceret universa Nordalbingorum ecclesia*«.
4 Volz 2000.
5 Heine 2000a, 17.
6 De Vry 1997, 189.
7 Möller 2008.
8 Curtius 1984, 487.
9 Köller 2004, 234.
10 Übersetzung nach: Möller 2008, 553 f.
11 Köbler 1967, 325.
12 Vita Anskarii 16, 37.
13 Isidor XV 2/16 (Möller 2008, 555).
14 Isidor XV 2/11 »*Vici et castella et pagi hi sunt qui nulla dignitate civitatis ornantur, sed vulgari hominum conventu incoluntur, et propter parvitatem sui maioribus civitatibus adtribuuntur.*« (Möller 2008, 555).
15 Meyer 2010, 16 f.
16 Rietschel 1894, 95–101. Ebenfalls Köbler 1973, 68.
17 Köbler 1973, 67.
18 Köbler 1967 324.
19 Backes 2000.
20 Lauda 1984, 148.
21 Schuchhardt 1913; 1931, 192 f.
22 Heliand, Zeile 339, 19.
23 Heliand bei Genzmer 1977, 26.
24 Heliand, Zeile 257, 14.
25 Heliand, Zeile 404, 20.
26 Heliand bei Genzmer 1977, Zeile 3685, 133.
27 Ebd.
28 Ebd.
29 Ebd.
30 Ebd., Zeile 1674 f., 65.
31 Heliand, Zeile 352, 18.
32 Heliand, Zeile 354 f., 18: »*that im ni mahti alettean mann | gumono sulica gambra | sô im scolda geldan gihue | heliðo fon is hôbda*«. Übersetzung: Heliand bei Genzmer 1977, 26.
33 Schuchhardt 1931, 192.
34 http://www.bsb-muenchen.de/Heliand.2483.0.html; eingesehen am 10. April 2014.
35 Bosworth/Toller 1921, 505: »*ham a piece of enclosed land*«. Hall 1916, 10: »*hamm piece of pasture land, enclosure, dwelling*«. Middendorf 1902, 63 f.: »*ham, hom eingefriedigtes, eingehegtes Stück Land, Eingehegtes, Gehöft; eingefriedigte Waldweide*«. Middendorf führt auch Belege aus Niederdeutschen an.
36 Middendorf 1902. Gerhard Köbler, Altsächsisches Wörterbuch (http://www.koeblergerhard.de/as/as_h.html; eingesehen am 09. April 2014), Eintrag »*ham*«.
37 Blume (2005, 275), weist auch auf die Verwandtschaft zu »*hamm:* umzäuntes Land« hin.

Burgen der Karolinger – Typen, Konstruktionsweise, Funktion

Peter Ettel

Der Burgenhorizont des 4. und 5. Jahrhunderts endete weitgehend um 500 nach der Niederlage der Alamannen gegen die Franken[1]. Danach gibt es keine gesicherten Anzeichen für einen Burgenbau, im 6. Jahrhundert scheint östlich des Rheins insbesondere außerhalb der ehemals römisch geprägten Gebiete Burgen- und Befestigungsbau keine Rolle gespielt zu haben. Dies gilt vielleicht mit wenigen Ausnahmen auch noch für die erste Hälfte des 7. Jahrhunderts. Einen umfassenden und ausgreifenden Burgenbau kann man bislang in Süddeutschland im 7. Jahrhundert noch nicht konstatieren, dazu fehlt es allerdings auch an Grabungen und damit an gesicherten Befunden zu Befestigungen. Eine neue Befestigungsphase wird erst nach einer Unterbrechung von ca. 150 Jahren in spätmerowingischer Zeit, insbesondere in der zweiten Hälfte des 7. Jahrhunderts und um 700 fassbar. Im ehemals römischen Gebiet an Rhein und Donau werden wie in Mainz, Regensburg oder auch Miltenberg am Main römische Befestigungen zumindest teilweise weitergenutzt und ausgebaut, außerhalb des ehemals römischen Gebietes eine Reihe von Höhensiedlungen aufgesucht beziehungsweise Burgen errichtet[2]. Dazu zählen z. B. neben Büraburg, Glauberg, Christenberg in Hessen, Schwanberg, Judenhügel bei Kleinbardorf, Grainberg in Nordbayern – um nur einige zu nennen – auch die 686 bzw. 704 und 716 historisch genannten Befestigungen Würzburg und Hammelburg des Herzogs Heden. Damit setzt eine kontinuierliche Burgenbauentwicklung im Frühmittelalter (Abb. 1) ein, die erst in der zweiten Hälfte des 10. Jahrhunderts eine gewisse Zäsur erfährt[3].

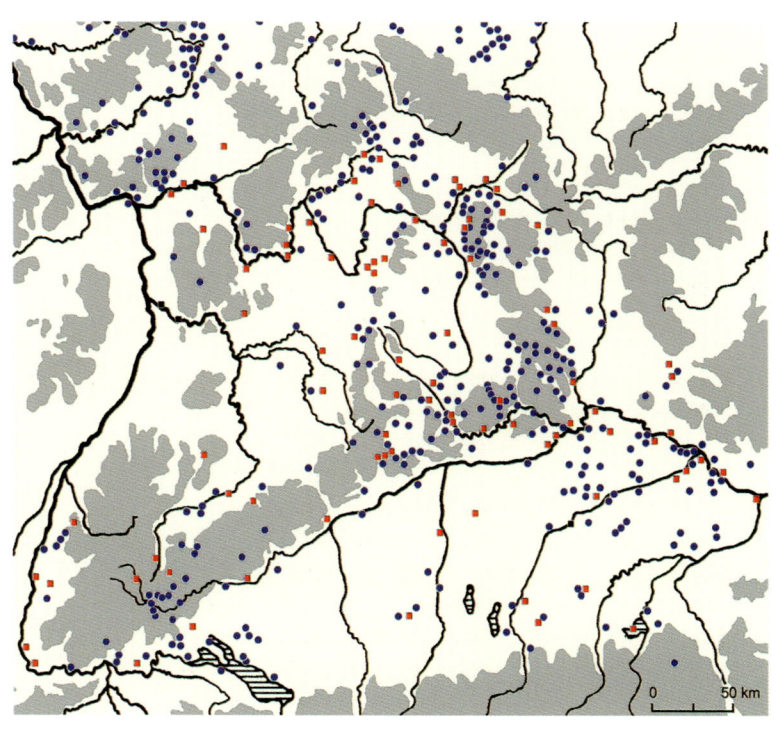

In deutlich größerem Umfang wird der Burgenbau dann ab 741/42 und in der zweiten Hälfte des 8. Jahrhunderts in frühkarolingischer Zeit fassbar[4]. Das 741/42 neu gegründete Bistum Würzburg erhielt als Ausstattung gleich mehrere Burgen, darunter die Karlburg. Daneben können noch eine Reihe weiterer Burgen archäologisch erschlossen werden. Der mit Buchenhölzern erbaute Brunnen auf dem Christenberg, Hessen, datiert dendrochronologisch 753/54[5]. Um 800 und im 9. Jahrhundert wird nochmals eine deutliche Verdichtung und Ausweitung der Burgen sowohl in quantitativer als auch qualitativer Hinsicht erkennbar, die zum Teil mit der Expansionspolitik Karls des Großen in Verbindung zu bringen sein wird. Das Reich Karls des Großen (Abb. 2) beschreibt dabei die Ausdehnung des fränkischen bzw. fränkisch geprägten Burgenbaus gegenüber dem slawischen Burgenkreis. Davon abgesetzt ist der nordwestdeutsche Kreis mit den sächsischen Burgen zu sehen[6]. Im 10. Jahrhundert kommt es schon aufgrund der Ungarngefahr zu einem nochmals verstärkten Burgen- und Befestigungsbau, einhergehend mit Veränderungen in Befestigungstechnik und -struktur.

1 Verbreitung frühmittelalterlicher Burgen in Süddeutschland östlich des Rheins. *Punkte* = aufgrund topografischer Kriterien als frühmittelalterlich erschlossen; *Quadrate* = gegrabene Burgen.

2 Das Reich Karls des Großen um 800 und das Gebiet der Westslawen.

BURGEN DER KAROLINGER – TYPEN, KONSTRUKTION

Wie sehen die fränkischen, insbesondere karolingischen Burgen und Befestigungen nun aus? Die historischen Quellen geben dazu nur wenig Auskunft, hier ist man vor allem auf die Archäologie mit ihren Grabungen angewiesen. In Süd- und Mitteldeutschland[7] lassen sich Befestigungen inner- und außerhalb des ehemals römischen Gebietes unterscheiden. Wie der Verlauf des Limes zeigt, standen Gebiete auch östlich des Rheins zumindest zeitweise ehemals unter römischer Verwaltung und Kontrolle. Hierzu gehören Befestigungsanlagen, Stadtmauern sowie entlang des Limes in Rätien und Obergermanien Mauern bzw. Kastelle und Wachttürme, die im Frühmittelalter weiter- bzw. wiedergenutzt werden.

So weist das 2,7 ha große Kastell in Miltenberg am Main (*Abb. 3*) nach Aufgabe des Limes zunächst nur eine geringe Siedlungsnutzung auf; eine neue, intensivere Nutzung ist erst wieder im 7. Jahrhundert zu konstatieren. Jetzt wird unter geschickter Einbindung der damals noch aufgehend erhaltenen Teile der römischen Umfassungsmauer eine kleine Befestigung sekundär in die Ostecke des Steinkastells eingebaut[8]. Dazu gehört eine Bastion von 6 × 4 m zur Absicherung des Tores. Zu den Funden zählt merowingerzeitliche Drehscheibenkeramik, der sowohl rauwandige Wölbwandtöpfe als auch reduzierend gebrannte, geglättete Ware zu zuordnen sind, welche zusammen eine Datierung von 630–730 ermöglichen. Bei einem Ausmaß von 25 × 25 m, also 0,6 ha, handelt es sich bei dem Kastell Miltenberg um eine sehr kleine Anlage, deren Funktion vielleicht in

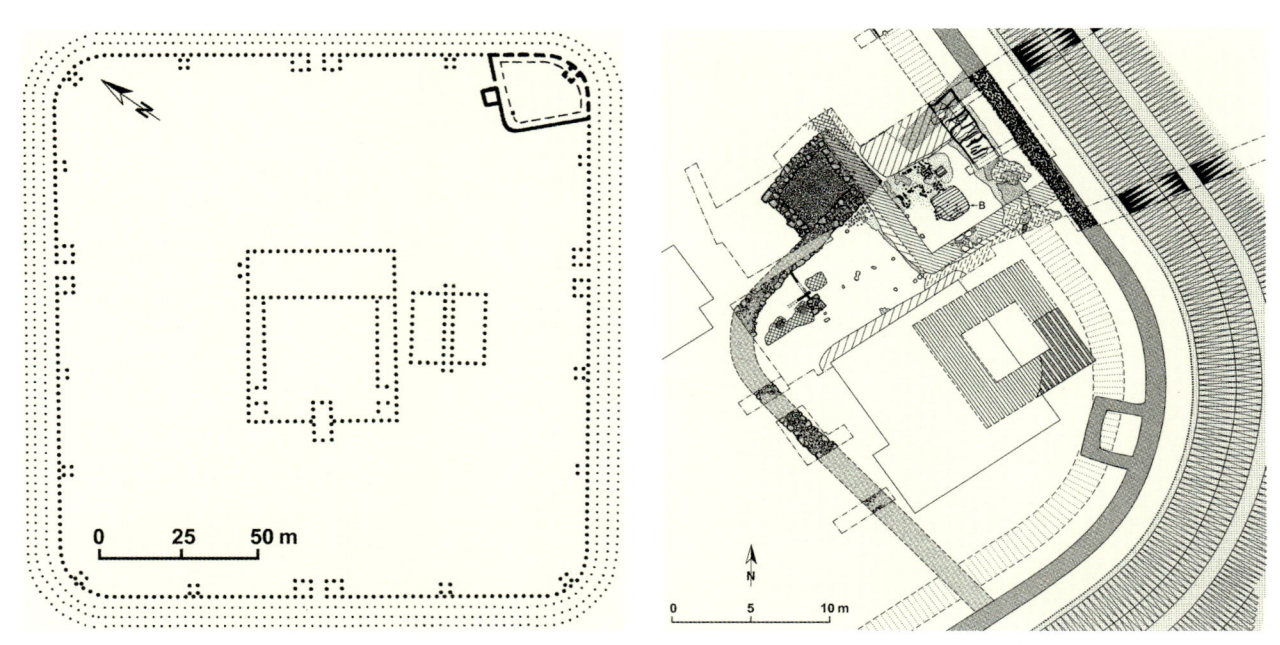

3 Miltenberg: *Links* – römisches Kohortenkastell mit spätmerowingischer Befestigung; *rechts* – Detailplan der spätmerowingischen Befestigung.

der Überwachung und Kontrolle des Wasser- und Landweges am Main bestand und die hierbei auch Zoll- und Schutzfunktion für Personen- und Warenverkehr innehaben konnte.

Römische Grundlagen spielten ebenso in Frankfurt[9] und vor allem in Regensburg und Mainz eine wichtige Rolle, boten doch die römischen Mauern noch weit in das Frühmittelalter hinein Schutz. In der ehemaligen Provinzhauptstadt Mainz am Rhein, gegenüber der Mündung des Mains (*Abb. 4*) gelegen, prägte die spätrömische Stadtmauer noch lange das Stadtbild im Frühmittelalter[10]. Bei einer Länge von 5 km umfasste sie ein Stadtgebiet von 98 ha und war für die geschrumpfte Einwohnerzahl des karolingischen Mainz viel zu groß geworden[11]. Vermutlich werden auch die Erdbeben von 855 und 881 die Mauer in Mitleidenschaft gezogen haben[12]. Angesichts der drohenden Wikingereinfälle ließ Bischof Liutbert 882 die Mauer instand setzen. Zwischen römischer und spätmittelalterlicher Stadtmauer entdeckte man eine Pfostenreihe von Eichenpfählen auf 70 m Länge, die östlich vor der Römermauer verlief und auf eine Befestigung, möglicherweise mit einer Holz-Erde-Mauer, hinweist, die in spätmerowingischer Zeit, nach den Dendrodaten 651 bis 730, errichtet und mehrfach erneuert wurde. Eventuell wurden die Eichenpfosten aus der Merowingerzeit noch beim Bau der mutmaßlichen Hatto-Mauer um 900 als Substruktion wiederverwendet[13].

In Regensburg prägten die Umfassungsmauern des römischen Legionslagers ebenfalls bis ins hohe Mittelalter das Stadtbild[14] (*Abb. 5*). Noch Bischof Arbeo von Freising († 783), der auch den Hafen von Regensburg als gut beschaffen beschreibt, schildert die Stadt als uneinnehmbare Festung von steinernen Mauern und hochaufragenden Türmen. Regensburg gehörte offensichtlich zu den wenigen Städten in dieser Zeit mit einer noch intakten Steinumwehrung[15]. Auch die römische Wasserversorgung scheint teilweise noch weitergenutzt worden zu sein. Im 8./9. Jahrhundert leitete man den Vitusbach an die östliche und westliche Stadtmauer heran, um so ein zusätzliches Annäherungshindernis zu schaffen. Auf der Südseite errichtete man wohl in karolingischer Zeit eine Holzpalisade zum gleichen Zweck, auf der Nordseite zum Donauufer hin ist die Situation noch ungeklärt. Die Arnulfsmauer – eine um 920 zum Schutz vor Ungarneinfällen errichtete Mauer mit Doppelgrabenanlage – schützte dann im 10. Jahrhundert ein erweitertes Stadtgebiet von 30,5 ha.

Mainz und Regensburg waren demnach seit römischer Zeit befestigt und stellten im Frühmittelalter Metropolen mit mehr oder minder intakten Bewehrungen dar, die in spätmerowingischer bzw. karolingischer Zeit noch erneuert oder ergänzt wurden.

Außerhalb des ehemaligen römischen Gebietes wurden zeitgleich Höhensiedlungen aufgesucht und mit Mauern sowie vorgelagerten Gräben befestigt. Frühmittelalterliche Burgen (*Abb. 2*) sind durch topografische und befestigungstechnische Merkmale charakterisiert, erlauben jedoch ohne Grabungen in den seltensten Fällen eine genauere Datierung als »frühmittelalterlich«, also den Zeitraum der zweiten Hälfte des 7. bis 10. Jahrhunderts[16]. Die Bewehrung setzt sich in der Regel aus einem umlaufenden Befestigungssystem zusammen, das auch die an sich bereits durch die Natur gut geschützten Seiten miteinbezieht, sodass Gräben, teilweise mit vorgelagertem Wall, auch bei steilen Hängen auftreten. Gräben und Staffelung der Befestigungssysteme sind charakteristisch, dazu können Vorburgen gehören, genauso wie Annäherungshindernisse im Vorfeld.

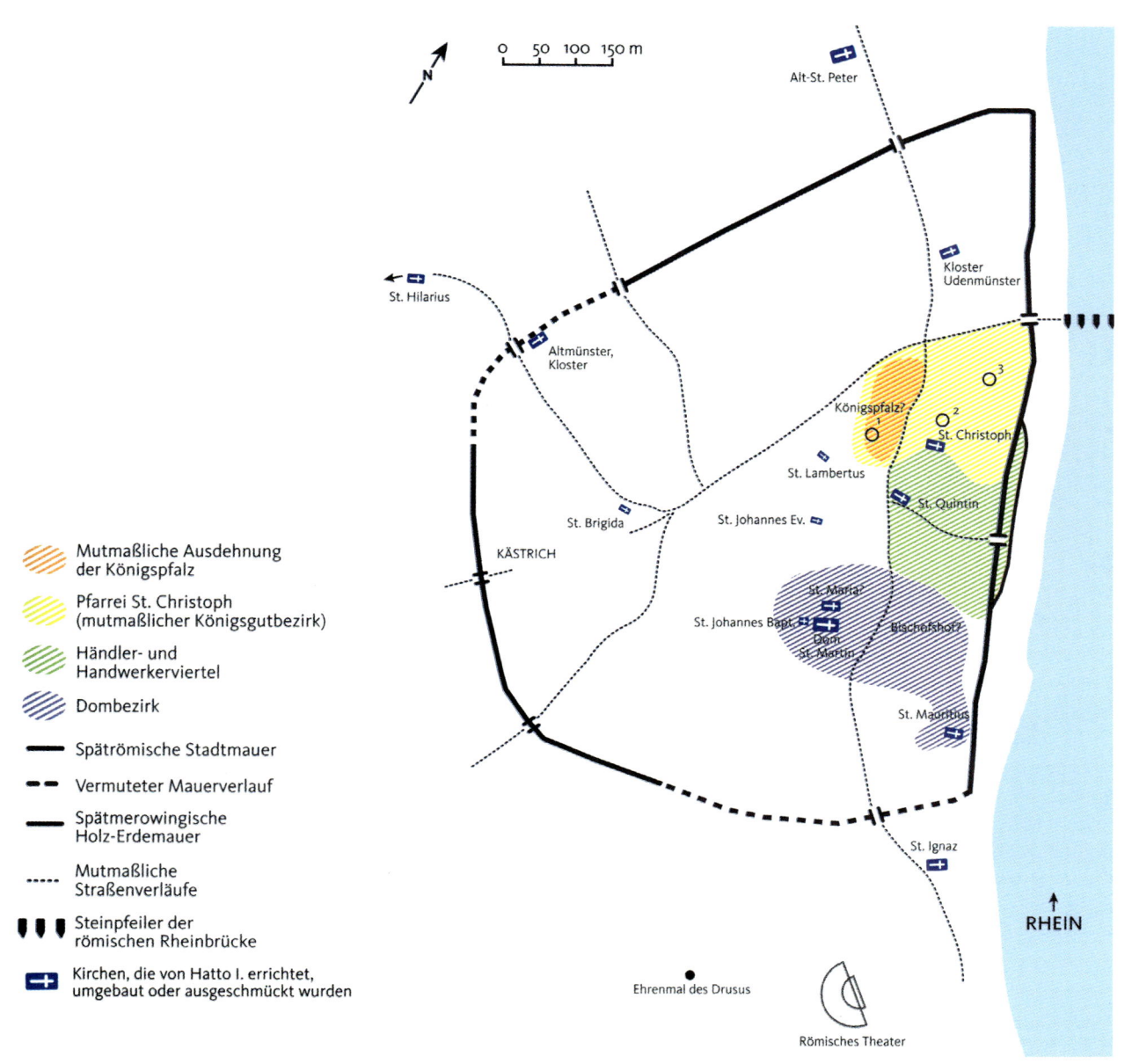

Legende:
- Mutmaßliche Ausdehnung der Königspfalz
- Pfarrei St. Christoph (mutmaßlicher Königsgutbezirk)
- Händler- und Handwerkerviertel
- Dombezirk
- Spätrömische Stadtmauer
- Vermuteter Mauerverlauf
- Spätmerowingische Holz-Erdemauer
- Mutmaßliche Straßenverläufe
- Steinpfeiler der römischen Rheinbrücke
- Kirchen, die von Hatto I. errichtet, umgebaut oder ausgeschmückt wurden

4 Mainz in spätmerowingischer und karolingischer Zeit.

Im fränkisch geprägten Burgenkreis finden sich drei Grundtypen, die in der Regel allesamt auf der Höhe angelegt wurden, also Höhenburgen (*Abb. 6*) darstellen: Zum einen sind dies Ringwallanlagen (*Abb. 22*), zum anderen Abschnittsbefestigungen (*Abb. 3; 28 u. 33b*). Für den dritten Grundtyp, »*geometrische Burgen*«, ist charakteristisch, dass der Verlauf der Befestigung nicht mehr in dem Maße der natürlichen Geländegestaltung angepasst ist wie noch bei vorgeschichtlichen Anlagen, sodass die Mauerführung Sporn- oder Plateauvorsprünge abschneiden kann und insgesamt geradlinig ist (*Abb. 33b*). Viele Burgen sind so mit rechteckigem, halbkreisförmigem oder ovalem Grundriss geometrisch angelegt.

Daneben gibt es neuerdings in Süddeutschland auch Hinweise auf Niederungsburgen, die bereits in frühmittelalterlicher Zeit angelegt wurden. Im mittelfränkischen Greuth, Lkr. Roth, (*Abb. 7*) belegen Grabungen von 2002/03 eine möglicherweise zunächst unbefestigte Siedlung des 8. Jahrhunderts in der Talaue, die im Laufe des 9. Jahrhunderts mit einer Mauer befestigt wurde. Sie ist zweiphasig und in Mörteltechnik mit einer Breite von ca. 1,5 m ausgeführt, dazugehörig ist ein massiv gebautes Kammertor mit innen liegendem Turm[17]. Geophysikalische Prospektionen, insbesondere neben Magnetometer- auch Radarmessungen, geben Hinweise auf zwei bastionsartige Vorsprünge südlich des Tores sowie zwei vorgelagerte 1,5–2 m breite Gräben[18]. Innerhalb der ca. 1 ha großen Niederungsburg standen eventuell mehrere Holz- und Steingebäude, auch fanden sich Hinweise auf handwerkliche Tätigkeiten. Die Burg wurde Mitte bis zweite Hälfte des 10. Jahrhunderts aufgegeben.

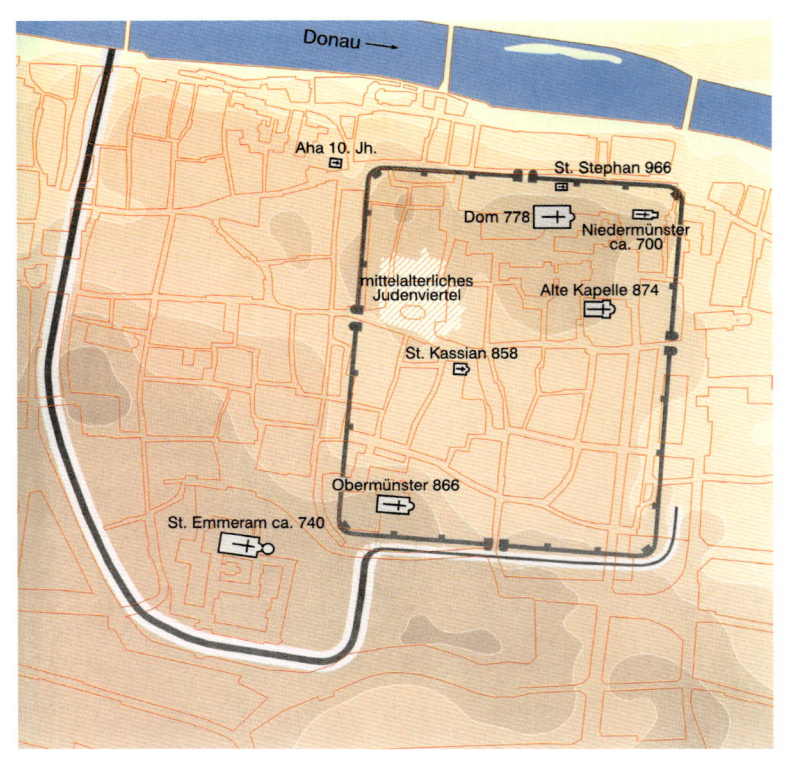

5 Regensburg im Frühmittelalter mit Kirchen, Legionslagermauer und sogenannter Arnulfsmauer.

Der Siedlungsplatz »Zellkirche« bei Mainhausen-Zellhausen, Lkr. Offenbach, Hessen (Abb. 8), liegt etwa 3 km entfernt vom Kloster Seligenstadt, dessen Gründung auf Einhard zurückgeht, der 828 Reliquien hierher hat überführen lassen. Der Fundplatz wird seit einigen Jahren auch mit Grabungen untersucht[19]. Die Siedlung wurde auf einem flachen Hügel am Rande eines Altarmes des Maines angelegt und mit einer zweiphasigen Befestigung gesichert. Ein älterer Graben – ob mit Palisade, Mauer oder Wall, ist unbekannt – datiert nach den Keramikfunden karolingisch, wenn nicht sogar noch früher. Dazugehörig ist wohl ein unterkellertes Gebäude mit farbig ausgestaltetem Innenraum und reichhaltigen Funden, darunter Glasgefäße, Reliefbandamphoren und ein Prunkschwert. In ottonischer Zeit erhielt die Befestigung eine gemörtelte Mauer und einen wesentlich tieferen Graben mit schräg eingeschlagenen, angespitzten Eichenpfählen zur Sicherung der Grabenwände, die dendrochronologisch 926–937 ± 10 datieren. Auch hier spricht der Befund für eine Niederungsburg. Diese beiden Befunde sind meines Wissens bislang in Süddeutschland noch singulär[20]. Ganz anders verhält es sich in Norddeutschland, wo die Burgen, soweit vorhanden, auf Anhöhen, aber vor allem grundsätzlich in der Ebene errichtet wurden, schon naturräumlich, landschaftlich bedingt.

Im fränkisch geprägten Burgenkreis setzen sich die Befestigungen in der Regel aus einer Mauerkonstruktion und vorgelagertem Graben zusammen. Letzterer kann sowohl als Spitz- wie auch Sohlgraben ausgeführt sein, zuweilen ist zudem eine Berme belegt. Die Tore können teils als einfache Durchlässe gestaltet sein, teils zangenförmig bis hin zum Kammertor. In Bezug auf die meist nur durch Grabungen erschließbare Befestigungskonstruktion sind drei Grundtypen zu unterscheiden: Trockenmauern, Mörtelmauern und geschüttete Wälle.

Trockenmauern konnten dabei mit dahinter lagernder Holz-Erde-Konstruktion oder freistehend errichtet sein (Abb. 24 oben u. mittig). Auch Mörtelmauern konnten freistehend errichtet sein oder eine Konstruktion verblenden (Abb. 24 oben u. unten; 29 oben). Trocken- wie Mörtelmauern waren im gesamten ostfränkischen Gebiet östlich des Rheins seit frühester Zeit im Burgenbau geläufig[21]. Hier ist wohl eine Entwicklung, aber keine feste Abfolge oder gar ein Schema in der Abfolge der Befestigungsarten zu erkennen. Mörtelmauern, in Hessen auf der Büraburg oder dem Christenberg möglicherweise seit dem ausgehenden 7. Jahrhundert belegt[22], sind in Nordbayern auf der Karlburg spätestens in der zweiten Hälfte des 8. Jahrhunderts anzunehmen. Im 10. Jahrhundert fand die Mörteltechnik dann allgemein Anwendung, und zwar als Frontverstärkung oder auch als freistehende Mörtelwände. Einher ging dies mit der Errichtung nicht nur einzelner, sondern mehrerer Türme auf der Außenfront. Im 11. Jahrhundert schließlich hat sich die Mörtelbauweise im fränkischen Kreis zur Gänze durchgesetzt.

Als weitere Gruppe sind geschüttete Erdwälle zu nennen (Abb. 29 unten). Solche Wälle werden meist als Ungarnrefugien bezeichnet mit Hinweis auf St. Gallen (Abb. 12), wo man 926 im Zuge der Ungarngefahr einen Wall aufschüttete[23]. Geschüttete Erdwälle sind sowohl topografisch als auch durch Grabungen belegt. Charakteristisch hierfür sind heute noch 4–6 m hoch erhaltene Wälle wie auf dem Schwanberg oder der Birg bei Schäftlarn (Abb. 13)[24]. Das Material dieser Wälle bestand aus Erde und Steinen und wurde wohl meist als Aushubmaterial aus den Gräben direkt hinter diesen aufgeschüttet. Die Gräben sind mit einer durchschnittlichen Breite von 10–12 m sehr groß dimensioniert. Kennzeichnend sind ferner dem Abschnittswall vorgelagerte Annäherungshindernisse. Es sind dies einfache Gräben mit Wall dahinter, wie auf der Karlburg (Abb. 28b), oder Sperrriegel aus Erdrippen (Abb. 14), sogenannte Reitergassen bzw. in mehreren Reihen versetzt angeordnete Gruben, wie es erneut bei der Birg von Schäftlarn zu erkennen ist (Abb. 13)[25].

Zur Innenbebauung und Struktur von Burgen wurden in den letzten Jahrzehnten dank umfangreicher archäologischer Untersuchungen viele neue Ergebnisse gewonnen, die den Forschungsstand deutlich verbesserten. Aber insgesamt sind immer noch vergleichsweise

6 Topografie des Umlandes von Karlburg mit Burg und Karlstadt im Vordergrund, Karlburg und Grainberg im Hintergrund.

wenige Burgen flächig erschlossen[26], obgleich erst die Befunde der Innenbebauung Aussagen zur Nutzung, Struktur und letztlich Funktion der Burgen ermöglichen (Beispiele s. u.).

FUNKTION DER BURGEN UND BEFESTIGUNGEN

Ein Versuch, die Funktion der Burgen zu bestimmen, muss einerseits von der jeweiligen Burg mit ihren Befunden und Quellen ausgehen, andererseits immer das Umfeld einbeziehen, in dem die Burgen errichtet wurden, sind Burgen doch – von Einzelfällen abgesehen – immer als Teil eines Ganzen, einer Siedlungsstruktur, eines zusammengehörenden Siedlungskomplexes mit mehreren Facetten zu sehen. Aus der Gesamtbetrachtung werden dann auch zentrale Burgen mit einzelnen oder mehreren zentralen Funktionen erkennbar bis hin zu komplexen zentralen Burgen, die auch das Umland beeinflussten, Überschuss produzierten und eine Fernwirkung entfalteten. Kriterien für Zentralorte sind nach Eike Gringmuth-Dallmer[27] vor allem Herrschaft, Schutz, Kult, Handel und Verkehr, Handwerk und Gewerbe – alles

7 Bayer. Obermässing, Greuth: Digital geführter Plan der Messergebnisse von Magnetik (Rot) und Bodenradar (Orange).

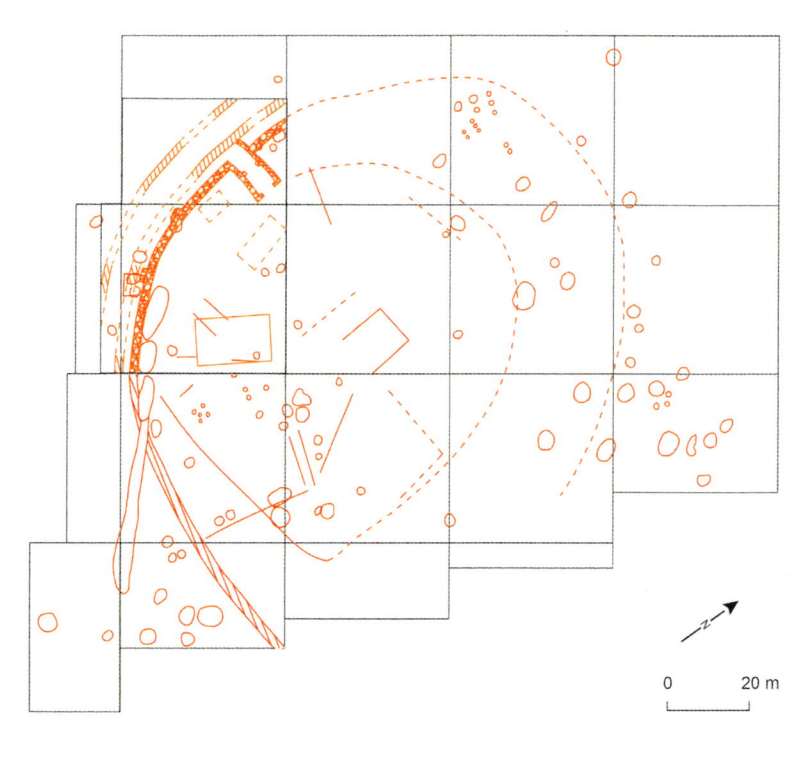

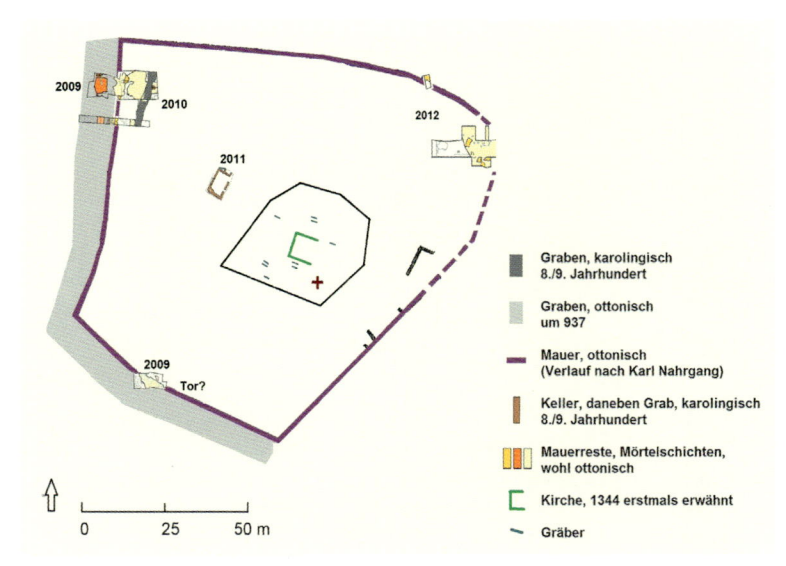

8 Mainhausen-Zellhausen: Befestigungsanlage mit Einzeichnung der Grabungsschnitte Nahrgangs und der Flächen von 2009–12.

9 Reiterkrieger: Fresko des 12. Jahrhunderts in der Krypta des Domes von Aquileia.

durchaus einen wichtigen Hinweis auf die Funktion und hierarchische Stellung der Burg ermöglichen, ist sie doch für die Art und Weise der Innenbebauung auf jeden Fall mitbestimmend[28]. Die größte Gruppe bilden Burgen zwischen 1 und 3 ha, wozu viele der Burgen bei Königshöfen und Klöstern gehören, teils auch die ab dem 9./10. Jahrhundert aufkommenden Adelsburgen. Als dritte Gruppe schließlich sind kleine Befestigungen von 0,1 bis maximal 1 ha anzuführen, die, wofür schon die Größe spricht, nicht übergeordneten, landespolitischen, sondern eher lokalen Aufgaben dienten. Hierzu zählt z. B. die Befestigung von Miltenberg (*Abb. 3*) zum Schutz des Wasserverkehrs auf dem Main in spätmerowingischer Zeit. Ab dem 9. Jahrhundert sind dann frühe Adelsburgen teils spezifischer Form hierunter zu rechnen (*Abb. 33b*)[29].

Im Folgenden soll es darum gehen, anhand von Beispielen einige grundlegende Funktionen von Burgen im fränkisch-karolingisch geprägten Kreis aufzuzeigen. Dazu gehören zum einen ihre Funktionen als Refugium, ferner als Absicherung von Verkehrswegen oder als militärisches Mittel in Kriegszeiten, zum anderen als fortifikatorische Absicherung von weltlichen und geistlichen Zentralorten unterschiedlicher Art und Qualität wie Klöstern und Bistumssitzen, Königshöfen und Pfalzen. Schließlich ist die Rolle der Burgen als frühe Adelssitze und im Rahmen von frühterritorialen Landesherrschaften zu nennen.

Die historischen Quellen geben zu den Funktionen der Burgen nur bedingt Auskunft. Dies ist schon in der geringen Zahl der Schriftdokumente begründet und gilt insbesondere für die einzelne Burg, die meist jeweils nur in einer zufällig überlieferten Nennung erscheint. Erst die Zusammenschau ermöglicht darüber hinaus in gewissem Umfang auch Aussagen zu ihren Machthabern, ihren Aufgabenbereichen und damit zu ihren Funktionen[30]. Oft erscheinen Burgen als Urkundenausstellungsorte. Würzburg wird in der Kiliansüberlieferung als Residenz der ostfränkischen Herzöge genannt, die zentrale Funktion dieser Burg zeigt sich auch darin, dass hier das Bistum für Ostfranken gegründet wurde. Zwischen 741 und 754 wird im Rahmen der Ausstattung des Bistums Würzburg eine Reihe in königlicher Hand befindlicher Burgen genannt. Dies zeigt die machtpolitische Rolle des Königs als der Herr und Erbauer der Burgen, dem dann bald die Kirche an die Seite tritt. Bereits im ausgehenden 8. Jahrhundert werden Burgen, so im Hersfelder Zehntverzeichnis, als Mittelpunkt von Burgbezirken und Grafschaften erwähnt, in denen der Königszehnt gesammelt wurde[31]. Sie bildeten teils den Mittelpunkt von Markgebieten oder das befestigte Zentrum von Gauen oder Grafschaften und waren der gräflichen Gewalt un-

Funktionen, die sich archäologisch fassen lassen –, während der Rechtsbereich sich aufgrund fehlender Quellen meist einer genaueren Beurteilung entzieht.

Für den fränkisch-karolingischen Burgenkreis wird ersichtlich, dass die Burgen in der Regel nicht nur eine, sondern mehrere Funktionen zu erfüllen hatten. Dies trifft natürlich besonders für die großen Burgen mit einer umwehrten Fläche von 3–6 ha und mehr zu, die man zweifellos als multifunktional bezeichnen kann. Dazu gehören vor allem Pfalzen und Pfalzen ähnliche Burgen oder auch Bistumssitze mit Handwerkerarealen und gelegentlich mehrteiligen Befestigungssystemen als zentrale, überregional bedeutende, politische und kirchliche Verwaltungsmittelpunkte. So kann die Größe der Anlagen

terstellt, denn die Befehlsgewalt hatte ein *comes* oder *custos civitatis* inne[32]. Die Burgen erfüllten Aufgaben der Forstaufsicht und der Gerichtsbarkeit, von Fall zu Fall ist der Sitz einer Münzstätte belegt[33]. Ab dem 9. Jahrhundert betätigt sich zunehmend der Adel als Bauherr der Burgen, und im 10. Jahrhundert bilden Burgen das Rückgrat der erstarkenden lokalen Amtsträger und Herrschaftsdynastien.

REFUGIUM

Die Funktion von Burgen als Refugium ist unbestritten, sie wird auch in den historischen Quellen genannt, z. B. für die Büraburg[34], wo die Bewohner des Grenzgebietes bei einem sächsischen Angriff 774 Zuflucht suchten. Entgegen der älteren Forschungsmeinung wird sich die Funktion der Burgen im Frühmittelalter aber in den wenigsten Fällen darauf beschränken[35]. In den Zeiten der Ungarngefahr ist die Bedeutung der Burgen aber vielleicht gesondert zu sehen – dies zeigen sowohl die historischen als auch die archäologischen Quellen. Vom Ende des 9. Jahrhunderts bis zur Schlacht auf dem Lechfeld 955 haben ungarische Reiterscharen wiederholt als »*Geißel des Abendlandes*« große Not und Schrecken hervorgerufen (*Abb. 9–11*)[36]. Davon zeugen die historischen Berichte z. B. des Regino von Prüm und des Widukind von Corvey. Nach dem Bericht von Ekkehard IV. wurde in St. Gallen im Zuge der Ungarngefahr 926 auf einem steilen Bergsporn ein Wall mit Verhau auf der Außenseite aufgeschüttet, später auch ein tiefer Graben ausgehoben und die Wasserversorgung gesichert[37]. Dorthin flüchteten die Mönche, das Klostergesinde und die umliegende Bevölkerung. Die in den historischen Quellen geschilderte Fluchtburg mit Wall und Graben ist mit großer Wahrscheinlichkeit mit der etwa 6,5 km vom Kloster St. Gallen entfernt liegenden Waldburg bei Häggenschwil (*Abb. 12*) zu identifizieren[38]. St. Gallen verweist beispielhaft auf die wichtige Rolle von Schutzmaßnahmen der Klöster gegen die Ungarneinfälle. Auch für Eichstätt erhält Bischof Erchambold 908 von König Ludwig die Erlaubnis, bei seinem Kloster einen befestigten Ort herzustellen – *urbem que construere contra paganorum incursus moliri*[39]. Fluchtburgen werden gerade in der Ungarnzeit im ausgehenden 9. Jahrhundert und in der ersten Hälfte des 10. Jahrhunderts eine wichtige Rolle gespielt haben. Ansonsten sind die oben beschriebenen geschütteten Wälle und Annäherungshindernisse (*Abb. 13 u. 14*) als befestigungstechnische Elemente, als zeitspezifische Reaktion zur Abwehr der ungarischen

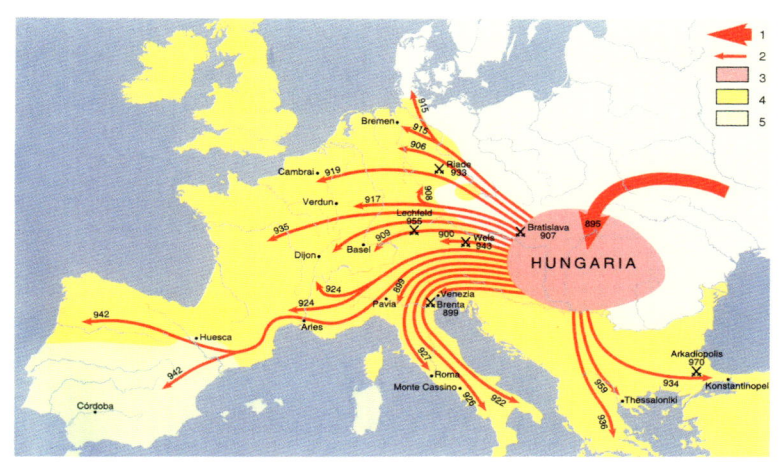

10 Ungarische Landnahme 895 und Feldzüge bis 970: 1 – Ungarische Landnahme 895; 2 – Ungarnzüge mit Anfangsjahr; 3 – Ungarn um 930; 4 – christliche Länder um 930; 5 – islamische Länder um 930.

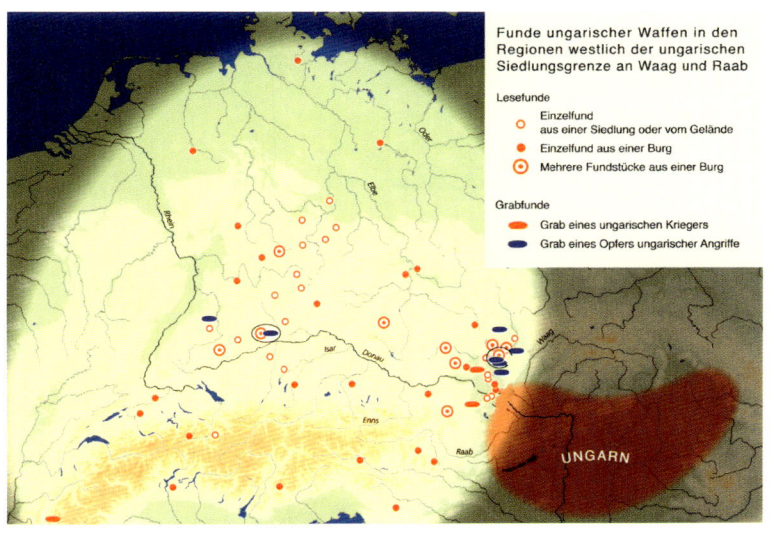

11 Verbreitungskarte von Funden ungarischer Waffen.

12 Topografischer Plan der Waldburg bei Häggenschwil.

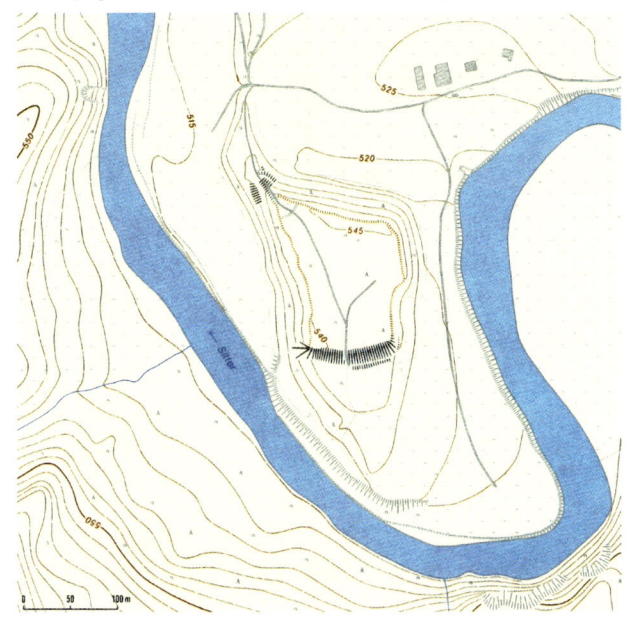

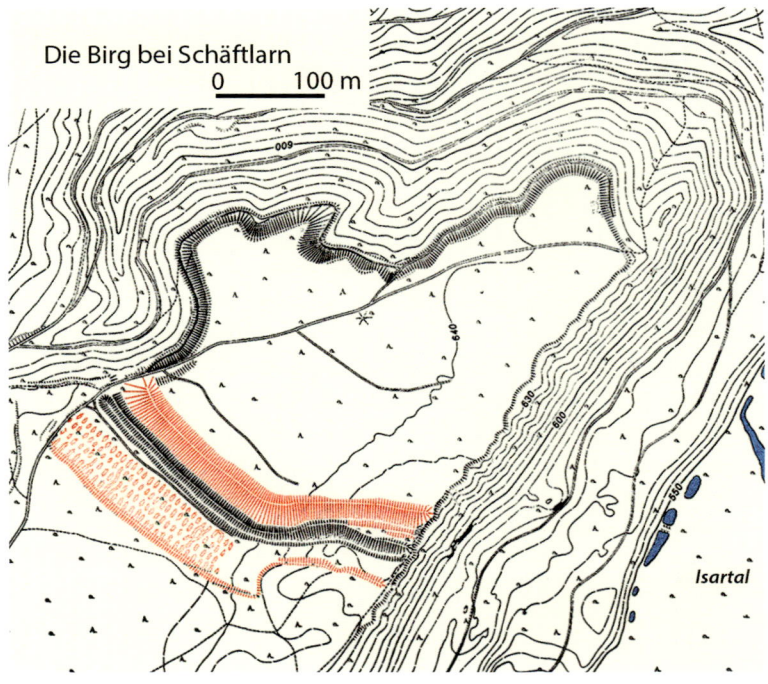

13 »Birg« bei Hohenschäftlarn.

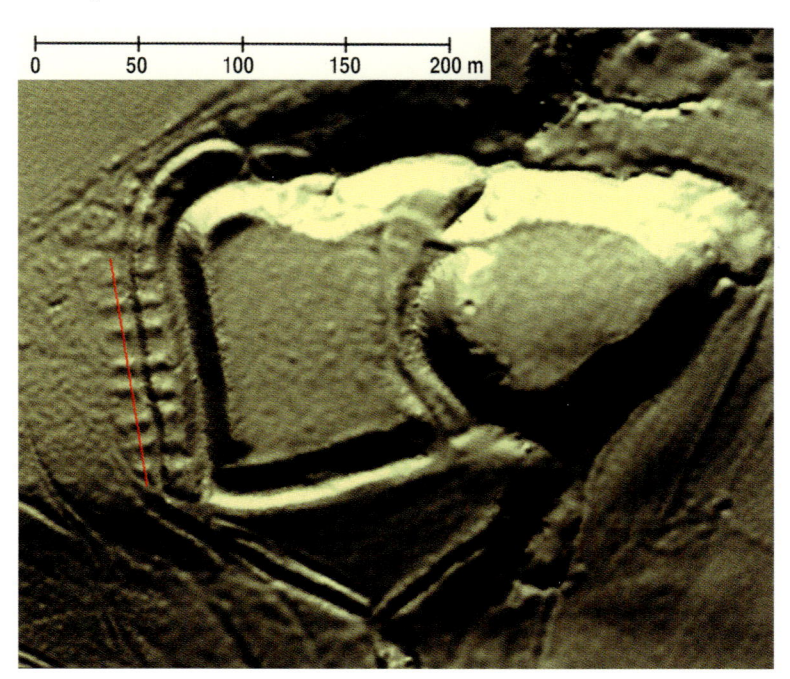

14 Die Haldenburg im digitalen Höhenmodell.

Reiterscharen zu sehen. Sie waren hierbei effektiv, zugleich aber leicht und schnell, ohne große architektonische Vorkenntnisse zu errichten.

Diese typischen Befestigungen mit Graben und, soweit nachweisbar, zugehörigen Wällen können sowohl bei der Anlage neuer Burgen wie die Waldburg (Abb. 12) oder bestehenden Burgen wie der *Karlburg* (Abb. 28 unten; 29 unten) auftreten, als sie auch bei Bistumssitzen wie Eichstätt und Würzburg sowie bei Städten wie Regensburg (Abb. 5), Augsburg und Ulm die erste Stadtumwehrung, die erste Stadtbefestigung bilden.

SICHERUNG VON VERKEHRSWEGEN UND MILITÄRISCHE FUNKTION

Eine wichtige Aufgabe von Burgen bestand zweifellos darin, Verkehrswege zu sichern für den Transport von Personen und Gütern, sei es ziviler oder militärischer Art[40]. Dazu gehörten Verkehrs- und Handelswege zu Land und zu Wasser unterschiedlicher Art wie Straßen, Passwege oder Kreuzungspunkte von Wegen oder z. B. Häfen als Schnittstellen von Wasser- und Landwegen. Dies wird auch am Beispiel des für Mitteleuropa und darüber hinaus bedeutenden Wasserverkehrsweges zwischen Mainz und Regensburg bzw. Rhein und Donau (Abb. 15) ersichtlich[41]. Der 750–800 km lange Wasserverkehrsweg zwischen diesen beiden Metropolen wurde mit dem einsetzenden Burgen- und Befestigungsbau ab der zweiten Hälfte des 7. und Anfang des 8. Jahrhunderts fortifikatorisch abgesichert. Die Anlagen können dabei unterschiedlich gestaltet sein, von Befestigungen wie Miltenberg über Burgen unterschiedlicher Größe bei Königshöfen und Klöstern bis zu Mittelpunktsburgen wie der Würzburg als Herzogs- und anschließendem Bistumssitz. In der karolingischen Zeit verdichtet sich das Bild der Burgen. Die nach Osten gerichtete Expansionspolitik Karls des Großen spielte hierbei vielleicht eine nicht unerhebliche Rolle, ließ er doch den *Fossatum Magnum* (großen Graben) bauen, der es Schiffen ermöglichen sollte, die europäische Wasserscheide zu überqueren und somit vom Rhein zur Donau und weiter nach Südosten zu gelangen[42].

Die militärische Funktion in Kriegen oder zur Grenzsicherung der Burgen steht außer Frage, sie wird in den Feldzügen gegen die Slawen, eventuell in den sogenannten *Grenzkastellen* gegen die Sorben, erkennbar. Ebenso sichtbar wird dies in der Aufreihung der fränkischen und sächsischen Burgen nach Art einer Grenze während der Sachsenkriege Karls des Großen[43]. Die Büraburg spielte eine wichtige Rolle im Krieg mit den Sachsen an der Nordostflanke des Frankenreichs. Auf einer Entfernung von nur 45 km standen sich die sächsische Eresburg und die fränkische Büraburg als Teil einer Art »*Grenzverteidigung*« gegenüber (Abb. 16). Die sächsischen Angriffe kulminierten 774 in der Belagerung der *Büraburg*, die sich jedoch als nicht einnehmbar erwies, und ihre Besatzung schlug die Belagerer in die Flucht. Heftig diskutiert werden hingegen die Funktion der fränkischen Burgen als Grenzbefestigung im Elb-Saale-Gebiet, die daraus resultierenden Überlegungen zur Saale als Grenzfluss und schließlich zum *Limes sorabicus*[44]. In Bayern und vielleicht auch Mitteldeutschland spricht die großräumige, relativ gleichmäßige Verteilung der Burgen, insbesondere der größeren Anlagen, gegen die Deutung von Grenzlinien und eher für die fortifikatorische Absicherung von zentralen, politischen Verwaltungsmittelpunkten im weitreichenden Hinterland.

FORTIFIKATORISCHE ABSICHERUNG VON ZENTRALORTEN

Die Rolle von Burgen als fortifikatorische Absicherung von Zentralorten der höchsten Kategorie wird am Beispiel der Bistumssitze ersichtlich, die 741/42 vom späteren Erzbistum Mainz aus eingerichtet wurden[45]. 742 ersuchte Bonifatius den Papst um die schriftliche Bestätigung der drei neu eingerichteten Bischofssitze für die Völker Germaniens – Büraburg für die Hessen, Würzburg für die Mainfranken und Erfurt für die Thüringer. Die Einrichtung dieser drei Diözesen bildete den Abschluss seines 20 Jahre dauernden Missions- und Organisationswerks[46]. Damit erfolgte letztlich die kirchliche Strukturierung der rechtsrheinischen Gebiete. Die Bistumssitze wurden dabei bewusst auf bestehenden Herrschaftssitzen und -mittelpunkten der weltlichen Macht eingerichtet[47].

In Würzburg setzten so die Bischöfe die Tradition des mainländisch-thüringischen Herzoghauses der Hedenen fort. 717/19 erfolgte der Sturz Herzog Hedens durch den Hausmeier Karl Martell, und 741/42 richtete Bonifatius *in castello* den Sitz des Bistums ein. Die Burg war demnach seit Ende des 7. Jahrhunderts ein fränkischer Herzogsitz, danach jedoch ein Bistumssitz. Nach den archäologischen Untersuchungen[48] erschließt sich eine zweiteilige Anlage, eine Höhenburg und eine befestigte Talsiedlung, die zusammen 6 ha umfassen und nach den Funden und auch der Kilianslegende nach wohl schon 686 bestanden (*Abb. 17*). Würzburg war somit eine der frühesten Burgen nicht nur in Mainfranken, sondern im gesamten rechtsrheinischen Gebiet. Zu dieser Anlage gehörte in merowingisch-karolingischer Zeit die etwa 5,2 ha große Talsiedlung im Burkaderviertel auf dem Uferstreifen entlang des Mains mit einer zweiphasigen Befestigung. Befand sich der Bischofssitz zu Anfang auf der Burg, so wurde er bereits Ende des 8. Jahrhunderts auf das andere Ufer des Mains verlegt.

Die Büraburg bei Fritzlar in Hessen – *oppido, quid nominatur Buraburg* – wurde nach den Ergebnissen der Ausgrabung wohl spätestens im ausgehenden 7. Jahrhundert von der fränkischen Reichsgewalt zum Schutz des hessischen Kernlandes und zur Absicherung gegen die Sachsen errichtet (*Abb. 18*). Die Burg bestand bis in

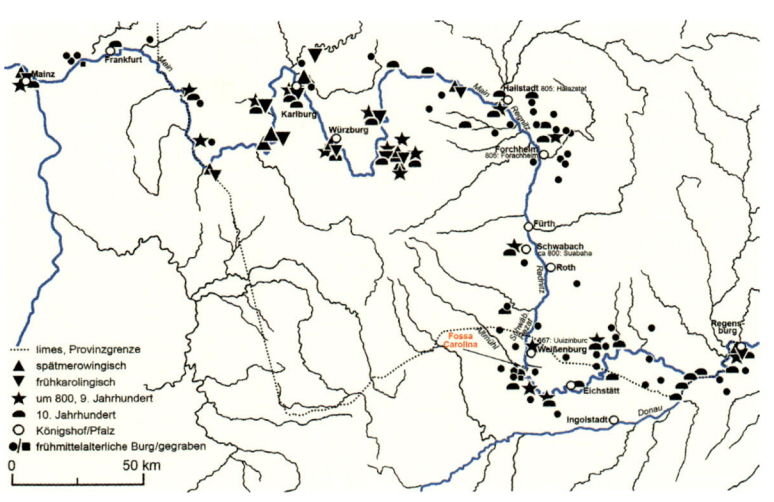

15 Burgen und Befestigungen, Königshöfe und Pfalzen zwischen Mainz und Regensburg an Main, Regnitz, Rednitz, Altmühl und Donau (*Fossa Carolina* = Doppelstrich; Burgen und Befestigungen ca. 15–20 km links und rechts der Flüsse kartiert).

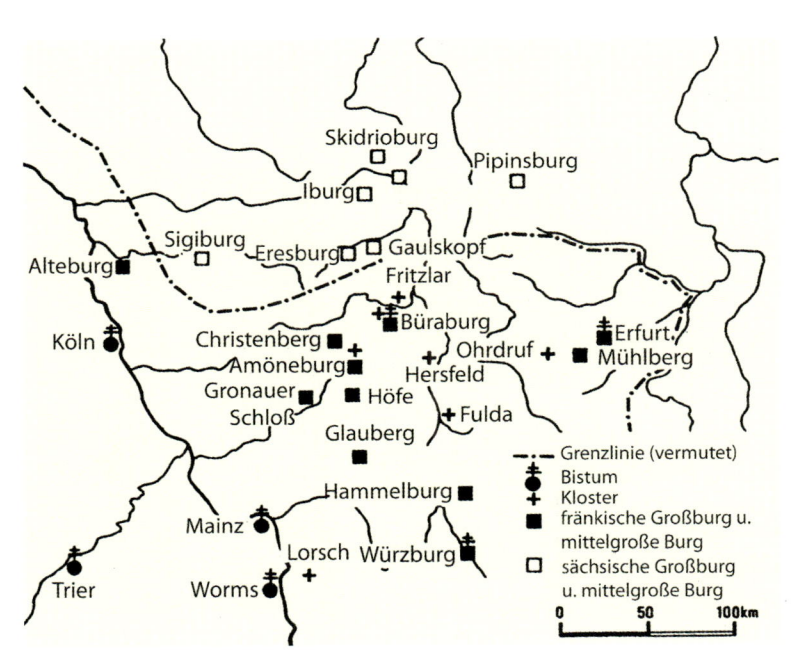

16 Nordostgrenze des Frankenreiches um 750.

das 9., vielleicht 10. Jahrhundert[49]. Die auf einem Bergsporn gelegene Burg nahm zwei Drittel des Platzes ein und besaß mit 340 x 500 m eine Ausdehnung von 8 ha. Nachgewiesen sind eine zwei bis drei Perioden umfassende Befestigung in gemörtelter Schalenbauweise, die Türme an den Ecken, einen dreifach gestaffelten Spitzgraben und drei Tore aufwies (*Abb. 19b–21*). Unmittelbar hinter der Befestigungsmauer setzt die Innenbebauung ein. Bei den Grabungen wurden 21 nebeneinander gereihte Pfostenbauten von 7 × 3 m Größe aufgedeckt. Sie besaßen zwei Räume und jeweils eine Feuerstelle. An der Südostecke folgten große quadratische, ebenerdige Wohnhäuser mit Herdstellen in der Mitte oder in einer Ecke (*Abb. 19a u. 19b*). Im Zentrum der Burg auf der höchsten Stelle stand eine der irischen Nationalheiligen

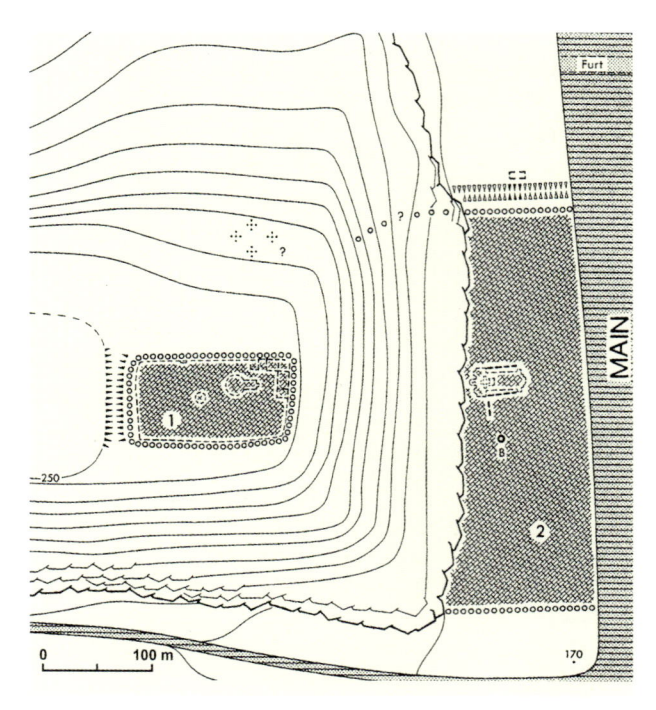

17 Würzburg: Spätmerowingische, zweiteilige Befestigung: 1 – Marienberg; 2 – Burkaderviertel am Mainufer.

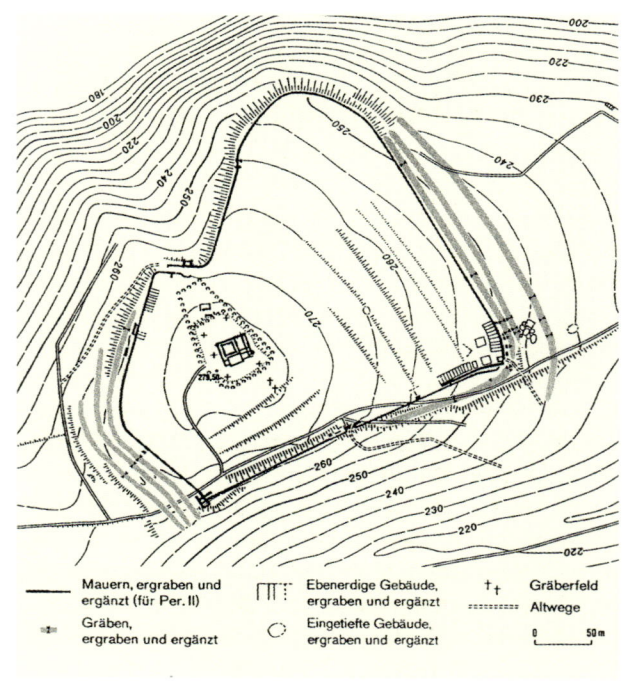

18 Büraburg: a – Gesamtplan (Stand 1996).

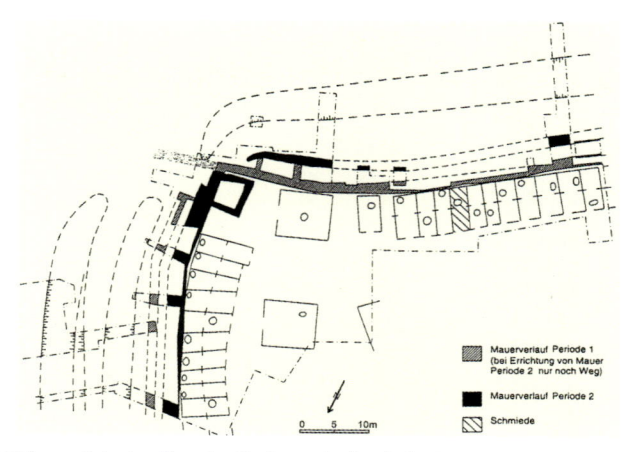

19a Büraburg: Schematisierter Plan der Grabungsbefunde in der Südostecke der Burg.

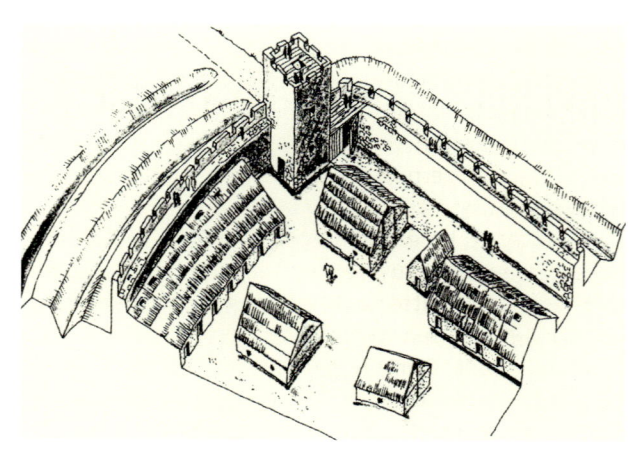

19b Büraburg: Rekonstruktion der Südostecke in der Zeit um 750.

20 Büraburg: Nordwesttor.

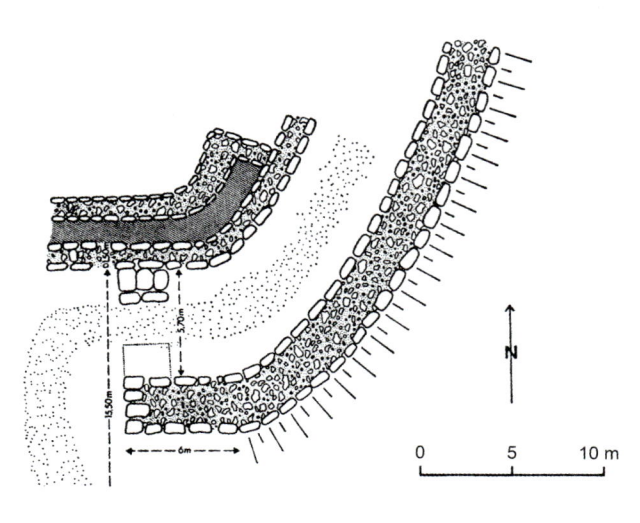

Brigida geweihte, steinerne Saalkirche von 24 x 9 m, deren Standort mit der 741/42 genannten Brigidenkirche gleichgesetzt wird. Dazu gehörten eventuell ein Klosterbau mit Kreuzgang, ein mehrteiliger Komplex von Konventsbauten sowie vielleicht auch ein Baptisterium als Nachweis eines frühkarolingischen Missionszentrums östlich des Rheins[50].

Den Bistumssitzen sind im weltlichen Bereich Pfalzen und Pfalzen ähnliche Orte zur Seite zu stellen. Waren sie im 8./9. Jahrhundert meist nicht oder wenig befestigt, werden sie im 10. Jahrhundert nun stärker bewehrt und zudem oft auf Höhen angelegt. Das heißt, sie werden als Burgen errichtet[51]. Auf der Tilleda in Sachsen-Anhalt waren deren wichtigste Siedlungselemente – *palatium*, Pfalzkapelle, Vorratsgebäude und Handwerkersiedlung – durch eine mehrteilige Befesti-

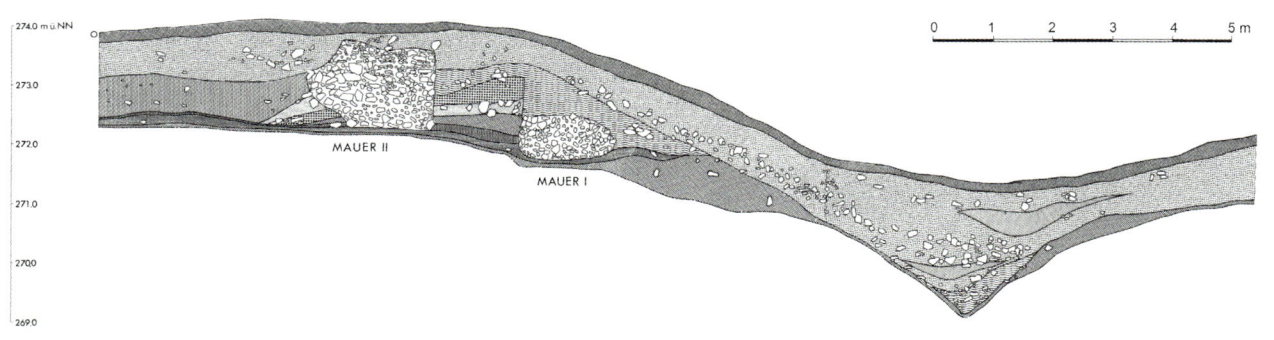

21 Büraburg: Schnitt 1, Südprofil.

gungsanlage geschützt. Tilleda ist im 10. Jahrhundert eine typische, auf der Höhe gelegene Pfalz mit einer Befestigung[52]. Die Pfalz (Abb. 22) gliedert sich in die knapp 1 ha große Hauptburg im Osten und eine zweigeteilte, später dreigeteilte, 4 ha große Vorburg im Westen und Süden. Innerhalb der Hauptburg gruppieren sich die Bauten um eine Innenfläche. Die drei bis zur Aufgabe um 1200 feststellbaren Bauperioden weisen jeweils mehrere repräsentative Steinfundamentbauten auf: Pfalzkapelle, Aula und Unterkunftsräume des Königs. Die zweigeteilte Vorburg zeigt eine dichte Bebauung mit ca. 200 Grubenhäusern. Die südliche Vorburg ist durch Grubenhäuser und ebenerdige Pfostenhäuser geprägt, die als Scheunen für die Vorratshaltung gedient haben könnten. In der westlichen Vorburg fanden sich neben eingetieften Wachhäusern, Vorratshäusern und vielen Wohnhäusern mehrere Tuchmachereien und zahlreiche Zeugnisse handwerklicher Tätigkeit[53].

Die fast 6 ha große Burg von Roßtal (Abb. 23) ist in der Größe durchaus Pfalzen vergleichbar und daher sicherlich eine Mittelpunktsburg von überregionaler Bedeutung[54]. In den historischen Quellen wird die Burg erst 954 in einer Schlacht vom 17. Juni genannt, als die Burg *Horsadal* in luidolfingischer Hand der Belagerung Ottos I. widerstand[55]. Nach den archäologischen Quellen bestand die Burg Roßtal aber sicherlich bereits in karolingischer Zeit und dürfte um 800 errichtet worden sein. Die Bewehrung der karolingischen Burg bildete eine Holz-Erde-Stein-Konstruktion mit vorgeblendeter Trockenmauer und Berme, der ein Spitzgraben vorgelagert war (Abb. 24 oben u. mittig). In der ersten Hälfte des 10. Jahrhunderts wurde die Befestigung mit Mörtelmauer, Türmen und einem weiteren Graben verstärkt (Abb. 24 oben u. unten). Der Innenraum der Burg war im Vorburgbereich strukturell gegliedert in vor allem handwerklich genutzte Bereiche mit Grubenhäusern und Arbeitsgruben sowie Areale mit ebenerdiger Pfostenbebauung (Abb. 25). Radial von der Rückfront der Mauer wegführende Zaungräbchen trennten drei funktionale Bebauungseinheiten mit erstens Heuspeichern, zweitens Wohnbauten, Speichern und drittens vielleicht Ställen oder Scheunen. Im Zentrum der Burg wird eine für spätere Zeit bezeugte Kirche gestanden haben, ansonsten ist vom Hauptburgareal wenig bekannt, weil dieser Bereich

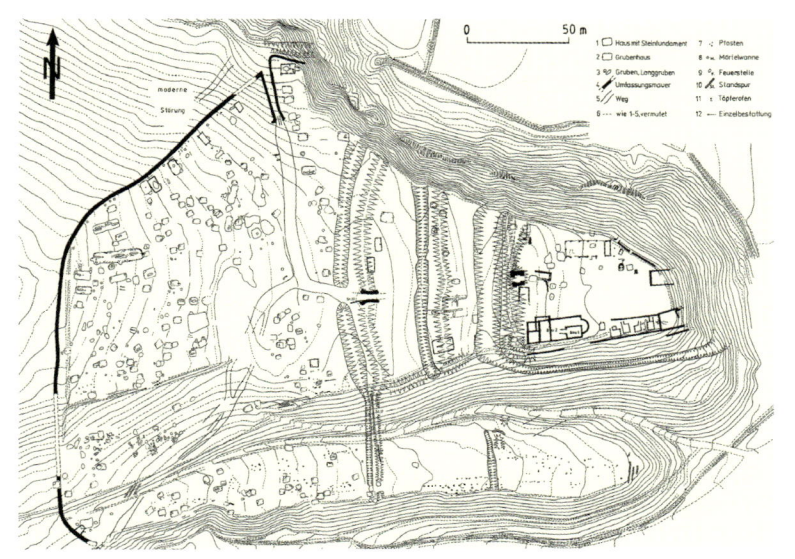

22 Tilleda: Gesamtplan im 10. und 11. Jahrhundert.

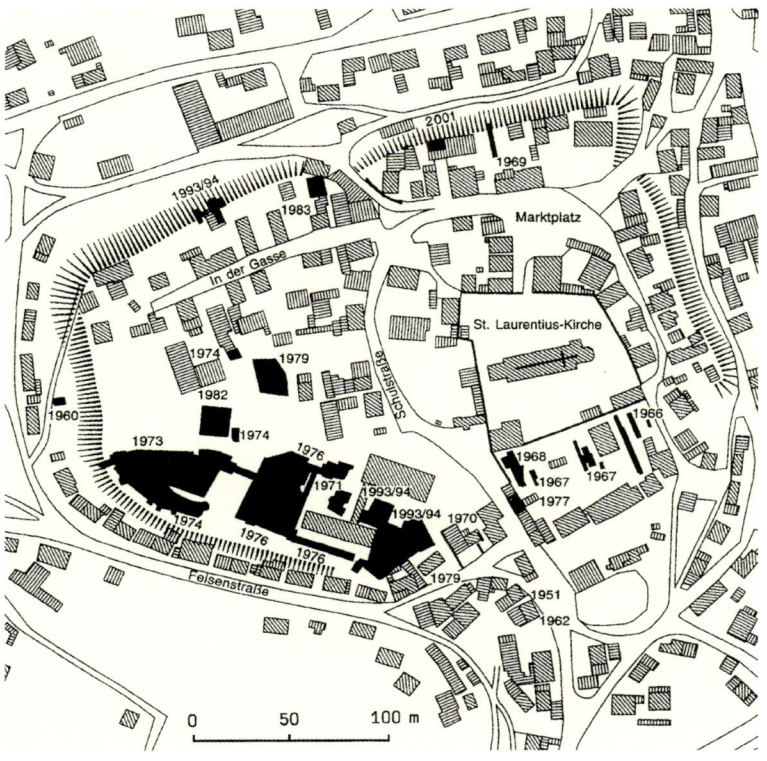

23 Roßtal: Topografischer Plan mit Grabungsflächen.

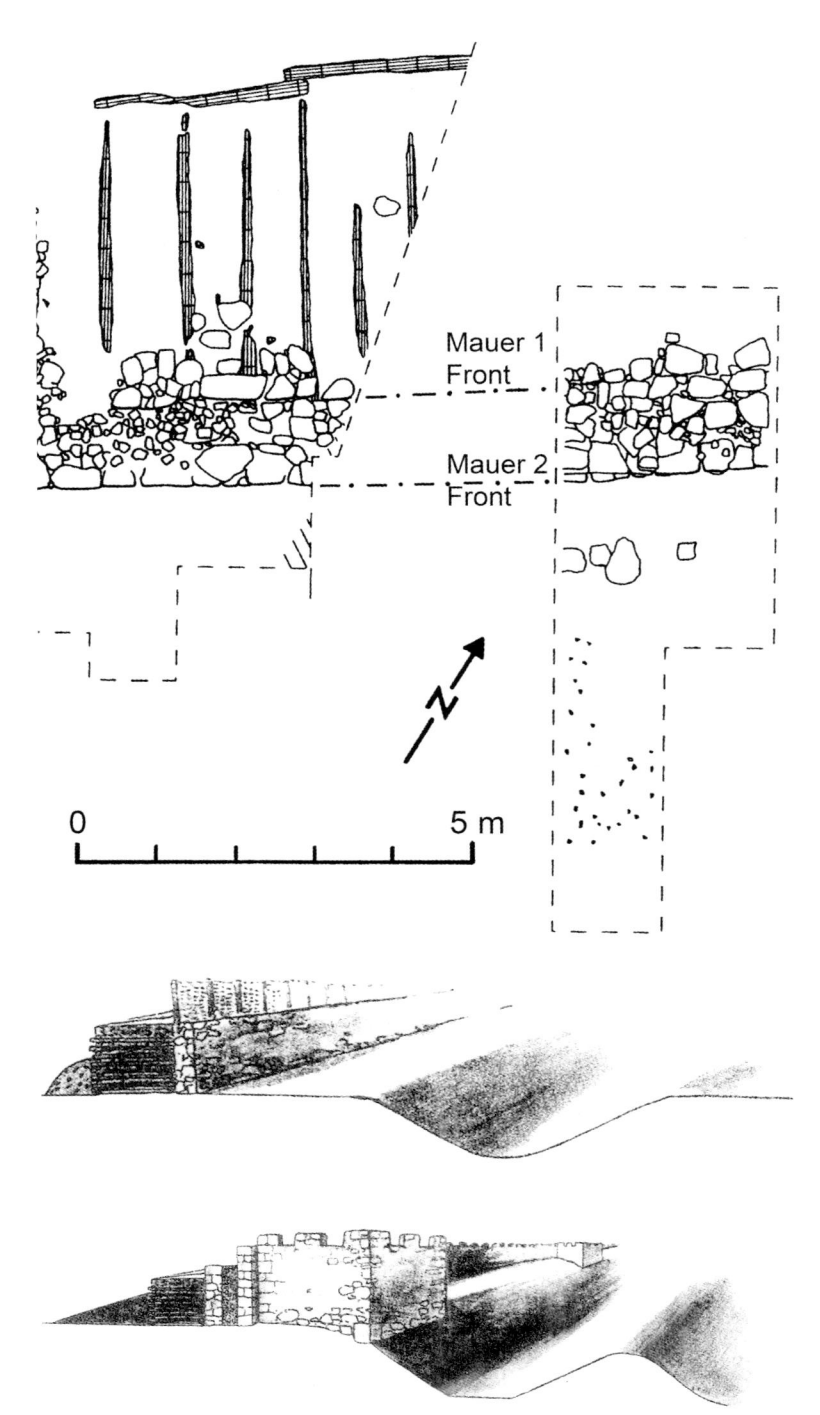

24 Roßtal: *Oben* – Planum der Plateaubefestigung in Flächen 4, 6–8; *Mitte* – Befestigung in karolingischer Zeit; *unten* – Befestigung in ottonischer Zeit.

modern überprägt und archäologisch nicht untersucht ist. Größe und Bedeutung sprechen dafür, dass man sich vielleicht funktionale und repräsentative Bauten für die Herrschaft wird vorstellen können, vergleichbar den Pfalzen ähnlich Tilleda[56].

Burgen nahmen ferner eine wichtige Rolle ein bei der fortifikatorischen Absicherung von Königshöfen und Klosterhöfen. Dies ist eine Gruppe von Zentralorten, die in der Regel unterhalb der Ebene der Pfalzen und Bistumssitze einzuordnen ist[57]. Königshöfe, die oft in Zusammenhang mit einer Kirche oder einem Kloster wie Karlburg erscheinen, waren in der frühen Zeit selbst wohl unbewehrt bzw. nur mit einem Zaun abgegrenzt oder von einem einfachen Graben umgeben[58]. Wie Karlburg, Neustadt am Main und andere Fundplätze zeigen, wurden Königshöfe, -klöster und -kirchen dann aber mit dem einsetzenden Burgenbau um 700 und danach unter den Schutz von Burgen gestellt[59].

In Neustadt a. Main (*Abb. 26 u. 27*) gründete nach der historischen Überlieferung Megingaud, Würzburgs zweiter Bischof, 768/69 das Kloster Neustadt, das so zu den ältesten Klöstern Frankens gehörte[60]. Die vermutlich zum Schutz der Talsiedlung und des Klosters errichtete Befestigung auf dem Plateau des Michelsberges wird zum Main hin durch einen Steilhang begrenzt. Die annähernd rechteckige Anlage hat eine Ausdehnung von etwa 120 x 100 m, der Südostteil wird von der Michaelskirche mit angrenzendem Friedhofsgelände eingenommen[61]. Die Befestigung war mehrphasig. In einer ersten Bauphase, gegen Ende des 8. oder 9. Jahrhunderts, wurde der Michelsberg mit einer einfachen Holz-Erde-Mauer bewehrt. In der nächsten Phase, vermutlich aus der ersten Hälfte des 10. Jahrhunderts, errichtete man eine Konstruktion aus Erde und Holz mit rampenartig auslaufendem Wallfuß sowie vorgesetzter Trockenmauerfront, der später eine Mörtelmauer vorgeblendet wurde. Wie die Grabungsschnitte im Innenraum der Anlage zeigten, standen hier wohl vermutlich keine Bauten, sodass zumindest dieser Bereich des Burgareals als unbesiedelt angesehen werden muss. Das Fehlen von Funden verweist darauf, dass die befestigte Anhöhe auf dem Michelsberg wenn überhaupt, vielleicht nur teilweise ständig genutzt wurde und vor allem als Fluchtburg für die Bewohner der klösterlichen Ansiedlung im Tal diente[62].

Der Königshof von Karlburg, 25 km abwärts des Mains von Würzburg, ist aus den historischen Quellen mit zwei Schenkungsurkunden (*Abb. 30; 6*) bekannt[63]. In einer ersten Schenkung 741/42 übergab der karolingische Hausmeier Karlmann dem Bistum Würzburg *monasterium St. Mariae in villa*, 751/53 dann König Pippin *castellum cum fisco regali*. Die vermutlich bereits in spätmerowingischer Zeit bestehende Befestigung auf dem Grainberg (*Abb. 30*) und das spätestens in frühkarolingischer Zeit errichtete *castellum Karloburg* (*Abb. 30; 28; 6*) bildeten den machtpolitischen Hintergrund, unter deren Schutz sich die Talsiedlung, zunächst in königlicher, ab 741/42 in bischöflicher Hand entwickeln konnte. Die karolingische Anlage des *castellum* war mit einem Graben umwehrt, der den Sporn bogenförmig abschloss, dahinter stand eine Mörtelmauer, womit die Karlburg zu den

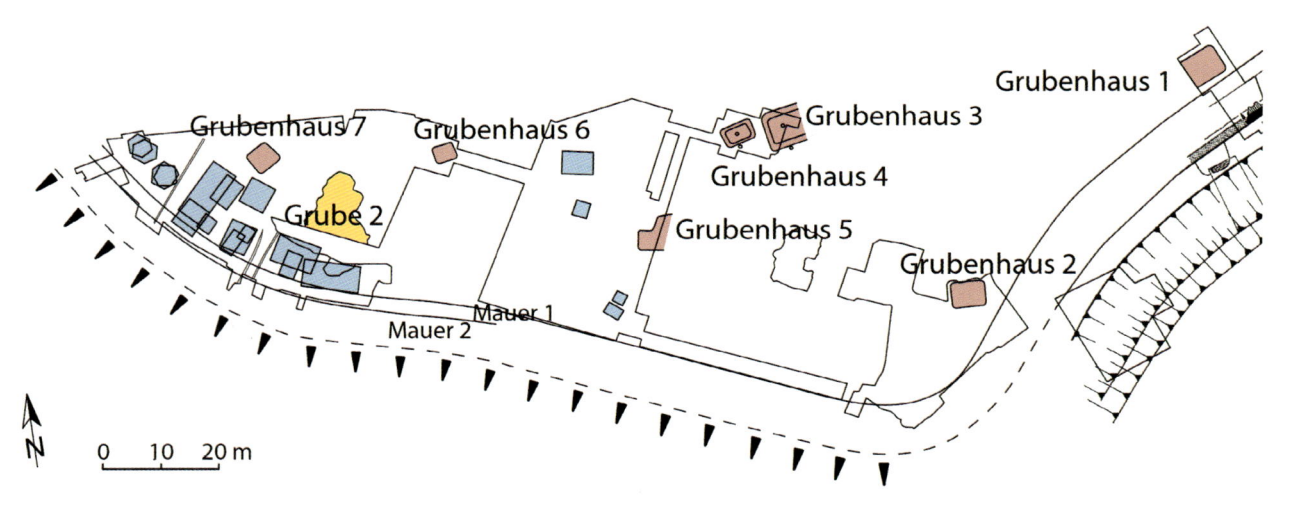

25 Roßtal: Befundplan des SW-Areals mit handwerklich genutzten Flächen und Pfostenbebauung (Blau = Pfostenbauten, Rot = Grubenhäuser).

frühesten Burgen mit Mörtelmauerwerk in Süddeutschland gehört (*Abb. 28 oben u. 29 oben*).

Zur Burg bzw. den Burgen gehörig ist die unterhalb gelegene Talsiedlung an einer Furt des Mains. Die *villa* erstreckte sich auf fast 2 km Länge und bis zu 200 m Breite, also mit etwa 20 ha Gesamtausdehnung, auf einem flachen, hochwasserfreien Geländerücken entlang des linken Mainufers (*Abb. 30; 6*). Die Großsiedlung weist mit unterschiedlichen Funktionsarealen präurbane Züge auf. Der Bereich mit dem mutmaßlichen Standort des Marienklosters, Schiffslände bzw. Hafen sowie dem südlich anschließenden Handwerkerareal bildete das Zentrum. Die zahlreichen Metall- wie auch Keramikfunde belegen, dass es sich um einen Produktions- und Distributionsort von regionaler und überregionaler Bedeutung handelte. Damit wird ein Zentralort, flankiert von je einer Burg links wie rechts des Maines, erkennbar. Ihm kommt mit seinem militärischen, ökonomischen, kulturell-sozialen Hintergrund eine entscheidende Bedeutung in der Frühzeit der militärischen und vor allem administrativen, politisch-kirchlichen Erschließung und strukturellen Organisation der Mainlande zu.

Im ausgehenden 9. Jahrhundert bzw. der ersten Hälfte des 10. Jahrhunderts, in der Zeit der Ungarneinfälle, wurde die karolingische Befestigung auf dem *castellum* der *Karlburg* aufgegeben und ein sogenannter »*Ungarnwall*« errichtet, der mit einem aus Steinen und Erdreich geschütteten Wall sowie vorgelagerten Annäherungshindernissen aus Wall und Graben befestigt war[64] (*Abb. 28 unten u. 29 unten*). Etwa im gleichen Zeitraum wurde in der Talsiedlung das 6 ha große Areal des modernen Ortskernes (*Abb. 30*) wohl in gleicher Weise wie das *castellum* auf der Höhe befestigt. Damit reiht sich Karlburg befestigungstechnisch in die überregionale Entwicklung zu Zeiten der Ungarneinfälle ein, in der viele Orte und Klöster wie St. Gallen eine Absicherung durch eine Burg bzw. Befestigung mit Wall und Graben erhalten haben.

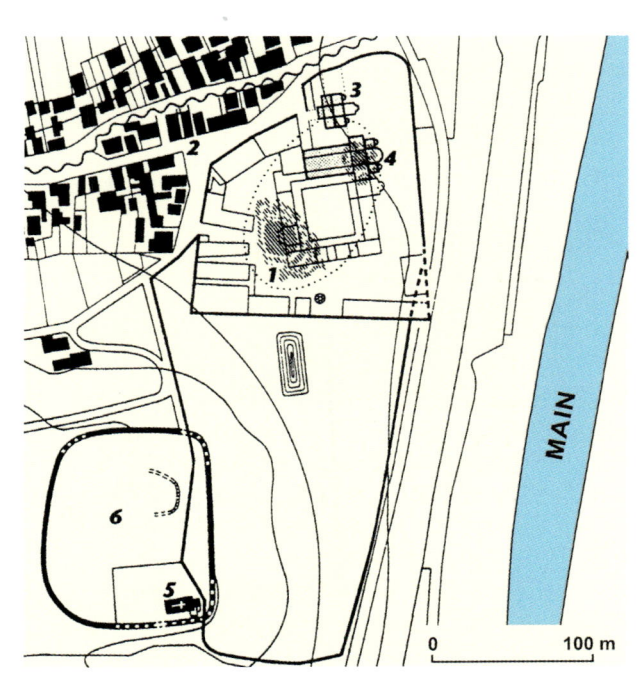

26 Neustadt a. Main: Historische Topografie:
1 – frühmittelalterliche Talsiedlung mit Klostergebäuden
2 – heutige Ortschaft
3 – St. Peter und Paul
4 – St. Michael und Gertrudis
5 – St. Michael
6 – Befestigung auf dem Michelsberg

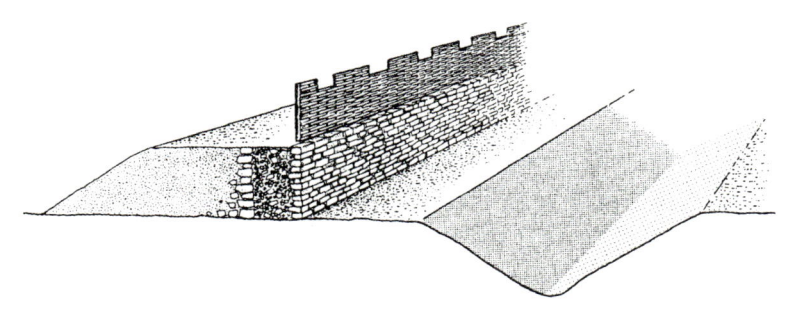

27 Neustadt a. Main: Rekonstruktionsvorschlag der jüngeren Befestigung auf dem Michelsberg.

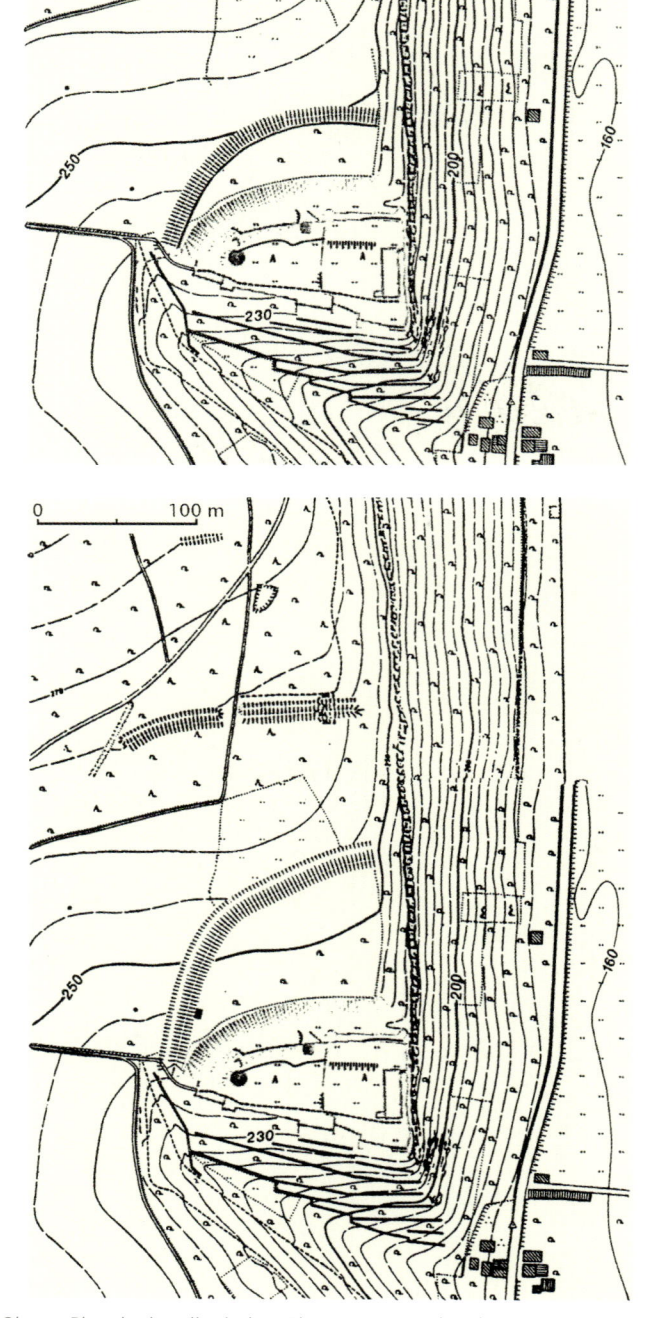

28 Karlburg: *Oben* – Plan der karolingischen Phase; *unten* – Plan der ottonischen Phase.

aufhielt. Zwischen 790 und 948 sind mehrfach Besuche und Aufenthalte von Herrschern, Königen und Kaisern sowie Gesandtschaften in Salz belegt[66], sie zeigen die Bedeutung der ostfränkischen Pfalz und der Region um die Pfalz. Im Umfeld von Bad Neustadt a. d. Saale sind in den letzten Jahrzehnten mehrere Siedlungen und Gräberfelder der merowingischen und karolingischen Zeit entdeckt und teilweise ausgegraben worden, die eine räumliche Vorstellung eines Königsgutbezirkes vermitteln[67]. Der mehrgliedrige, am Verkehrsweg von Franken/Süddeutschland nach Thüringen/Mitteldeutschland gelegene Zentralort soll in den nächsten Jahren weiter untersucht werden. Dabei geht es auch um die Frage, wo die karolingisch/ottonische(n) Pfalz(en) lag bzw. lagen und wie sich der Königshof bei der langjährigen Nutzung als Pfalzstandort strukturell veränderte.

Die Frage nach der dazugehörigen Befestigung wird derzeit in einem Projekt[68] untersucht. Insgesamt sind drei frühmittelalterliche Anlagen im direkten Umfeld bekannt, die eventuell alle schon in spätmerowingisch/frühkarolingischer Zeit bestanden haben – Luitpoldhöhe, Salzburg und Veitsberg (*Abb. 32*). Die seit 2010 laufenden Untersuchungen auf dem Veitsberg[69] bestätigen die Annahme, dass hier eine Burg mit ausgeprägter, mehrphasiger Befestigung stand, wobei die relative Abfolge und insbesondere die Datierung der einzelnen Bauphasen noch geklärt und abgesichert werden müssen. Die Frage, ob es sich hierbei um die ottonische *civitas* und/oder das *palatium* der karolingischen Pfalz Salz gehandelt haben könnte, muss freilich vorerst noch offenbleiben. Dass der Veitsberg der fortifikatorische Mittelpunkt des Pfalzgebiets Salz gewesen ist, stellt sich dagegen mehr und mehr heraus.

FRÜHE ADELSBURGEN UND FRÜH-TERRITORIALE LANDESHERRSCHAFT

Im 9. Jahrhundert und dann vor allem im 10. Jahrhundert kommt es mit dem Aufkommen von frühen Adelsburgen zu Neuerungen im fränkisch geprägten Burgenbaukreis. Dies wird auch damit zusammenhängen, dass offensichtlich spätestens zu Beginn des 9. Jahrhunderts das königliche Befestigungsrecht, wie es im Edikt von Pîtres 864 festgeschrieben ist, teilweise delegiert wurde[70]. Die Eyringsburg an der Fränkischen Saale (*Abb. 33a u. 33b*) gehörte vermutlich einem freien Franken namens Iring, der im Südteil der 801 genannten Mark Besitz unterhalb der Burg hatte, den er 822 an das Kloster Fulda schenkte[71]. Gleiches dürfen wir in Castell

Salz an der Fränkischen Saale im Lkr. Rhön-Grabfeld macht deutlich, welche Entwicklung ein Königshof nehmen konnte und dass der Übergang vom Königshof zur Pfalz fließend sein kann[65]. Der frühmittelalterliche Zentralort Salz (*Abb. 31*) ist ebenfalls in merowingischer Zeit entstanden und wie Karlburg wohl aus einem Königshof als Mittelpunkt eines *fiscus* hervorgegangen. Der Zehnt des Königshofes Salz sowie die Königskirche St. Martin in Brend gehörten zur Grundausstattung des Bistums Würzburg. Daraus entwickelte sich die Pfalz Salz, in der sich im Sommer 790 erstmals Karl der Große

vermuten, das 816 in der Stiftungsurkunde für das Kloster Megingaudshausen genannt wird und im Namen auf eine Befestigung hinweist. Die erste, 816 zur Siedlung Castell (Abb. 34) gehörige Burg wird vermutlich in Sichtweite auf dem Herrenberg gelegen haben[72]. Die erste Burg der Ebersberger Grafen (Abb. 35) bestand ebenfalls bereits in karolingischer Zeit mit Holzbauten und Kirche sowie einer hölzernen Befestigung, die Graf Eberhard I. 933/34 in Stein erneuerte[73]. Den Runden Berg in Baden-Württemberg wird man ebenfalls zum Kreis der frühen Adelsburgen rechnen dürfen. Wenngleich historische Nachrichten fehlen, erbrachten Grabungen mit der Befestigung, einem Sakralbau mit Glasfenstern, Kachelofen, Funden von möglicherweise Reticellaglas etc. entsprechende Hinweise auf eine komfortable Ausstattung, was ebenfalls für eine frühe Adelsburg sprechen könnte[74].

Mit diesen politischen Veränderungen geht das Auftreten von sehr kleinen Befestigungen zwischen 0,1 bis maximal 1 ha in Hanglage einher. Schon die Größe der Burgen spricht dafür, dass sie nicht übergeordneten, landespolitischen Aufgaben dienten, sondern auf das Schutzbedürfnis einer adligen Familie, vielleicht mit der dazugehörigen Talsiedlung und dem umliegenden Besitz ausgelegt waren[75].

Auch in Niedersachsen sind in mehreren Anlagen frühe Adelsburgen zu vermuten. Dazu gehören z. B. die Hünenburg bei Stöttinghausen, Lkr. Diepholz, wohl aus dem 9./10. Jahrhundert mit einem Ringwall von 0,4 ha und zwei Vorburgen, oder die Heilsburg bei Wiersdorf, Lkr. Rotenburg/Wümme, mit einer zweiphasigen Burganlage. Doch auch repräsentativer gestaltete Burgen sind hier zu nennen, wie Bernshausen am Seeburger See, Lkr. Göttingen – eine symmetrisch rechteckige Anlage mit Rundbastionen beim Zangentor – sowie die Wittekindsburg bei Rulle, Lkr. Osnabrück, die eine Kernburg mit Vorburg aufweist und deren Rund- sowie Rechteckturm in gemörtelter wie ungemörtelter Bauweise errichtet wurde[76]. Welche Adelsgeschlechter diesen Burgenbau veranlassten, ist mangels schriftlicher Quellen im Einzelfall oft schwer zu erschließen.

Eine weitere frühmittelalterliche Wurzel zur Entstehung der »klassischen« Adelsburg stellen in Süddeutschland neben den sehr kleinen Anlagen schließlich Burgen wie Oberammerthal oder insbesondere Sulzbach-Rosenberg dar. Die Burg Oberammerthal in der Oberpfalz war in karolingischer Zeit 2 ha groß und mit einer Holz-Erde-Stein-Konstruktion befestigt. Im 10. Jahrhundert wurde die Anlage zweigeteilt in Haupt- und Vorburg, die beide jeweils mit Mörtelmauern geschützt wurden, die Vor-

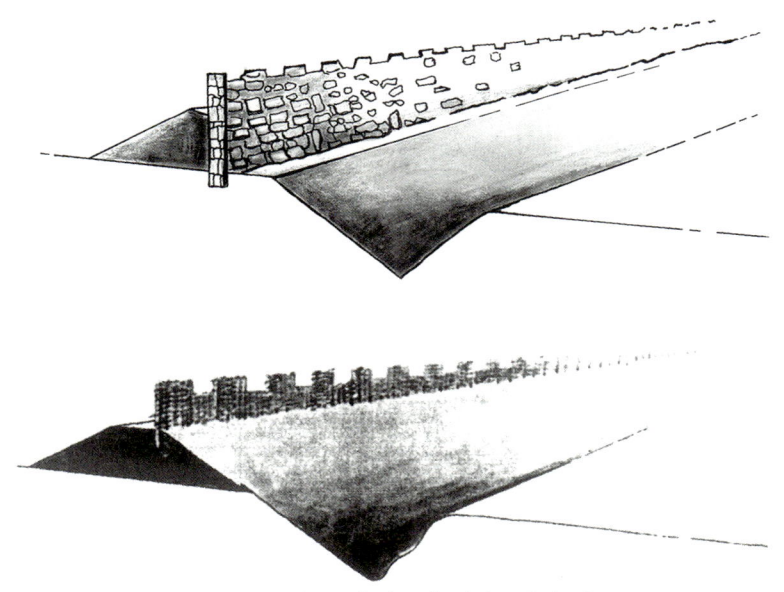

29 Karlburg: Oben – Rekonstruktion der karolingischen Befestigung; unten – Rekonstruktion der ottonischen Befestigung.

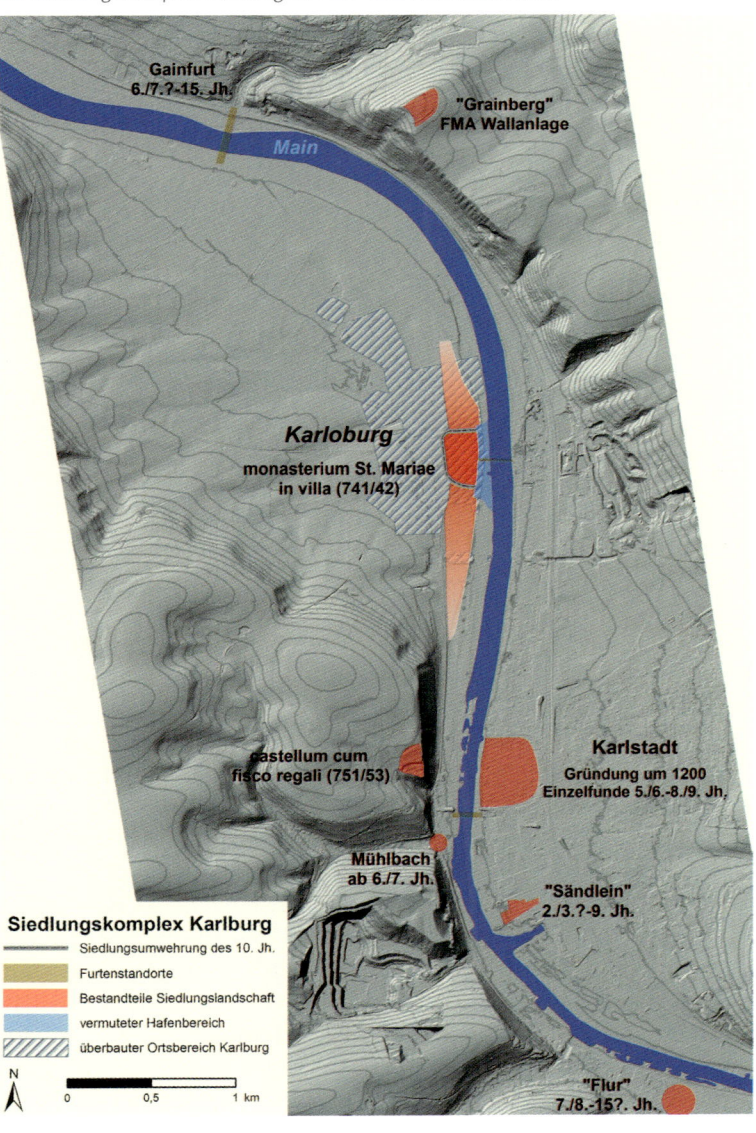

30 Siedlungskomplex Karlburg im Früh- und Hochmittelalter.

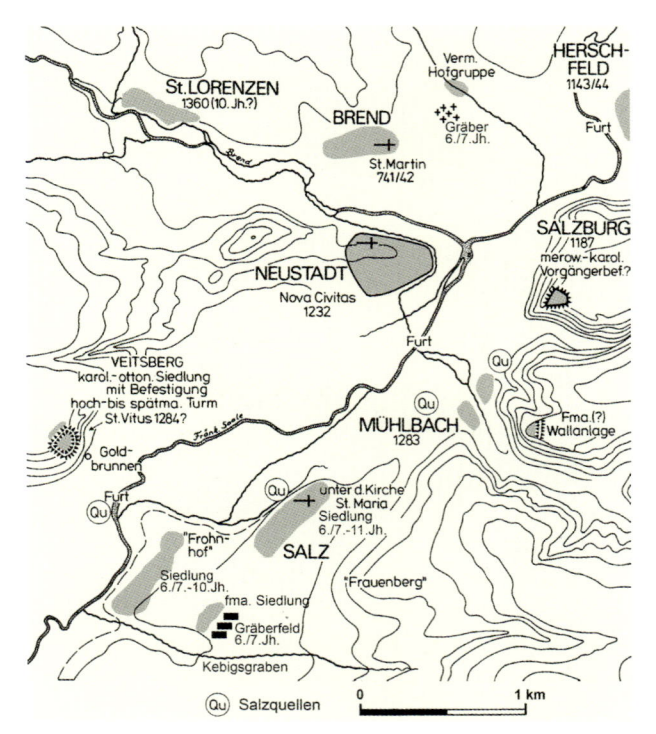

burg erhielt zusätzlich Türme (*Abb. 37*). In der Hauptburg standen eine Kirche und wohl weitere repräsentative Gebäude[77]. In Sulzbach-Rosenberg in der Oberpfalz (*Abb. 36*) erbrachten die Grabungen entsprechende Repräsentationsgebäude einer adligen Wohnung, wozu im 9. und frühen 10. Jahrhundert eine Burgkirche, ein Saalgebäude mit in Stein gefasster Feuerstelle, Fragmenten von Fensterglas und wenig später noch ein beheizbares Wohngebäude gehörten[78].

Die Burgen der Schweinfurter Grafen, historisch wie archäologisch relativ gut erforscht, zeigen dann beispielhaft die Rolle der Burgen im 10. Jahrhundert[79]. Die Macht der Schweinfurter Markgrafen stützte sich, wie es die Quellen beschreiben, auf mehrere Burgen, von denen aus sie die Herrschaft über das Land kontrollierten. Hier erscheint in Nordostbayern, vor allem in Ober-

31 Historische Topografie des Neustädter Beckens.

32 Frühmittelalterliche Siedlungstopografie im Neustädter Becken.

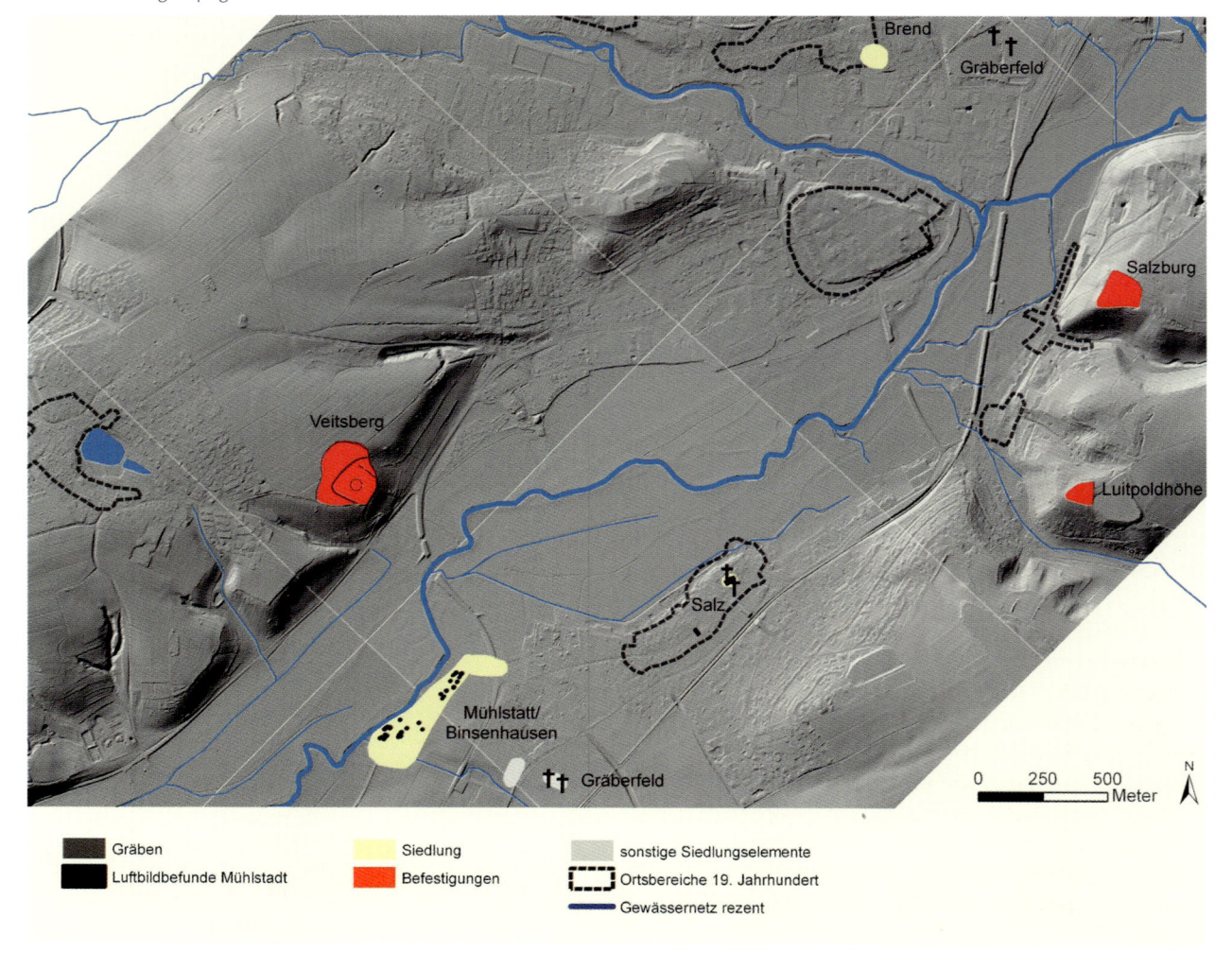

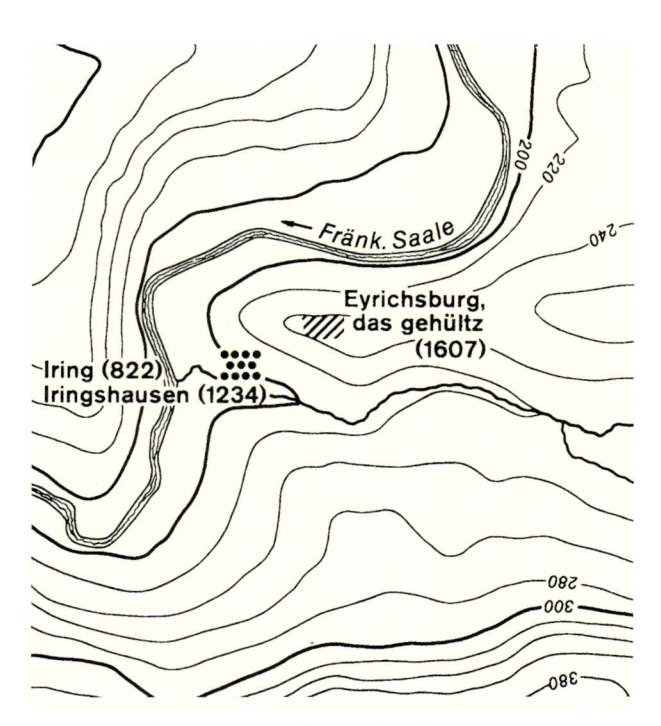

33a Topografie Burg und Siedlung *Eyringsburg*.

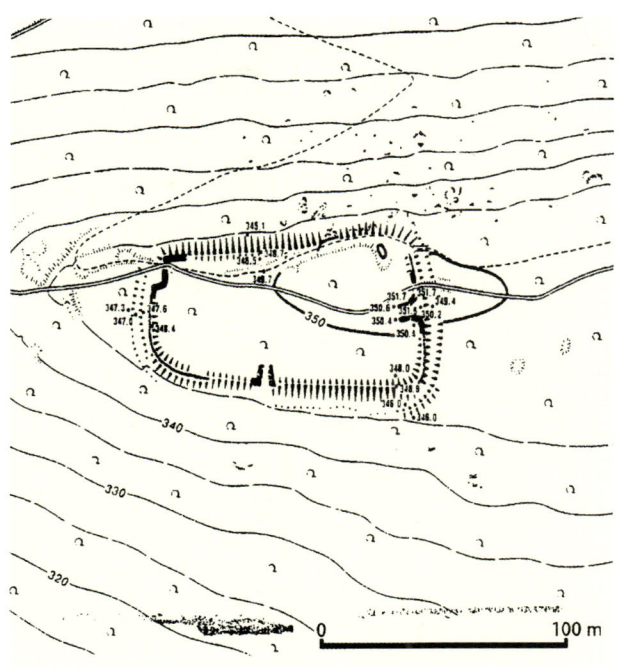

33b Burg und Siedlung *Eyringsburg*, topografischer Plan.

34 Topografie Burg und Siedlung Castell.

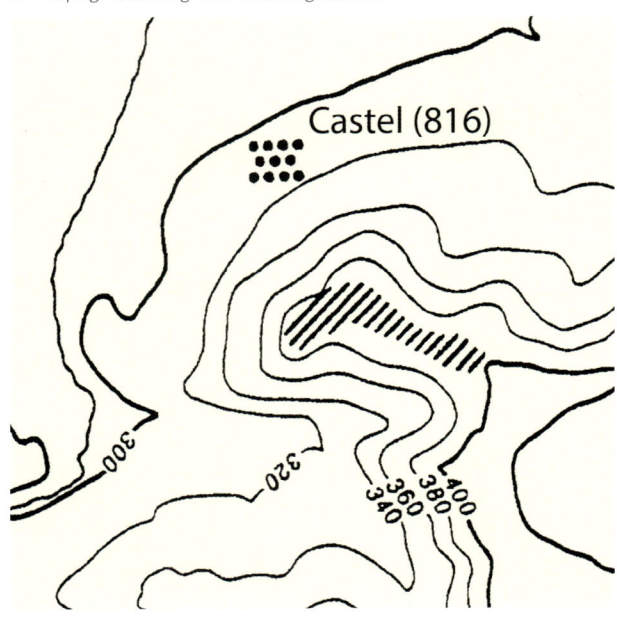

35 Übersichtsplan vom *Schloßberg* in Ebersberg mit Grabungs- und Fundstellen.

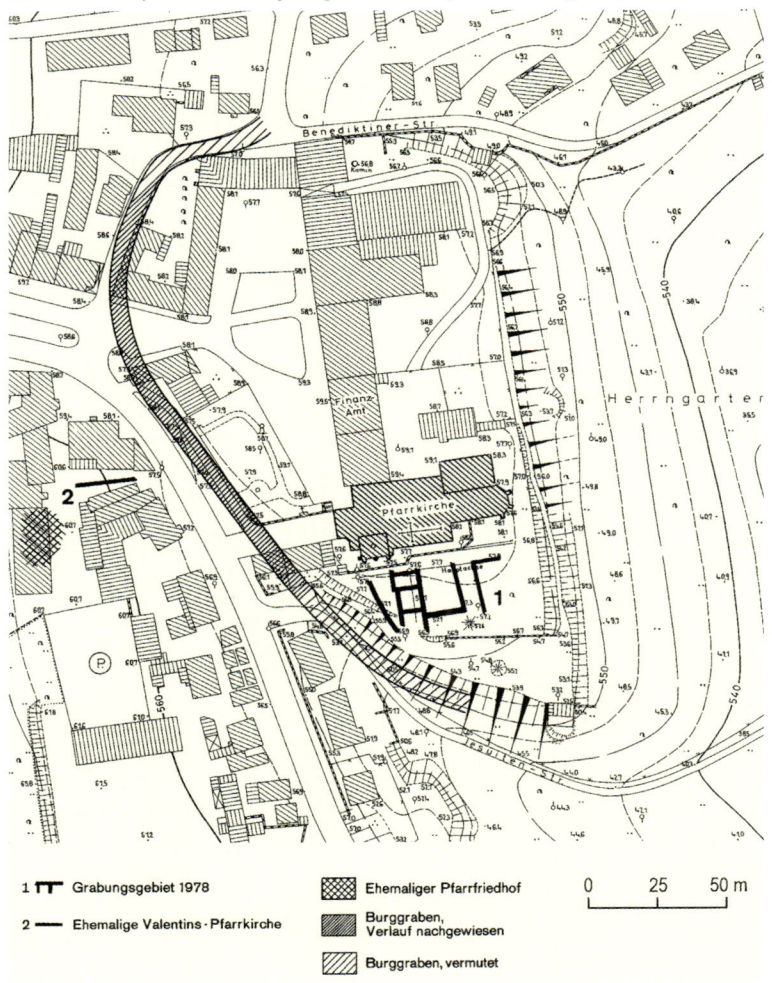

1 Grabungsgebiet 1978
2 Ehemalige Valentins-Pfarrkirche
Ehemaliger Pfarrfriedhof
Burggraben, Verlauf nachgewiesen
Burggraben, vermutet

franken/Oberpfalz zum ersten Mal eine in hochadliger Hand befindliche Burgengruppe und -organisation. Die Burgen bildeten als militärische, administrative, ökonomische und kirchlich-politische Mittelpunkte die Basis der aufstrebenden frühterritorialen Landesherrschaft der Schweinfurter Markgrafen, deren Macht mit diesen stand und fiel. Im Jahre 1003, nach der Erhebung des Markgrafen, zerstörte König Heinrich II. sämtliche Schweinfurter Burgen, die damit großteils ihr Ende fanden.

36 Sulzbach-Rosenberg: Rekonstruktionsvorschlag.

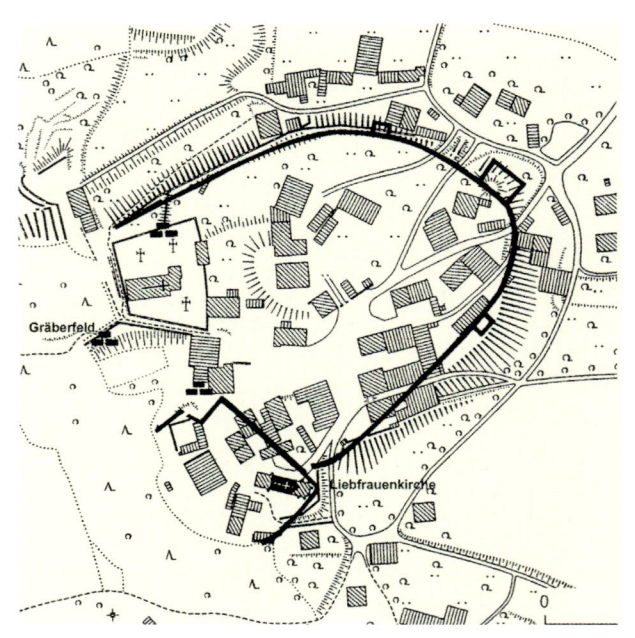

37 Oberammerthal: Ottonische Burg mit Haupt-, Vorburg und Kirche.

FAZIT

Die Entwicklung des fränkisch geprägten Burgenkreises setzt in der zweiten Hälfte des 7. Jahrhunderts ein. In frühkarolingischer und karolingischer Zeit wird, insbesondere in Süddeutschland ersichtlich, eine deutliche Verdichtung und Ausweitung des Burgenbaues sowohl in quantitativer als auch qualitativer Hinsicht erkennbar. Ende des 9. und während des 10. Jahrhunderts kommt es nochmals zu einem verstärkten Burgen- und Befestigungsbau. Im ehemals römischen Gebiet spielen die antiken römischen Befestigungsanlagen eine wichtige Rolle, außerhalb werden Höhen- oder auch Niederungsburgen angelegt. Befestigungsart, Größe und Struktur sind stark differenziert, in der Entwicklung teils zeittypisch geprägt. Große Burgen über 3 ha sind in der Regel multifunktional und als eigener Siedlungskomplex von zentraler Bedeutung, also Zentralorte unter den Kriterien Herrschaft, Schutz, Kult, Handel und Verkehr sowie Handwerk und Gewerbe. Auf kleinen Burgen und Kleinburgen unter 0,5 ha ist es schon aus Platzgründen nicht möglich, zentrale Einrichtungen, insbesondere Handwerk und Gewerbe für größere Bevölkerungsgruppen, unterzubringen. Sie wurden ab dem 9./10. Jahrhundert als kleine Adelsburgen errichtet oder werden bei Einbindung in einen größeren Siedlungskomplex/ Zentralort primär als fortifikatorische Absicherung dieser Zentralorte zu verstehen sein wie in Karlburg. Diese kleinen Burgen können und werden darüber hinaus aber sicherlich auch weitere hoheitliche Aufgaben besessen haben, sei es juristischer, administrativer oder auch sakraler Art – so vielleicht auch in Hamburg[80].

Die historischen Quellen ermöglichen nur bedingt Aussagen zur Funktion der Burgen, und auch über Aussehen, Lage, Befestigung und Bebauung der einzelnen Objekte ist nur wenig zu erfahren. Die militärische Nutzung steht außer Frage, ebenso ihre Funktion zur Sicherung von Verkehr und Handel sowie von Zentralorten unterschiedlicher Qualität und Hierarchie. Seit frühester Zeit sind Kirchen und Klöster auf und bei Burgen bekannt, woraus sich die Bedeutung der Befestigungen für den Aufbau der kirchlichen Strukturen ergibt. Zudem werden Bischofssitze auf Burgen eingerichtet, wie Büraburg, Würzburg oder Bamberg. Für Bonifatius wurden sie zu Stützpunkten der Christianisierung und der Kirchenorganisation. Die ökonomische Funktion zeigt sich in den zum Teil großen Handwerkerarealen, insbesondere auf den großen Burgen bis hin zu den Pfalzen, die sicherlich von zentraler Bedeutung für gewerbliche Produktion, Markt und Verkehr einer Siedlungsregion waren.

Mit den militärischen, sakralen und ökonomischen Aufgaben sind sicherlich auch *per se* politische und administrative Funktionen in gewissem Umfang verbunden, die in den archäologischen Quellen kaum erkennbar werden. Sie deuten sich aber in den historischen Quellen an, wenn Burgen z. B. als Ausstellungsort von Urkunden, Sammelstellen von Abgaben und damit als Zentren von Verwaltung oder Grundherrschaften erkennbar werden. Auch die großräumige Verteilung der Burgen verweist auf politische Verwaltungsmittelpunkte. Funde, Art und Weise der Innenbebauung mit *Palas*-artigen Großbauten, Repräsentationsbauten oder Heizeinrichtungen, Ausstattung sowie aufwendige Grabkonstruktionen belegen zudem, dass die Burgen ohne Zweifel Sitz der Herrschaft, sei es Adel oder Klerus, gewesen sind, wenngleich sie der weitverteilten Besitzungen und Verpflichtungen wegen wohl zumeist nicht als ständiger Wohnsitz, aber für längere Aufenthalte eingerichtet waren. Die Burg hatte so als zentrales Herrschaftsinstrument eine wichtige Rolle für König, Kirche und Hochadel seit dem 7. bis in das 10./11. Jahrhundert. Darüber hinaus waren die Burgen immer auch ein Symbol der Macht bzw. Herrschaft als Ausdruck des adligen Schutzverständnisses mit nicht zu unterschätzender repräsentativer Funktion.

ANMERKUNGEN

1 Vor allem mit den Höhensiedlungen Südwestdeutschlands fassbar. Die Höhenstationen im Schwarzwald, im Rhein-Main-Gebiet und im Raum zwischen Main und Donau fungierten vielleicht als eine Art Vorfeldsicherung und als wichtige Plätze für den militärischen Nachschub (Böhme 2013a, 143–145). Zum Burgenhorizont des 4./5. Jahrhunderts: Steuer/Bierbrauer 2008.

2 von Uslar (1964), Fehring (1972b), Mildenberger (1978, 132–140), Weidemann (1975, bes. 103–109) und Brachmann (1993, 62–80) haben diesen frühesten Befestigungsbau, der seine Wurzeln in den Zentren des Fränkischen Reiches besitzt, überregional behandelt, Wamser (1984a) hat die frühesten Belege für das mainfränkische Gebiet zusammengestellt. Im süddeutschen Raum sind aus dem 7. Jahrhundert von etwa 30 Anlagen zumeist Lesefunde der jünger- bis spätmerowingischen Zeit bekannt. Bei diesen Fundorten handelt es sich fast durchweg um mehrphasige, bereits in vorgeschichtlicher Zeit errichtete Anlagen unterschiedlicher Größe von kaum 1 ha bis über 10 ha an strategisch wichtigen Punkten wie den Bullenheimer Berg, den Staffelberg, den Judenhügel, den Iphöfer Knuck auf dem Schwanberg, die beiden Gleichberge, Kreuzwertheim oder den Michelsberg in Münnerstadt, denen sich südlich die Gelbe Bürg, der Goldberg, vielleicht auch die Stöckenburg und der Runde Berg bei Urach anschließen lassen. Die meisten dieser Anlagen gehörten bereits zu den im 4./5. Jahrhundert genutzten Höhenburgen, was ihre strategische Bedeutung und oftmalige Begehung und Nutzung bezeugt. Die Einzelfunde setzen sich aus Waffen- und Reitzubehör sowie Bestandteilen männlicher aber auch weiblicher Tracht zumeist hoher, teilweise exzeptioneller Qualität zusammen, die ihre Parallelen in fränkischen und alamannischen Gräbern haben und bei der Schwedenschanze von Wechterswinkel sowie beim Judenhügel in Kleinbardorf, zu dessen Füßen eine Gräbergruppe des frühen 7. Jahrhunderts liegt, auf einen adligen Besitzerkreis schließen lassen. Wamser deutete diese Anlagen in Mainfranken als befestigte Bergstationen (Wamser 1984a, 140: »*besonders geschützte Aufenthaltsorte relativ mobiler Adelsfamilien und ihres Gefolges*«). Festzuhalten bleibt, dass für diese Anlagen eine Begehung belegt ist, die eine zeitweilige, stützpunktartige Nutzung einschließt, der archäologische Nachweis einer in dieser Zeit errichteten Befestigung bislang aber meist noch aussteht. Brachmann 1993, Beilage 3; Ettel 2012a, 143; Thiedmann 2005; Gensen 1997; Böhme 2013a, 142, 145–147.

3 Für diesen fränkischen bzw. fränkisch geprägten Burgenkreis wird man nach regionalen Zusammenstellungen mit über 1.000 Burgen rechnen müssen. Ettel 2008c, insbes. 167.

4 Das 741/42 neu gegründete Bistum Würzburg erhält als Ausstattung die Burgen Eltmann, Stöckenburg, Homburg, zehn Jahre später von König Pippin die Karlburg, die somit in dieser Zeit gesichert bestand (Eltmann: Rödel 2001, 287; Stöckenburg: Ebd. 287; Homburg: Ebd. 287).

5 Gensen 1997.

6 Beiträge in diesem Band; Brachmann 1993, Beilage 4, Ettel 2010, 35 f., Abb. 4.

7 Zu nennen ist vor allem der vergleichsweise gute Forschungsstand im nordbayerischen Gebiet aufgrund mehrerer Projekte und Grabungen, die schon zur Zeit des ehemaligen Landesarchäologen Dr. Klaus Schwarz in mehreren Burgen stattfanden und teilweise fortgesetzt und erweitert werden konnten von L. Wamser in Neustadt, Michelsberg und Bad Neustadt, Veitsberg, von P. Ettel auf der Karlburg, in Roßtal, auf dem Veitsberg oder M. Hensch in Sulzbach-Rosenberg und inzwischen weiteren Burgen (Literatur zu den jeweiligen Burgen s. u.).

8 Wamser 1991, 95–98.

9 Wintergerst 2007, 95–98; Huld-Zetsche 1989.

10 Schulze-Dörrlamm 2013 mit weiterführender Literatur zu Mainz.

11 253 errichtet, unter Valentinian I. um 369/70 reduziert und auf Befehl Friedrich Barbarossas 1163 bis auf ihre Fundamente abgerissen.

12 Ann. Fuld ad anno 855 u. 881.

13 Oder zumindest zu erwägen ist: »*Dass eine solche bis zum Abriss der gesamten Stadtmauer (1163) aufrecht gestanden haben muss, beweist die über die Pfostenreihe hinwegziehende Zerstörungsschicht mit Pingsdorfer Keramik des 12. Jahrhunderts.*« Schulze-Dörrlamm 2013, 104.

14 Schmid 1996; Wintergerst/Codreanu-Windauer 2000; Codreanu-Windauer 2003; Codreanu-Windauer 2012; Rettner 2012; Hardt 2007.

15 Karl der Große hielt sich 788, dann 791 bis 793 und noch einmal 803 in Regensburg auf, von hier brach er zu seiner Weihnachtsreise 793 nach Würzburg auf.

16 Übergreifend von Uslar 1964, zusammenfassend Abels 1979, 36–47; Ettel 2001, 202–222.

17 Herrmann 2008a, 209–232; 2008b, 729–732.

18 Linck et al. 2010.

19 Weber 2012; zuletzt Kroemer/Weber 2012.

20 Kelheim, Niederbayern, *castrum Cheleheim*, liegt in der mit alluvialem Auelehm erfüllten Donau-Altmühl-Niederung am Zusammenfluss von Donau und Altmühl in verkehrsgeografisch wichtiger Lage. Nach R. Christlein, K. Schwarz entstand die Burg in der Zeit um 1000, d. h. eventuell handelt es sich um eine spätottonische Niederungsburg. Schwarz 1977, 256–260; Christlein 1975.

21 Brachmann 1987; Ettel 2001, 204 f.

22 Wand 1974a, 90 ff.; Thiedmann 2005; Gensen 1975a; 1997; Sonnemann 2013, bes. 349.

23 von Uslar 1964, 161–165.

24 Rödelsee, Schwanberg, Lkr. Kitzingen: Abels 1979, 111 f. – Birg bei Schäftlarn, Lkr. München: Schwarz 1971; 1975, 402–404.
25 Ettel 2012b.
26 Bis 1990 sind es v. a. die Büraburg, Runder Berg und Tilleda gewesen, danach folgten Roßtal, Sulzbach-Rosenberg, Oberammerthal, um nur einige zu nennen. Ansonsten beschränkten sich die Grabungen meist nur ausschnitthaft auf den Befestigungsbereich ohne Anschluss in den Innenraum.
27 Gringmuth-Dallmer 1993; 1999; 2011; Steuer 2007.
28 Ettel 2001, 208–214.; 2008c, 173–175. Zentrale Einrichtungen, insbesondere Handwerk und Gewerbe für größere Bevölkerungsgruppen, sind nur auf großräumigen Burgen unterzubringen, nicht dagegen auf kleinen Burgen, schon gar nicht auf Kleinburgen unter 0,5 ha.
29 Die schon aus Platzgründen nicht in der Lage waren, z. B. große Handwerkerareale wie die Pfalzen aufzunehmen.
30 Ettel 2001, 195–202; Rödel 2001; Böhme 2006, 386 f.
31 Ettel 2001, 195–202; Brachmann 1993, 80–85.
32 Emmerich 1957, 94.
33 Ebenda 82 (Nabburg); Kluge 2010, 86–88.
34 Ann. regni Franc. ad anno 773; dazu Streich 1984, 79.
35 Moderne Grabungen auf Burgen haben meist mit zahlreichem Fundgut, Abfall etc. den Nachweis erbracht, dass die Burgen in der Regel längerfristig bzw. ständig genutzt und nicht nur für den Notfall vorgehalten wurden. Dies erscheint auch in der Praxis wenig durchführbar, ist aber auch nicht völlig auszuschließen und dort zu erwägen, wo Burgen so gut wie keinen Fundanfall geliefert haben. Fehring 1972a; Unterregenbach, zu Deidesheim: Böhme 2013b.
36 Schulze-Dörrlamm 2002; 2007; Giesler 1997; Ettel 2012b.
37 Eccardus 1958, § 51; § 52; § 55; § 56.
38 Schwarz 1975, 404; 1989, 157.
39 Rieder 2010; Flachenecker 2007, 248 f., 259.
40 Kühtreiber 2012.
41 Ettel 2014b; 2014a; Ob es sich bei dem 3 km langen Bauwerk um ein tatsächlich effektives Bauwerk handelte oder das Bauvorhaben gescheitert ist, wie die sogenannten Einhardsannalen nahelegen, wird derzeit in einem Projekt des SPP 1630 von Jena, Leipzig, München untersucht.
42 Ettel et al. 2014.
43 Langen 1989; Brachmann 1985; Gockel 1992, 56; zu Grenzkastellen: Henning 2012; Schneeweiß 2012a; 2013a.
44 Johannisberg bei Jena nach Grabolle »wohl in der zweiten Hälfte des 9. Jahrhunderts im Zusammenhang mit der Einrichtung des limes sorabicus unter fränkischem Einfluss errichtet« (Grabolle 2007, 65); Brachmann 1991; Herrmann 2007; Hardt 2005a; Saile 2009; Grabolle 2007, 50–53.
45 Die Kirche tritt nun als Burgbesitzer, wenig später als Burgenbauer in Erscheinung. Für Freising und Passau werden anlässlich der Bistumsgründungen 739 Befestigungen genannt.
46 Heinemeyer 1995, 45–66; Flachenecker 1996, 148–181; Ettel 2013a.
47 In Erfurt ist die Situation unsicher und ungeklärt: Timpel/Altwein 1995; Werner 1973; Hardt 2005b; Heinemeyer 1995, 57 f., 66.
48 Rosenstock 2001, 51–61; Wamser 1989; 1992a.

49 Zu den Befestigungsperioden auch im Vergleich zu N. Wand auf der Büraburg: Sonnemann 2010, 340–346 mit Abb. 140 u. 142; abschließende Wertung: Sonnemann 2010, 346; 2013.
50 Anders in Archäologie in Deutschland 2006/3, 45 f. und Henning/Macphail 2004; Wand 1974a; Sonnemann 2010, 341–343.
51 Als weltliche Zentralorte bildeten sie die Basis des Reisekönigtums und zugleich die Absicherung eines Zentralraums. Pfalzen stellen den vielleicht beeindruckendsten Typ eines Zentralortes im 10. Jahrhundert dar mit einer auf relativ kleiner Fläche konzentrierten Vereinigung von zentralörtlichen Funktionen – Herrschaft, Schutz, Kult, Handel und Verkehr sowie Handwerk und Gewerbe (Gauert 1965; Störmer 1995). Welche Entwicklung Burgen in ottonischer Zeit nehmen konnten, zeigt Tilleda in Sachsen-Anhalt oder Werla in Niedersachsen (Blaich/Geschwinde 2012).
52 Grimm 1968; 1990; Eberhardt/Grimm 2001.
53 Nachgewiesen sind die Bearbeitung von Elfenbein und Knochen, die Herstellung von Metallgegenständen, die Verarbeitung von Eisen sowie Töpferei.
54 Ettel 2001, 100–102.
55 Rödel 2001, 292–295.
56 In Frankfurt fand 794 die große Synode und Reichsversammlung unter Karl dem Großen statt. Unter Ludwig dem Frommen wurde die Aula errichtet. Unter Ludwig dem Deutschen war Frankfurt neben Regensburg der bevorzugte Ort, die Salvatorkirche wurde 855 geweiht. Auch die Ottonen waren häufig in Frankfurt und werden vermutlich die Bauherren der teils repräsentativen Stadtmauer gewesen sein (Wintergerst 2007, 95–98, 110 f.).
57 Eine Gruppe von Zentralorten, deren Entwicklung von unterschiedlichen Faktoren abhing und sicherlich individuell zu betrachten ist.
58 Auch Königshöfe, die in karolingischer Zeit zu Pfalzen ausgebaut wurden, waren in der Regel vor der Zeit Ludwig des Frommen nicht befestigt, so dass die Pfalzen der Karolinger als mit einem *palatium* – zur Beherbergung des königlichen Hofes und für die Veranstaltung von Hof- und Reichstagen notwendige Palastbauten – ausgestattete, königliche Wirtschaftshöfe charakterisiert sind (Gauert 1965, 54 f.). Zu Königshöfen in der historischen Literatur: Gockel 1970. Zu Klöstern: Fries-Knoblach 2006, 387–389.
59 Gauert 1965, 56; Ettel 2013b. – Eine zu Karlburg vergleichbare Situation ist vielleicht bei dem Königshof der nachmaligen Pfalz Salz (Wagner 1996, 174) oder Forchheim (Sage 1990) erkennbar.
60 Wamser 1992b; Flachenecker 2007, 261.
61 Wamser 1992b.
62 Damit nimmt Neustadt eine Entwicklung vorweg, die im 10. Jahrhundert dann – Beispiel St. Gallen – vielerorts sichtbar wird. Ettel 2012b.
63 Ettel 2001, 32–34; 2011; Obst 2012a.
64 Zuletzt Ettel 2012b, 55–57, insbesondere zur Datierung.
65 So wird ein Königshof ja auch erst mit dem Aufenthalt des Königs zur Pfalz.
66 790, 793, 803, 804, 826, 832, 840, 841, 842, 878, 895, 897, 927, 931, 940, 941, 947, 948; vgl. Beitrag L. Werther, Zentralorte mit entsprechenden Einzelbelegen; Wagner 1996, bes. 162–165; 2008.

67 Das Umfeld wurde von L. Werther (2012) aufgearbeitet. Weidemann 1977, 70–72; Wamser 1984b; Ettel et al. 2013.
68 Ettel et al. 2013, 214–222.
69 Wolters 2013.
70 Cap. II, Nr. 273; Schrader 1909, 1–8.
71 Hock 1936; Grabung 1974 unpubliziert, Schwarz 1975, 390 f.
72 Oder auch eventuell auf dem Schlossberg/Oberschloss; vgl. Ettel 2006, 40 mit weiterer Literatur.
73 Sage 1980; 2002; Haberstroh 1999b.
74 Koch 1991, 116–126; Kurz 2009, bes. 183–190. Wie die Bebauung in karolingisch-ottonischer Zeit nun aussah und zu werten ist, wird aus den Ausführungen von Kurz nicht erkennbar, vermutlich ist die angekündigte Arbeit von D. Quast, »*Die spätmerowingerzeitliche bis ottonische Besiedlung des Runden Berges bei Urach*« abzuwarten.
75 In Hessen, Südbayern und im Rheinland gibt es weitere Beispiele. In Hessen scheinen sehr kleine Burgen eventuell bereits früher belegt zu sein. Gensen 1975b, 331–335 mit Abb. 15 (z. B. Rickelskopf, Burg bei Caldern); Schwarz 1975, 389–392; Janssen 1983; Ettel 2006; zusammenfassend Böhme 2006; Böhme/Friedrich 2008.
76 Heine 2008; 2012. In Bernshausen bestand in Phase 1, zwischen 600–800, eine Wall- und Spitzgrabenbefestigung, in Phase II, 9.–10. Jahrhundert, wird der Spitzgraben durch einen Sohlgraben ersetzt, ein Tor mit Torgebäude in Sechspfostenkonstruktion errichtet. In Phase III, 10. Jahrhundert bis um 1100, wird die bisherige Wall-Graben-Befestigung eingeebnet und eine Steinmauerburg erbaut mit mörtelgemauerter, rechteckiger Mauer und bastions- bzw. turmgesichertem Zangentor (Grote 2003, 174–177, 333–343).
77 Ettel 2001, 181–186.
78 Hensch 2005, 63–82, 400–404; 2011; zuletzt 2013, 274–280.
79 Emmerich 1957, 67–81; Seibert 2004; Ettel 2007; 2013b, 28–30.
80 Die Grabenanlage aus der Zeit um 800 besaß bei einem Durchmesser von ca. 50 m eine Innenraumgröße von 0,2 ha (s. Beiträge Karsten Kablitz u. Rainer-Maria Weiss).

Das Kastell *hohbuoki* und der Ort *Schezla* an der Elbe

Jens Schneeweiß

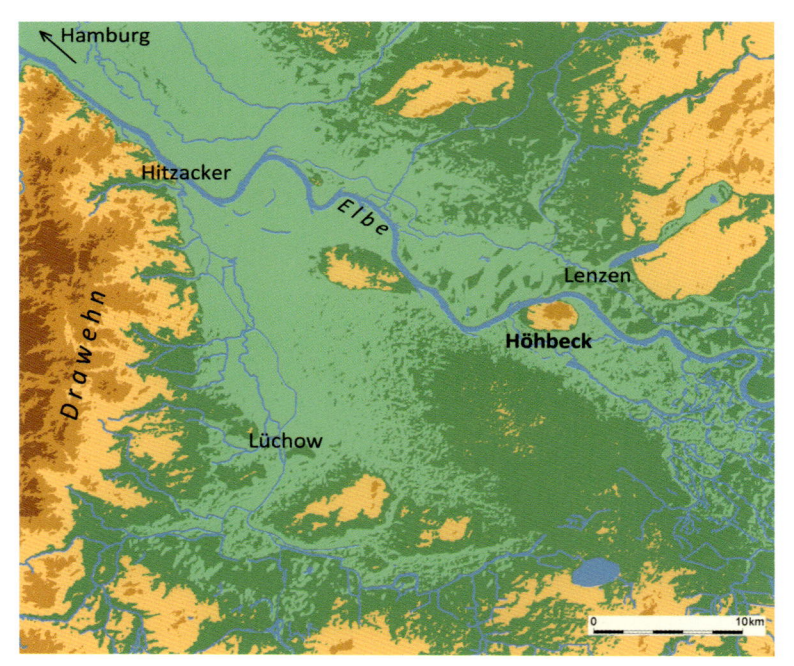

1 Die Lage des Höhbecks an der unteren Mittelelbe. Höhenschichten in 20-m-Schritten.

2 Vereinfachte geomorphologische Karte des Höhbeckgebiets mit den wichtigsten mittelalterlichen Fundplätzen. 1 – Schwedenschanze; 2 – Vietzer Schanze.

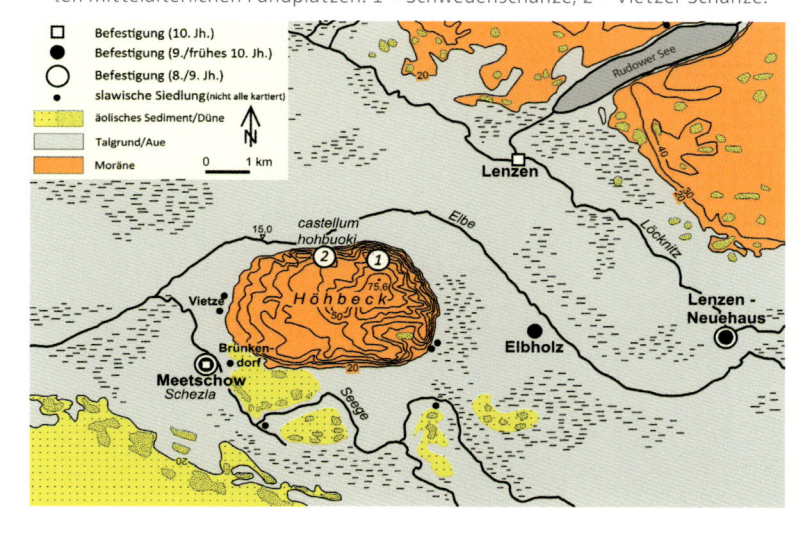

DIE HEUTIGE TOPOGRAFISCHE SITUATION AM HÖHBECK

Etwa 140 Flusskilometer elbaufwärts von Hamburg entfernt liegen dort, wo Niedersachsen an Brandenburg grenzt, die Überreste von zwei großen Befestigungen auf einer natürlichen Erhebung in der Elbtalaue. Diese Erhebung ist der Höhbeck, ein 2 × 4 km großer inselartig erhalten gebliebener saaleeiszeitlicher Stauchendmoränenrest, der an dieser Stelle die bis zu 10 km breite Elbtalaue um mehr als 60 m überragt. Die nächsten vergleichbaren Landmarken liegen elbabwärts knapp 40 Flusskilometer entfernt bei Hitzacker[1] und elbaufwärts sogar erst gute 80 Flusskilometer entfernt bei Arneburg[2]. Im Unterschied zu jenen beiden Stellen zeichnet sich der Höhbeck dadurch aus, dass er tatsächlich als Insel inmitten der Flussaue liegt und damit für deren Überquerung eine in besonderer Weise begünstigte Situation bietet (Abb. 1). Vor der Eindeichung, die sicher nicht vor dem 12. Jahrhundert in Angriff genommen wurde, muss das gesamte Elbtal – und auch die weiten Niederungen bis zu den trockenen Höhen des Drawehns im Westen – als in weiten Teilen unwegsam und wenigstens saisonal sumpfig und feucht gedacht werden. Entsprechend darf der naturräumlichen Situation am Höhbeck eine besondere Bedeutung beigemessen werden. Die Anhöhe steigt von etwa 16 m ü. NN in nordöstlicher Richtung sanft auf eine Höhe von über 70 m an und bricht nach Norden und Osten steil zum Fluss hin ab (Abb. 2). Etwas unterhalb des höchsten Plateaus liegt fast 50 m über dem Fluss die sogenannte Schwedenschanze, die früher auch als Hexentanzplatz bekannt war (Abb. 2,1).[3] Es handelt sich um eine zum Teil noch sehr gut erhaltene Wall-Graben-Anlage, die ein Hochplateau und einen Teil des Hanges einschließt und zur Elbniederung hinunter ausläuft. Noch vor 100 Jahren konnte man von hier aus das Elbtal weithin überblicken, heute steht dort dichter Wald, und im Innern der Wallanlage befindet sich ein Kaffeegarten.[4] Die zweite Befestigung liegt nur etwa 800 m entfernt ebenfalls auf dem Steilhang, ca. 30 m über dem

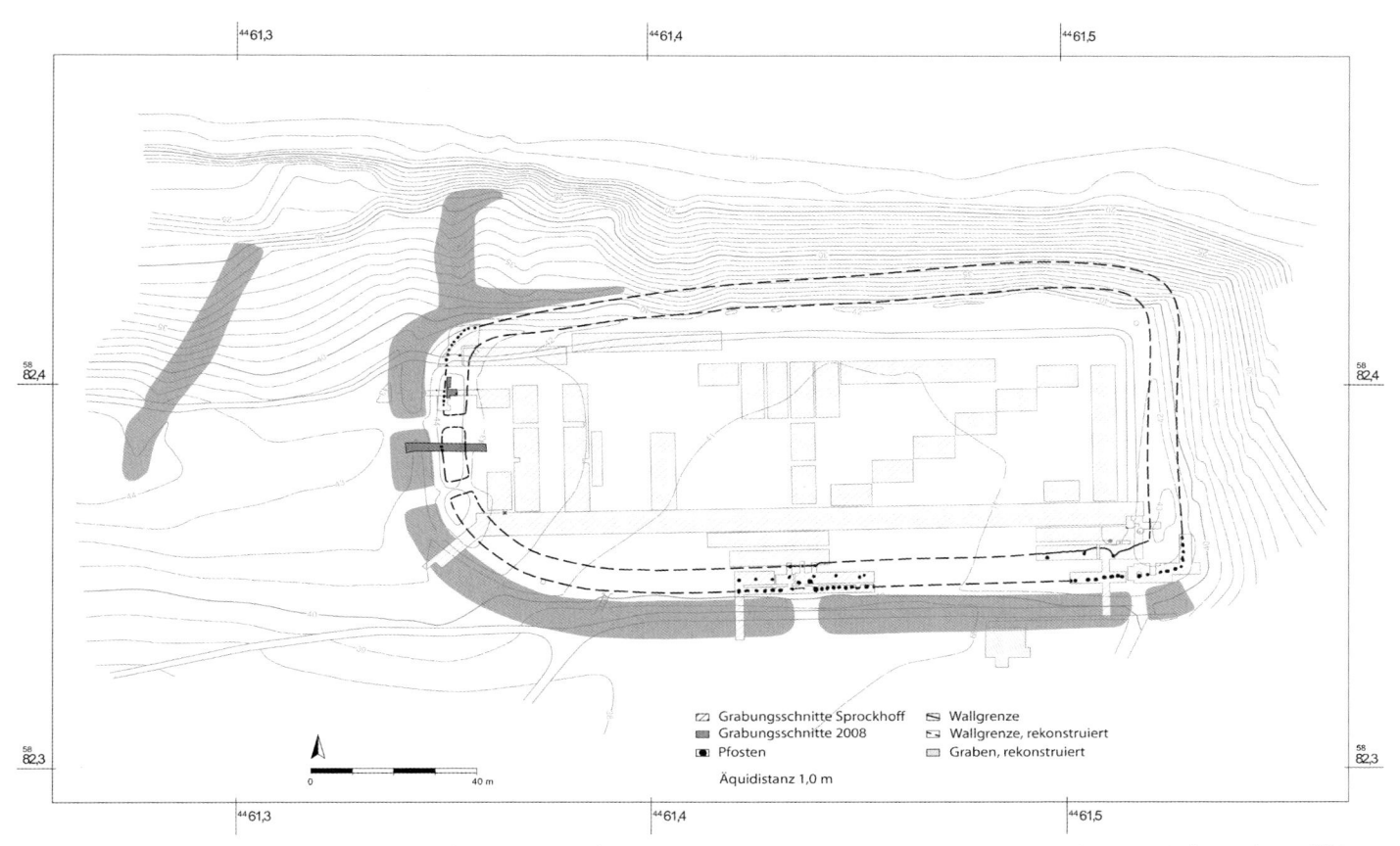

3 Teilrekonstruierter Plan des Höhbeck-Kastells (Vietzer Schanze) aufgrund von Geländemerkmalen und Grabungsergebnissen mit den Grabungsflächen 1954–1965 und 2008.

Fluss (Abb. 2,2). Die Vietzer Schanze besitzt eine annähernd rechteckige Grundform mit gerundeten Ecken und eine Größe von ungefähr 170 × 70 m. Die genaue Rekonstruktion wird dadurch erschwert, dass der größte Teil des Nordwalls bereits den Steilhang hinabgerutscht ist und andere Bereiche (Südwall) abgetragen worden sind (Abb. 3). Besonders die westlichen Wallreste sind heute noch deutlich zu erkennen. In den 1920er Jahren gepflanzte Baumalleen zeichnen in etwa den Wallverlauf nach, so dass man vor Ort einen Eindruck von der Größe des ursprünglich umfriedeten Platzes gewinnt (Abb. 4). In südwestlicher Richtung dem seichten Hangabfall folgend, liegt etwa 3,5 km entfernt in der Niederung die Burganlage von Meetschow. Hier befindet sich ein unauffälliger Turmhügel mit Wassergraben auf einer Wiese, die jedes Jahr mindestens einmal vom Hochwasser überspült wird (Abb. 5). Nur bei günstigen Bedingungen lassen sich noch weitere Gräben und Anlagen im Relief erkennen.

DIE ELBKASTELLE KARLS DES GROSSEN UND *HOHBUOKI*

Der »*Mythos Hammaburg*« reicht in die Zeit Karls des Großen zurück, als er in den zähen Sachsenkriegen sein Reich so weit nach Nordosten ausgedehnt hatte, dass es unmittelbar an die dänischen und slawischen Gebiete grenzte. Nach dem Ende der Kriege und der endgültigen Befriedung Sachsens war Karl bestrebt, den erreichten *status quo* zu erhalten,[5] um die noch sehr unruhige Grenze zu sichern. Im frühen 9. Jahrhundert werden in den Fränkischen Annalen mehrere Befestigungen und Orte genannt, die im Zusammenhang mit der Nordostgrenze des Reiches stehen (Abb. 6): »*in loco, qui dicitur Holdunsteti*« (Hollenstedt, 804), »*duoque castella [...], unum super ripam fluminis Salae, alterum iuxta fluvium Albim*« (zwei Kastelle, je eines an der Saale [bei Halle] und an der Elbe [bei Magdeburg], 806), »*super Albim fluvium duobus castellis [...] contra Sclavorum incursiones*« (zwei Kastelle an der Elbe gegen die Einfälle der Slawen, 808), »*locus [...], vocabulo Esesfelth*« (Itzehoe-Heiligenstedten, 809), »*castellum [vocabulo] Hohbuoki*« (Höhbeck, 810, 811), »*castellum [...] trans Albiam in loco, cui Delbende nomen*« (rechts der Elbe an einem Ort namens Delbende, 822)[6]. Von besonderer Bedeutung ist im selben Zusammenhang auch das Diedenhofener Kapitular von 805, in dem unter anderem diejenigen Orte namentlich genannt werden, in denen der Handel über die Grenze in die benachbarten slawischen Gebiete kontrolliert werden sollte. Dies sind, offenbar in geografischer Reihenfolge von Nord nach Süd (Abb. 6): *Bardaenowic, Schezla, Magadoburg, Erpesfurt, Halszstat, Foracheim, Breemberga, Ragenisburg, Lauriacum*.[7] Während die Identifizierung der meisten genannten Plätze mit noch

4 Der sogenannte Kastellplatz (Vietzer Schanze). Luftaufnahme gegen Süd, im Vordergrund der Steilabfall zur Elbe, links zum Talmühlenbach.

heute bestehenden Orten kaum Diskussionen hervorruft,[8] liegt zur möglichen Lokalisierung von *Schezla* inzwischen ein umfangreiches Schrifttum[9] vor. Die größte Rolle spielen namenkundliche Überlegungen, die von einer wie auch immer gearteten Tradierung des Namens bis heute ausgehen. Dies lässt sich allerdings schwer begründen, da der Name *Schezla* außer im Diedenhofener Kapitular nicht mehr auftaucht. Archäologische Argumente konnten bislang nur die jüngsten Ausgrabungen in Meetschow am Höhbeck liefern.[10] Darauf wird weiter unten zurückzukommen sein. Das *castellum hohbuoki* unterliegt einer ähnlich spärlichen Überlieferung, abgesehen von den Nachrichten in den Fränkischen Annalen wird es nie wieder erwähnt. Hier erfahren wir, dass im Jahre 810 »*...die Burg Höhbeck an der Elbe, worin sich des Kaisers Gesandter Otto und eine Besatzung von Ostsachsen befand, von den Wiltzen erobert*«[11] worden sei, worauf Karl der Große wegen des langen Winters erst im folgenden Jahr reagiert habe: »*Der Kaiser schickte ... in drei Teile seines Reiches ebenso viele Heere aus, eines über die Elbe gegen die Linonen, welches ihr Gebiet verwüstete und die im vorigen Jahre von den Wiltzen zerstörte Feste Höhbeck an der Elbe wiederherstellte... Alle führten ihre Sache glücklich aus und kehrten ohne Ver-* *lust zurück*«[12]. Vom *castellum* ist danach nie mehr die Rede, aber die Bezeichnung *hohbuoki* soll sich im Landschaftsnamen Höhbeck erhalten haben,[13] was letztlich ausschlaggebend war für ihre Identifizierung mit einer der beiden Befestigungen auf dem Berg im 19. Jahrhundert[14]. Spätestens seit den 1920er Jahren setzte sich immer mehr die Bezeichnung Höhbeck-Kastell bzw. Kastellplatz für die Vietzer Schanze durch.[15]

Trotz umfangreicher Ausgrabungen in den 1920er, 1950er und 1960er Jahren durch Carl Schuchhardt und Ernst Sprockhoff konnten nicht die erhofften »Beweise« erbracht werden.[16] Gut datierbare Keramik blieb aus, den größten Anteil im Fundmaterial hatte kaiserzeitliche Keramik, die zu einer älteren Siedlung an dieser Stelle gehört. Erst bei den Ausgrabungen von 2008 gelang es, verkohlte Bauhölzer aus dem Westwall dendrochronologisch zu datieren und die frühmittelalterliche Zeitstellung der Anlage zu belegen[17]. Mehr noch, das jüngste Datum der drei Waldkantendaten aus dem Befund fiel sogar mit dem Jahr der Ersterwähnung in den Annalen zusammen (810)! Diese »Punktlandung« barg aber ein Problem, denn 810 sollte die Anlage bereits erobert und zerstört worden sein[18]. Offensichtlich handelt es sich bei diesem Befund um die wieder errichtete Anlage, für

5 Meetschow, Fpl. 1 (»*Die Burg*«). Luftaufnahme gegen Nord, im Vordergrund die zum Laascher See aufgestaute Seege. Jenseits der Grabungsflächen ist vor dem Buschwerk der Turmhügelrest mit Wassergraben zu erkennen.

die im Frühjahr 811 das Holz geschlagen (letzter Jahrring 810) bzw. älteres Holz verbaut worden ist. Der gesamte Befund, das zeigen auch die Auswertungen der umfangreichen Altgrabungen von Ernst Sprockhoff, ist einphasig. Es lassen sich keine eindeutigen Spuren einer Reparatur oder Ähnliches finden.[19] Die Toranlage im Süden war ebenfalls einphasig, wie eine Neubewertung der Altgrabungen ergab (vgl. *Abb. 7*). Die im Jahr 810 eroberte Feste muss also an anderer Stelle gestanden haben, und es fällt nicht schwer, die nahe gelegene Schwedenschanze dafür in Anspruch zu nehmen. Durch einen dendrochronologisch ermittelten *terminus post quem* von um/nach 730[20], der anhand von Holzkohle aus verbrannten Strukturen an der Innenseite des Walls bestimmt worden ist, gewinnt auch die frühmittelalterliche Zeitstellung dieser Burg im späten 8. Jahrhundert an Wahrscheinlichkeit.

Auffällig ist, dass die Bauweise der beiden Befestigungen stark voneinander abzuweichen scheint. Der Wall der Schwedenschanze ist zum großen Teil aus dem dort anstehenden Mergel aufgeschüttet worden, eindeutige Spuren von Holzeinbauten zur Stabilisierung ließen sich nicht ausmachen.[21] Möglicherweise stellte eine erste Aufschüttung aus Sand im Wallkern eine ältere, zunächst noch schwächere Befestigungsphase dar. Der außen vorgelagerte, bis zu 12 m breite Sohlgraben ist größtenteils heute noch erhalten. Die zu rekonstruierenden Dimensionen des Wallkörpers sind mit etwa 6–7 m Breite an der Basis und ca. 4–5 m Höhe jedoch mit jenen der Vietzer Schanze vergleichbar. In der Vietzer Schanze wurde im Gegensatz zur Schwedenschanze sehr viel Holz verbaut,[22] allerdings nicht in aufwendigen Konstruktionen. Die Wallfront wurde durch mächtige senkrechte Eichenpfosten stabilisiert; der stützende, von innen angeschüttete Wall aus Sand wies im Innern zahlreiche senkrecht zum Wallverlauf liegende Hölzer auf. Die Bauleute waren nicht wählerisch, als es darum ging, welches Holz verwendet werden sollte, denn es fanden sich unterschiedliche Holzarten (Eiche, Ulme, Erle, Birke)[23] und somit qualitativ minderwertiges neben hochwertigem Holz. Dies betraf aber nur die Hölzer, die liegend in die Wallschüttung eingebaut wurden, um dem Wallkörper Stabilität zu verleihen. Die senkrechten Pfosten, welche die Wallfront und das Grundgerüst bildeten, scheinen ausnahmslos aus mächtigen Eichen bestanden zu haben. So wurde eine Befestigung von 6 m Breite an der Wallsohle und etwa 4 m Höhe errichtet, der ein etwa 10 m breiter und bis zu 3 m tiefer Graben vorgelagert war (vgl. *Abb. 7*).[24]

6 Befestigungen und Orte, die im frühen 9. Jahrhundert im Zusammenhang mit der Nordostgrenze des Fränkischen Reiches in den Fränkischen Annalen sowie im Diedenhofener Kapitular erwähnt werden. Nicht ausgefüllte Kreise: Lokalisierung unsicher.

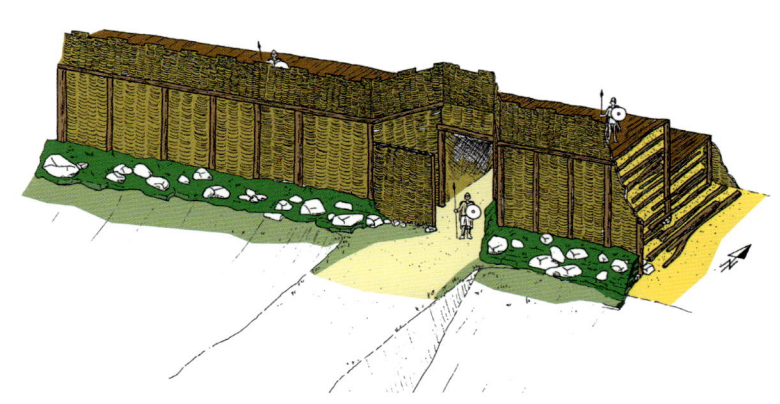

7 Höhbeck-Kastell (Vietzer Schanze). Rekonstruktion des Tores in der Mitte des Südwalles auf der Grundlage des Befundplanes von E. Sprockhoff 1954 und 1956 und der Grabungsergebnisse 2008.

Über die Innenbebauung beider Anlagen lassen sich leider keine verlässlichen Aussagen machen. Innerhalb der Schwedenschanze fehlt es schlicht an Untersuchungen, die Errichtung und der Betrieb des Kaffeegartens machen ihre Durchführung schwierig und lassen Zweifel an ihrem Erfolg aufkommen. Die Innenfläche der Vietzer Schanze wurde dagegen großflächig untersucht.[25]

Befunde, die klar der Karolingerzeit zugeordnet werden könnten, blieben jedoch aus. Der Südwall wurde im 19. Jahrhundert abgetragen, woraufhin das Gelände für eine gewisse Zeit unter den Pflug genommen wurde.[26] Die Schichten sind demnach zumindest oberflächlich gestört. Dies lässt hinsichtlich des Innenraumes zwei Schlüsse zu: Entweder gab es gar keine nennenswerte Innenbebauung oder sie war vorwiegend ebenerdig und hat nur flach in den Boden eingegriffen, sodass ihre Spuren durch die ackerbauliche Nutzung des Geländes vollständig zerstört wurden. Gebäude in leichter Bauweise oder zeltartige Behausungen wären beispielsweise denkbar. Wahrscheinlich trifft beides bis zu einem gewissen Grad zu, denn es ist davon auszugehen, dass dieses *castellum* nur über einen kurzen Zeitraum genutzt worden ist, möglicherweise nur wenige Jahre. Andernfalls wäre zumindest ein deutlicherer Fundniederschlag zu erwarten, wenn nicht sogar klare Befunde sowie Reparaturen oder Umbauten an der Befestigung. Es darf vermutet werden, dass die nachweisliche Brandzerstörung der Vietzer Schanze mit einem erfolgreichen feindlichen Übergriff relativ kurz nach dem Ableben Karls des Großen zusammenhing, vergleichbar etwa dem in den Annalen erwähnten Angriff der Dänen und Obodriten auf die Burg Esesfelth im Jahre 817,[27] wobei letzterer allerdings abgewehrt werden konnte und wohl auch deswegen in den Annalen beschrieben wurde. Die Befunde an der Vietzer Schanze belegen, dass der Brand von außen und an mehreren Stellen gelegt worden und dass nach der Zerstörung kein Wiederaufbau erfolgt ist.[28] Vor diesem Hintergrund ergeben das Fehlen einer ausgeprägten Kulturschicht und die spärliche Fundüberlieferung durchaus einen Sinn, der sich mit der schriftlich überlieferten Ereignisgeschichte in Übereinstimmung bringen lässt.

MEETSCHOW ALIAS SCHEZLA

Neben den beiden Höhenbefestigungen ist der wichtigste Fundplatz aus der Zeit um 800 am Höhbeck in der Niederung bei Meetschow zu suchen, und zwar am Westufer der heute zum Laascher See aufgestauten Seege, kurz bevor sie in die Elbe mündet (vgl. *Abb. 5*). Die Burgstelle war offenbar immer bekannt, wofür vor allem der Flurname spricht;[29] kleine Sondagen seit den 1950er Jahren und Ausgrabungen durch Heiko Steuer 1973 haben klar gezeigt, dass es sich hier um einen typischen slawischen Ringwall handelte, der mehrfach erweitert wurde und sich später zur Motte weiterentwickelte.[30] Neue Untersuchungen von 2005–2007 konnten dann den Nachweis erbringen, dass die Geschichte dieses Fundplatzes deutlich weiter zurückreicht als bislang bekannt. Der slawischen Burganlage ging nämlich eine größere sächsische Siedlung voraus, die zunächst unbefestigt war und erst in der Zeit um 800 befestigt wurde.[31] Die Größe des durch diese Befestigung umschlossenen Areals beträgt etwa 175 × 100 m, also ungefähr 1,75 ha; durch Zerstörungen und die spätere Überbauung mit zwei slawischen Burganlagen ist die alte Wallanlage nur noch rudimentär erhalten, und die exakte Größe kann nicht mehr ermittelt werden (Abb. 8). Der östliche Teil ist durch den Wasserlauf, in dem die Seege heute mehr steht als fließt, erodiert, ebenso wie ein ebenfalls 2006 neu entdeckter[32] slawischer Ringwall des 9./10. Jahrhunderts. Vor dessen Errichtung ist der ältere Wall teilweise abgetragen worden, vermutlich um den Baugrund zu ebnen. Diese Einebnung hatte zur Folge, dass ein größerer Teil des sächsischen Siedlungsareals von einer nahezu sterilen Trennschicht bedeckt wurde, wodurch in diesem Bereich eine deutliche stratigrafische Trennung der älteren sächsischen Siedlungsphase von der slawischen Siedlungsschicht entstand (Abb. 9)[33]. Das ganze Gelände wurde darüber hinaus zu einem deutlich späteren Zeitpunkt, wahrscheinlich im 19. Jahrhundert,[34] planiert, wodurch ein Großteil der Wallanlagen zerstört wurde und nur noch der Turmhügelrest obertägig erkennbar erhalten blieb.

Die Kulturschicht der ältesten Besiedlung war relativ geringmächtig, bestand aus grauem Lehm und enthielt zahlreiche Tierknochen als Speiseabfälle sowie sächsische Keramik des 7.–9. Jahrhunderts.[35] Hinzu traten Waffen und Reitzubehör (Lanzen- und Pfeilspitzen, Sporen, Trensenknebel), Wetzsteine und ein Klappmesser (Abb. 10). Slawische Keramik des Sukower und Feldberger Typs war vereinzelt im Fundspektrum enthalten, blieb jedoch die Ausnahme. Auffällig waren zahlreiche Feuerstellen, Brandgruben und Öfen sowie Gebäudereste (Abb. 11). Die relativ geringe Größe der ausgegrabenen Fläche lässt leider eine verlässliche Rekonstruktion der Bebauungsstruktur nicht zu, aber Wandgräbchen, einzelne Pfosten, Fundkonzentrationen entlang von Wandverläufen und Hausecken mit Öfen belegen eine ebenerdige Bebauung. Die große Dichte der Feuerstellen und ihre vielfache Überlagerung sprechen für eine länger andauernde oder sehr intensive Besiedlung. Die Kulturschicht zieht zum Teil unter den Wallfuß, teilweise jedoch auch an ihn heran. Dies führt anschaulich vor Augen, dass die Siedlung bereits längere Zeit bestanden hatte, bevor die erste Befestigung errichtet wurde.

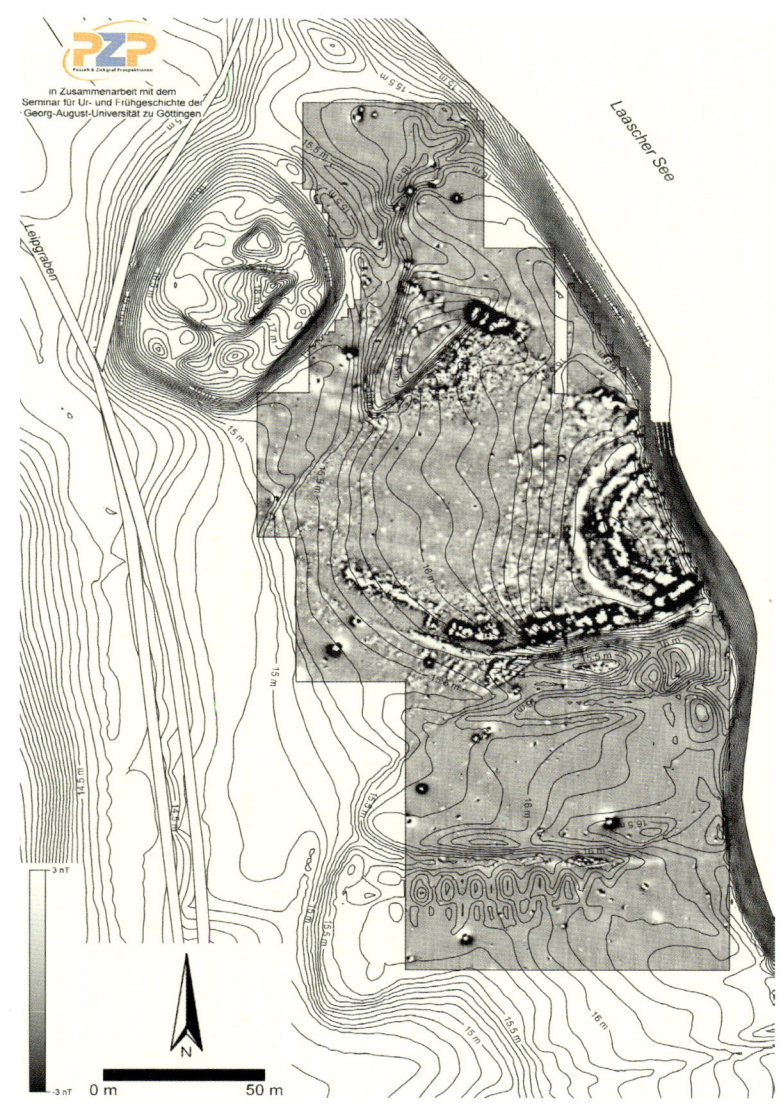

8 Meetschow, Fpl. 1. Isoliniendarstellung des Geländemodells mit Magnetogramm (Graustufendarstellung der magnetischen Messwerte in 256 Graustufen, lineare Skala, Messpunktabstand: 0,2 × 0,5 m).

9 Meetschow, Fundplatz 1: Grabung 2006. Schnitt durch den neu entdeckten slawischen Burgwall (Meetschow II), Südprofil. Über dem anstehenden Lehm (1) ist die graue, sächsische Kulturschicht (2) mit einer Feuerstelle zu erkennen. Sie wird von einer sandig-lehmigen, fast fundleeren Auftragsschicht (3) bedeckt, auf der die mittelslawische Wallanlage (4) gründet. Diese brannte später nieder (Holzkohle, Brandlehm) und wurde bei rezenten Planierarbeiten (5) eingeebnet.

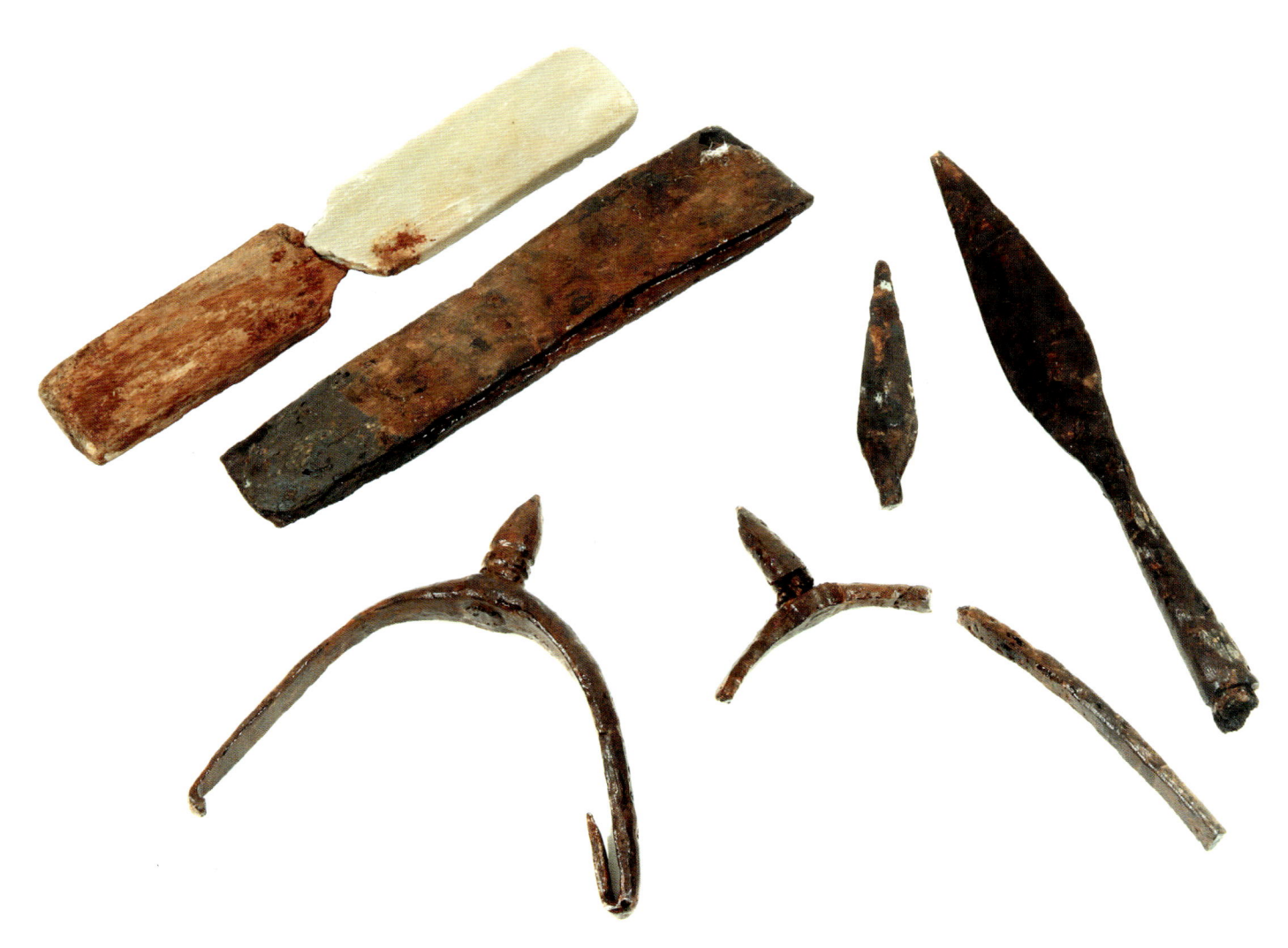

10 Meetschow, Fpl. 1. Funde aus der älteren Siedlungsschicht des 8./frühen 9. Jahrhunderts: Klappmesser mit zugehörigem Abziehstein, Sporen, Pfeilspitze und Lanzenspitze.

Der Wall zeigt deutliche Brandspuren, doch haben sich nur wenige Hölzer in verkohltem Zustand erhalten, die keine Datierung zulassen. Die Verfärbungen der Hölzer im Lehm sowie die Lage der wenigen verkohlten Hölzer am Wallfuß[36] zeigen erstaunliche Parallelen zur Bauweise des Walls der Vietzer Schanze: Massive senkrechte Pfosten, die das Gerüst bilden, sowie ausschließlich quer zum Wallverlauf liegende Hölzer im Inneren des Wallkörpers, um dessen Stabilität zu erhöhen. Für eine sehr genaue Datierung ist das Fundmaterial nur bedingt geeignet, da insbesondere die Keramik eine recht weite Datierungsspanne aufweist: Die sächsische Keramik entzieht sich einer feinchronologischen Einordnung und kann kaum genauer als in den bereits genannten Rahmen des 7.–9. Jahrhunderts gesetzt werden (*Abb. 12*).[37] Die Scherben slawischer Machart, die den Gefäßtypen Sukow und Feldberg zuzuordnen sind, führen ebenfalls in den Zeitraum des 8.–9. Jahrhunderts. Die Reitersporen[38] weisen an die Wende vom 8. zum 9. bzw. in das frühe 9. Jahrhundert (vgl. *Abb. 10*). Eine Serie von ^{14}C-Daten[39] sichert die Datierungen ab. Einige dieser Daten belegen das Bestehen der Siedlung bereits lange vor dem 9. Jahrhundert, indem sie mit dem 2-Sigma-Bereich klar im 7.–8. Jahrhundert liegen. Die Besiedlung brach auf jeden Fall vor der Mitte des 9. Jahrhunderts ab und setzte nicht lange danach noch im 9. Jahrhundert erneut ein. Auffällig ist vor allem, dass diese Neubesiedlung mit einem vollständigen Wechsel der Sachkultur einherging, die nun jener im rechtselbischen, westslawischen Kerngebiet glich. Es ist daher sicher nicht abwegig, von einem Bevölkerungswechsel auszugehen.

Zusammengenommen führen die vorgestellten Befunde zu der These, dass es sich bei der älteren, sächsischen Siedlung um den im Diedenhofener Kapitular genannten Ort *Schezla* handelt.[40] Die chronologische und räumliche Nähe zum *castellum* (Vietzer Schanze, Schwedenschanze) stellen den Bezug zur Grenze außer Zweifel, zumal eine gleichzeitige slawische Besiedlung auf der anderen Elbseite sicher nachgewiesen ist[41]. Es ist sogar davon auszugehen, dass der Ort in der Seegeniederung und die Höhenbefestigungen auf dem Höhbeck eine funktionale Einheit gebildet haben. Die sächsische Siedlung hatte bereits länger bestanden, als sie befestigt wurde und die Funktion eines Kontrollortes für den Grenzhandel bekam. Die Funde von Waffen im Zusammenhang mit der für eine »normale« Siedlung ungewöhnlichen Befundlage scheinen zu dieser Funktion gut zu passen.

SCHLUSSFOLGERUNGEN

Die besondere Bedeutung der Fundplätze vom Höhbeck[42] für die archäologische und historische Forschung erwächst vor allem daraus, dass hier im Unterschied zu den anderen Plätzen des Diedenhofener Kapitulars die begonnene Entwicklung frühzeitig stecken geblieben ist. Anders als dort wurde der Standort am Höhbeck aufgegeben, bevor er sich etablieren konnte, das heißt insbesondere auch, bevor es zu einer Kirchengründung kam. Militärisch-administrative Stützpunkte können schnell ihre Funktion verlieren, wenn sich die politische Konstellation ändert und sie überflüssig werden. Kirchliche Gründungen und Strukturen haben demgegenüber einen dauerhafteren Bestand, da die Kirchenorganisation auch über politische Machtwechsel bestehen blieb.[43] Es lassen sich Beispiele dafür anbringen, dass zerstörte Bistümer mit Titularbischöfen besetzt und noch Jahrhunderte später erneuert worden sind, wie in den Fällen von Brandenburg und Havelberg im 12. Jahrhundert. So trug wahrscheinlich auch im Falle der Hammaburg die Verbindung mit Ansgar und einer Kirchengründung zur Dauerhaftigkeit des Ortes[44] bei. Wie solch eine Kirchengründung bzw. die Einrichtung eines Bistums tatsächlich ausgesehen hat, das heißt, mit welchen baulichen (und damit theoretisch archäologisch nachweisbaren) Maßnahmen sie im Einzelfalle verbunden war, ist nur schwer zu beurteilen. Wahrscheinlich ist, dass diese – wenn überhaupt – eher bescheiden ausgefallen sein dürften. Es gibt keinen Hinweis darauf, dass in Schezla eine Kirche errichtet worden ist. In den anderen Orten an der Nordostgrenze des Reiches, die mit Schezla im Kapitular von 805 zum ersten Mal genannt werden, sind wahrscheinlich auch erst später Kirchengründungen vorgenommen worden. In Bardowick ist die Lage nicht eindeutig. Die Gründung eines hier gelegenen Bistums vor 805 durch Karl den Großen und dessen spätere Verlegung nach Verden gehören zu den viel diskutierten Mythen, über die keine Klarheit zu erlangen ist. Eindeutige Belege für ein Stift liegen erst aus sehr viel späterer Zeit vor.[45] In Magdeburg soll durch den ersten Halberstädter Bischof Hildegrim, der 827 starb, eine Stephanskirche geweiht worden sein.[46] Genaueres

11 Meetschow, Fpl. 1, Grabung 2007. Flächig freigelegte sächsische Siedlungsschicht: 1 – ebenerdige Gebäude; 2 – Öfen; 3 – Brandgruben und Feuerstellen; 4 – ein Steinpflaster.

ist vor dem 10. Jahrhundert nicht zu fassen. In den weiter im Süden gelegenen Orten des Kapitulars zeigt sich ein anderes Bild, in Erfurt beispielsweise wurde bereits 742 ein Bistum gegründet[47] (s. Beitrag Peter Ettel). Es ist sicher nicht unrealistisch anzunehmen, dass auch in Schezla eine Kirche errichtet worden wäre, wenn der Ort noch weiter bestanden hätte. Erst mit einer Kirchengründung ging vielerorts eine Bedeutungserweiterung einher, die zu einer Blüte in ottonischer Zeit führte und häufig in einer weiteren städtischen Entwicklung mündete. Im Falle von Bardowick brach diese Entwicklung mit der Zerstörung 1189 ab,[48] die anderen Orte blieben bedeutende Städte. Aus diesen späteren Entwicklungen lässt sich jedoch keinesfalls eine Bedeutung für Schezla im frühen 9. Jahrhundert ableiten, die über die eines Grenzhandelkontrollortes hinausging. Im Gegenteil, diese anfängliche Beschränkung auf eine militärisch-administrative Funktion muss ebenso für die anderen im Kapitular genannten Orte angenommen werden.

Von keinem der im Diedenhofener Kapitular genannten und noch heute bestehenden Orte sind bislang archäologische Befunde bekannt, die zweifelsfrei in die

12 Meetschow, Fpl. 1. Sächsische Keramikgefäße des 7.–9. Jahrhunderts aus der älteren Siedlungsschicht.

Zeit des Kapitulars, also in das frühe 9. Jahrhundert zu datieren wären.⁴⁹ Bestenfalls lassen sich einzelne Funde oder Befunde als karolingerzeitlich ansprechen,⁵⁰ Rückschlüsse etwa auf die Größe oder gar Struktur eines solchen Platzes sind auf dieser Grundlage unmöglich. Die Fundplätze am Höhbeck sind daher in besonderer Weise geeignet zu zeigen, wie solch ein Ort im frühen 9. Jahrhundert nach dem Ende der Sachsenkriege ausgesehen haben kann. Grundlegende Erkenntnisse dürfen sicher auch für die Hammaburg gelten und seien darum hier noch einmal kurz zusammengefasst: Es handelte sich nicht um eine fränkische Neugründung, sondern um eine Funktionserweiterung einer bereits lange bestehenden unbefestigten sächsischen Siedlung.⁵¹ Es ist nicht davon auszugehen, dass ein in den Schriftquellen genannter Ort mit einem archäologischen Fundplatz zu identifizieren ist (und umgekehrt). Was genau mit einer Bezeichnung gemeint war, ist in jedem Einzelfalle zu ergründen. In den Fränkischen Annalen bezeichnet *castellum hohbuoki* zuerst (810) die Schwedenschanze, dann (811) die Vietzer Schanze, oder in einer etwas anderen, m. E. sogar wahrscheinlicheren Lesart, jeweils allgemein die Befestigung auf dem Höhbeck, welche implizit als ein funktionaler Bestandteil eines größeren Ortes zu verstehen ist. Der gesamte Ort – vielleicht mit dem Namen *Schezla* – war mehrgliedrig und erstreckte sich, unter Ausnutzung der naturräumlichen Situation (bzw. Anpassung an diese), mit verschiedenen funktionalen Einheiten über ein mehrere Quadratkilometer großes Areal. Solches ist sicher auch für die Hammaburg anzunehmen, erst recht, wenn dort bereits eine kirchliche Gründung oder sogar ein Bistum bestanden hat. Dies unterstreicht noch einmal die Bedeutung, die der Rekonstruktion der jeweiligen lokalen naturräumlichen Gegebenheiten des 8./9. Jahrhunderts zukommt. Der archäologische Fundniederschlag in den einzelnen Einheiten am Höhbeck ist dabei sehr unterschiedlich und generell eher gering. Das Gleiche gilt für die Befunde: Die Innenbebauung der Befestigung war gegenüber dem Wallkörper selbst mit vorgelagertem Graben offenbar eher unbedeutend oder zumindest weder tief gegründet noch aufwendig. Das Fundspektrum hebt sich nicht besonders von dem einfacher Siedlungen ab, auffällig sind am ehesten – wie gesehen – Militaria und das Fehlen von Funden, die mit dem Hauswerk in Verbindung stehen (z. B. Spinnwirtel). Beachtenswert ist die verhältnismäßig geringe Gesamtzahl von Keramikfunden im Vergleich zur römischen Kaiserzeit⁵² oder zur ottonisch-mittelslawischen Zeit. Diese Tatsache in Verbindung mit der überwiegend schlechten Qualität und dem eher unscheinbaren Charakter der Keramik birgt die Gefahr in sich, dass sie auf mehrphasigen Fundplätzen in der Masse des Materials »untergehen« kann bzw. generell unterrepräsentiert ist. Die exakte Datierung einzelner Scherben ist kaum möglich. Dies mag einer von mehreren Gründen sein, weshalb der Nachweis karolingischer Funde und Befunde in den Orten des Diedenhofener Kapitulars, die sich in der Folgezeit zu wichtigen Städten entwickelt haben, so schwerfällt. Es ist auch nicht auszuschließen, dass am Höhbeck weitere Teilbereiche des Fundplatzensembles noch unentdeckt sind. Eine Rekonstruktion der Gesamtsituation behält viele Unwägbarkeiten, die zum Großteil in den durch die Dynamik der Flusslandschaft verursachten naturräumlichen Veränderungen zu suchen sind.⁵³

Auch mit Blick auf die Hammaburg ist generell davor zu warnen, der Versuchung zu erliegen, explizite archäologische Belege für Berichte aus den Schriftquellen zu suchen. Die Gefahren, die eine von aktuellen Perspektiven geprägte Erwartungshaltung für die Interpretation der archäologischen Befunde mit sich bringt, sind kaum zu überschätzen. Damit sei jedoch nicht der besondere Reiz in Abrede gestellt, den es ausmacht, archäologische Befunde und Ergebnisse mit überlieferten Orten und Ereignissen verbinden zu können. Es ist eine lohnenswerte Herausforderung für die interdisziplinäre Zusammenarbeit, die Überlieferungen gänzlich voneinander unabhängiger Quellengruppen miteinander zu verbinden, weil sich so Ergebnisse von größerer Tragweite und Lebendigkeit erzielen lassen. Die Erforschung des »Mythos Hammaburg« demonstriert diesen nicht reibungsfreien Prozess, für den auch der Höhbeck als illustres Beispiel gelten kann. Die dort erreichten archäologischen Ergebnisse bleiben auch in sich tragfähig, wenn der Ort nicht *Schezla* oder *Hohbuoki* geheißen haben sollte, aber sie erhalten durch diese Verbindung mit den Schriftquellen wesentlich mehr Gewicht.

ANMERKUNGEN

1 Die Bedeutung der topografischen Situation wird bei Hitzacker vor allem in der Burg auf dem Weinberg greifbar, aber auch in einer ausgedehnten Siedlung an seinem Fuße. Es fehlen allerdings stichhaltige Nachweise einer umfangreicheren Besiedlung aus vorottonischer Zeit. Vgl. zusammenfassend zum älteren Forschungsstand auf dem Weinberg: Wachter 1998; dazu Kritik in: Saile 2012; zur Siedlung am Hitzacker-See: Linnemann 2011; Feiner 2013.

2 Die Arneburg gewann seit ottonischer Zeit an Bedeutung, auch die nahe gelegene Burg Walsleben. Befunde, die auf eine größere Bedeutung in der Karolingerzeit deuten, stehen noch aus. Vgl. Schulze 1963, 185 ff.; Hardt/Schulze 1992, bes. 17–19.

3 Vgl. zur Forschungsgeschichte zusammenfassend Saile 2007a, 88–91.

4 Zur jüngeren Geschichte des Platzes: Schneeweiß 2010a, 57 f.

5 Es kann kein Zweifel daran bestehen, dass Karl der Große nach den Sachsenkriegen nicht an einer weiteren Expansion in die nördlich und östlich anschließenden »heidnischen« Gebiete interessiert war und insofern die Sicherung der Grenze versuchte. Vgl. auch Schneeweiß 2012a. Ob er sich dabei am römischen Limes orientierte, wird unterschiedlich bewertet und kontrovers diskutiert. Vgl. pro: Z. B. Hardt/Schulze 1992; Hardt 2000; 2005a; dagegen zuletzt Saile 2007b.

6 Ann. regni Franc. ad anni 804, 806, 808, 809, 810, 811, 822.

7 Capitularia I, 44.

8 Bardowick, Magdeburg, Erfurt, Hallstadt am Main, Forchheim, Pfreimd oder Premberg a.d. Naab, Regensburg, Lorch b. Enns.

9 Es soll hier genügen, die wichtigsten zusammenfassenden Arbeiten zu nennen: Timme 1964; Hübener 1989; Tempel 1991; Hesse 2009; Schneeweiß 2010a.

10 Zuerst ausführlich vorgelegt in: Schneeweiß 2010b.

11 »...*castellum vocabulo Hohbuoki Albiae flumini adpositum, in quo Odo legatus imperatoris et orientalium Saxonum erat praesidium, a Wilzis captum*...« (Ann. regni Franc. ad anno 810).

12 »*Imperator ... in tres partes regni sui totidem exercitus misit, unum trans Albiam in Linones, qui et ipsos vastavit et castellum Hohbuoki superiori anno a Wilzis distructum in ripa Albiae fluminis restauravit... Qui omnes rebus prospere gestis incolomes regressi sunt.*« (Ann. regni Franc. ad anno 811).

13 Wolf 1963.

14 Wedekind 1828; Spangenberg 1828, 199–202.

15 Schon im Atlaswerk von Oppermann/Schuchardt 1888–1916 bezeichnet Schuchardt die Wallanlage als »*Kastell Hohbuoki Karls d. Gr.*« (v. Oppermann/Schuchardt 1888, Blatt XLVI und 52). Ebenfalls als »*Kastell Hohbuoki*« (Schuchardt 1921, 141) dann als »*Höhbeck-Kastell*« (Schuchardt 1924, 55) als »*Kastell Karls des Großen*« (Schuchardt 1934, 324–326 und weiteren Auflagen).

16 Vgl. zusammenfassend und mit Auswertung der bis dahin unpublizierten Ergebnisse der Grabungen E. Sprockhoffs nach 1958 bis 1965: Schneeweiß 2012b. Dort auch die Literatur zu den Grabungen C. Schuchardts und E. Sprockhoffs.

17 Schneeweiß 2011a; 2012b, 96 f.

18 Ann. regni Franc. ad anno 810; siehe oben Anmerkung 11.

19 Schneeweiß 2012b.

20 Dendrochronologisches Labor des Deutschen Archäologischen Instituts, Labornummer C 52076. Vgl. auch Schneeweiß 2012b, 108.

21 Vgl. Profilzeichnung und -foto in: Schneeweiß 2011b, Beilage 1.

22 Eine Berechnung des potenziellen Holzverbrauchs und der daraus folgenden mutmaßlich abzuholzenden Fläche von etwa 14 ha Wald erfolgte in: Schneeweiß 2012b, 101 f.

23 Die Holzartbestimmung erfolgte durch O. Nelle, Universität Kiel.

24 Für eine ausführliche Darlegung der Rekonstruktion des Wallaufbaus s. Schneeweiß 2012b, 98–106.

25 Allein die Untersuchungen E. Sprockhoffs in der Vietzer Schanze zwischen 1955 und 1965 umfassten annähernd 4.000 m^2.

26 Noch in der ersten Hälfte des 20. Jahrhunderts wurde die Fläche ackerbaulich genutzt. Schuchardt (1934, 325) schreibt: »*Es ist ein schönes, schmales Rechteck von 170:70 m, heute Ackerland, aber ...*« (Hervorhebung J.S.).

27 Reichsannalen ad anno 817.

28 Sprockhoff 1955; 1958; Schneeweiß 2012b.

29 Auf einer Karte der Höhbeck-Region aus dem Archiv der Grafen von Bernstorff in Gartow von 1695 ist die Burganlage mit der Bezeichnung »*die Burg*« eingezeichnet. Vgl. Steuer 1973, 84 Abb. 4.

30 Erste Probegrabungen fanden 1958 und 1959 durch A. Pudelko statt (Grenz 1961, 42–44), 1962 erfolgten eine Vermessung der gesamten Anlage und Bohrprospektionen sowie 1973 eine größere Grabungskampagne (Steuer 1973; Steuer 1974; Steuer 1976), die erst in den 1980er Jahren ausgewertet und 1991 vorgelegt wurde (Bernatzky-Goetze 1991).

31 Schneeweiß 2010b; Schneeweiß 2011b.

32 Posselt/Schneeweiß 2011.

33 Vgl. Schneeweiß 2013a, 88 Abb. 13.
34 Es fanden nachweislich mehrfach Erdentnahmen und Einebnungen statt. Spangenberg (1828, 204) berichtet von umfangreichen Erdentnahmen nach 1724 zur Erhöhung der Meetschower Deiche. Dennoch war zu seiner Zeit die Anlage obertägig noch wesentlich besser zu erkennen. Aus den 1880er Jahren sind größere Abtragungs- und Einebnungsarbeiten überliefert (Grenz 1961, 43), die wahrscheinlich im Wesentlichen den heutigen Zustand erzeugt haben.
35 Vgl. Schneeweiß 2011b, 68–72. Die Auswertung des Fundmaterials ist nahezu abgeschlossen und soll in Kürze vorgelegt werden.
36 Vgl. Schneeweiß 2010b, 144 f. Abb. 9 und 10.
37 Vgl. auch Nösler 2011, 131 f.
38 Schneeweiß 2011b, 68 Abb. 14.
39 Eine Zusammenstellung der Radiokarbondaten mit allen Nachweisen findet sich bei Schneeweiß (2013b, 54 Tab. 1).
40 Vgl. ausführlich dazu Schneeweiß 2010b.
41 Durch jüngere Forschungen liegt mit Lenzen, Fpl. 32, eine frühslawische Siedlung am Rudower See bei Lenzen vor, deren Beginn von den Ausgräbern ins 7. Jahrhundert datiert wird (Glaß/Gossler/Kinkeldey 2013). In Lenzen-Neuehaus wurde »*in den Jahrzehnten um 800*« eine slawische Befestigung errichtet, die als »*Pendant zum fränkischen Höhbeck-Kastell*« gesehen wird (Biermann/Kennecke 2013, 71).
42 Das spezielle Augenmerk liegt hier auf den sächsischen Fundplätzen. Die slawischen Befestigungen und Siedlungen spielen in anderen Zusammenhängen eine Rolle und sollen hier ein wenig in den Hintergrund gestellt bleiben, da sie frühestens ab der zweiten Hälfte des 9. Jahrhunderts entstanden.
43 Vgl. Ehlers (2007, 231, 402), der die Rolle kirchlicher Gründungen für die Kontinuität weltlicher und geistlicher Zentralorte beleuchtet.
44 Damit ist durchaus nicht nur die »*topografische*« Dauerhaftigkeit gemeint, sondern (vor allem) das Verbleiben in den Schriftquellen.
45 Ulbrich (1991, 119) kommt bei der Bewertung der Quellenlage zu dem (wenig hilfreichen) Schluss, dass »*die Existenz eines Kollegiatstifts in Bardowick im 8./9. Jh. […] nicht nachzuweisen, aber möglich*« sei.
46 Pöppelmann 2005, 38.
47 Briefe des Bonifatius Nr. 50.
48 Zu Bardowick vgl. die älteren zusammenfassenden Arbeiten vor allem W. Hübeners (1982; 1984; 1989). Seit einigen Jahren finden großflächige Ausgrabungen und systematische Detektorbegehungen in Bardowick statt, deren Auswertung grundlegend neue Erkenntnisse erhoffen lässt. Vor allem die ottonische Zeit ist inzwischen sehr gut belegt. Vgl. Assendorp 2008. Die Materialanalysen haben im Rahmen verschiedener Projekte bereits begonnen.
49 Zu dieser Einsicht gelangte bereits Hübener (1989, 263). Seither hat sich daran nichts Grundlegendes geändert.
50 Vgl. die neuesten Untersuchungsergebnisse bei Kuhn 2009.
51 Hübener (1989, 263), war bereits zu dem Schluss gelangt, dass die betreffenden Orte des Kapitulars nicht erst aus der Grenzlage heraus entstanden sein könnten, sondern deutlich älteren Ursprungs gewesen sein müssten.
52 Darauf wies bereits Bantelmann (1988, 69) hin. Vgl. auch jüngst Nösler 2011, 131.
53 Zur wichtigen Rolle naturräumlicher Veränderungen für die politische Entwicklung der Fundplätze am Höhbeck vgl. Schneeweiß/Schatz 2014. Auf die keineswegs geringer einzuschätzende Bedeutung der naturräumlichen Entwicklung an der Niederelbe im Zusammenhang mit den Forschungen zur Hammaburg wurde bereits hingewiesen.

Esesfelth und der Burgenbau des 9. bis 10. Jahrhunderts in Nordelbien

Thorsten Lemm

HISTORISCHER HINTERGRUND

Im Jahre 804 mussten auch die letzten Widersacher Karls des Großen, die Sachsen in den Regionen Wigmodien und Nordelbien beiderseits der Unterelbe, endgültig die Waffen strecken. Damit endeten die über 30 Jahre andauernden sogenannten Sachsenkriege. Während Wigmodien noch in demselben Jahr in das fränkische Reich integriert und zu von Grafen verwaltetem, fränkischem Königsgut wurde[1], übergab Kaiser Karl den nordelbischen Teil Sachsens vorerst seinen verdienstvollen Verbündeten, den slawischen Obodriten[2]. Nordelbien kam so die Rolle einer von den Obodriten verteidigten Pufferzone zwischen dem fränkischen und dem im Erstarken begriffenen dänischen Reich zu[3]. Als Nordostgrenze des Frankenreiches galt für die nächsten Jahre die Elbe[4].

Da sich die Obodriten im Jahre 808 jedoch dem dänischen König Göttrik als nicht gewachsen erwiesen und sich dieser des nordelbischen Gebietes zu bemächtigen drohte, war Karl der Große gezwungen, nun selbst in das Geschehen nördlich der Elbe einzugreifen[5]. Nach gescheiterten fränkisch-dänischen Friedensverhandlungen des Jahres 809 in Beidenfleth an der Stör besetzte der fränkische Graf Egbert auf Geheiß Karls Nordelbien und erbaute im März 810 an einem an der Stör gelegenen Ort namens »Esesfelth« eine gegen die Dänen gerichtete Burg[6]. Diese Befestigungsanlage ist aller Wahrscheinlichkeit mit der auf dem »Camp up der Oldenburg« bei Heiligenstedten etwa 2,5 km westlich von Itzehoe ausgegrabenen Wall-Graben-Anlage zu identifizieren (Abb. 1,4). Die Erbauung Esesfelths ist als der erste Schritt der Eingliederung Nordelbiens in das Fränkische Reich zu werten.

LAGE UND AUFBAU ESESFELTHS

Unter damaligen militärischen Gesichtspunkten war mit einem flachen Ausläufer der Altmoräne, der in die Flussmarsch des nördlichen Störufers hineinragte, ein für die Verteidigung optimaler Platz zur Errichtung der Burg gefunden. Zudem trafen etwas weiter östlich, im Bereich der Itzehoer Störschleife, drei wichtige Fernwege auf den Fluss, über den Kontakt zu dem Gebiet südlich der Elbe gehalten werden konnte. Durch diese verkehrsgeografisch ausgesprochen günstige Lage kam Esesfelth die Schlüsselposition bei der Kontrolle des gesamten nordelbischen Gebietes zu.

Graf Egbert war allerdings nicht der erste, der den Geestsporn zur Erbauung einer Wehranlage auswählte. Schon etwa 150 Jahre früher hatten wahrscheinlich nordelbische Sachsen hier im Abstand von 5–6 m zueinander zwei bogenförmige Reihen muldenförmiger Gräben ausgehoben, welche die äußerste Spitze des Geländesporns abriegelten (Abb. 2). Diese bisher als neolithisch angesehene Doppelgrabenanlage (Oldenburg I)[7] ist anhand von Keramikfunden von der Sohle einiger Grabensegmente und aus den untersten Verfüllschichten in das 7. Jahrhundert zu datieren. ^{14}C-Datierungen bestätigen diese Einschätzung und legen eine Nutzung in der zweiten Hälfte des 7. Jahrhunderts nahe[8]. Da die fränkische Burg dort unmittelbar über den zum Teil noch offen liegenden Gräben der sächsischen Anlage erbaut wurde, mag die Platzwahl eine Begleiterscheinung psychologischer Natur mit sich gebracht haben. Denn die sächsischen Bewohner dieser Region, in deren kollektivem Gedächtnis die alte Doppelgrabenanlage ihrer Vorfahren sicher noch gegenwärtig war, dürften die Erbauung Esesfelths als einen symbolischen Akt aufgefasst haben: Die neuen Machthaber legten ihr Fundament auf den Ruinen der alten Machthaber!

Die fränkische Burg Esesfelth (Oldenburg II) stellte eine außergewöhnliche und für das 9. Jahrhundert bis dato einzigartige Wallanlage dar. Die länglich-ovale, etwa 1 ha große Innenfläche wurde im Nordwesten, Norden und Osten von einem bis zu 10 m breiten Sodenwall umgeben, dem an den gefährdeten Bereichen zwei Frontgräben von 4–6 m Breite und etwa 1,4 m Tiefe vorgelagert waren. Vor dem Tordurchlass im Norden der Anlage wurden die Gräben von Erdbrücken unterbrochen.

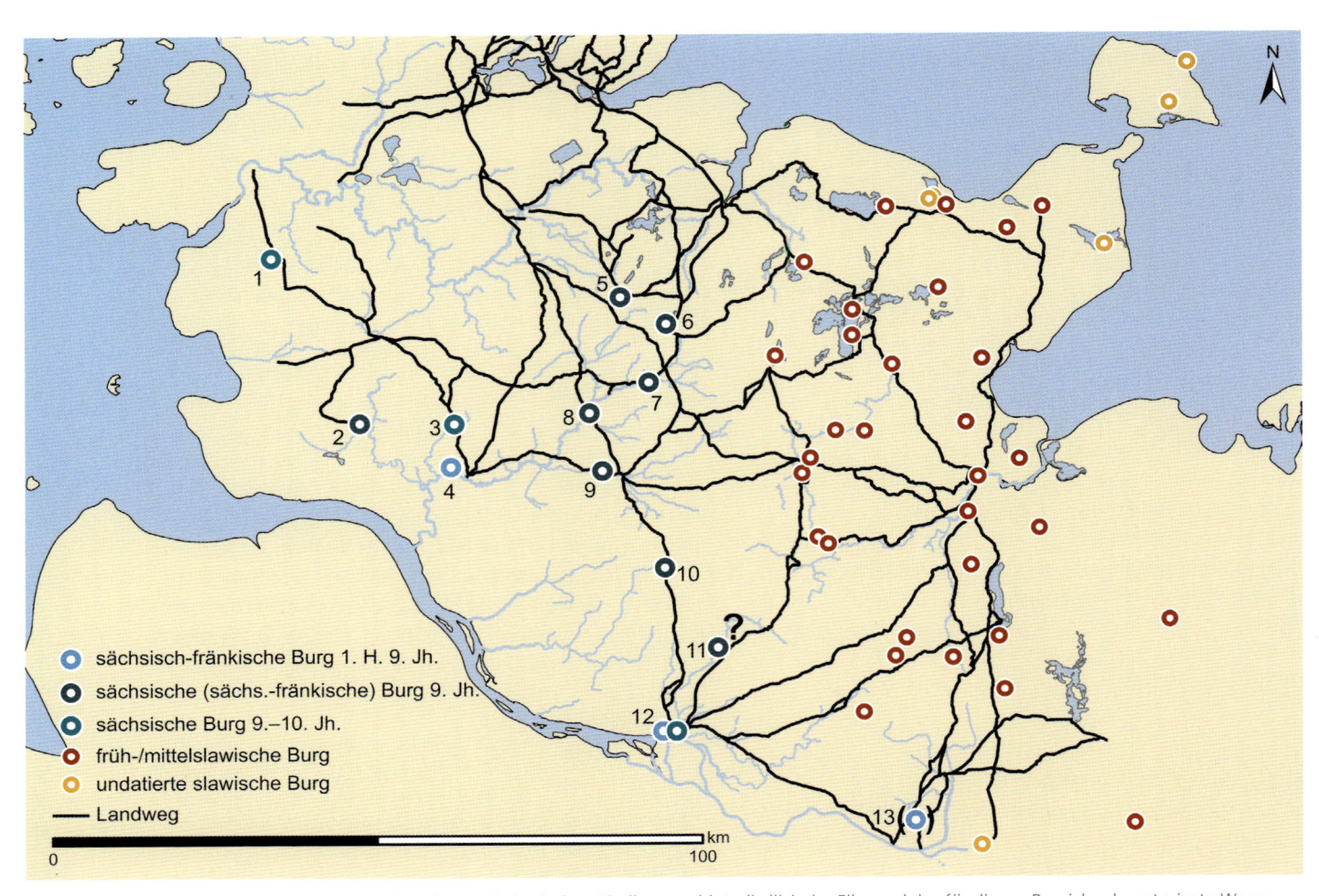

1 Burgen des 9. und 10. Jahrhunderts im sächsischen und slawischen Siedlungsgebiet nördlich der Elbe und das für diesen Bereich rekonstruierte Wegenetz. 1 – Stellerburg; 2 – Bökelnburg; 3 – Kaaksburg; 4 – Esesfelth; 5 – Borgdorf; 6 – Einfeld; 7 – Wittorf; 8 – Willenscharen; 9 – Hitzhusen; 10 – Ulzburg; 11 – Mellingburg; 12 – Hammaburg; 13 – Delbende. Die 822 errichtete Burg Delbende ist bislang nicht lokalisiert, wird sich aber im Gebiet der Delvenau befunden haben. Die Mellingburg ist noch undatiert. Die früh- bis mittelslawischen Burgen werden nicht alle gleichzeitig existiert haben.

Auf der westlichen Seite lag zwischen den Grabenköpfen beider Frontgräben ein kurzer dritter Graben, der ein feindliches Eindringen in den Bereich westlich des Tores unterbinden sollte[9]. Unmittelbar hinter den Erdbrücken begann die mit Steinen gepflasterte Gasse des 6 × 3 m großen hölzernen Kastentores[10]. In den äußeren Frontgräben mündeten insgesamt elf, ursprünglich wohl mindestens zwölf sogenannte Strahlengräben, die eine Aufsplitterung angreifender Feinde im Vorfeld des Burgwalles hervorrufen und deren Bewegungsfreiheit einschränken sollten. Den gesamten Geestsporn riegelte zusätzlich ein ehemals mehr als 5,30 m breiter und mindestens 2,30 m tiefer Abschnittsgraben ab. Art und Ausmaß der Innenbebauung sind aufgrund des schlechten Erhaltungszustandes der gesamten Ausgrabungsfläche leider unbekannt.

Das auf dem Areal der Burg Esesfelth (Oldenburg II) geborgene Fundmaterial besteht fast ausschließlich aus Scherben lokal gefertigter Töpfe mit kurzen Rändern und Flach- oder Kugelböden. Eine für das nordelbische Gebiet überdurchschnittlich hohe Anzahl an Scherben dieser sogenannten weichen Grauware weist dabei Verzierungen aus Kreuz- oder Rosettenstempeln auf. Wenige Scherben, die von einem einzigen Gefäß stammen, tragen ein für die frühslawische Ware charakteristisches Dekor. Aus dem Frankenreich importierte Keramik ist möglicherweise anhand von drei Scherben gelber Irdenware zu fassen, die wohl der Badorfer Ware zuzuordnen sind. Das übrige Fundmaterial setzt sich zusammen aus Bruchstücken von Basaltmühlsteinen, Wetzsteinen aus Schiefer, kleinen eisernen und bronzenen Fragmenten sowie Spinnwirteln und wenigen Webgewichten, die den Aufenthalt von Frauen und deren Herstellung von Textilien in der Burg nahe legen. Wie bei allen Befestigungsanlagen, von denen Fundmaterial in etwas größeren Mengen vorliegt, gewähren die Funde auch hier einen Einblick in das zivile Alltagsleben, das in dieser Burg stattfand.

DIE FUNKTIONEN ESESFELTHS

Zunächst wird Esesfelth von den Franken als Brückenkopf nördlich der Elbe genutzt worden sein. Von einem militärtheoretischen Standpunkt aus betrachtet und

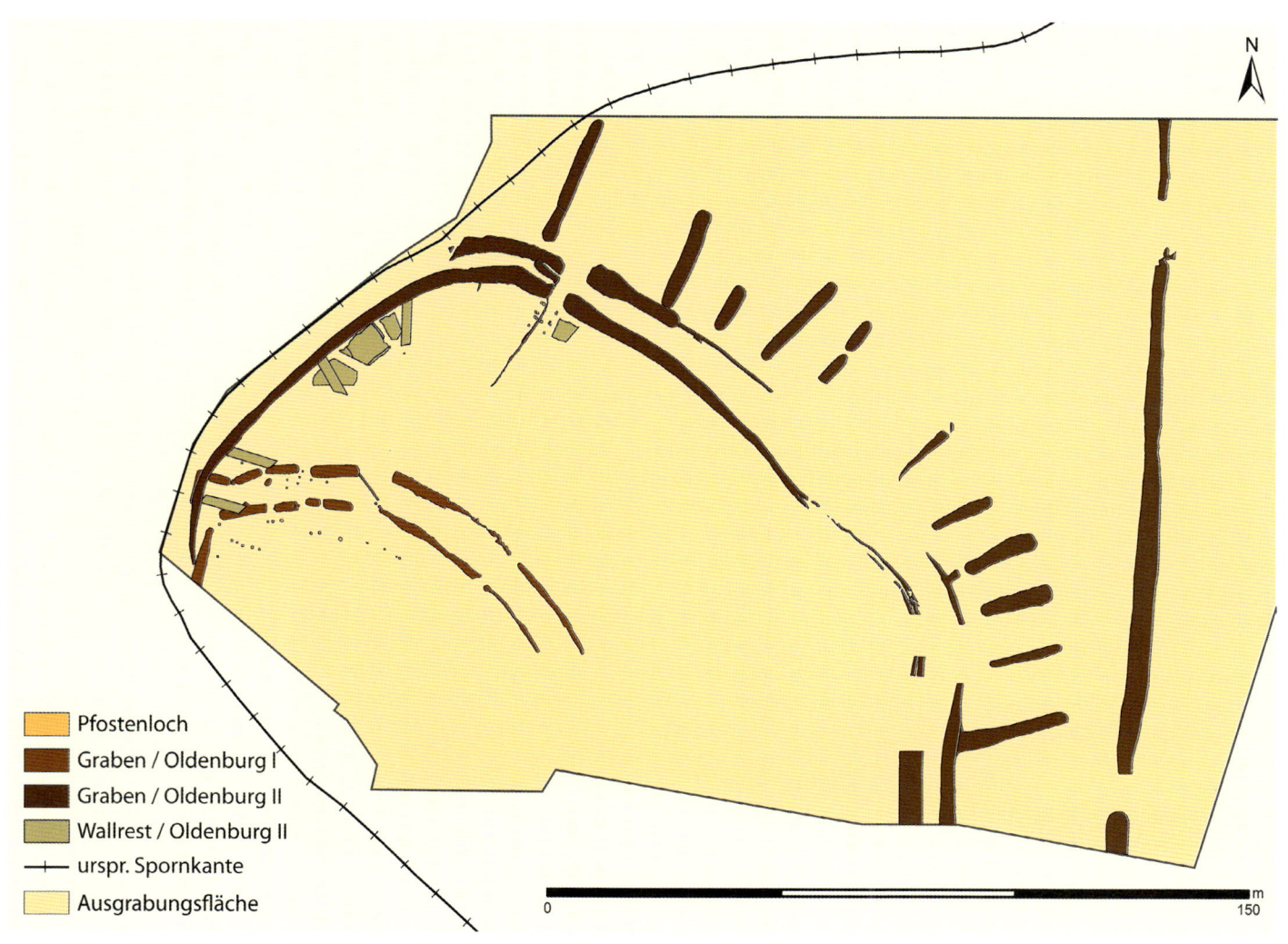

Legende:
- Pfostenloch
- Graben / Oldenburg I
- Graben / Oldenburg II
- Wallrest / Oldenburg II
- urspr. Spornkante
- Ausgrabungsfläche

2 Die Anlagen Oldenburg I (Doppelgrabenanlage) und Oldenburg II (Esesfelth) auf dem »*Camp up der Oldenburg*« östlich von Heiligenstedten.

angesichts der verkehrsgeografisch äußerst günstigen Positionierung lag die Hauptaufgabe der Burg vor allem jedoch in der »*Deckung einer [vorerst] nicht besetzten Provinz*« wie es Carl von Clausewitz[11] beschreibt. Hierbei kommt in erster Linie das aktive Element der Wirksamkeit einer Befestigungsanlage zum Tragen. Während das passive Element lediglich in dem Schutz einer Festung für einen Ort zu verstehen ist, bezeichnet das aktive Element den Einfluss, den eine Festung bei entsprechend starker Besatzung auf die umliegende Umgebung ausübt, gleichsam die Ausstrahlung oder Fernwirkung einer Burg, die in einer Kontrolle des Umlandes resultiert. Im Falle Esesfelths waren es die etwas weiter östlich auf die Stör treffenden Fernwege, die nach Dithmarschen, Dänemark und in das Gebiet des östlichen Holsteins führten, die es Graf Egbert ermöglichten, sich bei akuter Bedrohung mit einem Heer auf schnellstem Wege in die jeweilige Krisenregion Nordelbiens zu begeben.

Das fränkische Esesfelth war allerdings nicht nur eine rein militärische Anlage, denn bereits mit Beginn der Planung scheint das in den Fränkischen Reichsannalen[12] als *civitas* bezeichnete Esesfelth mit höheren Aufgaben bedacht worden zu sein. Der Begriff *civitas* umschrieb mehr als nur einen militärischen Stützpunkt; er bezeichnete einen Verwaltungsmittelpunkt, der auch das Umland mit einschloss und von dem die eigentliche Burg nur ein Element darstellte[13]. Graf Egbert wird demnach nicht nur mit der militärischen Besetzung Nordelbiens beauftragt worden sein, sondern auch damit, den Grundstein für die zukünftige Verwaltung dieses Gebietes zu legen[14]. Ausgehend von ihrem neuen Verwaltungsmittelpunkt konnten die Franken nun damit beginnen, administrative und militärische Strukturen aufzubauen. Der Bau Esesfelths dürfte zugleich eine Aufhebung der Gebietsabtretung an die Obodriten aus dem Jahre 804 bedeutet haben und damit als die Hauptursache für die zunehmende Verschlechterung der fränkisch-obodritischen Beziehungen zu sehen sein[15].

Schon in der frühen Zeit der Sachsenkriege zeichnete sich das fränkische Vorgehen bei Eroberungen dadurch aus, dass militärische Kontrolle (Burg) und Missionierung (Kirche) kombiniert wurden[16]. Diese Strategie wird ab 810 auch in Nordelbien zum Einsatz gekommen sein. Zwar ist in den Reichsannalen keine Kirche erwähnt,

3 Hoch auflösendes Geländemodell vom ungefähren Areal der *civitas* Esesfelth mit der heute überbauten Burg, der Kirche von Heiligenstedten, der *cella* Welanao in Münsterdorf und dem vermuteten Handelsplatz im heutigen Itzehoe.

doch erscheint die geringe Entfernung von nur 800 m zwischen der Burg und der heutigen Kirche von Heiligenstedten mehr als auffällig (*Abb. 3*). Adam von Bremen[17] berichtet davon, dass Ansgar zwischen 826 und 831 »*den Leib des heiligen Maternian zu Heligonstat niederlegen*« ließ, was zur Namensgebung von Heiligenstedten geführt haben mag. Die Überführung von Reliquien dorthin setzt eine Kirche in Heiligenstedten vor dem Jahre 831 voraus und unterstreicht zudem ihre Bedeutung[18]. Anhand einer Vielzahl an Parallelen ist sogar ein zeitgleicher Bau der Kirche mit oder kurz nach der Burg Esesfelth wahrscheinlich.

Der umstrittenen sogenannten Hamburger Gründungsurkunde von 834 zufolge hatte Karl der Große beabsichtigt, nördlich der Elbe, in »*dem Graf Egbert übertragenen Lande*«[19], ein eigenes Bistum zu errichten. Als Erzbischof war ein gewisser Heridag vorgesehen, der erste Priester einer neu gegründeten Kirche. Der frühe Tod Heridags verhinderte jedoch dieses Vorhaben[20]. Bislang wurde diese Kirche in der Regel in Hamburg vermutet, es ist aber wahrscheinlich zutreffender, sie in Verbindung mit der *civitas* Esesfelth zu sehen und in der Kirche von Heiligenstedten zu lokalisieren (s. Beitrag Henrik Jansson). Im Jahre 822/23 stiftete Kaiser Ludwig der Fromme dem Bischof Ebo von Reims das Kloster (*cella*) Welanao beim heutigen Münsterdorf (ca. 5 km südöstlich der Burg Esesfelth) als Ausgangsort für seine nordische Mission[21]. Dies ist ein weiterer Hinweis auf die große Bedeutung der *civitas* Esesfelth.

Damit liegen für die *civitas* Esesfelth mit Burg, Kirche und Kloster das militärische, das kultische und wahrscheinlich auch das administrative Zentrum des frühen 9. Jahrhunderts nördlich der Elbe vor. Es lässt sich aber noch eine weitere zentralörtliche Funktion der *civitas* in Betracht ziehen, nämlich die ökonomische. Denn aufgrund der verkehrsgeografisch außerordentlich günstigen Lage, quasi als Verbindungsglied zwischen Mitteleuropa und Kimbrischer Halbinsel, ist unter dem 2,5 km entfernten heutigen Itzehoe höchstwahrscheinlich ein Handelsplatz des frühen Mittelalters zu vermuten. Leider wurde dort bislang lediglich ein einziges Grubenhaus archäologisch dokumentiert[22], das nicht ausreicht, um diese Hypothese hinlänglich zu stützen. Weitere Fundplätze aus der näheren Umgebung, anhand derer sich das Umfeld Esesfelths etwas näher beleuchten ließe, sind nicht bekannt.

Aufgrund militärischer und politischer Interventionen des seit 814 amtierenden Kaisers Ludwig des From-

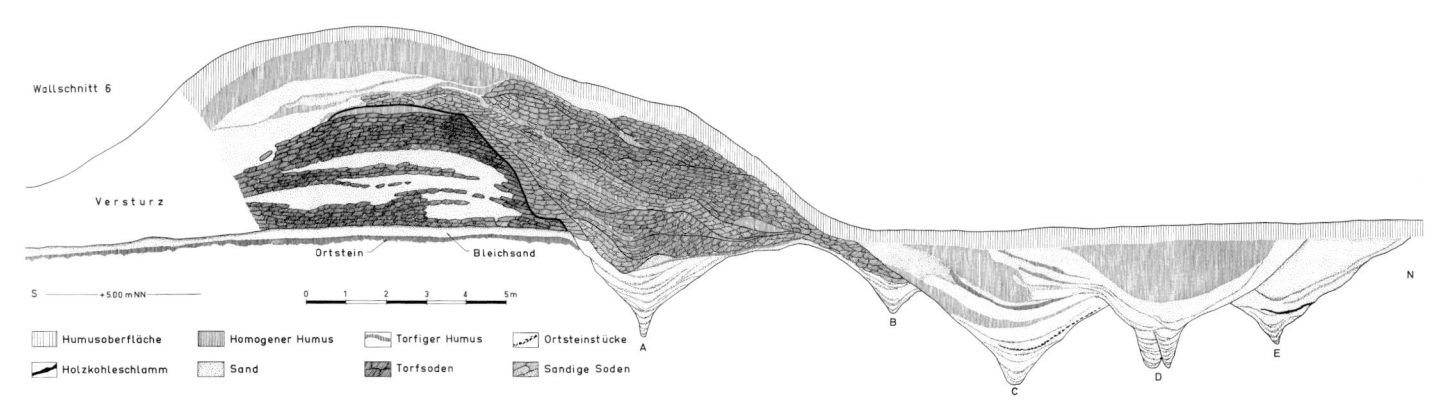

4 Kaaksburg. Schnitt durch den zwei- oder dreiphasigen Nordwall und die davorliegenden mehrphasigen Gräben. Der größtenteils aus Grassoden bestehende Wallaufbau ist typisch für die Burgen im sächsischen Siedlungsgebiet.

men, sowohl bei den Dänen als auch bei den bis dahin mit den Franken verbündeten Obodriten, unternahmen diese im Jahre 817 einen gemeinsamen letzten Versuch, der fränkischen Vormachtstellung nördlich der Elbe ein Ende zu bereiten. Die Burg an der Stör wurde so das Angriffsziel einer dänischen Flotte, eines dänischen und eines slawischen Heeres[23]. Mit der erfolgreichen Verteidigung Esesfelths konnten die Franken ihre Dominanz nördlich der Elbe jedoch ein für alle Mal behaupten und Nordelbien schließlich zu einem festen Bestandteil ihres Reiches werden lassen. Fortan fanden in Nordelbien dieselben gesellschaftlichen und politischen Entwicklungen statt wie im gesamten Fränkischen, später Ostfränkischen Reich[24].

KONSEQUENZEN FÜR NORDELBIEN

Auch wenn Nordelbien erst relativ spät annektiert wurde, verfuhr die fränkische Zentralmacht mit dem Gebiet höchstwahrscheinlich wie mit jeder anderen unterworfenen Provinz. Dies hatte für Nordelbien weitreichende Folgen. Es ist davon auszugehen, dass Nordelbien, wie Wigmodien bereits im Jahre 804[25], zu fränkischem Königsgut wurde und jene Maßnahmen, wie die Einführung der fränkischen Grafschaftsverfassung, die Gesetzgebung für Sachsen (*Lex Saxonum*) und der erzwungene Religionswechsel, die Karl der Große schon Jahre früher im südelbischen Teil Sachsens angeordnet hatte[26], nun auch nördlich der Elbe wirksam wurden. Letzterer ist anhand des Belegungsendes der nordelbischen Gräberfelder im ersten Drittel des 9. Jahrhunderts offenkundig spürbar.

Das systematische Vorgehen der fränkischen Administration, insbesondere die Einführung der fränkischen Grafschaftsverfassung, also die Aufteilung des eroberten Gebietes in Grafschaften, dürfte ausschlaggebend für die Errichtung weiterer Burgen nördlich der Elbe gewesen sein. Glücklicherweise unterscheidet sich der in erster Linie von Grassoden und nur wenigen hölzernen Bauelementen gekennzeichnete Wallaufbau im sächsischen Siedlungsgebiet konstruktiv deutlich von jenem der Slawen im östlichen Holstein, der unter Verwendung von viel Holz und Erde erfolgte. Beide Regionen sind deshalb verhältnismäßig gut voneinander zu trennen. Die Wälle im sächsischen Gebiet nördlich der Elbe weisen hingegen eindeutige Parallelen zu Befestigungsanlagen im Gebiet südlich der Elbe auf[27]. Während die Kaaksburg und die Stellerburg recht präzise zu datieren sind, lassen sich die übrigen Burgen dieses Zeitraums nur insgesamt dem 9. Jahrhundert zuweisen. Dennoch mögen sie unterschiedlichen Erbauungsphasen zuzuordnen sein, die fließend ineinander übergingen.

Eine weitere in den Schriftquellen erwähnte, bislang jedoch nicht lokalisierte Burg wurde im Jahre 822 von Sachsen auf Befehl Kaiser Ludwigs »*jenseits der Elbe an einem Ort, der Delbende heißt*«, errichtet, nachdem die slawischen Bewohner von dort vertrieben worden waren[28]. Auch diese Burg (*Abb. 1,13*), die in dem Gebiet an der Delvenau bei Lauenburg zu vermuten sein wird[29], ist höchstwahrscheinlich im Kontext der fränkischen Landnahme nördlich der Elbe zu verstehen. In diesem Zusammenhang ist eine bisher kaum berücksichtigte, ebenfalls auf dieses Ereignis zu beziehende Schriftquelle von Interesse. In den Formulae Kaiser Ludwigs ist nämlich erwähnt, dass dieser zwei sächsischen »*Grafen wegen deren treuer Dienste zwei Dörfer*« in dem jüngst eroberten Gebiet »*mit uneingeschränktem Recht zu Eigen*« überließ[30]. Diese Quelle ist ein weiterer Beleg dafür, dass Ludwig der Fromme wie im Falle der *cella Welanao* bei Esesfelth mit dem nordelbischen Gebiet nach eigenem Gutdünken verfahren konnte, da das eroberte Territorium zu Königsgut geworden war.

Auch in Hamburg (*Abb. 1,12*) dürfte bereits im frühen 9. Jahrhundert, vielleicht in der Zeit zwischen dem Angriff auf Esesfelth 817 und der Eroberung der Landschaft Delbende 822[31], eine Burg erbaut worden sein, die in den schriftlichen Quellen nur im Zusammenhang mit dem Wikingerüberfall des Jahres 845 Erwähnung findet. Diese Burg könnte mit der jüngeren Grabenanlage auf dem Hamburger Domplatz gleichzusetzen sein (s. Beitrag Karsten Kablitz). Da Hamburg wahrscheinlich im Jahre 834 zu einem Bischofssitz wurde, ist spätestens

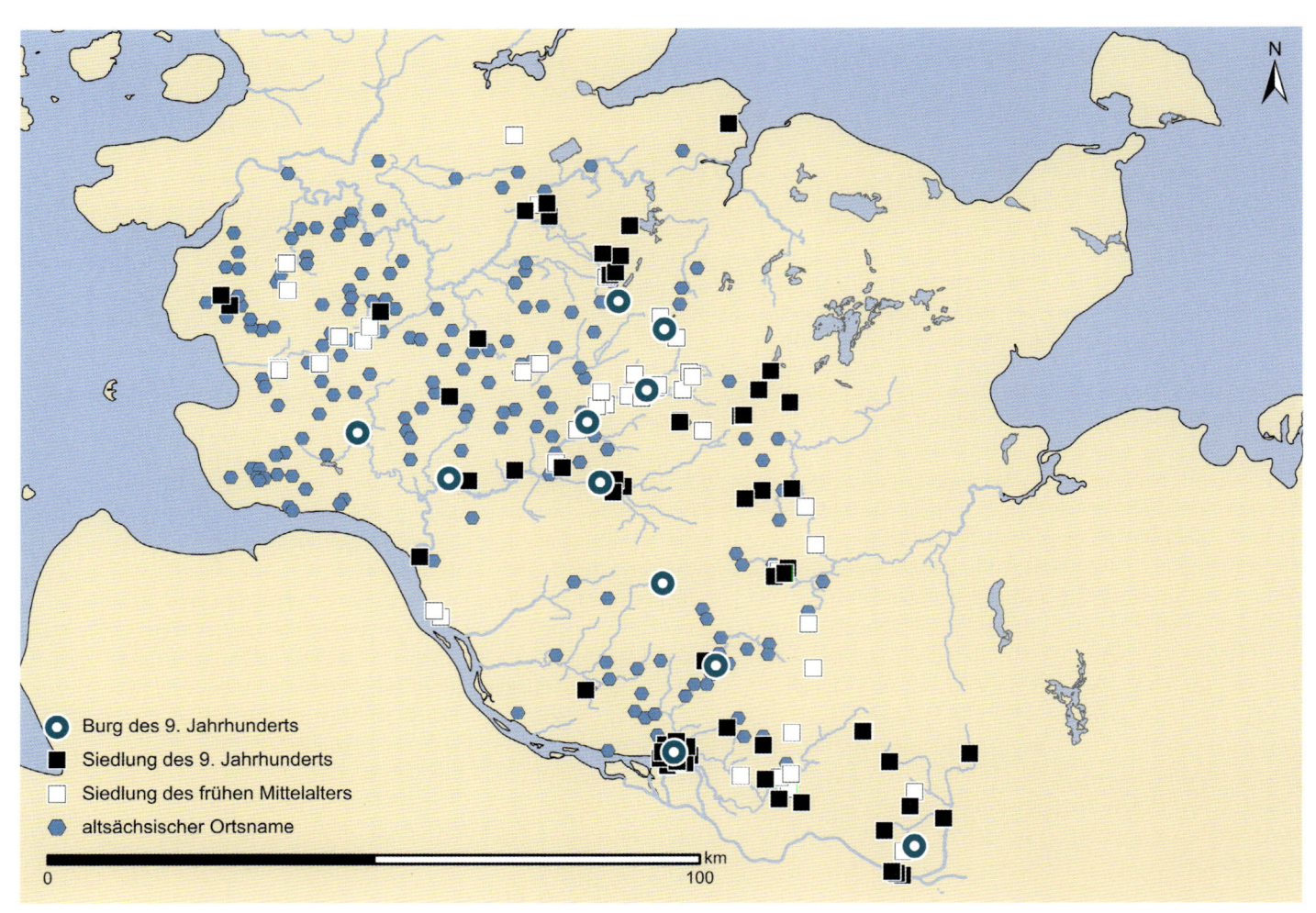

5 Archäologische Fundstellen und altsächsische Ortsnamen legen eine relativ dichte, zeitgleiche Besiedlung im Umfeld mehrerer Burgen nahe.

ab diesem Zeitpunkt dort auch von einer Schutz spendenden Befestigung auszugehen.

Die verkehrsgeografischen Voraussetzungen aller drei Burgen (Esesfelth, Hammaburg und Delbende) waren vergleichbar; sie wurden in Bereichen errichtet, in denen jeweils mehrere Fernwege auf die Stör bzw. die Elbe trafen und von wo aus demzufolge das dänische und das slawische Gebiet für militärische Vorstöße gleichermaßen gut zu erreichen waren. Diese drei Burgen dienten nicht der Aufrechterhaltung der Elbgrenze, die mit der Errichtung der *civitas* Esesfelth im Bereich der Unterelbe ohnehin aufgegeben worden war, sondern der Vorbereitung einer sukzessiven, vollständigen Integration Nordelbiens in das Frankenreich.

Verkehrsgeografisch vergleichbare Voraussetzungen lagen im nordelbischen Gebiet noch in einem vierten Bereich vor, und zwar an der Südspitze der Dithmarscher Geest. Unmittelbar dort, wo im 9. Jahrhundert die Bökelnburg (*Abb. 1,2*) auf einem Geestausläufer über der südlich angrenzenden Marsch thronte, traf ein ins Innere Dithmarschens führender Fernweg auf die damals schiffbare Burger Au. So könnte die Bökelnburg, die anhand des keramischen Fundmaterials bisher lediglich grob in das 9. Jahrhundert zu datieren ist[32], ebenfalls bereits aus diesem frühen Zeitabschnitt stammen. Sie mag jedoch auch erst in der sich in einem fließenden Übergang anschließenden Phase der fränkischen Landsicherung erbaut worden sein.

EIN FRÄNKISCHES BURGENSYSTEM?

Dieser Phase der fränkischen Landsicherung sind wahrscheinlich die Ringwälle von Borgdorf, Einfeld, Wittorf, Willenscharen, Hitzhusen und vermutlich auch Ulzburg zuzuweisen (*Abb. 1,5–10*). Wie die Bökelnburg sind auch diese Burgen über die Keramik nur allgemein in das 9. Jahrhundert zu stellen[33]. Ob die bislang undatierte Mellingburg (*Abb. 1,11*) dieser Burgenphase zuzurechnen ist, können nur zukünftige Untersuchungen vor Ort ermitteln. Leider halten die Schriftquellen keinerlei Informationen über diese Burgen oder deren Erbauer bereit. Die Befestigungen bestanden aus Sodenwällen, die vergleichsweise geringfügige hölzerne Einbauten aufwiesen, einer Berme und einem oder mehreren vorgelagerten Gräben (*Abb. 4*). Die hölzernen

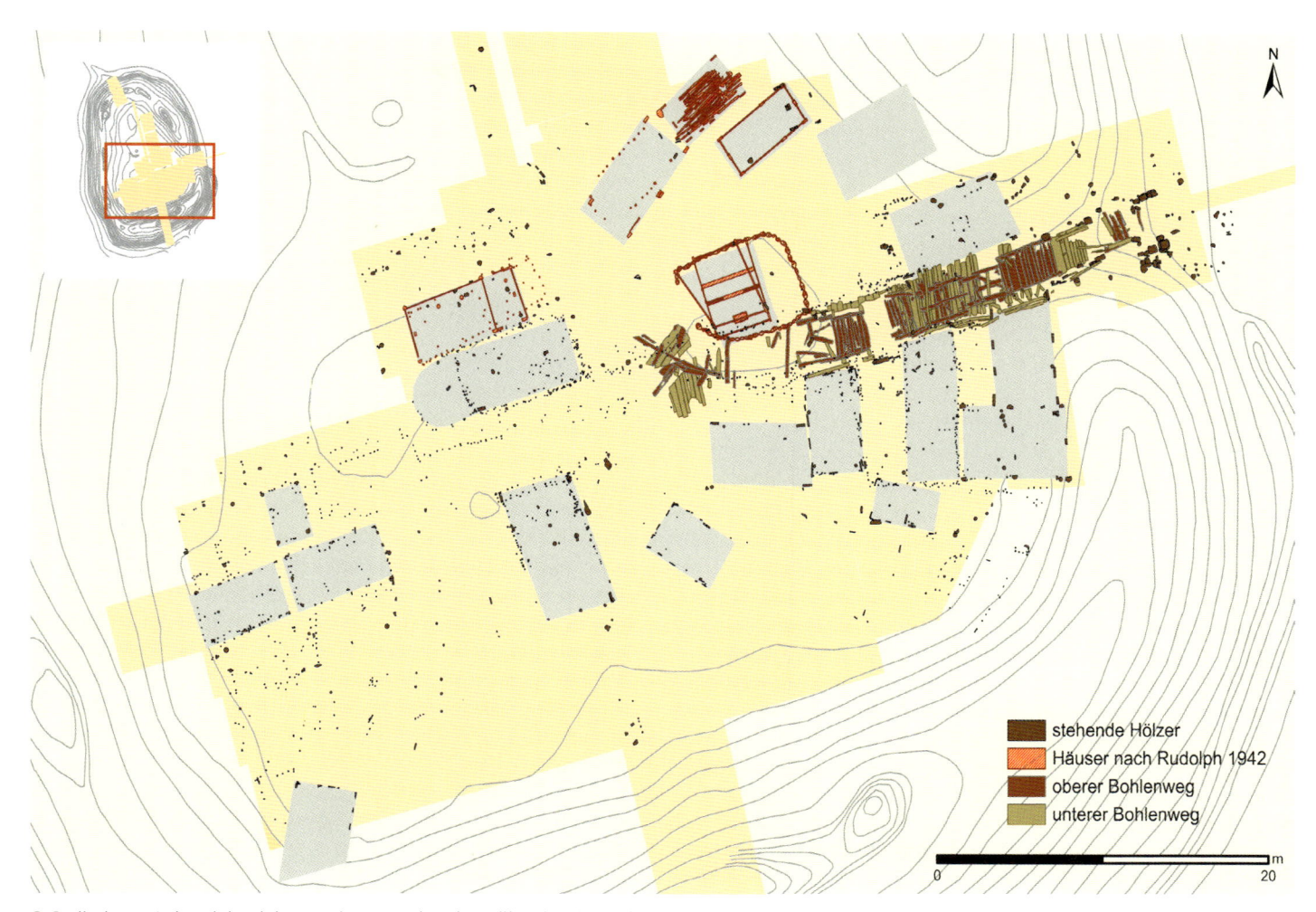

6 Stellerburg. Anhand der dokumentierten stehenden Hölzer ist eine Bebauung zu erahnen, die insbesondere im westlichen Teil des Innenraums weit über die Anzahl der rekonstruierbaren Hausbefunde hinausging.

Legende:
- stehende Hölzer
- Häuser nach Rudolph 1942
- oberer Bohlenweg
- unterer Bohlenweg

Tore der Anlagen waren wie in Esesfelth kastenförmig in den Wall eingebaut. Relativ kleinflächige archäologische Ausgrabungen in Wittorf, Einfeld, Willenscharen und Hitzhusen förderten nur geringes Fundmaterial zutage. Aufgrund der dokumentierten überwiegend dünnen Kulturschichten ist von einer nur kurzen Nutzungsdauer der Anlagen auszugehen. Der Befund- und Fundverteilung im Innenraum der drei letztgenannten Burgen nach zu urteilen, ist bei ihnen auf eine konzentrische Besiedlung um einen freien Platz in der Mitte zu schließen[34]. Eine solche Art der Bebauung ist wiederum gut von vergleichbaren Burgen südlich der Elbe bekannt. Die Rekonstruktion des alten Wegenetzes in Holstein zeigt deutlich, dass alle Burgen an überregionalen Verbindungen errichtet worden sind. Dies dürfte auf ihre administrativen und/oder militärischen Funktionen zurückzuführen sein.

Leider lässt der siedlungsarchäologische Forschungsstand im ehemals sächsischen Siedlungsgebiet noch viel zu wünschen übrig, sodass kaum Aussagen über die Lage der Burgen zu zeitgleichen Siedlungen zu treffen sind. Allein die Wittorfer Burg, in deren unmittelbarem Umfeld sich zahlreiche Fundstellen des frühen Mittelalters und zwei ausschnittweise ausgegrabene Siedlungen des 9. Jahrhunderts befinden, stellt eine Ausnahme dar. Das Bild der zeitgenössischen Besiedlung kann unter Zuhilfenahme der heutigen Ortschaften mit altsächsischen Ortsnamen jedoch verdichtet werden (*Abb. 5*). Denn Ortsnamen aus dem frühen Mittelalter sprechen für eine kontinuierliche Besiedlung dieser Orte, deren größter Teil aller Wahrscheinlichkeit nach schon zeitgleich mit den Burgen des 9. Jahrhunderts existierte[35]. Dieses Bild gibt zu erkennen, dass nicht nur die Wittorfer Burg, sondern auch andere Burganlagen durchaus als Zentren von Siedlungskammern verstanden werden dürfen. Ihre im Verhältnis zum gesamten Siedlungsgebiet exzentrische Lage muss dabei eine Funktion als Mittelpunktsburgen nicht ausschließen[36]. Die besten Beispiele dafür geben die *civitates* Esesfelth und Hammaburg ab, die nach Meinung des Verfassers zweifelsohne ebenfalls als exzentrisch gelegene Verwaltungszentren am südlichen Rand des nordelbischen Gebietes anzusehen sind. Für das wigmodische Gebiet südlich der Elbe lassen sich für Burgen dieses Zeitraums Funktionen als Verwaltungs- und Gerichtszentren herausstellen[37]. Vergleichbare Funktionen sind auch für die Burgen im nordelbischen Gebiet anzunehmen, auch wenn hier die Schriftquellen fehlen, um diese Annahme zu untermauern.

Die Burgen von Borgdorf bis Hitzhusen hat Karl Wilhelm Struve[38] aufgrund der regelhaften Abstände der Ringwälle von 8–11 km zueinander und ihrer Teilfunktionen als Wegesperren als ein geplantes Verteidigungssystem verstanden und als »*östliche Burgenkette*« bezeichnet. Ein solches System aus Burgen passt sich sehr gut in das Bild ein, das die Schriftquellen von anderen Grenzregionen des fränkischen Reiches zeichnen. Wie den Burgen in anderen eroberten Regionen, beispielsweise im Hassegau oder im Elbe-Weser-Dreieck[39], lag auch ihnen wahrscheinlich fränkisches Königsgut zugrunde, das von Grafen verwaltet wurde. Sollte es sich in der östlichen Burgenkette, wie von Struve vermutet, tatsächlich um ein geplantes Burgensystem handeln, wäre dieses am ehesten auf eine fränkische Urheberschaft zurückzuführen, da allein das fränkische Reich die Macht und Autorität besessen hätte, ein solches Burgensystem in der Landschaft zu installieren, das eventuell auch mit offensiven, auf Expansion in Richtung Osten abzielenden Absichten verbunden war.

Es ist einerseits wahrscheinlich, dass die fränkische Zentralmacht die oben erwähnten administrativen Maßnahmen für eroberte Gebiete möglichst bald nach der Annexion Nordelbiens umzusetzen versuchte, und andererseits recht unwahrscheinlich, dass ein von zentraler Hand initiierter Burgenbau in der politischen Krise stattfand, in der sich Ludwig der Fromme ab 829/30 befand[40]. Noch unwahrscheinlicher ist, dass sich der Burgenbau nach der Teilung des Fränkischen Reiches 843 ereignete. Deshalb dürfte die Erbauung der östlichen Burgenkette am wahrscheinlichsten zwischen etwa 817/22 und 843 erfolgt sein. Einer Datierung in die erste Hälfte des 9. Jahrhunderts und damit in die Festigungs- und Sicherungsphase nach Abschluss der fränkischen Eroberung[41] würde das Fundmaterial nicht widersprechen[42]. Allerdings ist diese Hypothese aufgrund der ungenügenden Datengrundlage derzeit noch spekulativ und bedarf präziser naturwissenschaftlicher Datierungen der betreffenden Burgen, die in Zukunft zu erbringen sind.

VON ESESFELTH ZUR HAMMABURG

Im Jahre 843 wurde das Frankenreich unter den Söhnen Kaiser Ludwigs aufgeteilt. Nordelbien war fortan die nördlichste Provinz des Ostfränkischen Reiches. Nur zwei Jahre später, im Jahre 845, wurde die Hammaburg von einer dänischen Flotte angegriffen und zerstört[43]. Dass dieser Angriff, der nicht bloß als ein auf Beute ausgelegter Plünderungszug, sondern eher als ein vom dänischen König Horich I. initiierter militärischer Schlag zu verstehen ist, nun auf die Hammaburg und nicht wie 817 erneut auf die Burg Esesfelth gerichtet war, wird damit zu erklären sein, dass die Hammaburg die *civitas* Esesfelth mittlerweile als administratives Zentrum des Reiches nördlich der Elbe abgelöst hatte.

Doch warum wurde Esesfelth aufgegeben und seine Funktionen auf die Hammaburg übertragen? Auf diese Frage gab es bisher keine zufriedenstellende Antwort, doch Henrik Jansson scheint nun das »*missing link*« gefunden zu haben (s. Beitrag Henrik Jansson): Nachdem Kaiser Ludwig 822/23 Bischof Ebo das Kloster Welanao gestiftet hatte, war es diesem bis in die 830er Jahre vermutlich gelungen, seinen Einfluss auch auf die *civitas* Esesfelth und die dazu gehörige Kirche von Heiligenstedten auszuweiten. Im Jahre 833 ist Ebo jedoch beim Kaiser in Ungnade gefallen. Als sich Kaiser Ludwig nun entschied, das Vorhaben seines Vaters fortzusetzen, von Nordelbien ausgehend die nordische Mission voranzutreiben, fiel die Entscheidung für den neuen Missionsstützpunkt gezielt gegen Ebo und die unter seinem Einfluss stehende *civitas* Esesfelth. Stattdessen wurde im Jahre 834 Ansgar mit der Christianisierung Skandinaviens beauftragt und Hammaburg zum Ausgangspunkt für die nordische Mission ernannt. Diese auf höchster Ebene getroffene Entscheidung bedeutete das Ende von Esesfelth und den Beginn des Aufstiegs Hammaburgs.

Der dänische Angriff und die Zerstörung der Hammaburg blieben jedoch nicht ungesühnt. Schon im folgenden Sommer entsandte Ludwig II. (der Deutsche), Sohn Kaiser Ludwigs des Frommen und König des ostfränkischen Reiches, eine Delegation nach Dänemark, die von Graf Cobbo, dem Sohn Graf Egberts, angeführt wurde und dem Dänenkönig Horich I. eine Entschädigungszahlung abverlangte[44]. Diese Maßnahme und verschiedene Heereszüge in das obodritische Gebiet in den Jahren 844, 858, 862, 867 und 889, von denen einige unter der Führung eines Mitglieds der königlichen Familie erfolgten, lassen ein Interesse an dem Gebiet nördlich der Elbe auf allerhöchster Ebene erkennen[45]. Anders als es die ältere Forschung stets behauptete, wurde Nordelbien ab 845 eben nicht sich selbst überlassen, sondern weiterhin als vollwertiger Teil des ostfränkischen Reiches verstanden und als solcher auch mit dem Schutz durch das Reich ausgestattet.

PRIVATER ADLIGER BURGENBAU IN NORDELBIEN

Mit zunehmender Schwäche der fränkischen Zentralgewalt erfolgte im Laufe des 9. Jahrhunderts ein Erstarken regionaler Kräfte; die Befestigungshoheit lag nicht länger ausschließlich in zentraler königlicher Hand. Mehrfach sind die Burgen ab diesem Zeitraum einem grundherrlich-adligen Milieu zuzuweisen[46]. Einhergehend mit dieser Entwicklung im gesamten fränkischen Reich und vermutlich durch die Teilung des Reiches im Jahre 843 verstärkt, fand allem Anschein nach auch in Nordelbien eine Veränderung der Machtverhältnisse zugunsten lokaler Gewalten statt.

Dieser Phase des privaten Burgenbaus ist die Errichtung der mittlerweile dendrochronologisch datierten Kaaksburg (Abb. 1,3) im Holstengau in der zweiten Hälfte der 840er Jahre[47] zuzuordnen. Mehreren dendrochronologischen Datierungen nach zu urteilen, fand etwa gleichzeitig die Erbauung der Stellerburg (Abb. 1,1) im Norden Dithmarschens statt[48]. Die historisch belegte Hammaburg im Stormarngau wurde durch einen dänischen Angriff im Jahre 845 erzwungenermaßen aufgegeben und spätestens zu Beginn des 10. Jahrhunderts[49] durch eine ebenfalls in Hamburg neu errichtete Burg ersetzt (s. Beitrag Karsten Kablitz).

Im Gegensatz zu den oben erwähnten fundarmen und allem Anschein nach konzentrisch besiedelten Ringwällen sind die Kaaksburg und die Stellerburg (Abb. 6) von einer intensiveren Bebauung und einer anders gearteten Verteilung der Gebäude gekennzeichnet. Beide Burgen erbrachten zudem ein bei Weitem höheres Fundaufkommen, was in der einerseits vermutlich abweichenden und andererseits längeren Nutzung bis zum Ende des 10. Jahrhunderts begründet ist.

Unter dem Fundmaterial befinden sich lokal gefertigte Keramikgefäße, Webgewichte und Spinnwirtel sowie andere Alltagsgegenstände und Werkzeuge, die allesamt Einblicke in das tägliche Leben bzw. in die auf den Burgen verrichteten Arbeiten und Tätigkeiten zulassen. Mühlsteinfragmente geben Hinweise auf die Verarbeitung und den Konsum von Getreide, das in der Kaaksburg in holzverkleideten Speichergruben innerhalb der Burg gelagert wurde. Eiserne Angelhaken sprechen dafür, dass auch Fisch auf dem Speiseplan stand. Tierknochen, Nussschalen und Kirschkerne liefern weitere Informationen über die Ernährung der Burgbewohner.

Holzbearbeitung, vermutlich in Zusammenhang mit dem Haus- oder Befestigungsbau, ist mit den Funden von Äxten, Breitäxten und Zieheisen fassbar. Auch Holz-

7 Hölzerne Spaten wie dieser aus der Stellerburg (L 104 cm) waren für anstehende Bautätigkeiten, u. a. das Ausheben von Pfostengruben und Befestigungsgräben, unerlässlich.

nägel, Keile und Bretter mit Durchbohrungen zeugen von intensiven Bautätigkeiten, bei denen auch hölzerne Spaten (Abb. 7) sowie kleine und größere Schaufeln zum Einsatz kamen[50]. Unter den Metallfunden sind Schlüssel in unterschiedlichen Ausprägungen, von verzierten Bronzeexemplaren über einfache eiserne Hakenschlüssel hin zu Stücken, die ihrer Form nach modernen Ausführungen mit Griff, Rohr und Bart ähneln (Abb. 8). Ein eisernes Schlosskastenfragment und ein eiserner Truhenschlossbeschlag aus der Kaaksburg liefern Hinweise auf die Verwendung der Schlüssel in Zusammenhang mit Kisten und Truhen. Funde von zahlreichen eisernen Messern, Klappmessern und Scheren, Wetzsteinen, Feu-

8 Aus Eisen oder Bronze gefertigte Schlüssel dienten zum Verschließen und Öffnen von Truhen. Aufgrund ihrer Form erwecken diese beiden eisernen Exemplare aus der Kaaksburg einen schon recht modernen Eindruck. *Oben:* L 3,0 cm u. 5,1 cm; *unten:* L 13,8 cm.

9 Eiserne Pfeilspitzen aus der Kaaksburg (*links:* L 7,9 cm) und der Stellerburg (*rechts:* 7,1 cm).

erstählen, eisernen Eimerhenkeln sowie Dauben, Deckeln und Böden von Fässern und Eimern runden das Bild des alltäglichen Lebens ab.

An Trachtbestandteilen fanden sich in der Kaaksburg wenige eiserne D-förmige Schnallen und eine ovale bronzene Schalenfibel, bei der es sich um ein Erbstück handeln könnte, denn die Fibel wurde vermutlich bereits Ende des 8. Jahrhunderts hergestellt[51]. Obwohl Waffen als Fundgut in militärischen Anlagen eigentlich in einiger Zahl zu erwarten wären, sind sie unter dem Fundmaterial beider Burgen lediglich in Form einiger zumeist fragmentierter Pfeil-, Speer- und Lanzenspitzen (*Abb. 9 u. 10*), eines Hiebmesserbruchstückes und einer eisernen Schildfessel vertreten. Einige Äxte könnten neben ihrer Verwendung als Werkzeuge auch als Waffen genutzt worden sein.

Neben Keramikgefäßen von slawischer Machart, friesischer Muschelgrusware und rheinländischer Pingsdorfer Ware sind mit Wetzsteinen aus norwegischem Schiefer und Mühlsteinen aus Basalt des Eifelgebietes weitere typische Handelswaren des frühen Mittelalters vertreten. Allerdings reicht das Importgut nicht aus, um die Burgen als Handelsplätze herauszustellen[52]. Immerhin lassen vier Kugelzonengewichte aus der Kaaksburg (*Abb. 11*) sowie ein Bleigewicht und eine bronzene Klappwaage aus der Stellerburg zumindest aber auf die Anwesenheit von Personen schließen, die mit dem (Fern-)Handel in Verbindung zu bringen sind. Ob diese Handelsreisenden in den Burgen auch Geschäfte tätigten oder sich aus anderen Gründen innerhalb der Ringwälle aufhielten, verraten die Fundstücke freilich nicht.

Unter dem Fundmaterial der Kaaksburg befindet sich noch ein weiterer interessanter Gegenstand, bei dem es sich um eine eiserne Fußfessel handelt (*Abb. 12*). Solche Fesseln werden in der Regel mit dem Sklavenhandel in Verbindung gebracht[53], der auch im sächsischen Nordelbien praktiziert worden sein soll. Verschleppte Christen seien aus »barbarischen Ländern« zu den Nordelbiern geflohen, von diesen aber in Ketten geschlagen und entweder als Knechte in eigene Dienste übernommen oder verkauft worden. Als Bischof Ansgar dies erfuhr, »*wurde er sehr zornig darüber, dass so gottlose Handlungen in seinem Sprengel verübt waren, wusste aber diesem Unheil nicht abzuhelfen, weil in dieses verruchte Bubenstück sehr viele verwickelt waren, die dort zu Lande als mächtig und vornehm in Ansehen standen [nobiles]*«[54]. Diese Quelle ist, sofern sie den Tatsachen entspricht, in mehrerlei Hinsicht von Interesse. Zum einen erwähnt sie den Sklavenhandel, der anhand der Fußfessel aus der Kaaksburg auch im archäologischen Material fassbar sein könnte. Zum anderen ist die Erwähnung von *nobiles* in dieser und anderen Schriftquellen als weiteres Indiz auf einen nordelbischen Adelsstand zu werten[55]. Vielleicht handelt es sich bei diesem Beispiel um einen der äußerst seltenen Fälle der schleswig-holsteinischen Frühgeschichte, bei denen eine historische

Episode anhand eines archäologischen Fundstückes und eines archäologischen Denkmals (der Kaaksburg) zum Greifen nahe scheint.

Zahlreiche Bestandteile von Reiter- und Pferdeausstattungen (*Abb. 13 u. 14*), Scherben eines Gefäßes der Oldenburger Prachtkeramik und insbesondere eine Schmuckkette aus arabischen Dirhams, filigran verzierten Silberblechperlen, Karneol- und Bergkristallperlen (*Abb. 15*) geben deutlich zu erkennen, dass die Kaaksburg in dem von Hansjürgen Brachmann[56] erwähnten »*grundherrlich-adligen Milieu*« anzusiedeln ist. Auf der Grundlage eines Sporns, einer Stangentrense (*Abb. 16*), eines Hufeisens und vielleicht auch mehrerer verschiedenfarbiger und teilweise mit Einlagen versehener Glasperlen (*Abb. 17*) dürfte für die Eigentümer der Stellerburg die Zugehörigkeit zu den gleichen gesellschaftlichen Kreisen anzunehmen sein. Vermutlich ist bei diesen beiden Ringwällen bereits an eine Verlagerung des Herrschaftssitzes in die Burg zu denken. Der Aufbau der Kaaksburg aus besiedeltem Ringwall, Vorburgbereich mit Grubenhäusern und vorgelagertem Abschnittswall lässt zudem die Isolierung des Herrensitzes vom Wirtschaftshof erkennen, die zu jener Zeit im gesamten ostfränkischen Reich vonstatten ging[57]. Über die Wall-Graben-Anlage auf dem Hamburger Domplatz ist diesbezüglich derzeit leider kein Urteil zu fällen.

Nach einer das nordelbische Gebiet betreffenden nahezu schriftlosen Zeit der zweiten Hälfte des 9. und frühen 10. Jahrhunderts ist es ab 936 vor allem eine Adelsfamilie, die nun in das Licht der nordelbischen Geschichte tritt, die sogenannten Billunger, mit deren Ansehen und Autorität zumindest im Norden Sachsens keine andere Verwandtengruppe konkurrieren konnte[58]. In diesem Jahr verlieh König Otto I. Hermann Billung († 973) für dessen Sieg über die slawischen Redarier den Titel *princeps militiae*, Oberbefehlshaber des Heeres, und beauftragte ihn mit der Grenzsicherung[59]. Im Zuge der Zusammenfassung angrenzender slawischer Territorien wurde die östlich an Nordelbien grenzende sogenannte Mark der Billunger geschaffen.

Mit der Ernennung Hermanns zum *princeps militiae* überging Otto der Große offenkundig dessen wahrscheinlich deutlich älteren Bruder Wichmann († 944) und nahm damit zweifelsohne Einfluss auf die Rangfolge der billungischen Verwandtengruppe. Damit wollte sich Wichmann – genannt Wichmann der Ältere – jedoch nicht abfinden, verließ das Heer und beteiligte sich etwas später an dem Aufstand Eberhards von Franken[60]. Nach dem Tod seines Bruders bemächtigte sich Hermann Billung eines Teils des Erbes der unmündigen Söhne Wichmanns – Wichmann der Jüngere (* um 930, † 967) und Ekbert der Einäugige (* um 932, † 994) – und beabsichtigte damit wohl, die bis dato aufgeteilten Besitztitel der Sippe in einer Hand zu vereinen und sich als Oberhaupt der Billungerfamilie zu etablieren[61]. Dies führte zu einem Konflikt zwischen Hermann und seinen Neffen, der in dem Aufstand Herzog Liudolfs gegen seinen Vater König Otto I., dem sich auch Wichmann und Ekbert anschlossen, seinen Höhepunkt fand[62].

Für die Zeit des Liudolfinischen Aufstandes 953 und seines zweiten und dritten Italienfeldzuges 961 und 966 ernannte Otto der Große Hermann Billung zu sei-

10 Diese eiserne Speerspitze gehört zu den wenigen Funden aus der Kaaksburg, die vor einem militärischen Hintergrund zu betrachten sind. L 18,1 cm

11 Eines von insgesamt vier Kugelzonengewichten aus der Kaaksburg, die aus einem eisernen Kern und einer Ummantelung aus Messing bestanden. Sie dienten der Gewichtsbestimmung mittels kleiner Handwaagen. Dm ca. 2,4 cm

12 Eiserne Fußfessel aus der Kaaksburg. Solche Fesseln werden in der Regel mit der Haltung von oder dem Handel mit Sklaven in Verbindung gebracht. Ges. Br 15,0 cm

nem Stellvertreter (*procurator regis*) in Sachsen. Während Widukind von Corvey Hermann bereits seit 953 als *dux* bezeichnete, erwähnten ihn die Königsurkunden als Markgrafen (*marchio*) oder Grafen (*comes*), denn *dux* bezog sich im damaligen sächsischen Sprachgebrauch auf einen militärischen Befehlshaber und nicht auf einen Herzog[63]. Doch schon Hermanns Sohn, Bernhard I. (* um 950, † 1011), der im frühen 11. Jahrhundert zu den mächtigsten Männern des Reiches gehörte[64], konnte sein ererbtes Amt, das aus der Stellung eines militärischen Oberbefehlshabers im Grenzgebiet und der zeitlich befristeten Berufung zum königlichen Stellvertreter in Sachsen erwachsen war, als eine »*Herrschaft eigenen Rechtes*« auffassen. Unter Bernhard II. (* nach 990, † 1059) wurde sein Amt dann schließlich als *ducatus* bezeichnet, sodass die Billunger, dem Verständnis der Zeitgenossen nach, zu Herzögen in Ostsachsen geworden waren[65].

Es ist zu vermuten, dass Hermann Billung nicht nur gegenüber den Slawen, sondern auch gegenüber den schon 934 von König Heinrich I. besiegten Dänen Grenzsicherungsaufgaben übernahm[66]. Im Jahre 974 ließ Kaiser Otto II. nach einer Auseinandersetzung mit den Dänen an der sächsisch-dänischen Grenze eine Burg errichten. Diese bislang nicht lokalisierte Burg bezeichnete Thietmar von Merseburg[67] für das Jahr 983 als eine Burg Herzog Bernhards I., des Sohnes Hermann Billungs. Da demnach die dänische Mark, d.h. das sächsisch-dänische Grenzgebiet, möglicherweise bereits von 934 an, spätestens jedoch von 974–983 zum Einflussbereich der Billunger zählte[68], ist mit einiger Wahrscheinlichkeit anzunehmen, dass auch Nordelbien zwischen der dänischen Mark und dem Stammsitz der Billunger südlich der Elbe um Bardowick/Lüneburg zu deren Hoheitsgebiet gehörte. Diese Annahme erfährt Bestätigung durch die jüngsten Resultate der historischen Forschung[69], denn Günther Bock und Gerrit Aust können mittlerweile Besitzungen der Billunger in großer Zahl auch nördlich der Elbe wahrscheinlich machen. Dieses neu gewonnene Bild, das neben den Billungern noch die mit ihnen verwandten Udonen, die späteren Grafen von Stade, als Grundbesitzer in Nordelbien ausweist, lässt keinerlei Unterschied zum südelbischen Gebiet erkennen.

DER EINFLUSS DER BILLUNGER IM NÖRDLICHEN SACHSEN

Erst im 13. Jahrhundert wird im Chronicon St. Michaelis zu Lüneburg als angeblicher Vater von Graf Hermann sowie seinen beiden Brüdern Graf Wichmann dem Älteren und Amelung, dem Bischof von Verden (* 933, † 962), ein Graf namens Billing erwähnt, der in zeitgenössischen Quellen bisher jedoch nicht einwandfrei identifiziert werden konnte[70]. Auf diesen Graf Billing gründen die in der Forschung etablierten Bezeichnungen »Hermann Billung« für den Grafen Hermann und »*Billunger*« für die Angehörigen jener sächsischen Adelsfamilie, die dem neuesten Kenntnisstand zufolge im fortgeschrittenen 10. und im 11. Jahrhundert die Herrschaftsgewalt in einem Großteil der Regionen beiderseits der Unterelbe innehatte.

Doch wie weit reichte der Einfluss der sogenannten Billunger in Nordelbien zurück? Da für die zweite Hälfte des 9. und das frühe 10. Jahrhundert diesbezüglich keine für das nordelbische Gebiet relevanten schriftlichen Quellen vorliegen, wird diese Frage wohl nie einwandfrei zu beantworten sein. Auf der Grundlage genealogisch-besitzgeschichtlicher Methoden lassen sich jedoch Indizien anführen, die für einen billungischen Einfluss nördlich der Elbe schon im 9. Jahrhundert sprechen könnten. Es handelt sich dabei um Personen aus der schriftlichen Überlieferung, die einerseits einen der »*Leitnamen*« der Billunger – *Hermann*, *Wichmann*, *Ekbert* oder *Bernhard* – trugen und andererseits Besitzungen in denselben Regionen aufwiesen, in denen im 10. und 11. Jahrhundert auch die herzogliche Familie der Billunger Güter besaß[71].

In Wigmodien, dem Gebiet zwischen Elbe und Weser, das bereits 804 in das Frankenreich integriert worden war, ist neben anderen auch die Familie der Ekbertiner als Grundbesitzer zu identifizieren[72]. Da Nordelbien sechs Jahre später sehr wahrscheinlich ebenfalls zu fränkischem Königsgut wurde, ist anzunehmen, dass Graf Egbert als rechte Hand Karls des Großen in Sachsen auch hier Güter erhielt. Ein solcher Grundbesitz ist vielleicht am ehesten in Esesfelth und seiner näheren Umgebung zu vermuten, mag aber auch anderswo im nordelbischen Gebiet gelegen haben. Sabine Krüger[73] weist auf Besitzungen (eines Cobbo aus der Sippe) der Ekbertiner nördlich der Elbe hin[74]. Reinhard Wenskus[75] legt ferner Beziehungen zwischen den im Bardengau ansässigen »älteren Bardonen« und den Ekbertinern dar. Mit Richard Drögereit[76] sieht er die Billunger als Nachfolger der Bardonen im Bardengau (um Lüneburg) an und möchte diese Verbindung am ehesten über die Ekbertiner herstellen, von denen die Billunger den Leitnamen Ekbert geerbt haben.

Zwecks eines Friedensschlusses fanden sich im Jahre 811 an der Eider, dem neu festgelegten Grenzfluss zur dänischen Mark, je zwölf vornehme Männer der Dänen und der Franken ein[77]. Unter den Grafen auf fränkischer Seite werden neben einem Grafen Egbert (*Egbertus comes*), bei dem es sich höchstwahrscheinlich um den Erbauer Esesfelths handelt, auch die Grafen Bernhard (*Bernhardus comes*) und Wichmann (*Wychmannus comes*) erwähnt. Während es sich bei Bernhard um einen im 9. Jahrhundert auch in anderen Familien gebräuchlichen Namen handelt und eine Verwandtschaft mit den späteren Billungern zwar nicht auszuschließen, mangels detaillierter Kenntnisse über diesen Grafen aber auch nicht unbedingt wahrscheinlich ist, sieht Albert Karl Hömberg[78] den Grafen Wichmann als »Urahnen des Geschlechts« der Billunger an. Wahrscheinlich ist er identisch mit dem Wichmann (I), der um 825 Grundbesitz in der heute verlassenen Siedlung Dungen (südöstlich der Oldenburg = Alt Schwalenburg) im Wetigau an das Kloster Corvey übereignet. Als erster Zeuge dieser Handlung wird ein gewisser Hermann (I) genannt, der etwa ein Jahrzehnt später selbst als Landeigentümer in derselben Siedlung auftritt[79].

Für das Jahr 855 nennen die Quellen ferner einen Grafen *Uuigmannus* (Wichmann II) in Hamaland (in den heutigen Provinzen Overijssel und Gelderland, Niederlande), einer Region, in welcher der Wigmannsche Zweig der Billunger bis in das 11. Jahrhundert eine herausragende Stellung hatte. Allem Anschein nach handelt es sich bei ihm um jenen *Wicmannus comes,* der laut den Fuldaer Annalen im Jahre 880 seinen Tod in einer Schlacht ge-

13 Fragmentierte eiserne Reitersporen, sogenannte Stachelsporen, des frühen 10. Jahrhunderts aus der Kaaksburg. *Oben:* L 14,2 cm; *unten:* L 15,3 cm

gen die Normannen fand[80]. Sein Bruder oder Vetter Hermann (II) wird in den um 860 niedergeschriebenen Miracula S. Willehadi in Lesum (entlang der Weser und im Land Hadeln) erwähnt. Spätere Quellen bezeugen Lesum als einen Haupthof der Billunger, von dem aus Graf Wichmann der Ältere, Hermann Billungs Bruder, schon 937 Grafschaftsrechte wahrnahm[81].

Im Jahre 892 schenkte König Arnulf einem Grafen Ekbert, der höchstwahrscheinlich als der Sohn Wichmanns (II) und ziemlich sicher als ein Vorfahre der Billunger anzusehen ist, Güter von außergewöhnlichem Umfang im Tilithigau (im Bereich Leine/Oberweser-Schauenburg), Marstemgau (das Calenberger Land bis zum Steinhuder Meer), Loingau (Region beiderseits der Böhme, Örtze, Unteraller und Leine/Aller) und Bardengau (Gebiet um Lüneburg); in Gebieten also, die zu den späteren Herrschaftsbereichen der Billunger zu zählen sind. Das Grafenamt im Wetigau (Raum Schwalenberg), dem ältesten fassbaren billungischen Gut, bekleideten neben Ekbert 889 zwei Männer namens Reithard und Hermann (III), die als seine Verwandten verstanden werden dürfen. Im Jahre 940 war es Hermann Billung selbst, der über die Grafschaft im Wetigau verfügte[82].

Die reiche Schenkung Arnulfs, die Ekbert eine Herrschaftsbildung im nördlichen Sachsen ermöglichte, wird vermutlich darauf beruhen, dass dieser dem König im selben Jahr bei dessen Feldzug gegen die slawischen Mährer zur Seite gestanden hatte. In einer der Urkunden wird

14 Zwei Teile einer eisernen Trense aus dem 10. Jahrhundert mit einteiligen, gestielten Knebeln aus der Kaaksburg. H 13,2 cm

Ekbert immerhin als *marchio,* also Markgraf, bezeichnet, was auf seine militärische Befehlsgewalt im Grenzgebiet schließen lässt[83]. Diese militärische Gewalt befindet sich 929 in den Händen Graf Bernhards von Borghorst, der als *princeps militiae* das ostfränkische Heer in der Schlacht gegen die Redarier bei Lenzen zum Sieg führte[84]. Er starb im Jahre 935; im darauffolgenden Jahr wurde der sehr wahrscheinlich mit ihm verwandte Hermann Billung zu seinem Nachfolger ernannt.

Die Annahme, dass sich die Position des *princeps militiae* bereits seit einigen Generationen in den Händen der Billunger befunden hatte, würde erklären, warum Wichmann der Ältere es als Beleidigung auffasste, dass Otto der Große ihn 936 bei der Vergabe des Amtes überging und seinen jüngeren Bruder zum Oberbefehlshaber des Heeres ernannte[85]; hätte doch er als älterer Bruder das größere Anrecht auf das mittlerweile anscheinend traditionell billungische Amt gehabt. Da Hermann Billung und sein Bruder Wichmann der Ältere schon ab 936 bzw. 937 hohe Ämter bekleideten, ist anzunehmen, dass zwischen den Brüdern und ihrem Vorfahren Markgraf Ekbert höchstens eine Generation gelegen haben kann, und zwar die ihres Vaters Billing[86].

Eine Persönlichkeit darf vor dem Hintergrund dieses Buches im Rahmen einer Diskussion möglicher Billungervorfahren natürlich nicht fehlen: Der im Zusammenhang mit dem Normannenüberfall auf die Hammaburg im Jahre 845 erwähnte *comes Bernharius* (I)[87]. Bei ihm handelt es sich um eine der wenigen Personen, die unmittelbar mit Nordelbien in Verbindung zu bringen sind, seine Herkunft und Verwandtschaftsverhältnisse liegen jedoch im Dunkeln.

Wenskus[88] fasst die lateinische Form *Bernharius* als Entsprechung des sächsischen Namens *Bernheri* auf und ordnet ihn einer Gruppe von Personen mit -heri-Namen zu, welche die gesamte Karolingerzeit hindurch den Raum beiderseits der unteren Elbe kontrollierten, deren Verwandtschaftsverhältnisse im Mannesstamm jedoch nicht hinlänglich zu klären sind. Als ersten dieser Gruppe nennt er den Grafen Theotheri (I), einen weiteren Unterhändler bei den Friedensverhandlungen im Jahre 811 an der Eider, der 823 auch als Gesandter zu den Dänen geschickt wurde[89] und von Krüger[90] deshalb als »Grenzgraf« an der fränkisch-dänischen Grenze verstanden wird. Dem bereits erwähnten Bernharius (I) von 845 folgte schließlich ein jüngerer Graf Thiothar (II), der zusammen mit einem Grafen Liuthar und einem königlichen Gefolgsmann namens Ratheri 880 im gleichen Raum im Kampf gegen Normannen den Tod fand. Für das Seelenheil seines Vaters Bernharius nahm ein Wracheri um 859 im Wetigau Schenkungen an das Kloster Corvey vor. Bereits einige Jahre zuvor wurde Corvey von einem Richardus für seinen Vater Bernhari beschenkt. In beiden Fällen ist nicht zu klären, ob es sich um den Hamburger Bernharius handelt[91].

Zu Wenskus' -heri-Gruppe zählt auch Graf Etheler (Etheler = Adalher) der Weiße, der im Jahre 994 an einem Abwehrversuch gegen Normannen beteiligt war, in Gefangenschaft geriet und den Normannen seinen Vetter und einen Onkel als Geisel stellen musste. Einen großen Teil des Lösegeldes bezahlte, vielleicht bezeichnenderweise, der Billunger Herzog Bernhard I. Der unter Umständen der billungischen Verwandtengruppe zuzurechnende Graf Etheler wurde vor 1059 in seinem Herr-

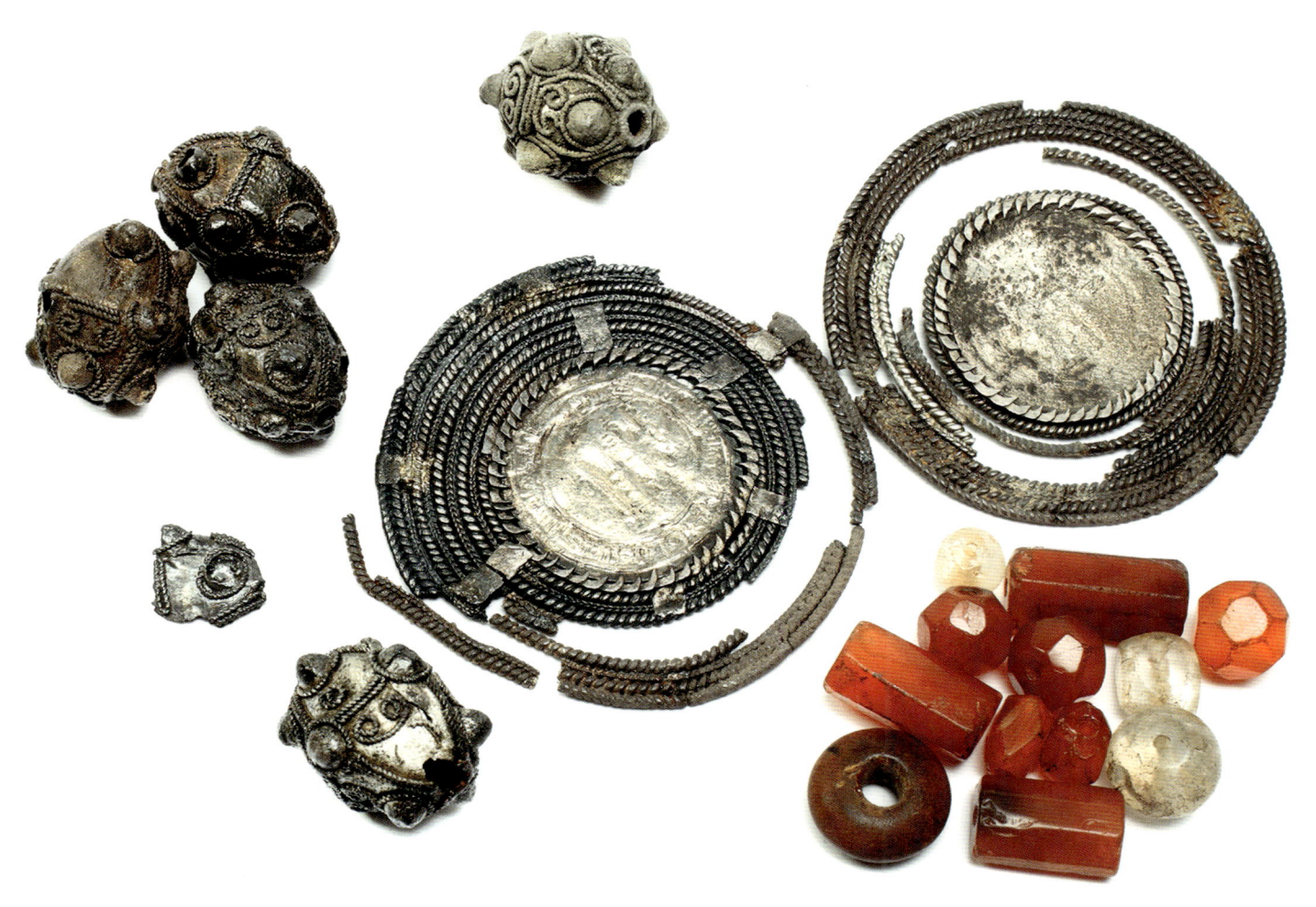

15 Ursprünglich vermutlich als Schmuckkette getragen: Arabische Dirhams mit silbernen Zierdrähten, filigran verzierte Silberblechperlen, quader-, kugel- und stangenförmig geschliffene Perlen aus Karneol und Bergkristall sowie eine Ringperle aus Bernstein (gefunden während der Ausgrabung von H. Hofmeister 1929–1932). Die abweichend verzierte Silberblechperle in der oberen Bildmitte ist ein Detektorfund aus dem Jahr 2007 und gehörte nicht zu dem Ensemble. M ca. 1:1

schaftsbereich in Dithmarschen erschlagen[92]. Ob die von Wenskus herausgestellte -heri-Namengruppe als zusammengehöriger Verwandtenkreis anzusehen ist und in wieweit die genannten Personen mit den Billungern in Verbindung zu bringen sind, ist derzeit nicht einwandfrei zu beurteilen.

Allein für den Grafen der Hammaburg von 845 drängen sich weiterführende Überlegungen förmlich auf, und zwar, wenn der Name Bernharius als eine der zahlreichen, variierenden Schreibweisen des Namens Bernhard verstanden wird, so wie dies in der Regel in den Übersetzungen der Schriftquelle und in der Sekundärliteratur der Fall ist. Nun kommt der Name Bernhard einerseits im Sachsen des 9. Jahrhunderts gewiss nicht gerade selten vor, andererseits stellt er aber auch einen der billungischen Leitnamen dar. Vor allem aber die Tatsache, dass der jüngsten historischen Forschung zufolge die Hamburger Grafen des 11. Jahrhunderts als Nachfahren Hermann Billungs anzusehen sind[93], liegt es im Bereich des Möglichen, dass es sich bei Graf Bernhard von Hammaburg tatsächlich um einen »*frühen Billunger*« gehandelt haben könnte.

Einige der hier angeführten in den schriftlichen Quellen des 9. und frühen 10. Jahrhunderts genannten Grafen sind also mehr oder weniger deutlich als Vorfahren der Billunger herauszustellen und folgendermaßen zu charakterisieren: Wie ihre Nachfahren hatten sie die militärische Befehlsgewalt im Grenzgebiet inne, standen der königlichen Familie sehr nahe, hielten engen Kontakt zur Reichsabtei Corvey und wiesen außerdem verwandtschaftliche Beziehungen mit dem Verwandtenkreis der Nachfahren Widukinds auf[94]. Diese Vorfahren werden auch schon einen (großen) Teil der Güter ihr Eigen genannt haben, die als billungischer Besitz erst im 10. und 11. Jahrhundert auszumachen sind. Auffällig ist jedoch, dass diese Grafen in den Quellen, mit Ausnahme von Bernharius/Bernhard in Hammaburg, in keinem Fall direkt mit dem nordelbischen Gebiet in Verbindung gebracht werden. Die bahnbrechenden Ergebnisse der jüngeren historischen Forschung[95] sprechen allerdings für ausgedehnten billungischen Grundbesitz während des 10. und 11. Jahrhunderts auch nördlich der Elbe, der das gesamte nordelbische Gebiet betroffen haben könnte.

16 Eiserne Stangentrense des 10. Jahrhunderts aus der Stellerburg. H 16,5 cm

17 Verschiedenfarbige Glasperlen aus der Stellerburg. *Links:* Dm 0,8 cm; *Mitte:* Dm 0,7 cm; *rechts:* Dm 1,3 cm

Die von Bock und Aust herausgestellten nordelbischen Güter der Nachfahren der Billunger stammen zu einem Großteil aus der Erbmasse Hermann Billungs und sind damit zumindest bis in dessen Zeit zurückverfolgen (*Abb. 18*). Ob und auf welche Art und Weise sie u. U. bereits in den Besitz seiner oben angesprochenen oder anderer, aufgrund der lückenhaften Quellen nicht zu ermittelnder, nordelbischer Vorfahren gelangt sein könnten, darüber schweigen die Quellen. Allerdings lassen sich in Bezug auf einige der in diesem Beitrag behandelten Burgen des 9. und 10. Jahrhunderts Indizien anführen.

Wie bereits angesprochen, ordnete Kaiser Ludwig im Jahre 822 den Bau einer Burg in der Landschaft Delbende an (*Abb. 1,13*), einer Region an der Delvenau im Südosten Nordelbiens an der Grenze zum slawischen Polabien[96] und schenkte zwei verdienstvollen sächsischen Grafen zwei Dörfer in diesem neu eroberten Gebiet[97]. Vielleicht handelte es sich auch bei diesen beiden Grafen, deren Namen leider nicht genannt werden, um Vorfahren der Billunger. Denn die Landschaft Delbende ist identisch mit der Sadelbande, die in der zweiten Hälfte des 11. Jahrhunderts zwar im Besitz der Udonen war, vorher aber zum Herrschaftsbereich der Billunger zählte[98].

Eine vergleichbare Situation liegt auch im nördlichen Dithmarschen vor, insbesondere im Kirchspiel Lunden, wo die Udonen im späten 11. und frühen 12. Jahrhundert Güter besaßen, die sich zuvor in billungischem Besitz befanden[99]. Nur ca. 3 km südlich des Lundener Kirchspiels liegt die etwa von der Mitte des 9. bis ans Ende des 10. Jahrhunderts genutzte Stellerburg (*Abb. 1,1*). Auch im Süden Dithmarschens hatten die Udonen Grundbesitz, und zwar im Umfeld der Bökelnburg (*Abb. 1,2*). Die im 9. Jahrhundert genutzte und im 11. Jahrhundert vor 1028 reaktivierte Bökelnburg selbst wird von Bock für die Zeit um 1100 als Sitz des Markgrafen Luder Udo III. verstanden[100].

In Ulzburg (*Abb. 1,10*) sind Besitzungen der Herren von Barmstede belegt, die über ihre Abstammung von den Hamburger Grafen auch als Nachfahren Hermann Billungs anzusehen sind[101]. Diese Besitzungen sind ein Teil der oben angesprochenen Erbmasse Hermann Billungs. In der Umgebung der Kaaksburg (*Abb. 1,3*), deren Nutzungszeit in etwa derjenigen der Stellerburg entspricht, konzentrieren sich in Kaaks, Drage, Hohenaspe, Ottenbüttel und Krummendiek Güter der Familie von Krummendiek, die als ministeriale Nachkommen der Herren von Barmstede und mögliche Nachfahren der Hamburger Grafen angesehen werden[102].

Im Umfeld von Neumünster befanden sich im 11. und 12. Jahrhundert die Ländereien des Overboden von Holstein. Als ersten Overboden hatte mit hoher Wahrscheinlichkeit der Billunger Herzog Bernhard II. kurz vor 1059 einen gewissen Marcrad eingesetzt. Als Schwiegersohn von Graf Thietmar II., Herzog Bernhards II. Sohn, gelangte dieser Marcrad in den Besitz billungischer Familiengüter und nahm seinen Sitz sehr wahrscheinlich in der bereits im 9. Jahrhundert genutzten und im 11. Jahrhundert (von ihm) reaktivierten Wittorfer Burg (3 km südwestlich von Neumünster; *Abb. 1,7*) ein[103]. Auch die 7,5 km nördlich von Neumünster gelegene Burg in Einfeld (*Abb. 1,6*) wurde im 9. Jahrhundert in einem Bereich

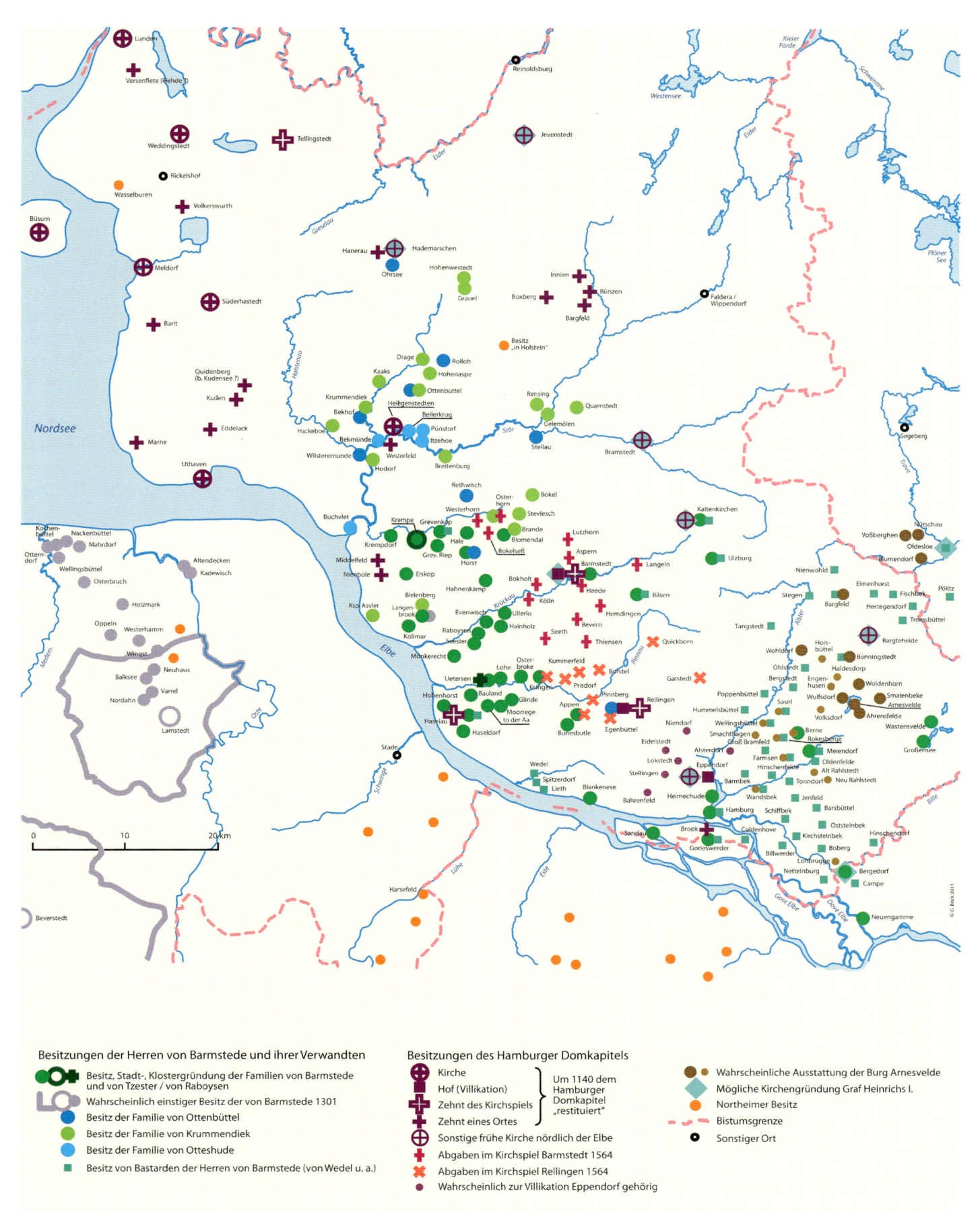

Besitzungen der Herren von Barmstede und ihrer Verwandten

- ⬤✚ Besitz, Stadt-, Klostergründung der Familien von Barmstede und von Tzester / von Raboysen
- Wahrscheinlich einstiger Besitz der von Barmstede 1301
- ⬤ Besitz der Familie von Ottenbüttel
- ⬤ Besitz der Familie von Krummendiek
- ⬤ Besitz der Familie von Ottesh ude
- ■ Besitz von Bastarden der Herren von Barmstede (von Wedel u. a.)

Besitzungen des Hamburger Domkapitels

- Kirche ⎫
- ✚ Hof (Villikation) ⎬ Um 1140 dem Hamburger Domkapitel "restituiert"
- ✚ Zehnt des Kirchspiels
- ✚ Zehnt eines Ortes ⎭
- ⊕ Sonstige frühe Kirche nördlich der Elbe
- ✚ Abgaben im Kirchspiel Barmstedt 1564
- ✖ Abgaben im Kirchspiel Rellingen 1564
- ⬤ Wahrscheinlich zur Villikation Eppendorf gehörig

- ⬤ Wahrscheinliche Ausstattung der Burg Arnesvelde
- ◆ Mögliche Kirchengründung Graf Heinrichs I.
- ⬤ Northeimer Besitz
- – – – Bistumsgrenze
- ⊙ Sonstiger Ort

18 Auf die Hamburger Grafen und damit letztendlich größtenteils auf Hermann Billung zurückzuführende Besitztümer in Nordelbien.

errichtet, der im 11. Jahrhundert höchstwahrscheinlich zum Gutsbesitz des Overboden Marcrad zählte[104]. Auf den Besitz der Hamburger Grafen in Hamburg im 11. Jahrhundert und deren Abstammung von den Billungern wurde bereits im Zusammenhang mit Graf Bernharius und der Hammaburg hingewiesen.

Die Nachweise von bzw. Hinweise auf späteren billungischen Besitz im Umfeld einiger im 9. und 10. Jahrhundert genutzter Burgen sind natürlich nicht einwandfrei als Belege für eine Kontrolle dieser Burgen durch billungische Vorfahren einzustufen. Denn beim derzeitigen Forschungsstand ist nicht zu entscheiden, wann Hermann Billung in Besitz der von Aust und Bock anhand der Quellen des 12. und 11. Jahrhunderts ermittelten umfangreichen Gütermasse gelangte und ob sie allein auf die Schenkung König Arnulfs an Ekbert oder auch auf andere Vorfahren zurückzuführen ist. Rein theoretisch ist es jedoch möglich, dass sich ein Teil des nordelbischen Besitzes bereits im 9. Jahrhundert in den Händen »*früher Billunger*« befand. Insgesamt liegen mittlerweile so viele Indizien vor, dass sicherlich zumindest einige der nordelbischen Burgen des 9. und 10. Jahrhunderts mit den Angehörigen jener mächtigen sächsischen Verwandtengruppe der Billunger in Verbindung zu bringen sind.

KEIN HISTORISCHER SONDERWEG NORDELBIENS

Bereits auf den Gräberfeldern des 8. und frühen 9. Jahrhunderts sind anhand von Grabbau und Beigabenausstattung deutliche Parallelen zum südelbischen sächsischen Stammesgebiet, dem Gau Wigmodien, vorhanden, die auf identische gesellschaftliche Verhältnisse schließen lassen. Die Einwohner dieser beiden Regionen waren es auch, die den Schriftquellen zufolge in engem Verbund Karl dem Großen bis zuletzt Widerstand leisteten. Mit dem Bau Esesfelths im Jahre 810, der die Eingliederung Nordelbiens in das Frankenreich vorbereitete, brach für Nordelbien eine neue Ära an, die Epoche der fränkischen Herrschaft. Diese wird auch hier mit der erzwungenen Christianisierung, der Einführung fränkischer Gesetzgebung sowie der Aufteilung des Landes in Grafschaften verbunden gewesen sein und mit dem wigmodischen Gebiet vergleichbare Umstände hervorgerufen haben.

Die jüngsten historischen Forschungsergebnisse von Bock und Aust[105] geben nun schließlich auch für das 11. Jahrhundert politische und gesellschaftliche Verhältnisse zu erkennen, die mit jenen südlich der Elbe nahezu identisch waren. Es liegt deshalb der Schluss nahe, dass dies auch für den zeitlichen Abschnitt gilt, in dem für Nordelbien keine schriftlichen Belege über die Anwesenheit von Grafen oder die Existenz der Grundherrschaft vorliegen. Zumal in diesem Zeitraum die Kaaksburg und die Stellerburg in Benutzung waren, die ganz eindeutig als Herrschaftssitze aufzufassen sind und somit von archäologischer Seite die historische Überlieferungslücke in Bezug auf die Existenz von Grundherrschaft und Ministerialität zwischen der Mitte des 9. und dem Ende des 10. Jahrhunderts schließen können.

Anders als bislang von der auf Nordelbien bezogenen Forschung zum Ausdruck gebracht, sind auch die nordelbischen Burgen als ein Teil der politischen und gesellschaftlichen Entwicklung zu betrachten, die sich vom 9. bis zum 11. Jahrhundert innerhalb des fränkischen und später ostfränkischen Reiches vollzog. Auch nördlich der Elbe ging die Entwicklung im Befestigungsbau von den fränkischen Reichsburgen (z. B. Esesfelth und Delbende) über zum privaten Burgenbau (z. B. Kaaksburg und Stellerburg), der noch im 11. Jahrhundert mit Persönlichkeiten führender sächsischer Adelsgeschlechter, den Billungern und den Udonen, in Verbindung zu bringen ist. Die hier skizzierte Entwicklung darf derzeit zwar nur als Modell verstanden werden, da feinchronologische, soweit möglich dendrochronologische Datierungen der meisten Burgen fehlen, um die Hypothesen zu untermauern; in jedem Fall sind die Burgen Nordelbiens bei objektiver Einschätzung jedoch in einem grundherrlichadligen Kontext zu sehen und wahrscheinlich als Herrschaftssitze, Verwaltungs- und Gerichtszentren aufzufassen. Die Burgen, die allesamt unter strategischen Gesichtspunkten in der Landschaft platziert wurden, sind demnach nicht bloß auf ihre militärische Funktion zu reduzieren. Als »*archäologische Urkunden für Herrschaftsbildungen*«[106] legen sie vielmehr Zeugnis ab von den sich verändernden politischen und gesellschaftlichen Strukturen im Nordelbien des 9.–11. Jahrhunderts. Den bis in die jüngste Zeit von der regionalen Forschung stets betonten historischen Sonderweg Nordelbiens[107] hat es jüngsten historischen und archäologischen Erkenntnissen[108] zufolge nicht gegeben!

ANMERKUNGEN

1. Weidemann 1976, 166–168.
2. Ann. regni Franc. ad anno 804; Hoffmann 1989.
3. Struve 1965, 15; Budesheim 1989, 224 f.; Kühn 1995, 17; Bock 1996, 46.
4. Hofmeister 1927, 157; Bock 1996, 445 f.; Hardt 2000, 44.
5. Jenkis 1955, 94; Lammers 1955, 27; Bock 1996, 46.
6. Ann. regni Franc. ad anno 809.
7. Vgl. Meyer/Raetzel-Fabian 2006, 32; Klatt 2009, 110 Kat.-Nr. 11.
8. Lemm 2013b, 186–192.
9. Lemm 2013a, 225.
10. Weidemann 1959, 11.
11. von Clausewitz 1999, Buch 6, Kap. 10.9.
12. Ann. regni Franc. ad anno 809.
13. Vgl. Schlesinger 1981, 119.
14. Weidemann 1959, 9.
15. Lammers 1955, 27; Struve 1965, 17.
16. Vgl. Brachmann 1985, 215 f.; Hardt 2000, 41 f.; Springer 2004a, 56.
17. Adam I, 18.
18. Gaasch 1952; Jankuhn 1957, 229; Weidemann 1959, 12; Struve 1965, 32.
19. May 1937, 9; Hamb. UB 1, Nr. 8.
20. Vita Anskarii 12.
21. Vita Anskarii 13; Jankuhn 1957, 233; Laur 1992, 469.
22. Kersten 1939, 307 f.
23. Ann. regni Franc. ad anno 817.
24. Vgl. Brachmann 1993.
25. Weidemann 1976, 168.
26. Springer 2004a, 56.
27. Struve 1965, 11.
28. Ann. regni Franc. ad anno 822.
29. Kempke 1989, 183, 177, Abb. 1.
30. Formulae, 288 f.
31. Theuerkauf 1995, 13.
32. Lemm 2013, 155 f., 194 f.
33. Ebd. 197 f.
34. Struve 1965, 32.
35. Jankuhn 1952; 1957, 41–73; Ramm 1955; Laur 1957; Lemm 2013, 233–235, 247–249.
36. Aufgrund der exzentrischen Lage mehrerer Burgen zum Siedlungsgebiet und deren Errichtung an oder in der Nähe von Wegen wurde häufig in erster Linie eine militärische Funktion dieser Wehranlagen als Wegesperren in Betracht gezogen; vgl. Kersten 1939, 158–178; Jankuhn 1957, 71–73; 1976, 374–376; Struve 1963, 67–73; Lammers 1981, 51–55.
37. Weidemann 1976, Abb. auf S. 207.
38. Struve 1963, 70; 1965, 70.
39. Brachmann 1993, 82; Weidemann 1976, 168.
40. Vgl. Theuerkauf 1995, 13; Janson im vorliegenden Band.
41. Brachmann 1993, 209.
42. Vgl. Struve 1963, 70.
43. Ann. Fuld. ad anno 845; Ann. Bert. ad anno 845; Adam I, 23; Vita Anskarii 16.
44. Miraculi sancti Germani, Kap. 14, S. 13, Z. 12–15; Dümmler 1960, 283–285; Hartmann 1990, 63 f.
45. Lemm 2013b, 268 f.
46. Brachmann 1993, 166–176, 210.
47. Lemm 2013b, 196.
48. Ebd. 195.
49. Harck 2002, 76; Kempke 2002, 129.
50. Haseloff 1937, 70 f.; 1938, 21, 71.
51. Steuer 1974a, 70.
52. Struve 1965, 24.
53. Vgl. Maixner 2010, 191.
54. Vita Anskarii 38.
55. Struve 1965, 50.
56. Brachmann 1993, 210.
57. Ebd.
58. Althoff 1984, 73.
59. Lammers 1981, 81.
60. Althoff 1984, 39, 78 u. Anm. 293; 1991, 311.
61. Ebd. 73 u. 78.
62. Ebd. 312.
63. Widukind von Corvey III, 23; Althoff 1991, 312.
64. Althoff 1991, 314.
65. Lammers 1981, 81, 84; Althoff 1991, 312.
66. Annales Corbeiensis 4; Widukind von Corvey I, 40; Hofmann 1984, 110, 115.
67. Thietmar von Merseburg III, 6.
68. Widukind von Corvey I, 40; Adam I, 59; II, 3; Thietmar von Merseburg III, 6, 24.
69. Aust/Bock 2010, *im Druck*; Bock 2012a, *im Druck 1*. An dieser Stelle sei Günther Bock gedankt, der mir freundlicherweise sein im Druck befindliches Manuskript und die in diesem Beitrag verwendete Abb. 18 zur Verfügung stellte.
70. Wenskus 1976, 241; Althoff 1984, 39, 399.
71. Althoff 1984, 64 f.
72. Weidemann 1976, 168.
73. Krüger 1950, 74.
74. Traditiones Corbeienses § 349.
75. Wenskus 1976, 276 f.
76. Drögereit 1970, 88.
77. Ann. regni Franc. ad anno 811.
78. Hömberg 1963, 19 mit Anm. 75–77; Wenskus (1976, 424) unterstützt diesen Ansatz.
79. Traditiones Corbeienses A § 18b / B § 242b; Hömberg 1963, 19; Wenskus 1976, 242 f.; Althoff 1984, 65.
80. Wenskus 1976, 244.
81. Drögereit 1970, 87 Anm. 174; Wenskus 1976, 244; Althoff 1984, 65.
82. Wenskus 1976, 246; Althoff 1984, 65, 71 f.
83. Hömberg 1963, 18; Althoff 1984, 71 f.; 390.
84. Widukind von Corvey I, 36.
85. Althoff 1984, 71–73, 426; 1991, 311.
86. Wenskus 1976, 247.
87. Vita Anskarri 16.
88. Wenskus 1976, 55, 361.
89. Ann. regni Franc. ad anno 811, 823.
90. Krüger 1950, 48.
91. Wenskus 1976, 361 mit Anm. 3206.
92. Thietmar von Merseburg IV, 23–24; Bock *im Druck 1*.
93. Bock *im Druck 1*.

94 Althoff 1984, 71 f.
95 Aust/Bock 2010; 2014; Bock 2012a; 2014.
96 Kempke 1989, 183, 177 Abb. 1.
97 Ann. regni Franc. ad anno 822; Formulae, 288 f.
98 Bock 2012a, 78; 2014.
99 Bock 2014 mit Karte 27.
100 Lemm 2013b, 194 f.; Bock 2014b mit Karte 27.
101 Aust/Bock 2010, 18; Bock 2014b.
102 Bock 2014 mit Karte 16.
103 Struve 1965, 52, 58; Aust/Bock 2010, 18 f.; Bock *im Druck 1*; Lemm 2013b, 283.
104 Bock *im Druck 1*.
105 Aust/Bock 2010; 2014; Bock 2012; 2014.
106 Struve 1965, 56.
107 Zusammengefasst dargestellt von Aust/Bock 2010, 16 und Lemm 2013b, 262 f.
108 Aust/Bock 2010; 2014; Bock 2012a; *im Druck 1*; Lemm 2013b.

Die Wall- und Grabenanlagen auf dem Hamburger Domplatz und der nordwestslawische Burgenbau

Felix Biermann

Die im Jahre 1949 durch Reinhard Schindler erstmals angeschnittene frühmittelalterliche Wall- und Grabenanlage auf dem Hamburger Domplatz bildete zweifellos einen bedeutenden Teil des seit der ersten Hälfte des 9. Jahrhunderts als Hammaburg schriftlich erwähnten Siedlungskomplexes. Durch Schindlers Grabungen, aber auch durch die späteren Untersuchungen von Renate Schneider (1979–1987) und Karsten Kablitz (2005/06)[1] wurde eine vielschichtige Abfolge von stets ovalen Grabenwerken, Wallbefestigungen und offenen Siedlungsphasen des 8. bis 11. Jahrhunderts nachgewiesen, die im Laufe der Forschungen eher an Komplexität denn an Klarheit gewann und mehrfachen Datierungs- und Deutungswandeln unterlag.

Die Situation wird derzeit wie folgt eingeschätzt: Den Anfang machte eine ovale Grabenanlage von zunächst lediglich 48–58 m Innendurchmesser (Graben 1, Einplanierung um 800), der eine auf 65–75 m Innendurchmesser vergrößerte Grabenanlage 2 (erste Hälfte des 9. Jahrhunderts) folgte, beide ohne Nachweis eines Walls. Auch Siedlungsreste fehlen fast ganz. Entsprechend ist die Deutung als Burgwall, Refugium oder Adelssitz, als Kult- oder Versammlungsstätte umstritten. Die einplanierten Grabenringe wurden dann von einer offenen Siedlung überlagert, die etwa in die zweite Hälfte des 9. Jahrhunderts gehört (Periode III). Kurz vor oder um 900 wurde an derselben Stelle die Wall-Graben-Befestigung, Periode IVa, des 10. Jahrhunderts (130–150 m Außendurchmesser) errichtet, nachgewiesen nun mit mächtigen Wallmassen, Grabenfolgen und deutlich vergrößert; diese Wallanlage war von Schindler ursprünglich in die Zeit Ansgars gesetzt und als die im Jahre 845 durch die Wikinger zerstörte Bischofs- bzw. Domburg interpretiert worden. Sie wurde mehrfach erneuert, wobei man außen neue Wallsektionen an die älteren Befestigungszüge setzte, dabei deren Grabenringe überbaute und deshalb dann neue Gräben vorlegte. So zeigen sich im Nordwesten des Wallrunds (Schnitt Q2) fünf einander zeitlich folgende Gräben, teils mit Böschungssicherungen und Wallpaketen, die zumindest in dieser Befestigungspartie entsprechende Erneuerungen anzeigen dürften. Zu Beginn des 11. Jahrhunderts wurde die Burg eingeebnet. Nachfolgend entstanden der *Heidenwall* – eine das ganze Geestplateau im Osten schützende Abschnittsbefestigung – und der steinerne Dom, dessen hölzernen Vorgänger des 9. Jahrhunderts Schindler in Form einer Reihe von Pfosten nachgewiesen zu haben glaubte; freilich fehlten im Umkreis die dann zu erwartenden Gräber[2]. Über die Funktion, die auf der Keramik und ^{14}C-Daten basierende Zeitstellung und den politisch-herrschaftlichen Hintergrund der Wall- und Grabenanlagen gibt es unterschiedliche Forschungsmeinungen. Treffen die aktuellen Datierungsansätze zu, dann müsste das Grabenwerk 1 auf die Sachsen des 8. Jahrhunderts zurückgehen und als Befestigung, Kult- oder Versammlungsplatz gedient haben. Grabenwerk 2 würde in die Zeit fallen, als in Hamburg die fränkische und obodritische Herrschaft etabliert wurden; die funktionale Deutung pendelt zwischen denselben Polen wie für die ältere Grabenanlage. Die der offenen Siedlung der zweiten Hälfte des 9. Jahrhunderts (Periode III) folgende Wall-Graben-Befestigung des späten 9. und 10. Jahrhunderts – nun erstmals ein regelrechter Ringwall mit Verteidigungsfunktion – stellte eine zentrale Befestigung innerhalb der aufstrebenden Hamburger Siedlungsagglomeration dar und könnte etwa als Sitz eines ostfränkischen Verwalters oder als Befestigung des allerdings archäologisch nicht nachgewiesenen Domes gedeutet werden.

In den Grabenfüllungen, Wall- und Versturzstraten sowie den spärlichen Siedlungsbefunden – Kulturschichten, Steinpflaster, Herdstellen, Gruben, Wallrückfrontbebauung, Pfostenlöcher und Brunnen[3] – fanden sich nicht nur sächsische Keramikscherben meist von sogenannter weicher Grauware, sondern auch solche slawischen Stils: Von Grabenring 2 bis zur Burg der Periode IV trat Keramik des Menkendorfer, Feldberger, Groß Radener und Sukower Typs sowie der Varianten Hamburg A und B nach Torsten Kempke (s. Beitrag Keramik) auf, die als lokale Ware mit slawischen Einflüssen gilt[4]. Die Wall- und Grabenanlage entspricht mit ihren Ringgräben sowie ihren unter Verwendung von Plankenwänden, Kasten-Rost-Konstruktionen und Soden errichteten Holz-Erde-Wallbefestigungen[5] einem weiträumig verbreiteten Fortifikationsmuster jener Zeit, das wir in ähnlicher Form auch aus den benachbarten slawischen Ländern kennen. Es liegt von vornherein nahe, dass sich die Burgenbauer auf beiden Seiten der Elbe gegenseitig beeinflussten, lernte man die Wehrbauten des jeweiligen Nachbarn doch nicht zuletzt bei wechselseitigen Angriffen kennen. Beziehungen zwischen dem frühmittelalterlichen westlichen und östlichen Befestigungswesen werden daher seit Langem vermutet[6]. Überdies hatte Karl der Große das nordelbische Gebiet bald nach 800 zeitweise seinen obodritischen Verbündeten überlassen, die in Hamburg damals auch gesiedelt haben sollen[7]. Schindler hielt für möglich, dass die slawische Siedlung »*von einer leichten Schutzwehr umgeben*« war, und Ralf Busch schloss nicht aus, dass die ersten Ringgräben mit dieser obodritischen Phase in Verbindung stehen könnten[8]. Auch ohnedies kann man davon ausgehen, dass sich unter der Bevölkerung des seit dem 9. Jahrhundert in seiner wirtschaftlichen Bedeutung wachsenden Zentralortes an der Alstermündung auch Slawen aus den angrenzenden obodritischen Territorien befanden.

Insofern ist die Frage berechtigt, ob wir bei den Graben- und Wallanlagen auf dem Hamburger Domplatz slawische Elemente feststellen können. Deren Feststellung würde zwar nur begrenzt zur Aufklärung des politisch-herrschaftlichen Hintergrundes dieser Bauten beitragen, da Einflüsse ganz unabhängig von der Bauherrenschaft wirksam sein konnten und auch denkbar wäre, dass slawische Bauleute im Auftrag von sächsischen oder fränkischen Burgherren wirkten, unter Anwendung ihrer Bautraditionen, -gepflogenheiten und -kenntnisse. Zur Einordnung der schwierigen Hamburger Befundsituation können entsprechende Beobachtungen gleichwohl hilfreich sein. Im Folgenden geht es zunächst um die allgemeinen Kennzeichen des nördlichen westslawischen Burgenbaus, hernach um die Merkmale des Hamburger Befestigungswerkes im konkreten Vergleich mit den zeitgleichen slawischen Burgen.

DER SLAWISCHE BEFESTIGUNGSBAU

Auf der Grundlage der zahlreichen, oft mit dendrochronologischen Daten verknüpften Burgwallforschungen der letzten Jahrzehnte lässt sich der Burgenbau der Nordwestslawen recht gut überblicken. Die seit dem späten 7. Jahrhundert in den ostmitteleuropäischen Norden einwandernden Slawen errichteten zunächst keine Burgen, da die bescheidenen Siedlungs- und Wirtschaftsstrukturen der Frühzeit, der sogenannten Sukower Phase, derlei Großprojekte weder erforderten noch zuließen[9]. An der Ostseeküste zwischen Ostholstein und Hinterpommern kam es im Laufe des 8. Jahrhunderts jedoch zu einem nachhaltigen Aufschwung, in Zusammenhang mit dem Aufleben des Seehandels, der Entstehung von Marktorten – den sogenannten *Emporien* – für vielerlei Waren und auch für Sklaven[10]. So wurde die Basis für die Herausbildung großer Stämme und Stammesverbünde wie der Obodriten geschaffen, wozu herrschaftliche Konzentrationen in erheblichem Maße beitrugen. Im späten 8. Jahrhundert erfahren wir erstmals von der Existenz dieser neuen Stammesorganisationen, als Karl der Große im Bemühen, die Sachsen zu unterwerfen, mit den einen slawischen Herrschaftsträgern Bündnisse einging, die anderen jedoch bekämpfte[11]. Diese in den fränkischen Quellen als »*duces*«, »*reguli*«, »*principes*« oder »*reges*« bezeichneten Herren, wohl Häuptlinge komplexer Stammeshierarchien[12], stützten ihre Macht auf die starken Burgwälle des Feldberger Typs, die seit dem mittleren 8. Jahrhundert in großer Zahl im breiten Hinterland der Ostsee – von Ostholstein bis ins Havelland, in die Uckermark und nach Hinterpommern – entstanden. Ihre Hochzeit war die erste Hälfte des 9. Jahrhunderts. Sie zeichneten sich durch enorme Größen von oft mehreren Hundert Metern Durchmesser, durch starke Wälle, oft eine Gliederung in Haupt- und Vorburgen sowie eine geschickte Anpassung der Wall- und Grabenlinien an das Gelände aus (*Abb. 1 u. 2*). Im Laufe der Zeit ist eine allmähliche Verkleinerung dieser Burgen festzustellen. Dennoch konnten sie im Gefahrenfall großen Menschenmengen Schutz gewähren. Sie waren aber keine Fluchtburgen, sondern ständig bewohnt, ausweislich häufiger Funde von Sporen, Militaria und Elitensachgut auch von den Herren und ihren Kriegern. In erster Linie waren diese Burgen die Sitze der slawischen Stammeseliten[13]. Im westlichen Obodritengebiet wurden solche Wehranlagen unter anderem in Bosau (»*Bischofswarder*«), Friedrichsruhe, Mecklenburg, Oldenburg (*Abb. 3*) und Sternberg (Sternberger Burg) erforscht[14].

1 Der Oldenburger Wall bei Horst (Herzogtum Lauenburg) ist eine charakteristische, wohl bereits im 8. Jahrhundert errichtete Höhenburg des Feldberger Typs.

In den Jahrzehnten um 900 wurden die meisten der Feldberger Burgen aufgegeben, da die nordwestslawische Stammeswelt in eine wirtschaftliche und politische Krise geraten war; der enorme Aufwand zur Errichtung, Unterhaltung und Verteidigung der großen Burgen war nicht mehr zu leisten. Infolge des Verfalls der Großherrschaften bildeten sich dezentrale und multipolare Machtverhältnisse mit zahlreichen kleinen, miteinander konkurrierenden Mächten heraus, auf welche die für das späte 9. und 10. Jahrhundert charakteristischen Ringwälle geringer Größe zurückgehen. Seit etwa 870/900 bis in die zweite Hälfte des 10. Jahrhunderts wurden im ganzen nördlichen westslawischen Raum kleine Rundwälle von 50 bis 80 m Durchmesser erbaut (*Abb. 4 u. 5*), gelegen meist in der feuchten Niederung oder auf Halbinseln, mit stark ausgebauten Holz-Erde-Wällen, tunnelförmig durch die Wälle geführten Toren, dichter Innenbebauung und oft mehreren Brunnen[15]. In manchen Regionen liegen zahlreiche solche Rundwälle nahe beieinander, was als ein Anzeichen sehr kleinteilig-segmentärer Herrschaftsverhältnisse zu bewerten ist[16]. Im obodritischen Gebiet, wo die Traditionen mächtiger Groß- und Samtherrschaften zu keiner Zeit ganz abgebrochen und alte Zentralburgen wie Alt Lübeck, die Mecklenburg, die Oldenburg oder der nur archäologisch erfasste Burgwall von Friedrichsruhe[17] nie komplett aufgegeben worden waren, spielten die kleinen mittelslawischen Rundwälle eine geringere Rolle. Jedoch entsprechen etliche Wehrbauten auch in diesem Gebiet jenem Typus, und mit den bekannten Burgwällen von Groß Raden (*Abb. 6*) und Scharstorf (*Abb. 7*) liegen hier sogar zwei charakteristische und gut erforschte derartige Anlagen[18]. Diese Burgen haben zwar immer wieder Hinweise auf kultische Aktivitäten erbracht, waren aber – anders, als es etwa Ewald Schuldt für die Burg von Groß Raden angenommen hatte – keine Tempelburgen. Vielmehr handelte es sich um die Sitze kleiner Stammeshäuptlinge, deren Vorrang sich auf familiale Hervorhebung, militärischen Erfolg und die persönliche kriegerische Aura gründete. Die in den kleinen Ringwällen geborgenen Funde sind in der Regel eher bescheiden, belegen mit Sporen, Waffen und prestigeträchtigen Trachtstücken aber doch die Verbindung der Befestigungen mit dieser sozialen Gruppe[19].

Im Laufe des 10. Jahrhunderts kam es wieder zu Zentralisierungsprozessen im nördlichen westslawischen Raum, unter fremden und eigenen Mächten. Unter dem ostfränkischen König Heinrich I. († 936) und seinem Sohn Otto dem Großen (912–973) wurde das nordwestslawische Gebiet seit den späten 920er Jahren unterworfen, wobei im Hinterland der Ostsee kaum mehr als eine Tributherrschaft etabliert werden konnte. Beim großen Aufstand von 983, der unter der Führung des liutizischen Stammesbundes stand, ging sie wieder unter[20]. Zugleich gewann bei den Obodriten die Familie der Nakoniden an Gewicht, die uns erstmals in der Schlacht an der *Raxa* (Recknitz) zwischen Slawen und Ostfranken im Jahre 955 begegnet und deren größter Vertreter der »*Slawenkönig*« Heinrich von Alt-Lübeck war († 1127)[21]. Im 11. und 12. Jahrhundert expandierten Dänen, Polen und verschiedene Reichsgewalten mit wechselndem Er-

2 Innenansicht des Oldenburger Walls bei Horst (Herzogtum Lauenburg).

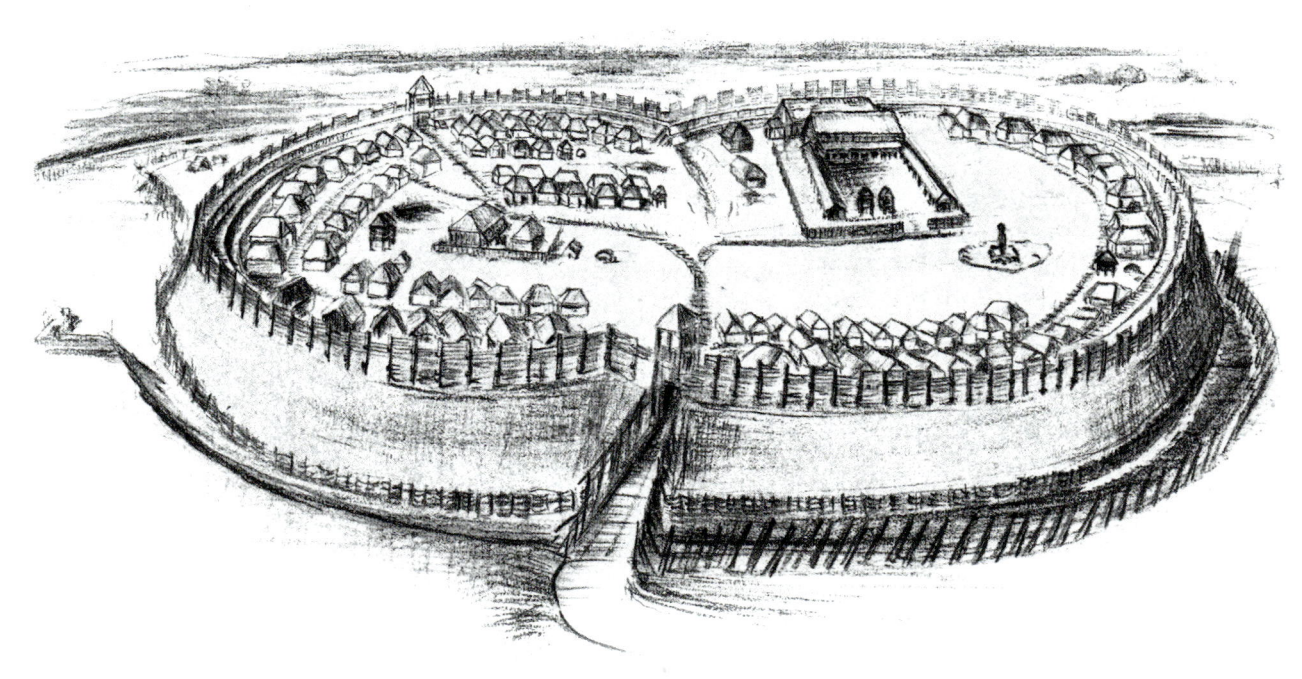

3 Oldenburg, Rekonstruktion des Burgwalls im frühen 9. Jahrhundert.

4 Die Burg von Wollschow in der Uckermark ist mit gut 80 m Durchmesser, der starken geschlossenen Wallbefestigung und der Niederungslage im Randowtal ein charakteristischer Ringwall des 10. Jahrhunderts.

5 Rekonstruktionsansicht des kleinen Ringwalls von Tornow in der Niederlausitz, nach dem der Burgentyp mitunter benannt wird. Die Anlage existierte im Wesentlichen im 10. Jahrhundert.

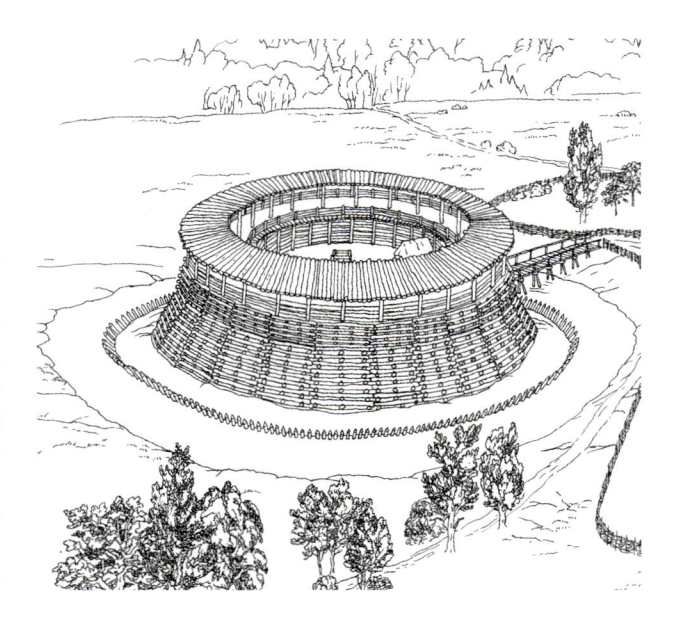

folg in die slawischen Gebiete im Süden der Ostsee, doch blieben in den bis in das 12. Jahrhundert unabhängigen liutizischen Stammesgebieten eher archaische Häuptlings- und Priesterherrschaften erhalten[22]. Zugleich kam es zu einem erneuten wirtschaftlichen Aufschwung – in den Jahrzehnten um 1000, mit dem Beginn der sogenannten spätslawischen Periode, setzte eine bis in das 12. Jahrhundert währende ökonomische Blütezeit ein, geprägt von weiträumigem Handel, hoch entwickeltem Handwerk und beachtlichem Umlauf von Silber. Diese Wandlungen spiegeln sich auch im Burgenbau wider, indem nun wieder große Burgwälle errichtet wurden und neben Herrschaftssitzen auch befestigte Wirtschaftszentren entstanden, die sogenannten »*Burgstädte*«[23]. Diese vielschichtigen Entwicklungen brauchen in unserem Zusammenhang aber nicht mehr näher behandelt zu werden, da sie schon über die Existenzzeit der Befestigungen auf dem Hamburger Domplatz hinausweisen.

Bei allen lokalen und regionalen Unterschieden sowie zeitlichen Veränderungen blieben bei den nordwestslawischen Burgen einige Merkmale konstant: Sie nutz-

6 Der rekonstruierte Burgwall von Groß Raden mit Torturm, Wehrgang und Brücke, spätes 9. und 10. Jahrhundert.

ten immer natürliche Schutzlagen aus und waren mit Wall und Graben befestigt, entsprachen also stets dem Burgwall-Typus. Die Wälle bestanden in der Regel aus erdgefüllten Bohlenkästen von 3–5 m Breite und 5–10 m Höhe, deren Fronten durch innen eingezogene Stich- und Spannbalken stabilisiert wurden. Die Anker hielten die Frontbohlen mittels Ösen, Asthaken oder Auskehlungen (Abb. 8 u. 9). Die Außenseiten konnten durch Steinpackungen verstärkt sein (Abb. 10), aber freistehende Mauern spielten keine Rolle[24]. Gelegentlich wurden für die Wallfronten oder die diesen vorgelagerten Bermensektionen Soden verwendet[25]. Oben auf den Wällen befanden sich Wehrgänge. Bei Erneuerungen baute man weitere Wallsektionen außen vor die älteren Befestigungen an und teufte anstelle des dann überbauten Grabens davor einen neuen, meist flachen, aber dennoch wasserführenden Sohlgraben ab. Die Wall-Graben-Befestigungslinien konnten auf diese Weise eine enorme Breite erreichen. Dazu konnten Annäherungshindernisse wie Palisaden, gespitzte Pfähle und Ähnliches kommen. Die Tore waren einfache, mit Holz ausgebaute Durchlässe[26] oder wurden tunnelartig durch die Wälle geführt[27]. Türme bildeten Ausnahmen, deren Existenz in lediglich spärlichen archäologischen und schriftlichen Quellen erkennbar wird (Abb. 11)[28]. Die Gräben passierte man auf Erd-, zuweilen auch auf Holzbrücken, und zur Überquerung größerer Gewässer, etwa bei Inselburgen in Seen, konnten aufwendige Übergänge konstruiert

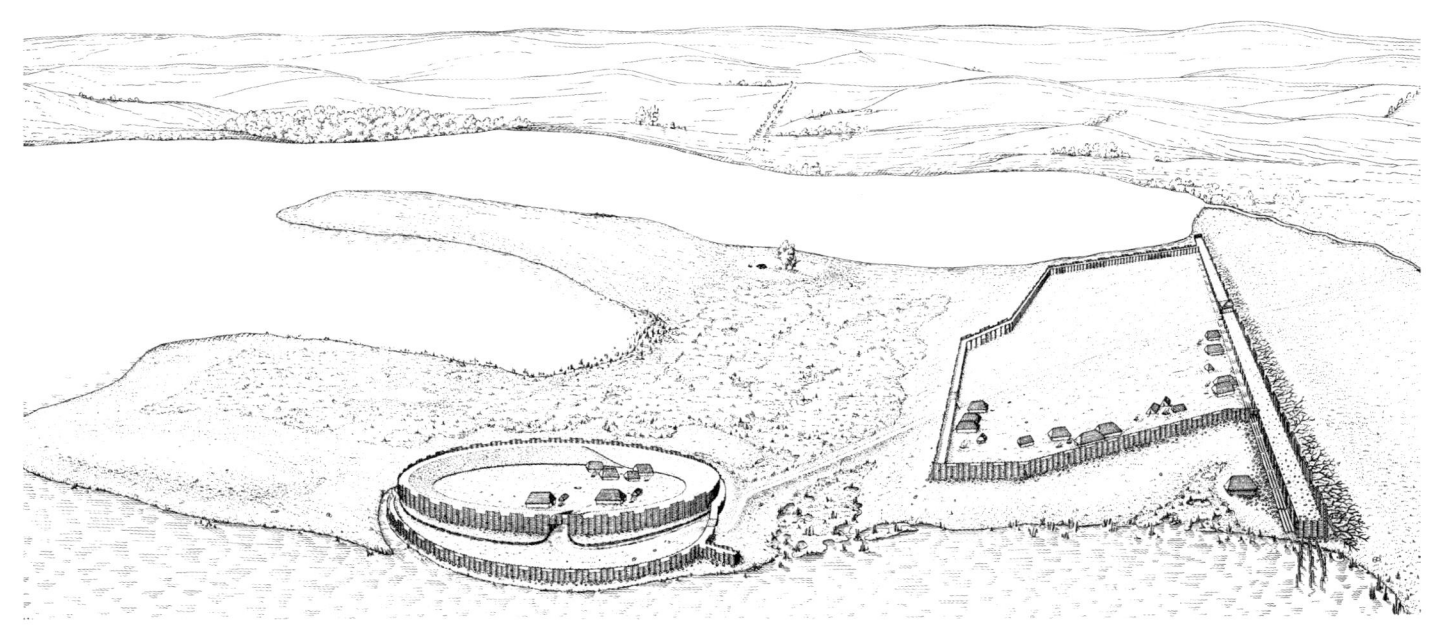

7 Rekonstruktion des Burgwalls von Scharstorf in seiner späten Ausbauphase, mit dem kleinen Ringwall als Hauptburg und einer Vorburg-Abschnittsbefestigung, spätes 9./10. Jahrhundert.

werden[29]. Das gesamte Verteidigungssystem war eher bescheiden, bot aber guten Schutz gegen die Angriffe von Reitern und Fußsoldaten. Auch gegen Belagerungsmaschinen bildeten die massiven Wälle einen effektiven Schutz. Reine Palisadenbefestigungen gibt es unter den slawischen Burgen nicht[30]. Das größte Problem war die Brennbarkeit der mit enormen Holzmengen errichteten Wehrbauten, und auch deshalb gehörten stets Brunnen zu den Burgen. Diesen konnte Löschwasser entnommen werden, wenn es dem Gegner gelungen war, mit Brandpfeilen Feuer auf die Wallbauten zu tragen[31]. Dass dies oft nicht half, zeigen die bei Ausgrabungen slawischer Burgen fast regelhaft nachweisbaren Brandschichten an. Pfeilspitzen und Skelettreste menschlicher Opfer, aber auch der gewaltige Aufwand beim Befestigungsbau geben eine Vorstellung von der Härte der Auseinandersetzungen, die um diese Burgen im frühen und hohen Mittelalter geführt wurden[32].

8 Rekonstruktion der Wall-Graben-Fortifikation der Oldenburg, um 800.

SLAWISCHE EINFLÜSSE BEI DEN HAMBURGER DOMPLATZ-BEFESTIGUNGEN?

Vergleichen wir die Wälle und Grabenringe auf dem Hamburger Domplatz mit dem slawischen Burgenbau, so lassen sich Ähnlichkeiten und Unterschiede feststellen. Zunächst gilt für die Hamburger Befunde genauso wie für die slawischen Burgwälle, dass sie einem überregional verbreiteten frühmittelalterlichen Befestigungsmuster entsprechen; bei Sachsen, Franken und Slawen wurden in jener Zeit ähnliche Burgen gebaut, deren Verteidigungskonzept stets auf Holz-Erde-Wällen und davor gelegten Gräben beruhte. Während dies bei den Ringgräben 1 und 2 noch nicht deutlich ist und deren Interpretation mangels Wallnachweis insgesamt unsicher erscheint, kann dies für die Burg der Periode IV sicher festgestellt werden. Diese Fortifikation ist mit ihrer ovalen Grundform und beträchtlichen Größe, ihren mächtigen, mehrfach ausgebauten Wällen aus Holz und Erde sowie dem tiefen, teils wohl natürliche Rinnen nutzenden Grabenring eine Burg, wie sie auch im nördlichen westslawischen Raum hätte errichtet werden können. Sie wäre allerdings durch ihre Größe aufgefallen, denn im späten 9. und 10. Jahrhundert herrschten dort kleinere Befestigungen vor, zumindest unter den Neubauten. Die Holzkonstruktion des Hamburger Walls, die im südwest-

9 Holzsubstruktionen des Walls der Inselburg von Fergitz in der Uckermark, die als Basis der in den Uferbereich vorgebauten, tonnenschweren Wallbefestigung dienten, um 1000.

10 Verstürzte Steine von der Wallfront im Burggraben von Leuthen-Wintdorf (Niederlausitz), 10. Jahrhundert.

lichen Wallrund der Burg der Periode IV aufgedeckt wurde,[33] entspricht einer auch bei den Slawen verbreiteten Wallbauweise, die als »asymmetrischer Rost« oder »Kasten-Rost-Mischbauweise« bezeichnet werden kann[34]. Es dürfte sich um verblockte Kastensektionen mit innen quer zur Wallrichtung eingezogenen Spannbalken handeln[35]. Die Wände aus senkrechten, durch Ankerbalken stabilisierten Bohlen, die sich in Wallphase 3B (nach Ole Harck) als Wallfronten an den Grabenböschungen abzeichnen, finden ebenfalls Parallelen im Nordosten und Osten, so in der Bewehrung des Scharstorfer Burgwalls oder jener der spätslawischen Inselburgen von Warder in Ostholstein (*Abb. 12*) und Behren-Lübchin im östlichen Mecklenburg[36]. Aus diesen Befunden ergeben sich aber nicht unbedingt direkte Beziehungen, denn die konstruktiven Möglichkeiten, einen stabilen, wehr- und dauerhaften Wall aus Holz und Erde zu errichten, sind begrenzt. Deshalb kamen bei Holz-Erde-Burgwällen verschiedener Räume und Zeiten immer wieder ähnliche Bautechniken zur Anwendung. Wir können aufgrund dieser Beobachtungen lediglich feststellen, dass die Hamburger Befestigung der Periode IV ein Wehrbau war und in ihren Grundzügen dem Befestigungswesen ihrer Zeit entsprach, das ein vielfältiges Beziehungsgeflecht miteinander verknüpfte und bis zu einem Grade vereinheitlichte. Beispielsweise hat man auch die gut 30 km südwestlich von Hamburg gelegene Alte Burg von Hollenstedt, die hinsichtlich ihrer Zeitstellung, ihrer Form, Größe und Wallkonstruktion der Hamburger Befestigung der Periode IV recht ähnlich ist, aufgrund verschiedener Kennzeichen der Wallbauweise und der Keramik als slawische Burg des frühen 9. Jahrhunderts gedeutet (s. Beiträge Jochen Brandt u. Wulf Thieme)[37]. Später gewonnene dendrochronologische Daten des ausgehenden 9. Jahrhunderts lassen aber auf einen fränkisch-sächsischen Verwaltungs- und Herrschaftssitz schließen; das illustriert die Problematik, Wallbauweisen zur näheren Datierung oder ethnischen Deutung heranzuziehen, an einem nahe gelegenen Objekt[38].

Der Umstand, dass konstruktive Ähnlichkeiten aus gleichen Anforderungen resultieren können, gilt auch für weitere Details: Von Schindler im Südwesten des Hamburger Ringwalls freigelegte Balkenlagen, die den Bohlenbelag eines Torweges darstellen könnten[39], ähneln zwar den entsprechenden Befunden bei Tunneltoren im nordwestslawischen Gebiet (*Abb. 13*)[40], doch ergibt sich diese Analogie vor allem aus den immer gleichen Ansprüchen an Torwege. Der laut Jahrringdaten um oder nach 996 erbaute Hamburger Holzkastenbrunnen[41] entspricht in wesentlichen Zügen der slawischen Bauweise, und eine solche Anlage gehörte auch zu jeder nordwestslawischen Burg, doch bestätigt das nur vergleichbare konstruktive und funktionale Ansprüche, keine gegenseitigen Einflussbeziehungen.

Gegen enge Verbindungen der Hamburger Burg der Periode IV mit dem slawischen Burgenbau sprechen zwei andere Details. Erstens ist der erste Wall auf dem Domplatz in großen Partien aus Soden aufgebaut, und das steht, wie bereits O. Harck feststellte, »*in spätsächsischer Tradition*«[42]. Wie oben dargestellt, kommen Soden auch bei slawischen Burgen vor, sind dort aber selten und auf die Fronten beschränkt, während man das Wallinnere mit Sand oder Lehm auffüllte. In Hamburg bestehen demgegenüber ganze Wallmauern aus Soden[43]. Zudem sind mehrere Grabenabschnitte derselben Burg als Spitzgraben ausgeprägt[44], und diese spielen im slawischen Befestigungswesen keinerlei Rolle. Solche sind hingegen im westlichen Burgenbau des frühen Mittelalters gängig, im sächsischen ebenso wie im fränkischen Milieu und mit einem Schwerpunkt vom 8. bis 10. Jahrhundert[45]. Die wenigen Spitzgräben an Burgen des nördlichen westslawischen Gebietes können bezeichnenderweise mit fränkisch-ostfränkischen oder deutschen Burgenbauern verknüpft werden[46]. Die spitze Ausprägung der Hamburger Gräben ist daher ein Indiz für eine sächsische oder fränkische Bauherrenschaft.

Dieser Befund spricht auch gegen Beziehungen der beiden älteren Grabenringe 1 und 2 zum slawischen Fortifikationswesen. Beide Kreisgräben sind in verschiedenen Abschnitten als Spitzgräben ausgeprägt[47], und dafür finden sich im slawischen Burgenbau auch des 8./9. Jahrhunderts keine Anknüpfungspunkte. Überdies wären die Ausmaße von maximal 58–75 m Durchmesser in jener Zeit auffällig – so kleine Ringwälle wurden bei den Slawen erst in der zweiten Hälfte des 9. und im 10. Jahrhundert üblich. Da hier auch noch der Nachweis von Wallbefestigungen fehlt und für diese zumindest im ersten Grabenrund kaum Platz verbliebe[48], ergeben sich selbst zu den (erst späteren) mittelslawischen Ringwällen keine erkennbaren Beziehungen. Kreisgrabenanlagen dieser Art waren bei den nördlichen Westslawen nicht gängig[49]. Allein die Erdbrücken der Hamburger Grabenwerke ließen sich mit jenen in slawischen Burggräben verknüpfen. Deren Erbauer beschränkten die Brücken jedoch stets auf das Notwendigste, da es sich um Schwachstellen der Befestigung handelte; nur selten gibt es mehr als eine Grabenpassage[50]. Die zwei Brücken im Graben 2 und die drei Übergänge im Graben 1 erschienen mithin sehr ungewöhnlich.

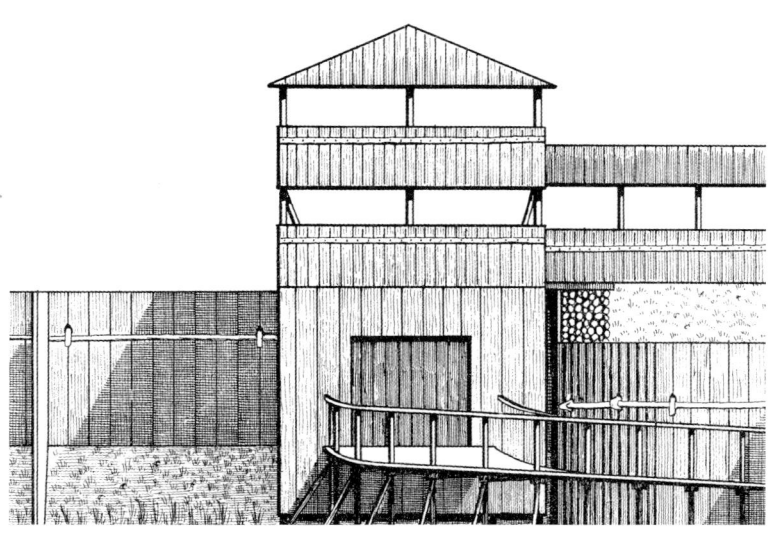

11 Rekonstruktion des Torturms der spätslawischen Inselburg von Behren-Lübchin, Mecklenburg.

12 Rekonstruktion der Befestigung der spätslawischen Inselburg von Warder.

13 Blick auf den Torweg des Burgwalls von Groß Raden, 10. Jahrhundert.

Als Ergebnis dieser kurzen Analyse kann man feststellen, dass sich aus dem archäologischen Befund der Wall-Graben-Anlagen auf dem Hamburger Domplatz keine auffälligen Beziehungen zum slawischen Befestigungswesen ableiten lassen. Vorhandene Ähnlichkeiten können eher auf zeittypische, überregional übliche Bau- und Konstruktionsweisen zurückgeführt werden, ferner auf die parallele Lösung vergleichbarer konstruktiver und funktionaler Anforderungen. Dagegen zeigen die Hamburger Graben- und Wallwerke Kennzeichen, die für den Burgenbau der nördlichen Westslawen ungewöhnlich wären: Ihre jeweiligen Ausmaße, ihre Grabenzüge, die eines Walls entbehren, die Spitzgräben und Sodenwälle. Besonders die letztgenannten Merkmale stellen sie eher in die sächsische und fränkische Bautradition.

ANMERKUNGEN

1 Vgl. Busch 1995a, 21; Konzeptpapier Kolloquium (Anne Klammt für das Archäologische Museum Hamburg)
2 Zu den Domplatzbefunden Busch 1987, 33 f.; Wiechmann 1999; Kempke 1998, 377 f.; im Einzelnen: Schindler 1957b; Busch 1995a; Schulz 1995a; Harck 2002; Kempke 2002, 129–132; zu den ^{14}C-Daten: Busch 1995b; zum Schnitt Q2: Schulz 1995a, 37–40 Abb. 21; Harck 2002, 49.
3 Schindler 1957b, 75; Schulz 1995a; Harck 2002, 52–58.
4 Kempke 2002; vgl. auch Schindler 1955, 20 ff. Abb. 4; 1957, 77 Abb. 26; 1959a.
5 Schindler 1957b, 66–78 Abb. 24, 25 Taf. 16–18; Schulz 1995a, 32–44 Abb. 11, 17.
6 Meist sucht man den Ausgangspunkt der Einflüsse allerdings im Westen, vgl. z. B. Henning 1991, 131 f.; Brather 1998, 122; 2001, 124; Kempke 1999, 46.
7 Schindler 1957b, 114 f.; vgl. zur historisch-archäologischen Überlieferung Busch 1987, 33 ff.; Kempke 1998, 375 f.; 2002, 98.
8 Schindler 1957b, 114; Busch 1995a, 21.
9 Vgl. Dulinicz 2006, 243–250.
10 Biermann 2006, 16 ff., mit weiterer Literatur; zu den Emporien zuletzt: Kleingärtner 2014.
11 Vgl. Fritze 1960; Ernst 1976, 95–99, 154–171; Herrmann 1985, 252–277 (Beitrag J. Herrmann, E. Engel); Hanewinkel 2004, 34–59; Ruchhöft 2008, 76 f.
12 Die Möglichkeiten der Benennung frühgeschichtlicher Herrschaftshierarchien erläutert Th. Saile (2010, 54–60); weitere Lit. bei Klammt 2013.
13 Herrmann 1968, 164 ff. Abb. 28, 29; 1969; Brather 1998; 2006; Biermann 2011.
14 Bosau: Gebers 1981/1986; Hinz 1996; Friedrichsruhe: Messal 2013; Mecklenburg: Donat 1984; Oldenburg: Gabriel/Kempke 1989; 1991b; Sternberger Burg: Schuldt 1983.
15 Vgl. Herrmann 1966; 1967; Henning 1998; Biermann 2000, 124–140; 2006, 15–24.
16 Z. B. Henning 1998, 10 Abb. 1.
17 Oldenburg: Gabriel/Kempke 1989; 1991b; Alt Lübeck: Fehring 1980; 1992; Kempke 1988a; Mecklenburg: Donat 1984; Friedrichsruhe: Messal 2013.
18 Groß Raden: Schuldt 1985; Scharstorf: Struve 1975, 106–115; Meier 1990; allgemein für Ostholstein: Struve 1981, u. a. 53 ff., 77 ff., 91 f., 97.
19 Vgl. Biermann 2000, 66–88, 124–140, 281–290; 2010.
20 Brüske 1955, 16–44; Fritze 1984; Hanewinkel 2004, 168–219.
21 Vgl. Herrmann 1985, 340 f., 365 ff. (Beitrag S. Epperlein), 379 ff. (Beitrag E. Engel); Lübke 2001, 28; Ruchhöft 2008, 121–124.
22 Brüske 1955, 54–100; Ruchhöft 2008, 132–136.
23 Vgl. Biermann 2010; 2010a.
24 Zum Wallbau z. B. Schuldt 1965, 24–56, Beil.; Herrmann 1967, 206–258; Henning 1998; Biermann 2000, 127–135.
25 Z. B. von Müller/von Müller-Muči 1983, 87 Anl. 15, 26; Donat 1984, 19 Taf. 3b; Henning/Heußner 1992, 320 f.
26 Vgl. die Pläne bei Herrmann 1968, 164 ff. Abb. 28, 29.
27 Vgl. zu Toren z. B. Herrmann 1966, 19 ff., 34 ff. Abb. 6–8 Taf. 4, 5 u. a.; Schuldt 1985, 72, 74–78 Abb. 75, 78 u. a.; Ullrich 2000, 121–194; Biermann 2000, 134 f.; Kinkeldey 2013.
28 Vgl. z. B. Unverzagt/Schuldt 1963, 10; Schuldt 1965, 44, 47 Abb. 25, 29 Taf. 61; 1985, 14 ff. Taf. 2 Beil. 1; von Müller/von Müller-Muči 1983, 77–86 Abb. 41–44 Anl. 38 Plan 32; Ruchhöft 2010, 62 f.
29 Biermann 2000, 135; Bleile 2005.
30 Sie kamen nur zur Einhegung von Vorburgsiedlungen, in rückwärtigen oder anderweitig peripheren Bereichen einer Befestigung zum Einsatz: z. B. Herrmann 1973, 95 ff. Abb. 50, 51; Schuldt 1983, 144; 1985, 14–21 Beil. 1.
31 Biermann 2001, 240 f., mit weiterer Literatur.
32 Vgl. Frey 2001, 201 f., mit weiterer Literatur; Biermann 2010, 29; Biermann/Henning 2012.
33 Schnitt J, Plana 1 und 2; Schulz 1995a, 32–44 Abb. 10, 11, 17. Ähnliche Befunde wurden auch in anderen Wallbereichen erhoben (dies. 1995a, 37 f. Abb. 20 [Schnitt P]).
34 Biermann 2000, 129–132; 2010.
35 Es handelt sich um charakteristische Wallbefunde, die Deutung als »postslawisches« Grubenhaus (Harck 2002, 52–55 Abb. 37, 38) halten wir daher für unwahrscheinlich.
36 Das stellt bereits O. Harck (2002, 51 f.) fest; zum Hamburger Befund, der nicht als freistehendes Annäherungshindernis gedeutet werden sollte, vgl. ebd. und Schindler 1957b, 66–71 Abb. 24, 25; zu Behren-Lübchin: Schuldt 1965, 62–77; zu Scharstorf: Struve 1975, 106–109 Abb. 9, 10; 1981, 72 Abb. 49, 50; zu Warder: Ders. 1975, 100–106 Abb. 7.
37 Besonders Laux 1997.
38 Zuletzt Ahrens 1998, 79–93, mit Diskussion und Literatur.
39 Zum Hamburger Torweg: Schulz 1995a, 36 f. Abb. 17; Harck 2002, 56 f. Abb. 40. Unwahrscheinlich ist Harcks Deutung des Befundes als Balken eines Hauses. Wenn nicht zu einem

Torweg, dann gehört der Befund zum rostartigen Innengerüst des Walls, wogegen lediglich die Ausrichtung der Masse der Balken spricht.

40 Z.B. Schuldt 1985, 70–78 Abb. 75 Taf. 18, 19; Kinkeldey 2013, 258 f.
41 Schulz 1995a, 44–48.
42 Harck 2002, 76 (Zitat), vgl. auch 45 (mit Beispielen).
43 Vgl. Harck 2002, 39–45 Abb. 26, 31 u. a.
44 Schulz 1995a, 32–44 Abb. 14, 22, 23.
45 Vgl. von Uslar 1964, 212 ff.; Brachmann 1993, 86 ff.
46 Vgl. z. B. Wetzel 1989, 191, 199 Beil. 3, 4; Henning 2012, 135, 138 Abb. 4.
47 Schulz 1995a, 28–32 Abb. 2–8.
48 Vgl. Busch 1995a, 21; Schulz 1995a, 28.
49 Eine Doppelkreisgrabenanlage von Quappendorf-Bärwinkel im Osten Brandenburgs, die Günther Wetzel, Otto Braasch und Ralf Lehmphul (Wetzel/Braasch/Lehmphul 2012, 157 ff.) als mittelslawischen Kultplatz deuten, halten wir eher für die Relikte eines stark abgetragenen Burgwalls. Die sonstigen Grabenringe, die im selben Aufsatz genannt werden, sind u. E. ebenfalls durchweg anders zu interpretieren, etwa als Dorfbefestigungen oder Burgwallrelikte, nicht aber als Kreisgrabenanlagen.
50 Ullrich 2000; Biermann 2000, 134 f.; Kinkeldey 2013, 259.

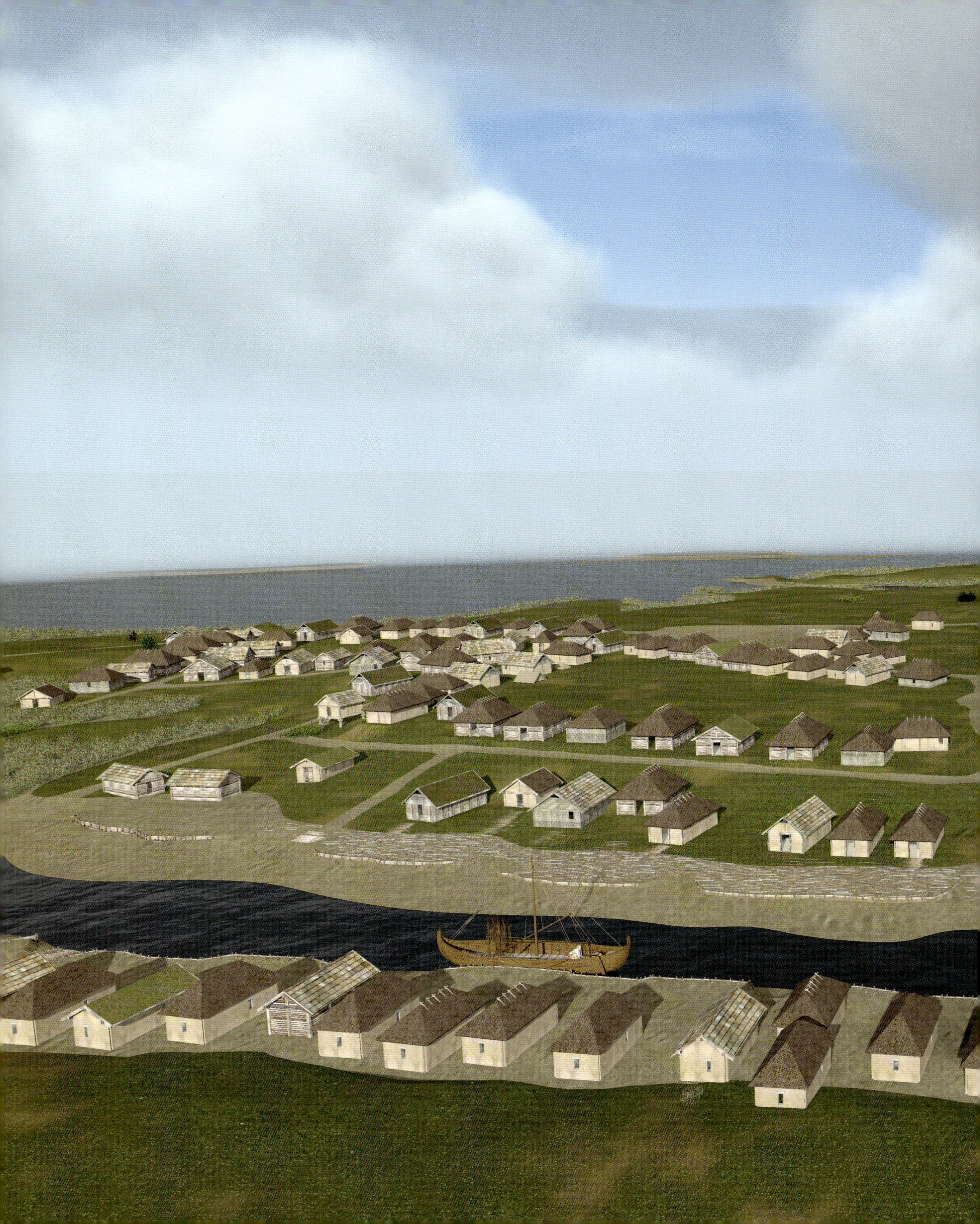

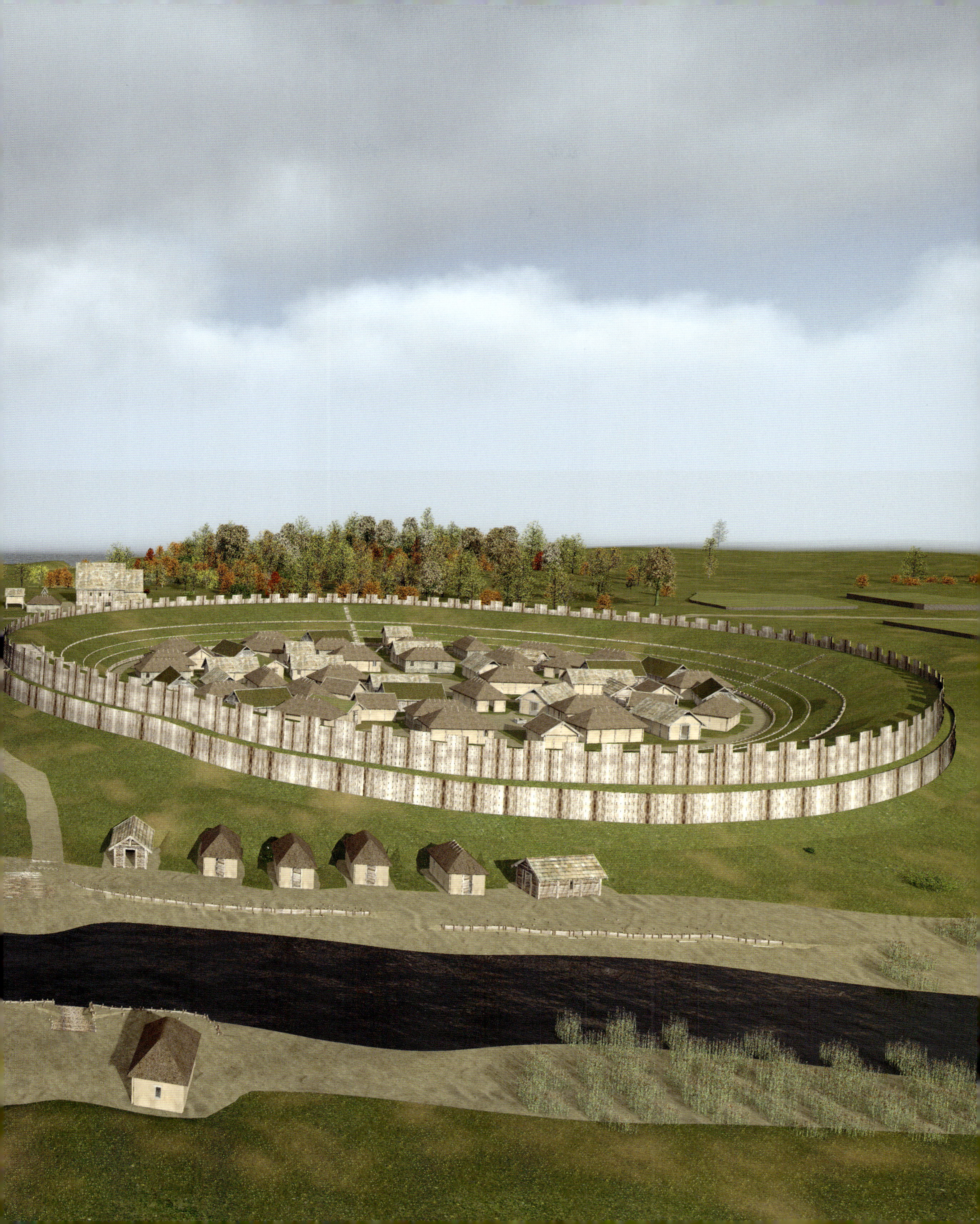

Ham(ma)burg im Spiegel der frühen Bistumssitze Sachsens

Tafel 11 Virtuelle Rekonstruktion Hammaburgs im 10. Jahrhundert.
Ansicht von Süden. Im Osten thront die Hammaburg auf dem südlichen Rand des Geestplateaus, nördlich davon erkennt man die Domkirche. Die offene Siedlung erstreckt sich westlich von Burg und Kirche auf einem etwas niedrigeren Plateau des Geestsporns sowie auf der Reichenstraßeninsel im Süden.

Die frühen Bistumssitze Sachsens – Einsichten aus der aktuellen Forschung

Uwe Lobbedey

Wir haben es im sächsischen Missionsgebiet mit insgesamt neun Bischofssitzen zu tun (*Abb. 1*)[1]. Bremen und Münster sind im vorliegenden Band mit eigenen Beiträgen vertreten, ich kann mich also auf Weniges beschränken. Hamburg darf in dieser Zusammenstellung gänzlich fehlen, was angesichts des Themas der Publikation keiner näheren Begründung bedarf.

Heute kann es als *communis opinio* gelten, dass die definitive Konstituierung der Bischofssitze in der Regel im Laufe des ersten Jahrzehnts des 9. Jahrhunderts erfolgte, mit den Nachzüglern Hildesheim und Hamburg unter Ludwig dem Frommen[2]. Dem ging eine Phase von frühen Kirchen voraus, wie sie mit den 776 und 777 erbauten Kirchen auf der Syburg bei Dortmund und in Paderborn in den Schriftquellen dokumentiert ist[3]. Welche rechtliche Stellung diese Kirchen im Einzelnen hatten, d. h., ob sie königliche Gründungen, adlige Eigenkirchen oder Gründungen von Missionaren mit örtlicher adliger Unterstützung waren, wird jeweils diskutiert. Infolge der schwierigen Quellenlage ist der Ermessensspielraum groß. Jedenfalls erwuchs aus diesem Kreis jener Kirchen der frühen Missionszeit die Gruppe der neun sächsischen Bischofskirchen, wohl ohne dass dies in jedem Falle vorher feststand.

Wo wurden die Bischofssitze eingerichtet? Die Forschung hat sich immer auf eine Stelle der *Translatio S. Liborii* im Kapitel 2 bezogen. Danach war die kanonische Forderung, Bischofssitze nur in Städten (*civitates*) zu errichten, im eroberten Sachsen in Ermangelung solcher nicht zu erfüllen. Vielmehr sollten daher, so empfahl es die Translatio, die Gunst der Lage und der Bevölkerungsreichtum (*et naturali quadam excellentia et populi frequentia*) als Kriterien dienen[4].

OSNABRÜCK

Die Überlieferung spricht von der Weihe einer Kirche, offenkundig eines Vorgängers des Domes, im Jahre 786 durch Bischof Agilfred von Lüttich. Das Datum dürfte

1 Karte der karolingerzeitlichen Bischofssitze in Sachsen.

2 Straßen in Nordwestdeutschland.

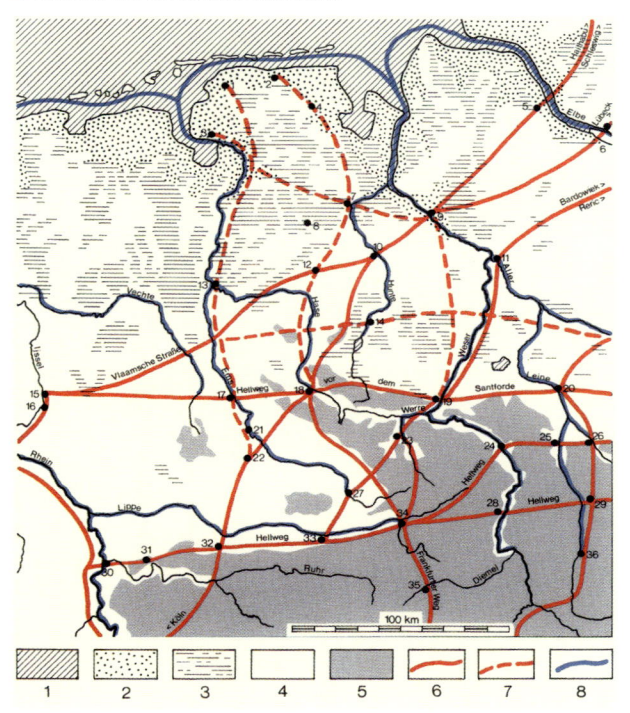

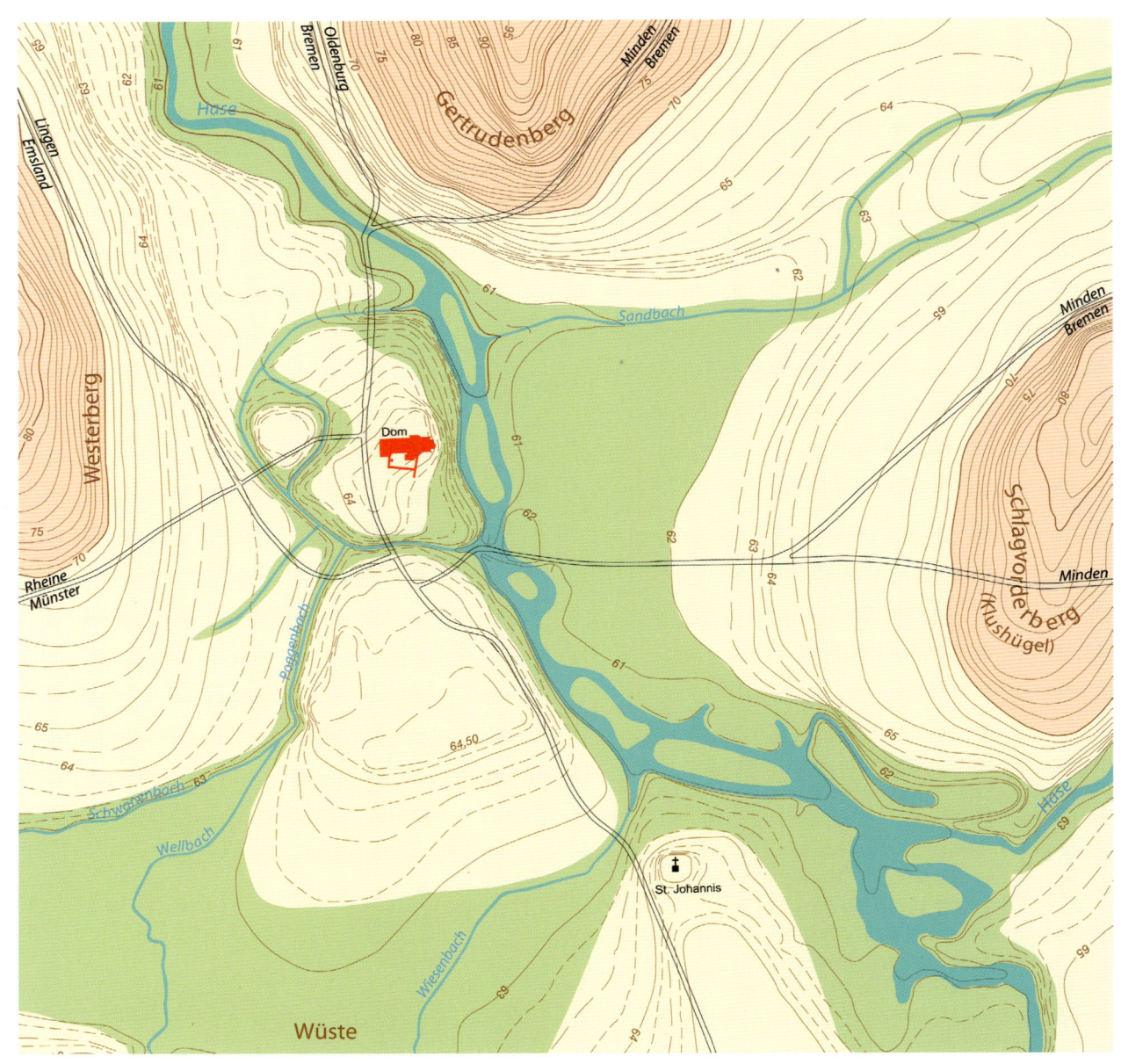

3 Topografie und Straßen bei Gründung des Bistums Osnabrück.

4 Osnabrück: Dom, Bauperiode I, Ia.

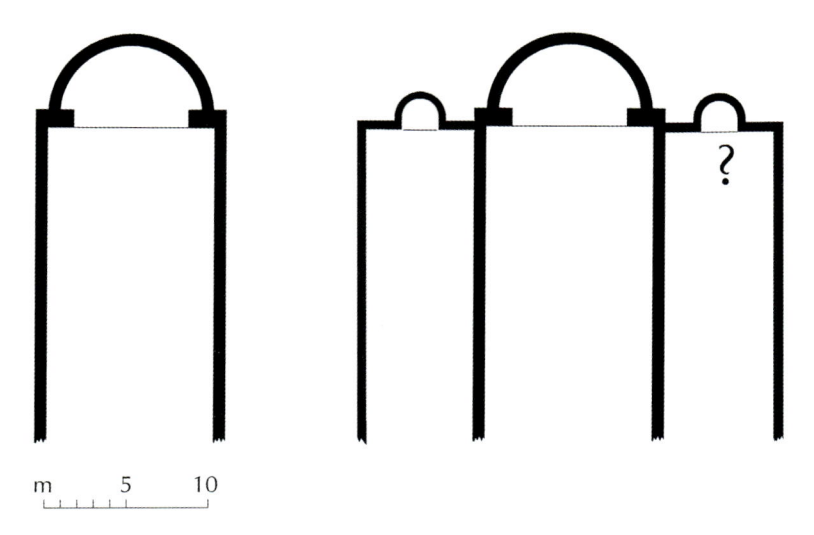

in etwa zutreffen. Alle weiteren Urkunden des Bistums Osnabrück aus dem 9. Jahrhundert sind Fälschungen eben dieses Jahrhunderts. Glaubwürdig ist immerhin die Nennung eines Bischofs Wiho zum Jahre 803, der bereits 805 starb[5].

Eine Kartierung der Verkehrswege um Osnabrück zeigt, dass sich am Ort des späteren Bistums ein wichtiger von Ost nach West verlaufender Weg mit einem von Norden nach Süden gerichteten kreuzt, hinzu kommt der sicher nicht unwichtige Wasserweg auf der Hase gen Norden (Abb. 2)[6]. Die engere Topografie zeigt am westlichen Rand der Talaue südlich des wichtigeren Flussüberganges eine zur Niederterrasse gehörige, von Bachläufen begrenzte Sandinsel (Abb. 3)[7]. Hier entstand die erste Kirche als Missionsstützpunkt und danach der Dom.

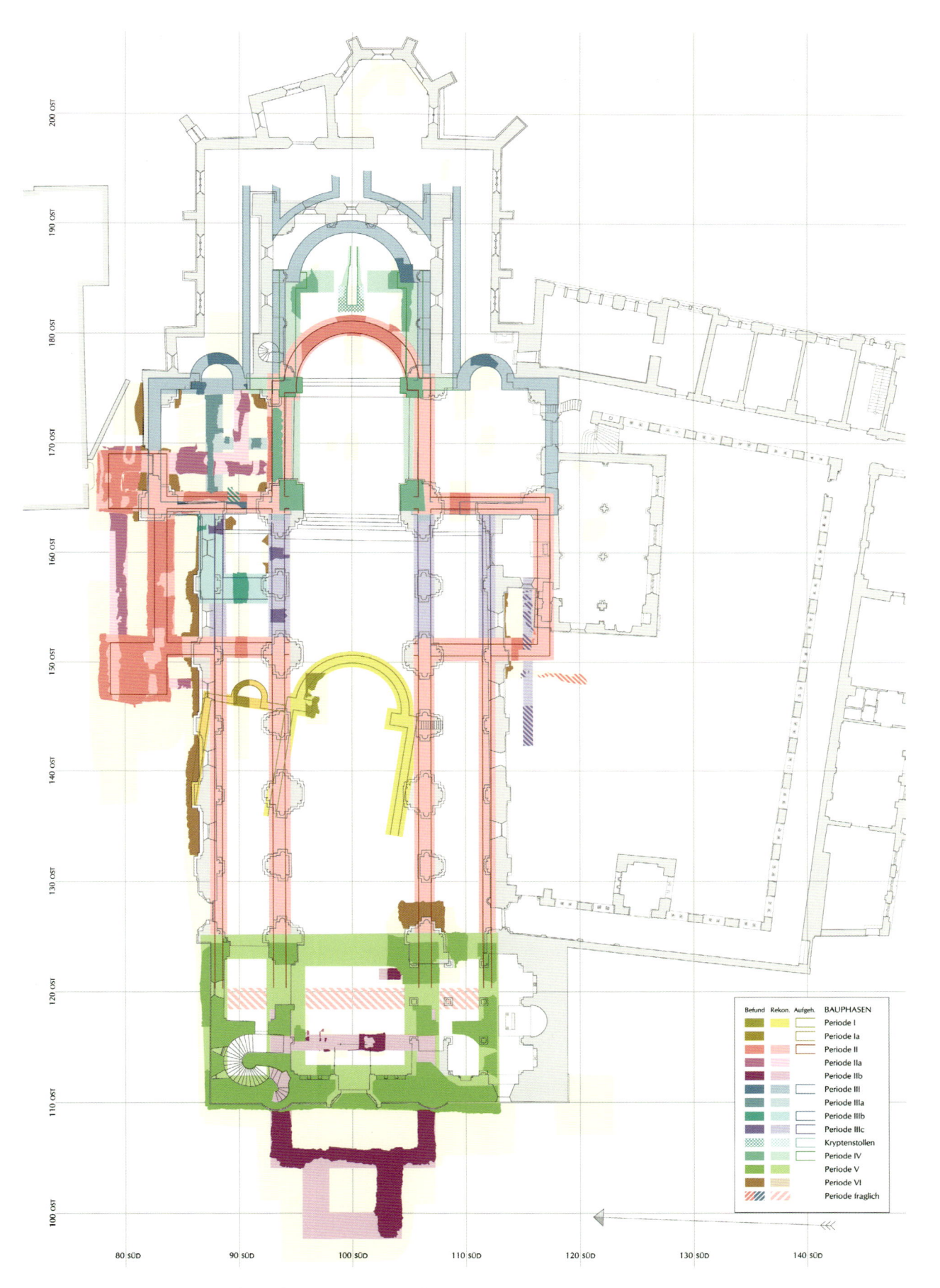

5 Osnabrück: Dom, Gesamtplan der Grabungen mit Bauperioden I–VI.

6 Osnabrück: Dom, Bauperiode II.

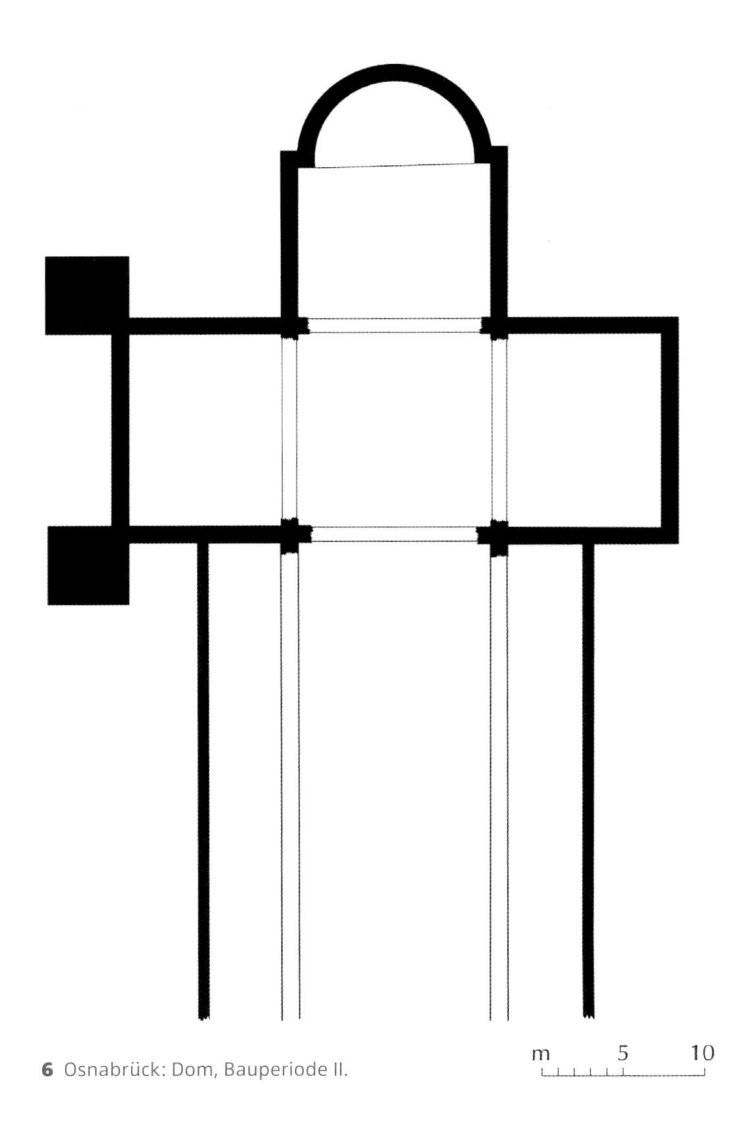

Die Ausarbeitung und Publikation neuer archäologischer Ergebnisse zur Baugeschichte des Domes und seiner weiteren Umgebung gehen zurzeit vonstatten[8]. An der Stelle des späteren Domes entstand als erste nachweisbare Kirche ein einschiffiger Saalbau mit halbrunder Apsis, etwa 9,5 m im Lichten breit und wohl 20 m oder mehr lang (Abb. 4). Nördlich davon ist ein Friedhof mit Baumsärgen teilweise ergraben. An den Apsidensaal wurde nach einem Brandschaden ein Anbau von ca. 5–6 m Breite im Norden angefügt, der mit einer kleinen Apsis ausgestattet war. Dass dieser ein Gegenstück im Süden hatte, somit eine dreischiffige Basilika entstand, ist möglich, aber nicht beweisbar. Wie sind die beiden Bauphasen nun zu datieren? Die älteste Kirche mit ihren Annexen weist eine Abweichung der Längsachse von 10 Grad gegenüber allen jüngeren Bauten auf. Das ist hier insofern wichtig, als diese Achsabweichung sich im Ost- und Südflügel des Kreuzganges aus dem 12./13. Jahrhundert wiederfindet. Und im Südflügel steht noch ein Mauerteil, der in das 8. oder frühe 9. Jahrhundert ^{14}C-datiert ist[9]. Es handelt sich dabei nicht um einen Teil eines älteren Kreuzganges, sondern um ein einst frei stehendes Gebäude, das offensichtlich der ältesten Bauflucht vor 820/830 folgt, somit also um ein Gebäude des späten 8. oder frühen 9. Jahrhunderts für den Klerus (Abb. 5). Es ist das einzige mir bekannte in Sachsen aus dieser Zeit, zumindest was den Bestand an aufgehenden Gebäuden anlangt. Die Vergrößerung der Kirche auf eine zwei- oder dreischiffige könnte mit der Konstituierung des Bistums wohl um 803 zusammenhängen.

Wie sah das archäologische Umfeld dieser Missionsstation und frühen Bischofskirche aus? Bei zahlreichen Aufschlüssen und Grabungen im Stadtkern sind bis jetzt keine eindeutigen Siedlungsreste des 8. Jahrhunderts aufgetreten[10]. Lediglich unter dem Dom ist eine von der ältesten Kirche überlagerte »Kulturschicht« zutage gekommen, mit wenig Keramik wohl des 8. Jahrhunderts, ebenso ein nord-südlich verlaufender Spitzgraben offenbar entsprechender Zeitstellung, dessen Funktion unbekannt ist. Erst im 9. Jahrhundert sind Siedlungsfunde deutlich fassbar, darunter ein Hafenmarkt südöstlich des Domes. Westlich des Domes, und von diesem durch eine feuchte Niederung getrennt, entsteht im 9. Jahrhundert eine Händlersiedlung mit einer Marienkirche. Eine Domburgbefestigung aus karolingischer Zeit ist bis zur Stunde an keiner Stelle gesichert[11].

Die Lebensdauer der frühesten Bauten an der Stelle des Domes ist nach oben begrenzt durch den Bau einer großen dreischiffigen Querhausbasilika (Abb. 6), die aus triftigen historischen Gründen in den Jahren vor 833 entstanden sein muss, denn seit diesem Jahr wurde das Bistum von den Thronwirren um Ludwig den Frommen in Mitleidenschaft gezogen und blieb bis mindestens 845 ohne Bischof. Der Bau ist nicht nur der damals größte in Sachsen, sondern überhaupt einer der größten im fränkischen Reich. Seine Grundrissdisposition steht in unmittelbarer Verbindung mit der zwischen 806 und 816 erbauten Reichenauer Klosterkirche, dem St. Galler Klosterplan und der um 830 erbauten Klosterkirche des Abtes Gozbert in St. Gallen. Auffällig ist eine ohne Parallele verbleibende Querhausfront nach Norden. Soweit Spekulationen erlaubt sind, könnte der mächtige Erzbischof Ebo von Reims hinter dem Bau stehen, als Vicarius des Nordens, der Osnabrück offenbar als Stützpunkt und Tor zur Nordland-Mission ausersehen hatte[12]. 833 fiel er im Zusammenhang mit den genannten Auseinandersetzungen um Ludwig den Frommen in Ungnade (s. Beitrag Henrik Janson).

Ein Neubau oder eher eine bedeutende Vergrößerung des Domes folgte im letzten Drittel des 9. oder in der ersten Hälfte des 10. Jahrhunderts.

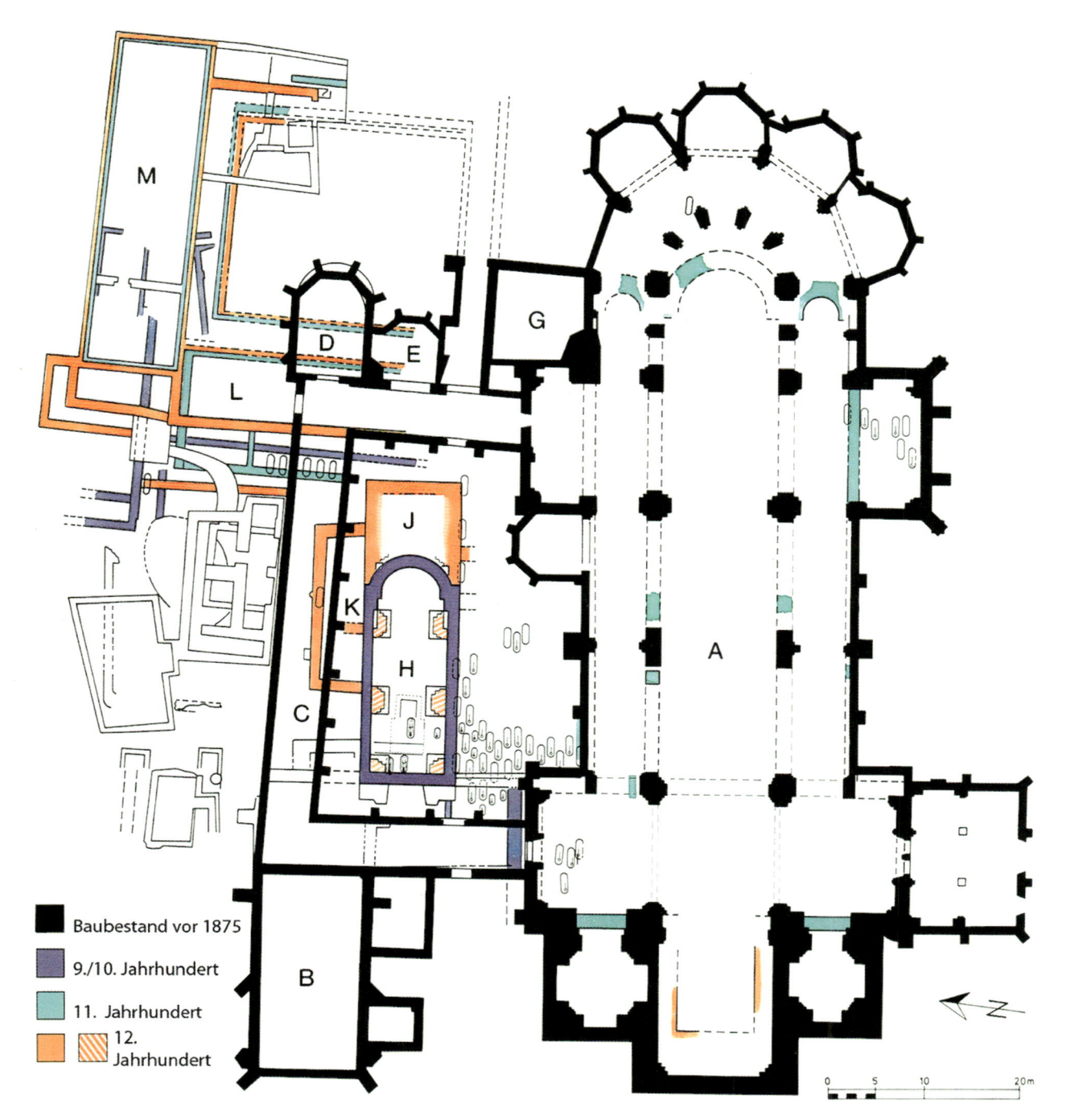

7 Münster: Grabungsbefunde im Bereich von Dom und Domkloster. A – Dom im heutigen Bestand, mit Vorgängerbau (Weihe 1090); B – »Alter Dom«, Neubau 1377; C – Kreuzgang, nach 1377; D – Marienkapelle, mit Fundamenten eines Vorgängerbaues; E – Annenkapelle; G – Kapitelsaal; H – »Alter Dom« vor 1377. Karolingischer Apsidensaal mit romanischer Einwölbung; J – Chorerweiterung; K – Nordannex; M – Nordflügel des jüngeren Claustrums mit Refektorium, überlagert karolingische Bauteile (Nordflügel eines älteren Claustrums?).

MÜNSTER

Der friesische Missionar Liudger gründete wohl 795[13] das später namengebende *monasterium* und wurde 805 zum Bischof geweiht. Die neuere Forschung nimmt eine vorausgehende Missionsphase an, die unter der Leitung von Beornrad, Abt von Echternach und seit 786 Erzbischof von Sens, stand. Liudger wurde nach seinem Tod 809 in einer ecclesia sanctae Mariae zu Münster aufgebahrt. 819 ist mit der Nennung der *parochia sancti Pauli* ein Pauluspatrozinium bezeugt[14].

Eine Revision älterer Ausgrabungen in der Umgebung des Domes sowie neue Grabungen im Dom und auf dem Domherrenfriedhof, ferner im Bereich der Stifts-

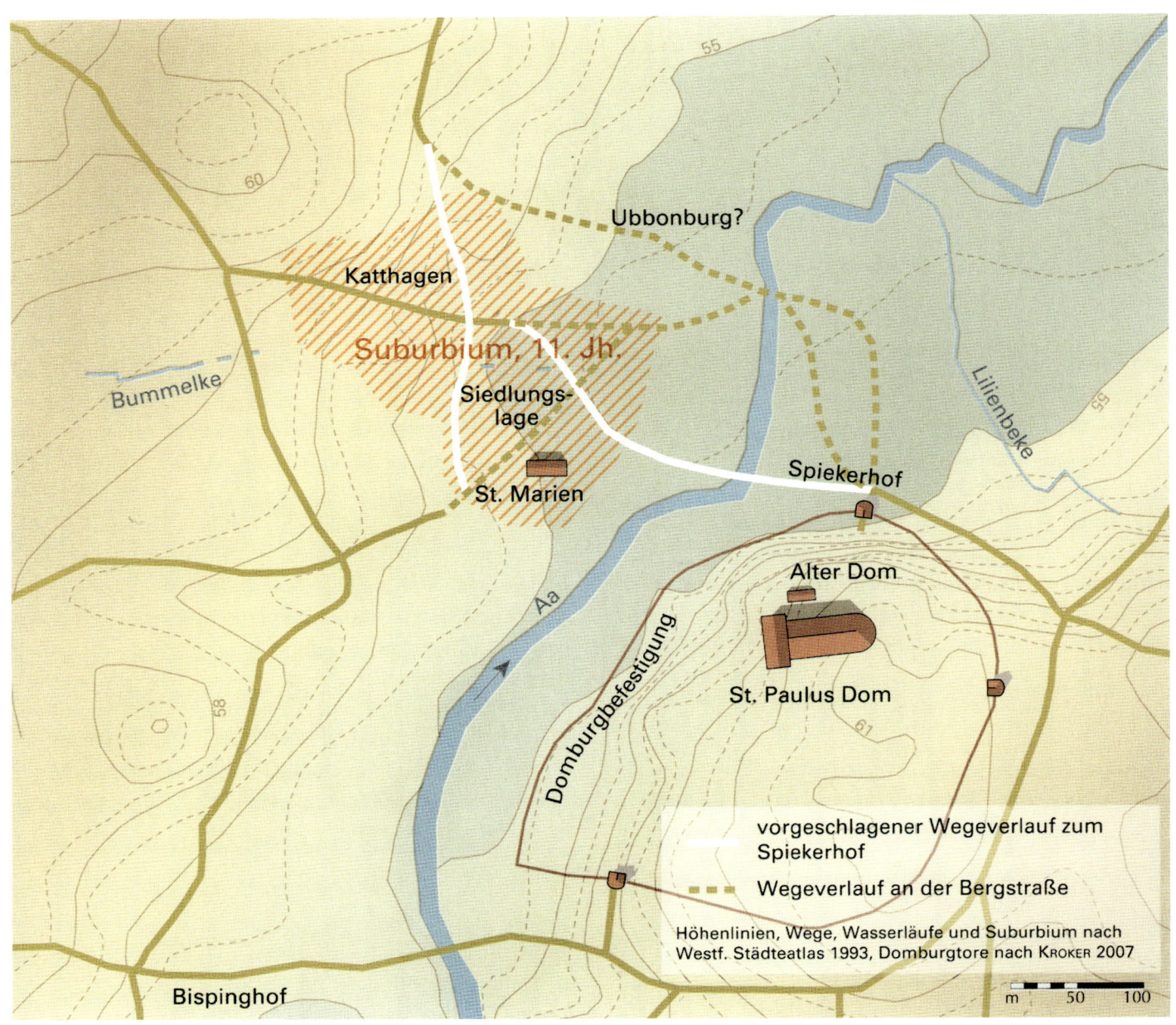

8 Münster: Dom und St. Marien Überwasser um 1000.

gebäude von Liebfrauen-Überwasser boten Anlass, die Frühgeschichte Münsters auch von historischer Seite zu überdenken.

Zunächst sind die derzeit bekannten Befunde zu benennen: Grabungen der Nachkriegszeit und 1956, 1981, 1982 und 1987 an sehr begrenzten Stellen im Dom[15] haben eine querhauslose dreischiffige Basilika erbracht (*Abb. 7*), die nach Auffassung von Manfred Schneider, dem Ausgräber des Domherrenfriedhofes, karolingisch sei[16]. Tatsächlich gehören sie aber dem 1090 geweihten Dom an, was hier nicht im Einzelnen begründet werden kann[17]. Wir wissen nur, dass im Bereich des heutigen Domes ein oder eventuell mehrere vorangehende Bauten gelegen haben müssen. Dem Querhaus des 1090 geweihten Domes geht ein älteres voran, dessen Bauzeit unbekannt ist. Wir kennen Gräber südöstlich, südwestlich und nördlich des Bereichs der älteren Dombauten.

Nördlich des (heutigen) Domes lag in 13 m Abstand bis in das 14. Jahrhundert hinein der sogenannte *Alte Dom*, teilweise ergraben 1936, vollständig ausgegraben 1987–1988. In seiner ersten Gestalt war er ein einschiffiger Apsidensaal von 8 m Breite, genau parallel zum bestehenden Dom. Einesteils überdeckt der Apsidensaal Gräber am Nordrand des zu den Vorgängern des Domes gehörigen Friedhofs, andererseits wird er durch den Fund von zwei Münzen Karls des Großen in das erste Viertel des 9. Jahrhunderts datiert, jedenfalls nicht wesentlich jünger.

In den Jahren 2003–2005 brachten Grabungen im Bereich des Frauenstiftes St. Marien Überwasser, ca.

230 m nordwestlich des Domes jenseits des Flüsschens Aa, nicht nur Befunde aus verschiedenen Perioden der Stiftsgebäude zutage, sondern auch Reste eines Friedhofs mit Baumsärgen, der eindeutig älter ist als die Gründung des 1040 geweihten Stiftes (*Abb. 8*).

Nach einer neuen These[18] sei die erste Kirche im Rahmen der Beornrad-Mission 775/79 oder bald danach nicht auf dem heutigen Domhügel, sondern auf dem anderen, westlichen Ufer der Aa an der Stelle des nachmaligen Frauenstiftes gegründet worden, und zwar auf dem Hofareal einer Adelsfamilie. Später sei auf dem Domhügel eine zweite Kirche errichtet worden, an der Liudger sein *monasterium* gegründet habe. Jene Adelsfamilie habe den oben genannten Apsidensaal (in jüngeren Quellen seit dem 12. Jahrhundert als *vetus ecclesia*, »Alter Dom« bezeichnet) als Memorialkirche für ihre Familie erbaut (*Abb. 9*). Die Diskussion im Einzelnen muss an anderer Stelle geführt werden[19]. Als Beispiel unter vielen Argumenten, von denen einige auch im Beitrag von Martin Kroker diskutiert werden, gegen diese These sei hier nur genannt, dass damit die singuläre Tatsache, dass die nördliche Nebenkirche das gleiche Patrozinium hat wie der Dom, nämlich das außerordentlich seltene des hl. Paulus, ferner die exakt gleiche Achsausrichtung von Nebenkirche und Dom, nicht erklärt werden kann.

Ich sehe die Auffassung bis jetzt nicht widerlegt, dass eine mutmaßliche Missionskirche und die nachfolgende Bischofskirche an der Stelle des heutigen Domes gestanden haben. Beider Gestalt ist unbekannt. Die Funktion des Apsidensaales ist ungewiss. Vermutlich handelt es sich ursprünglich um eine Nebenkirche, möglicherweise für einen monastisch orientierten Teil des Domklerus. Seit Bischof Burchard (1098–1118) war der (erweiterte) Bau die Kirche des Kollegiatsstiftes St. Paulus.

MINDEN

Ein vor einem Vierteljahrhundert entworfener Plan der frühen Kirchen von Minden[20] ist noch heute nicht falsch (*Abb. 10*). Als Plan der frühen Siedlung könnte er durch Funde des 8. Jahrhunderts im Bereich St. Marien (*Abb. 10,3*) und eine Bebauung des 10. Jahrhunderts nördlich der nach Osten zur Weserfurt führenden Straße ergänzt werden. Die Begrenzung des Dombezirks nach Westen ist unsicher. Im Südwesten ist eine Befestigungslinie ergraben worden, deren älteste Phase offenbar in das 9. oder 10. Jahrhundert datiert.

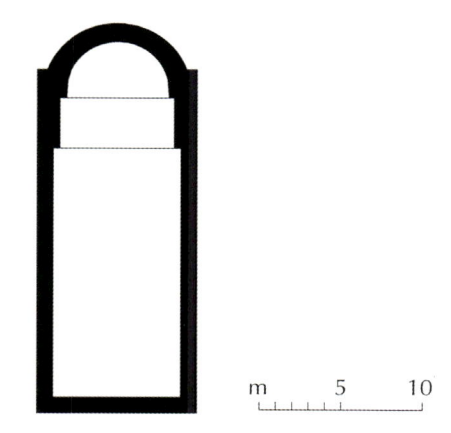

9 Münster: Karolingischer Vorgängerbau des »*Alten Domes*«.

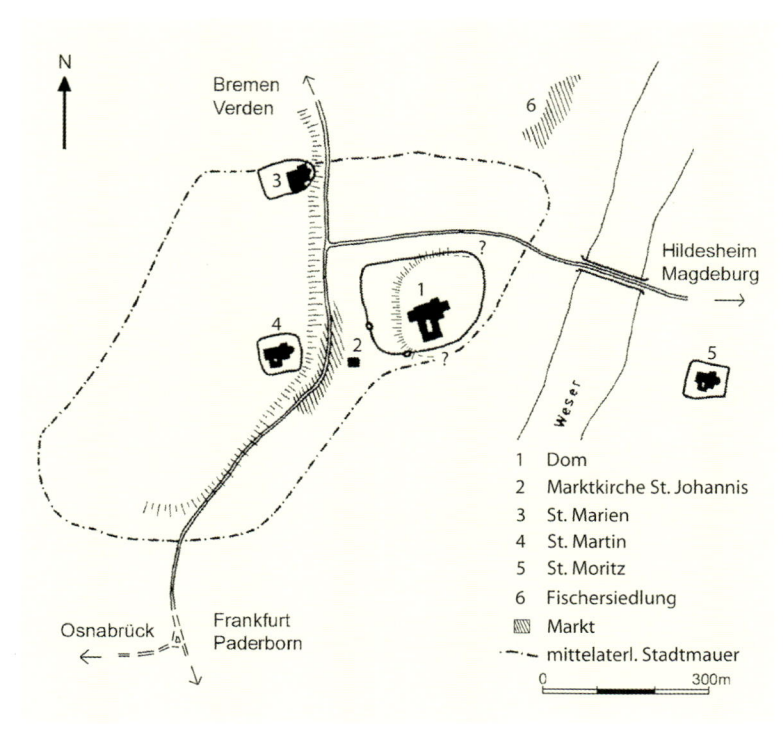

10 Minden: Frühe Kirchen im Altstadtbereich.

Ob in Minden bereits eine Missionskirche des 8. Jahrhunderts stand oder zu Anfang des 9. Jahrhunderts hier eine erste Bischofskirche erbaut wurde, ist ungewiss[21]. Der älteste archäologisch fassbare Bau war ein einschiffiger Saalbau mit leicht querrechteckigem Chor (*Abb. 11*). Das Langhaus könnte die erhebliche Breite von 10 bis 11 m erreicht haben. Bisher einem Bau des 11. Jahrhunderts zugewiesene Fundamente haben sich als solche eines Domes des 9. Jahrhunderts erwiesen, ohne dass eine genauere Datierung möglich wäre[22]. Er hatte die Gestalt einer dreischiffigen Querhausbasilika (*Abb. 12*). Neu ergraben sind Reste einer Umgangskrypta[23]. Die Vergleichsbeispiele für Chor und Krypta sprechen für eine Bauzeit zwischen etwa 830 und 870.

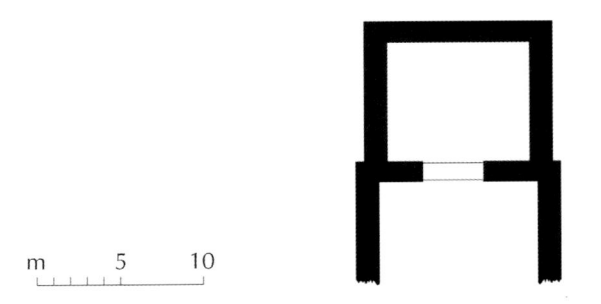

11 Minden: Bauperiode I, älteste erfasste Kirche an der Stelle des Domes.

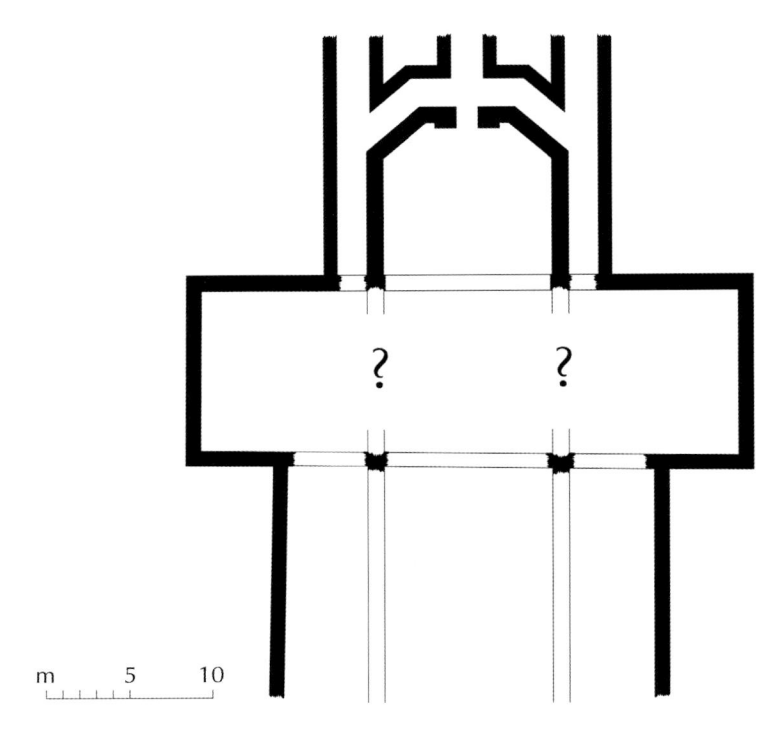

12 Minden: Bauperiode II, karolingischer Dom mit Umgangskrypta.

PADERBORN

Infolge der Grabungen von Wilhelm Winkelmann im Bereich der Pfalz nördlich des Domes 1964–1978 und anschließend der Grabung des Verfassers im Dom 1978–1986 ist die Geschichte des Dombezirks gut bekannt (Abb. 13)**24**. Paderborn ist der Ausnahmefall unter den Bischofssitzen in Sachsen, weil Karl der Große hier 776 einen befestigten strategischen Mittelpunkt für die Eroberung des Sachsenlandes und eine königliche Pfalz errichtete. Dazu gehörte eine zu 777 geweihte Salvatorkirche als einschiffiger Bau mit dreiteiligem Ostabschluss (Abb. 14). Ein sehr großer Friedhof legte sich darum, der zum Teil durch die 799 fertiggestellte *ecclesia mirae magnitudinis* überdeckt wurde (Abb. 15). Allgemein wird angenommen, dass Karl sie als zukünftige Bischofskirche erbaute. Der erste Bischof, Hathumar, trat sein Amt aber erst um 806 an. Die Anfügung von Westquerhaus und Krypta ist auf 836 datiert (Abb. 16).

In der Paderborner Innenstadt sind bislang keine Funde der Zeit zwischen dem 7. Jahrhundert und der Gründung Karls 776 zutage gekommen. Das Umland war indessen besiedelt: Neuerdings ist knapp 1 km westlich der Domburg eine Hofstelle erfasst worden, die ihr zeitlich vorangeht. Einen weiteren Kilometer nach Westen liegt die vor einigen Jahren ergrabene Siedlung Balhorn des 6. bis 9. Jahrhunderts. Offensichtlich im Zusammenhang mit der Pfalzgründung wurde das nähere Umfeld im späten 8. und im 9. Jahrhundert zunehmend besiedelt. Außer wenigen Befunden, die Aktivitäten unmittelbar westlich der Domburg belegen, sind eine Siedlung nördlich der Domburg und weitere Siedlungsfunde im Westen zu nennen.

HILDESHEIM

Soeben wurde eine längerfristige Grabung im Dom und seiner unmittelbarsten Umgebung abgeschlossen. Eine ausführliche Publikation wird durch den Ausgräber Karl Bernhard Kruse vorbereitet**25**. Der Verfasser dieser Zeilen verdankt ihm eine umfassende Kenntnis der Befunde.

Eine Erstgründung des Bistums wird in einer ca. 300 Jahre jüngeren Quelle, und nur in dieser, einem in der Nähe gelegenen Ort namens Elze zugeschrieben**26**. Sicher ist, dass der Ortsname Hildesheim auf eine fränkische Hofsiedlung schließen lässt, die wohl südlich des Domes gelegen hat. Eine gewisse Schutzlage ergibt sich aus der Lage auf einem Hügel, der von einem Flusslauf im Osten und Südwesten umgeben wird (Abb. 17). Nördlich des Domes verläuft eine Ost-West ausgerichtete Straße**27**.

Das Gründungsdatum des Bistums 815 wird etwa richtig überliefert sein. 852–872 erbaute Bischof Altfried einen Dom. Er wurde 1046 durch Brand zerstört, seine Ostteile wurden aber großenteils in den nachfolgenden Neubau Bischof Hezilos übernommen (Abb. 18). Eine erste Kirche muss an der Stelle der Ostteile des Altfried-Domes gelegen haben. Dies wird archäologisch durch Gräber unter dessen Mittelschiff belegt. Nicht ganz unumstritten sind die Befunde, die ihr vom Ausgräber zugeschrieben wurden.

Auf der Basis der *Fundatio ecclesiae Hildesheimensis*, der einzigen ausführlichen schriftlichen Quelle zur Frühzeit des Domes, die erst im 11. Jahrhundert verfasst worden ist, schreibt man dem ersten Bischof Gunthar den Bau einer Cäcilienkirche zu, die südlich des jetzigen Domes gelegen haben soll. Nach Auffassung

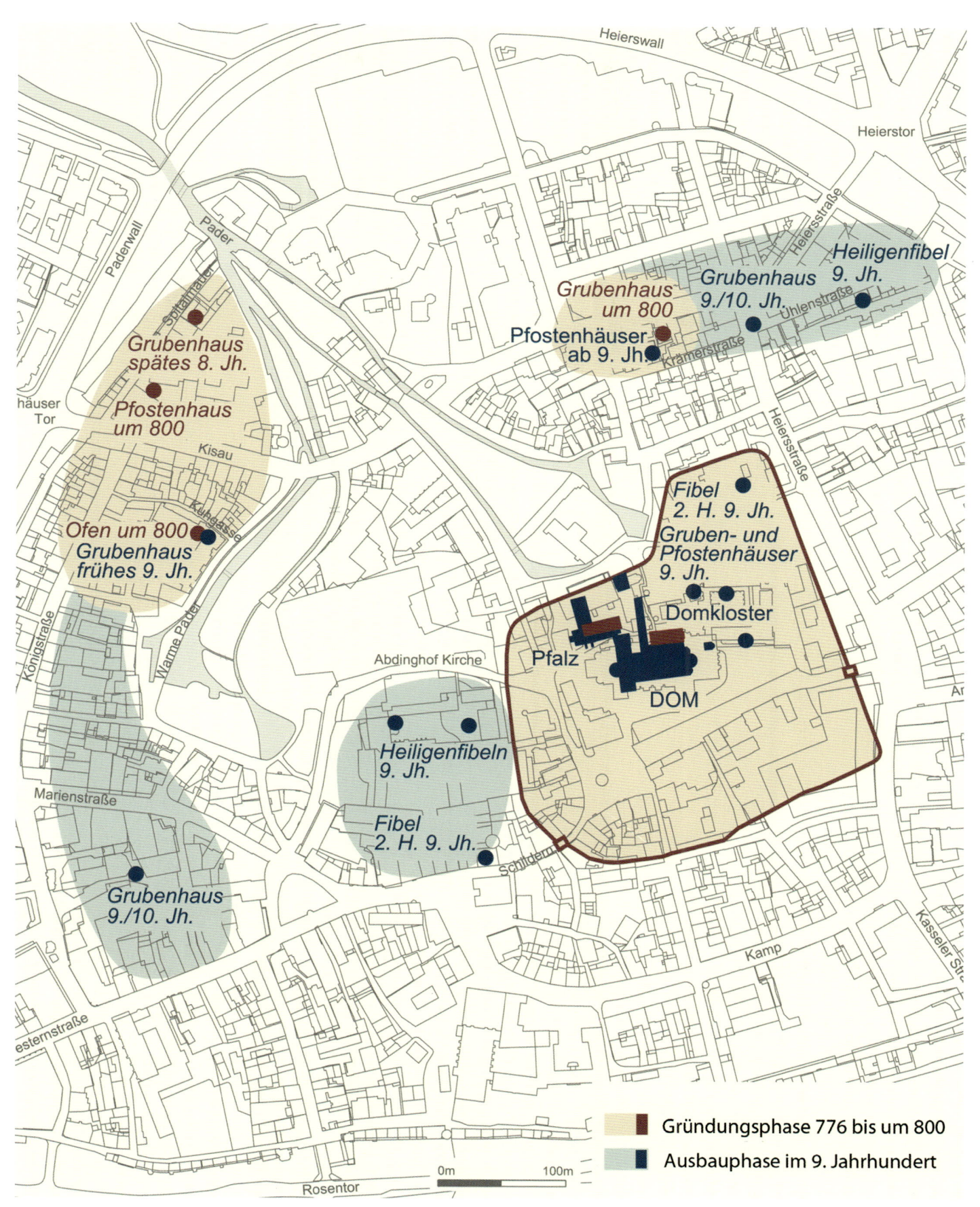

LOBBEDEY – DIE FRÜHEN BISTUMSSITZE SACHSENS 399

13 Paderborn: Karolingische Siedlungskerne im heutigen Altstadtbereich.

Gründungsphase 776 bis um 800
Ausbauphase im 9. Jahrhundert

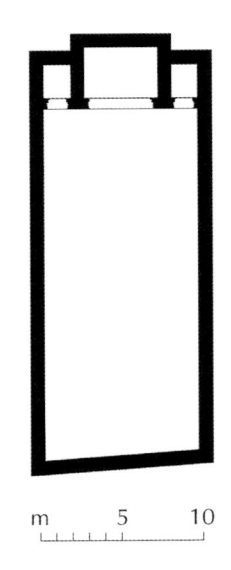

14 Paderborn: Bauperiode I, Salvatorkirche, erbaut 777.

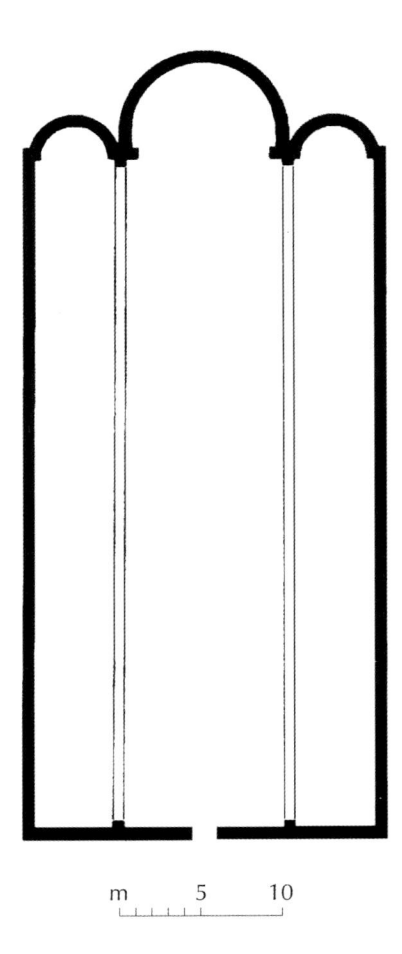

15 Paderborn: Bauperiode IIa, »Kirche von wunderbarer Größe«, geweiht 799.

16 Paderborn: Bauperiode IIb, Erweiterung durch Bischof Badurad, 836.

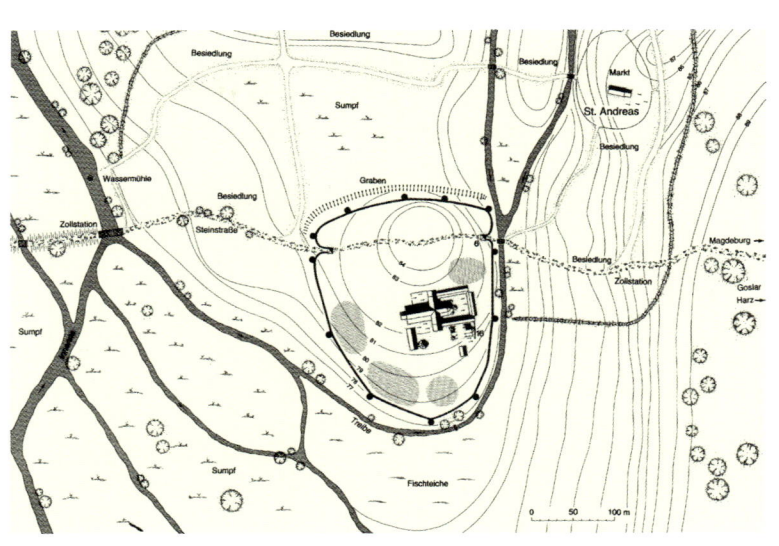

des Autors kann es sich dabei nur um eine Nebenkirche gehandelt haben; vielleicht ist dies eine mit dem sogenannten »Alten Dom« in Münster vergleichbare Situation (s. o.). Dafür sprechen u. a. das bei Bischofskirchen sonst nicht vorkommende Patrozinium und die offensichtliche Platzkontinuität an der Stelle des heutigen Domes.[28]

Die Domburg ist durch Bischof Bernward (993–1022) mit einer turmbewehrten Mauer umgeben worden. Kruse hat nun im Dombereich ein kurzes Stück einer älteren mutmaßlichen Befestigungsmauer ausgraben können. Es liegt erheblich hinter der Bernward-Mauer nahe dem Ostende des Domes. Eine nähere Datierung ist bislang jedoch nicht möglich, und somit bleibt offen, wie sie in die Hildesheimer Entwicklung einzupassen ist.

17 Hildesheim: Dombereich um 1022 mit Domburgbefestigung Bischof Bernwards.

18 Hildesheim: Dombau Bischof Altfrieds (852–872).

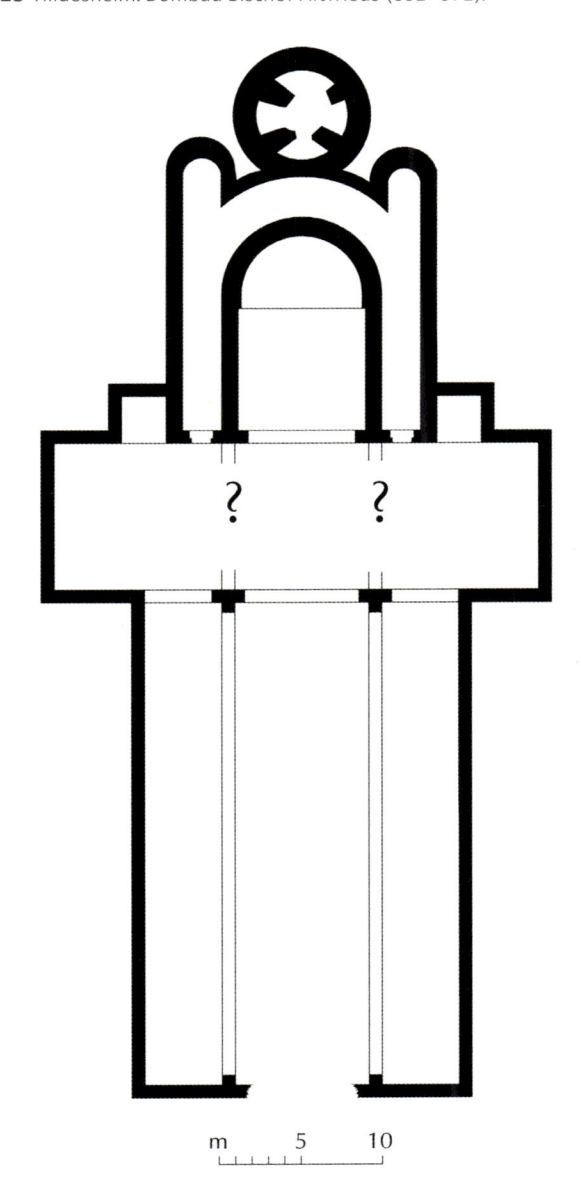

HALBERSTADT

Der Dombezirk liegt auf einem markanten Geländesporn (*Abb. 19*). Ein Spitzgraben vermutlich des 9. Jahrhunderts deutet eine der Geländeform folgende Befestigung an[29].

Das Bistum Halberstadt und seine erste Kirche sind nach 802 und vor 809 entstanden[30]. Zu unserem Erstaunen ist der früheste erfasste Bau[31] kein einschiffiger Saalbau, sondern eine dreischiffige Basilika mit einem gesonderten Ostteil für einen größeren Klerus (*Abb. 20*). Die Basilika erlebte einen Umbau ihrer Ostteile mit einer Kammerkrypta. Um 850 wurde ein großes durchgehendes Querhaus mit Chorjoch und doppelgeschossiger Ringkrypta neu gebaut. Die Fundamente des Vorgängerbaues und vielleicht auch größere Teile des Aufgehenden wurden in den Neubau einbezogen (*Abb. 21*). Die Weihe der großen Kirche erfolgte 859.

Das Fehlen des sonst üblichen einschiffigen Saalbaues kann drei Gründe haben:
1. Der Saalbau stand nicht in Halberstadt, sondern in Osterwieck/Seligenstadt, wo möglicherweise zuerst der Bischofssitz vorgesehen war.
2. Er stand zwar in Halberstadt, wurde aber bei der Grabung nicht erfasst. Gerhard Leopold war zwar ein äußerst sorgfältiger und zuverlässiger Ausgräber, aber die Schwierigkeiten der Grabung waren infolge der umfassenden jüngeren Störungen immens, und diese Untersuchung war eine der Pioniertaten der Kirchenarchäologie.
3. Schließlich besteht die Möglichkeit, dass es diesen einschiffigen Saalbau nie gegeben hat. Dies alles wäre ver-

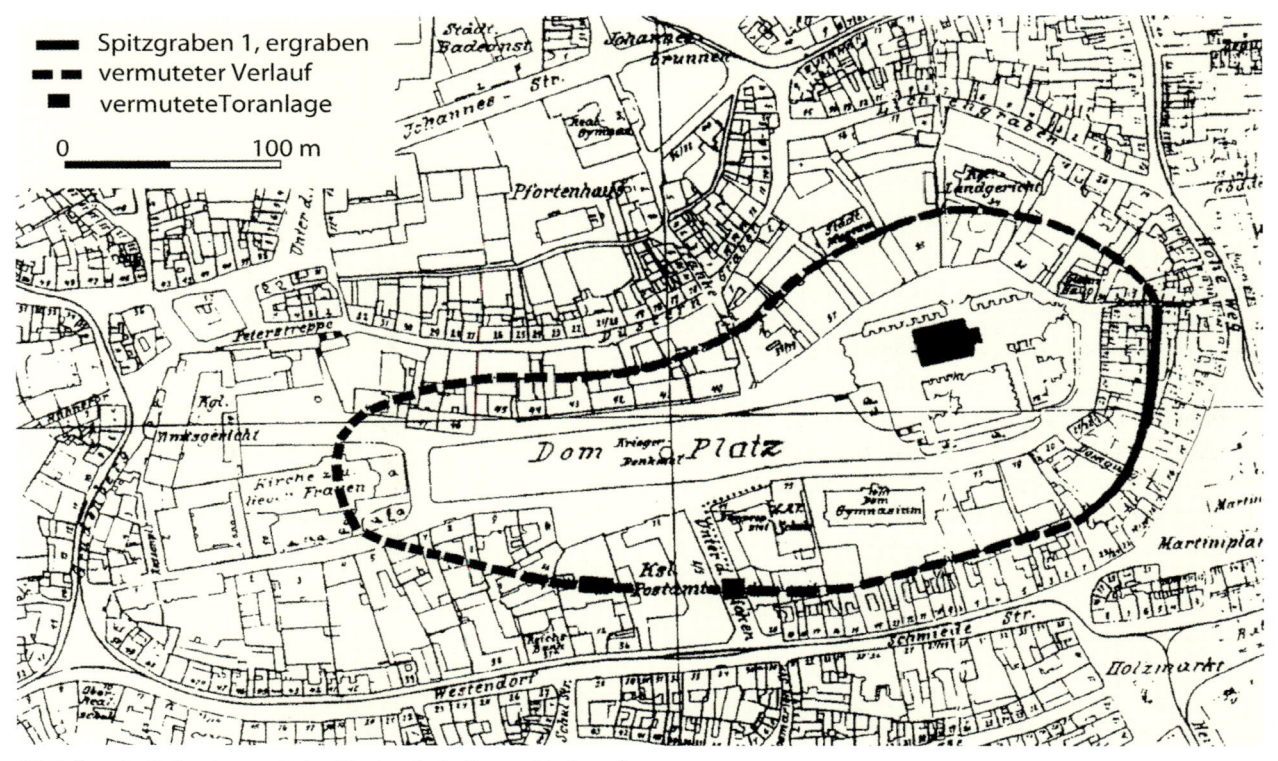

19 Halberstadt: Domberg mit der ältesten Befestigung (Graben 1).

20 Halberstadt: Bauperiode I.

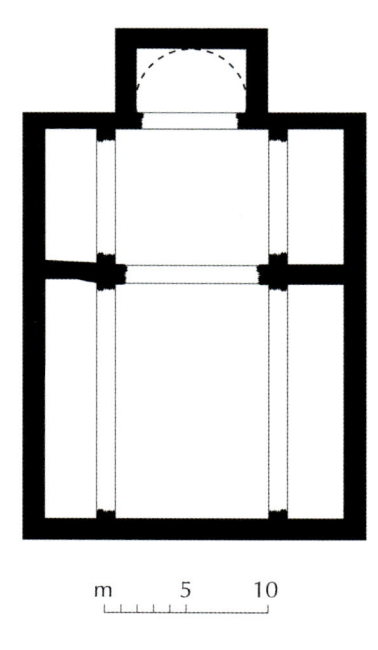

21 Halberstadt: Bauperiode II.

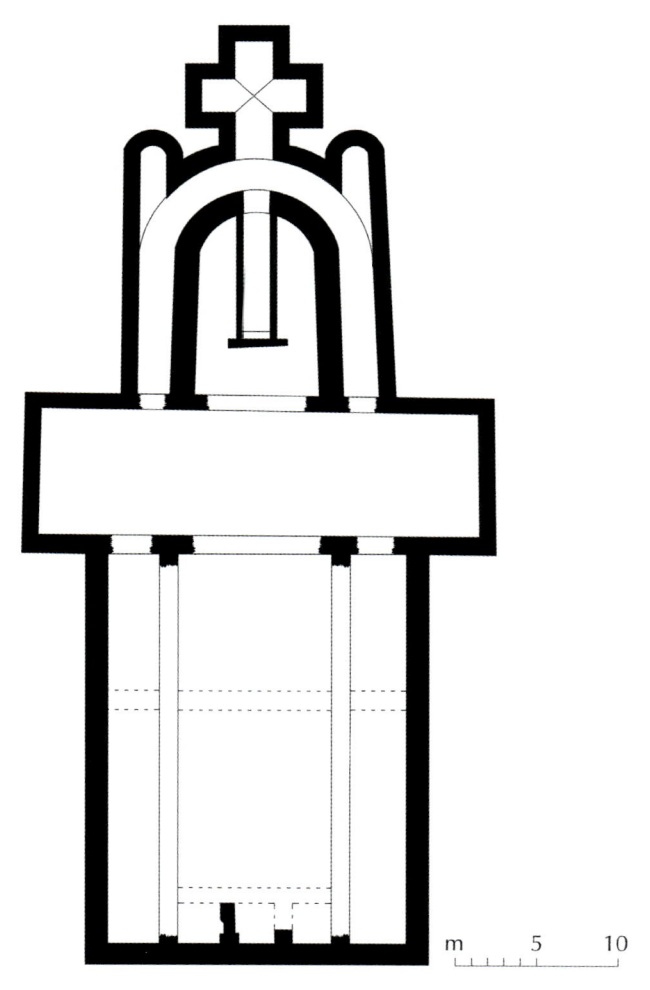

mutlich einfacher zu deuten, wenn wir die frühe Baugeschichte des Domes in Münster kennen würden. Liudger und der in Halberstadt amtierende Hildegrim waren Brüder. Vor seinem Tod 809 erbaute Liudger in Halberstadt eine Nebenkirche St. Johannes und Paulus unmittelbar neben der Bischofskirche. Wir denken dabei an die geschilderten Beispiele in Münster und Hildesheim.

VERDEN

Zu dem im frühen 9. Jahrhundert gegründeten Bistum Verden seien hier mit Blick auf Hamburg nur zwei Quellennachrichten zu nennen. Es ist dies Thietmar von Merseburg, der vom Bau einer Holzkirche von besonderer Schönheit durch Bischof Amelung (933–962) berichtet. Die zweite Nachricht gibt darüber Auskunft, dass eine Kirche aus Stein geweiht worden sei. Die Grabungsbefunde in Verden sind von äußerster Kargheit und tragen nichts zur vorliegenden Fragestellung bei.

BREMEN

Die recht fragmentarischen, aber äußerst wichtigen Grabungsbefunde im Dom sind leider nur aus knappen Vorberichten des Ausgräbers bekannt[32]. Die schriftliche Überlieferung stammt hier, wie sonst auch häufig, aus späterer Zeit, wurde mit bestimmten Interessen verfasst und ist insgesamt alles andere als klar. Der seit 780 amtierende, 789 verstorbene Missionsbischof Willehad könnte eine erste Kirche aus Holz erbaut haben. Man darf immerhin für wahrscheinlich halten, dass Bischof Willerich nach 805 eine neue Steinkirche erbaute, und der Ausgräber Karl Heinz Brandt identifiziert seine Periode III mit dieser. Es handelt sich um einen einschiffigen Saal mit eingezogenem Rechteckchor und vermutlich einer Vorhalle (*Abb. 22*). Der Bau ist nach Westen erweitert worden. Der Bau V ist nach Karl Heinz Brandt der Dom Bischof Ansgars, geweiht 860. Die Rekonstruktion des Baues ist problematisch (*Abb. 23*). Zwar ist die Dreischiffigkeit für diese Periode anzunehmen, aber nach allem, was wir sonst über die Bischofskirchen aus der Mitte des 9. Jahrhunderts wissen, verfügten sie über geräumige Ostteile für ihren Klerus. Auch eine Krypta ist möglich. Die geringen Befundfragmente ließen aber eine Rekonstruktion hier nicht zu.

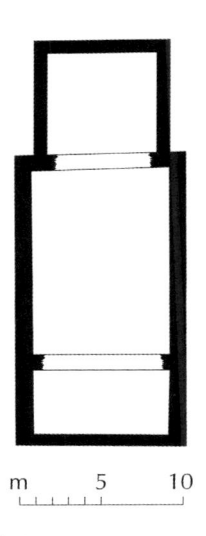

22 Bremen: Bauperiode III.

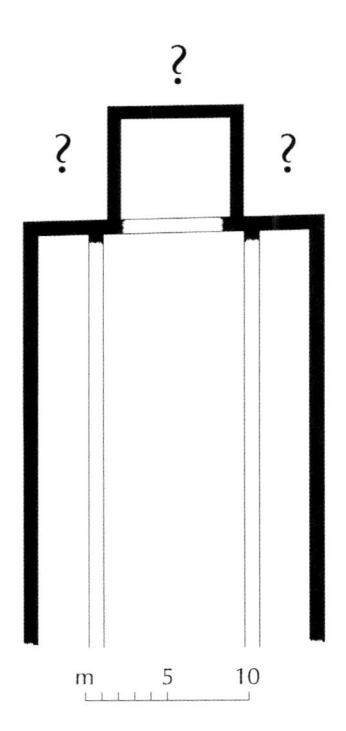

23 Bremen: Bauperiode V.

SCHLUSS

Am Anfang des Resümees steht die fast banal wirkende Feststellung, dass jeder Bischofssitz andere Voraussetzungen hatte und entsprechend individuell gestaltet war. Was die Frage einer Domburgbefestigung angeht, so sind – mit Ausnahme der königlichen Burg in Paderborn – solche im westlichen Sachsen bislang für die Gründungsphase nicht nachgewiesen.

Naheliegend wäre es, anstatt der bisherigen Vorstellungen[33] über die Siedlungsentwicklung an den Bischofssitzen mit Manfred Balzer ein anderes Modell zu erproben: An verkehrswichtigen Stellen mit weit gestreuter meist agrarischer Besiedlung entsteht der kirchliche Mittelpunkt. Die zumindest teilweise vor der jeweiligen Einrichtung des Bistums errichteten Gründungsbauten sind jeweils einschiffige Saalbauten (*Abb. 24*), durchaus nicht klein, aber schlicht – vermutlich begleitet von einer Verdichtung der Streusiedlung.

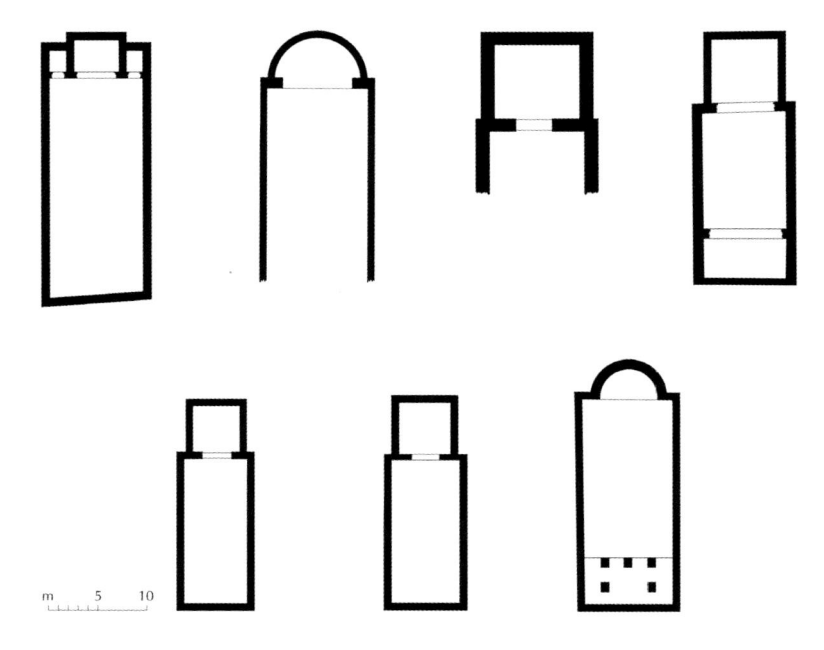

Im Zuge der Konstituierung der Bistümer kommt es an einigen Orten zur Vergrößerung der Kirchen (*Abb. 25*). Um die Mitte des 9. Jahrhunderts, längstens zwischen ca. 825 und 872, werden Großbauten errichtet, die dem Kathedraltyp fränkischer Bischofskirchen folgen (*Abb. 26*). Es sind dreischiffige Querhausbasiliken, meist mit Krypta und Westbau. Es wäre außerordentlich überraschend, wenn diese Abfolge nicht auch ein Echo in einer zeitlich parallelen Entwicklung der Siedlungen von den Streusiedlungen an verkehrsreicher Stelle zur frühen Bischofsstadt, die natürlich auch eine Befestigung erhielt, finden würde. Für das 10. Jahrhundert sind allgemein keine wesentlichen Veränderungen festzustellen, diese erfolgen dann mit neuen Ansätzen im 11. Jahrhundert.

24 *Obere Reihe:* Gründungsbauten an der Stelle der Domkirchen. *Von links nach rechts:* Paderborn I, 777; Osnabrück I, ca. 786; Minden I; Bremen III, ca. 805/36. *Untere Reihe:* Frühe Kirchengründungen in Westfalen. *Von links nach rechts:* Enger, ca. 800; Herzfeld, ca. 800; Geseke, St. Petri, 9. Jahrhundert.

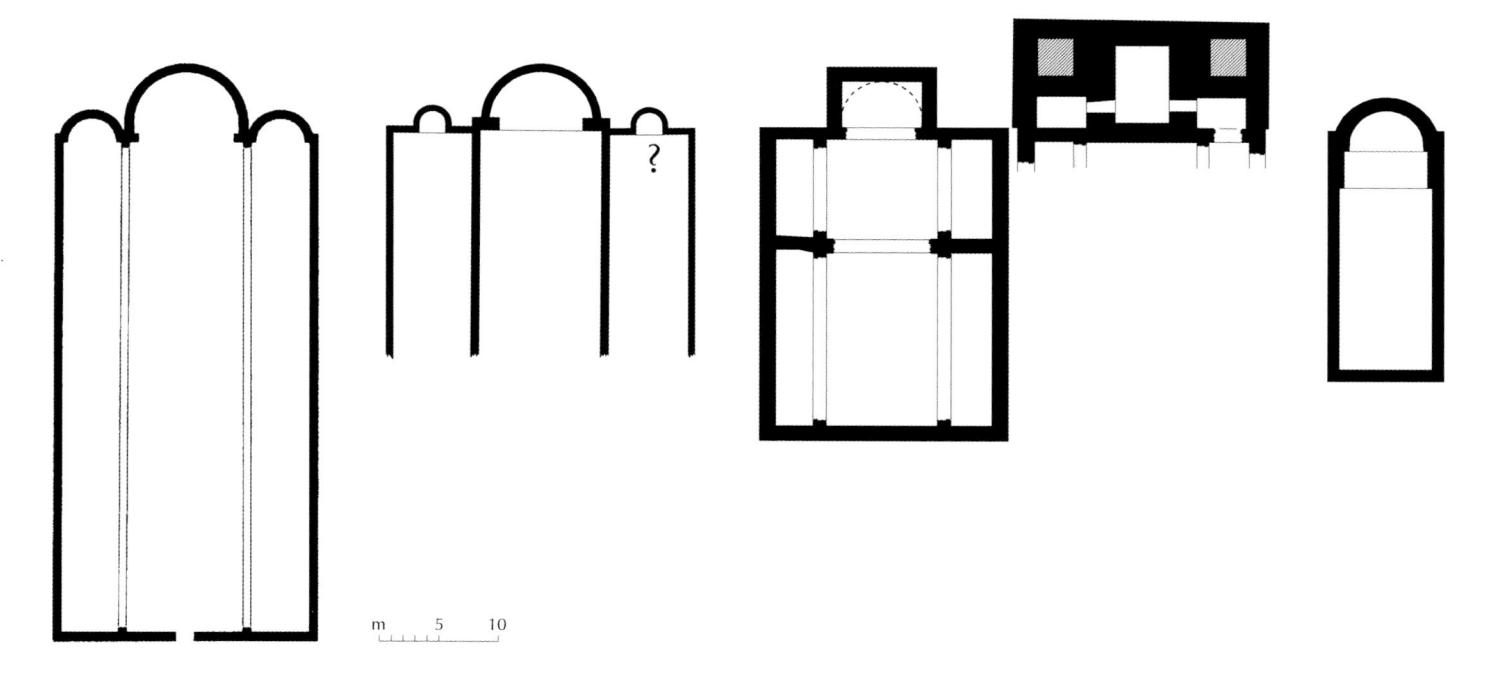

25 Frühe Domkirchen. *Von links nach rechts:* Paderborn IIa, 799; Osnabrück Ia, ca. 803/05; Halberstadt I mit Kammerkrypta, ca. 827–840; Münster, Nebenkirche »*Alter Dom*«, 1. Viertel 9. Jahrhundert.

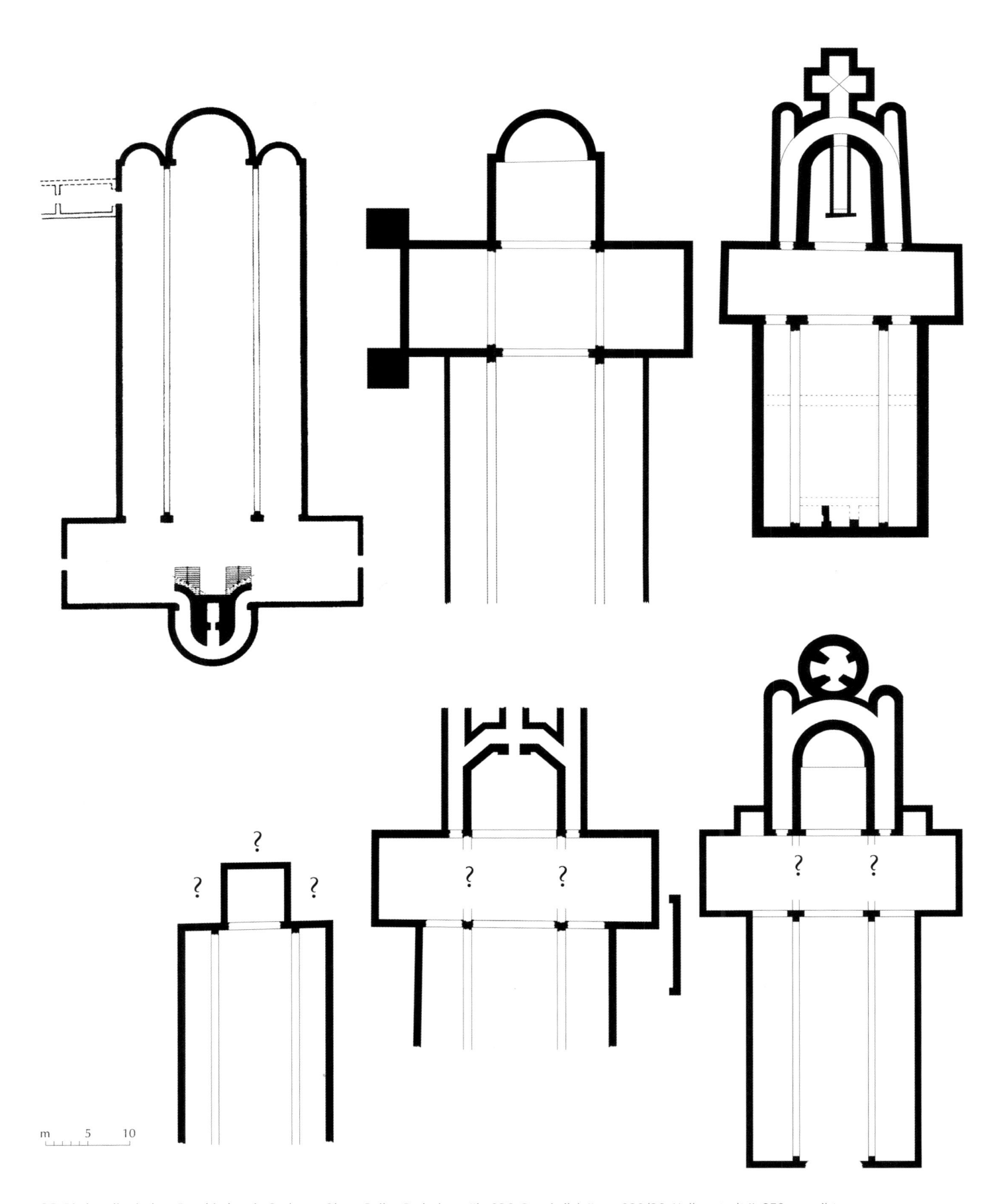

26 Die karolingischen Domkirchen in Sachsen. *Obere Reihe:* Paderborn IIb, 836; Osnabrück II, ca. 820/30; Halberstadt II, 859 geweiht; *Untere Reihe:* Bremen V, 860 geweiht; Minden II, 9. Jahrhundert; Hildesheim, 852–872.

ANMERKUNGEN

1. Wilschewski 2007, passim. Der folgende Text beruht u. a. auf Studien, die zur Auswertung der Grabungen im Osnabrücker Dom betrieben wurden (Lobbedey in Druckvorbereitung). Ein Teil der Abbildungen wurde diesem Fundus entnommen. Die aktuellen Forschungen zu Münster und Osnabrück bilden einen Schwerpunkt des vorliegenden Beitrags. In der Folge werden die jeweiligen Abschnitte in den Vorromanischen Kirchenbauten (Oswald/Schaefer/Sennhauser 1966; 1968; 1971; Jacobsen/Schaefer/Sennhauser 1991; Wilschewski 2007) sowie für die westfälischen Bistümer im Westfälischen Klosterbuch (Hengst 1992; 1994; 2003) nicht eigens zitiert.
2. Honselmann 1984; 1988; Freise 1983a, 304–310; Angenendt 1998, 131–134; Johanek 1999, 499–504.
3. Syburg: Annales regni Francorum ad anno 775, 776; Paderborn: Annales Petaviani, 16; Annales Sangallenses Baluzii ad anno 777.
4. Translatio S. Liborii c. 2; Balzer 2006, 161.
5. Seegrün 1979; 2001; Vogtherr 2005; 2006a.
6. Schlüter 2001; Zehm 2005.
7. Schlüter 2002; 2005; 2006.
8. Lobbedey, *im Druck*. Ellinor Fischer, Dissertation zur archäologischen Erforschung des Stadtkernes, in Arbeit. Zur Geschichte Osnabrücks: Seegrün 1979, 2001; Fischer 2005; Vogtherr 2005; 2006. Zur archäologischen Stadtkernforschung: Schlüter 2002; 2005; 2006. Vorberichte zur Domgrabung: Lobbedey 2005; 2010.
9. Bauuntersuchung, unpubliziert, durch Ellinor Fischer und Sara Snowadsky.
10. Schlüter 2002; 2005; 2006 und ergänzende mündliche Auskunft von Ellinor Fischer, der an dieser Stelle für ihre vielfältige Hilfe gedankt sei.
11. Vgl. Schlüter 2006, 40. Aktuelle mündliche Auskunft von Ellinor Fischer.
12. Eckhard Freise danke ich für wichtige Hinweise.
13. Nicht schon 793; Freise 1993, 28; vgl. dazu Lobbedey im Druck.
14. Freise 1993, 33.
15. Lobbedey 1993, 12–18.
16. Schneider 2011, 143 f.
17. Vgl. Lobbedey *im Druck*, Exkurs zu Münster.
18. Balzer 2010; 2011; 2013.
19. Z. B. Lobbedey *im Druck*.
20. Heintz 1987, Abb. 5.
21. Freise 1983b; Isenberg 1991; 1993; Balzer 2006, 176–187
22. Wie vorige Anm. und Pieper/Chadour-Sampson 1998, 101–116. Die Annahme von Wilschewski (2007, 185) Bau I sei eine Basilika gewesen, erledigt sich durch die Lektüre des Befundberichtes von Isenberg (1991, 92–101; 1993, 98 und 100).
23. Die Grabungen von Otfried Ellger, die zur Auffindung der Umgangskrypta geführt haben, sind noch nicht publiziert. Durch die kollegiale Hilfe von Herrn Ellger konnten die Ergebnisse in den Plan eingearbeitet werden.
24. Lobbedey 1986; Gai/Mecke 2004; Balzer 2006, 163–168; Spiong 2014.
25. Kruse 2000, jetzt in wesentlichen Punkten durch die seitherigen Grabungen Kruses überholt.
26. Fundatio ecclesiae Hildesheimensis 941–946. Vgl. dazu Goetting 1993 und H. J. Schuffels in Kruse 2000, 290–293.
27. Kozok 1993, 291–293. Die Ost-West-Straße sei vor Bernward nördlich der Domburg verlaufen. Brandt/Eggebrecht 1993b, 460 f.
28. Ausführlicher dazu in Lobbedey *im Druck*.
29. Siebrecht 2006, 125.
30. Schubert in Leopold/Schubert 1987, 11; Vogtherr 2006b, 93, 96, 97.
31. Leopold/Schubert 1987, 11 f., 26–30; Schmitt 2006, 197.
32. Brandt 1977; 1988; 2002; s. auch Beitrag Bischop in diesem Band.
33. Balzer 2006.

Die Domburg in Münster in karolingischer Zeit

Martin Kroker

Zahlreiche kleinere archäologische Untersuchungen und größere Ausgrabungen haben in der Nachkriegszeit das Bild der Münsteraner Domimmunität deutlicher werden lassen. Die Altgrabungen konnten im Rahmen eines Forschungsprojektes 2000–2004 aufgearbeitet werden und sind mittlerweile auch publiziert[1]. Bis heute, inzwischen dank einer eigenen Stadtarchäologie, kommen ständig neue Ergebnisse hinzu, sodass insgesamt von einer relativ günstigen Forschungslage gesprochen werden kann. Erkenntnisse zu frühen Sakralbauten konnte die Archäologie in Münster jedoch bisher weniger als an den meisten anderen norddeutschen Bischofssitzen liefern. Grund ist die weitgehend fehlende archäologische Erforschung des Innenbereiches des heutigen Domes. Auch die Renovierungsarbeiten im Dom im vergangenen Jahr haben nur wenige Aufschlüsse erbracht.

Form und Standort der ersten Kirche(n) in Münster sind daher bis heute ungeklärt. Verschiedene Fragen werden intensiv diskutiert: Hat der erste Bischof Liudger bei seiner Ankunft 793 hier mit der Klostergründung das erste Gotteshaus errichtet, oder gab es schon eine frühere Missionsstation? Wenn ja, wo lag diese, und stand sie mit der Echternacher Mission des Abtes und Erzbischofs Beornrad in Verbindung? War die Kirche des Domklosters auch die Domkirche des 805 eingerichteten Bistums? Wo befand sich die Marienkirche, in der der heilige Liudger nach seinem Tod aufgebahrt wurde? Was hat es mit der Kirche des »Alten Domes« nördlich des heutigen Domes auf sich?

Die Schriftquellenlage ist zur Beantwortung dieser Fragen äußerst schlecht – »*Für die ersten drei Jahrhunderte der Münsterer Diözesangeschichte stehen wir vor einer Quellenlage, deren Dürftigkeit unter den deutschen Bistümern des Mittelalters ihresgleichen sucht.*«[2]. Dies wird in der Regel mit dem Brand des Bistumsarchivs in Verbindung gebracht, der mit der Eroberung durch Lothar von Süpplinburg 1121 während des Investiturstreits zusammenhängt. Aber auch die Randlage des Bischofssitzes abseits der Herrschaftswege und ohne überlieferten Königsaufenthalt dürfte hier eine Rolle spielen, denn damit verblieb Münster abseits der Reichsgeschichte und also ohne Erwähnung in den Reichsannalen. Ganz besonders deutlich wird diese Randlage im Vergleich zu Paderborn, aber auch zu Bremen, Minden und vielleicht Osnabrück, wo jeweils eine etwas bessere Grundlage hinsichtlich der Schriftquellen zu konstatieren ist.

DIE MISSIONSKIRCHE DES 8. JAHRHUNDERTS – EINE MARIENKIRCHE WESTLICH DER AA?

Ausgrabungen im Bereich des Überwasserklosters an der der Domburg gegenüberliegenden Seite des Flüsschens Aa haben deutliche Hinweise auf eine Siedlungstätigkeit lange vor der Gründung des 1040 geweihten Klosters

1 Topografie Münsters in der Karolingerzeit.

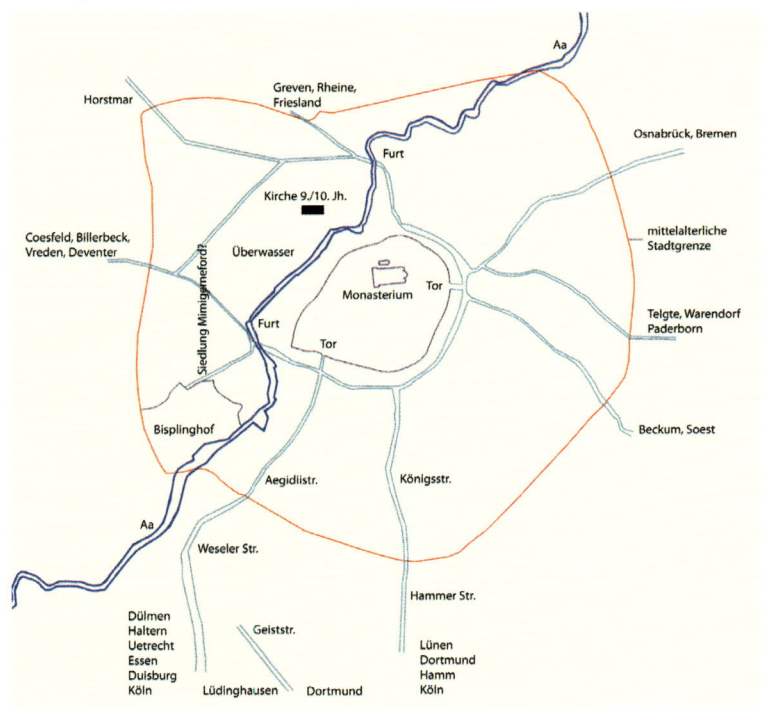

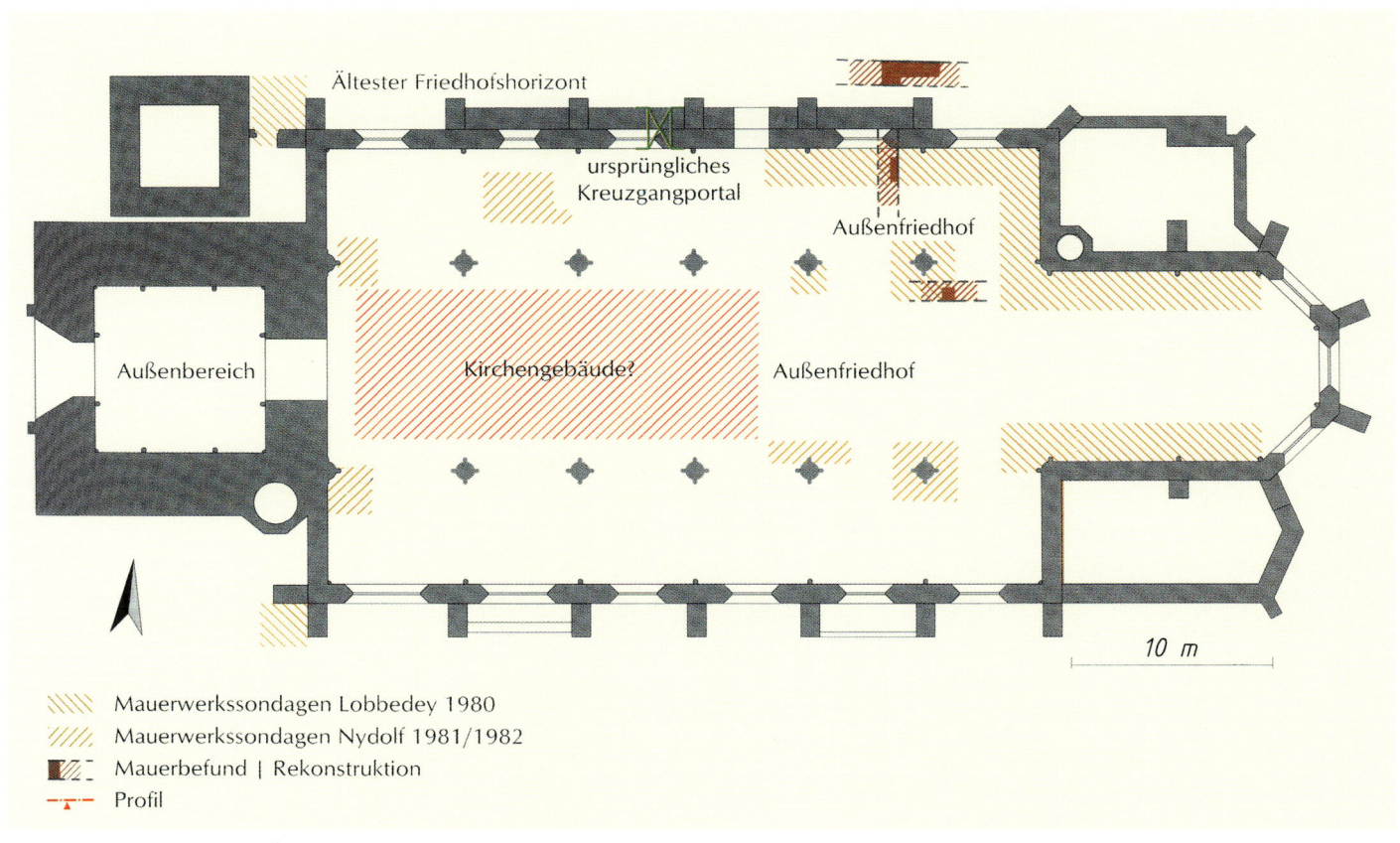

2 Grabungen im Bereich der Überwasserkirche mit der vermuteten Lage der ersten Kirche.

ergeben (*Abb. 1*). Zahlreiche Gruben, Pfostengruben, Grubenhäuser und ein Friedhofshorizont datieren in das 9./10. Jahrhundert, also klar in die Zeit vor der Gründung des klösterlichen Damenstiftes. Erstmals 2005 wurde im Zusammenhang mit der Auswertung der Grabungen auf dem Domplatz die Möglichkeit erwogen, einen Steinbefund unter dem Kloster des 11. Jahrhunderts als erste Kirche der frühmittelalterlichen Siedlung anzusprechen[3]. 1976 war bei einer sehr knappen Baubeobachtung unter der Kirche ein älterer Steinbau aufgefallen, der Mörtel und Putz aufwies (*Abb. 2*). Steinbauten vor der Jahrtausendwende sind in Münster und in Westfalen in aller Regel als Kirchen- oder Klosterbauten anzusprechen, da mit Ausnahme Paderborns keine profanen Steinbauten bekannt sind. Eine nähere zeitliche Einordnung des Befundes erfolgte damals nicht. Der Zusammenhang mit dem Friedhof des späten 9. und des 10. Jahrhunderts erlaubt nun eine eindeutigere und relativ sichere Ansprache als Sakralgebäude.

Die Historikerin Edeltraut Balzer hat sich zuletzt in sehr umfangreichen Publikationen mit der Frühgeschichte dieses Areals beschäftigt[4]. Aus hochmittelalterlichen Besitzverhältnissen konnte sie die Existenz einer sogenannten Eigenkirche vor der Gründung des Stiftes durch eine bedeutende adlige Familie glaubhaft machen, nämlich durch die Billunger. Das Marienpatrozinium der Damenstiftskirche von 1040 könnte von dieser älteren Kirche übernommen worden sein. Dieses Patrozinium entspricht wiederum dem der Kirche, in der Liudger 809 aufgebahrt worden ist (*Abb. 3*). Balzer geht nun noch einen Schritt weiter und möchte diese Kirche mit der Mission Beornrads von Echternach nach 776 in Verbindung bringen. Mit der Zuweisung von Missionssprengeln in Sachsen an Bistümer und Klöster im Frankenreich müsste auch am späteren Bischofssitz Münster eine Kirche der Echternacher Mission entstanden sein[5]. Dem ist zuzustimmen, obwohl der Standort Münster für die Mission Beornrads im Münsterland nicht gänzlich gesichert ist. Jene erste Kirche hätte dann nach Balzer und Gabriele Isenberg nicht am Standort des etwa 15 Jahre später errichteten Klosters Liudgers gestanden, sondern am anderen, westlichen Ufer der Aa, nahe bei einer frühmittelalterlichen sächsischen Hofsiedlung. Diese Überlegungen, die durch die Rückspiegelung der Besitzverhältnisse neue Ansatzpunkte bekommen haben, sind kein eindeutiger Beleg, und zwar weder für eine frühe Kirche an dieser Stelle noch für eine frühe Siedlung. Ebenso wenig ist damit widerlegt oder gar ausgeschlossen, dass ein zukünftiger Ausgräber im Bereich des heutigen Domes die gesuchte erste Kirche Münsters finden würde. Dieser Befund wäre dann vergleichbar mit Osnabrück und Minden, und die Situation wäre nicht allzu weit entfernt von der in Paderborn (s. auch Beitrag Uwe Lobbedey). Die archäologische Auswertung der Ausgrabungen 2003/04

ipse pdixerat, ex narib; eius uiuus sanguis
emanauerit. Elatu ergo ab eccla honori
fice comitantib; pplo x agminib; pductu
est ad locu VVERTHINENSEM,
quo condendu fuerat. & iuxta quod ipse

3 Aufbahrung Liudgers in der Marienkirche, Vita S. Ludgeri: Ms. Theol. Lat 323. Fol. 20v.

des Überwasserareals lässt sich jedenfalls nicht mit Balzers Vorstellungen einer Besiedlung in Beornrads Zeiten in Einklang bringen. Im Gegenteil, nur mit einiger Mühe lässt sich die Siedlung ins 9. Jahrhundert zurückverfolgen, ganz gewiss aber nicht bis in das letzte Viertel des 8. Jahrhunderts oder gar in die Zeit davor[6].

DER DOM

Aus der Existenz eines Friedhofs, der auch durch Münzen noch in die Zeit Karls des Großen zu datieren ist, lässt sich mit großer Sicherheit auf eine Kirche unter dem heutigen Dom aus der Zeit kurz vor 800 schließen (s. Abb. 7, S. 395). Dies dürfte die Klosterkirche des *honestum Monasterium*[7] gewesen sein, das der heilige Liudger hier 793 gegründet hat. 805 wird der spätere Heilige Bischof, und Münster wird Bischofssitz, die Kirche des Klosters wird damit zur ersten Domkirche. Die Existenz einer früheren Missionskirche an diesem Standort ist, wie gerade erörtert, möglich. Die *Vita* des Heiligen stellt die Echternacher Mission nun nicht gerade in den Vordergrund; es sollen die Verdienste Liudgers gewürdigt werden und nicht die frühere Missionsarbeit. Die Nichterwähnung einer *de facto* vorhandenen Kirche muss daher also keineswegs als Beweis für ihre Nichtexistenz beurteilt werden.

Wie die Kirche Liudgers von 793 aussah, wissen wir nicht. Uwe Lobbedey (s. auch den Beitrag im vorliegenden Band) hat durch baugeschichtliche Untersuchungen im Nordwesten des heutigen Domes anhand von Nachweisen des Domneubaus des 11. Jahrhunderts auf einen karolingischen Großbau des 9. Jahrhunderts geschlossen[8]. Demnach verfügte der karolingische Dom über ein Westquerhaus. Möglicherweise könnte es im Westen einen Altar für Paulus gegeben haben, einen Heiligen, den Liudger besonders verehrte und der zum Hauptpatron der Münsteraner Kirche aufstieg. In Paderborn wurde ein Westbau, ein Westquerhaus, im Zusammenhang mit der Einbringung der Liboriusreliquien nach 836 errichtet. Das Münsteraner Gegenstück dürfte kaum früher entstanden sein. Ob das Münsteraner Querhaus gemeinsam mit einem karolingischen Dombau, also einer Großkirche, wie wir sie auch aus Osnabrück und Minden kennen, noch vor der Mitte des 9. Jahrhunderts entstanden oder später bis zum Ende des 9. Jahrhunderts angefügt worden ist, wissen wir wiederum nicht. Weitere Rückschlüsse aus den ebenfalls nur geringen Befunden zur salischen Domkirche sind kaum möglich, und das eigentlich Erschütternde an der Münsterschen Forschungslage ist, dass wir im Grunde genommen keine Erkenntnisse haben, wie die Bischofskirche in dem gesamten Zeitraum von 793 bis in das späte 11. Jahrhundert ausgesehen hat[9]. Die Rekonstruktion von Manfred Schneider beruht auf sehr weitgehenden mutigen Rückschlüssen aus dem Befund des späten 11. Jahrhunderts[10].

Im Vergleich zu anderen Bischofsstädten sehr spät, nämlich erst in der zweiten Hälfte des 11. Jahrhunderts – geweiht 1090 unter Bischof Erpho –, entstand in Münster eine neue Domkirche. Paderborn hatte zu diesem Zeitpunkt bereits zwei weitere Neubauten unter Rethar kurz vor 1000 und unter Meinwerk um 1009–1015 erlebt, die beide durch Brandzerstörungen erneuert werden mussten, ehe Bischof Imad einen weiteren, 1078 geweihten Neubau errichten ließ.

DER ALTE DOM

Die Grabungen von Manfred Schneider und Uwe Lobbedey[11] zwischen 1987 und 1989 auf dem Domherrenfriedhof haben nur 13 m nördlich des Domes die sogenannte Kirche des »Alten Doms« freilegen können. Es handelt sich um eine Saalkirche mit Apsiden, die immerhin 8 m breit war.

Im Hochmittelalter war die Kirche der Sitz eines speziellen zusätzlichen Klerikerstiftes am Dom, ihre Funktion in der Karolingerzeit bleibt jedoch spekulativ. Der einschiffige Bau datiert in das frühe bis mittlere 9. Jahrhundert. Er überlagert einen Friedhofshorizont, der durch Münzen in die Zeit Karls des Großen datiert ist. Das setzt das Vorhandensein eines älteren Kirchbaus unter dem heutigen Dom noch vor 800 voraus, und zwar zumindest die Klosterkirche, das *honestum monasterium*, des heiligen Liudger von 793.

DAS DOMKLOSTER

»*Cuius parochia sedes est principalis inpago sudtgergoe in loco, cuius vocabulum est Mingernaefor, ubi Dominum ipse honestum construxit monasterium sub regula canonica famulantium.*« So lautet die Beschreibung der *Vita sancti Liudgeri*[12] zur Gründung des Domklosters (Abb. 4). Immerhin erfahren wir hier den Ort der Gründung, nämlich Mimigernaford/Münster im Sudergau, und dass es sich um eine Klostergründung mit Kanonikerregel, also um eine Klerikergemeinschaft handelte. Warum aber dieser Ort ausgewählt worden ist und ob dort vorher eine Kirche gestanden hat, erfahren wir leider nicht. Deutlich zu fassen sind im archäologischen Befund die Klostergebäude des 10./11. bis 13. Jahrhunderts nördlich der Ostseite des Domes. Dort konnten auch die Reste

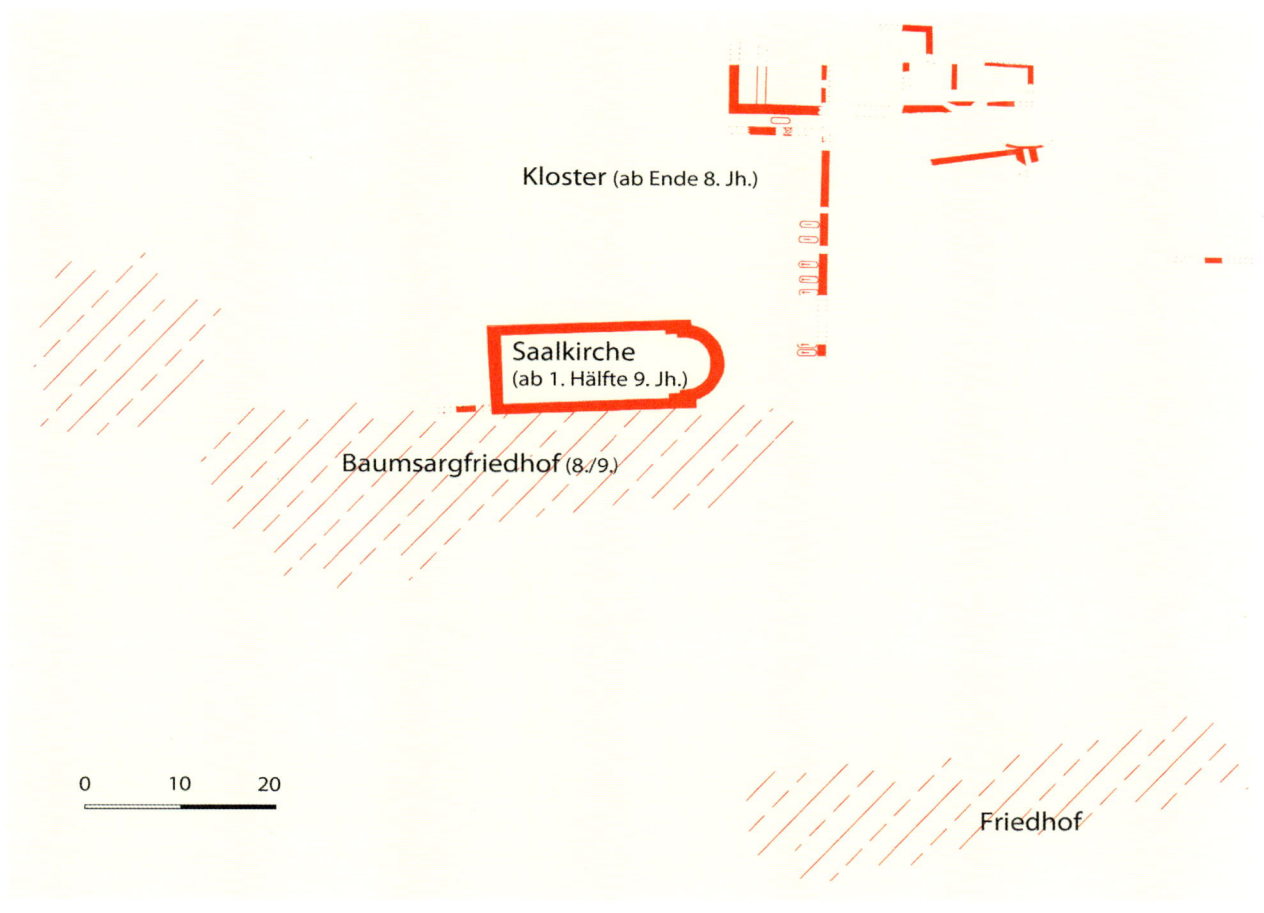

4 Befunde zum Domkloster der Karolingerzeit.

karolingischer Gebäude nachgewiesen werden. Die genaue Untersuchung der Grabungsdokumentation durch Alexandra Pesch[13] und die Grabungen Schneiders haben keine Anhaltspunkte für die Annahme einer geschlossenen Klausur unmittelbar nördlich des Domes, also im Bereich des Domherrenfriedhofs erbracht. Auch die neuen Ausgrabungen im Dom und im nordöstlich anschließenden Areal lieferten keine Hinweise darauf[14]. Fraglich erscheint, ob in karolingischer Zeit hier ein *echtes* Kloster mit Klausur, Kreuzgang usw. vorhanden gewesen ist oder ob es sich nur um einzelne Gebäude zur Unterbringung der Kleriker gehandelt hat. Dies sind offene Fragen, nicht nur für Münster, sondern sie betreffen sämtliche norddeutsche *sächsische* Domburgen. Klarheit haben wir in Münster erst im 11. Jahrhundert, für das eine Klausuranlage im Nordosten des Domes nachzuweisen ist.

WEITERE SAKRALBAUTEN

Für das späte 9. Jahrhundert überliefert die Münsteraner Bischofschronik die Existenz einer dem heiligen Clemens geweihten Kapelle. Zwar handelt es sich um eine bekannt unzuverlässige, im 13. Jahrhundert verfasste Chronik, aber auch an anderen Bischofssitzen gibt es weitere Sakralbauten, so in Paderborn die spätere Brigidenkapelle oder im späten 10. Jahrhundert die Geroldskapelle; Anfang des 11. Jahrhunderts lassen sich noch die Bartholomäuskapelle sowie eine Pfalzkapelle mit unbekanntem Patrozinium fassen.

DIE BESTATTUNGSPLÄTZE

Hier stellt sich die Situation komplexer dar als noch vor zehn Jahren angenommen. Der Friedhof um die Kirche unter dem heutigen Dom wurde bereits angesprochen. Seine Ausdehnung lässt sich durch mehrere archäologische Untersuchungen in Ansätzen skizzieren. Im Norden gibt die Topografie nur Raum für den Bereich des heutigen Domkreuzgangs, im Süden, im Westen und im Osten gab es einzelne Hinweise auf ein umfangreiches Gräberfeld. Es handelt sich um einen typischen Friedhof der Karolingerzeit in Westfalen mit einem ausgedehnten Gräberfeld mit keinen oder nur ganz wenigen Überschneidungen der Grabgruben und mit der Verwendung von Baumsärgen. Außerhalb der Domkirche vermischen sich diese Gräber aus der Zeit der Christianisierung mit Bestattungen des Mittelalters. Auf dem Domplatz in Münster ist mindestens bis in das 12. Jahrhundert be-

8 Rekonstruktion der Wallbefestigung (die Verbindung zwischen vorderer und hinterer Pfostenreihe ist im Befund nicht belegt).

9 Plaggenwall im Norden des Domplatzes.

erstmals deutlich gezeigt. An der Innenseite des Grabens erstreckte sich eine Berme. Plaggen und kleinere Pfosten vor dem Wall sollten ein Abrutschen des Walles auf die Berme und in den Graben hinein verhindern. Es folgten dahinter große Frontpfosten, die mit Holzlatten verbunden waren. Noch vier Meter dahinter waren die hinteren Pfosten eingebracht und wurden von der Wallschüttung überzogen. Für die im Modell (Abb. 8) gezeigten Verbindungshölzer zwischen der vorderen und hinteren Pfostenreihe gibt es keinen Beleg.

Diese aufwendige Befestigung wurde in der beschriebenen Form so nur an der Südostseite der Domburg, nördlich und südlich des Michaelistores, ausgeführt. An vielen Stellen insbesondere im Norden ist an Stelle der Pfostenkonstruktion ein einfacher Wall mit Plaggen (Grassoden) auf einem 1 m breiten Streifen an der Außenseite errichtet worden (Abb. 9). Solche Plaggen sind auch für andere Orte wie Verden und Hamburg beschrieben worden. Gegenüber einer Holzwand boten sie sicher den schlechteren Schutz, als Konstruktion, die ein Abrutschen des Walls verhindern konnte, mögen sie aber genügt haben. Für eine zeitlich spätere Anlage der Holzwand am Michaelisplatz im Osten der Domburg gab es keine Anzeichen. So bleibt als Erklärung für die zeitgleiche Verwendung verschiedener Bauformen nur, dass genau dort im Osten kein natürlicher Schutz durch den Geländesporn vorgelegen hat und es daher notwendig gewesen ist, die Befestigung wesentlich aufwendiger zu gestalten. Hätte man aber die gesamte Domburg mit einem solchen Holzerdewall umgeben, wäre eine immense Menge geeigneten Holzes benötigt worden. An Arbeitskräften scheint es dagegen weniger gemangelt zu haben, denn der breite Graben war überall nachweisbar. Das Material vom Aushub des Grabens dürfte sinnvollerweise als Wall aufgebracht worden sein. An der Westseite wurde die Anlage durch den kleinen Fluss Aa begrenzt und zugleich geschützt. Anzeichen für einen Graben fanden sich dennoch deutlich vor dem

Fluss, zuletzt konnte die Stadtarchäologie dort relativ kleine Spitzgräben nachweisen[19].

Bei diesen Spitzgräben handelt es sich möglicherweise um die älteste Form der Befestigung, die an anderen Stellen, bedingt durch den oben beschriebenen größeren breiten Sohlgraben, nicht mehr auszumachen ist. Die aufwendige Holzpalisade an der Ostseite, die von Winkelmann um 800 datiert worden ist, gehört tatsächlich erst in die Zeit nach 900. Anlass für diese neue Datierung ist der Fund eines hölzernen Kastenbrunnens, der 1980 von Phillip R. Hömberg unter dem vermeintlichen Wall Liudgers gefunden und danach folgerichtig als sächsisch bzw. vorkarolingisch angesprochen worden ist. Drei Hölzer dieses Brunnens mit Waldkante konnten jedoch 20 Jahre später dendrochronologisch analysiert werden und ergaben eine Datierung um 888[20]. Die Befestigung, die den Brunnen überlagerte, ist also dementsprechend jünger einzuordnen.

Zur Problematik der Befestigung gehört die Frage nach den Toren und damit also nach den Zugängen in die Domburg (Abb. 10). Seit dem Hochmittelalter sind vier Tore überliefert. Hiervon befindet sich je eines im Osten zum Rathaus und im Westen zum Überwasserkloster. Diese beiden Tore dürften nicht vor dem späten 11. oder frühen 12 Jahrhundert entstanden sein. Das dritte Tor im Norden zum Speicher des Kapitels ist im Zusammenhang mit der Errichtung einer Steinbefestigung um 1000 entstanden. Von einem weiteren Zugang im Süden, dem Weg ins Rheinland und zur Furt am Bispinghof würde ich ausgehen. Schließlich scheint noch die Existenz eines weiteren Tores im Osten möglich. Die Annahme[21], es habe nur ein einziges Tor gegeben, erscheint dagegen wenig plausibel. Sinnvoller aus Sicht der Wegeführung und des Warentransports sind auch in der verkehrsgeografischen Situation der Karolingerzeit zwei Tore: eines

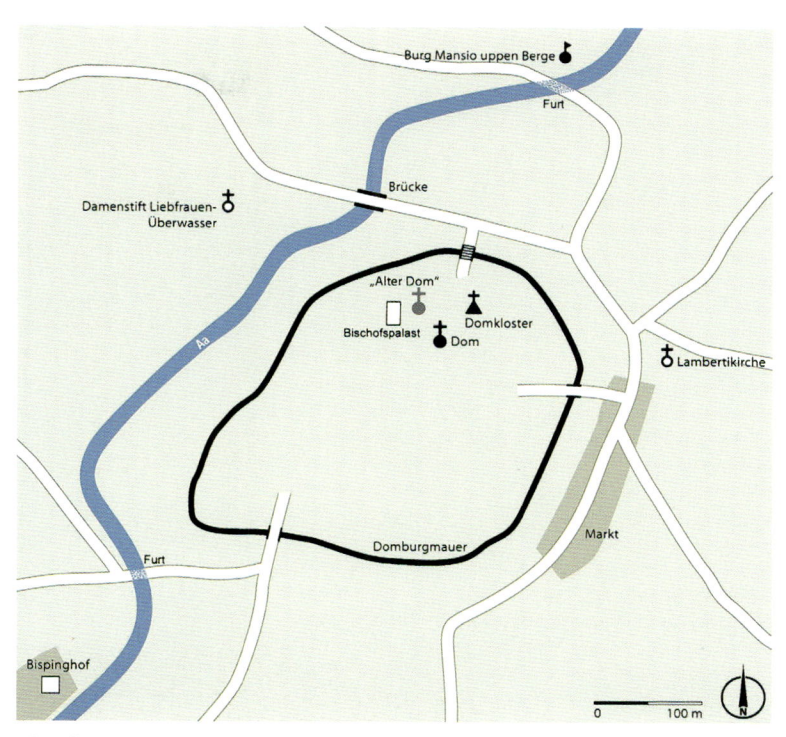

10 Münster um 1000.

im Südwesten und eines im Nordosten. Ein zusätzliches Tor kommt ab 1000 im Norden hinzu, ein weiteres ab dem 11./12. Jahrhundert im Nordwesten[22].

FAZIT

Bereits mit Liudger und Karl dem Großen wird die Domburg ausgebaut, und es entsteht auf diese Weise eine *civitas*, also genau das, was der Verfasser der *Translatio S. Liborii* noch vermisst hatte (Abb. 11). Im 10. und 11. Jahrhundert prosperiert diese Siedlung, ehe Ende des 11./Anfang des 12. Jahrhunderts mit der Auflösung der *vita communis* der Domherren die mittelalterliche Stadt Münster entsteht und somit eine neue, hier nicht weiter zu diskutierende Situation eintritt.

AMERKUNGEN

1 Pesch 2005; Kroker 2007; Schneider/Holze-Thier/Thier 2011.
2 Schieffer 1977, 16.
3 Nydolf 1983, 298 f.; Isenberg 2008, 18 f.
4 Balzer 2006; 2008; 2010; 2011; 2013.
5 Freise 1993, 22 f., 26 f.
6 Austermann 2013b.
7 Vita Sancti Liudgeri, 27 (c. 1).
8 Lobbedey 1993.
9 Zur Domgeschichte Kohl 1987.
10 Schneider 2011, 130–133.
11 Schneider 1991.
12 Vita Sancti Liudgeri, 27 (c. 1).
13 Pesch 2005.
14 Ellger/Holtfester 2013.
15 Kroker 2005, 231 f.; 2006; 2007, 263–266.
16 Kroker 2007, 263–66.
17 Translatio Sancti Liborii 29 (c. 1).
18 Kroker 2007.
19 Unpubliziert, Mitteilung Aurelia Dickers.
20 Kroker 2007, 235–239, 284.
21 Prinz 1981 spricht sich für ein Tor im Norden aus, Kirchhoff 1993 sieht den Zugang im Osten als einziges Tor in Domburg, vgl. Kroker 2007, 285 f.
22 Prinz 1981, 109–113, 235; Kirchhoff 1993, 455; Kroker 2007, 285–290; Austermann 2013c, 140–144.

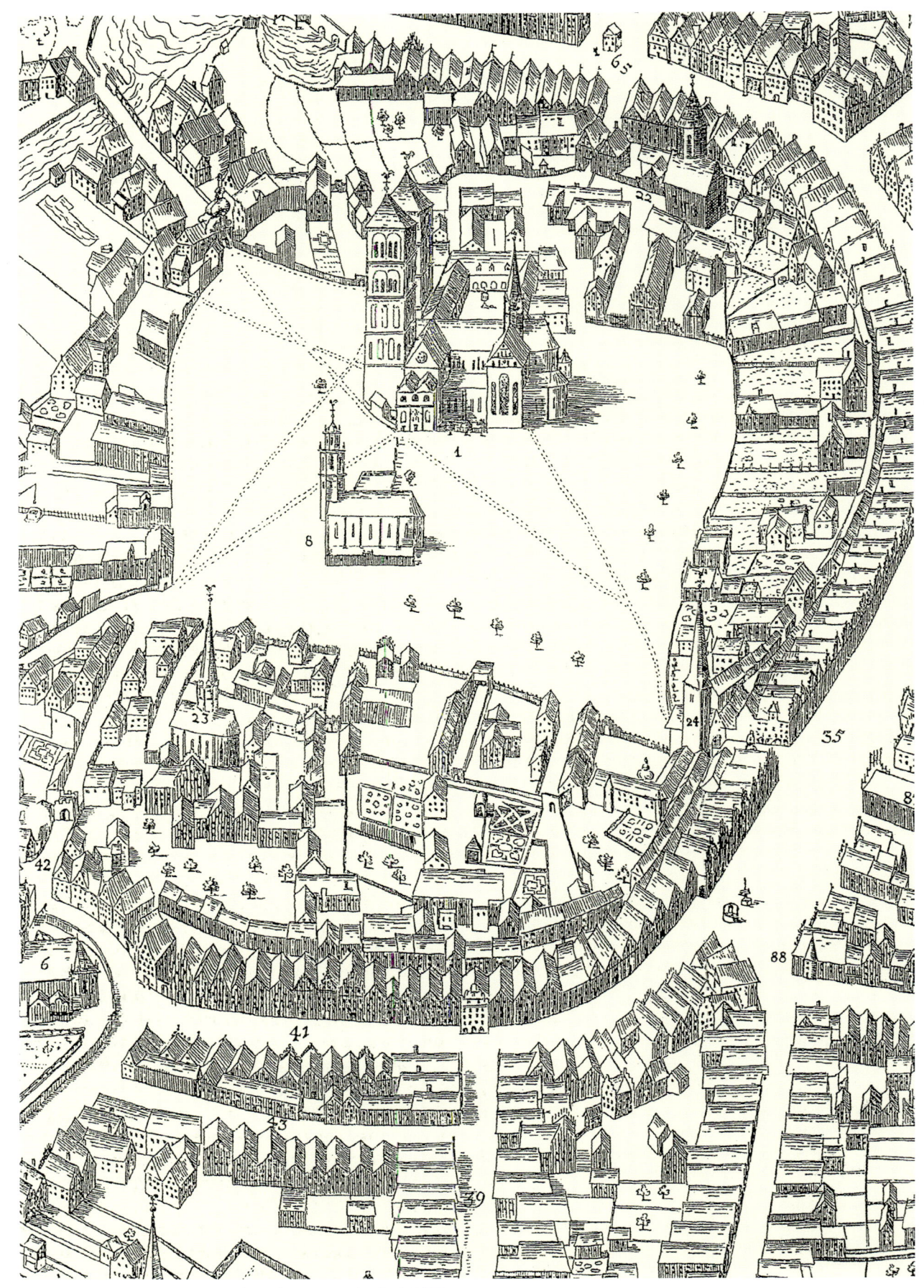

11 Die Domburg, Ausschnitt aus dem Plan von E. Alerdinck 1636.

Der Bistumssitz Bremen im späten 8. und 9. Jahrhundert

Dieter Bischop

Ein Ort mit dem Namen Bremen wird zum Jahre 782 zum ersten Mal in der *Vita Willhadi* erwähnt, als der Priester Gerwal mit einigen seiner Glaubensbrüder an eben einem Ort namens Brema erschlagen wurde (»*Gerwalum quoque cum sociis suis in Brema*«)[1]. Die restlichen Christen mit dem aus dem angelsächsischen Königreich Northumbria stammenden Missionar und späteren Bischof Willehad an der Spitze mussten vor den Sachsen fliehen. Bis zum Herbst 782 wurde aber der sächsische Widerstand im Gau Wigmodien gegen die fränkische Eroberung gebrochen, und die Lage beruhigte sich wieder.

Willehad hatte nach seiner Flucht eine Pilgerreise nach Rom unternommen und zwei Jahre im Kloster Echternach verbracht, bevor Karl der Große ihn im Juli 787 in Worms zum Bischof weihen ließ. Er vertraute Willehad den ihm bereits bekannten Gau Wigmodien, allerdings erweitert um friesische Küstenstriche und den Weser-Hunte-Raum, als Missionsgebiet an und entsandte ihn mit hohen kirchlichen Weihen ausgestattet dorthin (*Abb. 1*). Der frisch ernannte Bischof aber wählte nun den Ort des damaligen Verbrechens an seinen Glaubensbrüdern, *brema*, zu seinem Hauptstützpunkt und zukünftigen Bischofssitz aus.

Berichtet wurde dies alles in der im 9. Jahrhundert von einem unbekannten Autor verfassten *Vita Willehadi*. Die hierbei für die Ereignisse des Jahres 782 genutzte Ortsbezeichnung Brema (somit die latinisierte Form des niederdeutschen *Bremum*, der Wortstamm hat sich bis heute noch in unserem Wort »*verbrämen*« erhalten), weist schon auf die Randlage dieser Siedlung zum Fluss bzw. zur Düne hin, die der bereits seit etwa 770 als Missionar in Friesland und im Gebiet der Friesen und Sachsen tätige Willehad als Ausgangspunkt seiner Missionstätigkeit und später als Domstandort wählte (*Abb. 2*). Bremen liegt unmittelbar am rechten Weserufer, etwa mittig auf einem über 20 km langen, im Holozän entstandenen Dünenzug. Die sogenannte Bremer Düne erreicht in der Altstadt nahe des Domes eine maximale Höhe von 13,2 m ü. NN. Eminent wichtig für die Auswahl dieses Ortes zur Gründung des Bischofssitzes waren aber nicht nur die geografischen und zugleich fortifikatorischen Vorzüge.

Das Siedlungsplateau befand sich nicht nur nahe am Wasser und war dennoch vor Hochwasser geschützt, sondern es besaß aufgrund der unmittelbaren Lage an der als Wasserstraße bedeutenden Weser – möglicherweise mit einer Furt vor Ort – in Verbindung mit den auf den rechtsseitigen Uferwällen verlaufenden und sich kreuzenden Landwegen einen sehr guten Anschluss an das gesamte Verkehrswegenetz der Norddeutschen Tiefebene. Die Bremer Düne bot somit gute Voraussetzung für die Entstehung des bald florierenden Handelsortes[2].

Je zwei Dünenkuppen im Nordwesten bzw. Südosten der heutigen Altstadt waren bereits seit der vorrömischen Eisenzeit besiedelt, wie zahlreiche Keramikscherben sowie Hüttenlehm aus den Domgrabungen, aber auch der Nachweis zeitgleicher Siedlungs- und Pflugspuren im wesernahen Bereich der Kirche St. Stephani belegen[3]. An der Tiefer, nahe der Abzweigung des ehemaligen Weserarmes Balge, deuten römische Münzfunde unter anderem aus der Zeit des römischen Kaisers Alexander Severus (222–235 n. Chr.) auf einen Weserübergang in Form einer Furt hin bzw. auf eine frühe Fährverbindung über den flachen, aber breiten Fluss. Unweit davon mag sich bis zur römischen Kaiserzeit bereits ein saisonaler Ufermarkt entwickelt haben[4]. Eindeutige Siedlungsspuren der späten Römischen Kaiserzeit und frühen Völkerwanderungszeit fanden sich bisher, abgesehen von einigen Indizien im Bereich des Marktplatzes, nur 400 m nördlich an der Katharinenstraße oder 500 m weiter östlich an der Bleicherstraße[5]. Deuten jene Spuren bereits eine Siedlungskontinuität in diesem Bereich der Domdüne von der vorrömischen Eisenzeit bis in die Völkerwanderungszeit an, so beweisen weitere Funde und Befunde ein Fortdauern der Siedlung bis zur karolingischen Missionszeit.

In einem Suchschnitt der Marktplatzgrabung von 2002 wurden in einer frühmittelalterlichen Siedlungsschicht einzelne Pfostengruben von abgebrannten Gebäuden mit Wandgräbchen angeschnitten. Holzkohle

1 Der heilige Willehad erhält von Karl dem Großen das Modell des (spätmittelalterlichen) Bremer Domes (Mittelbild des »Orgellettners« im St.-Petri-Dom).

aus einem verbrannten Pfosten ließ sich durch eine ¹⁴C-Untersuchung in die Zeit zwischen 665 und 790 (2-Sigma-Bereich) datieren. Vielleicht sind diese Brandspuren unmittelbare Zeugnisse der Sachsenkriege Karls des Großen. Zu jener Zeit war die spätere Domdüne durch intensive Nutzung und großflächige Besiedlung bereits weitgehend entwaldet und verheidet[6]. In die lange Kriegsphase mag auch ein verzinnter Spangenhelm gehören, der 1925 in einem alten Balgebett gefunden worden ist (Abb. 2 u. 3). Er lässt sich jedoch leider nicht genauer als auf das 7.–8. Jahrhundert datieren[7]. Die wertvolle Schutzwaffe könnte aber bei fränkisch-sächsischem Kampfgeschehen oder durch einen Unfall in den Fluss gelangt sein.

Zu dieser frühen Ansiedlung scheint eine Grabenbefestigung zu gehören. In der Nordwestecke des Marktes wurde im Profil einer 2002 neu angelegten, parallel zum mittelalterlichen Rathaus verlaufenden Kanaltrasse ein im oberen Bereich 2–3 m breiter Graben mit einheitlich humoser Verfüllung angeschnitten (Abb. 4 u. 5). Die Verfüllung dieses Grabens enthielt Fragmente der spätsächsischen Kumpfkeramik, der Muschelgruswaren und der frühen Kugeltopfware des 8./9. Jahrhunderts. Das Inventar deutet darauf hin, dass es sich bei diesem Graben um einen Verteidigungsgraben der altsächsischen Siedlung Brema gehandelt hat. Dieses alte Verteidigungswerk dürfte nach der fränkischen Eroberung überflüssig geworden und daher im Laufe oder spätestens gegen Ende des 9. Jahrhunderts verfüllt worden sein[8]. Eine ¹⁴C-Untersuchung von Holzkohle aus der Verfüllung des Grabens mit dem Ergebnis 775–972 widerspricht dieser These nicht. Es gibt Hinweise, die auf einen weiteren möglichen Verlauf dieses Grabens nach Norden bzw. Nordosten deuten[9].

DIE DOMBURG

DIE BEFESTIGUNG

Historisch überliefert sind Sicherheitsmaßnahmen für die Domburg, nämlich die Anlage eines Schutzes durch Wall und Graben, erst durch die Bischöfe Libentius (988–1013) und Unwan (1013–1029). Auch wenn somit nicht vor dem späten 10. Jahrhundert von einer Befestigung die Rede ist, so ist doch – parallel zu anderen norddeutschen Domburgen – schon bald nach der Gründung mit

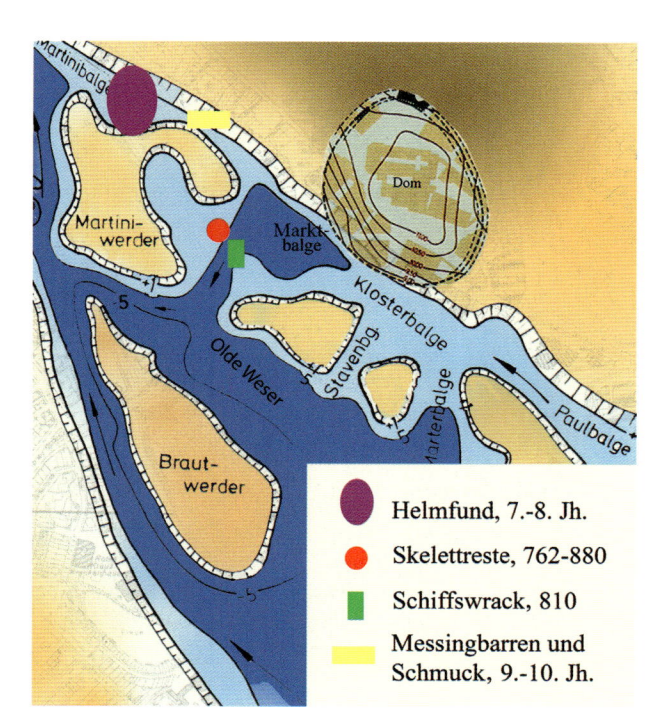

2 Nach den Höhenlinien rekonstruierte Domburg des 10./11. Jahrhunderts am Dünenhang und das verzweigte Flusssystem der Weser (nach Ortlam 1994) mit frühmittelalterlichen Flussfunden.

3 Bandspangenhelm des 7.–8. Jahrhunderts, aus der frühmittelalterlichen Balge geborgen.

4 An der Nordwestecke des historischen Marktplatzes aufgenommenes Profil eines im Laufe des 9. Jahrhunderts verfüllten Grabens der vor-domzeitlichen Siedlung Brema.

einer Art Befestigung zu rechnen, die einen ausreichenden Schutz des Bischofssitzes gegen immer wieder drohende Aufstände der Sachsen gewährleistet hat. Auf der Reichssynode von 816 war generell für klösterliche Gemeinschaften eine Befestigung mit *firmis munitionibus*, also eine Art Sicherheitsstandard festgeschrieben worden (s. Beitrag Uwe Lobbedey)[10].

Im 11. Jahrhundert wollte Erzbischof Hermann (1032–1035) den Standard der damaligen Festungstechnik setzen und begann die alte Holz-Erde-Befestigung der Domburg durch eine steinerne Mauer aus Feldsteinen, Raseneisenerzbrocken und größeren Flintsteinen zu ersetzen. Die im Jahre 1043 allerdings noch unvollendete Mauer mit ihren Türmen und Toren wurde jedoch bereits unter Erzbischof Adalbert (1043–1072) größtenteils wieder abgebrochen, um mit dem Material den zwei Jahre zuvor niedergebrannten Dom neu zu errichten[11].

ARCHÄOLOGISCHE NACHWEISE

An vier Stellen im Dombereich konnte archäologisch in den Jahren 1861, 1908, 1940 und zuletzt 2002 westlich und nördlich des Domes die früh- bis hochmittelalterliche Domburg nachgewiesen werden:

– 1861 wurde zum Bau der neuen Börse an der Ostseite des Marktplatzes der sogenannte Wilhadi-Block (nach dem ersten Bischof Willehad benannt) abgerissen; ein halbrunder, im Ursprung mittelalterlicher Häuserblock, der die ehemalige Wilhadikapelle mit

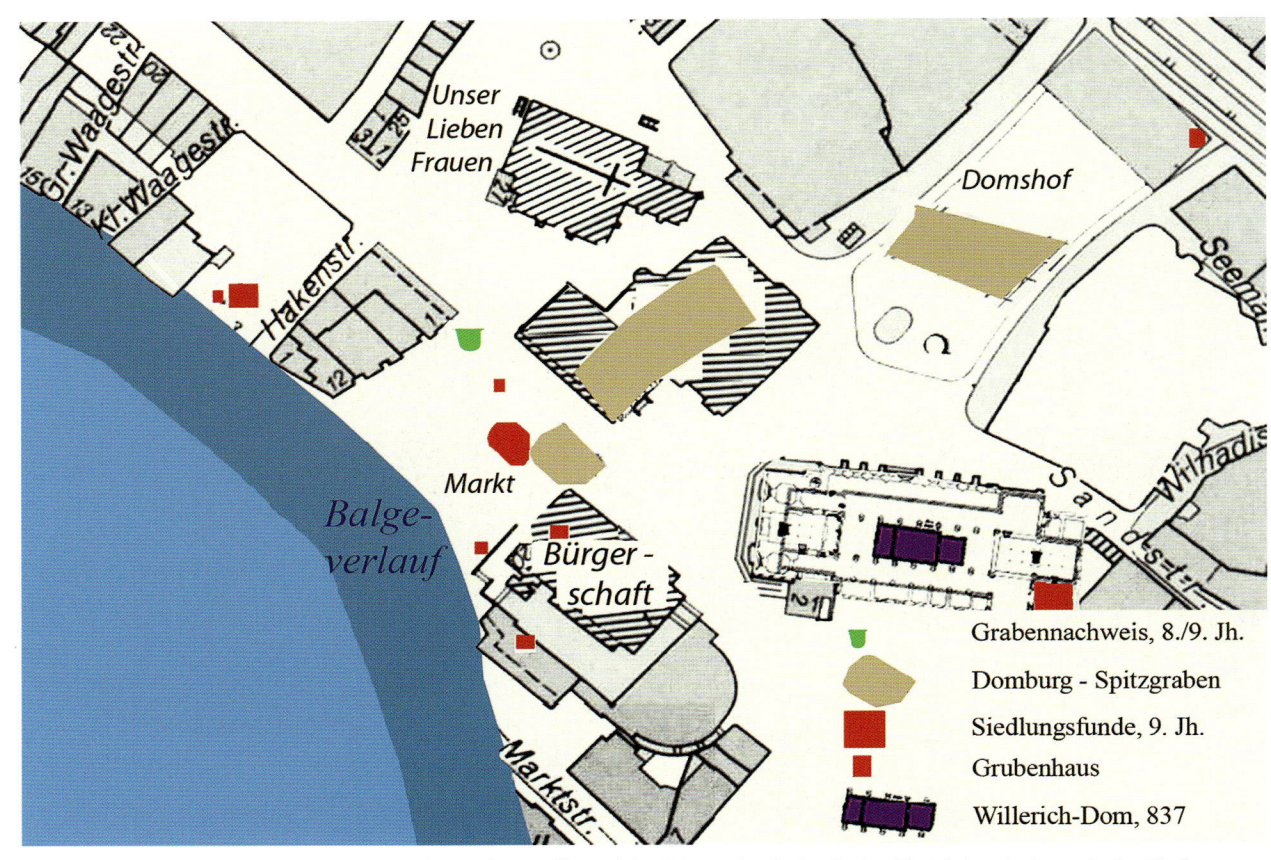

5 Der nordwestliche Bereich des Bremer Domes mit Eintrag des Grabenprofils und der Spitzgrabenbefunde des 19. Jahrhunderts sowie der Siedlungsspuren des 9. Jahrhunderts; im Südosten das Hafenbecken der Marktbalge.

einschloss. Bei den Ausschachtungen wurden einige 4–5 Zoll (ca. 10–13 cm) mächtige Eichenpfosten entdeckt, die mit einer Holz-Erde-Palisade in Verbindung gebracht wurden. Ein ebenfalls in der Baugrube vorgefundenes großes Feldsteinfundament mit festem Mörtel ist mit der von Erzbischof Hermann (1032–1035) erbauten Domimmunitätsmauer zu identifizieren[12].

– 1908 wurde ein Spitzgraben in der Baugrube des Neuen Rathauses beobachtet, in dessen Verfüllung offenbar eben diese spätere, den alten Wall und Graben ersetzende steinerne Domimmunitätsmauer mit ihrem Fundament eingegriffen hatte. Funde aus dem Graben sind nicht bekannt.

– 1940 wurden beim Bunkerbau auf dem Bremer Domshof durch die Baugrube zwei große Spitzgräben angeschnittenen (*Abb. 6*), aber kriegsbedingt nur fotografisch dokumentiert, so dass auch hier keine zeitliche Einordnung der Befestigungsanlage möglich ist. Wahrscheinlich ist jedoch mit einer zweiphasigen Spitzgrabenanlage zu rechnen, wobei der äußere Graben der jüngere sein dürfte, der aber in der Baugrube des Neuen Bremer Rathauses zum Teil denselben Verlauf zu nehmen scheint wie der innere, ältere Graben[13].

– Zuletzt wurde 2002 ein in die Düne eingetiefter Spitzgraben festgestellt. Der Graben konnte nahe der Nordwestecke der Bremer Bürgerschaft in Höhe des östlichsten Portalbogens des mittelalterlichen Rathauses dokumentiert werden. Er lag unter dem erhaltenen Keller des spätgotischen Wohnhauses der Ratsherrenfamilie Balleer, das mit dem gegenüberliegenden Rathaus von 1405 den Durchgang vom Markt zum Dom flankierte. Im oberen Bereich fanden sich – wie bereits 1908 und 1940 festgestellt – Fundamentreste der von Erzbischof Hermann 1038 erbauten Immunitätsmauer[14]. Die Sohle des Spitzgrabens konnte aufgrund des Termindrucks des Bauvorhabens zwar nicht erreicht werden, doch fanden sich in den Graben hineingerutschte, verkohlte Eichenbohlenreste – vermutlich ein verbrannter Palisadenrest –, die durch eine Radiokarbondatierung in die Jahre 975 bis 1020 (2-Sigma-Bereich) gesetzt werden konnten. Dieser Palisadenrest könnte mit den Wikingerüberfällen der Zeit um 994 zusammenhängen. Im Jahr 994 hatte Bischof Libentius aus Furcht vor den Wikingern die Befestigung seiner Domburg deutlich verstärken lassen[15]. Bis auf diese Datierung ergibt sich aber kein Ansatzpunkt für eine weitere zeitliche Einordnung des Baues der dokumentierten Grabenreste. Die Funde aus der oberen Verfüllung des Grabens, unter anderem eine größere Wandscherbe einer Pingsdorfer Amphore sowie das Fragment eines

6 Bei den Bauarbeiten 1940 für den großen Domshof-Bunker angeschnittener Spitzgraben.

verzierten Geweihkammes, gehören der Zeit vor der Mitte des 11. Jahrhunderts an. Dies stimmt mit der Beobachtung zur Überlagerung des Grabens durch die Mauer des Erzbischofs Hermann überein[16].
Einen Hinweis auf diesen Wikingerüberfall mögen ein 1959 in der Lesum beim Yachthafen gefundenes Fragment eines kleinen Wikingerschwertes und Menschenknochen geben (*Abb. 7*). Sie könnten mit einem zu Lesum überlieferten Kampfgeschehen zusammenhängen[17].

Im Bereich westlich zum Markt hin ist mit hoher Wahrscheinlichkeit das Haupttor der Domburg anzunehmen. Doch der hier vermutete Verlauf der Domburggrenze im Osten ist sehr spekulativ; er mag aber mehr oder weniger den natürlichen Höhenlinien der Dünenkuppe gefolgt sein. Mit dem Wilhadi-Block dürfte sich die südliche Grenze der Domburg abzeichnen[18]. Im Süden der Domburg verlief schützend die Balge, die rechte Hauptstromseite der Weser. Wie weit sie aber an die Domburg heranreichte oder gar den Verteidigungsgraben ersetzen konnte, bleibt bislang ungeklärt.

7 Eisernes Schwertfragment des 10./11. Jahrhunderts, gefunden im Yachthafen in der Lesum.

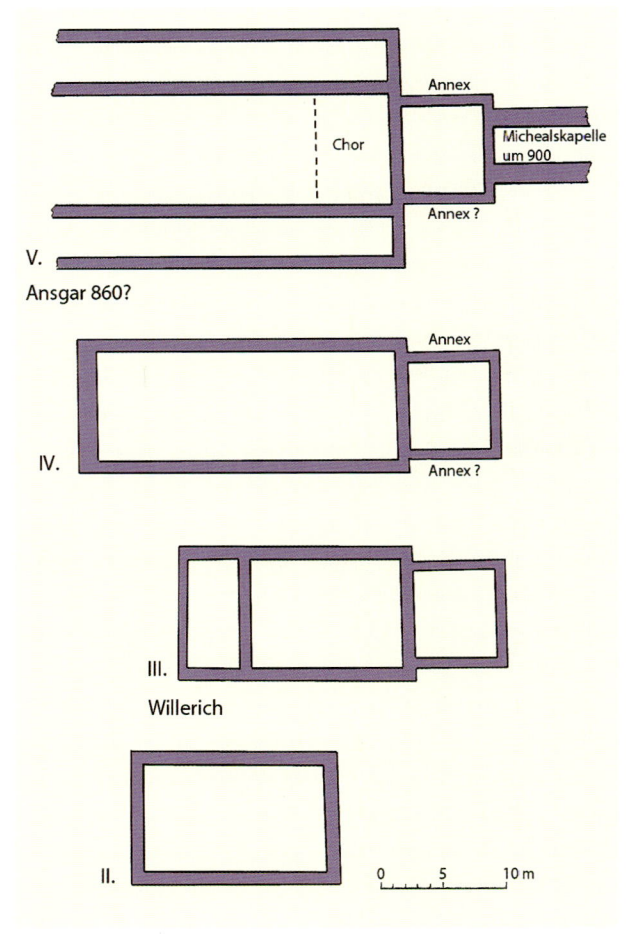

8 Rekonstruierte Grundrisse der Kirchenbauten des 8. und 9. Jahrhunderts unter dem heutigen Dom (II–V nach Brandt).

DAS INNERE DER BREMER DOMBURG

DER DOM

Nur zwei Jahre nach der Rückkehr in seine Diözese Wigmodien erbaute der Bischof Willehad ein hölzernes Gotteshaus von »*wunderbarer Schönheit*«, wie es in der *Vita Willehadi*, Kap. 9, überliefert ist. Unsicher ist jedoch, ob er bereits vorher, d. h. vor dem Sachsenaufstand von 782, eine kleine Kirche erbaut hat[19]. Nur kurz konnte Willehad sich des Anblicks seiner von ihm 789 errichteten Holzkirche erfreuen, denn schon eine Woche nach der Einweihung dieser ersten Domkirche starb der verdienstvolle Bischof in Blexen. Sein Leichnam wurde nach Bremen überführt und im neuen Dom bestattet.

Dieser erste, hölzerne Dom ist bei einem letzten Aufstand der hartnäckig heidnischen Sachsen 794 abgebrannt und wurde von Willehads Nachfolger Willerich (805–837) ab 805 als steinerne Basilika neu errichtet. Geringe Reste dieses frühen, dem heiligen Petrus geweihten Domes wurden bei den zwischen 1973 und 1984 durch Karl Heinz Brandt durchgeführten Domgrabungen entdeckt (*Abb. 8*). Damals konnten aufgrund störender Grüfte und Sargschächte im Mittelschiff des heutigen Domes jedoch nur wenige frühe Bauspuren – erhalten waren meist nur Estrichfragmente und Ausbruchgruben der Mauern – bestimmten Bischöfen als Bauherren zugewiesen werden. Eine 24 m lange und 8,4 m breite Saalkirche mit Vorhalle und quadratischem Chor ließ sich einigermaßen sicher rekonstruieren (*Abb. 9*). Brandt wies diese Kirche Bischof Willerich zu. Weitere Spuren einer teilweise abgebrannten Kirche könnten Ansgar zugewiesen werden, doch ist die Interpretation äußerst schwierig[20].

Der noch heute Maß und Struktur des stehenden Domes vorgebende, überwiegend aus Sandstein errichtete Bau einer dreischiffigen Pfeilerbasilika mit zwei Krypten, über denen sich jeweils ein Chor erhebt, stammt aus dem 11. Jahrhundert und ist mit Adalbert zu verbinden. Im 13. Jahrhundert waren Einwölbung, Kapellenanbauten und die Errichtung einer Doppelturmfassade erfolgt. Der Umbau in eine spätgotische Hallenkirche kam durch den Beginn der Reformation im 16. Jahrhundert zum Stillstand.

DIE WILLHADIKIRCHE UND EINE MÖGLICHE KAROLINGISCHE BURG

In der Frühzeit des Domes wurden vom zweiten Bremer Bischof, Willerich, die Gebeine des alsbald als Heiligen verehrten Vorgängers Willehad nach 805 angeblich aus Angst vor Piraten in die von ihm errichtete Willhadikirche umgebettet[21]. Die zunächst vielleicht hölzerne Grabkapelle südwestlich des neuen Domes wurde nach einem Brand durch Bischof Unwan (1013–1029) neu aus Stein errichtet. Im Jahr 1050 übertrug Erzbischof Adalbert dem von ihm gegründeten Willhadikapitel die Betreuung der etwa 27 m langen Saalkirche, die um 1300 zur dreischiffigen Kirche ausgebaut wurde. Bereits seit dem 13. Jahrhundert diente die Kirche den weltlichen Bewohnern der Domimmunität, und der Friedhof wurde für auswärtige Pilger und Fremde geöffnet. Nach der Reformation diente die Kirche als Waffen- und Hopfenlager. Nördlich der Kirche befand sich an der höchsten Stelle der Düne der Willehadi-Brunnen, von dem vermutet wurde, dass er im Zusammenhang mit den Wundern des Heiligen Willehad, wie z. B. den Blindenheilungen, gestanden habe[22].

Die Form des sich auf dem sogenannten Hogenbergplan quasi als topografisches Relikt ringförmig abzeichnenden Wilhadi-Blockes (*Abb. 10*) und seine Ähnlichkeit mit dem eines Burggrundstückes haben einige

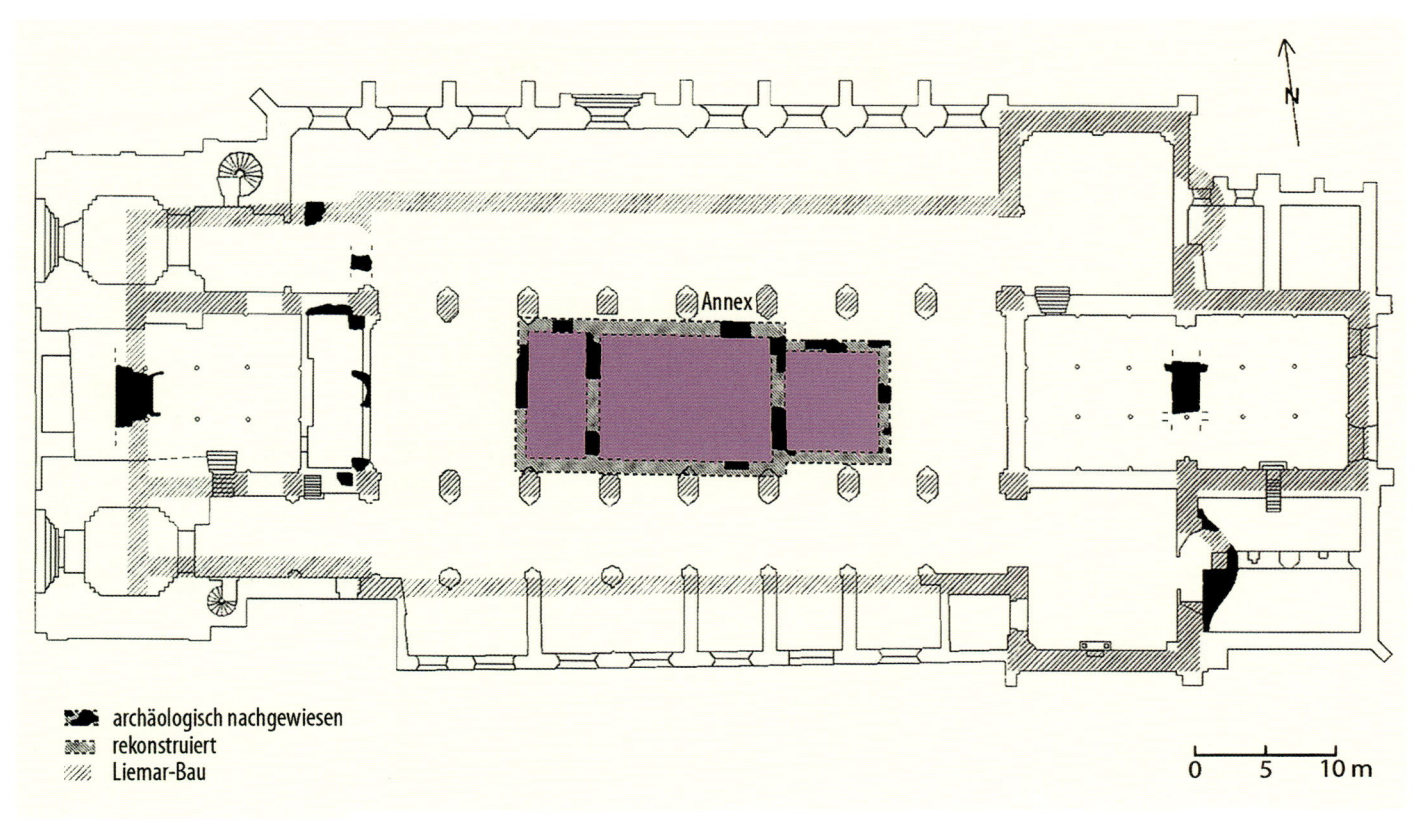

9 Der als Saalkirche mit Vorhalle und quadratischem Chor rekonstruierte Dom des Willerich.

- archäologisch nachgewiesen
- rekonstruiert
- Liemar-Bau

10 Der sogenannte Wilhadi-*Block* auf dem Hogenberg-Plan von 1588. Der Häuserblock könnte in seinem Umriss den ältesten Burgumriss der Domburg widerspiegeln.

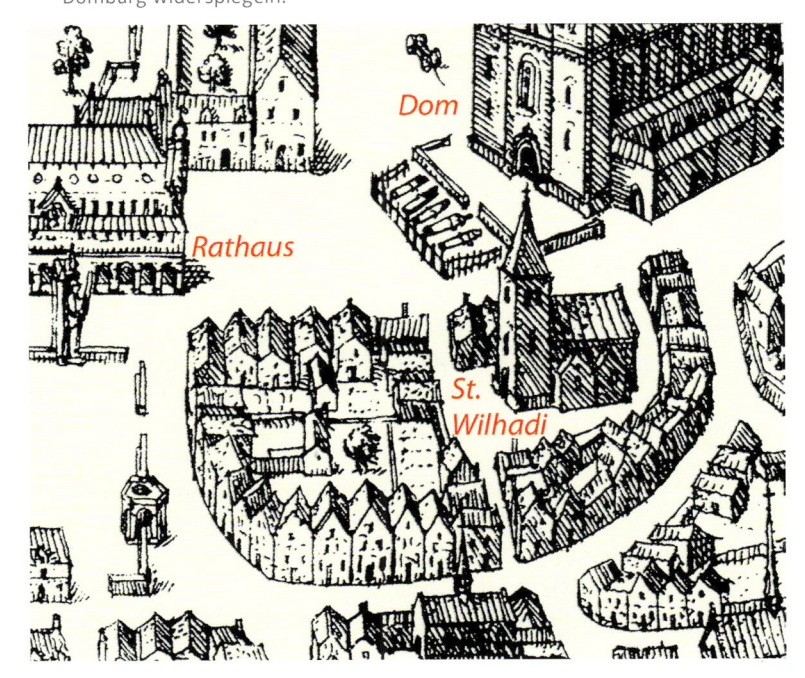

Forscher dazu bewogen, hier einen frühen befestigten sächsischen Herrenhof zu vermuten, der nach der fränkischen Landnahme zu einer karolingischen Burg umgebaut worden sei (*Abb. 11*). Unter Ansgar (845–865) sei diese ältere Burg mit in den ca. 75 × 130 m umfassenden Dombezirk einbezogen worden[23]. In der frühen Entstehungsphase der Domburg mag der Bau einer großen Gesamtbefestigung zu aufwendig gewesen sein. Der nahe frühmittelalterliche Dom wäre dann nur indirekt von dieser Befestigung im Bereich des späteren Wilhadi-Blockes geschützt worden. Untermauert werde diese Hypothese durch den Bericht von Adam von Bremen über den verheerenden Brand des Bremer Bischofssitzes 1041, in dem der Dom, die Domburg und das Domstift getrennt aufgezählt werden[24]. Entsprechend lässt sich Adams Nachricht so verstehen, dass Bischof Willerich aus Sicherheitsgründen die Gebeine seines Vorgängers Willehad in die Willhadikirche hat umbetten lassen, da sich diese innerhalb der den Wilhadi-Block umfassenden Domburg befunden habe[25]. Frank Wilschewski hingegen glaubt nicht an eine ältere Befestigung, sei sie rautenförmig oder oval zu rekonstruieren. Seiner Meinung nach sei die Umbettung der Gebeine des heiligen Willehads nicht aufgrund mangelnder Sicherheit geschehen, sondern weil die Reliquien auch während des Baubetriebs eines neuen Domes in geweihter Erde liegen sollten. Auch wäre die naturräumliche Lage am Uferhang der Balge ungeeignet für eine burgähnliche Befestigung, deren Platz von vornherein schon durch die klerikalen Einrichtungen und besonders den frühen Bestattungsplatz des 9. Jahrhunderts sehr eingeengt gewesen wäre[26].

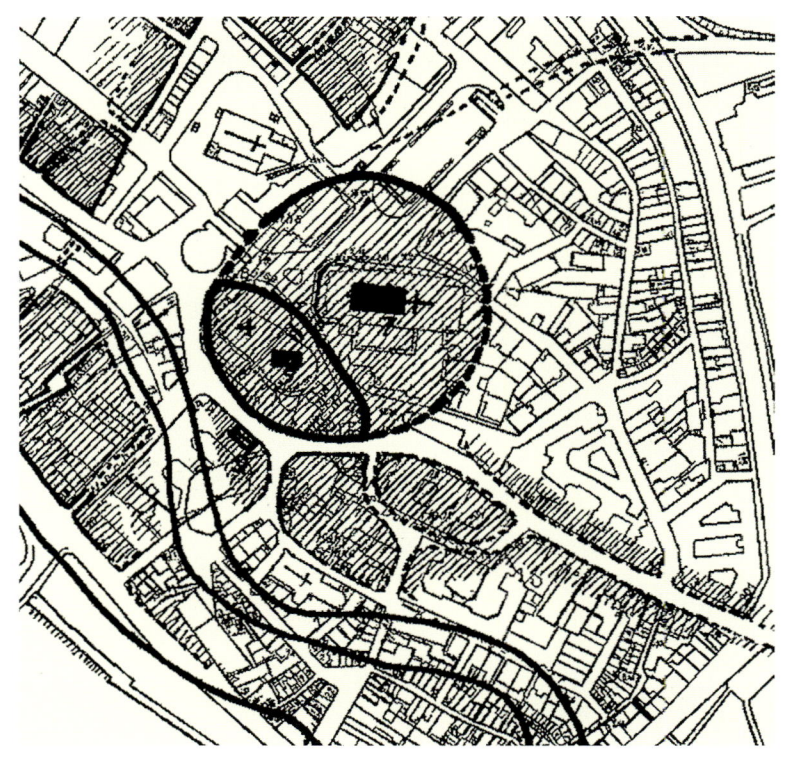

11 Rekonstruktion des frühen Bremer Bischofssitzes mit eigener Befestigung um die Willhadikirche.

WEITERE BAUTEN DER DOMBURG

Von den zum frühen Dombereich (etwa 4,3 ha) gehörigen Gebäuden, darunter die Wohngebäude des Bischofs, eine Bibliothek mit *scriptorium*, ein Hospital, Werkstätten, Speicher, Stallungen und eine spätere Domschule[27], ist kaum etwas bekannt. Mehrere kirchliche Institutionen können jedoch schon früh als Bestandteil der Domburg vermutet werden. Das Hospital ist als besonders frühe Gründung Bischof Ansgars erwähnt[28], ebenso wie ein zunächst aus Holz bestehendes Domkloster. Sicher hat Bischof Willehad bereits den Grundstein für die spätere Dombibliothek gelegt[29]; doch erwähnt wird sie erst, als sie 1041 dem großen Brand zum Opfer gefallen ist. Die Bremer Domschule ist erst für das 10. Jahrhundert genannt. Die eigentlichen Wohngebäude des Bischofs dürften nicht allzu weit vom karolingischen Dom gelegen haben, doch wo genau, ist nicht überliefert. Vermutet wurde als Standort die unmittelbare Umgebung der Willhadikirche. Bekannt ist nur, dass der spätere romanische Bischofspalast nach einem großen Brand 1287 ganz in den Westen an den Rand der Domimmunität verlegt worden ist, wo sich seit 1908 das Neue Rathaus befindet[30].

Unmittelbar östlich des früh- bzw. hochmittelalterlichen Domes (*Abb. 5*) wurden 1984 bei Umbaumaßnahmen für das heutige Dommuseum frühmittelalterliche Siedlungsschichten erfasst. Sie enthielten zwar keine direkten Baubefunde, waren aber mit Holzkohle, Sandsteinfragmenten und Kalkbrocken versetzt, so dass sie einer Brandzerstörung oder auch noch einer Bauphase eines frühen Steingebäudes zuzuweisen sind, wobei es sich um einen Wohn- oder Wirtschaftsbereich gehandelt haben mag. Verschiedene Keramikscherben – unter anderem Muschelgrusware –, ein Denar Ludwigs des Frommen sowie ein vergoldeter Schwertgurtbeschlag (*Abb. 12*) datieren diesen Brandhorizont in die Zeit um 800 bzw. in das 9. Jahrhundert[31]. Mehrfach sind in der *Vita Willehadi* Brände in der Domburg überliefert, ob zudem ein Wikingerüberfall von 858 Plünderungen nach sich zog, ist nicht bekannt[32]. Der Schwertgurtbeschlag ist im Tassilokelchstil verziert. Leider ist es dennoch nicht möglich, ihn eindeutig einem fränkischen Mitglied des vielleicht hier, kaum 40 m vom Zentrum des karolingischen Domes stationierten fränkischen Gefolges der Bischöfe Willehad und Willerich zuzuweisen. Entsprechende Schwertgurtbeschläge sind auch aus frühchristlichen sächsischen Gräbern aus Maschen, Lkr. Harburg, oder Mahndorf im heutigen östlichen Bremen bekannt[33].

Weitere Werkstatt- oder Wirtschaftsgebäude der Domresidenz wurden etwas südöstlich, und zwar an der Nordseite der heutigen Ostertorstraße vermutet[34]. Wirtschaftsgebäude (*officinae*) wie wohl auch Handwerkerwohnungen werden zwar erneut erst von Adam von Bremen anlässlich des Dombrandes von 1041 erwähnt, sind aber sicher bereits vorher vorhanden gewesen[35]. Handwerker jeglicher Art wurden für Bau und Ausstattung der kirchlichen und profanen Gebäude des Bischofs benötigt. Weiterhin mussten sie die Herstellung und künstlerische Gestaltung von liturgischem Gerät sowie auch Dingen des alltäglichen Bedarfs des bischöflichen und klerikalen Haushaltes und der weiteren Domburgbewohner produzieren. Rudolf Stein vermutet, dass sich die vorromanische Bischofsresidenz im Bereich der Willehadikapelle befunden haben muss[36].

Es sind auch Frauen als ständige Bewohner der Domburg anzunehmen, die zeitweise mit den Klerikern im Konkubinat lebten[37]. Zumeist Frauen sind für die Textilproduktion in einem *Gynaeceum* verantwortlich gewesen. Mehrere 1861 unter dem Wilhadi-Block gefundene große frühmittelalterliche Webgewichte könnten den Standort des *Gynaeceums* der Domburg bezeichnen[38]. Zu eben dieser Wirtschaftszone des frühen Dombezirks könnte auch ein 1968 bei einer Baustellenbeobachtung an der Sandstraße erfasstes Grubenhaus mit zahlreichen geschwärzten Feldsteinen gehören, die als Überrest eines eingestürzten Ofens gedeutet werden[39]. Wilfried Helling vermutet weitere Wirtschaftsgebäude der Domresidenz südöstlich an der Nordseite der heutigen Ostertorstraße[40].

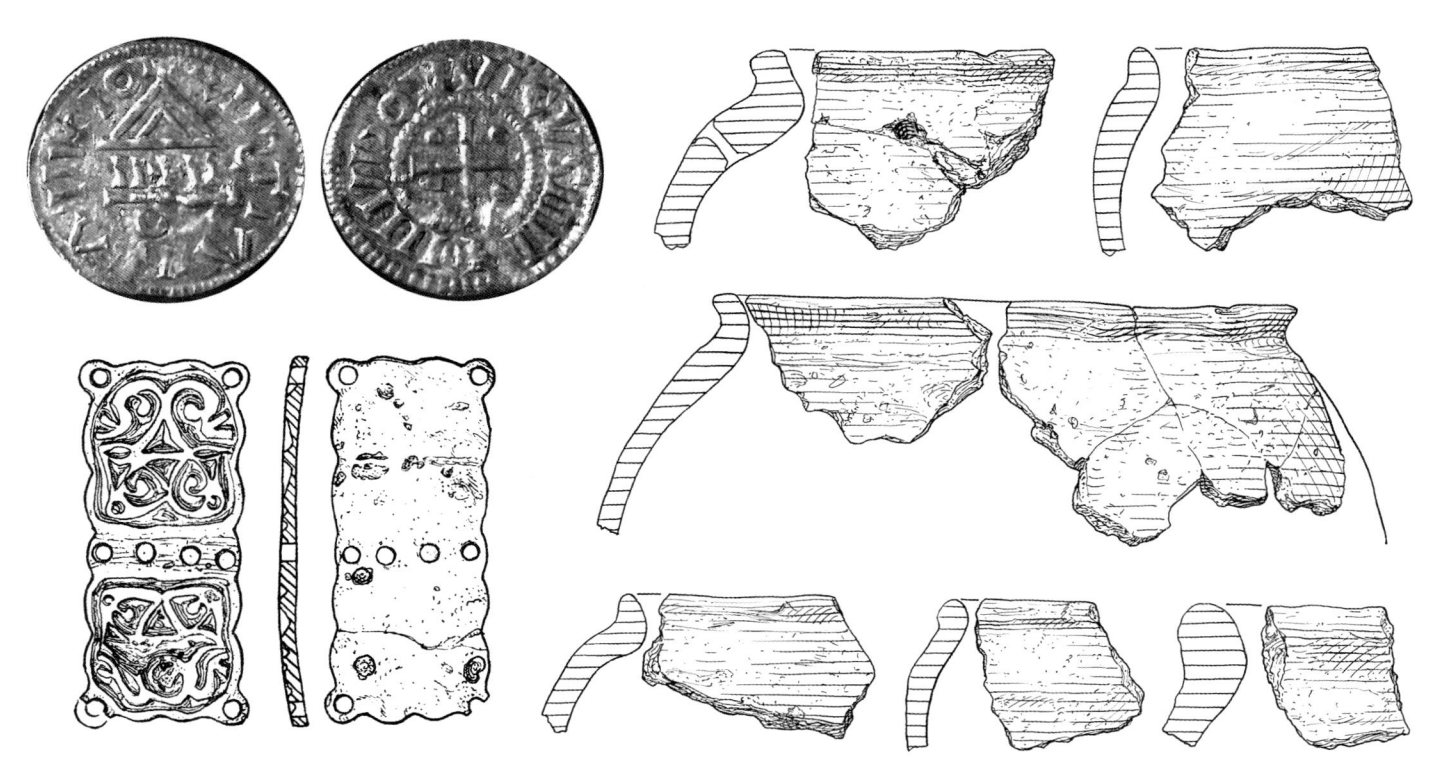

12 Karolingerzeitliche Funde aus dem Bleikeller unter dem heutigen Dommuseum. Denar Ludwig des Frommen, vergoldeter Schwertgurtbeschlag (M 1:1) und Keramik (M 1:2).

BESTATTUNGSPLÄTZE

Die meisten hohen Geistlichen Bremens fanden im Mittelalter ihre Ruhestätte im Dom. Viele Gräber mit bedeutenden, gut erhaltenen Beigaben, wie Bischofsstäben und Textilien, konnten bei den Domgrabungen von 1973 bis 1979 geborgen werden. Als frühester Nachweis ist eine Bleiplatte mit der Grabinschrift für Bischof Leuderich († 845) erhalten – immerhin die älteste Inschrift Bremens (*Abb. 13*). Seit dem ersten Bischof hatten auch die meisten seiner Nachfolger hier ihre Grabesstätte gefunden. Die insgesamt schwierigen Grabungsbedingungen während der Domgrabungen und widersprüchliche historische Ortsangaben der Gräber erschweren jedoch die Identifikation etlicher der Bischofsgräber[41].

Außerhalb des Domes, wohl im Bereich des Klosterkreuzganges, müssen sich weitere Gräber des frühen Domklerus befunden haben. Mehrfach sind bei Baumaßnahmen Skelette, wie z. B. beim Bau des Konzerthauses Glocke, gefunden worden, deren zeitliche Zuordnung aber schwerfällt (*Abb. 14*).

Neben diesem frühen Domfriedhof hat das Gräberfeld bei der Kirche St. Willhadi ein besonders hohes Alter aufzuweisen. In diese Kirche hatte – wie erwähnt – Bischof Willerich seinen Vorgänger Willehad eine Zeit lang umgebettet. Beim Abriss der Kirche 1860 wurde tatsächlich ein leerer Steinsarg im Chorbereich bemerkt, bei dem es sich um dieses temporär genutzte Grab gehandelt haben muss[42].

1860/61 wurde unter dem Bereich der abgebrochenen Kirche bei Ausschachtungsarbeiten für die Neue Börse (heute Standort der Bremer Bürgerschaft) das zugehörige Gräberfeld aufgedeckt (*Abb. 14*). Es fanden sich in verschiedenen Tiefen einer insgesamt 4 m starken Schicht über dem gekappten Dünenhang hunderte Gräber. In der oberen Schicht waren die Toten offenbar in hoch- und spätmittelalterlichen Brettersärgen bestattet worden. Zahlreiche Schädel, zum Teil mit Schlag- und Hiebverletzungen, unter den knapp 400 aufgedeckten Skeletten sind heute noch im Bremer Überseemuseum aufbewahrt. Neue Radiokarbonuntersuchungen ergaben für mehrere dieser Schädel den Zeitraum zwischen 1039 bis 1500.

Die zuunterst gelegenen, ältesten Gräber waren West-Ost ausgerichtete Bestattungen in Baumsärgen und somit frühe christliche Bestattungen, wie sie z. B. auch beim Osnabrücker Dom nachgewiesen sind. Dass diese unterste Bestattungslage wirklich in die Frühzeit der Bremer Christianisierung zurückreicht, bewies 2009 eine kleine archäologische Sondierung im noch erhaltenen Bereich des Börseninnenhofes. Es konnten spärliche, West-Ost ausgerichtete Grabreste im Dünengrund festgestellt werden. Bei einem der bestatteten Individuen weist eine ^{14}C-Datierung (663–775) auf die unmittelbare Zeit vor Willehad hin.

Auch der älteste Stadtkirchenfriedhof Bremens wurde bereits im Frühmittelalter genutzt (*Abb. 14*). Die ursprünglich dem Heiligen Veit gewidmete Kirche, die

13 Bleiplatte mit der Grabinschrift des Bischofs Leuderich aus dem Bremer Dom.

1220 zu Unser Lieben Frau umgewidmet wurde, mag schon im 9. Jahrhundert von Willerich als Kirche der Markt- beziehungsweise Hafensiedlung errichtet worden sein. Das dem Veit gewidmete Patrozinium verweist jedenfalls auf das 822 gegründete Corvey[43]. Von Bischof Unwan ist bei Adam von Bremen[44] überliefert, dass er aus Zorn über die anhaltende heidnische Verehrung Heiliger Haine durch seine Untertanen die Haine abholzen ließ und aus deren Holz die Kirche St. Veith neu- und die erst kurz zuvor abgebrannte Willhadi Kirche wieder errichten ließ. Einige Knochen von Bestattungen aus dem Bereich der sogenannten Krypta unter dem Nordflügel der Kirche Unser Lieben Frau ergaben ein ^{14}C-Datum von 840–940 und stammen somit aus der frühesten Belegungsphase.

DIE SIEDLUNG VOR DER DOMBURG

Westlich vor der Domburg, im Bereich des heutigen historischen Marktes und der von Willerich erbauten St.-Veit-Kirche, entwickelte sich die bestehende altsächsische Siedlung zu einem dem Dom vorgelagerten *Suburbium*, einer wohl hauptsächlich von Handwerkern und Kaufleuten geprägten Siedlung. Ganz im Süden, im Gebiet des heutigen Marktplatzes, befand sich ein saisonaler Ufermarkt mit zugehörigem Hafenbecken.

Von dem Siedlungsbereich nördlich der zunächst dem Heiligen Veit gewidmeten späteren Marktkirche zeugt ein Grubenhaus, im Norden des Domshofes sowie an der Katharinenstraße ein Areal mit Abfallgruben und drei Holzbrunnen. Hier befand sich offenbar ein Bronze verarbeitendes Gewerbe, wie Schmelzreste und eine im Hafenbereich der Balge entdeckte Gussform einer Scheibenfibel beweisen (*Abb. 17,5*). Das Siedlungsgebiet mit verschiedenen Hausplätzen erstreckte sich im 9. und 10. Jahrhundert mindestens 150 m nordwestlich von der St.-Veit-Kirche entfernt, wie wiederum 2006 an mehreren verschiedenen Fundorten ausgegrabene karolingische Brunnen an der Carl-Ronning-Straße beweisen[45].

Am zum nördlichen Ufer der Balge hinabziehenden Dünenhang sind aufgrund der rezenten Bebauung nur wenige karolingische Siedlungsspuren von Wohn- und Arbeitsbauten des *suburbiums* bzw. des *wik*, d. h. der kaufmännisch-gewerblichen Siedlung westlich der Domburg, nachgewiesen. Zu diesen spärlichen Spuren sind Grubenhäuser des 9. Jahrhunderts zu zählen, die bei einzelnen Baumaßnahmen rund um den heutigen Marktplatz und ein weiteres in der Baugrube der Bürgerschaft, also unmittelbar neben der Domburgbefestigung beobachtet worden sind. Direkt neben dem Bremer Roland konnten beim Kanalbau in fast 3 m Tiefe ein weiteres Grubenhaus (*Abb. 15,1 u. 2*) und unweit davon Pfostengruben größerer Gebäude festgestellt werden. Gelegentlich geben vollständige bzw. fragmentierte Webgewichte einen Hinweis auf die Funktion dieser eingetieften Bauten als Webhütten. Eine nicht weit von diesem Grubenhaus gelegene Feuerstelle ergab bei einer ^{14}C-Datierung eine Zeitstellung zwischen 680 und 970 (2-Sigma-Bereich). Zwischen dem Brennholz aus Erle lagen noch Reste der letzten hier zubereiteten Mahlzeit aus Fisch. Die Feuerstelle mit einem daneben eingerammten Pfosten befand sich wahrscheinlich innerhalb eines Gebäudes, dessen Wandgraben sich deutlich unmittelbar östlich abzeichnete.

Verschiedene Ausgrabungen entlang der heutigen Langenstraße, der mittelalterlichen Uferrandstraße, erbrachten Funde und Nachweise der frühmittelalterlichen Uferlände samt der daran anschließenden Uferrandsiedlung am aufsteigenden Dünenhang über dem Ufersaum der Balge. Unter der Südfront der ehemaligen Wertpapierbörse wurden auf 2,5 m Länge ein weiteres Grubenhaus sowie weitere Pfostengruben dokumentiert. Hier fand sich wiederum ein Webgewicht, aber auch eine hellgrüne Glasperle. Weiter entfernt wurde eine Kreuzemailfibel des 9. Jahrhunderts entdeckt[46]. Auf einem weiteren Grundstück (Langenstraße 33–35) waren im Frühmittelalter die Überreste eines durch eine Brandkatastrophe zerstörten Holzpfostengebäudes am Balgeufer abgekippt worden. Eine Holzkohleschicht und verbrannter Hüttenlehm zeugten von mächtigem Feuer. Eine ^{14}C-Untersuchung dieser Holzkohle ergab ein kalibriertes Zeitintervall von 395–615, eine sehr frühe Zeitspanne, die vielleicht auf Altholz (s. Beitrag Pieter

14 Karolingerzeitliche Begräbnisplätze im Bremer Stadtgebiet.

Grootes u. Marie-Josée Nadeau) zurückzuführen ist. Etwa einen Meter über diesem Aufschüttungshorizont konnten nahe dem Balgeufer eine etwas jüngere Siedlungsschicht mit Pfostengruben eines großen Ost-West ausgerichteten Holzbaues und ein Baumstammbrunnen freigelegt werden. Einige Tonscherben, unter anderem der Muschelgrusware, und das Bruchstück eines Webgewichtes stammen aus diesem Bereich. Eine wiederum mit Holzkohle verfüllte Vorratsgrube im Süden außerhalb des Hauses enthielt neben Keramik als besonderen Fund eine kleine unfertige Knochenflöte aus dem Schienbein eines Schafes oder einer Ziege.

Etwa in dem mit kleinen und größeren Pfostenbauten und Grubenhäusern bebauten Areal zwischen der späteren Marktkirche und dem heutigen Markplatz muss sich der eigentliche frühmittelalterliche, sicherlich saisonale Ufermarkt befunden haben. Nur wenige archäologische Fundobjekte aus diesem Gebiet wie rheinische und friesische Importkeramik, Basaltmahlsteinreste oder auch stabförmige Wetzsteine sind als von weit her eingehandelte Waren zu identifizieren[47].

Bereits 888 wurde der wohl schon lange in Bremen bestehende Markt von König Arnulf dem ehemals in der Hammaburg stattfindenden Markt gleichgesetzt, und mit einem Marktprivileg stellte er Markt- Münz- und Zollrecht unter die Aufsicht des Erzbischofs Rimbert: *»Außerdem erlauben wir, dass die Prägung von Münzen und die Gewohnheit, Handel zu treiben, in dem [...] Bremen genannten Ort ausgeübt werde, wie es, so wir erfahren haben, dem Leiter derselben Kirche für Hamburg längst zugestanden war, aber wegen des Einfalls von Heiden dort jetzt nicht stattfinden könne; und es sei in der Befugnis des [Erz-]Bischofs, denselben Markt mit dem Zollrecht zu versehen«*[48]. Mit einer Erweiterung im Jahre 965 durch Otto I. erhielten die etablierten Bremer Kaufleute gleiches Recht und denselben Schutz wie die Händler der königlichen Städte.

Der aufstrebende Handelsort Bremen profitierte von den Kontakten und Missionsreisen der ersten Bischöfe in die nördlichen, nichtchristlichen Gebiete. Die Glaubensboten konnten sich einerseits den per Schiff reisenden landeskundlichen Händlern anschließen, andererseits aber auch behilflich beim Abschließen gewinnträchtiger Geschäfte sein. Besonders nach 845/48 nahm Bremen durch seine wirtschaftlichen Beziehungen und seinen politischen Einfluss einen erheblichen Aufschwung. Dies war die Folge davon, dass der Hamburger Bischof Ansgar nach dem Wikingerüberfall 845 auf die Hammaburg und seiner Flucht nach Bremen das gerade vakant gewordene Bremer Bistum übernahm und drei

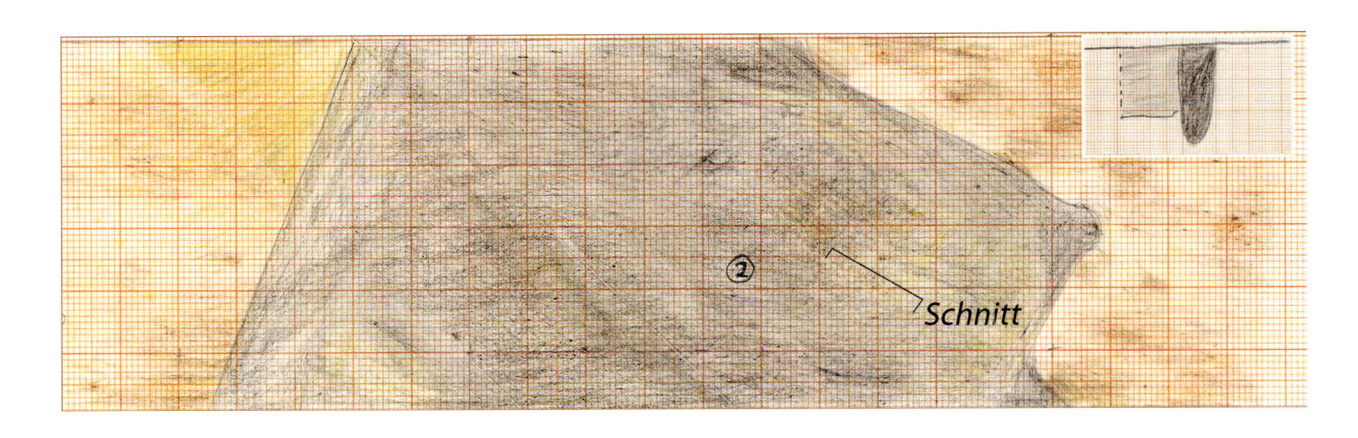

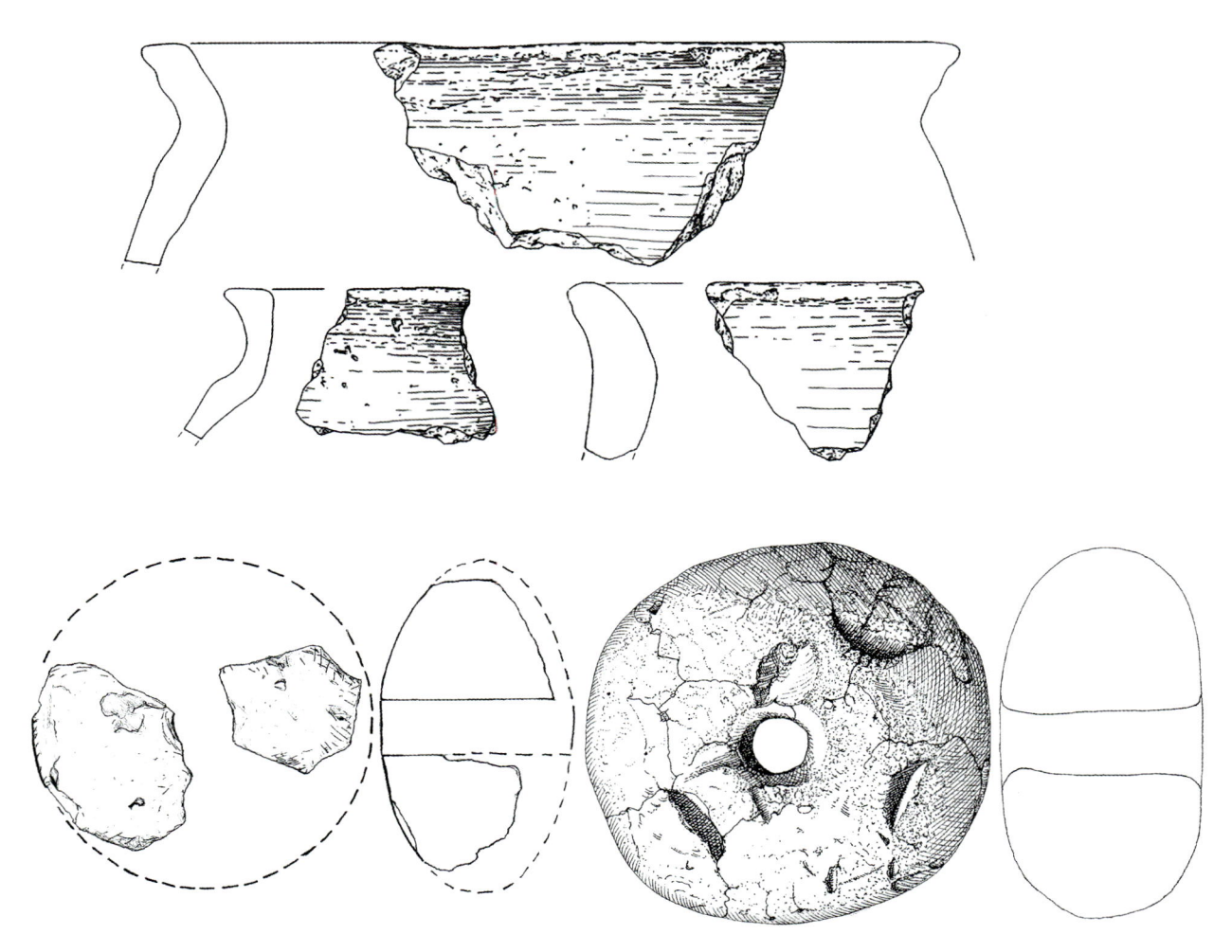

15 Befund und Funde eines unmittelbar südlich des Bremer Rolands durch einen Kanalschacht angeschnittenen Grubenhauses: 1 – Grabungszeichnung der Aufsicht; 2 – Keramik des 9. Jahrhunderts aus der Verfüllung (M ca. 1:2). *Unten rechts*: Webgewicht aus der Baugrube unter der heutigen Bürgerschaft.

Jahre später das erst kurz zuvor gegründete Hamburger Erzbistum mit dem Bremer Bistum unter Ansgars Führung vereinigt wurde (s. Beitrag Henrik Janson). Auch von Bremen aus unternahm Ansgar weitere erfolgreiche Missionsreisen nach Schweden und Dänemark. Für eine Stimulierung des Pilgeraufkommens in der Stadt des Heiligen Willehad sorgte der eingangs erwähnte, von Ansgar in den 840er Jahren verfasste Bericht über die Wundertaten (*miraculae*) Willehads und seiner Reliquien bzw. der gerade zuvor wieder in den Dom zurückgeführten Gebeine. Bald sollten ihm gewidmete Altäre und Heiligenfeste gekoppelt mit einem (Jahr-)Markt für das Zusammenkommen von noch mehr Menschen sorgen, was eine ausreichende Käuferschaft für Fern- und Nahhändler versprach und der Wirtschaft zu einem spürbaren Aufschwung verhalf[49].

DER KAROLINGISCHE HAFEN UND DIE BALGE

Unmittelbar südlich des heutigen Marktplatzes bildete das kleinteilige Flusssystem der Weser, genauer der Marktbalge, ein Becken, das wie auch das weiter flussabwärts verlaufende Nordufer der Balge einen idealen und relativ sicheren Landeplatz für Schiffe bot. Ein sanft ansteigendes Ufer war eine gute Voraussetzung für das Anlanden bzw. auf das Land Ziehen der damals gebräuchlichen flachbodigen Schiffstypen. Dieses Anlanden stellte aber auch eine besondere Beanspruchung für bestimmte Uferabschnitte dar[50]. Sicherungsversuche für das Balgeufer waren im 9. Jahrhundert zunächst das Anschütten mit Flussschotter oder das Einbringen von durch Flechtwerk verbundener Pfosten[51]. Auf das Ufer gelegte und mit Pflöcken befestigte Reisigmatten dienten als Schutz vor Wellenschlag, Eisgang und der genannten Belastung durch häufiges Anlanden der Flussschiffe.

Durch geologische Bohrungen und Beobachtungen bei Bauausschachtungen am Dünenrand lässt sich der damalige Verlauf der Balge in etwa nachvollziehen[52]. Doch hat sich das weit verzweigte Flusssystem wohl häufig sehr schnell und kleinräumig verändert. So wurden 1989 in einem gerade einmal 50 × 40 m großen Abschnitt mindestens drei kleine frühmittelalterliche Wasserläufe nachgewiesen. Auf dieses verzweigte und sensible Flusssystem deuten auch verschiedene Flussmuschelfunde. Immer wieder wurden in Flusssedimenten der frühmittelalterlichen Balge verschiedene Arten der Flussmuschelgattung *Unio* gefunden, die entweder klares und schnell fließendes Wasser mit sandigem kiesigem Grund bevorzugen oder eher ruhige und langsam fließende Gewässer mit schlammigem Untergrund[53].

Ein großes Areal des bis zum Spätmittelalter verlandenden Hafenbeckens der Marktbalge wurde im Jahr 2009 in 7–9 m Tiefe unter dem heutigen Niveau in der Baugrube des Atlantic Grand Hotel zwischen Breden- und Böttcherstraße großflächig aufgedeckt. Verschiedene vor Ort beobachtete Reste von Uferbefestigungen ergeben auch dort kein einheitliches Bild von Gestalt und Aussehen des frühmittelalterlichen Beckens der Markbalge. Sie deuten vielmehr auf die sich stetig leicht verändernde Form dieses natürlichen Hafens, verursacht durch sich immer wieder ändernde Strömungsverhältnisse und einzelne Hochflutereignisse. Ein mittels der Radiokarbonmethode datiertes Weidengeflecht aus dem Zeitraum 672–829 zeigt eine sehr gute zeitliche Übereinstimmung mit einer bei der Ausgrabung von 1989 ca. 40 m weiter östlich freigelegten Befestigung der Balge aus Flechtwerk, die auf 770–830 datiert. Diese ältesten Befestigungen der Balge dürften also noch unter einem der ersten beiden Bremer Bischöfe, Willehad oder Willerich, entstanden sein.

16 Fragmente der Muschelgruskeramik von verschiedenen Fundorten im Bremer Stadtgebiet.

Dieser Flussabschnitt war mit einer meterhohen Schwemmsandschicht verfüllt. Sie ist offensichtlich das Relikt einer Hochflutkatastrophe, und zwar vielleicht der in den Xantener Annalen für das Jahr 839 überlieferten[54]. Schwemmhölzer, von denen das jüngste in die Zeit um 834 dendrodatiert werden konnte, weisen in diesen Zeitraum. Unter der Schwemmsandschicht konnte ein Fundschleier mit Unmengen von Tierknochen und Siedlungsabfall erfasst werden. Fast die Hälfte der knapp 1.800 geborgenen Keramikfragmente ist nicht der einheimischen Granitgrusware, sondern der friesischen Muschelgrusware zuzuordnen (*Abb. 16*; s. Beitrag Torbjörn Brorsson). Zieht man die weiteren Fundorte dieser typischen Keramik im Bremer Altstadtgebiet hinzu, kristallisiert sich ein Bereich westlich des historischen Marktplatzes heraus, wo mit der dauerhaften Anwesenheit, also einer Niederlassung friesischer Händler zu rechnen ist[55].

Friesen waren die westlich angrenzenden Nachbarn des sächsischen Gaues Wigmodien. Sie waren zunächst als landsässige Wanderhändler tätig, die die meiste Zeit des Jahres jedoch von Land- und Viehwirtschaft lebten und sich ein-, höchstens zweimal im Jahr auf Handelsreise begaben, um ihre heimischen Produkte zu verkaufen. Im weiteren Verlauf ließen sich jedoch friesische Berufshändler langfristig an den verschiedenen Handelsplätzen entlang der südlichen Nordseeküste nieder, die auch alsbald als *mare frisicum* bekannt wurde[56]. Ein Handelsort, an dem friesische Händler Tuche, Metalle,

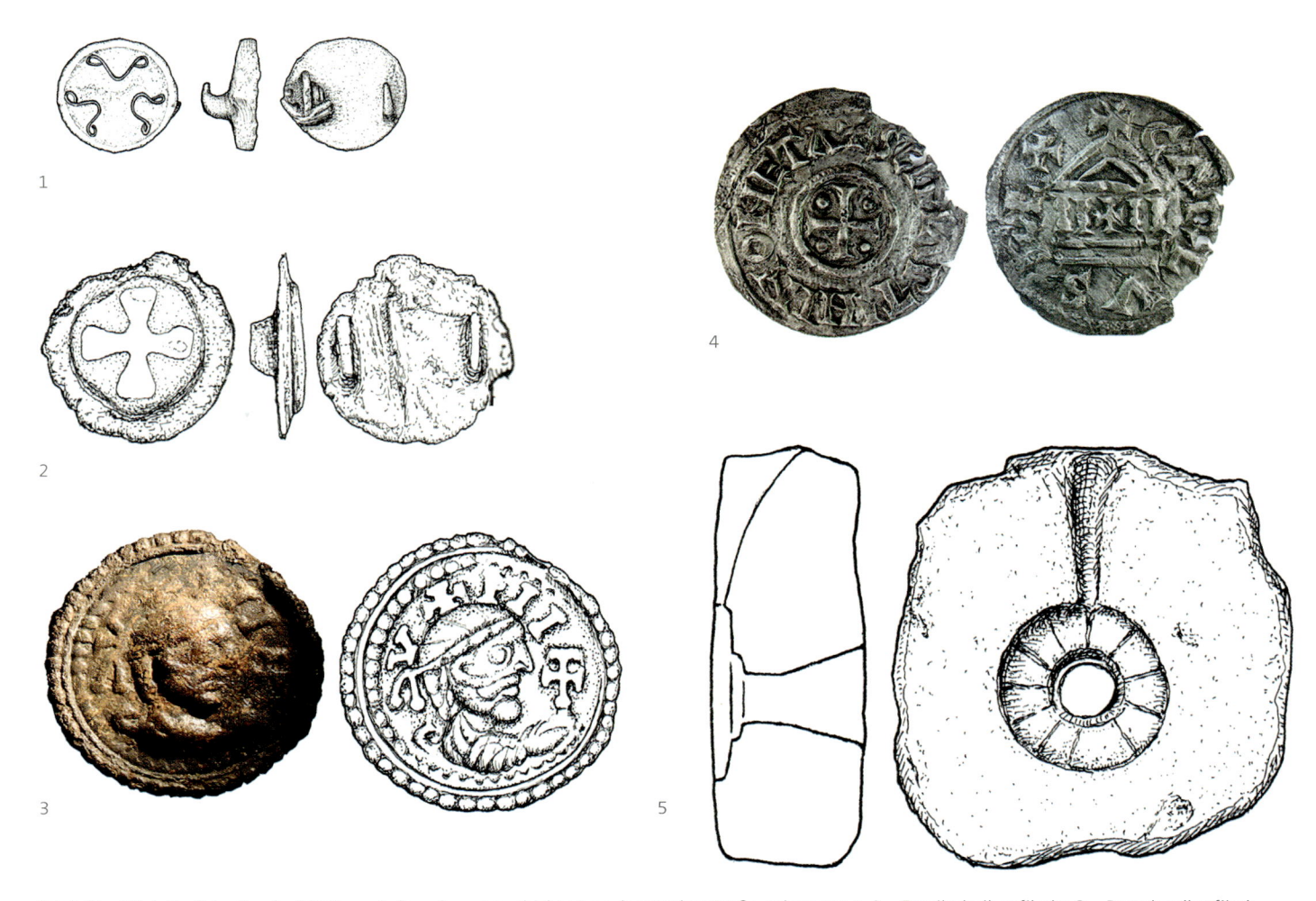

17 Frühmittelalterliche Funde, 2009 aus Balgeschwemmschichten an der Bredenstraße geborgen: 1, 2 – Emailscheibenfibeln; 3 – Pseudomünzfibel; 4 – Denar von Karl dem Kahlen; 5 – Gussform für eine Scheibenfibel (frühes 9. Jahrhundert; H 5,4 cm). Abb. o. M

Lederwaren und Mühlsteine aus Mayener Basalt verhandelten, dürfte auch Blexen bei Nordenham gewesen sein, eben jener Ort, in dem Willehad verstarb. Noch um 1000 mussten von dort Tuche an das Bremische Domkapitel abgeliefert werden[57].

Fragmente rheinischer Keramik wie Tatinger Kannen, geringe Reste von Reliefbandamphoren und Badorfer Ware passen sich wie die Gussform einer kleinen Scheibenfibel sehr gut in ein durch den friesischen Rheinhandel geprägtes Warenspektrum an Fernhandelsgütern ein. Aus dem oberen Bereich des Hafensedimentes stammen weiterhin zwei Emailscheibenfibeln und eine wohl spätkarolingische Pseudomünzfibel sowie ein Denar von Karl dem Kahlen, geprägt zwischen 840–864 in Tours (*Abb. 17,1–17,4*).

Aus dem flussabwärts gelegenen Uferbereich der Balge, an dem offenbar auch Schiffe an den zunächst noch unbefestigten Uferstrand gezogen werden konnten, wurden weitere Hinweise auf Handelsgut des 9. oder frühen 10. Jahrhunderts entdeckt. Es fanden sich Schmuckstücke, die offensichtlich versehentlich in den Uferschlamm gefallen waren (*Abb. 18*). Eine kleine Millefioriperle in Form eines halben Eies und ein Paar ineinandergehakter Schläfenringe sowie ein Stabbarren aus Messing sind ebenfalls als Handelsgut anzusprechen[58]. Der 26,5 g schwere und 33,3 cm lange Stabbarren aus Messing weist in Aussehen, Material und in den Fundumständen Ähnlichkeiten zu einem Bündel aus 25 Stabbarren auf, die im Hafen von Haithabu entdeckt worden sind. Die 25 Messingbarren sind sicherlich beim Ausladen aus einem Schiff im Flussschlamm des dortigen Hafens versunken. Ob der Bremer Messingbarren als bereits legiertes Material für einheimische Feinschmiede bestimmt gewesen oder einem reisenden Handwerker beim Ausladen aus einem größeren Bündel in die Balge gerutscht ist, ist schwer zu entscheiden. Für einen nach Bremen reisenden Handwerker könnte zudem die im Marktbalgehafen versunkene Hälfte eines Gussmodels sprechen (*Abb. 17,5*). Auch im Hafen von Haithabu waren 42 Gussformen von Wanderhandwerkern zur Schmuckherstellung verloren gegangen.

Zahlreiche Tierknochen waren unter dem Fundmaterial des karolingischen Marktbalgebeckens. Es handelt sich primär um Reste von geschlachtetem Hausvieh. Die meisten Knochen stammen vom Rind (43,8 %), gefolgt von Schaf/Ziege (26,4 %) und vom Schwein (17 %). Fast

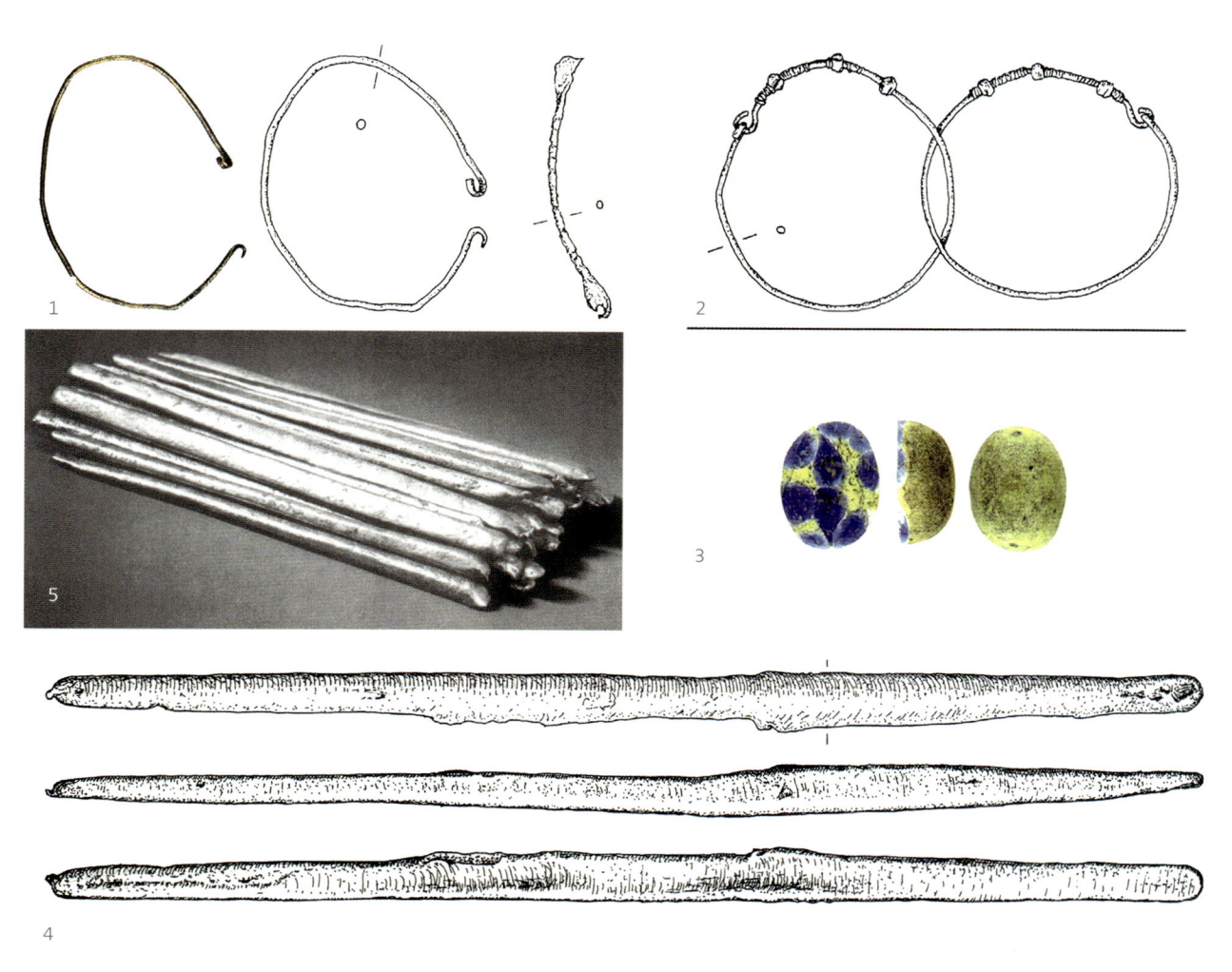

18 Schmuck und Barrenfunde aus dem frühmittelalterlichen Balgeuferbereich (Langenstraße 10-12): 1–2 Ringschmuck aus Messing; 3 – Fragment einer Millefioriperle; 4 – Stabbarren aus Messing; 5 – Stabbarrenbündel aus dem Hafen von Haithabu. Abb. o. M

10 % der Tierknochen sind jedoch Pferden zuzuordnen, wovon wiederum fast die Hälfte Spuren handwerklicher Bearbeitung aufweist. Ob das Pferd, wie auch Schwein oder Rind, zudem als Fleischlieferant diente, ist unklar. Papst Gregor II. hatte bereits im Jahre 732 ein Verbot erlassen, Pferdefleisch zu essen. Ob dies jedoch konsequent eingehalten wurde, bleibt freilich zu bezweifeln[59]. Aus einem Schwanenknochen war begonnen worden, eine Flöte herzustellen, der Rohling landete jedoch im Hafenbecken der Marktbalge. Genauso fanden sich im Fundmaterial zwei aus Pferde- bzw. Rindermetapodien hergestellte Schlittknochen, die mit Lederriemen unter das Schuhwerk geschnallt werden konnten. Sie sind ein Anzeichen für das winterliche Zufrieren der Balge.

Sehr ungewöhnlich ist die Entdeckung menschlicher Knochen bei der Untersuchung einer Baugrube, die in das ehemalige karolingische Hafenbecken eingetieft worden war. Im südöstlichen Bereich der Grube lag im Flusssediment eine menschliche Schädelkalotte, vermutlich eines über 45 Jahre alten Mannes. Eine ^{14}C-Datierung weist den Fund in die Zeit zwischen 762 und 880. Es könnte sich somit bei dem Toten um ein Opfer eines der Sachsenaufstände handeln. Ebenso ungewöhnlich ist der Inhalt eines unweit geborgenen, erst während der Notbergung zerbrochenen Kugeltopfes der Muschelgrusware, des bisher einzigen nahezu vollständigen Gefäßes dieser Ware aus Bremen. In ihm fanden sich sehr stark zersetzte Reste von unverbrannten Langknochen und eine Zahnkrone eines Molars (Backenzahn). Der Fund von Menschenknochen in einem Kugeltopf abseits eines Gräberfeldes ist nur schwer zu deuten. Schon allein, weil die Knochen im Kugeltopf nicht verbrannt sind, ist es unwahrscheinlich, dass es sich um ein durch die Hochflut abgeschwemmtes, ehemaliges Brandgrab beziehungsweise eine Urnenbestattung handelt.

Östlich des 2009 freigelegten, ins frühe 9. Jahrhundert datierten Flussbereichs wurde 10 m unter dem heutigen Straßenniveau 1989 ein Flussschiff entdeckt (*Abb. 19*). Der lokal als »*Karl*« bekannte Weserkahn konnte dendrochronologisch in die Zeit *um* bzw. *nach* 808/810 datiert werden. Der flachbodige, ursprünglich 16–20 m lange und 2,5–3 m breite Flusskahn konnte größtenteils geborgen werden und befindet sich heute im Deutschen Schifffahrtsmuseum in Bremerhaven[60]. Der Weserkahn besaß keinen Kiel, war aber für das Be-

19 Der um 808 bzw. 810 erbaute Weserkahn »Karl«, in ca. 11 m Tiefe an der Wachtstraße geborgen.

fahren von seichten Nebenarmen oder gezeitenbeeinflussten Flussunterläufen bestens geeignet.

Zum Anlanden ans seichte Ufer dienten auch das erhöhte Vorderteil und eine massive Bugplatte des frühmittelalterlichen Frachters. Dicht gesetzte Halbspanten hielten mittels Holznägeln die drei *kraweel* gesetzten Bodenplanken mit den Übergangsplanken und den geklinkerten Plankengängen der Bordwand zusammen und boten so die Möglichkeit, auch sehr schwere Handelsfracht zur frühen Domburg zu transportieren.

Reichhaltiges Fundmaterial verschiedenster Verfüllungsschichten der Balge aus dem 8./9.–13. Jahrhundert zeigt, dass im Laufe der Jahrhunderte der Mensch nicht nur durch Setzen von hölzernen Uferpalisaden, sondern auch durch teils gezieltes Anschütten von Siedlungsabfall einen starken Einfluss auf das natürliche Flusssystem ausübte. Heute ist der Verlauf des einst für die Wirtschaft Bremens so äußerst bedeutenden, 1838 jedoch endgültig zugeschütteten Bremer Balgearmes nur noch durch Straßenverläufe im Stadtbild nachvollziehbar. Gegen Ende des hohen Mittelalters löste die Weser die Balge als Hafen für die Fernhandelsschiffe ab. Eine zunächst aus Holzpfosten bestehende Kaimauer, Schlachte genannt (nach *slait* (Pfosten) einschlagen), wurde im frühen 17. Jahrhundert durch eine Kaimauer aus Sandstein ersetzt.

ZUSAMMENFASSUNG

Zur Zeit der Bistumsgründung Bremens im späten 8. Jahrhundert war die Weser ein verzweigter Flusslauf mit einem vielteiligen Inselsystem. An ihrem Nordufer lag auf einem Dünenkamm die alte Siedlung Brema. Ein bedeutender Flussarm, die heute vollständig verlandete Balge, bildete als so genannte Marktbalge den südlichen Schutz für die Domburg, die nahe der höchsten Stelle der Domdüne eine verkehrsgünstige und fortifikatorisch geschickt gewählte Lage einnahm. Zunächst war der früheste, unter Bischof Willehad errichtete Dom möglicherweise nicht mit von dieser Befestigung umschlossen gewesen, sondern es mag in dieser Frühphase nur ein 75 × 130 m kleiner Bereich von einer Palisade geschützt worden sein. Darin hat sich dann als eine Art Burgkapelle die von Bischof Willerich südlich des Domes erbaute Willhadikirche befunden. Archäologisch sind seit 1860 mehrere Hinweise auf eine wohl zweiphasige Befestigung des ca. 4,3 ha großen Dombezirks aus dem 10. Jahrhundert erbracht worden. Die Existenz von verschiedenen bischöflichen Gebäuden des jungen Bistumssitzes, wie Kloster, Bibliothek, Hospital, Domschule, Werkstätten und Wohngebäude des Bischofs samt seinem Gefolge, sind überliefert. Ihre Lage ist jedoch nur zu vermuten. Westlich im Bereich der vorkarolingischen

Siedlung wurde eine erste Kirche außerhalb des Dombezirks gegründet. Südwestlich bildete die Marktbalge ein Hafenbecken, an dessen Nordufer sich die Uferrandsiedlung erstreckte. Hier wohnten nicht nur Fischer und Kleinbauern, sondern vermehrt auch Gewerbetreibende, Handwerker und Händler.

Die überregionale Bedeutung der jungen Domstadt als religiöses Zentrum nahm nach der Zerstörung der Hammaburg 845 durch die Wikinger und die Flucht Bischof Ansgars nach Bremen zu. Bremen wurde unter Ansgar *de facto* zum Erzbischofssitz des Erzbistums Hamburg-Bremen und zum neuen Zentrum der Nordmission. Aufgrund der offenbar ständig drohenden Gefahr von außen erneuerten beziehungsweise vergrößerten die Bischöfe Libentius (988–1013) und Unwan (1013-1029) die Befestigung der Domburg, die eine letzte, jedoch unvollendete steinerne Mauer unter Erzbischof Herrmann (1032–1035) erhalten sollte.

ANMERKUNGEN

1 Vita Willhadi, Kap. 6; zur Gründung des Bischofssitzes vgl. Hägermann 1989, 16; Hägermann/Weidinger/Elmshäuser 2012, 23 f.
2 Zu den Verkehrswegen vgl. Zühlke 2002, 193 f.
3 Rech 2004, 34.
4 Bischop 2000, 30, 72.
5 Rech 2003, 37; Bischop 2000, 73; 2005b, 51, Abb. 1.
6 Rech 2004, 23.
7 Ebd. 62.
8 Bischop 2005a, 18, Abb. 12.
9 Brandt 1992, 220; Rech 2004, 35; Wilschewski 2007, 52.
10 Schlüter 2002, 46; Heine 2000, 30.
11 Bischop 2010, 337.
12 Wilschewski 2007.
13 Ebd. 44.
14 Ebd. 43–45 mit älterer Literatur.
15 Adam II, 31; Schwarzwälder 1955, 170.
16 Bischop 2005a, 16 f.; 2006, 216. So wie die Bremer Domburg wurden z. B. auch die Burgen der Bischöfe von Hamburg, Verden und Hildesheim weiter ausgebaut. In Münster wurde der Graben zwischen Burg und Marktbereich erst gegen Ende des 12. Jahrhunderts von Bürgern zugeschüttet, da er nicht von der Mauer überlagert wurde.
17 Bischop 2010, 342.
18 Rech 2004, 42–44.
19 Ebd. 36.
20 Wilschewski 2007, 24–29.
21 Adam I, 20.
22 Rech 2004, 37 f.
23 Wilschewski 2007, 40 f.
24 Adam II, 81.
25 Stein 1962, 34; Weidinger 1997, 202, Anm. 351b.
26 Wilschewski 2007, 41.
27 Adam II, 12, 27.
28 Adam III, 56.
29 Aus der 1041 abgebrannten Bibliothek ist ein um 1000 datierbares Buch überliefert (Wilschewski 2007, 29).
30 Stein 1962, 19; Wilschewski 2007, 35.
31 Hölscher/Rech/Zedelius 1990/91, 44 f.
32 Vita Willhadi S. 11.; May, Reg. 38.
33 Rech 2004, 55 f.
34 Helling 1999, 50.
35 Wilschewski 2007, 35; Hägermann 1985, 23.
36 Stein 1962, 19.
37 Hägermann 1985, 25.
38 Rech 2004, 58.
39 Wilschewski 2007, 34.
40 Helling 1999, 50.
41 Vgl. zuletzt Brandt 2002.
42 Wilschewski 2007, 34.
43 Hägermann/Weidinger/Elmshäuser 2012, 29.
44 Adam II, 48.
45 Bischop 2008, 67.
46 Rech 2004, 66 Abb. 52.
47 Zum Handel der karolingischen Zeit in Bremen vgl. Zimmer 2010.
48 Bremisches Urkundenbuch 1. Nr. 7: »... *Super hec etiam [percussuram numo]rum et negotiandi usum in ecodem loco Brema nuncupato fieri permittimus, sicut dudum ecclesię ejusdem mercati rectoribus in Hamapurg concessum fuisse, sed propter infestationem paganorum [nun inibi] esse non posse comperimus, sitque in potestate episcopi provisio ejusdem mercati cum jure telonii. ...*«
49 Johanek 1985, 215 f.; zu den Mirakelberichten allgemein s. auch: Herbers 2005.
50 Zuletzt Rech 2004, 59.
51 Moritz 1991, 198.
52 Ortlam 1994, 101; Bischop/Jager 2008.
53 Moritz 1991, 198.
54 Xant. Ann. ad anno 839.
55 Bischop 2011, 367–371.
56 Ellmers 1999; Weidinger 1997, 70 ff.
57 Hägermann/Weidinger/Elmshäuser 2012, 31.
58 Bischop 2005b, 48; Bischop/Jager 2008, 192 f.
59 Bischop 2011, 373.
60 Hoffmann/Ellmers 1991.

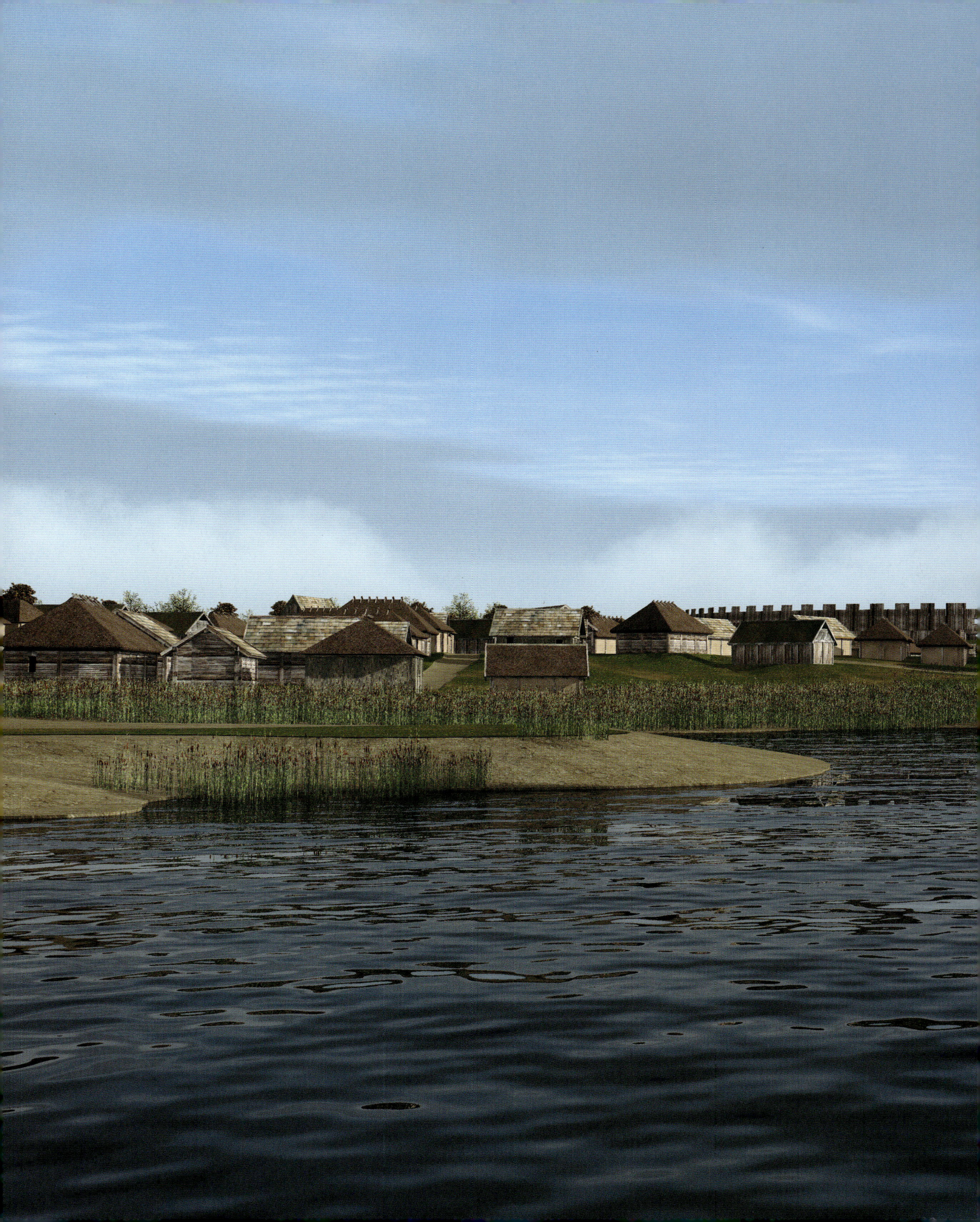

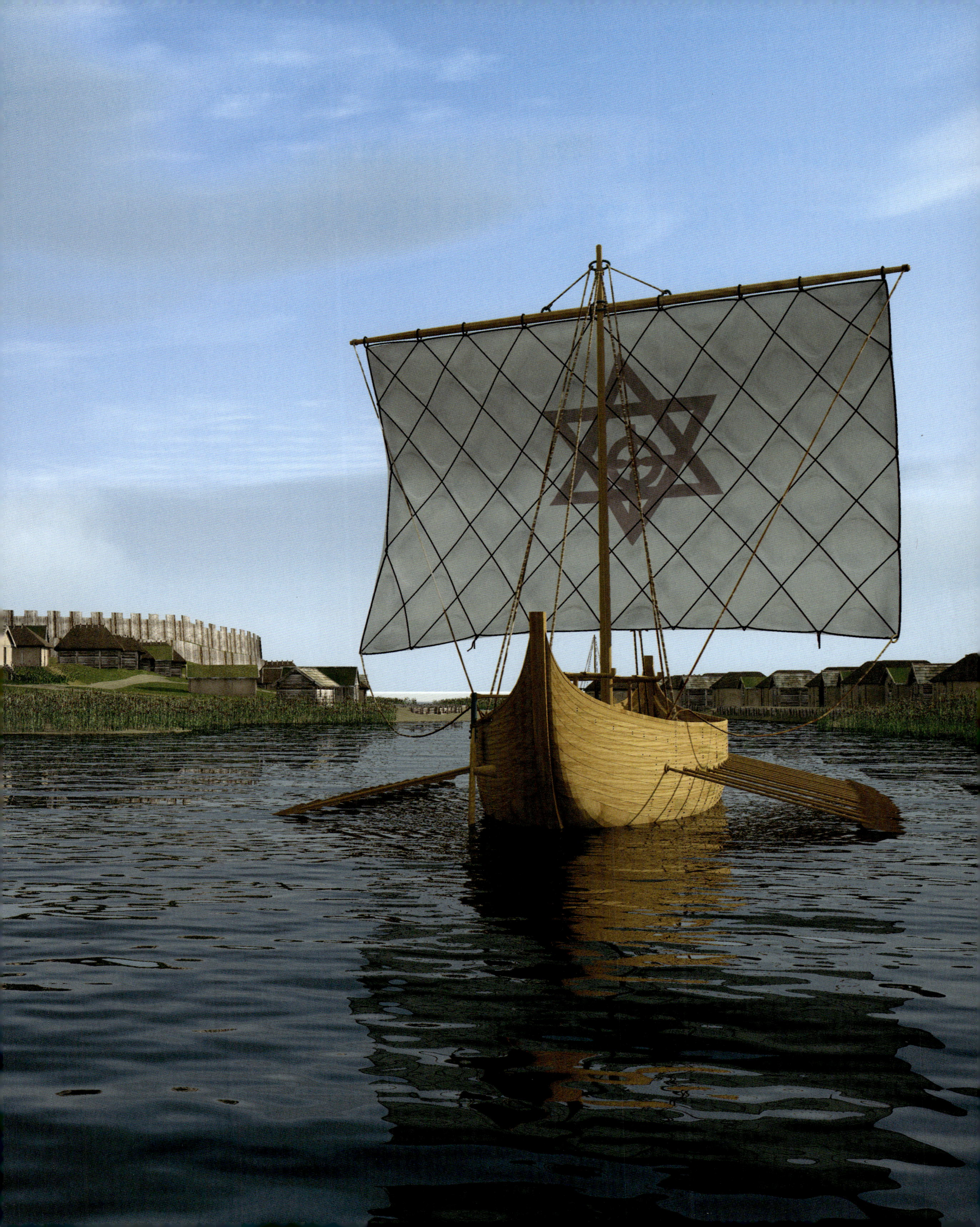

Ham(ma)burg im Netz des frühmittelalterlichen Handels

Tafel 12 Virtuelle Rekonstruktion Hammaburgs im 10. Jahrhundert.
Ansicht von Westen, wo der Geestsporn in die Alsterfurt ausläuft. Ein Schiff läuft in den Hafen Hammaburgs ein.

Ham(ma)burg im Netz der Fernwege des frühen Mittelalters

Torsten Kempke

Hamburgs Gründung erfolgte an einem sehr verkehrsgünstigen Platz (*Abb. 1*). Von der Nordsee her konnten Seeschiffe den Ort anlaufen, und von Hamburg aus erreichte man mit kleineren Booten etliche andere Orte an der Elbe und ihren Nebenflüssen. Zahllose Mäander machten die Fahrt auf den Flüssen zu einem langwierigen Unterfangen, und vielerorts war ein Landgang wegen unwegsamer Sümpfe überhaupt nicht möglich. Diese zwangen auch den Landverkehr zu weiten Umwegen. Von der Unterelbe erstreckten sich Marschen und Moore an Stör und Krückau bis kurz vor Bramstedt. Der Weg von Hamburg nach Esesfelth und Itzehoe lief in großem Bogen um die Störniederung herum. Dithmarschen war fast völlig von Niederungen umschlossen, nur ein einziger Landweg führte nach Altholstein. Südlich der Elbmündung schnitt die Ostniederung sehr tief in das Land ein, bis zum Teufelsmoor kurz vor Bremen. Das Land Hadeln auf dem Höhenzug zwischen den Mündungen von Weser und Elbe war zu Lande nur von Süden her, über Bremen und Lesum, zugänglich. Breite Marschen und Sümpfe säumten zudem die Unterläufe von Eider und Treene.

Technische Möglichkeiten, Gewässer und Niederungen zu bezwingen, gab es durchaus[1]. Wohl bei Magdeburg ließ Karl der Große im Jahre 789 zwei Brücken über die Elbe schlagen, um sein Heer hinüberzuführen[2]. Bestens erforscht sind die Brücken von Ostrów Lednicki, die seit 964 die Burg mit beiden Ufern des Sees verbanden; über diese Brücken führte fortan der Hauptweg des polnischen Kernlandes zwischen Posen und Gnesen[3]. Als Burg zwischen zwei Brücken ist wohl auch die in ottonischer Zeit gegründete Ratzeburg (Holstein) zu rekonstruieren. Seit über 1.000 Jahren läuft der Verkehr über die Burginsel und eine größere Insel, auf der sich die heutige Stadt erstreckt[4]. Gut erkundet ist Plön, die Grenzfeste des Obodritenreiches im Nordwesten. Die Burgbrücke datiert um 975, rund 130 Meter über den dort vier Meter tiefen See führend; Bauarbeiten an der Brücke fanden 995, 1008, 1011–1013, 1025, 1089 und 1096 statt[5]. Nicht nur Brücken erforderten ständige Reparaturen, sondern auch Bohlenwege, die über Sümpfe führten. Bei Klempau lief ein 300 Meter langer Weg zu dem im Sumpf gelegenen Burgwall; der Weg bestand seit dem Jahre 761, Erneuerungen erfolgten 771, 834, 855 und 877[6]. Auch breitere Flussniederungen ließen sich überqueren: Beim Handelsplatz Menzlin führten im 8. Jahrhundert Damm und Brücke über die von Sümpfen gesäumte Peene[7]. So viel technischer Aufwand lohnte sich jedoch nur dort, wo viele Menschen wohnten und ein hohes Verkehrsaufkommen zu erwarten war. Erst ein sich über Jahrhunderte hinziehender Landesausbau mit Gründung neuer Ortschaften hat den Bau neuer Wege mit sich gebracht. So hören wir nicht vor dem 12. Jahrhundert von einer Querung der Oste bei Bremervörde, die Stade fortan mit dem Land an der unteren Weser verband[8]. Ebenfalls erst im 12. Jahrhundert begann die Erschließung der Elbmarschen[9].

Wie Marschen und Sümpfe, so erschwerte auch der Wald, der sich seit der Jahrtausendmitte im Zuge des Bevölkerungsrückganges während der Völkerwanderungszeit fast über das gesamte Land ausgebreitet hatte, den Verkehr. Er war nicht undurchdringlich, Fußgänger und Reiter erkundeten ihn nach und nach und fanden den günstigsten Weg. Lasten ließen sich mit Saumtieren und, war der Weg erst einmal breit genug, mit Ochsengespannen transportieren. Als im Laufe des frühen Mittelalters das Pferd zunehmend als Zugtier Verwendung fand, mussten für die nun schnelleren Wagen bessere Wege gebaut werden. Wohl ließ der Bevölkerungszuwachs im Laufe der Jahrhunderte größere, nahezu waldfreie Siedlungsgefilde entstehen, doch gab es in manchen Regionen noch große Wälder. So blieb ein annähernd dreieckiger Landstrich, fast bis an die heutigen Städte Eckernförde, Neumünster und Lütjenburg heranreichend, im frühen Mittelalter unbesiedelt. Die Sachsen nannten den Wald *Isarnho*, die Dänen *Jernwith*[10]. Niemandsland war er nicht, stieß in ihm doch das fränkisch-deutsche Imperium an die Reiche der Dänen und der Obodriten. Am Ostrand des Imperiums erstreckte sich, erst kurz vor Hamburg und Lübeck endend, ein fundleeres Gebiet,

1 Fernwege des 9. Jahrhunderts im Hamburger Raum.

offenbar ein Wald, der Stormarn vom Land der Polaben trennte, wie man die Bewohner des südwestlichen Teiles des Obodritenreiches seit dem 11. Jahrhundert nannte[11]. Ein weiterer Wald bedeckte südlich der Elbe den Drawehn, einen Höhenzug zwischen Ilmenau und Jeetzel. Auch er schied sächsisches und slawisches Land, obschon dort in ottonischer Zeit keine politische Grenze mehr verlief[12].

Sind wir bei der Schilderung der großen topografischen Hindernisse schon auf Mutmaßungen angewiesen, so gilt dies mangels präziser Quellen bei der Skizzierung konkreter Wege noch mehr. Als Fixpunkte dienen wichtige Flussübergänge und bedeutende Orte; sie sind durch möglichst kurze Strecken miteinander zu verbinden, starke Steigungen und große Wälder sind zu vermeiden. Im Ergebnis gelangen wir zu einer Karte, die uns zeigt, wie die für Fernhandel und Feldzüge genutzten Wege verlaufen sein könnten. Manche Strecken sind im Gelände noch erkennbar, so der Ochsenweg zwischen Sorgbrück und dem Durchlass durch das Danewerk; am Ochsenweg aufgereihte Gräber aus dem Neolithikum und der Bronzezeit lassen an eine Benutzung seit vorgeschichtlicher Zeit denken. Ähnlich ist die Situation am Weg von Alt Lübeck nach Oldenburg im Raum Süsel. Generell bedürfen alte Wegespuren einer zuverlässigen zeitlichen Einordnung durch archäologische oder historische Quellen. Bei starker Überprägung des Geländes hat es die Altstraßenforschung sehr schwer. So führten in der frühen Neuzeit von Hamburg etliche Fernwege nach Nordosten; ich habe mich für einen südlichen Verlauf an der Bille entschieden: Möglichst weit durch besiedeltes Gebiet. Auch bei den meisten anderen hier rekonstruierten Wegen besteht ein großer Ermessensspielraum; Fortschritte sind vor allem durch Untersuchungen von Bohlwegen und Brücken zu erwarten. Die Frage ist berechtigt, warum manche später bedeutsame Fernwege nicht eingezeichnet sind, etwa von Hamburg nach Alt Lübeck über Oldesloe oder von Stade über Bremervörde und Lesum nach Bremen – nun, für eine Nutzung dieser Wege schon zur Jahrtausendwende sehe ich keine Indizien.

Mit Seeschiffen befahren konnte man die Weser bis Bremen, die Elbe bis Hamburg, Eider und Treene bis Hollingstedt, von der Ostsee aus gelangte man auf der Schlei bis Haithabu und auf der Trave bis Alt Lübeck. Dem archäologischen Material zufolge war die schräg über die kimbrische Halbinsel führende Route von der Eidermündung zur Schleimündung stark frequentiert, doch das Umladen in Hollingstedt und Haithabu, die vielen Mäander von Eider und Treene und der verwinkelte Lauf der Schlei machten die Haithabu-Passage zu einem schwierigen Unterfangen.

Bei den Landwegen wenden wir uns zunächst denjenigen Routen zu, die Hamburg nicht berührten[13]. Der Elbübergang von Groß Thun und später Stade nach Esesfelth und später Itzehoe hat eine wichtige Rolle gespielt. Von Esesfelth gelangte man über Schenefeld an die mittlere Eider und weiter nach Haithabu. In Altholstein kreuzte man einen Fernweg, der in Meldorf begann und sich im östlichen Holstenland gabelte: Ein Strang führte nach Oldenburg, der andere nach Alt Lübeck. Im Süden hatte der Stader Elbübergang Anschluss an Verden, von wo aus man in das Land westlich der Weser gelangen konnte.

Ebenso in Konkurrenz zu Hamburg stand der Elbübergang bei Bardowick; seit dem späten 11. Jahrhundert bestand mit der Ertheneburg ein Hauptort am rechten Flussufer[14]. Von dort führte ein Weg auf dem hohen Elbufer nach Hamburg, ein zweiter Strang lief an Delvenau und Stecknitz entlang nach Alt Lübeck und weiter bis nach Oldenburg[15]. Unweit Hammer, dem bedeutendsten Ort im Südwestteil des Obodritenreiches, der in ottonischer Zeit von Ratzeburg abgelöst wurde[16], zweigte eine Strecke ab in das obodritische Kernland zwischen Wismarer Bucht und Schweriner See mit der Mecklenburg als politischem Mittelpunkt und Groß Strömkendorf als frühem, im 9. Jahrhundert zugrunde gehenden Seehafen, dem *emporium Reric* der karolingischen Schriftquellen (s. Beitrag Hauke Jöns u. Martin Segschneider)[17]. Ein zweiter Elbübergang bei Boizenburg führte in den ebenfalls zum Obodritenreich gehörenden Landstrich zwischen Schweriner See und mittlerer Elde. Bardowick und Lüneburg lagen zudem an einem Heerweg, der sich am Südrand des Urstromtales von Groß Thun und Stade hinaufzog bis zum Höhbeck[18] jenseits der Jeetzel, hierbei das Waldgebiet auf dem Drawehn durchziehend. Nach Südosten hin hatten Bardowick und Lüneburg Anschluss an die sächsisch besiedelte niedere Altmark und den Magdeburger Raum, im Süden waren der Weserübergang bei Verden sowie die Allerübergänge bei Essel, Winsen, Celle und Gifhorn unschwer zu erreichen.

Zwischen dem Stader Übergang, ausgerichtet auf Westfalen und Lothringen, und dem Bardowicker Übergang mit seiner Verbindung zum ostfälisch-thüringischen Raum konnte sich Hamburg als dritte wichtige Elbquerung etablieren. Nach Haithabu und weiter auf der kimbrischen Halbinsel hinauf gelangte man nahezu auf geradem Wege, vorbei an den Ringwällen von Ulzburg, Hitzhusen und Willenscharen. Abzweigungen führten zudem nach Holstein und Dithmarschen.

Eine ebenso günstige Verbindung bestand nach Oldenburg: Die Alster querte man bei Naherfurth, der Trave näherte man sich nur. Bald kam der Heerweg aus Dithmarschen und Holstein über Wittorf heran. An der Tensfelder Au, wo nach Adam von Bremen (II, 15) der Burwidostein die Grenze markierte, wechselte man in das Reich der Obotriten[19]. In Wagrien ging es östlich am Plöner See vorbei, den Bungsberg wohl im Norden umgehend, nach Oldenburg. Auf sächsischer Seite lag an der Strecke allenfalls die Mellenburg[20]. Der Bohlweg durch das Wittmoor, der einzige im Original erhaltene Wegerest im Hamburger Umland, gebaut um 795 und somit zur Zeit der Sachsenkriege, scheint die Mellenburg mit dem Fernweg von Hamburg nach Haithabu zu verbinden. Auf slawischer Seite gab es am Weg nach Oldenburg bis in die ottonische Zeit etliche Befestigungen, seit dem fortgeschrittenen 10. Jahrhundert lagen nur noch die Burg Plön unweit des Weges, ebenso die um 980 im Besitz des Bischofs von Oldenburg befindlichen *curtes nobiles* Bosau und Warder. Wer von Hamburg nach Alt Lübeck wollte, bog nördlich der Alsterfurt ab und erreichte wendisches Gebiet an der Trave bei den Burgwällen Nütschau und Alt Fresenburg. Im Travetal bis kurz vor Alt Lübeck befanden sich nur wenige Siedlungen[21].

Von Hamburg in das obodritische Kernland führte ein Weg nach Nordosten durch den Grenzwald, wo nördlich der Billequelle am Liudwinestein das Reich der Obodriten begann (Adam von Bremen II, 15), zum Burgwall Hammer an der oberen Stecknitz; die Fortsetzung nach Nordosten ist oben schon erwähnt worden. Auf sächsischer Seite mag der undatierte Burgwall von Schiffbek der Sicherung des Weges gedient haben, auf slawischer Seite sind nahe der Bille die Ringwälle in Sirksfelde und Kasseburg zu nennen, die spätestens in ottonischer Zeit enden; eine hiernach fortdauernde slawische Besiedlung im Billetal ist nicht zu erkennen. Der Fernweg nach Hammer und Ratzeburg war für die

Geschichte Hamburgs besonders bedeutsam, denn der Handel, für den die slawische Keramik in Hamburg ja nur einen unter etlichen Indikatoren darstellt, dürfte ihn benutzt haben. Gefährlich war dieser kurze Weg in das Obodritenland in Kriegszeiten. Wohl hielt der Grenzwald die Siedlungen der Gegenseite auf Distanz, doch bot er sich zugleich einem Angreifer für einen verdeckten Aufmarsch an. Die Zerstörungen Hamburgs durch »*die Slawen*« 983 (oder etwas später) und 1066 sind den Obodriten zuzuschreiben. 1111 plünderten Slawen den Stormarngau bis vor die Tore Hamburgs und lockten den Grafen Bernhard in einen Hinterhalt. Die Begebenheit zeigt die Gefährdung Hamburgs im Nordosten in aller Schärfe. Besonders brisant wird die Situation in karolingischer und ottonischer Zeit gewesen sein, als mit Hamburg und Hammer zwei bedeutende Hauptorte diesseits und jenseits des Grenzwaldes in Opposition zueinander standen. Hammers Untergang im 10. Jahrhundert und die gescheiterte Landnahme an der oberen Bille künden von einer dramatischen Niederlage der Obodriten. Mit Ratzeburg gründeten sie einen neuen Hauptort, weiter vom Grenzwald entfernt und weniger bedroht. Auf sächsischer Seite war der Stormarner *Overbode*, der das Heeresaufgebot des Stormarngaus führte, im Raum um Schiffbek begütert, also dort, wo der Heerweg aus dem Wald kam[22].

Von Hamburg am hohen Elbufer aufwärts gelangte man über die Bille bis zur Mündung der Delvenau. Sächsische Fundstellen mit slawischem Einschlag säumen den Weg bis zum Ertheneburger Elbübergang nach Bardowick und Lüneburg[23]. Nördlich der Elbe kam man in das seit dem 9. oder 10. Jahrhundert slawisch besiedelte Delvenauland. Außer der Schiffbeker Burg sind Befestigungen am Wege aus dem frühen Mittelalter nicht bekannt, die Ortsnamen Escheburg und Ohlenburg erscheinen immerhin verdächtig.

Südlich von Hamburg mündeten nur kleinere Flüsse in die Elbe: Este, Seeve und Luhe. Schwer zu querende breite Talauen hatten sie nicht, und ohne größere Mühe waren die Schwarzen Berge und der Wilseder Berg zu umgehen. Die Fernwege konnten sich auffächern. Ebenso wie Stormarn betrachten wir das Siedlungsgefilde südlich der Elbe, von Stade bis Lüneburg reichend, als Hamburgs wirtschaftliches Hinterland. Dieses hatte wiederum ungehinderten Zugang durch dünn besiedeltes Gebiet bis zur Weser-Aller-Niederung. Zum Vorteil für Hamburg war das südliche Vorland in dem hier interessierenden Zeitraum nie in gegnerischer Hand.

Zum Schluss sei erörtert, wie sich Hamburg gegenüber den konkurrierenden Orten behauptete. Der erste fränkische Stützpunkt im Norden, Esesfelth, war gut über See zu versorgen und geeignet, Haithabu zu bedrohen. Zwei Faktoren behinderten später Esesfelths Aufstieg, nämlich einerseits die wachsende Macht Dänemarks auf der Nordsee, andererseits der Zerfall des Frankenreiches nach dem Tode Ludwigs des Frommen. Die Verbindungen zum Westen verloren an Bedeutung, das nordelbische Sachsen gehörte fortan zum östlichen Reichsteil (s. Beitrag Thorsten Lemm). Überdies war nach dem Ende des Bündnisses mit den Obotriten eine Präsenz des Imperiums weiter elbaufwärts vonnöten. Der slawische Versuch einer Landnahme an der Delvenau wurde vorerst vereitelt, und es wurde im Jahre 822 eine Burg gegründet, die den nun für das Imperium günstigen *status quo* sichern sollte. Bald darauf trat Hamburg in das Licht der Geschichte. Die Zerstörung Hamburgs durch eine Flotte König Horichs von Dänemark 845 kündet von einer gewissen Bedeutung des Ortes. Die folgenden Jahrzehnte werden von der historischen Überlieferung kaum beleuchtet, erst unter den ottonischen Königen sind die Verhältnisse wieder klar erkennbar.

Seit Hermann Billung oblag den Herzögen von Sachsen die Sicherung der Grenze gegen die Reiche der Dänen und der Obodriten. Dänemarks auswärtige Aktivitäten richteten sich vornehmlich auf die britischen Inseln, während die Obotriten mit einigen Unterbrechungen die sächsische Hegemonie hinnehmen mussten. Im Konfliktfall war das Kernland sächsischer Macht im Nordosten, der Bardengau mit Lüneburg, jenseits der unwegsamen Elbniederung, von den Obodriten kaum zu bezwingen – umgekehrt hatten die Sachsen freien Zugriff auf das hohe Elbufer zumindest westlich der Delvenau. Die Südwestecke des Obodritenreiches lag ungeschützt da, und klare Anzeichen für eine massive Etablierung der obodritischen Macht an der Elbe zwischen Boizenburg und Dömitz fehlen. Ein von Osten vorgetragener Angriff auf die Sachsen musste sich angesichts der topografischen Gegebenheiten auf die nordelbischen Lande richten, und es versteht sich, dass Hamburg, reich und grenznah, bevorzugtes Ziel der Obodriten war. Die mehrfachen Zerstörungen Hamburgs durch die Obodriten in ottonisch-salischer Zeit haben jedoch den Aufstieg des Ortes nicht nachhaltig behindern können[24]. Am Nordufer der Elbe war Hamburg schon in ottonischer Zeit der wichtigste Platz. Am Südufer waren dies Bardowick und später Lüneburg.

ANMERKUNGEN

1. Nachfolgend genannte Beispiele für Wege- und Brückenbau, sofern nicht gesondert angemerkt, durchgehend nach Wilke 2008, 65–89.
2. Ann. regni Franc. ad anno 789.
3. Wilke 1998; Kola/Wilke 2000.
4. Archäologie: Struve 1981, 101–103; historische Nachrichten über die Brücken gibt es schon im 14. Jahrhundert: Kaack 1987, 46 f.
5. Friedland 2007; Wilke 2008, 74–76; Lüth 2014, 293–296.
6. Stark 2002; 2003. Ob die Dendrodaten ohne Weiteres auf den nicht ergrabenen Burgwall (Lesefunde früher slawischer Keramik) übertragen werden dürfen, sei dahingestellt.
7. Kleingärtner 2008.
8. Zur Geschichte des Ortes: Bachmann 1976. Archäologischer Forschungsstand: Hofmann 1999; Hesse 2010, 197–203.
9. Hofmeister 1979; 1981; Ahrens 1993; Bünz 1994; Meier 2012, 118–121.
10. Benesch 1999.
11. Zur archäologischen Rekonstruktion von Siedlungs- und Waldgebieten: Herrmann 1968, 11–17; die dort erläuterte, für das slawische Gebiet noch heute gern verwendete Karte geht von den archäologischen Fundstellen aus; größere fundleere Gebiete gelten als Wald, slawische Ortsnamen gelten nicht als Indikatoren früher Besiedlung. Nach diesem Prinzip wurde auch für die hier gezeigte Wegekarte verfahren, rein spätslawische und unsichere Fundplätze blieben unberücksichtigt. Im sächsischen Teil des Arbeitsgebiets funktioniert die Methode nicht: wohl wegen Platzkonstanz vieler heutiger Orte seit karolingisch-ottonischer Zeit sind »zu wenige« archäologische Fundplätze bekannt; die Siedlungsgefilde müssen mit frühen Ortsnamen aufgefüllt werden. Daher habe ich nur die Wälder zwischen Sachsen und Slawen eingezeichnet, nicht die Wälder innerhalb des sächsischen bzw. slawischen Siedlungsgebiets. Ein noch längst nicht behobenes Problem sind starke regionale Unterschiede im Grad der archäologischen Erforschung (Klammt 2011). Für den Stormarngau im Hinblick auf die nichtarchäologischen Quellen grundlegend Steffens 1958; dazu die Kartenbeilage zum Stormarngau in Schindler 1960, wonach zwischen heutiger Hamburger Landesgrenze und Billequelle größtenteils Wald gewesen sein dürfte. Zur Geschichte Stormarns: Bock 1996. Zum Grenzwald in historischen Quellen: Hardt 2000.
12. Zum archäologischen Forschungsstand: Willroth 2011, vor allem Abb. 3.
13. Ausführlich zu den Wegen nördlich der Elbe: Lemm 2013b, 293–320; südlich der Elbe: Schwarzwälder 1987.
14. Lemm 2013b, 451 f.
15. Kempke 1989.
16. Schmid-Hecklau 2002, 229–238; 267–270. Allgemein zu den Burgen im Obodritenreich: Ruchhöft 2008. Ausführlich zu den slawischen Burgen in Schleswig-Holstein: Struve 1981.
17. Jöns 2008.
18. Schneeweiß 2013a.
19. Zum *Limes Saxoniae* zuletzt Bock 2012b; er setzt die Abfassung der Grenzbeschreibung überzeugend erst in das 11. Jahrhundert. Seine hierauf aufbauenden Hypothesen sind jedoch nicht zwingend. Der *Limes Saxoniae* ist die einzige im 9.–11. Jahrhundert historisch bezeugte Ostgrenze des nordelbischen Sachsens und daher eine wichtige Orientierungslinie auf der Wegekarte. Zum Limes im archäologischen Kontext zuletzt Müller-Wille 2011 und Lemm 2013b, 339–356.
20. Datierung und Burgcharakter unsicher.
21. Willroth 1985.
22. Lammers 1981, 13.
23. Zur Ertheneburg siehe oben. Die westlichsten Fundplätze mit überwiegend slawischem Material liegen im Vorfeld der Ertheneburg, dies zeigt eine Durchsicht des Kataloges bei Schmid-Hecklau 2002, 195–206.
24. Abwegig ist jedoch die weit verbreitete Vorstellung von einer ständig unruhigen Ostgrenze, an der immer wieder sächsisch-slawische Konflikte ausbrachen. Die Billunger und das obodritische Herrscherhaus, die Nakoniden, setzten mehr auf »*friedliche Koexistenz*«; vgl. Schubert 1997, 161.

Wege und Orte des Handels im Sachsen des 8. bis 9. Jahrhunderts

Ralf Wiechmann

Die ungeheuer dynamische Wirtschaftsentwicklung, die seit dem Ende des 8. Jahrhunderts in weiten Teilen des nördlichen Europas zur Entstehung der Frühstädte und Handelsmetropolen geführt hat, lässt auch für den Missionsstützpunkt Hamburg eine ähnliche Tendenz erwarten. Die äußerst verkehrsgünstige topografische Lage an der Elbe einerseits und an wichtigen Landwegen andererseits lässt vermuten, dass auch hier jene Fernhandelskontakte erkennbar werden, die so typisch für die frühen Handelsstützpunkte im Nord- und Ostseeküstengebiet sind. Charakteristisch für diese weitreichenden Kontakte und damit nahezu ein Gradmesser für die Intensität dieser Handelsbeziehungen sind bestimmte archäologisch nachweisbare importierte Waren und Produkte. Tatsächlich ist aus dem Hamburger Stadtgebiet eine Reihe von Importen bekannt geworden, die bislang noch nicht zusammenfassend behandelt wurde. Auch an dieser Stelle kann keine ausführliche Analyse dieser Gegenstände erfolgen, sondern nur schlaglichtartig eine kurze Zusammenschau.

IMPORTE DES FRÜHMITTELALTERS IM HAMBURGER INNENSTADTGEBIET

Sicherlich in das 8. oder in die erste Hälfte des 9. Jahrhunderts gehören die Fragmente einer sogenannten Tatinger Kanne, die im Zuge einer baubegleitenden Maßnahme auf dem Grundstück Schauenburgerstraße – Ecke Pelzerstraße (Fundplatz Hamburg-Altstadt 44), geborgen worden sind[1]. Zwischen Feuerstellen und Pflockreihen von Flechtwerkwänden wurden diese charakteristischen Scherben mit Zinnfoliendekor neben Scherben von Muschelgrusware und einheimischer Ware im Bebauungshorizont mit Flechtwandhäusern entdeckt[2]. Solche Kannen treten bereits im 8. Jahrhundert auf und sind für die erste Hälfte des 9. Jahrhunderts repräsentativ. Obwohl erste mineralogische Untersuchungen darauf hindeuteten, dass die mittelrheinischen Töpfereien als Produktionszentren ausscheiden[3], konnten spätere Analysen diese Ergebnisse revidieren. Wahrscheinlich wurden die Tatinger Kannen in einem Großraum hergestellt, der vom mittleren Rheinland über das Maasgebiet bis nach Frankreich reichte[4].

Aus derselben Grabung stammt das Stück einer rollstempelverzierten Scherbe (Abb. 1), die zu einem hohen Topf mit eiförmigem Körper und Linsenboden, vielleicht aber auch zu einer hohen bauchigen Schüssel gehörte[5]. Ist die Herkunft aus dem Rheinland unstrittig, so ist die Datierung unsicher. Während nämlich ein Großteil der Badorfer Ware in das späte 8. und 9. Jahrhundert datiert wird, könnte die einzelne Scherbe aus Hamburg auch zu einem Vertreter der seit dem 13. Jahrhundert im Rheinland wiederbelebten Verzierungsmode gehören[6]. Weitere Bruchstücke von Badorfer Gefäßen stammen aus der Grabung in der Kleinen Bäckerstraße[7].

Deutlich häufiger sind Scherben von Pingsdorfer Keramik (Abb. 2). Diese Warenart wurde u. a. bei Ausgrabungen der Neuen Burg[8], in der Kleinen Bäckerstraße[9], in der Großen Bäckerstraße[10] sowie am Alten Fischmarkt[11] entdeckt. Charakterisiert wird diese Warenart durch die Bemalung mit rotbrauner Engobe. Die Tüllenkanne war der in Pingsdorf am häufigsten produzierte Gefäßtyp. Die Ware besitzt eine lange Laufzeit, die von der Zeit um 900 bis ins frühe 13. Jahrhundert reicht. Das charakteristische Fragment einer dreihenkeligen Tüllenkanne mit »Kommamuster« ist der Periode 4 der nach zehn Horizonten gegliederten Pingsdorfer Ware zuzurechnen und gehört damit dem letzten Drittel des 10. und der ersten Hälfte des 11. Jahrhunderts an[12]. Das Stück stammt aus den Grabungen in der Großen Bäckerstraße. Insgesamt ist der Anteil importierter rheinischer Keramik in Hamburg außerordentlich gering, alle Fundkomplexe gehören dem 10./11. Jahrhundert an[13].

Zu den typischen Importwaren gehören auch zwei Bruchstücke von Handmühlsteinen aus Basalt. Sie wurden bei Grabungen in der Kleinen[14] und der Großen Bäckerstraße und am Alten Fischmarkt[15] gefunden (Abb. 3). Das charakteristische poröse Material stammt aus verschiedenen Steinbrüchen im Gebiet von Mayen im

Rheinland[16]. Größere Siedlungsgrabungen mit höheren Stückzahlen erwecken den Eindruck, dass solche Handmühlen sowohl im ländlichen als auch im frühen städtischen Siedlungsraum zum Inventar nahezu eines jeden Haushaltes gehörten[17]. Der Bedarf an dem im norddeutschen Raum fehlenden Rohgestein wurde zwischen dem 8. und 11. Jahrhundert durch diese Importprodukte und nur selten durch einheimische Geschiebe gedeckt.

Zu den Importwaren zählt ferner bearbeiteter Schiefer. Schiefer wurde in großen Mengen für die in vielen Bereichen benötigten Schleif- und Wetzsteine gebraucht, denn sie waren z. B. für das Schärfen von Messern oder auch Sicheln unabdingbar. Dieser Schiefer ist kein einheimisches Gestein, sondern musste aus Norwegen importiert werden[18]. Das Material besteht aus zwei verschiedenen Schieferarten, einer dunkleren und einer helleren Variante, beide sind in Hamburg gefunden worden. Die meisten Stücke stammen aus der Grabungskampagne der Jahre 1949–1951 auf dem Domplatz[19] sowie aus der Grabung »*Commerzbank*« im Jahr 1960. Diese Wetz- und Schleifsteine sind über einen langen Zeitraum, nämlich vom 8. bis zum 11. Jahrhundert, verhandelt worden[20].

Ebenfalls aus Norwegen stammt ein Specksteinbruchstück. Es wurde bei Ausgrabungen in der Großen Bäckerstraße geborgen[21] und gehörte vermutlich zu einer großen Schale oder einem kesselartigen Gefäß. Speckstein lässt sich in frischem Zustand sehr gut bearbeiten und fand nicht nur als Rohmaterial für Gefäße im Haushalt Verwendung – hier vor allem zum Kochen über dem offenen Feuer. Da das Material auch großen Temperaturen standhält, wurde es häufig im Metallhandwerk eingesetzt, wo es zu Tiegeln und Gussformen verarbeitet wurde. Die in Frage kommenden Specksteinvorkommen liegen in Norwegen und im westlichen Mittelschweden,[22] von wo aus das multifunktional einsetzbare Material in den Süden transportiert wurde[23]. Auch der Handel mit Speckstein weist eine lange Datierungsspanne auf, die vom 9. bis ins 11. Jahrhundert reicht[24].

Ein singulär herausragendes Einzelstück ist das Fragment eines Schwertes, das im Jahr 1957 bei Baggerarbeiten in der Elbe gefunden wurde[25]. Die damaszierte Klinge trägt auf beiden Seiten die Inschrift »+VLF-BERH+T« (*Abb. 4*). Vergleichbare Stücke mit ähnlicher Namensverwendung stammen zwar nicht aus einer Werkstatt, wie ihre Verbreitung und die Vielgestaltigkeit der Klingenzeichen belegen, umreißen aber eine Gruppe von Schwertern meist besonderer Qualität. Bei dem vorliegenden Stück trägt die Parierstange beidseitig ein für den skandinavischen *Mammenstil* charakte-

1 Scherben der Badorfer Ware. Ausgrabung an der Schauenburgerstraße – Ecke Pelzerstraße (Fpl. 44; Inv.-Nr. MHG 1952:268).

ristisches Flechtband in Silbereinlage. Der Besitzer dieses aufwendig gearbeiteten Schwertes hatte sicherlich einen herausragenden gesellschaftlichen Status. Damit dokumentiert diese Waffe nicht nur die weitreichenden Handelsbeziehungen, sondern zugleich die Hierarchisierung der damaligen Gesellschaft. Während die Klinge wohl aus dem niederfränkischen Gebiet stammt, ist die Parierstange wahrscheinlich im südwestlichen Ostseegebiet gefertigt worden. Das Stück wurde vermutlich im späten 10., eher noch im frühen 11. Jahrhundert hergestellt.

Einen eindeutigen Hinweis auf Fernhandel bilden ebenfalls Fragmente einer zusammenklappbaren Balkenwaage. Die Waage wurde zusammen mit einem Reitersporn, einem Fingerring und einem aus Knochen geschnitzten Pektoralkreuz bei Grabungen in der Großen Reichenstraße geborgen[26] (s. Beiträge Elke Först, Altstadt, u. Lisa Hansen). Mit ihren bis auf die Rippenbündel an den Enden unverzierten Armen gehört die Klappwaage in das 10. Jahrhundert[27]. Das Zahlungswesen in den Ostseeländern war seit ungefähr 800 stark von Anregungen aus dem islamischen Bereich beeinflusst. Das zeigt sich

2 Scherben der Pingsdorfer Ware. Ausgrabung an der Großen Bäckerstraße (Fpl. 42; Inv.-Nr. MHG 1952:22).

vor allem an dem System der nordischen *Gewichtsgeldwirtschaft*, das – wie im Kalifat – auf der Verrechnung von Silber nach Gewicht basierte. Sowohl Schmuckobjekte als auch die Münzen wurden, wenn nötig auch zerteilt, mit Hilfe kleiner Klappwaagen abgewogen. Zu den Waagen gehörten entsprechende Gewichtssätze, wie sie sich in sehr vielen Handelsorten des Nord- und Ostseegebietes finden[28]. Auch diese Waage des 10. Jahrhunderts gehörte sicherlich einem Kaufmann, der in den nordischen Ländern verkehrte.

3 Fragment eines Mühlsteins aus Basalt. Ausgrabung an der Großen Bäckerstraße (Fpl. 42; MHG 1952:70).

Zu bedenken ist dabei allerdings, dass Hamburg nicht mehr zu dem Gebiet der Gewichtsgeldwirtschaft gehörte, das im Norden auf der Höhe von Haithabu und im Osten in Ostholstein begann[29]. Im Gegensatz dazu war Hamburg, vermutlich schon seit ungefähr 834, eine Münzstätte des Fränkischen Reiches. Nun ist Hamburg-Bremen dasjenige der sechs deutschen Erzbistümer der Karolinger- und Salierzeit, das die mit Abstand spärlichste Münzprägung und die unsicherste Münzgeschichte aufweist. Im Mittelpunkt der Überlegungen zur Frage nach der Voraussetzung für eine Münzprägung in Hamburg steht eine Urkunde, deren Echtheit lange Zeit angezweifelt wurde, inzwischen aber seit ihrer Aufnahme in die »*Monumenta*« (also die wissenschaftlich geprüfte Sammlung schriftlicher Zeugnisse des Mittelalters) anerkannt wird[30]. In dieser Urkunde, die am 9. Juni 888 in Frankfurt ausgestellt wurde, bestätigt König Arnulf dem Erzbischof Rimbert zu Bremen die von Karl dem Großen, Ludwig dem Frommen, Ludwig dem Deutschen und Karl III. verliehenen Schenkungs- und Immunitätsurkunden. Die Urkunde bestätigt also ältere Privilegien, u. a. das Recht der Münzprägung und der Marktabhaltung in Bremen, mit dem Zusatz: »*wie es den Leitern (rectores) dieser Kirche vorher in Hamburg zustand, wo wegen der Bedrängnis durch die Heiden diese Befugnisse nicht mehr ausgeübt werden können*«. Eine frühere Urkunde für diese Verleihung ist allerdings nicht bekannt, auch in der *Vita Anskarii* und der *Vita Rimberti* findet

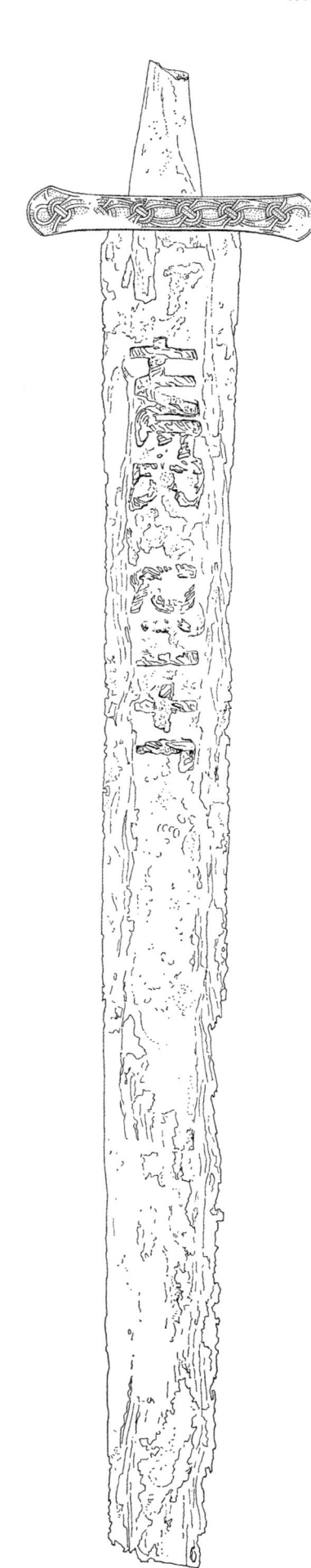

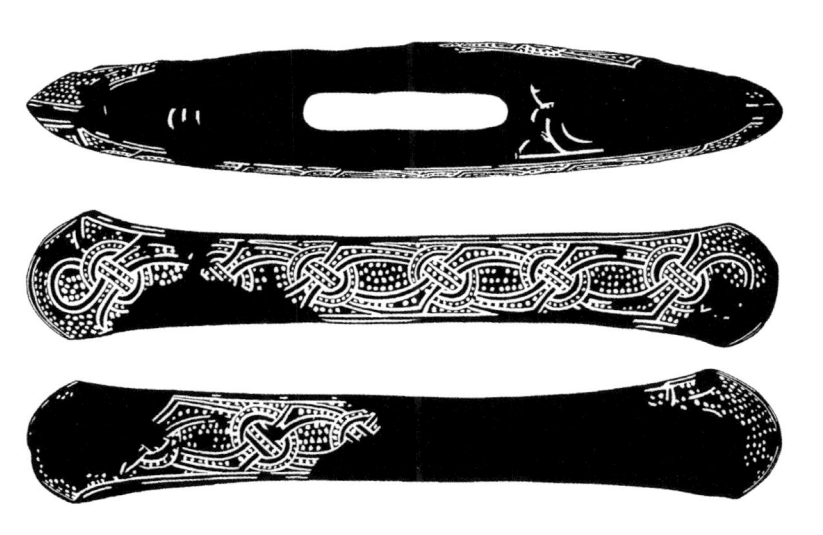

4 Ulfberth-Schwert. Baggerfund aus der Elbe (*links*). Die Parierstange im Detail (*rechts*).

eine solche keine Erwähnung. Reflektierend auf diesen Passus hat man auf das Vorhandensein einer Münzstätte in Hamburg geschlossen. Zu denken ist dabei an die Zeit zwischen 834 (Verleihung der Immunität für das Erzbistum durch den Kaiser; s. Beitrag Henrik Janson) und 845 (Zerstörung Hamburgs durch die Wikinger)[31]. Als Parallele zu Hamburg ist Corvey anzuführen, wo der Kaiser nach der Stiftungsurkunde vom 27. Juli 823 in einer weiteren Urkunde vom 1. Juni 833 die Errichtung einer Münzstätte genehmigte, deren Einkünfte der Kirche zufließen sollten. Für den Versuch, bestimmte Prägungen der Münzstätte Hamburg zuzuweisen, wurde eine Reihe unterschiedlicher Münzen angeführt. Keine dieser Zuweisungen hält aber einer Überprüfung stand. Bislang erklärt man das Fehlen erkennbarer Gepräge dadurch, dass unter Kaiser Ludwig dem Frommen überwiegend sogenannte *Christiana-Religio-Pfennige* gemünzt wurden, die als anonyme Denare nicht den Namen der Münzstätte tragen.

Zusammenfassend ist festzustellen, dass sich für Hamburg im späteren 9., im 10. und im 11. Jahrhundert geistliche Prägungen nicht nachweisen lassen. Das Bemühen, dem Ort herzoglich sächsische Gepräge zuzuordnen, ist trotz mehrfacher Versuche bisher ebenfalls ergebnislos geblieben[32].

An allen hier knapp vorgestellten Funden lassen sich deutliche Handelskontakte nachweisen, die vor allem in den Norden und in den Südwesten reichen. Die nachgewiesene Anzahl von importierten Objekten ist allerdings nicht sehr groß und ihre zeitliche Einordnung weist teilweise große Spannweiten auf. Das Gros datiert zudem nicht in das 9., sondern mehrheitlich in das 10. und 11. Jahrhundert. Eindeutig zu datierende Schichten des 9. Jahrhunderts sind offensichtlich bislang nur vom Fundplatz 44 (Schauenburgerstraße – Ecke Pelzerstraße) nachgewiesen. Die im dortigen Besiedlungshorizont auftretenden Warenarten der Tatinger, Badorfer und

Muschelgrusware, vor allem aber eine Lampe aus importierter englischer Muschelgrusware, sogenannter Shelly Ware, die nicht vor dem Ende des 9. Jahrhunderts belegt ist, sprechen für eine Datierung dieses Besiedlungshorizontes in die zweite Hälfte des 9. Jahrhunderts[33]. Damit gehören diese Funde in die Zeit nach dem Wikingerüberfall des Jahres 845. Sie dokumentieren zugleich, dass mit diesem Ereignis kein Siedlungsabbruch oder, wie die Urkunde von 888 nahelegt, gar ein Niedergang des Ortes verbunden war. Im Gegenteil scheinen die Handelskontakte nicht abgerissen, sondern weiter gepflegt worden zu sein. In diesem Zusammenhang ist zu fragen, was im Gegenzug für die importierten Rohstoffe und Produkte gehandelt worden ist. Zu vermuten sind landwirtschaftliche Produkte oder auch Textilien. Eine große Menge an verkohltem Getreide wurde bei Ausgrabungen in der Kleinen Bäckerstraße (Fundplatz 33) gefunden, die schon Schindler als »*offenbar zu exportierende*[s] *Getreide*« bezeichnet hat[34]. Als Belege für die Textilherstellung sind zu nennen ein gestempeltes Webgewicht aus der Großen Reichenstraße (Fundplatz 49)[35], das in das 10. Jahrhundert gehört[36], und ein konischer Spinnwirtel aus Ton, der in der Großen Reichenstraße (Fundplatz 49) ausgegraben wurde und ebenfalls dem 10. Jahrhundert zuzurechnen ist[37]. Dies sind jedoch nur Schlaglichter, die keine zufriedenstellende Antwort auf die Frage geben können, was als Gegenwert für die importierten Güter verhandelt wurde. So bleibt das Bild bislang unscharf, und weitere Forschungen sind nötig, um hierzu konkretere Aussagen zu treffen.

ANMERKUNGEN

1. Schindler 1952, 123; 1960, 56, Fpl. 44. Dazu auch Christeleit 2011, 233–235.
2. Bei Busch 2003, 200 f. werden die Scherben fälschlicherweise der Pressehausgrabung von 1938, Hamburg-Altstadt, Fundplatz 30, zugewiesen.
3. Schindler 1956b, 131 Anm. 23.
4. Zusammenfassend zu den Tatinger Kannen: Stilke 2001.
5. Schindler 1952, 128; 1960, 56, Fpl. 44; Christeleit 2011, 235 f.
6. Sanke 2001, 296.
7. Schindler 1960, 46 f., Fundplatz 33, hier S. 47.
8. Ebd. 41 f., Fpl. 4, hier S. 42.
9. Ebd. 46 f., Fpl. 33, hier S. 47; abgebildet bei Schindler 1957, Taf. 8.
10. Ebd. 54 f., Fpl. 42, hier S. 55.
11. Ebd. 58, Fpl. 52.
12. Vgl. Sanke 2001, 330 u. 322 Abb. 12. Das Stück trägt die Inv.-Nrn. MHS 1952:69 (*alt*) und 1965,15 (*neu*)
13. Schindler 1952, 129; Sanke 2001, 371.
14. Schindler 1960, 46 f., Fpl. 33.
15. Ebd. 58, Fpl. 52.
16. Schön 1995, 13.
17. Ebd. 96.
18. Resi 1990, 58, dazu auch die Kartierungen 24 u. 25.
19. Schindler 1951, 97 Abb. 19, 4, 6; Fpl. 35.
20. Resi 1990, 47.
21. Schindler 1960, 54 f., Fpl. 42.
22. Resi 1979, 116 Kartierung.
23. Verbreitung der Specksteinfunde in Dänemark und Deutschland Ebd. 130 Abb. 132.
24. Ebd. 101–112.
25. Schindler 1960, Taf. 74, 9; detailliert zu diesem Schwert siehe Müller-Wille 1970. Zur Gruppe der Ulfberht-Schwerter: Geibig 1991, 116–123; Schmidt 1994.
26. Steffens 1954; Schindler 1957, 55 Abb. 18; 1960, 56 f., Fpl. 49.
27. Steuer 1997, 27–29 Typ 5 u. 27 Abb. 7.
28. Steuer 1984; 1987; zusammenfassend dazu an Hand des Materials aus Kaupang: Skre 2007.
29. Wiechmann 2008, 169.
30. May 1937, 18 f., Nr. 68; Schwarzwälder 1955, 75–80, 133–134; Drögereit 1965; Seegrün 1976, 23; Hägermann 1990; Hatz 1993, 173 f.: zusammenfassend Wiechmann 1999a.
31. Janson im vorliegenden Band; Hävernick 1947. Zum Münzumlauf an der nördlichen Peripherie des Frankenreiches s: Wiechmann 2004.
32. Hatz 1993, 174.
33. Christeleit 2011, 247 f.
34. Schindler 1949, 177.
35. Steffens 1955, 115.
36. Zu den gestempelten Webgewichten und deren Datierung: Meier 1994, 185–189.
37. Steffens 1955, 116 u. Abb. 1,1.

Zur Rolle und Struktur Hamburgs als frühmittelalterlicher Handelsplatz – Aktuelle Forschungen an Emporien und Handelsplätzen des Nord- und Ostseeraums im Vergleich

Hauke Jöns und Martin Segschneider

Sucht man im nördlichen Mitteleuropa nach den frühesten Spuren von Städten, so denkt man meist an die hochmittelalterlichen Hansestädte, unter denen Hamburg zu besonderer Prominenz gelangte. Diese Städte wiesen im Vergleich zu ihrem Umfeld eine deutlich höhere Bevölkerungsdichte auf und besaßen eine kommunale Geschlossenheit. Ihre Wirtschaft beruhte in erster Linie auf Handel, Austausch und Handwerk. Häufig nahmen diese Städte die Funktion von wirtschaftlichen, administrativen und religiösen Zentren für ihr Umland ein und existieren zum größten Teil noch heute als Städte unterschiedlicher Größe.

Dabei wird oft übersehen, dass es im Bereich der Küsten von Nord- und Ostsee, aber auch an den Ufern der überregionalen Flüsse, bereits während des frühen Mittelalters, vom späten 7. bis zum 10. Jahrhundert, zur Gründung zahlreicher auf den überregionalen Handel ausgerichteter Siedlungen gekommen ist, deren wirtschaftliche Basis ebenfalls auf der handwerklichen Produktion und dem Warenaustausch beruhte. In der archäologischen und historischen Forschung werden sie meistens pragmatisch als *Handelsplätze* bezeichnet; bezugnehmend auf die spärlichen zeitgenössischen Schriftquellen hat jedoch auch der Begriff *emporium* weite Verbreitung gefunden[1].

Diese Orte bildeten ein Kommunikations- und Austauschnetzwerk, das von der südlichen Ostseeküste bis nach Mittelschweden und von Irland bis Zentralrussland reichte (*Abb. 1*). Die Mehrzahl der Handelsplätze wurde im Bereich von Flussläufen oder Meeresbuchten so angelegt, dass sie ihren Bewohnern aufgrund ihrer naturräumlichen Gunstlage nicht nur Schutz vor Unwettern und kriegerischen Attacken gewährten, sondern ihnen gleichzeitig einen unmittelbaren Zugang zu den Verkehrswegen zu Wasser und häufig auch zu Land ermöglichten: Topografische und verkehrsgeografische Gesichtspunkte haben somit nicht nur bei der Wahl eines Standortes bei der Gründung eine zentrale Rolle gespielt, sondern dürften auch für ihren Ausbau bzw. für ihren Niedergang von großer Bedeutung gewesen sein[2].

Ein zweiter entscheidender Faktor bei der Gründung von Handelsplätzen entlang der Küsten und Flüsse des Nord- und Ostseeraums während des frühen Mittelalters war jedoch die jeweilige lokale Siedlungsgeschichte. So ist feststellbar, dass die Gründung von Handelsplätzen häufig in der Nähe von Orten erfolgte, an denen bereits in der Römischen Kaiserzeit und Völkerwanderungszeit Siedlungen mit zentraler gesellschaftlicher Funktion bestanden haben. Dies legt die Vermutung nahe, dass die seit Jahrhunderten etablierten gesellschaftlichen Eliten auch maßgeblich am aufblühenden frühmittelalterlichen Handel teilhaben wollten[3].

1 Frühmittelalterliche Transportrouten im Nord- und Ostseeraum.

DARSTELLUNG VON HANDELSPLÄTZEN IN DEN ZEITGENÖSSISCHEN SCHRIFTQUELLEN

Nur zu wenigen der heute bekannten frühmittelalterlichen Handelsplätze sind schriftliche Zeugnisse überliefert. Der Umfang und der Informationsgehalt der verfügbaren Quellen hängen dabei von der Nähe des jeweiligen Handelsplatzes zu schriftführenden Kulturen ab. Als Beispiel sei das fränkisch-friesische Dorestad genannt, dessen Reste in Wiik bij Duurstede im Bereich der Einmündung des Lek und des Krummen Rheins in den Niederrhein lokalisiert und in den 1920er Jahren sowie zwischen 1967 und 1977 partiell ausgegraben worden sind[4]. *Dorestad* war zweifellos einer der bedeutendsten Handelsplätze des Fränkischen Reichs; die dort ansässigen Händler verfügten über enge Kontakte über den Ärmelkanal hinweg zu den angelsächsischen Emporien Hamwic, Fordwich, Lundenwic, York und Ipswich, aber auch ins südliche Skandinavien nach Ribe oder Haithabu. Entsprechend ist Dorestad in zahlreichen schriftlichen Quellen präsent; dabei stehen jedoch in erster Linie die zahlreichen Wikingerüberfälle und andere militärische Konflikte im Mittelpunkt (Abb. 2), während sie nur wenige Informationen über die Organisation von Handel und Austausch beinhalten[5].

Dagegen liegen für die außerhalb des fränkischen Einflussbereichs gelegenen Gebiete in Skandinavien und für den südlichen und östlichen Ostseeraum nur in geringem Maße Schriftquellen vor. Sie wurden meist von Mönchen nach den Berichten Reisender oder auch gelegentlich von den Reisenden selbst verfasst und enthalten primär Informationen über politische oder militärische Ereignisse, die für das Fränkische Reich von strategischer Bedeutung waren. Als Beispiel sei hier der Bericht über das Schicksal des *emporium Reric* genannt, das in den fränkischen Reichsannalen der Jahre 808 und 809 Erwähnung gefunden hat, weil es vom dänischen König Göttrik – dem wohl mächtigsten Kontrahenten des fränkischen Kaisers Karl – überfallen wurde und zudem im Gebiet der mit den Franken verbündeten slawischen Obodriten lag[6].

Aus dem Blickwinkel von Händlern selbst verfasste Beschreibungen über das Leben in den Handelsplätzen und die Bedingungen der frühmittelalterlichen Handelsschifffahrt sind dagegen äußerst selten. Größte Bedeutung kommt daher, der am Ende des 9. Jahrhunderts verfassten »Weltchronik« des angelsächsischen Königs

Alfred des Großen zu, in der u. a. auch Berichte der Kaufleute Ottar und Wulfstan enthalten sind. Während Ottars Bericht u. a. seine Reise aus dem Norden Norwegens über das am Oslofjord gelegene Skiringssal nach Haithabu an der Schlei beschreibt[7], bilden die Aufzeichnungen über Wulfstans Reise von Haithabu nach Truso an der Weichselmündung die wichtigsten Quellen zur frühmittelalterlichen Seefahrt an der südlichen Ostseeküste und vermitteln somit zumindest einen Eindruck vom Leben der Seefahrer und Händler des frühen Mittelalters (Abb. 3). Ergänzend sind auch die in der von Rimbert verfassten *Vita Anskarii* enthaltenen Reiseberichte des Missionars Ansgar zu erwähnen, dessen Missionsreisen ihn von Hamburg aus nach Haithabu (849 und 854) und Ribe (854 sowie 860) brachten. 829/30 und 852 reiste er sogar in Begleitung von Händlern nach Birka und wurde dabei das Opfer eines Überfalls, bei dem sie ihr Handelsgut einbüßten[8]. Es ist somit festzuhalten, dass den Schriftquellen zu Handelsplätzen wie Haithabu an der Schlei, Birka im Mälarseegebiet, Wolin oder Janów Pomorski/Truso im Bereich der Mündungen von Oder bzw. Weichsel, deren wirtschaftliche und politische Bedeutung durchaus mit der von Dorestad vergleichbar gewesen sein dürfte, nur wenige Informationen über das tägliche Leben und die Bedeutung von Handel und Handwerk zu entnehmen sind, deren Repräsentativität nur schwer einzuschätzen ist.

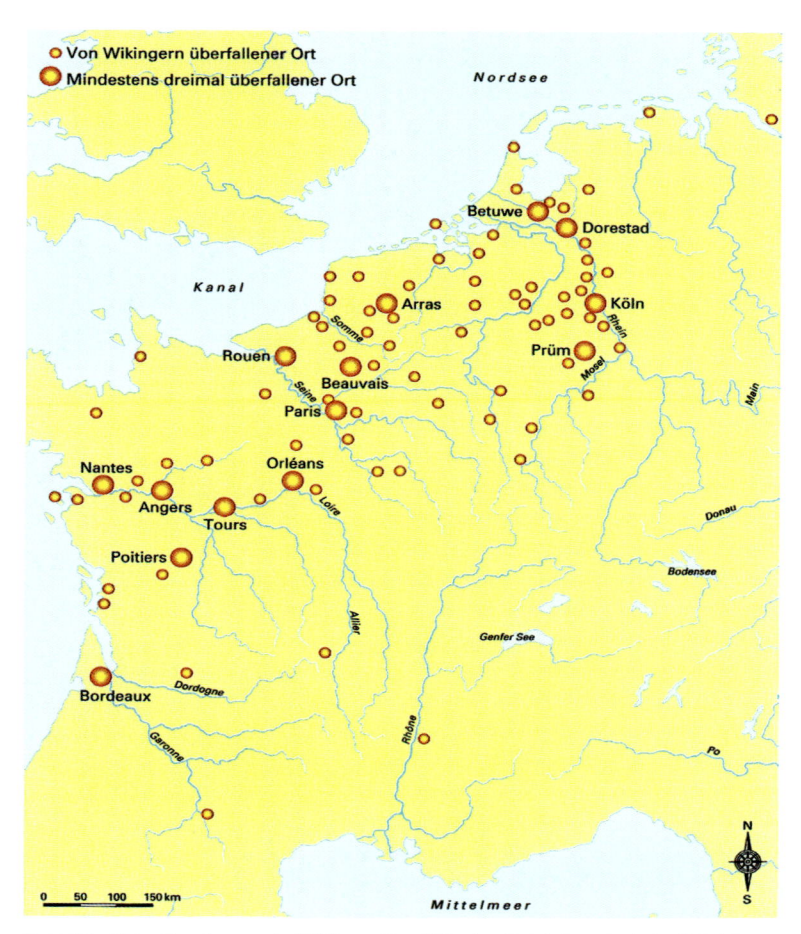

2 In Schriftquellen bezeugte Wikingerüberfälle des 9. Jahrhunderts im Fränkischen Reich.

3 Reiserouten der Kaufleute Ottar und Wulfstan und des Missionars Ansgar im 9. Jahrhundert.

ARCHÄOLOGISCHE FORSCHUNGEN ZU HANDELSPLÄTZEN DES NORD- UND OSTSEERAUMS

Somit kommt der Archäologie größte Bedeutung bei der Erforschung der frühmittelalterlichen Handelsplätze und des Warenaustauschs zu; entsprechend bildet sie innerhalb der Frühgeschichtsforschung schon seit mehr als einem Jahrhundert einen Schwerpunkt. Bereits im 19. Jahrhundert wurden vor allem im Bereich der wenigen in den Schriftquellen erwähnten und lokalisierbaren Handelsplätze Ausgrabungen unterschiedlichen Umfangs durchgeführt[9]. An zahlreichen Handelsplätzen wurden die Forschungen in den Wirtschaftswunderjahren der 1950er und 1960er Jahre wieder aufgenommen. Dies erfolgte häufig im Vorfeld von Bauprojekten, durch welche die archäologische Substanz der frühmittelalterlichen Handelsplätze gefährdet wurde (Abb. 4). Als Beispiele sei an dieser Stelle insbesondere an die Grabungen in Hamburg durch Reinhard Schindler[10] oder in Emden durch Werner Haarnagel erinnert[11].

4 Ausgrabungen in Emden in den 1950er Jahren.

Vielerorts wurden aber auch ausschließlich forschungsorientierte Untersuchungen durchgeführt – u. a. in Haithabu und Birka –, die zu zahlreichen neuen Erkenntnissen zur Organisation des Warenaustauschs und der Struktur von Handelsplätzen geführt haben[12].

Glücklicherweise blieben die seinerzeit durchgeführten Untersuchungen meist auf Ausschnitte unterschiedlicher Größe begrenzt und wurden so gut dokumentiert, dass die angetroffenen, meist äußerst komplexen Befunde heute mit modernen Methoden ausgewertet werden können. Tatsächlich ist die Mehrzahl der Handelsplätze bislang jedoch nur in sehr geringem Umfang ausgegraben worden, sodass meist noch große, ungestörte Untersuchungsflächen für weitere Forschungen zur Verfügung stehen.

Eine neue Phase der Erforschung der frühmittelalterlichen Handelsplätze setzte in den 1980er und 1990er Jahren ein. Sie führte zu einer Intensivierung – häufig verbunden mit einer methodischen Erneuerung – und hält bis heute an. Hierbei spielen geophysikalische Prospektionsmaßnahmen eine zentrale Rolle, die es bei günstigen Bodenverhältnissen auch ohne archäologische Eingriffe erlauben, zum Teil hochauflösende Informationen über die im Untergrund befindlichen Siedlungs- und Baustrukturen zu gewinnen. Methoden wie die Geomagnetik, das Bodenradar oder in den heute überschwemmten Arealen die Seismik sind mittlerweile zum festen Bestandteil von Forschungskonzeptionen zahlreicher Handelsplätze geworden (Abb. 5). Mit ihrer Hilfe ist es beispielsweise gelungen, Hinweise über die Ausdehnung und innere Gliederung der Siedlungen Haithabu, Menzlin, Groß Strömkendorf/Reric und Janów Pomorski/Truso und deren ursprüngliche landschaftliche Einbindung zu gewinnen[13]. Zahlreiche neue Informationen haben auch systematisch durchgeführte Fundbergungen mithilfe von Metalldetektoren erbracht. Hatte der verstärkte Einsatz von Metalldetektoren seit den 1970er Jahren in England und Südskandinavien zunächst vor allem im Bereich der Zentralplatz- und Landeplatzforschung zu wesentlichen Erkenntnissen geführt[14], hat die Suche mit Metalldetektoren in den vergangenen Jahren auch in Deutschland vor allem in Verbindung mit den oben genannten geophysikalischen Methoden zahlreiche neue Impulse für die Erforschung von Handelsplätzen erbracht. Wie die Beispiele Haithabu, Groß Strömkendorf und Menzlin zeigen, sind die dort durch ehrenamtliche Bodendenkmalpfleger oder im Zuge von wissenschaftlichen Untersuchungen mit Hilfe dieser Technik geborgenen Münzspektren, Waffen- und Trachtbestandteile wichtige Indikatoren für die Herkunft bzw. Kontakte der vor Ort ansässigen frühmittelalterlichen Bevölkerungen[15].

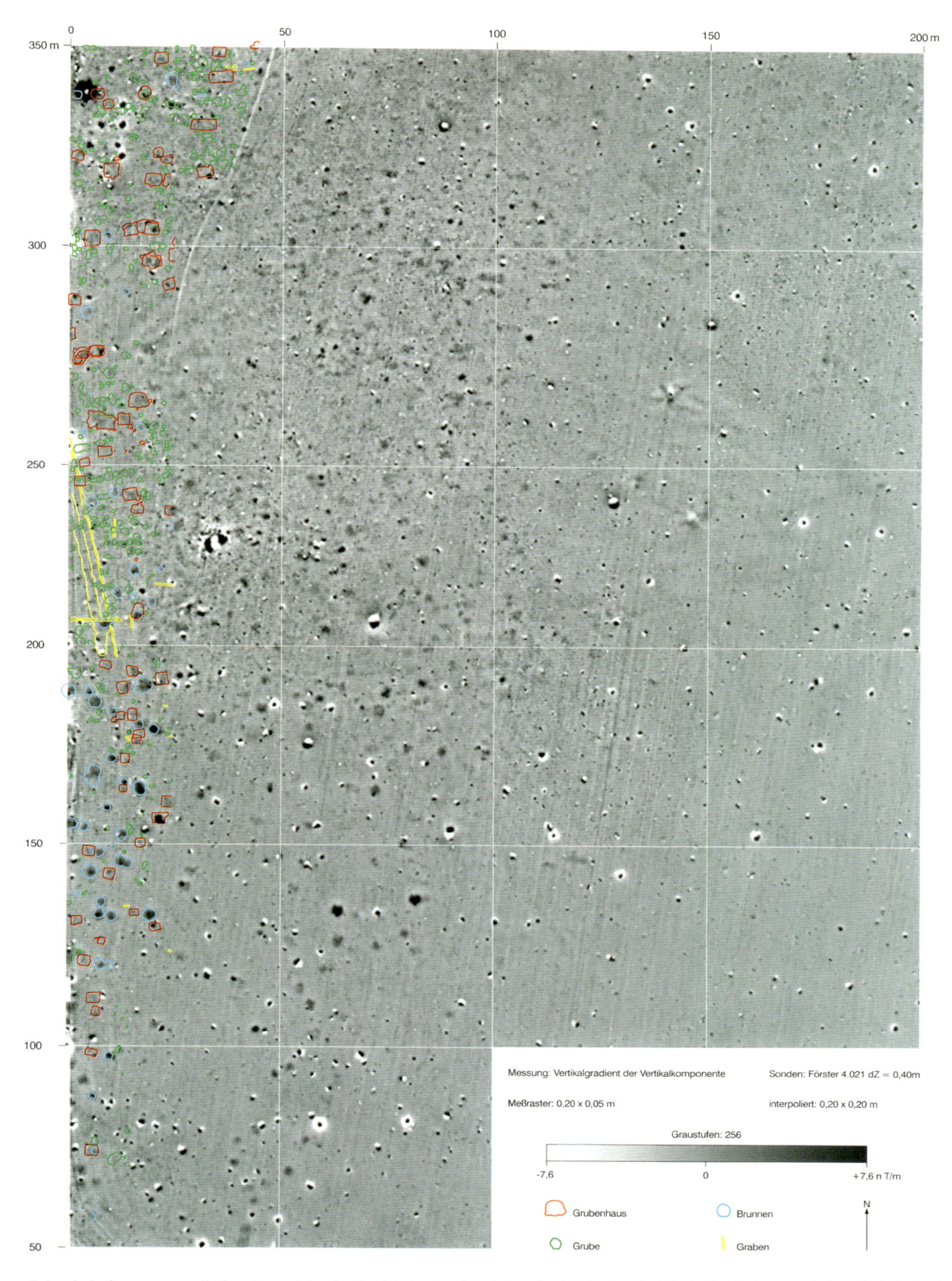

5 Ergebnis der geomagnetischen Prospektion im Bereich des Handelsplatzes Groß Strömkendorf/Reric. Farbig hervorgehoben sind die Ergebnisse archäologischer Untersuchungen, die nur im wesentlichen Teil der Messfläche stattgefunden haben.

6 Entladung von Wein, Mühlsteinen aus Basalt und Tatinger Kannen aus dem Fränkischen Reich im 9. Jahrhundert in Ribe.

CHARAKTERISTISCHE EIGENSCHAFTEN VON HANDELSPLÄTZEN IM NORD- UND OSTSEERAUM

Die im vorhergehenden Abschnitt kurz vorgestellten umfangreichen und methodisch vielfältigen Forschungen haben eindrucksvoll zeigen können, dass die frühmittelalterlichen Handelsplätze des Nord- und Ostseeraums sowohl vom Spektrum des geborgenen Fundguts, von der Zusammensetzung ihrer Bevölkerung als auch von ihrer topografischen Positionierung her – trotz ihrer unverkennbaren Individualität – eine Reihe von Gemeinsamkeiten aufweisen, aufgrund derer sie sich von den umgebenden, landwirtschaftlich ausgerichteten Siedlungen unterscheiden. Da dies bereits mehrfach in der Forschung herausgestellt worden ist[16], soll an dieser Stelle nur eine kurze Vorstellung der wichtigsten Charakteristika erfolgen. Zum typischen Fundinventar von Handelsplätzen gehören Fremdgüter im Sinne von Sebastian Brather[17], also nicht vor Ort hergestellte Gegenstände, die meist als *Importe* bezeichnet werden, obwohl der Anlass für ihren Transport zum jeweiligen Fundort häufig ungeklärt bleiben muss (*Abb. 6*). Als Beispiele seien zahlreiche Perlen aus Glas und Halbedelsteinen aus dem westlichen Europa, aus Asien und dem Mittelmeerraum genannt[18]. Auch nicht zur jeweils lokal produzierten einheimischen Ware gehörende Keramikgefäße können zu den Fremdgütern gezählt werden, wie z. B. Muschelgrusware und fränkische Drehscheibenware im Ostseeraum oder aber in typisch slawischer Machart produzierte Keramikgefäße im Nordseeraum[19]. Viele von ihnen dürften ursprünglich als Transportverpackungen von Nahrungsmitteln oder Getränken verwendet worden sein, aufgrund ihres fremden, *exotischen* Aussehens besaßen sie jedoch auch in anschließender Nutzung einen besonderen Wert. Zur Gruppe solcher sekundär verwendeten Transportbehältnisse gehören auch aus Tannenholz gefertigte Weinfässer, die man in Haithabu in Brunnen verbaut hatte[20]. Auch außerhalb des Fränkischen Reichs gefundene Glasgefäße werden vermehrt im Bereich von Handelsplätzen entdeckt – nicht selten als Grabbeigaben. Als exquisite Güter wechselten sie sicherlich jedoch eher als Geschenke denn als Handelsware ihre Besitzer[21]. Häufige Handelsgüter waren zudem Mühlsteine aus Mayener Basalt oder norwegischem Glimmerschiefer sowie Wetz- und Schleifsteine, die ebenfalls mehrheitlich aus skandinavischen Steinbrüchen stammten[22]. Schließlich gehörten auch qualitätvolle Waffen sicherlich zu den verhandelten Waren. Wenngleich nur selten entsprechende Gegenstände an Handelsplätzen vorkommen[23], lässt das im Diedenhofener Kapitular von 805 enthaltene Verbot eines Waffenexports und die Forderung nach einer vollständigen Kontrolle des fränkisch-slawischen Warenaustauschs zumindest erahnen, dass der Handel mit fränkischen Waffen einen erheblichen Umfang besaß[24]. Den größten Teil des Warenaustauschs machte jedoch mit Sicherheit der Handel mit Waren und Produkten aus, die keinerlei oder nur wenige archäologisch nachweisbare Spuren hinterlassen haben. Dazu gehörten vor allem die Erzeugnisse der Land- und Forstwirtschaft sowie der Fischerei, wie z. B. Felle, Häute, Wolle, Tuche, Milchprodukte, Honig sowie Trockenfisch und -fleisch; aber auch Sklaven können zu den typischen *Handelsgütern* des frühen Mittelalters gezählt werden, wie vereinzelt gefundene Sklavenfesseln in Übereinstimmung mit Schriftquellen belegen[25]. Zum typischen Fundinventar von Handelsplätzen gehören auch Münzen, die zumindest in Teilen des Nordseeraums unmittelbar als Zahlungsmittel verwendet worden sind. Im Ostseeraum war dies hingegen nicht der Fall. Dort gehörten deshalb Klappwaagen und Gewichte zur Ausstattung eines jeden Händlers, mit deren Hilfe er den Wert von silbernen Gegenständen wie Arm- oder Halsringen,

7 Hortfund des 9. Jahrhunderts von Ralswiek.

aber auch Barren und Münzen arabischer und westeuropäischer Herkunft messen konnte. Um die vereinbarte Menge zahlen zu können, wurden diese Gegenstände zerschnitten oder zerhackt. Das Gewicht – nicht die Prägung und die kunsthandwerkliche Qualität des Objektes – war somit die Basis für den Warenaustausch[26]. Nicht selten werden sowohl innerhalb der Handelsplätze als auch in deren unmittelbarer Nähe Horte gefunden, in denen z. T. große Mengen silberner Objekte – vermutlich in Gefahrensituationen – niedergelegt worden sind[27]. Diese Schätze vermitteln einen Eindruck von dem enormen Reichtum, der durch den Handel gewonnen werden konnte (*Abb. 7*). Entsprechende Funde gibt es auch im südlichen Nordseeraum; da dort jedoch bereits staatlich kontrollierte Münzsysteme existierten, können sie durchaus als Hinweis auf die Anwesenheit von Händlern aus dem Ostseeraum gewertet werden. Als Beispiel sei an dieser Stelle der 40 kg schwere Hortfund von Cuerdale (Ostengland) mit mehr als 8.600 Silberobjekten genannt, der vermutlich zu Beginn des 10. Jahrhunderts nach der Vertreibung der Skandinavier aus York in den Boden gekommen ist[28].

Zum typischen Inventar frühmittelalterlicher Handelsplätze gehören auch Konzentrationen von Abfällen verschiedener handwerklicher Tätigkeiten. Bruchstücke von Gusstiegeln und Gussformen sowie Hammerschlag,

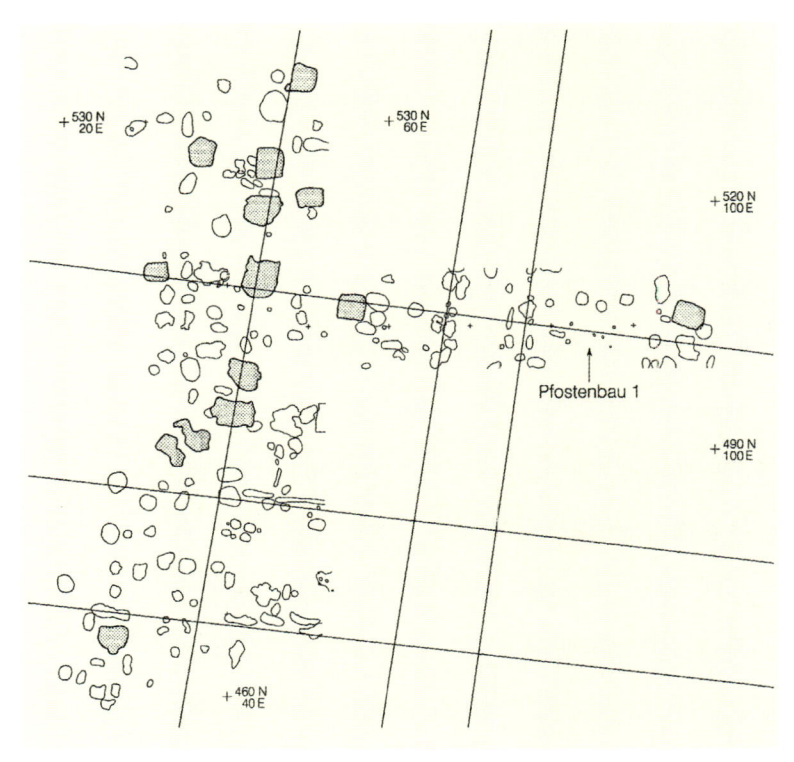

8 Groß Strömkendorf: Parzellierung im Bereich des nördlichen Teils des Handelsplatzes. Hilfslinien deuten die regelhafte rasterartige Struktur an. Grubenhäuser sind gerastert dargestellt.

9 Differenzierung im Schiffbau des Ostseeraums im 9. Jahrhundert.

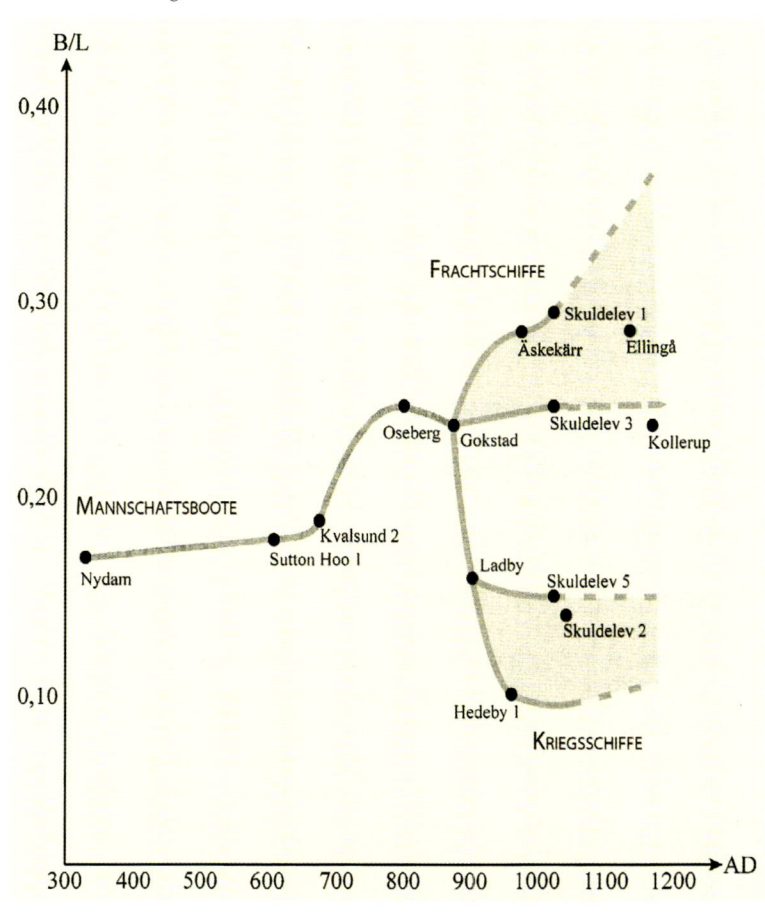

Essesteinfragmente und Schmiedeschlacken sind in den meisten Fällen nachweisbar; sie belegen die Verarbeitung von Buntmetall und Eisen. Nahezu an jedem Handelsplatz werden außerdem Geweih-, Knochen- und Hornreste mit Schnitt- und Sägespuren gefunden, die vor allem bei der Herstellung von Pfriemen, Kämmen und Spielsteinen entstanden sind[29]. Von zahlreichen Handelsplätzen sind zudem Überreste des Glasschmelzens und Bernsteinschnitzens nachgewiesen[30], diese zeigen, dass auch Perlen und Anhänger aus unterschiedlichen Materialien vor Ort hergestellt worden sind.

Auch in der Siedlungsstruktur, der Konstruktion von Gebäuden und dem bei der Grablege respektierten Totenbrauchtum unterscheiden sich auf Handel und Handwerk spezialisierte Siedlungen von den sie umgebenden, auf die landwirtschaftliche Produktion ausgerichteten Siedlungen. So zeigt ein großer Teil der bislang prospektierten bzw. ausgegrabenen Handelsplätze relativ kleinteilige, an Straßenachsen ausgerichtete und durch Gräben oder Zäune separierte Parzellierungen[31]. Die Bebauung war in der Regel durch Grubenhäuser bzw. in Stabbau oder Blockbauweise errichtete Gebäude mit geringer Grundfläche geprägt. Sie boten nur wenig Platz und sind entsprechend für die Haltung von Großtieren völlig ungeeignet gewesen (*Abb. 8*). Der Nachweis handwerklicher Tätigkeiten belegt, dass viele von ihnen als Werkstätten genutzt worden sind.

Dass die Bevölkerung an den Handelsplätzen heterogen war und aus Personen unterschiedlicher Herkunft bestand, zeigt sich insbesondere in den meist in unmittelbarer Nähe der Handelsplätze gelegenen Gräberfeldern. Dies konnte vor allem an zahlreichen Handelsplätzen des Ostseeraums beobachtet werden[32]. Während die Gräberfelder einer geschlossenen, über Generationen gewachsenen Gemeinschaft in der Regel durch einheitliche Bestattungsbräuche geprägt sind, ist es ein Charakteristikum der Bestattungsplätze von Handelsplätzen, dass auf ihnen Grablegen unterschiedlicher Form und Ausstattung nebeneinander angelegt wurden[33]. Dies lässt vermuten, dass die Verstorbenen häufig gemäß den in ihrer Heimat üblichen Bestattungstraditionen beigesetzt wurden. Weiterhin ist bemerkenswert, dass, sofern die zu den Handelsplätzen gehörenden Gräberfelder bekannt und archäologisch untersucht worden sind, häufig Bestattungen von Männern, Frauen und Kindern nachweisbar waren. Dies zeigt deutlich, dass die frühmittelalterlichen Händler und Kaufleute auch in der Fremde keine Gäste waren, sondern bereit waren, sich mit ihren Familien dauerhaft an den Handelsplätzen anzusiedeln.

SCHIFFE UND HÄFEN

Die für das frühe Mittelalter festzustellende Zunahme des überregionalen Warenaustauschs in der nördlichen Hemisphäre, verbunden mit der enormen Mobilität der Händler und Handwerker sowie deren Familien, war nur möglich, da es im Verlauf des 7./8. Jahrhunderts gelungen war, die in nordischer Tradition gebauten Boote und Schiffe mit Segeln auszustatten. Dadurch konnten nun auch große Frachten – bei günstigen Winden – schnell und mit einer kleinen Schiffsbesatzung über große Entfernungen transportiert werden[34]. Für die Herstellung der Segel, aber auch der Verpackungen der Handelswaren wurden große Mengen von Wolle benötigt, sodass anzunehmen ist, dass sowohl die Weberei als auch die Schafhaltung im Wirtschaftssystem an Bedeutung gewonnen haben[35]. Beispielsweise benötigte man für die Herstellung eines Segels von 46 m² Größe, wie es für den Antrieb eines kleinen Handelsschiffs erforderlich war, die Wolle von bis zu 20 Schafen. Nach Berechnungen von Eva Andersson[36] dürfte eine Person ca. neun Monate für das Spinnen der Fäden gebraucht haben, mehrere Wochen waren zusätzlich nötig, um die Tuche zu weben und schließlich das Segel anzufertigen.

Nach Stéphane Lebecq[37] ist anzunehmen, dass die Einführung des Segels im Norden eine Folge enger Kontakte friesischer Kaufleute zu ihren skandinavischen Nachbarn war. Von mehreren Handelsplätzen des Nord- und des Ostseeraums sind gut erhaltene Überreste von Booten und Schiffen bekannt, die einen Eindruck von jenen Wasserfahrzeugen vermitteln können, die für den Handel eingesetzt worden sind. Vor allem die Eigenschaften der im Ostseeraum eingesetzten Schiffe sind in den vergangenen 60 Jahren intensiv erforscht worden. Für die heute fest etablierte Schiffarchäologie bildete die Entdeckung und Ausgrabung von fünf Schiffen des frühen 11. Jahrhunderts in den 1950er Jahren im Roskildefjord bei Skuldelev einen wichtigen Wendepunkt hin zu einer auf die Rekonstruktion der spezifischen Eigenschaften von Schiffen ausgerichteten Forschung. Seither ist es im Bereich zahlreicher frühmittelalterlicher Handelsplätze und Häfen zur Entdeckung und archäologischen Untersuchung von Boots- und Schiffsresten gekommen.[38]

Die Auswertung dieser Schiffsfunde hat ergeben, dass während des 8. und 9. Jahrhunderts vor allem mit dem Einsatz von wenig spezialisierten, universal einsetzbaren Mannschaftsschiffen zu rechnen ist, deren Tiefgang in beladenem Zustand nur wenig mehr als 1 m betrug. Noch im Verlauf des 9. und 10. Jahrhunderts sind erste Tendenzen zur Differenzierung zwischen eher ge-

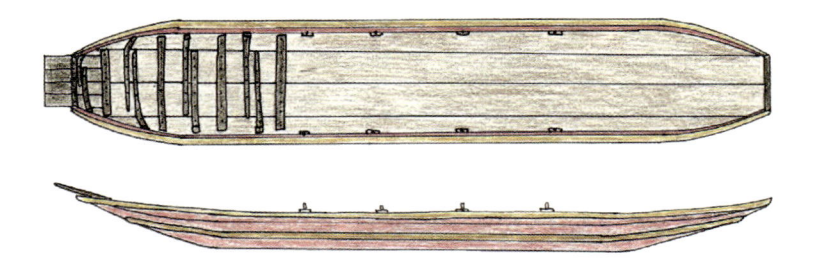

10 Frühmittelalterliches Schiff von Vleuten bei Utrecht während der Ausgrabung und in der zeichnerischen Rekonstruktion.

drungenen und breiten Handelsschiffen und langschmalen Kriegsschiffen zu erkennen (Abb. 9). Diese Entwicklung führte schließlich im 11. Jahrhundert zu einer klar erkennbaren Unterscheidung in reine Kriegsschiffe, mit deren Hilfe mehr als 70 Kämpfer (ca. 6 t) transportiert werden konnten und deren Tiefgang voll beladen maximal 1 m betrug, und spezialisierte Frachtschiffe mit bis zu 60 t Ladekapazität und 1,5 m Tiefgang[39]. Die Entladung dieser Frachtschiffe machte die Errichtung von Landebrücken und Molen notwendig, wie sie beispielsweise in Haithabu für das 11. Jahrhundert nachgewiesen werden konnten[40]. Gleichzeitig waren die behäbigen Frachtschiffe Angriffen auf See nahezu schutzlos ausgeliefert, sodass sie wohl häufig in Begleitung von Kriegsschiffen Segel setzten, um ihre Ladung sicher ans Ziel bringen zu können[41].

Für den Nordseeraum sind deutlich weniger frühmittelalterliche Wasserfahrzeuge bekannt. Dabei handelt es sich vor allem um flachbodige Schiffe, wie sie beispielsweise in Bremen oder in Vleuten bei Utrecht gefunden worden sind (Abb. 10)[42]; im gezeitengeprägten küstennahen Nordseeraum boten diese Schiffstypen die Möglichkeit, bequem bei Ebbe be- und entladen zu werden und bei Flut wieder in See stechen zu können. Im Bereich der gezeitenbeeinflussten Häfen im Nordseeraum waren somit keine Konstruktionen nötig, die ihnen das schwimmende Anlegen ermöglichten.

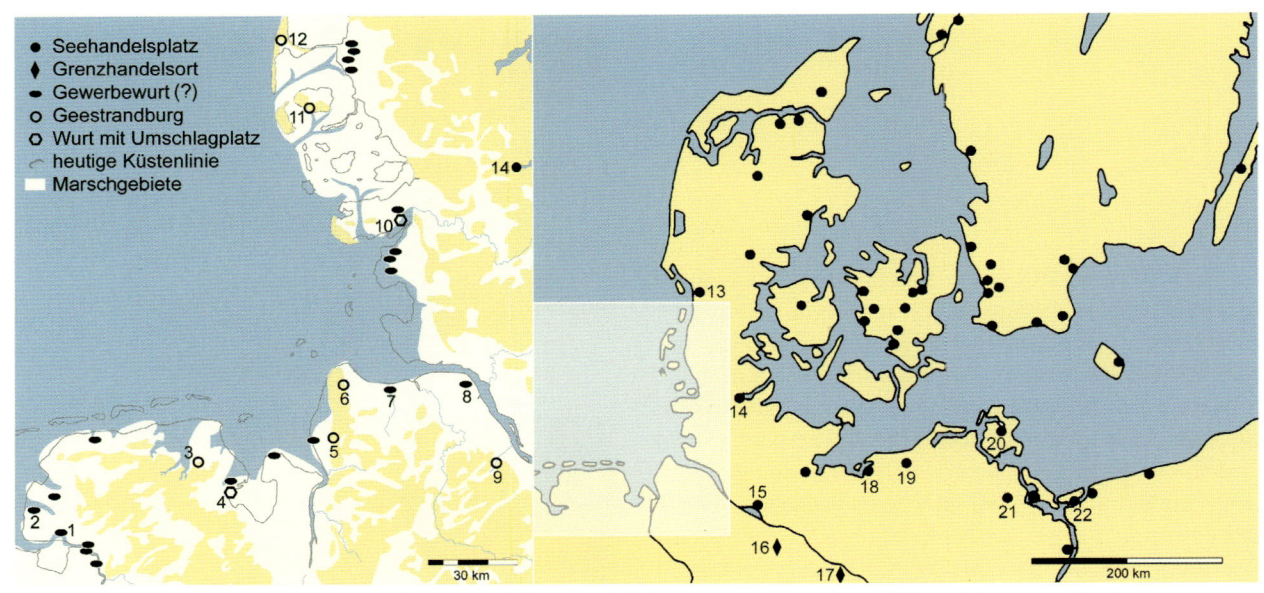

11 Kartierung der im Aufsatz diskutierten frühmittelalterlichen Fundplätze im südlichen Nordsee- und südwestlicher Ostseeraum: 1 – Emden; 2 – Groothusen; 3 – Jever-Woltersberg; 4 – Wilhelmshaven/Hessens; 5 – Sievern/Pipinsburg; 6 – Altenwalde; 7 – Otterndorf, Freiburg/Elbe; 9 – Stade; 10 – Elisenhof; 11 – Borgsumburg/Föhr; 12 – Tinnumburg/Sylt; 13 – Ribe; 14 – Haithabu; 15 – Hamburg; 16 – Bardowick; 17 – Meetschow/Schezla; 18 – Groß Strömkendorf/Reric; 19 – Rostock-Dierkow; 20 – Ralswiek; 21 – Menzlin; 22 – Wolin.

AKTUELLE FORSCHUNGEN ZUR ORGANISATION VON HANDEL UND AUSTAUSCH IM UMFELD HAMBURGS

Vor dem Hintergrund der an dieser Stelle knapp umrissenen Forschungslage zu frühmittelalterlichen Handelsplätzen ist es sehr erfreulich, dass seit 2012 die Möglichkeit besteht, neue Forschungen zu den bislang deutlich weniger gut erforschten Häfen der beschriebenen Handelsplätze durchzuführen. Den Rahmen dafür bietet zum einen das Schwerpunktprogramm »*Häfen von der römischen Kaiserzeit bis zum Mittelalter*« der Deutschen Forschungsgemeinschaft[43]. Hierbei gilt es, die gesellschaftliche und wirtschaftliche Bedeutung der Häfen sowie die Auswirkungen des Warenaustauschs auf das jeweilige soziale Gefüge zu analysieren. Außerdem werden stark geoarchäologisch ausgerichtete Forschungen durchgeführt, die die Häfen als zentrale Schnittstellen zwischen dem Land- und Wassertransport begreifen und die jeweils für die Be- und Entladung der Schiffe verwendeten konstruktiven Elemente in ihrer zeitlichen Entwicklung analysieren. Zum anderen sind in den vergangenen Jahren auch wiederholt Maßnahmen der Bodendenkmalpflege im Bereich von Handelsplätzen bzw. deren Peripherie im Untersuchungsraum durchgeführt worden. Dadurch wurden zahlreiche neue Erkenntnisse gewonnen, die dazu beitragen können, die Strukturen des frühmittelalterlichen Handels im Nord- und Ostseeraum zu analysieren und die Bedeutung der verschiedenen Verkehrs- und Kommunikationswege zu rekonstruieren (*Abb. 11*).

Auch wenn im Bereich des frühmittelalterlichen Hamburgs im Rahmen der oben genannten Projekte keine neuen Untersuchungen durchgeführt werden konnten, soll im Folgenden betrachtet werden, inwieweit die in Hamburg identifizierten Strukturen vor dem Hintergrund der aktuellen Forschungen einzuordnen sind. Zum Vergleich werden dabei vor allem Funde, Befunde und Strukturen der zwischen Ems, Oder und Flensburger Förde gelegenen Landschaften des Nordsee- und des Ostseeraums herangezogen. Vom 8. bis 10. Jahrhundert waren diese Regionen Teil des Kommunikationssystems, zu dem auch das frühmittelalterliche Hamburg aufgrund seiner verkehrsgeografisch günstigen Lage an der Elbe und damit am Schnittpunkt von Wasser- und Landwegen gehörte (s. Beiträge von Torsten Kempke, Fernwege, u. Thorsten Lemm).

SEEHANDELSPLÄTZE AN DER SÜDWESTLICHEN OSTSEEKÜSTE

Die südwestliche Ostseeküste bildete während des frühen Mittelalters die Kontaktzone zwischen den östlich der Elbe siedelnden slawischen Stämmen, dem Fränkisch-Karolingischen Reich und dem südskandinavischen Raum, in dem sich in dieser Zeit die Herausbildung erster staatlicher Strukturen rekonstruieren lässt.

In der Diskussion des überregionalen Warenaustauschs entlang der südwestlichen Ostseeküste spielt eine kleine Gruppe von in Küstennähe gelegenen, unbefestigten Handelsplätzen des 8.–10. Jahrhunderts traditionell eine zentrale Rolle; sie sind entsprechend bereits in zahlreichen zusammenfassenden Arbeiten unter unterschiedlichen Gesichtspunkten dargestellt worden und werden insgesamt als *Seehandelsplätze* bezeichnet[44]. Einige dieser Emporien sind in den vergangenen 30 Jahren zudem Gegenstand interdisziplinärer Forschungen geworden, sodass ihre Genese, ihre wirtschaftliche und soziale Bedeutung und Funktion, aber auch die demografische Zusammensetzung ihrer Bevölkerung zum Teil recht zuverlässig rekonstruiert werden können. Als Beispiele können Groß Strömkendorf bei Wismar – das *emporium* Reric der fränkischen Reichsannalen[45] –, Ralswiek auf Rügen[46], Menzlin an der Peene[47] oder das an der Weichsel gelegene Janów Pomorski – Wulfstans Truso[48] – genannt werden. Sowohl für den deutschen als auch für den polnischen Teil der südlichen Ostseeküste ist zudem in jüngster Zeit der Versuch unternommen worden, die Handels- und Kommunikationssysteme des 9. und frühen 10. Jahrhunderts zu rekonstruieren und damit zu beschreiben, welche Strukturen der angelsächsische Kaufmann Wulfstan vorgefunden hätte, wenn er auch die Handelszentren an der slawisch besiedelten Ostseeküste auf seinem Weg von Haithabu nach *Truso* besucht hätte[49]. Von besonderer Bedeutung für das Verständnis der gesellschaftlichen und ökonomischen Rahmenbedingungen, unter denen die Seehandelsplätze entstanden sind, ihre Blüte erlebten und schließlich – meist bereits nach wenigen Generationen – aufgegeben wurden, ist zudem eine jüngst erschienene Studie von Sunhild Kleingärtner[50]. Vor dem Hintergrund dieses ausgezeichneten Forschungsstandes soll im Folgenden nur auf die wichtigsten und charakteristischsten Eigenschaften dieses außergewöhnlichen Siedlungstyps eingegangen werden, um einen Vergleich mit den in Hamburg festgestellten Strukturen zu ermöglichen.

Eine prägende Gemeinsamkeit der Seehandelsplätze des südwestlichen Ostseeraums war es, dass diese in vor Wind und Wetter gut geschützter Lage im Unterlauf von Flüssen oder in Meeresbuchten gegründet wurden. Sie waren hervorragend an die überregionalen Wasserwege angebunden und damit integrierter Bestandteil des überregionalen Kommunikations- und Handelssystems. Die Bebauung war durch Gebäude mit kleiner Grundfläche – in der Regel durch Grubenhäuser – bestimmt, die in erster Linie als Handwerkerunterkünfte und Werkstätten genutzt wurden[51]. Wie bereits ausgeführt, war ihre Ökonomie nahezu ausschließlich auf Handel und eine vielfältige handwerkliche Produktion ausgerichtet; die Versorgung mit den vor Ort benötigten Lebensmitteln erfolgte durch im Umfeld gelegene Siedlungen[52]. Die große Variabilität in den Bestattungssitten zeigt, dass die Bevölkerung der Handelsplätze aus Personen unterschiedlicher Herkunft bestand – ein markanter Teil der Gräber weist Parallelen nach Skandinavien auf[53]. Nach Ansicht von Kleingärtner ist davon auszugehen, dass die Seehandelsplätze als skandinavische Kolonien angelegt worden waren, um Rohstoffe wie Salz, Fisch, Bernstein oder Geweih zu gewinnen um diese dann im nördlich der Ostsee gelegenen Herkunftsland der Händler weiterzuverarbeiten[54]. Kleingärtners Analyse ergibt, dass bislang für keines der Emporien der Nachweis einer strukturellen Verbindung zwischen im Umfeld der Handelsplätze gelegenen Burgen und den Emporien selbst gelungen ist[55]. Da jedoch keiner der Seehandelsplätze im slawischen Siedlungsgebiet eine Befestigung aufwies, muss angenommen werden, dass die in ihrem Umfeld ansässigen lokalen Eliten in so hohem Umfang von der wirtschaftlichen Potenz profitierten, dass sie die *Kolonisten* gewähren ließen und vielleicht sogar deren Sicherheit garantierten. In den fränkischen Reichsannalen wird zudem für das Jahr 808 berichtet, dass der dänische König Göttrik aus dem Emporium Reric Steuern bezogen hat (bevor er es zerstörte). Für Reric lässt sich somit vermuten, dass der dänische König gemeinsam mit der slawischen Elite den Schutz des Handelsplatzes gewährte.

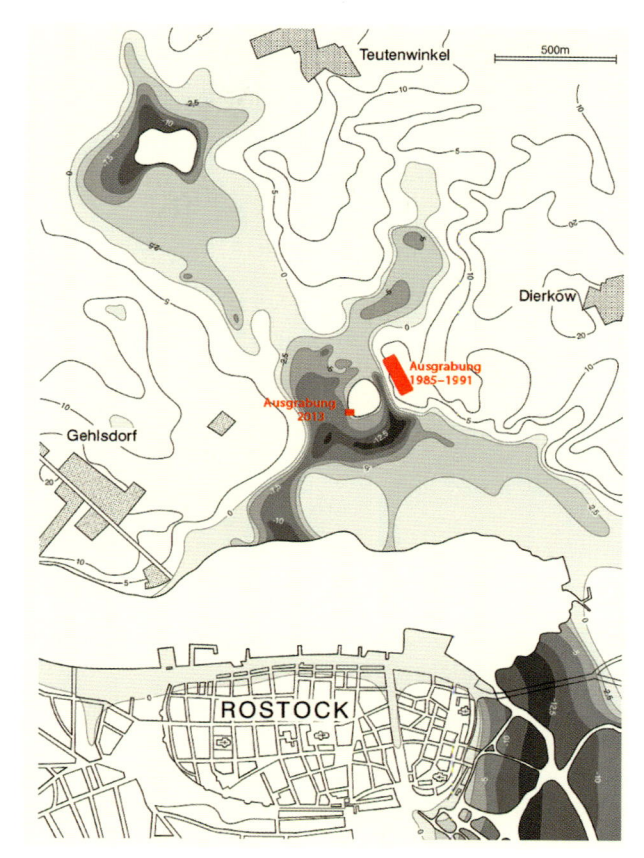

12 Topografische Lage des Emporiums von Rostock-Dierkow.

Jüngste Forschungen, die eine geoarchäologische Untersuchung der Häfen der Seehandelsplätze entlang der slawisch besiedelten Ostseeküste zum Ziel haben und im Rahmen des bereits erwähnten DFG-Schwerpunktprogramms durchgeführt werden[56], haben am

13 Rostock-Dierkow, aus Weiden- und Haselruten bestehende Flechtmattenkonstruktion zur Stabilisierung des Untergrundes im Bereich des Handelsplatzes.

Handelsplatz Rostock-Dierkow deutlich machen können, dass die frühmittelalterlichen Gründer der Handelsplätze nicht davor zurückschreckten, umfangreiche Baumaßnahmen durchzuführen, um die Infrastruktur und Nutzbarkeit der gewählten Standorte zu verbessern. Der Handelsplatz lag am nördlichen Ende eines kleinen, in die Warnow entwässernden Flusses auf einer stark reliefierten Jungmoräne (Abb. 12)[57].

Umfangreiche frühmittelalterliche Infrastrukturmaßnahmen in Form von Brücken, Wegen, Kanälen oder Sperranlagen sind in Skandinavien von zahlreichen Fundplätzen bekannt[58]. Im südwestlichen Teil des Ostseeraums war dies bislang vor allem durch eine ca. 800 m lange, zur Querung der Peene und ihrer breiten Niederung angelegten gepflasterten Straße mit Brücke unter Beweis gestellt worden, deren Konstruktion deutliche Parallelen zu Befunden in Dänemark aufweist[59].

Eine westlich des bekannten Handelsplatzes von Rostock-Dierkow entdeckte, großflächig aufgebrachte und vor allem aus Weiden- und Haselruten bestehende Flechtmattenkonstruktion kann nun ebenfalls als Maßnahme zur Verbesserung der Infrastruktur gewertet werden (Abb. 13). Geoarchäologische und geophysikalische Untersuchungen haben nachweisen können, dass die Anlandung von Booten in Rostock-Dierkow nur westlich des bekannten Primelberges möglich war, der heute noch als sandige Kuppe aus der vollständig verlandeten Warnowniederung herausragt. Am Ende des Spätglazials bestand dort noch eine bis zu 12 m tiefe Rinne, die im Verlauf des Holozäns sukzessive verlandete. Es ist davon auszugehen, dass die Fahrt über die Warnow per Boot oder Schiff während des frühen Mittelalters bis an den Primelberg nicht mehr möglich war und die Areale zwischen Hafen und Siedlung durch Landerschließungsmaßnahmen nutzbar gemacht werden sollten[60]. Der Weg von der Landestelle bis zum sandigen Primelberg dürfte je nach Witterung zum Teil sehr beschwerlich gewesen sein, da Transporttiere, aber auch Wagen sicherlich leicht im Morast einzusinken drohten. Offensichtlich entschloss man sich vor diesem Hintergrund, die Begehbarkeit des Untergrundes zu verbessern, indem man auf einer Fläche von ca. 5.000 m² mehr oder weniger flächendeckend die beschriebenen Flechtwerksmatten verlegte. Bei den Grabungen konnten oberhalb der Matten mehrfach Sandaufträge, sich zum Teil überlagernde Öfen unterschiedlicher Form und auch die gut erhaltenen Reste eines Webstuhls freigelegt werden, sodass die Flechtwerkmatten offensichtlich nicht nur zur Verbesserung der Begehbarkeit, sondern auch zur Gründung eines hafennahen Werkareals genutzt wurden. Zusätzlich wurden Bohlenwege oder Stege zur Verbindung des Areals mit dem Hafen angelegt, über die Ladungen transportiert werden konnten. Die dendrochronologische Datierung von mehr als 20 Konstruktionshölzern zeigt, dass diese Maßnahme bereits in der Zeit um 800 stattgefunden hat; die stratigrafischen Befunde lassen den Schluss zu, dass es mehrfach zu Erneuerungen der Konstruktion gekommen ist.

SAISONALE MÄRKTE, GEWERBEWURTEN UND GEESTRANDBURGEN – ZENTREN DES HANDELS IM SÜDÖSTLICHEN NORDSEERAUM

Zwischen dem 7. und 12. Jahrhundert bildete auch die südöstliche Nordseeküste eine wichtige Kontaktzone, hier zwischen dem Fränkischen bzw. Karolingischen Reich und dessen Nachfolgern sowie den dänischen und norwegischen Siedlungsgebieten. In der von Friesen besiedelten Küstenzone bildeten sich in dieser Zeit zahlreiche auf den Nordseehandel ausgerichtete Orte heraus, deren Lage optimal die naturräumlichen Gegebenheiten ausnutzte und deren Häfen besondere Bedeutung innerhalb des Siedlungsgefüges besaßen[61].

In der weiten unbedeichten Marsch Nordwestdeutschlands wurden diese Plätze genauso wie die allgemein gut bekannten landwirtschaftlich ausgerichteten Wurten auf Uferwällen angelegt und sukzessive künstlich erhöht, um auch bei steigendem Tidehochwasser und Sturmfluten bestehen zu können. Nach den bislang vorliegenden Beobachtungen sind diese Häfen immer entlang eines schiffbaren Priels angelegt worden, sodass ihre Bewohner über einen Zugang zur Nordsee und damit zu den überregionalen Transportwegen verfügten. Ihre

14 Verlandete Wasserläufe im Umfeld der Gewerbewurt Groothusen, lokalisiert mit Hilfe geomagnetischer Prospektionsmaßnahmen.

Bebauung war in kleine Parzellen gegliedert, die beiderseits eines in der Mitte der Siedlung verlaufenden Weges angeordnet waren. Dadurch erhielten diese Wurten eine längliche Form, die sie von den meist in der Grundform eher rundovalen landwirtschaftlich ausgerichteten Wurten unterschied. Sie wurden deshalb in der Forschung häufig unter dem Begriff Langwurten beschrieben[62]. Die bislang über diesen Siedlungstyp vorliegenden Informationen sind zu einem großen Teil Ausgrabungen aus den 1950er und 1960er Jahren zu verdanken, als es im Bereich der Wurten Emden, Stadt Emden, und Groothusen, Lkr. Aurich, gelang, bis in die untersten Schichten des jeweiligen Wurtkörpers reichende Sondageschnitte anzulegen[63]. Sie führten zu dem Ergebnis, dass es sich aufgrund der zutage gekommenen Baustrukturen und des Fundmaterials fremder Provenienz bei beiden Siedlungen um kaufmännisch geprägte Plätze handeln müsste.

Die Forschungen zu den auf Handwerk und Gewerbe spezialisierten Wurten erhielten in den 1980er Jahren neue Impulse, als Klaus Brandt u. a. die Langwurten Hatzum und Jemgum, beide Lkr. Leer, und die in der Wesermarsch gelegene Wurt Langwarden, Lkr. Wesermarsch, mit Hilfe von Bohrungen und Sondageschnitten untersuchte[64]. Dabei konnte er feststellen, dass an diesen Orten Handelsplätze von regionaler Bedeutung bestanden, über die fünf bis zehn ländliche Siedlungen im Umland Zugang zu Handelswaren hatten.

Der Nachweis von länglichen Wurten, deren Funktion primär im Bereich von Handel und Handwerk lag, ist bislang auf den Raum zwischen Weser und Ems beschränkt. In der Folge wurden auch vereinzelt Wurten nur aufgrund ihrer länglichen Form oder aufgrund von Funden von Fremdgütern mit Handel und Handwerk in Verbindung gebracht und mit den Langwurten verglichen[65]. Zu Recht hat deshalb Jaap Boersma darauf hingewiesen, dass die weitere Erforschung der auf Handel und Handwerk ausgerichteten Wurten ein Desiderat sei, um ihre Genese und Bedeutung für den überregionalen Warenaustausch, aber auch für die lokale Versorgung besser verstehen zu können[66]. Dabei sollte der missverständliche Begriff Langwurt zukünftig durch den von der Funktion bestimmten Begriff Gewerbewurt ersetzt werden[67].

Die nähere Erforschung einer Gewerbewurt erfolgt gegenwärtig u. a. im Bereich der bereits erwähnten Wurt Groothusen. Dabei kommen sowohl geophysikalische als auch bodenkundliche und archäologische Methoden zum Einsatz, vor allem um Hinweise auf die während des frühen Mittelalters bestehende Anbindung der Wurt an die überregionalen Transportwege zu gewinnen. Besondere Bedeutung kommt dabei großflächig durchgeführten geomagnetischen Messungen zu, mit deren Hilfe nicht nur zahlreiche, heute vollständig verlandete Priele kartiert, sondern auch Hinweise auf einen Kanal gewonnen werden, der eine direkte Verbindung der Wurt an einen großen, schiffbaren Priel darstellte (*Abb. 14*)[68].

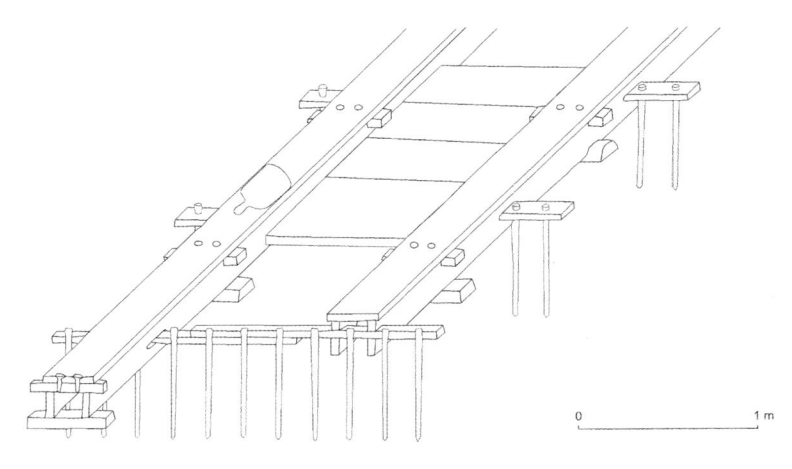

15 Die Gleitschienenanlage von Hessens/Wilhelmshaven.
Oben: Zeichnerische Rekonstruktion. *Unten*: Fotografische Dokumentation.

Vereinzelt waren auch primär landwirtschaftlich ausgerichtete Wurten unmittelbar in den Handel einbezogen. Am deutlichsten haben das die zwischen 1957 und 1958 sowie von 1961–1964 durchgeführten Ausgrabungen im Bereich der Wurt Elisenhof gezeigt. Die Wurt wurde im Verlauf des 8. Jahrhunderts auf dem Uferwall eines in die Eider entwässernden Priels zunächst als Flachsiedlung angelegt und schließlich im Verlauf des 9. und 10. Jahrhunderts zur Wurt ausgebaut[69]. Die Bebauung bestand aus bis zu zehn Gehöften, von ihnen besaßen mindestens sieben Wohnstallhäuser, sodass kein Zweifel an der Haltung von Nutzvieh besteht. Dies wurde auch durch die archäozoologische Analyse der Tierknochen bestätigt, die die Haltung vor allem von Schafen, Rindern und Schweinen belegt[70]. Entsprechend wurde die Wurt lange Zeit als typische ländliche, auf Subsistenzwirtschaft ausgerichtete Siedlung eingeordnet[71].

Zieht man jedoch auch die Auswertung der in Elisenhof in großer Zahl geborgenen Kleinfunde mit in Betracht, die 1999 von Petra Westphalen vorgelegt worden ist, so wird deutlich, dass die Bewohner der Wurt auch in größerem Umfang Zugang zu lokal nicht verfügbaren Waren wie Wetzsteinen aus Schiefer oder Specksteingefäßen, Mühlsteinen aus Basalt, Hohlgläsern sowie Glasperlen unterschiedlicher Form hatten[72]. Das außerdem geborgene Spektrum von Werkzeugen und Werkabfällen zeigt, dass auf der Wurt zahlreiche handwerkliche Tätigkeiten – sowohl die Verarbeitung von Holz, Knochen, Geweih, Leder, Bernstein und Metall in Form von Eisen und Bronze als auch die Herstellung von Textilien – durchgeführt wurden.

Die große Zahl und die Verteilung der insgesamt 466 Webgewichte lässt die Vermutung zu, dass in nahezu jedem Haus gewoben wurde[73]. Vor diesem Hintergrund ist auch die archäozoologische Untersuchung der Tierknochen bemerkenswert: Sie zeigte, dass auf der Wurt in erster Linie Schafe (50 %) gehalten wurden und dass Rinder (27 %) und Schweine (18 %) in deutlich geringerem Umfang vorkamen[74]. Daher kann vermutet werden, dass in Elisenhof die Produktion von Segeln größere Bedeutung besaß, als dies bislang angenommen wurde.

Die Verteilung der Produktionsabfälle lässt außerdem den Schluss zu, dass es spezialisierte Werkstätten zumindest für die Bearbeitung von Geweih- und Bernstein gab. Es ist deshalb anzunehmen, dass die Wurt Elisenhof auch Teil des Kommunikations- und Handelsnetzwerks war und nicht nur vom überregionalen Handel über das Zentrum Haithabu profitierte, sondern dass vor Ort auch Märkte stattgefunden haben, auf denen die Bewohner Elisenhofs für eigene Produkte Abnehmer finden konnten.

Auch für die bei Wilhelmshaven gelegene und nur partiell ausgegrabene Wurt Hessens sind Fremdgüter in Form von Importkeramiken der Badorfer, Pingsdorfer und Tatinger Ware, Basaltlava, Glasfunde und Schleifsteine aus Schiefer bekannt, die darauf hindeuten, dass die dort ansässigen Personen unmittelbaren Zugang zu Handelswaren hatten. In der Zeit der Besiedlung vom 7. bis zum 13. Jahrhundert bestand über mehrere Priele eine schiffbare Verbindung zur Maadebucht und damit zur Nordsee, so dass die Wurt auch für reisende Händler leicht erreichbar war und ihnen einen sicheren Hafen bieten konnte[75]. Die Bedeutung der Schifffahrt wird außerdem durch den Nachweis einer Gleitschienenanlage belegt, mit deren Hilfe Schiffe an Land gezogen werden konnten (*Abb. 15*).

Nach dem von Detlev Ellmers formulierten Modell[76] können diese Befunde als Indiz dafür gewertet werden, dass die in Hessens ansässige Bevölkerung zumindest phasenweise eine Überproduktion erwirtschaftete und diese in den überregionalen Handel einbringen konnte. Inwieweit Hessens tatsächlich selbst Teil des Handelsnetzwerks war oder ob die in Hessens produzierten Waren über einen nahegelegenen Umschlag- oder Marktplatz einen neuen Besitzer fanden, kann beim gegenwärtigen Forschungsstand nicht gesagt werden.

In den vergangenen Jahren ist deutlich geworden, dass zum Netzwerk von Handelsplätzen entlang der Nordseeküste neben den beschriebenen spezialisierten Gewerbewurten und Wurten mit saisonalen Märkten auch Befestigungsanlagen gehörten. Sie sind seit Langem in der Forschung bekannt, wurden jedoch bislang vor allem unter militärischen Gesichtspunkten diskutiert, da sie eine Überwachungs- und Kontrollfunktion einnehmen konnten. Sie wurden stets dort errichtet, wo die Geest unmittelbar an die Nordsee heranreichte bzw. an auf der Geest gelegenen Plätzen, über die ein unmittelbarer Zugang zur Nordsee bestand. Um dieser speziellen topografischen Positionierung Rechnung zu tragen, wurden sie jüngst als Geestrandburgen bezeichnet[77]. Häufig waren die Burgwälle auch in das Landwegesystem integriert; in ihrer unmittelbaren Nähe fanden sich häufig Wegekreuzungen aus Land- und Wasserwegen. Als Beispiele für Geestrandburgen können die beiden im Landkreis Cuxhaven gelegenen Befestigungswerke Pipinsburg bei Sievern[78] und Altenwalde bei Cuxhaven[79] gelten, die während des frühen Mittelalters über gezeitenbeeinflusste Wasserläufe per Schiff direkt von der Nordsee angelaufen werden konnten. Auch wenn beide Anlagen bislang nur in geringem Umfang untersucht worden sind, liegen von diesen Hinweise auf überregionale Kontakte bzw. Handel vor. Für die Pipinsburg ist in diesem Zusammenhang vor allem ein nahe der Burg gefundener Hort des 10. Jahrhunderts zu nennen, zu dem eine Buckelscheibenfibel skandinavischer Provenienz und drei Silbermünzen aus der Zeit Ottos III. gehörten[80]. In einer nahe der Burg von Altenwalde entdeckten Siedlung »An der Kreuzkirche« wurde zudem ein Kugelzonengewicht des 10. Jahrhunderts geborgen, das zumindest als Hinweis auf Kontakte in den Ostseeraum gewertet werden kann[81]. Zur Gruppe der Geestrandburgen kann auch der Woltersberg bei Jever, Lkr. Friesland, gerechnet werden, der über einen heute verlandeten Priel Anschluss an eine ehemalige Meeresbucht hatte[82]. Hinweise auf überregionale Kontakte bzw. Handel liegen in Form von Fragmenten der Muschelgruswaren und verschiedener rheinischer Importkeramiken aus dem Zeitraum vom 9.–14. Jahrhundert vor. Die zugehörige Siedlung lag vermutlich im Bereich der heutigen Stadt Jever, wo vereinzelte Grabungen Hinweise für weitreichende Fernkontakte und Handelsaktivitäten erbrachten[83]. Vergleichbare Geestrandburgen mit benachbarten Handelssiedlungen sind auch von den nordfriesischen Inseln Föhr und Sylt bekannt[84]. Sowohl die Burgen als auch die zugehörigen Handwerkersiedlungen sind unmittelbar am Übergang von der Geest zur Marsch zu lokalisieren und verfügen über eine direkte Verbindung zur offenen Nordsee über größere Priele[85].

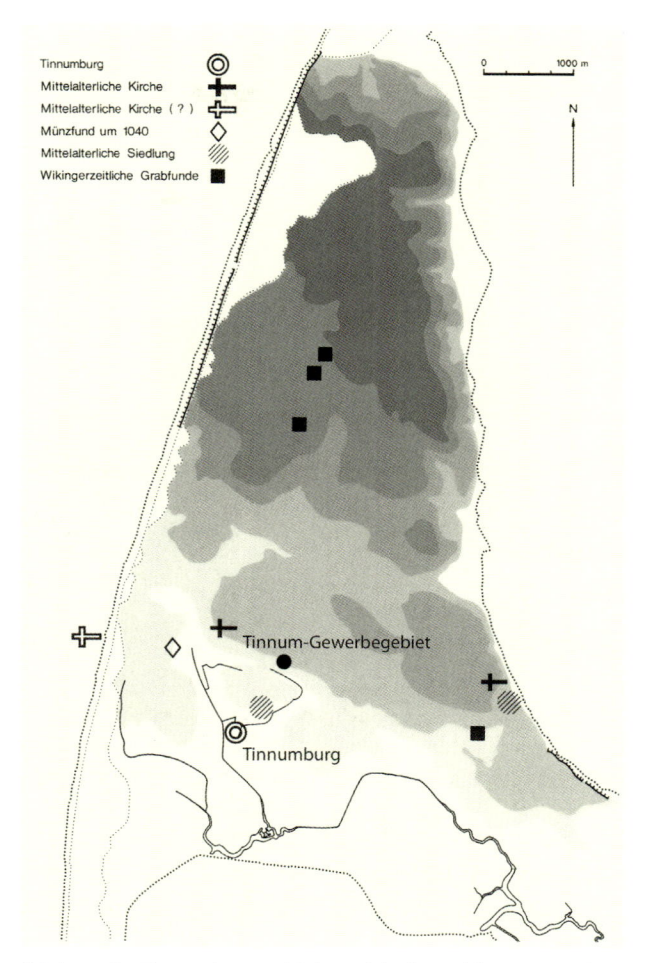

16 Lage der Tinnumburg auf Sylt und der benachbarten Handelssiedlung.

Insbesondere für die Datierung und Funktion der auf der Insel Sylt gelegenen Tinnumburg konnten in den vergangenen Jahren zahlreiche neue Informationen gewonnen werden (*Abb. 16*). Hier gelang es im Rahmen einer durch Bauarbeiten ausgelösten Ausgrabung, im Bereich einer auf dem Westerländer Geestkern gelegenen frühmittelalterlichen Siedlung zahlreiche Grubenhäuser auszugraben. Die Siedlung lag ca. 1 km nordöstlich der Burg und war während des frühen Mittelalters über einen Wasserlauf per Schiff erreichbar, der unmittelbar an der Burg vorbeiführte[86]. Innerhalb der Siedlung wurden typische Fremdgüter wie Wetzsteine aus norwegischem Schiefer, eine im Borrestil verzierte gleicharmige Fibel und Perlen aus Bergkristall und Bleiglas sowie einige Dutzend Fragmente von Glasbechern geborgen. Offensichtlich fand vor Ort eine umfangreiche Perlenproduktion aus wieder eingeschmolzenen Glasscherben statt,

17 Glasperlen, Bergkristallperle und Bernsteinhalbprodukte von Tinnum LA 128, Gemeinde Sylt.

wie die zahlreichen Funde belegen (Abb. 17). Aus der Füllerde von nur drei Grubenhäusern stammen mehrere Tausend Stücke Rohbernstein mit einem Gesamtgewicht von etwa 3,5 kg, teils mit Schnittspuren, und missglückte Bernsteinperlen und -anhänger (Abb. 18)[87]. Eine vergleichbare Fundmenge von Bernstein ist an der östlichen Nordseeküste sonst nur aus dem bedeutenden Handelsort Ribe bekannt. Offensichtlich wurde das Rohmaterial auf der Insel am Strand gesammelt und vor und während der Herstellung vor allem von Perlen großzügig aussortiert. Somit hatten die Bewohner der Siedlung in vollem Umfang Zugang zum überregionalen Warenstrom, setzten andererseits aber auch lokal produzierte Waren ab. Innerhalb der Grubenhäuser wurden außerdem zahlreiche Webgewichte angetroffen, sodass anzunehmen ist, dass die Herstellung von Textilien den wichtigsten Wirtschaftszweig der Bewohner darstellte. Zum Fundspektrum gehören auch einige eiserne Schiffsnieten, die erkennen lassen, dass vor Ort auch mit der Reparatur von Wasserfahrzeugen zu rechnen ist[88]. Auch wenn es prinzipiell denkbar ist, dass die in der Grubenhaussiedlung produzierten Stoffe über die Nordsee verhandelt wurden, ist in Verbindung mit den Schiffsnieten auch an diesem Ort wieder an die Möglichkeit zu denken, dass auch Schiffe mit neuen – vor Ort hergestellten – Segeln ausgestattet wurden. Wahrscheinlich handelt es sich bei dieser Siedlung um einen saisonal genutzten, von Handel und Handwerk geprägten Marktort, der sich mit der Tinnumburg gegenseitig bedingte und der von den auf der Insel ansässigen Eliten kontrolliert, organisiert und zugleich geschützt wurde.

Vergleichbare Strukturen sind im Bereich der Borgsumburg auf Föhr nachweisbar. Hier ist es mithilfe von Luftbildern, geomagnetischen Prospektionen (Abb. 19) und Oberflächenfunden gelungen, ca. 2 km südlich und südöstlich der Burg bei Witsum und Goting ausgedehnte Grubenhaussiedlungen des frühen Mittelalters zu lokalisieren[89]. Beide Siedlungen waren über einen kleinen Fluss – die Godel – bzw. über eine heute verlandete Bucht – Bruk – für Schiffe direkt von der Nordsee aus zu erreichen. Im Bereich des der Siedlung Goting vorgelagerten Kliffs ist ein Münzschatz des 8. Jahrhunderts bekannt, der u. a. neun merowingische Denare und zahlreiche in Northumbria und Friesland geschlagene Sceattas enthielt[90], sodass an einer Einbindung der Siedlung an den überregionalen Austausch kein Zweifel bestehen kann.

Für den südlichen Nordseeraum zeichnet sich somit ein System von Handelsplätzen unterschiedlicher Form ab, das sehr gut auf die Versorgung der unterschiedlichen Siedlungsräume ausgerichtet und an die lokalen naturräumlichen und gesellschaftlichen Verhältnisse angepasst war. Wichtige Bestandteile dieses Systems waren in der Marsch spezialisierte Gewerbewurten sowie primär landwirtschaftlich ausgerichtete Wurten, an denen die Waren umgeschlagen wurden und an denen auch saisonale Märkte stattgefunden haben, als auch im Umfeld von Geestrandburgen gelegene Markt- und Handwerkersiedlungen. Die genannten Formen von Handelsplätzen liegen in klar voneinander abzugrenzenden Naturräumen: Die Gewerbewurten und Wurten mit saisonalen Märkten boten dort sichere Häfen und die benötigte Infrastruktur, wo im Mittelalter ausgedehnte Marschflächen der Geest vorgelagert waren und im Umkreis einer Tagesreise keine Geestrandhäfen erreichbar waren. Sie entstanden in direkter Abhängigkeit von der jeweiligen topografischen Situation und verloren sehr schnell an Bedeutung, sobald die naturräumlichen Bedingungen sich änderten. Die auf der Geestkante ansässige Elite verfügte hingegen nicht nur über einen größeren Herrschaftsbereich, sodass sich die Handelsaktivitäten besser bündeln ließen; sie kontrollierte mithilfe ihrer Geestrandburgen auch die Landwege.

HANDELSPLÄTZE UND VERBINDUNGEN ZWISCHEN NORD- UND OSTSEE

Wenn man während des frühen Mittelalters von Süden kommend per Schiff von der Nordsee in die Ostsee gelangen wollte und dabei weder die weit in den Norden führende Route um Jütland herum noch die durch den Limfjord nehmen wollte, gab es prinzipiell zwei Routen, die in Frage kamen; allerdings beinhalteten beide auch nicht schiffbare Abschnitte, die ein Umladen der Ladung unumgänglich machten. Der kürzeste Weg führte zunächst ca. 60 km über die Eider und Treene bis nach Holling-

18 Rohbernsteine als Werkabfälle vom Fundplatz Tinnum LA 128, Gemeinde Sylt.

stedt. Von dort ging es für ca. 20 km weiter im Schutz des Danewerks auf dem Landweg bis nach Haithabu[91]. Von Haithabu aus konnte die Reise dann über die Schlei fortgesetzt werden, so dass man nach ca. 50 km die Ostsee erreichte. Die Gunst dieses Verkehrsweges über die Schleswiger Landenge war ein entscheidender Faktor für die große Bedeutung, die Haithabu als Drehscheibe zwischen dem Nordsee- und dem Ostseehandel erlangen konnte[92]. Wie stark diese Verbindung die im Nahbereich dieser Reiseroute gelegenen Siedlungen geprägt hat, ist in den vergangenen Jahren deutlich herausgearbeitet worden (Abb. 20). Wie bereits erwähnt, gelang der Nachweis der Einbindung der Wurt Elisenhof in den überregionalen Handel[93], darüber hinaus haben geologische und archäologische Untersuchungen im Bereich der Treeneniederung bei Hollingstedt zeigen können, dass es hier während der Wikingerzeit mehrere Schiffslandeplätze und ufernahe Plattformen gab, an denen Schiffe entladen und beladen werden konnten[94]. Darüber hinaus zeigte die Auswertung der Ausgrabungen der im weiteren westlichen und östlichen Einzugsgebiet Haithabus gelegenen Siedlungen von Kosel und Schuby, wie die dort lebenden Gemeinschaften vom überregionalen Handel profitierten[95]. Schließlich konnte offengelegt werden, wie der Schiffsverkehr über die Schlei reguliert wurde, in welchem Umfang ihre Uferzonen während der Wikingerzeit besiedelt waren und auch – zumindest in Ansätzen – welche Funktionen die einzelnen Ansiedlungen hatten[96].

Einen alternativen Weg für während des frühen Mittelalters aus dem südlichen Nordseeraum kommende Reisende und Händler mit Ziel westliche Ostsee bildete die Elbe, die zumindest in ihrem Unter- und Mittellauf beste Voraussetzungen für eine zeitsparende Reise auf dem Wasserweg bot. Es ist deshalb zu erwarten, dass auch an den Ufern der Elbe bzw. in den Elbmarschen Lande- und Umschlagplätze, lokale Märkte oder Handelsplätze lagen, die Teil des Transport- und Austauschsystems waren. Das frühmittelalterliche Hamburg war ausweislich der bislang geborgenen Fremdgüter zweifellos in den überregionalen Handel eingebunden (vgl. Beiträge Ralf Wiechmann u. Elke Först, Altstadt), auch wenn über die Repräsentativität des Materials aufgrund der weitgehenden modernen Überbauung kaum zuverlässige Angaben gemacht werden können und entsprechend die Bedeutung des Handels und seine zeitliche Einordnung nur erahnt werden kann.

Sicher ist hingegen, dass man Hamburg von der Elbmündung aus nach einer ca. 120 km langen Fahrt erreichen konnte, die je nach Wetterbedingungen in drei bis vier Tagen zu bewältigen war. Sucht man auf dieser Route nach Plätzen mit möglichen Hinweisen für eine Anbindung an den überregionalen Warenverkehr, kommen aufgrund der naturräumlichen Voraussetzungen nur wenige Orte infrage.

Noch im Bereich der Elbmündung liegt die Wurt von Otterndorf bei Cuxhaven, die nach den bisherigen Erkenntnissen um 1000 n. Chr. auf einem Uferwall der

19 Der Fundplatz Witsum auf Föhr am Flüsschen Godel im geomagnetischen Messbild. Erkennbar sind zahlreiche Grubenhäuser, Hofabgrenzungen und Wegverläufe.

Medem gegründet wurde und über diesen kleinen Fluss direkten Zugang zur Elbe hatte. Für Otterndorf ist aus den vorhandenen Schriftquellen zu erschließen, dass die Siedlung eine wichtige Funktion für den Handelsverkehr zwischen dem Land Hadeln und Hamburg innehatte[97]. Inwieweit Otterndorf jedoch auch bereits während des frühen Mittelalters Teil des Austauschsystems war, konnte bislang nicht geklärt werden und dürfte auch in Zukunft aufgrund der starken Überbauung nur eingeschränkt nachvollziehbar sein[98].

Gut 30 km flussaufwärts von Otterndorf liegt Freiburg/Elbe. Die Stadt liegt ebenfalls auf einer Wurt und war über mehrere Priele direkt an die Elbe angebunden[99]. Über die Geschichte und Funktion der Wurt während des frühen Mittelalters ist gegenwärtig kaum etwas bekannt, so dass eine Einbindung Freiburgs in den frühmittelalterlichen Handel trotz der günstigen Verkehrsanbindung gegenwärtig nicht belegt werden kann.

Dagegen haben archäologische Untersuchungen in der ca. 30 km elbaufwärts von Freiburg gelegenen Stadt Stade und ihrer Umgebung zahlreiche Spuren einer frühmittelalterlichen Besiedlung ergeben. Stade ist durch die stark mäandrierende Schwinge direkt mit der Elbe verbunden und ist, wie die umfangreich überlieferten schriftlichen und archäologischen Quellen belegen, während des 11.–13. Jahrhunderts eine überaus bedeutende Handelsmetropole gewesen, die einen festen Bestandteil des überregionalen Handelssystems bildete[100]. Insbesondere die zahlreichen und vielfältigen Funde, die bei der archäologischen Untersuchung des sogenannten Alten Hafens geborgen wurden, belegen dies deutlich. Es wird jedoch vermutet, dass es im Bereich der heutigen Altstadt bereits um 800 Schiffslandeplätze an der Schwinge gab, über die Waren angelandet werden konnten[101]. Um 900 ist dann eine erste Bebauung im Bereich des sogenannten Spiegelberges – einer spornartig in das Elbtal vorgelagerten Anhöhe – nachweisbar, die im Verlauf des 10. Jahrhunderts zu einer Befestigung ausgebaut wurde[102]. Einzelne Funde von Importkeramiken können als Indiz dafür gewertet werden, dass auch im Bereich des Spiegelberges Gegenstände fremder Herkunft verfügbar waren.

Darüberhinaus ist für das 9. Jahrhundert wenige Kilometer schwingeaufwärts bei Groß Thun eine weitere Burganlage bekannt, die unter dem Namen »*Schwedenschanze*« in die Literatur eingeführt worden ist[103]. Hierbei handelt es sich um einen auf einer sandigen Kuppe angelegten Ringwall, der nach dendrochronologischen Datierungen von Bauhölzern bereits im 7. Jahrhundert

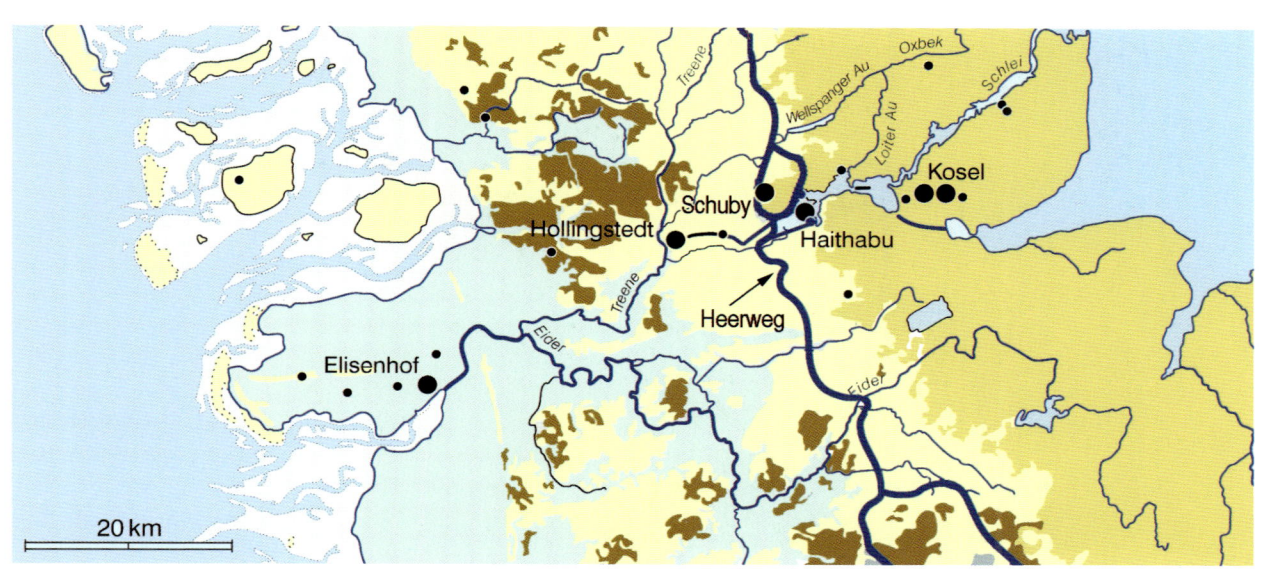

20 Im Bereich der Querung der Schleswiger Landenge gelegene Siedlungen und Handelsplätze.

gegründet worden ist. In seinem Umfeld ist eine Konzentration von Siedlungsresten und Gräbern der Völkerwanderungszeit und des frühen Mittelalters nachgewiesen. Bislang sind im Bereich der Burg und der benachbarten Fundstellen jedoch nur wenige Fremdgüter und Spuren handwerklicher Produktion entdeckt worden, sodass unklar bleibt, inwieweit die Schwedenschanze und ihr Umfeld am überregionalen Warenaustausch teilhatten.

Nach weiteren flussaufwärts zurückzulegenden 50 km konnte man schließlich über die Elbe und Alster das frühmittelalterliche Hamburg erreichen, wo die Bebauung ähnlich wie in Stade durch die bekannte Befestigungsanlage geprägt wurde und in deren unmittelbarer Nähe eine Reihe von zum Teil ufernahen Siedlungen bestanden (s. Beitrag Elke Först, Altstadt).

Von Hamburg aus gab es mehrere Möglichkeiten, um die Reise zur Ostsee auf dem Landweg beziehungsweise per Schiff fortzusetzen (s. Beiträge Thorsten Lemm u. Torsten Kempke, Fernwege). Der kürzeste führte auf dem Landweg von Hamburg aus nach Nordosten und erreichte nach ca. 80 km die Lübecker Bucht.

Dass jedoch auch der Wasserweg weiter elbaufwärts während des frühen Mittelalters eine große wirtschaftliche Bedeutung besaß, ist vor allem den Schriftquellen zu entnehmen. So erwähnt das aus dem Jahre 805 stammende Diedenhofener Kapitular unter anderem die im Nahbereich der mittleren Elbe zu verortenden Handelsorte Bardowick und Schezla, denen eine wichtige Bedeutung innerhalb des karolingischen Grenzhandels zukam[104].

Bardowick war während es frühen Mittelalters über die Ilmenau direkt mit der Elbe verbunden, sodass Bardowick über eine ähnlich gute Anbindung verfügte wie Stade oder Hamburg. Über die Ilmenau, die Stepenitz und die Delvenau bestand zudem ein zumindest zum Teil schiffbarer Weg, um nach ca. 100 km die Ostsee im Bereich der Lübecker Bucht zu erreichen[105].

In den vergangenen 30 Jahren sind zahlreiche archäologische Untersuchungen durchgeführt worden, insbesondere um nähere Informationen über die innere Struktur des karolingischen Handelsplatzes und die Intensität seiner Handelsbeziehungen zu gewinnen[106]. Zuletzt waren es vor allem Baumaßnahmen, die es ermöglichten, einen tiefen Einblick in die archäologische Substanz des Platzes zu gewinnen. Dabei wurden jedoch überwiegend Siedlungsreste des 10. und 11. Jahrhunderts in Form von Grubenhäusern und Brunnen, aber auch Spuren handwerklicher Tätigkeiten entdeckt. Auch wenn es vor allem mit Hilfe von Metalldetektoren gelungen ist, auch eine Reihe von Fibeln und anderen Objekten des 9.–11. Jahrhunderts zu bergen, bleibt vorerst unklar, wie die Bebauung des karolingischen Grenzhandelsortes aussah und welche Ausdehnung er hatte.

Die Lokalisierung des Grenzhandelsortes Schezla war hingegen in der Forschung über viele Jahre umstritten; vielfach wurde sogar angenommen, eine plausible Lokalisierung sei unmöglich. Allerdings hat Jens Schneeweiß (s. auch Beitrag in diesem Band) überzeugend dafür plädiert, dass der Grenzhandelsort in unmittelbarer Nähe der karolingischen Befestigung Höhbeck-Kastell bei Meetschow gelegen hat. Dort bestand seit der Mitte des 8. Jahrhunderts eine ca. 2 ha große Siedlung, die um 800 befestigt wurde[107]. Vermutlich bildete sie gemeinsam mit dem Kastell den im Diedenhofener Kapitular erwähnten Grenzhandelsort Schezla.

In der Nähe des Höhbeck ist für das frühe Mittelalter ein Elbübergang nachgewiesen, der es ermöglichte, in das nördlich der Elbe gelegene slawisch besiedelte Gebiet zu gelangen. Unter Nutzung der Elde und des Schweriner Sees bestand zumindest theoretisch die Möglichkeit, nach ca. 100 km die Wismar Bucht zu erreichen, auch wenn entsprechende Belege für einen solchen Landweg bislang noch nicht vorliegen.

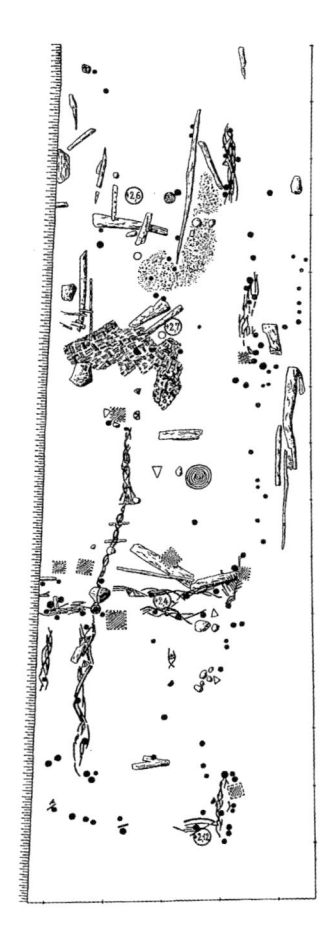

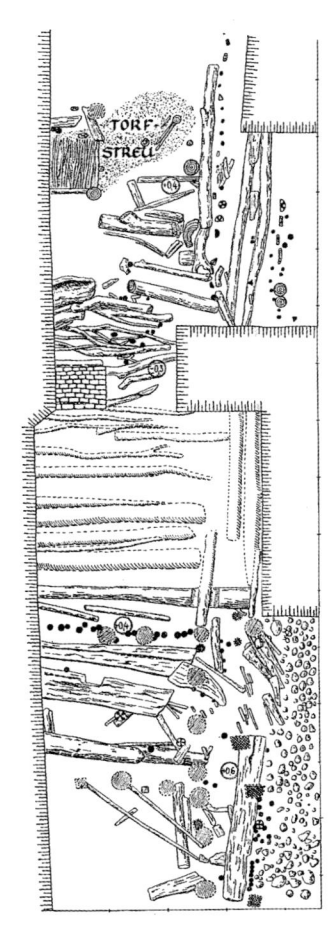

21 Hamburg, Kleine Bäckerstraße (Fpl. 33): Grabungsbefunde vom Nordufer des Reichenstraßenfleets. *Links*: Teilgrundriss eines Flechtwandhauses. *Rechts*: Teilgrundrisse von Holzbauten.

STRUKTUREN HAMBURGS IM VERGLEICH

Vergleicht man das in Hamburg nachgewiesene Spektrum von Fremdgütern und Besiedlungsstrukturen (s. Beiträge Ralf Wiechmann u. Elke Först, Altstadt) mit den in diesem Aufsatz beschriebenen, in den benachbarten Gebieten des Nord- und Ostseeraums festgestellten Nachweisen von Handelsplätzen und Marktorten, lassen sich folgende Schlüsse ziehen:

Über einen stark mäandrierenden Nebenarm der Elbe war der im frühen Mittelalter besiedelte Geestsporn im heutigen Altstadtkern Hamburgs per Schiff von der Elbe aus zu erreichen. Damit hatten die Bewohner Hamburgs während des 9. und 10. Jahrhunderts die Möglichkeit, am überregionalen Warenaustausch teilzuhaben. Dass diese Möglichkeit wahrgenommen wurde, belegt das Spektrum der bislang geborgenen Funde. Besonders deutlich wird dies durch den Nachweis von Keramikobjekten aus dem angrenzenden slawischen Siedlungsgebieten (Menkendorfer Typ), dem Nordseeraum (Muschelgrusware), aber auch aus dem Fränkischen Reich (Badorfer Ware, Tatinger Ware, Pingsdorfer Ware) bzw. aus England (Late Saxon Shelly Ware). Auf überregionale Kontakte und die zumindest temporäre Anwesenheit von Händlern und Handwerkern weisen auch eine bronzene Klappwaage, ein Kruzifix aus Knochen, eine Perle aus Bergkristall sowie Wetzsteine aus Schiefer und Gusstiegelfragmente hin.

Die besondere Bedeutung des Wassertransports zeigt auch bereits die Lage der bislang für das frühe Mittelalter belegten zwölf Fundplätze, von denen acht auf dem Nordufer des Reichenstraßenfleets – einem Nebenarm der Alster – und weitere zwei auf dessen südlichem Ufer angelegt worden sind. Trotz der nur geringen Grabungsflächen konnte hier nachgewiesen werden, dass die Ufer des Flusses im Verlauf der zweiten Hälfte des 9. und des 10. Jahrhunderts stabilisiert und befestigt worden sind; darüber hinaus ist es wiederholt zu Bodenaufträgen gekommen. Der unmittelbare Zugang zum Transportweg wurde offensichtlich als so wertvoll angesehen, dass man bereit war, in seine Erschließung und Erhaltung zu investieren. Somit ist den Ausführungen von Först (s. Beitrag Altstadt) beizupflichten, nach denen die künstlichen Aufträge als ein Beleg für die Nutzung des Alsterarms als Wasserverkehrsweg gewertet werden können und überhaupt erst die Bebauung der sumpfigen Uferzone erlaubten.

Die Bebauung bestand hier aus Kleingebäuden unterschiedlicher Konstruktion (Flechtwandhäuser, Blockhäuser), die in einer Entfernung von 7–8 m vom befestigten Ufer errichtet worden sind. Ob sie tatsächlich als Speicher genutzt wurden oder hier vielleicht auch Händler und Handwerker untergebracht waren, bleibt unklar. Der anzunehmende unbebaute ufernahe Streifen konnte für das Be- und Entladen von Schiffen genutzt werden, aber zumindest theoretisch bot er auch Platz für das Abhalten von Märkten.

Die auf den Ufern des Reichenstraßenfleets nachgewiesene Bebauung weist somit – wie Först (s. Beitrag Altstadt) ausführt – strukturelle Parallelen zu den vor allem aus den ostfriesischen Marschengebieten belegten Handelswurten von Emden oder Groothusen auf (*Abb. 21*). Dies lässt die Vermutung zu, dass auf dem Uferwall des Reichenstraßenfleets während des späten 9. und 10. Jahrhunderts ein bzw. mehrere Schiffslande-, Warenumschlagplätze und Ufermärkte bestanden.

Die benachbarte auf dem Geestsporn gelegene zweiphasige Befestigung in unmittelbarer Nähe der Handelssiedlung weist strukturell ebenfalls Parallelen zum Nordseeraum und den dort für das frühe Mittelalter belegbaren Geestrandburgen auf. Es sind somit für das späte 9. Jahrhundert enge Verbindungen in den Nordseeraum zu erkennen – strukturelle Verbindungen zu den Emporien des Ostseeraumes sind hingegen nicht feststellbar.

MUSCHELGRUSWARE UND SHELLY WARE

Lebten friesische Händler an der Alstermündung? Diese Frage beschäftigte die Hamburger Archäologie seit den ersten Ausgrabungen in den 1940er Jahren am ehemaligen Reichenstraßenfleet, dem einstigen Elbe-Hafen der Hammaburg. Unter den Funden fielen hier Tonscherben einfacher frühmittelalterlicher Kugeltöpfe auf, deren Oberfläche von vielen kleinen Poren überzogen ist (Abb. 1). In den Bruchkanten der Scherben sind dagegen häufig noch weiße, blättrige Partikel zu erkennen (Abb. 2). Dabei handelt es sich um zerstoßene Muscheln, die der Ware ihren modernen archäologischen Namen gegeben haben. Gefäße aus diesem mit Muschelsplittern gemagerten Ton sind immer mit der Hand aufgebaut worden. Versucht man, die Gefäße auf der Töpferscheibe abzudrehen, so würden die Muschelsplitter die Hände des Töpfers verletzen.

Bis heute wird in der Forschung im nordwestlichen Europa gefundene Keramik mit Muschelmagerung meist den friesischen Gruppen zugeschrieben. Die Friesen galten als Handelsvolk, und Keramik mit Muschelmagerung ist in großen Mengen in friesischen Niederlassungen gefunden worden. Muschelgruskeramik wurde allerdings ebenfalls auf den Britischen Inseln hergestellt. Verschiedene Produktionsstätten, insbesondere in Südostengland, die jeweils ortstypische Formen herstellten, konnten identifiziert werden. Die Produktion der Shelly Ware, wie sie dort genannt wird, datiert überwiegend in die Zeit vom 9.–12. Jahrhundert. Sie ist jedoch bereits in Fundkomplexen der mittelsächsischen Periode (zwischen 650 und bis zur Ankunft der Wikinger in England um 800) anzutreffen. Shelly Ware aus Lincoln ist zudem im Handelsplatz Birka in Schweden gefunden worden. Lange nahm man an, dass, anders als die englische Shelly Ware, die Herstellung von Muschelgruskeramik in Friesland auf das 9. Jahrhundert beschränkt war, doch ist diese These inzwischen neu überdacht worden. Möglicherweise begann die Produktion dort bereits im späten 8. Jahrhundert, jedoch nicht vor 770, und wurde bis ins 10. Jahrhundert fortgesetzt. Es ist darüber hinaus bis heute außerordentlich schwierig, die friesische Muschelgrusware von der englischen Shelly Ware zu unterscheiden.

Wichtige Fundorte außerhalb der beiden Kerngebiete – Friesland und England – sind Kaupang in Norwegen, Ribe in Dänemark, Dorestad in den Niederlanden, Birka in Schweden sowie Haithabu, Alt Lübeck und Scharstorf, Kr. Plön, in Deutschland. Einige der östlichsten Funde tauchten in Mecklenburg-Vorpommern am Handelsplatz Groß Strömkendorf auf. Überall wird

1 Kugeltopf aus Muschelgruskeramik. Ausgrabung Schauenburgerstraße – Ecke Pelzerstraße (Fpl. 44; Inv.-Nr. MHG 1952:274). Abb. o. M

2 Randscherbe – gut erkennbar sind die scharfkantigen Muschelsplitter. Große Reichenstraße (Fpl. 49; Inv.-Nr. MHG 1954:86). Abb. o. M

der Kontakt insbesondere mit Friesland vermutet, und an allen Orten wirft die Trennung von friesischer und englischer Ware Probleme auf. In Hamburg wurde die Muschelgruskeramik zwar lange Zeit dezidiert mit der Ansiedlung friesischer Händler verbunden, doch wird mittlerweile auch das Vorhandensein jüngerer Shelly Ware in einem Fundzusammenhang des 11. Jahrhunderts diskutiert, und somit muss die archäologische Forschung für jedes Fundstück dieser besonderen Keramik untersuchen, wann es in den Hamburger Boden geriet und woher es stammte.

Torbjörn Brorsson

Literatur
Sundius 1955; Steuer 1974; Hulthén 1984; McCarthy/Brooks 1988; Stilke 1995a; 1995b; 1998; Feveile/Jensen 2000; Kempke 2002; Laing 2003; Brorsson 2010; Christeleit 2011.

ANMERKUNGEN

1 Zuletzt Kleingärtner 2014, 68–73 mit weiterer Literatur.
2 Zusammenfassend Müller-Wille 2002; Lebecq 2007; Jöns 2009a.
3 Fabech 1999; Jöns 2009a.
4 Van Es/Verwers 2002.
5 Zusammenfassend Capelle 2006; Mäkeler 2009.
6 Jöns 1999; Kleingärtner 2014, 151.
7 Zusammenfassend Bately/Englert 2007; Englert/Trakadas 2009.
8 Müller-Wille 2004.
9 Zusammenfassend Jankuhn 1971.
10 Zusammenfassend Schindler 1960.
11 Zusammenfassend Haarnagel 1955; 1984; Brandt 1994.
12 Jankuhn 1986; Ambrosiani et al. 1973.
13 Jöns 2005; Hilberg 2009; Tummuscheit 2011, Beilage 5.
14 Zusammenfassend Ulriksen 1998; Grønnegaard 2000.
15 Kleingärtner 2014, 36.
16 Z. B. Jankuhn 1974; Böhme 2001; Steuer 2005.
17 Brather 1996.
18 Gabriel 1988; Steppuhn 1998; Hepp 2007.
19 Stilke 1995; 1998; Brorsson 2010.
20 Behre 1984.
21 Pöche 2005.
22 Schön 1995; 1998.
23 Geibig 1993.
24 Hardt 2005b; Schneeweiß 2010b.
25 Zusammenfassend Kleingärtner 2014.
26 Steuer 1987; 2009; Rębkowski/Bogucki 2013.
27 Zusammenfassend Wiechmann 1996.
28 Sawyer 2009, 216.
29 Ulbricht 1978; Cnotliwy 2013.
30 Ulbricht 1990; Pöche 2005; zusammenfassend Kleingärtner 2014, 135–140.
31 Pilø 2007; Schultze 2008; Tummuscheit 2011; Siegmüller/Jöns 2012.
32 Zusammenfassend Kleingärtner 2014, 102–113.
33 Grundlegend Steuer 1984.
34 Zusammenfassend Bill 2000.
35 Möller-Wiering 2002, 2–10.
36 Andersson 1999, 12–20.
37 Lebecq 2007.
38 Zusammenfassend Crumlin-Pedersen 2002.
39 Zusammenfassend Kalmring 2010, Tab. 4.
40 Kalmring 2010, Abb. 271.
41 Englert 2000.
42 Bremen: »Karl von Bremen«; Rech 1991; Hoffmann/Ellmers 1991; Vleuten: Manders 2011.
43 http://www.spp-haefen.de; letzter Abruf August 2014.
44 Kleingärtner/Tummuscheit 2007.
45 Zusammenfassend Müller-Wille 2009a.
46 Zuletzt Herrmann 2009.
47 Jöns 2005; Kleingärtner 2011.
48 Jagodzinski 2009; Cnotliwy 2013.
49 Jöns 2009a; Bogucki 2012.
50 Kleingärtner 2014.
51 Tummuscheit 2011.
52 Schmölcke/Jöns 2013.
53 Gerds 2006.
54 Kleingärtner 2014, 230–233.
55 Ebd. 165 ff.
56 Jöns/Messal 2013.
57 Zuletzt Kleingärtner 2013.
58 Schou Jørgensen 1988; Nørgård Jørgensen/Clausen 1997; Grewe 2002.
59 Jöns 2005; Kleingärtner 2014, 346–450.
60 Messal et al. *im Druck*.
61 Zusammenfassend Siegmüller/Jöns 2012.
62 Haarnagel 1955; Brandt 1984.
63 Haarnagel 1955; Reinhardt 1959.
64 Brandt 1984.
65 Z. B. Zimmermann 1995, 351; Meier 2001, 124.
66 Boersma 2005, 560.
67 Vgl. Siegmüller/Jöns 2012.
68 Eichfeld et al. 2014, *im Druck*
69 Bantelmann 1975.
70 Reichstein 1984, 279–281.
71 Bantelmann 1975.
72 Westphalen 1999, 228–230.
73 Ebd. 221 f.
74 Reichstein 1984, 277–284.
75 Siegmüller 2010, 18.
76 Ellmers 1986.
77 Siegmüller/Jöns 2012.
78 Haarnagel 1971; Aufderhaar et al. 2011.
79 Wendowski-Schünemann 2004.
80 Zuletzt Jöns 2010.
81 Wendowski-Schünemann 1999.
82 Ey 2000.
83 Eichfeld/Schwank 2013.
84 Zusammenfassend Segschneider 2009.
85 Ebd.
86 Segschneider 2006; 2008a; 2008b; 2009.
87 Kordowski 2013.
88 Segschneider 2008a; 2008b.
89 Schlosser Mauritsen et al. 2009; Segschneider 2009; Majchczack 2013.
90 Hatz 2001.
91 Jankuhn 1986, 117–123.
92 Müller-Wille 2009b.
93 Westphalen 1999.
94 Brandt 2002.
95 Meier 1994; Meier 2007.
96 Dobat 2007; 2010.
97 Lenz 1978.
98 Reinhard 1958; Wendowski-Schünemann 2000.
99 Wendowski 1998.
100 Zusammenfassend Bohmbach/Schäfer 2009 mit weiterer Literatur.
101 Schäfer 2008.
102 Nagel 2005.
103 Zusammenfassend Schäfer 2011.
104 Hübener 1983.
105 Schmid-Hecklau 2002, 139–144, Karte 28; Jöns 2009a, 165–167.
106 Zusammenfassend Assendorp/Kunze 2010.
107 Zusammenfassend Schneeweiß 2010b; 2013b.

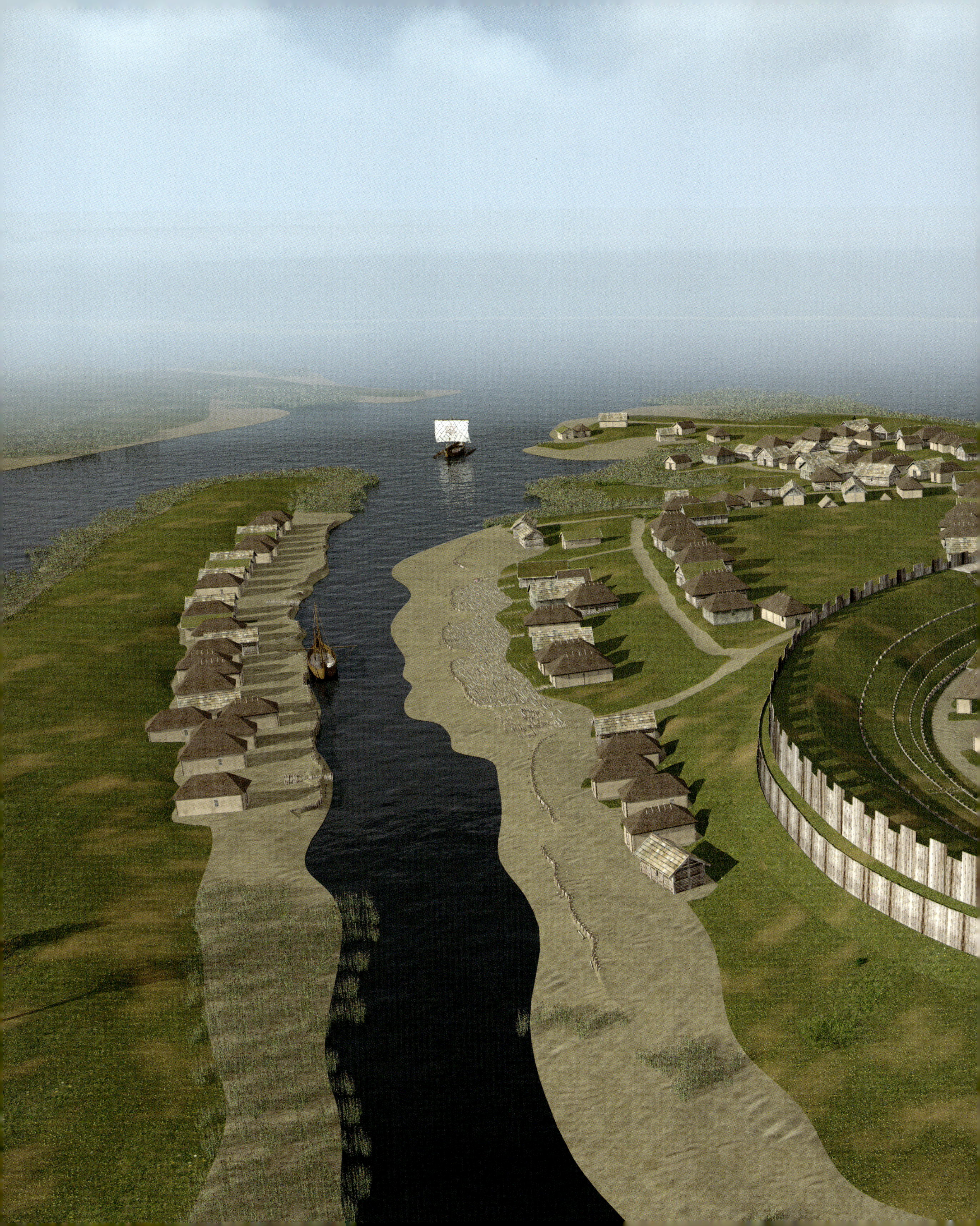

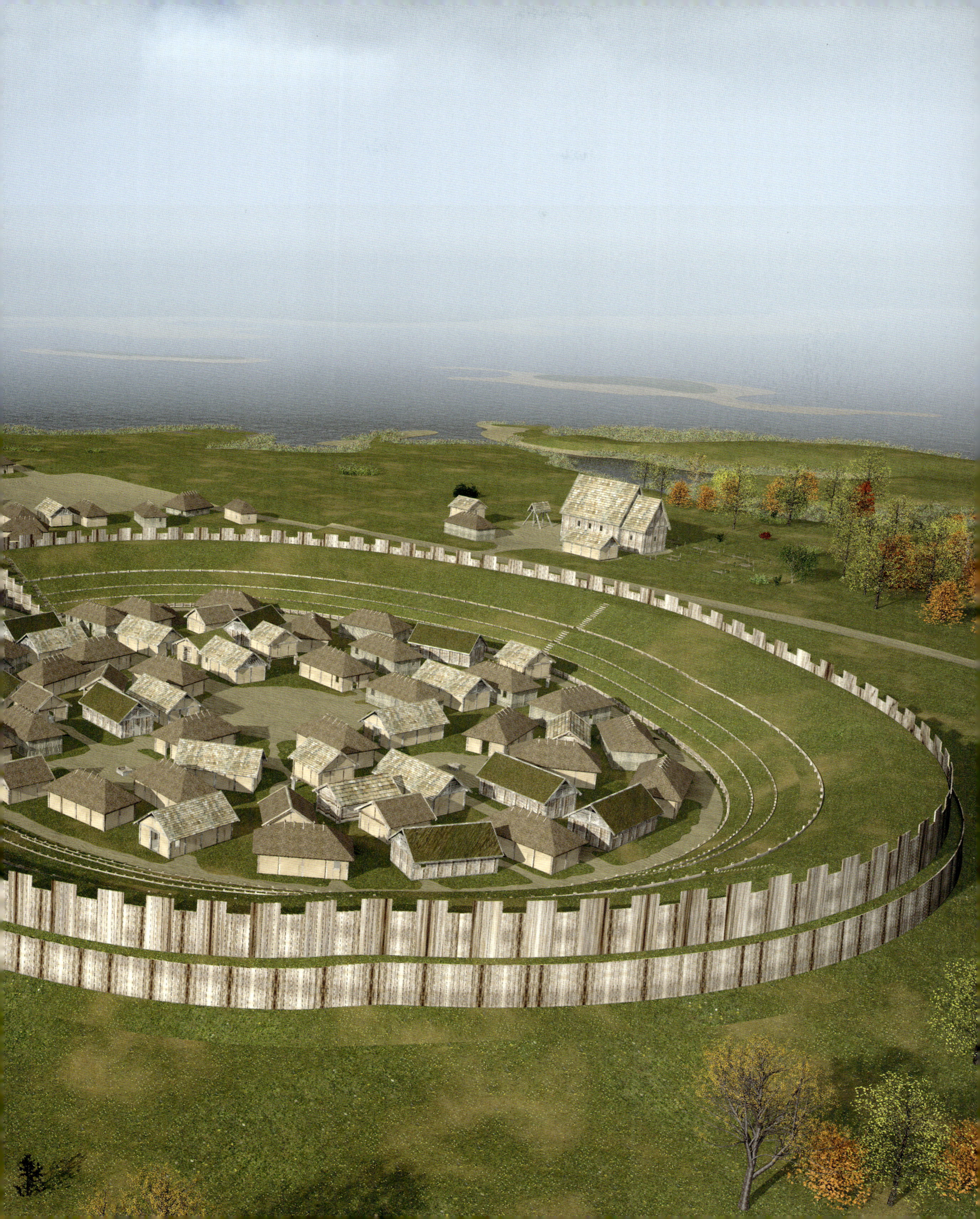

Tafel 13 Virtuelle Rekonstruktion Hammaburgs im 10. Jahrhundert.
Ansicht von Südosten. Blick über die Hammaburg, Domkirche und Siedlung in Richtung Alster.

Anhang

Quellen

Adam – Adam von Bremen, Gesta Hammaburgensis Ecclesiae Pontificum, ed. Bernhard Schmeidler, Monumenta Germaniae Historica SS rer. Germ. 2 (Hannover, Leipzig [³1917] 1993). *Deutsche Übersetzung:* Adam von Bremen, Bischofsgeschichte der Hamburger Kirche. In: Quellen des 9. und 11. Jahrhunderts zur Geschichte der Hamburgischen Kirche und des Reiches. W. Trillmich/R. Buchner (Hrsg.). Buchner. Ausgewählte Quellen zur deutschen Geschichte des Mittelalters. Freiherr vom Stein-Gedächtnisausgabe A 11 (Darmstadt ⁷2000) 137–499 (mit einem Nachtrag von V. Scior 758–764).

Anckelmann 1706 – Theodor Anckelmann, Inscriptiones Antiqvißimæ et celeberrimæ Urbis Patriæ Hamburgensis. Hamburg 1663. Zweite ergänzte Auflage, hg. von Johann Albert Fabricius (Hamburg 1706).

Ann. Bert. – Annales Bertiniani, ed. Georg Waitz. Monumenta Germaniae Historica, SS rer. Germ. 5 (Hannover 1883). *Deutsche Übersetzung*: Annales Bertiniani – Jahrbücher von St. Bertin. In: R. Rau (Hrsg.), Quellen zur Karolingischen Reichsgeschichte 2. Ausgewählte Quellen zur deutschen Geschichte des Mittelalters. Freiherr vom Stein-Gedächtnisausgabe VI (Darmstadt 1969) 11–287.

Annales Corbeiensis – H. G. Perz, Monumenta Germaniae Historica SS 3, 1839, 1–18.

Ann. Fuld. – Annales Fuldenses sive regni Francorum orientalis, ed. Friedrich Kurze. Monumenta Germaniae Historica, SS rer. Germ. 7 (Hahn/Hannover [1891] 1991). *Deutsche Übersetzung*: Jahrbücher von Fulda. In: R. Rau (bearb.), Quellen zur karolingischen Reichsgeschichte III. Freiherr vom Stein-Gedächtnisausgabe 7 (Darmstadt ²1969).

Annales Hildesheimensis – Annales Hildesheimensis. In: Monumenta Germaniae Historica SS rer. Germ. 8 (Hannover 1887) 22–116.

Annales Petaviani – G. H. Pertz (Hrsg.), Annales et chronica aevi Carolini. Monumenta Germaniae Historica SS 1 (Hannover 1826) 7–18.

Ann. regni Franc. – Annales regni Francorum inde ab a. 741 usque ad a. 829, qui dicuntur Annales Laurissenses maiores et Einhardi, ed. Friedrich Kurze. Monumenta Germaniae Historica SS rer. Germ. 6 (Hannover 1895). *Deutsche Übersetzung*: R. Rau (Hrsg.), Quellen zur karolingischen Reichsgeschichte I. Die Reichsannalen (Darmstadt [1955] 1968).

Annales Sangallenses Baluzii – G. H. Pertz (Hrsg.), Annales et chronica aevi Carolini. Monumenta Germaniae Historica SS 1 (Hannover 1826) 63.

Annalista Saxo – K. Naß (Hrsg.), Die Reichschronik des Annalista Saxo. Monumenta Germaniae Historica SS 37 (Hannover 2006).

v. Aspern 1850 – F. A. v. Aspern, Codex diplomaticus historiae Comitum Schauenburgensium. Urkundliches Material zur Geschichte und Genealogie der Grafen von Schauenburg 2. Vom Jahre 1204 bis zum Jahre 1300 (Hamburg 1850).

Bremisches Urkundenbuch – D. R. Ehmck/W. v. Bippen (Hrsg.), Bremisches Urkundenbuch I (Bremen 1873).

Briefe des Bonifatius – R. Rau (bearb.), Briefe des Bonifatius. Willibalds Leben des Bonifatius. Ausgewählte Quellen zur deutschen Geschichte des Mittelalters IVb (Darmstadt ³2011) 24–356.

Bruno – Bruno, Saxonicum bellum. In: F.-J. Schmale/I. Schmale-Ott (Hrsg.): Quellen zur Geschichte Kaiser Heinrichs IV. Ausgewählte Quellen zur Deutschen Geschichte des Mittelalters. Freiherr vom Stein-Gedächtnisausgabe 12 (Darmstadt 2000) 191–405.

Capitularia – Capitularia regnum Francorum I, ed. Alfred Boretius. Monumenta Germaniae Historica Capit. I (Hannover 1883).

Caesar 1642 – Philipp Caesar, Triapostolatus septemtrionis. Vita et gesta S. Vvillehadi, S. Ansgarii, S. Rimberti, trium principalium ecclesiae Bremensis episcoporum, septentrionis apostolorum, hactenus desiderata, ex pervetusto et autentico Hamburgensis ecclesiae codice M. S. in lucem publicam producta … (Köln 1642).

Chronicon Monasterii Rosenfeldensis – Chronicon Monasterii Rosenfeldensis seu Hassefeldensis. In: J. Vogt (Hrsg.), Monumena inedita rerum Germanicarum praecipue Bremensium. Ungedruckte zur Historie des Landes und der Stadt Bremen, aus angrätzender Oerter, gehörige Nachrichten, Documente und Urkunden ([Bremen 1741] Harsefeld 2002) 106–292.

Chronicon Moissiacense – ed. G.H. Pertz. In: Annales et chronica aevi Carolini. Monumenta Germaniae Historica SS I (Hannover 1826) 280–313.

Curschmann 1909 – F. Curschmann, Die älteren Papsturkunden des Erzbistums Hamburg: Eine diplomatische Untersuchung (Hamburg, Leipzig 1909).

D O I – Conradi I., Heinrici I., et Ottonis I. Diplomata. Die Urkunden Konrad I., Heinrich I. und Otto I., hg. von Theodor Sickel. Monumenta Germaniae Historica DD K I / H I / O I (Hannover 1879–1884).

D O II – Ottonis II. Diplomata 4. Die Urkunden Otto des II., hg. von Theodor Sickel. Monumenta Germaniae Historica DD O II / O III (Hannover 1888).

Dümmler 1960 – E. Dümmler, Geschichte des ostfränkischen Reiches 1. Jahrbücher der deutschen Geschichte 7 ([Leipzig 1887] Hildesheim 1960).

Epistolae 5 – Epistolae 5, ed. Ernst Dümmler. Monumenta Germaniae Historica (Berlin 1899).

Epistolae 6 – Epistolae 6, ed. Ernst Dümmler. Monumenta Germaniae Historica (Berlin 1925).

Erdmann/Fickermann 1950 – C. Erdmann/N. Fickermann, Briefsammlungen der Zeit Heinrichs IV. Monumenta Germaniae Historica Briefe d. dt. Kaiserzeit 5 (Weimar 1950).

Formulae – Formulae Merovingici et Karolini aevi, ed. Karl Zeumer. Monumenta Germaniae Historica (Hannover 1886).

Fundatio ecclesiae Hildesheimensis – A. Hofmeister (Hrsg.), Supplementa tomorum I-XV. Monumenta Germaniae Historica SS 30,2 (Leipzig 1934) 941–946.

Genzmer 1977 – Felix Genzmer, Heliand und die Bruchstücke der Genesis. Übersetzung (Stuttgart 1977).

Germania Pontificia 6 – Germania Pontificia sive Repertorium privilegiorum et litterarum a Romanibus pontificibus ante annum MCLXXXXVIII Germaniae ecclesiis monasteriis civitatibus singulisque personis concessorum 6: Provincia Hammaburgo-Bremensis, ed. Wolfgang Seegrün und Theodor Schieffer (Berlin 1981).

Hamb. UB 1 – J. M. Lappenberg (Hrsg.), Hamburgisches Urkundenbuch 1 (Hamburg [1842] 1907).

Hamb. UB 2 – A. Hagedorn (Hrsg.): Hamburgisches Urkundenbuch 2 (Hamburg 1911–1939).

Heliand – O. Behaghel (Hrsg.), Heliand und Genesis (Tübingen ^{9}1984).

Helmold – Helmold von Bosau, Chronica Slavorum. ed. Bernhard Schmeidler, Monumenta Germaniae Historica SS rer. Germ. 32 (Hannover ^{3}1937). Deutsche Übersetzung: H. Stoob (Hrsg.), Helmold von Bosau. Slawenchronik (Darmstadt ^{5}1990; ^{7}2008).

Konzilien – Die Konzilien der karolingischen Teilreiche 843–859, hg. von Wilfried Hartmann. Monumenta Germaniae Historica Conc. 3 (Hannover 1984).

Lampert – Lampert von Hersfeld, Annalen, ed. Oswald Holder-Egger, Monumenta Germaniae Historica SS. rer. Germ. 38 (Hannover, Leipzig 1894).

Lindenbrog 1609 – Erpold Lindenbrog, Scriptores rerum Germanicarum septentrionalium, vicinorumque populorum diversi ... quibus accedunt variorum pontificum, imperatorum, regum et ducum diplomata et privilegia (Frankfurt 1609).

Lübke 1987 – C. Lübke, Regesten zur Geschichte der Slaven an Elbe und Oder (vom Jahr 900 an) 4. Regesten 1013–1057. Gießener Abhandlungen zur Agrar- u. Wirtschaftsforschung des Europäischen Ostens 152 (Berlin 1987).

Lübke 1988 – Ch. Lübke, Regesten zur Geschichte der Slaven an Elbe und Oder (vom Jahr 900 an). Index. Osteuropastudien der Hochschulen des Landes Hessen, R. 1. Gießener Abhandlungen zur Agrar- u. Wirtschaftsforschung des europäischen Ostens 5 (Berlin 1988).

May 1937 – O. H. May, Regesten der Erzbischöfe von Bremen 1. Veröffentlichungen der Historischen Kommission für Hannover, Oldenburg, Braunschweig, Schaumburg-Lippe u. Bremen 11 (Hannover 1937).

Miraculi Sancti Germani – G. Waitz (Hrsg.), Miraculi Sancti Germani in Normannorum adventu factis. Ed. G. Waitz, Monumenta Germaniae Historia SS 15,1 (Hannover 1887) 4–16.

Miracula S. Willehadi – Ansgar, Miracula S. Willehadi. Ed. Georg Heinrich Pertz, Monumenta Germaniae Historica SS 2 (Hannover 1829) 378–390.

Möller 2008 – Lenelotte Möller, Die Enzyklopädie des Isidor von Sevilla. Übersetzung (Wiesbaden 2008).

Nekrologium S. Michaelis – A. C. Wedekind (Hrsg.), Nekrologium Monasterii S. Michaelis. Aus dem Original, im Archive des Klosters S. Michaelis zu Lüneburg. In: ders., Noten zu einigen Geschichtsschreibern des deutschen Mittelalters 3 (Braunschweig 1833) 1–98.

Necrologium Mollenbecense – L. Schrader (Hrsg.): *Necrologium Mollenbecense*. In: P. Wigand, Archiv für die Geschichte u. Alterthumskunde Westphalens 5 (Lemgo 1838) 342–384.

Oediger 1954–1961 – F. W. Oediger, Die Regesten der Erzbischöfe von Köln im Mittelalter 1. Publikationen der Gesellschaft für rheinische Geschichtskunde 21 (Bonn 1954–1961).

Reginonis abbatis Prumiensis – Reginonis abbatis Prumiensis Chronicon cum continuatione Treverensi, ed. Friedrich Kurze. Monumenta Germaniae Historica SS rer. Germ. 50 (Hannover 1890). *Deutsche Übersetzung*: Adalberts Fortsetzung der Chronik Reginos – Adalberts Fortsetzung der Chronik Reginos. In: A. Bauer/R. Rau (bearb.), Quellen zur Geschichte der sächsischen Kaiserzeit. Ausgewählte Quellen zur deutschen Geschichte des Mittelalters, Freiherr vom Stein-Gedächtnisausgabe 8 (Darmstadt 1971) 185–231.

Regesta Imperii I – Regesta Imperii I. Die Regesten des Kaiserreichs unter den Karolingern 751–918, bearb. Friedrich Böhmer, neubearb. von Engelbert Mühlbacher und Johann Lechner, mit einem Anhang »Verlorene Urkunden«, bearb. von Johann Lechner (Innsbruck ^{2}1908), Neudruck mit Ergänzungen von Carlrichard Brühl und Hans Heinrich Kaminsky (Hildesheim 1966).

Register Gregors VII. – Das Register Gregors VII., ed. Erich Caspar, Monumenta Germaniae Historica Epp. sel. 2,1 (Berlin ^{2}1955).

Renner 1995 – Johann Renner, Chronica der Stadt Bremen. Transkription von Lieselotte Klink (Bremen 1995).

Schles.-Holst. RU – P. Hasse (Hrsg.): Schleswig-Holstein-Lauenburgische Regesten und Urkunden 1–2 (Hamburg 1886, 1888).

Thietmar von Merseburg – Chronik. In: R. Buchner (Übers.), Thietmar von Merseburg. Ausgewählte Quellen zur deutschen Geschichte des Mittelalters 9. Freiherr vom Stein-Gedächtnisausgabe (Darmstadt 1957).

Traditiones Corbeienses – P. Wigand (Hrsg.), Traditiones Corbeienses (Leipzig 1843). *Neue Ausgabe*: K. Eckhardt (Hrsg.), Traditiones Corbeienses. Bibliotheca rerum historiacum 1 (Aalen 1970) 177–432.

Translatio S. Liborii – G. H. Pertz (Hrsg.), Annales, chronica et historiae aevi Carolini et Saxonici. Monumenta Germaniae Historica SS rer. Germ. 4 (Hannover 1841) 149–157. *Deutsche Übersetzung*: A. Cohausz (Hrsg.), Erconrads Translatio S. Liborii. Eine wiederentdeckte Geschichtsquelle der Karolingerzeit und die schon bekannten Übertragungsberichte. Studien u. Quellen zur westfälischen Geschichte 6 (Paderborn 1966).

UB Bm. Lübeck 1 – W. Leverkus (Hrsg.), Urkundenbuch des Bisthums Lübeck (Oldenburg 1856).

UB Bm. Verden 1 – A. Mindermann (Bearb.), Urkundenbuch der Bischöfe und des Domkapitels von Verden. Verdener Urkundenbuch 1. Abteilung 2. 1300 bis 1380 (Stade 2004).

UB Erzstift Magdeburg – F. Israel/W. Möllenberg (Hrsg.), Urkundenbuch des Erzstifts Magdeburg 1 (937–1192) (Magdeburg 1937).

UB Hochstift Hildesheim 1 – K. Janicke (Hrsg.), Urkundenbuch des Hochstifts Hildesheim und seiner Bischöfe 1, bis 1221 (Hannover 1896).

UB Hochstift Hildesheim 2 – H. Hoogeweg (Hrsg.). Urkundenbuch des Hochstifts Hildesheim und seiner Bischöfe 2 (Hannover 1901).

UB Stadt Lübeck 1 – Urkundenbuch der Stadt Lübeck 1. Abth. 1 Codex diplomaticus Lubecensis. Hrsg. von dem Vereine für Lübeckische Geschichte u. Alterthumskunde (Lübeck 1843).

Urkunden Friedrichs I. – Die Urkunden Friedrichs I. Monumenta Germaniae Historica DD F I, ed. Heinrich Appelt (Hannover 1975).

Urkunden Heinrichs IV. – Die Urkunden Heinrichs IV., ed. Dietrich von Gladiss, Alfred Gawlik, Monumenta Germaniae Historica DD H IV,2 (Hannover 1978).

Urkunden Heinrichs V. – M. Thiel/A. Gawlik (Hrsg.), Die Urkunden Heinrichs V. und der Königin Mathilde. Monumenta Germaniae Historica. Diplomata regum et imperatorum Germ. 7; http://www.mgh.de/ddhv/index.htm; Abruf am 23.04.2014.

Urkunden der Karolinger 1934 – Die Urkunden der deutschen Karolinger I. Die Urkunden Ludwigs des Deutschen, Karlmanns und Ludwigs des Jüngeren, ed. Paul Kehr, Monumenta Germaniae Historica DD LD / Kn / LJ ([Berlin 1934] München 1980).

Urkunden der Karolinger 1956 – Die Urkunden der Karolinger I. Die Urkunden Pippins, Karlmanns und Karls des Grossen, ed. Engelbert Mühlbacher, Monumenta Germaniae Historica DD Kar. 1 (Berlin [1906] 1956).

Verdener Gesch.-Qu. 2 – W. v. Hodenberg (Hrsg.), Verdener Geschichtsquellen 2 (Celle 1859).

Vita Anskarii – Vita Ansgarii, ed. Georg Waitz. Monumenta Germaniae Historica SS rer. Germ. 55 (Hannover 1884). *Deutsche Übersetzung*: W. Trillmich, in: Ausgewählte Quellen zur deutschen Geschichte des Mittelalters. Freiherr vom Stein-Gedächtnisausgabe 11. Quellen des 9. und 11. Jahrhunderts zur Geschichte der hamburgischen Kirche und des Reiches (Darmstadt 1978) 16–133.

Vita Karoli Magni – Einhard, Vita Karoli Magni, ed. Oswald Holder-Egger. Monumenta Germaniae Historica SS rer. Germ. 25 (Hannover 1911). *Deutsche Übersetzung*: Einhards Leben Karls des Großen, in: Quellen zur karolingischen Reichsgeschichte I, bearbeitet von Reinholf Rau. Ausgewählte Quellen zur Deutschen Geschichte des Mittelalters. Freiherr vom Stein-Gedächtnisausgabe 7 (Berlin 1955) 164–211.

Vita Lebuini – Vita Lebuini antiqua, ed. Adolf Hofmeister, Monumenta Germaniae Historica SS 30/2 (Leipzig 1934) 789–795.

Vita Sancti Liudgeri – W. Diekamp (Hrsg.): Vita Sancti Liudgeri. Die Geschichtsquellen des Bistums Münster 4 (Münster 1881).

Vita Willhadi – A. Röpcke (Hrsg.), Das Leben des hl. Willehad von Bremen und die Beschreibung der Wunder an seinem Grabe (Bremen 1982).

Vogt 1741 – J. Vogt (Hrsg.), Monumena inedita rerum Germanicarum praecipue Bremensium. Ungedruckte zur Historie des Landes und der Stadt Bremen, aus angräntzender Oerter, gehörige Nachrichten, Documente und Urkunden ([Bremen 1741] Harsefeld 2002).

Widukind von Corvey –Die Sachsengeschichte des Widukind von Korvei, neu bearb. von P. Hirsch und H. E. Lohmann. Monumenta Germaniae Historica SS rer. Germ. 60 (Hannover 1935). *Deutsche Übersetzungen*: Widukind von Corvey: Sachsenchronik. In: R. Rau/A. Bauer (Hrsg. und Bearb.). Ausgewählte Quellen zur deutschen Geschichte des Mittelalters 8. Freiherr vom Stein-Gedächtnisausgabe (Darmstadt 1971) 1–183. Widukind von Corvey, Res gestae Saxonicae. Die Sachsengeschichte. Lateinisch/deutsch. (Hrsg. und Bearb.) E. Rotter/ B. Schneidmüller (Stuttgart ⁴1997).

Xantener Annales – B. de Simson (Hrsg.), Annales Xantenses et Annales Vedastini. Monumenta Germaniae Historica SS rer. Germ. 12 (Hannover, Leipzig 1909) 1–33.

Literatur

Abels 1979 – B.-U. Abels, Die vor- und frühgeschichtlichen Geländedenkmäler Unterfrankens. Materialh. Bayerische Bodendenkmalpflege R. B 6 (Kallmünz/Oberpfalz 1979).

Adam 1917 – s. u.

Adam 2000 – s. u.

Ahrens 1966 – C. Ahrens, Vorgeschichte des Kreises Pinneberg und der Insel Helgoland. Veröffentlichungen des Landesmuseums für Vor- und Frühgeschichte in Schleswig. Die vor- u. frühgeschichtlichen Denkmäler u. Funde in Schleswig Holstein 7 (Neumünster 1966).

Ahrens 1973 – C. Ahrens, Die Untersuchungen an der karolingerzeitlichen Burg bei Hollenstedt, Kr. Harburg, in den Jahren 1968–1972. Ein Vorbericht. Harburger Jahrbuch 13, 1968/72 (1973), 72–104.

Ahrens 1983 – C. Ahrens, Der Befund des spätsächsischen Gräberfeldes Ketzendorf bei Buxtehude. Hammaburg N. F. 5, 1978–1980 (1983), 9–50.

Ahrens 1993 – C. Ahrens, Zur Besiedelbarkeit der Hamburger Elbmarschen in frühgeschichtlicher Zeit. Hammaburg N. F. 10, 1993, 53–61.

Ahrens 1998 – Zur Deutung der *Alten Burg* bei Hollenstedt in Niedersachsen. In: J. Henning/A. T. Ruttkay (Hrsg.), Frühmittelalterlicher Burgenbau in Mittel- und Osteuropa (Bonn 1998) 79–93.

Ahrens/Matthies 1983 – C. Ahrens/E. Matthies, Zur Befestigung der *Alten Burg* bei Hollenstedt. Hammaburg N. F. 5, 1983, 149–161.

Ahrens/Wrobel 1993 – C. Ahrens/S. Wrobel, Datierung der *Alten Burg* bei Hollenstedt. Hammaburg N. F. 10, 1993, 293–297.

Alerdinck 1636 – E. Alerdinck, *Monasterium Westphaliae metropolis*. Erstdruck 1636. Nachdruck: Stadt Münster, Vermessungs- und Katasteramt (Hrsg.), Schriftenreihe des Vermessungs- u. Katasteramtes 4 (Münster 2006).

Althoff 1984 – G. Althoff, Adels- und Königsfamilien im Spiegel ihrer Memorialüberlieferung. Studien zum Totengedenken der Billunger und Ottonen. Münstersche Mittelalter-Schriften 47 (München 1984).

Althoff 1991 – G. Althoff, Die Billunger in der Salierzeit. In: S. Weinfurter (Hrsg.), Die Salier und das Reich 1. Salier, Adel und Reichsverfassung (Sigmaringen 1991) 309–329.

Althoff 1995 – G. Althoff, Die Historiographie bewältigt. Der Sturz Heinrichs des Löwen in der Darstellung Arnolds von Lübeck. In: B. Schneidmüller (Hrsg.), Die Welfen und ihr Braunschweiger Hof im hohen Mittelalter. Wolfenbütteler Mittelalter-Studien 7 (Wiesbaden 1995) 163–182.

Althoff 1998 – G. Althoff, Magdeburg – Halberstadt – Merseburg. In: G. Althoff/E. Schubert, Herrschaftsrepräsentation im ottonischen Sachsen. Vorträge u. Forschungen 46 (Sigmaringen 1998) 267–293.

Althoff 2001 – G. Althoff, Die Gründung des Erzbistums Magdeburg. In: M. Puhle (Hrsg.), Otto der Große, Magdeburg und Europa (Mainz 2001) 344–352.

Althoff 2013 – G. Althoff, »*Selig sind, die Verfolgung ausüben*«. Päpste und Gewalt im Hochmittelalter (Darmstadt 2013).

Althoff 2003 – G. Althoff, Widukind von Corvey – Kronzeuge und Herausforderung. In: Ders. (Hrsg.), Inszenierte Herrschaft. Geschichtsschreibung und politisches Handeln im Mittelalter (Darmstadt 2003) 78–104.

Althoff 2013 – G. Althoff, Strategien und Methoden der Christianisierung einer kriegerischen Gesellschaft. In: Ch. Stiegemann/M. Kroker/W. Walter (Hrsg.), Credo. Christianisierung Europas im Mittelalter 1 (Petersberg 2013) 310–320.

Ambrosiani 1992 – B. Ambrosiani, What is Birka? In: B. Ambrosiani/H. Clarke (Hrsg.), Birka Studies 1 (Stockholm 1992) 11–22.

Ambrosiani et al. 1973 – B. Ambrosiani/B. Arrhenius/K. Danielsson/O. Kyhlberg/G. Werner (Hrsg.), Birka. Svarta Jordens Hamnområde. Arkeologisk Undersökning 1970–1971. Riksantikvarieämbetet Rapport C1 (Stockholm 1973).

Ammann 1953 – H. Ammann, Huy an der Maas in der mittelalterlichen Wirtschaft. In: Gedächtnisschrift für Fritz Rörig (Bonn 1953) 377–399.

Andersson 1999 – E. Andersson, The common thread. Textile Production during the Late Iron Age – Viking age. Institute of Archaeology Report Ser. 67 (Lund 1999)

Andraschko/Heine/Hering 2011 – F. M. Andraschko/H.-W. Heine/D. Hering, Zur Datierung der Borger Burg bei Bomlitz, Ldkr. Soltau-Fallingbostel. Nachrichten aus Niedersachsens Urgeschichte 80, 2011, 143–148.

Angenendt 1998 – A. Angenendt, Geschichte des Bistums Münster 1. Mission bis Millennium 313–1000 (Münster 1998).

Arbman 1937 – H. Arbman, Schweden und das Karolingische Reich. Studien zu den Handelsverbindungen des 9. Jahrhunderts (Stockholm 1937).

Arbman 1940 – H. Arbman, Birka I. Die Gräber. Text (Stockholm 1940).

Arbman 1943 – H. Arbman, Birka I. Die Gräber. Tafeln (Stockholm 1943).

Arents/Eisenschmidt 2010 – U. Arents/S. Eisenschmidt, Die Gräber von Haithabu 1. Text, Literatur. Die Ausgrabungen von Haithabu 15,1 (Neumünster 2010).

Assendorp 2008 – J. J. Assendorp, Bardowick: eine untergegangene Stadt. Archäologie in Deutschland H. 2, 2008, 44.

Assendorp/Kunze 2010 – J. J. Assendorp/C. Kunze, Inmitten der Siedlung. Archäologie in Niedersachsen 13, 2010, 115–119.

Aufderhaar et al. 2011 – I. Aufderhaar et al., Neue Forschungen am Zentralplatz von Sievern, Ldkr. Cuxhaven. Germania, 87, 2009, 173–220.

Aust 2010 – G. Aust, s. v. »Heinrich, Graf von Hamburg«. In: F. Kopitzsch/D. Brietzke (Hrsg.), Hamburgische Biografie. Personenlexikon 5 (Göttingen 2010) 176–177.

Aust/Bock 2010 – G. Aust/G. Bock, Untersuchungen zum Elfenbein-Evangeliar des Hamburger Mariendomes und seinen Stiftern um 1100. Zeitschrift der Gesellschaft für Schleswig-Holsteinische Geschichte 135, 2010, 7–22.

Aust/Bock *im Druck* – G. Aust/G. Bock, Dynastische Verbindungen im nördlichen Sachsen. In: H.-W. Stork (Hrsg.), Die Grafen von Hamburg. Das Elfenbein-Evangeliar des Hamburger Mariendoms – Die historische Bedeutung der Stiftung der Grafen Gottfried und Heinrich II. von Hamburg des Jahres 1100. Im Druck.

Austermann 2013a – M. Austermann (Hrsg.), Die Stadt Münster: Ausgrabungen an der Pfarrkirche Liebfrauen-Überwasser. Denkmalpflege u. Forschung in Westfalen 41,2 (Darmstadt 2013).

Austermann 2013b – M. Austermann, Die Gebäude in Stift, Kloster und Immunitätsbereich nach den archäologischen Quellen. In: ders. (Hrsg.), Die Stadt Münster. Ausgrabungen an der Pfarrkirche Liebfrauen-Überwasser. Denkmalpflege u. Forschung in Westfalen 41,2 (Darmstadt 2013) 63–140.

Austermann 2013c – M. Austermann, Anmerkungen zur hochmittelalterlichen Siedlungstopografie Münsters. In: ders. (Hrsg.), Die Stadt Münster. Ausgrabungen an der Pfarrkirche Liebfrauen-Überwasser. Denkmalpflege u. Forschung in Westfalen 41,2 (Darmstadt 2013) 141–150.

Baastrup 2009 – M. P. Baastrup, Carolingian-Ottonian disc-brooches – early Christian Symbols in Viking age Denmark. In: U. v. Freeden et al. (Hrsg.), Glaube, Kult und Herrschaft. Phänomen des Religiösen im 1. Jahrtausend n. Chr. in Mittel- und Nordeuropa. Kolloquien zur Vor- u. Frühgeschichte 12 (Bonn 2009) 517–528.

Bachmann 1976 – E. Bachmann, Bremervörde. Geschichte der Stadt. In: Führer zu vor- u. frühgeschichtlichen Denkmälern 30 (Mainz 1976) 113–116.

Backes 2000 – H. Backes, s. v. »Notker Labeo«. Lexikon des Mittelalters 6 (Stuttgart 2000) 1291 f.

Balzer 1986 – M. Balzer, Die Schriftüberlieferung. In: U. Lobbedey, Die Ausgrabungen im Dom zu Paderborn 1978/80 und 1983. Denkmalpflege u. Forschung in Westfalen 11 (Bonn 1986) 91–140.

Balzer 2006 – E. Balzer, Adel – Kirche – Stiftung. Studien zur Geschichte des Bistums Münster im 11. Jahrhundert. Westfalia Sacra 15 (Münster 2006).

Balzer 2008 – E. Balzer, Neue Forschungsergebnisse zur Geschichte Westsachsens, des Bistums und der Stadt Münster im frühen Mittelalter. Westfalen 83, 2005 (2008), 181–198.

Balzer 2009 – M. Balzer, Siedlungs- und Besitzvoraussetzungen für die Gründung von Bischofssitzen im westlichen Sachsen. Westfalen 84, 2009, 159–194.

Balzer 2010 – E. Balzer, Frühe Mission, adelige Stifter und die Anfänge des Bischofssitzes in Münster I. Westfälische Zeitschrift 160, 2010, 9–50.

Balzer 2011 – E. Balzer, Frühe Mission, adelige Stifter und die Anfänge des Bischofssitzes in Münster II. Westfälische Zeitschrift 161, 2011, 9–59.

Balzer 2013 – E. Balzer, Das Stift St. Marien Überwasser von 1040 und seine Vorgängerkirche. In: M. Austermann (Hrsg.), Die Stadt Münster: Ausgrabungen an der Pfarrkirche Liebfrauen-Überwasser. Denkmalpflege u. Forschung in Westfalen 41,2 (Darmstadt 2013) 13–39.

Bantelmann 1975 – A. Bantelmann, Die frühgeschichtliche Marschensiedlung beim Elisenhof in Eiderstedt. Landschaftsgeschichte und Baubefunde. Studien zur Küstenarchäologie Schleswig-Holsteins. Ser. A, Elisenhof 1 (Frankfurt a.M. 1975).

Bantelmann 1988 – N. Bantelmann, Süderbrarup. Ein Gräberfeld der römischen Kaiserzeit und Völkerwanderungszeit in Angeln. Urnenfriedhöfe Schleswig-Holsteins 11,1. Offa-Bücher N. F. 63 (Neumünster 1988).

Bantelmann/Dittmann 1972 – A. Bantelmann/K.-H. Dittmann, Ergebnisse einer Rettungsgrabung auf der Kaaksburg, Kreis Steinburg. Neue Ausgrabungen u. Forschungen in Niedersachsen 7, 1972, 203–210.

Bärenfänger 1988 – R. Bärenfänger, Siedlungs- und Bestattungsplätze des 8. bis 10. Jahrhunderts in Niedersachsen und Bremen. British Archaeological Reports. International Ser. 398 (Oxford 1988).

Bately/Englert 2007 – J. Bately/A. Englert (Hrsg.), Ohthere's voyages. A late 9th century account of voyages along the coasts of Norway and Denmark and its cultural context. Maritime Culture of the North 1 (Roskilde 2007).

Bauer 1994 – T. Bauer, Rechtliche Implikationen des Ehestreites Lothars II. Zeitschrift für Rechtsgeschichte Kanonistische Abteilung 111, 1994, 41–87.

Becher 2000 – M. Becher, Otto der Große und die Gründung des Erzbistums Magdeburg. In: A. Wieczorek/H.-M. Hinz (Hrsg.), Europas Mitte um 1000. Beiträge zur Geschichte, Kunst und Archäologie 2 (Stuttgart 2000) 689–693.

Becher 2003 – M. Becher, Rimbert. Neue Deutsche Biographie 21, 2003, 624.

Becher 2012a – M. Becher, Das sächsische Herzogtum nach Widukind von Corvey. In: S. Patzold/A. Rathmann Lutz/V. Scior (Hrsg.), Geschichtsvorstellungen. Bilder, Texte und Begriffe aus dem Mittelalter [Festschr. H.-W. Goetz] (Wien, Köln, Weimar 2012) 102–114.

Becher 2012b – M. Becher, Otto der Große. Kaiser und Reich. Eine Biographie (München 2012).

Becher 2013a – M. Becher, Der Prediger mit eiserner Zunge. Die Unterwerfung und Christianisierung der Sachsen durch Karl den Großen. In: H. Kamp/M. Kroker (Hrsg.), Schwertmission. Gewalt und Christianisierung im Mittelalter (Paderborn, München, Wien, Zürich 2013) 23–52.

Becher 2013b – M. Becher, Gewaltmission. Karl der Große und die Sachsen. In: Chr. Stiegemann/M. Kroker/W. Walter (Hrsg.), CREDO. Christianisierung Europas im Mittelalter 1 (Petersberg 2013) 321–329.

Becker 2012 – A. Becker, Papst Urban II. (1088–1099). Teil 3: Ideen, Institutionen und Praxis eines päpstlichen »regimen universale«. Monumenta Germaniae Historica. Schriften, 19,3 (Hannover 2012).

Behre 1984 – K.-E. Behre, Landschaft und Umwelt im Bereich von Haithabu. In: H. Jankuhn/K. Schietzel/H. Reichstein (Hrsg.), Archäologische und naturwissenschaftliche Untersuchungen an ländlichen und frühstädtischen Siedlungen im deutschen Küstengebiet vom 5. Jahrhundert v. Chr. bis zum 11. Jahrhundert n. Chr. 2. Handelsplätze des frühen und hohen Mittelalters (Weinheim 1984) 71–78.

Bei der Wieden 1966 – H. bei der Wieden, Schaumburgische Genealogie. Stammtafeln der Grafen von Holstein und Schaumburg – auch Herzöge von Schleswig – bis zu ihrem Aussterben 1640. Schaumburger Studien H. 14 (Bückeburg 1966).

Benesch 1999 – E. Benesch, Der Isarnho. Jahrbuch für das ehemalige Amt Bordesholm 1, 1999, 59–93. http://www.geschichtsverein-bordesholm.de/Veroeffentlichungen/Jahrbuecher/J01_3_Benesch_Isarnho.pdf.

Bergmann 1999 – R. Bergmann, Karolingisch-ottonische Fibeln aus Westfalen. Verbreitung, Typologie und Chronologie im Überblick. In: C. Stiegemann/M. Wemhoff (Hrsg.), 799. Kunst und Kultur der Karolingerzeit. Katalog der Ausstellung Paderborn 1999 (Mainz 1999) 438–444.

Bernatzky-Goetze 1991 – M. Bernatzky-Goetze, Die slawisch-deutsche Burganlage von Meetschow und die slawische Siedlung von Brünkendorf, Landkreis Lüchow-Dannenberg. Neue Ausgrabungen u. Forschungen in Niedersachsen 19, 1991, 229–367.

Bernhard 1991 – H. Bernhard, Der Runde Berg bei Urach. Führer zu archäologischen Denkmälern in Baden-Württemberg 14 (Stuttgart 1991).

Berschin 1991 – W. Berschin, Biographie und Epochenstil im lateinischen Mittelalter. Quellen und Untersuchungen zur lateinischen Philologie des Mittelalters 8–10; 12; 15. Bd. 3. Karolingische Biographie 750–920 n. Chr. (Stuttgart 1991) 258–264.

Beumann 1950 – Helmut Beumann, Widukind von Korvei. Untersuchungen zur Geschichtsschreibung und Ideengeschichte des 10. Jahrhunderts. Abhandlungen über Corveyer Geschichtsschreibung 3. Veröffentlichungen der Historischen Kommission des Provinzialinstituts für westfälische Landeskunde 10,3 (Weimar 1950).

Beumann 1987 – H. Beumann, Die Hagiographie »bewältigt« Unterwerfung und Christianisierung der Sachsen. In: J. Petersohn/R. Schmidt (Hrsg.), Helmut Beumann, Ausgewählte Aufsätze aus den Jahren 1966–1986 (Sigmaringen 1987) 289–323.

Biermann 2000 – F. Biermann, Slawische Besiedlung zwischen Elbe, Neiße und Lubsza. Archäologische Studien zum Siedlungswesen und zur Sachkultur des frühen und hohen Mittelalters. Universitätsforschungen zur prähistorischen Archäologie 65 (Bonn 2000).

Biermann 2001 – F. Biermann, Der Brunnenbau des 7./8. bis 11./12. Jahrhunderts bei den nördlichen Westslawen (Polen und Ostdeutschland). Ethnographisch-Archäologische Zeitschrift 42, 2001, 211–264.

Biermann 2006 – F. Biermann, Frühstadt und Burg an der südlichen Ostseeküste vom 8. bis 12. Jh. In: ders./Ch. Herrmann/M. Müller (Hrsg.), Die Stadt als Burg. Castella Maris Baltici 7 (Greifswald 2006) 15–24.

Biermann 2010 – F. Biermann, Burg und Herrschaft bei den nördlichen Westslawen. In: H. Ottomeyer/G. U. Großmann (Hrsg.), Die Burg. Wissenschaftlicher Begleitband zu den Ausstellungen »*Burg und Herrschaft*« und »*Mythos Burg*« (Dresden 2010) 26–33.

Biermann 2011a – F. Biermann, Der Wandel um 1000 – Einführung. In: ders./Th. Kersting/A. Klammt (Hrsg.), Der Wandel um 1000. Beiträge zur Ur- u. Frühgeschichte Mitteleuropas 60 (Langenweißbach 2010) 3–14.

Biermann 2011b – F. Biermann, Functions of the large Feldberg type strongholds from the 8th/9th century in Mecklenburg and Pomerania. Sprawozdania Archeologiczne 63, 2011, 149–174.

Biermann et al. 2012 – F. Biermann/Th. Schwämmlein/M. Seidel, Die »*Gruber Burg*« bei Bachfeld in Südthüringen – eine frühmittelalterliche Fluchtburg? In: H.-J. Beier et al. (Hrsg.), Finden und Verstehen. [Festschr. Th. Weber]. Beiträge zur Ur- u. Frühgeschichte Mitteleuropas 66 (Langenweißbach 2012) 263–285.

Biermann/Henning 2012 – F. Biermann/J. Henning, Orientalisches Silber in der Uckermark. Heimatkalender Prenzlau 2013, 2012, 32–41.

Biermann/Kennecke 2013 – F. Biermann/H. Kennecke, Slawenzeitliche Burgen im Lenzener Raum – Lenzersilge, Lenzen-Neuehaus, Lenzen-Burgberg. In: K.-H. Willroth et al. (Hrsg.), Slawen an der unteren Mittelelbe. Untersuchungen zur ländlichen Besiedlung, zum Burgenbau, zu Besiedlungsstrukturen und zum Landschaftswandel. Frühmittelalterliche Archäologie zwischen Ostsee u. Mittelmeer 4 (Wiesbaden 2013) 69–78.

Biermann/Pust 2011 – F. Biermann/A. Pust, Keramikbrand und Töpferöfen im nordwestslawischen Raum. Offa 65/66, 2008/09 (2011), 135–164.

Bigott 2002 – B. Bigott, Ludwig der Deutsche und die Reichskirche im Ostfränkischen Reich (826–876). Historische Studien 470 (Husum 2002).

Bill 2000 – J. Bill, Schiffe und Seemannschaft. In: P. Sawyer (Hrsg.), Die Wikinger. Geschichte und Kultur eines Seefahrervolks (Stuttgart 2000) 192–211.

Bischop 2000 – D. Bischop, Siedler, Söldner und Piraten. In: D. Bischop/P. Krull/M. Rech (Hrsg.), Siedler, Söldner und Piraten. Begleitpublikation zur gleichnamigen Ausstellung im Focke-Museum/Bremer Landesmuseum vom 8.3. bis 14.5.2000. Bremer Archäologische Blätter Beih. 2 (Bremen 2000) 9–82.

Bischop 2005a – D. Bischop, Am Rande der Domburg. Vorbericht über die Grabung 2002 auf dem historischen Marktplatz von Bremen. In: H. Eilbracht/V. Brieske/B. Grodde (Hrsg.), Itinera Archaeologica – Vom Neolithikum bis in die Frühe Neuzeit [Festschr. T. Capelle] (Rahden/Westf. 2005) 9–23.

Bischop 2005b – D. Bischop, Erster Vorbericht über die Grabungen auf dem historischen Bremer Marktplatz 2002. Bremer Archäologische Blätter N. F. 6, 2005, 39–54.

Bischop 2006 – D. Bischop, Mit Knochen gepflastert. Die archäologischen Beobachtungen und Grabungen auf dem historischen Bremer Markt. Zeitschrift für Archäologie des Mittelalters 34, 2006, 215–230.

Bischop 2008 – D. Bischop, Bremen. Ein spätmittelalterliches Trinkgelage – Die Grabung Sternkino. Bremer Archäologische Blätter N. F. 7, 2008, 65–75.

Bischop 2010 – D. Bischop, Bremen. In: M. Kroker/C. Stiegemann (Hrsg.), Für Königtum und Himmelreich – 1000 Jahre Bischof Meinwerk von Paderborn. Katalog zur Jubiläumsausstellung im Museum in der Kaiserpfalz und im Erzbischöflichen Diözesanmuseum Paderborn 2009/2010 (Regensburg 2010), 336–343

Bischop 2011 – D. Bischop, Die Bremer Balge im frühen Mittelalter. Siedlungs- und Küstenforschung im südlichen Nordseegebiet 34 (Rahden/Westf. 2011) 359–378.

Bischop/Jager 2008 – D. Bischop/D. Jager, Der Balge auf der Spur – Ausgrabungen 2004/2005 beiderseits der Langenstraße. Bremer Archäologische Blätter N. F. 7, 2008, 178–198.

Blackmore 1989 – L. Blackmore, The Pottery, in: R. L. Whytehead/R. Cowie, Excavations at the Peabody site, Chandos Place, and the National Gallery. Transactions of the London and Middlesex Archaeological Society 40, 1989, 71–107.

Blaich/Geschwinde 2012 – M. C. Blaich/M. Geschwinde, Die Ausgrabungen auf der Königspfalz Werla 2007 bis 2011 – Vorbericht. Nachrichten aus Niedersachsens Urgeschichte 81, 2012, 111–144.

Bleile 2005 – R. Bleile, Der slawische Wege- und Brückenbau in Norddeutschland (8.–12. Jahrhundert). In: W. Melzer, Mittelalterarchäologie und Bauhandwerk. Soester Beiträge zur Archäologie 6 (Soest 2005) 125–148.

Blume 2005 – Hermann Blume, Etymologisches Wörterbuch des deutschen Grundwortschatzes (München 2005).

Blumenthal 2001 – U.-R. Blumenthal, Gregor VII. Papst zwischen Canossa und Kirchenreform (Darmstadt 2001).

Bock 1996 – G. Bock, »*Böhmische Dörfer*« in Stormarn? – Verlauf und Bedeutung des *Limes Saxoniae* zwischen Bille und Trave. In: G. Bock (Hrsg.), Studien zur Geschichte Stormarns im Mittelalter. Stormarn H. 19 (Neumünster 1996) 25–70.

Bock 2012a – G. Bock, Umbrüche in Polabien während des 11. Jahrhunderts. In: F. Biermann/Th. Kersting/A. Klammt/Th. Westphalen (Hrsg.), Transformationen und Umbrüche des 12./13. Jahrhunderts. Beiträge zur Ur- u. Frühgeschichte Mitteleuropas 64 (Langenweißbach 2012) 67–82.

Bock 2012b – G. Bock, Der »Limes Saxoniae« – keine karolingische Grenze! Jahrbuch für den Kreis Stormarn 2013 (2012), 13–30.

Bock *im Druck 1* – G. Bock, Die Schlacht von Schmilau 1093 im Kontext der Herrschaftsstrukturen des Unterelberaums während des 11. und 12. Jahrhunderts. In: H.-W. Stork (Hrsg.), Die Grafen von Hamburg. Das Elfenbein-Evangeliar des Hamburger Mariendoms – Die historische Bedeutung der Stiftung der Grafen Gottfried und Heinrich II. von Hamburg des Jahres 1100. *Im Druck*.

Bock *im Druck 2* – G. Bock, Das Ende der Hamburger Grafen 1110 – eine historiographische Konstruktion? In: O. Auge/D. Kraack (Hrsg.), 1111–2011: 900 Jahre Belehnung des Hauses Schauenburg mit Holstein und Stormarn. Ansätze und Perspektiven der Forschung. Quellen u. Forschungen zur Geschichte Schleswig-Holsteins 121. *Im Druck*.

Boersma 2005 – J. Boersma, Dwelling mounds on the salt marshes. The terpen of Friesland and Gronigen. In: L. P. Louwe Koijmanns et al. (Hrsg.), The Prehistory of the Netherlands 2 (Amsterdam 2005) 557–560.

Bogucki 2012 – M. Bogucki, On Wulfstan's right hand – the Viking Age emporia in West Slav Lands. In: S. Gelichi/R. Hodges (Hrsg.), From one sea to another. Trading places in the European and Mediterranean early Middle ages. Seminari del Centro interuniversitario per la storia e l'archeologia dell'alto medioevo 3 (Turnhout 2012) 81–109.

Bogucki/Rębkowski 2013 – M. Bogucki/M. Rębkowski (Hrsg.), Economies, Monetisation and Society in West Slavic Lands 800–1200 AD. Wolińskie Spotkania Mediewistyczne 2 (Szczecin 2013).

Bohmbach/Schäfer 2009 – J. Bohmbach/A. Schäfer, Vom Landeplatz zum Seehafen: Geschichte und Perspektive der Hansestadt Stade (Stade 2009).

Böhme 2001 – H. W. Böhme, Gedanken zu den frühen Markt- und Handelsplätzen in Südskandinavien. In: E. Pohl/U. Recker/C. Theune (Hrsg.), Archäologisches Zellwerk. Beiträge zur Kulturgeschichte in Europa u. Asien. [Festschr. H. Roth] Internationale Archäologie Studia honoraria 16 (Rahden/Westfalen 2001) 483–498.

Böhme 2006 – H. W. Böhme, Burgen der Salierzeit. Von den Anfängen adligen Burgenbaus bis ins 11./12. Jahrhundert. In: J. Jarnut/M. Wemhoff (Hrsg.), Vom Umbruch zur Erneuerung? Das 11. und beginnende 12. Jahrhundert – Positionen der Forschung. Mittelalter-Studien 13 (München 2006) 379–401.

Böhme 2013a – H. W. Böhme, Die Bedeutung des Glaubergs im frühen Mittelalter. Berichte der Kommission für Archäologische Landesforschung in Hessen 12, 2012/13 (2013), 135–150.

Böhme 2013b – H. W. Böhme, Die »Heidenlöcher« bei Deidesheim. Eine adlige Befestigung des 9. Jahrhunderts. In: A. Zeeb-Lanz/R. Stupperich (Hrsg.), *Palatinus Illustrandus* [Festschr. H. Bernhard]. Mentor 5 (Mainz, Ruhpolding 2013) 262–267.

Böhme/Friedrich 2008 – H. W. Böhme/R. Friedrich, Zum Stand der hochmittelalterlichen Burgenforschung in West- und Süddeutschland. In: P. Ettel/A.-M. Flambard Héricher/T. E. McNeill (Hrsg.), Études de castellologie médiévale; bilan des recherches en castellologie; actes du colloque international de Houffalize (Belgique) 4–10 septembre 2006. Château Gaillard 23 (Caen 2008) 45–58.

Bohnsack 1961 – D. Bohnsack, Ausgrabungen und Funde in Hamburg 1958–1960. Hammaburg 7, H. 13, 1961, 143–168.

Bohnsack 1986 – D. Bohnsack, Die »Bischofsburg« am Speersort in Hamburg. Hammaburg N. F. 7, 1986, 147–162.

Bonde 2009 – N. Bonde, NNU rapport 12.2009. Nationalmuseets Naturvidenskabelige Undersøgelser. Unveröff. Manuskript København 2009.

Booker 2009 – C. M. Booker, Past Convictions: The Penance of Louis the Pious and the Decline of the Carolingians (Philadelphia 2009).

Borgolte 1978 – M. Borgolte, Chronologische Studien an den alemannischen Urkunden des Stiftsarchivs St. Gallen. Archiv für Diplomatik 24, 1978, 54–202.

Borgolte 2002 – M. Borgolte (Hrsg.), Polen und Deutschland vor 1000 Jahren. Die Berliner Tagung über den »Akt von Gnesen«. Europa im Mittelalter 5 (Berlin 2002).

Bork 1951 – R. Bork, Die Billunger mit Beiträgen zur Geschichte des deutsch-wendischen Grenzraumes im 10. und 11. Jahrhundert (Greifswald 1951).

Boshof 1996 – E. Boshof, Ludwig der Fromme (Darmstadt 1996).

Bosworth/Toller 1921 – Joseph Bosworth/Thomas N. Toller, Anglo-Saxon Dictonary (Oxford 1921).

Brachmann 1985 – H. Brachmann, Die sächsisch-fränkischen Auseinandersetzungen des 8. Jahrhunderts im Spiegel des Befestigungsbaues. Zeitschrift für Archäologie 19, 1985, 213–224.

Brachmann 1987 – H. Brachmann, Zur Herkunft und Verbreitung von Trocken- und Mörtelmauerwerk im frühmittelalterlichen Befestigungsbau Mitteleuropas. In: G. Labuda/St. Tabaczyński (Hrsg.), Studia nad etnogenezą słowian i kulturą Europy wczesnośredniowiecznej I [Festschr. W. Hensel] (Wrocław 1987) 199–215.

Brachmann 1991 – H. Brachmann, Der *Limes Sorabicus*–Geschichte und Wirkung. Zeitschrift für Archäologie 25, 1991, 177–208.

Brachmann 1993 – H. Brachmann, Der frühmittelalterliche Befestigungsbau in Mitteleuropa. Untersuchungen zu seiner Entwicklung und Funktion im germanisch-deutschen Bereich. Schriften zur Ur- u. Frühgeschichte 45 (Berlin 1993).

Brachmann 1999 – H. Brachmann, Der frühmittelalterliche Burgenbau. 6.–10. Jahrhundert. In: H. W. Böhme et al. (Hrsg.), Burgen in Mitteleuropa 1 (Stuttgart 1999) 38–44.

Bracker 1989 – J. Bracker, Die Hanse. Lebenswirklichkeit und Mythos 2 (Hamburg 1989).

Brandis 1972 – T. Brandis, Die *Codices in scrinio* der Staats- und Universitätsbibliothek Hamburg 1–110. Katalog der Handschriften der Staats- und Universitätsbibliothek Hamburg 7 (Hamburg 1972) 156–159.

Brandt 2008 – J. Brandt, Begraben am Wegesrand. Ausgrabungen auf einem spätsächsischen Gräberfeld bei Neu Wulmstorf-Elstorf. Archäologie in Niedersachsen 11, 2008, 136–140.

Brandt et al. 2011 – J. Brandt/W. Dörfler/A. Hüser/J. Subbert/K. Richter, Die spätsächsischen Gräber von Buchholz-Vaensen und Neu Wulmstorf-Elstorf – Neue Untersuchungen zum Frühmittelalter im Landkreis Harburg. Hammaburg N. F. 16, 2011, 159–192.

Brandt 1977 – K. H. Brandt, Ausgrabungen im Bremer St. Petri-Dom 1974–76. Ein Vorbericht. Monographien der Wittheit zu Bremen N. F. 12 (Bremen 1977).

Brandt 1988 – K. H. Brandt, Die Gräber des Mittelalters und der frühen Neuzeit. Ausgrabungen im St. Petri-Dom zu Bremen 2 (Stuttgart 1988).

Brandt 1992 – K. H. Brandt, Zur archäologischen Mittelalterforschung in Bremen. Bremer Jahrbuch 71, 1992, 191–222.

Brandt 2002 – K. H. Brandt, Ausgrabungen im Bremer St. Petri Dom. In: M. Gläser/H. J. Hahn/I. Weibezahn (Hrsg.), Heiden und Christen – Slawenmission im Mittelalter, Katalog zur Ausstellung in Bremen, Oldenburg i. Holstein, Lübeck (Lübeck 2002) 9–27.

Brandt 1984 – K. Brandt, Langwurten, ihre Topographie und Funktion. In: H. Jankuhn/K. Schietzel/H. Reichstein (Hrsg.), Archäologische und naturwissenschaftliche Untersuchungen an ländlichen und frühstädtischen Siedlungen im deutschen Küstengebiet vom 5. Jahrhundert v. Chr. bis zum 11. Jahrhundert n. Chr. 2. Handelsplätze des frühen und hohen Mittelalters (Weinheim 1984) 100–113.

Brandt 1994 – K. Brandt, Archäologische Quellen zur frühen Geschichte von Emden. In: J. Ohling/R. Odens/D. Stromann/G. Wiltfang (Hrsg.), Geschichte der Stadt Emden. Ostfriesland im Schutze des Deichs 10 (Leer 1994) 2–57.

Brandt 2002 – K. Brandt, Wikingerzeitliche und mittelalterliche Besiedlung am Ufer der Treene bei Hollingstedt (Kr. Schleswig-Flensburg) – Ein Flußhafen im Küstengebiet der Nordsee. In: K. Brandt/M. Müller-Wille/C. Radkte (Hrsg.), Haithabu und die frühe Stadtentwicklung im nördlichen Europa. Schriften des Archäologischen Landesmuseums 8 (Neumünster 2002) 83–105.

Brandt/Eggebrecht 1993a – M. Brandt/A. Eggebrecht (Hrsg.), Bernward von Hildesheim und das Zeitalter der Ottonen 1. Katalog der Ausstellung Hildesheim 1993 (Mainz 1993).

Brandt/Eggebrecht 1993b – M. Brandt/A. Eggebrecht (Hrsg.), Bernward von Hildesheim und das Zeitalter der Ottonen 2. Katalog der Ausstellung Hildesheim 1993 (Mainz 1993).

Brather 1996 – S. Brather, Merowinger- und karolingerzeitliches »Fremdgut« bei den Nordwestslawen. Gebrauchsgut und Elitenkultur im südwestlichem Ostseeraum. Praehistorische Zeitschrift 71, 1996, 46–84.

Brather 1998 – S. Brather, Karolingerzeitlicher Befestigungsbau im wilzisch-abodritischen Raum. In: J. Henning/A. T. Ruttkay (Hrsg.), Frühmittelalterlicher Burgenbau in Mittel- und Osteuropa (Bonn 1998) 115–126.

Brather 2001 – S. Brather, Archäologie der westlichen Slawen. Siedlung, Wirtschaft und Gesellschaft im früh- und hochmittelalterlichen Ostmitteleuropa. Ergänzungsbde. Reallexikon der germanischen Altertumskunde 30 (Berlin, New York 2001).

Brather 2006 – S. Brather, Zwischen »Fluchtburg« und »Herrensitz«. Sozialgeschichtliche Interpretationen früh- und hochmittelalterlicher Burgwälle in Ostmitteleuropa. Archaeologia Baltica 6, 2006, 40–57.

Bresslau 1886 – Urkundenbeweis und Urkundenschreiber im älteren deutschen Recht, Forschungen zur deutsche Geschichte 26 (Göttingen 1886).

Bresslau 1958 – H. Bresslau, Handbuch der Urkundenlehre für Deutschland und Italien (Berlin ³1958).

Briel 2011 – M. Briel, Das »Reitergrab« von Hamburg-Schnelsen, Befund und Deutung – ein Beitrag zur Sachsenforschung. Unveröff. Magisterarbeit Hamburg 2011.

Bronk Ramsey 2009 – C. Bronk Ramsey, Bayesian analysis of radiocarbon dates. Radiocarbon 51, 2009, 337–360.

Brorsson 2010 – T. Brorsson, The pottery from the Early Medieval Trading Site and Cemetery at Groß Strömkendorf, Lkr. Nordwestmecklenburg. Forschungen zu Groß Strömkendorf 3. Frühmittelalterliche Archäologie zwischen Ostsee u. Mittelmeer 1 (Wiesbaden 2010).

Brüske 1955 – W. Brüske, Untersuchungen zur Geschichte des Lutizenbundes. Deutsch-wendische Beziehungen des 10.–12. Jahrhunderts. Mitteldeutsche Forschungen 3 (Münster, Köln 1955).

Budesheim 1989 – W. Budesheim, Der »Limes Saxoniae« in Stormarn – die Grenze des fränkischen Reichs nördlich der Elbe gegen die Slawen. In: J. Spallek (Hrsg.), Denkmalpflege im Kreis Stormarn II. Stormarn. H. 14 (Neumünster 1989) 222–242.

Bünz 1994 – E. Bünz, Die Besiedlung der holsteinischen Elbmarschen im 12. und 13. Jahrhundert. Jahrbuch für den Kreis Pinneberg 1994, 5–33.

Bünz 2013 – E. Bünz, »... *in dem Lande des Schreckens und der wüsten Einöde* ...«. Zur Genese und Gestalt der mittelalterlichen Sakrallandschaft nördlich der Elbe. In: O. Auge/K. Hillebrand (Hrsg.), Klöster, Stifte und Konvente nördlich der Elbe. Zum gegenwärtigen Stand der Klosterforschung in Schleswig-Holstein, Nordschleswig sowie den Hansestädten Lübeck und Hamburg. Quellen u. Forschungen zur Geschichte Schleswig-Holsteins 120 (Neumünster 2013) 49–84.

Burkhart 2013 – P. Burkhart, Rimbert »*Vita sancti Anskarii*«. In: Ch. Stiegemann/M. Kroker/W. Walter (Hrsg.), Credo. Christianisierung Europas im Mittelalter II: Katalog (Petersberg 2013) 312–313.

Busch 1987a – R. Busch (Hrsg.), Von den Sachsen zur Hammaburg. Bilder aus Hamburgs Frühzeit. Veröffentlichungen des Helms-Museums 50 (Neumünster 1987).

Busch 1987b – R. Busch, Plan der Grabungsbefunde auf der Hammaburg. Ebenda 238 f.

Busch 1995a – R. Busch, Mittelalterliche Stadtarchäologie im Zentrum Hamburgs. In: ders. (Hrsg.), Domplatzgrabung in Hamburg 1. Veröffentlichungen des Hamburger Museums für Archäologie u. die Geschichte Harburgs, Helms-Museum 70 (Neumünster 1995) 21–26.

Busch 1995b – R. Busch, ^{14}C-Daten vom Domplatz. Ebenda 65–72.

Busch 1995c – R. Busch, Das Kenotaph für Papst Benedict V. Ebenda 127–136

Busch 1995d – R. Busch, Kleinfunde aus Metall von der Domplatzgrabung in Hamburg. Die Kunde N. F. 46, 1995, 201–209.

Busch 1995e – R. Busch (Hrsg.), Fund und Deutung. Eine Auswahl alter und neuer Funde aus den archäologischen Sammlungen des Hamburger Museums für Archäologie und die Geschichte Harburgs Helms-Museum (Hamburg 1995).

Busch 1999a – R. Busch, Die Burgen. In: U. Schneede/V. Plagemann (Hrsg.), Die Kunst des Mittelalters in Hamburg 3 (Hamburg 1999).

Busch 1999b – R. Busch, Benedict V. – Ein Papst in Hamburg und sein Grabmal im Hamburger Dom. In: V. Plagemann (Hrsg.), Die Kunst des Mittelalters in Hamburg. Aufsätze zur Kulturgeschichte (Hamburg 1999) 81–84.

Busch 1999c – R. Busch, s. v. »Hammaburg § 1: Archäologisches«. Reallexikon der Germanischen Altertumskunde 2 (Berlin, New York 1999) 480–482.

Busch 2002a – R. Busch, Der Mariendom. In: ders. (Hrsg.), Hamburg Altstadt. Führer zu archäologischen Denkmälern in Deutschland 41 (Stuttgart 2002) 40–44.

Busch 2002b – R. Busch, Kleinfunde aus Metall. In: ders./O. Harck (Hrsg.), Domplatzgrabung in Hamburg II. Veröffentlichungen des Hamburger Museums für Archäologie u. die Geschichte Harburgs, Helms-Museum 89 (Neumünster 2002) 213–223.

Busch 2002c – R. Busch, Ein neues Bild der alten Stadt – Ein Vorwort. Ebenda 7–8.

Busch 2003 – R. Busch, Hamburg im 9. Jahrhundert. Hammaburg N. F. 14, 2003, 197–204.

Busch 2004 – R. Busch, Hamburg – wie es begann (Neumünster 2004).

Busch/Wiechmann 1999 – R. Busch/R. Wiechmann, s. v. »Hammaburg«. Reallexikon Germanischer Altertumskunde 13 (Berlin, New York 1999) 480–483.

Capelle 2006 – T. Capelle, Die Wikinger auf dem westeuropäischen Kontinent. Normannische Aktionen und karolingische Reaktionen – eine historisch-archäologische Spurensuche entlang von Flüssen. Deutsches Schiffahrtsarchiv 29, 2006, 7–57.

Christlein 1975 – R. Christlein, Die Anfänge der Wittelsbacher Herzogsburg zu Kelheim. Beiträge zum Amtlichen Schulanzeiger für den Regierungsbezirk Niederbayern, 1975, 49–54.

Christeleit 2011 – K. Christeleit, Zeugnisse des frühmittelalterlichen Handels in Hamburg – Der Fundplatz Hamburg-Altstadt 44. Hammaburg N. F. 16, 2011, 229–251.

von Clausewitz 1999 – C. von Clausewitz, Sämtliche Schriften »Vom Kriege« 1 (Essen 1999).

Cnotliwy 2013 – E. Cnotliwy, Przedmioty z poroża i kości z Janowa Pomorskiego / Antler and Bone objects from Janów Pomorski. Truso Studies 2 (Elbląg 2013).

Codreanu-Windauer 2003 – S. Codreanu-Windauer, Neue Ergebnisse zur frühen Stadtbefestigung Regensburgs. In: I. Ericsson/H. Losert (Hrsg.), Aspekte der Archäologie des Mittelalters und der Neuzeit [Festschr. W. Sage]. Bamberger Schriften zur Archäologie des Mittelalters u. der Neuzeit 1 (Bonn 2003) 86–94.

Codreanu-Windauer 2012 – S. Codreanu-Windauer, Zum archäologischen Forschungsstand in und um Regensburg (634). In: H. Fehr/I. Heitmeier (Hrsg.), Die Anfänge Bayerns. Von *Raetien* und *Noricum* zur frühmittelalterlichen *Baiovaria* (St. Ottilien 2012) 634–639.

Collins 1990 – R. Collins, Pippin I and the Kingdom of Aquitaine. In: P. Godman/R. Collins (Hrsg.), Charlemagne's heir. New perspectives on the reign of Louis the Pious (814–840) (Oxford 1990) 363–389.

Crumlin-Pedersen 2002 – O. Crumlin-Pedersen, Schiffahrt im frühen Mittelalter und die Herausbildung früher Städte im westlichen Ostseeraum. In: K. Brandt/M. Müller-Wille/C. Radkte (Hrsg.), Haithabu und die frühe Stadtentwicklung im nördlichen Europa. Schriften des Archäologischen Landesmuseums 8 (Neumünster 2002) 67–81.

Curtius 1984 – E. R. Curtius, Europäische Literatur und lateinisches Mittelalter (Tübingen ^{10}1984).

Dehio 1877 – G. Dehio, Geschichte des Erzbistums Hamburg-Bremen bis zum Ausgang der Mission 1–2 (Berlin1877).

Deisting 2004 – E. Deisting, Ein frühmittelalterlicher Siedlungsplatz bei Todtglüsingen (Todtglüsingen 56). In: R. Dörsam/U. Klages (Hrsg.), 900 Jahre Tostedt. Beiträge zur Landeskunde u. Geschichte der Gemeinde u. Samtgemeinde Tostedt (Heidenau 2004) 143–150.

Dienes 1972 – I. Dienes, Die Ungarn um die Zeit der Landnahme. A honfoglaló magyarok. Hereditas (Budapest 1972).

Deutinger 2005 – R. Deutinger, Rudolf von Fulda. Neue Deutsche Biographie 22, 2005, 196.

De Vry 1997 – V. De Vry, Liborius, Brückenbauer Europas. Die mittelalterlichen Viten und Translationsberichte. Mit einem Anhang der Manuscripta Liboriana (Paderborn, München, Wien, Zürich 1997).

Dobat 2007 – A. S. Dobat, The fifth day: Ohthere's route through the Schlei fjord. In: J. Bately/A. Englert (Hrsg.) Ohthere's voyages. A late 9th century account of voyages along the coasts of Norway and Denmark and its cultural context. Maritime Culture of the North 1 (Roskilde 2007) 130–134.

Dobat 2010 – A. S. Dobat, Füsing. Ein frühmittelalterlicher Zentralplatz im Umfeld von Haithabu/Schleswig. Vorläufiger Bericht über die Ergebnisse der Prospektionen 2003–2005. In: C. von Carnap-Bornheim (Hrsg.), Studien zu Haithabu und Füsing. Ausgrabungen in Haithabu 16 (Neumünster 2010) 131–256.

Dobat 2013 – A. S. Dobat, Zwischen Mission und Markt – Ansgars Kirchen im Norden. Eine interdisziplinäre Betrachtung der kontinentalen Mission im Skandinavien des 9. Jahrhunderts. Germania 88, 2010 (2013) 403–439.

Donat 1984 – P. Donat, Die Mecklenburg – Eine Hauptburg der Obodriten. Schriften zur Ur- u. Frühgeschichte 37 (Berlin 1984).

Drescher 1973 – H. Drescher, Die mittelalterlichen Funde von den Kirchplätzen in Hittfeld, Kr. Harburg, Hamburg-Sinstorf und Hamburg-Wilstorf. Ein Beitrag zur Datierung der ersten Kirchen im alten Amt Harburg. Harburger Jahrbuch 13, 1968/72 (1973), 96–139.

Drescher 1985 – H. Drescher, Die Geschichte einer Kirche aus der Zeit der Christianisierung im nördlichen Niedersachsen bis 1880. Materialh. zur Ur- u. Frühgeschichte Niedersachsens 19 (Tostedt 1985).

Drescher 1992 – H. Drescher, Glocken und Glockenguss im 11. und 12. Jahrhundert. Das Reich der Salier 1024–1125 (Sigmaringen 1992) 405–419.

Drögereit 1965 – R. Drögereit, Das älteste Bremer Marktprivileg: Die Arnolf-Urkunde vom Jahre 888. Zur Geschichte ihrer Kritik. Bremisches Jahrbuch 50, 1965, 5–11.

Drögereit 1969 – R. Drögereit, Hamburg-Bremen, Bardowiek-Verden, Frühgeschichte und

Wendenmission. Bremisches Jahrbuch 51, 1969, 193–208.

Drögereit 1970 – R. Drögereit, Die Verdener Gründungsfälschung und die Bardowick-Verdener Frühgeschichte. In: Dom und Bistum Verden an der Aller. Ergebnisse neuer Forschung. Rotenburger Schriften. Sonderh. 10 (Rotenburg 1970) 1–102.

Drögereit 1972 – R. Drögereit, War Ansgar Erzbischof von Hamburg oder Bremen? Jahrbuch der Gesellschaft für Niedersächsische Kirchengeschichte 70, 1972, 107–132.

Drögereit 1975a – R. Drögereit, Erzbistum Hamburg, Hamburg-Bremen oder Erzbistum Bremen? Studien zur Hamburg-Bremer Frühgeschichte, Teil 1. Archiv für Diplomatik 2, 1975, 136–230.

Drögereit 1975b – R. Drögereit, Ansgar. Missionsbischof, Bischof von Bremen, Missionserzbischof für Dänen und Schweden. Jahrbuch der Gesellschaft für Niedersächsische Kirchengeschichte 73, 1975, 9–45.

Dümmler 1854 – E. Dümmler, Piligrim von Passau und das Erzbisthum Lorch (Leipzig 1854).

Dulinicz 2006 – M. Dulinicz, Frühe Slawen im Gebiet zwischen unterer Weichsel und Elbe, Eine archäologische Studie. Studien zur Siedlungsgeschichte u. Archäologie der Ostseegebiete 7 (Neumünster 2006).

Dulinicz/Kempke 1993 – M. Dulinicz/T. Kempke, Die frühslawische Siedlung Kücknitz, Hansestadt Lübeck. Lübecker Schriften zur Archäologie u. Kulturgeschichte 23, 1993, 47–82.

Dunning 1959 – G. C. Dunning, Pottery of the Late Anglo-Saxon Period in England. Medieval Archaeology 3, 1959, 31–78.

Eberhardt/Grimm 2001 – H. Eberhardt/P. Grimm, Die Pfalz Tilleda am Kyffhäuser. Ein Führer durch Geschichte u. Ausgrabungen (Tilleda 2001).

Eccardus 1958 – H. Helbling (Hrsg.), Eccardus, Die Geschichten des Klosters St. Gallen. (Köln 1958).

Eckardt 1995 – H.-W. Eckardt, Stationen eines Stempels. Historische und archivarische Anmerkungen anläßlich des juristischen Streites um das IV. hamburgische Staatssiegel. Vorträge und Aufsätze. Verein für Hamburgische Geschichte 31 (Hamburg 1995).

Eggenstein 1999 – G. Eggenstein, Balhorn – ein Dorf im Zentrum des Fernverkehrs. In: Chr. Stiegemann/M. Wemhoff (Hrsg.), 799 – Kunst und Kultur der Karolingerzeit. Karl der Große und Papst Leo III. in Paderborn. Beiträge zum Katalog (Mainz 2000) 401–405.

Eggenstein 2008 – G. Eggenstein, Balhorn, zentraler Ort am Hellweg. In: G. Eggenstein (Hrsg.), Eine Welt in Bewegung. Unterwegs zu Zentren des frühen Mittelalters. Begleitbuch zur Gemeinschaftsausstellung Historisches Museum im Marstall Paderborn – Schloss Neuhaus (München, Berlin 2008) 114–133.

Eggenstein 2013 – G. Eggenstein, Balhorn. Germanische Altertumskunde Online (de Gruyter) 2013.

Eggenstein et al. 2008 – G. Eggenstein, Eine Welt in Bewegung. Unterwegs zu Zentren des frühen Mittelalters. Begleitbuch zur Gemeinschaftsausstellung Historisches Museum im Marstall Paderborn – Schloss Neuhaus (München, Berlin 2008).

Ehlers 1995 – Jo. Ehlers, Das früh- und hochmittelalterliche Sachsen als historische Landschaft. In: J. Dahlhaus/A. Kohnle (Hrsg.), Papstgeschichte und Landesgeschichte [Festschr. H. Jakobs]. Beih. zum Archiv für Kulturgeschichte 9 (Köln, Weimar, Wien 1995) 17–36.

Ehlers 1995 – Jü. Ehlers (Hrsg.), Geologische Karte von Hamburg 1:25.000. Erläuterungen zu Blatt Nr. 2425 Hamburg (Hamburg 1995).

Ehlers 2007 – C. Ehlers, Die Integration Sachsens in das fränkische Reich (751–1024). Veröffentlichungen des Max-Planck-Instituts für Geschichte 231 (Göttingen 2007).

Ehlers 2013 – C. Ehlers, *Totam provinciam illam in parochias episcopales divisit*. Erschließung des Raumes durch die Kirche am Beispiel Sachsens. In: C. Stiegemann/M. Kroker/W. Walter (Hrsg.), Credo. Christianisierung Europas im Mittelalter 1. Essays (Paderborn 2013) 330–340.

Ehlers et al. 2011 – J. Ehlers et al., Geologische Karte von Hamburg 1:25.000. Erläuterungen zu Blatt Nr. 2326 Fuhlsbüttel (Hamburg 2011).

Eichfeld/Schwank 2013 – I. Eichfeld/S. Schwank, Im Schutze der Burg – Jevers alten Häfen auf der Spur. Archäologie in Niedersachsen 16, 2013, 115–118.

Eichfeld *im Druck* – I. Eichfeld/H. Jöns/S. Schwank, Groothusen in der Krummhörn (Ldkr. Aurich): Alte und neue Untersuchungen zu einem frühmittelalterlichen Handelsort in Ostfriesland. Vorbericht zum SPP-Häfen. *Im Druck*.

Ellger/Holtfester 2013 – O. Ellger/U. Holtfester, Domkloster und Domkirche in Münster – eine komplexe Verbindung. Archäologie in Westfalen-Lippe 2013, 97–101.

Ellmers 1972 – D. Ellmers, Frühmittelalterliche Handelsschiffahrt in Nord- und Mitteleuropa (Kiel 1972).

Ellmers 1986 – D. Ellmers, Die Bedeutung der Friesen für die Handelsverbindungen des Ostseeraumes bis zur Wikingerzeit. Jahrbuch der Gesellschaft für bildende Kunst u. vaterländische Altertümer zu Emden 66, 1986, 5–64.

Elsner 1998 – H. Elsner, Wikinger Museum Haithabu: Schaufenster einer frühen Stadt. (Neumünster 1989).

Emmerich 1957 – W. Emmerich, Landesburgen in ottonischer Zeit. Archiv für Geschichte u. Altertumskunde von Oberfranken 37,3, 1957, 50–97.

Engberg/Kieffer-Olsen 1992 – N. Engberg/J. Kieffer-Olsen, Kirkegårdens grøft. Nationalmuseets Arbejdsmark 1992, 168–177.

Englert 2000 – A. Englert, Large Cargo Vessels in Danish Waters 1000–1250. Diss. Univ. Kiel 2000.

Englert/Trakadas 2009 – A. Englert/A. Trakadas (Hrsg.), Wulfstan's Voyage. The Baltic Sea region in the early Viking Age as seen from shipboard [Conference Wismar 2004]. Maritime Culture of the North 2 (Roskilde 2009).

Ernst 1976 – R. Ernst, Die Nordwestslaven und das fränkische Reich. Beobachtungen zur Geschichte ihrer Nachbarschaft und zur Elbe als nordöstlicher Reichsgrenze bis in die Zeit Karls des Großen. Osteuropastudien der Hochschulen des Landes Hessen, R. I. Gießener Abhandlungen zur Agrar- u. Wirtschaftsordnung des europäischen Ostens 74 (Berlin 1976).

Ettel 2001 – P. Ettel, Karlburg – Rossthal – Oberammerthal. Studien zum frühmittelalterlichen Burgenbau in Nordbayern. Frühgeschichtliche und Provinzialrömische Archäologie. Materialien u. Forschungen 5 (Rahden/Westf. 2001).

Ettel 2006 – P. Ettel, Frühmittelalterlicher Burgenbau in Nordbayern und die Entwicklung der Adelsburg. Forschungen zu Burgen u. Schlössern 9, 2006, 33–48.

Ettel 2007 – P. Ettel, Die Burgen der Schweinfurter – historische und archäologische Überlieferung. In: H.-J. Beier/P. Sachenbacher (Hrsg.), Der Orlagau im frühen und hohen Mittelalter. Beiträge zur Frühgeschichte u. zum Mittelalter Ostthüringens 3 (Langenweißbach 2007) 185–197.

Ettel 2008a – P. Ettel, Zentralorte im frühen Mittelalter zwischen Alpen und Ostsee. In: Eggenstein et al. (Hrsg.), Eine Welt in Bewegung. Unterwegs zu Zentren des frühen Mittelalters. Begleitbuch zur Gemeinschaftsausstellung Historisches Museum im Marstall Paderborn – Schloss Neuhaus (München, Berlin 2008) 16–25.

Ettel 2008b – P. Ettel, Karlburg am Main – vom fränkischen Königshof mit Burg(en) und Kloster zum bischöflichen Zentralort. Ebenda 76–82.

Ettel 2008c – P. Ettel, Zum Stand der frühmittelalterlichen Burgenforschung in Deutschland. In: P. Ettel/A.-M. Flambard Héricher/T. E. McNeill (Hrsg.), Études de castellologie médiévale; bilan des recherches en castellologie; actes du colloque international de Houffalize (Belgique) 4–10 septembre 2006. Château Gaillard 23 (Caen 2008) 161–186.

Ettel 2008d – P. Ettel, »Scherben bringen Glück« – kulturhistorische und soziale Erkenntnisse anhand der Keramik aus Karlburg. In: G. Eggenstein et al. (Hrsg.), Eine Welt in Bewegung. Unterwegs zu Zentren des frühen Mittelalters. Begleitbuch zur Gemeinschaftsausstellung Historisches Museum im Marstall Paderborn – Schloss Neuhaus – Mainfränkisches Museum Würzburg Festung Marienberg (München, Berlin 2008) 102–106.

Ettel 2010 – P. Ettel, Burgenbau unter den Franken. In: G. U. Großmann/H. Ottomeyer (Hrsg.), Die Burg. Wissenschaftlicher Begleitband zu den Ausstellungen »Burg und

Herrschaft« und »*Mythos Burg*« (Dresden 2010) 34–49.

Ettel 2011 – P. Ettel, Der frühmittelalterliche Zentralort Karlburg am Main mit Königshof, Marienkloster und zwei Burgen in karolingisch-ottonischer Zeit. In: J. Macháček/Š. Ungerman (Hrsg.), Frühgeschichtliche Zentralorte in Mitteleuropa. Studien zur Archäologie Europas 14 (Bonn 2011) 459–478.

Ettel 2012a – P. Ettel, Die Entwicklung des frühmittelalterlichen Burgenbaus in Süddeutschland bis zur Errichtung von Ungarnburgen und Herrschaftszentren im 10. Jahrhundert. In: P. Ettel/A.-M. Flambard Héricher/T. E. McNeill (Hrsg.), Études de castellologie médiévale. L'Origine du château médiéval. Actes du Colloque International de Rindern (Allemagne) 28 août–3 septembre 2010. Château Gaillard 25 (Caen 2012) 139–158.

Ettel 2012b – P. Ettel, »Ungarnburgen – Ungarnrefugien – Ungarnwälle«. Zum Stand der Forschung. In: T. Bitterli-Waldvogel (Hrsg.), Zwischen Kreuz und Zinne [Festschr. B. Schock-Werner] (Braubach 2012) 45–66.

Ettel 2013a – P. Ettel, Der kirchliche Burgenbau im frühen Mittelalter (7.–11. Jh.) aus archäologischer Sicht. In: J. Zeune (Hrsg.), Burg und Kirche. Herrschaftsbau im Spannungsfeld zwischen Politik und Religion. Kolloquium des Wissenschaftlichen Beirats der Deutschen Burgenvereinigung Würzburg 2011. Veröffentlichungen der Deutschen Burgenvereinigung. R. B 13 (Braubach 2013) 95–113.

Ettel 2013b – P. Ettel, Zentralorte und Zentralräume des Frühmittelalters in Süddeutschland. Ein Forschungsüberblick. In: P. Ettel/L. Werther (Hrsg.), Zentrale Orte und Zentrale Räume des Frühmittelalters in Süddeutschland. RGZM-Tagungen 18 (Mainz 2013) 1–46.

Ettel 2013c – P. Ettel, Burgen und Befestigungen in Niedersachsen vom 7. bis 11. Jahrhundert. Archäologie in Niedersachsen 2013, 29–35.

Ettel 2014a – P. Ettel, Befestigungen, Burgen und ihre Rolle im Rahmen der Erschließung des Wasserverkehrsweges zwischen Rhein und Donau im Frühmittelalter. In: O. Heinrich-Tamaska (Hrsg.), Festschrift Szöke (2014).

Ettel 2014b – P. Ettel, Sicherung der Verkehrswege durch Burgen und Herrschaftszentren. In: P. Ettel/F. Daim/S. Berg-Hobohm et al. (Hrsg.), Großbaustelle 793. Das Kanalprojekt Karls des Großen zwischen Rhein und Donau. Mosaiksteine 11 (Mainz 2014) 67–72.

Ettel et al. 2013 – P. Ettel/L. Werther/P. Wolters, Vorbericht zu den Untersuchungen 2009 bis 2012 im Königsgutbezirk und Pfalzgebiet Salz, Lkr. Neustadt a. d. Saale. Beiträge zur Archäologie in Ober- u. Unterfranken 8, 2013, 213–248.

Ettel et al. 2014 – P. Ettel/F. Daim/S. Berg-Hobohm et al. (Hrsg.), Großbaustelle 793. Das Kanalprojekt Karls des Großen zwischen Rhein und Donau. Mosaiksteine 11 (Mainz 2014).

Ettel/Werther 2013 – P. Ettel/Lukas Werther (Hrsg.), Zentrale Orte und zentrale Räume des Frühmittelalters in Süddeutschland. RGZM-Tagungen 18 (Mainz 2013).

Evison 1979 – V. I. Evison, Corpus of Wheel-Thrown Pottery in Anglo-Saxon Graves (Leeds 1979).

Ewersen 2008 – J. Ewersen, Der harten Schale weicher Kern – Bruchspuren an Muschelschalen aus der Bremer Altstadt des 11. bis 12. Jahrhunderts. Bremer Archäologische Blätter N. F. 7, 2008, 199–206.

Ey 2000 – J. Ey, Die Burganlage »Woltersberg« bei Jever. In: Oldenburger Landesverein für Geschichte, Natur- und Heimatkunde e.V./Staatliches Museum für Naturkunde und Vorgeschichte Oldenburg (Hrsg.), Archäologische Denkmäler zwischen Weser und Ems. Archäologische Mitteilungen aus Nordwestdeutschland Beih. 34 (Oldenburg 2000) 282–285.

Fabech 1999 – C. Fabech, Centrality in sites and landscapes. In: C. Fabech/J. Ringtved (Hrsg.), Settlement and Landscape. Proceedings of a conference in Århus, Denmark, May 4–7, 1998 (Højbjerg 1999) 455–473.

Fehring 1972a – G. P. Fehring, Eine mehrperiodige Abschnittsbefestigung oberhalb der frühmittelalterlichen Kirchenfamilie zu Unterregenbach, Kr. Crailsheim. Archäologisches Korrespondenzblatt 2, 1972, 219–223.

Fehring 1972b – G. P. Fehring, Frühmittelalterliche Wehranlagen in Südwestdeutschland. Actes du Colloque International tenu a Hindsgavl (Dänemark), 1–6 Septembre 1970. Château Gaillard 5 (Caen 1972) 37–54.

Fehring 1980 – G. P. Fehring, Alt Lübeck. Der slawische Burgwall Alt Lübeck. In: Archäologie in Lübeck. Erkenntnisse von Archäologie und Bauforschung zur Geschichte und Vorgeschichte der Hansestadt (Lübeck 1980) 28–32.

Fehring 1981 – G. P. Fehring, Ein neuentdeckter slawischer Burgwall bei Klempau, Kreis Herzogtum Lauenburg, und seine Funde. Offa 38, 1981, 277–288.

Fehring 1992 – G. P. Fehring, Die frühstädtische Burgwall-Siedlung Alt Lübeck in jungslawischer Zeit. In: H. W. Böhme (Hrsg.), Siedlungen und Landesausbau zur Salierzeit 1. In den nördlichen Landschaften des Reiches (Sigmaringen 1992) 233–261.

Feiner 2013 – D. Feiner, Wohnen unter einem Dach? Zum Verhältnis von Slawen und Deutschen der Ostsiedlungszeit am Beispiel der aktuellen Ausgrabungen in Hitzacker/Elbe. In: I. Heske/H.-J. Nüsse/J. Schneeweiß (Hrsg.), »Landschaft, Besiedlung und Siedlung«. Archäologische Studien im nordeuropäischen Kontext. [Festschr. K.-H. Willroth] Göttinger Schriften zur Vor- u. Frühgeschichte 33 (Neumünster, Hamburg 2013) 255–266.

Feveile 2006a – C. Feveile (Hrsg.), Det ældste Ribe. Udgravninger på nordsiden af Ribe Å 1984–2000. Jysk Arkæologisk Selskabs Skrifter 51,1 (Aarhus 2006).

Feveile 2006b – C. Feveile, Ribe på nordsiden af åen, 8.–12. århundrede. In: ders. (Hrsg.), Ribe Studier 1,1 (Aarhus 2006) 13–63.

Feveile 2006c – C. Feveile, Mønterne fra det ældste Ribe. Ebenda 279–312.

Feveile 2006d – C. Feveile, ASR 8 Rosenallé. In: ders. (Hrsg.), Ribe Studier 1,2 (Aarhus 2006) 65–118.

Feveile 2006e – C. Feveile, ASR 1000 Ribelund II. Ebenda 267–287.

Ficker 1877–1878 – J. Ficker, Beiträge zur Urkundenlehre (Innsbruck 1877–1878).

Fingerlin 2007 – G. Fingerlin, Auf Äckern und Baustellen aufgelesen: Kleinfunde aus Buntmetall – seltene Zeugnisse profanen Kunsthandwerks der Karolingerzeit. Archäologische Nachrichten aus Baden 74/75, 2007, 32–41.

Fischer 2005 – E. Fischer, Die frühmittelalterliche Domburg von Osnabrück. In: H. Queckenstedt/B. Zehm (Hrsg.), Der Dom als Anfang. 1225 Jahre Bistum und Stadt Osnabrück (Osnabrück 2005) 231–260.

Flachenecker 1996 – H. Flachenecker, Der Bischof und sein Bischofssitz: Würzburg – Eichstätt – Bamberg im Früh- und Hochmittelalter. Römische Quartalschrift für christliche Altertumskunde u. Kirchengeschichte 91, 1996, 148–181.

Flachenecker 2007 – H. Flachenecker, Zentren der Kirche in der Geschichtslandschaft Franken. In: C. Ehlers (Hrsg.), Places of Power = Orte der Herrschaft = Lieux du pouvoir. Veröffentlichungen des Max-Planck-Instituts für Geschichte 11,8 (Göttingen 2007) 247–261.

Fliedner 1979 – S. Fliedner, Der frühromanische Dom zu Bremen. In: D. Löhr (Red.), Der Bremer Dom, Baugeschichte – Ausgrabungen – Kunstschätze. Hefte des Focke-Museums: Ausstellungen – Berichte – Wegweiser 52 (Bremen 1979).

Först 2002 – E. Först, Die spätsächsische Siedlung von Klecken, Ldkr. Harburg. Hammaburg N. F. 13, 2002, 67–74.

Först 2007 – E. Först, Die Altgrabung »Neue Burg« in Hamburg – das Fundmaterial. Nachrichten aus Niedersachsens Urgeschichte 76, 2007, 101–137.

Först 2013 – E. Först, Zurück ins Mittelalter Hamburgs – Archäologische Spurensuche zwischen Petrikirche, *Bischofsturm* und Domplatz. Unveröff. Manuskript Hamburg 2013.

Först *im Druck* – E. Först, Hamburgs verschwundene Klöster im Spiegel der historischen und archäologischen Überlieferung. In: M. Gläser (Hrsg.), Lübecker Kolloquium zur Stadtarchäologie im Hanseraum 9 (Lübeck 2014). *Im Druck*.

Frandsen/Madsen/Mikkelsen 1990 – L. B. Frandsen/P. K. Madsen/H. Mikkelsen, Byudgravninger og byarkæologiske undersøgelser i Ribe 1983–89. By, marsk og geest kulturhistorisk tidsskrift for Sydvestjylland 1, 1989 (1990), 2–27.

Freeden/Schnurbein 2002 – U. von Freeden/S. v. Schnurbein (Hrsg.), Spuren der

Jahrtausende. Archäologie u. Geschichte in Deutschland (Stuttgart 2002).

Freise 1983a – E. Freise, Das Frühmittelalter bis zum Vertrag von Verdun (843). In: W. Kohl (Hrsg.), Westfälische Geschichte 1 (Düsseldorf 1983) 275–335.

Freise 1983b – E. Freise, Die Sachsenmission Karls des Großen und die Anfänge des Bistums Minden. In: H. Nordsieck (Hrsg.), An Weser und Wiehen. Beiträge zur Geschichte und Kultur einer Landschaft [Festschr. W. Brepohl]. Mindener Beiträge 20 (Minden 1983) 57–100.

Freise 1993 – E. Freise, Vom vorchristlichen *Mimigernaford* zum *honestum monasterium* Liudgers. In: F.-J. Jakobi (Hrsg.), Geschichte der Stadt Münster (Münster 1993) 1–51.

Freund 2007 – S. Freund, Bonifatius und die bayerischen Bistümer – Die hagiographische Sicht. In: F. J. Felten/J. Jarnut et al. (Hrsg.), Bonifatius – Leben und Nachwirkung (754–2004). Die Gestaltung des christlichen Europa im Frühmittelalter. Quellen u. Abhandlungen zur mittelrheinischen Kirchengeschichte 121 (Mainz 2007) 281–293.

Freund 2009 – S. Freund, Sachsen und das Reich am Todestag Ottos des Großen. In: Memleben. Königspfalz – Reichskloster – Propstei. Begleitpublikation zur historischen Dauerausstellung – »Memleben Sterbeort Kaiser Ottos des Großen« (Petersberg ²2009) 9–40.

Freund 2012 – S. Freund, Herrschaftsträger des Reiches: Konflikte und Konsens unter Otto I. In: M. Puhle/G. Köster (Hrsg.), Otto der Große und das Römische Reich. Kaisertum von der Antike zum Mittelalter (Regensburg 2012) 541–549.

Frey 2001 – K. Frey, Die Keramik und die Kleinfunde des Pennigsbergs. In: F. Biermann (Hrsg.), Pennigsberg. Untersuchungen zu der slawischen Burg bei Mittenwalde und zum Siedlungswesen des 7./8. Jahrhunderts am Teltow und im Berliner Raum. Beitr. Ur- u. Frühgeschichte Mitteleuropas 26 (Langenweißbach 2001) 113–227.

Frick 1993 – H.-J. Frick, Karolingisch-ottonische Scheibenfibeln des nördlichen Formenkreises. Offa 49/50, 1992/93 (1993), 243–463.

Fried 1990 – J. Fried, Ludwig der Fromme, das Papsttum und die Fränkische Kirche. In: P. Godman/R. Collins (Hrsg.), Charlemagne's heir. New perspectives on the reign of Louis the Pious (814–840) (Oxford 1990) 231–273.

Fried 1994 – J. Fried, s. v. »Nikolaus I.«. Theologische Realenzyklopädie 24, 1994, 535–540.

Fried 2007 – J. Fried, Donation of Constantine and Constitutum Constantini. The Misinterpretation of a Fiction and its Original Meaning (Berlin, New York 2007).

Friedland 2007 – N. Friedland, Die slawenzeitliche Besiedlung der Insel Olsborg im Großen Plöner See, Kreis Plön. Offa 61/62, 2004/05 (2007), 353–416.

Fries-Knoblach 2006 – J. Fries-Knoblach, Hausbau und Siedlungen der Bajuwaren bis zur Urbanisierung. Bayerische Vorgeschichtsblätter 71, 2006, 339–430.

Fritze 1960 – W. H. Fritze, Probleme der abodritischen Stammes- und Reichsverfassung. In: H. Ludat (Hrsg.), Siedlung und Verfassung der Slawen zwischen Elbe, Saale und Oder (Gießen 1960) 141–219.

Fritze 1984 – W. H. Fritze, Der slawische Aufstand von 983 – eine Schicksalswende in der Geschichte Mitteleuropas. In: E. Henning/W. Vogel (Hrsg.), Festschrift der Landesgeschichtlichen Vereinigung für die Mark Brandenburg zu ihrem hundertjährigen Bestehen 1884–1984 (Berlin 1984) 9–55.

Fuhrmann 1955 – H. Fuhrmann, Studien zur Geschichte mittelalterlicher Patriarchate 3. Der Patriarchatsplan Adalberts von Bremen. Zeitschrift der Savigny-Stiftung für Rechtsgeschichte, Kanonistische Abteilung 41, 1955, 120–170.

Gaasch 1952 – K.-H. Gaasch, Die mittelalterliche Pfarrorganisation in Dithmarschen, Holstein und Stormarn 1. Zeitschrift der Gesellschaft für Schleswig-Holsteinische Geschichte 76, 1952, 39–82.

Gabriel 1984 – Ingo Gabriel, Chronologie der Reitersporen. Starigard/Oldenburg. Hauptburg der Slawen in Wagrien 1. Stratigraphie und Chronologie (Archäologische Ausgrabungen 1973–1982). Offa-Bücher 52 (Neumünster 1984) 117–157.

Gabriel 1989 – I. Gabriel, Hof- und Sakralkultur sowie Gebrauchs- und Handelsgut im Spiegel der Kleinfunde von Starigard/Oldenburg. Berichte der Römisch-Germanischen Kommission 69, 1988 (1989), 103–291.

Gabriel/Kempke 1989 – I. Gabriel/T. Kempke, Zur Abfolge der Befestigungen in Starigard/Oldenburg. Berichte der Römisch-Germanischen Kommission 69, 1988 (1989), 48–54.

Gabriel/Kempke 1991a – I. Gabriel/T. Kempke, Ausgrabungsmethode und Chronologie. In: M. Müller-Wille (Hrsg.), Starigard/Oldenburg, Ein slawischer Herrschersitz des frühen Mittelalters in Ostholstein (Neumünster 1991) 123–147.

Gabriel/Kempke 1991b – I. Gabriel/T. Kempke, Baubefunde. Ebenda 149–179.

Gabriel 2001 – I. Gabriel 2001, Kat.-Nr. 36d; 37; 73; 74. In: M. Puhle (Hrsg.), Otto der Große – Magdeburg und Europa 2 – Katalog (Magdeburg 2001) 67–69 u. 102 f.

Gai/Mecke 2004 – S. Gai/B. Mecke, *Est locus insignis* ... Die Pfalz Karls des Großen in Paderborn und ihre bauliche Entwicklung bis zum Jahre 1002. Denkmalpflege u. Forschung in Westfalen 40,2 (Mainz 2004).

Gauert 1965 – A. Gauert, Zur Struktur und Topographie der Königspfalzen. In: Deutsche Königspfalzen: Beiträge zu ihrer historischen und archäologischen Erforschung. 2. Veröffentlichungen des Max-Planck-Instituts für Geschichte 11,2 (Göttingen 1965) 1–60.

Gebers 1981/1986 – W. Gebers, Bosau. Untersuchung einer Siedlungskammer in Ostholstein 5. Der slawische Burgwall auf dem Bischofswarder 1. Katalog u. Beilagen (Neumünster 1981).

Gebers 1986 – W. Gebers, Bosau. Untersuchung einer Siedlungskammer in Ostholstein 5. Der slawische Burgwall auf dem Bischofswarder 2. Auswertung der Funde u. Befunde (Neumünster 1986).

Gebers 2004 – W. Gebers, Rullstorf. 20 Jahre Archäologie am Rande der Elbmarsch. In: M. Fansa/F. Both/H. Haßmann (Hrsg.), Archäologie Land Niedersachsen. 25 Jahre Denkmalschutzgesetz – 400 000 Jahre Geschichte (Katalog Ausstellung Oldenburg 2004/05). Archäologische Mitteilungen aus Nordwestdeutschland Beih. 42 (Stuttgart 2004) 412–416.

Gebuhr 2007 – R. Gebuhr, *Jarina* und *Liubusua*. Kulturhistorische Studie zur Archäologie frühgeschichtlicher Burgen im Elbe-Elster-Raum. Studien zur Archäologie Europas 6 (Bonn 2007).

Geibig 1991 – F. Geibig, Beiträge zur morphologischen Entwicklung des Schwertes im Mittelalter. Eine Analyse des Fundmaterials vom ausgehenden 8. bis zum 12. Jahrhundert aus Sammlungen der Bundesrepublik. Offa-Bücher 71 (Neumünster 1991).

Geibig 1993 – A. Geibig, Der Hort eines Edelmetallschmiedes aus der frühslawischen Siedlung Rostock-Dierkow. Die Schwertgefäßteile. Offa 49/50, 1992/93 (1993), 215–227.

Gelting 2004 – M. Gelting, Elusive Bishops: Remembering, Forgetting, and Remaking the History of the Early Danish Church. In: S. Gilsdorf (Hrsg.), The Bishop: Power and Piety at the First Millennium. Neue Aspekte der europäischen Mittelalterforschung 4 (Münster 2004) 169–200.

Gensen 1975a – R. Gensen, Christenberg, Burgwald und Amöneburger Becken in der Merowinger- und Karolingerzeit. In: W. Schlesinger (Hrsg.), Althessen im Frankenreich. Nationes 2 (Sigmaringen 1975) 121–172.

Gensen 1975b – R. Gensen, Frühmittelalterliche Burgen und Siedlungen in Nordhessen. In: Ausgrabungen in Deutschland Teil 1. Vorgeschichte, Römerzeit. Monographien des Römisch-Germanischen Zentralmuseums Mainz 1,1 (Mainz 1975) 313–337.

Gensen 1997 – R. Gensen, Ein Keramikkomplex mit dem Schlußdatum 753 vom Christenberg, Gde. Münchhausen am Christenberg, Kreis Marburg-Biedenkopf. In: D. Bérenger (Hrsg.), Archäologische Beiträge zur Geschichte Westfalens. [Festschr. K. Günther] Internationale Archäologie Studia honoraria 2 (Rahden/Westf 1997) 219–228.

Gerds 2006 – M. Gerds, Scandinavian burial rites on the southern Baltic coast. Boat graves in cemeteries of early medieval trading places. In: A. Andrén/K. Jennbert/C. Raudvere (Hrsg.), Old Norse religion in long-term perspectives. Origins, changes, and interactions.

An international conference in Lund, Sweden, June 3–7, 2004. Vägar till Midgård 8 (Lund 2006) 153–158.

Gerlach 2001 – S. Gerlach, Ein fränkisches Gräberfeld bei Salz, Lkr. Rhön-Grabfeld: Erste archäologische Quellen zu den Ursprüngen des karolingischen »*fiscus salz*«. Bericht der Bayerischen Bodendenkmalpflege 41/42, 2000/2001 (2001), 195–202.

Giertz 1996 – W. Giertz, Middle Meuse Valley Ceramics of Huy-type: a Preliminary Analysis. Medieval Ceramics 20, 1996, 33–64.

Giertz 2004 – W. Giertz, Foreign influx in the formation of the Rhenish Vorgebirge pottery industries. Danubian-type wasters from Walberberg, c. 500 A. D. In: V. Hincker/Ph. Husi (Hrsg.), La Céramique du Haut Moyen Âge dans le nord-ouest de l'Europe Ve-Xe siècles. Actes du Colloque de Caen 2004 (Condé-sur-Noireau 2006) 289–314.

Giertz/Ristow 2013 – W. Giertz/S. Ristow, Goldtessellae und Fensterglas. Neue Untersuchungen zur Herstellung und Nutzung von Glas im Bereich der karolingerzeitlichen Pfalz Aachen. Antike Welt 5, 2013, 59–66.

Giese 1992 – W. Giese, Reichsstrukturprobleme unter den Saliern – der Adel in Ostsachsen. In: S. Weinfurter (Hrsg.): Die Salier und das Reich 1 (Sigmaringen ²1992) 273–308.

Giese 2008 – W. Giese, Heinrich I. Begründer der ottonischen Herrschaft. Gestalten des Mittelalters und der Renaissance (Darmstadt 2008).

Giseke 1792 – O. Giseke, Geschichte Hamburgs. Erster Teil (Hamburg 1792).

Giesler 1997 – J. Giesler, Der Ostalpenraum vom 8. bis 11. Jahrhundert. Frühgeschichtliche und Provinzialrömische Archäologie 1 (Rahden/Westf. 1997).

Glaeske 1962 – G. Glaeske, Die Erzbischöfe von Hamburg-Bremen als Reichsfürsten (937–1258). Quellen u. Darstellungen zur Geschichte Niedersachsens 60 (Hildesheim 1962).

Glaß/Gossler/Kinkeldey 2013 – S. Glaß/N. Gossler/T. Kinkeldey, Frühe Slawen in der Westprignitz. In: K.-H. Willroth et al. (Hrsg.), Slawen an der unteren Mittelelbe. Untersuchungen zur ländlichen Besiedlung, zum Burgenbau, zu Besiedlungsstrukturen und zum Landschaftswandel. Beiträge zum Kolloquium vom 7.–9. April 2010 in Frankfurt a. M. Frühmittelalterliche Archäologie zwischen Ostsee u. Mittelmeer 4 (Wiesbaden 2013) 39–52.

Gockel 1970 – M. Gockel, Karolingische Königshöfe am Mittelrhein (Göttingen 1970).

Gockel 1992 – M. Gockel, Die Westausdehnung Thüringens im frühen Mittelalter im Lichte der Schriftquellen. In: M. Gockel (Hrsg.), Aspekte thüringisch-hessischer Geschichte (Marburg/Lahn 1992) 49–66.

Godwin 1962a – H. Godwin, Radiocarbon Dating: Fifth International Conference. Nature 195, 1962, 943–945.

Godwin 1962b – H. Godwin, Half-life of Radiocarbon: Fifth International Conference. Nature 195, 1962, 984.

Goetting 1984 – H. Goetting, Die Hildesheimer Bischöfe von 815 bis 1221 (1227). Germania sacra, N. F. 20. Bistümer der Kirchenprovinz Mainz. Bistum Hildesheim 3 (Berlin, New York 1984).

Goetting 1993 – H. Goetting, Die Anfänge des Bistums Hildesheim und Bernwards Vorgänger. In: M. Brandt/A. Eggebrecht (Hrsg.), Bernward von Hildesheim und das Zeitalter der Ottonen 1 (Hildesheim 1993) 261–268.

Goetz 1993 – H.-W. Goetz, Geschichtsschreibung und Recht. Zur rechtlichen Legitimierung des Bremer Erzbistums in der Chronik Adams von Bremen. In: S. Urbanski/C. Lamschus/J. Ellermeyer (Hrsg.), Recht und Alltag im Hanseraum. [Festschr. G. Theuerkauf] (Lüneburg 1993) 191–205

Goetz 2006 – H.-W. Goetz (Hrsg.), Konrad I. – Auf dem Weg zum »Deutschen Reich«?« (Bochum 2006).

Goez 1983 – W. Goez, Das Erzbistum Hamburg-Bremen im Investiturstreit. Jahrbuch der Wittheit zu Bremen 27, 1983, 29–47.

Goltz 1989 – B. Goltz, Die slawische Burg von Klein Gladebrügge, Kreis Segeberg. Offa 46, 1989, 159–222.

Grabolle 2007 – R. Grabolle, Die frühmittelalterliche Burg auf dem Johannisberg bei Jena-Lobeda im Kontext der Besiedlung des mittleren Saaletals. Jenaer Schriften zur Vor- u. Frühgeschichte 3 (Langenweissbach 2007).

Gräslund 2003 – A.-S. Gräslund, The Role of Scandinavian Women in Christianisation: The Neglected Evidence. In: M. Carver (Hrsg.), The Cross Goes North. Processes of Conversion in Northern Europe, AD 300–1300 (Woodbridge 2003) 483–496.

Grenz 1961 – R. Grenz, Die slawischen Funde aus dem hannoverschen Wendland (Neumünster 1961).

Grewe 2002 – K. Grewe, Der *Kanhave-Kanal* auf Samsø und der Mühlengraben von Sorø. Zwei bedeutende Technikbauten des Mittelalters in Dänemark. In: P. Ettel/R. Friedrich/W. Schier (Hrsg.), Interdisziplinäre Beiträge zur Siedlungsarchäologie. Gedenkschrift für Walter Janssen. Internationale Archäologie. Studia honoraria 17 (Rahden/Westf. 2002) 129–135.

Grimm 1968 – P. Grimm, Tilleda, eine Königspfalz am Kyffhäuser 1. Hauptburg. Schriften der Sektion für Ur- u. Frühgeschichte 24 (Berlin 1968).

Grimm 1990 – P. Grimm, Tilleda. Eine Königspfalz am Kyffhäuser 2. Die Vorburg und Zusammenfassung. Schriften zur Ur- u. Frühgeschichte 40 (Berlin 1990).

Gringmuth-Dallmer 1993 – E. Gringmuth-Dallmer, Frühe Zentren im südlichen Ostseegebiet zwischen Elbe und Oder. In: S. Moździoch (Hrsg.), Lokalne ośrodki władzy państwowej w XI – XII wieku w Europie Środkowo-Wschodniej. Spotkania Bytomskie 1 (Wrocław 1993) 77–89.

Gringmuth-Dallmer 1999 – E. Gringmuth-Dallmer, Methodische Überlegungen zur Erforschung zentraler Ort in ur- und frühgeschichtlicher Zeit. In: S. Moździoch (Hrsg.), Centrum i zaplecze we wczesnośredniowiecznej Europie Środkowej. Spotkania Bytomskie 3 (Wrocław 1999) 9–29.

Gringmuth-Dallmer 2011 – E. Gringmuth-Dallmer, Zentren unterschiedlichen Ranges im nordwestslawischen Gebiet. In: J. Macháček/Š. Ungerman (Hrsg.), Frühgeschichtliche Zentralorte in Mitteleuropa. Internationale Konferenz und Kolleg der Alexander-von-Humboldt-Stiftung zum 50. Jahrestag des Beginns archäologischer Ausgrabungen in Pohansko bei Břeclav, 5.–9.10.2009, Břeclav, Tschechische Republik. Studien zur Archäologie Europas 14 (Bonn 2011) 431–440.

Grønnegaard 2000 – T. Grønnegaard, Detektorfundene i magtens landskab. In: M. Hendriksen (Hrsg.), Detektorfund – hvad skal vi med dem? Skrifter fra Odense Bys Museer 5, 2000, 123–125.

Grootes/Nadeau/Rieck 2004 – P. M. Grootes/M.-J. Nadeau/A. Rieck, ^{14}C–AMS at the Leibniz-Labor–Radiometric dating and isotope research. Nuclear Instruments and Methods, Sect. B223–224, 2004, 55–61.

Gross 2008 – U. Gross, Im Kreuz ist Heil – Seltene Fibelformen der Karolingerzeit aus dem Neckarmündungsgebiet. Archäologische Nachrichten aus Baden, 76/77, 2008, 78–79.

Grote 2003 – K. Grote, Bernshausen. Archäologie und Geschichte eines mittelalterlichen Zentralortes am Seeburger See. Zeitschrift für Archäologie des Mittelalters Beih. 16 (Bonn 2003).

Grube 1962 – F. Grube, Die Gliederung der Saale-(Riß-)Kaltzeit im Hamburger Raum. Fundamenta, B 2, 1962, 168–195.

Grube 1970 – F. Grube, Baugeologie der Lockergesteine im weiteren Hamburger Raum. In: Grundbau Taschenbuch 1, Ergänzungsbd. (Berlin, München, Düsseldorf 1970) 109–160.

Grube 1972 – F. Grube, Tunnel-Baugeologie im Lockergestein 1. Geologische Erkundung. Straße Brücke Tunnel 24,9, 1972, 225–234.

Grube/Vladi/Vollmer 1976 – F. Grube/V. Vladi/Th. Vollmer, Erdgeschichtliche Entwicklung des unteren Alstertales. Mitteilungen aus dem Geologisch-Paläontologischen Institut der Universität Hamburg, Sonderbd Alster (Hamburg 1976) 43–56.

Haarnagel 1955 – W. Haarnagel, Die frühgeschichtliche Handelssiedlung Emden und ihre Entwicklung bis ins Mittelalter. Jahrbuch der Gesellschaft für Bildende Kunst u. Vaterländische Altertümer zu Emden 35, 1955, 9–78.

Haarnagel 1971 – W. Haarnagel, Die Ringwallanlagen *Heidenschanze* und *Pipinsburg* im Kreis Wesermünde, Gemarkung Sievern. In: H. Ottenjahn (Hrsg.), Ringwall und Burg in der Archäologie West-Niedersachsens (Cloppenburg 1971) 11–18.

Haarnagel 1984 – W. Haarnagel, Die frühgeschichtliche Handelssiedlung Emden und ihre Entwicklung im Mittelalter. In: H. Jankuhn/K.

Schietzel/H. Reichstein (Hrsg.), Archäologische und naturwissenschaftliche Untersuchungen an ländlichen und frühstädtischen Siedlungen im deutschen Küstengebiet vom 5. Jahrhundert v. Chr. bis zum 11. Jahrhundert n. Chr. 2 Handelsplätze des frühen und hohen Mittelalters (Weinheim 1984) 114–135.

Haberstroh 1999a – J. Haberstroh, »*Birg*« Ringwallanlage und Abschnittsbefestigung. In: K. Leidorf/P. Ettel (Hrsg.), Burgen in Bayern (Stuttgart 1999) 114–115.

Haberstroh 1999b – J. Haberstroh, Schloßberg. Burg und Hauskloster der Grafen von Ebersberg. In: K. Leidorf/P. Ettel (Hrsg.), Burgen in Bayern (Stuttgart 1999) 92–93.

Hägermann 1983 – D. Hägermann, Karl der Große und die Karlstradition in Bremen. Jahrbuch der Wittheit zu Bremen 27, 1983, 49–80.

Hägermann 1985 – D. Hägermann, *Buten und Binnen* im 11. Jahrhundert. Welt und Umwelt bei Bremens erstem Geschichtsschreiber Magister Adam. Bremisches Jahrbuch 63, 1985, 15–32.

Hägermann 1989 – D. Hägermann, Mission, Bistumsgründung und fränkischer Staatsaufbau zwischen Weser und Elbe. In: D. Hägermann (Hrsg.), Bremen – 1200 Jahre Mission. Schriften der Wittheit zu Bremen N. F. 12 (Bremen 1989) 9–30.

Hägermann 1990 – D. Hägermann, 1100 Jahre Münze, Markt und Zoll in Bremen, Bremisches Jahrbuch 69, 1990, 21–44.

Hägermann/Weidinger/Elmshäuser 2012 – D. Hägermann/U. Weidinger/K. Elmshäuser (Hrsg.), Bremische Kirchengeschichte im Mittelalter. Bremische Kirchengeschichte 1 (Bremen 2012).

Hall 1916 – J. R. C. Hall, A concise Anglo-Saxon Dictionary (New York 1916).

Hallencreutz 1984 – C. F. Hallencreutz, Adam Bremensis and Sueonia. A fresh look at *Gesta Hammaburgensis Ecclesiae Pontificum*. Acta Universitatis Upsaliensis. Skrifter rörande Uppsala universitet C. Organisation och Historia 47 (Uppsala 1984).

Hanauska/Sonnemann 2012 – P. Hanauska/Th. Sonnemann, Neue und alte Erkenntnisse zur vorgeschichtlichen Besiedlung des Bürabergs bei Fritzlar-Ungedanken. In: B. Ramminger/H. Lasch (Hrsg.), Hunde – Menschen – Artefakte. [Festschr. G. Gallay] Internationale Archäologie. Studia honoraria 32 (Rahden/Westf. 2012) 87–98.

Hanewinkel 2004 – Ch. Hanewinkel, Die politische Bedeutung der Elbslawen im Hinblick auf die Herrschaftsveränderungen im ostfränkischen Reich und in Sachsen von 887–936. Diss. Univ. Münster 2004 (Internetpub.).

Hansen 1927 – W. Hansen, Bodenfunde in der Kreuslerstraße. Vorläufiger Bericht. Hamburger Geschichts- u. Heimatblätter 2, 1927, 142–148.

Harck 1993 – O. Harck, Fremdeinflüsse in Siedlungsbefunden der Frühgeschichte und des Mittelalters an der holsteinischen, schleswigschen und süddänischen Westküste. In: A. Lang/H. Parzinger/H. Küster (Hrsg.), Kulturen zwischen Ost und West. Das Ost-West-Verhältnis in vor- und frühgeschichtlicher Zeit und sein Einfluss auf Werden und Wandel des Kulturraums Mitteleuropa (Berlin 1993) 451–471.

Harck 1997 – O. Harck, Frühes Christentum zwischen Rhein und Elbe. In: M. Müller-Wille (Hrsg.), Rom und Byzanz im Norden. Mission und Glaubenswechsel im Ostseeraum während des 8.–14. Jahrhunderts. Abhandlungen der Wissenschaften und der Literatur Mainz. Abhandlungen der Geistes- u. Naturwissenschaftlichen Kl. Jahrgang 1997, 3,1 (Stuttgart 1997) 109–124.

Harck 2002 – O. Harck, Anmerkungen zur Frühgeschichte Hamburgs. In: R. Busch/O. Harck (Hrsg.), Domplatzgrabung in Hamburg 2. Veröffentlichungen des Helms-Museums, Hamburger Museum für Archäologie u. Geschichte Harburgs 89 (Neumünster 2002) 9–94.

Harck 2006 – O. Harck, Mittelalterliche Prunkgräber in Dänemark und Norddeutschland. In: C. von Carnap-Bornheim/D. Krausse/A. Wesse (Hrsg.), Herrschaft – Tod – Bestattung. Zu den vor- und frühgeschichtlichen Prunkgräbern als archäologisch-historische Quelle. Universitätsforschungen zur Prähistorischen Archäologie 139 (Bonn 2006) 207–217.

Harck 2007 – O. Harck, Archäologische und topographische Untersuchungen zur frühen Geschichte Hamburgs. In: B. Lachaise/B. Schmidt (Hrsg.), Bordeaux – Hamburg. Zwei Städte und ihre Geschichte. Bordeaux – Hambourg. Deux villes dans l'histoire. Beiträge zur Hamburgischen Geschichte 2 (Hamburg 2007) 126–138.

Harck/Kempke 2002 – O. Harck/T. Kempke, Archäologische Fundstellen des Mittelalters in der Hamburger Altstadt. In: O. Harck (Hrsg.), Hamburg Altstadt. Führer zu archäologischen Denkmälern in Deutschland 41 (Stuttgart 2002) 32–39.

Hårdh/Larsson 2002 – B. Hårdh/L. Larsson (Hrsg.), Central Places in the Migration and Merovingian Period. Kongress Lund 2001 (Lund 2002).

Hardt 2000 – M. Hardt, Linien und Säume, Zonen und Räume an der Ostgrenze des Reiches im frühen und hohen Mittelalter. In: H. Reimitz/W. Pohl (Hrsg.), Grenze und Differenz im frühen Mittelalter. Forschungen zur Geschichte des Mittelalters 1 (Wien 2000) 39–56.

Hardt 2001 – M. Hardt, Hesse, Elbe, Saale and the Frontiers of the Carolingian Empire. In: W. Pohl/I. Wood/H. Remitz (Hrsg.), The Transformation of Frontiers. From Late Antiquity to the Carolingians (Leiden, Boston, Köln 2001) 219–232.

Hardt 2002 – M. Hardt, Prignitz und Hannoversches Wendland. Das Fürstentum der slawischen Linonen im frühen und hohen Mittelalter. In: R. Aurig et al. (Hrsg.), Im Dienste der historischen Landeskunde. Beiträge zu Archäologie, Mittelalterforschung, Namenkunde u. Museumsarbeit vornehmlich in Sachsen [Festschr. G. Billig] (Beucha 2002) 95–103.

Hardt 2005a – M. Hardt, Zur Konzeption der Elbe als Reichsgrenze im frühen und hohen Mittelalter. In: C. v. Carnap-Bornheim/H. Friesinger (Hrsg.), Wasserwege: Lebensadern – Trennungslinien. Schriften des archäologischen Landesmuseums, Ergänzungsr. 3 (Neumünster 2005) 193–209.

Hardt 2005b – M. Hardt, Erfurt im Frühmittelalter. Überlegungen zu Topographie, Handel und Verkehr eines karolingerzeitlichen Zentrums anlässlich der 1200sten Wiederkehr seiner Erwähnung im Diedenhofener Kapitular Karls des Großen im Jahr 805. Mitteilungen des Vereins für Geschichte u. Altertumskunde Erfurt 66, N. F. 13, 2005, 9–39.

Hardt 2005c – M. Hardt, Die Ersterwähnung Magdeburgs im Diedenhofener Kapitular von 805. In: M. Puhle (Hrsg.), Magdeburg 1200. Mittelalterliche Metropole – Preußische Festung – Landeshauptstadt. Die Geschichte der Stadt von 805 bis 2005 (Stuttgart 2005) 42–43.

Hardt 2007 – M. Hardt, Die Donau als Verkehrs- und Kommunikationsweg zwischen der ostfränkischen Residenz Regensburg und den Zentren der mittleren Donau im 9. Jahrhundert. In: S. Freund/M. Hardt/P. Weigel (Hrsg.), Flüsse und Flusstäler als Wirtschafts- und Kommunikationswege. Siedlungsforschung 25 (Bonn 2007) 103–120.

Hardt 2010 – M. Hardt, Structures of power and religion according to the written sources. In: Ludowici et al. (Hrsg.) 2010, Trade and Communication Networks of the First Millenium AD in the northern part of Central Europe: Central Places, Beach Markets, Landing Places and Trading Centres. Neue Studien zur Sachsenforschung 1 (Stuttgart 2010) 345–355.

Hardt 2012 – M. Hardt, *Limites* und Marken. Frühe Grenzen in Mitteleuropa. In: A. Christ et al. (Hrsg.), Beiträge zur Tagung »*Entgrenzte Räume? Konstruktion und Relevanz von Grenzen im Wandel*« an der Otto-Friedrich-Universität Bamberg vom 14. bis 15. Januar 2011 (Bamberg 2012) 129–149.

Hardt 2013 – M. Hardt, Kirchenorganisation oder Aufstand: Die Christianisierung von Sorben, Elb- und Ostseeslawen in Ottonen- und Salierzeit. In: H. Kamp/M. Kroker (Hrsg.), Schwertmission. Gewalt und Christianisierung im Mittelalter (Paderborn, München, Wien, Zürich 2013) 53–66.

Hardt/Schulze 1992 – M. Hardt/H.-K. Schulze, Altmark und Wendland als deutsch-slawische Kontaktzone. In: R. Schmidt (Hrsg.), Wendland und Altmark in historischer und sprachwissenschaftlicher Sicht (Lüneburg 1992) 1–44.

Hartmann 1990 – W. Hartmann, König Ludwig der Deutsche. In: K. R. Schnith (Hrsg.), Mittelalterliche Herrscher in Lebensbildern. Von den Karolingern zu den Staufern (Graz, Wien, Köln 1990) 59–80.

Hartmann 2012 – F. Hartmann, Die späten Billunger, ihre sächsische Herzogsgewalt und ihr Erbe. In: W. Dörfler/L. Knoop/B. U. Hucker (Hrsg.), Das Jahr 1112. Ida von Elsdorf und ihre Zeitgenossen. Rotenburger Schriften 92 (Rotenburg 2012) 135–157.

Haselhoff 1937 – G. Haselhoff, Die Stellerburg. Die Ergebnisse der Ausgrabungen. Nordelbien 13, 1937, 48–76.

Haselhoff 1938 – G. Haselhoff, Die Ausgrabung der Stellerburg. Nachrichtenblatt der Deutschen Vorzeit 14,1, 1938, 20–21.

Haseloff 1989 – G. Haseloff, s. v. «Email, d. Emailfibeln". Reallexikon der germanischen Altertumskunde 7 (Berlin, New York 1989) 223–228.

Haseloff 1990 – G. Haseloff, Email im frühen Mittelalter. Frühchristliche Kunst von der Spätantike bis zu den Karolingern. Marburger Schriften zur Vor- u. Frühgeschichte. Sonderbd. 1 (Marburg 1990).

Hassmann 2011 – H. Hassmann, Archäologie. Berichte zur Denkmalpflege in Niedersachsen 31.3, 2011, 191–203.

Hatz 1993 – G. Hatz, Zur Münzprägung im Erzbistum Hamburg-Bremen in der Salierzeit. In: B. Kluge (Hrsg.), Fernhandel und Geldwirtschaft. Beiträge zum deutschen Münzwesen in sächsischer und salischer Zeit. Ergebnisse des Dannenberg-Kolloquiums 1990. Römisch-Germanisches Zentralmuseum Monographien 31. Berliner Numismatische Forschungen N. F. 1 (Sigmaringen 1993) 173–188.

Hatz 2001 – G. Hatz, Der Münzfund vom Goting-Kliff/Föhr. Numismatische Studien 14 (Regenstauf 2001).

Hauck 1912 – A. Hauck, Kirchengeschichte Deutschlands 2 (Leipzig $^{3.4}$1912).

Hävernick 1947 – W. Hävernick, Hamburg als karolingische Münzstätte. Hamburger Beiträge zur Numismatik 1, 1947, 9–13.

Hebers 2012 – K. Herbers, Geschichte des Papsttums im Mittelalter (Darmstadt 2012).

Hehl 1998 – E.-D. Hehl, Der widerspenstige Bischof. Bischöfliche Zustimmung und bischöflicher Protest in der ottonischen Reichskirche. In: G. Althoff/E. Schubert (Hrsg.), Herrschaftsrepräsentation im ottonischen Sachsen. Vorträge u. Forschungen 46 (Sigmaringen 1998) 295–344.

Heidecker 2010 – K. J. Heidecker, The Divorce of Lothar II: Christian Marriage and Political Power in the Carolingian World (Ithaca, London 2010).

Heine 1991 – H.-W. Heine, Frühe Burgen und Pfalzen in Niedersachsen. Von den Anfängen bis zum frühen Mittelalter. Wegweiser zur Vor- u. Frühgeschichte Niedersachsens H. 17 (Hildesheim 1991).

Heine 1992 – H.-W. Heine, Burgen der salischen Zeit in Niedersachsen – Ein Überblick. In: ders. (Hrsg.), Burgen der Salierzeit 1 (Sigmaringen 1992) 9–84.

Heine 1995 – H.-W. Heine, Frühe Burgen und Pfalzen in Niedersachsen. Von den Anfängen bis zum frühen Mittelalter. Wegweiser zur Vor- u. Frühgeschichte Niedersachsens 17 (Hildesheim ²1995).

Heine 2000a – H.-W. Heine, Die ur- und frühgeschichtlichen Burgwälle im Regierungsbezirk Hannover. Materialh. zur Ur- u. Frühgeschichte Niedersachsens R. A, Monografien H. 28 (Hannover 2000).

Heine 2000b – H.-W. Heine, Hünenburg bei Embsbüren. In: F. Both (Hrsg.), Archäologische Denkmäler zwischen Weser und Ems (Oldenburg 2000) 269–271.

Heine 2007 – H.-W. Heine, Keine Angst vor Reiterattacken. Archäologie in Niedersachsen 10, 2007, 106–110.

Heine 2008 – H.-W. Heine, Mittelalterliche Burgen in Niedersachsen und seinen Nachbarregionen. Rückblick auf 25 Jahre archäologische Forschung. In: P. Ettel/A.-M. Flambard Héricher/T. E. McNeill (Hrsg.), Études de castellologie médiévale; bilan des recherches en castellologie; actes du colloque international de Houffalize (Belgique) 4 – 10 septembre 2006. Château Gaillard 23 (Caen 2008) 211–224.

Heine 2012 – H.-W. Heine, Innovative Methoden zur Erfassung und Vermessung von Burgen in Wäldern und Flachgewässern (Niedersachsen). In: P. Ettel/A-M. Flambard Héricher/T. E. McNeill (Hrsg.), Études de castellologie médiévale. L'Origine du château médiéval. Actes du Colloque International de Rindern (Allemagne) 28 août–3 septembre 2010.
Château Gaillard 25 (Caen 2012) 197–202.

Heinemeyer 1995 – K. Heinemeyer, Erfurt im frühen Mittelalter. In: U. Weiß (Hrsg.), Erfurt. Geschichte und Gegenwart. Schriften des Vereins für die Geschichte u. Altertumskunde von Erfurt 2 (Weimar 1995) 45–66.

Heintz 1987 – C. Heintz, Die topographische Entwicklung des mittelalterlichen Stadtkerns unter besonderer Berücksichtigung der Bäckerstraße. In: B. Trier (Hrsg.), Ausgrabungen in Minden. Katalog der Ausstellung Minden 1987 (Münster 1987) 15–30.

Helling 1999 – W. Helling, Dorf und Domburg als alte bremische Siedlungsbereiche. Der Aufbau 54, Sonderh. (Bremen 1999).

Hengst 1992 – K. Hengst (Hrsg.), Westfälisches Klosterbuch – Lexikon der vor 1815 errichteten Stifte und Klöster von ihrer Gründung bis zur Aufhebung 1 – Ahlen - Mülheim. Veröffentlichungen der Historischen Kommission für Westfalen 44,1 (Münster 1992).

Hengst 1994 – K. Hengst (Hrsg.), Westfälisches Klosterbuch – Lexikon der vor 1815 errichteten Stifte und Klöster von ihrer Gründung bis zur Aufhebung 2 – Münster - Zwillbrock. Veröffentlichungen der Historischen Kommission für Westfalen 44,2 (Münster 1994).

Hengst 2003 – K. Hengst (Hrsg.), Westfälisches Klosterbuch – Lexikon der vor 1815 errichteten Stifte und Klöster von ihrer Gründung bis zur Aufhebung 3 – Institutionen und Spiritualität. Veröffentlichungen der Historischen Kommission für Westfalen 44,3 (Münster 2003).

Henning 1991 – J. Henning, Germanen – Slawen – Deutsche. Neue Untersuchungen zum frühgeschichtlichen Siedlungswesen östlich der Elbe. Prähistorische Zeitschrift 66, 1991, 119–133.

Henning 1998 – J. Henning, Archäologische Forschungen an Ringwällen in Niederungslage: die Niederlausitz als Burgenlandschaft des östlichen Mitteleuropas im frühen Mittelalter. In: ders./A. T. Ruttkay (Hrsg.), Frühmittelalterlicher Burgenbau in Mittel- und Osteuropa (Bonn 1998) 9–30.

Henning 2012 – J. Henning, Das Kastell *contra Magadaburg* von 806 AD und die karolingischen Kastelle an der Elbe-Saale-Grenze – Ausgrabungen auf dem Weinberg von Hohenwarthe. In: H. Meller (Hrsg.), Zusammengegraben. Kooperationsprojekte in Sachsen-Anhalt. Tagung vom 17. bis 20. Mai 2009 im Landesmuseum für Vorgeschichte Halle (Saale). Archäologie Sachsen-Anhalt, Sonderb. 16 (Halle/Saale 2012) 133–143.

Henning/Heußner 1992 – J. Henning/K.-U. Heußner, Zur Burgengeschichte im 10. Jahrhundert. Neue archäologische und dendrochronologische Daten zu Anlagen vom Typ Tornow. Ausgrabung u. Funde 37, 1992, 314–324.

Henning/Macphail 2004 – J. Henning/R. I. Macphail, Das karolingische *Oppidum* Büraburg: Archäologische und mikromorphologische Studien zur Funktion einer frühmittelalterlichen Bergbefestigung in Nordhessen. In: B. Hänsel (Hrsg.), *Parerga Praehistorica*. [Festschr. 15 Jahre UPA] Universitätsforschungen zur prähistorischen Archäologie 100 (Bonn 2004) 221–251.

Hensch 2005 – M. Hensch, Burg Sulzbach in der Oberpfalz: archäologisch-historische Forschungen zur Entwicklung eines Herrschaftszentrums des 8. bis 14. Jahrhunderts in Nordbayern. Materialien zur Archäologie in der Oberpfalz 3 (Büchenbach 2005).

Hensch 2011 – M. Hensch, Herrschaft, Wirtschaft und Verkehr. Zur Struktur herrschaftlicher Kernräume zwischen Regensburg und Forchheim in karolingischer und ottonischer Zeit. In: G. K. Stasch (Hrsg.), König Konrad I. – Herrschaft und Alltag. Begleitband zur Ausstellung 911 – Königswahl zwischen Karolingern und Ottonen. König Konrad der Erste – Herrschaft und Alltag. Kataloge/Vonderau-Museum Fulda 28 (Petersberg 2011) 143–167.

Hensch 2013 – M. Hensch, Zur Struktur herrschaftlicher Kernräume zwischen Regensburg und Forchheim in karolingischer, ottonischer und frühsalischer Zeit. In: P. Ettel/L. Werther (Hrsg.), Zentrale Orte und Zentrale Räume des Frühmittelalters in Süddeutschland. RGZM-Tagungen 8 (Mainz 2013) 267–308.

Hepp 2007 – D. Hepp, Die Bergkristall- und Karneolperlen von Haithabu und Schleswig – Ein Beitrag zu Handel und Handwerk im südlichen Ostseeraum. Berichte über die Ausgrabungen in Haithabu 36, 2007, 13–181.

Herbers 2005 – K. Herbers (Hrsg.), Mirakelberichte des frühen und hohen Mittelalters (Darmstadt 2005).

Herborn 2002 – W. Herborn, s. v. »Hamaland«. Lexikon des Mittelalters 4 (München 2002) 1882–1883.

Herrmann 1966 – J. Herrmann, Tornow und Vorberg. Ein Beitrag zur Frühgeschichte der Lausitz. Schriften der Sektion Vor- u. Frühgeschichte 21 (Berlin 1966).

Herrmann 1967 – J. Herrmann, Gemeinsamkeiten und Unterschiede im Burgenbau der slawischen Stämme westlich der Oder. Zeitschrift für Archäologie 1, 1967, 206–258.

Herrmann 1968 – J. Herrmann, Siedlung, Wirtschaft und gesellschaftliche Verhältnisse der slawischen Stämme zwischen Oder/Neiße und Elbe Studien auf der Grundlage archäologischen Materials. Schriften der Sektion für Vor- u. Frühgeschichte 23 (Berlin 1968).

Herrmann 1969 – J. Herrmann, Feldberg, Rethra und das Problem der wilzischen Höhenburgen. Slavia Antiqua 16, 1969, 33–69.

Herrmann 1973 – J. Herrmann, Die germanischen und slawischen Siedlungen und das mittelalterliche Dorf von Tornow, Kr. Calau. Schriften der Sektion für Vor- u. Frühgeschichte 26 (Berlin 1973).

Herrmann 1985 – J. Herrmann (Hrsg.), Die Slawen in Deutschland. Geschichte und Kultur der slawischen Stämme westlich von Oder und Neiße vom 6. bis 12. Jahrhundert. Ein Handbuch. Neubearbeitung, Veröffentlichung Zentralinstut Alte Geschichte u. Archäologie Akademie der Wissenschaften DDR 14 (Berlin 1985).

Herrmann 2006 – J. Herrmann, Ralswiek auf Rügen 4. Der Silberschatz vor 850. Naturwissenschaftliche Untersuchungen, Versuch einer Bilanz. Beiträge zur Ur- u. Frühgeschichte Mecklenburg-Vorpommern 45 (Schwerin 2006).

Herrmann 2009 – J. Herrmann, Gräbergruppen und Siedlungsstrukturen in Ralswiek im überregionalen Vergleich. In: F. Biermann/T. Kersting/A. Klammt (Hrsg.), Siedlungsstrukturen und Burgen im westslawischen Raum. Beiträge zur Ur- u. Frühgeschichte Mitteleuropas (Langenweissbach 2009) 317–326.

Herrmann/Heußner 1991 – J. Herrmann/K. U. Heußner, Dendrochronologie, Archäologie und Frühgeschichte vom 6. bis 12. Jh. In den Gebieten zwischen Saale, Elbe und Oder. Ausgrabungen u. Funde 36, 1991, 255–290.

Herrmann 2007 – V. Herrmann, Der »Limes Sorabicus« und Halle (Saale) im frühen Mittelalter. In: F. Biermann/T. Kersting (Hrsg.), Siedlung, Kommunikation und Wirtschaft im westslawischen Raum. Beiträge zur Ur- u. Frühgeschichte Mitteleuropas 46 (Langenweißbach 2007) 133–143.

Herrmann 2008a – V. Herrmann, Die frühmittelalterliche Burg »Greuth« in der Schwarzachaue bei Greding-Obermaising, Lkr. Roth. Beiträge zur Archäologie in Mittelfranken 8, 2008, 209–232.

Herrmann 2008b – V. Herrmann, Rheinfränkischer Landesausbau in Nordbayern am Beispiel der karolingisch-ottonischen Burg »Greuth«, Lkr. Roth. Germania 86, 2008, 724–761.

von Heß 1810 – J. L. von Heß, Hamburg topographisch, politisch und historisch beschrieben. Teil 1 (Hamburg ²1810)

Heske 2006 – I. Heske, Die Hünenburg bei Watenstedt, Ldkr. Helmstedt – Eine ur- und frühgeschichtliche Befestigung und ihr Umfeld. Göttinger Schriften zur Vor- u. Frühgeschichte 29 (Neumünster 2006).

Hesse 2009 – S. Hesse, Grenzen im Landkreis Rotenburg (Wümme). Betrachtungen zur regionalen Ausprägung eines kulturgeschichtlichen Phänomens. Archäologische Berichte des Landkreises Rotenburg (Wümme) 15, 2009, 5–41.

Hesse 2010 – St. Hesse, Möglichkeiten und Grenzen einer Stadtarchäologie im Landkreis Rotenburg (Wümme). Archäologische Berichte des Landkreises Rotenburg (Wümme) 16, 2010, 183–211.

Hilberg 2009 – V. Hilberg, Hedeby in Wulfstan's days. A Danish emporium of the Viking Age between West and East. In: A. Englert/A. Trakadas (Hrsg.), Wulfstan's Voyage. The Baltic Sea region in the early Viking Age as seen from shipboard. Maritime Culture of the North 2 (Roskilde 2009) 79–113.

Hingst 1959 – H. Hingst, Vorgeschichte des Kreises Stormarn. Veröffentlichungen des Landesmuseums für Vor- und Frühgeschichte in Schleswig. Die vor- u. frühgeschichtlichen Denkmäler u. Funde in Schleswig-Holstein 5 (Neumünster 1959).

Hinz 1996 – H. Hinz, Die Ausgrabungen und Forschungen in der Siedlungskammer Bosau, Kreis Ostholstein, von 1970–1981. Eine Zusammenfassung. In: ders. (Hrsg.), Bosau. Untersuchung einer Siedlungskammer in Ostholstein 7 (Neumünster 1996) 9–39.

Hock 1936 – G. Hock, Die *Eiringsburg* bei Bad Kissingen. Bayerische Vorgeschichtsblätter 13, 1936, 73–87.

Hoffman 1984 – E. Hoffman, Beiträge zur Geschichte der Beziehungen zwischen dem deutschen und dem dänischen Reich für die Zeit von 943 bis 1035. In: Chr. Radtke/W. Körber (Hrsg.), 850 Jahre St. Petri-Dom zu Schleswig 1134–1984 (Schleswig 1984) 105–132.

Hoffman 1989 – E. Hoffman, s. v. »Esesfeld«. Reallexikon Germanischer Altertumskunde 7 (Berlin, New York 1989) 566–567.

Hoffmann/Ellmers 1991 – P. Hoffmann/D. Ellmers, Ein Frachter aus der Zeit Karls des Großen. Bremer Archäologische Blätter N. F., 1990/91 (1991), 33–37.

Hofmann 1999 – K. Hofmann, Das mittelalterliche und frühneuzeitliche Bremervörde. Auswertung der Notgrabung auf dem Großen Platz 5–7. Archäologische Berichte des Landkreises Rotenburg (Wümme) 7, 1999, 147–206.

Hofmeister 1927 – H. Hofmeister, *Limes Saxoniae*. Zeitschrift der Gesellschaft für Schleswig-Holsteinische Geschichte 56, 1927, 67–169.

Hofmeister 1979 – A. Hofmeister, Besiedlung und Verfassung der Stader Elbmarschen im Mittelalter 1. Die Stader Elbmarschen vor der Kolonisation des 12. Jahrhunderts (Hildesheim 1979).

Hofmeister 1981 – A. Hofmeister, Besiedlung und Verfassung der Stader Elbmarschen im Mittelalter 2. Die Hollerkolonisation und die Landesgemeinen Land Kehdingen und Altes Land (Hildesheim 1981).

Hölscher/Rech/Zedelius 1991 – D. Hölscher/M. Rech/V. Zedelius, Funde der Karolingerzeit aus Bremen. Bremer Archäologische Blätter N. F. 1990/1991 (1991) 40–49.

Hömberg 1963 – A. K. Hömberg, Westfalen und das sächsische Herzogtum. Schriften der Historischen Kommission Westfalens 5 (Münster 1963).

Hömberg 1997 – Ph. R. Hömberg, Burgen des frühen Mittelalters in Westfalen. In: Westfälisches Museum für Archäologie/Amt für Bodendenkmalpflege (Hrsg.), Hinter Schloss und Riegel. Burgen und Befestigungen in Westfalen (Münster 1997) 120–159.

Honselmann 1984 – K. Honselmann, Die Bistumsgründungen in Sachsen unter Karl dem Großen. Archiv für Diplomatik 30, 1984, 1–50.

Honselmann 1988 – K. Honselmann, Die Gründung der sächsischen Bistümer 799. Sachsens Anschluß an das Reich. Archiv für Diplomatik 34, 1988, 1 f.

Hübener 1978 – W. Hübener, Karolingerzeitliche Siedlungen und Befestigungen in Nordwestdeutschland. In: C. Ahrens (Hrsg.), Sachsen und Angelsachsen. Veröffentlichungen des Helms-Museums 32 (Hamburg 1978) 423–431.

Hübener 1982 – W. Hübener, Archäologische Beiträge zur Geschichte von Bardowick. In: H. Maurer/H. Patze (Hrsg.), Festschrift für Berent Schwineköper zu seinem 70. Geburtstag. (Sigmaringen 1982) 211–218.

Hübener 1983 – W. Hübener, Eine topographisch-archäologische Studie zu Bardowick, Kr. Lüneburg. Studien zur Sachsenforschung 4, 1983, 111–195.

Hübener 1984 – W. Hübener, Ergebnisse und Probleme der archäologischen Untersuchungen in Bardowick. Niedersächsisches Jahrbuch für Landesgeschichte 56, 1984, 107–136.

Hübener 1989 – W. Hübener, Die Orte des Diedenhofener Capitulars von 805 in archäologischer Sicht. Jahresschrift für mitteldeutsche Vorgeschichte 72, 1989, 251–266.

Hübener 1993 – W. Hübener, Frühmittelalterliche Zentralorte im Niederelbegebiet (Forschungserträge 1970–1987). Hammaburg N. F. 10, 1993, 167–193.

Hucke 1956 – R. G. Hucke, Die Grafen von Stade 900–1144. Genealogie, politische Stellung, Comitat und Allodialbesitz der sächsischen Udonen. Einzelschriften des Stader Geschichts- u. Heimatvereins 8 (Stade 1956).

Hucker 1977 – B. U. Hucker, Das Problem von Herrschaft und Freiheit in den Landesgemeinden und Adelsherrschaften des Mittelalters im Niederweserraum (Münster 1977).

Huld-Zetsche 1989 – I. Huld-Zetsche, Die Römerzeit. In: Museum für Vor- und Frühgeschichte – Archäologisches Museum der Stadt Frankfurt am Main (Bearb.), Frankfurt am Main und Umgebung 19 (Stuttgart 1989) 83–95.

Hupka 2012 – D. Hupka, Frühmittelalterliche Prunkkannen. In: M. Trier/F. Neumann-Steckner (Hrsg.), ZeitTunnel. 2000 Jahre Köln im Spiegel der U-Bahn-Archäologie (Köln 2012) 112–113.

Imer/Knudsen/Søvsø 2013 – L. Imer/M. Knudsen/M. Søvsø, Ribe-stenen. By, marsk og geest kulturhistorisk tidsskrift for Sydvestjylland 25, 2013, 29–39.

Isenberg 1991 – G. Isenberg, Ausgrabungen 1986 im Dom St. Petrus und Gorgonius zu Minden. Ausgrabungen u. Funde in Westfalen-Lippe 6B, 1991, 79–110.

Isenberg 1993 – G. Isenberg, Bemerkungen zur Baugeschichte des Mindener Domes. Westfalen 70, 1993, 92–111.

Isenberg 2008 – G. Isenberg, Liudger und die Anfänge des Bistums Münster. Westfalen 83, 2005 (2008) 10–20.

Isings 2010 – C. Isings, Some Glass Finds from Dorestad. A survey. In: A. Willemsen/H. Kik (Hrsg.), Dorestad in an International Framework. New Research on Centres of Trade and Coinage in Carolingian Times. Proceedings of the First 'Dorestad Congress' 2009 (Turnhout 2010) 115–117.

Jacobsen/Schaefer/Sennhauser 1991 – W. Jacobsen/L. Schaefer/H. R. Sennhauser (Hrsg.), Vorromanische Kirchenbauten, Nachtragsbd. (München 1991).

Jagodzinski 2009 – M. Jagodzinski, The settlement of Truso. In: A. Englert/A. Trakadas (Hrsg.), Wulfstan's Voyage. The Baltic Sea region in the early Viking Age as seen from shipboard. Maritime Culture of the North 2 (Roskilde 2009) 182–197.

Jankuhn 1951 – H. Jankuhn, Schwerter des frühen Mittelalters aus Hamburg. Hammaburg 2, H. 4-6, 1950/51 (1951), 31–37.

Jankuhn 1952 – H. Jankuhn, Methoden und Probleme siedlungsarchäologischer Forschung. Archaeologica Geografica 2, 1952, 73–84.

Jankuhn 1957 – H. Jankuhn, Die Frühgeschichte. Vom Ausgang der Völkerwanderung bis zum Ende der Wikingerzeit. Geschichte Schleswig-Holsteins 3 (Neumünster 1957).

Jankuhn 1967 – H. Jankuhn, Das Missionsfeld Ansgars. Frühmittelalterliche Studien 1, 1967, 213–221.

Jankuhn 1971 – H. Jankuhn, Typen und Funktionen vor- und frühwikingerzeitlicher Handelsplätze im Ostseegebiet. Österreichische Akademie der Wissenschaften, Philologisch-Historische Kl. 273,5 (Wien 1971).

Jankuhn 1974 – H. Jankuhn, Frühe Städte im Nord- und Ostseeraum (700–1100 n. Chr.). In: Topografia urbana e vita cittadina nell'alto medioevo in Occidente, Spoleto 26 aprile–1 maggio 1973 (Spoleto 1974) 153–201.

Jankuhn 1976 – H. Jankuhn, Die sächsischen Burgen der karolingischen Zeit. In: H. Patze (Hrsg.), Die Burgen im deutschen Sprachraum. Ihre rechts- und verfassungsgeschichtliche Bedeutung 1. Vorträge u. Forschungen 19 (Sigmaringen 1976) 359–382.

Jankuhn 1986 – H. Jankuhn, Haithabu. Ein Handelsplatz der Wikingerzeit (Neumünster ⁸1986).

Janson 1998 – H. Janson, Templum Nobilissimum. Adam av Bremen, Uppsalatemplet och konfliktlinjerna i Europa kring år 1075. Avhandlingar från Historiska institutionen i Göteborg 21 (Göteborg 1998).

Janson 2004 – H. Janson, Konfliktlinjer i tidig nordeuropeisk kyrkoorganisation. In: N. Lund (Hrsg.), Kristendomen i Danmark før 1050 (Roskilde 2004) 215–234.

Janson 2011 – H. Janson, Rezension zu »*E. Knibbs, Ansgar, Rimbert and Forged Foundations of Hamburg-Bremen. Ashgate 2011*«. Kyrkohistorisk Årsskrift 111, 2011, 187–192.

Janssen 1983 – W. Janssen, Die Bedeutung der mittelalterlichen Burg für die Wirtschafts- und Sozialgeschichte. In: H. Jankuhn/W. Janssen/R. Schmidt-Wiegand et al. (Hrsg.), Das Handwerk in vor- und frühgeschichtlicher Zeit 2. Archäologische und philologische Beiträge: Bericht über die Kolloquien der Kommission für die Altertumskunde Mittel- u. Nordeuropas in den Jahren 1977 bis 1980. Abhandlungen der Akademie der Wissenschaften in Göttingen, Philologisch-Historische Klasse 3. Folge 123 (Göttingen 1983) 261–316.

Janssen 1987 – W. Janssen, Die Importkeramik von Haithabu. Die Ausgrabungen in Haithabu 9 (Neumünster 1987).

Janssen/Wamser 1983 – W. Janssen/L. Wamser, Neue Ausgrabungen auf dem Michelsberg, Neustadt am Main. Das Archäologische Jahr in Bayern 1982 (1983), 135–139.

Jenkis 1955 – A. Jenkis, Die Eingliederung »Nordalbingiens« in das Frankenreich. Zeitschrift der Gesellschaft für Schleswig-Holsteinische Geschichte 79, 1955, 81–104.

Jensen 1991 – S. Jensen, Ribe zur Wikingerzeit (Ribe 1991).

Joachim 1912 – H. Joachim, Zur Gründungsgeschichte des Erzbistums Hamburg. Mitteilungen des Instituts für Österreichische Geschichtsforschung 33, 1912, 201–271.

Jochmann/Loose 1982 – W. Jochmann/H.-D. Loose (Hrsg.), Hamburg. Geschichte der Stadt und ihrer Bewohner. Von den Anfängen bis zur Reichsgründung (Hamburg 1982).

Johanek 1985 – P. Johanek, Der »Außenhandel« des Frankenreichs der Merowingerzeit nach Norden und Osten im Spiegel der Schriftquellen. In: K. Düwel/H. Jankuhn/H. Siems/D. Timpe (Hrsg.), Untersuchungen zu Handel und Verkehr in der ur- und frühgeschichtlichen Zeit 3. Der Handel des frühen Mittelalters. Abhandlungen der Akademie der Wissenschaften Göttingen, Philologisch-Historische Klasse 3,150 (Göttingen 1985) 215–245.

Johanek 1992 – P. Johanek, Die Erzbischöfe von Hamburg-Bremen und ihre Kirche im Reich der Salierzeit. In: S. Weinfurter (Hrsg.), Die Salier und das Reich 2. Die Reichskirche in der Salierzeit. Gesellschaftlicher und ideengeschichtlicher Wandel im Reich der Salier. (Sigmaringen ²1992) 79–112.

Johanek 1999 – P. Johanek, Der Ausbau der sächsischen Kirchenorganisation. In: M. Wemhoff/C. Stiegemann (Hrsg.), 799 – Kunst und Kultur der Karolingerzeit – Karl der Große und Papst Leo III in Paderborn 2 (Mainz 1999) 494–506.

de Jong 2009 – M. de Jong, The Penitential State. Authority and Atonement in the Age of Louis the Pious, 814–840 (New York 2009).

Jöns 1999 – H. Jöns, War das »*emporium Reric*« der Vorläufer von Haithabu? – Bodendenkmalpflege in Mecklenburg-Vorpommern Jahrbuch 47, 1998 (1999), 201–213.

Jöns 2002 – H. Jöns, Eisenzeitliche und frühmittelalterliche Reichtumszentren, Zentral- und Handelsplätze an der südwestlichen Ostseeküste. In: B. Hårdh/L. Larsson (Hrsg.), Central Places in the Migration and Merovingian Period (Lund 2002) 231–246.

Jöns 2005 – H. Jöns, Zur Rekonstruktion der historischen Topographie und Infrastruktur des Handelsplatzes Menzlin an der Peene. Bodendenkmalpflege in Mecklenburg-Vorpommern Jahrbuch 53, 2004 (2005), 81–109.

Jöns 2008 – H. Jöns, Groß Strömkendorf bei Wismar – das *emporium Reric* der fränkischen Reichsannalen. In: A. Koch (Hrsg.), Die Wikinger (Speyer, München 2008) 154–155.

Jöns 2009a – H. Jöns, Ports and emporia of the southern coast: from Hedeby to Usedom and Wolin. In: A. Englert/A. Trakadas (Hrsg.), Wulfstan's Voyage. The Baltic Sea region in the early Viking Age as seen from shipboard. Maritime Culture of the North 2 (Roskilde 2009) 160–181.

Jöns 2009b – H. Jöns, Überlegungen zu Transport- und Kommunikationswegen des 1. Jahrtausends im nordwestdeutschen Nordseeküstengebiet. In: S. Brather/D. Geuenich/C. Huth (Hrsg.), *Historia Archaeologica* [Festschr. H. Steuer]. Ergänzungsbde. Reallexikon Germanischer Altertumskunde 70 (Berlin 2009) 389–414.

Jöns 2010 – H. Jöns, Case study 1: the Elbe-Weser region in northern Germany (the regions of Sievern and Stade in the first millennium AD). In: B. Ludowici et al. (Hrsg.),Trade and Communication Networks of the First Millennium AD in the northern part of Central Europe: Central Places, Beach Markets, Landing Places and Trading Centres. Neue Studien zur Sachsenforschung 1 (Stuttgart 2010) 69–89.

Jöns/Messal 2013 – H. Jöns/S. Messal, Neue Forschungen zur Struktur mittelalterlicher Hafenanlagen an der südlichen Ostseeküste. In: M. Bogucki/M. Rębkowski (Hrsg.), Economies, Monetisation and Society in West Slavic Lands 800–1200 AD. Wolińskie Spotkania Mediewistyczne 2 (Szczecin 2013) 25–43.

Jöns et al. 1997 – H. Jöns/F. Lüth/M. Müller-Wille, Ausgrabungen auf dem frühgeschichtlichen Seehandelsplatz von Groß Strömkendorf, Kr. Nordwestmecklenburg. Erste Ergebnisse eines Forschungsprojektes. Germania 75,1, 1997, 193–221.

Jordan 1978 – K. Jordan, Investiturstreit und frühe Stauferzeit. Gebhardt Handbuch der deutschen Geschichte 8 (München [4]1978).

Joris 1961 – A. Joris, Der Handel der Maasstädte im Mittelalter. Hansische Geschichtsblätter 79, 1961, 15–33.

Kaack 1987 – H.-G. Kaack, Ratzeburg. Geschichte einer Inselstadt (Neumünster 1987).

Kablitz 2011 – K. Kablitz, Die Entwicklung Hamburgs von den Anfängen bis zum Ausgang des 11. Jahrhunderts. Eine Bestandsaufnahme der archäologischen Befunde vom Hamburger Domplatz aus den Jahren 1949–56 und 1980–87 im Anschluss an die Grabungen von 2005/06. Unveröff. Manuskript, Archäologisches Museum Hamburg 2011.

Kahl 1982 – H.-D. Kahl, Karl der Große und die Sachsen. Stufen und Motive einer historischen »Eskalation«. In: H. Ludat/Ch. Schwinges (Hrsg.), Politik, Gesellschaft, Geschichtsschreibung [Festschr. F. Graus] (Köln 1982).

Kalmring 2010 – S. Kalmring, Der Hafen von Haithabu. Ausgrabungen in Haithabu 14 (Neumünster 2010).

Kalmring 2012 – S. Kalmring, The Birka proto-town GIS – a source for comprehensive studies of Björkö. Fornvännen 107, 2012, 253–265.

Kartsovnik 2001 – V. Kartsovnik, »*Liber ecclesiae Hamburgensis*«: Ein Votivmissale des frühen Mittelalters (Rom, Biblioteca Vallicelliana, Cod. B 141). In: H. J. Marx (Hrsg.), Beiträge zur Musikgeschichte Hamburgs vom Mittelalter bis in die Neuzeit. Hamburger Jahrbuch für Musikwissenschaft 18 (Frankfurt a. Main 2001) 9–30.

Keller 1990 – H. Keller, Zwischen regionaler Begrenzung und universalem Horizont. Deutschland im Imperium der Salier und Staufer 1024 bis 1250 (Frankfurt a. M. 1990).

Keller 2000 – H. Keller, Die Ottonen und Karl der Große. Frühmittelalterliche Studien 34, 2000, 112–131.

Keller 2001 – H. Keller, Die Ottonen (München 2001).

Keller 2007 – H. Keller, Das »Erbe« Ottos des Großen. Das ottonische Reich nach der Erweiterung zum Imperium. Frühmittelalterliche Studien 41, 2007, 43–74.

Keller 2012 – Ch. Keller, Karolingerzeitliche Keramikproduktion am Rheinischen Vorgebirge. In: L. Grunwald et al. (Hrsg.), Hochmittelalterliche Keramik am Rhein. Eine Quelle für Produktion und Alltag des 9. bis 12. Jahrhunderts. Tagung im Römisch-Germanischen Zentralmuseum, 6. bis 7. Mai 2011 (Mainz 2012) 209–224.

Keller/Althoff 2008 – H. Keller/G. Althoff, Die Zeit der späten Karolinger und der Ottonen 888–1024. Handbuch der deutschen Geschichte 3 (Stuttgart [10]2008).

Kellermann 1939a – V. Kellermann, Die Bodenfunde beim Bau des Pressehauses. Hamburgische Geschichts- u. Heimatblätter 11, 1939, 192–196.

Kellermann 1939b – V. Kellermann, Die Hamburger Veste. Germanenerbe 4, 1939, 313–318.

Kempke 1981 – T. Kempke, Die Keramik von Warder, Kreis Segeberg, und ihre Stellung in Ostholstein. Offa 28, 1981, 289–321.

Kempke 1984 – T. Kempke, Starigard/Oldenburg. Hauptburg der Slawen in Wagrien 2. Die Keramik des 8.–12. Jahrhunderts (Neumünster 1984).

Kempke 1988a – T. Kempke, Alt Lübeck 1852–1986. Problemstellungen, Forschungsergebnisse und offene Fragen. Lübecker Schriften Archäologie u. Kulturgeschichte 13, 1988, 9–23.

Kempke 1988b – T. Kempke, Slawische Keramik aus Alt Lübeck. In: G. P. Fehring (Hrsg.), 25 Jahre Archäologie in Lübeck. Lübecker Schriften zur Archäologie u. Kulturgeschichte 17, 1988, 46–47.

Kempke 1989 – T. Kempke, Bemerkungen zur Delvenau-Stecknitz-Route im frühen Mittelalter. Hammaburg N. F. 9, 1989, 175–184.

Kempke 1993 – T. Kempke, Höhen- und Gipfelburgen des 10. bis 12. Jh. zwischen Niederelbe und Lübecker Bucht. In: M. Gläser (Hrsg.), Archäologie des Mittelalters und Bauforschung im Hanseraum [Festschr. G. P. Fehring]. Schriften des kulturhistorischen Museums Rostock 1 (Rostock 1993) 161–166.

Kempke 1998 – T. Kempke, Archäologische Beiträge zur Grenze zwischen Sachsen und Slawen im 8.–9. Jahrhundert. In: A. Wesse (Hrsg.), Studien zur Archäologie des Ostseeraumes. Von der Eisenzeit zum Mittelalter [Festschr. M. Müller-Wille] (Neumünster 1998) 373–382.

Kempke 1999 – T. Kempke, Slawische Burgen des 7.–10. Jahrhunderts. In: H. W. Böhme et al. (Hrsg.), Burgen in Mitteleuropa. Ein Handbuch 1 (Stuttgart 1999) 45–53.

Kempke 2001 – T. Kempke, Slawische Keramik. In: H. Lüdtke/K. Schietzel (Hrsg.), Handbuch zur mittelalterlichen Keramik in Nordeuropa. Schriften des Archäologischen Landesmuseums 6 (Neumünster 2001) 209–256.

Kempke 2002 – T. Kempke, Slawische Keramik vom Hamburger Domplatz. In: R. Busch/O. Harck (Hrsg.), Domplatzgrabung in Hamburg 2. Veröffentlichungen des Helms-Museums, Hamburger Museum für Archäologie u. Geschichte Harburgs 89 (Neumünster 2002) 95–152.

Kerscher 2010 – H. Kerscher, Gegen die Steppenreiter? – Neue Beobachtungen am Ringwall Vogelherd bei Kruckenberg, Gemeinde Wiesent, Landkreis Regensburg, Oberpfalz. Das Archäologische Jahr in Bayern 2010, 113–116.

Kersten 1939 – K. Kersten, Vorgeschichte des Kreises Steinburg. Vor- und frühgeschichtliche Untersuchungen aus dem Museum vorgeschichtlicher Altertümer in Kiel (Neue Folge) 5. Die vor- u. frühgeschichtlichen Denkmäler u. Funde in Schleswig-Holstein 1 (Neumünster 1939).

Kersten 1951 – K. Kersten, Vorgeschichte des Kreises Herzogtum Lauenburg. Erdgeschichtliche Einleitung von Karl Gripp. Veröffentlichungen des Landesmuseums für Vor- u. Frühgeschichte in Schleswig. Die vor- u. frühgeschichtlichen Denkmäler u. Funde in Schleswig-Holstein 2 (Neumünster 1951).

Kinkeldey 2013 – Th. Kinkeldey, Die Toranlage des mittelslawischen Burgwalls von Repten bei Calau (Niederlausitz). In: F. Biermann/Th. Kersting/A. Klammt (Hrsg.), Soziale Gruppen und Gesellschaftsstrukturen im westslawischen Raum. Beiträge zur Ur- u. Frühgeschichte Mitteleuropas 70 (Langenweißbach 2013) 255–264.

Kirchoff 1993 – K. H. Kirchoff, Stadtgrundriß und topographische Entwicklung. In: F.-J. Jakobi (Hrsg.), Geschichte der Stadt Münster 1 (Münster 1993) 447–484.

Klammt 2011 – A. Klammt, Methodische Überlegungen zur Quantifizierung des vermuteten Landesausbaues um 1000 auf Grundlage des Quellenbestandes des westlichen Mecklenburgs und östlichen Holsteins. In: F. Biermann/T. Kersting/A. Klammt (Hrsg.), Der Wandel um 1000. Beiträge zur Ur- u. Frühgeschichte Mitteleuropas 60 (Langenweißbach 2011) 123–133.

Klammt 2013 – A. Klammt, Soziale Gruppen und Gesellschaftsstrukturen bei den Westlawen – Überlegungen zum Schwerpunktthema. In: F. Biermann/Th. Kersting/A. Klammt (Hrsg.), Soziale Gruppen und Gesellschaftsstrukturen im westslawischen Raum. Beiträge zur Ur- u. Frühgeschichte Mitteleuropas 70 (Langenweißbach 2013) 7–31.

Klapheck 2008 – T. Klapheck, Der heilige Ansgar und die karolingische Nordmission. Veröffentlichungen der Historischen Kommission für Niedersachsen 242 (Hannover 2008).

Klatt 2009 – S. Klatt, Die neolithischen Einhegungen im westlichen Ostseeraum. Forschungsstand und Forschungsperspektiven.

In: Th. Terberger (Hrsg.), Neue Forschungen zum Neolithikum im Ostseeraum (Rahden/Westf. 2009) 7–134.

Kleemann 2002 – J. Kleemann, Sachsen und Friesen im 8. und 9. Jahrhundert. Eine archäologisch-historische Analyse der Grabfunde. Veröffentlichungen der urgeschichtlichen Sammlungen des Landesmuseums zu Hannover 50 (Oldenburg 2002).

Kleingärtner 2008 – S. Kleingärtner, Der wikingerzeitliche Handelsplatz von Menzlin. In: Koch, A. (Hrsg.), Die Wikinger (Speyer, München 2008) 158–161.

Kleingärtner 2011 – S. Kleingärtner, Zur see- und binnenwärtigen Infrastruktur des Seehandelsplatzes von Menzlin. In: Th. Kersting/A. Klammt (Hrsg.), Der Wandel um 1000. Beiträge zur Ur- u. Frühgeschichte Mitteleuropas 60 (Langenweißbach 2011) 389–396.

Kleingärtner 2012 – S. Kleingärtner, Nachweisbarkeit christlicher Institutionalisierung Dänemarks aufgrund archäologischer Belege. In: O. Heinrich-Tamáska/N. Krohn/S. Ristow (Hrsg.), Christianisierung Europas. Entstehung, Entwicklung und Konsolidierung im archäologischen Befund. Internationale Tagung im Dezember 2010 in Bergisch-Gladbach (Regensburg 2012) 403–416.

Kleingärtner 2013 – S. Kleingärtner, Der Seehandelsplatz von Rostock-Dierkow. In: S. Kleingärtner/U. Müller/J. Scheschkewitz (Hrsg.), Kulturwandel im Spannungsfeld von Tradition und Innovation [Festschr. M. Müller-Wille] (Neumünster 2013) 89–106.

Kleingärtner 2014 – S. Kleingärtner, Die frühe Phase der Urbanisierung an der südlichen Ostseeküste. Studien zur Siedlungsgeschichte u. Archäologie der Ostseegebiete 13 (Neumünster 2013).

Kleingärtner/Tumuscheit 2007 – S. Kleingärtner/A. Tummuscheit, Zwischen Haithabu und Wolin – die frühe Phase der Urbanisierung an der südwestlichen Ostseeküste. Quaestiones medii aevi novae 12, 2007, 215–252.

Kleingärtner/Zeilinger (Hrsg.) 2012 – S. Kleingärtner/G. Zeilinger (Hrsg.), Raumbildung durch Netzwerke? Der Ostseeraum zwischen Wikingerzeit und Spätmittelalter aus archäologischer und geschichtswissenschaftlicher Perspektive. Zeitschrift für Archäologie des Mittelalters Beih. 23 (Bonn 2012).

Klemensen 1996 – M. F. Klemensen, Arkæologisk undersøgelse af Torvet 9 i Ribe. By, marsk og geest kulturhistorisk tidsskrift for Sydvestjylland 8, 1995 (1996), 17–22.

Klessmann 2002 – E. Klessmann, Geschichte der Stadt Hamburg. Die Hanse (Hamburg 2002).

Kluge 2010 – B. Kluge, Burg und Münze – Burgen als Münzstätten im hohen Mittelalter. In: G. U. Großmann/H. Ottomeyer (Hrsg.), Die Burg (Dresden 2010) 86–93.

Knibbs 2011 – E. Knibbs, Ansgar, Rimbert and the Forged Foundations of Hamburg-Bremen. Church, Faith and Culture in the Medieval West (Farnham 2011).

Koch 2005 – A. Koch, Kaiserin Judith. Eine politische Biographie. Historische Studien 486 (Husum 2005).

Koch 2008 – R. Koch, Probleme um den Karlsgraben. In: J. Haberstroh/G. Riedel/B. Schönewald (Hrsg.), Bayern und Ingolstadt in der Karolingerzeit. Beiträge zur Geschichte Ingolstadts 5 (Ingolstadt 2008) 266–281.

Koch 1991 – U. Koch, Die frühgeschichtlichen Perioden auf dem Runden Berg. In: Der Runde Berg bei Urach. Führer zu archäologischen Denkmälern in Baden-Württemberg 14 (Stuttgart 1991) 83–127.

Köbler 1967 – G. Köbler, *burg* und *stat* – Burg und Stadt? Historisches Jahrbuch 87, 1967, 305–325.

Köbler 1973 – G. Köbler, *civitas* und *vicus*, *burg*, *stat*, *dorf* und *wik*. In: H. Jahnkuhn/W. Schlesinger/H. Steuer (Hrsg.), Vor- und Frühformen der europäischen Stadt im Mittelalter 1. Abhandlungen der Akademie der Wissenschaften in Göttingen, Philologisch-Historische. Kl. 3, 83 (Göttingen 1973) 61–76.

Kohl 1987 – W. Kohl, Das Domstift St. Paulus zu Münster. Das Bistum Münster 4,1. Germania Sacra N. F. 17,1 (Berlin 1987).

Kola/Wilke 2000 – A. Kola/G. Wilke, Brücken vor 1000 Jahren. Unterwasserarchäologie bei der polnischen Herrscherpfalz Ostrów Lednicki (Toruń 2000).

Köller 2004 – W. Köller, Perspektivität und Sprache: Zur Struktur von Objektivierungsformen in Bildern, im Denken und in der Sprache (Berlin 2004).

Kölzer 2012 – T. Kölzer, Die Urkunden Ludwigs des Frommen für Halberstadt (BM2 535) und Visbek (BM2 702) und ein folgenreiches Mißverständnis. Archiv für Diplomatik 58, 2012, 103–123.

Kölzer 2013 – T. Kölzer, Zum angeblichen Immunitätsprivileg Ludwigs des Frommen für das Bistum Hildesheim. Archiv für Diplomatik 59, 2013, 11–24.

Koppmann 1866 – K. Koppmann, Die ältesten Urkunden des Erzbistums Hamburg-Bremen (Hamburg 1866).

Koppmann 1875 – K. Koppmann, *Necrologium Capituli Hamburgensis*. Zeitschrift des Vereins für Hamburgische Geschichte 6, 1875, 21 – 183.

Kordowski 2013 – J. Kordowski, Bernsteinschnitzer an der Nordsee – in Tinnum auf Sylt. Archäologische Nachrichten 19, 2013, 78–81.

Kozok/Kruse 1993 – M. Kozok/K. B. Kruse, Zum Modell »Hildesheim um 1022« In: M. Brandt/A. Eggebrecht (Hrsg.), Bernward von Hildesheim und das Zeitalter der Ottonen 1. Katalog der Ausstellung Hildesheim 1993 (Mainz 1993) 291–293.

Kramer 2007 – K. Kramer, Die Glocke. Eine Kulturgeschichte (Kevelaer 2007).

Kroemer/Weber 2012 – D. Kroemer/G. Weber, Funde aus der vierten Grabungskampagne an der Befestigung Zellkirche in Zellhausen. Hinweise auf eine Knochen- und Geweihschnitzwerkstatt in Mainhausen-Zellhausen, Kreis Offenbach? Hessen-Archäologie, 2012, 155–157.

Kroker 2005 – M. Kroker, Die Siedlung Mimigernaford und die Domburg im 9. und 10. Jahrhundert. In: G. Isenberg/B. Rommé (Hrsg.), 805: Liudger wird Bischof. Spuren eines Heiligen zwischen York, Rom und Münster (Mainz 2005) 229–242.

Kroker 2006 – M. Kroker, Von Mimigernaford nach Münster. Zur Kontinuität der Besiedlung des Domplatzes in Münster. Kontinuität und Diskontinuität im archäologischen Befund. Mitteilungen der Deutschen Gesellschaft für Archäologie des Mittelalters u. der Neuzeit 17, 2006, 43–52.

Kroker 2007 – M. Kroker, Der Dom zu Münster. Die Domburg. Archäologische Ergebnisse zur Geschichte der Domimmunität vom 8.–18. Jahrhundert, Teil 1. Denkmalpflege u. Forschung in Westfalen 26,3 (Mainz 2007).

Krüger 1950 – S. Krüger, Studien zur sächsischen Grafschaftsverfassung im 9. Jahrhundert (Göttingen 1950).

Krüger 1986 – K. H. Krüger, Erzbischof Ansgar – Missionar und Heiliger. In: Katholische Akademie Hamburg (Hrsg.), Mit Ansgar beginnt Hamburg (Hamburg 1986) 35–66.

Krüger 1999 – K. Krüger, Eine Heiligenfibel mit Zellenemail aus Ochtmissen, Stadt Lüneburg, Ldkr. Lüneburg. Zu Auswertungs- und Aussagemöglichkeiten einer archäologischen Materialgruppe. Die Kunde N. F. 50, 1999, 129–204.

Kruse 2000 – K. B. Kruse, Der Hildesheimer Dom (Hannover 2000).

Kuhn 2005 – R. Kuhn, Ein völkerwanderungszeitlicher Befestigungsgraben auf dem Domplatz in Magdeburg. In: H. Meller/W. Schenkluhn (Hrsg.), Aufgedeckt. Ein neuer ottonischer Kirchenbau am Magdeburger Domplatz. Archäologie in Sachsen-Anhalt, Sonderbd. 3 (Halle/Saale 2005) 51–54.

Kuhn 2009 – R. Kuhn, Die Vorgängerbauten unter dem Magdeburger Dom. In: H. Meller (Hrsg.), Aufgedeckt 2. Forschungsgrabungen am Magdeburger Dom 2006–2009. Archäologie in Sachsen-Anhalt, Sonderbd. 13 (Halle/Saale 2009) 31–86.

Kühn 1989 – H. J. Kühn, s. v. »Esesfeld«. Reallexikon der Germanischen Altertumskunde 7 (Berlin, New York 1989) 567–571.

Kühn 1995 – H. J. Kühn, Die Esesfeldburg. In: E. Papke (Hrsg.), Heiligenstedten – Ein historisches Kleinod an der Stör (Heiligenstedten 1995) 17–21.

Kühtreiber 2012 – T. Kühtreiber, Straße und Burg. Anmerkungen zu einem vielschichtigen Verhältnis. In: K. Holzner-Tobisch/T. Kühtreiber/G. Blaschitz (Hrsg.), Die Vielschichtigkeit der Strasse. Kontinuität und Wandel in Mittelalter und früher Neuzeit. Sitzungsberichte Veröffentlichungen des Instituts für Realienkunde des Mittelalters u. der Frühen Neuzeit 22 (Wien 2012) 263–302.

Kunz 2004 – B. Kunz, Eine frühmittelalterliche Befestigungsanlage aus Magdeburg. Jahresschrift für Mitteldeutsche Vorgeschichte 88, 2004, 425–434.

Kunz 2008 – B. Kunz, Magdeburg – Von der Burg zur vorstädtischen Ansiedlung. Mitteilungen der Deutschen Gesellschaft für Archäologie des Mittelalters u. der Neuzeit 20, 2008, 113–117.

Kurz 2009 – S. Kurz, Die Baubefunde vom Runden Berg bei Bad Urach. Materialh. zur Archäologie in Baden-Württemberg 89 (Stuttgart 2009).

Lammers 1980 – W. Lammers, s. v. »Ansgar«. Lexikon des Mittelalters 1 (München, Zürich 1980) 690–691.

Lammers 1981 – W. Lammers, Das Hochmittelalter bis zur Schlacht von Bornhöved. Geschichte Schleswig-Holsteins 4,1 (Neumünster 1981).

Langen 1989 – R. Langen, Die Bedeutung von Befestigungen in den Sachsenkriegen Karls des Großen. Westfälische Zeitschrift 139, 1989, 181–211.

Lässig 2013 – S. Lässig, Als der Talmud peinlich wurde… Über die Bildung der Sinne im Judentum des frühen 19. Jahrhunderts. In: C. Frey et al. (Hrsg.), Sinngeschichten. Kulturgeschichtliche Beiträge für Ute Daniel (Köln 2013) 139–151.

Lammers 1955 – W. Lammers, Germanen und Slawen in Nordalbingien. Zeitschrift der Gesellschaft für Schleswig-Holsteinische Geschichte 79, 1955, 17–80.

Lammers 1981 – W. Lammers, Das Hochmittelalter bis zur Schlacht von Bornhöved. Geschichte Schleswig-Holsteins 4,1 (Neumünster 1981).

Lampen 1999 – A. Lampen, Sachsenkriege, sächsischer Widerstand und Kooperation. In: C. Stiegemann/M. Wemhoff (Hrsg.), 799. Kunst und Kultur der Karolingerzeit. Karl der Große und Papst Leo III. in Paderborn 1 (Mainz 1999) 264–272.

Lauda 1984 – R. Lauda, Kaufmännische Gewohnheit und Burgrecht bei Notker dem Deutschen. Zum Verhältnis von literarischer Tradition und zeitgenössischer Realität in der frühmittelalterlichen Rhetorik (Frankfurt a. M. 1984).

Laudage 2001 – J. Laudage: Otto der Große (912–973). Eine Biographie (Regensburg 2001).

Laur 1957 – W. Laur, Die sächsischen Ortsnamen in Schleswig-Holstein. In: H. Jankuhn, Die Frühgeschichte. Vom Ausgang der Völkerwanderung bis zum Ende der Wikingerzeit. Geschichte Schleswig-Holsteins 3 (Neumünster 1957) 22–26.

Laur 1992 – W. Laur, Historisches Ortsnamenlexikon von Schleswig-Holstein (Neumünster 1992).

Laux 1983 – F. Laux, Der Reihengräberfriedhof in Oldendorf, Samtgemeinde Amelinghausen, Kr. Lüneburg. Hammaburg N. F. 5, 1978–1980 (1983), 91–147.

Laux 1987a – F. Laux, Die Zeit der Reihengräberfriedhöfe. In: R. Busch (Hrsg.), Von den Sachsen zur Hammaburg, Bilder aus Hamburgs Frühzeit. Veröffentlichung des Helms-Museums 50 (Neumünster 1987) 26–32.

Laux 1987b – F. Laux, Fibel. Ebenda 184.

Laux 1987c – F. Laux, Überlegungen zum Reihengräberfriedhof von Ashausen, Gem. Stelle, Kreis Harburg, Niedersachsen. Studien zur Sachsenforschung 6 (Hildesheim 1987) 123–154.

Laux 1993 – F. Laux, Überlegungen zum spätsächsischen Gräberfeld von Hittfeld-Karoxbostel, Landkreis Harburg. Hammaburg N. F. 10, 1993, 195–212.

Laux 1997 – F. Laux, Studien zur frühgeschichtlichen Keramik aus dem slawischen Burgwall bei Hollenstedt, Ldkr. Harburg. Hammaburg N. F. 11, 1997, 7–183.

Laux 2002 – F. Laux, Hamburg-Bramfeld, Fundplatz 30. Neue Erkenntnisse zu einer alten Ausgrabung. Hammaburg N. F. 13, 2002, 9–28.

Laux 2005 – F. Laux, Sächsische Gruppen und Fremde zwischen Weser und Elbe im ausgehenden 8. Jahrhundert. Ein Beitrag zur ethnischen Zusammensetzung der Bevölkerung. Studien zur Sachsenforschung 15 (Oldenburg 2005) 317–328.

Lebecq 2007 – S. Lebecq, Communication and exchange in northwest Europe. In: J. Bately/A. Englert (Hrsg.) Ohthere's voyages. A late 9th century account of voyages along the coasts of Norway and Denmark and its cultural context. Maritime Culture of the North 1 (Roskilde 2007) 170–179.

von Lehe 1939 – E. von Lehe, Die Gegend um den Speersort, topographisch und geschichtlich betrachtet. Hamburgische Geschichts- u. Heimatblätter 11,4, 1939, 177–192.

Lemm 2012 – Th. Lemm, Esesfelth reloaded – Digitaler Rekonstruktionsversuch einer außergewöhnlichen Burganlage des frühen 9. Jahrhunderts. Archäologische Nachrichten Schleswig-Holstein 18, 2012, 52–57.

Lemm 2013a – Th. Lemm, Graf Egbert und Burg Esesfelth – Überlegungen zu Vorgehensweise und Auswirkungen der fränkischen Annexion Nordelbiens. In: B. Ludowici (Hrsg.), Individual and Individuality? Approaches towards an Archaeology of Personhood in the First Millenium AD. Neue Studien zur Sachsenforschung 4 (Hannover 2013) 215–230.

Lemm 2013b – Th. Lemm, Die frühmittelalterlichen Ringwälle im westlichen und mittleren Holstein. Schriften des Archäologischen Landesmuseums (Schleswig) 11 (Neumünster 2013).

Lemm/Wilschewski 2009 – T. Lemm/F. Wilschewski, Die Ringwälle im westlichen Holstein. In: M. Segschneider (Hrsg.), Ringwälle und verwandte Strukturen des ersten Jahrtausends n.Chr. an Nord- und Ostsee (Neumünster 2009) 159–184.

Lenz 1978 – W. Lenz, Zur Entstehung des Kirchspiels und der Stadt Otterndorf (bis 1400). In: R. Lembcke (Hrsg.), Otterndorf: kleine Stadt am großen Strom (Hamburg 1978) 45–62.

Leopold/Schubert 1984 – G. Leopold/E. Schubert, Der Dom zu Halberstadt bis zum gotischen Neubau (Berlin 1984).

Libby 1965 – W. F. Libby, Radiocarbon Dating (Chicago, London 1965).

Lienau 1912 – M. Lienau, Karolingische Funde auf dem Osterberg bei Ashausen (Kreis Winsen). Lüneburger Museumsblätter H. 7, 1910, 213–232.

Linck et al. 2010 – R. Linck/L. Werther/J. Faßbinder et al., Prospektionsarbeiten an der frühmittelalterlichen Niederungsburg Greuth im Schwarzachtal, Obermässing, Gemeinde Greding, Landkreis Roth, Mittelfranken. Das Archäologische Jahr in Bayern 2010, 104–107.

Linnemann 2011 – S. Linnemann, Die slawischen Befunde am Hitzacker-See, Ldkr. Lüchow-Dannenberg. In: K.-H. Willroth/J. Schneeweiß (Hrsg.), Slawen an der Elbe. Göttinger Forschungen zur Ur- u. Frühgeschichte 1 (Göttingen 2011) 147–204.

Lobbedey 1986 – U. Lobbedey, Die Ausgrabungen im Dom zu Paderborn 1978/80 und 1983. Denkmalpflege u. Forschung in Westfalen 11 (Bonn 1986).

Lobbedey 1993 – U. Lobbedey/H. Scholz/S. Vestring-Buchholz, Der Dom zu Münster 793–1945–1993. Der Bau. Denkmalpflege u. Forschung in Westfalen 26,1 (Bonn 1993).

Lobbedey 2004 – U. Lobbedey, Überlegungen zu den Westbauten der älteren Domkirchen von Halberstadt. Zeitschrift des Deutschen Vereins für Kunstwissenschaft 58, 2004, 42–59.

Lobbedey 2005 – U. Lobbedey, Die frühe Baugeschichte des Domes zu Osnabrück nach den Ausgrabungen 1992 bis 2003. In: H. Queckenstedt/B. Zehm (Hrsg.), Der Dom als Anfang. 1225 Jahre Bistum und Stadt Osnabrück (Osnabrück 2005) 261–287.

Lobbedey 2010 – U. Lobbedey, Die frühe Baugeschichte des Domes zu Osnabrück. Klaus Tragbar (Red.), Koldewey-Gesellschaft. Bericht über die 45. Tagung für Ausgrabungswissenschaft und Bauforschung vom 30. April bis 4. Mai 2008 in Regensburg (Dresden 2010) 275–280.

Lobbedey *im Druck* – U. Lobbedey, Ausgrabungen im Dom zu Osnabrück. *Im Druck*.

Lübke 2001 – C. Lübke, Die Beziehungen zwischen Elb- und Ostseeslawen und Dänen vom 9. bis zum 12. Jahrhundert: Eine andere Option elbslawischer Geschichte? In: O. Harck/C. Lübke (Hrsg.), Zwischen Reric und Bornhöved. Forschungen zur Geschichte u. Kultur des östlichen Mitteleuropa 11 (Stuttgart 2001) 23–36.

Ludowici 2010 – B. Ludowici, Overland routes as markers for central places: The Hellweg between Rhine and Elbe. In: Ludowici et al. (Hrsg.), Trade and Communication Networks of the First Millenium AD in the northern part of Central Europe: Central Places, Beach Markets, Landing Places and Trading Centres. Neue Studien zur Sachsenforschung 1 (Stuttgart 2010) 335–340.

Ludowici *im Druck* – B. Ludowici, Magdeburg vor 805 – Ein Schauplatz der »*frühen sächsischen Besetzung des Magdeburger Raumes*«? Archäologisches Korrespondenzblatt 2014. *Im Druck*.

Lüdtke 2013 – H. Lüdtke, Die einheimische Keramik von Haithabu. Die Ausgrabungen in Haithabu 17 (Neumünster 2013).

Lund 2004 – N. Lund, Kristendommen i Danmark før 1050 (Roskilde 2004).

Lüth 2014 – Ph. Lüth, In isolierter Lage. Archäologie auf den Inseln der Seen Schleswig-Holsteins. In: F. Huber/S. Kleingärtner (Hrsg.), Gestrandet, versenkt, versunken. Faszination Unterwasserarchäologie (Neumünster 2014) 280–305.

Maixner 2010 – B. Maixner, Haithabu – Fernhandelszentrum zwischen den Welten [Kat. Ausstellung] (Schleswig 2010).

Majchczack 2013 – B. Majchczack, Aus heiterem Himmel – Überraschende Ergebnisse einer Siedlungsprospektion mit Luftbildarchäologie, Geophysik und Laserscanning auf der Insel Föhr, Kr. Nordfriesland. Archäologische Nachrichten Schleswig-Holstein 19, 2013, 66–71.

Mäkeler 2009 – H. Mäkeler, Die Wikinger im Frankenreich. In: Historisches Museum der Pfalz (Hrsg.), Die Wikinger (München 2009) 226–240.

Manders 2011 – M. Manders, Waardestelling Vleuten 2. Een 10e-eeuwse aak ontdekt bij het graven van de Vikingrijn op de Vinex-locatie Leidsche Rijn, Utrecht. Rapportage Archeologische Monumentenzorg 199 (Amersfoort 2011).

Mathieu 1973 – K. Mathieu, Der Hamburger Dom. Mitteilungen aus dem Museum für Hamburgische Geschichte N. F. 8 (Hamburg 1973).

Matthiesen 2001 – S. Matthiesen, Erfundenes Mittelalter – fruchtlose These! Skeptiker 14,2, 2001, 76–79.

McKeon 1974 – P. R. McKeon, Archbishop Ebbo of Reims (816–835). A Study in the Carolingian Empire and Church. Church History 43,1974, 437–447.

Meier 1994 – D. Meier, Die wikingerzeitliche Siedlung von Kosel (Kosel-West), Kreis Rendsburg-Eckernförde. Offa-Bücher 76 (Neumünster 1994).

Meier 2013 – D. Meier, Das Ausgreifen des Fränkischen Reiches nach Nordelbien unter Karl dem Großen im Lichte archäologisch-historischer Forschungen. In: S. Kleingärtner/U. Müller/J. Scheschkewitz (Hrsg.), Kulturwandel im Spannungsfeld von Tradition und Innovation [Festschr. M. Müller-Wille] (Neumünster 2013) 281–300.

Meier 1990 – D. Meier, Scharstorf. Eine slawische Burg in Ostholstein und ihr Umland. Archäologische Funde. Offa-Bücher 70 (Neumünster 1990).

Meier 2001 – D. Meier, Landschaftsentwicklung und Siedlungsgeschichte des Eiderstedter und Dithmarscher Küstengebietes als Teilregionen des Nordseeküstenraumes 1. Universitätsforschungen zur prähistorischen Archäologie 79 (Bonn 2001).

Meier 2012 – D. Meier, Schleswig-Holstein im hohen und späten Mittelalter. Landesausbau, Dörfer, Städte (Heide 2012).

Meier 2007 – U. M. Meier, Die früh- und hochmittelalterliche Siedlung bei Schuby, Kreis Schleswig-Flensburg. Siedlungsarchäologische Untersuchungen in Angeln und Schwansen 4. Offa-Bücher 83 (Neumünster 2007).

Merten 2001 – J. Merten, Von Breslau und Danzig nach Saarbrücken und Trier. Trierer Zeitschrift 64, 2001, 297-321.

Messal 2013 – S. Messal, Friedrichsruhe. Eine slawische Burg im südwestlichen Mecklenburg. In: K.-H. Willroth/H.-J. Beug/F. Lüth/F. Schopper (Hrsg.), Slawen an der unteren Mittelelbe. Untersuchungen zur ländlichen Besiedlung, zum Burgenbau, zu Besiedlungsstrukturen und zum Landschaftswandel. Frühmittelalterliche Archäologie zwischen Ostsee u. Mittelmeer 4 (Wiesbaden 2013) 91–102.

Messal et al. *im Druck* – S. Messal/M. Karle/H. Jöns/F. Lüth, Die frühmittelalterlichen Emporien im südwestlichen Ostseeraum und ihre Häfen. Vorbericht zum SPP-Häfen. *Im Druck*.

Meyer 2010 – W. Meyer, Burg und Herrschaft – Beherrschter Raum und Herrschaftsanspruch. In: G. U. Grossmann/H. Ottomeyer (Hrsg), Die Burg. Wissenschaftlicher Begleitband zu den Ausstellungen »*Burg und Herrschaft*« und »*Mythos Burg*« (Dresden 2010) 16–25.

Meyer/Raetzel-Fabian 2006 – M. Meyer/D. Raetzel-Fabian, Neolithische Grabenwerke in Mitteleuropa – Ein Überblick. jungsteinSITE (http://www.jungsteinsite.uni-kiel.de/pdf/2006_meyer_raetzel_low.pdf; Abruf am 29.04.2011).

Meyer-Rodrigues 1993 – N. Meyer-Rodrigues, Tessons de Céramique dite "de Tating" découverts a Saint-Denis. In: D. Piton (Hrsg), Traveaux du Groupe de Recherches et d`Études sur la Céramique dans le Nord – Pas-de-Calais. Actes du Colloque d'Outreau (10–12 Avril 1992), La Céramique du Vème au Xème Siècle dans l'Europe du Nord-Ouest, Nord-Ouest-Archéologie Hors-série 1993, 267–274.

Miyake et al. 2012 – F. Miyake/K. Nagaya/K. Masuda/T. Nakamura, A signature of cosmic-ray increase in AD 774–775 from tree rings in Japan. Nature 486, 2012, 240–242.

Michel/Schäfer 2007 – T. Michel/A. Schäfer, Die frühmittelalterliche Burg von Groß-Thun, Stadt Stade. Archäologie in Niedersachsen 10, 2007, 94–97.

Middendorff 1902 – H. Middendorff, Altenglisches Flurnamenbuch (Halle 1902).

Mildenberger 1978 – G. Mildenberger, Germanische Burgen. Veröffentlichungen der Altertumskommission für Westfälische Landes- u. Volksforschung 6 (Münster/Westf. 1978).

Mittellateinisches Wörterbuch 1999 – Mittellateinisches Wörterbuch bis zum ausgehenden 15. Jahrhundert 2: *C – comprovincialis* (München 1999).

Møller/Nyborg 1979 – E. Møller/E. Nyborg (Hrsg.), Danmarks Kirker, Ribe Amt 1 (Kopenhagen 1979).

Möller-Wiering 2002 – S. Möller-Wiering, Segeltuch und Emballage. Textilien im mittelalterlichen Warentransport auf Nord- und Ostsee. Internationale Archäologie 70 (Rahden/Westf. 2002).

Moritz 1986 – J. M. Moritz, Anmerkungen zu den sächsischen Burganlagen des 9.–11. Jahrhunderts in Schleswig-Holstein und zu landesgeschichtlichen Forschungsergebnissen. Zeitschrift für Natur- u. Landeskunde von Schleswig-Holstein u. Hamburg 93, 1986, 64–81.

Moritz 1991 – T. Moritz, Die Ausgrabung in der Bremer Altstadt 1989. Bremisches Jahrbuch 70, 1991, 191–206.

Müller 2009 – U. Müller, Netzwerkanalysen in der Historischen Archäologie. Begriffe und Beispiele. In: S. Brather/D. Geuenich/Chr. Huth (Hrsg.), *Historia archaeologica*. [Festschr. H. Steuer] Ergänzungsbde. Reallexikon der Germanischen Altertumskunde 70 (Berlin, New York 2009) 735–754.

Müller 2010 – U. Müller, Zentrale Orte und Netzwerke. Zwei Konzepte zur Beschreibung von Zentralität. In: C. Theune et al. (Hrsg.), Zwischen Fjorden und Steppe [Festschr. J. Callmer] (Rahden/Westf. 2010) 57–67.

Müller 2012 – U. Müller, Networks of Towns – Networks of Periphery? Some Relations between North European Medieval Towns and its Hinterland. In: S. Kleingärtner/G. Zeilinger (Hrsg.), Raumbildung durch Netzwerke? Der Ostseeraum zwischen Wikingerzeit und Spätmittelalter aus archäologischer und geschichtswissenschaftlicher Perspektive. Zeitschrift für Archäologie des Mittelalters Beih. 23 (Bonn 2012) 55–78.

Müller 2013 – U. Müller, Grenzen, Grenzregionen und Grenzüberschreitungen in archäologischer Perspektive. In: S. Bo Fransen/M. Krieger/F. Lubowitz (Hrsg.), 1200 Jahre Deutsch Dänische Grenze. Tagungsband (Neumünster 2013) 47–69.

Von Müller/von Müller-Muči 1983 – A. von Müller/K. von Müller-Muči, Die Ausgrabungen auf dem Burgwall in Berlin-Spandau 1. Berliner Beiträge zur Vor- u. Frühgeschichte N. F. 3 (Berlin 1983).

Müller-Wille 1970 – M. Müller-Wille, Ein neues ULFBERHT-Schwert aus Hamburg. Verbreitung, Formenkunde und Herkunft. Offa 27, 1970, 65–88.

Müller-Wille 2002 – M. Müller-Wille unter Mitarbeit von L. Hansen und A. Tummuscheit,

Frühstädtische Zentren der Wikingerzeit und ihr Hinterland. Die Beispiele Ribe, Hedeby und Reric. Akademie der Wissenschaften u. Literatur Mainz. Abhandlungen der Geistes- u. sozialwissenschaftlichen Klasse, Jahrgang 2002, Nr. 3 (Stuttgart 2002).

Müller-Wille 2003 – M. Müller-Wille, The Cross Goes North: Carolingian Times between Rhine and Elbe. In: M. Carver (Hrsg.), The Cross Goes North. Processes of Conversion in Northern Europe, AD 300–1300 (Woodbridge 2003) 443–462.

Müller-Wille 2004 – M. Müller-Wille, Ansgar und die Archäologie. Der Norden und das christliche Europa in karolingischer Zeit. Germania 82, 2004, 431–458.

Müller-Wille 2007 – M. Müller-Wille, Auf der Suche nach den Kirchen Ansgars. Ein archäologischer Beitrag zur karolingischen Mission im nördlichen Europa. Quaestiones Medii Aevi Novae 12, 2007, 253–291.

Müller-Wille 2009a – M. Müller-Wille, *Emporium reric*. In: S. Brather/D. Geuenich/C. Huth (Hrsg.), *Historia Archaeologica* [Festschr. H. Steuer]. Ergänzungsbde. Reallexikon Germanischer Altertumskunde 70 (Berlin, New York 2009) 451–471.

Müller-Wille 2009b – M. Müller-Wille, Summary. In: A. Englert/A. Trakadas (Hrsg.), Wulfstan's Voyage. The Baltic Sea region in the early Viking Age as seen from shipboard. Maritime Culture of the North 2 (Roskilde 2009) 356–363.

Müller-Wille 2010 – M. Müller-Wille, Trade and Communication Networks of the First Millenium AD in the northern part of Central Europe: Central Places, Beach Markets, Landing Places and Trading Centres. In: B. Ludowici et al. (Hrsg.), Trade and Communication Networks of the First Millenium AD in the northern part of Central Europe: Central Places, Beach Markets, Landing Places and Trading Centres. Neue Studien zur Sachsenforschung 1 (Stuttgart 2010) 380–383

Müller-Wille 2011a – M. Müller-Wille (Hrsg.), Zwischen Starigard/Oldenburg und Novgorod. Beiträge zur Archäologie west- und ostslawischer Gebiete im frühen Mittelalter. Studien zur Siedlungsgeschichte u. Archäologie der Ostseegebiete 10 (Neumünster 2011).

Müller-Wille 2011b – M. Müller-Wille, Grenzen und Grenzsäume im Nordwesten des slawischen Siedlungsgebietes während des 8. bis 12. Jahrhunderts. Ebenda 29–43.

Müller-Wille 2012 – M. Müller-Wille, *Mogontiacum – Sliaswich*. Kirchliches Zentrum – Missionsort der Karolingerzeit. In: P. Jung – N. Schücker (Hrsg.), *Utere felix vivas* [Festschr. J. Oldenstein]. Universitätsforschungen zur Prähistorischen Archäologie 208 (Bonn 2012) 211–221.

Munch et al. 2003 – G. S. Munch/O. S. Johansen/E. Roesdahl (Hrsg.), Borg in Lofoten. A chieftain's farm in North Norway. Arkeologisk skriftserie 1 (Tromsø 2003).

Nagel 2005 – M. Nagel, Ein Blick in den Spiegelberg. Die archäologischen Untersuchungen 1985/1986. In: A. Schäfer/J. Bohmbach (Hrsg.), Ein Blick in den Spiegelberg. Archäologische Forschungen auf dem Stader Burghügel 1985–2005. Eine erste Bilanz der Untersuchungen. Ausgrabungen in Stade 2. Veröffentlichungen aus dem Stadtarchiv 25 (Stade 2005) 13–64.

Nadeau et al. 1997 – M.-J. Nadeau et al., The Leibniz-Labor AMS facility at the Christian-Albrechts-University, Kiel, Germany. Nuclear Instruments and Methods, Sect. B123, 1997, 22–30.

Nadeau et al. 1998 – M.-J. Nadeau et al., Sample throughput and data quality at the Leibniz-Labor AMS Facility. Radiocarbon 40, 1998, 239–245.

Nakoinz 2009 – O. Nakoinz, Zentralortforschung und zentralörtliche Theorie. Archäologisches Korrespondenzblatt 39, 2009, 361–380.

Nakoinz 2013 – O. Nakoinz, Zentralorte in parallelen Raumstrukturen. In: S. Hansen/M. Meyer (Hrsg.), Parallele Raumkomzepte. Topoi. Studies of the Ancient World 16 (Berlin 2013) 83–103.

Neddermeyer 1832 – F. H. Neddermeyer, Topographie der Freien und Hanse Stadt Hamburg (Hamburg 1832).

Nickel 1966 – E. Nickel, Vorottonische Befestigungen und Siedlungsspuren in Magdeburg. Prähistorische Zeitschrift 43/44, 1965/66 (1966), 237–278.

Nilsson 2012 – B. Nilsson, Birka – Sigtuna – Uppsala. Probleme der Christianisierung im Gebiet des Mälartals, Schweden. In: O. Heinrich-Tamáska/N. Krohn/S. Ristow (Hrsg.), Christianisierung Europas. Entstehung, Entwicklung und Konsolidierung im archäologischen Befund. Internationale Tagung im Dezember 2010 in Bergisch-Gladbach (Regensburg 2012) 417–433.

Noble 1974 – T. F. X. Noble, Louis the Pious and the Papacy: Law, Politics and the Theory of Empire in the Early Ninth Century. Diss. Michigan State University 1974. Publ. Microfilms internat. Ann Arbor.

Nösler 2011 – D. Nösler, Die keramischen Funde der Grabungen Gross Thun »Schwedenschanze«, »Ohle Dörp« und Riensförde, Hansestadt Stade. Hammaburg N. F. 16, 2011, 129–158.

Nørgård Jørgensen/Clausen 1997 – A. Nørgård Jørgensen/B. L. Clausen (Hrsg.), Military Aspects of Scandinavian Society in a European Perspective, AD 1–1300. Studies in archeology & history 2 (København 1997).

Nyberg 1986 – T. Nyberg, Die Kirche in Skandinavien. Mitteleuropäischer und englischer Einfluß im 11. und 12. Jahrhundert. Anfänge der Domkapitel Børglum und Odense in Dänemark. Beiträge zur Geschichte u. Quellenkunde des Mittelalters 10 (Sigmaringen 1986).

Nydolf 1983 – N. G. Nydolf, Münster. Ausgrabungen u. Funde in Westfalen-Lippe 1, 1983, 298–299.

Obst 2012a – R. Obst, Die Besiedlungsgeschichte am nordwestlichen Maindreieck vom Neolithikum bis zum Ende des Mittelalters. Würzburger Arbeiten zur Prähistorischen Archäologie 4 (Rahden/Westf. 2012).

Obst 2012b – R. Obst, Münzdatierte Keramik der Karolingerzeit aus Karlburg am Main, Stadt Karlburg, Lkr. Main-Spessart. In: L. Grunwald et al. (Hrsg.), Hochmittelalterliche Keramik am Rhein. Eine Quelle für Produktion und Alltag des 9. bis 12. Jahrhunderts. Tagung im Römisch-Germanischen Zentralmuseum. 6. bis 7. Mai 2011 (Mainz 2012) 97–103.

Obst 2013 – R. Obst, Der Zentralort Karlburg am Main im früh- und hochmittelalterlichen Siedlungsraum. In: P. Ettel /Lukas Werther (Hrsg.), Zentrale Orte und zentrale Räume des Frühmittelalters in Süddeutschland. RGZM-Tagungen 18 (Mainz 2013) 375–388.

v. Oppermann/Schuchhardt 1888 – A. von Oppermann/C. Schuchhardt, Atlas vorgeschichtlicher Befestigungen in Niedersachsen (Hannover 1888–1916).

Ortlam 1994 – D. Ortlam, Die Balge als Hauptstrom der Werra/Weser. Neue Erkenntnisse zur Flussgeschichte der Weser in Bremen. Die Weser, Zeitschrift des Weserbundes 68, Jahrgang 3/4, 1994, 100–105.

Ortlam 1996 – D. Ortlam, Das mittelalterliche Flusssystem der Weser im Bremer Becken. Die Balge als Hauptstrom der Werra-Weser. Der Aufbau 51/1, 1996, 28–32.

Ortlam/Wesemann 1993 – D. Ortlam/M. Wesemann, Die Balge als Hauptstrom der Werra/Weser? Neue Erkenntnisse zur Flußgeschichte der Weser in Bremen durch den Fund der Schlachte-Kogge. Bremer Archäologische Blätter N. F. 2, 1992/93 (1993), 46–55.

Oswald/Schaefer/Sennhauser 1966 – F. Oswald/L. Schaefer/H. R. Sennhauser (Hrsg.), Vorromanische Kirchenbauten. Katalog der Denkmäler bis zum Ausgang der Ottonen 1. Veröffentlichungen des Zentralinstituts für Kunstgeschichte in München 3 (München 1966).

Oswald/Schaefer/Sennhauser 1968 – F. Oswald/L. Schaefer/H. R. Sennhauser (Hrsg.), Vorromanische Kirchenbauten K–Q. Katalog der Denkmäler bis zum Ausgang der Ottonen Lfg. 2. Veröffentlichungen des Zentralinstituts für Kunstgeschichte in München 3 (München 1962).

Oswald/Schaefer/Sennhauser 1971 – F. Oswald/L. Schaefer/H. R. Sennhauer (Hrsg.), Vorromanische Kirchenbauten R – Z. Katalog der Denkmäler bis zum Ausgang der Ottonen Lfg. 3. Veröffentlichungen des Zentralinstituts für Kunstgeschichte in München 3 (München 1971).

Padberg 2003 – L. E. von Padberg, s. v. »Rimbert«. Reallexikon der Germanischen Altertumskunde 24 (Berlin, New York 2003) 636–638.

Palmer 2004 – J. Palmer, Rimbert's Vita Ansgarii and Scandinavian Mission in the Ninth

Century. Journal of Ecclesiastical History 55, 2004, 235–256.

Paluska 1976 – A. Paluska, Unterlauf der Alster im Holozän und in historischer Zeit. Mitteilungen aus dem Geologisch-Paläontologischen Institut der Universität Hamburg, Sonderbd. Alster (Hamburg 1976) 15–42.

Pelc 2012 – O. Pelc, Ortwin Pelc, Karl der Große und der Mythos von der Gründung Hamburgs. In: ders. (Hrsg.), Mythen der Vergangenheit. Realität und Fiktion in der Geschichte (Göttingen 2012) 13–40.

Pesch 2005 – A. Pesch, Der Dom zu Münster. Das Domkloster. Archäologie und historische Forschung zu Liudgers *honestum monasterium in pago Sudergoe*. Die Ausgrabungen 1936–1981 am Horsteberg in Münster. Denkmalpflege und Forschung in Westfalen 26,4 (Mainz 2005).

Pieper/Chadour-Sampson 1998 – R. Pieper/A.-B. Chadour-Sampson, Bau- und Kunstdenkmäler von Westfalen 50. Stadt Minden II, Altstadt 1. Der Dombezirk 1 (Essen 1998).

Pilø 2007 – L. Pilø, The Settlement: Extent and Dating. In: D. Skre (Hrsg.), Kaupang in Skiringssal. Kaupang Excavation Project Publication Series 1. Norske Oldfunn 22 (Oslo 2007) 161–178.

Plagemann 1999 – V. Plagemann, Architektur und Kunst in der Missionsmetropole des Nordens. In: ders./U. Schneede (Hrsg.), Die Kunst des Mittelalters in Hamburg 1. Aufsätze zur Kulturgeschichte (Hamburg 1999) 30–35.

Pöche 2005 – A. Pöche, Perlen, Trichtergläser, Tesserae. Spuren des Glashandels und Glashandwerks auf dem frühgeschichtlichen Handelsplatz von Groß Strömkendorf, Landkreis Nordwestmecklenburg. Beiträge zur Ur- u. Frühgeschichte Mecklenburg-Vorpommerns 44 (Lübstorf 2005).

Pohle 2014 – F. Pohle (Hrsg.), Karl charlemagne Der Grosse. Orte der Macht. Katalog zur Ausstellung Aachen 2014 (Dresden 2014).

Pöppelmann 2005 – H. Pöppelmann, Handel und Wandel – Magdeburg 805. In: M. Puhle (Hrsg.), Magdeburg 1200. Mittelalterliche Metropole – Preußische Festung – Landeshauptstadt. Die Geschichte der Stadt von 805 bis 2005 (Stuttgart 2005) 38–39.

Posselt/Schneeweiß 2011 – M. Posselt/J. Schneeweiß, Die geophysikalischen Prospektionen der Jahre 2005/2006 am Burgwall von Meetschow. In: K.-H. Willroth/J. Schneeweiß (Hrsg.), Slawen an der Elbe. Göttinger Forschungen zur Ur- u. Frühgeschichte 1 (Göttingen 2011) 103–120.

Prinz 1981 – J. Prinz, *Mimigernaford* – Münster. Die Entstehungsgeschichte einer Stadt (Münster ³1981).

Puhle 2001 – M. Puhle (Hrsg.), Otto der Große, Magdeburg und Europa (Magdeburg 2001).

Putzger 1993 – W. Leisering (Hrsg.), F. W. Putzger, Historischer Weltatlas. Hrsg. W. Leisering 102. Auflage (Berlin 1993).

Radtke 1992 – C. Radtke, König Magnus der Gute und Haithabu/Schleswig. In: W. Paravicini (Hrsg.), Mare Balticum. Beiträge zur Geschichte des Ostseeraums in Mittelalter und Neuzeit. [Festschr. E. Hoffmann] Kieler Historische Studien 36 (Sigmaringen 1992) 67–91.

Radtke 1999 – Chr. Radtke, s. v. »HaiÞaby. § 1–7«. Reallexikon der Germanischen Altertumskunde 13 (Berlin, New York 1999) 361–381.

Radtke 2004 – Ch. Radtke, Der Prahm »Haithabu IV« in seinem historischen Kontext. Schleitransit, Fährstation, Überlandswege und die Kirche Haddeby. In: K. Brandt/H. J. Kühn (Hrsg.), Der Prahm aus dem Hafen von Haithabu. Beiträge zu antiken und mittelalterlichen Flachbodenschiffen. Schriften des Archäologischen Landesmuseums (Schleswig). Ergänzungsr. 2 (Neumünster 2004) 17–41.

Ramm 1955 – H. Ramm, Zur älteren Besiedlungsgeschichte Holsteins. Archaeologica Geografica 4, 1955, 67–72.

Rech 1991 – M. Rech, Übersicht der Schiffsfunde auf Bremer Gebiet. Bremer Archäologische Blätter N. F. 90/91, 1991, 25–32.

Rech 2004 – M. Rech, Gefundene Vergangenheit, Archäologie des Mittelalters. Ausstellungskatalog Landesmuseum Bremen 2003. Bremer Archäologische Blätter Beih. 3 (Bremen 2004).

Redknap 1984 – M. Redknap, Late Merovingian Black and Red Burnished wares from Mayen (Rheinland-Pfalz). Archäologisches Korrespondenzblatt 14, 1984, H. 4, 403–416.

Redknap 1988 – M. Redknap, Medieval pottery production at Mayen: recent advances, current problems. In: D. R. M. Gaimster/M. Redknap/H.-H. Wegner (Hrsg.), Zur Keramik des Mittelalters und der beginnenden Neuzeit im Rheinland. BAR International Series 440 (Oxford 1988) 3–37.

Redknap 1999 – M. Redknap, Die römischen und mittelalterlichen Töpfereien in Mayen, Kreis Mayen-Koblenz. Berichte zur Archäologie an Mittelrhein und Mosel 6 (Trier 1999).

Reichstein 1984 – H. Reichstein, Haustiere. In: G. Kossack/K.-E. Behre/P. Schmid (Hrsg.), Archäologische und naturwissenschaftliche Untersuchungen an ländlichen und frühstädtischen Siedlungen im deutschen Küstengebiet vom 5. Jahrhundert v. Chr. bis zum 11. Jahrhundert n. Chr. 1 Ländliche Siedlungen (Weinheim 1984) 277–284.

Reimer et al 2013 – P. J. Reimer et al., IntCal13 and Marine13 radiocarbon age calibration curves 0–50,000 years cal BP. Radiocarbon 55, 2013, 1869–1887.

Reinecke 1973 – K. Reinecke, Das Erzbistum Hamburg-Bremen und Köln 890–893. Stader Jahrbuch N. F. 63, 1973, 59–76.

Reinecke 1987 – K. Reinecke, Bischofsumsetzung und Bistumsvereinigung. Ansgar und Hamburg-Bremen 845–864. Archiv für Diplomatik 33, 1987, 1–53.

Reincke 1957 – H. Reincke, Über Städtegründung: Betrachtungen und Phantasien – ein Vortrag. Hansische Geschichtsblätter 75, 1957, 4–28.

Reinhardt 1958 – W. Reinhardt, Die Untersuchung der Otterndorfer Wurt (Kr. Land Hadeln). Germania 36, 1958, 236.

Reinhardt 1959 – W. Reinhardt, Die Grabungen auf der Dorfwarf von Groothusen, Kreis Norden, und ihre Ergebnisse. Jahrbuch der Gesellschaft für bildende Kunst u. vaterländische Altertümer zu Emden 39, 1959, 20–36.

Reinhardt 1967 – W. Reinhardt, Zur Besiedlungsgeschichte der Dunumer Gaste. Nachrichten aus Niedersachsens Urgeschichte 36, 1967, 61–74.

Resi 1979 – H. G. Resi, Die Specksteinfunde aus Haithabu. Berichte über die Ausgrabungen in Haithabu 14 (Neumünster 1979).

Resi 1990 – H. G. Resi, Die Wetz- und Schleifsteine aus Haithabu. Berichte über die Ausgrabungen in Haithabu 28 (Neumünster 1990).

Rettberg 1848 – F. W. Rettberg, Kirchengeschichte Deutschlands (Göttingen 1848).

Rettner 2012 – A. Rettner, Historisch-archäologische Überlegungen zur Bedeutung Regensburgs im 6. und 7. Jahrhundert. In: H. Fehr/I. Heitmeier (Hrsg.), Die Anfänge Bayerns. Von *Raetien* und *Noricum* zur frühmittelalterlichen *Baiovaria* (St. Ottilien 2012) 640–653.

Reuter 1910 – C. Reuter, Ebbo von Reims und Ansgar. Historische Zeitschrift 105, 1910, 237–284.

Révész 2000 – L. Révész, Ungarn. In: A. Wieczorek/H.-M. Hinz (Hrsg.), Europas Mitte um 1000 (Stuttgart 2000) 306–308.

Richter 1982 – K. Richter, Hamburgs Frühzeit bis 1300. In: W. Jochmann/H.-D. Loose (Hrsg.), Hamburg. Geschichte der Stadt und ihrer Bewohner. Von den Anfängen bis zur Reichsgründung (Hamburg 1982) 17–100.

Richter 1983 – K. Richter, Neue archäologische Beobachtungen zur Topographie des mittelalterlichen Zentralortes Hollenstedt, Kr. Harburg. Hammaburg N. F. 5, 1983, 163–173.

Richter 1990 – K. Richter, Mittelalterliche Burgen und befestigte Höfe im Harburger Raum. Harburger Kreiskalender 1990, 83–97.

Richter 1991 – K. Richter, Mittelalterliche Kirchen im Harburger Raum. Harburger Kreiskalender 1991, 5–18.

Richter 1993 – K. Richter, Neues zur Archäologie und Geschichte der mittelalterlichen Kirche von Hittfeld, Kr. Harburg. Hammaburg N. F. 10, 1993, 213–237.

von Richthofen 1939 – B. v. Richthofen, Eine spätsächsische Siedlung in Eggerstedt, Kreis Pinneberg in Holstein. Nordelbingen, Beiträge zur Heimatforschung in Schleswig-Holstein, Hamburg und Lübeck 15, 1939, 41–49.

Rieder 2010 – K. H. Rieder, Neue Aspekte zur »*Urbs*« der Eichstätter Bischöfe. In: K. Kreitmeir/E. Reiter (Hrsg.), Verwurzelt in Glaube und Heimat. [Festschr. E. Reiter] Eichstätter Studien N. F. 58 (Regensburg 2010) 1–21.

Rietschel 1894 – S. Rietschel, Die *Civitas* auf deutschem Boden bis zum Ausgange der Karolingerzeit (Leipzig 1894).

Riley-Smith 2002 – J. Riley-Smith, s. v. »Kreuzzüge«. Lexikon des Mittelalters 5 (Stuttgart 2002) 1508–1519.

Ring/Wieczorek 1970 – E. Ring/A. Wieczorek, Tatinger Kannen aus Mainz. Archäologisches Korrespondenzblatt 9, 1979, H. 3, 355–362.

Robinson 1978 – I. S. Robinson, »periculosus homo«. Pope Gregory VII and Episcopal Authority. Viator 9, 1978, 103–131.

Röckelein 2013 – H. Röckelein, Reliquientranslationen nach Sachsen. In: Ch. Stiegemann/M. Kroker/ W. Walter (Hrsg.), Credo. Christianisierung Europas im Mittelalter 1. Essays (Regensburg 2013) 341–349.

Rödel 2001 – D. Rödel, Analyse der historischen Quellen. In: Karlburg – Rossthal – Oberammthal. Studien zum frühmittelalterlichen Burgenbau in Nordbayern. Frühgeschichtliche und Provinzialrömische Archäologie. Materialien u. Forschungen 5 (Rahden/Westf. 2001) 279–300.

Rosenstock 2001 – D. Rosenstock, Siedlungsgeschichte im Frühmittelalter. In: U. Wagner (Hrsg.), Geschichte der Stadt Würzburg (Stuttgart 2001) 51–61.

Roslund 2007 – M. Roslund, Guests in the house. Cultural transmission between Slavs and Scandinavians 900 to 1300 A.D. (Leiden, Boston 2007).

Rossignol 2011 – S. Rossignol, *Civitas* in Early Medieval East Central Europe – Stronghold or District? Medieval History Journal 14, 2011, 71–99.

Rossignol 2013 – S. Rossignol, Aux origines de l'identité urbaine en Europe centrale et nordique (Turnhout 2013).

Ruchhöft 2005 – F. Ruchhöft, Liegt das *castrum Delbende* in Mecklenburg? Archäologische Berichte aus Mecklenburg-Vorpommern 12, 2005, 163–166.

Ruchhöft 2008 – F. Ruchhöft, Vom slawischen Stammesgebiet zur deutschen Vogtei. Die Entwicklung der Territorien in Ostholstein, Lauenburg, Mecklenburg und Vorpommern im Mittelalter. Archäologie u. Geschichte im Ostseeraum 4 (Rahden/Westf. 2008).

Ruchhöft 2010 – F. Ruchhöft, Die Burg am Kap Arkona. Archäologie in Mecklenburg-Vorpommern 7 (Schwerin 2010).

Rudnick 1997 – B. Rudnick, Balhorn – Archäologie am Schnittpunkt. Ein mittelalterliches Handwerkerquartier am Hellweg. Archäologie in Ostwestfalen 2 (Bielefeld 1997).

Rünger 2012 – T. Rünger, Zwei Wassermühlen der Karolingerzeit im Rotbachtal bei Niederberg, mit einem Beitrag von J. Meurers-Balke und S. Schamuhn. Bonner Jahrbücher 212, 2012, 167–217.

Rutherford 1998 – A. Rutherford, Jean Mabillon. In: H. Damico (Hrsg.), Medieval Scholarship: Biographical Studies on the Formation of a Discipline 2. Literature and Philology. Garland Reference Library of the Humanities 2071 (New York 1998) 16–32.

Sage 1980 – W. Sage, Ausgrabungen in der ehemaligen Grafenburg zu Ebersberg, Oberbayern, im Jahre 1978. Jahresbericht der Bayerischen Bodendenkmalpflege 21, 1980, 214–228.

Sage 1990 – W. Sage, Archäologische Forschungen in Forchheim. Jahresbericht der Bayerischen Bodendenkmalpflege 30/31, 1989/90 (1990), 336–351.

Sage 2002 – W. Sage, Klostergeschichte, die im Boden steckt – Ergebnisse der Ausgrabungen in der ehemaligen Grafenburg zu Ebersberg. In: B. Schäfer (Hrsg.), Kloster Ebersberg: Prägekraft christlich-abendländischer Kultur im Herzen Altbayerns (Haar 2002) 53–76.

Saile 2007a – Th. Saile, Slawen in Niedersachsen. Zur westlichen Peripherie der slawischen Ökumene vom 6. bis zum 12. Jahrhundert. Göttinger Schriften zur Vor- u. Frühgeschichte 30 (Neumünster 2007).

Saile 2007b – Th. Saile, Franken in den Elblanden. Nachrichten aus Niedersachsens Urgeschichte 76, 2007, 87–100.

Saile 2009 – Th. Saile, Aspekte des Grenzbegriffs in den frühgeschichtlichen Elblanden. Archäologische Berichte des Landreises Rotenburg (Wümme) 15, 2009, 123–165.

Saile 2010 – Th. Saile, Anmerkungen zur sozialen Komplexität frühgeschichtlicher Gesellschaften in den unteren Elblanden aus archäologischer Sicht. In: A. Parón/S. Rossignol/B. Sz. Szmoniewski/G. Vercamer (Hrsg.), *Potestas et communitas*. Interdisziplinäre Beiträge zu Wesen und Darstellung von Herrschaftsverhältnissen im Mittelalter östlich der Elbe (Wrocław, Warszawa 2010) 53–72.

Saile 2012 – Th. Saile, Der Weinberg bei Hitzacker: ein frühgeschichtlicher Zentralort im Hannoverschen Wendland. Hannoversches Wendland 16/17, 1998–2011 (2012), 247–262.

Sanke 2001 – M. Sanke, Gelbe Irdenware. In: H. Lüdtke/K. Schietzel (Hrsg.), Handbuch zur mittelalterlichen Keramik in Nordeuropa. Schriften des Archäologischen Landesmuseums 6 (Neumünster 2001) 271–428.

Sawyer 2009 – P. Sawyer, Die Wikinger auf den britischen Inseln. In: Historisches Museum der Pfalz (Hrsg.), Die Wikinger (München 2009) 211–225.

Sawyer/Sawyer 1993 – B. Sawyer/P. Sawyer, Medieval Scandinavia. From Conversion to Reformation, circa 800–1500. The Nordic ser.17 (Minneapolis 1993).

Schäfer 2008 – A. Schäfer, Die Stader Hafengrabung. In: A. Schäfer/F. Andraschko/B. Meller (Hrsg.), Schätze im Schlick. Maritime Archäologie des 1000-jährigen Hansehafens Stade. (Stade 2008) 29–42.

Schäfer 2011 – A. Schäfer, Die Schwedenschanze bei Stade – ein frühmittelalterliches Zentrum an der Schwinge? Siedlungs- u. Küstenforschung im südlichen Nordseegebiet 34, 2011, 343–357.

Schäfer/Scherf 2008 – A. Schäfer/W. Scherf, Neue Erkenntnisse zur frühmittelalterlichen Burg von Groß Thun. Archäologie in Niedersachsen 2008, 145–149.

Schenk 2010 – W. Schenk, »*Central Places*« as a point of discussion from German geography in (pre)historical research. In: B. Ludowici et al. (Hrsg.), Trade and Communication Networks of the First Millenium AD in the northern part of Central Europe: Central Places, Beach Markets, Landing Places and Trading Centres. Neue Studien zur Sachsenforschung 1 (Stuttgart 2010) 11–13.

Scherer 2013 – C. Scherer, Der Pontifikat Gregors IV. (827–844): Vorstellungen und Wahrnehmungen päpstlichen Handelns im 9. Jahrhundert. Päpste und Papsttum 42 (Stuttgart 2013).

Scheschkewitz 2009 – J. Scheschkewitz, Die Ringwallanlagen in Nordwestniedersachsen. In: M. Segschneider (Hrsg.), Ringwälle und verwandte Strukturen des ersten Jahrtausends n. Chr. an Nord- und Ostsee (Neumünster 2009) 185–199.

Scheschkewitz 2010 – J. Scheschkewitz, Water transport – specialized landing-places in the coastal areas of northwestern Germany in the first millenium AD. In: B. Ludowici et al. (Hrsg.), Trade and Communication Networks of the First Millenium AD in the northern part of Central Europe: Central Places, Beach Markets, Landing Places and Trading Centres. Neue Studien zur Sachsenforschung 1 (Stuttgart 2010) 289–308.

Schieffer 1977 – Rudolf Schieffer, Zur Frühgeschichte des Domstiftes von Münster. Westfälische Forschungen 28, 1976/1977 (1977), 16–29.

Schieffer 1997 – R. Schieffer, Fulda, Abtei der Könige und Kaiser. In: G. Schrimpf (Hrsg.), Kloster Fulda in der Welt der Karolinger und Ottonen. Fuldaer Studien 7 (Frankfurt a. M. 1997) 39–55.

Schieffer 2005 – R. Schieffer, Die Zeit des karolingischen Großreichs 714–887. Gebhardt Handbuch der deutschen Geschichte 2 (Stuttgart [10]2005) 58–61.

Schieffer 2011 – R. Schieffer, Die Entstehung der ostsächsischen Klosterlandschaft bis zum Ende des 12. Jahrhunderts. Studien und Mitteilungen zur Geschichte des Benediktinerordens und seiner Zweige 122, 2011, 7–28.

Schieffer 2012 – R. Schieffer, Otto Imperator – In der Mitte von 2000 Jahren. In: H. Leppin (Hrsg.), Kaisertum im ersten Jahrtausend (Regensburg 2012) 355–374.

Schieffer 1986 – T. Schieffer, *Adnotationes* zur Germania Pontificia und zur Echtheitskritik überhaupt, Teil 1. Archiv für Diplomatik 32, 1986, 503–545.

Schimpff 2013 – V. Schimpff, *contra Magdeburg*. Zur Lage der fränkisch/slawischen Burg an der Elbe 806. Burgenforschung aus Sachsen 26, 2013, 109–147.

Schindler 1948a – R. Schindler, Das karolingische Hamburg und die Probleme der frühgeschichtlichen Städteforschung Niedersachsens. K. Schwarz (Hrsg.), Strena Praehistorica [Festschr. M. Jahn] (Halle 1948) 239–253.

Schindler 1948b – R. Schindler, Die Ausgrabungen in der Hamburger Altstadt. Hammaburg 1, H. 1, 1948/1949 (1948), 25–33.

Schindler 1949 – R. Schindler, Die Ausgrabungen in der Hamburger Altstadt 1948. Hammaburg 1, H. 3, 1948/1949 (1949), 161–180.

Schindler 1951a – R. Schindler, Die Ausgrabungen auf dem Gelände des ehemaligen Hamburger Domes und beim Neubau der Fischmarktapotheke 1949–1951. Hammaburg 2, 1950/1951 (1951), 71–104.

Schindler 1951b – R. Schindler, Die archäologische Stadtkernforschung in Hamburg. Germania 29, 1951, 282–285.

Schindler 1951c – R. Schindler, Zwei glasierte gotische Bildkacheln aus den Trümmern des ehemaligen Mariendomes in Hamburg. Hammaburg 2, H. 4–6, 2–6.

Schindler 1952a – R. Schindler, Die hamburgische Keramik des 8.–12. Jahrhunderts als Geschichtsquelle. Hammaburg 3, H. 8, 1952, 115–131.

Schindler 1952b – R. Schindler, Ein sächsisches Reitergrab aus Hamburg-Schnelsen. Hammaburg 3, H. 8, 1952, 132–146.

Schindler 1955 – R. Schindler, Ein Fundhorizont mit mittelslawischer Keramik in Alt-Hamburg. In: W. Neugebauer (Hrsg.), Bericht über die Tagung für Frühgeschichte, Lübeck, 18./19. Januar 1955 (Lübeck 1955) 20–22.

Schindler 1956a – R. Schindler, Hamburgs Frühzeit im Lichte der Ausgrabungen. Zeitschrift des Vereins für Hamburgische Geschichte 43, 1956, 49–72.

Schindler 1956b – R. Schindler, Das wikingerzeitliche Hügelgräberfeld »Monklembergen« bei Süderende auf Föhr. Offa 15, 1956, 121–134.

Schindler 1957a – R. Schindler, Hamburgs Beitrag zur nordwestdeutschen Burgwall-Forschung im Rahmen der Stadtarchäologie. Hammaburg 5, H. 11, 1957, 61–84.

Schindler 1957b – R. Schindler, Ausgrabungen in Alt Hamburg. Neue Ergebnisse zur Frühgeschichte der Hansestadt. Hamburger Heimatbücher (Hamburg o. J. [1957]).

Schindler 1958a – R. Schindler: Bericht über die Hamburger U-Bahn-Grabungen am Alten Fischmarkt. Hammaburg 6, H. 12, 1958, 119–145.

Schindler 1958b – R. Schindler, Eine frühgeschichtliche Siedlung in Hamburg-Bramfeld. Hammaburg 6, H. 12, 1958, 145–162.

Schindler 1959a – R. Schindler, Entwicklungstendenzen der Hamburger Keramik des 8. bis 10. Jahrhunderts. Prähistorische Zeitschrift 37, 1959, 57–71.

Schindler 1959b – R. Schindler, Die Datierungsgrundlagen der slawischen Keramik in Hamburg. Prähistorische Zeitschrift 37, 1959, 187–194.

Schindler 1960 – R. Schindler, Die Bodenaltertümer der Freien und Hansestadt Hamburg. Veröffentlichungen des Museums für Hamburgische Geschichte, Abteilung Bodendenkmalpflege 1 (Hamburg 1960).

Schindler 1961 – R. Schindler, Blockhäuser des 10. Jahrhunderts am Hamburger Dornbusch. Hammaburg 7, H. 13, 1961, 99–106.

Schlesinger 1961 – W. Schlesinger. Mitteldeutsche Beiträge zur deutschen Verfassungsgeschichte des Mittelalters (Göttingen 1961).

Schlesinger 1981 – W. Schlesinger, s. v. »Burg II. §2«. Reallexikon Germanischer Altertumskunde 4 (Berlin, New York 1981) 118–122.

Schlosser Mauritsen et al. 2009 – E. Schlosser Mauritsen/M. Segschneider/T. Wunderlich, Siedlungsprospektion mit Luftfotografien und Geomagnetik auf der nordfriesischen Insel Föhr. Archäologische Nachrichten Schleswig-Holstein 15, 2009, 20–23.

Schlüter 2001 – W. Schlüter, Die *Translatio S. Alexandri* und die Verkehrswege des frühen Mittelalters in Nordwestdeutschland. In: H. Queckenstedt (Hrsg.), Heilige Helfer. Die Reliquien Alexanders und Reginas im Spiegel der Osnabrücker Bistumsgeschichte (Osnabrück 2001) 65–80.

Schlüter 2002 – W. Schlüter, Archäologische Zeugnisse zur Entstehung der Stadt Osnabrück. In: H. Steuer/G. Biegel (Hrsg.), Stadtarchäologie in Norddeutschland westlich der Elbe (Bonn 2002) 37–103

Schlüter 2005 – W. Schlüter, Sächsischer Landesausbau vom 7. bis 9. Jahrhundert. In: H. Queckenstedt/B. Zehm (Hrsg.), Der Dom als Anfang. 1225 Jahre Bistum und Stadt Osnabrück (Osnabrück 2005) 135–178.

Schlüter 2006 – W. Schlüter, Die Siedlungsgeschichte vom frühen Mittelalter bis zum Beginn des Spätmittelalters. In: G. Steinwascher (Hrsg.), Geschichte der Stadt Osnabrück (Belm b. Osnabrück 2006) 15–60.

Schmeidler 1918 – B. Schmeidler, Hamburg-Bremen und Nordost-Europa vom 9. bis 11. Jahrhundert. Kritische Untersuchungen zur Hamburgischen Kirchengeschichte des Adam von Bremen zu Hamburger Urkunden und zur nordischen und wendischen Geschichte (Leipzig 1918).

Schmeidler 1927 – B. Schmeidler, Kaiser Heinrich IV. und seine Helfer im Investiturstreit. Stilkritische und sachkritische Untersuchungen (Leipzig 1927).

Schmid 1996 – P. Schmid, König – Herzog – Bischof. Regensburg und seine Pfalzen. In: L. Fenske (Hrsg.), Pfalzen – Reichsgut – Königshöfe. Deutsche Königspfalzen 4. Veröff. Max Planck-Institutes für Geschichte 11 (Göttingen 1996) 53–83.

Schmid-Hecklau 2002 – A. Schmid-Hecklau, Slawenzeitliche Funde im Kreis Herzogtum Lauenburg. Studien zur Siedlungsgeschichte u. Archäologie der Ostseegebiete 3 (Neumünster 2002).

Schmid-Hecklau 2004 – A. Schmid-Hecklau, Die archäologischen Ausgrabungen auf dem Burgberg in Meißen. Veröffentlichungen des Landesamtes für Archäologie mit Landesmuseum für Vorgeschichte 43 (Dresden 2004).

Schmidt 1983 – H. Schmidt, Die Bremer Kirche und der Unterweserraum im frühen und hohen Mittelalter. In: W. Goez et al., Stadt – Kirche – Reich. Neue Forschungen zur Geschichte des Mittelalters anlässlich der 1200. Wiederkehr der ersten urkundlichen Erwähnung Bremens. Jahrbuch der Wittheit zu Bremen 27 (Bremen 1983) 9–27.

Schmidt 1989 – H. Schmidt, Skandinavien im Selbstverständnis der Bremer Kirche vom 9. bis zum 11. Jahrhundert. In: D. Hägermann (Hrsg.), Bremen. 1200 Jahre Mission. Schriften der Wittheit zu Bremen N. F. 12 (Bremen 1989) 33–59.

Schmidt 1994 – J.-P. Schmidt, Ein ULFBERHT-Schwert aus Alt Galow, Gem. Schöneberg, Kr. Uckermark. Veröffentlichungen des Brandenburgischen Landesmuseums für Ur- u. Frühgeschichte 28, 1994, 223–229.

Schmidt 1975 – T. Schmidt, Hildebrand, Kaiserin Agnes und Gandersheim. In: Niedersächsisches Jahrbuch für Landesgeschichte 46/47, 1974/75 (1975), 299–309.

Schmitt 2006 – R. Schmitt, Zu den mittelalterlichen Klausuren am Dom zu Halberstadt. In: A. Siebrecht (Hrsg.), Geschichte Halberstadt 2006 – Geschichte und Kultur des Bistums Halberstadt 804–1648. Symposium anlässlich 1200 Jahre Bistumsgründung Halberstadt (Halberstadt 2006) 177–202.

Schmölcke/Jöns 2013 – U. Schmölcke/H. Jöns, Livestock in early medieval ports of trade on the Baltic Sea – the examples of *emporium Reric* (Northern Germany) and other northern German sites. In: S. Kleingärtner/T.P. Newfield/S. Rossignol/D. Wehner (Hrsg.), Landscapes and Societies in Medieval Europe East of the Elbe: Papers in Medieval Studies 23 (Toronto 2013) 54–72.

Schneeweiß 2010a – J. Schneeweiß, Archäologische Streiflichter vom Höhbeck zum 1200. Jahrestag seiner Ersterwähnung. Von den Anfängen bis ins Mittelalter (Lüneburg 2010).

Schneeweiß 2010b – J. Schneeweiß, Neue Überlegungen zur Lokalisierung von *Schezla*, Archäologische Berichte des Landkreises Rotenburg (Wümme) 16, 2010, 119–161.

Schneeweiß 2011a – J. Schneeweiß, Die Datierung des Höhbeck-Kastells an der Elbe. In: F. Biermann/Th. Kersting/A. Klammt (Hrsg.), Der Wandel um 1000. Beiträge zur Ur- u. Frühgeschichte Mitteleuropas 60 (Langenweißbach 2011) 371–377.

Schneeweiß 2011b – J. Schneeweiß, Sachsen, Franken, Slawen – zur Geschichte einer Grenzregion an der Elbe. Ein Vorbericht zu den Ausgrabungen des Göttinger Seminars für Ur- und Frühgeschichte am Höhbeck. In: K.-H. Willroth/J. Schneeweiß (Hrsg.), Slawen an der Elbe. Göttinger Forschungen zur Ur- u. Frühgeschichte 1 (Göttingen 2011) 57–102.

Schneeweiß 2011c – J. Schneeweiß, Karl der Große und sein Kastell Höhbeck an der Elbe. Die Kunde N. F. 62, 2011, 97–116.

Schneeweiß 2012a – J. Schneeweiss, The rise and fall of a Frankish intention. The early history of a frontier site between Saxons and Slavs on the river Elbe. In: R. Annaert et al. (Hrsg.), The very beginning of Europe? Cultural and Social Dimensions of Early-Medieval Migration and Colonisation (5th–8th century). Relicta Monografieën 7 (Brussels 2012) 265–275.

Schneeweiß 2012b – J. Schneeweiß, Neues vom Höhbeck-Kastell. Nachrichten aus Niedersachsens Urgeschichte 81, 2012, 81–110.

Schneeweiß 2013a – J. Schneeweiß, Slawenzeitliche Befestigungen am Höhbeck. In: K.-H. Willroth/H.-J. Beug/F. Lüth/F. Schopper (Hrsg.), Slawen an der unteren Mittelelbe. Untersuchungen zur ländlichen Besiedlung, zum Burgenbau, zu Besiedlungsstrukturen und zum Landschaftswandel. Frühmittelalterliche Archäologie zwischen Ostsee u. Mittelmeer 4 (Wiesbaden 2013) 79–90.

Schneeweiß 2013b – J. Schneeweiß, Frühe Slawen am Höhbeck. Ebenda 53–60.

Schneeweiß/Kennecke 2013 – J. Schneeweiß/H. Kennecke, *Schezla – Hohbuoki* – Lenzen – Meetschow. Neues zur Ostgrenze des Fränkischen Reiches. Ebenda, 159–164.

Schneeweiß/Schatz 2014 – J. Schneeweiss/T. Schatz, The impact of landscape change on the significance of political centres along the lower Elbe River in the 10th century A.D. Quaternary International 324, 2014, 20–33.

Schneider 1989 – R. Schneider, Ergebnisse hamburgischer Bodendenkmalpflege nördlich der Elbe. In: R. Busch (Hrsg.), Bodendenkmalpflege in Hamburg. Veröffentlichungen des Hamburger Museums für Archäologie u. die Geschichte Harburgs, Helms-Museum 56 (Neumünster 1989) 11–26.

Schneider 1991 – M. Schneider, Der St. Paulus-Dom in Münster. Vorbericht zu den Grabungen im Johanneschor und auf dem Domherrenfriedhof (»Alter Dom«). Ausgrabungen u. Funde in Westfalen-Lippe 6 B, 1991, 33–78.

Schneider 2011 – M. Schneider, Die Stiftskirche »Alter Dom« – Baubefunde und Baugeschichte auf dem Domherrnfriedhof. In: M. Schneider/C. Holze-Thier/B. Thier. Der Dom zu Münster 5. Denkmalpflege u. Forschung in Westfalen 26,5 (Mainz 2011) 1–229.

Schneider/Holze-Thier/Thier 2011 –M. Schneider/C. Holze-Thier/B. Thier, Der Dom zu Münster. Die Ausgrabungen auf dem Domherrenfriedhof von 1987 bis 1989. Die Stiftskirche »Alter Dom« und die Bestattungen im Dombereich. Denkmalpflege u. Forschung in Westfalen 26,5 (Mainz 2011).

Schneidmüller 2000 – B. Schneidmüller, Ottonen – Heinriche – Liudolfinger. Ein Herrschergeschlecht aus Sachsen. In: A. Wieczorek/H.-M. Hinz (Hrsg.), Europas Mitte um 1000. Beiträge zur Geschichte, Kunst und Archäologie 2 (Stuttgart 2000) 676–688.

Schöffel 1929 – J. S. Schöffel, Kirchengeschichte Hamburgs 1. Die Hamburgische Kirche im Zeichen der Mission und im Glanze der erzbischöflichen Würde (Hamburg 1929).

Schön 1995 – V. Schön, Die Mühlsteine von Haithabu und Schleswig. Ein Beitrag zur Entwicklungsgeschichte des mittelalterlichen Mühlenwesens in Nordwesteuropa. Berichte über die Ausgrabungen in Haithabu 31 (Neumünster 1995).

Schön 1998 – V. Schön, Mayener Basalt – ein begehrtes Handelsgut bei den Wikingern. In: U. Löber (Hrsg.), Die Wikinger. Veröffentlichungen des Landesmuseums Koblenz. Staatliche Sammlung technischer Kulturdenkmäler B61 (Koblenz 1998) 117–124.

Schou Jørgensen 1988 – M. Schou Jørgensen, Vej, Vejstrøg og Vejspærring. Jernalderens landfærdsel. In: P. Mortensen/B. M. Rasmussen (Hrsg.), Jernalderens stammesamfund. Fra Stamme til Stat i Danmark 1. Jysk Arkeologi Selskab Skrifter 22,1 (Aarhus 1988) 101–116.

Schrader 1909 – E. Schrader, Das Befestigungsrecht in Deutschland von den Anfängen bis zum Beginn des 14. Jahrhunderts (Göttingen 1909).

Schrader 1914 – E. Schrader, Die Widenburg. Zeitschrift des Vereins für Hamburgische Geschichte 18, 1914, 104–114.

Schrörs 1884 – H. Schrörs, Hinkmar Erzbischof von Reims. Sein Leben und seine Schriften (Freiburg 1884).

Schubert 1995 – E. Schubert, Geschichte Niedersachsens vom 9. bis zum ausgehenden 15. Jahrhundert. In: E. Schubert (Hrsg.), Politik, Verfassung, Wirtschaft vom 9. bis zum ausgehenden 15. Jahrhundert. Geschichte Niedersachsens 2,1 (Hannover 1997).

Schuchhardt 1913 – C. Schuchhardt, Über den Begriff der Burg im Heliand. In: *Opuscula archæolocia Oscarii Montelio septuagenario dicata d. IX. M. Sept. A MCMXIII* [Festschr. O. Montelius] (Holmiae 1913) 351–357.

Schuchhardt 1921 – C. Schuchhardt, Slavische Scherben aus dem Jahre 810 n. Chr. In: Festschrift Adalbert Bezzenberger zum 14. April 1921 dargebracht von seinen Freunden und Schülern (Göttingen 1921) 140–143.

Schuchhardt 1924 – C. Schuchhardt, Die frühgeschichtlichen Befestigungen in Niedersachsen. Niedersächsische Heimatbücher, 2. R. (Geschichts- und Kulturbilder) 3 (Bad Salzuflen 1924).

Schuchhardt 1931 – C. Schuchhardt, Die Burg im Wandel der Weltgeschichte (Potsdam 1931).

Schuchhardt 1934 – C. Schuchhardt, Vorgeschichte von Deutschland (München, Berlin ²1934).

Schuldt 1956 – E. Schuldt, Die slawische Keramik in Mecklenburg. Deutsche Akademie der Wissenschaften Berlin. Schriften der Sektion Vor- u. Frühgeschichte 5 (Berlin 1956).

Schuldt 1965 – E. Schuldt, Behren-Lübchin. Eine spätslawische Burganlage in Mecklenburg. Schriften der Sektion Vor- u. Frühgeschichte 19 (Berlin 1965).

Schuldt 1983 – E. Schuldt, Die frühslawische Befestigung von Sternberger Burg, Kreis Sternberg. Bodendenkmalpflege in Mecklenburg, Jahrbuch 1982 (1983), 97–145.

Schuldt 1985 – E. Schuldt, Groß Raden. Ein slawischer Tempelort des 9./10. Jahrhunderts in Mecklenburg. Schriften zur Ur- u. Frühgeschichte 39 (Berlin 1985).

Schultze 2008 – J. Schultze, Haithabu – Die Siedlungsgrabungen. Methoden und Möglichkeiten der Auswertung. Ausgrabungen in Haithabu 13 (Neumünster 2008).

Schulz 1995a – C. Schulz, Die Befunde auf dem Hamburger Domplatz. In: R. Busch (Hrsg.), Domplatzgrabung in Hamburg 1. Veröffentlichungen des Hamburger Museums für Archäologie u. die Geschichte Harburgs, Helms-Museum 70 (Neumünster 1995) 27–55.

Schulz 1995b – C. Schulz, Heidenwall oder Hammaburg: Eine Neubewertung der Pressehausgrabung. Ebenda 57–64.

Schulze 1963 – H. K. Schulze, Adelsherrschaft und Landesherrschaft. Studien zur Verfassung- und Besitzgeschichte der Altmark, des ostsächsischen Raumes und des hannoverschen Wendlandes im hohen Mittelalter. Mitteldeutsche Forschungen 29 (Köln, Graz 1963).

Schulze 2001a – H. K. Schulze, Der Raum um den Harz als Herrschafts- und Sakrallandschaft im Zeitalter der Ottonen. Sachsen u. Anhalt 23, 2001, 83–139.

Schulze 2001b – H. K. Schulze, Sachsen als ottonische Königslandschaft. In: M. Puhle (Hrsg.), Otto der Große, Magdeburg und Europa (Magdeburg 2001) 30–52.

Schulze-Dörrlamm 1997 – M. Schulze-Dörrlamm, Unbekannte Kreuzfibeln der Karolingerzeit aus Edelmetall (Farbtaf. III-IV). Archäologisches Korrespondenzblatt 27, 1997, H. 2, 341–354.

Schulze-Dörrlamm 2002 – M. Schulze-Dörrlamm, Die Ungarneinfälle des 10. Jahrhunderts im Spiegel archäologischer Funde. In: J. Henning (Hrsg.), Europa im 10. Jahrhundert, Archäologie einer Aufbruchszeit. Internat. Tagung in Vorbereitung der Ausstellung »Otto der Große, Magdeburg und Europa« (Mainz 2002) 109–122.

Schulze-Dörrlamm 2003 – M. Schulze-Dörrlamm, Eine goldene, byzantinische Senkschmelzfibel mit dem Bild der Maria Orans aus dem 9. Jahrhundert (T. p. 843). Zur Entstehung und Deutung karolingischer Heiligenfibeln. Jahrbuch des Römisch-Germanischen Zentralmuseums Mainz 50, 2003, 449–487.

Schulze-Dörrlamm 2005 – M. Schulze-Dörrlamm, Die Heiligenfibeln der Karolingerzeit. In: G. Isenberg/G. Rommé (Hrsg.), 805:

Liudger wird Bischof – Spuren eines Heiligen zwischen York, Rom und Münster. Katalog Münster (Mainz 2005) 112.

Schulze-Dörrlamm 2007 – M. Schulze-Dörrlamm, Spuren der Ungarneinfälle des 10. Jahrhunderts. In: F. Daim (Hrsg.), Heldengrab im Niemandsland. Mosaiksteine. Forschungen am Römisch-Germanischen Zentralmuseum 2 (Mainz ²2007) 43–63.

Schulze-Dörrlamm 2013 – M. Schulze-Dörrlamm, Mainz im frühen 9. und 10. Jahrhundert. In: W. Wilhelmy (Hrsg.); Glanz der späten Karolinger. Hatto I. Erzbischof von Mainz (891–913). Von der Reichenau in den Mäuseturm. Publikationen des Bischöflichen Dom-und Diözesanmuseums 3 (Regensburg 2013) 88–107.

Schwarz 1971 – K. Schwarz, Die *Birg* bei Hohenschäftlarn. In: Miesbach, Tegernsee, Bad Tölz, Wolfratshausen, Bad Aibling. Führer zu vor- u. frühgeschichtlichen Denkmälern 18 (Mainz 1971) 222–238.

Schwarz 1977 – K. Schwarz. Jahresbericht der Bayerischen Bodendenkmalpflege 15/16, 1974/75 (1977), 250 ff.

Schwarz 1975 – K. Schwarz, Der frühmittelalterliche Landesausbau in Nordost-Bayern archäologisch gesehen. In: Ausgrabungen in Deutschland. Gefördert von der Deutschen Forschungsgemeinschaft 1950–1975, 2 (Mainz 1975) 338–409.

Schwarz 1989 – K. Schwarz, Archäologisch-topographische Studien zur Geschichte frühmittelalterlicher Fernwege und Ackerfluren im Alpenvorland zwischen Isar, Inn und Chiemsee. Materialh. Bayerische Bodendenkmalpflege R. A 45 (Kallmünz/Opf. 1989).

Schwarze-Neuss 2000 – E. Schwarze-Neuss, Besitzgeschichte und Territorialpolitik des Magdeburger Moritzklosters und der Erzbischöfe von Magdeburg (937–1024) mit besonderer Berücksichtigung der Burgenorganisation. Sachsen u. Anhalt 22, 1999/2000 (2000), 81–134.

Schwarzwälder 1955 – H. Schwarzwälder, Entstehung und Anfänge der Stadt Bremen. Veröffentlichungen des Staatsarchivs der Freien Hansestadt Bremen 24 (Bremen 1955).

Schwarzwälder 1960 – H. Schwarzwälder, Die Kirchspiele Bremens im Mittelalter: Die Großpfarre des Doms und ihr Zerfall. Niedersächsisches Jahrbuch für Landesgeschichte 32, 1960, 147–191.

Schwarzwälder 1987 – H. Schwarzwälder/I. Schwarzwälder, Reisen und Reisende in Nordwestdeutschland 1: bis 1620. Untersuchungen zur allgemeinen Geschichte Niedersachsens in der Neuzeit 35 (Hildesheim 1987).

Schwinning 2014 – M. Schwinning, 122 Maschen FStNr, 127, Gde. Seevetal. Nachrichten aus Niedersachsens Urgeschichte Beih. 17, Fundchronik 2012 (Stuttgart 2014) 75 f.

Scior 2000a – V. Scior, Nachtrag zu: Rimbert, Vita Anskarii. In: Adam von Bremen, Bischofsgeschichte der Hamburger Kirche. In: Quellen des 9. und 11. Jahrhunderts zur Geschichte der Hamburgischen Kirche und des Reiches. W. Trillmich/R. Buchner (Hrsg.), Ausgewählte Quellen zur deutschen Geschichte des Mittelalters. Freiherr vom Stein-Gedächtnisausgabe A 11 (Darmstadt [1901] ⁷2000) 137–499, hier 753–758.

Scior 2000b – V. Scior, Nachtrag zu: Adam von Bremen. Ebenda 758–764.

Scior 2002 – V. Scior, Das Eigene und das Fremde. Identität und Fremdheit in den Chroniken Adams von Bremen, Helmolds von Bosau und Arnolds von Lübeck. *Orbis mediaevalis*. Vorstellungswelten des Mittelalters 4 (Berlin 2002).

Scior 2005 – V. Scior, Kulturkonflikte? Christen, Heiden und Barbaren im früh- und hochmittelalterlichen Nordeuropa. Das Mittelalter. Perspektiven mediävistischer Forschung 10, 2005, 8–27.

Scior 2007 – V. Scior, Nation, Europa, Welt? Zum Spektrum früh- und hochmittelalterlicher Identitätsmuster in der Historiographie. In: I. Baumgärtner/C. Brinker-von der Heyde/A. Gardt/F. Sick (Hrsg.), Nation – Europa – Welt. Identitätsentwürfe vom Mittelalter bis 1800. Zeitsprünge. Forschungen zur Frühen Neuzeit 11, 2007, 335–362.

Scior 2012 – Volker Scior, Adam of Bremen. In: S. Borgehammar/K. Friis-Jensen/L. B. Mortensen (Hrsg.), Handbook of Medieval Nordic Literature in Latin, hg. v. (Turnhout 2012) (Online-Version abrufbar unter: https://wiki.uib.no/medieval/index.php/Adam_Bremensis; letzter Aufruf 14.2.2014).

Seegrün 1967 – W. Seegrün, Das Papsttum und Skandinavien bis zur Vollendung der nordischen Kirchenorganisation (1164). Quellen u. Forschungen zur Geschichte Schleswig-Holsteins 51 (Neumünster 1967).

Seegrün 1974 – W. Seegrün, Das Erzbistum Hamburg – Eine Fiktion? Zeitschrift für Hamburgische Geschichte 60, 1974, 1–16.

Seegrün 1976 – W. Seegrün, Das Erzbistum Hamburg in seinen älteren Papsturkunden. Studien und Vorarbeiten zur Germania Pontificia 5 (Köln, Wien 1976).

Seegrün 1979 – W. Seegrün, Die Anfänge des Bistums Osnabrück im Lichte neuerer Forschungen. Osnabrücker Mitteilungen 85, 1979, 25–48.

Seegrün 2001 – W. Seegrün, Die ersten hundert Jahre im Bistum Osnabrück. In: H. Queckenstedt (Hrsg.), Heilige Helfer. Die Reliquien Alexanders und Reginas im Spiegel der Osnabrücker Bistumsgeschichte (Osnabrück 2001) 15–43.

Segschneider 2006 – M. Segschneider, Das Gewerbegebiet im Gewerbegebiet. Eine neue Grubenhaussiedlung bei Tinnum, Gem. Sylt-Ost, Kr. Nordfriesland. Archäologie in Schleswig 11, 2006, 105–112.

Segschneider 2008a – M. Segschneider, Bernsteinschnitzer und Glasperlenmacher auf einem Handelsplatz skandinavischer Prägung bei Tinnum, Gem. Sylt-Ost, Kr. Nordfriesland. Archäologie in Schleswig 12, 2008, 145–150.

Segschneider 2008b – Wikingerzeitliche Bernsteinschnitzerei und Glasperlenherstellung in einer neu entdeckten Grubenhaussiedlung bei Tinnum (Sylt-Ost, LA 128), Kreis Nordfriesland. Archäologische Nachrichten Schleswig-Holstein 14, 2008, 61–65.

Segschneider 2009 – M. Segschneider, Die Ringwälle auf den nordfriesischen Inseln. In: M. Segschneider (Hrsg.), Ringwälle und verwandte Strukturen des ersten Jahrtausends n. Chr. an Nord- und Ostsee (Neumünster 2009) 99–111.

Seibert 2004 – H. Seibert, Adlige Herrschaft um die Jahrtausendwende: Die Grafen von Schweinfurt. In: E. Schneider/B. Schneidmüller (Hrsg.), Vor 1000 Jahren – Die Schweinfurter Fehde und die Landschaft am Obermain 1003. Referate des wissenschaftlichen Kolloquiums am 4. und 5. Juli 2003 in der Bibliothek Otto Schäfer in Schweinfurt. Schweinfurter Museumsschriften 118 (Schweinfurt 2004) 65–84.

Selling 1955 – D. Selling, Wikingerzeitliche und Frühmittelalterliche Keramik in Schweden (Stockholm 1955).

Sickel 1867 – Th. Sickel, *Acta regum et imperatorum Karolinorum digesta et enarrata*. Erster Theil: Urkundenlehre (Wien 1867).

Siebrecht 2006 – A. Siebrecht, Der Bischofssitz Halberstadt. Die Domburg und die Anfänge der Stadt. In: A. Siebrecht (Hrsg.), Geschichte und Kultur des Bistums Halberstadt 804–1648. Symposium anlässlich 1200 Jahre Bistumsgründung Halberstadt 2006) 119–139.

Siegmüller 2010 – A. Siegmüller, Die Ausgrabungen auf der frühmittelalterlichen Wurt Hessens. Siedlungs- und Wirtschaftsweise in der Marsch. Studien zur Landschafts- u. Siedlungsgeschichte im südlichen Nordseegebiet 1 (Rahden/Westf. 2010).

Siegmüller/Jöns 2012 – A. Siegmüller/H. Jöns, Ufermärkte, Wurten, Geestrandburgen – Herausbildung differenter Siedlungstypen im Küstengebiet in Abhängigkeit von der Paläotopographie im 1. Jahrtausend. Archäologisches Korrespondenzblatt 42/4, 2012, 573–590.

Sindbæk 2007 – S. M. Sindbæk, The Small World of the Vikings: Networks in Early Medieval Communication and Exchange. Norwegian Archaeological Review 40.1, 2007, 59–74.

Sindbæk 2009 – S. M. Sindbæk, Open Access, Nodal points and Central Places. Maritime Communication and Locational Principles for Coastal Sites in Southern Scandinavia, c. AD 400–1200. Estonian Journal of Archaeology 13, 2009, 96–109.

Sindbæk 2012 – S. M. Sindbæk, Viking Disruptions or Growing Integration? Contextualising Communication Networks in the 10th Century North Sea. In: S. Kleingärtner/G. Zeilinger (Hrsg.), Raumbildung durch Netzwerke? Der Ostseeraum zwischen Wikinger-

**zeit und Spätmittelalter aus archäologischer und geschichtswissenschaftlicher Perspektive. Zeitschrift für Archäologie des Mittelalters Beih. 23 (Bonn 2012) 19–38.

Skre 2007 – D. Skre (Hrsg.), Means of exchange. Dealing with silver in the Viking Age. Kaupang Excavation Project. Publication Ser. 2. Norske oldfunn 23 (Aarhus 2007).

Sonnemann 2010 – T. Sonnemann, Die Büraburg und das Fritzlar-Waberner Becken im frühen Mittelalter. Siedlungsarchäologische Untersuchungen zur Zentralort-Umfeld-Problematik. Studien zur Archäologie Europas 12 (Bonn 2010).

Sonnemann 2013 – T. Sonnemann, Die frühmittelalterliche Büraburg und das Fritzlar-Waberner Becken im Lichte aktueller Untersuchungen zur Zentralort-Umfeld-Problematik. In: P. Ettel/L. Werther (Hrsg.), Zentrale Orte und Zentrale Räume des Frühmittelalters in Süddeutschland (Mainz 2013) 333–352.

Søvsø 2009 – M. Søvsø, I hjertet af Ribe. Skalk 4, 2009, 3–8.

Søvsø 2010 – M. Søvsø, Tidigkristne begravelser ved Ribe Domkirke – Ansgars kirkegård? Arkæologi i Slesvig/Archäologie in Schleswig 13, 2010, 147–164.

Spangenberg 1828 – E. Spangenberg, Castellum Hohbuoki. Neues vaterländisches Archiv oder Beiträge zur allseitigen Kenntniß des Königreichs Hannover und des Herzogthums Braunschweig H. 2, 1828, 197–207.

Spiong 2000 – S. Spiong, Fibeln und Gewandnadeln des 8. bis 12. Jahrhunderts in Zentraleuropa. Eine archäologische Betrachtung ausgewählter Kleidungsbestandteile als Indikatoren menschlicher Identität (Bonn 2000).

Spiong 2014 – S. Spiong, Paderborn – Karls Gründung in den Sachsenkriegen. Archäologie in Deutschland H. 1, 2014.

Springer 2004a – M. Springer, s. v. »Sachsenkriege«. Reallexikon Germanischer Altertumskunde 26 (Berlin, New York 2004) 53–60.

Springer 2004b – Matthias Springer, Die Sachsen (Stuttgart 2004).

Springer 2006 – Matthias Springer, s. v. »Vita Lebuini antiqua«. Reallexikon Germanischer Altertumskunde 32 (Berlin, New York 2006) 454–458.

Sprockhoff 1955 – E. Sprockhoff, Neues vom Höhbeck. Germania 33, 1955, 50–67.

Sprockhoff 1958 – E. Sprockhoff, Die Grabung auf dem Höhbeck 1956. Germania 36, 1958, 229–233.

Staecker 2009 – J. Staecker, The 9th century Christian mission to the North. In: A. Englert/A. Trakadas (Hrsg.), Wulfstan's Voyage. The Baltic Sea region in the early Viking Age as seen from shipboard. Maritime Culture of the North 2 (Roskilde 2009) 309–329.

Stamm 1962 – O. Stamm, Spätrömische und frühmittelalterliche Keramik der Altstadt Frankfurt am Main. Schriften des Frankfurter Museums für Vor- und Frühgeschichte I (Frankfurt 1962).

Stark 2002 – J. Stark, Eine Straße unter der Autobahn. Der frühslawische Bohlenweg im Klempauer Moor. In: Fakten und Visionen. Die Lübecker Archäologie im letzten Jahrzehnt. Archäologische Gesellschaft der Hansestadt Lübeck, Jahresschrift 4, 2000/2001 (2001), 37–39.

Stark 2003 – J. Stark, Der frühslawische Bohlenweg im Klempauer Moor, Hansestadt Lübeck, und der Burgwall von Klempau, Kreis Herzogtum Lauenburg. Mitteilungen der Deutschen Gesellschaft für Archäologie des Mittelalters u. der Neuzeit 14, 2003, 85–91.

Steckel 2011 – S. Steckel, Kulturen des Lehrens im Früh- und Hochmittelalter. Autorität, Wissenskonzepte und Netzwerke von Gelehrten. Norm und Struktur: Studien zum sozialen Wandel im Mittelalter und Früher Neuzeit 39 (Köln 2011).

Steffens 1952 – H.-G. Steffens, Die Ausgrabungen in der Großen Bäckerstraße (25.9.1951 bis 3.3.1952). Hammaburg 3, H. 7–8, 1951/52 (1952), 103–114.

Steffens 1954 – H. J. Steffens, Die Ausgrabungen in der Großen Reichenstraße zu Hamburg. Hammaburg 4, 1953/54 (1954), 105–118.

Steffens 1955 – H.-G. Steffens, Die Ausgrabungen in der Großen Reichenstrasse zu Hamburg (1953–54). Hammaburg 4, 1953/1955 (1955), 105–118.

Steffens 1957 – H. G. Steffens, Die Erweiterung des Hamburger U-Bahnnetzes und die Frühgeschichte Hamburgs. Hammaburg 5, H. 11, 1957, 58–60.

Steffens 1958a – H.-G. Steffens, Die Siedlungskontinuität im mittelalterlichen Gau Stormarn. Archaeologia Geographica 7, 1958, 27–36.

Steffens 1958b – H.-G. Steffens, Bericht über die Hamburger U-Bahn-Grabungen am Alten Fischmarkt. Hammaburg 6, H. 12, 1958, 119–145.

Stein 1967 – F. Stein, Adelsgräber des achten Jahrhunderts in Deutschland (Berlin 1967).

Stein 1962 – R. Stein, Romanische, gotische und Renaissance-Baukunst in Bremen – erhaltene und verlorene Baudenkmäler als Kultur- und Geschichtsdokumente. Forschungen zur Geschichte der Bau- und Kunstdenkmäler in Bremen 2 (Bremen 1962).

Steinmetz 2002 – W.-D. Steinmetz, Archäologie und Geschichte der karolingisch-ottonischen Burg auf dem Kanstein bei Langelsheim. Veröffentlichungen des Braunschweigischen Landesmuseums 105 (Braunschweig 2002).

Steinmetz 2003 – W.-D. Steinmetz, Hünenburg und Hoohseoburg-Identifizierung. In: G. Biegel (Hrsg.), Die Hünenburg bei Watenstedt. Ausgrabungsergebnisse 1998–2001. Informationen u. Berichte des Braunschweigischen Landesmuseums 3–4, 2001 (2003), 35–39.

Steinwascher 2006 – G. Steinwascher (Hrsg.), Geschichte der Stadt Osnabrück (Belm b. Osnabrück 2006).

Stephan 2010 – H. G. Stephan, Der Solling im Mittelalter. Archäologie, Landschaft, Geschichte im Weser- und Leinebergland. Siedlungs- und Kulturlandschaftsentwicklung. Die Grafen von Dassel und Nienover. Hallesche Beiträge zur Archäologie des Mittelalters u. der Neuzeit 1 (Dormagen 2010).

Stephan 2013 – H. G. Stephan, Sachsen und Franken, Slawen und Wikinger, Heiden und Christen – Ungewöhnliche archäologische Funde der Karolingerzeit im Tal der Oberweser und im Solling und ihre Verbindungen zur karolingischen Reichsgeschichte in Sachsen und an der Niederelbe. In: I. Heske/H.-J. Nüsse/J. Schneeweiß (Hrsg.), Landschaft, Besiedlung und Siedlung. Archäologische Studien im nordeuropäischen Kontext. [Festschr. K.-H. Willroth] Göttinger Schriften zur Vor- u. Frühgeschichte 33 (Neumünster, Hamburg 2013) 69–82.

Steppuhn 1998 – P. Steppuhn, Die Glasfunde von Haithabu. Berichte über die Ausgrabungen in Haithabu 32 (Neumünster 1998).

Steuer 1971 – H. Steuer, Neues zum Befestigungswesen von Haithabu. Prähistorische Zeitschrift 46, 1971, 135–138.

Steuer 1973 – H. Steuer, Slawische Siedlungen und Befestigungen im Höhbeck-Gebiet – Kurzer Bericht über die Probegrabungen 1972 und 1973. Hannoversches Wendland 4, 1973, 75–86.

Steuer 1974a – H. Steuer, Südsiedlung Haithabu. Zur frühmittelalterlichen Keramik im Nordseeküstenbereich und Schleswig-Holstein. Ausgrabungen in Haithabu 6 (Neumünster 1974).

Steuer 1974b – H. Steuer, Probegrabungen auf germanischen und slawischen Siedlungs- und Burgplätzen im Hannoverschen Wendland (2). Nachrichten aus Niedersachsens Urgeschichte 43, 1974, 181–190.

Steuer 1976 – H. Steuer, Die slawische und deutsche Burganlage bei Meetschow, Kreis Lüchow-Dannenberg. Archäologisches Korrespondenzblatt 6, 1976, 163–168.

Steuer 1979 – H. Steuer, Die Keramik aus der frühgeschichtlichen Wurt Elisenhof. Die frühgeschichtliche Marschensiedlung beim Elisenhof in Eiderstedt 3 (Frankfurt a. M., Bern, Las Vegas 1979) 1–147.

Steuer 1984 – H. Steuer, Feinwaagen und Gewichte als Quellen zur Handelsgeschichte des Ostseeraums. In: H. Jankuhn et al. (Hrsg.), Archäologische und naturwissenschaftliche Untersuchungen an ländlichen und frühstädtischen Siedlungen in deutschen Küstengebieten vom 5. Jahrhundert v. Chr. bis zum 11. Jahrhundert n. Chr. 2 Handelsplätze des frühen und hohen Mittelalters (Weinheim 1984) 273–292.

Steuer 1987a – H. Steuer, Der Handel der Wikingerzeit zwischen Nord- und Westeuropa aufgrund archäologischer Zeugnisse. In: K. Düwel/H. Jankuhn/H. Siems/D. Timpe (Hrsg.), Untersuchungen zu Handel und Verkehr der vor- und frühgeschichtlichen

Zeit in Mittel- und Nordeuropa. IV Der Handel der Karolinger- und Wikingerzeit. Abhandl. Akademie der Wissenschaften Göttingen. Philologisch-Historische Kl. 3,156 (Göttingen 1987) 113–197.

Steuer 1987b – H. Steuer, Gewichtsgeldwirtschaft im frühgeschichtlichen Europa – Feinwaagen und Gewichte als Quellen zur Währungsgeschichte. In: K. Düwel/H. Jankuhn/H. Siems/D. Timpe (Hrsg.), Untersuchungen zu Handel und Verkehr der vor- und frühgeschichtlichen Zeit in Mittel- und Nordeuropa 4. Abhandl. Akademie der Wissenschaften Göttingen. Philologisch-Historische Kl. 3,156 (Göttingen 1987) 405–527.

Steuer 1997 – H. Steuer, Waagen und Gewichte aus dem mittelalterlichen Schleswig. Funde des 11. bis 13. Jahrhunderts aus Europa als Quellen zur Handels- und Währungsgeschichte. Zeitschrift für Archäologie des Mittelalters Beih. 10 (Köln, Bonn 1997).

Steuer 1999 – H. Steuer, Handel und Wirtschaft in der Karolingerzeit. In: C. Stiegemann/M. Wemhoff (Hrsg.), 799. Kunst und Kultur der Karolingerzeit. Katalog der Ausstellung Paderborn 1999 (Mainz 1999) 406–416.

Steuer 2002 – H. Steuer, Zur Archäologie der Städte in Norddeutschland westlich der Elbe. Grundlagen und Anfänge der Stadtentwicklung. In: H. Steuer/G. Biegel (Hrsg.), Stadtarchäologie in Norddeutschland westlich der Elbe. Zeitschrift für Archäologie des Mittelalters Beih. 14 (Bonn 2002) 9–35.

Steuer 2003a – H. Steuer, The Beginnings of Urban Economics Among the Saxons. In: D. H. Green/F. Siegmund (Ed.), The Continental Saxons from the Migration Period to the Tenth Century. An Ethnographic Perspective (Woodbridge) 159–181.

Steuer 2003b – H. Steuer, s. v. »Ports of Trade«. Reallexikon der Germanischen Altertumskunde 23 (Berlin, New York 2003) 292–298.

Steuer 2005 – H. Steuer, s. v. »Seehandelsplätze«. Reallexikon Germanischer Altertumskunde 28 (Berlin, New York 2005) 20–24.

Steuer 2007 – H. Steuer, s. v. »Zentralorte«. Reallexikon Germanischer Altertumskunde 35 (Berlin, New York 2007) 878–914.

Steuer 2009 – H. Steuer, Principles of trade and exchange: tradegoods and merchants. In: A. Englert/A. Trakadas (Hrsg.), Wulfstan's Voyage. The Baltic Sea region in the early Viking Age as seen from shipboard. Maritime Culture of the North 2 (Roskilde 2009) 294–308.

Steuer/Biegel 2002 – H. Steuer/G. Biegel (Hrsg.), Stadtarchäologie in Norddeutschland westlich der Elbe. Zeitschrift für Archäologie des Mittelalters Beih. 14 (Bonn 2002).

Steuer/Bierbrauer 2008 – H. Steuer/V. Bierbrauer (Hrsg.), Höhensiedlungen zwischen Antike und Mittelalter von den Ardennen bis zur Adria. Ergänzungsbde. Reallexikon Germanischer Altertumskunde 58 (Berlin, New York 2008).

Stiegemann/Wemhoff 1999 – C. Stiegemann/M. Wemhoff (Hrsg.), 799 Kunst und Kultur der Karolingerzeit. Katalog der Ausstellung Paderborn 1999 (Mainz 1999).

Stilke 1995 – H. Stilke, Die früh- bis spätmittelalterliche Keramik von Emden. Probleme der Küstenforschung im südlichen Nordseegebiet 22, 1995, 9–200.

Stilke 1998 – H. Stilke, Westliche Importkeramik des frühe Mittelalters im Ostseegebiet. In: A. Wesse (Hrsg.), Studien zur Archäologie des Ostseeraumes. Von der Eisenzeit zum Mittelalter [Festschr. M. Müller-Wille] (Neumünster 1998) 577–583.

Stilke 2001a – H. Stilke, Grauware des 8. bis 11. Jahrhunderts. In: H. Lüdtke/K. Schietzel (Hrsg.), Handbuch zur mittelalterlichen Keramik in Nordeuropa. Schriften des Archäologischen Landesmuseums 6 (Neumünster 2001) 23–82.

Stilke 2001b – H. Stilke, Tatinger Kannen. In: H. Lüdtke/K. Schietzel (Hrsg.), Handbuch zur mittelalterlichen Keramik in Nordeuropa. Schriften des Archäologischen Landesmuseums 6 (Neumünster 2001) 257–270.

Stilke et al. 1996 – H. Stilke/A. Hein/H. Mommsen, Results of Neutron Activation Analysis on Tating Ware and the Mayen Industry. Medieval Ceramics 20, 1996, 25–32.

Stoob 2008 – s. u. Helmold von Bosau

Stork 2007 – H.-W. Stork, Das Festtagsevangeliar des Hamburger Domes. Beobachtungen zu *Cod. in scrinio* 93 der Staats- und Universitätsbibliothek Hamburg. In: S. Prühlen/L. Kuhse/J. Sarnowsky (Hrsg.): Der Blick auf sich und die anderen. Selbst- und Fremdbild von Frauen und Männern in Mittelalter und früher Neuzeit. [Festschr. K. Arnold] *Nova mediaevalia*. Quellen. Studien zum europäischen Mittelalter 2 (Göttingen 2007) 265–288.

Störmer 1995 – W. Störmer, Karolingische Pfalzen in Franken. In: L. Kolmer/P. Segl (Hrsg.), Regensburg, Bayern und Europa [Festschr. K. Reindel] (Regensburg 1995) 161–173.

Streich 1984 – G. Streich, Burg und Kirche während des deutschen Mittelalters, Untersuchungen zur Sakraltopographie von Pfalzen, Burgen und Herrensitzen, Pfalz- und Burgkapellen bis zur staufischen Zeit. Vorträge u. Forschungen/Konstanzer Arbeitskreis für Mittelalterliche Geschichte 29 (Sigmaringen 1984).

Streich 2001 – G. Streich, Bistümer, Klöster und Stifte im ottonischen Sachsen. In: M. Puhle (Hrsg.), Otto der Große, Magdeburg und Europa (Magdeburg 2001) 75–88.

Struve 1963 – K. W. Struve, Der Burgwall von Hitzhusen, Kr. Segeberg. Offa 20, 1963, 57–73.

Struve 1965 – K. W. Struve, Probleme der Burgenforschung im frühgeschichtlichen Holstengau. Sonderdruck aus »Urkirchspiel im Holstengau« – Schenefelder Geschichtsbeiträge zum Ansgarjahr 1965 (Hademarschen 1965).

Struve 1971 – K.-W. Struve, Slawische Funde westlich des *Limes Saxoniae*. Offa 28, 1971, 161–180.

Struve 1972 – K. W. Struve, Sächsische und slawische Burgen in Holstein. In: Führer zu vor- und frühgeschichtlichen Denkmälern 10 (Mainz 1972) 43–55.

Struve 1975 – K. W. Struve, Ziel und Ergebnisse von Untersuchungen auf drei slawischen Burgwällen Ostholsteins. In: Ausgrabungen in Deutschland. Gefördert von der Deutschen Forschungsgemeinschaft 1950–1975, 3 (Mainz 1975) 98–122.

Struve 1981 – K. W. Struve, Die Burgen in Schleswig-Holstein 1. Die slawischen Burgen. Offa-Bücher 35 (Neumünster 1981).

Struve 1985 – K. W. Struve, Starigard – Oldenburg. Geschichte und archäologische Erforschung der slawischen Fürstenburg in Wagrien. In: 750 Jahre Stadtrecht Oldenburg in Holstein (Oldenburg 1985) 73–206.

Struve 1986 – K. W. Struve, Die slawische Burg. In: Stadt Plön (Hrsg.), 1000 Jahre Plön – 750 Jahre Lübisches Stadtrecht (Plön 1986) 1–28.

Stuiver/Polach 1977 – M. Stuiver/H.A. Polach, Discussion: Reporting of ^{14}C data. Radiocarbon 19, 1977, 355–363

Stuiver et al. 1998 – M. Stuiver et al., IntCal98 radiocarbon age calibration, 24.000–0 cal BP. Radiocarbon 40, 1998, 1041–1083.

Tamm 1988 – T. Tamm, Die Anfänge des Erzbistums Hamburg-Bremen (Jena 1888).

Tangl 1909 – M. Tangl, Forschungen zu Karolinger Diplomen. Archiv für Urkundenforschung 2, 1909, 167–326.

Taylor 1987 – R. E. Taylor, Radiocarbon Dating, An Archaeological Perspective (San Diego 1987).

Tempel 1991 – W.-D. Tempel, Lag das historische Schezla in Scheeßel, Landkreis Rotenburg? In: W. Jürries (Hrsg.), Beiträge zur Archäologie und Geschichte Nordostniedersachsens [Festschr. B. Wachter]. Schriftenreihe des Heimatkundlichen Arbeitskreises Lüchow-Dannenberg 8, 1991, 139–144.

Tempel 2000 – W.-D. Tempel, Ausgrabungen an der Heilsburg bei Wiersdorf, Gemeinde Heeslingen. Archäologische Berichte des Landkreises Rotenburg (Wümme) 8, 2000, 27–56.

Theuerkauf 1988 – G. Theuerkauf, Urkundenfälschungen des Erzbistums Hamburg-Bremen vom 9. bis zum 12. Jahrhundert. Niedersächsisches Jahrbuch für Landesgeschichte 60, 1988, 71–140.

Theuerkauf 1995 – G. Theuerkauf, Die Hamburger Region von den Sachsenkriegen Karls I. bis zur Gründung des Erzbistums (772–864). In: R. Busch (Hrsg.), Domplatzgrabung in Hamburg 1. Veröffentlichungen des Hamburger Museums für Archäologie u. die Geschichte Harburgs, Helms-Museum 70 (Neumünster 1995) 9–19.

Thiedmann 2005 – A. Thiedmann, Die Kesterburg auf dem Christenberg und die Siedlung Geismar bei Fritzlar. Neue Erkenntnisse aus alten Grabungen. Zeitschrift für Archäologie des Mittelalters 33, 2005, 163–171.

Thieme 1983 – B. Thieme, Ausgewählte Metallbeigaben aus dem Gräberfeld von Ketzendorf. Hammaburg N. F. 5, 1983, 65–89.

Thieme 1985 – W. Thieme, Ein spätsächsischer Friedhof in Wulfsen, Ldkr. Harburg. Nachrichten aus Niedersachsens Urgeschichte 54, 1985, 247–254.

Thieme 1987 – W. Thieme, Fibeln. In: R. Busch (Hrsg.), Von den Sachsen zur Hammburg. Bilder aus Hamburgs Frühzeit (Neumünster 1987) 170.

Thieme 1996 – W. Thieme, Alte Wege über das Moor. In: H. Linde-Lemke (Red.), Von der einstigen Tangstedter Heide zum heutigen Norderstedter Stadtteil Glashütte, 100 Jahre 1896–1996 (Norderstedt 1996) 23–25.

Thieme 2004a – W. Thieme, Ausgrabungen im Sandabbau bei Daerstorf, Gemeinde Neu Wulmstorf, Ldkr. Harburg. In: M. Fansa/F. Both/H. Haßmann (Hrsg.), Archäologie Land Niedersachsen. 25 Jahre Denkmalschutzgesetz – 400 000 Jahre Geschichte. Archäologische Mitteilungen aus Nordwestdeutschland Beih. 42 (Oldenburg 2004) 378–384.

Thieme 2004b – W. Thieme, Ausgrabungen auf einem Vollhof in Stelle, Lkr. Harburg. Ebenda 467–469.

Thieme 2005 – W. Thieme, Zu einigen Kleinfunden aus der spätsächsischen Siedlung Daerstorf, Ldkr. Harburg. In: H.-J. Häßler (Hrsg.), Neue Forschungsergebnisse zur nordwesteuropäischen Frühgeschichte unter besonderer Berücksichtigung der altsächsischen Kultur im heutigen Niedersachsen. Studien zur Sachsenforschung 15 (Oldenburg 2005) 507–515.

Thieme 2011 – W. Thieme, Ur- und Frühgeschichte. In: J. Ehlers, Blatt 2326 Fuhlsbüttel – Erläuterungen. Geologische Karte von Hamburg 1:25 000 (Hamburg 2011) 82–106.

Thieme 2013 – W. Thieme, Der Tod als Teil des Lebens. Eine Sächsin aus Wulfsen, Landkreis Harburg, zur Zeit Karls des Großen. Offa 69/70, 2012/13 (2013), 371–387.

Thier 2005 – B. Thier, Fragment einer »Tatinger Kanne«. In: G. Isenberg/B. Rommé (Hrsg.), 805: Liudger wird Bischof. Spuren eines Heiligen zwischen York, Rom und Münster (Münster 2005) 270.

Timme 1964 – F. Timme, Scheeßel an der Wümme und das Diedenhofener Capitular von 805. Zur Frage nach Lage und Aufgaben der karolingischen Grenzkontrollorte von der Elbe bis zur Donau. Blätter für deutsche Landesgeschichte 100, 1964, 122–144.

Timpel/Altwein 1995 – W. Timpel/R. Altwein, Das alte Erfurt aus archäologischer Sicht. In: U. Weiß (Hrsg.), Erfurt. Geschichte und Gegenwart. Schriften des Vereins für die Geschichte u. Altertumskunde von Erfurt 2 (Weimar 1995) 67–79.

Toločko 1991 – P. P. Toločko, Der Burgwall Starigard/Oldenburg und das slawische Befestigungswesen. In: M. Müller-Wille (Hrsg.), Starigard/Oldenburg. Ein slawischer Herrschersitz des frühen Mittelalters in Ostholstein (Neumünster 1991) 103–122.

Trier 1987 – B. Trier, Ausgrabungen in Minden: bürgerliche Stadtkultur des Mittelalters und der Neuzeit. Katalog der Ausstellung Münster (Münster 1987).

Treude 1999 – E. Treude, Minden im frühen Mittelalter. In: C. Stiegemann/M. Wemhoff (Hrsg.), 799 Kunst und Kultur der Karolingerzeit. Katalog der Ausstellung Paderborn 1999 1,2. Beitragsband (Mainz 1999) 380–385.

Trommer 1957 – A. Trommer, Komposition und Tendenz in der Hamburgischen Kirchengeschichte Adam von Bremens. Classica et mediaevalia 18, 1957, 207–257.

Tummuscheit 2008 – A. Tummuscheit, Die Erforschung frühmittelalterlicher Grubenhäuser in Schenefeld, Kreis Steinburg. Archäologische Nachrichten aus Schleswig-Holstein 14, 2008, 50–52.

Tummuscheit 2011 – A. Tummuscheit, Die Baubefunde des frühmittelalterlichen Seehandelsplatzes von Groß Strömkendorf, Lkr. Nordwestmecklenburg. Forschungen Groß Strömkendorf 4. Frühmittelalterliche Archäologie zwischen Ostsee und Mittelmeer 2 (Wiesbaden 2011).

Udolph 1999 – J. Udolph, Magdeburg = »Mägdeburg«? In: E. Eichler/D. Krüger (Hrsg.), Namen in Text und Sprachkontakt. Namenkundliche Informationen Beih. 20. Studia Onomastica 10, 1999, 247–266.

Ulbrich 1991 – T. Ulbrich, Die Anfänge des Bistums Bardowick/Verden. Niedersächsisches Jahrbuch für Landesgeschichte 63, 1991, 107–137.

Ulbricht 1978 – I. Ulbricht, Die Geweihfunde in Haithabu. Berichte über die Ausgrabungen in Haithabu 7 (Neumünster 1978).

Ulbricht 1990 – I. Ulbricht, Bernsteinverarbeitung in Haithabu. Berichte über die Ausgrabungen in Haithabu 27 (Neumünster 1990) 65–126.

Ullmann 1962 – W. Ullmann, The growth of papal government in the Middle Ages: a study in the ideological relation of clerical to lay power (London 1962).

Ullrich 2000 – M. Ullrich, Slawenburg Raddusch. Eine Rettungsgrabung im Niederlausitzer Braunkohlenabbaugebiet. Veröffentlichungen zur brandenburgischen Landesarchäologie 34, 2000, 121–194.

Ulriksen 1998 – J. Ulriksen, Anløbspladser. Besejling og bebyggelse i Danmark mellem 200 og 1100 e.Kr. (Roskilde 1998).

Unverzagt/Schuldt 1963 – W. Unverzagt/E. Schuldt, Teterow. Ein slawischer Burgwall in Mecklenburg. Schriften zur Sektion für Vor- u. Frühgeschichte 13 (Berlin 1963).

von Uslar 1964 – R. von Uslar, Studien zu frühgeschichtlichen Befestigungen zwischen Nordsee und Alpen (Köln, Graz 1964).

Vána 1983 – Zdeněk Vána, Die Welt der alten Slawen (Prag 1983).

van Es/Verwers 1980 – W. A. van Es/W. J. H. Verwers, Excavations at Dorestad 1. The Harbour: Hoogstraat I. Nederlandse Oudheden 9 (Amersfoort 1980).

van Es/Verwers 2002 – W. A. van Es/W. J. H. Verwers, Aufstieg, Blüte und Niedergang der frühmittelalterlichen Handelsmetropole Dorestad. In: K. Brandt/M. Müller-Wille/Chr. Radtke (Hrsg.), Haithabu und die frühe Stadtentwicklung im nördlichen Europa. Schriften des Archäologischen Landesmuseums 8 (Neumünster 2002) 281–301.

van Es/Verwers 2009 – W. A. van Es/W. J. H. Verwers, Excavations at Dorestad 3. Hoogstraat 0, II–IV. Nederlandse Oudheden 16 (Amersfoort 2009).

Vogtherr 2005 – T. Vogtherr, Original oder Fälschung? Die Osnabrücker Kaiserurkunden des Mittelalters. In: H. Queckenstedt/B. Zehm (Hrsg.), Der Dom als Anfang. 1225 Jahre Bistum und Stadt Osnabrück (Osnabrück 2005) 109–133.

Vogtherr 2006a – T. Vogtherr, Osnabrück im frühen und hohen Mittelalter. In: G. Steinwascher (Hrsg.), Geschichte der Stadt Osnabrück (Belm b. Osnabrück 2006) 61–86.

Vogtherr 2006b – T. Vogtherr, Zur Gründung des Bistums Halberstadt. In: A. Siebrecht (Hrsg.), Geschichte und Kultur des Bistums Halberstadt 804 – 1648. Symposium anlässlich 1200 Jahre Bistumsgründung Halberstadt (Halberstadt 2006) 91–98.

Vollmann 2002 – B. K. Vollmann, s. v. »Vita«. Lexikon des Mittelalters 8 (München 2002) 1751–1752.

Volz 2000 – R. Volz, s. v. »Rimbert«. Lexikon des Mittelalters 7 (Stuttgart 2000) 851–852.

Wachter 1998 – B. Wachter, Die slawisch-deutsche Burg auf dem Weinberg in Hitzacker/Elbe. Bericht über die Grabungen von 1970–1975. Ein Beitrag zur Frühgeschichte des Hannoverschen Wendlands. Göttinger Schriften zur Vor- u. Frühgeschichte 25 (Neumünster 1998).

Wagner 1996 – H. Wagner, Zur Topographie von Königsgut und Pfalz Salz. In: L. Fenske (Hrsg.), Pfalzen – Reichsgut – Königshöfe. Deutsche Königspfalzen 4. Veröffentlichung des Max Planck-Institutes für Geschichte 11 (Göttingen 1996) 149–183.

Wagner 2008 – H. Wagner, Pfalz Salz und Salzburg: Symbole der Macht im frühen und hohen Mittelalter. In: H. Wagner/J. Zeune (Hrsg.), Das Salzburgbuch (Neustadt a. d. Saale 2008) 59–84.

Wagner 2009 – M. Wagner, Archäologische Untersuchungen in der Hamburger Altstadt, Auswertung der hochmittelalterlichen Funde und Befunde der Grabung Große Bäckerstraße, Fundplatz 42 der Jahre 1951/52. Unveröff. Magisterarbeit Univ. Bamberg 2009.

Wamers 1994 – E. Wamers, Die frühmittelalterlichen Lesefunde aus der Löhrstraße

(Baustelle Hilton II) in Mainz. Mainzer Archäologische Schriften 1 (Mainz 1994).

Wamers 2011 – E. Wamers, Continental and Insular Metalwork. In: D. Skre (Hrsg.), Things from the Town. Kaupang Excavation Project Publication Ser. 3, Norske Oldfunn 24 (Oslo 2011) 65–97.

Wamser 1984a – L. Wamser, Merowingerzeitliche Bergstationen in Mainfranken – Stützpunkte der Machtausübung gentiler Gruppen. Das Archäologische Jahr in Bayern, 1984, 136–140.

Wamser 1984b – L. Wamser, Neue Befunde zur mittelalterlichen Topographie des *fiscus* Salz im alten Markungsgebiet von Bad Neustadt a. d. Saale Lkr. Rhön-Grabfeld, Unterfranken. Das Archäologische Jahr in Bayern 1984, 147–151.

Wamser 1989 – L. Wamser, *Castellum quod nominatur Wirziburc*. In: J. Erichsen (Hrsg.), Kilian. Mönch aus Irland – aller Franken Patron. Veröff. Bayerischen Geschichte u. Kultur 19 (München 1989) 173–226.

Wamser 1991 – L. Wamser, Befestigte Anlagen des frühen bis späten Mittelalters in den Ruinen des Römerkastells Miltenberg – Altstadt. In: H. W. Böhme (Hrsg.), Burgen der Salierzeit 2. Monographien des Römisch-Germanischen Zentralmuseums Mainz 25,2 (Sigmaringen 1991) 235–244.

Wamser 1992a – L. Wamser, Die Würzburger Siedlungslandschaft im frühen Mittelalter. Spiegelbild der naturgegebenen engen Verknüpfung von Stadt- und Bistumsgeschichte. In: J. Lenssen/L. Wamser (Hrsg.), 1250 Jahre Bistum Würzburg (1992) 39–47.

Wamser 1992b – L. Wamser, Erwägungen zur Topographie und Geschichte des Klosters Neustadt am Main und seiner Mark. Versuch einer Annäherung der archäologischen und historischen Quellenaussagen. In: J. Lenssen/L. Wamser (Hrsg.), 1250 Jahre Bistum Würzburg (1992) 163–208.

Wamser 1999 – L. Wamser, Zu einer Tatinger Kanne und ausgewählten Kleinfunden aus Karlburg am Main. Anmerkungen zu Handel und Verkehr, Weinbau und Missionierung im Nordosten des Karolingerreiches. In: L. Wamser (Hrsg.), Kataloge der Prähistorischen Staatssammlung, Beih. 5. Dedicatio [H. Dannheimer] (Kallmünz/Opf. 1999) 206–242.

Wand 1974a – N. Wand, Die Büraburg bei Fritzlar. Burg – »*oppidum*« – Bischofssitz in karolingischer Zeit. Kassler Beiträge zur Vor- u. Frühgeschichte 4 (1974).

Wand 1974b – N. Wand, Die Büraburg – eine fränkische Großburg zum Schutz des Edergebietes. In: Fritzlar im Mittelalter. Festschrift zur 1250-Jahrfeier (Fritzlar 1974) 41 ff.

Wand 1975 – N. Wand, Die Büraburg und das Fritzlar-Wabener Becken in der merowingisch-karolingischen Zeit. In: W. Schlesinger (Hrsg.), Althessen im Frankenreich. Nationes 2 (Sigmaringen 1975) 173–210.

Wand 1998 – N. Wand, Die Büraburg bei Fritzlar – eine fränkische Reichsburg mit Bischofssitz in Hessen. In: J. Henning/A. T. Ruttkay (Hrsg.), Frühmittelalterlicher Burgenbau in Mittel- und Osteuropa (Bonn 1998) 175–188.

Wavra 1991 – B. Wavra, Salzburg und Hamburg. Erzbistumsgründung und Missionspolitik in karolingischer Zeit. Osteuropastudien der Hochschulen des Landes Hessen, R. 1. Gießener Abhandlungen zur Agar- und Wirtschaftsforschung des Europäischen Ostens 179 (Berlin 1991).

Weber 2011 – Th. Weber, Magdeburgs Befestigungen im frühen Mittelalter. In: F. Biermann/Th. Kersting/A. Klammt (Hrsg.), Der Wandel um 1000. Beiträge zur Ur- u. Frühgeschichte Mitteleuropas 60 (Langenweißbach 2011) 379–387.

Weber 2012 – G. Weber, Eine Burg bei Zellhausen? Die archäologische Grabung 2011 in Mainhausen-Zellhausen, Kreis Offenbach im Umfeld der ehemaligen Zellkirche. <http://www.ghv-mainhausen.de/images/zellkirche/zellhausen-2011-bericht-kurz.pdf> [Stand: 30. November 2012].

Weber et al. 2012 – Th. Weber/A. Ditmar-Trauth/G. Ditmar-Trauth/R. Kuhn/B. Kunz, Radiocarbondatierungen aus Magdeburgs ältesten Festungsgräben. Bemerkungen zur Forschungsgeschichte der karolingerzeitlichen Anlagen in und bei Magdeburg. In: H. Meller (Hrsg.), Zusammengegraben. Kooperationsprojekte in Sachsen-Anhalt. Archäologie in Sachsen-Anhalt, Sonderbd. 16 (Halle/Saale 2012) 145–157.

Wedekind 1828 – A. C. Wedekind, Zwölf historische Berichtigungen. Neues vaterländisches Archiv oder Beiträge zur allseitigen Kenntniß des Königreichs Hannover und des Herzogthums Braunschweig H. 1, 1828, 214–233.

Wegewitz 1968 – W. Wegewitz, Reihengräberfriedhöfe und Funde aus spätsächsischer Zeit im Kreis Harburg. Göttinger Schriften zur Vor- u. Frühgeschichte 10 (Neumünster 1968).

Weibull 1941 – L. Weibull, Ansgarii skrift om den påvliga legationen over Norden. Scandia 13, 1941, 151–157.

Weibull 1942 – L. Weibull, Ansgarius. Scandia, 14, 1942, 186–199.

Weidner 2002 – M. Weidner, Mittelalterliche Funde vom »*Bischofsturm*« in der Hamburger Altstadt. In: R. Busch/O. Harck (Hrsg.), Domplatzgrabung in Hamburg 2. Veröffentlichung des Helms-Museums, Hamburger Museum für Archäologie u. die Geschichte Harburgs Nr. 89 (Neumünster 2002) 153–159.

Weidemann 1959 – K. Weidemann, Eine Befestigung karolingischer Zeit bei der »*Oldenburgskuhle*« in Itzehoe. Steinburger Jahrbücher 3, 1959, 7–13.

Weidemann 1975 – K. Weidemann, Archäologische Zeugnisse zur Eingliederung Hessens und Mainfrankens in das Frankenreich vom 7. bis 9. Jh. Althessen im Frankenreich. In: W. Schlesinger (Hrsg.), Althessen im Frankenreich. Nationes 2 (Sigmaringen 1975) 95–120.

Weidemann 1976 – K. Weidemann, Frühmittelalterliche Burgen im Land zwischen Elbe- und Wesermündung. In: Das Elb-Weser-Dreieick 2. Führer zu vor- und frühgeschichtlichen Denkmälern 30 (Mainz 1976) 165–211.

Weidemann 1977 – K. Weidemann, Frühmittelalterliche Burgen als Zentren der Königsherrschaft an der Fränkischen Saale und im Grabfeld. In: Bad Kissingen, Fränkische Saale, Grabfeld, Südliche Rhön2. Führer zu vor- u. frühgeschichtlichen Denkmälern 28 (Mainz 1977) 52–93.

Weidinger 1997 – U. Weidinger, Mit Koggen zum Marktplatz (Bremen 1997).

Weinfurter 1992 – S. Weinfurter (Hrsg.): Die Salier und das Reich 1–3 (Sigmaringen ²1992).

Wendowski 1998 – M. Wendowski, Nordkehdingen im Spiegel archäologischer Forschungen. In: Flecken Freiburg (Hrsg.), Nordkehdingen. Tradition und Geschichte (Freiburg 1998) 143–222.

Wendowski-Schünemann 1999 – A. Wendowski-Schünemann, Ostseefernhandel bis nach Cuxhaven? Ein Kugelzonen-Gewicht aus Altenwalde. Archäologische Nachrichten aus Niedersachsen 1999, 72–74.

Wendowski-Schünemann 2000 – A. Wendowski-Schünemann, Die frühe Besiedlung und Kolonisation des Hadler Hochlandes. In: A. Behne (Hrsg.), Otterndorf: 600 Jahre Stadtgeschichte an der Nordseeküste (Otterndorf 2000) 23–31.

Wendowski-Schünemann 2004 – A. Wendowski-Schünemann, Archäologische Untersuchungen zur früh- und hochmittelalterlichen Siedlungsgeschichte von Altenwalde, Stadt Cuxhaven: Ergebnisse der 1996 durchgeführten Ausgrabungen »*An der Kreuzkirche*«. Jahrbuch der Männer vom Morgenstern 82, 2004, 9–29.

Wenskus 1976 – R. Wenskus, Sächsischer Stammesadel und fränkischer Reichsadel (Göttingen 1976).

Wenskus 1984 – R. Wenskus, Die soziale Entwicklung im ottonischen Sachsen im Lichte der Königsurkunden für das Erzstift Hamburg-Bremen. In: L. Fenske/W. Rösener/T. Zotz (Hrsg.), Institutionen, Kultur und Gesellschaft im Mittelalter [Festschr. J. Fleckenstein] (Sigmaringen 1984) 501–514.

Wentz/Schwineköper 1972 – G. Wentz/B. Schwineköper, Das Erzbistum Magdeburg 1,1: Das Domstift St. Moritz in Magdeburg. Germania Sacra 4,1 (Berlin, New York 1972).

Werner 1973 – M. Werner, Die Gründungstradition des Erfurter Petersklosters. Vorträge und Forschungen/Konstanzer Arbeitskreis für Mittelalterliche Geschichte 12 (Sigmaringen 1973).

Werner 1992 – M. Werner, Der Herzog von Lothringen in salischer Zeit. In: S. Weinfurter (Hrsg.), Die Salier und das Reich 1 (Sigmaringen ²1992) 367–473.

Werther 2012 – L. Werther, Komplexe Systeme im diachronen Vergleich. Ausgewählte Aspekte der Entwicklung von drei süddeutschen Kleinräumen zwischen Früh- und Hochmittelalter. Ungedr. Dissertation Univ. Jena 2012.

Werther 2013 – L. Werther, Der Königsgutkomplex Salz und das Neustädter Becken – Ein frühmittelalterlicher Zentralraum im Wandel der Zeit. Ein mittelalterlicher Zentralraum im Fokus der Forschung. In: P. Ettel/L. Werther (Hrsg.), Zentrale Orte und Zentrale Räume des Frühmittelalters in Süddeutschland (Mainz 2013) 89–112.

Westphalen 1999 – P. Westphalen, Die Kleinfunde aus der frühgeschichtlichen Wurt Elisenhof. Studien zur Küstenarchäologie Schleswig-Holsteins Ser. A: Elisenhof 7. Offa-Bücher 80 (Neumünster 1999).

Wetzel 1989 – G. Wetzel, Der Schloßberg in Cottbus. Veröffentlichungen des Museums für Ur- u. Frühgeschichte Potsdam 23, 1989, 181–207.

Wetzel/Braasch/Lehmphul 2012 – G. Wetzel/O. Braasch/R. Lehmphul, Die mittelslawische Doppelkreisgrabenanlage bei Quappendorf-Bärwinkel, Lkr. Märkisch-Oderland, ein Kultplatz? Veröffentlichungen zur brandenburgischen Landesarchäologie 45, 2011 (2012) 143–174.

Wichmann 1904 – F. Wichmann, Untersuchungen zur älteren Geschichte des Bisthums Verden (Hannover 1904).

Wiechmann 1996 – R. Wiechmann, Edelmetalldepots der Wikingerzeit in Schleswig-Holstein. Vom Ringbrecher zur Münzwirtschaft. Offa-Bücher 77 (Neumünster 1996).

Wiechmann 1999a – R. Wiechmann, s. v. »Hammaburg (Numismatisches)«. Reallexikon der Germanischen Altertumskunde 13 (Berlin, New York 1999) 482–483.

Wiechmann 1999b – R. Wiechmann, Kat.-Nr. 82. In: U. M. Schneede (Hrsg.), Goldgrund und Himmelslicht. Die Kunst des Mittelalters in Hamburg 2 (Hamburg 1999) 330 f.

Wiechmann 2004 – R. Wiechmann, Karolingische Denare aus Bardowick – Münzumlauf an der nördlichen Peripherie des Frankenreiches. In: M. Mehl (Hrsg.), *Delectat et docet* [Festschr. Ver. Münzenfreunde Hamburg]. Numismatische Studien 16 (Hamburg 2004) 13–44.

Wiechmann 2008 – R. Wiechmann, *baugabrot ok harkagripir* – »*Ringbruchstücke und Schildtrümmer*« Silberschätze als Ausweis des wikingerzeitlichen Handels. In: Historisches Museum der Pfalz (Hrsg.), Die Wikinger (Speyer, München 2008) 164–171.

Wilke 1998 – G. Wilke, Archäologie unter Wasser. Untersuchungen der slawischen Brücken im Lednica-See bei der Insel Ostrów Lednicki (Polen). In: A. Wesse (Hrsg.), Studien zur Archäologie des Ostseeraumes. Von der Eisenzeit zum Mittelalter [Festschr. M. Müller-Wille] (Neumünster 1998) 195–203.

Wilke 2008 – G. Wilke, Brücken der Nordwestslawen vom 8. bis 10./11. Jahrhundert. In: L. Poláček (Hrsg.), Das wirtschaftliche Hinterland der frühmittelalterlichen Zentren. Internationale Tagungen in Mikulčice 6 (Brno 2008) 65–89.

Willems 1989 – J. Willems, La Céramique Carolingienne de la Ruelle de Brivelain à Huy (Lg.). Vie Archéologique 37, 1990–1991, 32–33.

Willems 1991 – J. Willems, L'occupation Carolingienne au Quartier d'Outre-Meuse à Huy. La fouille de la rue d'Amérique en 1991 (deuxième partie). Vie Archéologique 37, 1990–1991, 21–43.

Willroth 1982 – K.-H. Willroth, Zur Gliederung der slawischen Keramik aus der Lübecker Innenstadt. Lübecker Schriften zur Archäologie und Kulturgeschichte 6, 1982, 303–333.

Willroth 1985 – K.-H. Willroth, Das Lübecker Becken im frühen Mittelalter – Eine Bestandsaufnahme slawischer Fundstellen. Lübecker Schriften zur Archäologie u. Kulturgeschichte 11, 1985, 7–51.

Willroth 2011 – K.-H. Willroth, »*Germanen – Slawen – Deutsche*« – eine unendliche Forschungsgeschichte. Interdisziplinäre Forschungen zum frühen und hohen Mittelalter im Hannoverschen Wendland. In: K.-H. Willroth/J. Schneeweiß (Hrsg.), Slawen an der Elbe. Göttinger Forschungen zur Ur- u. Frühgeschichte 1 (Neumünster 2011).

Wilschewski 1999 – F. Wilschewski, Die karolingischen Domburgen in Nordwestdeutschland und die ältesten dänischen Bischofssitze. Eine vergleichende Darstellung. Offa 56 [Festschr. O. Harck], 1999, 481–493.

Wilschewski 2007 – F. Wilschewski, Die karolingischen Bischofssitze des sächsischen Stammesgebietes bis 1200. Studien der internationalen Architektur- u. Kunstgeschichte 46 (Petersberg 2007).

Winkelmann 1966 – Wilhelm Winkelmann, Ausgrabungen auf dem Domhof in Münster. In: A. Schröer (Hrsg.), Monasterium. Festschrift zum siebenhundertjährigen Weihegedächtnis des Paulus-Domes zu Münster (Münster 1966) 25–54.

Winkelmann 1972 – W. Winkelmann, Liturgisches Gefäß der Missionszeit aus Paderborn. Zur Verbreitung und Deutung der Tatinger Kannen. Beiträge zur Frühgeschichte Westfalens. Gesammelte Aufsätze von Wilhelm Winkelmann (Münster 1990) 129–134.

Wintergerst 2007 – M. Wintergerst, Franconofurd. 1 Die Befunde der karolingisch-ottonischen Pfalz aus den Frankfurter Altstadtgrabungen 1953–1993. Schriften des Archäologischen Museums Frankfurt, Main 22,1 (Frankfurt a. Main 2007).

Wintergerst/Codreanu-Windauer 2000 – E. Wintergerst/S. Codreanu-Windauer, Regensburg – eine mittelalterliche Großstadt an der Donau. In: A. Wieczorek/H.-M. Hinz (Hrsg.), Europas Mitte um 1000 (Stuttgart 2000) 179–183.

Wolf 1963 – H. Wolf, *Hohbuoki, Hobeke*, Höhbeck. Jahrbuch für die Geschichte Mittel- und Ostdeutschlands 12, 1963, 189–194.

Wolters 2013 – P. Wolters, Der Veitsberg – Mittelpunkt eines Zentralraums? Neue Forschungen im karolingisch-ottonischen Pfalzkomplex Salz. In: P. Ettel/L. Werther (Hrsg.), Zentrale Orte und Zentrale Räume des Frühmittelalters in Süddeutschland (Mainz 2013) 59–74.

Wood 1987 – I. Wood, Christians and pagans in ninth-century Scandinavia. In: B. Sawyer/P. Sawyer/I. Wood (Hrsg.), The Christianization of Scandinavia (Alingsås 1987) 36–67.

Wood 2001 – I. Wood, The Missionary Life: Saints and the evangelisation of Europe 400–1050 (Harlow 2001).

Wyss 2010 – M. Wyss, Die Klosterpfalz Saint-Denis im Spiegel der Archäologie. In: H. R. Sennhauser (Hrsg.), Pfalz – Kloster – Klosterpfalz St. Johann in Müstair. Historische und archäologische Fragen. Tagung 20.–22. September 2009 in Müstair. Berichte und Vorträge. Acta Müstair, Kloster St. Johann 2 (Zürich 2010) 147–160.

Zachrisson 2011 – T. Zachrisson, Arkelogin bakom Rimbert. Om Hergeirs och Gautberts kyrkor och borgen i Birka. Fornvännen 106, 2011, 100–112.

Zechiel-Eckes 1999 – K. Zechiel-Eckes, Florus von Lyon als Kirchenpolitiker und Publizist: Studien zur Persönlichkeit eines karolingischen »Intellektuellen« am Beispiel der Auseinandersetzung mit Amalarius (835–838) und des Prädestinationsstreits (851–855). Quellen u. Forschungen zum Recht im Mittelalter 8 (Stuttgart 1999).

Zehm 2005 – B. Zehm, Naturräumliche und kulturgeschichtliche Voraussetzungen für die Entwicklung des frühmittelalterlichen Handels und Verkehrs. In: H. Queckenstedt/B. Zehm (Hrsg.), Der Dom als Anfang. 1225 Jahre Bistum und Stadt Osnabrück (Osnabrück 2005) 199–230.

Zeune 1996 – J. Zeune, Symbole der Macht. Ein neues Bild der mittelalterlichen Burg (Regensburg 1996).

Zimmer 2010 – K. Zimmer, Handel in Bremen vor der Hanse. Untersuchungen der Handelsbeziehungen anhand der Keramik des Früh- bis zum beginnenden Hochmittelalter aus der Bremer Altstadt. Unveröff. Magisterarbeit, Freie Universität Berlin 2010.

Zimmermann 1995 – W. H. Zimmermann, Mittelalterliche und frühneuzeitliche Siedlungsspuren und Funde aus Dorum, Samtgemeinde Land Wursten, Landkreis Cuxhaven, Niedersachsen – Überlegungen zu mittelalterlichen und friesischen Handelssiedlungen im Land Wursten. Probleme der Küstenforschung im südlichen Nordseegebiet 23, 1995, 339–352.

Zühlke 2002 – R. Zühlke, Stadt – Land – Fluß. Bremen und Riga – zwei mittelalterliche Metropolen im Vergleich. Arbeiten zur Geschichte Osteuropas 12 (Münster, Hamburg, London 2002).

Autoren

Priv.-Doz. Dr. phil. habil. Felix Biermann
Seminar für Vor- und Frühgeschichte
Georg-August-Universität Göttingen
Nikolausberger Weg 15
37073 Göttingen

Dr. Dieter Bischop
Landesarchäologie Bremen
An der Weide 50a
28195 Bremen

Günther Bock
Großhansdorf

Dr. Jochen Brandt
Archäologisches Museum Hamburg

Dr. Dirk Brietzke
Historisches Seminar
Arbeitsstelle für Hamburgische Geschichte
Universität Hamburg
Allende-Platz 1
20146 Hamburg

Dr. Torbjörn Brorsson
Kontoret för Keramiska Studier
Martin Johns Väg 47
263 75 Nyhamnsläge
Schweden

Dr. Jürgen Ehlers
Witzeeze

Prof. Dr. Peter Ettel
Lehrstuhl für Ur- und Frühgeschichte
der Friedrich-Schiller-Universität
Löbdergraben 24a
07743 Jena

Dr. Elke Först
Archäologisches Museum Hamburg

Prof. Dr. Stephan Freund
Institut für Geschichte
Otto-von-Guericke-Universität Magdeburg
Zschokkestr. 32
39104 Magdeburg

Dr. Christian Frey
Mittelalterliche Geschichte
Historisches Seminar
TU Braunschweig
Schleinitzstr. 13
38106 Braunschweig

Wolfram Giertz
Aachen

Prof. Dr. Pieter M. Grootes
Institut für Ökosystemforschung
Christian-Albrechts-Universität zu Kiel
Olshausen Str. 75
24118 Kiel

Lisa Hansen
Archäologisches Museum Hamburg

Dr. Henrik Janson
Institutionen för Historiska Studier
Universität Göteborg
Box 200
40530 Göteborg
Schweden

Prof. Dr. Hauke Jöns
Niedersächsisches Institut für historische
Küstenforschung
Viktoriastr. 26/28
26382 Wilhelmshaven

Dr. Karsten Kablitz
Braunschweig

Dr. Torsten Kempke
Lübeck

Dipl.-Geol. Gisela Kersting
Behörde für Stadtentwicklung und Umwelt
Geologisches Landesamt Hamburg
Neuenfelder Straße 19
21109 Hamburg

Dr. des. Anne Klammt
Göttingen

Prof. Dr. Theo Kölzer
Institut für Geschichtswissenschaft
Friedrich-Wilhelms-Universität Bonn
Konviktstr. 11
53113 Bonn

Jens Kröger
Behörde für Stadtentwicklung und Umwelt
Geologisches Landesamt Hamburg
Neuenfelder Straße 19
21109 Hamburg

Dr. Martin Kroker
Landschaftsverband Westfalen-Lippe (LWL)
Museum in der Kaiserpfalz
Am Ikenberg
33098 Paderborn

Dr. Thorsten Lemm
Stiftung Schleswig-Holsteinische
Landesmuseen Schloss Gottorf
24837 Schleswig

Prof. Dr. Uwe Lobbedey
Münster

Dr. Babette Ludowici
Niedersächsisches Landesmuseum Hannover
Willy-Brandt-Allee 5
30169 Hannover

Prof. Dr. Dr. h. c. mult. Michael Müller-Wille
Kiel

Dr. Marie-Josée Nadeau
Graduierten-Schule Human Development in
Landscapes
Christian-Albrechts-Universität zu Kiel
Leibniz-Str. 3
24118 Kiel

Dr. Jens Schneeweiß
Seminar für Ur- und Frühgeschichte
Georg-August-Universität Göttingen
Nikolausberger Weg 15
37073 Göttingen

Dr. Mechthild Schulze-Dörrlamm
Römisch-Germanisches Zentralmuseum
Ernst-Ludwig-Platz 2
55116 Mainz

Priv.-Doz. Dr. phil. habil. Volker Scior
Lehrstuhl für Mittelalterliche Geschichte
Katholische Universität Eichstätt-Ingolstadt
Universitätsallee 1
85072 Eichstätt

Dr. Martin Segschneider
Archäologisches Landesamt Schleswig-Holstein
Brockdorff-Rantzau-Str. 70
24837 Schleswig

Morten Søvsø M. A.
Sydvestjyske Museer
Tangevej 6
6760 Ribe
Dänemark

Dr. Sven Spiong
LWL-Archäologie für Westfalen
Stadtarchäologie Paderborn
Museum in der Kaiserpfalz
Am Ikenberg 2
33098 Paderborn

Prof. Dr. Heiko Steuer
Freiburg i. Br.

Ingolf Stüven
Behörde für Stadtentwicklung und Umwelt
Geologisches Landesamt Hamburg
Neuenfelder Straße 19
21109 Hamburg

Wulf Thieme M. A.
Buchholz in der Nordheide

Prof. Dr. Rainer-Maria Weiss
Archäologisches Museum Hamburg

Dr. Ralf Wiechmann
Hamburg Museum
Stiftung Historische Museen Hamburg
Holstenwall 24
20355 Hamburg

Bildnachweis

AMH = Archäologisches Museum Hamburg

Kapiteleröffnungen (15, 57, 145, 473)
1 Museum für Hamburgische Geschichte
2, 3 T. Weise, AMH
4 Staats- und Universitätsbibliothek Hamburg

Weiss (17–53)
1, 10 *unten*, 13, 14, 20–22 AMH
2–5, 9, 10 *oben*, 11, 12, 15–19, 23 T.-J. Müller für das AMH
6 Neddermeyer 1832
7 Nach Lemm 2012, 55 Abb. o. Nr.
8 Nach Lemm 2013b, 369 Abb. 155

Weiss (47)
1 T. Weise, AMH

Brietzke (48)
1 T. Weise, AMH

Klammt (61-66)
1–5 AMH

Kablitz (67–85)
1, 3, 6–10, 16, 17 AMH
2–5, 11–15 T.-J. Müller für das AMH

Grootes/Nadeau (86–95)
1 T.-J. Müller für das AMH
2, 3 P. Grootes/M.-J. Nadeau
4 AMH

Kempke (96–106)
1 T. Kempke
2–6 AMH

Kempke (107)
1 T. Kempke

Först (111–129)
1–16 AMH
3 T.-J. Müller für das AMH

Hansen (113)
1 Museum für Hamburgische Geschichte

Först (114)
1 Museum für Hamburgische Geschichte
2 T. Weise, AMH

Först (130–137)
1–9 AMH

Kersting et al. (138–141)
1–5 Geologisches Landesamt Hamburg

Klammt (149–151)
1 M. Merkel, AMH

Steuer (152–166)
1 H. Dieterich, Universität Kiel

Frey (167)
1 Heine 1991, 39 Abb. o. Nr.
2 Ch. Klammt, Hamburg

Brandt (173–181)
1–6 Niedersächsische Vermessungs- und Katasterverwaltung; Kartierung archäolog. Fpl.: J. Brandt, AMH

Ludowici (182–187)
1 B. Ludowici
2 Verändert nach B. Willmann nach Ernst Nickel, Kulturhistorisches Museum Magdeburg
3 Kulturhistorisches Museum Magdeburg
4 Kunz 2004, 426 Abb. 1

Thieme (188–199)
1, 3, 7 T. Weise, AMH
2, 8 AMH
4, 5 W. Thieme
6 Ehlers, Erläuterungen zur geolog. Karte Blatt 2326 (Hamburg 2011) Abb. 43

Freund (203–218)
1 Nach M. Puhle 2001, 54
2,3 Verändert nach Putzger 1993, 38
4 Nach Ehlers 2007, 13
5 Puhle 2001, 504
6 Nach Schulze 2001b, 35
7 Magdeburg, Landeshauptarchiv Sachsen-Anhalt
8 Nach Althoff 2001, 347

Giertz (219–235)
1, 2, 8–10 T. Weise, AMH
3 Nach Schindler 1959, 61 Abb. 2,3
4, 5 Selling 1955, Taf. 1, 2
6,1 – Nach Hodges 1981, 16 Abb. 3,1,1
 2 – Nach Dunning 1959, 53 Abb. 24
 3 – Nach Blackmore 1989, 86 Abb. 32,64
 4 – Nach van Es/Verwers 2009, 148 Abb. 101,2
7 Nach Wamser 1999, 215 Abb. 6
11 Arbman 1940, Taf. 102
12 Wamser 1999, 229 Abb. 12
13 Bayer. Landesamt für Denkmalpflege

Müller-Wille (236–244)
1 Nach Müller-Wille 2004, 439 Abb.6; 2011, 104 Abb. 1; H. Dieterich, Universität Kiel
2 Nach Müller-Wille 2004, 441 Abb. 7; 2011, 105 Abb. 2; H. Dieterich, Universität Kiel
3 Nach Harck 2002, 12 Abb. 3; Müller-Wille 2011, 110 Abb. 6; H. Dieterich, Universität Kiel
4 Nach Harck 1993, 452 Abb. 1; Müller-Wille 2011, 118 Abb. 9; H. Dieterich, Universität Kiel
5 Nach Arents/Eisenschmidt 2010, 313 Abb. 108; Müller-Wille 2012, 218 Abb. 3; H. Dieterich, Universität Kiel
6 Nach Müller-Wille 2012, 212 Abb. 1; H. Dieterich, Universität Kiel
7 Nach Feveile 2006a, 41 Abb. 20; 55 Abb. 32; Müller-Wille 2011, 124 Abb. 12–13; H. Dieterich, Universität Kiel
8 Nach Søvsø 2010, 148 Abb. 2; H. Dieterich, Universität Kiel
9 Nach Ambrosiani 1992, 12 Abb. 1.2; Müller-Wille 2011, 127 Abb. 14; H. Dieterich, Universität Kiel

Søvsø (245–254)
1, 2, 7, 10 Sydvestjyske Museer
3 Nach Matthiessen 1930 mit Zusätzen M. Søvsø
4 F. Bau
5 Sydvestjyske Museer mit Ergänzung M. Søvsø
6 F. Jepsen
8, 9 M. Søvsø, Sydvestjyske Museer
11 Kort- und Matrikelstyrelsen 1856 mit Ergänzung M. Søvsø

Kölzer (257–261)
1 T. Kölzer

Schulze-Dörrlamm (269 f.)
1–4 T. Weise, AMH

Spiong (283 f.)
1–4 T. Weise, AMH

Bock (291–302)
1, 2 G. Bock

Bock (303–309)
1–4 Staats- u. Universitätsbibliothek Hamburg

Frey (318–323)
1 5v aus Cgm, Staatsbibliothek München

Ettel (324–345)
1 P. Ettel, A. Schroeter
2 Nach Freeden/Schnurbein 2002, 317 Abb. 553
3 Nach Wamser 1991, Abb. 5.3 u. Abb. 11
4, 5 Nach Wintergerst/Codreanu-Windauer 2000, 181
6 Landesamt für Denkmalpflege Luftbildarchäologie, Aufnahmedatum 29.12.1996, Fotograf K. Leidorf
7 AutoCAD-Plan Nr. 6932/015; nach Linck et al. 2010
8 Nach Untere Denkmalschutzbehörde Archäologischer Denkmalschutz Kreis Offenbach, G. Weber
9 Nach Dienes 1972, Abb. 10
10 Nach Révész 2000, 308
11 Nach Schulze-Dörrlamm 2007, 51
12 Nach Schwarz 1975, Beil. 40,6
13 Nach Haberstroh 1999a, 114
14 Nach Kerscher 2010, 175 Abb. 176
15 Nach Grundkarte Koch 2008, Abb. 1, ergänzt, P. Ettel, A. Schroeter
16 Wand 1998, 175 Abb. 1
17 Wamser 1992a, Abb. 5
18, 19 Wand 1998, 178 Abb. 4; 183 Abb. 10, 11
20 Wand 1974b, 85 Abb. 8
21 Wand 1975 195 Abb. 2
22 Nach Eberhardt/Grimm 2001, Gesamtplan
23–25 Nach Ettel 2001, Taf. 97; Taf. 101; nach P. Ettel
26, 27 Nach Janssen/Wamser 1983, 136 Abb. 117, 138 Abb. 120.1
28, 29 Nach P. Ettel
30 Kartengrundlage Digitales Geländemodell (DGM1) Geobasisdaten © Bayerische Vermessungsverwaltung, kartiert von P. Ettel, R. Obst, L. Werther, A. Wunschel
31 Nach Gerlach 2001, 30
32 Nach Werther 2013, 93 Abb. 4
33, 34 Nach Schwarz 1975, 394 Abb. 51.1, 3
35 Nach Sage 1980, 217 Abb. 2
36 Nach Hensch 2005, Taf. 27
37 P. Ettel

Schneeweiß (346–356)
1 H.-P. Koch, Universität Göttingen
2 Verändert nach Schneeweiss/Schatz 2014, 22 Abb. 2
3 Nach Schneeweiß 2012b, 86 Abb. 3
4 A. Grüttemann, 25.03.2013
5 F. Ruchhöft, 17.10.2007
6 Verändert nach Ehlers 2007, 252 Abb. 76
7 Verändert nach Schneeweiß 2012b, 104 Abb. 18
8 Nach Posselt/Schneeweiß 2011, 105 Abb. 2
9–10 J. Schneeweiß
11 S. Linnemann
12 H. Marx

Lemm (357–376)
1 Kartierung der slawischen Burgen nach: Struve 1981; 1986; Goltz 1989, 206
2, 5, 6 Th. Lemm
3 DGM1; Kartengrundlage LiDAR-Daten des Landesvermessungsamts Schleswig-Holstein
4 Nach Bantelmann/Dittmann 1972, Abb. 3
7–17 Archäologisches Landesmuseum Schloss Gottorf
18 Nach Bock im Druck 2, Karte 16

Biermann (377–387)
1, 2, 9, 10 F. Biermann
3 K. W. Struve, nach Toločko 1991, 120 Abb. 12
4 M. Agthe, nach Biermann 2000, 108 Abb. 51
5 P. Major, nach Váňa 1983, 214
6 Dr. F. Ruchhöft, Landesamt für Kultur und Denkmalpflege Mecklenburg-Vorpommern, Landesarchäologie
7 Nach Struve 1981, 74 Abb. 51
8 Nach Struve 1985, 135 Abb. 27
11 Nach Schuldt 1965, 68 Abb. 44
12 Nach Struve 1975, 106 Abb. 7
13 Nach Schuldt 1985, Taf. 18b

Lobbedey (391–406)
1 Nach Wilschewski 2007, 9 Abb. 1
2 Nach Zehm 2005, 227 Abb. 15
3 Entwurf Archäologische Denkmalpflege Stadt und Landkreis Osnabrück, bearbeitet von U. Lobbedey. Ausführung Fa. Maßwerke (Haarlammert)
4–6, 9, 11, 12, 14, 24–26 Entwurf U. Lobbedey, Ausführung Fa. Maßwerke (Haarlammert)
7 Nach Lobbedey 1993, 23 Abb. 11
8 Nach Austermann 2013, 142. (Plan Maßwerke)
10 Nach Trier 1987
13 Publiziert in Archäologie in Deutschland 2014, H. Urheber: LWL/Entwurf S. Spiong, Ausführung O. Heilmann
17 Nach Brandt/Eggebrecht 1993a, Abb. VII-11 (Ausschnitt)
18 Entwurf U. Lobbedey, K. B. Kruse, Ausführung Fa. Maßwerke (Haarlammert)
19 Nach Wilschewski 2007, 140 Abb. 116
20–21 Entwurf Lobbedey nach G. Leopold, Ausführung Fa. Maßwerke (Haarlammert)
22–23 Entwurf Lobbedey nach K. H. Brandt, Ausführung Fa. Maßwerke (Haarlammert)

Kroker (407–416)
1 M. Kroker
2 Austermann 2013b
3 Staatsbibliothek zu Berlin – Preußischer Kulturbesitz, Ms. Theol. Lat. 323. Fol. 20v
4 Pesch 2005.
5–7, 9 Westfälisches Museum für Archäologie/LWL-Archäologie für Westfalen
6 M. Kroker/B. Berkel.
10 Stiegemann/Kroker 2009
11 Alerdinck 1636

Bischop (417–433)
1 Staatsarchiv Bremen, J. Kötzle
2, 4, 5, 14 Landesarchäologie Bremen, D. Bischop
3 Focke Museum Bremen, S. Sternebeck
6, 7, 12 Landesarchäologie Bremen
8, 9 Nach K.-H. Brandt
10 Stein 1962, 19, Abb. 4.
11 Nach W. Helling 1999
13 Focke Museum Bremen
15 Landesarchäologie Bremen, D. Bischop, B. Kruse
16 A. Bauer
17,1–3, 5; 18,1, 2, 4 Landesarchäologie, E. Schindler
17,3, 4; 18,3 Landesarchäologie, C.-C. v. Fick
18,5 H. Elsner 1989, 93 Abb. 10
19 Deutsches Schifffahrtsmuseum Bremerhaven

Kempke (437–441)
1 Torsten Kempke

Wiechmann (442–446)
1–3 T. Weise. AMH
4 Müller-Wille 1970, 66 Abb. 1; 67 Abb. 2

Jöns/Segschneider (447–469)
1 Nach Elsner 1998, 98
2 Nach Mäkeler 2008, 228
3 Nach Müller-Wille 2009, Abb. 1; R. Kiepe, NIhK
4 Nach Haarnagel 1959
5 Nach Tummuscheit 2011, Beilage 5
6 Nach Jensen 1991; F. Bau
7 Nach Herrmann 2006, Abb. 11; K. Hamann
8 Nach Tummuscheit 2011, Abb. 107
9 Nach Kalmring 2010, Abb. 269
10 Nach Manders 2013, Abb. 22
11 Nach Jöns u.a. 1997, Eichfeld u.a. 2014 mit Ergänzungen; R. Kiepe NIhK
12 Nach Kleingärtner 2014, Abb. 56
13 S. Messal, Deutsches Archäologisches Institut.
14 Nach Eichfeld et al. 2014.
15 Nach Siegmüller 2010, Abb. 40 (unten) und 44 (oben)
16 Nach Jöns 2009b, Abb. 5.
17, 18 L. Hermannsen, Archäologisches Landesamt Schleswig-Holstein.
19 Karte: T. Wunderlich u. H. Stümpel, Institut für Geowissenschaften, Universität Kiel 2012.
20 Nach Jöns 2009b, Abb. 4; mit Ergänzungen
21 Nach Schindler 1960, Abb. 4 und Abb. 5

Brorsson (467 f.)
1–2 T. Weise, AMH